La Biblia
Parte II

ALBA

La Biblia
Parte II

Nuevo Testamento

EL CANTAR DE CANTARES DE SALOMÓN

CAPÍTULO I

I. *Deseos que muestra la Iglesia de estar unida con* JESUCRISTO. *Delicias de esta unión; y favores que ella alcanza de su Esposo. Confiesa la Esposa sus imperfecciones efectos de la malicia del demonio. Temor que tiene de extraviarse al buscar en la tierra a* JESUCRISTO; *y sus ansias por poseerle en el cielo.*

1. *Esposa.* Reciba yo un ósculo santo de su boca. Porque tus amores son, ¡oh dulce esposo mío!, mejores que el más sabroso vino,
2. fragantes como los más olorosos perfumes. Bálsamo derramado es tu Nombre; por eso las doncellitas te quieren tanto.
3. Atráeme tú mismo en pos de ti, y correremos todas al olor de tus aromas. Introdújome el rey en su gabinete, elevándome a esposa suya. Saltaremos de contento, y nos regocijaremos en ti, conservando la memoria de tus castos amores, superiores a las delicias del vino. Por eso te aman los rectos de corazón.
4. Negra soy, o morena, hija de Jerusalén, pero soy bien parecida; soy como las tiendas de Cedar, como los pabellones de Salomón.
5. No reparéis, pues, en que soy morena; porque me ha robado el sol mi color, cuando los hijos de mi madre se declararon contra mí, y pusiéronme a guarda de viñas. ¡Ay!, mi propia viña no la guardé.
6. ¡Oh tú, el querido de mi alma!, dime dónde tienes los pastos, dónde el sesteadero al llegar el medio día, para que no tenga yo que ir vagueando tras de los rebaños de tus compañeros.

II. *Instrucción que* JESUCRISTO *da a la Iglesia: obligación de unirse a ella a sus pastores, para hallar a* JESUCRISTO. *Hermosura de la Iglesia, cómo cuida* JESUCRISTO *de adornarla y enriquecerla.*

7. *Esposo.* Si lo ignoras, ¡oh hermosísima entre las mujeres!, sal afuera, y ve siguiendo las huellas de los ganados, guía tus cabritillos a pacer junto a las cabañas de los pastores de mis ovejas.
8. A mis hermosos y arrogantes caballos uncidos a las carrozas que me ha dado Faraón, te tengo yo comparada, amiga mía.
9. Lindas son tus mejillas así como de tortolilla; tu cuello como si estuviera adornado de collares de perlas.
10. Gargantillas de oro haremos para ti, taraceadas de plata.

III. *Agradecimiento de la Iglesia: favores que recibe de* JESUCRISTO; *y cómo anhela complacerle. Recíprocas alabanzas entre los dos Esposos; y cómo procura* JESUCRISTO *tener siempre junto a sí a la Iglesia.*

11. *Esposa.* Mientras estaba el rey recostado en su asiento, mi nardo precioso difundió su fragancia.
12. Manojito de mirra es para mí el amado mío; entre mis pechos quedará.
13. Racimo de cipro es mi amado para mí, cogido en las viñas en Engaddi.
14. *Esposo.* ¡Oh y qué hermosa eres, amiga mía!, ¡cuán bella eres! Son tus ojos vivos y brillantes como los de la paloma.
15. *Esposa.* Tú sí, amado mío, que eres el hermoso y el agraciado. *Esposo y Esposa.* De flores es nuestro lecho,
16. de cedro las vigas de nuestras habitaciones, y de ciprés sus artesonados.

CAPÍTULO II

I. *Amabilidad de* JESUCRISTO *y de su Esposa la Iglesia. Alabanzas y favores que ésta recibe de él y cómo cuida de que nadie turbe su reposo.*

1. *Esposo.* Yo soy la flor del campo y el lirio de los valles.
2. Como azucena entre espinas, así es mi amiga entre las vírgenes.
3. *Esposa.* Como el manzano entre árboles silvestres y estériles, así es mi amado entre los hijos de los hombres. Sentéme a la sombra del que tanto había yo deseado, y su fruto es muy dulce al paladar mío.
4. Introdújome en la pieza en que tiene el vino más exquisito, y ordenó en mí el amor.
5. ¡Ea!, confortadme con flores aromáticas, fortalecedme con olorosas manzanas, porque desfallezco de amor.
6. Pero mi Esposo pondrá su mano izquierda debajo de mi cabeza, y con su diestra me abrazará.
7. *Esposo.* ¡Oh hijas de Jerusalén!, os conjuro por las ligeras corzas y ciervos de los campos, que no despertéis ni quitéis el sueño a mi amada, hasta que ella quiera.

II. *La Iglesia siempre atenta a la voz de* JESUCRISTO, *y deseosa de agradarle. Cómo* JESUCRISTO *procura conservar en ella los frutos de su gracia.*

3

8. *Esposa*. Paréceme que oigo la voz de mi amado. Vedlo cómo viene saltando por los montes y brincando por los collados.

9. Al ligero gamo y al cervatillo se parece mi amado. Vedlo ya cómo se pone detrás de la pared nuestra, cómo mira por las ventanas, cómo está atisbando por las celosías.

10. He aquí que me habla mi amado y dice: levántate, apresúrate, amiga mía, paloma mía, hermosa mía, y vente al campo;

11. pues pasó ya el invierno, disipáronse y cesaron las lluvias;

12. despuntan las flores en nuestra tierra; llegó el tiempo de la poda; el arrullo de la tórtola se ha oído ya en nuestros campos;

13. la higuera arroja sus brevas; esparcen su olor las florecientes viñas. Levántate, pues, amiga mía, beldad mía, y vente:

14. ¡oh casta paloma mía!, tú que anidas en los agujeros de las peñas, en las concavidades de las murallas, muéstrame tu rostro, suene tu voz en mis oídos; pues tu voz es dulce, y lindo tu rostro.

15. Vosotros, ¡oh amigos!, cazadnos esas raposillas, que están asolando las viñas; porque nuestra viña está ya en cierne.

III. *Amor recíproco de* Jesucristo *y su Iglesia, y cómo desea ésta ocultar a sus enemigos los favores que recibe de su divino Esposo.*

16. Mi amado es todo para mí, yo soy toda de mi amado; el cual apacienta su rebaño entre azucenas

17. hasta que declina el día, y caen las sombras. Vuélvete corriendo, aseméjate, querido mío, a la corza y al cervatillo que se crían en los montes de Beter.

CAPÍTULO III
Desvelos de un alma que busca a su Esposo Jesucristo; *y cómo después de hallado le ha de conservar en su corazón.*

1. Mas, ¡ay!, que todo fue un sueño. En mi lecho eché de menos por la noche al que ama mi alma; andúvelo buscando, y no lo encontré.

2. Me levantaré, dije, y daré vueltas por la ciudad, y buscaré por calles y plazas al amado de mi alma. ¡Ay!, lo busqué, mas no lo hallé.

3. Encontráronme las patrullas que rondan por la ciudad, y les dije: ¿no habéis visto al amado de mi alma?

4. Cuando he aquí que a pocos pasos me encontré al que adora mi alma; asíle, y no le soltaré hasta haberlo hecho entrar en la casa de mi madre, en la habitación de la que me dio la vida.

5. *Esposo*. ¡Oh hijas de Jerusalén!, conjúroos por las corzas y los ciervos de los campos que no despertéis, ni interrumpáis el sueño a mi amada, hasta que ella quiera.

6. *Las amigas de la Esposa*. ¿Quién es ésta que va subiendo por el desierto como una columnita de humo, formada de perfumes de mirra y de incienso, y de toda especie de aromas?

7. *Esposa*. Mirad el lecho de Salomón rodeado de sesenta valientes de los más esforzados de Israel,

8. todos armados de alfanjes y muy diestros en los combates; cada uno lleva su espada al lado, por temor de los peligros nocturnos.

9. De maderas de Líbano se ha hecho el rey Salomón su trono.

10. Las columnas las ha hecho de plata, el respaldo de oro, el techo y gradas cubriólas de púrpura, y el cetro con cierto esmalte que inspira amor, por causa de las hijas de Jerusalén.

11. Salid, pues, afuera, ¡oh hijas de Sión!, y veréis al rey Salomón con la diadema con que lo coronó su madre en el día de sus desposorios, día en que quedó colmado de júbilo su corazón.

CAPÍTULO IV
I. *Declarando* Jesucristo *las gracias que ha puesto en su esposa la Iglesia, manifiesta el entrañable amor que le tiene.*

1. *Esposo*. ¡Qué hermosa eres, amiga mía, qué hermosa eres! Como de paloma, así son vivos y brillantes tus ojos, además de lo que dentro se oculta. Tus cabellos dorados y finos, como el pelo de los rebaños de cabras que vienen del monte Galaad.

2. Tus dientes blancos y bien unidos como hatos de ovejas trasquiladas, acabadas de lavar, todas con dobles crías, sin que haya entre ellas una estéril.

3. Como cinta de escarlata tus labios, dulce tu hablar y sonoro. Como cacho o rosa corteza de granada tales son tus mejillas, además de lo que dentro se oculta.

4. Tu cuello es recto y airoso como la torre de David, ceñida de baluartes, de la cual cuelgan mil escudos, arneses todos de valientes.

5. Tus dos pechos son como dos gamitos mellizos, que están paciendo entre blancas azucenas,

6. hasta el caer del día, y el declinar de las sombras. Subiré a buscarte al monte de la mirra y al collado del incienso.

7. Toda tú eres hermosa, ¡oh amiga mía!, no hay defecto alguno en ti.

8. Ven, desciende del Líbano, Esposa mía, vente del Líbano; ven, y serás coronada; ven de la cima del monte Amaná, de las cumbres de Sanir y del Hermón, de esos lugares guarida de leones, de esos montes morada de leopardos.

9. Tu heriste mi corazón, ¡oh hermana mía!, Esposa amada, heriste mi corazón con una sola mirada tuya, con una trenza de tu cuello.

10. ¡Cuán bellos son tus amores, hermana mía Esposa!; más agradables son que el vino exquisito; y la fragancia de tus perfumes o vestidos excede a todos los aromas.

11. Son tus labios, ¡oh Esposa mía!, un panal que destila miel; miel y leche tienes debajo de la lengua; y es el olor de tus vestidos como olor de suavísimo incienso.

II. JESUCRISTO *es un Dios celoso del corazón de las almas, que quiere consagren a él todas sus acciones.*

12. Huerto cerrado eres, hermana mía, Esposa, huerto cerrado, fuente sellada.

13. Tus renuevos o plantas de ese huerto, forman un vergel delicioso de granados, con frutos dulces como de manzanos: son cipros con nardos,

14. nardo y azafrán, caña aromática y cinamomo, con todos los árboles odoríferos del Líbano; la mirra y el áloe con todos los aromas más exquisitos.

15. Tú, la fuente de los huertos, el pozo de aguas vivas, que bajan con ímpetu del monte Líbano.

16. Retírate, ¡oh Aquilón!, y ven tú, ¡oh viento Austro!, a soplar en todo mi huerto, y espárzanse sus aromas por todo el mundo.

CAPÍTULO V
Convida la esposa al esposo a sus jardines, y se celebra allí un convite. Caracteres del esposo.

I. *Anhelo de la Iglesia por recibir a* JESUCRISTO, *y por verle recoger los frutos que ella produce. Bondad de* JESUCRISTO *en llamar a las almas, e infelicidad de las que rehúsan abrirle las puertas del corazón cuando él llama.*

1. *Esposa.* Venga, pues, mi amado a su huerto, y coma del fruto de sus manzanos. *Esposo.* Ya he venido a mi huerto, hermana mía, Esposa; cogido he ya mi mirra con mis aromas y he comido mi panal con la miel mía; bebido he mi vino con mi leche. He dicho: comed vosotros, oh amigos, y bebed, carísimos, hasta saciaros.

2. *Esposa.* Dormía yo, y estaba mi corazón velando; y he aquí la voz de mi amado que llama y dice: ábreme, hermana mía, amiga mía, paloma mía, mi inmaculada y purísima: porque está llena de rocío mi cabeza, y del relente de la noche mis cabellos.

3. Y respondíle: ¡válgame Dios, Esposo mío!, si ya me despojé de mi túnica, ¿me la he de volver a poner? Lavé mis pies, ¿y me los he de volver a ensuciar?

4. Entonces mi amado metió su mano por la ventanilla de la puerta probando si la abriría, y a este ruido que hizo se conmovió mi corazón.

5. Levantéme luego para abrir a mi amado, destilando mirra mis manos, y estando llenos de mirra selectísima mis dedos.

6. Alcé, pues, la aldaba de mi puerta para que entrase mi amado; pero él se había ya retirado, y seguido adelante. Mi alma había quedado desmayada al eco de su voz; lo busqué, mas no lo hallé; lo llamé a voces, y no me respondió.

7. Encontráronme las patrullas que rondan la ciudad, me hirieron, y me lastimaron; y quitáronme mi manto, con que me cubría, las centinelas de los muros.

8. Conjúroos, oh hijas de Jerusalén, que si hallareis a mi amado, le noticiéis cómo desfallezco de amor.

9. *Amigas de la Esposa.* ¿Qué tiene tu amado sobre los demás amados, oh hermosísima entre todas las mujeres?; ¿qué hay en tu querido sobre los demás queridos para que así nos conjures que lo busquemos?

II. *La hermosura y perfecciones de* JESUCRISTO, *su pureza, su celo, su caridad, sabiduría, poder, grandeza y dulzura.*

10. *Esposa.* Mi amado es blanco y rubio: escogido es entre millares de jóvenes.

11. Su cabeza, oro finísimo; sus cabellos, largos y espesos como renuevos de palmas, y negros como el cuervo.

12. Sus ojos como los de las palomas que se ven junto a los arroyuelos de aguas, blancas como si se hubiesen lavado con leche, y que se paran a la orilla de corrientes caudalosísimas.

13. Sus mejillas como dos eras de plantas aromáticas, plantadas por hábiles perfumeros; sus labios, lirios rosados que destilan mirra purísima.

14. Sus manos, de oro, y como hechas a torno, llenas de jacintos; su pecho y vientre como un vaso de marfil guarnecido de zafiros.

15. Sus piernas columnas de mármol, sentadas sobre basas de oro. Su aspecto majestuoso como el del Líbano, y escogido como el cedro entre los árboles.

l6. Suavísimo el eco de su voz; y en suma, todo él es envidiable. Tal es mi amado, y ése es mi amigo, hijas de Jerusalén.

17. *Amigas de la Esposa.* ¿Hacia dónde partió tu amado, oh hermosísima entre todas las mujeres?; ¿por dónde se fue, que iremos contigo a buscarlo?

CAPÍTULO VI
Nuevos elogios de la esposa: es hermosa y asimismo terrible.

La Iglesia es como el jardín de JESUCRISTO, *objeto de sus delicias, y la admiración de los ángeles: es la alegría del cielo, y el terror del infierno.*

1. *Esposa.* A su huerto hubo de bajar mi amado, al plantío de las yerbas aromáticas, para recrearse en los vergeles y coger azucenas.

2. Yo soy toda de mi amado, y mi amado es todo mío, el cual se recrea entre azucenas.

3. *Esposo.* Hermosa eres, querida mía, y llena de dulzura; bella como Jerusalén, terrible majestuosa como un ejército en orden de batalla.

4. Aparta de mí tus ojos, pues éstos me han hecho salir fuera de mí, y me arroban. Son tus cabellos como el fino pelo de los rebaños de cabras que se dejan ver viniendo de Galaad.

5. Tus dientes blancos y unidos como aparece la manada de ovejas al subir de lavarse, todas con crías dobles, sin que haya entre ellas ninguna estéril.

6. Como un cacho o roja corteza de granada, así son tus mejillas, sin lo que tienes encubierto.

7. Sesenta son las reinas, y ochenta las esposas de segundo orden, e innumerables las doncellas.

8. Pero una sola es la paloma mía, la perfecta mía, la Esposa, la hija única de su madre, la escogida de la que la parió. Viéronla las doncellas de mi palacio, y la aclamaron dichosísima; viéronla las reinas y demás esposas, y la colmaron de alabanzas.

9. ¿Quién es ésta, dijeron, que va subiendo cual aurora naciente, bella como la luna, brillante como el sol, terrible majestuosa como un ejército formado en batalla?

10. *Esposo.* Yo bajé al huerto de los nogales para ver los frutales de las cañadas, y observar si estaba en cierne la viña, y si habían brotado los granados.

11. *Esposa.* No lo advertí: conturbóse mi alma por figurarme que oía los carros de Aminadab.

12. *Amigas de la Esposa.* Vuélvete, vuélvete, oh Sulamita; vuélvete a nosotras, vuélvete para que te veamos bien.

CAPÍTULO VII
Es alabada la esposa por las victorias que ha de conseguir de sus enemigos, por su fecundidad, y por la educación que dará a su prole.

La Iglesia sobre la tierra contiene en sí buenos y malos; y experimenta ya alegría, y ya tristeza; ya esperanza y ya temor; pero en el cielo es toda pura y bella, y siempre gozosa y feliz, hace las delicias del Rey celestial, el cual es su divino Esposo.

1. *Esposa.* ¿Qué podréis ver en la Sulamita sino coros de música en medio de escuadrones armados? *Amigas de la Esposa.* ¡Oh hermosa Princesa, y con qué gracia andan ésos tus pies colocados en tan rico calzado! Las junturas de tus muslos son como goznes o charnelas, labrados de mano maestra.

2. Es ése tu seno cual taza hecha a torno, que nunca está exhausta de preciosos licores. Tu vientre como montoncito de frigo, cercado de azucenas.

3. Como dos cervatillos mellizos son tus dos pechos.

4. Es tu cuello terso y blanco como torre de marfil. Tus ojos son como los cristalinos estanques de Hesebón, situados en la puerta más concurrida de las gentes. La nariz tuya tan bien formada como la graciosa torre del Líbano, que mira frente por frente de Damasco.

5. Elevada y majestuosa es tu cabeza, como el Carmelo; y los cabellos de ella, como púrpura de rey puesta en flecos.

6. ¡Cuán bella y agraciada eres, oh amabilísima y deliciosísima Princesa!

7. Parecido es tu talle a la gallardía de la palma, y tus pechos a los hermosos racimos.

8. *Una de las amigas.* Yo digo: subiré a este palmero y cogeré sus frutos, y serán para mí tus pechos como racimos de uvas, y el olor de tu boca, como de manzanas.

9. La voz de tu garganta así deleita como el más generoso vino. *Esposa.*: Debido a mi amado para que lo beba, y se saboree en él conservándole entre sus dientes y labios.

10. Yo soy dichosa porque soy toda de mi amado, y su corazón está siempre inclinado a mí.

11. ¡Ea!, ven querido Esposo mío, salgamos al campo, moremos en las granjas.

12. Levantémonos de mañana para ir a las viñas, miremos si están en cierne las vides, si las flores brotan ya los frutos, si florecen los granados; allí te abriré con más libertad mi corazón.

13. Las mandrágoras están despidiendo su fragancia. Allí tenemos a nuestras puertas toda suerte de frutas exquisitas. Las nuevas y las añejas todas las he guardado para ti. ¡Oh amado mío!

CAPÍTULO VIII
Últimas protestas de amor entre los esposos.

I. *Amor de la iglesia a* JESUCRISTO. *Correspondencia del Señor, y favores que le dispensa, proporción que guarda entre el pecado y la reparación de él; y, cómo exige que se le corresponda con amor, y cuán poderoso es éste y excelente.*

1. *Esposa.* ¡Oh quién me diera, hermano mío, que tú fueses como un niño que esta mamando a los pechos de mi madre, para poder besarte, aunque te halle fuera o en la calle, con lo que nadie me desdeñaría!

2. Yo te tomaría, y te llevaría a la casa de mi madre; allí me enseñarías y harías ver tus gracias, y yo te daría a beber del vino compuesto, y del licor nuevo de mis granadas.

3. Mas he aquí a mi Esposo, que pondrá su izquierda bajo mi cabeza, y con la derecha me abrazará.

4. *Esposo.* Os conjuro, ¡oh hijas de Jerusalén, que no despertéis del sueño a mi amada hasta que ella misma quiera!

5. *Amigas de la Esposa.* ¿Quién es ésta que sube del desierto rebosando en delicias, apoyada en su amado? *Esposo.* Yo te levanté debajo de un manzano en que yacías, ¡oh Esposa mía!, donde fue desflorada tu madre, donde fue violada aquella que te parió y te comunicó la muerte del pecado.

6. Así, pues, ponme por sello sobre tu corazón, ponme por marca sobre tu brazo; porque el amor es fuerte como la muerte, implacables como el infierno los celos; sus brasas, brasas ardientes, y un volcán de llamas.

7. Las muchas aguas no han podido extinguir el amor, ni los ríos podrán sofocarlo. Aunque un hombre en recompensa de este amor o caridad dé todo el caudal de su casa, lo reputará por nada.

II. *Deseo de la Iglesia de que amen a* JESU-CRISTO *todas las naciones.*

8. *Esposa.* Un cuidado me queda, ¡oh amado mío! Nuestra hermana es pequeña, no tiene pechos todavía. ¿Qué haremos, pues, con nuestra hermana en el día en que se le haya de hablar de desposarla?

9. *Esposo.* Si es como un muro edifiquémosle encima baluartes de plata; si es como una puerta, reforcémosla con tablas de cedro.

10. *Esposa.* Yo soy muro, y mis pechos como una torre, desde que me hallo en su presencia, como quien ha encontrado la paz o felicidad.

11. El Pacífico, o mi esposo Salomón, tuvo una viña en Baal-Hamón, entrególa a unos viñadores para que la guardaran y cultivaran; cada uno de ellos le paga por sus frutos mil monedas de plata.

12. La viña mía delante de mí está. Las mil monedas son para ti, ¡oh Pacífico!, y doscientas para los que cuidan de los frutos de ella.

III. *Solamente en el cielo podrá la Iglesia entonar cantares de perfecta alegría.*

13. *Esposo.* Oh tú, la que moras en las huertas, los amigos están escuchando; hazme oír, pues, tu sonora voz.

14. *Esposa.* ¡Ah!, corre aprisa, amor mío, y aseméjate a la corza y al cervatillo; huye a los montes de los aromas, si quieres oír mi voz.

LIBRO DE LA SABIDURÍA

CAPÍTULO I
Aviso a los soberanos de la tierra. A quienes ama la sabiduría y de quienes huye. La muerte viene del hombre, no de Dios.

1. Amad la justicia, vosotros los que juzgáis o gobernáis la tierra. Sentid bien del Señor, y buscadlo con sencillez de corazón;

2. porque los que no lo tientan con sus desconfianzas, ésos lo hallan, y se manifiesta a aquellos que en Él confían.

3. Pues los pensamientos perversos apartan de Dios, cuyo poder puesto a prueba redarguye a los necios.

4. Así es que no entrará en alma maligna la sabiduría, ni habitará en el cuerpo sometido al pecado,

5. porque el Espíritu Santo que la enseña, huye de las ficciones, y se aparta de los pensamien-

tos desatinados, y se ofenderá de la iniquidad que sobrevenga.

6. Ciertamente que siendo como es el espíritu de la sabiduría todo bondad, no dejará sin castigo los labios del maldiciente: porque Dios es testigo de sus afectos interiores, y escudriñador infalible de su corazón, y entendedor de su lenguaje.

7. Por cuanto el Espíritu del Señor llena el mundo universo; y como comprende todas las cosas, tiene conocimiento de todo, hasta de una voz.

8. Por eso el que habla cosas malas no puede escondérsele, ni escapará del juicio vengador.

9. Pues se le interrogará al impío hasta sobre sus pensamientos; y llegarán a los oídos de Dios sus palabras y obras para castigo de sus maldades.

10. Porque la oreja celosa de Dios todo lo oye; ni encubrírsele puede el ruido o susurro de las murmuraciones.

11. Guardaos, pues, de la murmuración, la cual de nada aprovecha, o daña mucho y refrenad la lengua de toda detracción; porque ni una palabra dicha a escondidas se irá por el aire; y la boca mentirosa da muerte al alma.

12. No os afanéis en acarrearos la muerte con el descamino de vuestra vida; ni os granjeéis la perdición con las obras de vuestras manos.

13. Porque no es Dios quien hizo la muerte, ni se complace en la perdición de los vivientes.

14. Crïolo todo a fin de que subsistiera eternamente en su presencia; saludables hizo Él todas las cosas que nacen en el mundo; nada había en ellas de ponzoñoso ni nocivo; el infierno o la muerte no reinaba entonces en la tierra.

15. Puesto que la justicia es de suyo perpetua e inmortal.

16. Mas los impíos con sus hechos y palabras llamaron a la muerte; y reputándola como amiga, vinieron a corromperse hasta hacer con ella alianza, como dignos de tal sociedad.

CAPÍTULO II
Sentimientos y deseos de los impíos. Insigne profecía de Jesucristo.

1. Dijeron, pues, los impíos entre sí, discurriendo sin juicio: «Corto y lleno de tedio es el tiempo de nuestra vida; no hay consuelo en el fin del hombre o después de su muerte, ni se ha conocido nadie que haya vuelto de los infiernos o del otro mundo.

2. »Pues nacido hemos de la nada, y pasado lo presente, seremos como si nunca hubiésemos sido. La respiración o resuello de nuestras narices es como un ligero humo; y el habla o el alma como una transitoria chispa, con la cual se mueve nuestro corazón.

3. »Apagada que sea, quedará nuestro cuerpo reducido a ceniza; y el espíritu se disipará, cual sutil aire; desvanecerse ha, como una nube que pasa, nuestra vida; y desaparecerá como niebla herida de los rayos del sol, y disuelta con su calor.

4. »Caerá en olvido con el tiempo nuestro nombre, sin que quede memoria de nuestras obras.

5. »Porque el tiempo de nuestra vida es una sombra que pasa, ni hay retorno después de la muerte; porque queda puesto el sello, y nadie vuelve atrás.

6. »Venid, pues, y gocemos de los bienes presentes; y apresurémonos a disfrutar de las criaturas mientras somos jóvenes.

7. »Llenémonos de vinos exquisitos, y de olorosos perfumes, y no dejemos pasar la flor de la edad.

8. »Coronémonos de rosas antes que se marchiten; no haya prado donde no dejemos las huellas de nuestra intemperancia.

9. »Ninguno de nosotros deje de tomar parte en nuestra lascivia; dejemos por todas partes vestigios de nuestro regocijo, ya que nuestra herencia es ésta, y tal nuestra suerte.

10. »Oprimamos al justo desvalido, no perdonemos a la viuda, ni respetemos las canas del anciano de muchos días.

11. »Sea nuestra fuerza la única ley de justicia; pues lo flaco, según se ve, de nada sirve.

12. »Armemos, pues, lazos al justo, visto que no es de provecho para nosotros, y que es contrario a nuestras obras, y nos echa en cara los pecados contra la ley, y nos desacredita divulgando nuestra depravada conducta.

13. »Protesta tener la ciencia de Dios, y se llama a sí mismo hijo de Dios.

14. »Se ha hecho el censor de nuestros pensamientos.

15. »No podemos sufrir ni aun su vista; porque no se asemeja su vida a la de los otros, y sigue una conducta muy diferente.

16. »Nos mira como a gente frívola y ridícula, se abstiene de nuestros usos como de inmundicias, prefiere lo que esperan los justos en la muerte; y se gloría de tener a Dios por padre.

17. »Veamos ahora si sus palabras son verdaderas; experimentemos lo que le acontecerá, y veremos cuál será su paradero.

18. »Que si es verdaderamente hijo de Dios, Dios lo tomará a su cargo, y lo librará de las manos de sus adversarios.

19. »Examinémoslo a fuerza de afrentas y de tormentos, para conocer su resignación y probar su paciencia.

20. »Condenémosle a la más infame muerte; pues que según sus palabras será él atendido.

21. Tales cosas idearon los impíos, y tanto desatinaron, cegados de su propia malicia.

22. Y no entendieron los misterios de Dios, ni creyeron que hubiese galardón para el justo, ni hicieron caso de la gloria reservada a las almas santas.

23. Porque Dios crio inmortal al hombre, y formóle a su imagen y semejanza;

24. mas por la envidia del diablo, entró la muerte al mundo.

25. E imitan al diablo los que son de su bando.

CAPÍTULO III

Los justos son felices, aun en medio de las aflicciones; los pecadores experimentan muchas desazones ya en esta vida, después de la cual serán eternamente desdichados. Elogio de la castidad.

1. Las almas, empero, de los justos están en la mano de Dios; y no llegará a ellas el tormento de la muerte eterna.

2. A los ojos de los insensatos pareció que morían; y su tránsito, o salida del mundo, se miró como una desgracia,

3. y como un aniquilamiento su partida de entre nosotros; mas ellos, a la verdad, reposan en paz.

4. Y si delante de los hombres han padecido tormentos, su esperanza está llena o segura de la feliz inmortalidad.

5. Su tribulación ha sido ligera, y su galardón será grande; porque Dios hizo prueba de ellos, y hallólos dignos de sí.

6. Probólos como al oro en el crisol, y los aceptó como víctima de holocausto; y a su tiempo se les dará la recompensa.

7. Entonces brillarán los justos como el sol, y como centellas que discurren por un cañaveral así volarán de unas partes a otras.

8. Juzgarán a las naciones y señorearán a los pueblos; y el Señor reinará con ellos eternamente.

9. Los que confían en Él entenderán la verdad; y los fieles a su amor estarán unidos con Él; pues que la gracia y la paz es para sus escogidos.

10. Mas los impíos serán castigados a medida de sus malvados pensamientos: ellos que no hicieron caso de la justicia, y apostataron del Señor.

11. Porque desdichado es quien desecha la sabiduría y la instrucción, y vana es su esperanza, sin frutos sus trabajos, e inútiles sus obras.

12. Las mujeres de los tales son unas locas y perversísimos sus hijos.

13. Maldita la raza de ellos. Más dichosa es la mujer estéril, y la sin mancilla que ha conservado inmaculado su lecho; porque ella recibirá la recompensa de su castidad, cuando Dios visitará a las almas santas.

14. Asimismo, más feliz es el eunuco, cuyas manos no han obrado la iniquidad, ni ha pensado cosas criminales contrarias a Dios; pues se le dará un don precioso por su fidelidad, y un destino muy distinguido en el cielo, que es el templo de Dios.

15. Porque glorioso es el fruto de las buenas obras; y nunca se seca la raíz de la sabiduría.

16. Mas los hijos de los adúlteros jamás llegarán a edad madura, y extirpada será la raza del tálamo impuro.

17. Y dado que tuvieren larga vida, para nada se contará con ellos, y su última vejez será sin honra.

18. Si murieren pronto, no tendrán esperanza, ni quien les consuele en el día de la cuenta.

19. Porque la raza de los malvados tiene un fin muy desastrado.

CAPÍTULO IV

Comparación de una descendencia justa y virtuosa con la impía raza de los adúlteros o perversos: amorosa providencia de Dios con los justos, y confusión eterna de los impíos.

1. ¡Oh cuán bella es la generación casta con esclarecida virtud! Inmortal es su memoria, y en honor delante de Dios y de los hombres.

2. Cuando está presente, la imitan, y cuando se ausenta, la echan de menos; y coronada triunfa eternamente ganando el premio en los combates por la castidad.

3. Pero la raza de los impíos, aunque multiplicada, de nada servirá; ni echarán hondas raíces los pimpollos bastardos, ni tendrán una estable consistencia.

4. Que si por algún tiempo brotan, como no tienen firmeza, serán sacudidos por el viento, y desarraigados por la violencia del huracán.

5. Con lo que serán desgajadas sus ramas antes de acabar de formarse; inútiles y de áspero gusto sus frutos, y para nada buenos.

6. Porque los hijos nacidos de uniones ilícitas, al preguntárseles de quién son, vienen a ser testigos que deponen contra el crimen de sus padres.

7. Mas el justo, aunque sea arrebatado de muerte prematura, estará en lugar de refrigerio o reposo.

8. Porque no hacen venerable la vejez los muchos días, ni los muchos años; sino que la prudencia y juicio del hombre suplen por las canas,

9. y es edad anciana la vida inmaculada.

10. Porque el justo agradó a Dios, fue amado de Él; y como vivía entre los pecadores, fue trasladado a otra parte.

11. Fue arrebatado para que la malicia no alterase su modo de pensar, ni sedujesen su alma las apariencias engañadoras del mundo.

12. Pues el hechizo de la vanidad del siglo oscurece el bien verdadero; y el inconstante ímpetu de la concupiscencia pervierte el ánimo inocente.

13. Con lo poco que vivió, llenó la carrera de una larga vida.

14. Porque su alma era grata a Dios, por eso mismo se apresuró el Señor a sacarlo de en medio de los malvados. Viéndolo las gentes, no entendieron ni reflexionaron en su corazón

15. ser esto una gracia y misericordia de Dios para con sus santos, y providencia particular con sus escogidos.

16. Mas el justo muerto condena a los impíos que viven; y su juventud presto acabada, la larga vida del pecador.

17. Los impíos verán el fin del hombre prudente, y no comprenderán los designios de Dios sobre él, ni cómo el Señor lo ha puesto en salvo.

18. Veránlo, y lo mirarán con desprecio; mas el Señor se burlará de ellos;

19. y al cabo vendrán a morir sin honor, y estarán con eterna infamia entre los muertos; porque Dios hará que éstos, hinchados de orgullo, revienten de medio a medio, sin que osen abrir su boca, y los desquiciará desde los cimientos, y reducirlos ha a extrema desolación, y quedarán gimiendo, y perecerá para siempre su memoria.

20. Comparecerán llenos de espanto por el remordimiento de sus pecados, y sus mismas iniquidades se levantarán contra ellos para acusarlos.

CAPÍTULO V

Lamentos de los condenados: armas de Dios contra los impíos. Felicidad eterna de los justos.

1. Entonces los justos se presentarán con gran valor contra aquellos que los angustiaron y robaron el fruto de sus fatigas.

2. A cuyo aspecto se apoderará de éstos la turbación y un temor horrendo; y asombrarse han de la repentina salvación de los justos, que ellos no esperaban ni creían

3. y arrepentidos, y arrojando gemidos de su angustiado corazón, dirán dentro de sí: éstos son los que en otro tiempo fueron el blanco de nuestros escarnios, y a quienes proponíamos como un ejemplar de oprobio.

4. ¡Insensatos de nosotros! Su tenor de vida nos parecía una necesidad, y su muerte una ignominia.

5. Mirad cómo son contados en el número de los hijos de Dios, y cómo su suerte es estar con los santos.

6. Luego, descarriados, hemos ido del camino de la verdad; no nos ha alumbrado la luz de la justicia, ni para nosotros ha nacido el sol de la inteligencia.

7. Nos hemos fatigado en seguir la carrera de la iniquidad y de la perdición; andado hemos por senderos fragosos, sin conocer el camino del Señor.

8. ¿De qué nos ha servido la soberbia? ¿O qué provecho nos ha traído la vana ostentación de nuestras riquezas?

9. Pasaron como con sombra todas aquellas cosas; y como mensajero que va en posta;

10. o cual nave que surca las olas del mar, de cuyo tránsito no hay que buscar vestigio, ni la vereda de su quilla en las olas;

11. o como ave que vuela a través del aire, de cuyo vuelo no queda rastro ninguno, y solamente se oye el sacudimiento de las alas con que azota al ligero viento, y corta con fuerza el ambiente, por el cual se abre camino; ella bate sus alas y vuela sin dejar detrás de sí señal ninguna de su rumbo;

12. o como una saeta disparada contra el blanco corta el aire, y luego éste se reúne, sin que se conozca por dónde aquélla pasó.

13. Así también nosotros, apenas nacidos dejamos de ser; y ciertamente ninguna señal de virtud pudimos mostrar, y nos consumimos en nuestra maldad.

14. Así discurren en el infierno los pecadores.

15. Porque la esperanza del impío es como la pelusa o polvo que arrebata el viento; o cual espuma ligera que la tempestad deshace; o como humo que disipa el viento; o como la memoria del huésped que va de paso y sólo se detiene un día.

16. Al contrario, los justos vivirán eternamente, y su galardón está en el Señor, y el Altísimo tiene cuidado de ellos.

17. Por tanto recibirán de la mano del Señor el reino de la gloria y una brillante diadema; los

protegerá con su diestra, y con su santo brazo los defenderá.

18. Se armará de todo su celo, y armará también las criaturas para vengarse de sus enemigos.

19. Tomará la justicia por coraza, y por yelmo el juicio infalible.

20. Embrazará por escudo impenetrable la rectitud.

21. De su inflexible ira se hará Dios una aguda lanza; y todo el universo peleará con Él contra los insensatos.

22. Irán derechamente a ellos los tiros de los rayos, los cuales serán lanzados de las nubes como de un arco bien asestado, y herirán a un punto fijo;

23. y de la cólera de Dios, como de un pedrero, lloverán densos granizos. Embravecéranse contra ellos las olas del mar; y los ríos todos inundarán impetuosamente la tierra.

24. Se levantará contra ellos un furioso huracán, y en torbellino de viento serán destrozados. Por su iniquidad quedará convertida en un yermo toda la tierra; y por la maldad, los tronos de los potentados serán derrocados.

CAPÍTULO VI

Amonéstase a los reyes y jueces que busquen la sabiduría; ponénseles a la vista los suplicios espantosos de los que gobiernan mal.

1. Más vale la sabiduría que las fuerzas; y el varón prudente más que el valeroso.

2. Escuchad, pues, oh reyes, y estad atentos; aprended vosotros, oh jueces todos de la tierra:

3. dad oídos a mis palabras, vosotros que tenéis el gobierno de los pueblos, y os gloriáis del vasallaje de muchas naciones.

4. Porque la potestad os la ha dado el Señor; del Altísimo tenéis esa fuerza, el cual examinará vuestras obras, y escudriñará hasta los pensamientos.

5. Porque siendo vosotros unos ministros de su reino universal, no juzgasteis con rectitud, ni observasteis la ley de la justicia, ni procedisteis conforme a la voluntad de Dios.

6. Él se dejará ver, o caerá sobre vosotros espantosa y repentinamente: pues aquellos que ejercen potestad sobre otros, serán juzgados con extremo rigor.

7. Porque con los pequeños se usará de compasión, mas los grandes sufrirán grandes tormentos.

8. Que no exceptuará Dios persona alguna, ni respetará la grandeza de nadie; pues al pequeño y al grande Él mismo los hizo, y de todos cuida igualmente,

9. si bien a los más grandes amenaza mayor suplicio.

10. Por tanto a vosotros, oh reyes, se dirigen éstas mis palabras; a fin de que aprendáis la sabiduría y no vengáis a resbalar.

11. Porque los que habrán hecho rectamente obras justas, serán justificados; y los que habrán aprendido estas cosas que enseño, hallarán con qué defenderse.

12. Por consiguiente, codiciad mis documentos, amadlos y seréis instruidos.

13. Porque luminosa es e inmarcesible la sabiduría; y se deja ver fácilmente de los que la aman, y hallar de los que la buscan.

14. Se anticipa a aquellos que la codician, poniéndoseles delante ella misma.

15. Quien madrugare en busca de ella, no tendrá que fatigarse; pues la hallará sentada en su misma puerta.

16. El tener, pues, el pensamiento ocupado en la sabiduría, es prudencia consumada; y el que por amor de ella velare, bien presto estará en reposo.

17. Porque ella misma va por todas partes buscando a los que son dignos de poseerla; y por los caminos se les presenta con agrado, y en todas ocasiones y asuntos la tienen al lado.

18. El principio de la sabiduría es un deseo sincerísimo de la instrucción.

19. Procurar instruirse, es amar la sabiduría; amarla, es guardar sus leyes; y la guarda de estas leyes, es la perfecta pureza del alma.

20. La perfecta pureza une con Dios;

21. luego el deseo de la sabiduría conduce al reino eterno.

22. Ahora bien, ¡oh reyes de los pueblos!, si os complacéis en los tronos y cetros, amad la sabiduría a fin de reinar perpetuamente.

23. Amad la luz de la sabiduría todos los que estáis al frente de los pueblos,

24. que yo os declararé qué cosa es la sabiduría, y cómo fue engendrada; ni os ocultaré los misterios de Dios; sino que subiré investigando hasta su primer origen, y pondré en claro su conocimiento, sin ocultar un ápice de la verdad.

25. No me acompañaré por cierto con el que se repudre de envidia; pues el envidioso no será jamás participante de la sabiduría.

26. La muchedumbre de varones sabios es la felicidad del mundo; y un rey sabio es firme sostén del pueblo.

27. Recibid, pues, la instrucción por medio de mis palabras, porque os será provechosa.

CAPÍTULO VII

Deseo de la sabiduría y su elogio: su origen, fuerza, dotes y hermosura.

1. A la verdad que soy también yo un hombre mortal, semejante a los demás, y del linaje de aquel que siendo el primero fue formado de la tierra; y en el vientre de la madre recibí la humana figura de carne.

2. En el espacio de diez meses fui formado de una sangre cuajada y de la sustancia del hombre, concurriendo lo apacible del sueño.

3. Y luego que nací, respiré el común aire, y casi sobre la misma tierra que todos; y mi primera voz, como la de todos los demás niños, fue de llanto.

4. Fui criado entre pañales y con grandes cuidados o desvelos.

5. Porque no ha tenido otra manera de nacer que ésta ninguno de los reyes.

6. Una misma, pues, es para todos la entrada a la vida, y semejante es la salida.

7. Por esto deseé yo la inteligencia, y me fue concedida; e invoqué del Señor el espíritu de Sabiduría, y se me dio,

8. y la preferí a los reinos y tronos, y en su comparación tuve por nada las riquezas, y con ellas las piedras preciosas;

9. ni parangoné con ellas las piedras preciosas; porque todo el oro, respecto de ella, no es más que una menuda arena, y a su vista la plata será tenida por lodo.

10. La amé más que la salud y la hermosura; y propuse tenerla por luz y norte porque su resplandor es inextinguible.

11. Todos los bienes me vinieron juntamente con ella, y he recibido por su medio innumerables riquezas.

12. Y gozábame en todas estas cosas, porque me guiaba esta sabiduría; e ignoraba yo que ella fuese madre de todos estos bienes.

13. Aprendíla sin ficción, y la comunico sin envidia, ni encubro su valor;

14. pues es un tesoro infinito para los hombres, que a cuantos se han valido de Él, los ha hecho partícipes de la amistad de Dios, y recomendables por los dones de la doctrina que han enseñado.

15. A mí me ha concedido Dios el expresar con claridad lo que siento; y el tener pensamientos dignos de los dones recibidos del Señor, porque Él es la guía de la sabiduría y el que corrige a los sabios;

16. puesto que estamos en sus manos nosotros, y nuestros discursos, y toda la sabiduría, y la ciencia del obrar, y la disciplina.

17. Él mismo me dio la verdadera ciencia de las cosas existentes; para que yo conozca la constitución del mundo, y las vicisitudes o virtudes de los elementos;

18. el principio y el fin y el medio de los tiempos, y las mudanzas de las estaciones, y las vicisitudes o variaciones de los tiempos;

19. el curso del año, y las situaciones de las estrellas;

20. las naturalezas de los animales, y la bravura de las fieras; la violencia de los vientos, y las inclinaciones de los hombres; la variedad de las plantas, y las virtudes de las raíces.

21. En suma, aprendí cuantas cosas hay ocultas y nunca vistas; pues la Sabiduría, que es el artífice de todas, me instruyó.

22. Porque en ella tiene su morada el espíritu de inteligencia, espíritu santo, único, multiforme, sutil, elocuente, ágil, inmaculado, infalible, suave, amante del bien, perspicaz, irresistible, benéfico,

23. amador de los hombres, benigno, estable, constante, seguro, el cual lo puede todo, todo lo prevé y que abarca en sí todos los espíritus, inteligente, puro y sutil.

24. Pues la sabiduría es más ágil que todas las cosas que se mueven, y alcanza a todas partes, a causa de su pureza o espiritualidad,

25. siendo como es una exhalación de la virtud de Dios, o como una pura emanación de la gloria de Dios, omnipotente; por lo que no tiene lugar en ella ninguna cosa manchada;

26. como que es el resplandor de la luz eterna, y un espejo sin mancilla de la majestad de Dios, y una imagen de su bondad.

27. Y con ser una sola lo puede todo; y siendo en sí inmutable, todo lo renueva, y se derrama por todas las naciones entre las almas santas, formando amigos de Dios y profetas.

28. Porque Dios solamente ama al que mora con la sabiduría.

29. La cual es más hermosa que el sol, y sobrepuja a todo el orden de las estrellas, y si se compara con la luz, le hace muchas ventajas,

30. visto que a la luz la alcanza la noche; pero la malicia jamás prevalece contra la sabiduría.

CAPÍTULO VIII

La sabiduría abraza todos los bienes. Viene de Dios. Dichoso el que la posee.

1. Ella, pues, abarca fuertemente de un cabo a otro todas las cosas, y las ordena todas con suavidad.

2. A ésta amé yo y busqué desde mi juventud, y procuré tomarla por esposa mía, y quedé enamorado de su hermosura.

3. Realza su nobleza la estrecha unión que tiene con Dios; y además, el mismo Señor de todas las cosas ha declarado que la ama;

4. siendo, como es, la maestra de la ciencia de Dios y la directora de sus obras.

5. Y si en esta vida se codician las riquezas, ¿qué cosa más rica que la sabiduría, criadora de todas las cosas?

6. Y si la industria es la que produce las obras, ¿quién mejor que la sabiduría mostró el arte ninguno en estas cosas existentes?

7. Y si alguno ama la justicia o santidad de vida, frutos son de los trabajos u obras de esta sabiduría las grandes virtudes; por ser ella la que enseña la templanza, la prudencia, y la justicia, y la fortaleza, que son las cosas más útiles a los hombres en esta vida.

8. Y si alguno desea el mucho saber, ella es la que sabe todo lo pasado, y forma juicio de lo futuro; conoce los artificios maliciosos de los discursos, y las soluciones de los argumentos; adivina los prodigios y maravillas antes que sucedan, y los acontecimientos de los tiempos y de los siglos.

9. Propuse, pues, traérmela para que viviera en compañía mía, sabiendo que comunicará conmigo sus bienes, y será el consuelo mío en mis cuidados y penas.

10. Por ella seré ilustre entre las gentes; y aunque joven seré honrado de los ancianos.

11. Y me reconocerán por agudo en el juzgar, y seré admirable a los ojos de los grandes, y los príncipes manifestarán en sus semblantes la admiración que les causo.

12. Si callo estarán en expectación, y si hablo me escucharán atentos; y cuando me extendiere en mi discurso, pondrán el dedo en sus labios.

13. Además de esto, por ella adquiriré yo la inmortalidad, y dejaré memoria eterna de mí a los venideros.

14. Gobernaré los pueblos, y se sujetarán a mí las naciones.

15. Temblarán al oír mi nombre los reyes feroces; con el pueblo me mostraré benigno y valiente en la guerra.

16. Entrando en mi casa hallaré en ella mi reposo; porque ni en su conversación tiene rastro de amargura, ni causa tedio su trato, sino antes bien consuelo y alegría.

17. considerando yo esto para conmigo y revolviendo en mi corazón cómo en la unión con la sabiduría se halla la inmortalidad,

18. y un santo placer en su amistad, e inagotables tesoros en las obras de sus manos, y la prudencia en el ejercicio de conversar con ella, y grande gloria en participar de sus razonamientos, andaba por todas partes buscando cómo apropiármela.

19. Ya de niño era yo de buen ingenio, y me cupo por suerte una buena alma.

20. Y creciendo en la bondad pude conservar inmaculado mi cuerpo.

21. Y luego que llegué a entender que no podría ser continente, si Dios no me lo otorgaba (y era ya efecto de la sabiduría el saber de quién venía este don), acudí al Señor, y se lo pedí con fervor, diciendo de todo mi corazón:

CAPÍTULO IX

Oración humilde de Salomón pidiendo a Dios la sabiduría.

1. Oh Dios de mis padres y Señor de misericordia, que hiciste todas cosas por medio de tu palabra,

2. y con tu sabiduría formaste al hombre, para que fuese señor de las criaturas que tu hiciste,

3. a fin de que gobernase la redondez de la tierra con equidad y justicia, y ejerciese el juicio con rectitud de corazón,

4. dame aquella sabiduría que asiste a tu trono, y no quieras excluirme del número de tus hijos;

5. ya que yo soy siervo tuyo e hijo de tu esclava, hombre flaco, y de corta edad, y poco idóneo aún para entender el derecho y las leyes.

6. Porque aun cuando alguno de entre los hijos de los hombres fuese un varón consumado, si se ausentare de él tu sabiduría, no valdrá nada.

7. Tú, ¡oh Señor!, me escogiste por rey de tu pueblo, y por juez de tus hijos e hijas;

8. y me mandaste edificar el templo en tu santo monte, y un altar en la ciudad de tu morada, a semejanza de tu santo Tabernáculo, que dispusiste desde el principio

9. estando contigo tu sabiduría, que conoce tus obras; la cual se hallaba también contigo entonces cuando criabas al mundo, y sabía lo que era acepto a tus ojos, y qué cosa era conforme a tus decretos.

10. Envíala de tus santos cielos y del solio de tu grandeza, para que esté conmigo, y conmigo trabaje, a fin de que sepa yo lo que te place;

11. puesto que sabe ella todas las cosas, y todo lo entiende, y me guiará con acierto en mis empresas, y me protegerá con su poder.

12. Con lo cual mis obras serán aceptas, y gobernará con justicia a tu pueblo, y seré digno del trono de mi padre.

13. Porque, ¿quién de los hombres podrá saber los consejos de Dios?; ¿o quién podrá averiguar qué es lo que Dios quiere?

14. Porque tímidos son los pensamientos de los mortales, e inciertas o falaces nuestras providencias;

15. pues el cuerpo corruptible apesga al alma, y este vaso de barro deprime la mente, ocupada que está en muchas cosas.

16. Difícilmente llegamos a formar concepto de las cosas de la tierra; y a duras penas entendemos las que tenemos delante de los ojos. ¿Quien podrá, pues, investigar aquellas que están en los cielos?

17. Y sobre todo, ¿quién podrá conocer tus designios o tu voluntad, si Tú no le das sabiduría, y no envías desde lo más alto de los cielos tu Santo Espíritu;

18. con que sean enderezados los caminos de los moradores de la tierra, y aprendan los hombres las cosas que a ti placen?

19. Visto que por la sabiduría fueron salvados, ¡oh Señor!, cuantos desde el principio del mundo te fueron aceptos.

CAPÍTULO X

Adán, Noé y demás patriarcas, y del pueblo de Israel protegidos y puestos en salvo por la sabiduría.

1. Ella guardó al que fue por el mismo Dios formado, al primer padre del mundo, habiendo sido criado él solo;

2. y ella lo sacó de su pecado, y diole potestad para gobernar todas las cosas.

3. Luego que apostató de esta sabiduría, arrebatado de la ira, el impío Caín se halló perdido por la furia del homicidio fraterno.

4. Y cuando después por causa de él las aguas anegaron la tierra, la sabiduría puso nuevamente remedio, conduciendo al justo Noé en un leño despreciable.

5. Ella, igualmente cuando las gentes conspirando a una para obrar mal, distinguió al justo Abrahán, y conservóle irreprensible delante de Dios, y le mantuvo firme en obedecer su mandato a pesar de su natural compasión al hijo.

6. La sabiduría es la que libró al justo Lot, que huía de entre los impíos que perecieron, cuando cayó fuego sobre Pentápolis;

7. cuya tierra, en testimonio de las maldades de ella, persevera desierta, humeando, y los árboles dando frutos sin sazón, y fija la estatua de sal, por padrón de una alma incrédula.

8. Así es que aquellos que dieron de mano a la sabiduría, no solamente vinieron a desconocer la virtud, sino que dejaron a los hombres memoria de su necedad, por manera que no pudieron encubrir los pecados que cometieron.

9. Al contrario, la sabiduría libró de los dolores a los que la respetaban.

10. Ella condujo por caminos seguros al justo Jacob, cuando huía de la ira de su hermano Esaú, y le mostró el reino de Dios, y diole la ciencia de los santos; enriquecióle en medio de las fatigas, y recompensó abundantemente sus trabajos.

11. Cuando Labán y sus hijos querían sorprenderlo con sus fraudes, ella lo asistió e hízolo rico.

12. Guardólo de los enemigos, y defendióle de los seductores, e hízolo salir vencedor en la gran lucha, a fin de que conociese que de todas las cosas la más poderosa es la sabiduría.

13. Esta misma no desamparó al justo José, vendido por sus hermanos, antes le libró de los pecadores, y descendió con él al hoyo o mazmorra,

14. ni lo desamparó en las prisiones, sino que le dio el bastón o gobierno del reino, y el poder contra aquellos que lo habían deprimido; y convenció de mentirosos años que lo habían infamado, y procuróle una gloria eterna.

15. Ésta libró a Israel, al pueblo justo y al linaje irreprensible, de las naciones que lo oprimían,

16. entrándose en el alma del siervo de Dios, Moisés; el cual contrastó a reyes formidables a fuerza de portentos y milagros.

17. Y ésta les dio a los justos el galardón de sus trabajos, y los condujo por sendas maravillosas, y sirvióles de todo durante el calor del día, y suplió de noche la luz de las estrellas.

18. Los pasó por el mar Rojo a la otra orilla, y los fue guiando entre montañas de aguas.

19. Pero a sus enemigos los sumergió en el mar; y después los hizo salir muertos del profundo abismo. Así es que los justos se llevaron los despojos de los impíos;

20. y celebraron con cánticos, ¡oh Señor!, tu Nombre santo, alabando todos a una tu diestra vencedora.

21. Porque la sabiduría abrió la boca de los mudos, e hizo elocuentes las lenguas de los infantes.

CAPÍTULO XI

Cómo la divina Sabiduría protegió a los hebreos, y los hizo triunfar de sus enemigos.

1. La misma dirigió sus pasos bajo el gobierno del santo profeta Moisés.

2. Viajaron por desiertos inhabitados, y se acamparon en lugares yermos.

3. Hicieron frente a sus enemigos, y se vengaron de sus contrarios.

4. Tuvieron sed, y te invocaron, y fueles dada agua de una altísima peña, y refrigerio a su sed de una dura piedra.

5. Por tanto en lo mismo que fueron castigados sus enemigos cuando les faltó el agua para beber, los hijos de Israel se gozaban por tenerla en abundancia;

6. y por eso cuando a aquéllos les faltó, recibieron éstos tan singular beneficio.

7. Porque realmente a los malvados egipcios les diste a beber sangre humana, en vez de las aguas del perenne río Nilo.

8. Y cuando perecían éstos en pena de haber hecho morir a los infantes hebreos, diste a los tuyos agua en abundancia contra toda esperanza,

9. demostrando, por la sed que hubo entonces, cómo ensalzabas a los tuyos, y hacías perecer a sus contrarios.

10. Pues viéndose los hebreos puestos a prueba y afligidos, bien que con misericordia, echaron de ver cuáles tormentos padecieron los impíos, castigados con indignación.

11. Verdaderamente que a los unos los probaste como padre que amonesta; mas a los otros pusístelos en juicio, como rey inexorable para condenarlos,

12. siendo atormentados igualmente en ausencia y en presencia de los hebreos.

13. Porque eran castigados con doble pesar y llanto, con la memoria de las cosas pasadas;

14. pues al oír que era bien para los otros lo que para ellos había sido tormento, conocieron la mano del Señor, asombrados del éxito de los sucesos.

15. Así fue que a aquel pueblo y caudillo, de quien se mofaban, como de gente echada a la ventura en aquella inhumana exposición de los niños, al fin de los sucesos lo miraban con admiración; habiendo ellos padecido una sed, bien diferente de la de los justos, que luego fui remediada,

16. y en castigo de las ideas locas de su idolatría, según las cuales algunos, desvariando, adoraban irracionales o mudas serpientes, y viles bestias, Tú enviaste contra ellos para vengarte una muchedumbre de mudas sabandijas;

17. a fin de que conociesen cómo por aquellas cosas en que uno peca, por esas mismas es atormentado.

18. No porque tu mano omnipotente que crio al mundo de una materia nunca vista no pudiera enviar contra ellos multitud de osos y de feroces leones,

19. o fieras de una nueva especie desconocida, llenas de furor, que respirasen llamas de fuego,

o despidiesen una negra humareda, o arrojasen por los ojos espantosas centellas;

20. que no solamente con sus mordeduras hubieran podido exterminarlos, sino aun con la sola vista hacerlos morir de espanto.

21. Pero aun sin nada de todo esto, con un solo aliento de tu ira podían ser muertos, perseguidos del remordimiento de sus propios crímenes, y disipados por un soplo de tu potencia; mas Tú dispones todas las cosas con justa medida, número y peso;

22. porque Tú solo tienes siempre a la mano el sumo poder; y ¿quién puede resistir a la fuerza de tu brazo?

23. El mundo todo es delante de ti como un granito en la balanza, y como una gota de rocío que por la mañana desciende sobre la tierra.

24. Pero Tú tienes misericordia de todos, por lo mismo que todo lo puedes, y disimulas los pecados de los hombres, a fin de que hagan penitencia.

25. Porque Tú amas todo cuanto tiene ser, y nada aborreces de todo lo que has hecho; que si alguna cosa aborrecieras, nunca la hubieras ordenado ni hecho.

26. ¿Y cómo pudiera durar alguna cosa, si Tú no quisieses?; ¿ni cómo conservarse nada sin orden tuya?

27. Pero Tú eres indulgente para con todos; porque tuyas son todas las cosas, ¡oh Señor!, amador de las almas.

CAPÍTULO XII

Paciencia infinita del Señor en tolerar por tanto tiempo las sacrílegas maldades de los cananeos.

1. ¡Oh cuán benigno y suave es, oh Señor, tu espíritu en todas las cosas!

2. De aquí es que a los que andan perdidos, Tú los castigas poco a poco; y los amonestas y les hablas de las faltas que cometen, para que dejada la malicia crean en ti, ¡oh Señor!

3. Porque Tú miraste con horror a los antiguos moradores de tu tierra santa;

4. pues hacían obras detestables a tus ojos con hechiceras y sacrificios impíos,

5. matando sin piedad a sus propios hijos, y comiendo las entrañas humanas, y bebiendo la sangre en medio de tu sagrada tierra contra tu santo precepto.

6. A estos tales, que eran a un mismo tiempo padres y parricidas de aquellas criaturas abandonadas, los quisiste hacer perecer por medio de nuestros padres;

7. a fin de que la tierra, de ti la más amada de todas, recibiese la digna colonia de hijos de Dios.

8. Mas aún a los tales malvados, por ser hombres, les tuviste alguna compasión, y les enviaste avispas, a manera de batidores de tu ejército, para que los exterminasen poco a poco.

9. No porque no pudieses someter a mano armada los impíos a los justos, o exterminarlos de una vez por medio de bestias feroces, o con sola una severa palabra tuya;

10. sino que castigándolos poco a poco, dabas lugar a la penitencia; bien que no ignorabas cuán malvada es su casta y connatural su malicia, y que no se mudarían jamás sus corrompidas ideas.

11. Pues venían ellos de una raza maldita ya desde el principio; y sin que fuese por temer Tú a nadie, les dabas treguas en sus pecados.

12. Porque quién te dirá a ti: ¿por qué has hecho eso?, ¿o quién se opondrá a tus juicios?, ¿o quién se presentará ante ti para defender a hombres malvados?, ¿o quién te hará cargos por haber exterminado las naciones que Tú criaste?

13. Porque no hay otro Dios sino Tú; que de todas las cosas tienes cuidado, para demostrar que no hay injusticia alguna en tus juicios o disposiciones.

14. No hay ni rey, ni príncipe que pueda pedirte cuenta de aquellos que Tú has hecho perecer.

15. Siendo como eres justo, dispones, ¡oh Señor!, todas las cosas justamente; y crees ajeno de tu poder el condenar a aquel que no merece ser castigado.

16. Pues tu poder es el principio o fuente de la justicia; y por lo mismo que eres el Señor de todas las cosas, eres con todos indulgente.

17. Muestras, empero, tu infinito poder cuando no te creen soberanamente poderoso, y entonces confundes la audacia de aquellos que no te reconocen.

18. Pero como Tú eres el soberano Señor de todo, juzgas sin pasión, y nos gobiernas con moderación suma; teniendo siempre en tu mano el usar del poder cuando quisieres.

19. Por esta tu conducta has enseñado a tu pueblo que el justo debe también ser humano, y has dado a tus hijos buenas esperanzas, viendo que cuando los juzgas por sus pecados dejas lugar a la penitencia.

20. Pues si a los enemigos de tus siervos, ya reos de muerte, los castigaste con tanto miramiento, dándoles tiempo y comodidad para que se arrepintiesen de su malicia,

21. ¿con cuánto cuidado juzgarás a tus hijos, a cuyos padres hiciste con juramentos y pactos grandes promesas?

22. Así es que cuando a nosotros nos das alguna corrección, a nuestros enemigos los castigas de mil maneras; para que reflexionando consideremos tu bondad, y cuando nos haces experimentar tu justicia, esperemos en tu misericordia.

23. Por la misma razón a esos otros, que vivieron como insensatos e injustos, los hiciste sufrir horribles tormentos por medio de aquellas mismas cosas que adoraban.

24. Ello es que anduvieron largo tiempo extraviados por la senda del error, creyendo dioses a las criaturas más viles entre los animales, y viviendo como niños, sin ningún juicio.

25. Por lo mismo les diste Tú un castigo a manera de escarnio, como a muchachos sin seso.

26. Mas los que no se corrigieron con estos escarnios y represiones, vinieron a experimentar un castigo digno del poder de Dios.

27. Porque irritados de lo que padecían, y viéndose atormentados por las mismas cosas que creían dioses, y que ellas eran su ruina, reconocieron ser el verdadero Dios aquel a quien en otro tiempo negaban conocer; pero no dejaron la impiedad. Por lo cual descargó al cabo sobre ellos la condenación fina.

CAPÍTULO XIII

Locura de aquellos que adoraron como dioses las obras de Dios, y los ídolos hechos de mano de los hombres.

1. Vanidad, y no más, son ciertamente todos los hombres en quienes no se halla la ciencia de Dios; y que por los bienes visibles no llegaron a entender al Ser Supremo, ni considerando las obras reconocieron al artífice de ellas;

2. sino que se figuraron ser el fuego, o el viento, o el aire ligero, o las constelaciones de los astros, o la gran mole de las aguas, o el sol y la luna los dioses gobernadores del mundo.

3. Que si encantados de la belleza de tales cosas las imaginaron dioses, debieran conocer cuánto más hermoso es el dueño de ellas; pues el que crio todas estas cosas es el autor de la hermosura.

4. O si se maravillaron de la virtud e influencia de estas criaturas, entender debían por ellas que aquel que las creó las sobrepuja en poder.

5. Pues de la grandeza y hermosura de las criaturas, se puede a las claras venir en conocimiento de su Criador.

6. Mas, sin embargo, los tales son menos reprensibles; porque si caen en el error, puede decirse que es buscando a Dios, y esforzándose por encontrarlo.

7. Por cuanto lo buscan discurriendo sobre sus obras, de las cuales quedan como encantados por la belleza que ven en ellas.

8. Aunque ni tampoco a éstos se les debe perdonar:

9. porque si pudieron llegar por su sabiduría a formar idea o a penetrar las cosas del mundo, ¿cómo no echaron de ver más fácilmente al Señor del mundo?

10. Pero malaventurados son, y fundan en cosas muertas sus esperanzas aquellos que llamaron dioses a las obras de la mano de los hombres, al oro y a la plata, labrados con arte, o a las figuras de los animales, o a una piedra inútil, obra de mano antigua.

11. Como cuando un artífice o escultor hábil corta del bosque un árbol derecho y diestramente le quita toda la corteza, y valiéndose de su arte fabrica mañosamente un mueble a propósito para el servicio de la vida,

12. y los restos los recoge para cocer la comida;

13. y a uno de estos restos, que para nada sirve, por estar torcido y lleno de nudos, lo va puliendo a ratos desocupados, y con la pericia de su arte va dándole figura, hasta hacer de él la imagen de un hombre,

14. o darle la semejanza de un animal, pintándolo de bermellón, y poniéndole la encarnadura y cubriéndole todos los agujeros y hendiduras que hay en él;

15. y haciendo después para la estatua un nicho conveniente, la coloca en la pared, y la afirma con clavos,

16. para que no caiga al suelo, usando con ella de esta precaución, porque sabe que no puede valerse a sí misma, puesto que es una mera imagen, la cual ha menester ayuda para sostenerse.

17. Y sin embargo, ofreciéndole votos, la consulta sobre su hacienda, sobre sus hijos, y sobre sus matrimonios. Ni se corre de hablar con aquello que carece de vida;

18. antes bien suplica por la salud a un inválido, y ruega por la vida a un muerto, e invoca en su ayuda a un estafermo;

19. y para hacer un viaje se encomienda a quien no puede menearse; y para sus ganancias y labores y el buen éxito de todas las cosas hace oración al que es inútil para todo.

CAPÍTULO XIV
Necedad y ceguera de los idólatras; descríbese el origen de la idolatría.

1. Asimismo piensa otro en navegar, y estando para surcar las encrespadas olas, invoca un leño más endeble que aquel en que va.

2. A este leño lo inventó la codicia de ganar, y fabricólo el artífice con su saber.

3. Mas tu providencia, ¡oh Padre!, lleva el timón; por cuanto aun en medio del mar abriste camino a tu pueblo que huía de Egipto, y le diste paso segurísimo por entre las olas;

4. demostrando que eres poderoso para salvar de todo riesgo, aun cuando alguno se meta en el mar sin uso del arte.

5. Pero a fin de que no quedasen inútiles las obras de tu sabiduría, por eso es que los hombres fían sus vidas a un débil leño, y atravesando el mar sobre un barco llegan a salvamento.

6. De esta suerte también al principio, cuando perecieron en el diluvio los soberbios gigantes, una barca fue el refugio de la esperanza de toda la tierra: barca que siendo gobernada por tu mano, conservó la semilla de que había de renacer el mundo.

7. Porque bendito es el leño que sirve a la justicia;

8. pero maldito es el leño de un ídolo hecho de mano, tanto él como su artífice: éste, porque lo fabricó, y aquél, porque no siendo más que una cosa frágil recibió el nombre de dios.

9. Puesto que a Dios le son igualmente aborrecibles el impío y su impiedad.

10. Por donde así la obra hecha como el hacedor serán castigados.

11. Y por eso no se perdonará a los mismos ídolos de las naciones; por cuanto a las criaturas de Dios se las hizo servir a la abominación, y de tentación para las almas de los hombres, y de lazo para los pies de los insensatos.

12. Pues la invención de los ídolos fue el origen de la idolatría, y su hallazgo la corrupción de la vida:

13. porque ni los había al principio, ni los habrá siempre.

14. Sobrevino en el orbe terráqueo la vanidad de los hombres; y con esto se tuvo por muy pronta la muerte de ellos.

15. Hallándose un padre traspasado de acerbo dolor por la prematura y súbita muerte de su hijo, formó de él un retrato; y al que como hombre acababa de morir, comenzó luego a honrarlo como a dios, y estableció entre sus criados ceremonias y sacrificios para darle culto.

16. Después, con el discurso del tiempo, tomando cuerpo aquella impía costumbre, el error vino a ser observado como ley, y adorábanse los simulacros por mandato de los tiranos.

17. Y así hacían traer desde lejos los retratos de aquellos a quienes podían los hombres honrar personalmente por estar distantes; y exponían a la vista de todos la imagen del rey a quien querían tributar honores, a fin de reverenciarle con su culto, como si estuviera presente.

18. La extremada habilidad del artífice atrajo también a los ignorantes a este culto;

19. porque deseando complacer al que lo hacía trabajar, empleó todos los esfuerzos del arte para sacar más al vivo la imagen.

20. Con esto embelesado el vulgo con la belleza de la obra, comenzó a calificar por un dios al que poco antes era honrado como un hombre.

21. Y he aquí cómo se precipitó en el error el género humano; pues los hombres, o por satisfacer a un particular afecto suyo, o por congraciarse con los reyes, dieron a las piedras y leños el nombre incomunicable de Dios.

22. Ni se contentaron con errar en orden al conocimiento de Dios; sino que viviendo sumamente combatidos de su ignorancia, a un sinnúmero de muy grandes males les dan el nombre de paz o de bienes.

23. Pues ya sacrificando sus propios hijos, ya ofreciendo sacrificios entre tinieblas, o celebrando vigilias llenas de brutales delirios,

24. ni respetan las vidas, ni la pureza de los matrimonios, sino que unos a otros se matan por celos, o con sus adulterios se contristan.

25. Por todas partes se ve efusión de sangre, homicidios, hurtos y engaños, corrupción, infidelidad, alborotos, perjurios, vejación de los buenos;

26. olvido de Dios, contaminación de las almas, incertidumbre de los partos. inconstancia de los matrimonios, desórdenes de adulterio y de lascivia;

27. siendo el abominable culto de los ídolos la causa y el principio y fin de todos los males;

28. porque o hacen locuras en sus fiestas, o a lo menos fingen oráculos falsos, o viven en la injusticia, o perjuran con suma facilidad;

29. como que confiados en sus ídolos, que son criaturas inanimadas, no temen que por jurar falso les venga ningún daño.

30. Mas por entrambas cosas tendrán su justo castigo; porque entregados a sus ídolos sintieron mal de Dios, y porque juraron injustamente y con dolo, menospreciando la justicia.

31. Que no es el poder de aquellos ídolos por quienes juran, sino la Divina venganza contra los pecadores la que persigue siempre la prevaricación de los hombres injustos.

CAPÍTULO XV

Acción de gracias a Dios por haber preservado a Israel de la idolatría. Ceguedad de los idólatras, e invectivas contra ellos.

1. Empero Tú, oh Dios nuestro, Tú eres benigno y veraz, y sufrido, y todo lo gobiernas con misericordia.

2. Porque si pecáremos, tuyos somos, sabiendo, como sabemos, tu poder y grandeza; y si no pecamos, sabemos que nos cuentas en el número de los tuyos o de tus amigos.

3. Porque el conocerte a ti con fe viva es la perfección de la justicia, y el conocer o confesar tu justicia y poder es la raíz de la inmortalidad.

4. Y así no nos ha inducido a error la humana invención de un arte mal empleada, ni el vano artificio de las sombras de una pintura, ni la efigie entallada y de varios colores,

5. cuya vista excita la concupiscencia en el insensato, que ama la compostura de un retrato muerto e inanimado.

6. Dignos son de poner su esperanza en semejantes cosas o en tales deidades aquellos que aman el mal; como también los que las hacen, los que las aman, y los que les dan culto.

7. Así es que un alfarero, manejando la blanda grada, forma de ella, a costa de su trabajo, toda suerte de vasijas para nuestros usos; y de un mismo barro hace vasos que sirven para cosas limpias, e igualmente otros para cosas que no son tales; siendo el alfarero el árbitro del destino que han de tener los vasos.

8. Y con vana fatiga forma del mismo barro un dios el hombre mortal que poco antes fue formado de la tierra, y que muy en breve volverá a reducirse a ella, obligado a restituir la deuda del alma que ha recibido.

9. Pero él no se cura del trabajo que le ha de costar, ni de la brevedad de su vida; sino que va a competencia con los artífices de oro o de plata, e imita también a los broncistas, y pone su gloria en formar cosas inútiles;

10. pues su corazón es ceniza o polvo, y vil tierra su esperanza, y su vida más despreciable que el barro;

11. como que no conoce al que lo ha criado e infundido el alma con que trabaja, e inspirádole el espíritu de vida.

12. Y aun han creído éstos ser nuestra vida un juego, y que toda nuestra ocupación debe reducirse a amontonar riquezas, y que conviene el ganar por cualesquiera medios, aunque sean malos.

13. Porque aquel artífice que de la frágil materia de la tierra forma vasijas y simulacros, bien conoce que peca más que todos.

14. Son, pues, necios desgraciados y soberbios, más que alma nacida, todos los que son enemigos de tu pueblo, y que lo tienen avasallado.

15. Porque creen dioses todos los ídolos de las naciones; los cuales ni pueden usar de los ojos para ver, ni de las narices para respirar, ni de las orejas para oír, ni de los dedos de las manos para palpar, ni aun sus pies son capaces de menearse.

16. Que un hombre mortal fue quien los hizo y recibió prestado el espíritu el que los formó; ni jamás podrá hombre alguno fabricar un dios semejante a sí.

17. Porque siendo, como es, mortal, forma con manos sacrílegas una cosa muerta; siendo él mejor que aquellos a quienes adora, pues él, aunque mortal, ha obtenido la vida, pero aquellos nunca vivirán.

18. Y aun adoran a los más viles animales, que comparados con las demás bestias irracionales, son de peor condición que éstas.

19. Ni hay quien pueda observar cosa buena en el aspecto de estas sabandijas o animales; como que ahuyentaron de sí la aprobación y bendición de Dios.

CAPÍTULO XVI

Cuán diferentemente trató Dios a los hebreos, sus adoradores, que a los idólatras egipcios.

1. Por eso fueron justamente atormentados por medio de aquellas mismas o semejantes cosas que adoraban, y exterminados por una turba de animales soeces.

2. Mas a tu pueblo, en lugar de estos tormentos, le hiciste favores, concediéndole los apetecidos deleites con traerle por manjar de exquisito sabor gordas codornices;

3. de manera que cuando los otros, bien que hambrientos, perdían las ganas aun del necesario sustento, por el asco de las sabandijas que se les ponían delante de los ojos, éstos, padeciendo necesidad por un poco de tiempo, lograron después un exquisito manjar.

4. Porque convenía que a los que se portaban como tiranos, les sobreviniese irremediable ruina, y a éstos otros se les mostrase solamente, con una breve hambre o mortandad, de qué manera eran exterminados sus enemigos.

5. Así que cuando contra ellos se enfurecieron las bestias crueles, perecían de las mordeduras de venenosas serpientes.

6. Mas no duró siempre tu enojo, sino que fueron aterrados por un breve tiempo para escarmiento, recibiendo luego en la serpiente de metal una señal de salud, para recuerdo de los mandamientos de tu ley.

7. A la cual insignia quien miraba, quedaba sano; no por virtud del objeto que veía, sino por ti ¡oh Salvador de todos los hombres!

8. Con lo que demostraste a nuestros enemigos que Tú eres el que libras de todo mal.

9. Pues que ellos perecieron mordidos de las langostas y moscas, sin que se hallase remedio para su vida; porque merecían ser consumidos de semejantes insectos.

10. Mas contra tus hijos ni aun los dientes de dragones venenosos pudieron prevalecer, porque acudió a curarlos tu misericordia.

11. Y sólo eran puestos a prueba, a fin de que se acordasen de tus preceptos; presto, empero, quedaban curados, para que no sucediese que cayendo en un profundo olvido de tu ley no pudiesen gozar de tu socorro.

12. Porque no fue yerba, ni ningún emplasto suave lo que los sanó, sino que fue tu palabra, ¡oh Señor!, la cual sana todas las cosas.

13. Pues Tú eres, ¡oh Señor!, el dueño de la vida y de la muerte, y Tú nos conduces hasta las puertas de la muerte, y nos haces volver atrás desde ellas.

14. Un hombre bien puede matar a otro por malicia; pero salido que haya el espíritu no puede hacerlo volver, ni hará tornar el alma de allí donde ha sido recibida.

15. Mas el huir de tu mano, es cosa imposible.

16. Así los impíos, que negaban conocerte, fueron azotados por tu fuerte brazo, siendo perseguidos de extrañas lluvia, de pedriscos y de tempestades, y consumidos por el fuego.

17. Y lo más maravilloso era que el fuego en la misma agua que lo apaga todo, tenía mayor actividad; porque todas las criaturas se arman para vengar a los justos.

18. A veces, pues, se amansaba el fuego, para no quemar a los animales enviados de Dios contra los impíos; a fin de que viéndolo ellos mismos, acabasen de conocer que por juicio de Dios eran perseguidos.

19. Otras veces el fuego, contra o sobre su natural virtud, ardía en el agua para consumir las producciones de aquella tierra maldita.

20. Al contrario, alimentaste a tu pueblo con manjar de ángeles, y le suministraste del cielo un pan aparejado sin fatiga suya, que contenía en sí todo deleite y la suavidad de todos los sabores.

21. Y así este tu sustento demostraba cuán dulce eres para con tus hijos; y acomodándose al gusto de cada uno se transmutaba en lo que cada cual quería.

22. Por otra parte, la niebla y el hielo resistían a la fuerza del fuego, y no se derretían; para que viesen los tuyos cómo arrasaba las cosechas de los enemigos aquel fuego que ardía y relampagueaba en medio del granizo y de la lluvia.

23. Pero aquí, al contrario, olvidóse el fuego de su misma actividad; para que tuviesen los justos de qué alimentarse.

24. Porque la criatura sirviéndote a ti, Hacedor suyo, redobla los ardores para atormentar a los injustos, y los mitiga en beneficio de aquellos que en ti confían.

25. Por eso entonces también el maná, criatura tuya, tomando el gusto de todos los manjares, servía a tu benéfica voluntad sustentadora de todos, acomodándose al deseo de aquellos que a ti recurrían;

26. a fin de que tus hijos, ¡oh Señor!, de ti tan amados, reconociesen que no tanto son los frutos naturales los que alimentan a los hombres; sino que tu palabra es la que sustenta a los que creen en ti.

27. Y en verdad que aquel maná que no podía ser consumido del fuego, calentado al más leve rayo del sol, luego se deshacía;

28. a fin de que supiesen todos que era necesario adelantarse al sol para recoger tu bendición, y adorarte así que amanece.

29. Porque la esperanza del ingrato, como la escarcha del invierno, se deshará, y desaparecerá como agua perdida.

CAPÍTULO XVII

Circunstancias memorables de las horrendas tinieblas de Egipto.

1. Grandes son, ¡oh Señor!, tus juicios, e inefables tus obras. Por eso las almas privadas de la ciencia o luz celestial, cayeron en el error.

2. Pues cuando los inicuos egipcios se persuadían poder oprimir al pueblo santo, fueron ligados con cadenas de tinieblas y de una larga noche, encerrados dentro de sus casas, y yaciendo en ellas como excluidos de la eterna Providencia;

3. y mientras creían poder quedar escondidos con sus negras maldades, fueron separados unos de otros con el velo tenebroso del olvido, llenos de horrendo pavor, y perturbados con grandísimo asombro.

4. Porque ni las cavernas en que se habían metido los libraban del miedo; sino que un horrible estruendo, que se sentía, los aterraba, y aparecíanseles horrorosos fantasmas, que los llenaban de espanto

5. No había ya fuego, por grande que fuese, que pudiese alumbrarlos; ni el claro resplandor de las estrellas podía esclarecer aquella horrenda noche.

6. Al mismo tiempo de repente les daban en los ojos terribles fuegos o relámpagos; y aturdidos por el temor de aquellos fantasmas, que veían confusamente, imaginábanse más terribles todos los objetos.

7. Allí fueron escarnecidas las ilusiones del arte mágica, y afrentosamente castigada la jactancia de su sabiduría.

8. Pues los que prometían desterrar de los ánimos abatidos los temores y las perturbaciones, esos mismos, llenos de terror estaban con vergüenza suya desmayados.

9. Porque aunque nada de monstruoso solía espantarlos, aquí despavoridos con el pesar continuo de las bestias, y los silbidos de las serpientes, se morían de miedo, y hubieran elegido no percibir el aire, lo que nadie puede evitar de ningún modo.

10. Porque la maldad, siendo como es medrosa, trae consigo el testimonio de su propia condenación; pues una conciencia agitada presagia siempre cosas atroces.

11. Ni es otra cosa el temor, sino el pensar que está uno destituido de todo auxilio.

12. Y cuanto menos dentro de sí espera socorro el hombre, tanto más grande le parece aquella causa desconocida que lo atormenta.

13. Lo cierto es que los que en aquella noche, verdaderamente intolerable y salida de lo más inferior y profundo del infierno, dormían el mismo sueño,

14. unas veces eran agitados por el temor de los espectros, otras desfallecían sus almas de abatimiento, sobresaltados de un terror repentino e inesperado.

15. Y si alguno de ellos llegaba a caer, allí quedaba como preso y encerrado en una cárcel, sin necesidad de cadenas de hierro.

16. Pues, o bien fuese algún labrador, o un pastor, o jornalero que trabajase en el campo, se hallaba sorprendido y envuelto en aquella insuperable angustia;

17. porque todos quedaban aprisionados con una misma cadena de tinieblas donde ya el susurro de los vientos, ya el canto suave de las aves entre las frondosas ramas de los árboles, ya el ímpetu de corrientes caudalosas de agua,

18. ya el recio estruendo de peñascos que se desgajaban, ya el correr de los animales, que andaban retozando, y a los cuales no divisaban, ya el fuerte alarido de las bestias que aullaban, ya el eco resonante en las concavida-

des de montes altísimos, los hacía desfallecer de espanto.

19. Y entretanto todo el resto del mundo estaba iluminado de clarísima luz, y se ocupaba sin embarazo alguno en sus labores ordinarias.

20. Solamente sobre ellos reinaba una profunda noche, imagen de aquellas eternas tinieblas, que después les aguardaban, por cuyo motivo se hacían ellos más insoportables a sí mismos que las tinieblas.

CAPÍTULO XVIII

Una columna de fuego alumbra a los hebreos. Mata un ángel a todos los primogénitos de los egipcios. Aarón intercede por su pueblo.

1. Entretanto, Señor, gozaban tus santos, o escogidos, de una grandísima luz; y oían las voces de los egipcios, pero sin verlos. Y dábante a ti la gloria de que no padecían las mismas angustias,

2. tributándote gracias porque no eran maltratados de ellos, como antes lo habían sido; y pedíante la merced de que subsistiese esta diferencia.

3. Por lo cual al ir por un camino desconocido tuvieron por guía una luminosa columna de fuego haciendo Tú que brillara sobre ellos un sol que no les incomodaba en el descanso de sus mansiones.

4. A la verdad bien merecían los otros el quedar privados de la luz, y padecer una cárcel de tinieblas, ya que tenían encarcelados a tus hijos, por cuyo medio se comenzaba a comunicar al mundo la luz inmaculada de la ley.

5. Y cuando resolvieron el quitar la vida a los infantes de los justos, y libraste para castigo suyo a Moisés, uno de ellos que había sido expuesto sobre las aguas, Tú les quitaste muchísimos de sus hijos; y a ellos mismos los ahogaste en los abismos de las aguas.

6. Fue aquella noche previamente anunciada a nuestros padres, para que conociendo por este suceso la verdad de las promesas juradas por ti, a que habían dado crédito, estuviesen mas confiados.

7. Y con esto vio tu pueblo a un mismo tiempo la salvación de los justos y el exterminio de los malvados.

8. Que así como castigaste a los enemigos, así a nosotros nos ensalzaste llamándonos a tu servicio.

9. Porque los justos israelitas, hijos de los santos Patriarcas, te ofrecían en secreto el sacrificio del cordero, y de común acuerdo establecieron esta ley de justicia, que los justos se ofrecían recibir igualmente los bienes como los males, cantando ya los himnos de los Patriarcas.

10. Mientras tanto resonaban los desentonados gritos de los enemigos, y oíase el llanto de los que se lamentaban por la muerte de los niños,

11. estando afligidos con la misma pena el esclavo y el amo, y padeciendo el mismo castigo el hombre plebeyo que el rey.

12. Todos, pues, igualmente tenían el dolor de ver innumerables muertos, que habían perecido con el mismo género de muerte; ni ya bastaban los vivos para enterrarlos; pues en un momento fue extirpada la más noble porción de su prole.

13. Entonces los que antes a ninguna cosa creían (por engaño de los hechiceros, luego que acaeció el exterminio de los primogénitos reconocieron que aquel era el pueblo de Dios.

14. Y cuando un tranquilo silencio ocupaba todas las cosas, y la noche, siguiendo su curso, se hallaba en la mitad del camino,

15. tu omnipotente palabra, ¡oh Señor!, desde el cielo, desde tu real solio, cual terrible campeón, saltó de repente en medio de la tierra condenada al exterminio;

16. y con una aguda espada que traía tu irresistible decreto, a su llegada derramó por todas partes la muerte; y estando sobre la tierra alcanzaba hasta el cielo.

17. Entonces visiones de sueños funestos los llenaron de turbación, y sobrecogiéronlos imprevistos temores.

18. Y arrojados medio muertos unos en una parte, otros en otra, mostraban la causa de su muerte;

19. porque los mismos fantasmas que los habían turbado, los habían antes advertido de esto, a fin de que no muriesen sin saber la causa del castigo que padecían.

20. También los justos o israelitas estuvieron un tiempo en peligro de muerte; y la muchedumbre experimentó calamidades, en el desierto; pero no duró mucho tu enojo.

21. Porque acudió a toda prisa un varón irreprensible a interceder por el pueblo; embrazó Aarón el escudo de su sagrado ministerio, la oración, y presentando con el incienso la súplica, contrastó a la ira, y puso fin al azote, mostrando ser siervo tuyo.

22. Calmó luego el desorden, y no con las fuerzas del cuerpo, ni con el poder de las armas, sino con la sola palabra desarmó al ángel exterminador que lo afligía, haciendo

presente a Dios los juramentos y alianza hecha con los Patriarcas;

23. porque cuando ya los israelitas caían muertos a montones unos sobre otros, se puso Aarón de por medio, y cortó la cólera, y le impidió el pasar hacia los vivos.

24. Por cuanto en la vestidura talar que llevaba, estaba simbolizado todo el mundo; como también los gloriosos nombres de los Patriarcas estaban esculpidos en los cuatro órdenes de piedras, y grabado en la tiara de su cabeza tu grande e inefable Nombre.

25. A estas cosas, pues, cedió el exterminador, y respetólas; pues bastaba ya esta sola muestra del enojo de Dios.

CAPÍTULO XIX

Los egipcios perecen por su obstinación, y los israelitas se salvan milagrosamente.

1. Mas sobre los impíos egipcios descargó la ira sin misericordia hasta el fin; como que el Señor estaba previendo lo que les había de acontecer.

2. Porque después de haber ellos permitido a los hebreos que se marchasen, y aun habiéndoles dado mucha prisa para que saliesen, arrepentidos luego les iban al alcance.

3. De modo que estando todavía cubiertos de luto, derramando lágrimas sobre los sepulcros de los muertos, tomaron otra resolución, propia de su locura, y pusiéronse a perseguir como a fugitivos a los mismos que habían hecho marchar a fuerza de ruegos.

4. A este fin o fatal paradero los conducía una bien merecida necesidad; y llegaron a perder la memoria de las cosas que les habían acaecido, para que el inminente castigo pusiese el colmo al resto de sus tormentos;

5. y así tu pueblo pasase milagrosamente el mar, en el cual hallasen ellos un nuevo género de muerte.

6. Porque las criaturas todas, cada una en su género, obedeciendo a tus preceptos, tomaban una nueva forma, a fin de que tus hijos se conservasen ilesos.

7. Así es que una nube hacía sombra a su campamento; y donde antes había agua, apareció tierra enjuta, y un camino sin tropiezo en medio del mar Rojo, y en el profundo abismo una verde pradería,

8. por la cual atravesó todo el pueblo de Israel, protegido de tu poderosa mano, viendo tus maravillas y portentos.

9. Por lo que, a manera de caballos, bien pacidos, y como corderillos, daban brincos de alegría, engrandeciéndote a ti, ¡oh Señor!, que los libraste.

10. Pues se acordaban todavía de aquellas cosas que habían sucedido allá donde moraron como forasteros; cuando en vez de crías de animales produjo la tierra moscas, y en lugar de peces echó fuera el río muchedumbre de ranas.

11. Y aun después vieron una nueva creación de aves, cuando llevados del antojo pidieron viandas delicadas.

12. Porque para contentar su apetito vinieron volando del mar grandes codornices; pero sobre los egipcios pecadores habían llovido venganzas, precediendo los mismos fenómenos que antes, esto es, tempestades de rayos; pues justamente eran castigados a medida de sus maldades;

13. puesto que su inhospitalidad fue mucho más inhumana que la de los de Sodoma. Porque si éstos no acogieron a unos forasteros desconocidos, los egipcios, a huéspedes sus bienhechores los reducían a la esclavitud.

14. Ni es de considerar solamente esto, sino que hay otra diferencia en aquellos de Sodoma, y es que ya hospedaban de mala gana a unos extraños;

15. mas éstos afligían con cruelísimos trabajos a los mismos que habían acogido con alegría, y que vivían bajo de las mismas leyes.

16. Por lo que fueron castigados con la ceguera; al modo que lo fueron aquellos otros delante de la puerta del justo Lot, cuando, envueltos en repentinas tinieblas, andaban buscando cada uno la puerta de su casa.

17. Porque cuando los elementos cambian entre sí sus propias funciones, o se trastornan, sucede lo que en un salterio que varía sus conciertos, bien que cada cuerda retenga el propio sonido; como se puede conocer evidentemente por la misma experiencia.

18. A este modo las criaturas terrestres se hacían acuátiles, y las que nadaban se pasaban a la tierra.

19. El fuego, excediendo su condición, conservaba su actividad en medio del agua, y el agua se olvidaba de su natural virtud de apagar.

20. Al contrario, las llamas no dañaban a los cuerpos de los animales, de suyo combustibles, que andaban dentro de ellas, ni derretían el maná, aquel delicioso manjar, que se deshacía tan fácilmente como la escarcha. Así que, ¡oh Señor!, en todo y por todo engrandeciste a tu pueblo, y lo honraste, y no te desdeñaste de asistirle en todo tiempo y en todo lugar.

LIBRO DEL ECLESIÁSTICO

CAPÍTULO I

Que la sabiduría tiene su origen de Dios,
cuyo santo temor y amor la acompaña siempre,
por consiguiente también las demás virtudes.

1. Toda sabiduría viene del Señor Dios, y con Él estuvo siempre y existe antes de los siglos.
2. ¿Quién ha contado las arenas del mar, y las gotas de la lluvia, y los días de los siglos que durará el mundo? ¿La altura del cielo, y la extensión de la tierra, y la profundidad del abismo quién la ha medido?
3. Pues la sabiduría de Dios, la cual precede a todas las cosas, ¿quién es el que la ha comprendido?
4. La sabiduría fue creada o engendrada ante todas las cosas, y la luz de la inteligencia existe desde la eternidad.
5. El Verbo de Dios en las alturas es la fuente de la sabiduría, y sus corrientes los mandamientos eternos.
6. ¿El origen de la sabiduría a quién ha sido revelado?; ¿ni quién conoce sus trazas o arcanos?
7. ¿El arte con que obra la sabiduría, a quién ha sido jamás descubierto y manifestado?; ¿ni quién pudo entender la multiplicidad de sus designios?
8. Sólo el Criador, Altísimo, Omnipotente, y Rey grande, y sumamente terrible que está sentado sobre su trono, y es el Señor Dios,
9. éste es el que la dio el ser en el Espíritu Santo, y la comprendió, y numeró y midió.
10. Y derramóla sobre todas sus obras y sobre toda carne, según su liberalidad y bondad, y comunicóla a los que le aman.
11. El temor del Señor es gloria y justo motivo de gloriarse; y es alegría y corona de triunfo.
12. El temor del Señor recreará el corazón, y dará contento, y gozo, y larga vida.
13. Al que teme al Señor le irá felizmente en sus postrimerías, y será bendito en el día de su muerte.
14. El amor de Dios es gloriosa sabiduría.
15. Aquellos a quienes ella se manifiesta, ámanla luego que la ven, y que reconocen sus grandes obras.
16. El principio de la sabiduría es el temor del Señor, el cual es criado con los fieles en el seno materno, y acompaña siempre a las santas y escogidas mujeres, y se da a conocer en la conducta de los justos y fieles.
17. El temor del Señor es la santificación de la ciencia.
18. La religión guarda y justifica el corazón: ella da gozo y alegría al alma.
19. Quien teme al Señor será feliz, y bendito será en el día de su fallecimiento.
20. El colmo de la sabiduría consiste en temer a Dios, y sus frutos sacian al hombre.
21. Llenará toda su casa de bienes, y de sus tesoros todas las recámaras.
22. Corona de la sabiduría es el temor del Señor, el cual da paz cumplida y frutos de salud.
23. Él conoce la sabiduría, y la calcula; mas lo uno y lo otro son dones de Dios.
24. La sabiduría reparte la ciencia y la prudente inteligencia, y acrecienta la gloria de aquellos que la poseen.
25. La raíz de la sabiduría es el temor del Señor, y sus ramos son de larga vida.
26. En los tesoros de la sabiduría se halla la inteligencia y la ciencia religiosa; mas para los pecadores la sabiduría es abominación.
27. El temor del Señor destierra el pecado.
28. Quien no tiene este temor no podrá ser justo; porque su cólera exaltada es su ruina.
29. Por algún tiempo tendrá que sufrir el que padece tribulaciones; mas después será consolado.
30. El hombre sensato retendrá en el pecho, hasta cierto tiempo, sus palabras; y los labios de muchos celebrarán su prudencia.
31. En los tesoros de la sabiduría, están las máximas de la buena conducta de vida;
32. pero el pecador detesta la piedad o servicio de Dios.
33. Hijo, si deseas la sabiduría guarda los mandamientos, y Dios te la concederá.
34. Pues que la sabiduría y la disciplina vienen del temor del Señor, y lo que le agrada
35. es la fe o confianza en él y la mansedumbre; al que tiene estas virtudes lo colmará de tesoros.
36. No seas rebelde al temor del Señor; ni acudas a Él con corazón doble.
37. No seas hipócrita delante de los hombres, ni ocasiones con tus labios tu propia ruina.
38. Ten cuidado de ellos, a fin de que no caigas, y acarrees sobre ti la infamia,
39. descubriendo Dios tus secretos, y abatiéndote en medio de la sinagoga,
40. por haberte acercado al Señor con malignidad, estando tu corazón lleno de doblez: y engaño.

CAPÍTULO II

Con qué espíritu debemos servir al Señor
y sufrir por Él. Efectos del temor de Dios.

1. Hijo, en entrando en el servicio de Dios, persevera firme en la justicia y en el temor, y prepara tu alma para la tentación.

2. Humilla tu corazón, y ten paciencia; inclina tus oídos, y recibe los consejos prudentes, y no agites tu espíritu en tiempo de la oscuridad o tribulación.

3. Aguarda con paciencia lo que esperas de Dios. Estréchate con Dios, y ten paciencia, a fin de que en adelante sea más próspera tu vida.

4. Acepta gustoso todo cuanto te enviare, y en medio de los dolores sufre con constancia, y lleva con paciencia tu abatimiento.

5. Pues al modo que en el fuego se prueba el oro y la plata, así los hombres aceptos a Dios se prueban en la fragua de la tribulación.

6. Confía en Dios, y Él te sacará a salvo; y endereza tu camino, y espera en Él; conserva tu temor hasta el fin de tus días.

7. Vosotros los temerosos del Señor aguardad con paciencia su misericordia; y nunca os desviéis de Él, porque no caigáis.

8. Los que teméis al Señor, creed o confiad en Él; pues no se malogrará vuestro galardón.

9. Los que teméis al Señor, esperad en Él; que su misericordia vendrá a consolaros.

10. Los que teméis al Señor, amadlo; y serán iluminados vuestros corazones.

11. Contemplad, hijos, las generaciones de los hombres; y veréis cómo ninguno que confió en el Señor quedó burlado.

12. Porque, ¿quién perseveró en sus mandamientos que fuese desamparado? ¿O quién lo invocó que haya sido despreciado?

13. Pues Dios es benigno y misericordioso, y en el día de la tribulación perdonará los pecados; y es el protector de todos los que de veras le buscan.

14. ¡Ay del que es de corazón doble, y de labios malvados, y de manos facinerosas; y del pecador que anda sobre la tierra por dos senderos!

15. ¡Ay de los hombres de corazón flojo y tibio, que no confían en Dios!, que por lo mismo, no serán de Él protegidos.

16. ¡Ay de los que pierden el sufrimiento, y abandonan los caminos rectos, y se van por sendas torcidas!

17. ¿Qué harán cuando comience el Señor su juicio?

18. Los que temen al Señor no serán desobedientes a su palabra; y los que lo aman seguirán constantemente el camino del Señor.

19. Los que temen al Señor inquirirán las cosas que le sean agradables; y aquellos que lo aman estarán penetrados de su santa ley.

20. Los que temen al Señor prepararán sus corazones; y en la presencia de Él santificarán sus almas.

21. Los que temen al Señor guardan sus mandamientos; y conservarán la paciencia hasta el día que los visite,

22. diciendo entre sí: si no hacemos penitencia, caeremos en las manos del Señor y no en manos de los hombres.

23. Porque cuanto Él es grande, otro tanto es misericordioso.

CAPÍTULO III

De la honra debida a los padres; alábase la modestia y mansedumbre; repréndese la curiosidad en la inteligencia de los divinos misterios; se nos recomienda la misericordia y compasión para con el prójimo.

1. Los hijos o discípulos de la sabiduría forman la congregación de los justos; y la estirpe o índole de ellos, no es otra cosa que obediencia y amor.

2. Escuchad, hijos, los preceptos de vuestro padre, y hacedlo así si queréis salvaros.

3. Porque Dios quiso que el padre sea honrado de los hijos, y vindica y confirma la autoridad de la madre sobre ellos.

4. Quien ama a Dios alcanzará el perdón de los pecados, y se abstendrá de ellos; y será oído siempre que le ruegue.

5. Como quien acumula tesoros, así es el que tributa honor a su madre.

6. Quien honra a su padre, tendrá consuelo en sus hijos, y al tiempo de su oración será oído.

7. El que honra a su padre, vivirá larga vida; y da consuelo a la madre quien al padre obedece.

8. Quien teme al Señor, honra a los padres; y sirve, como a sus señores, a los que le dieron el ser.

9. Honra a tu padre con obras, y con palabras, y con toda paciencia;

10. Para que venga sobre ti su bendición, la cual te acompañe hasta el fin.

11. La bendición del padre afirma las casas de los hijos; pero la maldición de la madre las arruina hasta los cimientos.

12. No te alabes de aquello que es la afrenta de tu padre, porque no es gloria tuya su ignominia;

13. puesto que de la buena reputación del padre resulta gloria al hombre, y es desdoro del hijo un padre sin honra.

14. Hijo, alivia la vejez de tu padre, y no le des pesadumbre en su vida;

15. y si llenare a volverse como un niño, compadécelo, y jamás lo desprecies por tener tú más vigor que él; porque la beneficencia o caridad con el padre no quedará en olvido.

16. Por sobrellevar los defectos de la madre en su decrepitud recibirás tu recompensa.

17. Así la justicia será el fundamento de tu casa o edificio; y en el día de la tribulación habrá quien se acuerde de ti; y como en un día sereno se deshace el hielo, así se disolverán tus pecados.

18. ¡Oh cuán infame es el que a su padre desampara! ¡Y cómo es maldito de Dios aquel que exaspera a su madre!

19. Hijo, haz tus cosas con mansedumbre; y sobre ser alabado, serás amado de los hombres.

20. Cuanto fueres más grande, tanto más debes humillarte en todas las cosas, y hallarás gracia en el acatamiento de Dios.

21. Porque Dios es el solo grande en poder, y Él es honrado de los humildes.

22. No te metas a inquirir lo que es sobre tu capacidad, ni en escudriñar aquellas cosas que exceden tus fuerzas; sino piensa siempre en lo que te tiene mandado Dios, y no seas curioso escudriñador de sus muchas obras.

23. Porque no te es necesario el ver por tus ojos los ocultos arcanos de Dios.

24. No quieras escudriñar con ansia las cosas superfluas, ni indagar curiosamente las muchas obras de Dios.

25. Porque muchas cosas se te han enseñado que sobrepujan la humana inteligencia.

26. A muchos sedujo la falsa opinión que formaron de ellas; y sus conjeturas sobre dichas cosas los han tenido en el error.

27. El corazón duro lo pasará mal al fin de la vida; y quien ama el peligro perecerá en él.

28. El corazón que sigue dos caminos no tendrá buen suceso, y el hombre de corazón depravado hallará en ellos su ruina.

29. El corazón perverso u obstinado se irá cargando de dolores; y el pecador añadirá pecados a pecados.

30. La reunión de los soberbios es incorregible; porque la planta del pecado se arraigará en ellos, sin que lo adviertan.

31. El corazón del sabio se deja conocer en la adquisición de la sabiduría, y el oído bien dispuesto escuchará a ésta con sumo anhelo.

32. El hombre de corazón sabio y prudente se guardará de pecar; y por las obras buenas será prosperado.

33. El agua apaga el fuego ardiente, y la limosna resiste y expía los pecados.

34. Y Dios es el proveedor y remunerador del que hace bien al prójimo, y se acuerda de él

para lo venidero; y al tiempo de su caída hallará apoyo.

CAPÍTULO IV

Inculca la limosna y el estudio de la sabiduría, y encarga mucho la defensa de la verdad.

1. Hijo, no defraudes al pobre de su limosna; ni vuelvas a otra parte tus ojos por no verlo.

2. No desprecies al que padece hambre, ni exasperes al pobre en su necesidad.

3. No aflijas al corazón del desvalido, ni dilates el socorro al que se halla angustiado.

4. No deseches el ruego del atribulado ni tuerzas tu rostro al menesteroso.

5. No apartes desdeñosamente tus ojos del mendigo, irritándolo; ni des ocasión a los que te piden de que te maldigan por detrás.

6. Porque escuchada será de Dios la imprecación del que te maldijere en la amargura de su alma; y oírlo ha su Criador.

7. Muéstrate afable a la turba de los pobres, y humilla tu corazón al anciano, y baja tu cabeza delante de los grandes.

8. Inclina sin desdén tu oído al pobre, y paga tu deuda, y respóndele con benignidad y mansedumbre.

9. Libra de la mano del soberbio al que sufre la injuria y no se te haga esto gravoso.

10. En el juzgar sé misericordioso con los huérfanos, portándote como padre y como esposo de su pobre madre.

11. Y serás tú como un hijo obediente al Altísimo, y este Señor será para contigo más compasivo que una madre.

12. La sabiduría infunde vida a sus hijos, y acoge a los que la buscan, y va delante de ellos en el camino de la justicia;

13. y así quien la ama, ama la vida, y los que solícitos la buscaren, gozarán de su suavidad.

14. Los que la poseyeren, heredarán la vida eterna; y donde ella entrare, allí echará Dios su bendición.

15. Los que la sirven, rinden obsequio al Santo por esencia; y Dios ama a los que la aman.

16. Quien la escucha, juzgará las naciones; y quien tiene fijos en ella los ojos, reposará seguro.

17. Si en ella pone su confianza, la tendrá por herencia, cuya posesión será confirmada en sus hijos.

18. Porque la sabiduría anda con él, y lo prueba desde el principio, en medio de las tentaciones.

19. Para probarlo lo conduce entre temores y sustos, y lo pone en prensa con el rigor de su

enseñanza, hasta explorar todos sus pensamientos, y fiarse ya del corazón de él.

20. Entonces lo afirmará en la virtud, le allanará el camino, lo llenará de alegría,

21. le descubrirá sus arcanos, y lo enriquecerá con un tesoro de ciencia y de conocimiento de la justicia.

22. Mas si se desviare, lo desamparará, y lo entregará en poder del pecado su enemigo.

23. Hijo mío, ten cuenta del tiempo, empléalo bien, y huye del mal.

24. No te avergüences de decir la verdad, cuando se trata de tu alma,

25. porque hay vergüenza que conduce al pecado, y hay también vergüenza que acarrea la gloria y la gracia de Dios.

26. No tengas, pues, miramiento a nadie, si ha de ser en daño tuyo; ni mientas a costa de tu alma.

27. No respetes a tu prójimo cuando cae o peca;

28. repréndelo, y no reprimas tu palabra o aviso, cuando puede ser saludable; no encubras tu sabiduría en ocasión en que debes ostentarla.

29. Porque la lengua es la que hace conocer la sabiduría; y la prudencia, y la discreción, y la ciencia se echan de ver en las palabras del hombre sensato; mas su fuerza consiste en las obras buenas.

30. Por ningún caso contradigas a la palabra de verdad, y avergüénzate de la mentira en que has caído por tu ignorancia o temeridad.

31. No tengas vergüenza de confesar tus pecados; mas no te rindas a nadie para pecar.

32. No quieras resistir en su cara al poderoso: no intentes detener el ímpetu de una riada;

33. pero por la justicia, pugna hasta el último aliento para bien de tu alma; combate por la justicia hasta la muerte, porque Dios peleará por ti contra tus enemigos, y los arrollará.

34. No seas precipitado en hablar, y remiso y negligente en tus obras.

35. No seas en tu casa como un león, aterrando a tus domésticos, y oprimiendo a tus súbditos.

36. No esté tu mano extendida para recibir, y encogida para dar.

CAPÍTULO V

Contra la vana confianza en las riquezas y en la misericordia de Dios para pecar con más libertad; y contra otros vicios.

1. No pongas tu confianza en las riquezas inicuas, y no digas: tengo lo bastante para vivir; porque de nada te servirá eso al tiempo de la divina venganza y de la oscuridad de la muerte.

2. Cuando seas poderoso, no sigas los depravados deseos de tu corazón;

3. ni andes diciendo: ¡gran poder es el mío! ¿Quién podrá hacerme dar razón de mis acciones?, pues Dios segurísimamente tomará de ti terrible venganza.

4. Tampoco digas: yo pequé; ¿y qué mal me ha venido por eso? Porque el Altísimo, aunque paciente y sufrido, da el pago merecido.

5. Del pecado perdonado no quieras estar sin temor ni añadas pecados a pecados.

6. No digas: ¡oh, la misericordia del Señor es grande!; Él me perdonará mis muchos pecados.

7. Porque tan pronto como ejerce su misericordia, ejerce su indignación, y con ésta tiene fijos sus ojos sobre el pecador.

8. No tardes en convertirte al Señor, ni lo difieras de un día para otro;

9. porque de repente sobreviene su ira, y en el día de la venganza acabará contigo.

10. No tengas, pues, ansia de adquirir riquezas injustas; porque de nada te aprovecharán en el día de la obscuridad y de la venganza.

11. No te vuelvas a todos vientos, ni quieras ir por cualquier camino; porque de eso se convence reo todo pecador que usa doble lenguaje.

12. Mantente firme en el camino del Señor, y en la verdad de tus sentimientos, y en tu saber o ciencia; y vaya siempre contigo la palabra de paz y de justicia.

13. Escucha con cachaza o sosiego lo que te dicen; a fin de que lo entiendas y puedas dar con prudencia una cabal respuesta.

14. Si tienes inteligencia, responde al prójimo; pero si no, ponte la mano sobre la boca, para que no te cojan en alguna palabra indiscreta, y quedes avergonzado.

15. El honor y la gloria acompañan al discurso del hombre sensato; mas la lengua del imprudente viene a ser la ruina de éste.

16. Guárdate de ser chismoso o detractor, y de que tu lengua sea para ti un lazo y motivo de confusión.

17. Porque el ladrón cae en la confusión y arrepentimiento al verse sorprendido; y el hombre de doble lenguaje, en una infamia grandísima; pero el chismoso o detractor se acarrea el odio, la enemistad y el oprobio.

18. Haz igualmente justicia a los pequeños y a los grandes.

CAPÍTULO VI

Elogio de la verdadera amistad. Cuán arduo es el conseguir la sabiduría y con cuánta ansia debe buscarse.

1. No quieras hacerte en vez de amigo, enemigo del prójimo; porque el hombre malvado tendrá por herencia oprobio y la ignominia, particularmente todo pecador envidioso, y de lengua doble o falsa.

2. No te dejes llevar de pensamientos altivos, a modo de toro soberbio que a todo embiste; no sea que tu animosidad se estrelle por causa de tu locura;

3. y coma ésta tus hojas, y eche a perder tus frutos, y vengas a quedar como un árbol seco en medio del desierto.

4. Porque el alma maligna arruinará a aquel en quien reside, y le hará objeto de complacencia para sus enemigos, y le conducirá a la suerte o paradero de los impíos.

5. La palabra dulce multiplica los amigos, aplaca a los enemigos; y la lengua graciosa vale mucho en un hombre virtuoso.

6. Vive en amistad con muchos; pero toma a uno entre mil para consejero tuyo.

7. Si quieres hacerte con un amigo sea después de haberlo experimentado, y no te entregues a él con ligereza.

8. Porque hay amigo que sólo lo es cuando le tiene cuenta, y no persevera tal en el tiempo de la tribulación.

9. Y amigo hay que se trueca en enemigo; y hay tal amigo que descubrirá el odio, las contiendas y los dicterios.

10. Hay también algún amigo, compañero en la mesa; el cual en el día de la necesidad ya no se dejará ver.

11. El amigo, si es constante, será para ti como un igual, e intervendrá con confianza en las cosas de tu casa.

12. Si por modestia se humilla delante de ti, y se retira alguna vez de tu presencia, has hallado en él una amistad buena y constante.

13. Aléjate de tus enemigos; y está alerta en orden a tus amigos.

14. El amigo fiel es una defensa poderosa; quien lo halla, ha hallado un tesoro.

15. Nada hay comparable con el amigo fiel; ni hay peso de oro ni plata que sea digno de ponerse en balanza con la sinceridad de su fe.

16. Bálsamo de vida y de inmortalidad es un fiel amigo; y aquellos que temen al Señor lo encontrarán.

17. Quien teme a Dios logrará igualmente tener buenos amigos; porque éstos serán semejantes a él.

18. Hijo, desde tu mocedad abraza la buena doctrina, y adquirirás una sabiduría que durará hasta el fin de tu vida.

19. Como el que ara y siembra, aplícate a ella, y espera sus buenos frutos;

20. porque te costará un poco trabajo de su cultivo; mas luego comerás de sus frutos.

21. ¡Oh cuán sumamente áspera es la sabiduría para los hombres necios! No permanecerá en su estudio el insensato.

22. Para éstos será como una pesada piedra de prueba, que no tardarán en lanzarla de sus hombros.

23. Porque la sabiduría que adoctrina es cosa oculta, conforme indica su nombre, y no es conocida de muchos; mas con los que la conocen persevera hasta que los conduce a la presencia de Dios.

24. Escucha, hijo mío, y abraza una sabia advertencia, y no deseches mi consejo.

25. Mete tus pies en sus grillos, y tu cuello en su argolla: hazte siervo de la sabiduría.

26. Inclina tus hombros, y llévala a cuestas; y no te sean desabridas sus cadenas.

27. Arrímate a ella de todo tu corazón, y con todas tus fuerzas sigue sus caminos.

28. Búscala, que ella se te manifestará; y en poseyéndola, no la abandones.

29. Porque en las postrimerías hallarás en ella reposo, y se te convertirá en dulzura.

30. Y sus grillos serán para ti fuerte defensa y firme base, y sus argollas un vestido de gloria;

31. pues la sabiduría es el esplendor de la vida, y sus ataduras una venda saludable.

32. De ella te revestirás como de un brioso ropaje, y te la pondrás sobre cabeza como corona de regocijo.

33. Hijo, si tú me estuvieras atento, adquirirás la buena doctrina; y si aplicas tu mente, serás sabio.

34. Si me oyes, recibirás la enseñanza; y serás sabio si amas el escuchar.

35. Frecuenta la reunión de los ancianos prudentes y abraza de corazón su sabiduría a fin de poder oír todas las cosas que cuenten de Dios, y no ignorar los proverbios tan celebrados.

36. Que si vieres al hombre sensato, madruga para oírlo, y trillen tus pies las escaleras de su casa.

37. Fija tu atención en los preceptos de Dios, y medita continuamente sus mandamientos; y Él te dará un corazón firme en el bien, y te cumplirá el deseo de la sabiduría.

CAPÍTULO VII

Vicios que deben evitarse en la sociedad, y virtudes que se han de practicar.

1. No hagas mal, y el mal no caerá sobre ti.

2. Apártate del hombre perverso, y estarás lejos de obrar el mal.

3. Hijo, no siembres maldades en surcos de injusticia, y no tendrás que segarlas multiplicadas.

4. No pidas al Señor el guiar o conducir a los demás, ni al rey puesto honorífico.

5. No te tengas por justo en presencia de Dios, pues Él está viendo los corazones; ni delante del rey afectes parecer sabio.

6. No pretendas ser juez, si no te hallas con valor para hacer frente a las injusticias; no sea que por temor de la cara del poderoso te expongas a obrar contra equidad.

7. Guárdate de ofender a la muchedumbre de una ciudad, y no te metas en el tumulto del pueblo.

8. No añadas pecados a pecados; porque ni aun por uno solo has de quedar sin castigo.

9. No seas de corazón pusilánime;

10. ni descuides el hacer oración, y dar limosna.

11. No digas: tendrá Dios miramientos a mis muchas ofrendas; y cuando yo ofreceré mis dones al Dios Altísimo, Él los aceptará.

12. No te burles del hombre que tiene angustiado su corazón; porque aquel que humilla y exalta, es Dios que todo lo ve.

13. No inventes mentiras contra tu hermano; ni lo hagas tampoco contra tu amigo.

14. Guárdate de proferir mentira alguna; porque el acostumbrarse a eso es muy malo.

15. No seas hablador en el concurso de los ancianos; ni repitas en tu oración o amontones las palabras.

16. No aborrezcas el trabajo aunque sea penoso, ni la labranza del campo instituida por el Altísimo.

17. No te alistes en la turba de los hombres indisciplinados y pecadores.

18. Acuérdate de la ira y venganza de Dios, la cual no tardará.

19. Humilla cuanto puedas tu espíritu; porque el fuego y el gusano castigarán la carne del impío.

20. No quieras romper con el amigo, porque tarde en volverte el dinero; y no desprecies a tu carísimo hermano por causa del oro.

21. No te separes de la mujer sensata y buena, que por el temor del Señor te cupo en suerte; porque la gracia de su modestia vale más que todo el oro.

22. No trates mal al siervo que trabaja con fidelidad, ni al jornalero que por ti consume su vida.

23. Al esclavo juicioso ámale como a tu misma alma; no le niegues su libertad, ni lo despidas dejándolo en miseria.

24. ¿Tienes ganados? Cuida bien de ellos; y si te dan ganancia, consérvalos.

25. ¿Tienes hijos? Adoctrínalos, y dómalos desde su niñez.

26. ¿Tienes hijas? Cela la honestidad de su cuerpo, y no les muestres demasiado complaciente tu rostro.

27. Casa la hija, y dala a un hombre sensato, y habrás hecho un gran negocio.

28. Si tienes una mujer conforme a tu corazón, no la deseches; ni te entregues o cases con una que sea aborrecible.

29. Honra a tu padre con todo tu corazón; y no te olvides de los gemidos de tu madre.

30. Acuérdate que si no por ellos no hubieras nacido, y correspóndeles según lo mucho que han hecho por ti.

31. Con toda tu alma teme al Señor; y reverenda a sus sacerdotes.

32. Ama a tu Criador con todas tus fuerzas; y no desampares a sus ministros.

33. Honra a Dios con toda tu alma, y respeta a los sacerdotes, y purifícate ofreciendo las espaldas de las víctimas.

34. Dales su parte, como te está mandado, así de las primicias como de las hostias de expiación, y purifícate de tus negligencias con lo poco.

35. Ofrecerás como don al Señor las espaldas de tus víctimas, y el sacrificio de santificación, y las primicias de las cosas santas,

36. y alarga tu mano al pobre, a fin de que sea perfecto el sacrificio de tu propiciación, y tu bendición u oblación.

37. La beneficencia parece bien a todo viviente; y ni a los muertos se la debes negar.

38. No dejes de consolar a los que lloran, y haz compañía a los afligidos.

39. No se te haga pesado el visitar al enfermo, pues con tales medios se afirmará en ti la caridad.

40. En todas tus acciones acuérdate de tus postrimerías, y nunca jamás pecarás.

CAPÍTULO VIII

Cómo se ha de portar el hombre con diversas clases de personas.

1. No te pongas a pleitear con un hombre poderoso, no sea que caigas en sus manos.

2. No contiendas con un hombre rico, no sea que te mueva una querella.

3. Porque a muchos ha corrompido el oro y la plata; y hasta a los reyes han llegado a pervertir estos metales.

4. No porfíes con hombre deslenguado, y así no echarás leña en su fuego atizando su locuacidad.

5. No tengas trato con hombre ignorante y grosero, a fin de que no diga mal de tu linaje.

6. No mires con desprecio al hombre que se arrepiente del pecado, y no se lo eches en cara; acuérdate que todos somos dignos de represión.

7. No pierdas el respeto al hombre en su vejez, pues que de nosotros, jóvenes, se hacen los viejos.

8. No te huelgues en la muerte de tu enemigo, sabiendo que todos morimos, y no queremos ser entonces objeto de gozo.

9. No menosprecies lo que contaren los ancianos sabios, antes bien hazte familiares sus máximas;

10. porque de ellos aprenderás sabiduría y documentos de prudencia, y el modo de servir a los príncipes de una manera irreprensible.

11. No dejes de oír lo que cuentan los ancianos, porque ellos lo aprendieron de sus padres.

12. Pues así aprenderás tú de los mismos discreción y el saber dar una respuesta cuando fuere menester.

13. No enciendas los carbones de los pecadores, con hacerles reconvenciones indiscretamente; de otra suerte serás abrasado con la llama del fuego de sus pecados.

14. No te opongas de frente a persona de mala lengua, a fin de que no esté en acecho para cogerte en alguna palabra.

15. No prestes al que puede más que tú; que si algo le prestaste, haz cuenta que lo has perdido.

16. No hagas fianza sobre tus fuerzas; que si la has hecho, piensa cómo pagarla.

17. No te metas a juzgar de tu juez; porque él juzga lo que cree justo.

18. En viaje no te acompañes con un hombre temerario; no sea que te cojan también a ti sus desastres: porque él va siguiendo su caprichosa voluntad, y su locura te perderá a ti juntamente con él.

19. Con colérico no trabes ninguna riña; ni camines por lugar solitario con el atrevido; porque para él la sangre no importa nada, y cuando no haya quien te socorra te hará pedazos.

20. No te aconsejes con tontos; porque éstos no pueden amar sino aquello que a ellos les place.

21. No consultes en presencia de un extraño o desconocido; porque no sabes lo que él maquina dentro de sí.

22. Ni descubras tu corazón a cualquier hombre; no sea que te muestre una falsa amistad, y te afrente.

CAPÍTULO IX

De la cautela en el trato con las mujeres, y con los grandes; conversar con los sabios; tener siempre presente a Dios.

1. No seas celoso de tu querida esposa; para que no se valga contra ti de las malas ideas que tú le sugieres.

2. No dejes que la mujer tenga dominio sobre tu espíritu, para que no se levante contra tu autoridad y quedes avergonzado.

3. No pongas los ojos en mujer que quiere a muchos, no sea que caigas en sus lazos.

4. No frecuentes el trato con la bailarina, ni la escuches, si no quieres perecer a la fuerza de su atractivo.

5. No pongas tus ojos en la doncella; para que su belleza no sea ocasión de tu ruina.

6. De ningún modo des entrada en tu alma a las meretrices; para que no te pierdas tú y tu patrimonio.

7. No andes derramando tu vista por las calles de la ciudad, ni vagueando de plaza en plaza.

8. Aparta tus ojos de la mujer lujosamente ataviada, y no mires estudiosamente una hermosura ajena.

9. Por la hermosura de la mujer muchos se han perdido; y por ella se enciende cual fuego la concupiscencia.

10. Cualquiera mujer pública es pisoteada de todos, como el estiércol en el camino.

11. Muchos embelesados de la belleza de la mujer ajena se hicieron réprobos; porque su conversación quema como fuego.

12. Con la mujer de otro no estés jamás de asiento, ni en la mesa te arrimes a ella recostado sobre el codo,

13. ni la desafíes con brindis a quién de los dos bebe más vino; no sea que tu corazón se incline hacia ella, y a costa de tu vida caigas en la perdición.

14. No dejes el amigo antiguo; porque no será como él el nuevo.

15. El amigo nuevo es un vino nuevo; se hará añejo y entonces lo beberás con gusto.

16. No envidies la gloria y las riquezas del pecador; pues no sabes tú cuál ha de ser su catástrofe.

17. No te agraden las violencias que cometen los hombres injustos; tú sabes que jamás en toda su vida puede agradar el impío.

18. Vive lejos de aquel que tiene potestad para hacerte morir, y no andarás asustado con el temor de la muerte.

19. Que si alguna vez te acercas a él, guárdate de hacer ninguna cosa, por la cual te quite la vida.

20. Sábete que conversas con la muerte; porque tú caminas en medio de lazos, y andas entre las armas de gente resentida.

21. Procede con cuanta cautela puedas con las personas que trates, y conversa con los sabios y prudentes.

22. Sean tus convidados los varones justos, y tu gloria consista en temer a Dios.

23. El pensamiento de Dios esté fijo en tu alma, y sea toda su conversación de los preceptos del Altísimo.

24. Las obras de los artífices son alabadas por su industria o labor de manos; y el príncipe del pueblo por la sabiduría de sus discursos, y las palabras de los ancianos por su prudencia.

25. Temible es en su ciudad el hombre deslenguado, y será aborrecido el temerario por sus palabras.

CAPÍTULO X

Reglas para los príncipes y para los vasallos. Elogios del temor de Dios. Debemos trabajar para alimentarnos.

1. El juez o rey sabio hará justicia a su pueblo, y será estable el principado del varón sensato.

2. Cual es el juez o jefe del pueblo, tales son sus ministros; y cual es el gobernador de la ciudad, tales son sus habitantes.

3. El rey imprudente será la ruina de su pueblo; y la prudencia de los poderosos que gobiernan, poblará las ciudades.

4. La potestad de la tierra está en manos de Dios; y Él a su tiempo suscitará quien la gobierne útilmente.

5. En manos de Dios está la prosperidad del hombre; y el Señor hace participar de su gloria al que enseña a los otros su ley.

6. Echa en olvido todas las injurias recibidas del prójimo; y nada hagas en daño de otro.

7. La soberbia es aborrecida de Dios y de los hombres; y execrable toda iniquidad de las gentes.

8. Un reino es trasladado de una nación a otra por causa de las injusticias, y violencias, y ultrajes y de muchas maneras de fraudes.

9. No hay cosa más detestable que un avaro. ¿De qué se ensoberbece el que no es más que tierra y ceniza?

10. No hay cosa más inicua que el que codicia el dinero; porque el tal a su alma misma pone en venta, y aun viviendo se arranca sus propias entrañas.

11. Breve es la vida de todo violento potentado. La enfermedad prolija es pesada para el médico;

12. el cual la acorta, atajándola o acabando con la vida. Así el que hoy es rey, mañana morirá.

13. Cuando muera el hombre, serpientes, sabandijas y gusanos eso será lo que herede.

14. El principio de la soberbia del hombre es, y fue, apostatar de Dios, o no querer obedecerlo;

15. apartándose su corazón de aquel Señor que lo crió. Así, pues, el primer origen de todo pecado es la soberbia, y quien es gobernado por ella rebosará en abominaciones, y ella al fin será su ruina.

16. Por eso el Señor cargó de ignominia la raza de los malvados, y los destruyó hasta exterminarlos.

17. Derribó Dios los tronos de los príncipes soberbios, y colocó en su lugar a los humildes.

18. Arrancó de raíz las naciones soberbias, y plantó en su lugar aquellos que eran despreciables entre las mismas gentes.

19. Asoló las tierras de las naciones, y arrasólas hasta los cimientos.

20. A algunas de ellas las desoló, y acabó con sus moradores, y extirpó del mundo su memoria.

21. Aniquiló Dios la memoria de los soberbios; y conservó la memoria de los humildes de corazón.

22. No fue criada por Dios, ni es natural a los hombres la soberbia, ni la cólera al que es hijo de la débil mujer.

23. Honrada será la descendencia del que teme a Dios; mas será deshonrada la del que traspasa los mandamientos del Señor.

24. Entre los hermanos el superior o primogénito es honrado de todos: así sucederá en la presencia del Señor a aquellos que lo temen.

25. La gloria de los ricos, la de los hombres constituidos en dignidad y la de los pobres es el temor de Dios.

26. Guárdate de menospreciar al justo porque es pobre; guárdate de hacer gran aprecio del pecador porque es rico.

27. Los grandes, los magistrados y los poderosos gozan de honor; pero ninguno no tiene mayor que aquel que teme a Dios.

28. Al siervo prudente y sabio se le sujetarán sin pena los hombres libres; y el varón cuerdo y bien enseñado no murmurará de que sea corregido; mas al siervo necio no se le hará semejante honra.

29. No te engrías cuando tu obra te salga bien; ni estés de plantón en tiempo de necesidad.

30. Es más digno de estima aquel que trabaja y abunda de todo, que el jactancioso que no tiene pan que comer.

31. Hijo, conserva en la mansedumbre tu alma, y hónrala como ella merece.

32. ¿Quién justificará al que peca contra su alma?, ¿y quién honrará al que a su propia alma deshonra?

33. El pobre es honrado por sus buenas costumbres y santo temor de Dios; y el rico es respetado por las riquezas que tiene.

34. Mas aquel que en medio de la pobreza es honrado, ¿cuánto más lo sería si llegase a ser rico? Pero el que funda su honor en sus riquezas, tiene que temer mucho la pobreza.

CAPÍTULO XI

El hombre debe poner su gloria en la verdadera sabiduría, no en la hermosura ni otras calidades exteriores. No debe juzgar precipitadamente. Dios es el que reparte los bienes y los males de esta vida.

1. La sabiduría ensalzará al humilde, y le dará asiento en medio de los magnates.

2. No alabes al hombre por su bello aspecto, ni desprecies a nadie por su sola presencia exterior.

3. Pequeña es la abeja entre los volátiles; mas su fruto es el primero en la dulzura.

4. No te glóries jamás por el traje de distinción que llevas, y no te engrías cuando te veas ensalzado en alto puesto; porque sólo las obras del Altísimo son las admirables, y gloriosas son ellas y ocultas, y nunca bien conocidas.

5. Sentáronse en el trono muchos tiranos; y un hombre, en quien nadie pensaba, se ciñó la diadema.

6. Al contrario, cayeron en grande ignominia muchos potentados; y los magnates fueron entregados como esclavos en poder de otros.

7. A nadie reprendas antes de informarte; y en habiéndote informado, reprenderás con justicia.

8. Antes de haber escuchado no respondas palabra; y mientras otro habla, no lo interrumpas.

9. No porfíes sobre cosa que no te importa nada; ni te unas con los pecadores para juzgar o censurar vidas ajenas.

10. Hijo, no quieras abarcar muchos negocios; porque si te hicieres rico, no serás exento de culpa. Yendo tras de muchas cosas, no llegarás a alcanzar ninguna; y por más diligencias que hagas, no podrás dar salida a todas.

11. Hay hombre que, estando falto de piedad, trabaja y se afana, y se duele de no ser rico, y tanto menos se enriquece.

12. Al contrario, hay otro lánguido y necesitado de amparo, muy falto de fuerzas y abundante de miseria, pero piadoso;

13. y a éste Dios lo mira con ojos benignos, y lo alza de su abatimiento, y hácele levantar cabeza; de lo cual quedan muchos maravillados, y glorifican a Dios.

14. De Dios vienen los bienes y los males, la vida y la muerte, la pobreza y la riqueza.

15. De Dios son la sabiduría, y la disciplina, y la ciencia de la ley; y del mismo son la caridad, y las obras que hacen los buenos.

16. El error y las tinieblas son connaturales a los pecadores: y los que se glorían en el mal, envejecen en la malicia.

17. El don o la gracia de Dios permanece en los justos; e irá creciendo continuamente con feliz suceso.

18. Hay quien se hace rico viviendo con escasez; y el único fruto que tiene por recompensa

19. es decir: yo he hallado mi reposo, y ahora comeré de mis bienes yo solo.

20. Mas él no sabe cuánto tiempo le resta; y no piensa que se le acerca la muerte, y que todo lo ha de dejar a otros, y que él se morirá.

21. Persiste constante en tu pacto, y de éste trata, y acaba tus días cumpliendo con aquello que te está mandado.

22. No fijes tu consideración en las obras de los pecadores en su prosperidad; confía en Dios, y mantente en tu puesto,

23. que fácil es a Dios el enriquecer en un momento al pobre.

24. La bendición de Dios se apresura a recompensar al justo, y en breve tiempo lo hace crecer y fructificar.

25. No digas: ¿qué me queda ya que hacer?, ¿y qué bienes me vendrán en lo venidero?

26. Tampoco digas: bástome yo a mí mismo: ¿y qué mal puedo temer para en adelante?

27. En los días buenos no te olvides de los días malos, y en el día malo acuérdate del día bueno.

28. Porque fácil es a Dios el dar a cada uno en el día de muerte el pago según sus obras.

29. Una hora de mal hace olvidar los mayores deleites; y en el fin del hombre se manifiestan sus obras.

30. No alabes a nadie antes de su muerte; porque al hombre se le ha de conocer en sus hijos.

31. No introduzcas en tu casa toda suerte de personas; pues son muchas las asechanzas de los maliciosos.

32. Porque así como un estómago fétido arroja regüeldos, y como la perdiz, por medio del reclamo, es conducida a la trampa, y la corza al lazo, así sucede con respecto al corazón del soberbio; el cual como de una atalaya está acechando la caída de tu prójimo;

33. y convirtiendo el bien en mal, está poniendo asechanzas; y pondrá tacha aun en los mismos varones escogidos.

34. Por una chispa se levanta un incendio, y por un hombre doloso se vierte mucha sangre; porque el pecador pone asechanzas a la vida de sus hermanos.

35. Guárdate del hombre corrompido, pues está fraguando males: no sea que te cubra de perpetua infamia.

36. Si admites en tu casa al extranjero, idólatra y vicioso, te trastornará como un torbellino, y te despojará aun de lo tuyo.

CAPÍTULO XII

Los beneficios son mal empleados en gente perdida. Cautela con que se debe tratar a los falsos amigos.

1. Si quieres hacer algún bien, mira a quién lo haces; y tendrás mucho mérito en ello.

2. Haz bien al justo, y lograrás una gran recompensa, si no de él, a lo menos del Señor.

3. No lo pasará bien el que de continuo hace mal y no da limosnas; porque el Altísimo aborrece a los pecadores, y usa de misericordia con los que se arrepienten.

4. Sé tú liberal con el hombre misericordioso y justo, y no patrocines al pecador; porque Dios ha de dar su merecido a los impíos y a los pecadores, reservándolos para el día de la venganza.

5. Sé liberal con el hombre de bien, y no apoyes al pecador.

6. Haz bien al humilde, y no concedas dones al impío; impide que se le dé de comer en abundancia, para que no se alce sobre ti con lo mismo que le das.

7. Porque será doble el mal que reportarás por todo el bien que le hicieres; pues odia el Altísimo a los pecadores, y tomará venganza de los impíos.

8. No se conoce el amigo en la prosperidad; y en la adversidad no quedará oculto el enemigo.

9. En la prosperidad del hombre sus enemigos andan tristes; y en la adversidad se conoce quién es su amigo.

10. Nunca te fíes de tu enemigo; porque como un vaso de cobre así cría cardenillo su malicia.

11. Aunque haciendo del humilde ande cabizbajo, tú está sobre aviso, y recátate de él.

12. No te lo pongas a tu lado, ni se siente a tu diestra, no sea que volviéndose contra ti, tire a usurparte el puesto; por donde al fin caigas en la cuenta de lo que te digo, y te traspasen el corazón mis advertencias.

13. ¿Quién será el que tenga compasión del encantador mordido de la serpiente que maneja, ni de todos aquellos que se acercan a las fieras? Así será del que se acompaña con un hombre inicuo, y se halla envuelto en sus pecados.

14. Algún tiempo estará contigo; mas si declinase tu fortuna, no te dará la mano.

15. El enemigo tiene la miel en sus labios; mas en su corazón está tramando cómo dar contigo en la fosa.

16. Derrama lágrimas de sus ojos el enemigo; pero si halla ocasión, no se hartará de sangre.

17. Y si te sobreviene algún mal, hallarás que él es su primer origen.

18. Llorando están los ojos del enemigo; mas en ademán de ayudarte te dará un traspié.

19. Meneará su cabeza, y dará palmadas, y hablando mucho entre dientes, hará mil visajes.

CAPÍTULO XIII

Cuán peligroso es el trato con el soberbio, con el rico y con el poderoso. Amar a Dios y al prójimo. Comparación del pobre y el rico.

1. El que tocare la pez, se ensuciará con ella; y al que trata con el soberbio, se le pegará la soberbia.

2. Una buena carga se echa encima quien tiene trato con otro más poderoso que él. Y así no te acompañes con quien es más rico que tú.

3. ¿Qué sacará la olla de barro de estar junto al caldero? Cuando chocare contra éste, quedará hecha pedazos.

4. El rico hará un agravio, y prorrumpirá en fieros o bravatas; mas el pobre, agraviado, habrá de callar.

5. Si le haces regalos, te recibirá en su amistad; cuando nada tengas que ofrecerle, te abandonará.

6. Mientras tuvieres algo, se sentará a tu mesa, hasta que te haya consumido tu hacienda; y después no se compadecerá de ti.

7. Si te ha menester, te engañará con palabras halagüeñas, y con semblante risueño te dará esperanzas, prometiéndote mil bienes, y te dirá: ¿qué es lo que has menester?

8. Y te confundirá con sus convites suntuosos, hasta tanto que en dos o tres veces que tú le convides te haga gastar cuanto tienes, y a la postre se burlará de ti; y después, al verte, te volverá las espaldas, y meneará su cabeza mofándose de ti.

9. Humíllate a Dios, y espera de su mano el amparo.

10. Mira que seducido no te humilles neciamente ante el rico.

11. Guárdate de abatirte en tu sabiduría, no sea que humillado que estés, te seduzcan a hacer cosas de necio.

12. Cuando te llame algún poderoso, excúsate; que por lo mismo serás llamado con mayor empeño.

13. No seas importuno, para que no te eche de sí; ni te alejes tanto de él, que vengas a ser olvidado.

14. No te entretengas para hablar con él como con un igual, ni te fíes de las muchas palabras suyas; porque con hacerte hablar mucho hará prueba de ti, y como por pasatiempo te sonsacará tus secretos.

15. Su corazón fiero observará tus palabras, y no te escaseará después el mal trato y las prisiones.

16. Vete con tiento y está alerta a lo que oyes, pues andas por el borde de tu precipicio.

17. Mas al oír estas cosas tenlas presentes, aun durmiendo; y está alerta.

18. Ama a Dios toda tu vida, e invócale para que te salve con su gracia.

19. Todo animal ama a su semejante; así también todo hombre debe amar a su prójimo.

20. Todas las bestias se asocian con sus semejantes; y con su semejante se ha de acompañar todo hombre.

21. Cuando el lobo trabe amistad con el cordero, entonces la tendrá el pecador con el justo.

22. ¿Qué comunicación puede haber entre un hombre santo y un perro? ¿O cuál unión entre un rico y un pobre?

23. Presa del león es el asno montés en el desierto; así también los pobres son pasto de los ricos.

24. Así como el soberbio detesta la humildad, así también el rico tiene aversión al pobre.

25. Si bambolea el rico, sus amigos lo sostienen; mas en cayendo el pobre, aun sus familiares lo echan a empellones.

26. El rico que ha resbalado tiene muchos que le sostienen; ha hablado con arrogancia, y aquéllos lo justifican.

27. Mas el pobre que se desliza, tras eso es maltratado; habla cuerdamente, y no se hace caso de él.

28. Habla el rico, y todos callan, y ensalzan su dicho hasta las nubes.

29. Habla el pobre, y dicen aquéllos: ¿quién es ése? Y si da un paso falso, lo empujan hasta dar con él en tierra.

30. Buenas son las riquezas en manos del que no tiene pecado en su conciencia; mas la pobreza es malísima a juicio del impío.

31. El corazón o interior del hombre le hace demudar el semblante o en bien o en mal.

32. La señal del buen corazón, que es un semblante siempre bueno y tranquilo, la hallarás difícilmente y a duras penas.

CAPÍTULO XIV

Cuán dichoso es el que no peca en su hablar. Fealdad de la codicia, y amabilidad de la sabiduría.

1. Bienaventurado el hombre que no se deslizó en palabra que haya salido de su boca; ni es punzado por el remordimiento del pecado.

2. Feliz el que no tiene en su ánimo la tristeza que viene de la culpa, y no ha decaído de su esperanza en Dios.

3. Al hombre codicioso o avaro y agarrado de nada le sirven las riquezas; ¿y qué le aprovecha el oro al hombre mezquino?

4. El que amontona, cercenándoselo injustamente a sí mismo, para otros amontona, y un extraño se regalará con sus bienes.

5. ¿Para quién será bueno el que para sí mismo es mezquino, y no sabe gozar de sus bienes?

6. Quien es avaro contra sí mismo, es el hombre más ruin del mundo, y ya recibe el pago de su pasión perversa.

7. Que si algún bien hace, sin pensar ni querer lo hace; y al cabo viene a descubrir su malicia.

8. Maligno es el ojo del envidioso o avaro; él vuelve su cara al otro lado para no ver al pobre, y desprecia su misma alma.

9. No se sacia el ojo del avaro con una porción injusta de bienes; no se saciará hasta tanto que haya consumido y secado su vida.

10. El ojo maligno del avaro está siempre fijo en el mal; no se saciará de pan; se estará, sí, famélico y melancólico en la mesa.

11. Tú, hijo mío, disfruta aquello que tienes, y haz de ello ofrendas dignas a Dios.

12. Acuérdate de la muerte, la cual no tarda en llegar, y de la ley que se te ha intimado de ir al sepulcro; porque el morir es una ley de que nadie está exento.

13. Antes de morir haz bien a tu amigo, y alarga tu mano liberal hacia el pobre según tu posibilidad.

14. No te prives de las ventajas de un buen día que Dios te concede; y del buen don o bien que te da el Señor no dejes perder ninguna parte.

15. ¿No ves que has de dejar a otros el fruto de tus sudores y fatigas, y que por suerte se lo repartirán entre sí?

16. Da a los pobres, y toma para ti lo necesario, y santifica así tu alma.

17. Practica la justicia antes que mueras; porque en el sepulcro no hay que buscar sustento.

18. Podrirse ha toda carne como el heno, y como las hojas que brotan en la verde planta.

19. Unas hojas nacen y otras se caen; así de las generaciones de carne y sangre, una fenece y otra nace.

20. Toda obra corruptible ha de perecer finalmente, y su artífice tendrá el mismo paradero que ella.

21. Mas todas las obras escogidas o justas serán aprobadas, y el que las hace, será por ellas glorificado.

22. Bienaventurado el hombre que es constante en la sabidurla y ejerce la misericordia, y considera en su mente a Dios que ve todas las cosas;

23. que va estudiando en su corazón los caminos de la sabiduría y entiende sus arcanos, yendo en pos de ella como quien sigue su rastro, pisando siempre sus huellas;

24. que anhelando verla y oírla se pone a mirar por sus ventanas, y está escuchando en su puerta;

25. y reposa junto a la casa de ella, e hincando en sus paredes una estaca, asienta al lado su pequeño pabellón, dentro del cual tendrán perpetua morada todos los bienes;

26. bajo la protección de la sabiduría colocará a sus hijos, y morará debajo de sus ramas.

27. A la sombra de ella estará defendido del calor, y en su gloria reposará tranquilo.

CAPÍTULO XV

Finezas de la sabiduría, que no las recibe quien no las merece. Invectiva contra los que hacen a Dios autor de los pecados.

1. El que teme a Dios hará buenas obras; y quien observa exactamente la justicia, poseerá la sabiduría;

2. porque ella le saldrá al encuentro cual madre respetable, y cual virgen desposada lo recibirá.

3. Lo alimentará con pan de vida y de inteligencia, y le dará a beber el agua de ciencia saludable, y fijará en él su morada, y él le será constante.

4. Y la sabiduría será su sostén, y no se verá jamás confundido, sino que será ensalzado entre sus hermanos,

5. y en medio de la Iglesia le abrirá la boca, llenándolo del espíritu de sabiduría y de inteligencia, y revistiéndole de un manto que lo cubrirá de gloria.

6. Colmarle ha de consuelo y alegría, y le dará en herencia un eterno renombre.

7. Los hombres necios nunca la lograrán; mas los prudentes saldrán a su encuentro. No la verán los necios, porque está lejos de la soberbia y del dolo.

8. Los hombres mentirosos no se acordarán de ella; mas los veraces conversarán con ella, y andarán de bien en mejor hasta que vean la cara de Dios.

9. No está bien la alabanza de ella en la boca del pecador,

10. porque de Dios es la sabiduría, y con la sabiduría anda acompañada la alabanza de Dios; y rebosará en los labios del hombre fiel, y el Señor soberano se la infundirá.

11. No digas: en Dios consiste que la sabiduría se esté lejos de mí; no hagas tú lo que Él aborrece, y la tendrás.

12. Tampoco digas: Él me ha inducido al error; pues no necesita Él que haya hombres impíos.

13. Aborrece el Señor toda maldad, la cual no puede ser amada de aquellos que lo temen.

14. Crió Dios desde el principio al hombre, y dejóle en manos de su consejo.

15. Diole además sus mandamientos y preceptos.

16. Si guardando constantemente la fidelidad que le agrada, quisieres cumplir los mandamientos, ellos serán tu salvación.

17. Ha puesto delante de ti el agua y el fuego; extiende tu mano a lo que más te agrade.

18. Delante del hombre están la vida y la muerte, el bien y el mal; lo que escogiere le será dado.

19. Porque la sabiduría de Dios es grande, y su poder fuerte e irresistible; y está mirando a todos sin cesar.

20. Tiene puestos el Señor sus ojos sobre los que le temen, y Él observa todas las acciones de los hombres.

21. A ninguno ha mandado obrar impíamente, Y a ninguno ha dado un tiempo o permiso para pecar.

22. Porque no le es grato a Él el tener muchos hijos desleales e inútiles.

CAPÍTULO XVI

Nadie debe gloriarse en sus hijos, si son malos. Cómo ha castigado Dios a los impíos para escarmiento de todos. Su misericordia con los buenos.

1. No te alegres de que tus hijos se multipliquen, si son malos; ni te complazcas en ellos, si no tienen temor de Dios.

2. No fíes en su vida, ni cuentes para tu vejez con sus labores, o puestos y dignidades;

3. porque mejor es tener un solo hijo temeroso de Dios, que mil hijos malos;

4. y más cuenta tiene el morir sin hijos que dejar hijos malos.

5. Un solo hombre cuerdo hará que sea poblada la patria o el país; despoblada será la nación o tribu de los impíos.

6. Muchas cosas semejantes han visto mis ojos, y más graves que éstas las han oído mis oídos.

7. Arderán llamas en la reunión de los pecadores; y la ira de Dios reventará sobre la nación de los incrédulos.

8. Implacable se mostró Dios a los pecados de los antiguos gigantes; los cuales vanamente confiados en sus fuerzas fueron aniquilados con el diluvio.

9. Ni perdonó Dios al lugar donde estaba hospedado Lot; antes bien maldijo a sus habitantes por la soberbia de sus palabras.

10. No tuvo lástima de ellos y destruyó a toda aquella nación que hacía gala de sus delitos.

11. Y lo mismo a los seiscientos mil hombres que, obstinados de corazón, se amotinaron cuando iban por el desierto. Por donde se ve que aunque uno solo fuese contumaz, sería cosa maravillosa que quedase sin castigo.

12. Porque la misericordia y la ira están con el Señor; puede aplacarse, y puede descargar su enojo.

13. Así como usa de misericordia, así también castiga; Él juzga al hombre según sus obras.

14. No evitará el pecador el castigo de su latrocinio; y no se retardará al hombre misericordioso el premio que espera.

15. Todo acto de misericordia prepara el lugar a cada uno según el mérito de sus obras, y según su prudente conducta durante la peregrinación en esta vida.

16. No digas: yo me esconderé de Dios; ¿y desde allá arriba quién pensará en mí?

17. Nadie me reconocerá en medio de tan gran muchedumbre porque, ¿qué es mi persona entre tanta infinidad de criaturas?

18. He aquí que el cielo, y los altísimos cielos, y el profundo mar, y la tierra toda, y cuanto en ellos se contiene temblarán a una mirada suya.

19. Los montes también, y los collados y los cimientos de la tierra sólo con que los mire Dios se estremecerán de terror.

20. Y en medio de todo esto, es insensato el corazón del hombre, pero Dios está viendo todos los corazones;

21. ¿y quién es el que entiende sus caminos?;

¿y aquella espantosa tormenta del juicio final, que jamás habrán visto igual ojos humanos?

22. Así es que escondidas son e inteligibles muchísimas de sus obras; mas las obras de su justicia vengadora, ¿quién será capaz de explicarlas?, ¿o quién las podrá sufrir? Porque los decretos de Dios están muy distantes de las ideas que se forman algunos; pero a todos se ha de tomar residencia al fin del mundo.

23. El hombre mentecato piensa en cosas vanas; y el insensato y descarriado sólo se ocupa en sandeces.

24. Escúchame, hijo mío, y aprende documentos de prudencia, y medita en tu corazón las palabras que voy a decirte;

25. pues yo te daré instrucciones muy acertadas, y te manifestaré la escondida sabiduría; aplícate de corazón a atender a mis palabras, que yo con ánimo sincero te diré las maravillas que esparce Dios en sus obras desde el principio, y te mostraré con toda verdad su divina ciencia.

26. Formó Dios sabiamente desde el principio sus obras, y desde su primera creación las distinguió en partes; y colocó a las principales de ellas, según su naturaleza.

27. Dio a sus operaciones virtud perenne; sin que hayan tenido necesidad de ser restauradas, ni se hayan fatigado, ni cesado nunca de obrar.

28. Jamás ninguna de ellas embarazará a la otra.

29. No seas tú desobediente a su palabra.

30. Después de esto miró Dios la tierra, y la colmó de bienes.

31. Eso están demostrando todos los animales vivientes, que están sobre su superficie, y vuelven otra vez a ser tierra.

CAPÍTULO XVII

Creación del hombre y su dignidad. Divídese el género humano en varias naciones; providencia de Dios sobre ellas. Virtud de limosna; misericordia del Señor para con los pecadores.

1. Dios crio de la tierra al hombre, y formólo a imagen suya.

2. Y porque pecó lo hizo volver a ser tierra. Y le revistió de virtud conforme a su ser.

3. Señalóle determinado tiempo y número de días; y le dio potestad sobre las cosas que hay en la tierra.

4. Hízolo temible a todos los animales por lo cual tiene él dominio sobre las bestias y sobre las aves.

5. De la substancia del mismo formó Dios una ayuda semejante a él; dioles a entrambos

razón y lengua, y ojos, y orejas, e ingenio para inventar, y los llenó de las luces del entendimiento.

6. Crió en ellos la ciencia del espíritu; llenóles el corazón de discernimiento, y les hizo conocer los bienes y los males.

7. Acercó la luz de sus divinos ojos a sus corazones, para hacerles conocer la magnificencia de sus obras.

8. a fin de que alaben a una su santo Nombre, y ensalcen sus maravillas, y publiquen la grandeza de sus obras.

9. Añadió en bien de ellos las reglas de costumbres, y dioles por herencia la ley de vida.

10. Asentó con ellos una alianza eterna, e hízoles conocer su justicia y sus preceptos.

11. Vieron con los propios ojos la grandeza de su gloria, y la majestad de su voz hirióles los oídos y les dijo: guardaos de toda suerte de iniquidad.

12. Y mandó a cada uno de ellos el amor de su prójimo.

13. Están siempre a su vista los procederes de ellos; no pueden encubrirse a sus divinos ojos.

14. A todas las naciones señaló quien las gobernase;

15. mas Israel fue visiblemente reservado para herencia de Dios.

16. Todas las obras de ellos están patentes como el sol en la presencia de Dios, cuyos ojos están siempre fijos sobre sus procederes.

17. Ni por sus maldades quedó oscurecida o derogada la alianza divina, y todas sus iniquidades están a la vista de Dios.

18. La limosna del hombre la guarda Dios como un sello, y tendrá cuidado de las buenas obras del hombre como de las niñas de sus ojos.

19. Después se levantará a juicio y dará a los malos el pago, a cada uno en particular, y los enviará al profundo de la tierra.

20. Pero a los que se arrepienten les concede el volver a la senda de la justicia, y les da fuerzas cuando les faltan, para ir adelante, y ha destinado para ellos la porción o premio debido a la verdad o fidelidad.

21. Conviértete, pues, al Señor, y abandona tus vicios.

22. Haz oración ante la presencia del Señor, y remueve las ocasiones de caer.

23. Conviértete al Señor, y vuelve las espaldas a tu iniquidad, y aborrece sumamente todo lo que es abominable a Dios;

24. y estudia los mandamientos y juicios de Dios, y sé constante en el estado feliz de la virtud que se te ha propuesto y en la oración al Altísimo Dios.

25. Entra en la compañía del siglo santo de la eternidad o con aquellos que viven por la gracia, y dan alabanza a Dios.

26. No te pares en el camino errado de los malos. Alaba a Dios antes de morir. El muerto (como si nada fuese) no puede ya alabarle y merecer la vida eterna.

27. Vivo, vivo lo has de alabar, y estando sano has de confesar y alabar a Dios, y gloriarte en sus misericordias.

28. ¡Oh cuán grande es la misericordía del Señor, y cuánta su clemencia para con los que a Él se convierten!

29. Porque no puede el hombre tener todas las cosas; puesto que no hay ningún hijo del hombre que sea inmortal, y que no se complazca en la vanidad o malicia.

30. ¿Qué cosa más resplandeciente que el sol? Pues éste también se eclipsa. O, ¿qué cosa más torpe que los pensamientos de carne y sangre? Pero no han de quedar ellos sin castigo.

31. Aquel ve en torno de sí las virtudes del altísimo cielo; mas todos los hombres son polvo y ceniza.

CAPÍTULO XVIII
Grandeza de Dios y miseria del hombre.
Reglas para vivir bien.

1. El que vive eternamente crió todas las cosas sin excepción. Sólo Dios será siempre hallado justo, y Él es el rey invencible que subsiste eternamente.

2. ¿Quién es capaz de referir todas sus obras?

3. ¿O quién puede investigar sus maravillas?

4. Pues y su omnipotente grandeza, ¿quién podrá jamás explicarla?, ¿o quién emprenderá el contar sus misericordias?

5. No hay que quitar ni que añadir en las admirables obras del Señor, ni hay quien pueda comprenderlas.

6. Cuando el hombre hubiere acabado, entonces estará al principio; y cuando cesare, quedará absorto.

7. ¿Qué es el hombre?, ¿y en qué puede ser útil a Dios? ¿Qué le importa a Dios su bien o su mal?

8. El número de los días del hombre, cuando mucho, es de cien años; que vienen a ser como una gota de las aguas del mar, y como un granito de arena: tan cortos son estos años comparados con el día de la eternidad.

9. Por eso Dios aguanta a los mortales y derrama sobre ellos su misericordia.

10. Está viendo la presunción de sus corazones, que es mala, y conociendo el trastorno de ellos, que es perverso.

11. Por esto les manifestó de lleno su clemencia, y mostróles el camino de la equidad o justicia.

12. La compasión del hombre tiene por objeto a su prójimo; pero la misericordia de Dios se extiende sobre toda carne o a todo viviente.

13. Él tiene misericordia, y los amaestra, y los guía cual pastor a su grey.

14. Él es benigno con los que escuchan la doctrina de la misericordia, y son solícitos en la práctica de sus preceptos.

15. Hijo, no juntes con el beneficio que hagas la reprensión, ni acompañes tus dones con la aspereza de malas palabras.

16. ¿No es verdad que el rocío templa el calor?; pues así también la buena palabra vale más que la dádiva.

17. ¿No conoces tú que la palabra dulce vale más que el don? Pero el hombre justo acompañará lo uno con lo otro.

18. El necio prorrumpe ásperamente en improperios, y la dádiva del hombre mal criado y duro contrista y saca lágrimas de los ojos.

19. Antes del juicio o de presentarte al juez, asegúrate de tu justicia; y antes que hables, aprende.

20. Antes de la enfermedad toma el preservativo; y antes del juicio examínate a ti mismo, y así hallarás misericordia en la presencia de Dios.

21. Antes de la dolencia mortifícate y humíllate; y en el tiempo de tu enfermedad haz conocer tu conversión y buena conducta.

22. Nada te detenga de orar siempre que puedas; ni te avergüences de hacer buenas obras hasta la muerte; porque la recompensa de Dios dura eternamente.

23. Antes de la oración prepara tu alma, y no quieras ser como el hombre que tienta a Dios.

24. Acuérdate de la ira que vendrá en el día final, y del tiempo de la retribución, cuando Dios apartará su rostro de los impíos.

25. Acuérdate de la pobreza en el tiempo de la abundancia y de las miserias de la pobreza en tiempo de las riquezas.

26. De la mañana a la tarde se cambiará el tiempo, y todo esto se hace muy presto a los ojos de Dios.

27. El hombre sabio temerá en todo, y en los días de pecados, o escándalos grandes, se guardará de la negligencia.

28. Todo hombre sensato sabe distinguir la sabiduría, y alaba al que la ha hallado.

29. Los hombres juiciosos se portan con prudencia en el hablar, y entienden la verdad y la justicia, y esparcen como lluvia proverbios y sentencias.

30. No te dejes arrastrar de tus pasiones, y refrena tus apetitos.

31. Si satisfaces los antojos de tu alma, ella te hará la risa y fábula de tus enemigos.

32. No gustes de andar en los bullicios, ni aun en los de poca monta; porque ocurren en ellos continuos conflictos.

33. Mira no te empobrezcas con tomar dinero a usura para competir o seguir disputas con los otros, teniendo vacío tu bolsillo; pues serás injusto contra tu propia vida.

CAPÍTULO XIX

Contra la embriaguez y lascivia. Debemos refrenar la lengua y corregir a nuestros hermanos. La sabiduría sin el temor de Dios es vana. Señales para conocer al hipócrita.

1. El operario dado al vino no se enriquecerá, y poco a poco se arruinará el que desprecia las cosas pequeñas.

2. El vino y las mujeres hacen apostatar a los sabios, y desacreditan a los sensatos.

3. El que se junta con rameras, perderá toda vergüenza; la podre y los gusanos serán, aun en vida, sus herederos; será propuesto por escarmiento, y será borrado del número de los vivientes.

4. El que cree de ligero, es de corazón liviano, y padecerá menoscabo. Quien peca, pues, contra su propia alma, será reputado por un hombre ruin.

5. Infamado será quien se goza en la iniquidad; y se acortará la vida al que odia la corrección; mas el que aborrece la locuacidad sofoca la malicia del murmurador.

6. Tendrá que arrepentirse el que peca contra su propia alma; y el que se huelga en la malicia, se acarreará la infamia.

7. No reportes una palabra maligna y ofensiva, porque no perderás nada.

8. No cuentes tus ocultos sentimientos indistintamente al amigo y al enemigo; y si has pecado, no lo propales.

9. Porque te escuchará y se guardará de ti; y aparentando que disculpa tu pecado, te odiará en su interior, y así estará siempre alrededor de ti.

10. ¿Oíste alguna palabra contra tu prójimo? Sepúltala en tu pecho, seguro de que no reventarás por retenerla.

11. Padece el necio dolores de parto por causa de una palabra secreta que se le ha confiado, como mujer que gime para dar a luz un niño.

12. Como saeta hincada en un muslo carnoso, así es la palabra en el corazón del necio.

13. Corrige al amigo que quizá no obró con mala intención, y dirá: no hice yo eso; pero sí lo hizo, a fin de que no lo haga más.

14. Corrige al prójimo que acaso no habrá dicho tal cosa; y si la hubiere dicho, para que no la diga más.

15. Corrige al amigo; porque muchas veces se levantan calumnias.

16. Y no creas todo lo que se cuenta. Tal hay que se desliza en lo que habla; mas no lo dice con mala intención.

17. ¿Pero quién hay que no haya pecado con su lengua? Corrige al prójimo con suavidad, antes de usar de amenazas,

18. y da lugar al temor del Altísimo que te lo manda: porque toda la sabiduría se encierra en el temor de Dios, y a Dios se teme con ella, y toda sabiduría se ordena al cumplimiento de la ley de Dios.

19. Que no es sabiduría el arte de hacer mal; ni es prudencia el pensar de los pecadores

20. Es una malignidad que va unida con la execración; y es un necio el que está falto de la sabiduría de Dios.

21. Es preferible aquel hombre a quien falta sagacidad y está privado de ciencia, pero que es timorato, al que es muy entendido, si traspasa la ley del Altísimo.

22. Hay una sagacidad extremada; mas es sagacidad inicua y diabólica.

23. Y hay quien discurre bien y con fruto exponiendo la verdad. Hay quien maliciosamente se humilla, mas su corazón está lleno de dolo;

24. y quien se abate excesivamente con grandes sumisiones, y quien vuelve la cara y aparenta no ver aquello que es un secreto;

25. mas si por falta de fuerzas no puede pecar, en hallando oportunidad de hacer mal, lo hará.

26. Por el semblante es conocido el hombre, y por el aire de la cara se conoce el que es juicioso.

27. La manera de vestir, de reír y de caminar del hombre, dicen lo que él es.

28. Es una corrección falsa o indiscreta, cuando uno airado vomita injurias, y forma un juicio que después se halla no ser recto; y hay quien en tal situación calla, y ése es prudente.

CAPÍTULO XX

De la corrección fraternal; del silencio; de las dádivas; del hablar, y de la mentira. Hemos de comunicar a los demás la sabiduría.

1. ¿Cuánto mejor es el dar una represión, y no prohibir el hablar al que confiesa la culpa, que no el alimentar la ira contra él?

2. Como el eunuco lascivo que deshonra a una doncellita encargada a su custodia,

3. así es el que con la fuerza viola la justicia.

4. ¡Cuán buena cosa es, siendo corregido, el mostrar arrepentimiento!, porque así huirás el pecado voluntario.

5. Hay quien callando es reconocido por sabio; y hay quien se hace odioso por su flujo de hablar.

6. Tal hay que calla por no saber hablar; y tal hay que calla porque sabe cuál es la ocasión oportuna.

7. El hombre sabio callará hasta un cierto tiempo; mas el vano y el imprudente no aguardan la ocasión.

8. Quien parla mucho, hará daño a su alma y el que se arroga un injusto poder de juzgar a los demás, sera aborrecido.

9. La prosperidad es un mal para el hombre desarreglado; y los tesoros que halla, se le convierten en detrimento.

10. Hay una dádiva que es inútil para el que la hace; y dádiva hay que tiene doble recompensa.

11. Hay quien en la exaltación halla el abatimiento; y a otro la humillación sirve para ensalzarse.

12. Tal hay que compra muchas cosas a un vil precio, y después tiene que pagar siete veces más.

13. Hácese amable el sabio con su conversación; mas los chistes de los tontos serán perdidos.

14. La dádiva del necio no te aprovechará; porque sus ojos tienen muchas miras de interés en lo que te da.

15. Él dará poco, y lo echará muchas veces en cara, y el abrir de su boca será un volcán contra ti.

16. Hoy da prestado uno y mañana lo demanda. Hombre de este jaez es bien odioso.

17. El necio no tendrá un amigo; ni serán agradecidos sus dones:

18. pues los que comen su pan son de lengua fementida. ¡Oh cuántos y cuántas veces harán burla de él!

19. Porque da o gasta sin juicio aquello que debía reservar, y aun aquello que no debía guardar.

20. El desliz de la lengua embustera es como el de quien cae del terrado a la calle: tan precipitada será la caída de los malos.

21. El hombre insulso es como un cuento sin substancia, de aquellos que andan siempre en las bocas de gente mal criada.

22. La parábola no tiene gracia en boca del fatuo, porque la dice fuera de tiempo.

23. Hay quien deja de pecar por falta de medios, y padece tormentos por tener que estar en inacción.

24. Tal hay que pierde su alma por respetos humanos, y la pierde por miramiento a un imprudente; y por un tal hombre se pierde a sí mismo.

25. Hay quien por respetos humanos promete al amigo lo que no puede cumplir; y la ganancia que de eso saca es hacérselo gratuitamente enemigo.

26. Es una tacha infame la mentira en el hombre; ella está de continuo en la boca de los mal criados.

27. Menos malo es el ladrón que el hombre que miente a todas horas; bien que ambos a dos tendrán por herencia la perdición.

28. Deshonradas y viles son las costumbres de los mentirosos; siempre llevan consigo su propia confusión.

29. Acredítase el sabio con su hablar; y el varón prudente será grato a los magnates.

30. Aquel que labra bien su tierra formará más alto el acervo de frutos; y el que hace obras de justicia será ensalzado, y el que es acepto a los magnates debe huir la injusticia, y portarse con rectitud.

31. Los regalos y las dádivas ciegan los ojos de los jueces, y les cierran la boca para no corregir a los malos.

32. La sabiduría que se tiene oculta, y el tesoro escondido, ¿de qué sirven ni aquélla ni éste?

33. Mejor es el hombre que oculta su ignorancia que el que tiene escondido su saber.

CAPÍTULO XXI
De la malicia del pecado, y medios para preservarnos de él.

1. Hijo, ¿has pecado? Pues no vuelvas a pecar más; antes bien haz oración a Dios por las culpas pasadas, a fin de que te sean perdonadas.

2. Como de la vista de una serpiente, así huye del pecado; porque si te arrimas a él, te morderá.

3. Sus dientes son dientes de león, que matan las almas de los hombres.

4. Todo pecado es como una espada de dos filos; sus heridas son incurables en lo humano.

5. La arrogancia y las injurias reducen a humo la hacienda; y la más opulenta casa será arruinada por la soberbia; así también serán aniquilados los bienes del soberbio.

6. La súplica del pobre llegará desde su boca hasta los oídos de Dios, y al punto se le hará justicia.

7. El aborrecer la corrección es indicio manifiesto de hombre pecador; pero el que teme a Dios entrará en sí y reconocerá sus defectos.

8. De lejos se da a conocer el poderoso por su osada lengua; mas el varón sensato sabe escabullirse del tal.

9. Quien edifica su casa a expensas de otro, es como el que reúne sus piedras para edificar en el invierno.

10. Todos los pecadores juntos son como un montón de estopa para ser consumida con llamas de fuego.

11. El camino de los pecadores está bien enlosado y liso; pero va a parar al infierno, en las tinieblas y en los tormentos.

12. El que observa la justicia o ley del Señor, comprenderá el espíritu de ella.

13. El perfecto temor de Dios es la verdadera sabiduría y prudencia.

14. Quien no es sabio en el bien nunca será bien instruido.

15. Mas hay una sabiduría fecunda en lo malo; bien que no hay prudencia donde se halla la amargura del pecado.

16. La ciencia del sabio rebosa por todas partes como una avenida de agua, y sus consejos son cual fuente perenne de vida.

17. Como un vaso roto, así es el corazón del fatuo, no puede retener ni una gota de sabiduría.

18. Cualquiera palabra bien dicha que oyere el sabio, la celebrará, y se la aplicará a sí; oírla el hombre dado a los deleites, y le desagradará, y la echará detrás de sí.

19. Los razonamientos del necio son molestos, como un fardo para el que anda de viaje; mientras los labios del prudente están llenos de gracia.

20. La boca del varón prudente es buscada en las asambleas, y cada uno medita en su corazón las palabras que le oye.

21. Como una casa demolida es la sabiduría para el necio, y la ciencia del insensato se reduce a dichos ininteligibles.

22. Como grillos en los pies, y como cadena o esposa en su mano derecha así es para el necio la ciencia.

23. El tonto cuando ríe, ríe a carcajada suelta; mas el varón sabio apenas se sonreirá.

24. La ciencia es para el hombre prudente un joyel de oro, y como un brazalete en el brazo derecho.

25. El tonto con facilidad mete el pie en casa ajena; mas el hombre avisado mira con timidez la persona del poderoso.

26. El necio registra por las ventanas lo que pasa dentro de la casa; mas el hombre bien criado se queda a la puerta hasta que abran.

27. Es propio del tonto y mal criado el estar escuchando en la puerta lo que dicen; y el hombre prudente tendrá esto por afrenta insoportable.

28. Los labios de los indiscretos cuentan mil tonterías; mas las palabras de los sabios serán como pesadas en una balanza.

29. El corazón de los fatuos está en su boca, y la boca de los sabios en su corazón.

30. Cuando el impío maldice al diablo, a sí mismo se maldice.

31. El chismoso contamina su propia alma y de todos será odiado, y será mal visto quien converse con él; mas el hombre que sabe callar y tiene prudencia, será honrado de todos.

CAPÍTULO XXII

De la dureza del hijo mal criado; es tiempo perdido instruir a un tonto. Cómo se debe conservar la amistad.

1. Con piedras llenas de lodo es apedreado el perezoso; y todos hablarán de él con desprecio.

2. Tíranle boñigas de buey, y todos los que lo tocan sacuden y se limpian las manos, y se ríen.

3. Afrenta del padre es el hijo mal criado; y la hija inmodesta será poco estimada.

4. La hija prudente es una herencia para su esposo; mas aquella que acarrea desdoro es el oprobio del que la ha engendrado.

5. La que es descocada es la deshonra del padre y del marido (en nada es inferior a los malvados) y será vilipendiada de uno y otro.

6. Un discurso fuera de tiempo viene a ser como la música en duelo; mas el azote o la corrección y la instrucción, en toda ocasión son oportunos para infundir la sabiduría.

7. Quien pretende amaestrar a un tonto, es como el que quiere reunir con engrudo los pedazos de un tiesto.

8. Quien cuenta una cosa al que no escucha, hace como el que quiere despertar de su letargo al que duerme.

9. Habla con un dormido quien discurre de la sabiduría con un necio, el cual al fin del discurso suele decir: ¿quién es éste?

10. Llora tú por el muerto, porque le faltó la luz; y llora por el fatuo o pecador, porque le falta el seso.

11. Llora, empero, poco por un muerto, pues ya goza de reposo.

12. Porque la pésima vida del impío fatuo es peor que la muerte.

13. Siete días dura el llanto por un muerto; pero el llanto por el fatuo y el impío ha de durar mientras vivan.

14. Con el necio no hables mucho, y no te acompañes con el insensato.

15. Guárdate de él para no tener inquietudes, y a fin de que no te manche su pecado.

16. Desvíate de él, y tendrás sosiego, y no recibirás tedio o fastidio por su necedad.

17. ¿Qué otra cosa se nombrará que sea más pesada que el plomo, a no ser el tonto?

18. Más fácil es cargar sobre sí arena, sal y barras de hierro, que con un imprudente, un fatuo o un impío.

19. La trabazón de vigas encajadas para cimiento del edificio no se descompondrá; así tampoco un corazón robustecido con un consejo maduro y deliberado.

20. Las resoluciones del hombre sensato no serán alteradas por el miedo en ningún tiempo.

21. Como los palos plantados en lugares elevados, y las paredes en seco, o sin argamasa, no pueden resistir contra la fuerza del viento,

22. así igualmente el corazón del fatuo, tímido en sus pensamientos, no resistirá el ímpetu del temor.

23. Así como el corazón del fatuo que está pavoroso en sus pensamientos, no temerá en todo tiempo, así aquel que está firme en los mandamientos de Dios está siempre sin temor.

24. El que punza el ojo hace salir lágrimas, y quien punza el corazón hace salir los afectos.

25. El que tira una piedra contra los pájaros, los hace huir; así también el que zahiere al amigo rompe la amistad.

26. Aunque hubieres desenvainado la espada contra el amigo, no desesperes, pues todavía podrás reconciliarte con él.

27. Si has dicho al amigo palabras pesadas, no temas; porque hay lugar a la concordia, no habiendo habido dicterios, ni desvergüenzas, ni orgullo, ni revelación de un secreto, ni golpe a traición; por todas estas cosas sí que huirá el amigo.

28. Guarda fidelidad al amigo en medio de su pobreza, a fin de gozar algún día de su prosperidad.

29. En el tiempo de su tribulación mantente fiel a él; si quieres también ser llamado a la parte de su herencia.

30. El vapor y el humo se levantan del horno antes que la llama del fuego; así también las maldiciones, las injurias, y las amenazas preceden al derramamiento de sangre.

31. No me avergonzaré de saludar al amigo pobre y abatido, ni me retiraré de su trato; que si después de eso me vinieren males por causa de él, o me fuere ingrato, sabré sufrirlos.

32. Pero todos los que lo entendieren se guardarán de él.

33. ¿Quién pondrá un candado a mi boca, y sobre mis labios un sello inviolable para que no me deslice por su culpa, y no sea mi lengua la perdición mía?

CAPÍTULO XXIII

Oración a Dios para preservarse de la soberbia, de la gula y de la lujuria. Represión de los vicios de la lengua y de la carne.

1. ¡Oh Señor, Padre mío y dueño de mi vida, no me abandones a la indiscreción de mis labios; ni permitas que yo me deslice por causa de ellos!
2. ¿Quién será el que emplee el azote o castigo sobre mis pensamientos, y la corrección de la sabiduría sobre mi corazón, de tal modo que no me perdone sus errores, a fin de que ellos no broten pecados,
3. ni se acrecienten mis ignorancias, ni se multipliquen mis faltas y aumenten mis pecados, por cuya causa ande yo por el suelo delante de mis contrarios y se ría de mí el enemigo mío?
4. ¡Oh Señor, Padre mío y Dios de mi vida!, no me abandones a sus malvados pensamientos.
5. No permitas en mis ojos la altanería; y aleja de mí todo mal deseo.
6. Quita de mí la intemperancia de la gula, y no se apoderen de mí los apetitos de la lujuria; ni quieras entregarme a un ánimo inverecundo y desenfrenado.
7. Vosotros, ¡oh hijos míos!, escuchad los documentos para gobernar la lengua; y quien los observare no se perderá por causa de sus labios, ni resbalará en obras perversas.
8. En su mismo necio hablar queda cogido el pecador, y el soberbio y maldiciente se arruinarán por sus mismos labios.
9. No acostumbres tu boca al juramento; porque son muchas por eso las caídas.
10. Tampoco tomes continuamente en boca, sino para honrarle, el Nombre de Dios; ni interpongas siempre los nombres de las cosas santas, porque no quedarás libre de culpa si lo haces.
11. Pues así como un esclavo puesto a todas horas a cuestión de tormento nunca está sin cardenales, así todo el que jura y repite aquel Nombre jamás estará enteramente limpio de culpa.
12. El hombre que jura mucho, se llenará de pecados; y no se apartará de su casa la desgracia.
13. Porque si no cumple el juramento, tendrá sobre sí el delito; y si no hace caso, peca doblemente.

14. Y si ha jurado en vano, o sin necesidad, no será tenido por inocente; antes bien lloverán castigos sobre su casa.
15. Hay todavía otro lenguaje que confina con la muerte: nunca se oiga entre los descendientes de Jacob.
16. Así pues, todas estas cosas estarán lejos de los hombres religiosos; los cuales no se envuelven en semejantes delitos.
17. No se acostumbre tu boca al hablar indiscreto; porque siempre va acompañado de la mancha del pecado.
18. Acuérdate de tu padre y de tu madre, aunque estés sentado entre los magnates,
19. para que no suceda que Dios se olvide de ti a vista de los mismos; y que infatuado con su familiaridad, tengas que sufrir tales oprobios que quisieras más no haber venido al mundo, y maldigas el día de tu nacimiento.
20. El hombre acostumbrado a decir improperios, no se corregirá en toda su vida.
21. Dos especies de personas pecan con frecuencia, y otra tercera provoca la ira y la perdición:
22. el ánimo fogoso como una ardiente llama; el cual no se calma sin devorar primero alguna cosa;
23. y el hombre que es esclavo de los apetitos de su carne, el cual no tendrá sosiego hasta que haya comunicado el fuego.
24. Al hombre fornicario todo pan le es dulce; y no cesará de pecar hasta el fin.
25. Todo hombre que deshonra su tálamo conyugal, como quien tiene en poco su alma, suele decir: ¿quién hay que me vea?
26. Rodeado estoy de tinieblas, y las paredes me encubren, y nadie me atisba: ¿a quién tengo que temer? Wl Altísimo no se parará en mis delitos.
27. Mas él no reflexiona que el ojo de Dios está viendo todas las cosas: porque semejante temor humano, temor no más que de los hombres, expele de él el temor de Dios;
28. y no sabe que los ojos del Señor son mucho más luminosos que el sol, y que descubren todos los procederes de los hombres y lo más profundo del abismo, y ven hasta los mas recónditos senos del corazón humano.
29. Porque todas las cosas, antes de ser criadas, fueron conocidas del Señor Dios, y aun después que fueron hechas las está mirando a todas.
30. Este tal adúltero será por lo mismo castigado en medio de la plaza de la ciudad; él, cual potro indómito, echará a huir; pero lo pillarán donde menos pensaba.
31. Y será deshonrado delante de todos, por no haber conocido el temor del Señor.

32. Lo mismo será de cualquiera mujer que deja a su propio marido, y que le da un heredero habido del marido de otra.

33. Porque ella en primer lugar fue rebelde a la ley del Altísimo; lo segundo, ultrajó a su propio marido; lo tercero, se contamina con el adulterio, y se procrea hijos del marido ajeno.

34. Esta será conducida a la asamblea pública y se hará información sobre sus hijos;

35. los cuales no echarán raíces, ni darán frutos sus ramos.

36. Ella dejará en maldición su memoria; y jamás se borrará su infamia.

37. Por donde los venideros conocerán que no hay cosa mejor que temer a Dios, y nada más suave que observar los mandamientos del Señor.

38. Servir al Señor es una gloria grande; pues de Él se recibirá larga vida.

CAPÍTULO XXIV

Declara el origen y eternidad de la sabiduría, y predica sus alabanzas; explica los efectos maravillosos y el ardiente deseo que tiene de comunicarse a los hombres.

1. La Sabiduría se hará ella misma su elogio, y se honrará en Dios, y se gloriará en medio de su pueblo.

2. Ella abrirá su boca en medio del pueblo de Dios, o de las reuniones del Altísimo, y se glorificará a la vista de los escuadrones de Dios o de la celestial milicia.

3. Será ensalzada en medio de su pueblo, y admirada en la plena congregación de los santos.

4. Y recibirá alabanzas de la muchedumbre de los escogidos, y será bendita entre los benditos, y dirá:

5. Yo salí de la boca del Altísimo, engendrada primero que existiese ninguna criatura.

6. Yo hice nacer en los cielos la luz indeficiente, y como una niebla cubrí la tierra.

7. En los altísimos cielos puse yo mi morada, y el trono mío sobre una columna de nubes.

8. Yo sola hice todo el giro del cielo, y penetré por el profundo del abismo, me paseé por las olas del mar,

9. y puse mis pies en todas las partes de la tierra; y en todos los pueblos,

10. y en todas las naciones tuve el supremo dominio.

11. Yo sujeté con mi poder los corazones de todos, grandes y pequeños; y en todos esos pueblos y naciones busqué donde posar o fijarme, y en la heredad del Señor fijé mi morada.

12. Entonces el Criador de todas las cosas dio sus órdenes, y me habló; y el que a mí me dio el ser, estableció mi Tabernáculo o morada,

13. y me dijo: habita en Jacob, y sea Israel tu herencia, y arráigate en medio de mis escogidos.

14. Desde el principio o *ab eterno*, y antes de los siglos, ya recibí yo el ser, y no dejaré de existir en todos los siglos venideros; y en el Tabernáculo santo ejercité el ministerio mío ante su acatamiento.

15. Y así fijé estancia en el monte Sión, y fue el lugar de mi reposo la ciudad santa, y en Jerusalén está el trono mío.

16. Y me arraigué en un pueblo glorioso, y en la porción de mi Dios, la cual es su herencia; y mi habitación fue en la plena reunión de los santos.

17. Elevada estoy cual cedro sobre el Líbano y cual ciprés sobre el monte de Sión.

18. Extendí mis ramos como una palma de Cades, y como el rosal plantado en Jericó:

19. me alcé como un hermoso olivo en los campos, y como el plátano en las plazas junto al agua.

20. Como el cinamomo y el bálsamo aromático despedí fragancia. Como mirra escogida exhalé suave olor;

21. y llené mi habitación de odoríferos perfumes, como de estoraque, de gálbano, de onique, y de lágrima de mirra, y de incienso virgen, y mi fragancia es como la del bálsamo sin mezcla.

22. Yo extendí mis ramas como el terebinto, y mis ramas están llenas de majestad y hermosura.

23. Yo como la vid broté pimpollos de suave olor, y mis flores dan frutos de gloria y de riqueza.

24. Y soy la madre del bello amor y del temor, y de la ciencia de la salud, y de la santa esperanza.

25. En mí está toda la gracia para conocer el camino de la verdad; en mí toda esperanza de vida y de virtud.

26. Venid a mí todos los que os halláis presos de mi amor, y saciaos de mis dulces frutos;

27. porque mi espíritu es más dulce que la miel, y más suave que el panal de miel mi herencia.

28. Se hará memoria de mí en toda la serie de los siglos.

29. Los que de mí comen, tienen siempre hambre de mí, y tienen siempre sed los que de mí beben; jamás se empalagan.

30. El que me escucha, jamás tendrá de qué avergonzarse; y aquellos que se guían por mí, no pecarán.

31. Los que me esclarecen obtendrán la vida eterna.

32. Todas estas cosas contiene el libro de la vida, que es el testamento del Altísimo y la doctrina de la verdad.

33. Moisés intimó la ley de la justicia, dejándola en herencia a la casa de Jacob con las promesas hechas a Israel.

34. Dios prometió a su siervo David que había de hacer nacer de él, o de su linaje, al rey fortísimo, que se sentaría sobre un trono de gloria para siempre;

35. el cual rebosa en sabiduría, como en agua de Fisón y el Tigris en la estación de los nuevos frutos.

36. Ella lo inunda todo de inteligencia como el Éufrates, y crece más y más como el Jordán en el tiempo de la siega.

37. Ella derrama la ciencia como la luz, e inunda como el Gehón en la estación de la vendimia.

38. El Hijo de Dios es el primero o único que la ha conocido perfectamente, y otro que sea menos fuerte, o inferior, no la comprende.

39. Porque son más vastos que el mar sus pensamientos, y sus consejos más profundos que el grande abismo.

40. Yo la Sabiduría derramé ríos de agua viva y celestial.

41. Yo como canal de agua inmensa, derivada del río, y como acequia sacada

42. Yo dije: regaré los plantíos de mi huerto, y hartaré de agua los frutales de mi prado;

43. y he aquí que mi canal ha salido de madre, y mi río se iguala a un mar.

44. Porque la luz de mi doctrina, con que ilumino a todos, es como la luz de la aurora, y seguiré esparciéndola hasta los remotos tiempos.

45. Penetraré todas las partes más hondas de la tierra, y echaré una mirada sobre todos los que duermen para juzgarlos; e iluminaré a todos los que esperan en el Señor.

46. Yo proseguiré difundiendo la doctrina como profecía, y la dejaré a aquellos que buscan la sabiduría, y no cesaré de anunciarla a toda su descendencia hasta el siglo venidero o eternidad santa.

47. Observad cómo yo no he trabajado sólo para mí, sino para todos aquellos que andan en busca de la verdad.

CAPÍTULO XXV

Varios efectos de la sabiduría. Los ancianos deben guardar decoro. Nueve cosas que todos tienen por buenas. Elogio del temor de Dios. Entre los males el peor es la mala mujer.

1. En tres cosas se ha complacido mi corazón, las cuales son de la aprobación de Dios y de los hombres:

2. la concordia entre los hermanos y parientes, y el amor de los prójimos, y un marido y mujer bien unidos entre sí.

3. Tres especies de personas aborrece mi alma, y su proceder me es sumamente enfadoso:

4. el pobre soberbio, el rico mentiroso, el viejo fatuo e imprudente.

5. Lo que no juntaste en tu juventud ¿cómo lo has de hallar en tu vejez?

6. ¡Oh qué bello adorno para las canas el saber juzgar, y para los ancianos el saber dar un consejo!

7. ¡Cuán bien parece la sabiduría en las personas de edad avanzada!; ¡y en las que están en alto puesto la inteligencia y el consejo!

8. Corona de los ancianos es la mucha experiencia, y la gloria de ellos el temor de Dios.

9. Nueve cosas he tenido yo en mucha estima, de las cuales nadie formará mal concepto en su corazón; y la décima la anunciaré con mi lengua a los hombres:

10. un hombre que halla consuelo en sus hijos, y uno que ya en vida ve la ruina de sus enemigos.

11. Dichoso el que vive con una esposa juiciosa; y aquel que no se deslizó en su lengua; y el que no ha sido siervo de personas dignas de sí.

12. dichoso el que ha hallado un verdadero amigo; y aquel que explica la justicia a oídos que escuchan.

13. ¡Oh cuán grande es el que adquirió la sabiduría, y el que posee la ciencia! Pero ninguno de los dichos supera al que teme a Dios.

14. El temor de Dios se sobrepone a todas las cosas.

15. Bienaventurado el hombre a quien le ha sido concedido el don del temor de Dios; ¿con quién compararemos al que lo posee?

16. El temor de Dios es el principio de su amor; mas debe unirse el principio de la fe.

17. La tristeza del corazón es la mayor plaga; y la suma malicia la malignidad de la mujer.

18. Sufrirá uno cualquier llaga; mas no la llaga del corazón;

19. y cualquier maldad: mas no la maldad de la mujer;

20. y toda aflicción: mas no la que viene de aquellos que proceden con odio enconado;

21. y cualquiera castigo: más no el que viene de los enemigos.

22. No hay cabeza peor que la cabeza venosa de la culebra.

23. ni hay por ira que la ira de la mujer antes quisiera habitar con un león, y con un dragón, que con una mujer malvada.

24. La malignidad de la mujer la hace inmutar su semblante y poner tétrico y ceñudo aspecto, como el de un oso, y la presenta tal como un saco o vestido de luto.

25. Gime su marido en medio de sus vecinos, y escucha lo que dicen de ella. Y suspira poco a poco, o con disimulo.

26. Toda malicia es muy pequeña en comparación de la malicia de la mujer: caiga ella en suerte al pecador.

27. Lo que es para los pies de un viejo el subir un monte de arena, eso es para un hombre sosegado una mujer habladora.

28. No mires sólo el buen parecer o hermosura de la mujer, ni de la mujer te enamores por su belleza.

29. Gramde es la ira de la mujer, y el desacato y la ignominia que de ahí se sigue.

30. Si la mujer tiene el mando, se rebela contra su marido.

31. La mujer de mala ralea aflige el ánimo, y abate el semblante, y llaga el corazón del marido.

32. La mujer que no da gusto a su marido, le descoyunta los brazos, y le debilita las rodillas.

33. De la mujer tuvo principio el pecado, y por causa de ella morimos todos.

34. No dejes ni aun el mejor agujero a tu agua, ni a la mujer mala le des licencia de salir fuera.

35. Si ella no camina bajo tu dirección, te afrentará delante de tus enemigos.

36. Sepárala de tu lecho, porque no se burle siempre de ti, o de tu sufrimiento.

CAPÍTULO XXVI

Elogio de la mujer buena, y malas artes de la que no lo es. Tres cosas que afligen; y dos que parecen difíciles.

1. Dichoso el marido de una mujer virtuosa; porque será doblado el número de sus años.

2. La mujer fuerte o varonil es el consuelo de su marido, y lo hace vivir en paz los años de su vida.

3. Es una suerte dichosa la mujer buena, suerte que tocará al que teme a Dios, y le será dada al hombre por sus buenas obras.

4. Ora sea rico, ora pobre, tendrá contento el corazón, y se verá alegre en todo tiempo su semblante.

5. De tres cosas tiene temor mi alma, y por otra cuarta me sale la palidez a la cara;

6. de la persecución que mueve toda una ciudad; del motín de un pueblo;

7. y de la falsa calumnia; cosas todas más dolorosas que la muerte;

8. pero la mujer celosa es dolor y llanto del corazón;

9. su lengua es un azote que alcanzaa todos.

10. Como el yugo de bueyes que está flojo, así es la mujer mala, quien la toma, cuente que toma un escorpión.

11. La mujer que se embriaga es una plaga grande; y su ignominia y torpeza no podrán encubrirse.

12. La deshonestidad de la mujer se deja conocer en su mirar desvergonzado y en la altivez de sus ojos.

13. Vela atentamente sobre lahija que no refrena sus ojos; no sea que hallando oportunidad, desfogue sus pasiones.

14. Séate sospechosa toda inmodestia de sus ojos, y no te maravilles si después no hace caso de ti.

15. Ella, como un caminante sediento, aplicará la boca a toda fuente, y beberá del agua más cercana, sea la que fuere, y se sentará junto a cualquier esquina, y abrirá la aljaba a cualquiera saeta hasta que más no pueda.

16. La gracia de la mujer hacendosa alegra al marido, y le llena de jugo los huesos.

17. La buena crianza de ella es un don de Dios.

18. Es cosa que no tiene precio una mujer discreta y amante del silencio, y con el ánimo morigerado.

19. Gracia es sobre gracia la mujer santa y vergonzosa.

20. No hay cosa de tanto valor que pueda equivaler a esta alma casta.

21. Lo que es para el mundo el sol al nacer en las altísimas moradas de Dios, eso es la gentileza de la mujer vituosa para el adorno de una casa.

22. Antorcha que resplandece sobre el candelero sagrado es la compostura del rostro de una edad robusta.

23. Columnas de oro sobre basas de plata son los pies que descansan sobre las plantas de una matrona grave.

24. Cimientos eternos sobre piedra sólida son los mandamientos en el corazón de una mujer santa.

25. Dos cosas contristan mi corazón, y la tercera me provoca cólera;

26. un varón aguerrido que desfallece de hambre; y el varón sabio de quien no se hace caso;

27. y el hombre que de la justicia se vuelve al pecado, al cual destina Dios a la perdición.

28. Dos profesiones me han parecido difíciles y peligrosas: el negociante con dificultad evitará la negligencia en las cosas de su alma; y el

figonero o tabernero no estará exento de los pecados de la lengua.

CAPÍTULO XXVII

El hombre debe contentarse con moderadas riquezas, y permanecer en el temor del Señor. Modestia en el hablar. Guardar el secreto al amigo. No armar lazos a otro.

1. Muchos han pecado por causa de la miseria; quien busca el enriquecerse, a nada más atiende.

2. Como se hinca una estaca en medio de la juntura de dos piedras trabadas una con otra, así se introducirá el pecado en la venta y la compra.

3. Mas el delito y el delincuente serán destruidos.

4. Si no te mantienes siempre firme en el temor del Señor, presto se arruinará tu casa.

5. Como zarandeando la criba queda el polvo o tamo, así del pensar nace la ansiedad del hombre.

6. En el horno se prueban las vasijas de tierra; y en la tentación de las tribulaciones los hombres justos.

7. Como el cultivo del árbol se muestra por su fruto, así por la palabra pensada se ve el corazón del hombre.

8. No alabes a un hombre antes que haya hablado; porque en el hablar se dan a conocer los hombres.

9. Si tú vas en pos de la justicia, la alcanzarás, y te revestirás de ella como de una vestidura talar de gloria; y con ella morarás, y ella te amparará para siempre, y en el día de la cuenta o del juicio hallarás en ella apoyo.

10. Las aves van a juntarse con sus semejantes: así la verdad va a encontrar a los que la ponen en práctica.

11. El león va siempre en busca de presa; así el pecado arma lazos a los que obran la iniquidad.

12. El hombre santo persevera en la sabiduría como el sol; más el necio se muda como la luna.

13. En medio de los insensatos no hables, y reserva las palabras para otro tiempo; pero asiste de continuo en medio de los que piensan con juicio.

14. La conversación de los pecadores es insoportable; porque ellos hacen gala de las delicias del pecado.

15. La lengua que jura mucho, hará erizar el cabello, y su irreverencia le hace a cualquiera tapar las orejas.

16. Paran en derramiento de sangre las riñas de los soberbios, y da pena el oír sus maldiciones.

17. Quien descubre los secretos del amigo, pierde el crédito, y no hallará un amigo a su gusto.

18. Ama al amigo, y séle leal.

19. Porque si descubrieres sus secretos, no lo volverás a ganar.

20. Porque el hombre que viola o hace traición a la amistad que tenía con su prójimo, es como quien pierde al amigo por morirse éste.

21. Y como uno que se deja escapar de la mano un pájaro, así tú dejaste ir a tu amigo, y ya no lo recobrarás.

22. No lo sigas; porque está ya muy lejos, habiendo huido como un gamo que escapa del lazo, por haberlo tú herido en el alma.

23. Jamás podrás atraértelo a ti: porque después de una injuria de palabras se halla resarcimiento, o hay lugar a la reconciliación;

24. mas el revelar los secretos del amigo, quita toda esperanza al alma desgraciada que ha incurrido en esta falta.

25. Adula uno con los ojos, y está al mismo tiempo fraguando picardías, y nadie lo desecha de sí.

26. En tu presencia hablará con dulzura, y celebrará tus discursos; mas a lo último mudará el lenguaje, y de tus palabras sacará ocasión para arruinarte.

27. Muchas cosas aborrezco; pero a ninguna más que a semejante hombre y el Señor también lo aborrecerá.

28. Si uno tira a lo alto una piedra, le caerá sobre su cabeza; y la herida a traición abrirá las llagas del traidor.

29. Aquel que cava la fosa, caerá en ella; y el que ha puesto una piedra de tropiezo al prójimo, en ella tropezará; y quien arma lazos a otros, perecerá en ellos.

30. El perverso designio redundará en daño de quien lo fragua, y no sabrá de dónde le viene el mal.

31. Los escarnios y ultrajes son propios de soberbios; mas la venganza divina, cual león, los cogerá por sorpresa.

32. Perecerán en el lazo o súbitamente aquellos que se huelgan de la caída de los justos; y consumirlos ha el dolor antes que mueran.

33. La ira y el furor son cosas ambas bien detestables; pero el hombre pecador las tendrá dentro de sí.

CAPÍTULO XXVIII

Sobre perdonar las injurias y refrenar la lengua. Debe evitarse el hombre maldiciente.

1. El que quiere vengarse, experimentará la venganza del Señor; el cual tendrá exacta cuenta de sus pecados.

2. Perdona a tu prójimo cuando te agravia, y así cuando tú implores el perdón, te serán perdonados tus pecados.

3. ¿Un hombre conserva encono contra otro hombre, y pide a Dios la salud?

4. ¿No usa de misericordia con otro hombre como él, y pide perdón de sus pecados?

5. ¿Siendo él carne miserable conserva el enojo, y pide a Dios reconciliación? ¿Quién se la alcanzará por sus pecados?

6. Acuérdate de las postrimerías, y déjate de enemistades;

7. pues que la corrupción y la muerte están intimadas en los mandamientos o ley del Señor.

8. Acuérdate de temer a Dios y no estés airado con tu prójimo.

9. Ten presenta la ley del Altísimo y no hagas caso del yerro o ignorancia del prójimo que te ofendió.

10. Abstente de litigios, y te ahorrarás pecados;

11. porque el hombre iracundo enciende querellas, y el pecador suscita discordias entre los amigos, y siembra enemistades en medio de los que viven en paz.

12. Y como a proporción de la leña del bosque es el incendio,a sí según el poder del hombre suele ser su enoño; y según es de rico, exaltará su cólera.

13. La reyerta precipitada enciende el fuego, y la querella temeraria viene a parar en derramar sangre; y la lenga amenazadora contr a otro, acarrea la muerte.

14. Si soplares en una chispa se encenderá de ella fuego, y si escupieres sobre ella se apagará; y lo uno y lo otro sale de la boca.

15. El murmurador, y el hombre de dos caras es maldito; porque mete confusión entre muchos que vivían en paz.

16. la mala lengua de un tercero ha alborotado a muchos, y los ha dispersado de un pueblo a otro.

17. Arruinó ciudades fuertes y ricas, y destruyó desde los cimientos los palacios de los magnates.

18. Aniquiló las fuerzas de los pueblos, y disipó gentes valerosas.

19. la lengua de un tercero echó fuera de casa a mujeres varoniles, y privólas del fruto de sus fatigas.

20. El que la escucha no tendrá sosiego, ni hallará un amigo con quien consolarse.

21. El golpe del azote deja un cardenal; mas el golpe de la lengua desmenuza los huesos.

22. Muchos han perecido al filo de la espada; pero no tantos como por culpa de su lengua.

23. Bienaventurado el que estuvo a cubierto de la mala lengua, ni experimentó su furor, ni probó su yugo, ni fue atado con sus cadenas.

24. Porque su yugo es yugo de hierro, y sus cadenas son cadenas de bronce.

25. La especie de muerte que de ella proviene es la peor; más tolerable que ella es el sepulcro.

26. Ella no será de larga duración: pero se enseñoreará de los caminos de los perversos; sus llamas, empero, no quemarán a los justos.

27. Los que abandonan a Dios, caerán en poder de la mala lengua, la cual encenderá en ellos su fuego, que no se apagará; y se desencadenará contra ellos como león, y cual leopardo los despedazará.

28. Haz de espinas una cerca a tus orejas, y no des oídos a la mala lengua, y pon puerta y candado a tu boca.

29. Funde tu oro y tu plata, y haz de ellos una balanza para tus palabras, y un freno bien ajustado para tu boca;

30. y mira no resbales en tu hablar, por lo cual caigas por tierra delante de los enemigos que te acechan, y sea incurable y mortal tu caída.

CAPÍTULO XXIX

De varias obras de misericordia; y prudencia con que deben hacerse. Debemos procurar adquirir honestamente, y conservar lo necesario para vivir.

1. Quien es misericordioso, da prestado a su prójimo; y el que tiene abierta la mano para dar, observa los mandamientos del Señor.

2. Préstale a tu prójimo en tiempo de su necesidad; y tú, a su tiempo, restituye lo que él te ha prestado.

3. Cumple tu palabra, y pórtate fielmente con él; y en todo tiempo hallarás lo que necesites.

4. El dinero prestado lo reputaron muchos como un hallazgo; y dieron que sentir a los que los favorecieron.

5. Hasta tanto que han recibido, besan las manos del que puede dar, y con voz humilde hacen grandes promesas;

6. mas cuando es tiempo de pagar piden espera, y dicen cosas pesadas, y murmuran; y echan la culpa al tiempo.

7. Y aunque se hallen en estado de pagar, pondrán dificultades; apenas volverán la mitad de la deuda, y el acreedor deberá hacer cuenta que aquello es como si se lo hubiese hallado.

8. Y no siendo así lo defraudarán de su dinero; y sin más ni más se ganará el acreedor un enemigo,

9. el cual le pagará con injurias y maldiciones, y por un honor y un beneficio recibido le volverá ultrajes.

10. Muchos dejan de prestar, no por dureza de corazón, sino por temor de ser burlados injustamente;

11. sin embargo, sé tú de alma más generosa con el humilde, y no le hagas esperar días y más días por la limosna.

12. En cumplimiento del mandamiento de Dios socorre al pobre, y en su necesidad no lo despidas con las manos vacías.

13. Pierde o gasta el dinero por amor de tu hermano y de tu amigo, y no lo escondas debajo de una losa para que se pierda, y con él tu alma.

14. Emplea tu tesoro según los preceptos del Altísimo, y eso te valdrá más que no el oro.

15. Mete la limosna en el seno del pobre, y ella rogará por ti para librarte de toda suerte de males.

16, 17 y 18. Peleará contra tu enemigo harto mejor que el escudo y la lanza de un campeón.

19. El hombre de bien da fianza por su prójimo; mas el que ha perdido el rubor, lo abandona a su suerte.

20. No te olvides del beneficio que te ha hecho tu fiador, pues ha expuesto por ti su hacienda y aun quizá su vida.

21. El pecador y el inmundo o infiel huyen del que ha sido fiador de ellos.

22. El pecador hace cuenta que son suyos los bienes del que ha dado fianza por él, y con corazón ingrato abandona a su libertador.

23. Sale uno por fiador de su prójimo; y éste, perdida toda vergüenza, lo abandona.

24. Fianzas indiscretas han perdido a muchos que lo pasaban bien, y los han sumergido en un mar de trabajos.

25. Ellas son las que trastornando a los hombres acaudalados los han hecho trasmigrar y andar errantes entre gentes extrañas.

26. El pecador que traspasa los mandamientos del Señor, se enredará en fianzas ruinosas; y el que se mete a tratar muchos negocios, no se verá libre de pleitos.

27. Sostén al prójimo según tu posibilidad; pero mira también por ti mismo, a fin de que no te precipites.

28. Lo esencial de la vida del hombre es agua y pan, y vestido y casa para tener cubierto aquello que no debe dejarse ver.

29. Mejor es la comida del pobre, al abrigo de una choza, que banquetes espléndidos en tierra extraña donde no se tiene domicilio.

30. Conténtate con lo que tuvieres, sea poco o mucho, y no tendrás que sentir los improperios que se hacen a los forasteros.

31. Es una vida infeliz la del que va hospedándose de casa en casa; pues donde quiera que se hospede, no obrará con libertad, ni abrirá su boca.

32. Lo hospedará uno el cual se quejará de que da de comer y beber a ingratos; y tras esto oirá otras cosas que lo amarguen.

33. Vamos, le dirán al hospedado, por la mesa, y da de comer a los otros con lo que tienes a mano, o en tus alforjas.

34. O bien, vete afuera, que vienen unos amigos míos de distinción, y necesito mi casa; o he de alojar a un hermano mío.

35. Para un hombre sensato dos cosas son muy pesadas: los desprecios que recibe del patrón de la casa, y los improperios del que le ha hecho el préstamo, cuando tarda en recobrarlo.

CAPÍTULO XXX

Sobre la buena educación de los hijos; cuán peligrosa es la demasiada indulgencia con ellos. Vale más la salud del cuerpo que las riquezas. Daños de la melancolía, y bienes de la alegría del corazón.

1. El que ama a su hijo, le hace sentir a menudo el azote o castigo, para hallar en él al fin su consuelo, y procurarle que no haya de ir mendigando de puerta en puerta.

2. Quien instruye a su hijo será honrado en él; y él se gloriará con la gente de su familia.

3. Quien instruye a su hijo causará envidia a su enemigo, y se preciará de él en medio de sus amigos.

4. Viene a morir su padre y es como si no muriese, porque deja después de sí otro su semejante.

5. En vida suya lo vio y se alegró en él; al morir no tuvo por qué contristarse ni confundirse a vista de sus enemigos;

6. pues que ha dejado a la casa un defensor contra los enemigos, y uno que será agradecido a los amigos.

7. Por amor de las almas de sus hijos vendará sus heridas, y a cualquiera voz o rumor se conmoverán sus entrañas.

8. Un caballo no domado se hace intratable; así un hijo abandonado a sí mismo se hace insolente.

9. Halaga al hijo, y te hará temblar; juega con él, y te llenará de pesadumbres.

10. No te rías con él, no sea que al fin tengas que llorar y te haga rechinar de dientes.

11. No le dejes hacer lo que quiera en su juventud. y no disimules sus travesuras.

12. Dóblale la cerviz en la mocedad, y dale con la vara en las costillas, mientras es niño, no sea que se endurezca y te niegue la obediencia, lo que causará dolor a tu alma.

13. Instruye a tu hijo y trabaja en formarle, para no ser cómplice en su deshonor.

14. Más vale el pobre sano y de robustas fuerzas, que el rico débil y acosado de males.

15. La salud del alma, que consiste en la santidad de la justicia, vale más que todo el oro y la plata; y un cuerpo robusto, más que inmensas riquezas.

16. No hay tesoro que valga más que la salud del cuerpo, ni hay placer mayor que el gozo del corazón.

17. Preferible es la muerte a una vida amarga, y el eterno reposo de los que mueren a una dolencia continua.

18. Los bienes reservados para uno que tiene la boca cerrada, son como las exquisitas viandas dispuestas alrededor de un sepulcro.

19. ¿De qué le sirven al ídolo las libaciones u ofrendas?; porque él ni comerá ni percibirá el olor de ellas.

20. Así acontece a quien es castigado del Señor, y recibe el pago de su iniquidad:

21. Está mirando con sus ojos muchos bienes, y no hace sino gemir, como el eunuco que abraza una doncella, y da un suspiro.

22. No dejes que la tristeza se apodere de tu alma, ni te aflijas a ti mismo con tus ideas melancólicas.

23. El contentamiento del corazón, ése es la vida del hombre y un tesoro inexhausto de santidad; la alegría alarga la vida del hombre.

24. Apiádate de tu alma, procurando agradar a Dios, y sé continente, y fija tu corazón en la santidad del Señor; y arroja lejos de ti la tristeza,

25. porque a muchos ha muerto ella, la cual para nada es buena.

26. La envidia y la ira abrevian los días, y las zozobras o afanes aceleran la vejez antes de tiempo.

27. El corazón alegre y benigno con todos está siempre contento, como si se hallase en continuos banquetes; y sus platos se guisan presto y con esmero.

CAPÍTULO XXXI

Tribulaciones del avaro; elogio del rico que conserva la inocencia. De la modestia y sobriedad en la mesa.

1. El desvelo por las riquezas consume las carnes, y sus cuidados quitan el sueño.

2. Los pensamientos de lo que podrá suceder perturban el sosiego, como la grave enfermedad hace perder el sueño al hombre.

3. Afanóse el rico para allegar riquezas, y en su reposo se rellena de bienes.

4. Trabaja el pobre para poder comer; y si deja de trabajar queda mendigando.

5. No será justo el que es amante del oro; y quien sigue la corrupción, de ella se llenará.

6. Muchos han caído en el precipicio a causa del oro, y el resplandor del cual fue su perdición.

7. Leño de tropiezo o ídolo es el oro, para los que idolatran en él: ¡ay de aquellos que se van tras del oro! Por su causa perecerá todo imprudente.

8. Bienaventurado el rico que es hallado sin culpa, y que no anda tras el oro, ni pone su esperanza en el dinero y en los tesoros.

9. ¿Quién es éste y lo elogiaremos?; porque él ha hecho cosas admirables en su vida.

10. El fue probado por medio del oro, y hallado perfecto, por lo que reportará gloria eterna. El podía pecar y no pecó, hacer mal y no lo hizo;

11. por eso sus bienes están asegurados en el Señor; y celebrará sus limosnas toda la congregación de los santos.

12. ¿Te sentaste en una espléndida mesa? No seas tú el primero en abrir tu garganta para engullir.

13. Tampoco digas con anhelo: ¡Oh cuántas viandas hay en ella!

14. Mira que es mala cosa el ojo maligno.

15. ¿Hay en el mundo cosa peor que semejante ojo? Por eso derramará lágrimas por toda su cara, cuando mirare cómo se gastan sus bienes.

16. No alargues el primero tu mano, no sea que tachado por el envidioso quedes avergonzado.

17. En el tomar las viandas no vayas atropelladamente.

18. Juzga del genio de tu prójimo por el tuyo.

19. Toma como persona frugal de los platos que se te presenten, para que no te hagas odioso o despreciable con el mucho comer.

20. Muestra tu buena crianza acabando el primero; y no seas nimio, a fin de no disgustar a nadie.

21. Que si estás sentado en medio de muchos, no alargues primero que ellos tu mano, ni seas el primero a pedir de beber.

22. ¡Oh cuán poco vino es suficiente para un hombre bien educado!, y así cuando duermas no te causará desasosiego, ni sentirás incomodidad.

23. Pervigilio, cólera y retortijones padecerá el hombre destemplado.

24. Sueño saludable gozará el hombre templado; él dormirá hasta la mañana, y despertará con el corazón alegre.

25. Que si te has visto forzado a comer mucho, retírate de la concurrencia, y vomita; y te hallarás aliviado, y no acarrearás una enfermedad a tu cuerpo.

26. Escúchame, hijo mío y no me desprecies, que a la postre hallarás ser verdad lo que digo.

27. En todas tus operaciones sé diligente, y no tendrás ningún achaque.

28. Al liberal en distribuir el pan o comida al prójimo lo bendecirán los labios de muchos, y darán un testimonio fiel de su bondad.

29. Contra aquel que es mezquino en dar pan a los pobres murmurará toda la ciudad, y será verdadero el testimonio que darán de su mezquindad.

30. A los buenos bebedores no los provoques a beber; porque la perdición de muchos del vino viene.

31. Como el fuego prueba la dureza del hierro, así el vino bebido hasta embriagarse descubre los corazones de los soberbios.

32. Vida tranquila para los hombres es el vino usado con sobriedad, serás sobrio si lo bebes con moderación.

33. ¿Qué vida es la de aquel a quien falta el vino?

34. ¿Qué cosa es la que nos priva de la vida? La muerte.

35. El vino desde el principio fue criado para alegría, no para embriagarse.

36. Recrea el alma y el corazón el vino bebido moderadamente.

37. El beberlo con templanza es salud para el alma y para el cuerpo.

38. El demasiado vino causa contiendas, iras y muchos estragos.

39. Amargura del alma es el vino bebido con exceso.

40. La embriaguez hace osado al necio para ofender; enerva las fuerzas y es ocasión de heridas.

41. En un convite en que se beba, no reprendas al prójimo, ni lo desprecies en el calor de su alegría.

42. No le digas dicterios, ni le apremies a que te vuelva lo que te debe.

CAPÍTULO XXXII

Del modo de portarse en los convites, así los ancianos como los jóvenes. Buscar en todo a Dios. No hacer nada sin consejo.

1. ¿Te han hecho rey o director del convite? No te engrías; pórtate entre ellos como uno de tantos.

2. Cuida bien de todos, y después que habrás satisfecho plenamente tu oficio, siéntate a la mesa,

3. a fin de que ellos te causen alegría y en premio recibas la corona de flores como ornamento de distinción, y obtengas el honor de la porción que ellos separan para ti.

4. Tú, el más anciano en edad, a quien toca hablar el primero,

5. habla sabia y prudentemente; mas no estorbes con largos discursos el oír la armonía de los instrumentos músicos.

6. Donde no hay quien escuche no eches palabras al viento; ni quieras fuera de sazón ostentar tu saber.

7. Un concierto de música es un convite espléndido, es como un rubí o precioso carbunclo engastado en oro.

8. Como esmeralda engastada en un anillo de oro, así es la melodía de los cantares con el beber alegre y moderado.

9. Escucha en silencio, y con tu modestia te conciliarás el amor de todos.

10. Tú, ¡oh joven!, habla, si es necesario, a duras penas, en lo que a ti te toque.

11. Preguntado una y otra vez, reduce a pocas palabras tu respuesta.

12. En muchas cosas haz de ignorante, y escucha, ya callando, ya también preguntando algunas veces.

13. En medio de los magnates no seas presumido, y donde hay ancianos no hables tú mucho.

14. El granizo o trueno es precedido del relámpago; así la vergüenza o rubor es precedida de la gracia y estimación, y por tu modestia serás bien quisto de todos.

15. En llegando la hora de levantarte de la mesa no te entretengas, vete el primero a tu casa; y allí diviértete, y allí juega,

16. y haz lo que te pluguiere en tal que sea sin pecar, ni decir palabras insolentes.

17. Y después de todo eso, bendice al Señor que te crió, y que te colma de todos sus bienes.

18. El que teme al Señor abrazará sus saludables documentos; y los que solícitos madrugaren en busca de él, lograrán su bendición.

19. Quien ama la ley, se enriquecerá con los frutos de ella; mas el que obra con hipocresía, tomará de la ley ocasión de ruina.

20. Los que temen al Señor sabrán discernir lo que es justo, y sus buenas obras brillarán como una antorcha.

21. Huye de la represión el hombre pecador, y halla siempre ejemplos en que apoyar sus antojos.

22. El varón prudente cuida de reflexionar bien lo que ha de hacer; pero el que no lo es y el soberbio nunca temen nada,

23. aun después de haber obrado por sí, sin consejo; no obstante, sus mismas empresas los condenarán.

24. Tú, hijo mío, no hagas cosa alguna sin consejo, y no tendrás que arrepentirte después de hecha.

25. No vayas por camino malo, y no tropezarás en las piedras; ni te arriesgues a ir por senda escabrosa, para que no expongas a caídas tu alma.

26. Cautélate aun de tus propios hijos, y guárdate de tus criados.

27. En todas tus acciones sigue el dictamen fiel de tu conciencia; pues en eso consiste la observancia de los mandamientos.

28. Quien es fiel a Dios, atiende a sus preceptos, y el que confía en él, no padecerá menoscabo alguno.

CAPÍTULO XXXIII

Es alabado el temeroso de Dios. El Señor ensalza a unos y humilla a otros. Reglas para el gobierno de la familia: y modo de tratar a los esclavos.

1. Al que teme al Señor, nada malo le sucederá; antes bien en la tentación Dios lo guardará y lo librará de males.

2. El varón sabio ama, no aborrece los preceptos y las leyes; ni se estrellará como un navío en la tormenta.

3. El hombre prudente es fiel a la ley de Dios, y la ley será fiel para él.

4. El que ha de aclarar o satisfacer a una pregunta, debe premeditar la respuesta; y así después de haber hecho oración a Dios, será oído y conservará la buena doctrina, y entonces podrá responder con acierto.

5. El corazón del fatuo es como la rueda del carro; y como un eje que da vuelta, así son sus pensamientos.

6. El amigo escarnecedor es como el caballo padre, que relincha debajo de cualquier jinete.

7. ¿De dónde viene que un día se prefiere a otro, y la luz de un día hace ventaja a la luz de otro, y un año a otro año, proviniendo todos de un mismo sol?

8. La sabiduría del Señor es la que los diferenció después de criado el sol, el cual obedece las órdenes recibidas.

9. Dios arregló las estaciones y los días festivos de ellas, en que se celebran las solemnidades a la hora establecida.

10. De estos mismos días, a unos los hizo Dios grandes y sagrados, y a otros los dejó en el número de días comunes. Así también a todos los hombres los hizo del polvo y de la tierra, de que Adán fue formado:

11. a los cuales distinguió el Señor con su gran sabiduría, y diferenció sus condiciones y estados.

12. De ellos a unos bendijo, y los ensalzó y consagró, y tomó para sí; y a otros los maldijo y abatió, y los arrojó del país en donde vivían separados de los demás.

13. Como el barro está en manos del alfarero para hacer y disponer de él,

14. y pende de su arbitrio el emplearlo en lo que quiera, así el hombre está en las manos de su Hacedor, el cual le dará el destino según sus juicios.

15. Contra el mal está el bien, y contra la muerte la vida; así también contra el hombre justo, el pecador; y de este modo todas las obras del Altísimo las veréis pareadas, y la una opuesta a la otra.

16. Yo ciertamente me he levantado o puesto a escribir el último y soy como el que recoge rebuscos tras los vendimiadores.

17. Pero puse mi esperanza en la bendición de Dios, y así he henchido mi lagar, como el que vendimia.

18. Observad que no he trabajado para mí solo, sino para todos los que buscan el instruirse.

19. Escuchadme, ¡oh magnates y pueblos todos!, y vosotros que presidís las asambleas, prestadme atentos vuestros oídos.

20. Al hijo, ni a la mujer, ni al hermano, ni al amigo, jamás en tu vida les des potestad sobre ti, ni cedas a otro lo que posees, para que no suceda que arrepentido hayas de podirle rogando que te lo devuelva.

21. Mientras estés en este mundo y respires, ningún hombre te haga mudar de este propósito.

22. Porque mejor es que tus hijos hayan de recurrir a ti, que no el que tú hayas de esperar el auxilio de las manos de tus hijos.

23. En todas tus cosas mantén tu superioridad,

24. a fin de no manchar tu reputación, y reparte tu herencia cuando estén para terminarse los días de tu vida, al tiempo de tu muerte.

25. Pienso, y palos, y carga para el asno; pan, y castigo, y que trabajar para el siervo.

26. Éste trabaja cuando es castigado, y apetece el reposo; si le dejas sueltas las manos, buscará libertad.

27. El yugo y la coyunda doblan la dura cerviz del buey; así las continuas faenas amansan al siervo.

28. Al siervo de mala inclinación, azotes y cepo. Envíalo al trabajo para que no esté mano sobre mano;

29. pues es la ociosidad maestra de muchos vicios.

30. Fuérzalo a trabajar, que esto es lo que le conviene; y si no hiciere lo que le mandas, aprémialo con meterlo en el cepo; guárdate, empero, de excederte contra el cuerpo de quien quiera que sea; y no hagas cosa de gravedad sin consejo o premeditación.

31. Si tienes un siervo fiel, cuida de él como de ti mismo, trátalo como a un hermano; pues lo compraste a costa de tu sangre.

32. Si lo maltratas injustamente, se te huirá.

33. Y si él se aparta de ti y se marcha, no sabrás a quién preguntar, ni por qué camino lo has de buscar.

CAPÍTULO XXXIV

Vanidad de los sueños, adivinaciones y agüeros; utilidad de las tentaciones. Bienaventurado el que teme a Dios. La ofrenda del pecador es abominable a Dios. Es inútil la penitencia del que no se enmienda de sus vicios.

1. Las vanas esperanzas y las mentiras son el entretenimiento del necio; y los sueños dan alas a los imprudentes.

2. Como el que se abraza con una sombra, y persigue al viento, así es el que atiende a sueños engañosos.

3. Las visiones de los sueños son la semejanza de una cosa; como es la imagen del hombre puesta delante del mismo hombre.

4. Una persona sucia, ¿a qué otra limpiará? Y de una mentirosa, ¿qué verdad se sacará?

5. Las adivinaciones erróneas, los agüeros falsos y los sueños de los malvados son una vanidad.

6. Y tu espíritu padecerá, como el de la mujer que está de parto, muchos fantasmas o imaginaciones. No hagas caso de semejantes visiones, a no ser que te fuesen enviadas del Altísimo.

7. Porque a muchos les indujeron a error los sueños, y se perdieron por haber puesto en ellos su confianza.

8. La palabra de la ley será perfecta en sí misma sin estas mentiras; y la sabiduría será fácil y clara en boca del hombre fiel.

9. Quien no ha sido tentado, ¿qué es lo que puede saber? El varón experimentado en muchas cosas, será muy reflexivo; y el que ha aprendido mucho, discurrirá con prudencia.

10. El que no tiene experiencia, sabe poco; mas el que se ha ocupado en muchos negocios, adquiere mucha sagacidad.

11. Quien no ha sido tentado, ¿qué cosas puede saber? El que ha sido engañado, se hace siempre más cauteloso.

12. Muchas cosas he visto en mis peregrinaciones; y muchísima diversidad de usos u costumbres.

13. Por esta razón me he visto alganas veces en peligros aun de muerte, y me he librado por la gracia de Dios.

14. Es custodiado el espíritu de aquellos que temen a Dios; y será bendito con sus benéficas miradas;

15. porque tienen ellos puesta su esperanza en su Salvador, y los ojos de Dios están fijos sobre los que le aman.

16. De nada temblará ni tendrá miedo quien teme al Señor; pues éste es su esperanza.

17. Bienaventurada es el alma del que teme al Señor.

18. ¿En quién pone ella sus ojos, y quién es su fortaleza?

19. Fijos están los ojos del Señor sobre los que le temen; el Señor es el poderoso protector, el apoyo fuerte, un toldo contra los ardores del sol y fresca sombra contra el resistero del mediodía.

20. Sustentáculo para no tropezar, socorro en las caídas, el que eleva el alma y alumbra los ojos; el que da sanidad, y vida, y bendiciones.

21. Inmunda es la ofrenda de aquel que ofrece sacrificio de lo mal adquirido; porque no son gratas a Dios estas irrisiones de los hombres injustos.

22. El Señor solo es todas las cosas para aquellos que en el camino de la verdad y de la justicia le aguardan con paciencia.

23. El Altísimo no acepta los dones de los impíos, ni atiende a las oblaciones de los malvados, ni por muchos sacrificios que ellos ofrezcan les perdonará sus pecados.

24. El que ofrece sacrificios de la hacienda de los pobres, es como el que degüella un hijo delante del padre.

25. Es la vida de los pobres el pan que necesitan; y es un hombre sanguinario cualquiera que se lo quita.

26. Quien quita a alguno el pan ganado con su sudor, es como el que asesina a su prójimo.

27. Hermanos son, o corren parejas, el que derrama la sangre y el que defrauda el jornal al jornalero.

28. Si lo que uno edifica, el otro lo destruye, ¿qué provecho sacan ambos sino el fatigarse?
29. Si uno hace oración y el otro echa maldiciones, ¿de quién escuchará Dios las plegarias?
30. Quien se lava o purifica por haber tocado un muerto, y de nuevo lo toca, ¿de qué le sirve el haberse lavado?
31. Así el hombre que ayuna por sus pecados, y de nuevo los comete, ¿qué provecho saca de su mortificación? ¿Su oración quién la oirá?

CAPÍTULO XXXV

La verdadera religión y piedad consiste en la obediencia a Dios, y no en la mera multitud de sacrificios. Protege el Señor a los oprimidos y tomará algún día venganza de sus opresores.

1. El que observa la ley puede decirse que hace muchas oblaciones a Dios.
2. Porque sacrificio de salud es el guardar los mandamientos y alejarse de toda iniquidad.
3. Y el apartarse de la injusticia es como ofrecer un sacrificio de propiciación por las injusticias cometidas, y remover la pena merecida por los pecados.
4. Tributa gracias a Dios el que le ofrece la flor de harina; así el que hace obras de misericordia le ofrece también un sacrificio.
5. Lo que agrada al Señor es huir de la iniquidad; y la expiación de los pecados debe empezar por alejarse de la injusticia.
6. No comparezcas en la presencia del Señor con las manos vacías;
7. porque todas estas cosas se hacen por mandamiento de Dios.
8. La oblación del justo es como víctima escogida que engrasa el altar, y es un olor suave en la presencia del Altísimo.
9. Acepto es el sacrificio del justo, y no se olvidará de él el Señor.
10. Da con alegre corazón gloria a Dios; y no disminuyas las primicias de tus fatigas.
11. Todo lo que das, dalo con semblante alegre y consagra tus diezmos con regocijo.
12. Retribuye al Altísimo a proporción de lo que te ha dado, y preséntale con alegría ofrendas, según tus facultades.
13. Porque el Señor es remunerador, y te devolverá siete veces más.
14. No le ofrezcas dones defectuosos; porque no le serán aceptos.
15. Y no cuentes para nada un sacrificio injusto; porque el Señor es juez, y no tiene miramiento a la dignidad de las personas.

16. No hace el Señor acepción de personas en perjuicio del pobre; y escucha las plegarias del injuriado.
17. No desechará los ruegos del huérfano; ni tampoco a la viuda que le habla con sus suspiros.
18. Las lágrimas de la viuda, que corren por sus mejillas, ¿no son por ventura otros tantos clamores contra aquel que se las hace derramar?
19. Desde las mejillas suben hasta el cielo, y el Señor que la escucha no las verá sin irritarse.
20. Quien adora o sirve a Dios con buena voluntad, será protegido, y su oración llegará hasta más allá de las nubes.
21. La oración del humilde o afligido traspasará las nubes, y no reposará hasta acercarse al Altísimo; del cual no se apartará hasta tanto que incline hacia él los ojos.
22. Y el Señor no dará largas, sino que vengará a los justos, y hará justicia, y el fortísimo no sufrirá más a sus opresores, sino que con tribulaciones quebrantará su espinazo;
23. y a las naciones les dará su merecido, hasta aniquilar la multitud de los soberbios, y desmenuzar los cetros de los inicuos;
24. hasta dar el pago a los hombres según sus méritos, y conforme las obras de cada cual, y su presunción o soberbia;
25. hasta que haya hecho justicia a su pueblo, y consolado con su misericordia a los justos.
26. ¡Oh cuán amable es la misericordia de Dios en el tiempo de la tribulación! Es como las nubes que se deshacen en agua en tiempo de sequía.

CAPÍTULO XXXVI

Oración del autor de este libro a Dios a favor de su pueblo de Israel oprimido. Sagacidad necesaria en el hombre, y utilidades que acarrea al casado una esposa virtuosa.

1. ¡Oh Dios de todas las cosas!, ten misericordia de nosotros y vuelve hacia nosotros tus ojos, y muéstranos la luz de tus piedades.
2. Infunde tu temor en las naciones, que no han pensado en buscarte; a fin de que entiendan que no hay otro Dios sino tú, y pregonen tus maravillas.
3. Levanta tu brazo contra las naciones extrañas o infieles, para que experimenten tu poder.
4. Porque así como a vista de tus ojos demostraste en nosotros tu santidad, así también a nuestra vista muestres en ellas tu grandeza;
5. a fin de que conozcan, como nosotros hemos conocido, ¡oh Señor!, que no hay otro Dios fuera de ti.

6. Renueva los prodigios y haz nuevas maravillas.

7. Glorifica tu mano y tu brazo derecho.

8. Despierta la cólera y derrama la ira.

9. Destruye al adversario y abate al enemigo.

10. Acelera el tiempo, no te olvides de poner fin a nuestros males, para que sean celebradas tus maravillas.

11. Devorados sean por el fuego de la ira aquellos que escapan; y hallen su perdición los que tanto maltratan a tu pueblo.

12. Quebranta las cabezas de los princípes enemigos nuestros, los cuales dicen: no hay otro Señor fuera de nosotros.

13. Reúne todas las tribus de Jacob; para que conozcan que no hay más Dios que tú, ¡oh Señor!, y publiquen tu grandeza y sean posesión o herencia tuya, como lo fueron desde el principio.

14. Apiádate de tu pueblo, que lleva tu nombre, y de Israel, a quien has tratado y amado como a primogénito tuyo.

15. Apiádate de Jerusalén, ciudad que has santificado, ciudad en que tienes tu reposo o residencia.

16. Llena a Sión de tus oráculos o palabras inefables, y a tu pueblo de tu gloria.

17. Declárate a favor de aquellos que desde el principio, desde Abrahán, son criaturas tuyas escogidas, y verifica las predicciones que anunciaron en tu nombre los antiguos profetas.

18. Remunera a los que viven de la esperanza que tienen en ti, a fin de que se vea la veracidad de tus profetas; y oyen las oraciones de tus siervos,

19. conforme a la bendición que dio Aarón a tu pueblo; y enderézanos por el sendero de la justicia, a fin de que los moradores todos de la tierra conozcan que tú eres el Dios disponedor de los siglos.

20. El vientre recibe toda suerte de manjares; pero hay un manjar que es mejor que otro.

21. El paladar distingue con el gusto el plato de caza que se le presenta; así el corazón discreto las palabras falsas de las verdaderas.

22. El corazón depravvado ocasionará dolores y molestias; mas el hombre sabio se le opondrá.

23. La mujer tomará por marido a cualquier varón; mas entre las hijas solteras una es mejor que otra.

24. Las gracias de la mujer bañan de alegría el rostro de su marido, y producen en él un afecto superior a todos los deseos del hombre.

25. Si su lengua habla palabras salutíferas, si de blandura y de compasión, el marido de esta mujer tendrá una ventaja que no es común entre los hombres.

26. Quien posee una buena esposa, comienza ya con eso a formar un patrimonio, tiene una ayuda semejante a él, y una columna de apoyo.

27. Al contrario, así como donde no hay cerca la heredad será saqueada, donde no hay una mujer hacendosa gime el hombre en la pobreza.

28. ¿Quién se fía de aquel que no tiene nido o casa, y que se echa para dormir donde le coge la obscuridad de la noche, y es como un ladrón muy listo que salta de una ciudad a otra?

CAPÍTULO XXXVII

Del amigo fingido y del verdadero. Discreción que debe usarse en tomar consejos. Ciencia verdadera o falsa, útil o peligrosa. Males que vienen de la gula.

1. Todo amigo dirá: yo también he trabado amistad contigo. Pero hay amigos que lo son sólo de nombre. ¿Y no causa esto un disgusto a par de muerte,

2. que el compañero y el amigo se cambien en enemigos?

3. ¡Oh perversísima invención!, ¿de dónde has salido tú a cubrir la tierra de tal malicia y perfidia?

4. Un amigo se goza con el amigo en las diversiones, y en el tiempo de la tribulación sera su contrario.

5. Un amigo se conduele con el amigo por amor de su propio vientre, y embrazará el escudo para defenderlo contra el enemigo.

6. ¡Ah!, no te olvides en tu corazón de tu amigo, y no pierdas la memoria de él en medio de tu opulencia.

7. No quieras aconsejarte con aquel que te arma asechanzas, y encubre tus intentos a los que te envidian.

8. Todo el que es consultado da su consejo; mas hay consejero que lo da mirando a su propio interés.

9. Mira bien con quién te aconsejas; infórmate primero de qué necesita; él pensará dentro de sí;

10. no sea que él fije en el suelo una esta ca para que tropieces, y te diga después:

11. bueno es tu camino; y se esté enfrente para ver lo que te acontece.

12. Vete a tratar de santidad con un hombre sin religión: y de justicia con un injusto; y con una mujer, de la otra que le da celos o es su rival; de guerra, con el cobarde; de cosas de tráfico, con el negociante; de la venta con el compra-

53

dor; con el hombre envidioso, del agradecimiento;

13. con el impío, de la piedad; con el deshonesto, de la honestidad; de cualquier artefacto con el labrador;

14. con el jornalero asalariado por un año, de la obra que en él se puede hacer; con el siervo perezoso, sobre el tesón en el trabajo. Nunca tomes consejo de éstos sobre tales cosas.

15. Comunica sí y trata de continuo con el varón piadoso, cualquiera que tú conozcas constante en el temor de Dios;

16. y cuya alma sea conforme a la tuya; y el cual si tú vacilases alguna vez entre tinieblas, tenga compasión de ti.

17. Fórmate dentro de ti un corazón de buen consejo; porque no hay cosa que deba serte más estimable.

18. El alma de un varón piadoso descubre algunas veces la verdad, mejor que siete centinelas apostados en un lugar alto para atalayar.

19. Mas sobre todo has de rogar al Altísimo que enderece tus pasos por la senda de la verdad.

20. Preceda a todas tus obras la palabra o dictamen de la verdad, y un consejo firme o maduro a todas tus acciones.

21. Una palabra o consejo malo altera el corazón; del cual nacen estas cuatro cosas: el bien y el mal, la muerte y la vida, cosas que constantemente están en poder de la lengua. Tal es hábil para instruir a muchos, que para su alma no vale nada.

22. Otro es prudente e instruye a muchos, y sirve de consuelo a su propia alma.

23. El que discurre con sofisterías se hace odioso; se quedará con las manos enteramente vacías.

24. No le ha dado el Señor gracia poca ni mucha; porque carece de todo saber.

25. Aquel es sabio, que es sabio para su alma; y son dignos de alabanza los frutos de su prudencia.

26. El hombre sabio instruye a su pueblo, y los frutos de su prudencia son fieles o estables.

27. Colmado será de bendiciones el varón sabio, Y alabado de cuantos le conozcan.

28. La vida del hombre se reduce a cierto número de días; mas los días de Israel son innumerables.

29. El varón sabio continuará en ser honrado del pueblo, y su nombre vivirá eternamente.

30. Hijo, durante tu vida examina y procura conocer bien tu alma; y si es mal inclinada, no le des libertad;

31. porque no todas las cosas son útiles a todos; ni todas las personas se complacen en unas mismas cosas.

32. Guárdate de ser glotón en los convites, ni te abalances a todos los platos;

33. porque ocasiona enfermedades el mucho comer, y la glotonería viene a parar en cólicos y malos humores.

34. De un hartazgo han muerto muchos; mas el hombre sobrio alargará la vida.

CAPÍTULO XXXVIII

El hombre prudente acude primero a Dios en sus enfermedades y aprecia las medicinas y al médico. Deberes de los vivos hacia los difuntos. De la agricultura y de las artes.

1. Honra al médico porque lo necesitas; pues el Altísimo es el que lo ha hecho para su bien.

2. Porque de Dios viene toda medicina; y será remunerada por el rey.

3. Al médico lo elevará su ciencia a sus honores; y será celebrado ante los magnates.

4. El Altísimo es quien crio de la tierra los medicamentos, y el hombre prudente no los desechará.

5. ¿No endulzó un palo las aguas amargas?

6. La virtud de los medicamentos pertenece al conocimiento de los hombres; y el Señor se la ha descubierto para que lo glorifiquen por sus maravillas.

7. Con ellos cura y mitiga los dolores, y el boticario hace electuarios o composiciones suaves, y forma ungüentos saludables, y no tendrán fin sus operacies.

8. Porque la bendición de Dios está extendida sobre toda la tierra.

9. Hijo, cuando estés enfermo, no descuides de ti mismo; antes bien, haz oración al Señor, y él te curará.

10. Apártate del pecado y endereza tus acciones, y limpia tu corazón de toda culpa.

11. Ofrece incienso de suave olor, y la flor de harina en memoria; y sea perfecta tu oblación, y después da lugar a que obre el médico,

12. pues para eso lo ha puesto el Señor; y no se aparte de ti, porque su asistencia es necesaria.

13. Puesto que hay un tiempo en que has de caer en manos de los médicos;

14. y ellos rogarán al Señor que te aproveche lo que te recetan para tu alivio, y te conceda la salud, que es a lo que se dirige su profesión.

15. Caerá en manos del médico el que peca en la presencia de su Criador.

16. Hijo, derrama lágrimas sobre el muerto, y como en un fatal acontecimiento comienza a suspirar, y cubre su cuerpo según costumbre, y no te olvides de su sepultura.

17. Y para evitar el que murmuren de ti, continúa en llorar amargamente por un día. Consuélate después para huir de la tristeza,

18. así que hagas el duelo, según el mérito de la persona, uno o dos días, para evitar la maledicencia.

19. Porque de la tristeza viene luego la muerte y la melancolía del corazón deprime el vigor, y encorva la cerviz.

20. Con el retiro se mantiene la tristeza, y la vida del pobre o afligido es triste, como lo es su corazón.

21. No abandones tu corazón a la tristeza; arrojala de ti, y acuérdate de las postrimerías;

22. no te olvides de ellas, porque de allá no se vuelve; y no ayudarás en nada a los otros, y te harás daño a ti mismo.

23. Considera, te dice el muerto, lo que ha sido de mí; porque lo mismo será de ti: hoy por mí, manana por ti.

24. El descanso del difunto tranquilice en ti la memoria de él; pero consuélalo antes que se separe de él su espíritu.

25. La sabiduría la adquiere el letrado en el tiempo que está libre de negocios; y el que tiene pocas ocupaciones, ése la adquirirá.

26. Mas ¿qué sabiduria podrá adquirir el que está asido del arado, y pone su gloria en saber picar los bueyes con la aguijada, y se ocupa en sus labores, y no habla de otra cosa que de las castas de los toros?

27. Aplicará su corazón a tirar bien los surcos, y sus desvelos a engordar sus vacas.

28. Así todo menestral y arquitecto, que trabajan día y noche, y el que graba las figuras en los sellos, y con tesón va formando varias figuras, tiene su corazón atento a imitar el dibujo, y a fuerza de vigilias perfeccionan su obra.

29. Así el herrero, sentado junto al yunque, está atento al hierro que está trabajando; el vaho del fuego tuesta sus carnes, y está luchando con los ardores de la fragua.

30. El estruendo del martillo le aturde los oídos, y tiene fijos sus ojos en el modelo de su obra.

31. Su corazón atiende a acabar las obras, y con su desvelo las pule y les da la última mano.

32. Así el alfarero, sentado a su labor gira con sus pies la rueda, siempre cuidadoso de lo que tiene entre las manos, y llevando cuenta de todo lo que labra.

33. Con sus brazos amasa el barro; y encorvándose sobre sus pies, con su fuerza lo hace manejable.

34. Pondrá toda su atención en vidriar perfectamente la obra, y madrugará para limpiar el horno.

35. Todos éstos tienen su esperanza en la industria de sus manos, y cada uno es sabio en su arte.

36. Sin todos éstos no se edifica una ciudad.

37. Mas no habitarán en medio de ella, ni andarán paseando, ni entrarán a las asambleas publicas.

38. No se sentarán entre los jueces, ni entenderán las leyes judiciales, ni ensellarán las reglas de la moral, ni del derecho, ni se meterán a declarar parábolas;

39. sino que restaurarán las cosas del mundo, y todos sus votos serán para hacer bien las obras de su arte, aplicando también su propia alma a oír y entender la ley del Altísimo.

CAPÍTULO XXXIX

Ocupaciones del sabio, y celebridad de su nombres. Alabanzas de la Providencia divina; todo se convierte en bien para los buenos, y en mal para los malos.

1. El sabio indagará la sabiduría de todos los antiguos, y hará estudio en los profetas.

2. Recogerá en su corazón las explicaciones de los varones ilustres, y penetrará asimismo las agudezas de las parábolas.

3. Sacará el sentido oculto de los proverbios, y se ocupará en el estudio de las alegorías de los enigmas.

4. Asistirá en medio de los magnates, y se presentará delante del que gobierna.

5. Pasará a países de naciones extrañas, para reconocer aquello que hay de bueno y de malo entre los hombres

6. Despertándose muy de mañana, dirigirá su corazón al Señor que lo crió, y se pondrá en oración en la presencia del Altísimo.

7. Abrirá su boca para orar, y pedirá perdón de sus pecados.

8. Que si aquel gran Señor quisiere, lo llenará del espíritu de inteligencia,

9. y derramará sobre él como lluvia máximas de su sabiduría; y en la oración dará gracias al Señor,

10. y pondrá en práctica sus consejos y documentos, y meditará sus ocultos juicios.

11. Expondrá públicamente la doctrina que ha aprendido, y pondrá su gloria en la ley del testamento del Señor.

12. Celebrarán muchos su sabiduría, la cual nunca jamás será olvidada.

13. No perecerá su memoria, y su nombre será repetido de generación en generación.

14. Las naciones pregonarán su sabiduría, y la Iglesia celebrará sus alabanzas.

15. Mientras viva, tendrá más nombradía que mil otros; y en pasando a mejor vida, hallará en esto su provecho o bienestar.

16. Yo seguiré todavía dando consejos, porque me siento poseído como de un sagrado entusiasmo.

17. Una voz de la Sabiduría dice: escuchadme vosotros que sois prosapia de Dios, y brotad como rosales plantados junto a las corrientes de las aguas.

18. Esparcid suaves olores, como en el Líbano el árbol del incienso.

19. Floreced como azucenas; despedid fragancia, y echad graciosas ramas, y entonad cánticos de alabanza, y bendecid al Señor en sus obras.

20. Engrandeced su santo Nombre, y alabadlo con la voz de nuestros labios, y con cánticos que articule vuestra lengua, y al son de las cítaras; y diréis así en loor suyo:

21. todas las obras del Señor son extremadamente buenas.

22. A una voz suya se contuvo el agua romo si fuera una masa, y quedó como en un depósito o aljibe a un solo dicho de su boca.

23. Porque todo es favorable cuando él manda, y la salud que él da es perfecta.

24. Están a su vista las acciones de todos los hombres, y no hay cosa escondida a sus ojos.

25. Él alcanza a ver los siglos todos: y no hay cosa que sea maravillosa para él.

26. No hay que decir: ¿qué viene a ser esto?, ¿o para qué es esto otro? Porque todas las cosas servirán a su tiempo.

27. Su bendición es como un río que inunda.

28. Como el diluvio empapó en agua la tierra, así la ira del Señor será la suerte que tocará a las naciones que no han hecho caso de él.

29. Así como él convirtió las aguas en una sequedad, y quedó enjuta la tierra, y abrió un camino cómodo, para que pasasen los de su pueblo, así los pecadores, por un efecto de la ira del Señor, hallaron allí su tropiezo.

30. Los bienes fueron desde el principio criados para los buenos; pero para los malos igualmente los bienes y los males.

31. Lo que principalmente se necesita o sirve para el uso de la vida humana, es agua, fuego, y hierro, sal, leche, y harina de trigo, miel y racimos de uvas, aceite y vestido.

32. Así como todas estas cosas son un bien para los buenos, así para los impíos y pecadores se convierten en mal.

33. Hay ciertos espíritus criados para ministros de la venganza divina, los cuales en su furor hacen sufrir continuamente sus castigos.

34. En el tiempo de la consumación o fin de las cosas echarán el resto de sus fuerzas, y aplacarán la cólera de aquel Señor que los crió.

35. El fuego, el pedrisco, el hambre y la muerte, todas estas cosas se hicieron para castigo;

36. como los dientes de las fieras, los escorpiones, y las serpientes, y la espada vengadora que extermina los impíos.

37. Se regocijarán como en un banquete, en cumplir el mandamiento del Criador, y estarán aparejadas sobre la tierra para cuando fuere menester, y llegado el tiempo ejecutarán puntualmente cuanto se les ordene.

38. Y así desde el principio estoy persuadido, y lo he meditado, pensado, y dejado por escrito:

39. es a saber, que todas las obras de Dios son buenas, y cada una de ella y a su tiempo hará su servicio.

40. No hay para qué decir: esto es peor que aquello; pues se verá que todas las cosas serán aprobadas de todos a su tiempo.

41. Y ahora con todo el corazón y a boca llena, alabad todos a una, y bendecid el Nombre del Señor.

CAPÍTULO XL

De las miserias del hombre, y especialmente de las que lleva consigo la impiedad. Elogio de algunas cosas, y comparación de otras.

1. Una molestia grande es innata a todos los hombres, y un pesado yugo abruma a los hijos de Adán, desde el día que salen del vientre materno, hasta el día de su entierro en el seno de la común madre.

2. Viven llenos de cuidados y de sobresaltos de su corazón, en aprensión o recelo de lo que aguardan y del día de la muerte.

3. Desde el que está sentado sobre un glorioso trono, hasta el que yace por tierra y sobre la ceniza;

4. desde el que viste de jacinto y trae corona, hasta el que se cubre de lienzo crudo; todo es saña, celos, alborotos, zozobras, y temor de muerte, rencor obstinado, y contiendas.

5. Aun al tiempo de reposar en su lecho, perturba su imaginación el sueño de la noche.

6. Breve o casi ninguno es su reposo, y aun en el mismo sueño está sobresaltado, como el que está de centinela cerca del enemigo

7. Y turbado por las visiones o pesadillas de su espíritu, y como quien echa a huir al tiempo de la batalla; cuando se imagina en salvo, despierta y se admira de su vano temor.

8. Esto sucede en todo viviente, desde el hombre hasta la bestia; mas en los pecadores, siete veces peor.

9. Además de esto, la muerte, el derramamiento de sangre, las contiendas, la espada, las opresiones, el hambre, las ruinas y los azotes:

10. todas estas cosas fueron destinadas para los impíos; y por causa de ellos vino el diluvio.

11. Todo cuanto de la tierra viene, en tierra se convertirá; así como todas las aguas vuelven al mar.

12. Todas las dádivas o cohechos y las injusticias se acabarán; pero la rectitud subsistirá para siempre.

13. Secaránse como un torrente las riquezas de los injustos, y a manera de un gran trueno en medio de un aguacero pararán en un estampido.

14. Al abrir su mano el juez se alegrará; mas al fin los prevaricadores pararán en humo.

15. No multiplicarán sus ramos, o su linaje, los nietos de los impíos; y como raíces viciadas o plantas inútiles que están sobre la punta de un risco, meterán ruido, y no más.

16. Duran como la verdura que se cría en sitio húmedo y a las orillas de un río, la cual es arrancada antes que otra yerba.

17. Pero la beneficencia es como un jardín amenísimo, y la misericordia jamás perece.

18. Dulce será la vida del operario que está contento con su suerte, y hallará en ella un tesoro.

19. Dan un nombre duradero los hijos, y asimismo la fundación de una ciudad; mas será preferida a todas estas cosas una mujer irreprensible.

20. El vino y la música alegran el corazón, y más que ambas cosas el amor de la sabiduría.

21. La flauta y el salterio causan dulce melodía; mas la lengua suave es superior a entrambas cosas.

22. La gentileza y la hermosura recrearán tu vista; pero más que todo eso, los verdes sembrados.

23. El amigo y el compañero mutuamente se valen en la ocasión; y más que ambos, la mujer y su marido.

24. Los hermanos sirven de gran socorro en el tiempo de la aflicción; pero la misericordia puede librar de ella mejor que aquéllos.

25. El oro y la plata mantienen al hombre en pie o en su estado; pero más que ambas cosas agrada un buen consejo.

26. Engrandecen el corazón las riquezas y el valor; pero más que estas cosas el temor del Señor.

27. Al que tiene el temor del Señor nada le falta, y con él no hay necesidad de otro auxilio.

28. Es el temor del Señor como un jardín amenísimo; cubierto está de gloria, superior a todas las glorias.

29. Hijo, no andes mendigando durante tu vida, que más vale morir que mendigar.

30. El hombre que se atiene a mesa ajena, no piensa jamás cómo ha de ganar su sustento; porque se alimenta de las viandas de otro.

31. Pero un hombre bien educado y cuerdo, se guardará de hacer esto.

32. En la boca del insensato será suave el mendigar; y eso que en su vientre arderá el fuego de una hambre canina.

CAPÍTULO XLI

Para quiénes es dulce y para quiénes amarga la memoria de la muerte. Suerte de los impíos. Debemos cuidar del buen nombre. De qué cosas debemos tener vergüenza.

1. ¡Oh muerte, cuán amarga es tu memoria para un hombre que vive en paz, en medio de sus riquezas!

2. ¡Para un hombre tranquilo, y a quien todo le sale a medida de sus deseos, y que aun puede disfrutar de los manjares!

3. ¡Oh muerte!, tu sentencia es dulce al hombre necesitado y falto de fuerzas.

4. al de una edad ya decrépita, y al que está lleno de cuidados, y al que se halla sin esperanza de mejorar, y a quien falta la paciencia.

5. No temas la sentencia de muerte. Acuérdate de lo que fue antes de ti, y de lo que ha de venir después de ti; ésta es la sentencia dada por el Señor, todos los mortales.

6. ¿Y qué remedio hay, o qué otra cosa te sobrevendrá, sino lo que fuere del agrado del Altísimo, ahora sean diez, o bien ciento, ora mil tus años?

7. Que no se pide cuenta en el otro mundo de lo que uno ha vivido, sino del modo.

8. Hijos abominables se hacen comúnmente los hijos de los pecadores, y asimismo aquellos que frecuentan las casas de los impíos.

9. Perecerá la herencia de los hijos de los pecadores, y acompañará siempre el oprobio a sus descendientes.

10. Quéjanse de su padre los hijos del impío, viendo que por culpa de él viven deshonrados.

11. ¡Ay de vosotros, hombres impíos, que habéis abandonado la ley del Señor y Dios Altísimo!

12. Cuando nacisteis, en la maldición nacisteis; y cuando muriereis, la maldicion será vuestra herencia.

13. Todo aquello que de la tierra procede, en tierra se convertirá; así los impíos pasarán de la maldición a la perdición eterna.

14. Los hombres harán duelo o llanto sobre sus cadáveres; mas el nombre de los impíos será raído y execrado.

15. Ten cuidado de tu buena reputación, porque ésa será tuya, más establemente que mil grandes y preciosos tesoros.

16. La buena vida se cuenta por días, dura poco, pero el buen nombre permanecera para siempre.

17. Hijos, conservad en la paz o prosperidad los buenos documentos que os doy. Pues la sabiduría escondida y un tesoro enterrado, ¿qué utilidad acarrean?

18. Más digno de estima es el hombre que oculta su ignorancia, que el hombre que oculta su sabiduría.

19. Tened, pues, rubor de lo que voy a deciros:

20. que no de todo es bueno avergonzarse; ni todas las cosas bien hechas agradan a todos.

21. Avergonzaos de la deshonestidad delante del padre y de la madre; y de la mentira delante del que gobierna o del hombre poderoso;

22. de un delito, ante el príncipe y el juez; del crimen, delante de la asamblea, y delante del pueblo;

23. de la injusticia, delante del compañero y del amigo; y del hurto delante de la gente del lugar donde moréis: cosas todas contra la verdad de Dios y la ley santa.

24. Avergüénzate de comer con los codos encima del pan, o sobre la mesa, y de tener embrollado el libro de cargo y data;

25. de no responder a los que te saludan; de fijar tus ojos sobre la mujer fornicaria; y de torcer tu rostro por no ver al pariente.

26. No vuelvas al otro lado tu cara para no mirar a tu prójimo. Avergüénzate de defraudar a otro lo que es suyo, y de no restituirlo.

27. No pongas tus ojos en la mujer de otro, ni solicites a su criada; no te arrimes a su lecho.

28. Con los amigos guárdate de palabras injuriosas; y si has dado algo, no lo eches en cara.

CAPITULO XLII

De no revelar el secreto, y de varias cosas de que no debemos avergonzarnos. Vigilancia de un padre de familia, particularmente en guardar a sus hijas. Debemos aplicarnos a considerar las obras maravillosas de Dios.

1. No divulgues la conversación que has oído, revelando el secreto, y no tendrás de qué avergonzarte; antes bien hallarás gracia delante de todos los hombres. No te avergüences de las cosas siguientes; ni por respeto a nadie, sea el que fuere, cometas pecado.

2. No te avergüences de la ley del Altísimo y de su testamento; ni de modo que justifiques en juicio al impío;

3. ni de fallar lo justo, cuando tus compañeros tienen algún negocio con pasajeros o extraños; ni en la repartición de herencias entre amigos;

4. no te avergüences de tener balanzas y pesos fieles, ni te mueva el hacer mucha o poca ganancia;

5. ni de impedir los fraudes o monopolios de los negociantes en el vender; ni de contener a los hijos con una justa severidad; ni de azotar al siervo malvado hasta que salte la sangre.

6. A la mujer mala es bueno tenerla encerrada.

7. Donde hay muchas manos o familia, echa por todo la llave, y todo cuanto entregares cuéntalo y pésalo; y apunta aquello que das y aquello que recibes.

8. Tampoco te avergüences de corregir a los insensatos y a los necios, ni de volver por los ancianos, que son condenados por los mozos; y así te mostrarás sabio en todo, y serás bien visto delante de todos los vivientes.

9. La hija soltera tiene desvelado a su padre, pues el cuidado que le causa le quita el sueño; temiendo que se le pase la edad de casarse, y así sea odiosa o menos amada cuando en edad adulta tome marido;

10. y también por el temor de que mientras es doncella sea manchada su pureza, y se halle estar encinta en la casa paterna, o estando ya casada, peque o tal vez sea estéril.

11. A la hija desenvuelta guárdala con estrecha custodia, no sea que algún día te haga el escarnio de tus enemigos, la fábula de la ciudad y la befa de la plebe; y te cubra de ignominia delante del concurso del pueblo.

12. No quieras fijar tus ojos en la hermosura de persona alguna, ni estar de asiento en medio de las mujeres.

13. Pues como de las ropas nace la polilla, así de los halagos de la mujer la maldad del hombre.

14. Porque menos te dañará la malignidad del hombre, que la mujer dolosamente benéfica, la cual acarrea la confusión e ignominia.

15. Ahora traeré yo a la memoria las obras del Señor, y publicaré aquello que he visto. Por la palabra del Señor existen y fueron hechas sus obras.

58

16. Como el sol resplandeciente ilumina todas las cosas, así toda obra del Señor está llena de su magnificencia.

17. ¿No es así que ordenó el Señor a los santos que pregonasen todas sus maravillas; las cuales el Señor todopoderoso ha perpetuado para monumento estable de su gloria?

18. Él penetra el abismo y los corazones de los hombres, y tiene caladas sus astucias.

19. Porque el Señor sabe cuanto hay que saber, y distingue las señales de los tiempos. Declara las cosas pasadas y las futuras, y descubre los rastros de las que están escondidas.

20. No se le escapa pensamiento alguno, ni se le oculta una sola palabra.

21. Hermoseó con bellísimo orden las maravillas de su sabiduría. Él existe antes de los siglos y por todos los siglos, y nada se le puede añadir,

22. ni disminuir, ni ha menester consejo de nadie.

23. ¡Oh cuán amables son todas sus obras!, y eso que lo que de ellas podemos comprender, viene a ser como una centella.

24. Todas estas cosas subsisten y duran para siempre; y todas en toda ocasión a él obedecen.

25. Parecidas son todas, y la una opuesta a la otra, y ninguna hizo imperfecta.

26. Aseguró el Señor el bien o las propiedades de cada una de ellas. Pero ¿y la gloria de Él quién se saciará de contemplarla?

CAPÍTULO XLIII

Prosigue el Sabio haciendo memoria de las obras maravillosas del Señor.

1. Hermosura del altísimo cielo es el firmamento; la belleza del cielo es una muestra en que se ve la gloria del Criador.

2. El sol, al salir, anuncia con su presencia la luz, admirable instrumento, obra del Excelso.

3. Al hilo del mediodía quema la tierra; ¿y quién es el que puede resistir de cara el ardor de sus rayos? Como quien mantiene la fragua encendida para las labores que piden fuego muy ardiente,

4. el sol abrasa tres veces más los montes, vibrando rayos de fuego, con cuyo resplandor deslumbra los ojos.

5. Grande es el Señor que lo crió, y de orden suya acelera su curso.

6. También la luna con todas sus mutaciones o períodos indica los tiempos y señala los años.

7. La luna señala los días festivos: luminar, que luego que llega a su plenitud, comienza a menguar;

8. (de ella ha tomado nombre el mes); crece maravillosamente hasta estar llena

9. Un ejército de estrellas hay en las alturas, el cual brilla gloriosamente en el firmamento del cielo.

10. El resplandor de las estrellas es la hermosura del cielo; el Señor es el que allá desde lo alto ilumina al mundo.

11. A una sola palabra del Santo están prontas a sus órdenes, ni jamás se cansan de hacer centinela.

12. Contempla el arco iris, y bendice al que lo hizo; es muy hermoso su resplandor;

13. ciñe al cielo con el cerco glorioso de sus vivos colores; las manos del Altísimo son las que lo han formado.

14. El Señor con su mandato hace venir con presteza la nieve, y despide con suma velocidad las centellas, según sus decretos.

15. Por eso se abren sus tesoros, de donde vuelan las nubes a manera de aves.

16. Con su gran poder condensa las nubes, y lanza de ellas piedras de granizo.

17. A una mirada suya se conmueven los montes, y a su querer sopla el ábrego.

18. La voz de su trueno conmueve la tierra; el huracán del norte y el remolino de los vientos

19. esparcen los copos de nieve, la cual desciende como las aves que bajan para descansar en el suelo, o como las langostas que se echan y cubren la tierra.

20. Los ojos admiran la belleza de su blancura, y las inundaciones que causa llenan de espanto el corazón.

21. El Señor derrama como sal sobre la tierra la escarcha, la cual en helándose se vuelve como puntas de abrojos.

22. Al soplo del frío del cierzo se congela el agua en cristal; el cual cubre toda reunión de aguas, y pone, encima de ellas, una como coraza de hielo.

23. y devora los montes, y quema los desiertos, y seca toda verdura como fuego.

24. El remedio de todo esto es una nube que comparezca luego: y un rocío que sobrevenga templado lo hará amansar o derretir.

25. A una palabra suya calman los vientos y con sólo su querer sosiega el mar profundo; en medio del cual plantó el Señor varias islas.

26. Que los que navegan el mar cuenten sus peligros; y al escucharlos nosotros con nuestros propios oídos, quedaremos atónitos.

27. Allí hay obras grandes y admirables; varios géneros de animales, y bestias de todas especies, y criaturas monstruosas o enormes.

28. Por Él fue prescrito a todas las cosas el fin a que caminan, y con su mandato lo puso todo en orden.

29. Por mucho que digamos, nos quedará mucho que decir; mas la suma de cuanto se puede decir es: que el mismo Dios está en todas las cosas.

30. Para darle gloria, ¿qué es lo que valemos nosotros? Pues siendo Él todopoderoso es superior a todas sus obras.

31. Terrible es el Señor, y grande sobremanera, y su poder es admirable.

32. Glorificad al Señor cuanto más pudiereis, que todavía quedará Él superior a vuestras alabanzas; siendo como es prodigiosa e incomparable su magnificencia.

33. Bendecid al Señor, ensalzadlo cuanto podáis, porque superior es a toda alabanza.

34. Para ensalzarle recoged todas vuestras fuerzas; y no os canséis, que jamás negaréis al cabo.

35. ¿Quién le ha visto a fin de poderle describir? ¿Y quién explicará su grandeza tal cual es ella *ab-eterno*?

36. Muchas son sus obras que ignoramos, mayores que las ya dichas; pues es poco lo que de sus obras sabemos.

37. Pero todo lo hizo el Señor; y a los que viven virtuosamente, les da la sabiduría.

CAPÍTULO XLIV

Elogio de los antiguos justos, en particular de Enoc, Noé, Abrahán, Isaac y Jacob.

1. Alabemos a los varones ilustres, a nuestros mayores, a quienes debemos el ser.

2. Mucha gloria redundó el Señor por su magnificencia con ellos desde el principio del mundo.

3. Gobernaron sus estados, fueron hombres grandes en valor y adornados de singular prudencia; y como profetas que eran, hicieron conocer la dignidad de profeta.

4. Gobernaron al pueblo de su tiempo con la virtud de la prudencia, dando muy santas instrucciones a sus súbditos.

5. Con su habilidad inventaron tonos o conciertos musicales, y compusieron los cánticos de las Escrituras.

6. Hombres ricos en virtudes, solícitos del decoro del Santuario, pacíficos en sus casas.

7. Todos éstos en sus tiempos alcanzaron gloria, y honraron su siglo.

8. Los hijos que de ellos nacieron, dejaron un nombre que hace recordar sus alabanzas.

9. Mas hubo algunos de los cuales no queda memoria, que perecieron como si nunca hubie-

ran existido, así ellos como sus hijos; y aunque nacieron, fueron como si no hubiesen nacido.

10. Pero aquéllos fueron varones misericordiosos y caritativos, cuyas obras de piedad no han caído en olvido.

11. En su descendencia permanecerán sus bienes.

12. Sus nietos son una sucesión o pueblo santo, y su posteridad se mantuvo constante en la alianza con Dios;

13. y por el mérito suyo durará para siempre su descendencia; nunca perecerán su linaje y su gloria.

14. Sepultados en paz fueron sus cuerpos; y vive su nombre por todos los siglos.

15. Celebren los pueblos su sabiduría, y repítanse sus alabanzas en las asambleas sagradas.

16. Enoc agradó a Dios, y fue transportado al paraíso para predicar al fin del mundo a las naciones la penitencia.

17. Noé fue hallado perfectamente justo; y en el tiempo de la ira vino a ser instrumento de reconciliación.

18. Por eso fue dejado un resto de vivientes en la tierra, cuando vino el diluvio.

19. A Noé fue hecha aquella promesa sempiterna, según la cual no pueden ser destruidos por otro diluvio todos los mortales.

20. Abrahán, aquel gran padre de muchas gentes, que no tuvo semejante en la gloria, el cual guardó la ley del Altísimo, y estrechó con él la alianza,

21. la que ratificó con la circuncisión de su carne, y en la tentación fue hallado fiel.

22. Por eso juró el Señor darle gloria en su descendencia, y que se multiplicaría su linaje como el polvo de la tierra,

23. y que su posteridad sería ensalzada como las estrellas del cielo, y tendría por herencia el continente de mar a mar, y desde el río Éufrates hasta los términos de la tierra.

24. Y del mismo modo se portó con Isaac por amor de Abrahán, su padre.

25. A él le dio el Señor la bendición de todas las naciones, y después confirmó su pacto o promesa sobre la cabeza de Jacob.

26. Al cual reconoció y distinguió con sus bendiciones, y le dio la herencia, repartiéndosela entre las doce tribus.

27. Y le concedió el que en su linaje hubiese siempre varones piadosos, que fuesen amados de todas las gentes.

CAPÍTULO XLV

Elogio de Moisés, de Aarón, de Finees; sacerdocio de Aarón, y castigo de Coré, Datán y Abirón.

1. Tal fue Moisés, amado de Dios y de los hombres; cuya memoria se conserva en bendición entre su pueblo.

2. Hízolo el Señor semejante en la gloria a los santos, y engrandeciólo, e hízolo terrible a los enemigos; y él con su palabra hizo cesar las horrendas plagas.

3. Glorificólo en presencia de los reyes; dio los preceptos o mandamientos que promulgase a su pueblo, y le mostró su gloria.

4. Santificólo por medio de su fe y mansedumbre, y escogióle entre todos los hombres.

5. Por eso oyó Moisés a Dios y su divina voz; e hízolo Dios entrar dentro de la nube;

6. donde cara a cara le dio los mandamientos y la ley de vida y de ciencia, para que enseñase a Jacob su pacto o alianza, y sus juicios u ordenanzas a Israel.

7. Ensalzó a Aarón, hermano de Moisés y semejante a él, de la tribu de Leví.

8. Asentó con él un pacto eterno; y diole el sacerdocio de la nación, y lo llenó de felicidad y gloria.

9. Ciñóle con un cíngulo precioso, y lo vistió con vestiduras de gloria; y honróles con ornamentos de mucha majestad.

10. Púsole la túnica talar sobre la túnica interior, y diole el *efod* o espaldar, y puso alrededor de la orla de la vestidura talar muchísimas campanillas de oro,

11. para que sonasen cuando se moviese, y se oyese su sonido al entrar en el templo, a fin de excitar la atención en los hijos de su pueblo.

12. Púsole el racional, o pectoral santo, tejido de oro, y de jacinto, y de púrpura, obra de un varón sabio, dotado de verdadera prudencia;

13. labor artificiosa, hecha de hilo de púrpura, torcido, con piedras preciosas engastadas en oro, esculpidas por industrioso lapidario, tantas en número cuantas eran las tribus de Israel, y para memoria de éstas.

14. Sobre su mitra colocó una diadema o lámina de oro; donde estaba esculpido el sello de santidad, ornamento de gloria, obra primorosa, que con su belleza se llevaba tras sí los ojos.

15. No se han visto antes de este adorno sacerdotal cosas tan preciosas, desde que el mundo es mundo.

16. Jamás las vistió o usó hombre alguno de otra gente, sino solamente los hijos de éste y sus nietos perpetuamente.

17. Sus sacrificios eran diariamente consumidos con el fuego.

18. Moisés le llenó o consagró las manos, y ungióle con el óleo sagrado.

19. A él fue concedido, y a su descendencia por un pacto o promesa eterna, y duradera como los cielos, el ejercer las funciones del sacerdocio y cantar las alabanzas de Dios, y en su nombre bendecir solemnemente a su pueblo.

20. El Señor lo escogió entre todos los vivientes para que le ofreciese los sacrificios, y el incienso, y olor suave; a fin de que haciendo con eso memoria de su pueblo, se le mostrase propicio

21. Diole también autoridad acerca de sus preceptos y leyes judiciales, para enseñar a Jacob los mandamientos, y dar a Israel la inteligencia de su ley.

22. Mas sublevárosle contra él durante la peregrinación en el desierto unos hombres extraños a su familia, y por envidia y despecho le embistieron: es a saber, los que estaban con Datán y Abirón, y los de la facción de Coré.

23. Violo él con el ímpetu de Señor Dios, y se irritó, y su enojo los consumió.

24. Obró horrendos prodigios contra ellos, y con ardientes llamas los aniquiló.

25. Y añadió nueva gloria a Aarón, y señalóle herencia, y diole las primicias de los frutos de la tierra.

26. Con ellos le proveyó a él y a sus hijos de abundante sustento, y además de eso comerán parte de los sacrificios del Señor, que les concedió a él y a su linaje.

27. Pero no tendrá herencia en la tierra de las naciones, ni se le dio porción como a los demás entre su pueblo; pues el mismo Dios es la porción suya y su herencia.

28. Finees, hijo de Eleazar, es el tercero en tanta gloria, imitador de Aarón en el temor del Señor,

29. y por haber hecho respetar la Ley de Dios en medio de la prevaricación de la nación; él con su bondad y ánimo resuelto aplacó al Señor a favor de Israel.

30. Por este motivo hizo Dios con él un pacto de paz; constituyóle príncipe de las cosas santas, o del santuario, y de su pueblo, adjudicándole para siempre a él y a su estirpe la dignidad sacerdotal.

31. Semejante fue el pacto con el rey David, hijo de Jesé, de la tribu de Judá, cuando le hizo heredero del reino a él y a su linaje, a fin de llenar de sabiduría nuestros corazones, y de que su pueblo fuese gobernado con justicia, para que no perdiese su felicidad. Con lo cual hizo eterna la gloria de estos varones entre sus gentes.

CAPÍTULO XLVI

Elogio de Josué, de Caleb, y de los jueces, hasta Samuel.

1. Esforzado en la guerra fue Jesús hijo de Navé, sucesor de Moisés en el don de la profecía; el cual fue grande, como denota su nombre.

2. Fue más que grande en salvar a los escogidos de Dios, en sojuzgar a los enemigos que se levantaban contra él, y en conseguir para Israel la herencia.

3. ¡Cuánta gloria alcanzó teniendo levantado su brazo, y vibrando la espada contra aquellas ciudades de los amorreos!

4. ¿Quién antes de él combatió así, o hizo estas proezas? Porque el mismo Señor le puso en sus manos los enemigos.

5. ¿No es así que al ardor de su celo se detuvo el sol, por lo que un día llegó a ser casi como dos?

6. Invocó al Altísimo todopoderoso mientras lo estaban batiendo por todos lados los enemigos; el grande, el santo Dios oyendo su oración envió un furioso granizo de piedras de mucho peso.

7. Se arrojó impetuosamente sobre las huestes enemigas, y en la bajada de Bet Horón arrolló a los contrarios;

8. para que conociesen las naciones el poder de Dios, contra quien no es fácil combatir. Fue siempre en pos del Omnipotente

9. y en vida de Moisés hizo una obra muy buena junto con Caleb, hijo de Jefone, resolviendo hacer frente al enemigo, arredrando al pueblo de pecar, y apaciguando el sedicioso murmullo que causaron los otros exploradores.

10. Estos dos fueron aquellos que del número de seiscientos mil hombres salieron salvos de todo peligro, y quedaron vivos para conducir al pueblo a la posesión de la tierra que mana leche y miel.

11. Y al mismo Caleb diole el Señor gran valor, y conservólo vigoroso hasta la vejez, para subir a ocupar la montaña de Hebrón en la tierra prometida, que fue la herencia de sus descendientes;

12. a fin de que viesen todos los hijos de Israel cuán bueno es el obedecer al santo Dios.

13. Loados sean también los jueces, cada uno por su nombre, aquellos cuyo corazón no fue pervertido, porque no se apartaron del Señor;

14. a fin de que sea bendita la memoria de ellos, y reverdezcan sus huesos allá donde reposan,

15. y dure para siempre su nombre, y pase a sus hijos con la gloria de aquellos santos varones.

16. Samuel, querido del Señor Dios suyo, y profeta del Señor, estableció un nuevo gobierno, y ungió y puso reyes en su nación.

17. Juzgó, o gobernó, al pueblo según la ley del Señor, y Dios miró benigno a Jacob; y Samuel por su fidelidad fue reconocido por profeta,

18. habiendo sido hallado fiel en sus palabras o vaticinios, como quien había visto al Dios de la luz.

19. Y mientras combatía contra los enemigos que lo estrechaban por todas artes, invocó al Señor todopoderoso con la ofrenda de un cordero inmaculado.

20. Y tronó el Señor desde el cielo, y con grande estruendo hizo sentir su voz,

21. con lo que destrozó a los príncipes de los tirios y a todos los caudillos de los filisteos.

22. Y antes que terminase su vida y saliese del mundo, protestó públicamente en la presencia del Señor y de su Cristo, o rey ungido, que de nadie había recibido dinero, ni siquiera unas sandalias; y ninguno entre todos tuvo de qué acusarle.

23. Después de esto murió, y se apareció al rey Saúl, y le notificó el fin de su vida, y alzó su voz desde bajo de la tierra, profetizando la destrucción de la impiedad del pueblo.

CAPÍTULO XLVII

Elogio de Natán, de David, y de los primeros años del reinado de Salomón. Ignominiosa vejez de este príncipe. Imprudencia de Roboán; impiedad de Jeroboán.

1. Después de esto floreció Natán, profeta, en tiempo de David.

2. Como la grosura de la víctima pacífica se separa de la carne, y es ofrecida al Señor, así fue David separado y escogido de entre los hijos de Israel.

3. En su juventud se burló de los leones, como si fuesen unos corderos, y otro tanto hizo con los osos, como si fuesen corderitos recentales.

4. ¿No fue él quien mató al gigante, quitando así el oprobio de su nación?

5. Alzando la mano, derribó con la piedra de su honda al orgulloso Goliat.

6. Porque él invocó al Señor todopoderoso; el cual dio fuerza a su brazo para degollar a un tan valiente campeon, y realzar los bríos de su nación.

7. Así le dio el Señor la gloria de haber muerto diez mil hombres, y lo hizo ilustre con sus bendiciones, y diole una corona gloriosa.

8. Pues derrotó por todas partes a los enemigos, y exterminó hasta hoy día a los filisteos sus contrarios, quebrantando sus fuerzas para siempre.

9. En todas sus acciones dio gloria al santo y excelso Dios con palabras o himnos de suma alabanza.

10. Alabó al Señor con todo su corazón, y amó a Dios, su Criador; el cual le había armado de fortaleza contra los enemigos.

11. Y estableció cantores enfrente del altar, y para sus cánticos les dio armoniosos tonos.

12. Aumentó la majestad en la celebración de las solemnidades, y hasta el fin de su vida dio mayor magnificencia a las festividades de cada tiempo, haciendo que se alabase el Nombre santo del Señor, y se celebrase con salmos desde la madrugada la santidad de Dios.

13. Purificólo el Señor de sus pecados, y ensalzó para siempre su poder, asegurándole con juramento la promesa del reino y el trono glorioso de Israel.

14. Sucedióle después el hijo sabio; y el Señor por amor del padre tuvo abatido el poder de sus enemigos.

15. El reinado de Salomón fue una época de paz, y sometióle Dios todos los enemigos; a fin de que fabricase un templo a su santo Nombre, y le preparase un eterno santuario. ¡Ah!, ¡cuán bien instruido fuiste en tu juventud,

16. y cómo estuviste lleno de sabiduría cual río caudaloso! Con ella descubrió tu alma los secretos de la tierra.

17. Y en tus parábolas, reuniste la explicación de muchos enigmas; llegó la fama de tu nombre hasta las islas o regiones más remotas, y fuiste amado en tu reinado de paz.

18. Todas las gentes admiraron tus cánticos y proverbios, y las parábolas y las soluciones de los enigmas.

19. y la protección del Señor Dios, que se apellida el Dios de Israel.

20. Tú reuniste oro en tanta abundancia como si fuera cobre, y amontonaste la plata como si fuese plomo.

21. Mas después te prostituiste a las mujeres extranjeras, y tuviste quien ejerciese dominio sobre ti.

22. Echaste un borrón a tu gloria, y profanaste tu linaje, provocando la ira de Dios sobre tus hijos, y llevando a tal extremo tu necedad,

23. que causaste la división del reino en dos partes, y que de Efraín saliese un reino de rebeldes.

24. Pero no se desprenderá Dios de su misericordia, y no trastornará ni destruirá sus obras, ni arrancará de raíz los nietos de David su escogido, ni extinguirá la descendencia de aquel varón amante del Señor.

25. Por eso dejó un residuo a Jacob, y a David un sucesor de su mismo linaje.

26. Al fin Salomón pasó a descansar con sus padres,

27. y dejó después de sí a Roboán, uno de los hijos, ejemplo de necedad para su nación,

28. falto de prudencia, el cual con su mal consejo enajenó de sí el corazón del pueblo;

29. y a Jeroboán, hijo de Nabat, que indujo a pecar a Israel, y enseñó el camino del pecado a Efraín, siendo causa de la grandísima inundación de sus vicios,

30. por los cuales fueron muchas veces arrojados de su país.

31. Porque Israel se entregó a toda suerte de maldades, hasta que descargó sobre ellos la venganza divina, que puso fin a todos sus pecados.

CAPÍTULO XLVIII
Elogio de Elías, de Eliseo y de Ezequías.

1. Levantóse después el profeta Elías como un fuego, y sus palabras eran como ardientes teas.

2. Hizo venir sobre ellos el hambre, y fueron reducidos a un corto número los que por envidia lo perseguían; porque no podían sufrir los mandamientos del Señor.

3. Con la palabra del Señor cerró el cielo, del cual por tres veces hizo bajar fuego.

4. Así se hizo célebre por sus milagros. ¿Y quién, ¡oh Elías!, ha alcanzado tanta gloria como tú?

5. Tú, en virtud de la palabra del Señor Dios, sacaste vivo del sepulcro a un difunto, arrancándoselo a la muerte.

6. Tú arrojaste los reyes al precipicio, y quebrantaste sin trabajo su poderío, y en medio de su gloria los trasladaste del lecho al sepulcro.

7. Tú oíste en el monte Sinaí el juicio del Señor, y en el de Horeb los decretos de su venganza.

8. Tú ungiste, o consagraste, reyes para que castigasen a los impíos, y dejaste después de ti profetas sucesores tuyo.

9. Tú fuiste arrebatado en un torbellino de fuego sobre una carroza tirada de caballos de fuego.

10. Tú estás escrito en los decretos de los tiempos venideros para aplacar el enojo del Señor, reconciliar el corazón de los padres con los hijos, y restablecer las tribus de Jacob.

11. Dichosos los que te vieron y fueron honrados con tu amistad;

12. porque nosotros vivimos sólo esta vida momentánea; mas después de la muerte no será nuestro nombre como el tuyo.

13. En fin, Elías fue encubierto por el torbellino; y quedó en Eliseo la plenitud de su espíritu; al cual mientras vivió no le arredró príncipe alguno, ni nadie fue más poderoso que Él.

14. Ni hubo cosa de este mundo que pudiese doblarlo; y aun después de muerto, su cuerpo hizo milagros.

15. Durante su vida obró prodigios, y en su muerte hizo cosas admirables.

16. Mas ni con todas estas cosas hizo penitencia el pueblo; ni se apartaron de sus pecados hasta que fueron arrojados de su país y dispersados por toda la tierra,

17. y quedó poquísima gente en la Palestina, y un solo príncipe de la casa de David.

18. Algunos de éstos hicieron lo que era del agrado de Dios; otros, empero, cometieron muchos pecados.

19. Ezequías fortificó su ciudad, y condujo el agua al centro de ella; y excavó a poco o a fuerza del hierro una peña viva, e hizo en ella una gran cisterna para conservar el agua.

20. En su tiempo vino Sennaquerib, y envió delante a Rabsaces; el cual levantó su mano contra los judíos, y amenazó con ella a Sión, ensoberbecido de sus fuerzas.

21. Entonces se estremecieron sus corazones, y temblaron sus manos, y sintieron dolores como de mujer que está de parto.

22. Pero invocaron al Señor misericordioso, y extendiendo sus manos, levantáronlas al cielo, y el Señor Dios santo oyó luego sus voces.

23. No se acordó más de sus pecados, ni los entregó en poder de sus enemigos; sino que los purificó por medio de la penitencia que predicó el santo profeta Isaías.

24. Disipó el campamento de los asirios, y el ángel del Señor los exterminó;

25. porque Ezequías hizo lo que era del agrado de Dios, y siguió con firmeza las sendas de David, su padre, como se lo había recomendado Isaías, profeta grande y fiel en la presencia del Señor.

26. En su tiempo retrogradó el sol y el mismo profeta prolongó la vida al rey.

27. Vio Isaías con su grande espíritu profético los últimos tiempos, y consoló a los que lloraban en Sión.

28. Anunció las cosas que han de suceder a la Iglesia hasta la eternidad; y las ocultas, antes que aconteciesen.

CAPÍTULO XLIX

Elogio de Josías, de Jeremías, de Ezequiel, de los doce profetas, de Zorobabel, del pontífice Jesús, de Nehemías, de Enoc, de José, de Set, de Sem y de Adán.

1. La memoria de Josías es como una confección de aromas hecha por un hábil perfumero.

2. Será su nombre en los labios de todos dulce como la miel, y como un concierto de música en un banquete donde se bebe exquisito vino.

3. Él fue destinado de Dios para la conversión del pueblo, y quitó las abominaciones de la impiedad.

4. Dirigió su corazón hacia el Señor, y en los días del mayor desenfreno de los pecadores restableció la piedad.

5. A excepción de David, de Ezequías y de Josías, todos los otros pecaron;

6. porque los demás reyes de Judá abandonaron la ley del Altísimo, y despreciaron el santo temor de Dios.

7. Por esta causa tuvieron que ceder a otros el propio reino, y su gloria a una nación extranjera.

8. Por lo mismo incendiaron los caldeos la escogida y santa ciudad, y redujeron sus calles a un desierto, según la predicción de Jeremías.

9. Porque maltrataron a aquel que desde el vientre de su madre fue consagrado profeta para trastornar, arrancar y destruir, y después reedificar y restaurar.

10. Ezequiel es el que vio aquel espectáculo de gloria que el Señor le mostró en la carroza de los querubines.

11. Y habló después bajo la figura de la lluvia, de los castigos de los enemigos de Dios y del bien que hace el Señor a los que andan por el recto camino.

12. Reverdezcan también, en el lugar donde reposan, los huesos de los doce profetas; pues que restauraron a Jacob, y se salvaron a sí mismos por la virtud de su fe.

13. ¿Qué diremos para ensalzar a Zorobabel?, a Zorobabel que fue como un precioso anillo en la mano derecha de Dios.

14. ¿Y qué diremos asimismo de Jesús, hijo de Josedec? Ellos en sus días edificaron la casa de Dios, y levantaron el templo santo del Señor destinado para gloria sempiterna.

15. Durará también largo tiempo la memoria de Nehemías: el cual levantó nuestros arruinados muros, y repuso nuestras puertas y cerrojos, y reedificó nuestras casas.

16. No nació en la tierra otro hombre semejante a Enoc; el cual fue también arrebatado de ella.

17. Ni otro comparable a Josué, nacido para ser el príncipe de sus hermanos, el sostén de la nación, guía de sus hermanos y firme apoyo de su pueblo;

18. cuyos huesos fueron visitados o trasladados; y así profetizaron después de su muerte.

19. Set y Sem fueron celebrados entre los hombres por su virtud; y sobre todos Adán por razón de su origen inmediato de Dios.

CAPÍTULO L

Elogio de Simón, Sumo Sacerdote. Son vituperados los idumeos, los filisteos y los samaritanos.

1. Simón, hijo de Onías, Sumo sacerdote, durante su vida levantó de nuevo la Casa del Señor, y en sus tiempos fue el restaurador del templo.

2. Por él fue también fundada o levantada la altura del templo, el edificio doble o de dos altos, y los altos muros del templo.

3. En sus días se renovaron los manantiales de las aguas en los pozos, los cuales se llenaron sobremanera como un mar.

4. Éste cuidó bien de su pueblo y lo libró de la perdición.

5. Consiguió engrandecer la ciudad, y se granjeó gloria, viviendo sencillamente en medio de su nación; y ensanchó la entrada del templo y atrio del Señor.

6. Como el lucero de la mañana entre tinieblas, y como resplandece la luna en tiempo de su plenitud,

7. y como el sol refulgente, así brillaba él en el templo de Dios.

8. Como el arco iris, que resplandece en las transparentes nubes, y como la flor de la rosa en tiempo de primavera, y como las azucenas junto a la corriente de las aguas, y como el árbol del incienso que despide fragancia en tiempo del estío;

9. como luciente llama, y como incienso encendido en el fuego;

10. como un vaso de oro macizo, guarnecido de toda suerte de piedras preciosas;

11. como el olivo que retoña, y como el ciprés que descuella por su altura: tal parecía el pontífice Simón cuando se ponía el manto glorioso, y se revestía de todos los ornamentos de su dignidad.

12. Cuando subía al altar santo hacía honor a las vestiduras sagradas,

13. y asimismo cuando recibía de las manos de los sacerdotes una parte de la hostia u ofrenda estando él en pie junto al altar, circuido del coro de sus hermanos, y a la manera de un alto cedro entre pequeños árboles sobre el monte Líbano.

14. Como una hermosa palmera cercada de sus renuevos y racimos, así estaban alrededor suyo todos los hijos de Aarón en su magnificencia.

15. Los cuales tenían en sus manos la oblación que había de ofrecerse al Señor en presencia de toda la congregación de Israel; y él consumando el sacrificio, para hacer más solemne la ofrenda al rey altísimo.

16. Extendía la mano para hacer la libación, y derramaba la sangre o el vino de la uva.

17. Esparciéndolo al pie del altar en olor suavísimo al altísimo Príncipe.

18. Entonces los hijos de Aarón alzaban sus voces, empezaban a tocar las trompetas hechas a martillo, y hacían sentir un gran concierto para renovar a Dios la memoria de su alianza.

19. Asimismo todo el pueblo, a una, se postraba de repente sobre su rostro en tierra para adorar al Señor Dios suyo, y ofrecer sus plegarias al Altísimo, Dios omnipotente.

20. Y alzaban sus voces los cantores, con lo cual se acrecentaba en aquella gran Casa de Dios el sonido de una suave melodía.

21. Y presentaba el pueblo sus preces al Señor altísimo, hasta que quedaba terminado el culto de Dios, y acabadas las sagradas funciones.

22. Entonces el Sumo sacerdote, bajando del altar, extendía sus manos hacia toda la congregación de los hijos de Israel, para dar gloria a Dios con sus labios, y celebrar su santo Nombre.

23. Y segunda vez repetía su oración, deseoso de hacer conocer el poder de Dios.

24. Y ahora vosotros rogad a Dios Señor de todo lo criado, que ha hecho cosas grandes en toda la tierra, que ha conservado nuestra vista desde el seno de nuestras madres, y que nos ha tratado siempre según su misericordia;

25. orad, digo, para que nos dé el contentamiento del corazón, y que reine la paz en Israel en nuestros días y para siempre.

26. Con lo cual crea Israel que la misericordia de Dios está con nosotros en sus días, para librarnos de todo mal.

27. A dos naciones o gentes tiene aversión mi alma por su impiedad; y la tercera que aborrezco no es gente:

28. a los que habitan en la montaña de Seir, y a los filisteos, y al pueblo insensato que mora en Siquem.

29. Éstos son los documentos de sabiduría y de moralidad, que dejó escritos en este libro Jesús, hijo de Sirac, ciudadano de Jerusalén; el cual restauró en su pueblo la sabiduría, derramándola de su corazón.

30. Bienaventurado el que practica estos buenos consejos, y los estampa en su corazón. Éste tal será siempre sabio.

31. Porque obrando así, será bueno para todo: pues la luz de Dios guiará sus pasos.

CAPÍTULO LI

Oración de Jesús hijo de Sirac, en la cual da gracias a Dios por haberle librado de muchos y graves peligros, y exhorta a todos al estudio de la sabiduría.

1. Oración de Jesús, hijo de Sirac. Te glorificaré, ¡oh Señor y Rey!; a ti alabaré, ¡oh Dios Salvador mío!

2. Gracias tributaré a tu Nombre, porque Tú has sido mi auxiliador y mi protector;

3. y has librado mi cuerpo de la perdición, y del lazo de la lengua maligna, y de los labios que urden la mentira; y delante de mis acusadores te has manifestado mi defensor.

4. Y por tu gran misericordia, de la cual tomas nombre, me has librado de los leones que rugían, ya prontos a devorarme;

5. de las manos de aquellos que buscaban cómo quitarme la vida, y del tropel de diversas tribulaciones que me cercaron;

6. de la violencia de las llamas entre las cuales me vi encerrado, y, así es que en medio del fuego no fui abrasado;

7. del profundo seno del infierno o sepulcro, y de los labios impuros, y del falso testimonio: de un rey inicuo, y de la lengua injusta.

8. Mi alma alabará al Señor hasta la muerte.

9. Pues que mi vida estuvo a pique de caer en el infierno.

10. Cercáronme por todas partes, y no había quien me prestase socorro; volvía los ojos en busca del amparo de los hombres; pero tal amparo no parecía.

11. Acordéme, ¡oh Señor!, de tu misericordia, y de tu modo de obrar desde el principio del mundo;

12. y de cómo salvas, Señor, a los que en ti esperan con paciencia, y los libras de las naciones enemigas.

13. Tú ensalzaste mi casa o morada sobre la tierra, y yo te supliqué que me librases de la muerte, que todo lo disuelve.

14. Invoqué al Señor, padre de mi Señor, que no me desamparase en el tiempo de mi tribulación, y mientras dominaren los soberbios.

15. Alabaré sin cesar tu santo Nombre, y lo celebraré con acciones de gracias; pues fue oída mi oración,

16. y me libraste de la perdición, y me sacaste a salvo en el tiempo calamitoso.

17. Por tanto te glorificaré, y te cantaré alabanzas y bendeciré eternamente el Nombre del Señor.

18. Siendo yo todavía mozo, antes que anduviese errante, hice profesión de buscar la sabiduría con mis oraciones.

19. Yo la estaba pidiendo en el atrio del templo, y díjeme a mí mismo: la buscaré hasta mi último aliento. Ella brotó en mí su flor desde luego, como la uva temprana.

20. Regocijóse con ella mi corazón; mis pies tomaron el camino recto; desde mi juventud iba yo en seguimiento de ella.

21. Apliqué un tanto mi oído, y la percibí;

22. y acopié mucha sabiduría en mi mente, e hice en ella muchos progresos.

23. A aquel que me dio la sabiduría tributaré yo la gloria.

24. Resolvíme, pues, a ponerla en práctica; fui celoso del bien, y no me avergonzaré.

25. Por ella ha combatido mi alma, manténgome constante en seguirla.

26. Levanté mis manos a lo alto pidiéndole a Dios, y deploré la necedad y, tinieblas de mi alma.

27. Hacia ella enderecé el alma mía; y conociéndome a mí, la hallé.

28. Con ella desde luego fui dueño de mi corazón, y adquirí cordura: por lo que no seré abandonado del Señor.

29. Acongojado anduvo mi corazón en busca de ella; por lo tanto gozaré de esta rica herencia.

30. Diome el Señor en recompensa una lengua elocuente, y con ella lo alabaré.

31. Acercaos a mí, ¡oh ignorantes!, y reuníos en la casa de la enseñanza.

32. ¿Por qué os detenéis todavía? ¿Y qué respondéis a esto, estando vuestras almas ardiendo de sed?

33. Abrí mi boca para convidaros, y os dije: venid a comprarla sin dinero,

34. y someted a su yugo vuestro cuello, y reciba vuestra alma la instrucción, pues fácil es el encontrarla.

35. Mirad con vuestros ojos lo poco que me he fatigado, y cómo he adquirido mucho descanso.

36. Recibid la enseñanza como un gran caudal de plata, y poseeréis con ellas bienes preferibles a un inmenso tesoro de oro.

37. Consuélese vuestra alma en la misericordia de Dios; y alabándole a él, nunca quedaréis confundidos.

38. Haced lo que debéis hacer antes que el tiempo pase; y él os dará a su tiempo vuestra recompensa.

LA PROFECÍA DE ISAÍAS

CAPÍTULO I

El profeta Isaías amenaza a Jerusalén con una espantosa ruina por no haberse convertido al Señor, a pesar de haber sido afligida con

toda suerte de males; le advierte que sus fies-
tas y sus sacrificios son abominables a los ojos
de Dios, y qué es lo que debe hacer para
alcanzar de nuevo su gracia. Le anuncia que
después del castigo que sufrirá por sus malda-
des, vendrá el día en que recuperará la liber-
tad y será feliz

1. Visión profética que tuvo Isaías, hijo de Amós, en orden a las cosas de Judá y de Jerusalén, en tiempo de Ozías, de Joatán, de Acaz y de Ezequías, reyes de Judá.

2. Oíd, ¡oh cielos!, y tú, ¡oh tierra!, presta toda tu atención; pues el Señor es quien habla. He criado hijos, dice, y los he engrandecido, y ellos me han menospreciado.

3. Hasta el buey reconoce a su dueño, y el asno el pesebre de su amo; pero Israel no me reconoce, y mi pueblo no entiende mi voz.

4. ¡Ay de la nación pecadora, del pueblo apesgado de iniquidades, de la raza malvada, de los hijos desgarrados! Han abandonado al Señor, han blasfemado del Santo de Israel, le han vuelto las espaldas.

5. ¿De qué servirá el descargar Yo nuevos golpes sobre vosotros, si obstinados añadís siempre pecados sobre pecados? Toda cabeza está enferma, y todo corazón doliente.

6. Desde la planta del pie hasta la coronilla de la cabeza no hay en él cosa sana, sino heridas, y cardenales, y llaga corrompida que no ha sido curada, ni vendada, ni suavizada con bálsamo.

7. Vuestra tierra está desierta, incendiadas vuestras ciudades, a vuestra vista devoran los extranjeros vuestras posesiones, y a manera de enemigos las devastan.

8. Y la hija de Sión, o Jerusalén, quedará como cabaña de una viña, como choza de un melonar, y como una ciudad tomada por asalto.

9. De suerte que si el Señor Dios de los ejércitos no hubiese conservado algunos de nuestro linaje, hubiéramos corrido la misma suerte de Sodoma, y sido en todo semejantes a Gomorra.

10. Oíd la palabra del Señor, ¡oh príncipes de Judá que imitáis a los reyes de Sodoma! Escucha atento la ley de nuestro Dios, tú, ¡oh pueblo semejante al de Gomorra!

11. ¿De qué me sirve a mí, dice el Señor, la muchedumbre de vuestras víctimas? Ya me tienen fastidiado. Yo no gusto de los holocaustos de carneros, ni de la gordura de los pingües bueyes, ni de la sangre de los becerros, de los corderos y de los machos de cabrío.

12. Cuando os presentáis ante mi acatamiento, ¿quién os ha mandado llevar semejantes dones en vuestras manos, para pasearos por mis atrios?

13. No me ofrezcáis ya más sacrificios inútilmente, pues abomino del incienso. El novilunio, el sábado y las demás fiestas vuestras no puedo ya sufrirlas más tiempo, porque en vuestras asambleas reina la iniquidad.

14. Vuestras calendas y vuestras solemnidades son por lo mismo odiosas a mi alma; las tengo aborrecidas, cansado estoy de aguantarlas.

15. Y así cuando levantareis las manos hacia mí, Yo apartaré mi vista de vosotros; y cuantas más oraciones me hiciereis, tanto menos os escucharé; porque vuestras manos están llenas de sangre.

16. Lavaos, pues, purificaos, apartad de mis ojos la malignidad de vuestros pensamientos, cesad de obrar mal,

17. aprended a hacer bien, buscad lo que es justo, socorred al oprimido, haced justicia al huérfano, amparad a la viuda.

18. Y entonces venid y argüidme, dice el Señor: aunque vuestros pecados os hayan tenido como la grana, quedarán vuestras almas blancas como la nieve; y aunque fuesen teñidas de encarnado como el bermellón, se volverán del color de la lana más blanca.

19. Como queráis, y me escuchéis, seréis alimentados de los frutos de vuestra tierra.

20. Pero si no quisiereis, y provocareis mi indignacion, la espada de los enemigos traspasará vuestra garganta; pues así lo ha dicho el Señor por su propia boca.

21. ¿Cómo la ciudad fiel, y llena de juicio, se ha convertido en una ramera? Ella fue en otro tiempo alcázar de justicia, y ahora lo es de homicidios.

22. Tu plata se ha convertido en escoria, y tu vino se ha adulterado con el agua.

23. Tus magistrados son desleales, y van a medias con los ladrones; todos ellos gustan de regalos; corren tras del interés; no hacen justicia al huérfano, y no encuentra apoyo en ellos la causa de la viuda.

24. Por esto dice el Señor Dios de los ejércitos, el Dios fuerte de Israel. ¡Ay cómo tomaré satisfacción de mis contrarios, y venganza de mis enemigos!

25. Y volveré mi mano sobre ti, y acrisolándote quitaré tu escoria, y separaré de ti todo tu estaño.

26. Y restableceré tus jueces, haciendo que sean tales cuales eran antes, y tus consejeros como lo fueron antiguamente; después de lo cual será llamada ciudad del Justo, ciudad fiel.

27. Sí, Sión será redimida en juicio, y repuesta en libertad por justicia.

28. Pero Dios destruirá desde luego los malvados y los pecadores, y serán anonadados los que abandonaron al Señor.

29. Los mismos ídolos a quienes sacrificaron serán su mayor confusión; y os avergonzaréis de los jardines que habéis escogido,

30. cuando fuereis lo mismo que un alcornoque que ha quedado sin hojas, y como un huerto sin agua.

31. Y vuestra resistencia o fortaleza será igual a la pavesa de la estopa arrimada a la lumbre, y vuestras obras como una chispa: uno y otro arderán en el fuego que nadie apagará.

CAPÍTULO II

Todas las naciones correrán al monte santo de la Casa del Señor: de Sión saldrá la Ley, y ya no la molestarán más las guerras. La casa de Jacob será desechada a causa de su idolatría, avaricia y otros vicios. Los soberbios serán humillados, y sólo el Señor será exaltado.

1. Cosas que vio Isaías, hijo de Amós, tocante a Jerusalén y a Judá.

2. En los últimos días el monte en que se erigirá la Casa del Señor, tendrá sus cimientos sobre la cumbre de todos los montes, y se elevará sobre los collados; y todas las naciones acudirán a él.

3. Y vendrán muchos pueblos y dirán: ea, subamos al monte del Señor, y a la casa del Dios de Jacob, y Él mismo nos mostrará sus caminos, y por sus sendas andaremos; porque de Sión saldrá la ley, y de Jerusalén la palabra del Señor.

4. Y Él será el juez supremo de todas las gentes, y convencerá de error a muchos pueblos; los cuales de sus espadas forjarán rejas de arado, y hoces de sus lanzas; entonces no desenvainará la espada un pueblo contra otro, ni se adiestrarán mas en el arte de la guerra.

5. ¡Oh vosotros de la casa de Jacob!, venid, y caminemos en la luz del Señor de su Mesías.

6. Pues Tú, ¡oh Señor!, has desechado a tu pueblo, a los de la casa de Jacob: porque están llenos, como antiguamente, de superstición e idolatría, y han tenido adivinos como los filisteos, y se complacen en tener esclavos extranjeros.

7. Su país está rebosando de plata y oro, y son inagotables sus tesoros.

8. Su tierra está cubierta de caballos, y son innumerables sus carrozas. Y está lleno de ídolos su país: han adorado la obra de sus manos, la obra que habían formado con sus propios dedos.

9. Y delante de esta obra el hombre dobló la cerviz, y humillóse ante ella el varón. ¡Oh Señor!, no, no se lo perdones.

10. Métete entre las peñas, pueblo infiel, escóndete en las cavidades de la tierra, huye del semblante airado del Señor y de la gloria de su majestad.

11. Los ojos altaneros del hombre serán humillados, y la altivez de los grandes quedará abatida, y sólo el Señor será ensalzado en aquel día.

12. Porque el día del Señor de los ejércitos va a aparecer terrible para todos los soberbios y altaneros, y para todos los arrogantes; y serán humillados;

13. y para todos los cedros más altos y erguidos del Líbano, y para todas las encinas de Basán;

14. y para todos los montes encumbrados; y para todos los collados elevados;

15. y para todas las torres eminentes, y para todas las murallas fortificadas;

16. y para todas las naves de Tarsis; y para todo lo que es hermoso y agradable a la vista.

17. Y la arrogancia de los hombres será doblegada o abatida, y humillada la altivez de los magnates, y el Señor solo será el ensalzado en aquel día.

18. Y los ídolos todos serán hechos añicos.

19. Y meteránse los hombres en las cavernas de las peñas y en las concavidades de la tierra, por causa de la presencia formidable del Señor y de la gloria de su majestad, cuando se levantará para castigar la tierra.

20. En aquel día el hombre, aterrorizado, arrojará lejos de sí sus ídolos de plata y sus estatuas de oro, las imágenes de los topos y murciélagos, que se había fabricado para adorarlas.

21. Y se entrará por las aberturas de las rocas y por las cavernas de los peñascos; aterrado por el miedo del Señor y por la gloria de su majestad, cuando se levantará para castigar la tierra.

22. Cesad, pues, de irritar al hombre, que tiene el espíritu en las narices; porque él es el que ha sido reputado Excelso o Todopoderoso,

CAPÍTULO III

Los judíos, a causa de sus pecados, serán afligidos de varios modos, reducidos a la desolación, gobernados por muchachos y hombres afeminados. Declama el profeta contra la iniquidad de los magnates, y contra la soberbia y la lascivia de las hijas de Sión.

1. Porque he aquí que el soberano Señor de los ejércitos privará a Jerusalén y a Judá de todos los varones robustos y fuertes, de todo sustento de pan y de todo sustento de agua;

2. del hombre esforzado y guerrero del juez, y del profeta, y del adivino, y del anciano;

3. del capitán de cincuenta hombres y del varón de aspecto venerable, y del consejero, y del artífice sabio, y del hombre prudente en el lenguaje místico.

4. Y daréles por príncipes muchachos, y serán dominados por hombres afeminados.

5. Y el pueblo se arrojará con violencia, hombre contra hombre, y cada uno contra su prójimo. Se alzará el joven contra el anciano, y el plebeyo contra el noble.

6. Sucederá que uno asirá por el brazo a su hermano, criado en la familia de su padre, diciéndole: oye, tú estás bien vestido: sé nuestro príncipe, ampáranos en esta ruina.

7. Él entonces le responderá: Yo no soy médico; y en mi casa ni hay qué comer ni con qué vestir; no queráis hacerme príncipe del pueblo.

8. Pues se va arruinando Jerusalén y se pierde Judá: por cuanto su lengua y sus designios son contra el Señor, hasta irritar los ojos de su majestad.

9. El semblante descarado que presentan da testimonio contra ellos; pues, como los de Sodoma, hacen alarde de su pecado, ni lo encubren: ¡ay de su alma de ellos!, porque se les dará el castigo merecido.

10. Dad al varón justo la enhorabuena: porque él comerá o gozará del fruto de sus buenas obras.

11. ¡Ay del impío maléfico!, porque se le pagará según merecen sus acciones.

12. Mi pueblo ha sido despojado por sus exactores, y es gobernado por mujeres. Pueblo mío, los que te llaman bienaventurado, ésos son los que te traen engañado, y destruyen el camino que tú debes seguir.

13. El Señor se presenta para hacer justicia, se presenta para juzgar a los pueblos.

14. El Señor entrará en juicio con los ancianos de su pueblo y con sus príncipes. Porque vosotros sois, les dirá, los que habéis devorado mi viña, y en vuestra casa están las rapiñas hechas al pobre.

15. Y ¿por qué motivo despedazáis mi pueblo, y deshacéis a golpes los rostros de los pobres, dice el Señor Dios de los ejércitos?

16. Y el Señor dijo también: por cuanto se han empinado las hijas de Sión, y andan paseando con el cuello erguido, guiñando con los ojos, y haciendo gestos con sus manos y ruido con sus pies, y caminan con pasos afectados:

17. raerá el Señor la cabeza de las hijas de Sión, y las despojará de sus cabellos.

18. En aquel día les quitará el Señor el adorno del calzado, y las lunetas,

19. y los collares de perlas, y los joyeles, y los brazaletes, y las escofietas,

20. y los partidores del pelo, y las llagas, y las cadenillas, y los pomitos de olor, y los zarcillos,

21. y los anillos, y las piedras preciosas que cuelgan sobre la frente,

22. y la muda de vestidos, y los mantos, y las gasas o velas, y los preciosos alfileres,

23. y los espejos, y los finos lienzos, y las cintas, y los vestidos de verano;

24. y en lugar de olores suaves tendrán la hediondez, y por ceñidor una cuerda, y en lugar de cabellos rizados, la calva, y reemplazará un cilicio la faja de los pechos.

25. Tus más gallardos varones caerán también al filo de la espada, y tus campeones quedarán tendidos en el campo de batalla.

26. Y las puertas de Jerusalén, desiertas, estarán cubiertas de tristeza y de luto, y ella desolada, estará abatida por el suelo.

CAPÍTULO IV

Describe el profeta con varias metáforas la grande disminución que padecerá el pueblo de Israel, vaticina su restablecimiento y el de la Iglesia por el Mesías, quien multiplicará y dará mayor gloria que nunca a los restos de dicho pueblo.

1. Y en aquel día echarán mano de un solo hombre siete o muchas mujeres diciendo: Nosotras comeremos nuestro pan, y con nuestras ropas nos vestiremos: basta que nos comuniques tu nombre, o seas esposo nuestro: líbranos de nuestro oprobio.

2. En aquel día brotará el pimpollo del Señor con magnificencia y con gloria, y el fruto de la tierra será ensalzado, y será el regocijo de aquellos de Israel que se salvaren.

3. Y sucederá que todos aquellos que fueren dejados en Sión, y quedaren en Jerusalén, serán llamados santos; todo el que está escrito o destinado para la vida en Jerusalén.

4. Y esto acaecerá cuando el Señor habrá limpiado las inmundicias de las hijas de Sión, y lavado la sangre con que está manchada Jerusalén, mediante el espíritu de justicia y el espíritu de celo.

5. Y criará el Señor por todos los lugares del monte de Sión, y doquiera que es invocado, una nube sombría durante el día, y un resplandor luminoso durante la noche: porque sobre toda el Arca gloriosa brillará su protección.

6. Y el Tabernáculo servirá de sombra contra el calor del día, y para seguridad y refugio contra el torbellino y la lluvia.

Bajo la figura de una viña estéril predice el profeta la ingratitud del pueblo, y los castigos que le esperan. Humillaciones de los soberbios, y felicidad de los justos. El Señor levantará las naciones contra los judíos.

1. Ahora cantaré a mi amado la canción de mi pariente sobre su viña. Adquirió mi amado una viña en un collado muy fértil,

2. la cual cercó de seto, y la despedregó, y la plantó de cepas escogidas, y edificó una torre en medio de ella, y construyó en ella un lagar, y esperó hasta que diese uvas, y las dio silvestres.

3. Ahora, pues, habitadores de Jerusalén, y vosotros, ¡oh varones de Judá!, sed jueces entre mí y mi viña.

4. ¿Qué es lo que debí hacer, y que no haya hecho por mi viña? ¿Acaso porque esperé que llevase uvas y ella dio agraces?

5. Pues ahora os diré claramente lo que voy a hacer con mi viña: le quitaré su cerca, y será talada, derribaré su tapia, y será hollada.

6. Y la dejaré que se convierta en un erial; no será podada ni cavada, y crecerán en ella zarzas y espinas, y mandaré a las nubes que no lluevan gota sobre ella.

7. El hecho es que la viña del Señor de los ejércitos es la casa de Israel, y los hombres de Judá son su plantel delicioso; y me prometí de ellos juicio u acciones justas, y no veo más que iniquidades; y esperé la justicia, y no oigo sino clamores de los oprimidos.

8. ¡Ay de vosotros los que juntáis casa con casa, y agregáis heredades a heredades hasta que no queda ya más terreno! ¿Por ventura habéis de habitar vosotros solos en medio de la tierra?

9. Llegan a mis oídos estas cosas, dice el Señor de los ejércitos: os aseguro que muchas casas grandes y hermosas quedarán desiertas y sin habitador.

10. Porque diez yugadas de viña sólo producirán un pequeño frasco de vino, y treinta modios de siembra darán tres modios.

11. ¡Ay de vosotros los que os levantáis de mañana a emborracharos, y a beber con exceso hasta la noche, hasta que os abrasa el vino!

12. Cítara, y lira, y pandero, y flauta, y vino en vuestros convites; y no dais siquiera una mirada a la obra del Señor, ni consideráis las obras de sus manos.

13. Por eso mi pueblo fue llevado cautivo, porque le faltó el saber, y sus nobles murieron de hambre, y la plebe pereció de sed.

14. Por esto ensanchó el infierno su seno, y abrió su inmensa boca, y en ella caerán sus campeones, y el pueblo y cuanto hay en él de ilustre y glorioso.

15. Y tendrá que encorvarse el plebeyo, y humillarse el grande, y serán abatidos los ojos de los altivos.

16. Y el Señor de los ejércitos será ensalzado por la rectitud de su juicio, y la santidad de Dios será reconocida por su administración de la justicia.

17. Y aparecerán los corderos según su costumbre, y los extranjeros disfrutarán de los campos desiertos convertidos en fértiles campiñas.

18. ¡Ay de vosotros que arrastráis la iniquidad con las cuerdas de la vanidad, y al pecado a manera de carro del cual tiráis como bestias!

19. Los que vais diciendo: dése prisa, y venga presto lo que Él quiere hacer, a fin de que lo veamos: y acérquese, y ejecútese la determinación del Santo de Israel, y la sabremos.

20. ¡Ay de vosotros los que llamáis mal al bien y bien al mal; y tomáis las tinieblas por la luz, y la luz por las tinieblas; y tenéis lo amargo por dulce y lo dulce por amargo!

21. ¡Ay de vosotros los que os tenéis por sabios en vosotros ojos, y por prudentes allá en vuestro interior!

22. ¡Ay de vosotros que sois briosos para beber vino, y hombres fuertes para embriagaros con diversos licores!

23. ¡Vosotros, que por regalos absolvéis al impío, y despojáis al justo de su derecho!

24. Por esto, así como la lengua del fuego devora la estopa, y la quema el ardor de la llama; del mismo modo la raíz de ellos será como pavesa, y cual polvo se desvanecerá su renuevo. Porque han desechado la ley del Señor de los ejércitos, y blasfemado de la palabra del Santo de Israel.

25. Por esta causa el furor del Señor se encendió contra su pueblo, y extendió su mano sobre él, y lo hirió, y los montes se estremecieron, y sus cadáveres yacen tendidos como basura en medio de las plazas. Ni se ha aplacado su furor con todas estas cosas; todavía está levantada su mano justiciera.

26. Y alzará bandera para servir de señal a un pueblo lejano, y lo llamará con un silbo desde los extremos de la tierra, y he aquí que, diligente, acudirá con la mayor celeridad.

27. En él no hay quien se canse o fatigue, ni hay soñoliento, ni dormilón: ninguno se quitará el cinto de su pretina, ni desatará la correa de su calzado.

28. Sus saetas están aguzadas, y todos sus arcos entesados. Las pezuñas de sus caballos son como pedernal, y las ruedas de sus carros como una tempestad impetuosa.

29. Rugirá como león, rugirá como una manada de leoncillos, y dará bramidos, y se arrojará sobre la presa, y asirá de ella, ni habrá quien se la quite.

30. Y su estruendo será para Israel en aquel día como el bramido del mar: miraremos la tierra, y he aquí por todas partes tinieblas de tribulación, cuya lobreguez oscurecerá la luz del día.

CAPÍTULO VI

Isaías ve la gloria de Dios, y se condena a sí mismo por haber callado. Se le manda anunciar a Israel que Dios le reprobaría por su obstinación, y asolaría todo el país; pero que el verdadero Israel subsistiría en algunos escogidos, que después serían padres de muchas gentes.

1. En el año que murió el rey Ozías, vi al Señor sentado en un solio excelso y elevado, y las franjas de sus vestidos llenaban el templo.

2. Alrededor del solio estaban los serafines: cada uno de ellos tenía seis alas; con dos cubrían su rostro, y con dos cubrían los pies, y con dos volaban.

3. Y con voz esforzada cantaban a coros, diciendo: ¡Santo, Santo, Santo, el Señor Dios de los ejércitos, llena está toda la tierra de su gloria!

4. Y estremeciéronse los dinteles y quicios de las puertas a la voz del que cantaba, y se llenó de humo el templo.

5. Y dije: ¡Desgraciado de mí!, que no he hablado, por ser yo hombre de labios impuros, y habitar en medio de un pueblo cuyos labios están contaminados: y he visto con mis propios ojos al Rey, Señor de los ejércitos!

6. Y voló hacia mí uno de los serafines, y en su mano tenía una brasa ardiente, que con las tenazas había tomado de encima del altar.

7. Y tocó con ella mi boca, y dijo: he aquí que la brasa ha tocado tus labios, y será quitada tu iniquidad, y tu pecado será expiado.

8. Y luego oí la voz del Señor, que decía: ¿a quién enviaré?, y ¿quién irá por nosotros?; y respondí yo: aquí estoy: envíame a mí.

9. Y dijo entonces el Señor: anda, y dirás a ese pueblo: oiréis y más oiréis, y no querréis entender; y veréis lo que presento a vuestros ojos, y no querréis haceros cargo de ello.

10. Embota el corazón de ese pueblo, tapa sus orejas, y véndate los ojos; no sea que quizá con sus ojos vea, y con sus orejas oiga, y comprenda con su mente, y se convierta, y tenga yo que curarle.

11. Y dije yo: ¿hasta cuándo durará, Señor, tu indignación? Y respondió: Hasta que desoladas las ciudades, queden sin habitantes, y las casas sin gente, y la tierra desierta.

12. Y el Señor arrojará a los hombres lejos de su país, y se multiplicarán los que quedaron sobre la tierra.

13. Y todavía serán éstos diezmados, y se convertirán otra vez al Señor, y denotarán su pasada grandeza como un terebinto, y como una vieja encina que extendía muy lejos sus ramas; y la simiente que de ellos quedará, será una semilla santa.

CAPÍTULO VII

Sitiada Jerusalén por los reyes de Siria e Israel, Isaías predice al rey Acaz que no será tomada, y le da por señal que una Virgen pariría un hijo, cuyo nombre seria Emmanuel. Profetiza la ruina total de las diez tribus, y la aflicción y soledad de Judá.

1. Y sucedió que reinando en Judá Acaz, hijo de Joatán, hijo de Ozías, vino Rasín, rey de Siria, con Facee, hijo de Romeí, rey de Israel, sobre Jerusalén para combatir contra ella, y no pudieron tomarla.

2. Dieron, pues, aviso a la casa de David, diciendo: la Siria se ha coligado con Efraín, y conmovióse el corazón de Acaz, y el corazón de su pueblo, a la manera que se agitan los árboles en los bosques con el ímpetu del viento.

3. Y dijo el Señor a Isaías: ve, sal al encuentro de Acaz, tú y el hijo que te queda, Jasub, al último del canal que conduce el agua a la piscina superior, por el camino que conduce al campo del Batanero.

4. Y le dirás: estáte quedo: no temas, ni se acobarde tu corazón a la vista de esos dos cabos de tizones que humean en furiosa ira, Rasín, rey de Siria, y el hijo de Romeía,

5. y por más que hayan maquinado pésimos designios contra ti la Siria, Efraín y el hijo de Romeía, diciendo:

6. marchemos contra Judá y provoquémosle, y arranquémoslo a viva fuerza, y en medio de él pongamos por rey al hijo de Tabeel.

7. Pues esto dice el Señor Dios: no cuajará, ni tendrá efecto tal designio;

8. antes bien Damasco, capital de la Siria, y Rasín, jefe de Damasco, serán destruidos, y de aquí a sesenta y cinco años Efraín dejará de ser pueblo;

9. ni será Samaria capital de Efraín, ni el hijo de Romeía jefe de Samaria. Si vosotros no creyereis, tampoco tendréis estabilidad.

10. Y habló de nuevo el Señor a Acaz, diciendo:

11. pide a tu gusto al Señor tu Dios una señal o prodigio, sea del profundo del infierno, sea de arriba en lo más alto del cielo.

12. Y respondió Acaz: no pediré tal, por no tentar al Señor.

13. Entonces dijo Isaías: oye, pues, tú ahora, ¡oh prosapia de David! ¿Acaso os parece poco el hacer agravio a los hombres, que osáis también hacerlo a mi Dios?

14. Por tanto el mismo Señor os dará la señal: sabed que una virgen concebirá y parirá un hijo, y su nombre será Emmanuel, o *Dios con nosotros.*

15. Manteca y miel comerá, hasta que sepa desechar lo malo y escoger lo bueno.

16. Porque antes que el niño sepa desechar lo malo y escoger lo bueno, la tierra que tú detestas será desamparada de sus dos reyes.

17. Enviará el Señor por medio del rey de los asirios, sobre ti, sobre tu pueblo y sobre la casa de tu padre tiempos tales y tan aciagos, cuales no existieron desde el día en que Efraín se separó de Judá.

18. Y sucederá que en aquel día el Señor dará un silbido a los pueblos que cubren como moscas lo último de los ríos de Egipto, y a otros que armados de saetas, estan como abejas en la tierra de Asur;

19. y vendrán volando, y posarán todas en las cañadas de los torrentes, y en las aberturas de las peñas, y en todos los matorrales, y en todos los resquicios.

20. En aquel día el Señor por medio de una navaja alquilada, esto es, por medio de aquellos que habitan en la otra parte del río Éufrates, por medio del rey de los asirios, raerá todas las cabezas, el vello de los pies y todas las barbas.

21. Y sucederá en aquel día que un hombre criará una vaca y dos ovejas;

22. y por sobra de leche comerá manteca; porque manteca y miel comerá todo el que quedare en el país.

23. Y acaecerá en aquel día que todo lugar en que antes mil cepas valían mil monedas de plata, no producirá más que espinas y zarzas.

24. Entrarán en él con flechas y con arco, porque malezas y espinas cubrirán toda aquella tierra.

25. Y todos los montes que se cultivaban con azada y escardillo, no tendrán ya para resguardo el terror de las espinas y de las zarzas, que los cerraban, sino que servirán para pasto de bueyes, y para majada de los ganados.

CAPÍTULO VIII

Manda el Señor a Isaías que confirme con otra señal la próxima destrucción de los reinos de Siria y de Israel. Judá será afligida, pero después será liberada. La exhorta el profeta a que ponga la confianza en sólo Dios, y no en medios ilícitos y profanos.

1. Díjome más el Señor: toma un pergamino grande, y escribe en él en caracteres claros e inteligibles: *date prisa a tomar los despojos, apresúrate a coger la presa.*

2. Y tomé por testigos fieles de lo que escribía, a Urías sacerdote, y a Zacarías, hijo de Baraquías

3. y cohabité con la profetisa mi esposa, y ella concibió y parió un hijo. Y me dijo el Señor: Ponle un nombre que signifique *coge a prisa los despojos, apresúrate a coger la presa.*

4. Porque antes que sepa el niño pronunciar los nombres de padre y madre, ya el rey de los asirios habrá destruido el poder de Damasco, y saqueado a Samaria.

5. Y hablóme el Señor de nuevo diciendo:

6. por cuanto este pueblo ha desechado las aguas de Siloé, que corren sosegadamente en Sión, y ha preferido a Rasín y al hijo de Romeía,

7. por esto he aquí que el Señor traerá sobre ellos las aguas del río Éufrates impetuosas y abundantes, (esto es, al rey de los asirios con todas sus fuerzas) y subirán sobre todos sus arroyos, y se extenderán por todas sus riberas,

8. y romperán por el país de Judá, y al pasar lo inundarán todo, y llegarán hasta la garganta. Y él con la anchura de sus alas o escuadrones llenará, ¡oh Emmanuel!, todo el espacio de tu tierra.

9. Reuníos, ¡oh pueblos!, y venid; que habéis de ser vencidos; vosotras todas, ¡oh regiones las más remotas!, escuchad: armaos de coraje, y seréis vencidas; formaos en buen orden, y seréis vencidas.

10. Haced planes, y serán desbaratados; dad órdenes y no se ejecutarán; porque Dios está con nosotros.

11. Pues esto me dijo el Señor cuando con mano poderosa me corrigió, advirtiéndome que no siguiese los pasos de este pueblo: mira,

12. no estéis diciendo: conspiración; pues que no habla de otra cosa este pueblo que de conspiración; antes bien no temáis lo que tanto él teme, y no os amilanéis.

13. Al Señor de los ejércitos, a Él solo glorificad: Él solo sea el que os haga temer y temblar. Y él será el que os santifique.

14. Al paso que será piedra de tropiezo y piedra de escándalo para las dos casas de Israel; y lazo y ruina para los habitantes de Jerusalén.

15. Y muchísimos de ellos tropezarán y caerán, y se harán pedazos, y se verán cogidos en el lazo, y quedarán presos.

16. Recoge ahora el testimonio; sella la ley para mis discípulos.

17. Yo, sin embargo, tengo puesta mi esperanza en el Señor, que ha escondido su rostro de la casa de Jacob, y en esta esperanza perseveraré.

18. Veisme aquí a mí y a mis hijos, que me dio el Señor para que sirvan de señal y portento a Israel, de parte del Señor de los ejércitos, que habita en el monte de Sión.

19. Que si os dijeren: consultad a los pitones y a los adivinos, los cuales rechinan en sus encantamientos, responded: ¿pues qué, no ha de acudir el pueblo a su Dios? ¿A los muertos ha de recurrir para saber de los que viven?

20. A la ley más bien y al Arca santa es a donde ha de recurrir. Que si no hablaren conforme a lo dicho, no amanecerá para ellos la luz del día.

21. Y la luz pasará por su casa sin detenerse, y ellos caerán por el suelo, y tendrán hambre; y cuando estén hambrientos se enfurecerán y maldecirán a su rey y a su Dios: y levantarán los ojos hacia arriba,

22. y los bajarán hacia tierra, y no verán sino tribulación, y tinieblas, y abatimiento, y angustia, y lobreguez que los persigue, y no podrán, por más que hagan, librarse de su gran congoja.

CAPÍTULO IX

Profecía del nacimiento del Mesías, y de su reino. Judá será libertada del poder de los reyes de Israel y de Siria, de cuyos reinos, especialmente de Israel, se predicen las discordias y estragos.

1. Primeramente fue menos afligida la tierra de Zabulón y la tierra de Neftalí, y después fue gravemente herida la costa del mar, la Galilea de las naciones, más allá del Jordán.

2. El pueblo que andaba entre tinieblas vio una gran luz; amaneció el día a los que moraban en la sombría región de la muerte.

3. Multiplicaste la nación; mas no aumentaste la alegría. Sin embargo, alegrarse han algún día delante de ti, como los que se alegran en la siega, o como se huelgan los vencedores con el botín que cogieron, al repartirse los despojos.

4. Porque su pesado yugo y la vara que hería sus espaldas, y el bastón de su exactor o tirano, Tú los hiciste pedazos, como en la jornada de Madián.

5. Porque todo despojo hecho con violencia y tumulto, y los vestidos manchados de sangre serán quemados y hechos pábulo del fuego.

6. Ahora que ha nacido un PARVULITO para nosotros, y se nos ha dado un hijo, el cual lleva sobre sus hombros el principado, o la divisa de rey, y tendrá por nombre el *Admirable, el Consejero, Dios, el Fuerte, el Padre del siglo venidero, el Príncipe de paz.*

7. Su imperio será amplificado, y la paz no tendrá fin: sentaráse sobre el solio de David; y poseerá su reino para afianzarlo y consolidarlo haciendo reinar la equidad y la justicia desde ahora y para siempre. El celo del Señor de los ejércitos es el que hará estas cosas.

8. Lanzó el Señor una palabra contra Jacob, y cayó sobre Israel

9. Y lo echará de ver todo el pueblo de Efraín, y los habitantes de Samaria, quienes con soberbia e hinchazón de corazón andan diciendo:

10. Los edificios de ladrillos han sido arruinados por los enemigos, mas nosotros edificaremos con piedras de sillería; cortaron los cabrahigos, pero en su lugar sustituiremos cedros.

11. Entretanto el Señor hará que los enemigos (los asirios) prevalezcan contra Rasín, y reunirá después en tropel a los mismos enemigos contra Efraín.

12. A los siros por el lado del oriente, y a los filisteos por el occidente; y llenos de rabia devorarán a Israel. A pesar de todo esto no se retira su furor, sino que aún está levantado su brazo,

13. porque el pueblo no se ha convertido hacia aquel que lo hiere, y no ha buscado al Señor de los ejércitos;

14. y el Señor destruirá en un solo día la cabeza y la cola a los que obedecen sumisos, como a los que gobiernan.

15. El anciano y el hombre respetable, ése es la cabeza; el profeta que vende embustes, ése es la cola.

16. Y tanto los que llaman bienaventurado, a este pueblo, seduciéndolo, como los mismos que son llamados bienaventurados, perecerán desgraciadamente.

17. Por esto no se enternecerá el Señor en favor de los jovencitos de ese pueblo, ni tendrá compasión de sus huérfanos ni de sus viudas: porque todo él es hipócrita y malvado y todas sus bocas no hablan más que desatinos. Por

todas estas cosas su furor no se aplaca, sino que aún está levantada su mano.

18. Pues la impiedad se encendió cual fuego que devora las zarzas y las espigas, y toma vigor en lo más espeso del bosque, y se eleva en torbellinos de humo densísimo.

19. La tierra está en la mayor consternación por la ira del Señor de los ejércitos, y el pueblo sera como cebo del fuego: el hombre no perdonará a su propio hermano.

20. Y volverá a la derecha para devorarlo todo, y aún tendrá hambre, y comerá cuanto halle a la izquierda, y tampoco podrá saciarse: cada uno devorará la carne de su mismo brazo. Manasés devastará a Efraín, y Efraín a Manasés; luego ambos se unirán contra Judá.

21. A pesar de todas estas cosas no está aplacada la ira del Señor, sino que aún está levantado su brazo.

CAPÍTULO X

¡Desdichados de aquellos que hacen leyes injustas, y oprimen al pobre, y a la viuda! Isaías predice la humillación de Sennaquerib; y consuela a Israel, y le promete que los restos de este pueblo al fin se convertirán.

1. ¡Ay de aquellos que establecen leyes inicuas, y escriben continuamente sentencias de injusticia,

2. para oprimir a los pobres en juicio y hacer violencia a los desvalidos de mi pueblo, para devorar cual presa a las viudas y saquear a los huérfanos!

3. ¿Qué haréis en el día en que se os tomará residencia, y en la calamidad que viene amenazando de lejos? ¿A quién acudiréis para que os ayude? ¿Y en dónde dejaréis o de qué servirá vuestra grandeza,

4. para no doblar la cerviz a la cadena entre los esclavos y no caer entre los muertos? A pesar de todas estas cosas no está calmada la ira del Señor, sino que aún está levantado su brazo.

5. ¡Ay de Asur!, vara y bastón de mi furor: en su mano he puesto mi ira.

6. Enviarle he contra un pueblo fementido, y contra un pueblo que ha provocado mi indignación; y daréle mis órdenes para que se lleve sus despojos, y lo entregue al saqueo, y lo reduzca a ser pisado como el lodo de las plazas.

7. Es verdad que él no lo pensará así, y que en su corazón no formará tal concepto; su corazón solamente pondrá la mira en destruir y exterminar no pocas naciones.

8. Porque dirá:

9. ¿Acaso mis palaciegos no son otros tantos reyes? ¿Pues qué, no ha tenido la misma suerte Cálano que Cárcamis? ¿Y Emat que Arfad? ¿Por ventura no ha sido de Samaria lo que de Damasco?

10. Así como ganó mi mano los reinos de varios ídolos, del mismo modo venceré los simulacros de los de Jerusalén y de Samaria.

11. ¿Acaso lo que hice ya con Samaria y con sus ídolos, no lo ejecutaré también con Jerusalén y con sus simulacros?

12. Pero luego que el Señor hubiere cumplido todas sus obras en el monte de Sión y en Jerusalén, el mismo tomará residencia de las empresas del altivo corazón del rey asirio y de la jactancia de sus altivos ojos.

13. Ya que ha dicho: con el poder de mi mano hice lo que hice, y con mi sabiduría lo tracé; y he mudado los límites de los pueblos y despojado sus príncipes, y con el poder que tengo he derribado a los que estaban en altos puestos;

14. y el poderío de los pueblos fue respecto de mi valor como una nidada de pajarillos; y como se recogen del nido los huevos que han sido abandonados, así reuní yo bajo mi poder toda la tierra, y no hubo quien moviese una ala, ni abriese el pico, ni piase.

15. ¿Pero y por ventura se gloriará la segur contra el que corta con ella, o se ensoberbecerá la sierra contra el que la mueve? Eso es como si se levantara la vara contra el que la maneja, o se envaneciese el bastón que al cabo no es más que un palo.

16. Por esto el soberano Señor de los ejércitos enviará la extenuación a sus robustos guerreros, y arderá debajo de sus galas una como hoguera de fuego que los consuma.

17. Y la luz de Israel será el fuego, y su Santo la llama con que se encenderán y arderán las espinas y las zarzas de Asur en un solo día.

18. Y la gloria de este bosque y de este Carmelo será consumida en cuerpo y alma, y él, (Sennaquerib) huirá azorado.

19. Y los árboles que de esta selva quedaren, se podrán contar, por su corto número, y un niño podrá formar la lista de ellos.

20. Y entonces será cuando los que quedaren de Israel, y los de la casa de Jacob que habrán escapado, no volverán a fiarse en el que los hiere, sino que sinceramente se apoyarán en el Señor, el Santo de Israel.

21. Los residuos de Jacob, los residuos digo, se convertirán al Dios fuerte.

22. Porque aun cuando tu pueblo, oh Israel, fuese como la arena del mar, solamente los restos de él se convertirán: pero los restos que se salvaren de la destrucción, rebosarán en justicia.

23. Porque destrucción y disminución hará el Señor Dios de los ejércitos en toda la tierra de Judea.

24. Por tanto, esto dice el Señor Dios de los ejércitos: Pueblo mío que habitas en Sión, no tengas miedo del asirio: él te sacudirá con la vara, y alzará contra ti su bastón desde el camino que va a Egipto.

25. Pero dentro de poco, muy en breve, mi enojo y mi furor provocado por sus maldades, llegará a su colmo.

26. Y el Señor Dios de los ejércitos levantará contra el asirio su brazo, y hará en él el estrago que hizo en los madianitas en la peña de Ored; y así como alzó su vara sobre el mar Rojo, del mismo modo la alzará sobre el camino de Egipto.

27. Y en aquel día será quitado de encima de tus hombros el peso de Asur, y su yugo de tu cerviz, y pudriráse el yugo por la abundancia del aceite.

28. Llegará el rey de Asiria hasta Ayat, pasará a Magrón, en Macmas depositará su bagaje.

29. Pasarán a marchas forzadas, diciendo: en Gabaat plantaremos nuestros reales: Ramá está sobresaltada, Gabaat la de Saúl huye precipitadamente.

30. Esfuerza tu grito, ¡oh ciudad de Gabim!; mira por ti, ¡oh Laisa!, y tú también, pobrecita Anatot.

31. Los de Medemena escaparon: esforzaos moradores de Gabim.

32. Aún falta un día para llegar a hacer alto en Nobe: desde ahí levantará Sennaquerib su mano en ademán de amenaza contra el monte de la hija de Sión, contra el collado de Jerusalén.

33. Pero he aquí que el soberano Señor de los ejércitos estrellará con ímpetu el vaso de tierra; y los de agigantada estatura serán desjarretados, y los sublimes serán abatidos.

34. Y la espesura del bosque será cortada con el hierro, y caerá el Líbano con sus altos cedros.

CAPÍTULO XI

Profetiza la venida del Mesías en carne humana, y su exaltación; y la conversión de los gentiles, y la de los judíos.

1. Y saldrá un renuevo del tronco de Jesé, y de su raíz se elevará una flor.

2. Y reposará sobre él el Espíritu del Señor, espíritu de sabiduría y de entendimiento, espíritu de consejo y de fortaleza, espíritu de ciencia y de piedad;

3. y estará lleno del espíritu del temor del Señor. Él no juzgará por lo que aparece exteriormente a la vista, ni condenara sólo por lo que se oye decir;

4. sino que juzgará a los pobres con justicia, y tomará con rectitud la defensa de los humildes de la tierra, y a la tierra la herirá con la vara de su boca, y con el aliento de sus labios dará muerte al impío.

5. Y el cíngulo de sus lomos será la justicia; y la fe el cinturón con que se ceñirá su cuerpo.

6. Habitará el lobo juntamente con el cordero; y el tigre estará echado junto al cabrito; el becerro, el león y la oveja andarán juntos, y un niño pequeñito será su pastor.

7. El becerro y el oso irán a los mismos pastos; y estarán echadas en un mismo sitio sus crías: y el león comerá paja como el buey:

8. y el niño que aún mama estará jugando en el agujero de un áspid: y el recién destetado meterá la mano en la madriguera del basilisco.

9. Ellos no dañarán ni matarán en todo mi monte santo; porque el conocimiento del Señor llenará la tierra, como las aguas llenan el mar.

10. En aquel día el renuevo de la raíz de Jesé, que está puesto como señal o estandarte de salud para los pueblos, será invocado de las naciones, y su sepulcro será glorioso.

11. Y en aquel día extenderá el Señor nuevamente su mano para atraer los restos de su pueblo que quedaren entre los asirios, y en el Egipto, y en Fetros, y en Etiopía, y en Elam, y en Sennaar, y en Emat, y en las islas del mar.

12. Y enarbolará un estandarte entre las naciones, y reunirá los fugitivos de Israel, y recogerá los dispersos de Judá de los cuatro puntos de la tierra.

13. Y será quitado el cisma de Efraín, y serán distribuidos los enemigos de Judá. Efraín no tendrá envidia de Judá, y Judá no hará la guerra a Efraín.

14. Y volarán juntos a echarse encima de los filisteos por la parte del mar, y harán también su botín de los hijos del oriente. La Idumea y los moabitas muy presto serán presa de sus manos, y prestaránles obediencia los hijos de Ammón.

15. El Señor secará la lengua del mar de Egipto, y extenderá su mano sobre el río con su impetuoso viento, y le herirá en sus siete bocas, de modo que se pueda pasar sin descalzarse.

16. Y quedará libre paso a los restos de mi pueblo que hubieran dejado vivos los asirios, así como lo tuvo Israel en aquel día en que salió de la tierra de Egipto.

CAPÍTULO XII

Cántico de alabanza y acción de gracias a Cristo vencedor y Salvador.

1. Y dirás en aquel día: te daré alabanza, ¡oh Señor!, porque estabas enojado conmigo, y se alejó tu furor, y me has consolado.
2. He aquí que Dios es el Salvador mío: viviré lleno de confianza, y no temeré; porque mi fortaleza y mi gloria es el Señor, y Él ha tomado por su cuenta mi salvación.
3. Sacaréis agua con gozo de las fuentes del Salvador;
4. y diréis en aquel día: dad gracias al Señor, e invocad su Nombre; anunciad a las gentes sus designios; acordaos que es excelso su Nombre.
5. Tributad alabanzas al Señor, porque ha hecho cosas grandes y magníficas: divulgad esto por toda la tierra.
6. Salta de gozo y entona himnos de alabanza, casa de Sión pues se muestra grande en medio de ti el Santo de Israel.

CAPÍTULO XIII

Babilonia será arruinada por los medos.

1. Duro anuncio contra Babilonia, revelado a Isaías, hijo de Amós.
2. Sobre el monte cubierto de tinieblas plantad el estandarte, alzad la voz, tended la mano, y entren los caudillos por las puertas.
3. Yo he dado mis órdenes a los guerreros que tengo prevenidos, he llamado en mi ira a mis campeones llenos de alborozo por defender mi gloria.
4. Algazara de mucho gentío sobre las montañas, como de pueblos numerosos: voces de alarma de príncipes y de naciones reunidas. El Señor de los ejércitos ha dado sus órdenes o pasado revista a la belicosa milicia,
5. la cual viene de países remotos desde el cabo del mundo; el Señor y los instrumentos de su ira vienen para dejar desierta toda la tierra.
6. Esforzad los aullidos, porque cercano está el día del Señor: la desolación será como de la terrible mano del Señor.
7. Por esto todos los brazos perderán su vigor y energía, y todos los corazones de los hombres desfallecerán,
8. y serán quebrantados. Se verán agitados de tormentos y dolores, y gemirán como mujer que está de parto; cada uno quedará atónito mirando a su vecino; sus rostros se pondrán secos y denegridos.
9. Mirad que va a llegar el día del Señor, día horroroso y lleno de indignación, y de ira, y de furor, para convertir en un desierto la tierra, y borrar de ella a los pecadores.
10. Porque las más resplandecientes estrellas del cielo no despedirán la luz acostumbrada: se obscurecerá el sol al nacer, y la luna no alumbrará con su luz.
11. Y castigaré la tierra por sus maldades, y a los impíos por su iniquidad; y pondré fin a la soberbia de los infieles, y abatiré la arrogancia de los fuertes.
12. El hombre será más apreciado que el oro, y más que el oro acendrado.
13. Desconcertaré a más de esto el cielo, y se moverá de sus quicios la tierra; por cuanto está airado el Señor de los ejércitos, y porque es el día de su ira y de su furor.
14. Y echarán a huir como gamos; y serán como ovejas que no hay quien las recoja; volveráse cada uno a su pueblo, y cada uno huirá a su tierra.
15. Todo el que se encuentre en la ciudad será muerto; y cuantos acudan a su socorro, perecerán al filo de la espada.
16. Sus niños serán estrellados delante de sus ojos, saqueadas sus casas, y forzadas sus mujeres.
17. He aquí que yo levantaré contra ellos a los medos, los cuales no buscarán plata, ni querrán oro,
18. sino que matarán a saetazos a los niños, y no tendrán compasión de las mujeres embarazadas, ni perdonarán a sus hijitos.
19. Y aquella famosa Babilonia, gloriosa entre los demás reinos, de la que tanto se vanagloriaban los caldeos, será, como Sodoma y Gomorra, arruinada por el Señor.
20. Nunca jamás será habitada ni reedificada por los siglos de los siglos; ni aun el árabe plantará allí sus tiendas, ni harán en ella majada los pastores.
21. Sino que se guarecerán allí las fieras, y sus casas estarán llenas de dragones, y allí habitarán los avestruces, y allí retozarán los sátiros peludos,
22. Y entre las ruinas de sus palacios resonarán los ecos de los búhos, y cantarán las sirenas en aquellos lugares que fueron consagrados al deleite.

CAPÍTULO XIV

Profetiza Isaías la vuelta del pueblo del cautiverio de Babilonia, la ruina de este imperio, la mortandad de los asirios, y la derrota de los filisteos por Ezequías.

1. Próximo está a llegar este su tiempo, y sus días no están remotos. Porque al fin el Señor

tendrá compasión de Jacob, y todavía escogerá algunos de Israel, y hará que reposen en su nativo suelo, y se incorporará con la casa de Jacob.

2. Y los pueblos los hospedarán, y los acompañarán a su país; y la casa de Israel los poseerá en la tierra del Señor para siervos y siervas; y quedarán cautivos los que los habían cautivado, y súbditos sus opresores.

3. Y en aquel tiempo, cuando te sea dado por Dios el respirar de tus trabajos, y de tu opresión, y de la dura esclavitud a que estuviste sujeto,

4. te servirás de este cántico contra el rey de Babilonia, y dirás: ¿cómo es que no parece ya el exactor y que cesó el tributo?

5. El Señor ha hecho pedazos el cetro de los impíos, la vara de los que dominaban;

6. al que indignado azotaba a los pueblos haciéndoles llagas incurables, y tiranizaba furiosamente las naciones, y las maltrataba con crueldad.

7. Toda la tierra está en silencio, y en paz, y se huelga y regocija.

8. Hasta los abetos y cedros del Líbano se divierten a costa tuya. Desde que tú feneciste, dicen, nadie sube a cortarnos.

9. El infierno allá abajo se conmovió a tu llegada; al encuentro tuyo envió los gigantes; levantáronse de sus tronos todos los príncipes de la tierra, todos los príncipes de las naciones.

10. Todos, dirigiéndote la palabra, te dirán: ¡conque tu tambíen has sido herido como nosotros, y a nosotros has sido hecho semejante!

11. Tu soberbia ha sido abatida hasta los infiernos; tendido yace por el suelo tu cadáver; tendrás por colchón la podredumbre, y tu cubierta serán los gusanos.

12. ¿Cómo caíste del cielo, ¡oh lucero!, tú que tanto brillabas por la mañana? ¿Cómo fuiste precipitado por tierra, tú que has sido la ruina de las naciones?

13. Tú que decías en tu corazón: escalaré el cielo: sobre las estrellas de Dios levantaré mi trono, sentaréme sobre el Monte del testamento situado al lado del Septentrión;

14. sobrepujaré la altura de las nubes, semejante seré al Altísimo.

15. Pero tú has sido precipitado al infierno, a la más honda mazmorra.

16. Los que te vieren se inclinarán a ti, y te contemplarán. ¿Y es éste, dirán, aquel hombre que alborotó la tierra, que hizo estremecer los reinos,

17. el que dejó desierto el mundo, y asoló las ciudades, y no abrió jamás la cárcel a sus prisioneros?

18. Todos los reyes de las naciones, todos murieron y fueron enterrados con gloria; cada cual descansa en el sepulcro de su familia.

19. Mas tú has sido arrojado lejos de tu sepulcro como un tronco inútil e inmundo, y confundido, como podrido cadáver, con los que fueron muertos a cuchillo, y descendieron a lo más hondo de la fosa.

20. Tú no has de tener consorcio con ellos, ni aun en la sepultura, porque has destruido tu país, has hecho perecer a tu pueblo. No se conservará la memoria de la raza de los malhechores.

21. Preparaos a dar la muerte a sus hijos por la iniquidad de sus padres; pues no crecerán, ni heredarán la tierra, ni llenarán las ciudades la superficie del mundo.

22. Porque Yo me levantaré contra ellos, dice el Señor de los ejércitos; y destruiré el nombre de Babilonia, y los residuos, y el retoño, y toda su raza, dice el Señor.

23. Y la reduciré a manida de erizos, y a lagunas de aguas estancadas, y la barreré con escoba devastadora, dice el Señor de los ejércitos.

24. Juró el Señor de los ejércitos diciendo: como lo pensé, así será, y como lo tracé en mi mente,

25. así sucederá: destruiré al asirio en mi tierra, y sobre mis montes le hollaré; con lo cual será quitado a Israel el yugo, y de sus hombros el peso de aquel opresor.

26. Esto es lo que he pensado y resuelto tocante a toda la dicha tierra, y así es como extenderé la mano sobre todas las naciones amigas suyas.

27. El Señor de los ejércitos lo ha decretado, y ¿quién podrá invalidarlo? Su brazo está levantado, y ¿quién podrá detenerlo?

28. El año en que murió el rey Acaz se cumplió este duro anuncio.

29. No te entregues todo a la alegría, ¡oh país de los filisteos!, porque haya sido hecha pedazos la vara de aquel que te hería; pues que de la estirpe de la culebra nacerá el basilisco, y lo que de éste saldrá engullirán las aves.

30. Y los primeros o más infelices entre los mendigos tendrán pan, y reposarán con seguridad los pobres: y haré morir de hambre tu raza, ¡oh filisteo!, y acabaré con todo lo que de ti quedare.

31. Aúllen las puertas, esfuercen sus gritos las ciudades: todo el país de los filisteos está por tierra, porque de hacia el septentrión viene la humareda, y no habrá quien pueda escapar de sus escuadrones.

32. Y ¿qué respuestas se dará a los embajadores de las naciones? Que el Señor es el que

fundó a Sión, y que en él esperan los humildes de su pueblo.

CAPÍTULO XV

Vaticina Isaías las calamidades que padecerán los moabitas; de los cuales muestra compadecerse.

1. Duro anuncio contra Moab. Porque en una noche fue Ar, su capital, asolada, Moab ha enmudecido; porque en una noche fue aterrada la muralla, ha enmudecido Moab.

2. Ha subido la casa real y toda Dibón a los lugares elevados para llorar sobre Nabo y sobre Médaba: Moab ha dado grandes aullidos. Calvas o peladas se ven todas las cabezas, y raídas todas las barbas, en señal de luto.

3. Andan por sus calles vestidos de saco; sobre sus terrados y por sus plazas sólo se oyen aullidos acompañados de lágrimas.

4. Hesebón y Eléale darán grandes gritos; hasta en Jasa se ha oído la voz de ellos; a vista de este espectáculo aullarán los mismos guerreros de Moab; el alma de cada uno de ellos lamentará sobre su propia suerte.

5. Mi corazón dará suspiros por Moab; sus sostenedores huirán hasta Segor, ciudad fuerte, cual novilla de tres años. Por la cuesta de Luit subirá cada uno llorando, y por el camino de Oronaím irán dando gritos de quebranto.

6. Las excelentes aguas de Nemrim serán abandonadas o descuidadas; por lo que se secó la yerba, marchitáronse todos los retoños, pereció todo verdor.

7. Serán visitados o castigados a proporción de la gravedad de sus maldades; al torrente de los sauces serán conducidos.

8. Los gritos se oyeron en contorno por todos los confines de Moab. Hasta Gallim llegaron sus aullidos, y sus clamores hasta el pozo de Elim.

9. Porque las aguas de Dibón llenas están de sangre de moabitas; pues haré venir sobre Dibón un acrecentamiento de desgracias; y contra los que habrán escapado de Moab, o quedádose en el país, enviaré leones.

CAPÍTULO XVI

Ruega a Dios que envíe al Cordero dominador de la tierra, esto es, el Mesías. Moab es castigado por su inflexible soberbia.

1. Envía, ¡oh Señor!, el Cordero dominador o soberano de la Tierra, desde la peña del desierto al monte de la hija de Sión.

2. ¡Mas ay!, sucederá que las hijas de Moab, en el paso de Arnón, se hallarán como una ave que huye espantada, y como pollitos que saltan fuera del nido.

3. Aconséjate, consulta el caso, haz sombra a los que huyen; de modo que se oculten en medio del día como en una oscura noche; esconde a los fugitivos y no entregues alevosamente a los israelitas que andan errantes.

4. Hospeda junto a ti mis hijos fugitivos. Se tú, ¡oh Moab!, su asilo contra el devastador, porque como el polvo está ya desvanecido, feneció por fin aquel desdichado, aterrado está el que hollaba la tierra.

5. Y fundarse ha un trono sobre la misericordia, y sentaráse en él en la casa de David un Juez recto y celoso de la justicia, el cual dará a cada uno con prontitud aquello que es justo.

6. Hemos oído hablar de la soberbia de Moab, él es orgulloso en extremo: su soberbia, su arrogancia y su impetuosidad exceden mucho a sus fuerzas.

7. Por esto Moab aullará contra Moab, todos sus moradores prorrumpirán en aullidos. A los que se jactan de tener sus murallas de ladrillo cocido al fuego, o inexpugnables, a esos anunciadles sus calamidades.

8. Porque los arrabales de Hesebón están ya desiertos, y talada ha sido por los príncipes de las naciones la viña o país de Sabama, cuyos sarmientos han ido a parar hasta Jazer; anduvieron errantes por el desierto; y los pocos mugrones que quedaron, pasaron a la otra parte del mar.

9. Por tanto, mezclaré mis lágrimas con las de Jazer, lloraré por la viña de Sabama, te bañaré toda con mis lágrimas, ¡oh Hesebón!; a ti también, ¡oh Eléale!, porque vino la irrupción, y se acabó la algazara de los que pisan las vendimias y trillan las mieses.

10. Y huirá del Carmelo la alegría y regocijo, y ya no habrá más fiesta ni alborozo en las viñas; y el que solía exprimir el vino en la prensa, no lo exprimirá más; y no se oirán las canciones de los que pisan en el lagar.

11. Por esto mi vientre y mis entrañas resonarán cual cítara de lúgubre sonido por los infortunios de Moab, y por la ruina de la fuerte muralla de ladrillo cocido al fuego.

12. Y sucederá que cuando Moab esté cansado de acudir a sus lugares altos entrará en sus santuarios para orar; pero no podrá tampoco conseguir nada.

13. Ésta es la palabra que tiempo ha habló el Señor relativamente a Moab.

14. Y lo que ahora dice el Señor es: dentro de tres años, cabales como años de jornalero, será

quitada a Moab la gloria de todo su numeroso pueblo; y pocos quedarán de él: y éstos pequeños y nada robustos.

CAPÍTULO XVII

Profecía de la ruina de Damasco y de su reino, y asimismo del de las diez tribus: promete Isaías que quedarían algunas reliquias de ellas, que se convertirían después al Señor. Anuncia el estrago que haría el ángel en el ejército de los asirios.

1. Duro anuncio contra Damasco. He aquí que Damasco dejará de ser ciudad, y parará en un montón de piedras, en un edificio arruinado.

2. Las ciudades de Aroer serán abandonadas a los ganados, que tendrán allí sus apriscos, y no habrá quien los espante.

3. Y Efraín perderá su sostén, y se acabará el reino de Damasco, y será de los restos de la Siria lo que de los hijos gloriosos de Israel: perecerán, dice el Señor de los ejércitos.

4. Pues en aquel día se marchitará la gloria de la casa de Jacob, y desaparecerá la gordura de su carne.

5. Y sucederá como cuando uno en la siega reúne las espigas que quedaron y las coge con su mano; o como el que rebusca en el valle de Rafaín,

6. y sólo quedará de él como uno que otro racimo de rebusca, y como después de sacudido el olivo quedan dos o tres aceitunas en la punta de una rama, o bien cuatro o cinco en lo alto de la rama fructífera, dice el Señor Dios de Israel.

7. En aquel día se humillará el hombre delante de su Hacedor, y sus ojos se volverán a mirar al Santo de Israel;

8. y no se postrará ante los altares que fueron obra de sus manos, y no hará caso alguno de los bosques y templos de los ídolos que por él fueron construidos.

9. En aquel día serán abandonadas sus ciudades fortificadas, como lo fueron los arados y las mieses a la llegada de los hijos de Israel; del mismo modo serás tú, ¡oh Samaria!, desamparada.

10. Por cuanto olvidaste a Dios tu Salvador, y no te acordaste de tu poderoso defensor, por esto plantarás planta buena, y sembrarás simiente, que servirá para una gente extraña.

11. Y de aquello que tú plantaste salió uva silvestre, y temprano floreció tu simiente; pero te es arrebatada la mies cuando debía recogerse, lo cual te causará una gran pena.

12. ¡Ay de la muchedumbre de esos pueblos, semejantes a las innumerables olas del mar embravecido; y de ese tumultuoso ejército, parecido al ruido de impetuosas aguas!

13. Los pueblos moverán un ruido, como las aguas de una inundación; pero Dios los reprenderá, y ellos huirán lejos; serán dispersados como lo es el polvo sobre los montes al soplo del viento, y como un torbellino de polvo es arrebatado en la tempestad.

14. ¡Al tiempo de la tarde no veis qué espanto causaban! Viene la mañana, y ya no existen. Tal es la paga que tendrán los que nos devastaron, tal la suerte futura de los que nos han saqueado.

CAPÍTULO XVIII

Profetiza Isaís contra una nación que no nombra.

1. ¡Ay de la tierra, címbalo alado, que está a la otra parte de los ríos de Etiopía,

2. la cual envía embajadores por mar en barcos de papiro, o de juncos, que corren sobre las aguas! id, mensajeros veloces a la nación conmovida y despedazada, a aquel pueblo formidable más que otro alguno, a la nación que espera, y entretanto es hollada, cuya tierra se van comiendo los ríos.

3. Habitadores todos del mundo, vosotros los que estáis de asiento en el país, cuando fuere alzado el estandarte sobre los montes, vosotros lo veréis, y oiréis el ronco sonido de la trompeta.

4. Porque he aquí lo que el Señor me dice: Yo me estaré tranquilo, y lo contemplaré desde mi asiento; como se ve la clara luz del medio día; y seré al modo que una nube de rocío en el tiempo de la cosecha.

5. Ya que todo él, esto es, el poder de los enemigos, antes de la mies se ha ido en flor, y todo brotará antes de sazón, y sus tallos serán cortados con la podadera, y lo que quedare será tronchado y arrojado.

6. Y serán abandonados a un mismo tiempo a las aves montaraces y a las bestias de la tierra; y todo el verano estarán las aves sobre ellos, y sobre él invernarán todas las bestias de la tierra.

7. En aquel tiempo, el pueblo dividido y despedazado, el pueblo formidable más que otro alguno, la nación que espera y más espera y es entretanto hollada (cuya tierra está desmoronada por los ríos) llevará ofrendas al Señor de los ejércitos que reside en el lugar donde se invoca el Nombre del mismo Señor de los ejércitos, en el monte de Sión.

CAPÍTULO XIX

Profecía contra el Egipto; del cual, y otros pueblos gentiles anuncia que serán llamalos a la salud eterna.

1. Duro anuncio contra Egipto. He aquí que el Señor montará sobre una nube ligera, y entrará en Egipto, y a su presencia se conturbarán los ídolos de Egipto, y el corazón de Egipto se repudrirá en su pecho.

2. Y haré que vengan a las manos egipcios contra egipcios, y combatirá el hermano contra su propio hermano, y el amigo contra su amigo, ciudad contra ciudad, reino contra reino.

3. Y quedará Egipto sin espíritu en sus entrañas, y trastornaré sus consejos, y andarán consultando sus ídolos, y sus adivinos, y sus pitones y magos.

4. Y entregaré a Egipto en poder de señores crueles; y un rey fiero los dominará, dice el Señor Dios de los ejércitos.

5. Y el mar quedará sin que suba tanto su agua, y menguará por consiguiente el río Nilo, y vendrá a secarse.

6. faltarán los ríos o bocas del Nilo; irán menguando hasta quedarse secos los canales que van entre malecones; la caña y el junco se marchitarán.

7. El cauce del río quedará sin aguas desde allá donde tiene su origen, y toda la sementera de regadío se secará, se agostará y perecerá,

8. y andarán mustios los pescadores, y llorarán cuantos echan el anzuelo en el río, y los que tienden redes en las aguas se consumirán de pena.

9. Quedarán confusos los que trabajaban el lino y lo rastrillaban, y hacían de él telas delicadas,

10. (porque los lugares de regadío quedarán su jugo) y tristes todos los que hacían balsas para coger peces.

11. ¡Oh qué necios son los príncipes de Tanis!, los sabios consejeros de Faraón le han dado un consejo desatinado. ¿Cómo sugeriréis a Faraón el que diga ufano: yo, hijo de sabios, yo hijo de reyes antiguos?

12. Mas ¿en dónde están ahora tus sabios? Que te anuncien y expongan lo que el Señor de los ejércitos tiene resuelto sobre Eglpto.

13. Los príncipes de Tanis se han vuelto necios, y están alucinados los príncipes de Menfis, engañado han a Egipto, baluarte de sus pueblos.

14. El Señor ha derramado en medio de ellos el espíritu de vértigo, y ellos han sido causa que desacierte Egipto en todo cuanto hace; a la manera que anda desatinado un borracho cuando está en el vómito.

15. Y Egipto no ejecutará cosa que tenga pies ni cabeza, ni el que manda ni el que obedece.

16. Como tímidas mujeres serán en aquel día los egipcios, y se volverán estúpidos y medrosos al movimiento de la mano del Señor de los ejércitos, la cual descargará contra ellos.

17. Y la tierra de Judá será el espanto de Egipto; y cada uno al acordarse de ella temblará, por causa de los designios que a favor de la misma formó el Señor de los ejércitos.

18. En aquel día habrá cinco ciudades en la tierra de Egipto que hablarán la lengua de Canaán y que jurarán por el Señor de los ejércitos. Ciudad del Sol será llamada una.

19. En aquel día estará en medio de la tierra de Egipto el altar del Señor, y el trofeo del Señor hasta sus confines;

20. el cual servirá de señal y testimonio dado al Señor de los ejércitos en la tierra de Egipto; porque invocarán al Señor contra el opresor, y aquél les enviará un Salvador y defensor que los libre.

21. Y el Señor será conocido de Egipto, y los egipcios confesarán al Señor en aquel día, y honraránle con hostias y ofrendas, y harán al Señor votos y los cumplirán.

22. Y el Señor herirá a Egipto con plagas, y lo sanará, y se volverán al Señor y se aplacará con ellos, y los sanará.

23. En aquel día estará libre el paso de Egipto a Asiria, y entrará el asirio en Egipto, y el egipcio en la Asiria, e irán de acuerdo y servirán al Señor los de Egipto con el asirio.

24. En aquel día Israel será el tercero, o medianero, con el egipcio y el asirio: la bendición será en medio de la tierra,

25. a la cual bendijo el Señor de los ejércitos, diciendo: bendito el pueblo mío de Egipto, y el asirio que es obra de mis manos; pero mi herencia es Israel.

CAPÍTULO XX

Manda Dios al profeta que ande desnudo y descalzo, para que anuncie de este modo el cautiverio de los egipcios y etíopes.

1. El año en que Tartán, enviado por Sargón, rey de los asirios, llegó a Azoto, y la combatió y la tomó,

2. en aquel mismo tiempo habló el Señor a Isaías, hijo de Amós, diciendo: ve y despójate de tu saco o sayal, y quita de tus pies el calzado. E hízolo así Isaías, yendo desnudo, o con sola la ropa interior, y descalzo.

3. Y dijo el Señor: así como mi siervo Isaías anduvo desnudo y descalzo, en señal y predicción de tres años de guerra contra Egipto y contra Etiopía,

4. así también el rey de los asirios se llevará delante de sí cautivos a los de Egipto, y transportará a los de Etiopía, jóvenes y viejos, desnudos y descalzos y descubiertas las nalgas, para ignominia de Egipto.

5. Y los de mi pueblo estarán amedrentados, y se avergonzarán de haber puesto su esperanza en Etiopía, y en Egipto su gloria.

6. Y los habitantes de esta isla dirán en aquel día: mirad ahí los que eran nuestra esperanza, y a qué hombres acudimos implorando socorro, para que nos librasen del rey de los asirios. ¿Pues cómo podremos nosotros escapar de sus manos?

CAPÍTULO XXI

Profecía contra Babilonia, contra Idumea y contra la Arabia.

1. Duro anuncio contra el desierto del mar. De un desierto, de una tierra horrible viene el enemigo, como vienen del Ábrego los torbellinos.

2. Una terrible visión me ha sido anunciada: el que es fementido obra como fementido, el saqueador devasta. Ponte en marcha, ¡oh Elam!; pon el sitio, ¡oh medo! Yo daré descanso a todos los que ella hacía gemir.

3. Por esto están doloridas mis entrañas, y padezco una congoja semejante a la de una mujer que está de parto; me atemoricé al oírlo, y al verlo quedé sin aliento.

4. El corazón se me derrite, me quedo pasmado de horror. Babilonia, mi querida Babilonia, es para mí un objeto de asombro.

5. Pon la mesa: está de observación desde una atalaya; vosotros, ¡oh príncipes, que estáis comiendo y bebiendo!, levantaos, embrazad la rodela.

6. Porque el Señor me ha hablado de este modo: ve, y pon una centinela, y que dé aviso de todo lo que observe.

7. Y ella descubrió dos carros de guerra con dos caballeros, uno montado en un asno y el otro en un camello, y los estuvo contemplando atentamente por mucho tiempo.

8. Y gritó como león: yo estoy de centinela de parte del Señor; de día permanezco aquí continuamente, y estoy pasando en mi puesto las noches enteras.

9. He aquí que viene la pareja de los de a caballo en sus cabalgaduras; y añadió, y dijo: Cayó, cayó Babilonia, y todos los simulacros de sus dioses se han estrellado contra la tierra.

10. ¡Oh vosotros, trilladura mía, vosotros hijos de mi era!, lo que oí del Señor de los ejércitos, del Dios de Israel, eso os he anunciado.

11. Duro anuncio contra Duma, o Idumea: gritando están desde Seir: centinela, ¿qué ha habido esta noche? Centinela, ¿qué ha habido esta noche?

12. Responde el centinela: ha venido la mañana, y la noche vendrá: si buscáis, buscad de veras, convertíos, y venid.

13. Duro anuncio contra la Arabia: Vosotros dormiréis a la noche en el bosque sobre el camino de Dedanim.

14. Los que moráis por la parte de mediodía, salid al encuentro, llevad agua al sediento, e id provistos de pan para socorro del que huye.

15. Porque huyen de la espada desenvainada, de la cuchilla inminente, del arco entesado, del furor del sangriento combate.

16. Porque esto me dice el Señor: dentro de un año, año cabal como el del mozo jornalero, desaparecerá toda la gloria de Cedar.

17. Y el número que quedará de los esforzados flecheros de Cedar será pequeño; porque el Señor Dios de Israel así lo ha dicho.

CAPÍTULO XXII

Profetiza Isaías la destrucción de Jerusalén, condenando la vana confianza que tenían sus moradores. Anuncia a Sobna, prefecto del templo, que será privado de su dignidad; y a Eliacín, que será su sucesor.

1. Duro anuncio contra el valle de la Visión o Jerusalén. ¿Qué es lo que tú también tienes, que tu gente toda se sube a los terrados?

2. Ciudad llena de tumulto, populosa en extremo, ciudad de regocijo: tus muertos no perecieron al filo de la espada, ni fallecieron en batalla.

3. Todos tus magnates de común acuerdo huyeron y fueron atados cruelmente; todos los que han sido encontrados han sido encadenados juntos, y desterrados lejos.

4. Por eso dije: apartaos de mí; yo lloraré amargamente; no os empeñéis en consolarme en la desolación de la hija de mi pueblo;

5. porque día es éste de mortandad, y de devastación, y de gemidos, prefijado por el Señor Dios de los ejércitos para el valle de la Visión: Él va socavando en busca de los cimientos de la muralla, y hace ostensión de su gloria sobre el monte.

6. Y el elamita ha tomado consigo la aljaba y el carro de guerra para el caballero, y ha descolgado de la pared la rodela.

7. Y tus hermosos valles estarán cubiertos de carros de guerra, y la caballería acampará en la puerta

8. Y se correrá el velo de Judá, y se acudirá en aquel día a la armería del palacio del Bosque.

9. Y observaréis las brechas de la ciudad de David, que son en gran número: y para repararlas habéis ya recogido las aguas de la piscina o presa inferior.

10. y habéis contado las casas de Jerusalén, y habéis demolido algunas para fortificar las murallas,

11. y habéis hecho un foso entre los dos muros para recoger el agua de la piscina vieja; y no habéis alzado los ojos al Criador de ella, ni siquiera de lejos habéis mirado al que la hizo.

12. Y el Señor Dios de los ejércitos os llamará en aquel día a llanto y a gemidos, y a raer la cabeza, y a vestiros de saco.

13. Mas he aquí que vosotros no pensaréis sino en danzas y alegría, en matar terneras, degollar carneros, y en comer sus carnes y beber vino, diciendo: comamos y bebamos, porque mañana moriremos.

14. Y ha sido revelada a mis oídos esta voz del Señor de los ejércitos: no, no se os perdonará esa iniquidad hasta que muráis, dice el Señor Dios de los ejércitos.

15. El Señor Dios de los ejércitos dice también: ve a encontrar a aquel que habita en el Tabernáculo, a Sobna, digo, prefecto del templo y le dirás:

16. ¿Qué haces aquí tú?, ¿o a quién representas tú aquí?; tú, que te has preparado aquí un sepulcro, que has hecho celebrar con grande esmero un monumento en lugar elevado, un Tabernáculo en la peña.

17. Pues sábete que el Señor hará que te lleven de aquí, como es llevado atado el gallo de un gallinero, y como se lleva a un hombre criminal con la cara cubierta.

18. Coronarte ha con corona de abrojos, te arrojará como pelota en plaza ancha y espaciosa; allí morirás tú, que eres la deshonra de la Casa del Señor, y allí parará la carroza de tu gloria.

19. Yo te echaré de tu puesto, y te depondré de tu ministerio.

20. Y en aquel día llamaré a mi siervo Eliacim, hijo de Helcías.

21. Y lo revestiré de tu túnica, y lo adornaré con tu cinturón, y en sus manos pondré tu autoridad, y él será como padre para los moradores de Jerusalén y para la casa de Judá.

22. Y pondré sobre sus hombros la llave de la casa de David: y abrirá, y no habrá quien pueda cerrar; y cerrará, y no habrá quien pueda abrir.

23. Y lo colocaré como clavo hincado en lugar firme; y él será como trono de gloria para la casa de su padre.

24. De él colgará toda la gloria de la casa de su padre, alhajas de varias clases, vasos pequeños de toda especie, desde las tazas finas hasta todo instrumento de música.

25. En aquel día, pues, dice el Señor de los ejércitos, será arrancado el clavo que fue hincado en lugar firme, y será quebrado; y andará rodando por el suelo, y perecerá todo lo que de él estaba colgado: porque así lo ha dicho el Señor.

CAPÍTULO XXIII

Vaticina Isaías la destrucción de Tiro en castigo de su soberbia; y predice su restauración.

1. Duro anuncio contra Tiro. Prorrumpid en aullidos, naves del mar; porque desolada ha sido la casa, o ciudad, de donde acostumbraban hacerse a la vela. De la tierra de Cetim les ha venido el aviso.

2. Callad vosotros, ¡oh habitadores de la isla!; tú estabas llena de comerciantes de Sidón que pasaban el mar.

3. La sementera que crece por las aguas redundantes del Nilo, y las cosechas que producía este río eran para ella; y había llegado a ser el emporio de las naciones.

4. Avergüénzate, ¡oh Sidón!, pues así habla esta ciudad del mar, la señora del mar: Tú que dices: No concebí, ni parí, y no crié mancebos, ni eduqué doncellas hasta la edad florida.

5. Cuando lleguen a Egipto noticias, se dolerán de lo que oigan relativamente a Tiro.

6. Pasad los mares, levantad vuestros gritos, habitantes de la isla.

7. ¿Por ventura no es ésta vuestra ciudad aquella que mucho tiempo ha se gloriaba de su antigüedad? Por tierras extrañas o remotas irán peregrinando sus moradores.

8. ¿Quién es el que tales cosas decretó contra Tiro, la cual en otro tiempo era la reina del mar, cuyos comerciantes eran príncipes, y sus mercaderes los más ilustres de la tierra?

9. El Señor de los ejércitos ordenó esto, para hollar la soberbia de todos los jactanciosos, y reducir a la ignominia a todos los ilustres del país.

10. Atraviesa corriendo tu tierra como un río, ¡oh tú, hija del mar!: ya no tienes más ceñidor o amparo.

11. El Señor ha extendido su mano contra el mar, conmovido ha los reinos; Él ha dado sus órdenes contra Canaán, para exterminar a sus campeones.

12. Y ha dicho: no te vanagloriarás ya más, cuando te veas afrentada, ¡oh virgen hija de Sidón!; levántate, navega a Cetim, ni allí tampoco tendrás reposo.

13. Mirad la tierra de los caldeos: pues no existió jamás un pueblo tal como aquél: Asur lo fundó; con todo ahora fueron llevados cautivos sus campeones, sus casas han sido demolidas, convirtiéronlo en un montón de ruinas.

14. ¡oh naves del mar!, porque destruida ha sido vuestra fortaleza

15. Y entonces será cuando tú, ¡oh Tiro!, quedarás sepultada en el olvido por espacio de setenta años, que suelen ser los días de un rey; y pasados los setenta, será Tiro como una prostituta que canta para seducir.

16. Toma la cítara, da la vuelta por la ciudad, ¡oh vil ramera!, ya entregada al olvido canta con envenenada dulzura, repite tu seductora cantinela, a fin de que piensen en ti.

17. Y después de los setenta años el Señor visitará Tiro: y la volverá a su tráfico, y tendrá comercio como antes con todos los reinos del mundo, en toda la extensión de la tierra.

18. Al fin Tiro se convertirá, y sus contratos de compra y venta y sus ganancias serán consagradas al Señor; no se almacenarán, ni se reservarán; porque su negocio será para utilidad de aquellos que asisten en la presencia del Señor, a fin de que tengan alimentos en abundancia y vestidos que mudarse hasta la vejez.

CAPÍTULO XXIV

Profecía de los males que enviará Dios a toda la tierra para castigo de los pecados de los hombres; el día del juicio solamente es terrible para los malos.

1. He aquí que el Señor desolará después, les dejará la tierra, y pondrá afligido el aspecto de ella, y esparcirá sus moradores.

2. Y como el pueblo, así será tratado el sacerdote; y como el esclavo así su señor; como la sierva así su señora; como el que compra, así el que vende; como el que da prestado, así el que recibe; como el acreedor, así el deudor.

3. Enteramente arruinada quedará la tierra, y totalmente devastada. Por cuanto el Señor así lo ha pronunciado.

4. La tierra se deshace en lágrimas, y se consume, y desfallece; consúmese el mundo, consúmense los magnates del pueblo de la tierra.

5. Inficionada está la tierra por sus habitadores, pues han quebrantado las leyes, han alterado el derecho, rompieron la alianza sempiterna.

6. Por esto la maldición devorará la tierra; porque sus habitantes son pecadores, y por esto perderán el juicio los que en ella moran, de que sólo se libertará un corto número.

7. La vendimia está llorando, la vid perdió su vigor; llorando están a lágrima viva los que se alegraban de corazón.

8. Cesó el festivo sonido de los panderos, se acabó la algazara de las bulliciosas cuadrillas de gente, enmudeció la melodiosa cítara.

9. No beberán ya vino en medio de cantares; amargo será todo licor para los bebedores.

10. La ciudad de la vanidad se va destruyendo, todas las casas están cerradas, sin que nadie entre en ellas.

11. Habrá gritos y quimeras en las calles por la escasez del vino; todo contento queda desterrado, desapareció la alegría de la tierra.

12. La ciudad está hecha un páramo, y quedarán destruidas sus puertas.

13. Tales cosas sucederán en medio de la tierra, en el centro de los pueblos: como cuando vareado el olivo quedan unas pocas aceitunas en el árbol, y algunos rebuscos después de acabada la vendimia.

14. Estos restos de Israel levantarán su voz, y entonarán alabanzas: mostrarán su júbilo desde el mar, luego que fuere el Señor glorificado.

15. Por tanto, glorificad al Señor con la ilustración de la doctrina de la salud: anunciad el Nombre del Señor Dios de Israel en las islas del mar o remotas regiones.

16. Desde las extremidades del mundo hemos oído las alabanzas que se cantaban a la gloria del justo. Y yo dije: mi secreto es para mí, mi secreto es para mí: ¡ay de mí!, los prevaricadores han prevaricado, y han prevaricado con prevaricación propia de contumaces.

17. El espanto, la fosa y el lazo están reservados para ti, que eres habitador de la tierra.

18. Y sucederá que el que huyere de la espantosa voz, caerá en la hoya, y el que escapare de la hoya será preso en el lazo; porque se abrirán desde lo alto las cataratas, y se bambolearán los cimientos de la tierra.

19. Será despedazada con grande estruendo la tierra; henderáse con aberturas grandes; conmovida será con el mayor desconcierto

20. Estará la tierra, o el hombre, en una agitación semejante a la de un borracho; y mudará

de sitio, como tienda que sólo se arma para pasar una noche: se verá agobiada con el peso de su propia iniquidad, y caerá y nunca jamas se levantará.

21. Y sucederá que en aquel día residenciará el Señor públicamente a la milicia del cielo allá en lo alto, y a los reyes del mundo que están acá en la tierra.

22. Y serán reunidos todos y hacinados en un solo haz, y echados en el lago, y allí serán encerrados en una cárcel; y aún después de muchos días continuarán en padecer, y eternamente serán visitados o castigados.

23. Y se pondrá roja o de color de sangre la luna, y el sol se obscurecerá y avergonzará cuando el Señor Dios de los ejércitos habrá tomado posesión del reino en el monte Sión y en Jerusalén, y sido glorificado en presencia de sus ancianos.

CAPÍTULO XXV

Cántico de acción de gracias al Señor por los beneficios hechos a su pueblo.

1. ¡Oh Señor! Tú eres mi Dios, yo te ensalzaré, y bendeciré tu Nombre; porque has ejecutado cosas maravillosas, designios antiguos y fieles o infalibles.

2. Bendito seas, porque has convertido en escombros la ciudad: la ciudad poderosa, el alcázar de hombres extranjeros en un montón de ruinas, para que cese de ser ciudad, y nunca jamás será reedificada.

3. Por esto te tributará alabanzas el pueblo fuerte, te temerá la nueva Jerusalén, la ciudad de las gentes valerosas.

4. Porque Tú has sido fortaleza para el menesteroso en su tribulación; su esperanza en la tormenta; su refrigerio en el ardor; pues el ímpetu u orgullo de los poderosos es como un torbeliino que hace bambolear una pared.

5. Tú abatirás la arrogancia de los extranjeros a la manera que abate el sol ardiente en medio de una sequedad; y como ardor de nube abrasadora, harás secar los renuevos de esos prepotentes.

6. Y el Señor de los ejércitos, a todos los pueblos fieles les dará en este monte de la nueva Sión un convite de manjares mantecosos, un convite de vendimia o vinos exquisitos, de carnes gordas y de mucho meollo, de vinos puros sin mezcla.

7. Y en este monte romperá las cadenas que tenían aprisionados a todos los pueblos, y las redes tendidas contra todas las naciones.

8. Y abismará la muerte para siempre, y el Señor Dios enjugará las lágrimas de todos los rostros, y borrará de toda la tierra el oprobio de su pueblo: porque así lo ha pronunciado el Señor.

9. Y dirá el pueblo de Dios en aquel día: verdaderamente que éste es nuestro Dios; en Él hemos esperado, y Él nos salvará: éste es el Señor nuestro: nos hemos mantenido en la esperanza y ahora nos regocijaremos; y en la salud que viene de Él nos holgaremos.

10. Porque reposará la mano del Señor sobre este monte santo de Sión: y debajo de él será desmenuzado Moab y demás enemigos nuestros, así como la paja que se trilla debajo de un carro falcado.

11. Y extenderá sus brazos debajo del carro como las extiende un nadador para escapar a nado; pero el Señor abatirá su altivez, rompiéndole los brazos.

12. Y caerán, ¡oh Moab!, los baluartes de tus altos muros, y serán abatidos, y echados a tierra, y reducidos a polvo.

CAPÍTULO XXVI

Cántico de acción de gracias por la exaltación de los justos y humillación de los réprobos. De la resurrección de los muertos.

1. En aquel día será cantado este cántico en tierra de Judá: Sión es nuestra ciudad fuerte, el Salvador será para ella muro y antemural.

2. Abrid las puertas, y entre la gente justa, que observa la verdad o justicia de mis preceptos.

3. Ya se ha disipado el antiguo error: Tú, ¡oh Señor!, nos conservarás la paz; la paz o reunión de todos los bienes, ya que en ti tenemos puesta nuestra esperanza.

4. Vosotros pusisteis para siempre vuestra esperanza en el Señor, en el Señor Dios, que es nuestra fortaleza eterna.

5. Porque él abatirá a los que se ven sublimados, humillará la ciudad altiva. La humillará hasta el suelo; la humillará hasta reducirla a polvo.

6. La hollarán los pies, los pies del pobre; la pisarán los mendigos.

7. La senda del justo es recta: derecha es la vereda por donde el justo camina a la felicidad.

8. Y andando por la senda de tus juicios y leyes, hemos puesto en ti, ¡oh Señor!, nuestra confianza: todo el deseo de nuestra alma se cifra en traer a la memoria tu Nombre.

9. Mi alma te deseó en medio de la noche; y mientras haya aliento en mis entrañas, me dirigiré a ti desde que amanezca. Cuando habrás ejecutado tus juicios en la tierra, entonces

aprenderán la justicia los moradores del mundo.

10. Téngase compasión del impío, y no aprenderá jamás la justicia: en la tierra de los santos ha cometido él la maldad, y así no verá la gloria del Señor.

11. Levanta, ¡oh Señor!, tu mano, y no vean ellos tu gloria; pero al fin la verán los que envidian a tu pueblo, y quedarán confundidos: y serán devorados del fuego tus enemigos.

12. A nosotros, Señor, nos darás la paz: porque todas nuestras obras Tú nos las hiciste por medio de nosotros.

13. Oh Señor Dios nuestro, hemos tenido otros amos fuera de ti, que nos han dominado: haz que de ti sólo y de tu Nombre nos acordemos.

14. No vuelvan a vivir los que murieron ya; ni resuciten los gigantes: que por eso tú los residenciaste, y los exterminaste, y borraste del todo su memoria.

15. Propicio fuiste, oh Señor, al pueblo de Israel, fuiste propicio a tu pueblo: ¿por ventura has sido Tú glorificado de él por haber dilatado los confines de su tierra?

16. En la aflicción, oh Señor, entonces te buscaron; y la tribulación en que gimen, es para ellos una instrucción tuya.

17. Como la que concibió da gritos acongojada con los dolores del parto que se acerca; tales somos nosotros, Señor, delante de ti.

18. Concebimos y sufrimos como dolores de parto, y hemos parido nada; mas no hacemos en esta tierra obras saludables; y por esto no se han extinguido nuestros enemigos, sus antiguos moradores.

19. Tus muertos, Señor, tendrán nueva vida; resucitarán los muertos míos por la justicia; despertaos y cantad himnos de alabanza vosotros que habitáis en el polvo del sepulcro; porque tu rocío, ¡oh Señor!, es rocío de luz y de vida, y a la tierra de los gigantes, o impíos tú la arruinarás.

20. Anda, pueblo mío, entra en tus aposentos: cierra las puertas tras ti, escóndete por un momento, hasta que pase la indignación o castigo de los malos.

21. Porque he aquí que saldrá el Señor de su celestial morada a castigar las maldades que el habitador de la tierra ha cometido contra él; y la tierra pondrá de manifiesto la sangre que ha bebido, y no ocultará más tiempo a los justos, que en ella fueron muertos.

CAPÍTULO XXVII
Castigo de Leviatán; corrección paternal del Señor para con sus hijos. Desolación de la ciudad fuerte. Vueltos los israelitas de su cautiverio adorarán al Señor en Jerusalén.

1. En aquel día el Señor con su espada cortante, y grande, y fuerte, tomará residencia a Leviatán, serpiente gruesa; a Leviatán, serpiente tortuosa; y matará la ballena, que está en el mar de este mundo.

2. En aquel día la viña del vino rico le cantará alabanzas.

3. Yo el Señor soy quien la guardo; y yo la regaré continuamente; para que no reciba ningún daño, la guardo noche y día.

4. No hay en mí enojo contra ella; ¿quién podrá hacer que sea yo como una espina o zarza que la punce? ¿Saldré Yo quizá a pelear contra ella; la entregaré también a las llamas?

5. ¿O más bien, no detendrá ella mi fortaleza? Sí: hará paz conmigo, conmigo hará paz.

6. Los que con fervor vienen a encontrar a Jacob, harán florecer y echar renuevos a Israel, y llenarán toda la tierra de fruto o descendencia suya.

7. ¿Por ventura lo maltrató Dios, como de él fue maltratado?; ¿o como él mató a los muertos que eran siervos del Señor, así también ha sido muerto él?

8. Con medida igual a la medida de sus maldades ejercerás el juicio contra la viña, cuando fuere ya desechada por la obstinación. El Señor ha tomado con su espíritu de justo rigor la resolución para el día del ardor de su ira.

9. Y así con esto será perdonada su iniquidad a la casa de Jacob; y ése será todo su fruto, que sea borrado su pecado, después que Dios haya hecho que todas las piedras del altar, o templo de Jerusalén, queden como piedras de cal desmenuzadas; y que sean arrasados los bosquetes y templos profanos.

10. Porque la ciudad fuerte será desolada; Jerusalén, la hermosa ciudad, será desamparada, y quedará como un desierto; en ella pacerá el becerro, y allí tendrá su majada, y comerá las puntas de los tallos de esa viña abandonada.

11. Sus mieses se echarán a perder de sequedad. Vendrán mujeres, y harán con ella de maestras. Porque no es pueblo sabio, sino necio y obstinado; por eso aquel Señor que lo hizo no tendrá compasión de él; y no le perdonará el que lo formó.

12. Y en aquel día el Señor hará sentir su azote desde el álveo del río Éufrates hasta el torrente de Egipto, o Nilo; y vosotros, oh hijos de Israel, seréis congregados uno a uno.

13. Y en aquel día resonará una grande trompeta; y vendrán a la Iglesia los que estaban desterrados y cautivos en la tierra de los asi-

85

sios, y los que habían sido arrojados a la tierra de Egipto, y adorarán al Señor en el monte santo de Jerusalén.

CAPÍTULO XXVIII

Amenazas contra Samaria, y ruina del reino de las diez tribus. Desolación del reino de Judá. Promesa del Mesías, el cual será la piedra angular de la nueva Sión.

1. ¡Ay de la corona de soberbia de los embriagados de Efraín, de la flor caduca de la gloria y alegría de los que estaban en Samaria, en la cumbre del fertilísimo valle, desatentados por causa del vino!

2. He aquí al Señor poderoso y fuerte, como pedrisco impetuoso, como torbellino quebrantador, como el ímpetu de muchas aguas que inundan y anegan un espacioso país.

3. La corona de soberbia de los embriagados de Efraín, será hollada con los pies.

4. Y la caduca flor de la gloria y alegría del que está sobre la cumbre del fertilísimo valle, será como un fruto temprano, que madura antes del otoño; al cual el primero que lo ve, al instante lo coge, y lo devora.

5. En aquel día el Señor de los ejércitos será corona de gloria y guirnalda de regocijo para las reliquias de su pueblo.

6. Y será espíritu de justicia para aquel que esté sentado en el trono, a fin de administrarla; y espíritu de fortaleza para aquellos valientes que vuelven de pelear en las puertas mismas de los enemigos.

7. Mas aun éstos perdieron el entendimiento por el demasiado vino, y anduvieron desatentados por causa de su embriaguez. El sacerdote y el profeta perdieron el seso por su embriaguez, el vino los trastornó, la embriaguez los extravió del camino; no quisieron conocer al verdadero profeta, ni saber qué cosa es justicia.

8. Porque todas las mesas atestadas están de vómito y de inmundicias, sin que quede ningún lugar limpio.

9. ¿A quién comunicará el Señor la ciencia? ¿Y a quién dará la inteligencia de lo que dice? A los niños acabados de destetar, a los que son arrancados de los pechos de sus madres.

10. Ya que dicen por escarnio: manda, vuelve a mandar, ¡oh profeta!, manda, vuelve a mandar; espera, vuelve a esperar; espera, vuelve a esperar; un poquito aquí, otro poquito allí.

11. Pero el Señor hablará con otros labios y otro lenguaje extraño a ese pueblo insano.

12. Al cual dijo un día: aquí tengo mi reposo; reparad las fuerzas del que está fatigado, que

en eso consiste mi refrigerio; y no han querido escucharme.

13. Y el Señor les dirá algún día: manda, vuelve a mandar; manda, vuelve a mandar; espera, vuelve a esperar; espera, vuelve a esperar; un poquito aquí, otro poquito alli: y dejará que vayan a caigan de espaldas, y sean hollados y presos en los lazos.

14. Por tanto, escuchad la voz del Señor, oh hombres, escarnecedores, que domináis al pueblo mío que está en Jerusalén.

15. Pues que vosotros dijisteis: hemos hecho pacto con la muerte, y un convenio con el infierno: cuando venga el azote, como un torrente, no llegará a nosotros; porque nos hemos apoyado en la mentira o intriga, y ésta nos pondrá a cubierto.

16. Por tanto, esto dice el Señor Dios: he aquí que yo pondré en los cimientos de la nueva Sión una piedra, piedra escogida, angular, preciosa, asentada por solidísimo fundamento: el que creyere, no se apresure.

17. Y ejerceré el juicio con peso, y la justicia con medida; y un pedrisco trastornará la esperanza puesta en la mentira, y vuestra protección quedará sumergida en las aguas de la calamidad.

18. Y el contrato vuestro con la muerte será cancelado, y no subsistirá vuestro pacto con el infierno; y cuando, como un torrente, vendrá el azote, os arrastrará consigo.

19. Al instante que venga, os arrebatará; porque vendrá muy de madrugada, y continuará día y noche; y sólo la aflicción hará entender las cosas que se han escuchado.

20. Porque el lecho es angosto en tal manera, que uno de los dos ha de caer; y tan pequeña la manta, que no puede cubrir a entrambos.

21. Sabed que el Señor se levantará, como hizo en otro tiempo en el monte de las Divisiones, o Baalfarasim: se enojará como hizo en el valle de Gabaón, para ejecutar su obra o venganza, una obra que es ajena de Él: para hacer su obra, una obra que es extraña de Él.

22. Dejad, pues, ya de burlaros de mis amenazas, porque no se aprieten más vuestras ligaduras. Porque el Señor Dios de los ejércitos es de quien he oído la destrucción de toda la tierra, o país que habitáis, la destrucción que sucederá dentro de poco.

23. Prestadme vuestra atención, y oíd mi voz; atended y escuchad mis palabras.

24. Qué ¿acaso el arador está siempre arando para sembrar?; ¿está siempre rompiendo o allanando la tierra?

25. Luego que ha igualado su superficie, ¿no siembra por ventura el *git*, esparce el comino,

y pone con cierto orden, y en sus respectivos lugares, el trigo, la cebada, el mijo y la veza o arveja?

26. Porque el Señor su Dios le da conocimiento en la agricultura, y le amaestra en estas labores.

27. El *git* no se trillará por medio de tablas con dientes de hierro o pedernal, ni sobre el comino andará dando vueltas la rueda del carro; sino que el *git* será sacudido con una vara, y con unas varillas el comino.

28. El trigo, empero, será trillado; mas no lo estará trillando sin término el que lo trilla, ni siempre la rueda del carro lo estará oprimiendo, ni hollándolo las pezuñas de las bestias.

29. Esto es lo que ha decretado el Señor Dios de los ejércitos, el cual ha hecho admirables sus consejos y célebre la sabidurla de su justicia.

CAPÍTULO XXIX

Vaticina Isaías el sitio y ruina de Jesuralén: la ceguedad de los judíos y el restablecimiento o la conversión de las reliquias de Jacob por el Mesías.

1. ¡Ay de Ariel, de Ariel, ciudad que conquistó David! Pasará uno y otro año, y pasarán las solemnidades;

2. y Yo circunvalaré a Ariel, y quedará en duelo y aflicción; y será para mí como un Ariel.

3. Yo te cercaré por todas partes, formando como una corona alrededor de ti, y alzaré contra ti trincheras, y construiré baluartes para sitiarte.

4. Tú serás humillada: desde el suelo, en que estarás abatida, abrirás tu boca; y desde el polvo de la tierra subirá y se hará oír tu habla; y saldrá tu voz de debajo de la tierra como la de una pitonísa, y saldrá de la tierra con sonido débil y oscuro.

5. Y la muchedumbre de aquellos que te aventarán será disipada como menudo polvo, y como una pavesa arrebatada del viento la multitud de los que te han sojuzgado.

6. Y será esto cosa repentina y no esperada. El Señor de los ejércitos la visitará, a esta muchedumbre, en medio de los truenos y de terremotos, y estruendo grande de torbellinos y tempestades, y de llamas de un fuego devorador.

7. Y la muchedumbre de todas las gentes que han combatido contra Ariel, y todos los soldados que le han sitiado, y prevalecido contra ella vendrá a ser como un sueño y visión nocturna.

8. Y así como el hambriento sueña que come, y cuando despierta se siente con hambre; y como sueña el sediento que bebe, y cuando despierta se siente acosado de la sed y con ansia de beber; del mismo modo sucederá a todas aquellas gentes o naciones que pelearon contra el monte de Sión.

9. Pasmaos y quedaos atónitos, ¡oh hijos de Israel!; id fluctuando y bamboleando como embriagados, y no de vino; tambaleaos, y no por embriaguez.

10. Porque el Señor ha derramado sobre vosotros el espíritu de letargo, cerrará vuestros ojos, pondrá un velo para que no entendáis a los profetas y príncipes o ancianos vuestros, que tienen visiones.

11. Y las visiones o profecías de todos éstos serán para vosotros como palabras de un libro sellado, que cuando lo dieren a uno que sabe leer, y le digan: léelo; responderá: No puedo, porque está sellado.

12. Y si lo dieron a uno que no sabe leer y le dicen: léelo; responderá: no sé leer.

13. Y dijo el Señor: por cuanto este pueblo se me acerca de palabra no más, y me honra sólo con sus labios, y su corazón empero está lejos de mí; y me rinden culto según los ritos y doctrinas de los hombres

14. por tanto, he aquí que nuevamente excitaré la admiración de este pueblo con un prodigio grande y espantoso: porque faltará la sabiduría a sus sabios, y desaparecerá el don de consejo de sus prudentes.

15. ¡Ay de vosotros los que os encerráis en vuestro corazón para ocultar al Señor vuestros designios! ¡Ay de los que hacen sus obras en las tinieblas, y dicen: ¿quién nos ve, y quién nos descubre?

16. ¡Desgraciado pensamiento el vuestro! Como si el barro se levantase contra el alfarero, y dijese la obra a su hacedor: No me has hecho tú; y la vasija dijese al que la ha hecho: Tú no has sabido.

17. ¿No es verdad que en breve y dentro de poco tiempo el Líbano se convertirá en un deliciosísimo Carmelo; y el Carmelo se convertirá en un bosque?

18. Y en aquel día los sordos oirán las palabras del libro de la ley. Y los ojos de los ciegos recibirán la luz, saliendo de las tinieblas y obscuridad.

19. Y los mansos se alegrarán cada día más y más en el Señor, y los antes pobres se regocijarán en el Santo de Israel:

20. Porque el soberbio fue abatido, fue consumido el escarnecedor, y destruidos todos aquellos falsos doctores que madrugaban para hacer mal;

21. aquellos que con sus palabras inducían a los hombres a pecar, y armaban lazos al que en

la puerta, o juzgado de la ciudad, los reprendía, y sin causa se alejaron del justo y de la justicia.

22. Por tanto, el Señor que rescató a Abrahán, habla de esta manera a la casa de Jacob: no será ahora confundido Jacob, ni ahora se cubrirá de vergüenza su cara;

23. sino cuando viere en medio de sí a sus hijos, obra de mis manos, que glorificarán mi santo Nombre, y alabarán al Santo de Jacob, y ensalzarán al Dios de Israel.

24. Entonces, aquellos cuyo espíritu vivía en el error, tendrán la ciencia de la salud y aprenderán la ley del Señor los que se burlaban de ella.

CAPÍTULO XXX

Amenazas contra los judíos, porque desconfiando del Señor pedían socorro a los egipcios. Cuán bueno es Dios para los que acuden a él. Cuán terrible es su juicio contra los impíos.

1. ¡Ay de vosotros hijos rebeldes y desertores!, dice el Señor, que formáis designios sin contar conmigo; y urdís una tela, y no según mi deseo, para añadir así pecados a pecados;

2. que estáis en camino para bajar a Egipto, y no habéis consultado mi voluntad, esperando el socorro del valor de Faraón, y poniendo vuestra confianza en la sombra o protección de Egipto.

3. Pero la fortaleza de Faraón será la confusión vuestra, y la confianza en la protección de Egipto, vuestra ignominia.

4. Porque cuando tus príncipes hayan ido hasta Tanis, y hayan llegado hasta Hanes tus enviados,

5. todos en Israel quedarán corridos, a causa de un pueblo que de nada les ha podido servir, y que no les ha auxiliado, ni les ha sido de utilidad alguna, sino de confusión y de oprobio.

6. Anuncio pesado contra las bestias de carga del mediodía. Van por tierra de tribulación y de angustia (de donde salen la leona y el león, la víbora y la serpiente que vuela) llevando sobre lomos de jumentos sus riquezas, y sus tesoros sobre el dorso de los camellos, a un pueblo que no podrá ayudarles.

7. Porque inútil y en vano será el auxilio que les preste Egipto; por lo mismo clamé yo sobre eso, diciendo: no es más que soberbia, no te muevas.

8. Anda, pues, ahora y escríbeles esta predicción sobre una tablilla de boj, y regístrala exactamente en un libro, para que sea en los días venideros un testimonio sempiterno.

9. Porque éste es un pueblo que me provoca a ira, y ellos son hijos infieles, hijos que no quieren escuchar la ley de Dios;

10. que dicen a los que profetizan: no profeticéis; y a los veyentes o profetas: no estéis mirando para nosotros o vaticinando cosas rectas; habladnos de cosas placenteras, y profetizadnos cosas alegres, aunque sean falsas.

11. Quitadnos de delante de los ojos este modo de obrar según la ley; alejad de nosotros tal sistema de vida; no nos vengáis siempre con que el Santo de Israel dice o manda.

12. Por esto el Santo de Israel dice así: Ya que vosotros habéis desechado lo que os he mandado, y habéis puesto vuestra confianza en la calumnia y en la perversidad, y apoyádoos sobre esas cosas,

13. por lo mismo esta maldad será para vosotros como un portillo en una alta muralla, que está para caer, y preguntan por él, y del cual se origina la ruina repentina en la hora menos pensada;

14. y queda todo hecho pedazos, como se rompe con un fuerte golpe una vasija de alfarero, sin que ninguno de sus tiestos sirva ni para llevar una ascua de un hogar, o para sacar un poco de agua de una poza.

15. Porque el Señor Dios, el Santo de Israel dice: si os volviereis y os estuviereis quietos, seréis salvos: en la quietud y en la esperanza estará vuestra fortaleza. Mas vosotros no lo quisisteis hacer;

16. sino que dijisteis: de ninguna manera, antes bien huiremos a caballo. Pues por eso mismo digo yo, tendréis que huir de vuestros enemigos. Montaremos, dijisteis, velocísimos caballos. Por eso mismo serán más veloces los que os perseguirán.

17. Un solo hombre llenará de terror y hará huir a mil de los vuestros; y si se presentan cinco, aterrados echaréis a huir todos, hasta que los que queden de vosotros sean a manera de un árbol altísimo como de navío, sobre la cima de un monte, como bandera sobre un collado.

18. Por esto da largas el Señor, para poder usar de misericordia con vosotros, y ensalzar su gloria con perdonaros, porque el Señor es Dios justo: bienaventurados todos los que esperan en Él.

19. El pueblo de Sión morará en Jerusalén; enjugarás tus lágrimas, ¡oh pueblo fiel! El Señor, apiadándose de ti, usará contigo de misericordia: al momento que oyere la voz de tu clamor, te responderá benigno.

20. Y antes te dará el Señor pan de dolor y agua de tribulación; pero después hará que

jamás se aleje de ti tu maestro, y tus ojos estarán viendo siempre a tu doctor.

21. Escuchen tus oídos sus palabras, cuando yendo tras de ti te grite diciendo: éste es el camino, andad por él; y no torzáis ni a la derecha ni a la izquierda.

22. Entonces desecharás como cosas profanas esas láminas de plata que cubren tus ídolos; y los preciosos vestidos de tus estatuas de oro; y los arrojarás lejos de ti como el lienzo más sucio de una mujer inmunda. ¡Fuera de aquí!, les dirás.

23. Y el Señor enviará lluvia a tus sementeras, en cualquier parte de la tierra en que hayas sembrado; las mieses darán abundante y rico trigo; y al mismo tiempo hallarán tus corderos pingües y dilatados pastos en tus heredades,

24. y tus bueyes y pollinos que trabajan la tierra, comerán el pienso mezclado con variedad de granos, del modo que vienen aventados de la era, o limpios de paja.

25. Y de todo monte alto y de todo collado elevado correrán arroyos de fértiles aguas en el día aquel en que habrá gran mortandad, cuando habrán caído las torres.

26. La luz de la luna será como la luz del sol, y la del sol será siete veces mayor que sería la luz reunida de siete días; en aquel día en que el Señor habrá vendado la herida de su pueblo, y sanado la abierta llaga.

27. Mira que viene, se oye ya allá a lo lejos el Nombre o majestad del Señor; está su saña encendida e insoportable; llenos de indignación sus labios, y como fuego devorador su lengua.

28. Es su respiración como un torrente impetuoso (cuya agua llega hasta la garganta) para aniquilar las naciones impías, rozar el freno del error, o el poder infernal, que sujetaba las quijadas de los pueblos.

29. Vosotros, empero, entonaréis un cántico como en la noche de la santa solemnidad de la Pascua; y la alegría de vuestro corazón será como la del que sube, al son de la flauta, a presentarse sobre el monte del Señor, al templo del Dios fuerte de Israel.

30. Y hará el Señor que se oiga su majestuosa voz, y que se conozca su terrible brazo en medio de su ira amenazadora y de su fuego devorador; lo arrasará todo con tempestades y pedriscos.

31. Porque a la voz del Señor quedará temblando el asirio, herido con la vara de la divina venganza,

32. y el herir de esta vara será constante y duradero; y hará el Señor que la vara descargue sobre él al son de panderos y de cítaras. Lo vencerá el Señor en un señalado combate.

33. Porque hace ya tiempo que les está preparado el valle de Tofet, aparejado fue por el gran rey, profundo y espacioso: cuyo cebo es el fuego y mucha leña; un soplo del Señor, como torrente de azufre, es el que lo enciende.

CAPÍTULO XXXI

Predice que los judíos que, faltos de confianza en Dios, pedirán auxilio a los egipcios, perecerán junto con éstos; pero que convirtiéndose al Señor serán libertados por el ángel, que matará a los asirios.

1. ¡Ay de aquellos que van a buscar socorro en Egipto, poniendo la esperanza en sus caballos, y confiando en sus muchos carros de guerra, y en su caballería, por ser muy fuerte; y no han puesto su confianza en el Santo de Israel, ni han recurrido al Señor!

2. ¡Desdichados! Pues el mismo Señor, el sabio por esencia les ha enviado calamidades, y no ha dejado de cumplir su palabra; y se levantará contra la casa de los malvados y contra los auxiliadores de los que obran la iniquidad.

3. El rey de Egipto es un hombre, y no un dios; y carne son sus cabellos, y no espíritu. El Señor, pues, extenderá su mano, y precipitará al auxiliador, y caerá al suelo el auxiliado y ambos perecerán a un tiempo.

4. Porque he aquí lo que me ha dicho el Señor: de la manera que ruge el león o un leoncillo sobre su presa, y por más que vaya contra él una cuadrilla de pastores no se acobarda a sus gritos, ni se aterrará por muchos que sean los que lo acometan, así descenderá el Señor de los ejércitos para combatir sobre el monte Sión y sobre sus collados.

5. Como una ave que revolotea en torno de su nido del mismo modo amparará a Jerusalén el Señor de los ejércitos, la protegerá y librará, pasando de un lado a otro; y la salvará.

6. Convertíos, pues, al Señor, ¡oh hijos de Israel!, acercándoos tanto a él como os habíais alejado.

7. Porque en aquel día arrojará de sí cada uno sus ídolos de plata, y sus ídolos de oro; ídolos que os habíais fabricado para idolatrar.

8. Y caerá el asirio al filo de la espada, pero no de espada de hombre; pues la espada que lo atravesará, espada será de Dios, no de ningún hombre; él huirá, pero no porque lo persiga la espada de sus enemigos; y serán tributarios o sojuzgados sus jóvenes guerreros.

9. Y por el terror vendrán a desfallecer sus fuerzas; y huirán despavoridos sus príncipes.

Lo ha dicho el Señor, el cual tiene su fuego en Sión y su hogar en Jerusalén.

CAPÍTULO XXXII

Bajo la figura del piadoso rey Ezequías se vaticina el reino de Jesucristo o fundación de la Iglesia. Háblase también de la destrucción de Jerusalén.

1. Sabed que un rey de Judá reinará con justicia, y sus magistrados gobernarán con rectitud.
2. Y este varón será como un lugar de refugio para guardarse del viento y guarecerse de las tempestades; como arroyos de frescas aguas en tiempo de sequía, y como la sombra de una alta peña en medio de un ardiente páramo.
3. No se ofuscarán ya los ojos de los veyentes o profetas, y escucharán con atención los oídos de los que oirán a los profetas.
4. Entonces el corazón de los necios entenderá la ciencia: y hablará clara y expeditamente la lengua de los balbucientes.
5. El insensato no será más llamado príncipe, ni tendrá el tramposo el título de magnate.
6. Porque el necio hablará necedades; y su corazón maquinará maldades usando de hipocresía, y hablando de Dios con doblez, y consumiendo el alma del hambriento, quitando el agua al que muere de sed
7. Las armas de que se vale el impostor son muy malignas; pues está siempre maquinando tramas para perder con mentirosas palabras a los mansos o pobres afligidos, mientras el pobre habla y pide lo que es justo.
8. Pero el príncipe que yo os vaticino, pensará cosas dignas de un príncipe, y velará sobre los caudillos de su pueblo.
9. Mujeres opulentas, levantaos y escuchad mi voz; hijas que confiáis en las riquezas, prestad oídos a mis palabras,
10. Porque después de días y de año o años, vosotras que vivís tan confiadas os hallaréis en gran turbación: pues ya no habrá más vendimias en el país de Judá, ni más recolección de frutos.
11. Pasmaos, mujeres opulentas; temblad vosotras que estabais tan confiadas: desnudaos de vuestras galas, confundíos, poneos haldas en cinta.
12. Llorad por los niños que criáis a vuestros pechos; llorad sobre vuestra amada patria, sobre vuestras fértiles viñas.
13. Espinas y abrojos cubrirán la tierra de mi pueblo: ¡cuánto más descargará el castigo sobre las casas todas de la ufana Jerusalén, de esa ciudad que rebosa en alegría?

14. Lo cierto es que la casa mía quedará abandonada, reducida a una soledad esa ciudad populosa, cubiertas para siempre de densísimas tinieblas sus casas, las cuales quedarán hechas cavernas, donde retozarán los asnos monteses, y pastarán los ganados,
15. hasta tanto que desde lo alto se derrame sobre nosotros el espíritu del Señor. Pues entonces el desierto se convertirá en un Carmelo, y el Carmelo en un desierto o carrascal.
16. Y la equidad o la virtud habitará entonces en el desierto, y fijará su morada en el nuevo Carmelo la justicia o santidad.
17. Y la obra o fruto de la justicia será la paz, y el efecto de esta justicia el sosiego y seguridad sempiterna.
18. Y reposará mi pueblo en hermosa mansión de paz, y en tabernáculo de perfecta seguridad, y en el descanso de la opulencia.
19. Pero abajo en el desierto caerá el pedrisco, y la ciudad quedará profundamente humillada.
20. Bienaventurados vosotros los que sembráis en tierras que todas abundan en aguas, y metéis en ellas al buey y al asno para cultivarlas.

CAPÍTULO XXXIII

Profetiza Isaías la ruina de los asirios, y el restablecimiento de Judá. Invectiva contra los hipócritas. Habla de la celestial Jerusalén, donde será alabado eternamente el Señor, nuestro Rey y Legislador.

1. ¡Ay de ti, Sennaquerib, que saqueas a los otros! Qué, ¿no serás tú también saqueado? Y tú que desprecias, ¿no serás también despreciado? Cuando acabarás el saqueo, serás tú saqueado; cuando ya cansado dejarás de menospreciar, serás tú menospreciado.
2. Apiádate, Señor, de nosotros; pues siempre hemos esperado en ti: sé nuestra fortaleza desde la mañana y la salvación nuestra en el tiempo de tribulación.
3. A la voz del ángel huyeron los pueblos; y al alzar de tu brazo quedaron disipadas las naciones enemigas.
4. Pueblos orgullosos, vuestros despojos serán recogidos, como se recogen las langostas, cuando hay tanta abundancia que se llenan de ellas los fosos.
5. Engrandecido ha sido el Señor, que habita en lo alto, ha colmado a Sión de rectitud y de justicia.
6. Y reinará la fe en tus tiempos, ¡oh príncipe!; la sabiduría y la ciencia son tus riquezas salu-

dables, y el temor del Señor tu verdadero tesoro.

7. Pero he aquí que desde afuera gritarán los que vean venir a los enemigos: llorarán amargamente los ángeles o embajadores encargados de la paz.

8. Desiertos están los caminos, ni un pasajero se ve por las sendas; ha roto el enemigo la alianza, ha arruinado las ciudades, en nada estima a los hombres.

9. En llanto está todo el país, y en lo sumo del abatimiento; cubierto de oprobio y envilecido el Líbano; el Sarón convertido en un páramo; el Basán y el Carmelo talados.

10. Mas ahora me levantaré Yo, dice el Señor: ahora seré ensalzado, ahora seré glorificado.

11. Naciones orgullosas, vosotras concebiréis fogosos designios contra mi pueblo; y el resultado será no más que paja; vuestro mismo espíritu cual fuego os devorará.

12. Y quedarán estos pueblos como la ceniza después de un incendio; como haces de espinas serán pábulo de las llamas.

13. Vosotros, los que estáis lejos, escuchad las cosas que he hecho Yo, y aprended a conocer mi poder los que estáis cerca.

14. Aterrados han sido de Sión los pecadores; y el temblor se ha apoderado de los hipócritas. ¿Quién de vosotros podrá habitar en un fuego devorador? ¿Quién de vosotros podrá morar entre los ardores sempiternos?

15. Aquel que anda por las sendas de la justicia, y habla verdad, que aborrece las riquezas adquiridas con la calumnia o extorsión, y tiene limpias sus manos de todo cohecho; que tapa sus orejas para no prestar oídos a los sanguinarios, y cierra sus ojos por no ver lo malo.

16. Éste es el que tendrá su morada en las alturas; vivirá seguro como en una alta roca; tendrá pan en abundancia, y nunca le faltará el agua.

17. Sus ojos verán al rey de los cielos en su gloria; y la tierra la mirarán lejos de ellos.

18. Entonces tu corazón hará memoria de sus pasados temores. ¿Dónde está, dirá él, el letrado?; ¿dónde el orgulloso que pesaba las palabras de la ley?; ¿dónde el maestro de niños?.

19. No verás ya, ¡oh príncipe!, un pueblo descarado, un pueblo de un hablar oscuro, cuya algarabía de lenguaje no puedas entender, el cual carece de toda sabiduría.

20. Vuelve la vista a Sión, ciudad donde se celebran nuestras solemnidades; tus ojos verán a Jerusalén, mansion opulenta; un Tabernáculo o pabellón que no podrá ser trasladado a otra parte, pues ni las estacas serán jamás arrancadas, ni se romperá ninguna de sus cuerdas.

21. Porque allí solamente hace nuestro Señor alarde de su magnificencia. Aquél es lugar de ríos, de ríos anchísimos y caudalosos: no pasara por él barco de remos de ningún enemigo, ni menos lo surcará galera grande de tres órdenes de remos.

22. Pues el Señor es nuestro juez, el Señor nuestro legislador, el Señor nuestro rey: él es el que nos ha de salvar.

23. Aflojáronse, ¡oh nave orgullosa!, tus cables, y ya no servirán; quedará tan mal parado tu mástil, que no podrás desplegar una bandera. Entonces se repartirán los despojos, y el gran botín que habías hecho: hasta los cojos se llevarán parte de él.

24. Ni dirá el vecino: soy yo débil para llevarlo; y el pueblo que morará allí recibirá el perdón de sus pecados.

CAPÍTULO XXXIV

Dios castigará con rigor las naciones, en particular la Idumea. Profecía del fin del mundo.

1. Venid acá, oh naciones, y escuchad: pueblos, estad atentos: oiga la tierra y toda su población; el orbe todo, y cuanto en él vive.

2. Porque la indignación del Señor va a descargar sobre todas las naciones, y su furor sobre todos sus ejércitos; los matará, y hará en ellos una carnicería.

3. Arrojados serán al campo sus muertos, y exhalarán sus cadáveres un hedor insufrible; los montes quedarán inficionados con su sangre.

4. Desfallecerá toda la milicia o astro del cielo; y los cielos se arrollarán como un pergamino; y como cae la hoja de la parra y de la higuera, así caerá toda su milicia, o todos sus astros.

5. Porque mi espada se ha embriagado de sangre en las criaturas del cielo: he aquí que va a descargar ahora sobre la Idumea, sobre el pueblo en cuya mortandad señalaré yo mi justicia.

6. Bañada está toda en sangre la espada del Señor, chorreando grasa y sangre de corderos, y de macho cabrío, sangre de gordos carneros; porque las víctimas del Señor están en Bosra: hará Él una gran mortandad en el país de los idumeos.

7. Y caerán con éstos a tierra los unicornios y los toros con los poderosos; la tierra se embriagará de la sangre de ellos, y de la grosura de los cuerpos sus campiñas.

8. Porque ha llegado el día de la venganza del Señor, el año o tiempo de hacer justicia a Sión.

9. Y convertirse han en pez encendido las aguas de sus torrentes, y en azufre el polvo de

Idumea; y arderán sus campiñas como si fueran todas de pez.

10. Ni de día ni de noche cesará el incendio; estará eternamente saliendo una gran humareda; permanecerá asolada de generación en generación, ni transitará alma alguna por ella por los siglos de los siglos,

11. sino que se harán dueños de ella el onocrótalo y el erizo; el ibis o cigüeña y el cuervo establecerán allí su morada. Tirarse ha sobre ella la cuerda de medir para reducirla a nada, y el nivel para arrasarla enteramente.

12. No se verán allí más los nobles de ella; implorarán con ahínco el socorro de un rey, y todos sus príncipes serán aniquilados.

13. En el solar de sus casas nacerán espinas y ortigas, y cardos en sus fortalezas; y vendrá a ser guarida de dragones y pasto de avestruces.

14. Y se encontrarán allí los demonios, o seres malignos, con los onocentauros, y gritarán unos contra otros los sátiros; allí se acostará la lamia y encontrará su reposo.

15. Allí tendrá su cueva el erizo o puerco espín, y allí criará sus cachorrillos, y cavando alrededor con el hocico los abrigará a la sombra de ella; allí se juntarán los milanos, y se unirán uno con otros.

16. Examinad atentamente el libro que ahora escribo de parte del Señor, y leed en él: nada de lo que os anuncio dejará de suceder, ni una sola de estas cosas faltará; pues lo que sale de mi boca, el Señor me lo ha dictado, y su espíritu mismo ha reunido todo esto.

17. Y Él es quien distribuirá a las fieras su porción en Idumea: su mano les repartirá la tierra con medida; para siempre la poseerán: de generación en generación habitarán en ella.

CAPÍTULO XXXV

Profecía de la asombrosa mudanza que la gracia de Jesucristo causará en la tierra: alegría de los gentiles convertidos a la fe, figura de la que gozarán después en el cielo.

1. Entonces la región desierta e intransitable se alegrará; y saltará de gozo la soledad, y florecerá como lirio.

2. Fructificará copiosamente, y se regocijará llena de alborozo, y entonará himnos; se le ha dado a ella la gala del Líbano, la hermosura del Carmelo y de Sarón; éstos (sus habitantes) verán la gloria del Señor, y la grandeza de nuestro Dios.

3. Esforzad, ¡oh ministros del Señor!, las manos flojas, y enrobusteced las rodillas débiles.

4. Decid a los pusilánimes: ¡ea!, buen ánimo, y no temáis: mirad a vuestro Dios que viene a ejecutar una justa venganza. Dios mismo en persona vendrá, y os salvará.

5. Entonces se abrirán los ojos de los ciegos, y quedarán expeditas las orejas de los sordos.

6. Entonces el cojo saltará como el ciervo, y se desatará la lengua de los mudos; porque también las aguas rebosarán entonces en el desierto y correrán arroyos en la soledad.

7. Y la tierra que estaba árida, quedará llena de estanques, y de aguas la que ardía en sed. En las cuevas, que eran antes guaridas de dragones, nacerá la verde caña y el junco.

8. Allí habrá una senda y camino real, que se llamará, o será *camino santo*: no lo pisará hombre inmundo, y éste será para vosotros un camino recto; de tal suerte que aún los más lerdos no se perderán en él.

9. No habrá allí león, ni bestia alguna feroz transitará por dicho camino, ni allí se hallará: sino que caminarán por aquella senda los que habrán sido libertados de la esclavitud del pecado.

10. Y volverán los rescatados por el Señor, y vendrán a Sión cantando alabanzas, coronados de gozo sempiterno; disfrutarán de un celestial placer y contentamiento, y huirá de ellos para siempre el dolor y el llanto.

CAPÍTULO XXXVI

Sennaquerib, rey de los asirios, después de haberse apoderado de las plazas de Judea, envió a Rabsaces a Jerusalén, quien pidió con insolencia la rendición de la ciudad.

1. Y sucedió que en el año decimocuarto del reinado de Ezequías, Sennaquerib, rey de los asirios, puso sitio a todas las ciudades fortificadas de Judea, y se apoderó de ellas.

2. Y envió después él mismo a Rabsaces su general, desde Laquis a Jerusalén con un grueso cuerpo de tropas contra el rey Ezequías; y Rabsaces puso su acampamento en el acueducto del estanque superior, en el camino del campo del Batanero.

3. Y salieron a encontrarle Eliacim, hijo de Helcías, mayordomo mayor del palacio, y Sobna, doctor de la ley; y Joahe, hijo de Asaf, canciller.

4. Y Rabsaces les habló de esta manera: decid a Ezequías: el gran rey, el rey de los asirios, dice: ¿qué seguridad es esa en que confías tú?

5. O ¿con qué designio o fuerzas te atreves tú a hacerme la guerra? ¿En quién te apoyas para haberte rebelado contra mí?

6. Veo que tú te apoyas en Egipto, el cual es como un bastón de caña cascada, que al que se apoyare en él le horadará la mano y se la traspasará; eso será Faraón, rey de Egipto, para con todos aquellos que en él confían.

7. Que si tú me respondieres: nosotros confiamos en el Señor Dios nuestro, ¿acaso no es ése aquel mismo cuyos lugares excelsos y cuyos altares destruyó Ezequías, diciendo a Judá y a Jerusalén: solamente ante este altar adoraréis con sacrificios a Dios?

8. ¡Ea pues!, sujétate a mi señor el rey de los asirios; yo te daré, si quieres, dos mil caballos, y tú no podrás hallar para ellos en todo tu pueblo bastantes jinetes:

9. pues ¿cómo podrás hacer frente al gobernador de un lugar, aunque sea de los de menos graduación entre los siervos de mi señor? Que si confías tú en Egipto por sus carros de guerra y por su fuerte caballería,

10. ¿acaso he venido yo sin orden del Señor a destruir este país? Marcha a esa tierra, me dijo a mí el señor, y arrásala.

11. Entonces Eliacim, Sobna y Joahe dijeron a Rabsaces: habla a estos tus siervos en lengua siríaca, pues que la entendemos: no nos hables en hebreo, a oídas del pueblo que está sobre la muralla.

12. Contestóles Rabsaces: ¿por ventura mi amo me ha enviado a decir todo esto a tu señor y a ti, y no más bien a los ciudadanos que están sobre el muro, expuestos a que, si no se rinden, coman sus propios excrementos, y beban con vosotros sus mismos orines?

13. Y púsose en pie Rabsaces, y gritó en alta voz, y dijo en lengua judaica: oíd las palabras del gran rey, del rey de los asirios:

14. Esto dice el rey: no os engañe Ezequías, pues que no podrá libraros:

15. No os llene Ezequías la cabeza de confianza en el Señor, diciéndoos: sin falta nos librará el Señor: no temáis, no será entregada esta ciudad en manos del rey de los asirios.

16. No escuchéis a Ezequías; porque esto dice el rey de los asirios: aceptad la paz que os ofrezco, y venid a tratar conmigo de vuestra rendición: y comerá cada uno del fruto de su viña, y cada uno del fruto de su higuera y beberá cada cual de vosotros el agua de su cisterna:

17. hasta tanto que yo vaya y os conduzca a una tierra que es como la vuestra, tierra de grano y vino, tierra de panes y de viñas.

18. Ni os conturbe Ezequías diciendo: el Señor nos librará. ¿Acaso los dioses de las gentes han librado cada uno a su tierra de las manos del rey de los asirios?

19. ¿Dónde está el dios de Emat y de Arfad? ¿Dónde está el dios de Sefarvaím? ¿Por ventura han librado sus dioses a Samaria de caer en mi poder?

20. ¿Cuál es el dios entre todos lo dioses de estos países, el cual haya podido librar su tierra de la fuerza de mi brazo, para que esperéis que el Señor podrá salvar a Jerusalén de caer en mis manos?

21. Callaron todos y no le respondieron palabra; pues así se lo había mandado el rey diciendo: no le respondáis.

22. Y en seguida Eliacim, hijo de Helcías, mayordomo mayor de palacio, y Sobna, doctor de la ley, y Joahe, hijo de Asaf, canciller, rasgados sus vestidos volvieron a Ezequías, y refiriéronle las palabras de Rabsaces.

CAPÍTULO XXXVII

Ezequías, al oír las amenazas de Rabsaces, consulta a Isaías; el cual le asegura que el Señor salvaría a Jerusalén. Carta insolente de Sennaquerib a Ezequías. Isaías confirma la promesa; y el ángel del Señor mata ciento ochenta y cinco mil enemigos.

1. Y cuando lo oyó el rey Ezequías rasgó sus vestidos, vistióse de saco o cilicio, y entró en la Casa del Señor;

2. y envió a Eliacim, mayordomo mayor de su palacio, y a Sobna, doctor de la ley y a los más ancianos de entre los sacerdotes, vestidos de cicilio, a encontrar al profeta Isaías, hijo de Amós,

3. a quien le dijeron: esto dice Ezequías: día de tribulación y de castigo, y día de blasfemia es éste: las criaturas están ya a punto de nacer, y falta la fuerza en la madre para parirlas.

4. Interpón, pues, tu oración por las reliquias del pueblo; para ver si el Señor Dios tuyo ha reparado en las palabras de Rabsaces, enviado de su amo el rey asirio a blasfemar el Nombre de Dios vivo, y denostarle con las expresiones que ha oído el Señor tu Dios,

5. Fueron, pues, los ministros del rey Ezequías a encontrar a Isaías:

6. el cual les dijo: he aquí la respuesta que habéis de llevar a vuestro amo: el Señor dice: No temas las palabras que has oído, con las cuales han blasfemado de mí los criados del rey de los asirios.

7. Mira, yo voy a darle un soplo que le perturbe, y recibirá cierta noticia, y se volverá a su tierra, y en su tierra haré que perezca al filo de la espada.

8. En efecto Rabsaces, habiendo oído que el rey de los asirios se había retirado de Laquis, marchóse luego, y hallóle peleando contra Lobna.

93

9. Y Sennaquerib oyó decir de Taraca, rey de Etiopía, que venía a pelear contra él; y así que hubo recibido esta noticia, envió embajadores a Ezequías, diciéndoles:

10. Esto diréis al presentaros a Ezequías, rey de Judá: no te lisonjee tu Dios, en quien tú tienes puesta la confianza, con decirte: no caerá Jerusalén en poder del rey de los asirios.

11. Bien sabes tú todas las cosas que han hecho los reyes de los asirios a todas las regiones que han destruido: ¿y tú piensas que podrás librarte de sus manos?

12. ¿Acaso los dioses de las naciones libraron a los que arruinaron mis padres, a los de Gozam, y de Haram, y de Resef, y a los hijos de Edén que moraban en Talasar?

13. ¿Dó está el rey de Emat, y el rey de Arfad, y el rey de la ciudad de Sefarvaím, y de Ana, y de Ava?

14. En esto tomó Ezequías la carta de mano de los embajadores, leyóla, y subió al templo del Señor, ante cuya presencia la extendió;

15. e hízole Ezequías al Señor la siguiente oración:

16. Señor de los ejércitos, Dios de Israel, que tienes tu asiento sobre los querubines: sólo tú eres el Dios de todos los reinos del mundo: Tú el que hiciste el cielo y la tierra

17. Señor, inclina tus oídos y escucha: abre, Señor, tus ojos, y mira, y repara todas las palabras dictadas por Sennaquerib para blasfemar al Dios vivo.

18. Es verdad, Señor, que los reyes de los asirios asolaron aquellas naciones y sus tierras;

19. y que entregaron a las llamas a los dioses de ellas, porque no eran dioses, sino hechura de mano de hombres, madera, y piedra, por eso los hicieron pedazos.

20. Mas Tú ahora, ¡oh Señor Dios nuestro!, sálvanos de las manos de éste; y conozcan los reinos todos de la tierra que sólo tú eres el Señor y Dios verdadero.

21. En esto Isaías, hijo de Amós, envió a decir a Ezequías: el Señor Dios de Israel dice así: en orden a lo que me has pedido que haga respecto de Sennaquerib, rey de los asirios,

22. éste es el fallo que contra él ha pronunciado el Señor: te ha despreciado el Señor: te ha despreciado a ti, y te ha insultado, ¡oh virgen, hija de Sión!; a espaldas tuyas, ¡oh hija de Jerusalén!, ha meneado su cabeza mofándose de ti.

23. ¿A quién has ultrajado tú, oh príncipe soberbio? ¿De quien has tú blasfemado, y contra quién has osado alzar la voz, y dirigido tus altivos ojos? Ha sido contra el Santo de Israel.

24. Por medio de tus siervos has ultrajado al Señor y has dicho: yo con la muchedumbre de mis carros de guerra he subido a las alturas de los montes, sobre las cordilleras del Líbano; y cortaré sus más empinados cedros y sus más robustos abetos; y llegaré a su más alta cima, y entraré en el soto o bosque de su famoso Carmelo.

25. Yo he abierto pozos y bebido sus aguas, y donde he puesto los pies con mi ejército, he sacado todas las aguas de sus acequias o canales.

26. Pero qué, ¿no has oído tú, dice el Señor? que yo hace ya tiempo que dispuse todas esas cosas? Desde los días antiguos, o *ab-eterno*, yo lo resolví, y ahora lo he efectuado: y se ha hecho de tal manera, que han sido destruidos enteramente los peñascos o collados bien defendidos y las ciudades fortificadas.

27. Los habitantes o defensores de éstas, embargadas sus manos, temblaron y quedaron despavoridos; secáronse como heno de prado, y grama de dehesa, y como la yerba de los tejados, que se seca antes de madurar.

28. Yo tengo bien conocida tu mansión, tus entradas y salidas, y tu locura o insensatez contra mí.

29. Cuando tú te enfurecías contra mí, subió hasta mis oídos aquella insolencia tuya; por eso te pondré Yo un anillo en tus narices, y un freno en tus labios, y te haré volver por el mismo camino por donde has venido.

30. Pero tú, ¡oh Ezequías!, tendrás por señal esto que ahora oirás: por este año come lo que de sí espontáneamente dará la tierra; en el segundo, manténte de las frutas; pero al tercero, sembrad y segad, y plantad viñas, y comed sus frutos.

31. Y lo que se salvare de la casa de Judá, los restos que quedaren, echarán profundas raíces, y extenderán en alto sus ramas cargadas de frutos.

32. Porque de Jerusalén es de donde han de salir los residuos de mi pueblo, y del monte Sión los que se salvarán. Esto hará el celo del Señor de los ejércitos.

33. Por tanto, esto dice el Señor acerca del rey de los asirios: no pondrá él el pie en esta ciudad, ni arrojará acá una saeta, ni la asaltará el soldado cubierto con su escudo, ni levantará trincheras alrededor de ella.

34. Por el camino que vino, por el mismo se volverá, y no entrará en esta ciudad, dice el Señor.

35. Y yo protegeré esta ciudad para salvarla, por respeto mío y de David, mi siervo.

36. En efecto, bajó un ángel del Señor e hirió en el campamento de los asirios a ciento y

ochenta y cinco mil hombres y al levantarse a la madrugada, he aquí que no vieron sino montones de cadáveres.

37. Por lo que se fue de allí Sennaquerib, rey de los asirios, y marchó, y volvióse a su residencia de Nínive.

38. Donde aconteció que mientras adoraba en el templo a su dios Nesroc, sus hijos Adramelec y Sarasar le mataron a puñaladas, y huyéronse a tierra de Ararat, y le sucedió en el reino su hijo Asar Haddón.

CAPÍTULO XXXVIII

Ezequías enferma, y es librado de la muerte; milagrosa retrogradación del sol en el reloj de Acaz; da a Dios las gracias con un cántico.

1. En aquellos días, Ezequías enfermó de muerte; y entró a visitarlo el profeta Isaías, hijo de Amós, y le dijo: esto dice el Señor: dispón de las cosas de tu casa; porque vas a morir, y estás al fin de tu vidaa.

2. Y volvió Ezequías su rostro a la pared, y oró al Señor,

3. diciendo: acuérdate, te ruego, y suplicó, ¡oh Señor!, de cómo he caminado en tu presencia con sinceridad y con un corazón perfecto y que he hecho lo que era agradable a tus ojos. Y prorrumpió Ezequías en un deshecho llanto.

4. Y luego habló el Señor a Isaías, diciendo:

5. Anda y di a Ezequías: esto dice el Señor Dios de tu padre David: he oído tu oración y visto tus lágrimas: he aquí que te daré quince años más de vida;

6. y te libraré del poder del rey de los asirios a ti y a esa ciudad, y la protegeré.

7. Y de que el Señor cumplirá lo que ha dicho, se te dará por el mismo Señor esta señal:

8. he aquí que voy a hacer que la sombra del sol retroceda las diez líneas que ha bajado en el reloj de Acaz. Y retrocedió el sol por las diez líneas que había bajado.

9. Cántico que dejó escrito Ezequías, rey de Judá, cuando enfermó, y sanó de su enfermedad.

10. Dije yo: a la mitad de mis días entraré por la puerta del sepulcro: privado me veo del resto de mis años.

11. Ya no veré Yo al Señor Dios, dije en la tierra de los que viven. No veré más a hombre alguno, ni a los que morarán en dulce paz.

12. Se me quita el vivir, y se va a plegar o doblar mi vida, como se hace con la tienda de un pastor. Cortada ha sido mi vida, como tela por el tejedor; mientras la estaba aún urdiendo,

entonces Él me la ha cortado: de la mañana a la noche acabarás conmigo, ¡oh Dios mío!

13. Esperaba vivir hasta el amanecer; el Señor, como un león fuerte, había quebrantado todos mis huesos; pero por la mañana decía: antes de anochecer acabarás, oh Señor, mi vida.

14. Gritaba yo como un pollito de golondrina, gemía como paloma: debilitáronse mis ojos de mirar siempre a lo alto del cielo. Mi situación, Señor, es muy violenta: toma a tu cargo mi defensa.

15. ¿Mas qué es lo que digo? ¿Cómo me tomará Él bajo su patrocinio, cuando él mismo es el que ha hecho esto? Repasaré, ¡oh Dios mío!, delante de ti con amargura de mi alma todos los años de mi vida.

16. ¡Oh Señor!, si esto es vivir, y en tales apuros se halla la vida de mi alma, castígame, te ruego; y castigado, vivifícame.

17. Ved cómo se ha cambiado en paz mi amarguísima aflicción; y tú, ¡oh Señor!, has librado de la perdición a mi alma; has arrojado tras de tus espaldas todos mis pecados.

18. Porque no han de cantar tus glorias los que están en el sepulcro, ni han de entonar las alabanzas los que están en poder de la muerte; ni aquellos que bajan a la fosa esperarán ver el cumplimiento de tus verídicas promesas.

19. Los vivos, Señor, los vivos son los que te han de tributar alabanzas, como hago yo en este día; el padre anunciará a sus hijos tu fidelidad en las promesas.

20. ¡Oh Señor!, sálvame, y cantaremos nuestros salmos en el templo del Señor todos los días de nuestra vida.

21. Es de saber que Isaías había mandado que tomasen una porción de higos, y que haciendo de ellos una masa, compusiesen una cataplasma y la pusiesen sobre la llaga de Ezequías, y se curaría.

22. Y entonces fue cuando dijo Ezequías: ¿qué señal tendré yo, de que aún he de subir al templo del Señor?

CAPÍTULO XXXIX

Habiendo venido unos embajadores del rey de Babilonia a Ezequías, les muestra éste sus tesoros; e Isaías le vaticina que algún día serían presa de los caldeos.

1. Por aquel tiempo Merodac Baladán, hijo de Baladán, rey de Babilonia, envió embajadores con cartas y presentes a Ezequías, por haber sabido que había estado enfermo y que había convalecido.

2. Y se alegró mucho de esto Ezequías, e hízoles ver el repuesto o recámara de los aromas, y de la plata, y del oro, y de los bálsamos, y de los ungüentos preciosos, y todas las estancias de sus muebles, y todo cuanto se hallaba en sus tesoros. No dejó Ezequías cosa alguna de su casa o en su poder, que no se la mostrara.

3. Mas entró después el profeta Isaías a ver al rey Ezequías, y le preguntó: ¿qué han dicho esos hombres, y de dónde vienen? Han venido a mí, respondió Ezequías, de lejas tierras, de Babilonia.

4. ¿Y qué han visto en tu palacio?, repuso Isaías. Han visto todo cuanto hay en él, dijo Ezequías: nada ha quedado por mostrarles de todas mis preciosidades.

5. Entonces dijo Isaías a Ezequías: escucha la palabra del Señor de los ejércitos:

6. He aquí que vendrá tiempo en que todas las cosas que hay en tu palacio, y cuanto atesoraron tus padres hasta el día de hoy, será todo llevado a Babilonia: no dejarán ahí nada, dice el Señor.

7. Y escogerán de entre tus hijos, que descenderán de ti por línea recta, para que sirvan de eunucos en el palacio del rey de Babilonia.

8. Y respondió Ezequías a Isaías: justa es la sentencia que ha pronunciado el Señor. Me contento, añadió, con que haya paz y se cumplan en mis días las promesas del Señor.

CAPÍTULO XL

Jerusalén será consolada y salvada por el Mesías. Predicación del Bautista su precursor. Necedad de los idólatras. Felicidad de los que esperan en Dios.

1. Consuélate, oh pueblo mío, consuélate: porque he aquí lo que me ha dicho vuestro Dios:

2. Habladle al corazón a Jerusalén, alentadla, pues se acabó su aflicción; ya está perdonada su maldad: ella ha recibido ya de la mano del Señor al doble por todos sus pecados.

3. Ya oigo la voz del que clama en el desierto: aparejad el camino del Señor: enderezad en la soledad las sendas de nuestro Dios;

4. todo valle ha de ser alzado, y todo monte y cerro abatido; y los caminos torcidos se harán rectos, y los ásperos llanos.

5. Entonces se manifestará la gloria del Señor, y verán a una todos los hombres que la boca del Señor Dios es la que ha hablado por los profetas.

6. Oí una voz que me decía: clama. Yo respondí: ¿qué es lo que he de clamar? Clama, dijo, que toda carne es heno, y toda su gloria como la flor del prado.

7. Se seca el heno y la flor cae, así que se dirige contra él el soplo del Señor.... Verdaderamente que es como heno todo hombre.

8. Secóse el heno y cayó la flor; mas la palabra del Señor nuestro dura eternamente.

9. Súbete sobre un alto monte tú que anuncias buenas nuevas a Sión; alza esforzadamente tu voz; ¡oh tú que evangelizas a Jerusalén!, álzala y no temas. Di a las ciudades de Judá: He ahí a vuestro Dios.

10. He aquí que viene el Señor vuestro Dios con infinito poder, y dominará con la fuerza de su brazo: mirad, Él lleva consigo su recompensa para los que le sigan y tiene a la vista su obra de la redención del mundo.

11. Como un pastor apacentará su rebaño, recogerá con su brazo los corderillos; los tomará en su seno, y llevara Él mismo las ovejas recién paridas.

12. ¿Quién es aquel que ha medido las aguas del Océano en el hueco de la palma de su mano, y extendiendo ésta ha pesado los cielos?; ¿quién es el que con sólo tres dedos sostiene la gran mole de la tierra, y pesa los montes y los collados como en una romana?

13. ¿Quién ayudó al espíritu del Señor?, ¿o quién fue su consejero, y le comunicó alguna idea?

14. ¿A quién llamó Él a consulta, o quién hay que le haya instruido a Él, o mostrádole la senda de la justicia, o comunicádole la ciencia, o le haya hecho conocer el camino de la prudencia?

15. He aquí que las naciones todas son delante de él como una gota de agua que se rezuma de un cántaro, y como un pequeño grano en la balanza: asimismo las islas son como un granito de polvo.

16. Cuantos árboles hay en el Líbano no bastarían para encender el fuego de su altar; ni todos sus animales para ser un holocausto digno de él.

17. Todas las naciones de la tierra son en presencia suya como si no fueran, y como una nonada, y una cosa que no existe, así son por él consideradas.

18. ¿A qué cosa, pues, habéis vosotros asemejado a Dios, o qué diseño trazaréis de él?

19. ¿Por ventura la imagen o el ídolo no es obra de un fundidor?, ¿no es el platero de oro el que la ha formado de este metal, o de láminas de plata el platero?

20. El hábil artífice escoge una madera dura e incorruptible: y procura afianzar la estatua, de modo que no caiga.

21. ¿Acaso no sabéis lo que es Dios?; ¿no habéis oído hablar de Él?; ¿acaso no se os

anunció desde el principio del mundo?; ¿no ha llegado a vuestra noticia que él hizo los fundamentos de la tierra?

22. Sabed que Él es el que está sentado sobre el orbe terráqueo; y los moradores de éste son en su presencia como pequeñas langostas: Él es el que extendió los cielos como un velo o cosa muy leve, y los desplegó como una tienda de campaña en que se ha de habitar.

23. Él es quien confunde y anonada a los escudriñadores de los arcanos de la naturaleza y reduce a nulidad a los jueces o gobernadores de la tierra.

24. Estos son para Dios como un tronco, que ni ha sido plantado, ni sembrado, ni tiene arraigo en la tierra: de repente, a un ligero soplo del Señor contra ellos, se secaron, y un torbellino los arrebata como hojarasca.

25. ¿A qué cosa, pues, me habéis asemejado?; ¿a qué cosa me habéis igualado, dice el Santo por esencia?

26. Alzad hacia lo alto vuestros ojos, y considerad quién crió esos cuerpos celestes; quién hace marchar ordenadamente aquel ejército de estrellas, y llama a cada una de ellas por su nombre; sin que ninguna se quede atrás: tal es la grandeza de su poder, de su fortaleza y de su virtud.

27. Pues ¿por qué dices tú, oh Jacob, por qué osas afirmar tú, ¡oh Israel!: no conoce el Señor la triste situación en que me hallo, y no se cuida mi Dios de hacerme justicia?

28. ¿Por ventura ignoras tú, o no has oído que Dios es el Señor eterno que crió la extensión de la tierra, sin cansancio ni fatiga, y que es incomprensible su sabiduría?

29. Él es el que robustece al débil y el que da mucha fuerza y vigor a los que no son para nada.

30. Desfallecerá fatigada de cansancio la edad lozana, y se caerá de flaqueza la juventud.

31. Mas los que tienen puesta en el Señor su esperanza, adquirirán nuevas fuerzas, tomarán alas como de águila, correrán y no se fatigarán, andarán y no desfallecerán.

CAPÍTULO XLI

Poder infinito de Dios y su bondad para con los hombres. Redención de Israel; ruina de Babilonia, y vanidad de sus ídolos.

1. Callen ante mí las islas, y tomen nuevas fuerzas las gentes; acérquense, y hablen después, y entremos juntos en juicio:

2. ¿Quién sacó del Oriente al justo Abrahán, y le llamó para que le siguiese? El Señor sujetó a su vista las naciones, e hízolo superior a los reyes, que entregados al filo de su espada, y por blanco de su arco, quedaron reducidos a polvo, y como paja que arrebata el viento.

3. Persiguiólos, pasó adelante sin desastre, tan velozmente que no se vio la huella de sus pies.

4. ¿Quién obró y llevó a cumplimiento estas cosas? ¿Quién ya desde el principio eligió y ordenó a este fin todas las generaciones? Yo el Señor, Yo que soy el primero y el último.

5. Viéronlo las islas, y se llenaron de temor; pasmáronse las más remotas naciones; y a pesar de eso se reunieron y se acercaron

6. Se auxiliaron mutuamente en esta loca empresa, y cada cual decía a su hermano: ¡Buen ánimo!

7. El broncista que trabaja a martillo, esforzaba al que batía en el yunque diciendo: Bien hecha está la soldadura; ahora asegura con clavos la estatua del ídolo, para que no se mueva.

8. Mas tú, ¡oh Israel!, siervo mío, tú, ¡oh Jacob!, a quien escogí, tú que eres estirpe de mi amigo Abrahán,

9. tú, a quien traje Yo de los últimos términos de la tierra, y te llamé de sus lejanas regiones, y te dije: siervo mío eres tú, Yo te he escogido, y no te desecharé:

10. no temas, digo, que Yo estoy contigo; no te desvíes, pues Yo soy tu Dios; Yo te he confortado, y te he auxiliado, y la diestra poderosa de mi Justo te ha amparado.

11. Sábete que quedarán confundidos y avergonzados todos aquellos que te hacen guerra; serán como si no fuesen, y perecerán los que te contradicen.

12. Buscarás a esos hombres que se alzan contra ti, y no los hallarás: serán como si no fuesen, y quedarán como un esqueleto cuantos te hacen guerra.

13. Porque Yo soy el Señor tu Dios, que te tomo por la mano, y te estoy diciendo: no temas, que soy yo el que te socorro.

14. No temas, gusanillo, o débil Jacob, no tienes que temer; ni vosotros los que parecéis unos muertos de Israel. Yo soy tu auxilio, dice el Señor; y el Santo de Israel es el redentor tuyo.

15. Yo haré que seas como un carro nuevo de trillar las mieses, armadas sus ruedas de dientes de hierro; tú trillarás y desmenuzarás los montes, y reducirás como a polvo los collados.

16. Los aventarás, y el viento se los llevará, y los esparcirá el torbellino; y tú rebosarás de alegría en el Señor, y te regocijarás en el Santo de Israel.

17. Los pobres y menesterosos buscan agua, y no la hay; secóse de sed su lengua; Yo el Señor

los oiré benigno. Yo el Dios de Israel no los abandonaré.

18. Yo haré brotar ríos en los más altos cerros, y fuentes en medio de los campos; al desierto lo convertiré en estanques de aguas, y en la tierra árida e inhabitable haré correr copiosos arroyos.

19. Haré nacer en la soledad el cedro, el setim, y el arrayán, y el olivo; y en el desierto mismo produciré a un tiempo el abeto, el olmo y el boj;

20. a fin de que todos a una vean, y sepan, y consideren, y comprendan que la mano del Señor es la que ha hecho una tal cosa, y que es el Santo de Israel quien la ha criado.

21. Salid ahora a defender vuestra causa, dice el Señor: alegad si tenéis alguna razón fuerte, dice el rey de Jacob.

22. Vengan vuestros dioses y anúnciennos cuantas cosas están por suceder: declaren las antiguas que ya fueron, y estaremos atentos, y sepamos los sucesos que vendrán después; anúnciennos lo que ha de suceder.

23. Vaticinad, ¡oh ídolos!, lo que ha de acontecer en lo venidero y entonces conoceremos que vosotros sois dioses; haced el bien o el mal, si es que podéis hacer algo; y hablemos y discurramos juntos sobre vuestro poder.

24. Pero es claro que vosotros sois hechos de la nada, y de una cosa que nada es viene vuestro ser: abominable es quien os escogió para adoraros como dioses.

25. Yo, empero, llamé al justo Abrahán del Norte, para que viniese del Oriente; él invocó mi Nombre, y pisó como lodo a los príncipes, y como el alfarero que pisa el barro.

26. ¿Quién otro más que Yo ha anunciado estas cosas desde su principio, decidlo a fin de que le conozcamos, y desde los tiempos antiguos, para que digamos: tienes razón, a favor tuyo está la justicia? Mas no hay entre vuestros ídolos quien profetice, ni quien prediga lo futuro, ni quien oiga siquiera las palabras de vuestra boca.

27. El primero dirá a Sión: helos ahí, y daré a Jerusalén un portador de alegres nuevas.

28. Y yo Isaías estuve observando, y no hubo allí entre estos partidarios de los ídolos ni uno siquiera que fuese capaz de consejo, ni de contestar una sola palabra a quien le preguntaba.

29. Luego todos son unos inicuos, y vanas son las obras de sus manos, viento y vanidad sus simulacros.

CAPÍTULO XLII

Caracteres del Libertador de Israel, y felicidad de su reino. Castigo de los idólatras.

1. He aquí mi siervo, yo estaré con él; mi escogido, en quien se complace el alma mía; sobre él he derramado mi espíritu; él mostrará la justicia a las naciones,

2. Mansísimo y modesto no voceará, ni será aceptador de personas; no se oirá en las calles su voz.

3. La caña cascada no la quebrará; ni apagará el pabilo que aún humea: ejercerá el juicio conforme a la verdad.

4. No será melancólico su aspecto, ni turbulento, mientras establecerá en la tierra la justicia; y de él esperarán la ley divina las islas.

5. Estas cosas dice el Señor Dios que crió y extendió los cielos; el que da al ser a la tierra y a cuanto en ella brota; el que da respiración a los pueblos que la habitan, y aliento a los que caminan por ella.

6. Yo el Señor te he llamado por amor o celo de la justicia, te he tomado por la mano, y te he preservado: te he puesto para ser el reconciliador del pueblo y luz de las naciones;

7. para que abras los ojos de los ciegos, y saques de la cárcel a los encadenados, y de la estancia de los presos a los que yacen entre tinieblas.

8. Yo soy el Señor (Jehová): éste es mi Nombre: la gloria mía no la cederé a otro, ni el honor mío a los vanos simulacros de los ídolos.

9. Las cosas anteriores que predije, ya veis que se han cumplido: ahora yo anuncio otras nuevas; y os las revelo a vosotros antes que sucedan.

10. Cantad al Señor un nuevo cántico, publicad sus alabanzas hasta los últimos términos de la tierra; vosotros que navegáis por la vasta extensión de los mares, y vosotras, ¡oh islas!, y todos sus moradores.

11. Levántese alegre el desierto con todas sus ciudades. Cedar habitará en hermosas casas: Moradores de Petra, cantad alabanzas al Señor, alzad la voz desde la cumbre de los montes.

12. Ellos darán gloria al Señor, y publicarán en las islas, o naciones remotas, sus alabanzas.

13. Porque el Señor saldrá fuera como un invencible campeón; como un fuerte guerrero excitará su celo; dará voces y clamará; prevalecerá contra sus enemigos.

14. Hasta ahora, dirá Él, estuve siempre callado, guardé silencio, fui sufrido; mas ya como voces de mujer que está de parto, así serán las mías: desolaré y devoraré de un golpe a todos mis enemigos.

15. Yo arrasaré los montes y collados frondosos, y agostaré todas sus yerbas, y convertiré en islas los ríos, y secaré los estanques.

16. Y guiaré a los ciegos por un camino que no saben, y les haré andar por sendas que no conocen; convertiré delante de sus ojos las tinieblas en luz, y los caminos torcidos en vías rectas; tales cosas haré en su favor, y jamás los desampararé.

17. Pero ellos apostatarán, y quedarán cubiertos de confusión los que ponen su confianza en los simulacros de los ídolos; los que dicen a las estatuas que han fundido: vosotros sois nuestros dioses.

18. Oíd, ¡oh sordos!; y vosotros, ciegos, abrid los ojos para ver.

19. ¿Y quién es el ciego, sino Israel, siervo mío? ¿Y quién el sordo, sino aquel a quien envié mis mensajeros? ¿Quién es el ciego, sino el que se ha vendido al enemigo? ¿Y quién es el ciego, sino el siervo del Señor?

20. Tú que ves tantas cosas vaticinadas por mis profetas, ¿cómo no haces reflexión sobre ellas? Tú que tienes abiertas las orejas, ¿cómo no escuchas?

21. Y eso que el Señor le tuvo a Israel buena voluntad, escogiéndola para santificarlo y para dar a conocer la grandeza y excelencia de su santa ley.

22. Mas ese mismo pueblo mío es saqueado y devastado; presos han sido todos sus jóvenes, y encerrados en las cárceles; arrebatados han sido, sin que haya quien los libre; robados, y no hay quien diga: restitúyelos.

23. ¿Quién hay entre vosotros que escuche, y atienda, y piense en lo que ha de venir?

24. ¿Quién ha abandonado a Jacob e Israel, para que sea presa de los que le han saqueado? ¿No es el mismo Señor contra quien hemos pecado, no queriendo seguir sus caminos, ni obedecer su ley?

25. Por eso ha descargado el Señor sobre este pueblo su terrible indignación, y le hace una guerra atroz, y le ha pegado fuego por todos sus costados, y ni por eso cayó Israel en la cuenta; y le ha entregado a las llamas, y con todo no ha entrado en conocimiento de sus culpas.

CAPÍTULO XLIII

Promete el Señor su protección a Israel, y se lamenta de la ingratitud de su pueblo. Se vaticina la conversión de los gentiles; y la reprobación de la Sinagoga, y su entrada en la Iglesia al fin de los siglos.

1. Y ahora he aquí lo que dice el Señor, Criador tuyo, ¡oh Jacob!; el que te formó, ¡oh Israel! No temas; pues yo te redimí y te llamé por su nombre: tú eres todo mío.

2. Cuando pasares por medio de las aguas, estaré yo contigo, y no te anegarán sus corrientes: cuando anduvieres por medio del fuego, no te quemarás, ni la llama tendrá ardor para ti.

3. porque Yo soy el Señor Dios tuyo, el Santo de Israel, tu Salvador; Yo di por tu rescate el Egipto, la Etiopía, y a Sabá.

4. Después que te hiciste estimable y glorioso a mis ojos, Yo te he amado, y entregaré por ti hombres, y daré pueblos por tu salvación.

5. No temas, pues, porque yo estoy contigo: desde el oriente conduciré tus hijos, ¡oh Jerusalén!, y desde el occidente los congregaré.

6. Dámelos, diré al septentrión; y al mediodía: no los retengas; traedme a mis hijos de sus remotos climas, y a mis hijas del cabo del mundo;

7. porque a todos aquellos que invocan mi santo Nombre los crié, los formé, e hice para gloria mía.

8. Echa, empero, fuera al pueblo aquel que es ciego, aunque tiene ojos, y sordo, no obstante que tiene orejas.

9. Júntense a una las naciones todas, y reúnanse las tribus: ¿quién de vosotros anunciará esto, y nos hará oír aquello que debe primeramente acontecer? Presenten sus testigos, justifíquense de modo que los oyentes puedan decir: verdad es.

10. Vosotros, dice el Señor, sois mis testigos, y el siervo mío a quien es; a fin de que conozcáis, y creáis, y comprendáis bien que yo soy el mismo Dios. No fue formado antes de mi Dios alguno, ni lo será después de mí.

11. Yo soy, Yo soy el Señor, y no hay otro salvador que Yo.

12. Yo lo predije, y yo fui el que os salvé, os lo hice conocer, y no hubo entonces dios extraño entre vosotros; vosotros sois mis testigos, dice el Señor, y vosotros sabéis que yo soy el Dios único y verdadero;

13. y Yo soy el mismo desde el principio o desde la eternidad; y no hay nadie que pueda sustraerse de mi mano. Yo haré una cosa, ¿y quién me la impedirá?

14. Esto dice el Señor y Redentor vuestro, el Santo de Israel: Por amor de vosotros he enviado gentes a Babilonia, y he echado por tierra todas sus defensas, y a los caldeos que se jactaban de sus naves

15. Yo el Señor, el Santo vuestro, el Criador de Israel, el rey vuestro.

16. Esto dice el Señor que abrió camino en el mar, y senda en medio de corrientes impetuosas.

17. Él es quien hizo salir de Egipto carros armados y caballos: los escuadrones y todos

sus valientes durmieron a una el sueño de la muerte, y no despertarán; fueron machacados como lino, y perecieron.

18. Mas no hagáis mención de las cosas pasadas, ni miréis a las antiguas.

19. Heos aquí que las haré yo nuevas y más maravillosas, y ahora saldrán a luz, y vosotros las presenciaréis: abriré un camino en el desierto, y manantiales de agua en país yermo.

20. Las bestias fieras, los dragones y avestruces me glorificarán; porque he hecho brotar aguas en el desierto, y ríos en despoblado, para que beba mi puebo, mi pueblo escogido;

21. pueblo que Yo formé para mí el cual cantará mis alabanzas.

22. Pues que tú, ¡oh Jacob!, no me invocaste: ni hiciste caso de mí, ¡oh Israel!

23. No me ofreciste a mí los carneros en holocausto, ni me has honrado con tus sacrificios; no soy yo aquel a quien tú has servido con ofrendas; ni el que te ha dado el trabajo de quemar el incienso.

24. No has comprado para mí, con dinero, la caña aromática, ni me has satisfecho con la grosura de tus víctimas. Antes bien te has servido de mí en tus pecados, y me has causado gran pena con tus iniquidades.

25. Yo soy, no obstante, Yo mismo soy el que borró tus iniquidades por amor de mí mismo, y no me acordaré más de tus pecados.

26. Tráeme si no tú a la memoria tus acciones; entremos ambos en juicio: alega si tienes alguna cosa que te justifique.

27. Tu padre pecó el primero y prevaricaron contra mí tus interceptores o mediadores.

28. Por eso declaré inmundos los príncipes del santuario, y a Jacob le entregué al exterminio, y a Israel al oprobio.

CAPÍTULO XLIV

Dios consuela a su pueblo, prometiéndole una maravillosa restauración y acrecentamiento. El Señor es el solo Dios verdadero. Vanidad de los ídolos y de los que los fabrican.

1. Ahora bien, escucha, ¡oh Jacob, siervo mío!, y tú, ¡oh Israel!, a quien escogí.

2. Esto dice el Señor, que te ha hecho y te ha formado, tu favorecedor desde el seno de tu madre: no temas, ¡oh Jacob, siervo mío!, y tú, ¡oh rectísimo!, a quien elegí para que fueses mío;

3. porque yo derramaré aguas sobre la tierra sedienta; y haré correr caudalosos ríos por los eriales: derramaré mi espíritu sobre tu linaje, y la bendición mía sobre tus descendientes.

4. Y crecerán como crecen los sauces entre la yerba junto a las corrientes de las aguas.

5. Éste dirá: yo soy del Señor; aquel otro se gloriará de llevar el nombre de Jacob; y otro escribirá sobre su mano: Soy del Señor, y se apellidará con un nombre semejante a Israel.

6. Esto es lo que dice el Señor, rey de Israel y su redentor, el Señor de los ejércitos: Yo soy el primero, y Yo el último, y fuera de mí no hay otro Dios.

7. ¿Quién hay semejante a mí? Que se declare y se explique; y expóngame la serie de las cosas desde que Yo fundé la antigua gente del mundo: anuncie a los suyos lo por venir, y las cosas que han de suceder.

8. No temáis, pues, ni os conturbéis: Yo he sido, ¡oh Israel!, el que desde el principio te las hice saber a ti, y te las predije: vosotros me sois testigos. ¿Hay por ventura otro Dios fuera de mí, u otro hacedor de las cosas a quien Yo no conozca?

9. Todos los forjadores de ídolos son un puro nada, y de nada les aprovecharán esas cosas que más aman. Ellos mismos para confusión propia son testigos de que los ídolos ni ven ni entienden.

10. ¿Quién es, pues, tan insensato que pensó formar un dios, y fundió una estatua que para nada sirve?

11. Lo cierto es que todos cuantos tienen parte en esto, quedarán avergonzados, porque estos artífices son unos hombres necios; y si no, júntense todos ellos, y preséntense delante de mí, y temblarán todos, y quedarán confundidos.

12. El herrero trabaja el ídolo con la llama; en la fragua y a golpes de martillo lo forja, labrándolo a fuerza de brazos; y sentirá a veces el hambre, y desfallecerá, y a pesar de su cansancio, no irá a beber agua.

13. El escultor extiende la regla sobre el madero, forma el ídolo con el cepillo, lo ajusta a la escuadra, le da su contorno con el compás, y saca la imagen de un hombre, asemejándola a un hombre bien parecido, que habita en una casa o templo.

14. Cortó cedros, trajo el roble y la encina criada entre los árboles del bosque; plantó un pino, que mediante la lluvia se hizo grande.

15. Y sírvese de estos árboles el hombre para el hogar; toma parte de ellos, y se calienta, y con su fuego cuece el pan; pero de lo restante fabrica un dios y lo adora; hace una estatua y se postra delante de ella.

16. Una parte del árbol quema en la lumbre, y con otra cuece la carne para comer, y compone el asado, se sacia y se calienta, y dice: ¡bueno!, me he calentado, he hecho un buen fuego.

17. Mas del resto del árbol forma para sí un dios y una estatua; se postra delante de ella, y la adora y le suplica, diciendo: sálvame, porque tú eres mi dios.

18. Son unos ignorantes, sin entendimiento; tienen embarrados los ojos para no ver, ni ser cuerdos.

19. No reflexionan, ni consideran, ni tienen seso para decir: yo quemé la una mitad al fuego, y cocí el pan sobre sus ascuas, aderecé las carnes, y las comí: ¿y del resto he de fabricar un ídolo? ¿Me he de postrar ante el tronco de un arbol?

20. Una parte de éste es ya ceniza; y no obstante un corazón necio lo adora, y no se desengaña a sí mismo diciendo: quizá la obra hecha por mi mano es una falsedad.

21. Acuérdate de estas cosas, ¡oh Jacob, tú, oh Israel!, ya que tú eres mi siervo. Yo te formé: siervo mío eres, ¡oh Israel!, no te olvides de mí.

22. Desvanecí, como a nube, tus maldades, y como a niebla tus pecados; conviértete a mí, pues yo te he redimido.

23. Cantad, ¡oh cielos!, alabanzas, porque el Señor ha hecho tan grande misericordia; alégrate, tierra, de un cabo a otro; montes, selvas y todas sus plantas, haced resonar sus alabanzas, porque redimió el Señor a Jacob, y será glorificado en Israel.

24. Esto dice el Señor, redentor tuyo, que te formó en el seno de la madre: Yo soy el Señor, Hacedor de todas las cosas, que por mí solo extiendo los cielos, y fundo la tierra, sin ayuda de nadie.

25. Que falsifico los presagios de los adivinos, y a los agoreros les quito el juicio; que dejo corridos a los sabios, y convierto en necedad su ciencia.

26. Yo soy el que llevo a efecto la palabra de mi siervo, y cumplo los oráculos de mis enviados o profetas: el que digo a Jerusalén destruida: habitada serás algún día; y a las ciudades de Judá: seréis reedificadas, y yo poblaré vuestros desiertos.

27. Yo el que digo al abismo: sécate; yo dejaré áridos tus ríos.

28. El que digo a Ciro: tú serás mi pastor; tú has de cumplir todos mis designios. El que digo a Jerusalén: tú serás reedificada; y al templo: tú serás fundado de nuevo.

CAPÍTULO XLV

Profecía de la victoria de Ciro. En la libertad que por medio de éste promete el Señor a los judíos cautivos en Babilonia, hace entrever la de todos los hombres por Jesucristo; que es el solo Dios, el Justo, el Salvador nuestro, y la ruina de la idolatría.

1. Esto dice el Señor a mi ungido Ciro, a quien he tomado de la mano para sujetar a su persona las naciones y hacer volver las espaldas a los reyes, y para abrir delante de él las puertas, sin que ninguna pueda resistirle:

2. Yo iré delante de ti, y humillaré a los grandes de la tierra; despedazaré las puertas de bronce y romperé las barras o cerrojos de hierro.

3. Y te daré a ti los tesoros escondidos y las riquezas recónditas; para que sepas que yo soy el Señor, el Dios de Israel, que ya desde ahora te llamo por tu mismo nombre.

4. Por amor de mi siervo Jacob, y de Israel mi escogido, te llamé por tu nombre, te puse el sobrenombre de *Ungido*, y tú no me conociste.

5. Yo el Señor, y no hay otro que Yo: no hay Dios fuera de mí. Yo te ceñí la espada, y tú no me has conocido;

6. y te armé, a fin de que sepan todos desde oriente a poniente, que no hay más Dios que Yo. Yo el Señor, y no hay otro.

7. Yo que formo la luz, y crío las tinieblas; que hago la paz, y envío los castigos a los pueblos. Yo el Señor, yo que hago todas estas cosas.

8. ¡Oh cielos!, derramad desde arriba vuestro rocío; y lluevan las nubes al Justo: ábrase la tierra, y brote al Salvador, y nazca con él la justicia. Yo el Señor le crié.

9. ¡Desdichado aquel que disputa contra su hacedor, no siendo más que una vasija de tierra o arcilla de Samos! ¿Acaso dirá el barro al alfarero: ¿qué haces?, ¿no ves que tu labor no tiene la perfección del arte?

10. ¡Ay del que dice a su padre: ¿por qué me engendraste?, y a su madre: ¿por qué me concebiste?!

11. No obstante, esto dice el Señor, el Santo de Israel a los hombres que él formó: Preguntadme sobre las cosas venideras, demandadme sobre mis hijos, y sobre las obras de mis manos.

12. Pues Yo hice la tierra y crié en ella al hombre; mis manos extendieron los cielos, y di mis órdenes a toda su milicia o celestial muchedumbre.

13. Yo soy también el que levantaré un varón (Ciro) para ejercer mi justicia, y dirigiré todos sus pasos; él reedificará mi ciudad, y dará libertad a mis hijos cautivos, sin rescate ni dádivas, dice el Señor Dios de los ejércitos.

14. Esto dice asimismo el Señor: las labores de Egipto, y el tráfico o comercio de Etiopía, y los sabeos, hombres agigantados, se pasarán a ti y serán tuyos; caminarán en pos de ti yendo

con esposas en las manos, y te adorarán, y te presentarán súplicas; en ti solamente está Dios, fuera del cual no hay otro Dios.

15. Verdaderamente eres Tú un Dios escondido o invisible, Dios de Israel Salvador nuestro.

16. Confusos y avergonzados quedaron todos los forjadores de los errores o ídolos; a una han sido cubiertos de oprobio.

17. Israel, empero, ha sido salvado por el Señor con salvación eterna: no seréis confundidos, ni tendréis de qué avergonzaros nunca jamás.

18. Porque esto dice el Señor, criador de los cielos, el mismo Dios que formó y conserva la tierra; el que es su Hacedor, y que no en vano la crió, sino que la hizo para que fuese habitada: Yo el Señor, y no hay otro que Yo.

19. No he hablado en oculto, en algún lugar tenebroso de la tierra; no dije al linaje de Jacob: buscadme inútilmente. Yo el Señor que enseño la justicia y predico la rectitud.

20. Reuníos y venid, y acercaos todos vosotros que habéis salido salvos de entre las naciones: confesad que son unos necios los que levantan una estatua de madera, que han entallado ellos mismos, y dirigen sus plegarias a un dios que no los puede salvar:

21. hablad con todos ellos, y venid, y consultad unos con otros: ¿quién anunció desde el principio estas cosas? ¿Quién desde entonces las predijo ya? ¿Por ventura no soy Yo el Señor? ¿Acaso hay otro Dios que Yo? Dios justo y que salve, no hay sino Yo.

22. Convertíos, pues, a mí, pueblos todos de la tierra, y seréis salvos; pues que yo soy Dios, y no hay otro que lo sea.

23. Jurado he por mí mismo; ha salido de mi boca una palabra justísima, y no será revocada;

24. es a saber: ante mí se doblará toda rodilla, y por mi nombre jurará toda lengua.

25. Dirán, pues (atestiguándolo en el Señor, o con juramento) que mía es la justicia y el imperio. Ante el Señor comparecerán y quedarán confundidos todos los que se le oponen.

26. Y entonces será justificada por el Señor, y glorificada o ensalzada toda la posteridad de Israel.

CAPÍTULO XLVI

Predice Dios la ruina de los ídolos; y exhorta a los israelitas a que se conviertan a Él para conseguir la salud por medio de Jesucristo.

1. Bel está hecho pedazos: Nabo queda reducido a polvo; sus simulacros, hechos trozos, sirven de carga para las bestias y jumentos; cargas que con su grave peso os abrumaban a vosotros.

2. Esos dioses han caído en tierra, y todos se han hecho pedazos: no han podido salvar al que los llevaba en las fiestas de su culto; antes bien ellos mismos han tenido que ir cautivos.

3. Escuchadme, ¡oh casa de Jacob!, y vosotros todos, restos de la casa de Israel, a quienes llevo yo en mi seno y traigo en mis entrañas.

4. Yo mismo os llevaré en brazos hasta la vejez, hasta que encanezcáis: Yo os hice, y yo os llevaré, Yo os sostendré siempre, y Yo os salvaré de todo peligro.

5. Mas vosotros, ¿a quién me habéis asemejado, e igualado; y parangonado, y héchome parecido?

6. Vosotros que sacáis del talego el oro, y pesáis la plata con la balanza, y os ajustáis con un platero para que haga un dios, ante quien se arrodille la gente y le adore;

7. al cual llevan en procesión sobre los hombros, y lo colocan en su nicho, y él allí se está; ni se moverá de su puesto; y aun cuando clamaren a él, nada oirá, ni los salvará de la tribulación.

8. Acordaos de esto, y avergonzaos; entrad en vosotros mismos, ¡oh prevaricadores!

9. Renovad la memoria de mis prodigios en los siglos antiguos; porque así veréis que yo soy Dios, y que no hay otro Dios, ni nadie que a mí sea semejante.

10. Yo soy el que desde el principio del mundo anuncio lo que ha de suceder al último, y predigo mucho tiempo antes aquello que todavía está por hacer. Yo que hablo y sostengo mi resolución, y hago que se cumplan todos mis deseos.

11. Yo que llamo al ave desde el oriente, o a un varón que ejecuta mi voluntad, haciéndole volar desde una región remota. Yo he dicho esto, y lo ejecutaré; yo lo he ideado, y lo cumpliré.

12. Oídme vosotros, corazones endurecidos, que tan lejos estáis de la justicia.

13. Yo aceleraré la venida de mi justicia: ella no tardará; y no se dilatará la salud que de mi viene. Yo pondré la salud en Sión, y haré brillar mi gloria en Israel.

CAPÍTULO XLVII

Ruina de Babilonia por causa de su soberbia y por la crueldad usada con los hijos de Israel y, en fin, por tener puesta la confianza en los agoreros, magos, etc.

1. Entonces dirán a Babilonia: ¡oh tú virgen, hija de Babilonia!, desciende y siéntate sobre

el polvo, siéntate en el suelo; ya no hay más trono para la hija de los caldeos; no te llamarán ya en adelante tierna y delicada.

2. Aplica como esclava tu brazo a la rueda del molino, y muele harina; manifiesta la fealdad de tu cabeza pelada, descubre tu espalda, arregázate de los vestidos, vadea los ríos.

3. Entonces será pública tu ignominia, patente tu oprobio. Yo me vengaré de ti, y no habrá hombre que se me oponga.

4. El redentor nuestro, ¡oh Israel!, es aquel que tiene por nombre Señor de los ejércitos, el Santo de Israel.

5. Tú, ¡oh hija de los caldeos!, infeliz Babilonia, guarda un mudo silencio, y escóndete en las tinieblas; porque ya no te llamarán más la señora de los reinos.

6. Porque me irrité contra mi pueblo, deseché como profana mi herencia, y los entregué en tus manos; tú empero, no tuviste compasión de ellos: agravaste en extremo tu yugo, aun sobre los ancianos.

7. Y dijiste: yo dominaré para siempre; y no pensaste en estas cosas ni reflexionaste en el paradero que habías de tener.

8. Ahora, pues, escucha estas palabras, ¡oh Babilonia!, tú que vives entre delicias, y que estás llena de arrogancia; tú que dices en tu corazón: yo soy la dominadora, y no hay otra más que yo; no quedaré jamás viuda o sin rey ni conoceré nunca la esterilidad.

9. Vendrán estos dos males súbitamente sobre ti en un mismo día: quedarás sin hijos, y quedarás viuda. Todo esto vendrá sobre ti por causa de la muchedumbre de tus maleficios, y por la extremada dureza tuya, hija de tus encantadores.

10. Tú te has tenido por segura en tu malicia, y dijiste: no hay quien me vea. Ese tu saber y ciencia vana te sedujeron, cuando orgullosa dijiste en tu corazón: yo soy la soberana, y fuera de mí no hay otra.

11. Caerá sobre ti la desgracia, y no sabrás de dónde nace; y se desplomará sobre ti una calamidad, que no podrás alejar con víctimas de expiación; vendrá repentinamente sobre ti una imprevista miseria.

12. Estáte con tus encantadores y con la muchedumbre de tus hechicerías en que te has ejercitado tanto, desde tu juventud, por si acaso puede esto ayudarte algo, o puedes tú hacerte más fuerte.

13. Pero ¡ah! en medio de la multitud de tus consejeros, tú te has perdido. Y si no, levántense y sálvente los agoreros del cielo, que contemplaban las estrellas y contaban los meses, para pronosticarte lo que te había de acontecer.

14. He aquí que se han vuelto como paja, el fuego los ha devorado; no librarán su vida de la violencia de las llamas; éstas no dejarán brasas con que se calienten las gentes, ni hogar ante el cual se sienten.

15. Tal será el paradero de todas aquellas cosas por las cuales tanto te afanaste; los opulentos comerciantes, que trataban contigo desde tu juventud, huyeron cada cual por su camino: no hay quien te salve.

CAPÍTULO XLVIII

Echa en cara el Señor a los judíos su hipocresía e ingratitud: sólo Dios ha predicho lo futuro y cumplido las promesas. Promete el perdón a Israel y le hace ver la felicidad de los que cumplen su Santa Ley.

1. Oíd estas cosas los de la casa de Jacob, vosotros que os apellidáis con el nombre de Israel, y venís de la estirpe de Judá; vosotros que juráis en el nombre del Señor, y hacéis mención del Dios de Israel, mas no con verdad ni con justicia;

2. y que os llamáis ciudadanos de la ciudad santa, y estáis apoyados en el Dios de Israel, el cual tiene por nombre Señor de los ejércitos.

3. Yo anuncié mucho antes las cosas pasadas y las predije e hice oír de mi propia boca; de repente las puse en ejecución, y se efectuaron.

4. Porque sabía Yo que tú eres un pueblo duro, y que tu cerviz es de nervios de hierro, y tu frente de bronce.

5. Te las predije muy de antemano; antes que sucedieran te las hice saber, a fin de que nunca dijeses: mis ídolos han hecho estas cosas, y lo han ordenado así mis estatuas de escultura y de fundición.

6. Mira ejecutado todo lo que oíste: ¿y acaso no lo habéis vosotros mismos pregonado? Hasta ahora te he revelado cosas nuevas, y tengo reservadas otras que tú no sabes.

7. Ahora es cuando estas predicciones te son hechas, y no antes; pues hasta aquí tú no oíste hablar de ellas, a fin de que no puedas decir: ya yo me las sabía.

8. Ni las habías oído, ni las sabías; ni entonces tenías abiertas tus orejas: que bien sé que tú has de proseguir siempre prevaricando; y prevaricador te llamé desde el seno de tu madre.

9. Con todo por amor de mi Nombre contendré mi furor; y con la gloria mía te tiraré del freno para que no te despeñes.

10. Mira: Yo te he acrisolado con el fuego de las tribulaciones; mas no como la plata, sino

que he hecho prueba de ti en la fragua de la pobreza.

11. Por mi respeto, por respeto mío haré esto, a fin de que no sea yo blasfemado de vuestros enemigos: que no daré Yo jamás a otro mi gloria.

12. Escúchame, ¡oh Jacob, y tú, oh Israel!, a quien Yo doy nombre: Yo mismo, Yo el primero y yo el último.

13. Mi mano fue la que fundó la tierra, y mi diestra la que midió los cielos: a una voz que yo les dé, al momento se presentarán todos.

14. Reuníos todos vosotros, pueblos, y escuchadme: ¿cuál de esos ídolos anunció tales cosas? El Señor amó a este hombre; y este Ciro ejecutará la voluntad del Señor en Babilonia, y será su brazo contra los caldeos.

15. Yo, Yo soy el que le he hablado, y Yo el que lo he llamado: Yo lo he guiado, y le he allanado el camino.

16. Acercaos a mí y escuchad esto. Yo desde el principio jamás he hablado a escondidas: ya tiempo antes que esto sucediese, estaba Yo allí, y ahora me ha enviado el Señor Dios, y su Espíritu.

17. Esto dice el Señor tu redentor, el Santo de Israel: Yo el Señor Dios tuyo que te enseñó lo que te importa, y te dirijo por el camino que sigues.

18. ¡Ojalá hubieras atendido a mis mandamientos!; hubiera sido tu paz o felicidad como un río, y tu justicia o santidad tan copiosa como los abismos del mar,

19. y como sus arenas la descendencia tuya, y como sus granitos o piedrecitas los hijos de tus entrañas; no hubiera perecido, ni quedado borrado su nombre delante de mis ojos.

20. Salid, pues, ahora de Babilonia, huid de los caldeos, anunciad con voces de júbilo, haced saber esta alegre nueva, y llevadla hasta las últimas extremidades del mundo: decid en todas partes: redimió el Señor a los hijos de su siervo Jacob.

21. Cuando los guió por el desierto, no padecieron sed; de una roca les hizo salir agua; rompió la peña, y brotaron aguas en abundancia.

22. Pero para los impíos no hay paz, dice el Señor.

CAPÍTULO XLIX

El Mesías prometido a los judíos, y reconocido por ellos, forma su reino compuesto de todas las naciones. Felicidad de los que creen en Él. Consuela a Sión abominada de Dios, pronunciando su futura conversión y su gloria.

1. ¡Oíd, israelitas, y atended, pueblos distantes! El Señor me llamó desde el vientre de mi madre; se acordó o declaró mi nombre cuando yo estaba aún en el seno materno.

2. E hizo mi boca o mis palabras como una aguda espada; bajo la sombra de su mano me cobijó; e hizo de mí como una saeta bien afilada, y me ha tenido guardado dentro de su aljaba.

3. Y díjome: siervo mío eres tú ¡oh Israel!, en ti seré yo glorificado.

4. Pero yo dije: en vano me he fatigado predicando a mi pueblo; sin motivo y en balde he consumido mis fuerzas: por tanto espero que el Señor me hará justicia, y en mi Dios está depositada la recompensa de mi obra.

5. Por lo que ahora el Señor, que me destinó desde el seno de mi madre para ser siervo suyo, me dice que yo conduzca a Jacob nuevamente a Él, mas Israel no querría reunirse: yo, empero, seré glorificado a los ojos del Señor, y mi Dios se ha hecho mi fortaleza.

6. Él me ha dicho: poco es el que tú me sirvas para restaurar las tribus de Jacob y convertir los despreciables restos de Israel: he aquí que Yo te he destinado para ser luz de las naciones, a fin de que tú seas la salud o el Salvador enviado por mí hasta los últimos términos de la tierra.

7. Esto dice el Señor, el Redentor, el Santo de Israel, al hombre reputado como despreciable entre los suyos; a la nación o nueva Iglesia abominada de todos, a aquel que es tratado como un esclavo de los príncipes. Día vendrá en que los reyes y los príncipes al verte se levantarán, y te adorarán por amor del Señor, porque ha sido fiel en sus promesas, y por amor del Santo de Israel, que te escogió.

8. Esto dice también el Señor: En el tiempo de mi beneplácito otorgué tu petición, y en el día de la salvación te auxilié y te conservé, y te constituí reconciliador de mi pueblo, a fin de que tú restaurases la tierra, y entrases en posesión de las heredades devastadas;

9. para que dijeses a los que están encarcelados: Salid fuera; y a los que están entre tinieblas: Venid a ver la luz. En medio de los caminos hallarán con que alimentarse, y en todas las llanuras habrá que comer para ellos.

10. No padecerán hambre ni sed, ni el ardor del sol les ofenderá; porque aquel Señor que usa de tanta misericordia para con ellos, los conducirá, y los llevará a beber en los manantiales de las aguas.

11. Y haré caminos llanos para transitar por todos mis montes, y mis sendas se convertirán en calzadas.

12. Mira cómo vienen unos de remotos países, y otros desde el septentrión, y desde el mar u occidente, y estos otros de las regiones del mediodía.

13. ¡Oh cielos!, entonad himnos; y tú, ¡oh tierra!, regocíjate; resonad vosotros, ¡oh montes!, en alabanzas, porque el Señor ha consolado a su pueblo, y se apiadará de sus pobres.

14. Y entonces dijo Sión: el Señor me ha abandonado, y se ha olvidado de mí el Señor.

15. Pues qué, respondió el Señor, ¿puede la mujer olvidarse de su niño, sin que tenga compasión del hijo de sus entrañas? Pero aun cuando ella pudiese olvidarle, Yo nunca podré olvidarme de ti.

16. Mira cómo te llevo Yo grabado en mis manos: tus muros los tengo siempre delante de mis ojos.

17. Vendrán aquellos que han de reedificarte; y los que te destruían y asolaban se alejarán de ti.

18. Levanta, ¡oh Jerusalén!, tus ojos y mira alrededor de ti: todas estas gentes se han congregado para venir a ti. Yo te juro, dice el Señor, que de todas ellas te has de adornar como de un ropaje de gala, y engalanarte como una esposa.

19. Porque tus desiertos y tus soledades, y la tierra cubierta con tus ruinas, todo será entonces angosto para tus muchos moradores, y serán arrojados lejos de ti los que te devoraban.

20. Aun oirás que los hijos que tendrás después de tu esterilidad, dirán: Estrecho es para mí este lugar; dame sitio espacioso donde habite.

21. Y tú dirás en tu corazón: ¿quién me ha dado estos hijos a mí, que era estéril y no paría, expatriada y cautiva? Pues ¿quién crió estos hijos, estando yo sola y desamparada?; ¿de dónde han salido ellos?

22. He aquí lo que responde el Señor Dios: sábete que yo extenderé mi mano hacia las naciones, y enarbolaré entre los pueblos mi estandarte. Y a tus hijos te los traerán en brazos, y en hombros llevarán a tus hijas.

23. Y los reyes serán los que te alimenten, y las reinas tus amas de leche. Rostro por tierra te adorarán, y besarán el polvo de tus pies. Y entonces conocerás que Yo soy el Señor, y que no quedarán confundidos los que esperan en mí.

24. ¿Por ventura podrá quitársele a un hombre esforzado la presa?; ¿o podrá recobrarse aquello que ha arrebatado un varón valiente?

25. Sí: porque esto dice el Señor: Ciertamente que le serán quitados al hombre esforzado los prisioneros que ha hecho, y será recobrado que

arrebató el valiente. A aquellos, ¡oh Sión!, que te juzgaron a ti, yo los juzgaré; y Yo salvaré a tus hijos.

26. Yo haré comer a tus enemigos sus propias carnes; y que se embriaguen con su misma sangre, como si fuera mosto; y sabrán todos los mortales que quien te salva soy Yo el Señor, y que el fuerte Dios de Jacob es tu redentor.

CAPÍTULO L

La Sinagoga es repudiada por su rebeldía e incredulidad. Jesucristo, a quien ella insulta y ultraja, consuela a los fieles; y anuncia a los incrédulos su eterna perdición.

1. Esto dice el Señor: ¿qué libelo de repudio es ése, con el cual he desechado a vuestra madre? ¿O quién es ese acreedor mío, a quien os he yo vendido? Tened entendido que por vuestras maldades habéis sido vendidos, y que por vuestros crímenes os he repudiado yo a vuestra madre.

2. Porque yo vine al mundo, y no hubo nadie que me recibiese: llamé, y no hubo quien me escuchase. ¿Es por ventura que se ha acortado o achicado mi mano, de suerte que no pueda redimir? ¿O no tengo yo poder para libertaros? Sabed que a una amenaza mía haré del mar un desierto, y secaré los ríos; pudriránse los peces por falta de agua, y morirán en seco.

3. Cubriré los cielos de tinieblas, y los vestiré de un saco de luto.

4. El Señor me dio una lengua sabia, a fin de que sepa yo sostener con mis palabras al que está desmayado; Él me llama por la mañana, llama de madrugada a mis oídos, para que le escuche como a maestro.

5. El Señor Dios me abrió los oídos, y yo no me resistí: no me volví atrás.

6. Entregué mis espaldas a los que me azotaban, y mis mejillas a los que mesaban mi barba; no retiré mi rostro de los que me escarnecían y escupían.

7. El Señor Dios es mi protector; por eso no he quedado yo confundido; por eso presenté mi cara a los golpes, inmoble como una piedra durísima, y sé que no quedaré avergonzado.

8. A mi lado está el Dios y Padre mío, que me justifica; ¿quién se me opondrá? Presentémonos juntos en juicio: ¿quién es mi adversario?; lléguese a mí.

9. Sabed que el Señor Dios es mi auxiliador. ¿Quién es el que me condenará? Ciertamente que todos mis contrarios serán consumidos como un vestido muy gastado; la polilla se los comerá.

10. ¿Quién hay entre vosotros temeroso del Señor, y que escuche la voz de su siervo? Quien de entre los tales anduvo entre tinieblas y no tiene luz, espere en el Nombre del Señor, y apóyese en su Dios.

11. Pero he aquí que vosotros todos estáis encendiendo el fuego de la venganza divina, y estáis ya rodeados de llamas. Caminad, pues, a la luz de vuestro fuego y de las llamas que habéis encendido. Mi mano vengadora es la que así os trata: yaceréis entre dolores.

CAPÍTULO LI

Consuela el Señor a los pocos que han quedado de su pueblo, anunciándoles la restauración de Jerusalén por el Mesías, y la total ruina de sus enemigos.

1. Escuchadme, vosotros los que seguís la justicia y buscáis al Señor: atended a la cantera de donde habéis sido cortados, al manantial de que habéis salido.

2. Poned los ojos en el anciano Abrahán vuestro padre, y en Sara estéril que os parió: porque a él, que era solo, sin hijos, lo llamé, y lo bendije, y lo multipliqué.

3. Del mismo modo, pues, consolará el Señor a Sión, y reparará todas sus ruinas, y convertirá sus desiertos en lugares de delicias, y su soledad en un jardín amenísimo. Allí será el gozo y la alegría, el hacimiento de gracias, y las voces de alabanza a la gloria del Señor.

4. Atiende a lo que te digo, ¡oh pueblo mío!, y escúchame, nación mía; porque de mí ha de salir la nueva ley, y mi justicia se establecerá entre los pueblos a fin de iluminar!os.

5. Está para venir mi Justo. El Salvador que yo envío está ya en camino, y mi brazo regirá los pueblos; las islas o naciones de la tierra me estarán aguardando, y esperando en el poder de mi brazo.

6. Alzad al cielo vuestros ojos, y bajadlos después a mirar la tierra, porque los cielos como humo se desharán y mudarán, y la tierra se consumirá como un vestido, y perecerán como estas cosas sus moradores. Pero la salud o el Salvador que yo envío, durará para siempre, y nunca faltará mi justicia.

7. Escuchad los que conocéis lo que es justo; vosotros del pueblo mío, en cuyos corazones está grabada mi ley: No temáis los oprobios de los hombres, no os arredren sus blasfemias;

8. porque como a un vestido, así los roerá a ellos el gusano, y como a la lana, los devorará la polilla; mas la salvación que Yo envío, dura-

rá para siempre, y mi justicia por los siglos de los siglos.

9. Levántate, levántate: ármate de fortaleza, ¡oh brazo del Señor!; levántate como en los días antiguos y en las pasadas edades. ¿No fuiste Tú el que azotaste al soberbio Faraón, el que heriste al dragón de Egipto?

10. ¿No eres tú el que secaste el mar, las aguas de tempestuoso abismo; el que abriste camino en el profundo del mar para que pasaran los que habías libertado?

11. Ahora, pues, los que han sido redimidos por el Señor volverán y llegarán a su amada Sión cantando alabanzas, coronados de sempiterna alegría; tendrán gozo y alegría constante, y huirá de ellos el dolor y la pena.

12. Yo, Yo mismo os consolaré. ¿Quién eres tú que tanto temes a un hombre mortal y al hijo del hombre que como el heno ha de secarse?

13. Porque te has olvidado del Señor tu Creador, que extendió los cielos y fundó la tierra, por eso temblaste continuamente todo el día a vista del furor de aquel enemigo que te afligía y tiraba a exterminarte: ¿do está ahora el furor de aquel tirano?

14. Presto llegará aquel que viene a dar la libertad: que no permitirá el Señor el total exterminio, y no faltará nunca del todo su alimento.

15. En fin, Yo soy el Señor Dios tuyo que embravezco el mar, y encrespo sus olas: Señor de los ejércitos es mi nombre.

16. En tu boca he puesto mis palabras, y te he amparado con la sombra de mi poderosa mano, parque plantes los cielos y fundes la tierra, y digas a Sión: tú eres mi pueblo.

17. Álzate, ¡oh Sión!, álzate; levántate, ¡oh Jerusalén!, tú que has bebido de la mano del Señor el cáliz de su ira: hasta el fondo has bebido tú el cáliz que causa un mortal sopor, y has bebido hasta las heces.

18. De todos los hijos que ella engendró, no hay uno que la sostenga: y entre todos los hijos que ella ha criado, no hay quien la coja de la mano.

19. Doblados males son los que te han acontecido: ¿quién te compadecerá? Sobre ti ha venido la desolación y el exterminio, el hambre y la espada: ¿quién te consolará?

20. Tus hijos yacen tirados por tierra, atados duermen a lo largo de todas las calles, como búbalo enmaromado o preso, cubiertos de la indignación del Señor y de la venganza de tu Dios.

21. Por tanto, escucha esto tú, pobrecita Jerusalén, y embriagada no de vino, sino de aflicciones:

22. estas cosas dice tu dominador, el Señor Dios tuyo que peleará por su pueblo: Mira, yo voy a quitar de tu mano ese cáliz soporífero: las heces del cáliz de mi indignación no las beberás ya otra vez.

23. Yo lo pondré en la mano de aquellos que te han humillado, y que te dijeron en tu angustia: póstrate, para que pasemos por encima; y tú pusiste tu cuerpo como tierra que se pisa, y como camino que huellan los pasajeros.

CAPÍTULO LII

La redención del género humano está simbolizada en la libertad que Dios concedió, por medio de Ciro, al pueblo de Israel cautivo en Babilonia. Jesucristo será ensalzado y reconocido como Dios por todas las naciones.

1. Levántate, levántate, ¡oh Sión!, ármate de tu fortaleza; vístete de tus ropas de gala, ¡oh Jerusalén, ciudad del Dios Santo!, porque ya no volverá en adelante a pasar por medio de ti incircunciso, ni inmundo.

2. Álzate del polvo, levántate: toma asiento, ¡oh Jerusalén!, sacude de tu cuello el yugo, oh esclava hija de Sión.

3. Porque esto dice el Señor: de balde fuisteis vendidos, y sin dinero o graciosamente seréis rescatados.

4. Dice más el Señor Dios: mi pueblo bajó al principio a Egipto, para morar allí como forastero; pero Asur lo maltrató sin ningún motivo.

5. Y ahora ¿qué debo hacer Yo aquí, dice el Señor, después que mi pueblo ha sido llevado esclavo por nada? Sus amos hacen de tiranos, dice el Señor; y todo el día sin cesar está blasfemándose mi Nombre.

6. Por esto vendrá día en que mi pueblo conocerá la grandeza de mi Nombre: porque Yo el mismo que le hablaba he aquí que estoy ya presente.

7. ¡Oh cuán hermosos son los pies de aquel que sobre los montes de Israel anuncia y predica la paz!, de aquel que anuncia la buena nueva, de aquel que pregona la salud, y dice ya a Sión: reinará luego el Dios tuyo, y tú con Él!

8. Entonces se oirá la voz de tus centinelas: a un tiempo alzarán el grito, y cantarán cánticos de alabanza, porque verán con sus mismos ojos cómo el Señor hace volver del cautiverio a Sión.

9. Regocijaos y a una cantad alabanzas al Señor, oh desiertos de Jerusalén, pues ha consolado el Señor a su pueblo, ha rescatado a Jerusalén.

10. Ha revelado el Señor a la vista de todas las naciones la gloria de su santo brazo, y todas las regiones del mundo verán al Salvador que envía nuestro Dios.

11. Marchad luego, marchaos, salid de ahí, no toquéis cosa inmunda, salid de en medio de ella, purificaos vosotros los que traéis los vasos del Señor.

12. Que no partiréis tumultuariamente, ni en precipitada fuga; pues el Señor irá delante de vosotros, y el Dios de Israel os congregará.

13. Sabed que mi siervo estará lleno de inteligencia y sabiduría; será ensalzado y engrandecido, y llegará a la cumbre misma de la gloria.

14. Al modo que tú, ¡oh Jerusalén!, fuiste en tu ruina el asombro de muchos; así también su aspecto parecerá sin gloria delante de los hombres, y en una forma despreciable entre los hijos de los hombres.

15. El rociará o purificará a muchas naciones, en su presencia estarán los reyes escuchando con silencio: porque aquellos a quienes nada se había anunciado de él por sus profetas, lo verán, y los que no habían oído hablar de él, lo contemplarán.

CAPÍTULO LIII

Profetiza Isaías que muchos no creerán en el Evangelio; predice claramente la pasión y muerte de Jesucristo, por nuestros pecados, y su gloriosa exaltación, y la propagación del Evangelio.

1. Mas ¡ay! ¿quién ha creído, o creerá a nuestro anuncio? ¿Y a quién ha sido revelado ese Mesías, brazo o virtud del Señor?

2. Porque él crecerá a los ojos del pueblo como una humilde planta, y brotará como una raíz en tierra árida; no es de aspecto bello, ni es esplendoroso: nosotros lo hemos visto, dicen, y nada hay que atraiga nuestros ojos, ni llame nuestra atención hacia él.

3. Vímoslo después despreciado, y el desecho de los hombres, varón de dolores, y que sabe lo que es padecer; y su rostro como cubierto de vergüenza y afrentado; por lo que no hicimos ningún caso de él.

4. Es verdad que él mismo tomó sobre sí nuestras dolencias y pecados, y cargó con nuestras penalidades; pero nosotros lo reputamos entonces como un leproso, y como un hombre herido de la mano de Dios y humillado,

5. siendo así que por causa de nuestras iniquidades fue él llagado, y despedazado por nuestras maldades; el castigo de que debía nacer nuestra paz con Dios, descargó sobre

él, y con sus cardenales fuimos nosotros curados.

6. Como ovejas descarriadas hemos sido todos nosotros; cada cual se desvió de la senda del Señor para seguir su propio camino, y a él sólo le ha cargado el Señor sobre las espaldas la iniquidad de todos nosotros.

7. Fue ofrecido en sacrificio porque él mismo lo quiso; y no abrió su boca para quejarse; conducido será a la muerte sin resistencia suya, como va la oveja al matadero, y guardará silencio sin abrir siquiera su boca delante de sus verdugos, como el corderito que está mudo delante del que le esquila.

8. Después de sufrida la opresión e inicua condena, fue levantado en alto. Pero la generación suya ¿quién podrá explicarla? Arrancado ha sido de la tierra de los vivientes; para expiación de las maldades de mi pueblo le he yo herido, dice el Señor.

9. Y en recompensa de bajar al sepulcro le concederá a Dios la conversión de los impíos; tendrá por precio de su muerte al hombre rico; porque él no cometió pecado, ni hubo dolo en sus palabras.

10. Y quiso el Señor consumirle con trabajos; mas luego que él ofrezca su vida como hostia por el pecado, verá una descendencia larga y duradera, y cumplida será por medio de él la voluntad del Señor.

11. Verá el fruto de los afanes de su alma, y quedará saciado. Este mismo Justo, mi siervo, dice el Señor, justificará a muchos con su doctrina o predicación; y cargará sobre sí los pecados de ellos.

12. Por tanto, le daré como porción, o en herencia suya, una gran muchedumbre de naciones: y repartirá los despojos de los fuertes; pues que ha entregado su vida a la muerte, y ha sido confundido con los facinerosos, y ha tomado sobre sí los pecados de todos, y ha rogado por los transgresores.

CAPÍTULO LIV

Propagación admirable de la Iglesia por todo el mundo; Jesucristo, su espiritual Esposo, la colmará de dones, y vendrá tiempo en que todos sus hijos serán justos, santos y libres de todas las maquinaciones de sus enemigos.

1. Regocíjate, pues, ¡oh estéril!, tú que no pares; canta himnos de alabanza y de júbilo tú que no eres fecunda: porque ya son muchos más los hijos de la que había sido desechada, que los de aquella que tenía marido, dice el Señor.

2. Toma un sitio más espacioso para tus tiendas, y extiende cuanto puedas las pieles o cubiertas de tus pabellones, alarga tus cuerdas, y afianza más tus estacas.

3. Porque tú te extenderás a la derecha y a la izquierda; y tu prole señoreará las naciones, poblará las ciudades ahora desiertas.

4. No temas: no quedarás confundida, ni sonrojada, ni tendrás de qué avergonzarte; porque ni memoria conservarás de la confusión de tu mocedad, ni te acordarás más del oprobio de tu viudez.

5. Pues será tu dueño y esposo aquel Señor que te ha criado, cuyo nombre es el Señor de los ejércitos; y tu redentor, el Santo de Israel, será llamado el Dios de toda la tierra

6. Porque el Señor te ha llamado a sí cuando eras como una mujer desechada, y angustiada de espíritu, como una mujer que ha sido repudiada desde su tierna edad, dice tu Dios.

7. En efecto, por un momento, por poco tiempo te desamparé, dice el Señor; mas ahora Yo te reuniré a mí, usando de gran misericordia.

8. En el momento de mi indignación aparté de ti mi rostro por un poco; pero en seguida me he compadecido de ti con eterna misericordia, dice el Señor que te ha redimido.

9. Hago lo que en los días de Noé, a quien juré que no derramaría más sobre la tierra las aguas del diluvio: así Yo juro no enojarme contigo ni vituperarte más.

10. Aun cuando los montes sean conmovidos, y se estremezcan los collados, mi misericordia no se apartará de ti, y será firme la alianza de paz que he hecho contigo, dice el Señor, compadecido de ti.

11. Pobrecilla, combatida tanto tiempo de la tempestad, privada de todo consuelo: mira, Yo mismo colocaré por orden las piedras, y te edificaré sobre zafiros,

12. y haré de jaspe tus baluartes, y de piedras de relieve tus puertas, y de piedras preciosas todos tus recintos.

13. Tus hijos todos serán adoctrinados por el mismo Señor, y gozarán abundancia de paz, o completa prosperidad.

14. Y tendrás por cimientos la justicia; estarás segura de la opresión, y no tendrás que temerla; y del espanto, el cual no tendrá lugar en ti.

15. He aquí que vendrá el forastero que no estaba conmigo; unirse ha contigo aquel que en otro tiempo era para ti extranjero.

16. Sábete que yo he criado el herrero que soplando con los fuelles enciende los carbones para formar un instrumento para la obra suya, y yo crié también al matador que lo emplea después para matar a los hombres.

17. Ningún instrumento preparado contra ti te hará daño: y tú condenarás toda lengua que se presente en juicio contra ti. Ésta es la herencia de los siervos del Señor, y ésta es la justicia que deben esperar de mí, dice el Señor.

CAPÍTULO LV

Convida Jesucristo a todos los hombres a la pacticipación de su gracia por medio de la viva fe en Él, y asegurándoles la inmutable misericordia de Dios, los llama a la penitencia.

1. Sedientos, venid todos a las aguas; y vosotros que no tenéis dinero apresuraos, comprad y comed; venid, comprad sin dinero y sin ninguna otra permuta vino y leche.

2. ¿Por qué expendéis vuestro dinero en cosas que no son buen alimento, y empleáis vuestras fatigas en lo que no puede saciaros? Escuchadme con atención; y alimentaos del buen manjar, y vuestra alma se recreará en lo más sustancioso de las viandas.

3. Prestad oídos a mis palabras, y venid a mí: escuchad, y vuestra alma hallará vida, y asentaré con vosotros alianza sempiterna, en cumplimiento de las misericordias prometidas a David.

4. He aquí que Yo voy a presentarle por testigo de mi verdad a los pueblos, y por caudillo, y por maestro o legislador a las naciones.

5. He aquí que entonces, tú, ¡oh Jerusalén!, llamarás al pueblo gentil que tú no reconocías; y las naciones que no te conocían, correrán a ti por amor del Señor Dios tuyo, y del Santo de Israel que te habrá llenado de gloria.

6. Buscad al Señor, mientras pueda ser hallado: invocadle mientras está cercano.

7. Abandone el impío su camino y el inicuo sus designios, y conviértase al Señor, el cual se apiadará de él, y a nuestro Dios, que es generosísimo en perdonar.

8. Que los pensamientos míos no son vuestros pensamientos, ni vuestros caminos son los caminos míos, dice el Señor;

9. sino que cuanto se eleva el cielo sobre la tierra, así se elevan mis caminos sobre los caminos vuestros, y mis pensamientos sobre los pensamientos vuestros.

10. Y al modo que la lluvia y la nieve descienden del cielo, y no vuelven allá, sino que empapan la tierra, y la penetran, y la fecundan, a fin de que dé simiente que sembrar y pan que comer:

11. así será de mi palabra una vez salida de mi boca: no volverá a mí vacía o sin fruto, sino que obrará todo aquello que yo quiero, y ejecutará felizmente aquellas cosas a que yo la envié.

12. Por tanto saldréis con gozo de la esclavitud, y haréis en paz vuestro viaje a Jerusalén; los montes y los collados resonarán a vuestra vista en cánticos de alabanza, y los árboles todos del país os aplaudirán meciendo sus ramas.

13. En vez de la pequeña planta del espliego se alzará el robusto abeto, y en lugar de la ortiga se verá crecer el arrayán; y el Señor tendrá desde entonces un nombre y una señal eterna que jamás desaparecerá.

CAPÍTULO LVI

Exhorta el Señor a todos los hombres al cumplimiento de su Ley; declarando que todos, sin distinción de naciones ni de cualidad de personas, entrarán en su Iglesia, y serán benditos. Amenazas contra los pastores de Jerusalén.

1. Esto dice el Señor: observad las reglas de la equidad, y practicad la justicia; porque la salvación que yo envío, está para llegar, y va a manifestarse mi justicia.

2. Bienaventurado el varón que así obra, y el hijo del hombre que a esto se atiene con firmeza; que observa el sábado, y no lo profana, y que guarda sus manos de hacer mal ninguno.

3. Y no diga ya el hijo del advenedizo o gentil que por la fe está unido al Señor: El Señor me ha separado de su pueblo con un muro de división. Ni tampoco diga el eunuco: he aquí que yo soy un tronco seco y estéril.

4. Porque esto dice el Señor a los eunucos: A los que observaren mis sábados o fiestas, y practicaren lo que yo quiero, y se mantuvieren firmes en mi alianza,

5. les daré un lugar distinguido en mi Casa, y dentro de mis muros, y un nombre más apreciable que el que les darían los hijos e hijas: daréles Yo un nombre sempiterno que jamás se acabará.

6. Y a los hijos del advenedizo que se unen al Señor para honrarle, y amar su santo Nombre, y para ser fieles siervos suyos; a todos los que observen el sábado, que no lo profanen, y que guarden fielmente mi alianza,

7. Yo los conduciré a mi santo monte, de la Iglesia, y en mi casa de oración los llenaré de alegría; me serán agradables los holocaustos y víctimas que ofrecerán sobre mi altar; porque mi Casa será llamada casa de oración para todos los pueblos.

8. Dice también el Señor Dios que congrega a los dispersos de Israel: Yo le agregaré

todavía aquellos que algún día han de reunírsele.

9. Vosotras las bestias todas del campo, todas las fieras del bosque, venid a devorar la presa.

10. Ciegos son todos sus atalayas, ignorantes todos: perros mudos impotentes para ladrar, visionarios, dormilones y aficionados a sueños vanos.

11. Y estos perros sin rastro de vergüenza, jamás se ven hartos de rapiñas. Los pastores mismos están faltos de toda inteligencia; todos van descarriados por su camino, cada cual a su propio interés desde el más alto hasta el más bajo.

12. Venid, dicen, bebamos vino; y embriaguémonos bien, y lo mismo que hoy haremos también mañana, y mucho más.

CAPÍTULO LVII

Amargas quejas del Señor por la insensibilidad de su pueblo, al cual reprende fuertemente y amenaza. Promete paz y consuelo a los que se conviertan, mientras el corazón de los impíos es un mar borrascoso.

1. Entretanto el Justo perece, y no hay quien reflexione sobre esto en su corazón, y son arrebatados los hombres piadosos, sin que nadie los sienta; siendo así que para libertarles de los males, es el Justo arrebatado de este mundo.

2. ¡Ah! venga sobre él la paz, descanse en su morada el que ha procedido rectamente.

3. Entretanto llegaos vosotros, moradores de Jerusalén, hijos de una agorera, raza de padre adúltero y de mujer prostituta.

4. ¿De quién habéis hecho vosotros befa? ¿Contra quién abristeis toda vuestra boca, y soltasteis la lengua para mofaros? ¿Acaso no sois vosotros hijos malvados y raza de bastardos?

5. ¿Vosotros que os solazáis venerando con infames placeres vuestros dioses a la sombra de todo árbol frondoso, sacrificando en honor suyo vuestros hijos en los torrentes y debajo de altas peñas?

6. Allá junto al torrente está, ¡oh hebreo!, tu heredad, allí tienes tu bien; y a estos dioses derramaste libaciones, y ofreciste sacrificios. ¿Pues cómo no he de indignarme a vista de tales cosas?

7. Sobre un excelso y encumbrado monte colocaste tu tálamo, y allá subiste para inmolar víctimas.

8. Y detrás de la puerta y tras el dintel colocaste los ídolos para tu recuerdo: junto a mí has pecado, recibiendo al adúltero, o adorando al ídolo; has ensanchado tu lecho y te has amancebado con otros semejantes: has amado su compañía descaradamente.

9. Con perfumes te ataviaste para ser presentada al rey, y has multiplicado tus afeites. Enviaste lejos tus embajadores, y te has abatido hasta los infiernos.

10. Has procedido idolatrando de muchísimos modos, y te has fatigado, y nunca dijiste: tomaré descanso; hallaste la vida y tus delicias en los ídolos obra de tus manos y por eso no has recurrido a mí.

11. ¿Qué es lo que tú temiste, tan acongojada, que así has faltado a la fe, ni te has acordado de mí, ni has reflexionado en tu corazón? Porque yo callaba y hacía el desentendido, por eso tú no hiciste caso de mí.

12. Pero Yo haré conocer cuál es tu justicia, y de nada te aprovecharán tus ídolos obras de tus manos.

13. Cuando levantares el grito quejándote, sálvente entonces aquellos dioses de las naciones que tú has recogido; mas a todos ellos se los llevará el viento, un soplo los disipará. Al contrario, quien pone en mí su confianza, tendrá por herencia la tierra, y poseerá mi santo monte de Sión.

14. Yo diré entonces: abrid camino, dejad expedito el paso, despejad la senda, apartad los estorbos del camino de mi pueblo.

15. Pues esto dice el excelso y el sublime Dios que mora en la eternidad, y cuyo nombre es Santo: el que habita en las alturas y en el santuario, y en el corazón contrito y humillado, para vivificar el espíritu de los humildes y dar vida al corazón de los contritos.

16. Que no para siempre he de ejercer la vindicta, ni conservar hasta el fin mi enojo; pues que de mi boca salió el espíritu, y crié yo las almas.

17. Por la malvada avaricia de mi pueblo, Yo me irrité y lo he azotado; le oculté mi rostro y me indigné, y él se fue vagando tras de los antojos de su corazón.

18. Yo vi sus andanzas y le di la salud, y le convertí al buen camino y le di mis consuelos, así a él como a los suyos que lloraban arrepentidos.

19. He criado la paz, fruto de mis labios, o promesas; paz para el que está lejos y para el que está cerca, dice el Señor; y los he curado a todos.

20. Pero los impíos son como un mar alborotado, que no puede estar en calma; cuyas olas rebosan en lodo y cieno.

21. No hay paz para los impíos, dice el Señor Dios.

CAPÍTULO LVIII

Cuál es el ayuno que Dios estima. Bendiciones que enviará el Señor sobre los que le sirven, y santifican sus fiestas.

1. Clama, pues, ¡oh Isaías!, no ceses: haz resonar tu voz como una trompeta, y declara a mi pueblo sus maldades, y a la casa de Jacob sus pecados;

2. ya que cada día me requieren como en juicio, y quieren saber mis consejos. Como gente que hubiese vivido justamente, y que no hubiese abandonado la ley de su Dios, así me demandan razón de los juicios o decretos de mi justicia, y quieren acercarse a Dios.

3. ¿Cómo es que, hemos ayunado, dicen al Señor, y Tú no has hecho caso; hemos humillado nuestras almas, y te haces el desentendido? Es, responde Dios, porque en el día mismo de vuestro ayuno hacéis todo cuanto se os antoja y apremiáis entonces mismo a todos vuestros deudores.

4. Es porque vosotros ayunáis para seguir los pleitos y contiendas, y herir con puñadas a otro sin piedad. No ayunéis como hasta hoy día, si queréis que se oigan en lo alto vuestros clamores.

5. El ayuno que yo aprecio, ¿consiste acaso en que un hombre mortifique por un día su alma, o en que traiga su cabeza inclinada o baja, de modo que casi forme un círculo, o se tienda sobre el círculo y la ceniza?. ¿Por ventura a esto lo llamarás tú ayuno y día aceptable al Señor?

6. ¿Acaso el ayuno que yo estimo no es más bien el que tú deshagas los injustos contratos, que canceles las obligaciones usuarias que oprimen, que dejes en libertad a los que han quebrado, y quites todo gravamen?

7. ¿Que partas tu pan con el hambriento, y que a los pobres y a los que no tienen hogar los acojas en tu casa, y vistas al que veas desnudo, y no desprecies tu propia carne o a tu prójimo?

8. Si esto haces amanecerá tu luz como la aurora, y llegará presto tu curación, y delante de ti irá siempre tu justicia, y la gloria del Señor te acogerá en su seno.

9. Invocarás entonces al Señor, y te oirá benigno; clamarás, y Él te dirá: aquí estoy. Si arrojares lejos de ti la cadena, y cesares de extender maliciosamente el dedo, y de charlar neciamente;

10. cuando abrieres tus entrañas para socorrer al hambriento, y consolares el alma angustiada, entonces nacerá para ti luz en las tinieblas, y tus tinieblas se convertirán en claridad de mediodía.

11. Y el Señor te dará un perpetuo reposo, y llenará tu alma de resplandores de gracia, y reforzará tus huesos; y serás como huerto bien regado y como manantial perenne cuyas aguas jamás faltarán.

12. Estos lugares desiertos desde muchísimos tiempos, serán por ti poblados; alzarás los cimientos que han de durar de generación en generación; y te llamarán el restaurador de los muros, y el que haces seguros los caminos.

13. Si te abstuvieres de caminar en día de sábado, y de hacer tu voluntad o gusto en mi santo día, y llamares al sábado día de reposo y santo o consagrado a la gloria del Señor, y lo solemnizares con no volver a tus andadas, ni hacer tu gusto, ni contentarte sólo con palabras,

14. entonces tendrás tus delicias en el Señor, y Yo te elevaré sobre toda terrena altura; y para alimentarte te daré la herencia de Jacob tu padre: que todo esto está anunciado por la boca del Señor.

CAPÍTULO LIX

Declara Isaías que los pecados del pueblo eran la causa de que Dios hubiese desamparado a Israel; pero que vendrá día en que, renovando con Él su alianza, destruirá a todos sus enemigos, y se ostentará glorioso haciendo felices a sus hijos arrepentidos.

1. Porque mirad que no se ha encogido la mano del Señor, para que ella no pueda salvar; ni se le han entupido sus oídos, para no poder oír vuestros clamores;

2. sino que vuestras iniquidades han puesto un muro de separación entre vosotros y vuestro Dios; y vuestros pecados le han hecho volver su rostro de vosotros para no escucharos.

3. Porque manchadas están de sangre vuestras manos, y llenos de iniquidad vuestros dedos; ni pronuncian más que la mentira vuestros labios, y sólo habla palabras de iniquidad vuestra lengua.

4. No hay quien clame por la justicia; no hay quien juzgue con verdad; sino que todos ponen su confianza en la nada, y tienen en su boca la vanidad. Concibieron o idearon el trabajo o daño del prójimos, y parieron la iniquidad.

5. Han hecho abrir, o que nacieran los huevos de áspides, y con sus afanes tejieron telas de araña: quien de dichos huevos comiere, morirá; y un basilisco es lo que saldrá si hubiere empollado alguno.

6. No serán buenas para vestidos las telas de ellos; ni podrán cubrirse con sus labores; los trabajos que hagan son trabajos inútiles; pues obra de iniquidad es la que tienen entre manos.

7. Sus pies corren a la maldad, y se apresuran a derramar la sangre inocente; pensamientos nocivos son todos sus pensamientos por

doquiera que pasan, dejan la desolación y el quebranto.

8. No conocen la senda de la paz, y sus pasos no van enderezados hacia la justicia; torcidos son sus senderos, y cualquiera que anda por ellos no sabe qué cosa es paz.

9. Por eso se alejó de nosotros el juicio recto, y no nos abrazará en su seno la justicia; esperamos la luz, y he aquí que nos hallamos con las tinieblas; la claridad del día, y caminamos a oscuras.

10. Vamos palpando la pared como ciegos; y andamos a tientas como si no tuviéramos ojos; en medio del día tropezamos como si estuviésemos en medio de la noche; estamos en oscuros lugares como los muertos en los sepulcros.

11. Como osos rugimos todos nosotros; y meditando nuestros pecados gemimos como palomas. Esperamos la justicia, y ella no parece: que llegue la salud, y ésta se alejó de nosotros.

12. Y es que nuestras maldades, oh Señor, se han multiplicado en tu presencia, y están atestiguando contra nosotros nuestros pecados; puesto que permanecen en nosotros nuestras iniquidades, y conocemos bien nuestros crímenes.

13. Pecado hemos y mentido contra el Señor, y hemos vuelto las espaldas por no seguir a nuestro Dios, y si para calumniar y cometer maldades; concebimos, y proferimos del corazón palabras de mentira.

14. Y así es que el recto juicio se volvió atrás, y la justicia se paró a lo lejos de nosotros, visto que la verdad ha sido por tierra en el foro, o tribunales, y que no ha hallado entrada.

15. Y la verdad fue puesta en olvido; y quedó oprimido o hecho presa de los malvados aquel que se apartó del mal. Vio esto el Señor e hirióle en los ojos el que ya no hubiese justicia;

16. y vio que no quedaba hombre de bien; y se pasmó de no encontrar quien se pusiese por medio y halló en su mismo brazo la salud, y su justicia fue la que le fortaleció.

17. Armóse de la justicia como de una coraza, y púsose en la cabeza el yelmo de la salud; la venganza es el ropaje con que se viste, y el celo es el manto con que se cubre.

18. Saldrá preparado para vengarse. y para descargar el merecido enojo sobre sus enemigos, y dar el justo pago a sus adversarios; Él tratará a las islas o naciones según su merecido.

19. Con esto temerán el Nombre santo del Señor los pueblos que están al Occidente, y los del Oriente venerarán su gloria y majestad; cuando venga como un río impetuoso impelido del espíritu del Señor

20. y llegue el Redentor que ha de redimir a Sión, y aquellos hijos de Jacob que se convierten del pecado, dice el Señor.

21. Y éste es mi nuevo pacto con ellos, dice el Señor: el Espíritu mío que está en ti, y las palabras mías que puse Yo en tu boca, no se apartarán de tus labios, dice el Señor, ni de la boca de tus hijos, ni de la boca de tus nietos, desde ahora para siempre.

CAPÍTULO LX

Triunfo de la Iglesia, en la cual irán entrando muchas naciones. Desterrada la iniquidad, el Señor será su paz, su santificación, y su felicidad eterna.

1. ¡Levántate, oh Jerusalén!, recibe la luz: porque ha venido tu lumbrera, y ha nacido sobre ti la gloria del Señor.

2. Porque he aquí que la tierra estará cubierta de tinieblas, y de oscuridad las naciones; mas sobre ti nacerá el Señor, y en ti se dejará ver su gloria.

3. Y a tu luz caminarán las gentes, y los reyes al resplandor de tu nacimiento.

4. Tiende tu vista alrededor tuyo, y mira: todos ésos se han congregado para venir a ti: vendrán de lejos tus hijos, y tus hijas acudirán a ti de todas partes.

5. Entonces te verás en la abundancia; se asombrará tu corazón, y se ensanchará cuando vendrá a unirse contigo la muchedumbre de naciones de la otra parte del mar; cuando a ti acudirán poderosos pueblos.

6. Te verás inundada de una muchedumbre de camellos, de dromedarios de Madián y de Efa: todos los sabeos vendrán a traerte oro e incienso, y publicarán las alabanzas del Señor.

7. Se recogerán para ti todos los rebaños de Cedar; para tu servicio serán los carneros de Nabayot, sobre mi altar de propiciación serán ofrecidos, y Yo haré gloriosa la Casa de mi majestad.

8. ¿Quiénes son ésos que vuelan como nubes, y como las palomas a sus nidos?

9. Sé, dice el Señor, que me están esperando con ansia las islas o naciones, y las naves del mar ya desde el principio, para que traiga de las remotas regiones a tus nuevos hijos, y con ellos su plata y su oro, que consagran al Nombre del Señor Dios tuyo, y al Santo de Israel que te ha glorificado.

10. Entonces los hijos de los extranjeros edificarán tus muros; y los reyes de ellos serán servidores tuyos; porque si bien estando enojado te afligí, ahora reconciliado uso contigo de misericordia.

11. Y estarán abiertas siempre tus puertas: ni de día ni de noche se cerrarán, a fin de que a toda hora pueda introducirte en ti la riqueza de las naciones, juntamente con sus reyes.

12. Puesto que la nación y el reino que a ti no se sujetare, perecerá, y tales gentes serán destruidas y asoladas.

13. A ti vendrá lo más precioso del Líbano, y el abeto, y el boj, y el pino para servir todos juntos al adorno de mi santuario, y Yo llenaré de gloria el lugar donde asentaré mis pies.

14. Y a ti vendrán y se te postrarán los hijos de aquellos que te abatieron, y besarán las huellas de tus pies todos los que te insultaban, y te llamarán la ciudad del Señor, y la Sión del Santo de Israel.

15. Por cuanto estuviste tú abandonada y aborrecida, sin haber quien te frecuentase, yo haré que seas la gloria de los siglos y el gozo de todas las generaciones venideras;

16. y te alimentarás con la leche de las naciones, y te criarán regios pechos; y conocerás que soy el Señor que te salva, el redentor tuyo, el fuerte de Jacob.

17. En vez de cobre te traerá oro, y plata en lugar de hierro; y en vez de maderas cobre, y en lugar de piedras hierro: y pondré por gobierno tuyo la paz, y por prelados tuyos la justicia.

18. No se oirá ya hablar más de iniquidad en tu tierra, ni de estragos ni de plagas dentro de tus confines; antes bien reinará la salud o felicidad dentro de tus muros, y resonarán en tus puertas cánticos de alabanza.

19. Ya no habrás menester sol que te dé luz durante el día, ni te alumbrará el esplendor de la luna; sino que el Señor mismo será la sempiterna luz tuya, y tu gloria o claridad el mismo Dios tuyo.

20. Nunca jamás se pondrá tu sol ni padecerá menguante tu luna; porque el Señor será para ti sempiterna luz tuya, y se habrán acabado ya los días de llanto.

21. El pueblo tuyo se compondrá de todos los justos; ellos poseerán eternamente la tierra, siendo unos pimpollos plantados por mí, obra de mis manos, para que yo sea glorificado.

22. El menor de ellos valdrá por mil y el parvulillo por una nación poderosísima. Yo el Señor haré súbitamente todo esto, cuando llegare su tiempo.

CAPÍTULO LXI

Ministerio u oficio del Mesías. Redención del género humano. Conversión de los gentiles por la predicación de los apóstoles. Consuelo de los fieles, y gloria de los pastores de la Iglesia.

1. A este fin ha reposado sobre mí el Espíritu del Señor; porque el Señor me ha ungido, y me ha enviado para evangelizar a los mansos y humildes, para curar a los de corazón contrito, y predicar la redención a los esclavos, y la libertad a los que están encarcelados;

2. para publicar el año de reconciliación con el Señor, o su jubileo, y el día de la venganza de nuestro Dios; para que yo consuele a todos los que lloran;

3. para cuidar de los de Sión que están llorando, y para darles una corona de gloria, en lugar de la ceniza que cubre sus cabezas; el óleo propio de los días solemnes y alegres en vez de luto; un ropaje de gloria en cambio de su espíritu de aflicción; y los que habitarán en ella serán llamados los valientes en la justicia, plantío del Señor para gloria suya.

4. Los cuales repoblarán los lugares que desde tiempos remotos están desiertos,y alzarán las ruinas antiguas, y restaurarán las ciudades yermas, despobladas desde siglos.

5. Entonces se presentarán los extranjeros, y apacentarán vuestros ganados, y los hijos de los forasteros serán vuestros labradores y viñadores.

6. Vosotros, empero, seréis llamados sacerdotes del Señor; a vosotros se os dará el nombre de ministros de Dios; seréis alimentados con la substancia de las naciones, os honraréis con la gloria de ellas.

7. En vez de vuestra doble confusión y vergüenza, daréis las gracias de la parte de herencia que os tocará; y por eso poseeréis en vuestra tierra doblada porción, y será perdurable vuestra alegría.

8. Porque soy Yo el Señor que amo la justicia, y que aborrezco el latrocinio consagrado en holocausto; y Yo recompensaré fielmente sus obras; y asentaré con ellos eterna alianza.

9. Y será discernido entre los pueblos su linaje y su descendencia en medio de las naciones: cuantos los vieren los conocerán luego, por ser ellos el linaje bendito del Señor.

10. Yo me regocijaré con sumo gozo en el Señor, y el alma mía se llenará de placer en mi Dios; pues Él me ha revestido del ropaje de la salud, y me ha cubierto con el manto de la justicia, como a esposo adornado con guirnalda, y como a esposa ataviada con sus joyas.

11. Porque así como la tierra produce sus plantas, y el jardín hace brotar la semilla que se ha sembrado en él, así el Señor Dios hará florecer

113

su justicia y su gloria, a vista de todas las naciones.

CAPÍTULO LXII

Isaías prosigue vaticinando la venida de Jesucristo, y la conversión de los gentiles. Felicidad y gloria de la Iglesia.

1. Yo no me estaré, pues, callado; sin cesar rogaré a favor de Sión; por amor de Jerusalén no he de sosegar hasta tanto que su Justo nazca como la luz del día, y resplandezca su Salvador cual brillante antorcha.
2. Las naciones, ¡oh Jerusalén!, verán a tu Justo; y los reyes todos a tu glorioso Salvador; y se te impondrá un nombre nuevo, que pronunciará el Señor de su propia boca.
3. Y serás, entonces, una corona de gloria en la mano del Señor, y una real diadema en mano de tu Dios.
4. Ya no serás llamada en adelante la repudiada, ni tu tierra tendrá el nombre de desierta; sino que serás llamada la querida mía, y tu tierra la poblada; porque el Señor ha puesto en ti sus delicias, y tu tierra estará llena de habitantes;
5. pues al modo que vive en paz y alegría un mancebo con la doncella que se escogió para esposa, así tus hijos morarán en ti: y como el gozo del esposo y de la esposa, así serás tú el gozo de tu Dios.
6. Sobre tus muros, oh Jerusalén, he puesto centinelas: todo el día y toda la noche estarán alerta, no callarán jamás. Vosotros, pues, que hacéis memoria del Señor, no os estéis callados,
7. y no estéis en silencio delante de él: rogadle, hasta tanto que restablezca a Jerusalén, y la ponga por objeto de alabanza en la tierra.
8. El Señor ha jurado por su diestra y por su brazo fuerte, diciendo: no daré más tu trigo para sustento de tus enemigos; ni beberán en adelante los extranjeros el vino tuyo, fruto de tu trabajo;
9. sino que aquellos que recogen el trigo lo comerán, y bendecirán al Señor; y aquellos que acarrean el vino, lo beberán en los atrios de mi santo templo.
10. Salid, pues, salid afuera de las puertas de Jerusalén, preparad el camino al pueblo, allanadle la senda, apartad de ellas las piedras, y alzad el estandarte o señal para los pueblos.
11. He aquí que el Señor ha mandado echar este pregón hasta las extremidades de la tierra y decir a la hija de Sión: mira que ya viene el Salvador tuyo; mira cómo trae consigo su galardón, y tiene delante de sí la recompensa para sus siervos.
12. Entonces tus hijos serán llamados pueblo santo, redimidos del Señor. Y a ti te llamarán ciudad apetecida de todos, y no la desamparada.

CAPÍTULO LXIII

El profeta representa a Jesucristo con la ropa teñida en sangre, después de vencidos nuestros enemigos. Israel es abandonado de Dios por su ingratitud: pero Isaías implora a favor de él la divina clemencia.

1. ¿Quién es ése que viene de Edom o Idumea, y de Bosra con las vestiduras teñidas de sangre? ¿Ése tan gallardo en su vestir, y en cuyo majestuoso andar se descubre la mucha fortaleza suya? Yo soy, responderá, el que predico la justicia, y soy el protector que da la salud a los hombres.
2. Pues ¿por qué está rojo tu vestido, y está tu ropa como la de aquellos que pisan la vendimia en el lagar?
3. El lagar lo he pisado yo solo, sin que nadie de entre las gentes haya estado conmigo. Píselos a los enemigos con mi furor, y los rehollé con mi ira y su sangre salpicó mi vestido, y manchó toda mi ropa.
4. Porque he aquí el día fijado en mi corazón para tomar venganza: es llegado ya el tiempo de redimir a los míos.
5. Eché la vista alrededor, y no hubo quien acudiese a mi socorro; anduve buscando y no hallé persona que me ayudase; y sólo me salvó mi brazo; y la indignación que concebí, ésa me sostuvo.
6. Y en mi furor pisoteé a los pueblos, y los embriagué de su sangre en mi indignación, y postré por tierra sus fuerzas.
7. Yo me acordaré de las misericordias del Señor; y al Señor alabaré por todas las cosas que él ha hecho a favor nuestro, y por la muchedumbre de sus beneficios concedidos a la casa de Israel, según su benignidad y la dilatada serie de sus piedades.
8. Porque él dijo: al cabo de éste el pueblo mío; son mis hijos: no me faltarán más a la fidelidad; y con eso se hizo Salvador suyo.
9. En todas las tribulaciones que les acontecieron, jamás se cansó el Señor de librarlos, antes bien el ángel que está en su presencia los sacaba a salvo; y Él mismo a impulso de su amor y de su clemencia los redimió, y los sobrellevó, y los ensalzó en todo tiempo.
10. Mas ellos lo provocaron a ira, y contristaron el espíritu de su santo; y el Señor se les

convirtió en enemigo, y él mismo los derrotó.

11. Pero luego se acordó de los tiempos antiguos; de Moisés y de su pueblo. ¿Dónde está, dijo, ahora aquel que los sacó del mar Bermejo a ellos y a los que eran pastores de su grey? ¿Dónde está aquel que puso en medio de ellos el espíritu de su Santo?

12. ¿Dónde el que puesto a la derecha de Moisés los sacó de Egipto con su majestuoso brazo; el que delante de ellos dividió las aguas del mar, con lo cual se adquirió un renombre sempiterno;

13. el que los guió por medio de los abismos, como se hace con un vigoroso caballo por una llanura desierta, sin ningún tropiezo?

14. Como se lleva a un jumento por una ladera al campo, con el mayor sosiego; así los condujo el espíritu del Señor, así, ¡oh Dios!, fuiste tú el conductor de tu pueblo, a fin de adquirirte un nombre glorioso.

15. Atiende desde el cielo, ¡oh Señor!, y echa una mirada hacia nosotros desde el lugar santo donde moras tú, y reside la gloria tuya. ¿Dónde está ahora tu celo y tu fortaleza, la turnura de tus entrañas y la grannmisericordia tuya? ¿Por qué no la usas conmigo?

16. Tú, no obstante, eres nuestro verdadero padre; porque Abrahán no nos conoció, e Israel no supo nada de nosotros. Sí, Tú, ¡oh Señor!, eres nuestro Padre, nuestro Redentor: éste es tu nombre desde la eternidad.

17. ¿Y por qué, Señor, nos dejaste desviar de tu camino?; ¿por qué permitiste que se endureciese nuestro corazón, de modo que perdiésemos tu santo temor? Vuélvete a nosotros por amor de tus siervos, y de las tribus que forman la herencia tuya.

18. Como si tu pueblo santo nada fuese a tu vista, se han enseñoreado de él nuestros enemigos, han pisoteado tu santuario.

19. Hemos vuelto a ser como al principio, antes queTú te hubieses posesionado de nosotros, ni llevásemos el nombre de pueblo tuyo.

que se hiciese manifiesto tu Nombre a tus enemigos, y temblasen delante de ti las naciones.

3. Cuando Tú habrás hecho estas maravillas, no podremos soportarlas: has descendido del cielo, y al verte los montes, se han derretido.

4. Desde que el mundo es mundo, jamás nadie ha entendido, ni ninguna oreja ha oído, ni ha visto ojo alguno, sino solo Tú, ¡oh Dios!, las cosas que tienes preparadas para aquellos que te están aguardando.

5. Tú saliste al encuentro de aquellos que se regocijan en ti, y practican la justicia; de aquellos que caminando con alegría por tus caminos se acuerdan de ti. Mas Tú ahora estás enojado contra nosotros, porque hemos pecado; en pecados estuvimos siempre enredados; y con todo, por tu misericordia, seremos salvos.

6. Todos nosotros venimos a ser como un inmundo leproso, y como un sucio y hediondo trapo todas nuestras obras de justificación: como la hoja de los árboles hemos caído todos, y nuestras maldades como un viento impetuoso nos han arrebatado y esparcido.

7. No hay ninguno que invoque tu Nombre; no hay quien se levante para mediar, y te detenga; nos has escondido tu rostro, y nos has estrellado contra nuestra misma maldad.

8. Ahora bien, Señor, Tú eres nuestro padre; nosotros somos el barro, y Tú el alfarero; obras somos todos de tus manos.

9. No te irrites, Señor, en demasía, ni te acuerdes más de nuestra maldad; mira y atiende a que somos todos pueblo tuyo.

10. Ha quedado desierta la ciudad de tu santuario. Sión está hecha un yermo; Jerusalén se halla asolada.

11. La casa de nuestra santificación y de nuestra gloria, donde nuestros padres cantaron tus alabanzas, echaste a un montón de cenizas, y todas nuestras grandezas se han convertido en ruinas.

12. Pues Señor, ¿y al ver tales cosas, te estarás Tú quedo?; ¿continuarás guardando silencio, y afligiéndonos en tanto extremo?

CAPÍTULO LXIV

El pueblo de Israel clama al Señor para que se digne liberarle: confiesa y llora sus pecados, y le pide que le saque de su lastimosa ruina.

1. ¡Oh, si rasgaras los cielos, y descendieras! A tu presencia se derretirían como cera los montes.

2. Consumiríanse como en un horno de fuego; las aguas mismas arderían como llamas, para

CAPÍTULO LXV

Isaías profetiza la conversión de los gentiles, y la reprobación de los judíos, y que las reliquias de éstos serán salvadas. Felicidad de la Iglesia de Jesucristo.

1. Han venido a buscarme aquellos que antes no preguntaban por mí, hanme hallado aquellos que no me buscaron. Yo he dicho a una nación que no invocaba mi Nombre: Aquí estoy, heme aquí.

2. Extendí todo el día mis brazos hacia un pueblo incrédulo y rebelde que no anda por el buen camino, sino en pos de sus antojos.

3. Pueblo que cara a cara me está provocando continuamente a enojo; hombres que inmolan víctimas en los huertos, y ofrecen sacrificios sobre altares fabricados de ladrillos;

4. que se meten en los sepulcros, que duermen en los templos de los ídolos o falsos oráculos; que comen la carne del cerdo, y echan en sus tazas un caldo profano o prohibido;

5. que dicen a otros: apártate de mí, no me toques, porque tú eres inmundo: todos éstos se convertirán en humareda en el día de mi furor, en fuego que arderá siempre.

6. Sabed que lo dicho lo tengo escrito delante de mí. Por lo que no callaré, dice el Señor, sino que les retornaré el cambio, y les pondré en su seno la paga;

7. la paga o castigo juntamente de sus iniquidades y de las iniquidades de sus padres; los cuales ofrecieron sacrificios sobre los montes, y me deshonraron sobre los collados. Yo derramaré en el seno de los hijos la paga debida a las antiguas obras de los padres.

8. Sin embargo, esto dice el Señor: como cuando se halla un grano bueno en un racimo podrido, y se dice: no lo desperdicies, pues es una bendición o don de Dios, eso mismo haré Yo por amor de mis siervos: no exterrminaré a Israel del todo;

9. antes bien entresacaré de Jacob un linaje, y de Judá quien domine sobre mis montes. Y esta tierra de Sión será la herencia de mis escogidos, y en ella habitarán mis fieles siervos;

10. y las campiñas serán rediles de rebaños, y en el fértil valle de Acor se alegrarán los ganados mayores de mi pueblo, de aquellos que han ido en pos de mí.

11. Pero a vosotros que abandonasteis al Señor, que os olvidasteis de Sión, mi santo monte, que aparejasteis una mesa o altar al ídolo de la Fortuna, y derramáis sobre ella libaciones,

12. Yo os iré entregando uno a uno al filo de mi espada, y todos pereceréis en esta mortandad; puesto que Yo os llamé y no respondisteis, os hablé y no hicisteis caso; antes bien cometíais la maldad delante de mis ojos y habéis escogido las cosas que yo aborrecía.

13. Por tanto, esto dice el Señor Dios: sabed que mis siervos comerán, y vosotros padeceréis hambre: mis siervos beberán, y vosotros padeceréis sed;

14. mis siervos se regocijarán, y vosotros estaréis avergonzados: y sabed, en fin, que mis siervos, a impulsos del júbilo de su corazón,

entonarán himnos de alabanza, y vosotros, por el dolor de vuestro corazón, alzaréis el grito, y os hará dar aullidos la aflicción del ánimo.

15. Y dejaréis cubierto de execración vuestro nombre a mis escogidos. El Señor Dios acabará contigo, ¡oh Israel!, y a sus siervos los llamará con otro nombre.

16. En el cual nombre quien fuere bendito sobre la tierra, bendito será del Dios verdadero; y el que jurare sobre la tierra, por este nombre del Dios verdadero jurará; porque las precedentes angustias o tribulaciones se han echado en olvido, y desaparecieron de mis ojos.

17. Porque he aquí que Yo voy a crear nuevos cielos y nueva tierra y de las cosas o tribulaciones primeras no se hará más memoria, ni recuerdo alguno;

18. sino que os alegraréis, y regocijaréis eternamente en aquellas cosas que voy a criar; pues he aquí que Yo formaré a Jerusalén, ciudad de júbilo, y a su pueblo, pueblo de alegría.

19. Y colocaré Yo mis delicias en Jerusalén, y hallaré mi gozo en mi pueblo; nunca jamás se oirá en él la voz de llanto, ni de lamento.

20. No se verá más allí un niño que viva pocos días, ni anciano que no cumpla el tiempo de su vida; pues el que morirá más niño, tendrá cien años, y el pecador o el que no viva cien años, será reputado como maldito.

21. Y edificarán casas, y las habitarán; y plantarán viñas, y comerán de su fruto.

22. No acontecerá que ellos edifiquen, y sea otro el que habite; ni plantarán para que otro sea el que coma; pues los días de mi pueblo serán duraderos como los días del árbol de la vida, y permanecerán largo tiempo las obras de sus manos.

23. No se fatigarán en vano mis escogidos, ni tendrán hijos que los conturben; porque estirpe de benditos del Señor son, así ellos como sus nietos.

24. Y antes que clamen, Yo los oiré cuando estén aún con la palabra en la boca, otorgaré su petición.

25. El lobo y el cordero pacerán juntos; el león, como el buey, comerá heno; el alimento de la serpiente será el polvo; no habrá quien haga daño ni cause muertes en todo mi santo monte, dice el Señor.

CAPÍTULO LXVI

El espíritu contrito y humillado es el templo que el Señor desea para sí, y sin ese espíritu desecha los sacrificios legales. Castigo de la obstinación de la Sinagoga, y fecundidad de la nueva Iglesia. Los israelitas, según el espíritu, son una nueva estirpe que subsistirá eternamente.

1. Esto dice el Señor: el cielo es mi solio, y la tierra peana de mis pies: ¿qué casa, pues, es ésa que vosotros edificaréis para mí, y cuál es aquel lugar donde he de fijar mi asiento?

2. Estas cosas todas las hizo mi mano, y todas ellas son obra mía, dice el Señor. ¿Y en quién pondré Yo mis ojos, sino en el pobrecito y contrito de corazón, y que oye con respetuoso temor mis palabras?

3. Aquel que me inmola un buey, es como el que degollase un hombre; el que sacrifica un cordero, es como quien descabezase un perro; el que hace una ofrenda, es como quien me presentase la sangre de cerdo; el que se acuerda de ofrecerme incienso, es como quien bendijese u honrase a un ídolo. En efecto, todas estas cosas prohibidas en mi ley han elegido ellos, según sus antojos; y su alma ha puesto sus delicias en estas abominaciones.

4. Por lo que yo me complaceré también en burlarme de ellos, y haré que les acontezcan las cosas desastrosas que temían: ya que llamé, y no hubo quien respondiese; hablé y no me escucharon, y obraron la maldad ante mis ojos: y han querido lo que Yo reprobaba.

5. Oíd la palabra del Señor vosotros que la escucháis con respetuoso temor: vuestros hermanos que os aborrecen, y os desechan por razón de mi Nombre, dijeron: ¡Ea!, que muestre el Señor en vosotros su gloria, y le reconoceremos al ver la alegría de vuestro rostro. Mas no temáis; ellos quedarán confundidos.

6. Ya oigo la voz lastimera del pueblo de la ciudad de Jerusalén, la voz del templo, la voz del Señor que da el pago a sus enemigos.

7. Antes del tiempo del parto ha parido la nueva Sión: antes que le viniesen los dolores, ha parido un hijo varón.

8. ¿Quién jamás oyó cosa tal, ni quién vio nada semejante a esto? ¿Pare acaso la tierra en un solo día el fruto? ¿O ha sido engendrada nunca de una vez toda una nación? Pues he aquí que Sión se sintió preñada, y parió sus hijos.

9. ¿Acaso Yo, que hago parir o doy la fecundidad a los otros dice el Señor, no pariré Yo mismo? ¿Yo que doy a los otros sucesión, seré acaso estéril, dice el Señor Dios tuyo?

10 Congratulaos, pues, con la nueva Jerusalén, y regocijaos con ella todos los que la amáis; rebosad con ella de gozo todos cuantos por ella estáis llorando,

11. a fin de que chupéis así de sus pechos la leche de sus consolaciones celestiales hasta quedar saciados, y saquéis abundante copia de delicias de su consumada gloria.

12. Porque esto dice el Señor: he aquí que Yo derramaré sobre ella como un río la paz, y como un torrente que todo lo inunda la gloria de las naciones vosotros chuparéis su leche, a sus pechos seréis llevados, y acariciados sobre su regazo.

13. Como una madre acaricia a su hijito, así yo os consolaré a vosotros, y hallaréis vuestra paz y consolación en Jerusalén.

14. Vosotros lo veréis, y se regocijará vuestro corazón, y vuestros huesos reverdecerán como la yerba; y será visible la mano del Señor a favor de sus siervos; al paso que hará experimentar su indignación a sus enemigos.

15. Porque he aquí que el Señor vendrá en medio del fuego, y su carroza será como un impetuoso torbellino para derramar con la indignación suya su furor y su venganza con llamas de fuego.

16. Pues el Señor rodeado de fuego y armado de su espada juzgará a todos los mortales; y será grande el número de aquellos a quienes el Señor quitará la vida.

17. Aquellos que creían santificarse y quedar puros en los huertos, y lavándose detrás de la puerta de sus casas, en lo interior de ellas; que comían carne de cerdo, y cosas abominables, y ratones, serán consumidos a una todos, dice el Señor.

18. Mas Yo vendré a recoger sus obras, y sus pensamientos, y para reunirlos con todas las naciones de cualquier país y lengua, y comparecerán delante de mí y verán mi gloria.

19. Y levantaré en medio de ellos una señal de salud; y de los que se salvaren, Yo enviaré a las naciones de la otra parte del mar, al África, a la Lidia (que son pueblos flecheros), a Italia, a Grecia, a las islas más remotas, a gentes que jamás han oído hablar de mí, ni han visto mi gloria. Y estos enviados anunciarán a las naciones la gloria mía;

20. y traerán a todos vuestros hermanos de todas las naciones y los ofrecerán como un presente al Señor, conduciéndolos en caballos, y en carrozas, y en literas, y en mulas, y carruajes a mi monte santo de Jerusalén, dice el Señor, como cuando los hijos de Israel llevan en un vaso puro la ofrenda a la Casa del Señor.

21. Y de entre éstos escogeré Yo para hacerlos sacerdotes y levitas, dice el Señor.

22. Porque como los cielos nuevos, y la nueva tierra que Yo haré permanecer siempre delante de mí así, ¡oh Jerusalén!, permanecerá tu descendencia y tu renombre, dice el Señor.

23. Y de mes en mes y de sábado en sábado vendrá todo hombre a postrarse delante de mí, y me adorará, dice el Señor.

24. Y saldrán a ver los cadáveres los que prevaricaron contra mí; cuyo gusano no muere nunca, y cuyo fuego jamás se apagará; y el verlos causará náusea a todo hombre.

LA PROFECÍA DE JEREMÍAS

CAPÍTULO I

Declara Jeremías cómo fue llamado al ministerio de profeta. En dos visiones le manifiesta el Señor que el objeto principal de sus profecías será anunciar la destrucción de Jerusalén por los caldeos.

1. Palabras o profecías de Jeremías, hijo de Helcías, uno de los sacerdotes que habitaban en Anatot, ciudad de la tierra o tribu de Benjamín.

2. El Señor, pues, le dirigió a él su palabra en los días del rey Josías hijo de Ammón, rey de Judá, el año décimo tercero de su reinado.

3. Y se la dirigió también en los días del rey Joakim, hijo de Josías, rey de Judá, hasta acabado el año undécimo de Sedecías, hijo de Josías, rey de Judá; esto es, hasta la transportación de los judíos desde Jerusalén a Babilonia en el mes quinto.

4. Y el Señor me habló diciendo:

5. antes que yo te formara en el seno materno te conocí; y antes que tú nacieras te santifiqué o segregué y te destiné para profeta entre las naciones.

6. A lo que dije yo: ¡ah! ¡Ah! ¡Señor, Dios! ¡Ah!, bien veis vos que yo casi no sé hablar, porque soy todavía un jovencito.

7. Y me replicó el Señor: no digas, soy un jovencito: porque con mi auxilio tú ejecutarás todas las cosas para las cuales te comisione, y todo cuanto yo te encomiende que digas, lo dirás.

8. No temas la presencia de aquellos a quienes te enviaré: porque contigo estoy Yo para sacarte de cualquier embarazo, dice el Señor.

9. Después alargó el Señor su mano, y tocó mis labios; y añadióme el Señor: mira, yo pongo mis palabras en tu boca:

10. he aquí que hoy te doy autoridad sobre las naciones y sobre los reinos para intimarles que les voy a desarraigar, y destruir, y arrasar, y disipar; y a edificar y plantar otros.

11. Luego me habló el Señor, y dijo: ¿qué es eso que ves tú, Jeremías? Yo estoy viendo respondí, la vara de uno que está vigilante.

12. Y díjome el Señor: así es como tú has visto: pues yo seré vigilante en cumplir mi palabra.

13. Y hablóme de nuevo el Señor diciendo: ¿qué es eso que tú ves? Veo, respondí, una olla o caldera hirviendo, y viene de la parte del norte.

14. Entonces me dijo el Señor: eso te indica que del norte se difundirán los males sobre todos los habitantes de la tierra esta.

15. Porque he aquí que Yo convocaré todos los pueblos de los reinos del norte, dice el Señor; y vendrán, y cada uno de ellos pondrá su pabellón a la puerta de las puertas de Jerusalén, y alrededor de todos sus muros, y en todas las ciudades de Judá.

16. Y yo trataré con ellos de castigar toda la malicia de aquellos que me abandonaron a mí, y ofrecieron libaciones a dioses extranjeros, y adoraron a los ídolos, obra de sus manos.

17. Ahora, pues, ponte haldas en cinta, y anda luego, y predícales todas las cosas que yo te mando: no te detengas por temor de ellos; porque yo haré que no temas su presencia.

18. Puesto que en este día te constituyo como una ciudad fuerte y como una columna de hierro, y un muro de bronce contra toda la tierra esta, contra los reyes de Judá, y sus príncipes, y sacerdotes, y la gente del país.

19. Los cuales te harán guerra; mas no prevalecerán: pues contigo estoy yo, dice el Señor, para librarte.

CAPÍTULO II

Quéjase el Señor amargamente de los judíos; y especialmente de los pastores y profetas falsos; y por Jeremías les intima su próxima ruina en castigo de sus maldades.

1. Y hablóme el Señor, y me dijo:

2. anda y predica a toda Jerusalén, diciendo: esto dice el Señor: compadecido de tu mocedad me he acordado de ti, y del amor que te tuve, cuando me desposé contigo, y cuando después me seguiste en el desierto, en aquella tierra que no se siembra.

3. Israel está consagrado al Señor, y es como las primicias de sus frutos; todos los que lo devoran se hacen reos de pecado, y todos los desastres caerán sobre ellos, dice el Señor.

4. Ahora, pues, oíd la palabra del Señor vosotros los de la casa de Jacob, y vosotras todas las familias del linaje de Israel.

5. Esto dice el Señor: ¿qué tacha hallaron en mí vuestros padres, cuando se alejaron de mí,

y se fueron tras de la vanidad de los ídolos haciéndose también ellos vanos?

6. Ni siquiera dijeron: ¿En dónde está el Señor que nos sacó de la tierra y esclavitud de Egipto; que nos condujo por el desierto, por una tierra inhabitable y sin senda alguna, por un país árido e imagen de la muerte, por una tierra que no pisó nunca ningún mortal, ni habitó humano viviente?

7. Yo os introduje después en un país fertilísimo para que comieseis sus frutos, y gozaseis de sus delicias; y vosotros así que hubisteis entrado, profanasteis mi tierra; e hicisteis de mi heredad un objeto de abominación.

8. Los sacerdotes no dijeron tampoco: ¿en dónde está el Señor? Los depositarios de la ley me desconocieron, y prevaricaron contra mis preceptos los mismos pastores o cabezas de mi pueblo; y los profetas profetizaron invocando el nombre de Baal, y se fueron en pos de los ídolos.

9. Por tanto, Yo entraré en juicio contra vosotros, dice el Señor, y sostendré la justicia de mi causa contra vuestros hijos.

10. Navegad a las islas de Cetim, e informaos; enviad a Cedar y examinad con toda atención lo que allí pasa, y notad si ha sucedido cosa semejante.

11. Ved si alguna de aquellas naciones cambió sus dioses; aunque verdaderamente ellos no son dioses: pero mi pueblo ha trocado la gloria suya por un ídolo infame.

12. Pasmaos, cielos, a vista de esto; y vosotras, ¡oh puertas celestiales!, horrorizaos con extremo sobre este hecho, dice el Señor.

13. Porque dos maldades ha cometido mi pueblo: me han abandonado a mí que soy fuente de agua viva, y han ido a fabricarse aljibes, aljibes rotos, que no pueden retener las aguas.

14. ¿Es acaso Israel algún esclavo, o hijo de esclava? ¿Pues por qué ha sido entregado en presa de los enemigos?

15. Rugieron contra él los leones, y dieron bramidos: su país lo redujeron a un páramo: quemadas han sido sus ciudades, y no hay una sola persona que habite en ellas.

16. Los hijos de Memfis y de Tafnis te han cubierto de oprobio e infamia hasta la coronilla de tu cabeza.

17. ¿Y por ventura no te ha acaecido todo esto, porque abandonaste al Señor Dios tuyo, al tiempo que te guiaba en tu peregrinación?

18. Y ahora, ¿qué es lo que pretendes tú con andar hacia Egipto, y con ir a beber el agua turbia del Nilo? ¿O que tienes tú que ver con el camino de Asiria, ni para qué ir a beber el agua de su río Éufrates?

19. Tu malicia, ¡oh pueblo ingrato!, te condenará, y gritará contra ti tu apostasía. Reconoce, pues, y advierte ahora cuán mala y amarga cosa es el haber tú abandonado el Señor Dios tuyo, y el no haberme temido a mí, dice el Señor Dios de los ejércitos.

20. Ya desde tiempo antiguo quebraste mi yugo, rompiste mis coyundas, y dijiste: no quiero servir al Señor. En efecto en todo collado alto y debajo de todo árbol frondoso te has prostituido cual mujer disoluta.

21. Yo en verdad te planté cual viña escogida de sarmientos de buena calidad; ¿pues cómo has degenerado, convirtiéndote en viña bastarda?

22. Por más que laves con nitro, y hagas continuo uso de la yerba *borit*, a mis ojos quedarás siempre sórdida por causa de tu iniquidad, dice el Señor Dios.

23. ¿Y con qué cara dices tú: yo no esto y contaminada; no he ido en pos de los baales o ídolos? Mira tu conducta allá en aquel valle: reconoce lo que has hecho, dromedaria desatinada que vas girando por los caminos.

24. Cual asna silvestre, acostumbrada al desierto, que en el ardor de su apetito va buscando con su olfato aquello que desea; nadie podrá detenerla; todos los que andan buscándola, no tienen que cansarse: la encontrarán con las señales de su inmundicia.

25. Guarda tu pie de la desnudez, y tu garganta de la sed. Mas tú has dicho: Desesperada estoy; por ningún caso lo haré, porque amé los dioses extraños, y tras ellos andaré.

26. Como queda confuso un ladrón cuando es cogido en el hurto; así quedarán confusos los hijos de Israel, ellos y sus reyes, los príncipes y sacerdotes y sus profetas.

27. Los cuales dicen a un leño: tú eres mi padre; y a una piedra: tú me has dado el ser. Volviéronme las espaldas, y no el rostro; y al tiempo de su angustia entonces dirán: Ven luego, Señor, y sálvanos.

28. ¿Dónde están, les responderé yo, aquellos dioses tuyos, que tú te hiciste? Acudan ellos y líbrente en el tiempo de tu aflicción: va que eran tantos tus dioses, ¡oh Judá!, como tus ciudades.

29. ¿Para qué queréis entrar conmigo en juicio, a fin de excusaros? Todos vosotros me habéis abandonado, dice el Señor.

30. En vano castigué a vuestros hijos; ellos no hicieron caso de la corrección; antes bien vuestra espada acabó con vuestros profetas; como león destrozador,

31. así es vuestra raza perversa. Mirad lo que dice el Señor: ¿por ventura he sido Yo para

Israel algún desierto o tierra sombría que tarda en fructificar? Pues ¿por qué motivo me ha dicho mi pueblo: nosotros nos retiramos, no volveremos jamás a ti?

32. ¿Podrá acaso una doncella olvidarse de sus atavíos, o una novia de la faja que adorna su pecho? Pues ello es que el pueblo mío se ha olvidado de mí innumerables días.

33. ¿Cómo intentas tú demostrar ser recto tu proceder para ganarte mi amistad, cuando aun has enseñado a otros tus malos pasos,

34. y en las faldas de tu vestido se ha hallado todavía la sangre de los pobrecitos e inocentes? No los hallé muertos dentro de escondrijos, sino en todos los lugares y parajes que acabo de decir.

35. Sin embargo, dijiste con descaro: sin culpa estoy yo, e inocente; y por tanto aléjese de mí tu indignación. Pues mira, yo he de entrar contigo en juicio, porque has dicho: no he pecado.

36. ¡Oh, y cómo te has envilecido hasta lo sumo volviendo a tus malos pasos! Tú serás burlada de Egipto como lo fuiste ya de Asur.

37. Sí, volverás también de Egipto avergonzada, con tus manos sobre la cabeza; por cuanto el Señor ha frustrado enteramente la confianza tuya, y no tendrás allá prosperidad ninguna.

CAPÍTULO III

El Señor con suma bondad llama otra vez a sí a su pueblo. Gloria de Jerusalén con la reunión de los dos reinos de Judá y de Israel, y la agregación de todas las naciones.

1. Comúnmente se dice: si un marido repudia a su mujer, y ella separada de éste toma otro marido, ¿acaso volverá jamas a recibirla? ¿No quedará la tal mujer inmunda y contaminada? Tú, es cierto, que has pecado con muchos amantes: esto no obstante vuélvete a mí, dice el Señor, que Yo te recibiré.

2. Alza tus ojos a los collados, y mira si hay lugar donde no te hayas prostituido; te sentabas en medio de los caminos, aguardando a los pasajeros para entregarte a ellos, como para robar se pone el ladrón en sitio solitario, y contaminaste la tierra con tus fornicaciones y tus maldades.

3. Por esta causa cesaron las lluvias abundantes, y faltó la lluvia de primavera. Tú, empero, en vez de arrepentirte, presentas el semblante de una mujer prostituta o descarada; no has querido tener rubor ninguno.

4. Pues a lo menos desde ahora arrepiéntete, y dime: Tú eres mi padre, tú el que velabas sobre mi virginidad:

5. ¿acaso has de estar siempre enojado, o mantendrás hasta el fin tu indignación? Pero he aquí que tú has hablado así, y has ejecutado toda suerte de crímenes, hasta no poder más.

6. Díjome también el Señor en tiempo del rey Josías: ¿no has visto tú las cosas que ha hecho la rebelde Israel? Fuese a adorar sobre todo monte alto, y debajo de todo árbol frondoso, y allí se ha prostituido.

7. Y después que hizo ella todas estas cosas, le dije Yo: vuélvete a mí, y no quiso volverse. Y tu hermana Judá, la prevaricadora vio

8. que por haber sido adúltera la rebelde Israel Yo la había desechado y dado libelo de repudio; y no por eso se amedrentó su hermana, la prevaricadora Judá, sino que se fue e idolatró también ella.

9. Y con la frecuencia de sus adulterios o idolatrías contaminó toda la tierra, idolatrando con las piedras y con los leños.

10. Y después de todas estas cosas no se convirtió a mí, dice el Señor, su hermana, la prevaricadora Judá, con todo su corazón sino fingidamente.

11. Y así díjome el Señor: La rebelde Israel viene a ser una santa, en comparación de Judá la prevaricadora.

12. Anda y repite en alta voz estas palabras hacia el septentrión, y di: Conviértete, ¡oh tú, rebelde Israel!, dice el Señor; que no torceré yo mi rostro para no mirarte; pues yo soy santo y benigno, dice el Señor, y no conservaré siempre mi enojo.

13. Reconoce, empero, tu infidelidad; pues has prevaricado contra el Señor Dios tuyo, y te prostituiste a los dioses extraños debajo de todo árbol frondoso, y no escuchaste mi voz, dice el Señor.

14. Convertíos a mí, ¡oh hijos rebeldes!, dice el Señor: porque Yo soy vuestro esposo, y escogeré de vosotros uno de cada ciudad y dos de cada familia, y os introduciré en Sión.

15. Y os daré pastores según mi corazón, que os apacentarán con la ciencia y con la doctrina.

16. Y cuando os habréis multiplicado y crecido sobre la tierra, en aquellos días, dice el Señor, no se hablará ya del Arca del Testamento del Señor; ni se pensará en ella, ni habrá de ella memoria, ni será visitada, ni se hará ya nada de esto.

17. En aquel tiempo Jerusalén será llamada trono del Señor; y se agregarán a ella las naciones todas, en el nombre del Señor, en Jerusalén, y no seguirán la perversidad de su pésimo corazón.

18. En aquel tiempo la familia o reino de Judá se reunirá con la familia de Israel, y vendrán

juntas de la tierra del septentrión a la tierra que di a vuestros padres.

19. Entonces dije yo: ¡oh cuántos hijos te daré a ti! Yo te daré la tierra deliciosa; una herencia esclarecida de ejércitos de gentes. Y añadí: tú me llamarás padre, y no cesarás de caminar en pos de mí.

20. Pero como una mujer que desprecia al que la ama, así me ha desdeñado a mí la familia de Israel, dice el Señor.

21. Clamores se han oído en los caminos, llantos, alaridos de los hijos de Israel, por haber procedido infielmente, olvidados del Señor su Dios.

22. Convertíos a mí, hijos rebeldes, que Yo os perdonaré vuestras apostasías. He aquí, ¡oh Señor!, que ya volvemos a ti porque Tú eres el Señor Dios nuestro.

23. Verdaderamente no eran más que embuste todos los ídolos de los collados y de tantos montes: verdaderamente que en el Señor Dios nuestro está la salud de Israel.

24. Aquel culto afrentoso consumió desde nuestra mocedad los sudores de nuestros padres, sus rebaños y sus vacadas, sus hijos y sus hijas.

25. Moriremos en nuestra afrenta, y quedaremos cubiertos de nuestra ignominia; porque contra nuestro Dios hemos pecado nosotros, nuestros padres, desde nuestra mocedad hasta el día de hoy; y no hemos escuchado la voz del Señor Dios nuestro.

CAPÍTULO IV

Exhorta Dios por Jeremías a los judíos a la verdadera Penitencia; y les anuncia, si no la hacen, la irrupción de los caldeos.

1. ¡Oh Israel, si te has de convertir de tus extravíos, conviértete a mí de corazón, dice el Señor! Si quitas tus escándalos o ídolos de mi presencia, no serás removido de tu tierra.

2. Y sea tu juramento (hecho con verdad, en juicio, y con justicia): viva el Señor; y bendecirán y alabarán al Señor las naciones todas.

3. Porque esto dice el Señor a los varones de Judá y de Jerusalén: Preparad vuestro barbecho, y no sembréis sobre espinas.

4. Circuncidaos por amor del Señor, y separad de vuestro corazón las inmundicias, ¡oh vosotros, varones de Judá, y moradores de Jerusalén!, no sea que se manifieste cual fuego abrasador mi enojo, y suceda un incendio, y no haya quien pueda apagarle por causa de la malicia de vuestros designios.

5. Anunciad, pues, a Judá todo esto, e intimadlo a Jerusalén; echad la voz, y tocad la trompeta por todo el país; gritad fuerte y decid: juntaos y encerrémonos en las ciudades fortificadas.

6. Alzad en Sión el estandarte; fortificaos, y no os detengáis; porque Yo hago venir del septentrión el azote y una gran desolación.

7. Ha salido el león de su guarida, y se ha alzado el destrozador o conquistador de las gentes: se ha puesto en camino para asolar tu tierra; arruinadas serán tus ciudades, sin que quede un solo morador.

8. Por tanto vestíos de cilicio, prorrumpid en llanto y en alaridos; pues que la tremenda indignación del Señor no se ha apartado de nosotros.

9. En aquel día, dice el Señor, desfallecerá el corazón del rey, y el corazón de los príncipes; estarán atónitos los sacerdotes, y consternados los profetas.

10. Y yo dije al oír eso: ¡ay, ay, Señor Dios mío! ¡Ay!, ¿y es posible que hayas permitido que los falsos profetas alucinasen a este pueblo tuyo, y a Jerusalén, diciendo: paz tendréis vosotros; cuando he aquí que la espada del enemigo ha penetrado hasta el corazón?

11. En aquel tiempo se dirá a este pueblo y a Jerusalén: un viento abrasador sopla de la parte del desierto, en el camino que viene de Babilonia a la hija de mi pueblo, y no es viento para aventar y limpiar el grano.

12. Un viento más impetuoso me vendrá de aquel lado, y entonces yo les haré conocer la severidad de mis juicios.

13. He aquí que el ejército enemigo vendrá como una espesa nube, y sus carros de guerra como un torbellino; más veloces que águilas son sus caballos. ¡Ay desdichados de nosotros!, dirán entonces: somos perdidos.

14. Lava, pues, ¡oh Jerusalén!, tu corazón de toda malicia, si quieres salvarte. ¿Hasta cuándo tendrán acogida en ti los pensamientos nocivos o perversos?

15. Mira que ya se oye la voz de uno que llega de Dan, y anuncia y hace saber que el ídolo está viniendo por el monte de Efraín.

16. Decid, pues, a las gentes: sabed que se ha oído en Jerusalén que vienen las milicias o tropas enemigas de lejanas tierras, y han alzado ya el grito contra las ciudades de Judá.

17. Se estarán día y noche alrededor de ella como los guardas en las heredades; porque me ha provocado a ira, dice el Señor.

18. Tus procederes y tus pensamientos te han ocasionado, ¡oh Jerusalén!, estas cosas; esa malicia tuya es la causa de la amargura que ha traspasado tu corazón.

19. ¡Ay!, mis entrañas, las entrañas mías se han conmovido de dolor y congoja; todos los interiores afectos de mi corazón están en desorden: no puedo callar cuando ha oído ya mi alma el sonido de la trompeta, el grito de la batalla.

20. Ha venido desastre sobre desastre, y ha quedado asolada toda la tierra: de repente, en un momento fueron derribadas mis tiendas y pabellones.

21. ¿Hasta cuándo he de ver fugitivos a los de mi pueblo, y he de oír el sonido de la trompeta enemiga?

22. El necio pueblo mío, dice el Señor, no me conoció: hijos insensatos son y mentecatos: para hacer el mal son sabios; mas el bien no saben hacerlo.

23. Eché una mirada a la tierra, y la vi vacía y sin nada: y a los cielos, y no había luz en ellos.

24. Miré los montes, y reparé que temblaban, y que todos los collados se estremecían.

25. Estuve observando la Judea, y no se veía un hombre siquiera; y se habían retirado del país todas las aves del cielo.

26. Miré y vi convertidas en un desierto sus fértiles campiñas; todas sus ciudades han quedado destruidas a la presencia del Señor, a la presencia de su tremenda indignación.

27. Pero he aquí lo que dice el Señor: toda la tierra de Judá quedará desierta, mas no acabaré de arruinarla del todo.

28. Llorará la tierra, y se enlutarán arriba los cielos, por razón de lo que decreté; resolvílo y no me arrepentí, ni ahora mudo de parecer.

29. Al ruido de la caballería y de los flecheros echó a huir toda la ciudad; corrieron a esconderse entre los riscos, subiéronse a los peñascos; fueron desamparadas todas las ciudades, sin que quedase en ellas un solo habitante.

30. ¿Y qué harás ahora, oh desolada hija de Sión? ¿Qué harás? Por más que te vistas de grana, aunque te adornes con joyeles de oro, y pintes con antimonio tus ojos, en vano te engalanarás: tus amantes te han desdeñado, quieren acabar contigo.

31. Porque he oído gritos como de mujer que está de parto, ansias y congojas como de primeriza; la voz de la hija de Sión moribunda que extiende sus manos, y dice: ¡Ay de mí!, que me abandona mi alma al ver la mortandad de mis hijos.

CAPÍTULO V

El Señor, en vista de haber llegado a lo sumo las maldades de su pueblo, le anuncia que va a castigarle por medio de un pueblo extranjero.

1. Recorred las calles de Jerusalén: ved, y observad, y buscad en sus plazas si encontráis un hombre que obre lo que es justo, y que procure ser fiel; y si lo halláis usaré con ella de misericordia.

2. Pues aun cuando dicen todavía: vive el Señor, Dios verdadero; aun entonces juran con mentira.

3. Señor, tus ojos están mirando siempre la fidelidad o verdad: azotaste a estos perversos, y no les dolió; molístelos a golpes, y no han hecho caso de la corrección; endurecieron sus frentes más que un peñasco, y no han querido convertirse a ti.

4. Entonces dije yo: tal vez éstos son los pobres e idiotas que ignoran el camino del Señor, los juicios de su Dios.

5. Iré, pues, a los principales del pueblo y hablaré a ellos: que sin duda ésos saben el camino del Señor, los juicios de su Dios. Pero hallé que éstos aún más que los otros, todos a una quebrantaron el yugo del Señor, rompieron sus coyundas.

6. Pero el león del bosque los ha desgarrado; el lobo al anochecer los ha exterminado; el leopardo está acechando en torno de sus ciudades, todos cuantos salgan de ellas, caerán en sus garras; porque se han multiplicado sus prevaricaciones, y se han obstinado en sus apostasías.

7. ¿Por qué título podré Yo inclinarme a serte propicio a ti, oh pueblo rebelde? Tus hijos me han abandonado, y juran por el nombre de aquellos que no son dioses; Yo los colmé de bienes, y ellos se han entregado al adulterio, y han desahogado su lujuria en casa de la mujer prostituta.

8. Han llegado a ser como caballos padres desenfrenados y en estado de calor: con tanto ardor persigue cada cual la mujer de su prójimo.

9. Pues qué, ¿no he de castigar Yo estas cosas, dice el Señor, y no se vengará mi alma de una tal gente?

10. Escalad, ¡oh pueblos de Caldea!, sus muros, y derribadlos; mas no acabéis del todo con ella; quitadle los sarmientos, porque no son del Señor;

11. puesto que la casa de Israel y la casa de Judá han pecado enormemente contra mí, dice el Señor;

12. ellas renegaron del Señor, y dijeron: no es él el Dios verdadero; no nos sobrevendrá ningún desastre; no veremos la espada, ni el hambre.

13. Sus profetas hablaban al aire; y no tuvieron jamás respuesta de Dios. Tales cosas, pues, a ellos les sobrevendrán, no a nosotros.

14, Esto me dice el Señor Dios de los ejércitos: Porque habéis proferido vosotros tales palabras, he aquí, ¡oh Jeremías!, que yo desde ahora pongo en tu boca mis palabras cual fuego devorador, y le doy ese pueblo por leña para que sea de él consumido.

15. Yo voy a traer sobre vosotros, ¡oh familia de Israel!, dice el Señor, una nación lejana, nación robusta, nación antigua, nación cuya lengua tú no sabrás, ni entenderás lo que habla.

16. Su aljaba es como un sepulcro abierto; todos ellos son valerosos soldados.

17. Esta nación conquistadora se comerá tus cosechas y tu pan; se tragará tus hijos y tus hijas; comerá tus rebaños y tus vacadas; acabará con tus viñas y tus higuerales: y asolará con la espada tus fuertes ciudades, en que tú tienes puesta la confianza.

18. Con todo eso, en aquellos días no acabaré del todo con vosotros, dice el Señor.

19. Que si dijereis: ¿por qué ha hecho el Señor Dios nuestro contra nosotros todas estas cosas?, tú les responderás: así como vosotros me habéis abandonado a mí, dice el Señor, y habéis servido a los dioses extraños en vuestra tierra, así les serviréis ahora en tierra extranjera.

20. Anunciad esto a la casa de Jacob, y pregonadlo en Judá, diciendo:

21. Escucha, ¡oh pueblo insensato, y sin cordura!; vosotros que teniendo ojos no veis, y teniendo orejas no oís:

22. ¿conque a mí no me temeréis, dice el Señor, ni os arrepentiréis delante de mí? Yo soy el que al mar le puse por término la arena, ley perdurable que no quebrantará; levantarse han sus olas, y no traspasarán sus límites; y se encresparán, pero no pasarán más adelante.

23. Pero este pueblo se ha formado un corazón incrédulo y rebelde; se han retirado de mí y se han ido en pos de los ídolos.

24. En vez de decir en su corazón: temamos al Señor Dios nuestro, que nos da a su tiempo la lluvia temprana y la tardía, y que nos da todos los años una abundante cosecha.

25. Vuestras maldades han hecho desaparecer estas cosas; y vuestros pecados han retraído de vosotros el bienestar:

26. Por cuanto se hallan impíos en mi pueblo, acechando como cazadores, poniendo lazos y pihuelas para cazar hombres.

27. Como jaula o red de cazadores llena de aves, así están sus casas llenas de fraudes; con ellos se han engrandecido y se han hecho ricos.

28. Engrosáronse y engordaron; y han violado pésimamente mis preceptos. No han administrado justicia a la viuda, ni han defendido la causa del huérfano, y no hicieron justicia al pobre.

29. ¿Cómo no he de castigar Yo estas cosas, dice el Señor?; ¿o cómo puede mi alma dejar de tomar venganza de una tal gente?

30. Cosa asombrosa, cosa muy extraña es la que ha sucedido en esta tierra:

31. Los profetas profetizaban mentiras, y los sacerdotes los aplaudían con palmoteos; y mi pueblo gustó de tales cosas. ¿qué será, pues, de él al llegar su fin?

CAPÍTULO VI

Viendo el Señor que a pesar de la predicación de Jeremías el pueblo no se convierte, pronuncia contra éste la sentencia final, y confirma a Jeremías en su ministerio.

1. Esforzaos, ¡oh hijos de Benjamín!, en medio de Jerusalén, y tocad el clarín de guerra en Tecua, y alzad una bandera sobre Betacarem; porque hacia el septentrión se deja ver un azote y una calamidad grande.

2. Yo he comparado la hija de Sión a una hermosa y delicada doncella.

3. A ella, a sitiarla, acudirán los pastores o capitanes con sus rebaños; plantarán alrededor sus pabellones; cada uno cuidará de los que están bajo sus órdenes.

4. Declaradle solemnemente la guerra: vamos y escalémosla en medio del día. Mas, ¡ay de nosotros!, el día va ya declinando; se han extendido mucho las sombras de la tarde.

5. ¡Ea, pues!, asaltémosla de noche, y arruinemos sus casas.

6. Pues esto dice el Señor de los ejércitos: cortad sus árboles, abrid trincheras en torno de Jerusalén. Ésta es la ciudad que voy a castigar; en ella se abriga toda especie de calumnia e injusticia.

7. Como la cisterna conserva fresca su agua, así conserva Jerusalén fresca y reciente la malicia suya. No se oye hablar en ella sino de desafueros y robos; Yo veo siempre gente afligida y maltratada.

8. Enmiéndate, ¡oh Jerusalén!, a fin de que no se aleje de ti mi alma: no sea que te reduzca a un desierto inhabitable.

9. Esto dice el Señor de los ejércitos: los restos del pueblo de Israel serán cogidos como un pequeño racimo en una viña ya vendimiada: Vuelve, ¡oh caldeo!, tu mano, como el vendimiador para meter en el cuévano el rebusco.

10. Mas, ¿a quién dirigiré yo la palabra? ¿Y a quien conjuraré para que me escuche, después

123

que tienen tapadas sus orejas, y no pueden oír? Lo peor es que la palabra del Señor les sirve de escarnio, y no la recibirán.

11. Por lo cual estoy lleno del furor del Señor: canséme de sufrir: derrámale fuera, me dijo a mí mismo, sobre los niños, y también en las reuniones de los jóvenes; porque preso será el marido con la mujer, el anciano con el decrépito.

12. Y sus casas pasarán a ser de otros, y también las heredades y las mujeres: porque yo extenderé mi mano contra los moradores del país, dice el Señor.

13. Ya que desde el más pequeño hasta el más grande, se han dado todos a la avaricia; y todos urden engaños, desde el profeta o cantor al sacerdote.

14. Y curan las llagas de la hija de mi pueblo, con burlarse de ella, diciendo: Paz, paz; y tal paz no existe.

15. ¿Se han avergonzado acaso por las cosas abominables que han hecho? Antes bien no han tenido ni pizca de confusión, ni sabido siquiera qué cosa es tener vergüenza. Por este motivo caerán entre los que perecen y serán precipitados, dice el Señor, cuando llegue el tiempo de tomarles residencia.

16. Esto decía también el Señor: paraos en los caminos, ved y preguntad cuáles en las sendas antiguas: cuál es el buen camino, y seguidlo: y hallaréis refrigerio para vuestras almas. Mas ellos dijeron: no lo seguiremos.

17. Yo destiné para vosotros centinelas, les dijo aún; estad atentos al sonido de su trompeta; y respondieron: no lo queremos oír.

18. Por tanto escuchad, ¡oh naciones!, gentes todas, entended cuán terribles castigos les enviaré.

19. Oye, ¡oh tierra!, mira, Yo acarrearé sobre ese pueblo desastres, fruto de sus depravados designios; puesto que no escucharon mis palabras, y desecharon mi ley.

20. ¿Para qué me ofrecéis vosotros el incienso de Sabá y la caña olorosa de lejanas tierras? Vuestros holocaustos no me son agradables, ni me placen vuestras víctimas.

21. Por tanto así dice el Señor: he aquí que Yo lloveré desgracias sobre ese pueblo; caerán a una los padres con los hijos, y el vecino perecerá juntamente con su vecino.

22. Esto dice el Señor: mirad que viene un pueblo del septentrión, y una nación grande saldrá de los extremos de la tierra.

23. Echará mano de las saetas, y del escudo; es cruel y no se apiadará de nadie; el ruido de sus tropas es como el ruido del mar, y montarán sobre caballos, dispuestos a combatir como valientes contra ti, ¡oh hija de Sión!

24. Oído hemos su fama, dicen los judíos, y se nos han caído los brazos; nos ha sorprendido la tribulación, y dolores como de mujer que está de parto.

25. ¡Ah! No salgáis por los campos, ni andéis por los caminos; pues la espada del enemigo y su terror os cercan por todos lados.

26. ¡Oh Jerusalén, hija del pueblo mío!, vístete de cilicio, cúbrete de ceniza; llora con amargo llanto, como se llora en la muerte de un hijo único; porque el exterminador caerá súbitamente sobre nosotros.

27. A ti, Jeremías, te he constituido cual robusto ensayador en medio de mi pueblo; y tú examinarás y harás prueba de sus procederes.

28. Todos esos magnates del pueblo andan descarriados, proceden fraudulentamente; no son más que cobre y hierro; toda es gente corrompida.

29. Faltó el fuelle, el plomo se ha consumido en el fuego, inútilmente derritió los metales en el crisol el fundidor; pues que no han sido separadas o consumidas las maldades de aquéllos.

30. Llamadlos plata espúrea; porque el Señor ya los ha reprobado.

CAPÍTULO VII

Sermón que Jeremías hace, por orden del Señor, al pueblo incorregible y obstinado.

1. Palabras que habló el Señor a Jeremías, diciendo:

2. ponte a la puerta del templo del Señor, y predica allí este sermón, hablando en los términos siguientes: oíd la palabra del Señor todos vosotros, ¡oh hijos de Judá! que entráis por estas puertas para adorar al Señor.

3. Esto dice el Señor de los ejércitos, Dios de Israel: Enmendad vuestra conducta y vuestras aficiones, y yo habitaré con vosotros en este lugar.

4. No pongáis vuestra confianza en aquellas vanas y falaces expresiones, diciendo: Éste es el templo del Señor, el templo del Señor, el templo del Señor.

5. Por que si enderezareis al bien vuestras acciones y vuestros deseos; si administrareis justicia entre hombre y hombre;

6. si no hiciereis agravio al forastero, y al huérfano, y a la viuda, ni derramareis la sangre inocente en este lugar; y no anduviereis en pos de dioses ajenos para vuestra misma ruina;

7. Yo habitaré con vosotros en este lugar, en esta tierra que di a vuestros padres por siglos y siglos.

8. Pero vosotros estáis muy confiados en palabras mentirosas o vanas, que de nada os aprovecharán.

9. Vosotros hurtáis, matáis, cometéis adulterios; vosotros juráis en falso, hacéis libaciones a Baal, y os vais en pos de dioses ajenos que no conocíais.

10. Y después de esto venís aún, y os presentáis delante de mí en este templo en que es invocado mi Nombre, y decís vanamente confiados: ya estamos a cubierto de todos los males, aunque hayamos cometido todas esas abominaciones.

11. Pues qué, ¿este templo mío en que se invoca mi Nombre, ha venido a ser para vosotros una guarida de ladrones? Yo, Yo soy, Yo mismo soy el que he visto vuestras abominaciones, dice el Señor.

12. Y si no, id a Silo, lugar de mi morada, donde al principio estuvo la gloria de mi Nombre, y considerad lo que hice con él por causa de la malicia de mi pueblo de Israel.

13. Ahora bien, por cuanto habéis hecho todas estas fechorías, dice el Señor, y en vista de que yo os he predicado, y os he avisado con tiempo y exhortado, y vosotros no me habéis escuchado; y que os he llamado, y no me habéis respondido,

14. Yo haré con esta casa, en que se ha invocado mi Nombre, y en la cual vosotros tenéis vuestra confianza, y con este lugar que os señalé a vosotros y a vuestros padres, haré, digo, lo mismo que hice con Silo.

15. Y os arrojaré de mi presencia, como arrojé a todos vuestros hermanos de las diez tribus, a toda la raza de Efraín.

16. Así, pues, no tienes tú, Jeremías, que interceder por este pueblo, ni te empeñes por ellos en cantar mis alabanzas y rogarme; ni te me opongas: porque no he de escucharte.

17. ¿Por ventura no estás viendo tú mismo lo que hacen estos hombres en las ciudades de Judá y en las plazas públicas de Jerusalén?

18. Los hijos recogen la leña, encienden el fuego los padres, y las mujeres amasan la pasta con manteca, para hacer tortas, y presentarlas a la que adoran por reina del cielo, y ofrecer libaciones a los dioses ajenos, y provocarme a ira.

19. Pero, ¿es acaso a mí, dice el Señor, a quien irritan ellos, y perjudican? ¿No es más bien a sí mismos a quien hacen daño, cubriéndose así de ignominia?

20. Por tanto esto dice el Señor Dios: ya mi furor y mi indignación está para descargar contra ese lugar que han profanado, contra los hombres y las bestias, contra los árboles de la campiña, y contra los frutos de la tierra, y todo arderá y no se apagará.

21. Esto dice el Señor de los ejércitos, el Dios de Israel: añadid cuanto queráis vuestros holocaustos a vuestras víctimas, y comed sus carnes;

22. puesto que cuando Yo saqué de la tierra de Egipto a vuestros padres, no les hablé ni mandé cosa alguna en materia de holocaustos y de víctimas.

23. Ved aquí el mandamiento que entonces les di: Escuchad mi voz, y yo seré vuestro Dios, y vosotros seréis el pueblo mío; y seguid constantemente el camino que os he señalado, a fin de que seais felices.

24. Empero, ellos no me escucharon, ni hicieron caso de eso, sino que se abandonaron a sus apetitos y a la depravación de su maleado corazón; y en lugar de ir hacia adelante, fueron hacia atrás,

25. desde el día mismo en que salieron sus padres de la tierra de Egipto, hasta el día de hoy. Y Yo os envié a vosotros todos mis siervos los profetas; cada día me daba prisa a enviarlos.

26. Mas los hijos de mi pueblo no me escucharon, sino que se hicieron sordos y endurecieron su cerviz, y se portaron peor que sus padres.

27. Tú, pues, les dirás todas estas palabras; mas no te escucharán. Los llamarás; mas no te responderán.

28. Y así les dirás: ésta es aquella nación que no ha escuchado la voz del Señor Dios suyo, ni ha admitido sus instrucciones. Muerta está su fe o fidelidad; desterrada está de su boca.

29. Corta tu cabello, y arrójalo, y ponte a plañir en alta voz, porque el Señor ha desechado y abandonado esta generación, digna de su cólera.

30. Pues los hijos de Judá han obrado el mal ante mis ojos, dice el Señor; pusieron sus escándalos o ídolos en el templo en que se invoca mi nombre, a fin de contaminarlo;

31. y edificaron altares o lugares altos en Tofet, situada en el valle del hijo de Ennom, para consumir en el fuego a sus hijos e hijas; cosa que Yo no mandé, ni me pasó por el pensamiento.

32. Por tanto, ya viene el tiempo, dice el Señor, y no se llamará más Tofet , ni Valle del hijo de Ennom; sino Valle de la Mortandad; y enterrarán en Tofet por falta de otro sitio.

33. Y los cadáveres de este pueblo serán pasto de las aves del cielo y de las bestias de la tierra; ni habrá nadie que las ahuyente.

34. Y haré que no se oiga en las ciudades de Judá, ni en las plazas de Jerusalén voz de rego-

cijo y de alegría, voz de esposo y de esposa: porque toda la tierra quedará desolada.

CAPÍTULO VIII

Extrema desolación de Jerusalén, en la cual serán todos castigados, reyes, sacerdotes, profetas, y el pueblo todo, porque todos se han obstinado en sus maldades.

1. En aquel tiempo, dice el Señor., arrojarán los caldeos fuera de los sepulcros los huesos de los reyes de Judá, y los huesos de sus príncipes, y los huesos de los sacerdotes, y los huesos de los profetas, y los huesos de los que habitaron en Jerusalén.

2. Y los dejarán expuestos al sol, y a la luna, y a toda la milicia o estrellas del cielo; que son las cosas que ellos han amado, y a las cuales han servido, y tras de las cuales han ido, y a las que han consultado, y han adorado como a dioses. Los huesos de los cadáveres no habrá quien los recoja ni entierre; quedarán como el estiércol sobre la superficie de la tierra.

3. Y todos aquellos que restaren de esta perversa raza, en todos los lugares o sitios abandonados a donde los arroje, dice el Señor de los ejércitos, preferirán más el morir que el vivir en tantos trabajos.

4. Tú, empero, les dirás: esto dice el Señor: ¿acaso aquel que cae, no cuida de levantarse luego? ¿Y no procura volver a la senda el que se ha descarriado de ella?

5. ¿Pues por qué este pueblo de Jerusalén se ha rebelado con tan pertinaz obstinación? Ellos han abrazado la mentira y no han querido convertirse.

6. Yo estuve atento, y los escuché: nadie habla cosa buena; ninguno hay que haga penitencia de su pecado, diciendo: ¡ay! ¿Qué es lo que yo he hecho? Al contrario, todos han vuelto a tomar la impetuosa carrera de sus vicios, como caballo que a rienda suelta corre a la batalla.

7. El milano conoce por la variación de la atmósfera su tiempo; la tórtola, y la golondrina y la cigüeña saben discernir constantemente la estación o tiempo de su trasmigración; pero mi pueblo no ha conocido el tiempo del juicio del Señor.

8. ¿Cómo decís: nosotros somos sabios, y somos los depositarios de la ley del Señor? Os engañáis: la pluma de los doctores de la ley verdaderamente es pluma de error, y no ha escrito sino mentiras.

9. Confundidos están vuestros sabios, aterrados y presos: porque desecharon la palabra del Señor, y ni rastro hay ya en ellos de sabiduría.

10. Por este motivo Yo entregaré sus mujeres a los extraños, sus tierras a otros herederos; porque desde el más pequeño hasta el más grande, todos se dejan llevar de la avaricia; desde el profeta o cantor hasta el sacerdote; todos se ocupan en la mentira.

11. Y curan las llagas de la hija del pueblo mío con burlarse de ella, diciendo: paz, paz; siendo así que no hay tal paz.

12. ¿Y están acaso corridos de haber hecho cosas abominables? Ni aun ligeramente han llegado a avergonzarse, ni saben qué cosa es tener vergüenza, por tanto serán envueltos en la ruina de los demás, y precipitados en el tiempo de la venganza, dice el Señor.

13. Pues Yo los reuniré todos juntos para perderlos, dice el Señor; las viñas estén sin uvas, y sin higos las higueras, hasta las hojas han caído; y las cosas que Yo les diera, se les han escapado de las manos.

14. ¿Por qué nos estamos aquí quietos?, dirán ellos; juntémonos y entremos en la ciudad fuerte, y estémonos allí callando; puesto que el Señor Dios nuestro nos ha condenado al silencio, y nos ha dado a beber agua de hiel por haber pecado contra el Señor.

15. Aguardando estamos la paz, y este bien no viene; que llegue el tiempo de nuestro remedio, y sólo vemos terror y espanto.

16. Desde Dan se ha oído el relinchar de los caballos del enemigo; y al estrepitoso ruido de sus combatientes se ha conmovido toda la tierra; han llegado y han consumido el país y todas sus riquezas, las ciudades y sus moradores.

17. Porque he aquí que yo enviaré contra vosotros a los caldeos, como serpientes y basiliscos, contra los cuales no sirve ningún encantamiento y os morderán, dice el Señor.

18. Mi dolor es sobre todo dolor, lleno de angustia está mi corazón.

19. Oigo la voz de Jerusalén, de la hija de mi pueblo, que clama desde tierras remotas: ¿Pues qué no está ya el Señor en Sión? ¿O no está dentro de ella su rey? Mas, ¿y por qué, sus moradores, responde el Señor, me provocaron a ira con sus simulacros y con sus vanas deidades extranjeras?

20. Pasóse la siega, dicen ellos: el verano se acabó, y nosotros no somos libertados.

21. Traspasado estoy de dolor y lleno de tristeza por la aflicción de la hija de mi pueblo; el espanto se ha apoderado de mí.

22. ¿Por ventura no hay resina o bálsamo en Galaad? ¿O no hay allí ningún médico? ¿Por qué pues, no se ha cerrado la herida de la hija del pueblo mío?

CAPÍTULO IX

Jeremías llora inconsolable los males espirituales y corporales de su pueblo; le convida en nombre de Dios al arrepentimiento; y habla del castigo del Señor contra todos los pecadores.

1. ¿Quién dará agua a mi cabeza, y hará de mis ojos dos fuentes de lágrimas para llorar día y noche la muerte que se ha dado a tantos moradores de la hija de mi pueblo, o de Jerusalén?.

2. ¿Quién me dará en la soledad una triste choza de pasajeros, para abandonar a los de mi pueblo y apartarme de ellos? Pues todos son adúlteros o apóstatas de Dios, una gavilla de prevaricadores.

3. Sírvense de su lengua como de un arco, para disparar mentiras, y no verdades: se han hecho poderosos en la tierra con pasar de un crimen a otro crimen; y a mí me han desconocido y despreciado, dice el Señor.

4. Guárdese cada uno, entre ellos, de su prójimo, y nadie se fíe de sus hermanos; porque todo hermano hará el oficio de traidor, y todo amigo procederá con fraudulencia.

5. Y cada cual se burlará de su propio hermano; ni hablarán jamás verdad, porque tienen avezada su lengua a la mentira; se afanaron en hacer mal.

6. Tú, ¡oh Jeremías!, vives rodeado de engañadores; porque aman el dolo, rehusan el conocerme a mí, dice el Señor.

7. Por tanto, esto dice el Señor de los ejércitos: sábete que yo los fundiré, y ensayaré al fuego. Porque, ¿qué otra cosa puedo hacer para convertir a los de la hija de mi pueblo?

8. Su lengua es como una penetrante flecha; hablan siempre para engañar; con los labios anuncian la paz a su amigo y en secreto le arman asechanzas.

9. Pues qué, ¿no he de tomarles yo residencia sobre estas cosas?, dice el Señor. ¿O dejaré de tomar venganza de un pueblo como ése?

10. La tomará el Señor; y yo me pondré a llorar y a lamentar a vista de los montes y gemiré al ver hechas un páramo las amenas campiñas; porque todo ha sido abrasado; de manera que no transita por allí nadie, ni se oye la voz de sus dueños; desde las aves del cielo hasta las bestias todo se ha ido de allí, y se ha retirado.

11. En fin, Yo reduciré a Jerusalén, dice el Señor, a un montón de escombros, y a ser guarida de dragones, y a las ciudades de Judá las convertiré en despoblados, sin que en ellas quede un solo morador.

12. ¿Cuál es el varón sabio que entienda esto, y a quien el Señor comunique de su boca la palabra, a fin de que declare a los otros el por qué ha sido asolada esta tierra, y está seca y quemada como un árido desierto sin haber persona que transite por ella?

13. La causa es, dice el Señor, porque abandonaron mi ley que Yo les había dado, y no han escuchado mi voz, ni la han seguido;

14. sino que se han dejado llevar de su depravado corazón, y han ido en pos de los ídolos; como lo aprendieron de sus padres.

15. Por tanto, esto dice el Señor de los ejércitos, el Dios de Israel: he aquí que Yo a este pueblo le daré para comida ajenjos, y para bebida agua de hiel.

16. Y los desparramaré por entre naciones, que no conocieron ellos ni sus padres, y enviaré tras de ellos la espada, hasta tanto que sean consumidos.

17. Esto dice el Señor de los ejércitos, el Dios de Israel: id en busca de plañideras, y llamadlas que vengan luego, y enviad a buscar a las que son más diestras en hacer el duelo, y decidles que se den prisa,

18. y comiencen luego los lamentos sobre nosotros: derramen lágrimas nuestros ojos, y desháganse en agua nuestros pápados;

19. porque ya se oye una voz lamentable desde Sión que dice: ¡oh!, ¡y a qué desolación hemos sido reducidos!, ¡y en qué extrema confusión nos vemos! Abandonamos nuestra tierra nativa, porque nuestras habitaciones han sido arruinadas.

20. Escuchad, pues, ¡oh mujeres de mi país!, la palabra del Señor, y perciban bien vuestros oídos lo que os anuncian sus labios; y enseñad a vuestras hijas, y cada cual a su vecina endechas y canciones lúgubres.

21. Pues la muerte ha subido por nuestras ventanas, se ha entrado en nuestras casas, y ha hecho tal estrago, que ya no se verán niños ni jóvenes por la calles y plazas.

22. Diles, pues, tú, Jeremías: así habla el Señor: los cadáveres humanos quedarán tendidos por el suelo, como el estiércol sobre un campo, y como el heno que tira tras de sí el segador, sin que haya quien lo recoja.

23. Esto dice el Señor: no se gloríe el sabio en su saber; ni se gloríe el valeroso en su valentía, ni el rico se glorie en sus riquezas;

24. mas el que quiera gloriarse, gloríese en conocerme y saber que Yo soy el Señor, el autor de la misericordia, y del juicio, y de la justicia en la tierra; pues éstas son las cosas que me son gratas, dice el Señor.

25. He aquí que vienen días, dice el Señor, en que Yo residenciaré a todos los que están circuncidados, y a los que no lo están;

26. al Egipto, a Judá, a la Idumea, y a los hijos de Animón, y a los de Moab, y a todos aquellos que llevan cortado el cabello, habitantes del desierto, que si todas las naciones son incircuncisas según la carne, los hijos de Israel son incircuncisos en el corazón.

CAPÍTULO X

Vanidad del culto de los astros y de los ídolos. Sólo Dios es criador y Gobernador del universo; Él castigará a los pecadores; por éstos ruega a Dios el profeta.

1. Oíd los de la casa de Israel las palabras que ha hablado el Señor acerca de vosotros.
2. Esto dice el Señor: no imitéis las malas costumbres de las naciones; ni temáis las señales del cielo, que temen los gentiles.
3. Porque las leyes de los pueblos vanas son y erróneas; visto que un escultor corta con la segur un árbol del bosque, y lo labra con su mano;
4. lo adorna con plata y oro; lo acopla y afianza con clavos, a golpe de martillo, para que no se desuna.
5. Esta estatua ha salido recta e inmoble, como el tronco de una palmera; pero no habla; y la toman y la llevan donde quieren; porque ella de por sí no puede moverse. No temáis, pues, tales cosas o ídolos, pues que no pueden hacer ni mal ni bien.
6. ¡Oh Señor!, no hay nadie semejante a ti Grande eres tú, y grande es el poder de tu Nombre.
7. ¿Quién no te temerá a ti, oh rey de las naciones? Porque tuya es la gloria; entre todos los sabios de las naciones, y en todos los reinos no hay ninguno semejante a ti.
8. De necios e insensatos quedarán convencidos todos ellos: el leño, que adoran, es la prueba de su vanidad o insensatez.
9. Tráese de Tarsis la plata en planchas arrolladas, y el oro de Ofaz; lo trabaja la mano del artífice y del platero; es vestida luego la estatua de jacinto y de púrpura: obra de artífice es todo eso.
10. Mas el Señor es el Dios verdadero: él es el Dios vivo y el rey sempiterno. A su indignación se estremecerá la tierra, y no podrán las naciones soportar su ceño.
11. Así, pues, les hablaréis: los dioses que no han hecho los cielos y la tierra perezcan de sobre la faz de la tierra, y del número de las cosas que están debajo del cielo.
12. El Señor es el que con su poder hizo la tierra; con su sabiduría ordenó el mundo, y extendió los cielos con su inteligencia.

13. Con una sola voz reúne en el cielo una gran copia de aguas, y levanta de la extremidad de la tierra las nubes; resuelve en lluvia los rayos y relámpagos, y saca el viento de los repuestos suyos.
14. Necio se hizo todo hombre con su ciencia de los ídolos; la misma estatua del ídolo es la confusión de todo artífice; pues no es más que falsedad lo que ha formado, un cuerpo su alma.
15. Cosas ilusorias son, y obras dignas de risa; todas ellas perecerán al tiempo de la visita.
16. No, no es como estas estatuas aquel Señor; que es la suerte que cupo a Jacob; pues Él es el autor de todo lo criado, y es Israel la porción de su herencia; su nombre es Señor de los ejércitos.
17. ¡Oh tú, Jerusalén que te hallarás luego sitiada, bien puedes ya reunir de toda la tierra tus ídolos, el oprobio tuyo:
18. Pues mira lo que dice el Señor: sábete que yo esta vez arrojaré lejos los moradores de esta tierra, y los atribularé de tal manera que nadie escapará.
19. Entonces exclamarás: ¡ay de mí infeliz en mi quebranto!, atrocísima es la llaga o calamidad mía. Pero esta desdicha, me digo luego a mí misma, yo me la he procurado, y justo es que la padezca.
20. Asolado ha sido mi pabellón; rotas todas las cuerdas que lo afianzaban; mis hijos, hechos cautivos, se han separado de mí, y desaparecieron; no queda ya nadie para levantar otra vez mi pabellón y que alce mis tiendas.
21. Porque todos los pastores se han portado como insensatos, y no han ido en pos del Señor; por eso les faltó inteligencia o tino, y ha sido o va a ser, dispersada toda su grey;
22. porque he aquí que ya se percibe una voz, y un grande alboroto que viene de la parte del septentrión, para convertir en desiertos y en manida de dragones las ciudades de Judá.
23. Conozco bien, ¡oh Señor!, que no está en el solo querer del hombre el dirigir su camino; ni es del hombre el andar, ni el enderezar sus pasos.
24. Castígame, ¡oh Señor!, pero sea según tu benigno juicio; y no según el motivo de tu furor, a fin de que no me reduzcas a la nada.
25. Derrama más bien tu indignación sobre las naciones que te desconocen, y sobre las provincias que no invocan tu santo Nombre, ya que ellas se han encarnizado contra Jacob, y le han devorado, y han acabado con él, y disipado toda su gloria.

CAPÍTULO XI

Recuerda Jeremías al pueblo la alianza con el Señor, y las maldiciones contra sus transgresores; a quienes intima, vista su dureza, los irrevocables castigos de Dios. Jeremías, perseguido de muerte, es imagen de Jesucristo.

1. Palabras que dirigió el Señor a Jeremías, diciendo:

2. Oíd las palabras de este pacto y referidlas a los varones de Judá y a los habitantes de Jerusalén;

3. y tú, ¡oh Jeremías!, les dirás: esto dice el Señor Dios de Israel: Maldito será el hombre que no escuchare las palabras de este pacto;

4. pacto que Yo establecí con vuestros padres, cuando los saqué de la tierra de Egipto, de aquel horno de hierro encendido, y les dije: escuchad mi voz y haced todo lo que os mando, y así vosotros seréis el pueblo mío, y yo seré vuestro Dios;

5. a fin de renovar y cumplir el juramento que hice a vuestros padres de darles una tierra que manase leche y miel, como se ve cumplido, hoy día. A lo cual respondí yo Jeremías, y dije: ¡así sea, oh Señor!

6. Entonces me dijo el Señor: predica en alta voz todas estas palabras en las ciudades de Judá y en las plazas de Jerusalén, diciendo: oíd las palabras de este pacto, y observadlas;

7. porque Yo he estado conjurando fuertemente a vuestros padres desde el día en que los saqué de Egipto hasta el presente, amonestándoles y diciéndoles continuamente: escuchad mi voz.

8. Pero no la escucharon ni prestaron oídos a mi palabra, sino que cada uno siguió los depravados apetitos de su maligno corazón; y descargué sobre ellos todo el castigo que estaba escrito en aquel pacto que les mandé guardar, y no guardaron.

9. Díjome en seguida el Señor: en los varones de Judá y en los habitantes de Jerusalén se ha descubierto una conjuración.

10. Ellos han vuelto a las antiguas maldades de sus padres, los cuales no quisieron obedecer mis palabras; también éstos han ido como aquéllos en pos de los dioses ajenos para adorarlos; y la casa de Israel y la casa de Judá quebrantaron mi alianza, la alianza que contraje Yo con sus padres.

11. Por lo cual esto dice el Señor: he aquí que Yo descargaré sobre ellos calamidades, de que no podrán librarse; y clamarán a mí, mas Yo no los escucharé.

12. Con eso las ciudades de Judá y los habitantes de Jerusalén irán y clamarán entonces a los dioses a quienes ofrecen libaciones y éstos no los salvarán en el tiempo de la aflicción.

13. Porque sabido es que tus dioses, ¡oh Judá!, eran tantos como tus ciudades, y que tú, ¡oh Jerusalén!, erigiste en todas tus calles altares de ignominia, altares para ofrecer sacrificios a los ídolos.

14. Ahora, pues, no tienes tú que rogar por este pueblo, ni te empeñes en dirigirme oraciones y súplicas en favor de ellos; porque Yo no he de escucharlos cuando clamen a mí en el trance de su aflicción.

15. ¿Cómo es que ese pueblo, que era mi pueblo querido, ha cometido tantas maldades o sacrilegios en mi misma Casa? ¿Acaso las carnes sacrificadas de las víctimas, ¡oh pueblo insensato!, te han de purificar de tus maldades, de las cuales has hecho alarde?

16. El Señor te dio el nombre de olivo fértil, bello, fructífero, ameno; mas después a la voz de una palabra suya prendió en el olivo un gran fuego, y quedaron abrasadas todas sus ramas.

17. Y el Señor de los ejércitos que te plantó, decretó calamidades contra ti, a causa de las maldades que la casa de Israel y la casa de Judá o Jacob cometieron para irritarme, sacrificando a los ídolos.

18. Mas Tú, ¡oh Señor!, me lo hiciste ver, y lo conocí; Tú me mostraste entonces sus depravados designios.

19. Y yo era como un manso cordero, que es llevado al sacrificio, y no había advertido que ellos habían maquinado contra mí, diciendo: ¡ea!, démosle el leño en lugar de pan, y exterminémosle de la tierra de los vivientes; y no quede ya más memoria de su nombre.

20. Pero Tú, ¡oh Señor de los ejércitos!, que juzgas con justicia, y escudriñas los corazones y los afectos, tú harás que yo te vea tomar venganza de ellos; puesto que en tus manos puse mi causa.

21. Por tanto así habla el Señor a los habitantes de Anatot, que atentan contra tu vida, y te dicen: no profetices en el nombre del Señor, si no quieres morir a nuestras manos.

22. He aquí, pues lo que dice el Señor de los ejércitos: sábete que yo los castigaré: al filo de la espada morirán sus jóvenes, y sus hijos e hijas perecerán de hambre;

23. sin que quede reliquia alguna de ellos; porque Yo descargaré desdichas sobre los habitantes de Anatot, cuando llegue el tiempo de que sean residenciados.

CAPÍTULO XII

Se lamenta Jeremías, viendo que prospe-
raban los impíos y los hipócritas; le mani-
fiesta el Señor el desgraciado fin que ten-
drán, como también las aflicciones que le
esperan a él y a Jerusalén: el restableci-
miento de esta ciudad, y la ruina total de
otros pueblos.

1. Verdaderamente, Señor, conozco que Tú eres justo, aunque yo ose pedirte la razón de algunas cosas. A pesar de eso yo te diré una queja mía al parecer justa: ¿por qué motivo a los impíos todo les sale prósperamente, y lo pasan bien todos los que prevarican y obran mal?

2. Tú los plantaste en el mundo, y ellos echaron hondas raíces; van medrando y fructifican. Te tienen mucho en sus labios, pero muy lejos de su corazón.

3. En cuanto a mí, ¡oh Señor!, tú me conoces bien, me has visto, y has experimentado qué tal es mi corazón para contigo. Reúnelos como rebaño para el sacrificio, y destínalos aparte para el día de la mortandad.

4. ¿Hasta cuándo ha de llorar la tierra y secarse la yerba en toda la región por la malicia de sus habitantes? Han perecido para ellos las bestias y las aves, porque dijeron: no verá el Señor nuestro fin.

5. Si tú, responde el Señor corriendo con gente de a pie, te fatigaste, ¿cómo podrás apostarlas con los que van a caballo? Y si no has estado sin miedo en una tierra de paz, ¿qué harás en medio de la soberbia de los moradores del Jordán?

6. Y pues tus mismos hermanos y la casa de tu padre te han hecho guerra, y gritado altamente contra ti, no te fíes de ellos, aun cuando te hablen con amor.

7. Para castigarlos, dice el Señor, he desamparado mi Casa o templo, he abandonado mi heredad: he entregado la que era las delicias de mi alma en manos de sus enemigo.

8. Mi heredad, mi pueblo escogido, se ha vuelto para mí como un león entre breñas; ha levantado la voz blasfemando contra mí; por eso lo he aborrecido.

9. ¿Es acaso para mí la heredad mía alguna cosa exquisita, como ave de vanos colores? ¿Es ella como el ave toda matizada de colores? ¡Ea!, venid bestias todas de la tierra, corred a devorarla.

10. Muchos pastores han talado mi viña, han hollado mi heredad, han convertido mi deliciosa posesión en un puro desierto.

11. Asoláronla, y ella vuelve hacia mí sus llorosos ojos; está horrorosamente desolada toda la tierra de Judá; porque no hay nadie que reflexione en su corazón.

12. Por todos los caminos del desierto han venido los salteadores; porque la espada del Señor ha de atravesar destrozando de un cabo a otro de la tierra: no habrá paz para ningún viviente.

13. Sembraron trigo, y segaron espinas; han adquirido una heredad, mas no les traerá provecho alguno; confundidos quedaréis, frustrada la esperanza de vuestros frutos por la tremenda ira del Señor.

14. Mas esto dice el Señor contra todos mis pésimos vecinos o naciones enemigas que se entremeten y usurpan la heredad que yo distribuí a mi pueblo de Israel. Sabed que yo los arrancaré a ellos de su tierra, y sacaré de en medio de ellos la casa de Judá.

15. Mas después que los habré extirpado, me aplacaré, y tendré misericordia de ellos, y los restableceré a cada cual en su heredad, a cada uno en su tierra.

16. Y si ellos, escarmentados, aprendieren la ley del pueblo mío, de manera que sus juramentos los hagan en mi nombre, diciendo: vive el Señor; así como enseñaron ellos a mi pueblo a jurar por Baal, entonces yo los estableceré en medio de mi pueblo.

17. Pero si fueren indóciles, arrancaré de raíz aquella gente, y la exterminaré, dice el Señor.

CAPÍTULO XIII

El cíngulo o faja de Jeremías, es una figu-
ra con que el Señor representa a Jerusalén
abandonada de Dios: la exhorta a la peniten-
cia, y la amenaza con la total ruina.

1. El Señor me habló de esta manera: ve y cómprate una faja de lino, y cíñete con ella, y no dejes que toque el agua.

2. Compré, pues, la faja, según la orden del Señor, y me la ceñí al cuerpo por la cintura.

3. Y hablóme de nuevo el Señor, diciendo:

4. quítate la faja que compraste y tienes ceñida sobre los lomos, y marcha, y ve al Éufrates, y escóndela allí en el agujero de una peña.

5. Marché, pues, y la escondí junto al Éufrates, como el Señor me lo había ordenado.

6. Pasados muchos días, díjome el Señor: anda y ve al Éufrates, y toma la faja que yo te mandé que escondieras.

7. Fui, pues, al Éufrates, y abrí el agujero, y saqué la faja del lugar en que la había escondido, y hallé que estaba ya podrida, de suerte que no era útil para uso alguno.

8. Entonces me habló el Señor, diciendo:

9. esto dice el Señor: así haré yo que se pudra la soberbia de Judá y el grande orgullo de Jerusalén.

10. Esta pésima gente, que no quiere oír mis palabras, y prosigue con su depravado corazón, y se ha ido en pos de los dioses ajenos para servirles y adorarlos, vendrá a ser como esa faja, que para nada es buena.

11. Y eso que al modo que una faja se aprieta a la cintura del hombre, así había yo unido estrechamente conmigo, dice el Señor, y toda la casa de Israel y a toda la casa de Judá, para que fuesen el pueblo mío, y para ser Yo allí conocido, y alabado, y glorificado; y ellos, a pesar de eso, no quisieron escucharme.

12. Por tanto les dirás estas palabras: esto dice el Señor Dios de Israel: todas las vasijas serán llenadas de vino. Y ellos te responderán: ¿acaso no sabemos que en años abundantes se llenan de vino todos los vasos?

13. Y tú entonces les dirás: así habla el Señor: pues mirad, yo llenaré de embriaguez a todos los habitantes de esta tierra, y a los reyes de la estirpe de David, que están sentados sobre su solio, y a los sacerdotes y profetas, y a todos los moradores de Jerusalén;

14. y los desparramaré, entre las naciones, dice el Señor, separando el hermano de su hermano, y los padres de sus hijos; no perdonaré, ni me aplacaré, ni me moveré a compasión para dejar de destruirlos.

15. Oíd, pues, y escuchad con atención: no queráis ensoberbeceros confiando en vuestras fuerzas, porque el Señor es quien ha hablado.

16. Al contrario, dad gloria al Señor Dios vuestro, arrepentíos antes que vengan las tinieblas de la tribulación, y antes que tropiecen vuestros pies en montes cubiertos de espesas nieblas; entonces esperaréis la luz, y la trocará el Señor en sombra de muerte y en obscuridad.

17. Que si no obedeciereis en esto, llorará mi alma en secreto, al ver vuestra soberbia; llorará amargamente, y mis ojos derramarán arroyos de lágrimas, por haber sido cautivada la grey del Señor.

18. Di al rey y a la reina: humillaos, sentaos en el suelo, poneos de luto, porque se os cae ya de la cabeza la corona de vuestra gloria.

19. Las ciudades del mediodía están cerradas, sin que haya un habitante que las abra: toda la tribu de Judá ha sido conducida fuera de su tierra y ha sido general la trasmigración.

20. Levantad los ojos y mirad ¡oh vosotros que venís del lado del septentrión! ¿En dónde está, diréis a Jerusalén, aquella grey que se te encomendó, aquel tu esclarecido rebaño?

21. ¿Qué dirás cuando Dios te llamará a ser residenciada?, puesto que tú amaestraste contra ti a los enemigos, y los instruiste para tu perdición. ¡Cómo no te han de asaltar dolores, semejantes a los de una mujer que está de parto!

22. Que si dijeres en tu corazón: ¿Por qué me han acontecido a mí tales cosas? Sábete que por la muchedumbre de tus vicios han quedado descubiertas tus vergüenzas, y manchadas tus plantas.

23. Si el negro etíope puede mudar su piel, o el leopardo sus varias manchas, podréis también vosotros obrar bien, después de avezados al mal.

24. Y por eso, dice el Señor: yo los desparramaré, como paja menuda que el viento arrebata al desierto.

25. Tal es la suerte que te espera, ¡oh Jerusalén!, y la porción o paga que de mí recibirás, dice el Señor, por haberte olvidado de mí, y apoyádote en la mentira.

26. Por lo cual Yo mismo manifesté tus deshonestidades delante de tu cara, y se hizo patente tu ignominia,

27. tus adulterios, y tu furiosa concupiscencia, en fin, la impía fornicación o idolatría tuya. En el campo y sobre las colinas vi yo tus abominaciones. ¡Desdichada Jerusalén! ¿Y aún no querrás purificarte siguiéndome a mí invariablemente? ¿Hasta cuándo aguardas a hacerlo?

CAPÍTULO XIV

Jeremías predice al pueblo una gran sequedad y carestía; no escucha el Señor los ruegos del profeta, ni los sacrificios del pueblo. Con todo eso Jeremías no cesa de implorar la Divina Misericordia.

1. Palabras que habló el Señor a Jeremías sobre el suceso de la sequedad.

2. La Judea está cubierta de luto, y sus puertas destruidas y derribadas por el suelo, y Jerusalén alza el grito hasta el cielo.

3. Los amos envían a sus criados por agua; van éstos a sacarla, y no la encuentran, y se vuelven con sus vasijas vacías, confusos y afligidos, y cubiertas sus cabezas en señal de dolor.

4. A causa de la esterilidad de la tierra, por haberle faltado la lluvia, los labradores, abatidos, cubren sus cabezas,

5. pues hasta la cierva, después de haber parido en el campo, abandona la cría por falta de yerba;

6. y los asnos bravíos se ponen encima de los riscos, atraen a sí la frescura del aire, como hacen los dragones; y ha desfallecido la luz de sus ojos, por no haber yerba con qué alimentarse.

7. Aunque nuestras maldades dan testimonio contra nosotros, Tú, ¡oh Señor!, míranos con piedad por amor de tu santo Nombre, pues nuestras rebeldías son muchas, y hemos pecado gravísimamente contra ti.

8. ¡Oh esperanza de Israel y salvador suyo en tiempo de tribulación!, ¿por qué has de estar en esta tierra tuya como un extranjero y como un caminante que sólo se detiene para pasar la noche?

9. ¿Por qué has de ser para tu pueblo como un hombre que va divagando, o como un campeón sin fuerzas para salvar? Ello es, ¡oh Señor!, que Tú habitas entre nosotros, y nosotros llevamos el nombre de pueblo tuyo: no nos abandones, pues.

10. Esto dice el Señor a ese pueblo que tanto gusta tener siempre en movimiento los pies, y no sosiega, y ha desagradado a Dios: ahora se acordará el Señor de sus maldades y tomará residencia de sus pecados.

11. Y díjome el Señor: no tienes que rogar que haga bien a ese pueblo.

12. Cuando ayunaren, no atenderé a sus oraciones, y si ofrecieren holocaustos y víctimas, no los aceptaré; sino que los he de consumir con la espada, con el hambre y con la peste.

13. Entonces dije yo: ¡ah!, ¡ah! ¡Señor Dios mío! ¡Ah!, que los profetas les dicen: no temáis; no veréis vosotros la espada enemiga; ni habrá hambre entre vosotros; antes bien os concederá el Señor una paz verdadera en este lugar.

14. Y díjome el Señor: falsamente vaticinan en mi nombre esos profetas: yo no los he enviado, ni dado orden alguna, ni les he llamado; os venden por profecías, visiones falsas, y adivinaciones, e imposturas, y las ilusiones de su corazón.

15. Por tanto, esto dice el Señor: en orden a los profetas que profetizan en mi nombre, sin ser enviados por mí diciendo: no vendrá espada ni hambre sobre esta tierra; al filo de la espada y por hambre perecerán los tales profetas.

16. Y los moradores de los pueblos, a los cuales éstos profetizaban, serán arrojados por las calles de Jerusalén, muertos de hambre, y al filo de la espada ellos y sus mujeres, y sus hijos e hijas, sin que haya nadie que les dé sepultura; y sobre ellos derramaré el castigo de su maldad.

17. Y tú les dirás entretanto estas palabras: derramen mis ojos sin cesar lágrimas noche y día, porque Jerusalén, la virgen hija del pueblo mío, se halla quebrantada de una extrema aflicción, con una larga sumamente maligna.

18. Si salgo al campo, yo no veo sino cadáveres de gente pasada a cuchillo; si entro en la ciudad, he aquí la población transida de hambre. Hasta los profetas y los sacerdotes son conducidos cautivos a un país desconocido.

19. ¿Por ventura, Señor, has desechado del todo a Judá? ¿O es Sión abominada de tu alma? ¿Por qué, pues, nos has azotado con tanto rigor, que no nos queda parte sana? Esperamos la paz o felicidad, y no tenemos ningún bien; y el tiempo de restablecernos, y he aquí que estamos todos llenos de confusión.

20. ¡Oh Señor!, reconocemos nuestras impiedades y las maldades de nuestros padres: pecado hemos contra ti.

21. No nos dejes caer en el oprobio ¡oh Señor!, por amor de tu Nombre: ni nos castigues con ver ultrajado el templo, solio de tu gloria; acuérdate de mantener tu antigua alianza con nosotros.

22. Pues qué, ¿hay por ventura entre los simulacros o ídolos de las gentes quien dé la lluvia? ¿O pueden ellos desde los cielos enviarnos agua? ¿No eres Tú el que la envías, Señor Dios nuestro, en quien nosotros esperamos? Sí: porque Tú eres el que ha hecho todas estas cosas.

CAPÍTULO XV

Confirma el Señor la sentencia dada contra su pueblo, en vista de su obstinación. Jeremías representa al Señor los disgustos y contradicciones que sufre en su ministerio, y es confortado por Dios.

1. Entonces me dijo el Señor: aun cuando Moisés y Samuel se me pusiesen delante, no se doblaría mi alma a favor de este pueblo; arrójalos de mi presencia, y vayan fuera.

2. Que si te dicen: ¿a dónde iremos?, les responderás: esto dice el Señor: el que está destinado a morir de peste, vaya a morir; el que a perecer al filo de la espada, a la espada; el que de hambre, muera de hambre; el que está destinado a ser esclavo, vaya al cautiverio.

3. Y emplearé contra ellos cuatro especies de castigo, dice el Señor; el cuchillo que los mate, los perros que los despedacen, y las aves del cielo y las bestias de la tierra que los devoren y consuman.

4. Y haré que sean cruelmente perseguidos en todos los reinos de la tierra; por causa de Manasés, hijo de Ezequías, rey de Judá, por todas las cosas que hizo en Jerusalén.

5. Porque ¿quién se apiadará de ti, oh Jerusalén? ¿O quién se contristará por tu amor? ¿O quién irá a rogar por tu paz o felicidad? ·

6. Tú me abandonaste, dice el Señor, y me volviste las espaldas: y Yo extenderé mi mano sobre ti, y te exterminaré: cansado estoy de rogarte.

7. Y así, a tus hijos, ¡oh Jerusalén!, yo los desparramaré con el bieldo hasta las puertas o extremidades de la tierra; hice muertes y estragos en mi pueblo; y ni aun con todo eso han retrocedido de sus malos caminos.

8. Yo he hecho más viudas entre ellos que arenas tiene el mar; he enviado contra ellos quien en el mismo mediodía les mate a las madres sus hijos; he esparcido sobre las ciudades un repentino terror.

9. Debilitóse la madre que había parido siete o muchísimos hijos; desmayó su alma; escondiósele el sol cuando aún era de día: quedó confusa y llena de rubor; y a los hijos que quedaren de ella, Yo los entregaré a ser pasados a cuchillo a vista o por medio de sus enemigos, dice el Señor.

10. ¡Ay, madre mía, cuán infeliz soy yo! ¿Por qué me diste a luz para ser, como soy, un hombre de contradicción, un hombre de discordia, en toda esta tierra? Yo no he dado dinero a interés, ni nadie me lo ha dado a mí, y no obstante todos me maldicen.

11. Entonces el Señor me respondió: Yo juro que serás feliz el resto de tu vida; que Yo te sostendré al tiempo de la aflicción, y en tiempo de tribulación te defenderé contra tus enemigos.

12. ¿Por ventura el hierro común hará liga con el hierro del Norte? ¿Y el bronce común con aquel bronce?

13. ¡Oh Jerusalén! Yo entregaré, y de balde, al saqueo tus riquezas y tus tesoros, por causa de todos los pecados que has hecho y de todos los ídolos que tienes en tus términos;

14. y traeré tus enemigos de una tierra que te es desconocida; porque se ha encendido el fuego de mi indignación, que os abrasará con sus llamas.

15. Tú, ¡oh Senor!, que sabes mi inocencia, acuérdate de mí, y ampárame, y defiéndeme de los que me persiguen; no difieras el socorrerme, por razón de tu paciencia con los enemigos: bien sabes que por amor tuyo he sufrido mil oprobios.

16. Yo hallé tu divina palabra, y alimentéme con ella; y en tu palabra hallé el gozo mío y la alegría de mi corazón porque yo llevo el nombre de profeta tuyo, ¡oh Señor Dios de los ejércitos!

17. No me he sentado en los conciliábulos de los escarnecedores o impíos; ni me engreí de lo que obró el poder de tu mano; solo me estaba y retirado, pues Tú me llenaste de vaticinios o palabras amenazadoras.

18. ¿Por qué se ha hecho continuo mi dolor, y no admite remedio mi llaga desahuciada? Ella se ha hecho para mí como unas aguas engañosas, en cuyo vado no hay que fiarse.

19. Por esto, así habla el Señor: si te vuelves a mí, yo te mudaré, y estarás firme y animoso ante mi presencia; si sabes separar lo precioso de lo vil, tú serás entonces como otra boca mía. Entonces ellos se volverán hacia ti conruegos, y tú no te volverás hacia ellos.

20. Antes bien haré Yo que seas con respecto a ese pueblo un muro de bronce inexpugnable; ellos combatirán contra ti, y no podrán prevalecer: porque Yo estoy contigo para salvarte y librarte, dice el Señor.

21. Yo te libraré, pues, de las de los malvados, y te salvaré del poder de los fuertes.

CAPÍTULO XVI

Calamidades que enviará Dios sobre el pueblo de Israel; después de las cuales le enviará predicadores que le conviertan al buen camino, y hará brillar en él su infinita misericordia.

1. Hablóme después el Señor, diciéndome:

2. no tomarás mujer, y no tendrás hijos ni hijas en este lugar, o país de Judea.

3. Porque esto dice el Señor acerca de los hijos e hijas que nacerán en este lugar, y acerca de las madres que los parirán, y acerca de los padres que los engendrarán en este país:

4. morirán de varias enfermedades, y no serán plañidos ni enterrados, yacerán como estiércol sobre la superficie de la tierra, y serán consumidos con la espada y el hambre, y sus cadáveres serán pasto de las aves del cielo y de las bestias de la tierra.

5. Porque esto dice el Señor: no entrarás tú en la casa del convite mortuorio, ni vayas a dar el pésame, ni a consolar; porque Yo, dice el Señor, he desterrado de este pueblo mi paz, mi misericordia y mis piedades.

6. Y morirán los grandes y los chicos en este país, y no serán enterrados ni habrá quien en señal de luto se haga sajaduras en su cuerpo, ni se corte a raíz el cabello.

7. Ni entre ellos habrá nadie que parta el pan, para consolar al que está llorando por su difunto; ni a los que lloran la pérdida de su padre y de su madre les darán alguna bebida para su consuelo.

8. Tampoco entrarás en casa en que hay banquete, para sentarte con ellos a comer y beber;

9. porque esto dice el Señor de los ejércitos, el Dios de Israel: sábete que yo a vuestros ojos, y en vuestros días, desterraré de este lugar la voz del gozo y la voz de la alegría, la voz del esposo y la voz o cantares de la esposa.

10. Y cuando hayas anunciado a ese pueblo todas estas cosas, y ellos te digan: ¿por qué ha pronunciado el Señor contra nosotros todos estos grandes males o calamidades? ¿Cuál es nuestra maldad? ¿Y qué pecado es el que nosotros hemos cometido contra el Señor Dios nuestro?

11. Tú les responderás: porque vuestros padres me abandonaron, dice el Señor, y se fueron en pos de los dioses extraños, y les sirvieron y los adoraron, y me abandonaron a mí, y no guardaron mi ley.

12. Y todavía vosotros lo habéis hecho peor que vuestros padres; pues está visto que cada uno sigue la corrupción de su corazón depravado, por no obedecerme a mí.

13. Y así yo os arrojaré de esta tierra a otra desconocida de vosotros y de vuestros padres; donde día y noche serviréis a dioses ajenos, que nunca os dejarán en reposo.

14. He aquí que vendrá tiempo, dice el Señor en que no se dirá más: vive el Señor, que sacó a los hijos de Israel de la tierra de Egipto

15. sino: vive el Señor; que sacó a los hijos de Israel de la tierra del septentrión y de todos los países por donde los había esparcido. Y yo los volveré a traer a esta su tierra, que di a sus padres.

16. He aquí que Yo enviaré a muchos pescadores dice el Señor, los cuales los pescarán; y enviaré después muchos cazadores que los cazarán por todos los montes, y por todos los collados, y por las cuevas de los peñascos.

17. Porque mis ojos están observando todos sus pasos; no se oculta ninguno a mis miradas; como no hubo maldad suya oculta a mi vista.

18. Pero primeramente les paré al doble lo que merecen sus iniquidades y pecados; porque han contaminado mi tierra con las carnes mortecinas sacrificadas a sus ídolos, y llenado mi heredad de sus abominaciones.

19. ¡Oh Señor, fortaleza mía, y el sostén mío y mi refugio en el tiempo de la tribulación!, a ti vendrán las gentes desde las extremidades de la tierra, y dirán: verdaderamente que nuestros padres poseyeron la mentira y la vanidad, la cual para nada les aprovechó.

20. ¿Acaso un hombre podrá hacerse sus dioses? No: ésos no son dioses.

21. Por lo cual he aquí que yo de esta vez los he de convencer: les mostraré mi poder y mi fortaleza, y conocerán que mi nombre es EL SEÑOR.

CAPÍTULO XVII

Obstinación de los judíos, causa de su castigo. Debemos poner la confianza en Dios, no en los hombres. Jeremías ruega a Dios que le dé fuerzas para resistir a sus enemigos. Santificación del sábado.

1. El pecado de Judá está escrito con punzón de hierro, y grabado con punta de diamante sobre la tabla de su corazón y en los lados de sus sacrílegos altares.

2. Ya que sus hijos se han acordado de sus altares dedicados a los ídolos, y de sus bosques, y de los árboles frondosos que hay en los altos montes,

3. y ofrecen sacrificios en los campos; Yo entregaré al saqueo tu hacienda, y todos tus tesoros y tus lugares excelsos en que adoras a los ídolos, por causa de los pecados cometidos por ti, ¡oh Judá!, en todas tus tierras.

4. Y quedarás despojada de la herencia que te había yo dado; y te haré esclava de tus enemigos en una tierra desconocida de ti: porque tú has encendido el fuego de mi indignación, que arderá eternamente.

5. Esto dice el Señor: maldito sea el hombre que confía en otro hombre, y no en Dios, y se apoya en un brazo de carne miserable, y aparta del Señor su corazón.

6. Porque será semejante a los tamariscos o retama del árido desierto, y no se aprovechará del bien cuando venga, sino que permanecerá en la sequedad del desierto, en un terreno salobre e inhabitable.

7. Al contrario, bienaventurado el varón que tiene puesta en el Señor su confianza, y cuya esperanza es el Señor.

8. Porque será como el árbol transplantado junto a las corrientes de las aguas, el cual extiende hacia la humedad sus raíces, y así no temerá la sequedad cuando venga al estío. Y estarán siempre verdes sus hojas, ni le hará mella la sequía, ni jamás dejará de producir fruto.

9. Pero ¡ah!, perverso y falaz es el corazón de todos los hombres, e impenetrable: ¿quién podrá conocerlo?

10. Yo el Señor soy el que escudriño los corazones, y el que examino los afectos de ellos, y doy a cada uno la paga según su proceder y conforme al mérito de sus obras.

11. Como la perdiz que empolla los huevos que ella no puso, así es el que junta riquezas

por medios injustos: a la mitad de sus días tendrá que dejarlas, y al fin de ellos se verá su insensatez.

12. ¡Oh trono de gloria del Altísimo desde el principio, lugar de nuestra santificación!

13. ¡Oh Señor, esperanza de Israel!, todos los que te abandonan quedarán confundidos; los que de ti se alejan, en el polvo de la tierra serán escritos, porque han abandonado al Señor, vena de aguas vivas.

14. Sáname, Señor, y quedaré sano; sálvame y seré salvo; pues que toda mi gloria eres Tú.

15. He aquí que ellos me están diciendo: ¿dónde está la palabra del Señor? Que se cumpla.

16. Mas yo no por eso me he turbado siguiendo tus huellas, ¡oh pastor mío!, pues nunca apetecí día o favor de hombre alguno: Tú lo sabes. Lo que anuncié con mis labios fue siempre recto en tu presencia.

17. No seas, pues, para mí motivo de temor Tú, ¡oh Señor, esperanza mía en el tiempo de la aflicción!

18. Confundidos queden los que me persiguen, no quede confundido yo; teman ellos, y no tema yo; envía sobre ellos el día de la aflicción, y castígalos con doble azote.

19. Esto me dice el Señor: ve y ponte a la puerta más concurrida de los hijos del pueblo, por la cual entran y salen los reyes de Judá, y en todas las puertas de Jerusalén;

20. y les dirás a todos: oíd la palabra del Señor, ¡oh reyes de Judá!, y tú, pueblo todo de Juda, y todos vosotros ciudadanos de Jerusalén que entráis por estas puertas,

21. mirad lo que dice el Señor: cuidad de vuestras almas; y no llevéis cargas en día de sábado, ni las hagáis entrar por las puertas de Jerusalén.

22. Ni hagáis en día de sábado sacar cargas de vuestras casas, ni hagáis labor alguna; santificad dicho día, como lo mandé a vuestros padres.

23. Mas ellos no quisieron escuchar, ni prestar oídos a mis palabras; al contrario, endurecieron su cerviz por no oírme, ni recibir mis documentos.

24. Con todo, si vosotros me escuchareis, dice el Señor, de suerte que no introduzcáis cargas por las puertas de esta ciudad en día de sábado, y santificareis el día sábado, no haciendo en él labor ninguna,

25. seguirán entrando por las puertas de esta ciudad los reyes y los príncipes, sentándose en el trono de David, y montando en carrozas y caballos, así ellos como sus príncipes o cortesanos, los varones de Judá y los ciudadanos de

Jerusalén, y estará esta ciudad para siempre poblada.

26. Y vendrán de las otras ciudades de Judá, y de la comarca de Jerusalén, y de tierra de Benjamín, y de las campiñas, y de las montañas, y de hacia el mediodía a traer holocaustos y víctimas, y sacrificios, e incienso, y lo ofrecerán en el templo del Señor.

27. Pero si no me obedeciereis en santificar el día del sábado, y en no acarrear cargas, ni meterlas por las puertas de Jerusalén en día de sábado, Yo pegaré fuego a estas puertas, fuego que devorará las casas de Jerusalén, y que nadie apagará.

CAPÍTULO XVIII

Con la semejanza del barro y del alfarero demuestra el Señor que está en su mano el hacer beneficios, o enviar castigos al pueblo de Israel. Manda al profeta que le exhorte a penitencia. Conjuración del pueblo contra Jeremías, figura de la que formaron después contra Jesús.

1. Orden dada a Jeremías por el Señor, diciendo:

2. anda y baja a casa de un alfarero, y allí oirás mis palabras.

3. Bajé, pues, a casa de un alfarero, y hallé que estaba trabajando sobre la rueda.

4. Y la vasija de barro que estaba haciendo se deshizo entre sus manos; y al instante volvió a formar del mismo barro otra vasija de la forma que le plugo.

5. Entonces me habló el Señor, y dijo:

6. ¿por ventura no podré hacer Yo con vosotros, ¡oh casa de Israel!, como ha hecho este alfarero con su barro, dice el Señor? Sabed que lo que es el barro en manos del alfarero, eso sois vosotros en mi mano, ¡oh casa de Israel!

7. Yo pronunciaré de repente mi sentencia contra una nación y contra un reino, para arrancarlo, destruirlo y aniquilarlo.

8. Pero si la tal nación hiciere penitencia de sus pecados, por los cuales pronuncié el decreto contra ella, me arrepentiré Yo también del mal que pensé hacer contra ella.

9. Asimismo trataré Yo de repente de fundar y establecer una nación y un reino.

10. Pero si éste obrare mal ante mis ojos, de suerte que no atienda a mi voz, yo me arrepentiré del bien que dije que le haría.

11. Tú, pues, ahora di a los varones de Judá y a los habitantes de Jerusalén: esto dice el Señor: mirad que Yo estoy amasando estragos

contra vosotros, y trazando designios en daño vuestro: conviértase cada uno de vosotros de su mala vida, y enmendad vuestras costumbres e inclinaciones.

12. A esto dijeron ellos: ya no hay remedio; hemos desesperado; y así seguiremos nuestras ideas, y cada cual hará lo que le sugiera la perversidad de su maleado corazón.

13. Por tanto, esto dice el Señor: preguntad a las demás naciones: ¿quién ha jamás oído tales y tan horrendas cosas, como las que no se hartaba de hacer la virgen de Israel?

14. ¿Acaso puede faltar nieve en los peñascos de las espaciosas sierras del Líbano? ¿O pueden agotarse los manantiales, cuyas frescas aguas corren sobre la tierra?

15. Pues he aquí que mi pueblo se ha olvidado de mí, ofreciendo sacrificios a la vanidad de los ídolos, y tropezando de continuo en sus caminos, en los antiguos caminos, por seguir un carril no trillado,

16. reduciendo así su tierra a desolación, y a ser para siempre objeto de mofa y de asombro para todo pasajero, que al verla, admirándose meneará su cabeza.

17. Porque como viento abrasador los dispersaré delante de sus enemigos; les volveré las espaldas, y no mi benigno rostro, en el día de su perdición.

18. Mas ellos dijeron entonces: venid y tratemos seriamente de obrar contra Jeremías: porque a pesar de lo que él predice, no nos faltará la explicación de la ley de boca del sacerdote, ni el consejo del sabio, ni la palabra del profeta. Venid, pues, atravesémosle con los dardos de nuestra lengua, y no hagamos caso de ninguna de sus palabras.

19. ¡Oh Señor!, mira por mí, y para tu atención en lo que dicen mis adversarios.

20. ¿Conque así se vuelve mal por bien? ¿Y así ellos, que tanto me deben, han cavado una hoya para hacerme perder la vida? Acuérdate, ¡oh Señor!, de cuando me presentaba yo en tu acatamiento, para hablarte a su favor, y para desviar de ellos tu enojo.

21. Por tanto, abandona sus hijos al hambre, y entrégalos al filo de la espada; viudas y sin hijos queden sus mujeres, y mueran de una muerte infeliz sus maridos, y véanse en el combate sus jóvenes atravesados con la espada.

22. Óiganse alaridos en sus casas. Porque Tú has de conducir contra ellos súbitamente al salteador, contra ellos que cavaron la hoya para cogerme, y tendieron lazos ocultos para mis pies.

23. Mas Tú, ¡oh Señor!, conoces bien todos sus designios de muerte contra mí. No les perdones su maldad; ni se borre de tu presencia su pecado: derribados sean delante de ti; acaba con ellos en el tiempo de tu furor.

CAPÍTULO XIX

Jeremías, quebrando delante de todos una vasija de barro, anuncia de orden de Dios, con esta figura, la total ruina de Jerusalén.

1. Me dijo también el Señor: anda y lleva contigo una vasija de barro, obra del alfarero, y algunos de los ancianos del pueblo y de los ancianos de los sacerdotes;

2. y vete al valle del hijo de Ennom, que está al oriente cerca de la entrada de la alfarería, y allí publicarás las palabras que voy a decirte.

3. Escuchad, les dirás, la palabra del Señor, ¡oh reyes de Judá y ciudadanos de Jerusalén! Esto dice el Señor de los ejércitos, el Dios de Israel: sabed que Yo descargaré sobre este lugar tales castigos, que a cualquiera que los oyere contar le retiñirán las orejas.

4. Y por cuanto ellos me han abandonado, y han profanado este lugar, y sacrificado en él a dioses ajenos, que ni ellos conocen, ni han conocido sus padres, ni los reyes de Judá, llenando este sitio de sangre de inocentes,

5. y han erigido altares a Baal, para abrasar en el fuego a sus hijos, en holocausto al mismo Baal, cosas que ni mandé, ni dije, ni me pasaron por el pensamiento:

6. por tanto, he aquí, dice el Señor, que llega el tiempo en que ya no se ha de llamar más este sitio Valle de Tofet, ni Valle del hijo de Ennom, sino el Valle de la Mortandad.

7. Y en este sitio disiparé Yo los designios de los habitantes de Judá y de Jerusalén; y exterminaré a éstos con la espada, a la vista de sus enemigos, y por mano de aquellos que buscan su perdición, y daré sus cadáveres en pasto a las aves del cielo y a las bestias de la tierra.

8. Y a esta ciudad la haré objeto de pasmo y de escarnio; todos los que pasaren por ella quedarán atónitos, y la insultarán por razón de todas sus desdichas.

9. Y les daré a comer a los padres las carnes de sus hijos y las carnes de sus hijas; y al amigo la carne de su amigo, durante el asedio y apuros a que los reducirán sus enemigos, que quieren acabar con ellos.

10. Y después romperás la vasija, a vista de los varones que te habrán acompañado.

11. Y les dirás entonces: esto dice el Señor de los ejércitos: así haré yo pedazos a este pueblo y a esta ciudad, como se hace añicos una vasija de barro cocido, la cual ya no puede restaurarse; y

serán sepultados en el inmundo valle de Tofet, porque no habrá otro sitio para enterrarlos.

12. De esta manera trataré Yo a esta población y a sus habitantes, dice el Señor, y haré que esta ciudad sea un lugar de abominación, así como Tofet.

13. Y las casas de Jerusalén y las casas de los reyes de Judá quedarán inmundas como el sitio de Tofet: todas estas casas, digo, en cuyos terrados se ofrecían sacrificios a toda la milicia o estrellas del cielo, y libaciones a los dioses ajenos.

14. En seguida volvió Jeremías de Tofet, a donde le había enviado el Señor a profetizar y paróse en el atrio del templo del Señor, y dijo a todo el pueblo:

15. Esto dice el Señor de los ejércitos, el Dios de Israel: mirad, Yo voy a traer sobre esta ciudad y sobre todas las ciudades que dependen de ella, todos los males con que Yo la he amenazado; ya que han endurecido su cerviz para no atender a mis palabras.

CAPÍTULO XX

Jeremías, maltratado y encarcelado por Fasur, profetiza contra éste y contra toda la Judea. Se lamenta a Dios de que permita que padezca por anunciar su palabra. Y pone en Él su confianza.

1. Y Fasur, hijo o descendiente del sacerdote Emmer, y que era uno de los prefectos de la Casa del Señor, oyó a Jeremías que profetizaba tales cosas.

2. E irritado Fasur hirió al profeta Jeremías, y lo puso en el cepo, que estaba en la puerta superior de Benjamín, en la Casa del Señor.

3. Al amanecer del siguiente día, sacó Fasur del cepo a Jeremías; el cual le dijo: el Señor no te llama ya Fasur, sino el *Espantado por todas partes.*

4. Porque esto dice el Señor: sábete; que Yo te llenaré de espanto a ti y a todos tus amigos: los cuales perecerán al filo de la espada de sus enemigos, y es cosa que la verás con tus ojos, y entregaré a todo Judá en poder del rey de Babilonia, quien trasladará sus habitantes a Babilonia, y a muchos los pasará a cuchillo.

5. Y todas las riquezas de esta ciudad, y todas sus labores, y cuanto, haya de precioso, y los tesoros todos de los reyes de Judá los entregaré en manos de sus enemigos; los cuales les robarán, y cargarán con ellos, y los conducirán a Babilonia.

6. Mas tú, ¡oh Fasur!, y todos los moradores de tu casa iréis cautivos; y tú irás a Babilonia, y allí morirás, y allí serás enterrado tú y todos tus amigos a quienes profetizaste mentiras.

7. ¡Oh Señor!, Tú me deslumbraste, al encargarme este penoso ministerio; y yo quedé deslumbrado: yo ya me resistía; pero Tú fuiste más fuerte que yo, y te saliste con la tuya; yo soy todo el día objeto de irrisión, todos hacen mofa de mí;

8. porque ya tiempo hace que estoy clamando contra la iniquidad, y anunciando a voz en grito la devastación; y la palabra del Señor no me acarrea más que continuos oprobios y escarnios.

9. Y así dije para conmigo: no volveré más a hacer mención de ella, y no hablaré más en nombre del Señor. Pero luego sentí en mi corazón como un fuego abrasador, encerrado dentro de mis huesos, y desfallecí, no teniendo fuerzas para aguantarlo.

10. El hecho es que oí las maldiciones de muchos, y el terror se apoderó de mí por todos lados: perseguidle, persigámosle, oí que decían todos aquellos mismos que vivían en paz conmigo, y estaban a mi lado; observemos si comete alguna falta; que en tal caso, prevaleceremos contra él y tomaremos de él venganza.

11. Pero el Señor, cual esforzado campeón, está conmigo; por eso caerán y quedarán sin fuerzas aquellos que me persiguen; quedarán sumamente avergonzados por no haber logrado su intento, con un oprobio sempiterno, que jamás se borrará.

12. Y Tú, oh Señor de los ejércitos, que haces prueba del justo, Tú que disciernes los afectos interiores del corazón, haz que yo te vea tomar de ellos una justa venganza; porque a ti te tengo encomendada mi causa.

13. Cantad himnos al Señor, alabad al Señor, porque él es el que ha librado el alma del pobre de las garras de los malvados: del pobre que, como fuera de sí, decía:

14. maldito el día en que nací; no sea bendito el día en que mi madre me parió.

15. Maldito aquel hombre que dio la nueva a mi padre, diciéndole: te ha nacido un hijo varón; como quien pensó colmarle de gozo.

16. Sea el tal hombre como están las ciudades que asoló el Señor sin tener de ellas compasión; oiga gritos por la mañana y aullidos al mediodía.

17. ¡Que no me hiciera morir Dios en el seno materno, de modo que la madre mía fuese mi sepulcro, y fuese eterna su preñez!

18. ¿Para qué salí del seno materno a padecer trabajos y dolores, y a que se consumiesen mis días en continua afrenta?

CAPÍTULO XXI

Respuesta de Jeremías a la pregunta de Sedecías sobre la suerte de Jerusalén sitiada. Solamente se salvarán aquellos que se sujeten a los enemigos.

1. He aquí lo que respondió el Señor a Jeremías, cuando el rey Sedecías le envió a decir por Fasur, hijo de Melquías, y por el sacerdote Sofonías, hijo de Maasías, lo siguiente:

2. consulta por nosotros al Señor; pues Nabucodonosor, rey de Babilonia, nos ataca con su ejército: y sepas si el Señor por ventura está en obrar a favor nuestro alguno de sus muchos prodigios que obligue a aquél a retirarse de nosotros.

3. Y Jeremías les respondió: así diréis a Sedecías:

4. esto dice el Señor, el Dios de Israel: sabed que Yo haré volver en daño vuestro las armas que tenéis en vuestras manos, y con que peleáis contra el rey de Babilonia y los caldeos que os tienen sitiados rodeando vuestros muros, y las amontonaré todas en medio de la ciudad.

5. Y Yo mismo pelearé contra vosotros, y os derrotaré extendiendo mi mano y el fuerte brazo mío con furor e indignación y enojo grande.

6. Porque descargaré el azote sobre los vecinos de esta ciudad; hombres y bestias morirán de horrible pestilencia.

7. Y tras esto, dice el Señor, Yo entregaré a Sedecías, rey de Judá, y a sus sevidores, y a su pueblo, y a los que habrán quedado en la ciudad salvos de la peste, y de la espada, y del hambre, los entregaré digo, en poder del rey de Babilonia Nabucodonosor, y en poder de sus enemigos, y en poder de los que buscan cómo matarlos, y serán pasados a cuchillo, y no se aplacará, ni perdonará, ni tendrá compasión.

8. También dirás a ese pueblo: esto dice el Señor: he aquí que Yo os pongo delante el camino de la vida y el camino de la muerte.

9. El que se quede en esta ciudad, perecerá al filo de la espada, o de hambre, o de peste; mas aquel que salga y se entregue a los caldeos que os tienen sitiados, salvará la vida y reputará esto por una ganancia.

10. Por cuanto Yo tengo fijados los ojos sobre esta ciudad, dice el Señor, no para hacerle bien, sino mal; Yo la entregaré en poder del rey de Babilonia, el cual la entregará a las llamas.

11. Dirás también a la casa del rey de Judá: oíd la palabra del Señor:

12. ¡Oh vosotros de la casa de David!, esto dice el Señor: administrad presto la justicia, y a los oprimidos por la prepotencia libradlos del poder del opresor; no sea que prenda en vosotros como fuego mi enojo, y encendido que sea, no haya quien pueda apagarlo, por causa de la malignidad de vuestras inclinaciones o mala conducta vuestra.

13. Heme aquí, oh Jerusalén: contra ti vengo, ¡oh habitadora del valle fortalecido y campestre!, dice el Señor; contra vosotros que decís: ¿quién será capaz de asaltarnos y de apoderarse de nuestras casas?

14. Yo os castigaré por el fruto que han dado vuestras perversas inclinaciones, dice el Señor; y Yo pegaré fuego a sus profanos bosques, el cual devorará todos sus alrededores.

CAPÍTULO XXII

Terrible profecía de Jeremías contra el rey de Judá y su familia.

1. Esto dice el Señor: anda, ve a la casa del rey de Judá, y le hablarás allí en estos términos,

2. y dirás: escucha, ¡oh rey de Judá!, la palabra del Señor, tú que te sientas sobre el trono de David, tú y los de tu servidumbre, y tu pueblo que entráis por estas puertas.

3. Esto dice el Señor: juzgad con rectitud y justicia, y librad de las manos del calumniador a los oprimidos, por la violencia, y no afligiáis ni oprimáis inicuamente al forastero, ni al huérfano ni a la viuda, y no derraméis sangre inocente en este lugar.

4. Porque si realmente os portareis así como os digo, seguirán ocupando el solio de David los reyes sus descendientes, y montados en carrozas y caballos entrarán y saldrán por las puertas de esta casa con sus servidores o cortesanos y su pueblo.

5. Pero si vosotros desobedeciereis estas palabras, juro por mí mismo, dice el Señor, que esta casa o palacio quedará reducido a una soledad.

6. Porque he aquí lo que dice el Señor contra la casa del rey de Judá: ¡oh casa ilustre y rica como Galaad!, tú que eres para mí como la cumbre del Líbano, júrote que te reduciré a una soledad, como las ciudades inhabitables de Pentápolis,

7. Y destinaré contra ti al matador de hombres, y a sus armas o tropas: y cortarán tus cedros escogidos, y los arrojarán al fuego.

8. Y atravesará mucha gente por esta ciudad, y dirá cada uno a su compañero: ¿por qué motivo trató así el Señor a esta gran ciudad?

9. Y se le responderá: porque abandonaron la alianza del Señor Dios suyo, y adorarán y sirvieron a los dioses ajenos.

10. ¡Ah!, no lloréis al difunto rey Josías, ni hagáis por él duelo; llorad sí por el que se va, por Joacaz; que no volverá ya del cautiverio, ni verá más la tierra de su nacimiento.

11. Por lo cual esto dice el Señor acerca de Sellum (o Joacaz), hijo de Josías, rey de Judá, que sucedió en el reino a su padre Josías, y salió de este lugar: no ha de volver más acá

12. sino que morirá en el lugar a donde le trasladé, ni verá ya más esta tierra.

13. ¡Ay de aquel que fabrica su casa sobre la injusticia, y sus salones sobre la iniquidad, forzando a su prójimo a que trabaje de balde, y no le paga su jornal!

14. Aquel que va diciendo: yo me edificaré un suntuoso palacio y espaciosos salones; que ensancha sus ventanas y hace artesonados de cedro, pintándolos de bermellón.

15. ¿Piensas tú, oh rey Joakim, que reinarás mucho tiempo, pues que te comparas con el cedro? ¿Por ventura tu padre, el piadoso Josías, no comió y bebió, y fue feliz gobernando con rectitud y justicia?

16. Defendía la causa del pobre y del desvalido, y así trabajaba para su propio bien, ¿y la razón de esto no fue porque siempre me reconoció a mí dice el Señor?

17. Pero tus ojos y tu corazón no buscan sino la avaricia y el derramar sangre inocente, y el calumniar y correr tras la maldad.

18. Por tanto esto dice el Señor de Joakim, hijo de Josías y rey de Judá: no lo endecharán los de su casa con aquellos lamentos: ¡ay hermano mío!, ¡ay hermana mía!, ni los extraños gritarán: ¡Ah Señor!, ¡ah ínclito rey!

19. Sepultado será como lo es el asno, esto es, será arrojado fuera de las puertas de Jerusalén para que allí se pudra.

20. Ya puedes subir tú, obstinado pueblo, sube al Líbano y da gritos, y desde el monte Basán levanta tu voz, y clama por socorro a los que pasen; porque todos tus amigos han sido anonadados.

21. Yo te prediqué en medio de tu prosperidad, y tú dijiste: no quiero escuchar; ésta es tu conducta desde tu mocedad, el hacerte sordo a mis palabras.

22. Del viento se aumentarán todos tus pastores, y cautivos serán llevados todos tus amigos o favorecedores. Confuso quedarás entonces, ¡oh pueblo orgulloso!, y tú mismo te avergonzarás de todos tus vicios.

23. ¡Oh tú que pones tu asiento sobre el Líbano, y anidas en sus altos cedros: ¡cuáles serán tus ayes cuando te acometan dolores semejantes a los de mujer que está de parto!

24. Juro Yo, dice el Señor, que aunque Jeconías, hijo de Joakim, rey de Judá fuese tan interesante para mí como el sello o anillo de mi mano derecha, me lo arrancaría del dedo.

25. Yo te entregaré, ¡oh príncipe impío!, en poder de los que buscan cómo matarte, y de aquellos cuyo rostro te hace temblar: en poder de Nabucodonosor, rey de Babilonia, y en poder de los caldeos.

26. Y a ti y a tu madre que te parió os enviaré a un país extraño, en que no nacisteis, y allí moriréis.

27. Y a la Judea, esta tierra a la cual su alma anhela volver, no volverán jamás.

28. ¡Oh Señor!, ¿es quizá ese hombre Jeconías alguna vasija de barro quebrada? ¿Es algún mueble inútil que nadie lo quiere? ¿Por qué motivo han sido abatidos él y su linaje, y arrojados a un país desconocido de ellos?

29. ¡Tierra, tierra!; oye, ¡oh tierra!, la palabra del Señor, y escarmienta.

30. He aquí lo que me dice el Señor: escribe que ese hombre será estéril en sus cosas; que nada le saldrá bien de lo que emprenda durante su vida; pues que no quedará de su linaje varón alguno que se siente sobre el trono de David, y que tenga jamás en adelante poder ninguno en Judá.

CAPÍTULO XXIII

Predice Jeremías que en lugar de los malos pastores del pueblo de Israel, enviará el Señor al BUEN PASTOR, quien con sus mayorales formará un nuevo y dichosísimo rebaño; y anuncia la ignominia eterna con que serán castigados los falsos profetas.

1. ¡Ay de los pastores que arruinan y despedazan el rebaño de mi dehesa!, dice el Señor.

2. Por tanto he aquí lo que dice el Señor Dios de Israel a los pastores que apacientan mi pueblo: vosotros habéis desparramado mi grey, y la habéis arrojado fuera, y no la habéis visitado: pues he aquí que yo vendré a castigaros a vosotros por causa de la malignidad de vuestras inclinaciones, dice el Señor.

3. Y Yo reuniré las ovejas que quedaron de mi rebaño, de todas las tierras a donde las hubiere echado, y las volveré a sus propias tierras; y crecerán y se multiplicarán.

4. Y crearé para ellas unos pastores que las apacentarán con pasos saludables; no tendrán ya miedo ni pavor alguno, y no faltará ninguna de ellas en el redil, dice el Señor.

5. Mirad que viene el tiempo, dice el Señor, en que Yo haré nacer de David un vástago, un *Des-*

cendiente justo, el cual reinará como rey, y será sabio, y gobernará la tierra con rectitud y justicia.

6. En aquellos días suyos, Judá será salvo, e Israel vivirá tranquilamente; y el nombre con que será llamado aquel rey, es el de *Justo Señor o Dios nuestro*.

7. Por eso vendrá tiempo, dice el Señor, en que ya no dirán: vive el Señor que sacó a los hijos de Israel de la tierra de Egipto,

8. sino: vive el Señor que ha sacado y traído el linaje de la casa de Israel del país del Norte y de todas las regiones a donde los había Yo arrojado; y habitarán en su propia tierra.

9. En orden a los falsos profetas, mi corazón, dijo Jeremías, se despedaza en medio de mi pecho: desencajados tengo todos mis huesos; me hallo como un ebrio, como un hombre tomado del vino, al considerar el enojo del Señor y a vista de sus santas palabras.

10. Porque la tierra está llena de adúlteros, y llorando a causa de las blasfemias; secáronse las campiñas del desierto; su carrera de ellos se dirige siempre al mal, y su valentía es para cometer injusticias.

11. Porque así el profeta como el sacerdote se han hecho inmundos, y dentro de mi casa o templo, allí he encontrado su malicia, dice el Señor.

12. Por eso el camino de ellos será como un continuo resbaladero entre tinieblas; en él serán rempujados, y caerán; pues yo descargaré desastres sobre ellos en el tiempo en que sean residenciados, dice el Señor.

13. Así como en los profetas de Samaria vi la insensatez de que profetizaban en nombre de Baal, y embaucaban a mi pueblo de Israel,

14. así a los profetas de Jerusalén los vi imitar a los adúlteros; e ir en pos de la mentira, y que infundían orgullo a la turba de los malvados, para que cada uno de ellos dejase de convertirse de su maldad; todos han venido a ser abominables a mis ojos como Sodoma; como los de Gomorra, tales son sus habitantes.

15. Por tanto, esto dice el Señor de los ejércitos a los profetas: he aquí que Yo les daré a comer ajenjos y hiel para beber: ya que de los profetas de Jerusalén se ha difundido la corrupción e hipocresía por toda la tierra.

16. Moradores de Jerusalén, he aquí lo que os dice el Señor de los ejércitos: no queráis escuchar las palabras de los profetas que os profetizan cosas lisonjeras, y os embaucan: ellos os cuentan las visiones o sueños de su corazón, no lo que ha dicho el Señor.

17. Dicen a aquellos que blasfeman de mí: el Señor lo ha dicho: tendréis paz. Y a todos los que siguen la perversidad de su corazón les han dicho: no vendrá sobre vosotros ningún desastre.

18. Pero, ¿quién de ellos asistió al consejo del Señor, y vio y oyó lo que dijo o decretó? ¿Quién penetro su resolución y la comprendió?

19. He aquí que se levantará el torbellino de la indignación divina; y la tempestad, rompiendo la nube, descargará sobre la cabeza de los impíos.

20. No cesará la saña del Señor hasta tanto que se haya ejecutado y cumplido el decreto de su voluntad; en los últimos días es cuando conoceréis su designio sobre vosotros.

21. Yo no enviaba esos profetas falsos; ellos de suyo corrían por todas partes; no hablaba yo con ellos, sino que ellos profetizaban lo que querían.

22. Si hubiesen asistido a mi consejo y anunciado mis palabras al pueblo mío, yo ciertamente les hubiera desviado de su mala vida y de sus pésimas inclinaciones.

23. ¿Acaso piensas tú, dice el Señor, que yo soy Dios sólo de cerca, y no soy Dios desde lejos?

24. ¿Si se ocultará acaso un hombre en algún escondrijo sin que yo le vea, dice el Señor? ¿Por ventura no lleno yo, dice el Señor, el cielo y la tierra?

25. He oído lo que andan diciendo aquellos profetas que en mi nombre profetizan la mentira: he soñado, dicen, he tenido un sueño profético.

26. ¿Y hasta cuándo ha de durar esta imaginación en el corazón de los profetas que vaticinan la falsedad y anuncian las ilusiones de su corazón?

27. Los cuales quieren hacer que el pueblo mío se olvide de mi Nombre, por los sueños que cada uno cuenta a su vecino, al modo que de mi Nombre se olvidaron de sus padres por amor a Baal.

28. Que cuente su sueño aquel profeta que así sueña; y predique mi palabra con toda verdad aquel que recibe mi palabra, y se verá la diferencia. ¿Qué tiene que ver la paja con el trigo, dice el Señor?

29. ¿No es así que mis palabras son como fuego, dice el Señor, y como martillo que quebranta las peñas?

30. Por tanto, vedme aquí, dice el Señor, contra aquellos profetas que roban mis palabras, cada cual a su más cercano profeta.

31. Vedme aquí, dice el Señor, contra aquellos profetas que toman en sus lenguas estas palabras: *Dice el Señor*.

32. Vedme aquí contra aquellos profetas o visionarios que sueñan mentiras, dice el Señor

y las cuentan, y traen embaucado a mi pueblo con sus falsedades Y prestigios; siendo así que Yo no los he enviado, ni dado comisión alguna a tales hombres que ningún bien han hecho a este pueblo, dice el Señor.

33. Si te preguntare, pues, este pueblo, o un profeta, o un sacerdote, burlándose de ti, y te dijere: Vaya, ¿cuál es la carga o duro vaticinio que nos anuncias de parte del Señor?, le responderás: la carga sois vosotros; y Yo, dice el Señor, os arrojaré lejos de mí.

34. Que si el profeta o el sacerdote, o alguno del pueblo dice: ¿cuál es la carga del Señor? Yo castigaré severamente al tal hombre y a su casa.

35. Lo que habéis de decir cada uno a su vecino y a su hermano es: ¿qué ha respondido el Señor? O ¿qué es lo que el Señor ha hablado?

36. Y no se ha de nombrar más por irrisión la carga del Señor, que de lo contrario la carga de cada uno será su modo de hablar, ya que habéis pervertido las palabras del Dios vivo, del Señor de los ejércitos, nuestro Dios.

37. Le preguntarás, pues, al profeta: ¿qué te ha respondido el Señor? O ¿qué es lo que el Señor ha dicho?

38. Mas si todavía dijereis, mofándoos: la carga del Señor ¿cuál es? En tal caso, esto dice el Señor: porque dijisteis esa expresión irrisoria: la carga del Señor; siendo así que yo os envié a decir: no pronunciéla más por mofa esa expresión: La carga del Señor.

39. Por tanto, tened entendido que Yo os tomaré, y os transportaré y os abandonaré: desechándoos de mi presencia a vosotros y a la ciudad que os di a vosotros y a vuestros padres.

40. Y haré de vosotros un padrón de oprobio sempiterno y de ignominia perdurable, cuya memoria jamás se borrará.

CAPÍTULO XXIV

Con la figura de dos canastillos de higos declara el Señor la piedad con que tratará a los judíos que se convirtieren en Babilonia, y el rigor con que tratará a los que se quedaren en el país.

1. Mostróme el Señor una visión, y vi dos canastillos llenos de higos puestos en el atrio delante del templo del Señor, después que Nabucodonosor, rey de Babilonia, había transportado de Jerusalén a Babilonia a Jeconías, hijo de Joakim, rey de Judá, y a sus cortesanos, y a los artífices, y a los joyeros.

2. En un canastillo tenía higos muy buenos, como suelen ser los higos de la primera esta-

ción; y el otro canastillo tenía higos muy malos, que no se podían comer de puro malos.

3. Y díjome el Señor: ¿qué es lo que ves, Jeremías? Yo respondí: higos: higos buenos, y tan buenos que no pueden ser mejores; y otros malos, muy malos, que no se pueden comer de puro malos.

4. Entonces hablóme el Señor, diciendo:

5. esto dice el Señor Dios de Israel: así como esos higos son buenos, así haré Yo bien a los desterrados de Judá que yo he echado de este lugar a la región de los caldeos;

6. y Yo volveré hacia ellos mis ojos propicios, y los restituiré a esta tierra, y lejos de exterminarlos, los estableceré sólidamente, y los plantaré, y no los extirparé.

7. Y les daré un corazón dócil, para que reconozcan que soy el Señor su Dios, y ellos serán mi pueblo, y Yo seré su Dios; pues se convertirán a mí de todo corazón.

8. Y así como los otros higos son tan malos que no se pueden comer de puro malos, así Yo, dice el Señor, trataré a Sedecías, rey de Judá, y a sus grandes, y a todos los demás que quedaren en esta ciudad de Jerusalén, y a los que habitan en tierra de Egipto.

9. Y haré que sean vejados y maltratados en todos los reinos de la tierra, y vendrán a ser el oprobio, la fábula, el escarmiento y la execración de todos los pueblos a donde los habré arrojado.

10. Y los perseguiré con la espada, con el hambre y con la peste, hasta que sean exterminados de la tierra que Yo les di a ellos y a sus padres.

CAPÍTULO XXV

Mostrándose los judíos rebeldes a las amonestaciones de Jeremías y demás profetas, les intima éste la destrucción de Jerusalén por los caldeos, y que serán llevados cautivos; hasta que pasados setenta años beban sus enemigos del cáliz de la indignación del Señor.

1. Profecía que se reveló a Jeremías, acerca de todo el pueblo de Judá, en el año cuarto de Joakim, hijo de Josías, rey de Judá; que es el año primero de Nabucodonosor, rey de Babilonia;

2. la cual predicó Jeremías, profeta, a todo el pueblo de Judá y a todos los habitantes de Jerusalén, diciendo:

3. desde el año decimotercio de Josías, hijo de Ammán, rey de Judá, hasta el día de hoy, en que han pasado veintitrés años, el Señor me ha hecho oír su palabra, y yo os la he estado anunciando, levantándome antes de amanecer para predicaros, y vosotros no me habéis escuchado.

4. Asimismo el Señor os ha enviado muy a tiempo todos sus siervos los profetas; sin que vosotros, mientras los iba enviando, los escuchaseis, ni apliqueis vuestros oídos para atender

5. cuando Él os decía: convertíos cada uno de vosotros de vuestra malvada conducta y de vuestras pésimas inclinaciones, y con eso moraréis por todos los; siglos en la tierra que el Señor os dio a vosotros y a vuestros padres

6. y no querais ir en pos de dioses ajenos para adorarlos y servirlos; ni me provoqueis a ira con las obras de vuestras manos, y Yo no os enviaré aflicciones.

7. Pero vosotros, dice el Señor, no me habéis escuchado; antes me habéis irritado con vuestras fechorías para vuestro propio daño.

8. Por lo cual, esto dice el Señor de los ejércitos: por cuanto no habéis atendido a mis palabras,

9. sabed que Yo reuniré, y enviaré, dice el Señor, todas las familias o puebllos del Norte con Nabucodonosor, rey de Babilonia, ministro o instrumento mío, y los conduciré contra esta tierra y contra sus habitantes, y contra todas las naciones circunvecinas, y daré cabo de ellos, y los reduciré a ser el pasmo y el escarnio de todos, y a una soledad perdurable todas sus ciudades.

10. Y desterraré de entre ellos las voces de gozo y las voces de alegría, la voz o cantares del esposo y de la esposa, el ruido de la tahona y las luces que alumbran las casas.

11. Y toda esta tierra quedará hecha una soledad espantosa; y todas estas gentes servirán al rey de Babilonia por espacio de setenta años.

12. Y cumplidos que sean los setenta años, Yo tomaré residencia al rey de Babilonia y a aquella nación, dice el Señor, castigando sus iniquidades, y a todo el país de los caldeos, reduciéndolo a un eterno páramo.

13. Yo verificaré sobre aquella tierra todas las palabras que he pronunciado contra ella; todo lo que está escrito en este libro, todas cuantas cosas ha profetizado Jeremías contra todas las naciones,

14. pues que a ellos sirvieron, sin embargo de ser naciones numerosas y reyes poderosos; y Yo les daré el pago merecido, y según las fechorías que han cometido.

15. Porque esto dice el Señor de los ejércitos, el Dios de Israel: toma de mi mano esa copa de vino de mi furor, y darás a beber de él a todas las gentes a quienes yo te envío;

16. y beberán de él, y se turbarán y perderán el juicio, a vista de la espada que yo desenvainaré contra ellas.

17. Tomé, pues, la copa de la mano del Señor, y di a beber de ella a todas las naciones a que el Señor me envió:

18. a Jerusalén y a las ciudades de Judá, y a sus reyes, y a sus príncipes, para convertir su tierra en una espantosa soledad, y en objeto de escarnio y de execración, como ya lo estamos viendo;

19. a Faraón, rey de Egipto, y a sus ministros, y a sus grandes y a todo su pueblo;

20. y generalmente a todos, a todos los reyes de la tierra de Hus, y a todos los reyes del país de los filisteos, y a Ascalón, y a Gaza, y a Accarón, y a los pocos que han quedado en Azoto,

21. y a la Idumea, y a Moab, y a los hijos de Ammón,

22. y a todos los reyes de Tiro, y a todos los reyes de Sidón, y a los reyes de las islas que están al otro lado del mar Mediterráneo,

23. y a las provincias de Dedán y de Tema y de Buz, y a todos aquellos que llevan cortado el cabello a modo de corona,

24. y a todos los reyes de Arabia, y a todos los reyes del occidente, que habitan en el desierto,

25. y a todos los reyes de Zambri, y a todos los reyes de Elam, y a todos los reyes de los medos,

26. y asimismo a todos los reyes del norte, los de cerca y los de lejos. A cada uno de estos pueblos le di a beber del cáliz de la ira para irritarlo contra su hermano, y a todos cuantos reinos hay en la superficie de la tierra; y el rey de Sesac, o Babilonia, lo beberá después de ellos.

27. Y tú, ¡oh Jeremías!, les dirás: esto dice el Señor de los ejércitos, el Dios de Israel: bebed y embriagaos hasta vomitar, y echaos por el suelo, y no os levantéis a la vista de la espada que Yo voy a enviar contra vosotros.

28. Y cuando no quisieren recibir de tu mano la copa de mi ira para beber de ella, les dirás: ved lo que dice el Señor de los ejércitos: la beberéis sin recurso.

29. ¿Es bueno que Yo he de comenzar el castigo por Jerusalén, la ciudad en que ha sido invocado mi Nombre; y vosotros, como si fueseis inocentes, habíais de quedar impunes? No quedaréis exentos de castigo, pues Yo desenvaino mi espada contra todos los moradores de la tierra, dice el Señor de los ejércitos.

30. Todas estas cosas les profetizarás y les dirás: el Señor rugirá como león desde lo alto, y desde su santa morada hará resonar su voz; rugirá fuertemente contra Jerusalén, lugar de su gloria; se oirá un grito de triunfo contra todos los habitantes de esta tierra, una algazara semejante a la de aquellos que pisan la vendimia.

31. Hasta el cabo del mundo llegó el estrépito de las armas de los caldeos; porque el Señor entra en juicio con las naciones, y disputa su causa contra todos los mortales. Yo he entregado a los impíos, dice el Señor, al filo de la espada.

32. Esto dice también el Señor de los ejércitos: sabed que la tribulación pasará de un pueblo a otro pueblo, y de la extremidad de la tierra se alzará una espantosa tempestad.

33. Y aquellos a quienes el Señor habrá entregado a la muerte en este día, quedarán tendidos por el suelo desde un cabo de la tierra hasta el otro; no serán plañidos, nadie los recogerá, ni les dará sepultura; yacerán sobre la tierra como estiércol.

34. Prorrumpid en alaridos vosotros, ¡oh pastores!, y alzad el grito y cubríos de ceniza, ¡oh mayorales de la grey!, porque se han acabado vuestros días y vais a ser despedazados, y siendo vasos preciosos caeréis por tierra y os haréis pedazos.

35. Y no podrán escapar los pastores, ni ponerse en salvo los mayorales de la grey.

36. Oiránse las voces y la gritería de los pastores, y los alaridos de los mayorales de la grey, porque el Señor ha talado sus pastos,

37. y en las amenas campiñas reinará un triste silencio a la vista de la tremenda ira del Señor.

38. El cual, como león ha abandonado el lugar santo donde moraba, y luego ha quedado reducida toda la tierra de ellos a un páramo por la ira de la paloma y por la terrible indignación del Señor.

CAPÍTULO XXVI

Jeremías preso y en peligro de perder la vida, por haber predicado lo que Dios le mandaba.

1. En el principio del reinado de Joakim, hijo de Josías, rey de Judá, me habló el Señor en estos términos:

2. esto dice el Señor: ponte en el atrio de la Casa del Señor; y a todas las ciudades de Judá, cuyos moradores vienen a adorar en el templo del Señor, les anunciarás todo aquello que te he mandado decirles; no omitas ni una sola palabra,

3. a ver si acaso te escuchan, y se convierten de su mala vida; por lo cual me arrepienta Yo o desista del castigo que medito enviarles por la malicia de sus procederes.

4. Tú, pues, les dirás: esto dice el Señor: si vosotros no me escuchareis, si no siguiereis la ley mía que Yo os di,

5. y no creyereis en las palabras de mis siervos los profetas que yo con tanta solicitud os envié, y dirigí a vosotros, y a quienes no habéis dado crédito,

6. Yo haré con esta casa, o templo, lo que hice con Silo, y a esta ciudad la haré la execración de todas las naciones de la tierra.

7. Oyeron los sacerdotes y los profetas y el pueblo todo cómo Jeremías anunciaba tales cosas en la Casa del Señor.

8. Y así que hubo concluido Jeremías de hablar cuanto le había mandado el Señor que hiciese saber a todo el pueblo, prendiéronle los sacerdotes y los falsos profetas, y el pueblo todo, diciendo: ¡muera sin remedio!

9. ¿Cómo ha osado profetizar en el nombre del Señor, diciendo: este templo será destruido como Silo, y esta ciudad quedará de tal manera asolada que no habrá quien la habite? Y todo el pueblo se amotinó contra Jeremías en la Casa del Señor.

10. Llegó esto a noticia de los príncipes de Judá, y pasaron desde el palacio del rey a la Casa del Señor, y sentáronse en el tribunal que está a la entrada de la puerta nueva de la Casa del Señor.

11. Entonces los sacerdotes y los profetas hablaron a los príncipes y a toda la gente, diciendo: Este hombre es reo de muerte; porque ha profetizado contra esta ciudad, conforme vosotros mismos habéis oído.

12. Pero Jeremías habló en estos términos a todos los príncipes y al pueblo todo: el Señor me ha enviado para que profetizara contra esta casa y contra esta ciudad todas las palabras que habéis oído.

13. Ahora, pues, enmendad vuestra vida, y purificad vuestras inclinaciones, y escuchad la voz del Señor Dios vuestro, y no dudéis que el Señor se arrepentirá o desistirá del castigo con que os ha amenazado.

14. En cuanto a mí, en vuestras manos estoy; haced de mí lo que mejor os parezca y sea de vuestro agrado.

15. Sabed, no obstante, y tened por cierto, que si me quitáis la vida, derramaréis la sangre inocente, y la haréis recaer sobre vosotros mismos, sobre esta ciudad y sobre sus habitantes; porque verdaderamente es el Señor el que me ha enviado a intimar a vuestros oídos todas las dichas palabras.

16. Entonces los príncipes y todo el pueblo dijeron a los sacerdotes y a los profetas: No es este hombre reo de muerte, puesto que él nos ha predicado en nombre del Señor Dios nuestro.

17. Levantáronse luego algunos de los ancianos del país, y hablaron al pueblo de esta manera:

18. Miqueas, natural de Morastí, fue profeta en tiempo de Ezequías, rey de Judá, y predicó a todo el pueblo, diciendo: esto dice el Señor de los ejércitos: Sión será arada como un barbecho, y Jerusalén parará en un montón de piedras, y el monte Moria, en que está situado el templo, será un espeso bosque.

19. ¿Fue por ventura Miqueas condenado a muerte por Ezequías, rey de Judá, y todo su pueblo? Al contrario ¿no temieron ellos al Señor e imploraron su clemencia, y el Señor se arrepintió o desistió de enviarles el castigo con que les había amenazado? Luego nosotros cometeríamos un gran pecado en daño de nuestras almas.

20. Hubo también un varón llamado Urías, hijo de Semei, natural de Cariatiarim, que profetizaba en el nombre del Señor, y profetizó contra esta ciudad y contra este país todo lo que ha dicho Jeremías.

21. Y habiendo oído el rey Joakim, y todos sus magnates y cortesanos lo que profetizaba, intentó el rey quitarle la vida. Súpolo Urías, y temió, y se escapó, y refugióse en Egipto.

22. Y el rey Joakim envió a Egipto, para prenderlo, a Ematán, hijo de Acobor, acompañado de otros hombres,

23. quienes sacaron a Urías de Egipto, y lo condujeron al rey Joakim; el cual lo mandó degollar y arrojar el cadáver en la sepultura de la ínfima plebe.

24. El auxilio, pues, de Ahícam, hijo de Safán, protegió a Jeremías, para que no fuese entregado en manos del pueblo y le matasen.

CAPÍTULO XXVII

Manda el Señor a Jeremías que con cierta señal declare la próxima sujeción de la Judea y provincias vecinas a los caldeos; exhorta a todos a que se sometan espontáneamente, sin hacer caso de los vanos pronósticos de los falsos profetas.

1. Al principio del reinado de Joakim, hijo de Josías, rey de Judá, el Señor habló a Jeremías de esta manera:

2. esto me dice el Señor: hazte unas ataduras a modo de coyundas, y linas cadenas como colleras, y póntelas al cuello.

3. Y las enviarás al rey de Edom, y al rey de Moab, y al rey de los hijos de Amón, y al rey de Tiro, y al rey de Sidón, por medio de los embajadores que han venido a Jerusalén, a tratar con Sedecías, rey de Judá;

4. a los cuales encargarás que digan a sus amos: esto dice el Señor de los ejércitos, el Dios de Israel, y esto diréis a vuestros amos:

5. Yo crié la tierra, y los hombres, y las bestias que están sobre la tierra, con mi gran poder y mi excelso brazo, y he dado su dominio a quien me plugo.

6. Al presente, pues, he puesto todos estos países en poder de Nabucodonosor, rey de Babilonia, ministro mío; y le he dado también las bestias del campo para que le sirvan.

7. Y todos estos pueblos serán esclavos suyos, y de su hijo, y del hijo de su hijo; hasta que llegue el plazo de la ruina de él mismo y de su tierra o reino: entretanto le servirán muchas naciones y grandes reyes.

8. Mas a la nación y al reino que no quiera someterse a Nabucodonosor, rey de Babilonia, a cualquiera que no doblare su cerviz al yugo del rey de Babilonia, Yo los castigaré, dice el Señor, con la espada, con hambre y con peste hasta que por medio de Nabucodonosor acabe con ellos.

9. Vosotros, pues, no escuchéis a vuestros profetas y adivinos, ni a los intérpretes de sueños, ni a los agoreros, ni a los hechiceros, los cuales os dicen: no seréis vosotros sojuzgados por el rey de Babilonia.

10. Porque lo que os profetizan son mentiras, para acarrearos el que seáis arrojados por los caldeos lejos de vuestra tierra, y desterrados y destruidos.

11. Al contrario, la nación que doblare su cerviz al yugo del rey de Babilonia y le sirviere, Yo la dejaré en su tierra, dice el Señor, y seguirá cultivándola y habitando en ella.

12. También le anuncié a Sedecías, rey de Judá, todas estas mismas cosas, diciendo: doblad vuestra cerviz al yugo del rey de Babilonia, y servidle a él y a su pueblo, y así salvaréis la vida.

13. ¿Para qué queréis morir tú y el pueblo tuyo, a cuchillo, y de hambre, y de peste, como tiene Dios predicho a la nación que no quisiere someterse al rey de Babilonia?

14. No deis oídos a las palabras de aquellos profetas que os dicen: No seréis vosotros siervos del rey de Babilonia. Porque los tales os hablan mentira;

15. pues no son ellos enviados míos, dice el Señor, sino que profetizan falsamente en mi Nombre, para acarrearos el que seáis desterrados y perezcáis, tanto vosotros como los profetas que falsamente os anuncian lo futuro.

16. Y a los sacerdotes y a este pueblo les dije asimismo lo siguiente: esto dice el Señor: No hagáis caso de las palabras de vuestros profetas, que os anuncian lo futuro, diciendo: Sabed que los vasos sagrados del templo del Señor serán muy luego restituidos acá desde

Babilonia; pues lo que os profetizan es una mentira.

17. No queráis, pues, escucharlos; antes bien sujetaos al rey de Babilonia, si queréis salvar vuestra vida. ¿Por qué se ha de ver esta ciudad reducida por culpa vuestra a un desierto?

18. Que si los tales son verdaderamente profetas, y está en ellos la palabra del Señor, intercedan con el Señor de los ejércitos para que los vasos que han quedado en el templo del Señor, y en el palacio del rey de Judá, y en Jerusalén, no vayan también a Babilonia.

19. Porque esto dice el Señor de los ejércitos acerca de las columnas, y del mar o concha de bronce, y de las basas. y de los otros vasos o muebles que han quedado en esta ciudad,

20. los cuales no se llevó Nabucodonosor, rey de Babilonia, cuando transportó a esta ciudad desde la de Jerusalén a Jeconías, hijo de Joakim, rey de Judá, y a todos los magnates de Judá y de Jerusalén.

21. Dice, pues, así, el Señor de los ejércitos, el Dios de Israel, acerca de los vasos que quedaron en el templo del Señor y en el palacio del rey de Judá, y en Jerusalén:

22. A Babilonia serán trasladados, y allí estarán hasta el día en que ésta será visitada o castigada por mil, dice el Señor: que Yo entonces los haré traer y restituir a este lugar.

CAPÍTULO XXVIII

Hananías, profeta falso, es redargüido por Jeremías, quien confirma nuevamente lo que había profetizado, y vaticina la próxima muerte de Hananías.

1. En aquel mismo año, al principio del reinado de Sedecías, rey de Judá. en el quinto mes del año cuarto, Hananías, hijo de Azur, profeta falso de Gabaón, me dijo en el templo del Señor en presencia de los sacerdotes y de todo el pueblo:

2. Esto dice el Señor de los ejércitos, el Dios de Israel: Yo he roto el yugo del rey de Babilonia.

3. Dentro de dos años cumplidos Yo haré restituir a este lugar todos los vasos del templo del Señor, que quitó de acá Nabucodonosor, rey de Babilonia, a cuya ciudad los transportó.

4. Y Yo haré volver a este lugar a Jeconías, hijo de Joakim, rey de Judá, y a todos los de Judá que han sido llevados cautivos a Babilonia, dice el Señor; porque Yo quebrantaré el yugo y todo el poder del rey de Babilonia.

5. En seguida el profeta Jeremías respondió al falso profeta Hananías, en presencia de los sacerdotes y de todo el pueblo que se hallaba en la Casa del Señor,

6. y díjole: Amén; ojalá que así lo haga el Señor; ojalá que se verifiquen esas palabras con que tú has profetizado, de suerte que se restituyan los vasos sagrados desde Babilonia a la Casa del Señor y que todos los judíos que fueron llevados cautivos a Babilonia, vuelvan a este lugar.

7. Pero con todo, escucha esto que voy yo a decir, para que lo oigas tú y el pueblo todo.

8. Los profetas del Señor que ha habido desde el principio, anteriores a mí y a ti, profetizaron también ellos a muchos países y a grandes reinos guerras, tribulaciones y hambre.

9. El profeta que predice ahora la paz o felicidad, verificado que se haya su profecía, entonces se sabrá que es profeta verdaderamente enviado del Señor.

10. Entonces el falso profeta Hananías quitó del cuello del profeta Jeremías la cadena o atadura, y la hizo pedazos.

11. Y hecho esto dijo Hananías delante de todo el pueblo: esto dice el Señor: así romperé yo de aquí a dos años el yugo que Nabucodonosor, rey de Babilonia, ha echado sobre la cerviz de todas las naciones.

12. Y fuese Jeremías profeta por su camino. Y el Señor, después que Hananías profeta hubo roto la atadura o cadena, que llevaba al cuello el profeta Jeremías, habló a éste diciendo:

13. Ve y di a Hananías: esto dice el Señor: tú quebraste las ataduras o cofundas de madera; y yo digo a Jeremías: tú en lugar de ellas hazte otras de hierro.

14. Porque esto dice el Señor de los ejércitos, el Dios de Israel. Yo voy a poner un yugo de hierro sobre el cuello de todas estas naciones, a Nabucodonosor, rey de Babilonia en efecto, a él estarán sujetas; hasta las bestias de la tierra he puesto a disposición.

15. Y añadió Jeremías profeta al falso profeta Hananías: oye tú, Hananías: a ti el Señor no te ha enviado, y sin embargo, tomando su Nombre, has hecho que este pueblo confiase en la mentira.

16. Por tanto, esto dice el Señor: sábete que yo te arrancaré de este mundo; tú morirás en este mismo año, ya que has hablado contra el Señor.

17. En efecto, murió el falso profeta Hananías aquel año, en el séptimo mes.

CAPÍTULO XXIX

Carta de Jeremías a los cautivos de Babilonia, exhortándolos a la paciencia. Les anuncia la libertad para después de los setenta años prefijados por el Señor; confirma la total ruina de los que quedarán en la Judea, y amenaza a los falsos profetas Acab y Sedacías, y a Semeías.

1. Éstas son las palabras de la carta que el profeta Jeremías envió desde Jerusalén a los ancianos que quedaban entre los cautivos transportados a Babilonia, y a los sacerdotes, y a los profetas, y a todo el pueblo transportado Nabucodonosor desde Jerusalén a Babilonia.

2. Desde que salieron de Jerusalén el rey Jeconías, y la reina madre, y los eunucos o cortesanos y los príncipes de Judá y de Jerusalén, y los artífices y los joyeros,

3. Jeremías envió esta carta por mano de Elasa, hijo de Safán y de Gamarías, hijo de Helcías, despachados a Babilonia por Sedecías, rey de Judá, a Nabucodonosor, rey de Babilonia. El contenido de la carta era:

4. Esto dice el Señor de los ejércitos, el Dios de Israel, a todos los que yo he enviado cautivos desde Jerusalén a Babilonia:

5. edificad casas, y habitadlas, y plantad huertos, y comed de sus frutos.

6. Contraed matrimonios y procread hijos e hijas, casad a vuestros hijos, y dad maridos a vuestras hijas, con lo cual nazcan hijos e hijas; muitiplicaos ahí, y no quedéis reducidos a corto número.

7. Y procurad la paz de la ciudad a donde os trasladé; rogad por ella al Señor, porque en la paz de ella tendréis vosotros paz.

8. Porque esto dice el Señor de los ejércitos, el Dios de Israel: no os engañen vuestros falsos profetas que están en medio de vosotros, ni vuestros adivinos; y no hagáis caso de vuestros sueños:

9. porque falsamente os profetizan aquellos en mi Nombre; y yo no los envié, dice el Señor.

10. Lo que dice el Señor es esto: cuando estén para cumplirse los setenta años de vuestra estancia en Babilonia, Yo os visitaré, y daré cumplimiento a mi agradable promesa de restituiros a este lugar.

11. Porque Yo sé los designios que tengo sobre vosotros, dice el Señor, designios de paz, y no de aflicción, para daros la libertad que es el objeto de vuestra expectación.

12. Entonces me invocaréis, y partiréis a vuestra patria; me suplicaréis, y Yo os escucharé benignamente.

13. Me buscaréis, y me hallaréis, cuando me buscaréis de todo vuestro corazón.

14. Entonces seré yo hallado de vosotros, dice el Señor; y yo os haré volver de la esclavitud, y os congregaré de todas las regiones, y de todos los lugares a donde os había desterrado,

dice el Señor, y os haré volver del lugar al cual os había hecho transmigrar.

15. Pero vosotros habéis dicho: el Señor nos ha enviado profetas aquí en Babilonia.

16. Pues he aquí lo que dice el Señor acerca del rey Sedecías que está sentado en el solio de David, y de todo el pueblo que habita esta ciudad, esto es, de vuestros hermanos que no han transmigrado con vosotros.

17. Esto es lo que dice el Señor de los ejércitos: sabed que Yo enviaré contra ellos la espada, el hambre, y la peste, y los trataré como a higos malos, que se arrojan, porque no se pueden comer de puro malos.

18. Los perseguiré a cuchillo, y con hambre, y con peste, y los entregaré a la tiranía de todos los reinos de la tierra; y serán la maldición, el pasmo, la mofa y el oprobio de todas las naciones a donde los hubiere arrojado;

19. por cuanto, dice el Señor, no quisieron dar oídos a mis palabras que les he hecho anunciar por la boca de mis siervos los profetas, enviándoselos oportunamente con anticipación. Mas vosotros no quisisteis obedecer, dice el Señor.

20. Entretanto, vosotros todos, a quienes hice Yo pasar desde Jerusalén a Babilonia, oíd la palabra del Señor:

21. esto es lo que dice el Señor de los ejércitos, el Dios de Israel, acerca de Acab, hijo de Colías, y de Sedecías, hijo de Maasías, que falsamente os profetizan en mi Nombre: sabed que yo los entregaré en manos de Nabucodonosor, rey de Babilonin, que los hará morir delante de vuestros ojos.

22. De suerte que todos los que han sido trasladados de Judá a Babilonia los tomarán por frase de maldición, diciendo: póngate el Señor como a Sedecías y a Acab, a quienes asó o frió a fuego lento el rey de Babilonia,

23. por haber hecho ellos necedades abominables en Israel, y cometido adulterios con las mujeres de sus amigos, y hablado mentirosamente en nombre mío, sin haberles Yo dado ninguna comisión; Yo mismo soy el juez y el testigo de todo eso, dice el Señor.

24. Asimismo dirás a Semeías, nehelamita, o soñador.

25. Esto dice el Señor de los ejércitos, el Dios de Israel: por cuanto enviaste cartas en tu nombre a todo el pueblo que se halla en Jerusalén, y a Sofonías, hijo de Maasías, sacerdote, y a todos los sacerdotes diciendo a Sofonías:

26. El Señor te ha constituido Sumo sacerdote en lugar del sacerdote Joíada, a fin de que tú tengas autoridad en la Casa del Señor para

reprimir a todo fanático que se finge profeta, y meterlo en el cepo y en la cárcel;

27. ¿cómo es, pues, que no has castigado a Jeremías, natural de Anatot, que hace del profeta entre vosotros?

28. siendo así que además de eso nos ha enviado a decir acá en Babilonia: no volveréis en mucho tiempo; edificaos casas y morad en ellas; haced plantíos en las huertas y comed sus frutos?

29. Leyó, pues, el sacerdote Sofonías esta carta de Semeías delante del profeta Jeremías;

30. y el Señor habló entonces a Jeremías en estos términos:

31. Envía a decir lo siguiente a todos los que han sido trasladados cautivos a Babilonia: Esto dice el Señor acerca de Semeías, nehelamita: por cuanto Semeías se ha metido a profetizaros lo futuro, sin tener ninguna misión mía, y os ha hecho confiar en la mentira;

32. por tanto, esto dice el Señor: he aquí que yo castigaré a Semeías, nehelamita, y a su raza; no tendrá jamás un descendiente que se siente o viva en medio de este pueblo, ni verá el bien o la libertad que yo he de conceder al pueblo mío, dice el Señor: porque ha hablado como prevaricador contra los oráculos del Señor.

CAPÍTULO XXX

Predice Jeremías el fin de la cautividad de Babilonia; y que en seguida las dos casas de Judá e Israel servirán al Señor reunidas bajo un rey del linaje de David.

1. Habló el Señor a Jeremías, diciendo:

2. Esto manda el Señor Dios de Israel: escribe en un libro todas las palabras que yo te he hablado.

3. Porque he aquí que llegará tiempo, dice el Señor, en que Yo haré volver los cautivos de mi pueblo de Israel y de Judá, y harélos regresar, dice el Señor, a la tierra que di a sus padres, y la poseerán.

4. He aquí las palabras que dirigió el Señor a Israel y a Judá:

5. así habla el Señor: algún día diréis: oído hemos voces de terror y espanto, y no de paz.

6. Preguntad y sabed si son por ventura los varones los que han de parir. Porque ¿cómo es que estoy viendo en ansiedad a todos los hombres con las manos sobre sus lomos, como la mujer que está de parto, y cubiertos sus rostros de amarillez?

7. ¡Ay! que aquel día es grande y terrible, ni hay otro que se le parezca; tiempo de tribulación para Jacob, de la cual será al fin librado.

8. Y sucederá en aquel día, dice el Señor de los ejércitos, que Yo haré pedazos el yugo que Nabucodonosor puso sobre tu cuello, y romperé sus ataduras, y no te dominarán más los extranjeros;

9. sino que los hijos de Israel servirán al Señor su Dios y a el hijo de David su rey, que yo suscitaré para ellos.

10. No temas pues, tú ¡oh siervo mío Jacob!, dice el Señor, ni tengas miedo, ¡oh Israel!, que yo te sacaré de ese país remoto en que estás, y a tus descendientes de la región en que se hallan cautivos; y Jacob volverá, y vivirá en reposo, y en abundancia de bienes, sin que tenga que temer a nadie.

11. Pues que estoy Yo contigo, dice el Señor, para salvarte. Porque yo exterminaré todas las naciones, entre las cuales te dispersé; a ti, empero, no te destruiré del todo, sino que te castigaré según mis juicios, a fin de que no te tengas por inocente.

12. Así, pues, esto dice el Señor: Incurable es tu fractura; es muy maligna tu llaga.

13. No hay quien forme un cabal juicio de tu mal para curarlo; no hay remedios que te aprovechen.

14. Olvidado se han de ti todos tus amadores, y no se curarán ya de ti para ser amigos tuyos, en vista de que te he hecho una llaga como de mano hostil y con un terrible azote; porque estás endurecida en tus pecados a causa de la abundancia de tu miquidad.

15. ¿Por qué alzas el grito en tus penas? Tu dolor es incurable: por la muchedumbre de tus maldades y por la obstinación en tus pecados hice contigo esas cosas.

16. Mas todos aquellos que te muerden serán devorados, y todos tus enemigos serán llevados cautivos, y aquellos que te asuelen serán asolados, y entregados al saqueo tus saqueadores.

17. Porque yo cicatrizaré tu llaga, y curaré tus heridas, dice el Señor. Ellos, ¡oh Sión!, te han llamado la repudiada: Esta es, dicen, la que no tiene quien la busque o pretenda.

18. Pero esto dice el Señor: Yo haré que vuelvan los cautivos que habitan en así tiendas o tabernáculos de Jacob, y tendré piedad de sus casas, y será reedificada la ciudad en su altura, y fundado el templo según su anterior estado.

19. Y saldrán de sus labios alabanzas y voces de júbilo, y yo los multiplicaré, y no se disminuirá su número; los llenaré de gloria, y no volverán a ser envilecidos.

20. Y serán sus hijos fieles como al principio, y su congregación permanecerá estable en mi presencia; y castigaré a todos los que la atribulan.

21. Y de él, esto es, de Jacob, nacerá su caudillo o Mesías, y de en medio de Él saldrá a luz el Príncipe; al cual me lo allegaré a mí, y él se estrechará conmigo. Porque ¿quién es aquel que de tal modo se acerque a mí con su corazón, dice el Señor?

22. Vosotros seréis entonces mi pueblo fiel, y Yo seré vuestro Dios siempre benigno.

23. Pero he aquí que el torbellino del Señor, el furor que está respirando, la inminente tempestad, todo descargará sobre la cabeza de los impíos.

24. No apaciguará el Señor el furor de su indignación, hasta tanto que haya ejecutado y cumplido los designios de su corazón; al fin de los tiempos entenderéis estas cosas.

CAPÍTULO XXXI

Jeremías profetiza la libertad del pueblo de Israel; el cual, reunido todo, servirá al Señor y será colmado de bienes. Nacimiento del Mesías, y formación de la nueva Ley.

1. En aquel tiempo, dice el Señor, Yo seré el Dios de todas las tribus de Israel, y ellas serán mi pueblo.

2. Esto dice el Señor: en el desierto el resto del pueblo, que quedó libre del castigo, halló gracia delante de mí; también Israel llegará a la tierra de su descanso.

3. Es verdad que me visitó el Señor, responde Israel, mas hace ya mucho tiempo. Te engaño dice Dios, porque Yo te he amado con perpetuo y no interrumpido amor; por eso, misericordioso, te atraje a mí.

4. Y otra vez te renovaré y te daré nuevo ser, ¡oh virgen de Israel!; todavía saldrás acompañada del sonido de tus panderos, y caminarás rodeada de coros de música;

5. todavía plantarás viñas en los montes de Samaria; y aquellos que las plantarán no recogerán su fruto hasta el tiempo prescrito.

6. Porque tiempo vendrá en que los centinelas o jefes de mi pueblo clamarán sobre el monte de Efraín: vamos todos, y subamos a Sión, al templo del Señor Dios nuestro.

7. Porque esto dice el Señor: regocijaos y haced fiestas por amor de Jacob, y prorrumpid en gritos de júbilo al frente de las naciones; resuenen vuestros cánticos, y decid: ¡salva, Señor, al pueblo tuyo, salva las reliquias de Israel!

8. Sabed, dice el Señor, que Yo los conduciré a todos de las tierras del Norte, y los recogeré de los extremos de la tierra; entre ellos vendrán juntamente el ciego y el cojo, la preñada y la parida; grande será la muchedumbre de los que volverán acá.

9. Vendrán llorando de gozo, y Yo, compadecido de ellos, los conduciré a la vuelta por en medio de arroyos de frescas aguas, vía recta y sin ningún tropiezo; porque padre soy yo de Israel; y Efraín es mi primogénito.

10. Escuchad, ¡oh naciones!, la palabra del Señor, y anunciadla a las islas más remotas, y decid: Aquel mismo que dispersó a Israel, lo reunirá y lo guardará como guarda el pastor a su rebaño.

11. Pues el Señor ha redimido a Jacob, y lo ha librado de las manos del prepotente.

12. Y así vendrán, y cantarán himnos a Dios en el monte Sión, y correrán en tropa a gozar de los bienes del Señor, del trigo, del vino, del aceite y de las crías de ovejas y de vacas: y estará su alma cual hermoso jardín abundante de aguas, y no padecerán la más necesidades.

13. Entonces se regocijarán las vírgenes al sonido de músicos instrumentos, y también los jóvenes a una con los ancianos. Yo cambiaré su llanto en gozo, y los consolaré, y los llenaré de alegría en cambio de su pasado dolor.

14. Y saciaré el alma de los sacerdotes con otras pingüísimas carnes, y el pueblo mío será colmado de mis bienes, dice el Señor.

15. Porque esto dice el Señor: se han oído allá en lo alto voces de lamentos, de luto y de gemidos, y son de Raquel, que llora sus hijos, ni quiere admitir consuelo en orden a la muerte de ellos, visto que ya no existen.

16. El Señor dice así: cesen tus labios de prorrumpir en voces de llanto, y tus ojos de derramar lágrimas; pues por tu pena recibirás galardón, dice el Señor: y ellos volverán de la tierra enemiga.

17. Y para tus últimos días te queda la segura esperanza, dice el Señor, de que tus hijos volverán a sus hogares.

18. He escuchado con atención a Efraín, que en su cautiverio dice: Tú me has castigado, oh Señor; yo cual indómito novillo he sido corregido. Conviérteme a ti, Y yo me convertiré; pues que Tú, ¡oh Señor!, eres mi Dios.

19. Porque estoy viendo ahora que después que Tú me convertiste, yo he hecho penitencia; después que me iluminaste, he herido mi muslo; y he quedado confuso y avergonzado, porque he sufrido el oprobio de mi mocedad.

20. ¿No es Efraín para mí el hijo querido, el niño que Yo he criado con ternura? Desde que Yo le he hablado, le traigo siempre en la memoria; por eso se han conmovido por amor suyo mis entrañas. Y tendré para con él entrañas de misericordia, dice el Señor.

21. Seas, pues, oh Efraín, a manera de un centinela: entrégate a las amarguras de la penitencia; convierte tu corazón hacia el recto camino, por donde anduviste; vuelve, ¡oh virgen de Israel!, vuelve, ¡oh pueblo mío!, vuelve a tus ciudades.

22. ¿Hasta cuándo estás estragándote en medio de los deleites, oh hija perdida? Pues mira, el Señor ha hecho una cosa nueva, o milagrosa, sobre la tierra: una mujer virgen encerrará dentro de sí al hombre Dios.

23. Esto dice el Señor de los ejércitos, el Dios de Israel: todavía se oirán estas palabras en la tierra de Judá y en sus ciudades, cuando Yo hubiere redimido sus cautivos: bendígate el Señor, ¡oh mansión hermosa de la justicia, oh monte santo de Sión!

24. Y habitará allí Judá y juntamente todas sus ciudades; así aquellos que labran la tierra como los que apacientan los ganados;

25. porque yo embriagaré en Sión a toda alma sedienta, y hartaré a todo hambriento

26. Por eso desperté yo como de un sueño, y abrí los ojos, y me saboreé con mi sueño profético.

27. He aquí que viene el tiempo, dice el Señor, en que Yo sembraré la casa de Israel y la casa de Judá de simiente de hombres y de simiente de jumentos.

28. Y al modo que puse mi atención en extirparlos, y abatirlos, y disiparlos, y desparramarlos, y afligirlos de mil maneras, así no perderá tiempo ahora para restaurarlos y plantarlos, dice el Señor.

29. En aquellos días no se oirá más aquel dicho: *Los padres comieron uvas agraces, y los hijos padecieron la dentera*.

30. Sino que cada uno morirá por su propio pecado: el hombre que comiere la uva agraz, ése sufrirá la dentera.

31. He aquí que viene el tiempo, dice el Señor, en que Yo haré una nueva alianza con la casa de Israel y con la casa de Judá.

32. Alianza, no como aquella que contraje con sus padres el día que los cogí por la mano para sacarlos de la tierra de Egipto; alianza que ellos invalidaron, y por tanto ejercí sobre ellos mi soberano dominio, dice el Señor.

33. Mas ésta será la nueva alianza que yo haré, dice el Señor, con la casa de Israel, después que llegue aquel tiempo: Imprimiré mi ley en sus entrañas, y la grabaré en sus corazones; y yo seré su Dios, y ellos serán el pueblo mío.

34. Y no tendrá ya el hombre que hacer de maestro de su prójimo, ni el hermano de su hermano, diciendo: conoce al Señor. Pues todos me conocerán, desde el más pequeño hasta el más grande, dice el Señor: porque Yo perdonaré su iniquidad, y no me acordaré más de su pecado.

35. Esto dice el Señor, aquel Señor que envía el sol para dar luz al día, y ordena el curso de la luna y de los astros para esclarecer la noche; el que alborota el mar, y al instante braman sus olas; el que se llama Señor de los ejércitos.

36. Cuando estas leyes, dice el Señor, establecidas por mi providencia vinieren a faltar, entonces podrá faltar también el linaje de Israel, y dejar de ser nación perdurable a mi presencia.

37. Esto dice todavía el Señor: cuando alguno pudiere medir allá arriba los cielos, y escudriñar allá abajo los cimientos de la tierra, entonces podré Yo reprobar a todo el linaje de Israel por sus fechorías, dice el Señor.

38. Sabed que llega el tiempo, añade el Señor, en que será edificada por el Señor la ciudad desde la torre de Hananeel hasta la puerta llamada del Rincón.

39. Y la línea de la demarcación se tirará más adelante en frente de esa puerta sobre el collado de Gareb, y seguirá dando vuelta por el Goata,

40. y por todo el Valle de los cadáveres y de la ceniza, y por todo el sitio de los ajusticiados, hasta el torrente de Cedrón y hasta la esquina de la puerta de los caballos que está al oriente. El santuario del Señor nunca jamás será arrancado ni destruido.

CAPÍTULO XXXII

Jeremías, durante el sitio de Jerusalén por Nabucodonosor, compra por orden del Señor un campo, y hace escritura de compra, no obstante que aquel país iba a ser asolado, y cautivado el pueblo, para manifestar con esa señal que los judíos volverían libres a su antiguo país, donde el Señor haría con ellos una nueva alianza.

1. Palabras que el Señor habló a Jeremías el año décimo de Sedecías, rey de Judá, que corresponde al año décimo octavo de Nabucodonosor.

2. (A la sazón el ejército del rey de Babilonia tenía sitiada Jerusalén; y el profeta Jeremías estaba preso en el patio de la cárcel que había en el palacio del rey de Judá;

3. porque Sedecías, rey de Judá, lo había hecho poner preso, diciendo: ¿cómo es que andas vaticinando y diciendo: esto dice el Señor: sabed que Yo entregaré esta ciudad en

poder del rey de Babilonia, el cual se apoderará de ella;

4. y Sedecías, rey de Judá, no escapará de las manos de los caldeos, sino que caerá en poder del rey de Babilonia, y hablará con él boca a boca, y le verá con sus mismos ojos;

5. y será conducido por él a Babilonia, donde estará hasta tanto que Yo le visite, dice el Señor? Que si peleareis contra los caldeos, añades, no tendréis buen suceso).

6. Jeremías, pues, estando preso, dijo: el Señor me ha hablado, diciendo:

7. mira que tu primo hermano por parte de padre, Hanameel, hijo de Sellum, ha de venir a decirte que le compres un campo que tiene en Anatot; pues que a ti te compete la compra por ser el pariente más cercano.

8. En efecto, según la palabra del Señor, Hanameel, hijo de mi tío paterno, vino a encontrarme en el patio de la cárcel, y me dijo: cómprame el campo que tengo en Anatot, tierra de Benjamín; pues que a ti te toca por derecho de herencia el poseerlo, por ser tú el pariente más cercano. Conocí que aquello venía del Señor;

9. y compré a Hanameel, hijo de mi tío paterno, aquel campo situado en Anatot, y le pesé la cantidad de dinero de diecisiete siclos de plata:

10. e hice una escritura de contrato, y la sellé o firmé en presencia de testigos, y pesé la plata en la balanza.

11. Y tomé la escritura de compra firmada con sus estipulaciones y ratificaciones, y con los sellos por de fuera.

12. Y di esta escritura de compra a Baruc, hijo de Nen, hijo de Maasías, en presencia de Hanameel, mi primo hermano, delante de los testigos citados en la escritura de compra, y a vista de todos los judíos que estaban en el patio de la cárcel.

13. Y en presencia de ellos di orden a Baruc, y le dije:

14. Esto dice el Señor de los ejércitos, el Dios de Israel: toma estas escrituras, esta escritura de compra sellada, y esta otra escritura abierta, y mételas en una vasija de barro, para que puedan conservarse mucho tiempo.

15. Porque esto dice el Señor de los ejércitos, el Dios de Israel: todavía se han de poseer en esta tierra casas, y campos, y viñas.

16. Así que hube entregado a Baruc, hijo de Nen, la escritura de venta, púseme luego en oración, y dije:

17. ¡ah!, ¡ah! Señor Dios mío, bien veo que tú criaste el cielo y la tierra con tu gran poder y con tu brazo fuerte: ninguna cosa será jamás difícil para ti;

18. tú eres el que usas de misericordia en la serie de mil generaciones, y la iniquidad de los padres la castigas después de ellos en sus hijos; tú eres el fortísimo, el grande, el poderoso: Señor de los ejércitos es tu nombre.

19. Grandioso eres en tus consejos e incomprensible en tus designios; contemplando están tus ojos todas las acciones de los hijos de Adán, para retribuir a cada uno según sus obras y según el mérito de su conducta.

20. Tú obraste milagros y prodigios celebrados hasta hoy día en la tierra de Egipto, y en Israel, y entre todos los hombres, e hiciste tan grande tu Nombre como se ve que es en el día de hoy;

21. tú sacaste a tu pueblo de Israel de la tierra de Egipto por medio de milagros y portentos, con mano poderosa, y fuerte, y grande espanto;

22. y le diste esta tierra, conforme lo había prometido con juramento a su tierra que mana leche y miel.

23. Entraron, en efecto, en ella, y la ha poseído; mas no obedecieron tu voz, ni siguieron tu santa ley; nada hicieron de cuanto les mandaste, y por eso les han sobrevenido todos estos desastres.

24. He aquí ya levantadas las máquinas de guerra contra la ciudad para batirla; y cómo está para caer en poder de los caldeos, que la combaten a fuerza de armas, y del hambre, y de la peste; y cuántas cosas hablaste, ¡oh Dios mío!, todas se han cumplido, como tú mismo lo estás viendo.

25. ¡Y Tú, oh Señor Dios, no obstante me dices a mí: compra un campo a dinero contante, en presencia de testigos: siendo así que la ciudad va a ser entregada en poder de los caldeos!

26. Entonces respondió el Señor a Jeremías, diciendo:

27. mira, Yo soy el Señor Dios de todos los mortales: ¿habrá por ventura cosa ninguna difícil para mí?

28. Por tanto, esto dice el Señor: sábete que Yo voy a entregar está en manos de los caldeos y en poder del rey de Babilonia, y la rendirán.

29. Y entrarán los caldeos con espada en mano en esta ciudad, y le pegarán fuego, y la quemarán junto con las casas en cuyos terrados se ofrecían sacrificios a Baal y libaciones a dioses ajenos para irritarme.

30. Porque ya desde su mocedad los hijos de Israel y los hijos de Judá están continuamente obrando mal delante de mis ojos; los hijos de Israel, digo, que hasta el presente no hacen sino exasperarme con las obras de sus manos, dice el Señor.

31. De suerte que esta ciudad se ha hecho para mí objeto de furor y de la indignación mía, desde el día en que fue edificada hasta el día presente, en que será borrada de delante de mis ojos.

32. Por la maldad de los hijos de Israel y de los hijos de Judá, cometida cuando me provocaron a ira ellos, y sus reyes, y sus príncipes, y sus sacerdotes, sus profetas, los varones de Judá y los habitantes de Jerusalén;

33. y volvieron hacia mí sus espaldas y no su cara, cuando Yo desde la mañana los instruía y los avisaba, no queriendo ellos escuchar ni recibir la corrección;

34. y antes bien colocaron sus ídolos en la casa en que se invoca mi santo Nombre, a fin de profanarla;

35. y erigieron altares a Baal en el valle del hijo de Ennom para consagrar o sacrificar sus hijos y sus hijas ídolo Moloc: cosa que Yo jamás les mandé para mí, ni me pasó por el pensamiento que ellos hicieran tal abominación, e indujesen a Judá a tan abominable pecado.

36. Ahora bien en medio de estas cosas, así habla el Señor, el Dios de Israel, a esta ciudad, de la cual decís vosotros que caerá en poder del rey de Babilonia a fuerza de armas, de hambre y de peste.

37. Sabed que Yo después los reuniré de todas las regiones, por donde los habré desparramado en la efusión de mi furor, de mi cólera y de mi grande indignación, y los restituiré a este lugar donde los haré morar tranquilamente.

38. Y ellos serán mi pueblo, y Yo seré su Dios.

39. Y les daré un mismo corazón y un solo culto; para que me teman todos los días de su vida, y sean felices ellos, y después de ellos sus hijos.

40. Y sentaré con ellos una eterna alianza, y no cesaré jamás de hacerles bien; e infundiré mi temor en su corazón, para que no se aparten de mí.

41. Y mi gozo será el hacerles benefícios, y los estableceré en esta tierra, de veras, y con todo mi corazón, y con toda mi alma.

42. Porque esto dice el Señor: así como he descargado yo sobre este pueblo todos estos grandes males, del mismo modo los colmaré a ellos de todos los bienes que les prometo.

43. Y de nuevo serán poseídos por sus dueños los campos en esta tierra; de la cual decís vosotros que está desierta, por no haber quedado en ella ni hombre ni bestia; porque fue abandonada al poder de los caldeos.

44. Compráranse por su dinero los campos, formaránse escrituras de contrata, se imprimi-

rá en ellas el sello, y asistirán los testigos, en la tierra de Benjamín, y en el territorio de Jerusalén, y en las ciudades de Judá, y en las ciudades de las montañas, y en las ciudades de las llanuras, y en las ciudades que están al mediodía; puesto que yo pondré fin a su cautiverio, dice el Señor.

CAPÍTULO XXXIII

El Señor promete nuevamente el restablecimiento de Jerusalén; anuncia otra vez la venida del Mesías y su reino eterno. Incredulidad de los judíos.

1. Segunda vez el Señor habló a Jeremías, estando éste todavía preso en el patio de la cárcel, y le dijo:

2. Esto dice el Señor, el cual hará y efectuará y dispondrá de antemano aquello que dice: aquel cuyo nombre es Jehové O EL SEÑOR.

3. Invócame, y Yo te obré benigno, y te declararé cosas grandes y ciertas que tú ignoras.

4. Porque esto dice el Señor el Dios de Israel, acerca de las casas de esta ciudad, y acerca de las del rey de Judá, que han sido destruidas, y en orden a las fortificaciones y a las espadas,

5. de aquellos que van a pelear contra los caldeos, y que llenarán sus casas de cadáveres de hombres, a los cuales yo herí en mi furor e indignación, habiendo apartado mi rostro de esa ciudad por causa de todas sus maldades.

6. He aquí que Yo cerraré sus llagas y les volveré la salud, y remediaré sus males, y les haré gozar de la paz y de la verdad de mis promesas, conforme ellos han pedido.

7. Y haré que vuelvan los cautivos de Judá y los cautivos de Jerusalén, y los restituiré a su primitivo estado.

8. Y los purificaré de todas las iniquidades con que pecaron contra mí; y les perdonaré todos los pecados con que me ofendieron y despreciaron.

9. Lo cual hará que las naciones todas de la tierra, a cuya noticia lleguen todos los beneficios que les habré hecho, celebrarán con gozo mi santo Nombre, y me alabarán con voces de júbilo; y quedarán llenas de asombro y de un saludable temor, a vista de tantos bienes y de la suma paz que yo les concederé.

10. Esto dice el Señor: en este lugar, (que vosotros llamáis un desierto, porque no hay en él hombre ni bestia), en las ciudades de Judá, y en los contornos de Jerusalén, que están asolados y sin hombre alguno, sin habitantes ni ganados, se han de oír todavía

11. voces de gozo y alegría, voces o cantares de esposo y de esposa, voces de gentes que dirán: tributad alabanzas al Señor de los ejércitos, por ser tan bueno el Señor, porque hace brillar eternamente su misericordia; y voces también de aquellos que vendrán a presentar sus ofrendas en la Casa del Señor. Porque Yo he de restituir a su primer estado, dice el Señor, a los que fueron llevados de esta tierra cautivos a Babilonia.

12. Dice asimismo el Señor de los ejércitos: en este lugar despoblado, donde no se ve hombre ni bestia, y en todas sus ciudades, aún se verán otra vez cabañas de pastores que recogerán los rebaños en sus apriscos.

13. En las ciudades de las montañas, y en las ciudades de las llanuras, y en las ciudades meridionales, y en la tierra de Benjamín, y en las ciudades de Judá todavía se verán pasar las reses, dice el Señor, debajo de la mano de su pastor, que las irá contando.

14. Vienen ya los días, dice el Señor, en que Yo llevaré a efecto la palabra o promesa buena, que di a la casa de Israel y a la casa de Judá.

15. En aquellos días y en aquel tiempo Yo haré brotar de la estirpe de David un pimpollo de justicia, el Mesías el cual gobernará con rectitud, y establecerá la justicia en la tierra.

16. En aquellos días Judá conseguirá su salvación, y vivirá Jerusalén en plena paz; y el nombre con que se llamarán sera éste: el Señor, nuestro Justo.

17. Porque esto dice el Señor: no faltara jamás un varón de la estirpe de David que se asiente sobre el trono de la casa de Israel.

18. Y no faltará de la estirpe de los sacerdotes y levitas un varón que me ofrezca holocaustos, y encienda el fuego para el sacrificio, e inmole víctimas en todos tiempos.

19. Habló el Señor todavía a Jeremías, diciendo:

20. esto dice el Señor: si puede faltar el orden que tengo establecido para el día, y el orden que tengo establecido para la noche, de modo que no venga el día ni la noche a su debido tiempo,

21. podrá también ser nula la alianza mía con David, mi siervo, de suerte que no nazca de él un hijo que reine en su trono, y no haya levitas y sacerdotes ministros míos.

22. Así como no pueden contarse las estrellas del cielo, ni numerarse las arenas del mar; así Yo multiplicaré sin cuento los descendientes de mi siervo David y los levitas mis ministros.

23. Habló el Señor aún a Jeremías, diciendo:

24. ¿No has tú hecho alto en lo que habla este pueblo, que dice: las dos familias que el Señor había escogido están desechadas? De tal manera desprecian ellos a mi pueblo, que a sus ojos ya no es nación.

25. Esto dice el Señor: si Yo no establecí ese orden invariable entre el día y la noche, ni di leyes al cielo y a la tierra,

26. podrá en tal caso suceder que Yo deseche el linaje de Jacob y de David, siervo mío, de modo que Yo, deje de elegir de su descendencia príncipes de la estirpe de Abrahán, de Isaac y de Jacob. Mas Yo haré volver los que fueron llevados cautivos, y tendré de ellos misericordia.

CAPÍTULO XXXIV

El Señor entrega el rey Sedecías y a Jerusalén en poder del rey de Babilonia. Reprende a los judíos por no haber cumplido la promesa de dar libertad a los esclavos hebreos.

1. Palabras dichas por el Señor a Jeremías cuando Nabucodonosor, rey de Babilonia, y todo su ejército, y todos los reinos de la tierra, y pueblos que estaban bajo su dominio, hacían guerra contra Jerusalén y contra todas sus ciudades.

2. Esto dice el Señor. el Dios de Israel: ve y habla a Sedecías, rey de Judá, y le dirás: Estas cosas dice el Señor: mira que yo entregaré esta ciudad en poder del rey de Babilonia, el cual la abrasará.

3. Y tú no escaparás de sus manos, sino que infaliblemente serás cogido y entregado en ellas, y tus ojos verán los ojos del rey de Babilonia y hablarás con él cara a cara, y entrarás en Babilonia.

4. Con no obstante, escucha lo que dice el Señor, ¡oh Sedecías, rey de Judá! Esto dice el Señor: Tú no morirás a cuchillo,

5. sino que morirás de muerte natural; y al modo que fueron quemados los restos de tus padres los reyes pasados, tus predecesores, así quemarán tu cadáver, y te plañirán, exclamando: ¡Ay Señor!, ¡ay! Porque así lo he decretado Yo, dice el Señor.

6. Todas estas cosas dijo el profeta Jeremías en Jerusalén a Sedecías, rey de Judá.

7. Entretanto, el ejército del rey de Babilonia estrechaba a Jerusalén y a todas las ciudades de Judá, que habían quedado por conquistar, a Laquís y a Azeca; pues que de las ciudades fortificadas de Judá estas dos solas no se habían aún rendido.

8. Palabras que dijo el Señor a Jeremías, despues que el rey Sedecías hizo un pacto con todo el pueblo de Jerusalén, publicando

9. que todos debían dar libertad a sus esclavos hebreos y a sus esclavas hebreas, y que nadie tuviese dominio sobre ellos, siendo como eran judíos y hermanos suyos.

10. Con efecto, todos los príncipes y el pueblo todo que habían hecho el pacto de dar libertad cada uno a su esclavo, y a su esclava, y de no tratarlos más como a esclavos, obedecieron, y los dieron por libres.

11. Pero arrepintiéronse después, y se llevaron por fuerza los esclavos y esclavas que habían dejado en libertad, y los sujetaron otra vez al yugo de la servidumbre.

12. Entonces habló el Señor a Jeremías, diciendo:

13. Esto dice el Señor, el Dios de Israel: Yo hice un pacto con vuestros padres el día que los saqué de la tierra de Egipto, de la casa de la esclavitud, y dije:

14. cuando se cumplieren siete años, dé cada uno libertad a su hermano hebreo, que le fue vendido; él le servirá por espacio de seis años, y después lo dejarás ir libre. Mas vuestros padres no me escucharon, ni fueron dóciles a mis palabras.

15. Pero hoy día vosotros os habéis convertido a mí, y habéis hecho aquello que es agradable a mis ojos, publicando que cada uno dé libertad a su prójimo y confirmasteis esta resolución en mi presencia, en la casa donde es invocado mi Nombre.

16. Mas después os habéis vuelto atrás, y habéis hecho un insulto a mi Nombre, y vuelto a recobrar cada uno su esclavo y su esclava, que habiais dejado ir para que fuesen libres y dueños de sí; y le habéis puesto otra vez el yugo, haciéndoles nuevamente esclavos y esclavas vuestros.

17. Por lo cual esto dice el Señor: vosotros no me habéis querido escuchar, asegurando cada uno la libertad a su hermano y a su prójimo; pues he aquí que Yo promulgo para vosotros la libertad, dice el Señor, para separaros de mí, y quedar a merced de la espada, de la peste y del hambre, y os enviaré desparramados por todos los reinos de la tierra.

18. Y entregaré a los que han violado mi alianza, y no han guardado las palabras del pacto que acordaron en mi presencia, degollando y dividiendo en dos partes el becerro y pasando después por medio de ellas.

19. los príncipes de Judá y de Jerusalén, y los eunucos, o palaciegos, y los sacerdotes, y todo el pueblo del país, los cuales pasaron por en medio de los trozos de becerro.

20. Los entregaré, digo, en poder de sus enemigos, y en manos de los que ansían quitarles la vida; y sus cadáveres servirán de pasto a las aves del cielo y a las bestias de la tierra.

21. Y a Sedecías, rey de Judá y a sus príncipes o cortesanos los pondré en manos de sus enemigos, en manos de los que maquinan su muerte y en manos de los ejércitos del rey de Babilonia que se han retirado de vosotros.

22. Pues he aquí que yo voy a dar mis órdenes, dice el Señor, y los volveré a traer contra esta ciudad, y la batirán, y se apoderarán de ella, y la incendiarán; y a las ciudades de Judá convertirlas he en un desierto, de tal suerte que no quede en ellas ningún habitante.

CAPÍTULO XXXV

Obediencia de los recabitas a las reglas de sus mayores, y desobediencia de los judíos; intima a éstos el castigo, y promete la bendición de aquéllos.

1. Palabras que el Señor dirigió a Jeremías en tiempo de Joakim, hijo de Josías, rey de Judá, diciéndole:

2. Anda, ve a la familia de los recabitas, y habla con ellos, y condúcelos a la Casa o templo del Señor, a uno de los aposentos de los tesoros o repuestos, y preséntales vino para que beban.

3. Llevé, pues, conmigo a Jezonías, hijo de Jeremías, hijo de Habsanías, y a sus hermanos, y a todos sus hijos, y a la familia toda de los recabitas;

4. y los introduje a la Casa del Señor, en el aposento llamado de los tesoros, donde estaban los hijos de Hanán, hijo de Jegedelías, varón de Dios; aposento que estaba junto al tesoro de los príncipes, sobre la tesorería de Maasías, hijo de Sellum, el cual era el guarda del atrio del templo.

5. Y presenté a los hijos de la casa de los recabitas tazas y copas llenas de vino, y díjeles: bebed vino.

6. Mas ellos respondieron: no lo beberemos porquenuestro padre Jonadab, hijo de Recab nos dejó este precepto: nunca jamás beberéis vino, ni vosotros, ni vuestros hijos;

7. no edificaréis casa, ni sembraréis granos, ni plantaréis viñas, ni las poseeréis; sino que habitaréis en tiendas todos los días de vuestra vida, a fin de que viváis mucho tiempo sobre la tierra de Israel, en la cual sois vosotros peregrimos.

8. Hemos pues obedecido a la voz de nuestro padre Jonadab hijo de Recab, en todo cuanto nos dejó mandado, y por eso no bebemos vino en toda nuestra vida nosotros, ni nuestras mujeres, ni los hijos, ni las hijas;

9. ni fabricamos casas para nuestra habitación, ni tenemos viñas, ni campos, ni sementeras;

10. sino que habitamos en tiendas de campaña, y hemos sido obedientes a todos los preceptos que nos dejó Jonadab, nuestro padre.

11. Pero habiendo entrado Nabucodonosor, rey de Babilonia, en nuestra tierra, hemos dicho: vámonos y retirémonos a Jerusalén, para huir del ejército de los caldeos y del ejército de la Siria; y por eso nos estamos en Jerusalén.

12. Entonces el Señor habló a Jeremías, diciendo:

13. esto dice el Señor de los ejércitos, el Dios de Israel: anda y di al pueblo de Judá, y a los habitantes de Jerusalén: ¿es posible que no habéis de tomar ejemplo para obedecer a mis palabras, dice el Señor?

14. Las palabras con que Jonadab, hijo de Recab, intimó a sus hijos que no bebieran vino, han sido tan fielmente observadas que no lo han bebido hasta el día de hoy, obedeciendo el precepto de su padre; mas yo os he hablado a vosotros de continuo y a todas horas, y no me habéis obedecido.

15. Pues os he enviado todos mis siervos los profetas de antemano y con mucha solicitud, y os envié a decir por su boca: conviértase cada uno de vosotros de su pésima vida, y rectificad vuestros afectos, y no andéis tras los dioses ajenos, ni les deis culto; y así habitaréis en la tierra que yo di a vosotros y a vuestros padres; pero vosotros no habéis querido obedecerme ni escucharme.

16. Así, pues, los hijos de Jonadab, hijo de Recab, han observado constantemente el precepto que les dejó, su padre; mas ese pueblo no me ha obedecido a mí.

17. Por tanto, esto dice el Señor de los ejércitos, el Dios de Israel: Yo voy a descargar sobre Judá, y sobre todos los habitantes de Jerusalén, todas las tribulaciones con que les he amenazado; puesto que Yo les he hablado, y no han querido escucharme; los he llamado, y no han querido responderme.

18. Pero a la familia de los recabitas díjole Jeremías: esto dice el Señor de los ejércitos, el Dios de Israel: por cuanto vosotros habéis obedecido el mandamiento de vuestro padre Jonadadab, y habéis observado sus órdenes, y cumplido todo cuanto os prescribió;

19. por tanto, esto dice el Señor de los ejércitos, el Dios de Israel: no faltará varón de la estirpe de Jonadab, hijo de Recab, que asista en mi presencia todos los días.

CAPÍTULO XXXVI

Jeremías hace leer a todo el pueblo, por medio de Baruc, el volumen de sus profecías, o amenazas de Dios; pero el rey Joakim quema el libro, y da orden de prender a Jeremías y a Baruc; el Señor los salva, y manda a Jeremías que dicte otro volumen a Baruc, e intime a Joakim su ruina y la de Jerusalén.

1. Corriendo el año cuatro de Joakim, hijo de Josías, rey de Judá, el Señor habló a Jeremías, y le dijo:

2. toma un cuaderno, y escribirás en él todas las palabras que Yo he hablado contra Israel y contra Judá, y contra todos los pueblos, desde el tiempo del reinado de Josías en que Yo te hablé, hasta el día de hoy;

3. por si tal vez los hijos de la casa de Judá, oyendo todos los males que yo pienso enviarles, se convierte cada uno de su pésimo proceder, de suerte que pueda yo perdonarles sus maldades y pecados.

4. Llamó, pues, Jeremías a Baruc, hijo de Nerías, y, dictándole Jeremías, escribió Baruc en aquel volumen todas las palabras, que el Señor le dijo.

5. Y diole Jeremías a Baruc esta orden, diciendo: yo estoy encerrado y no puedo ir a la Casa del Señor.

6. Ve, pues, tú, y lee las palabras del Señor que yo te he dictado, y tú has escrito en este libro, de modo que las oiga el pueblo, en la Casa del Señor, el día del ayuno; y asimismo las leerás de manera que las oigan todos los de Judá que vienen de sus ciudades;

7. por si tal vez se humillan orando en el acatamiento del Señor, y se convierte cada uno de su perverso proceder. Porque es muy grande el furor y la indignación que ha manifestado el Señor contra este pueblo.

8. Ejecutó Baruc, hijo de Nerías, puntualmente todo cuanto le ordenó Jeremías profeta, y puesto en la Casa del Señor leyó en el libro las palabras del Señor.

9. Pues es de saber que el año quinto del reinado de Joakim, hijo de Josías, rey de Judá, en el nono mes, fue intimado un ayuno en la presencia del Señor a todo el pueblo de Jerusalén y a todo el gentío que había concurrido a Jerusalén de las ciudades de Judá.

10. Y entonces leyó Baruc por el libro las palabras de Jeremías en la Casa del Señor, desde el gazofilacio, que está a cargo de Gamarías, hijo de Safán, doctor de la ley, sobre el atrio de arriba, a la entrada de la puerta nueva del templo del Señor, oyéndolo todo el pueblo.

11. Y Miqueas, hijo de Gamarías, hijo de Safán, oído que hubo todas las palabras del Señor, leídas en el dicho libro,

12. pasó al palacio del rey, al despacho del secretario, donde se hallaban sentados todos los príncipes o magnates a saber: Elisama, secretario, y Dalaías, hijo de Semeías, y Elnatán, hijo de Acobor, y Gamarías, hijo, de Safán, y Sedecías, hijo de Hananías, y en suma, todos los príncipes o jefes.

13. Y les refirió Miqueas todo aquello que había oído leer a Baruc en el libro, y que había escuchado el pueblo.

14. Con esto, todos aquellos señores enviaron a decir a Baruc, por medio de Judí, hijo de Natanías, hijo de Selemías. hijo de Cusi: toma en tu mano ese libro que tú has leído delante del pueblo, y vente acá. Tomó, pues, Baruc, hijo de Nerías, en su mano el libro. y fue adonde de ellos estaban.

15. Los cuales le dijeron: Siéntate y léenos esas cosas para que las oigamos Y leyólas Baruc en su presencia.

16. Así que oyeron todas aquellas palabras, quedaron atónitos, mirándose unos a otros; y dijeron a Baruc: es preciso que demos parte al rey de todo esto.

17. Y lo interrogaron, diciendo: cuéntanos cómo recogiste tú de su boca todas estas cosas.

18. Y respondióles Baruc: dictábame él todas estas palabras, como si fuera leyéndolas en un libro; y yo las iba escribiendo con tinta en este volumen.

19. Entonces los príncipes dijeron a Baruc: ve y escóndete tú, y Jeremías, y nadie sepa en dónde estáis.

20. Y ellos fueron a encontrar al rey en el atrio; pero el libro lo depositaron en el gazofilacio o aposento de Elisama, secretario o canciller, y dieron parte al rey en su audiencia de todo lo ocurrido.

21. Envió luego el rey a Judí para que trajese aquel libro; el cual sacándolo del gazofilacio o gabinete del secretario Elisama, lo leyó a presencia del rey y de todos los príncipes que estaban alrededor del rey.

22. Estaba el rey en la habitación de invierno, siendo el nono mes o el noviembre; y había delante de él un brasero lleno de ascuas muy encendidas.

23. Y así que Judí hubo leído tres o cuatro páginas, el rey hizo pedazos el libro con el cortaplumas del secretario, y arrojólo en el fuego del brasero, el cual lo hizo consumir todo.

24. Y así ni el rey, ni ninguno de sus cortesanos que oyeron todas estas palabras o amenazas, no temieron por esto, ni rasgaron sus vestiduras en señal de dolor.

25. Si bien Elnatán, y Dalaías, y Gamarías no aprobaron la voluntad del rey en quemar el libro: mas el rey no hizo caso de ellos.

26. Antes bien mandó a Jeremiel, hijo de Amelec, y a Saraías, hljo de Ezriel, y a Selemías, hijo de Abdeel, que prendiesen a Baruc, el amanuense o secretario, y al profeta Jeremías; pero el Señor los ocultó.

27. Después que el rey quemó el libro y las palabras que, dictando Jeremías, había escrito Baruc, habló el Señor a Jeremías profeta, diciéndole:

28. toma de nuevo otro cuaderno, y escribe en él todas las palabras que había ya en el primer volumen, quemado por Joakim, rey de Judá.

29. Y le dirás a Joakim, rey de Judá: esto dice el Señor: tú has quemado aquel cuaderno, diciendo a Jeremías: ¿por qué has puesto tú por escrito en él ese vaticinio, amenazando con decir que vendrá con presteza el rey de Babilonia, y asolará esta tierra sin dejar en ella hombre ni bestia?

30. Por tanto, esto dice el Señor contra Joakim, rey de Judá: no se verá ningún descendiente suyo que se siente en el solio de David, y su cadáver será arrojado y expuesto al calor del día y al hielo de la noche.

31. Y vendré a tomar residencia de sus maldades, y de las de su linaje, y de las de sus servidores; y descargaré sobre ellos, y sobre los habitantes de Jerusalén, y sobre el pueblo de Judá todos los males que les tengo anunciados, ya que no han querido escucharme.

32. Tomó, pues, Jeremías otro cuaderno, y diolo a Baruc, hijo de Nerías, su secretario; el cual, dictándole Jeremías, escribió en él todas las palabras del libro quemado por Joakim, rey de Judá; y aun fueron añadidas muchas más cosas sobre las que antes había.

CAPÍTULO XXXVII

El nuevo rey Sedecías se encomienda a las oraciones del profeta. Retírase Nabucodonosor, y Jeremías predice que volverá, y que la ciudad será entregada a las llamas. Preso Jeremías vaticina a Sedecías su cautiverio; y no obstante manda el rey que la trasladen al patio de la cárcel, y que le den de comer.

1. Entró a reinar Sedecías, hijo de Josías, en lugar de Jeconías, hijo de Joakim, habiendo sido establecido rey de Judá por Nabucodonosor, rey de Babilonia.

2. Y ni él, ni sus servidores, ni la gente de la tierra obedecieron a las palabras que el Señor dijo por boca del profeta Jeremías.

3. Y envió el rey Sedecías a Jucal, hijo de Selemías, y a Sofonías, hijo de Maasías sacerdote, a decir al profeta Jeremías: ruega por nosotros al Señor Dios nuestro.

4. Andaba entonces Jeremías libremente por entre el pueblo, pues no le habían aún puesto en la cárcel. Entre tanto el ejercito de Faraón salió de Egipto; oído lo cual por los caldeos, que tenían cercada a Jerusalén, levantaron el sitio.

5. Entonces el Señor habló al profeta Jeremías del modo siguiente:

6. esto dice el Señor Dios de Israel: diréis al rey de Judá, que os ha enviado a consultarme: mira que el ejército de Faraón que venía a socorreros, se volverá a su tierra, a Egipto;

7. y volverán los caldeos, y combatirán contra esta ciudad, y se apoderarán de ella, y la entregarán a las llamas.

8. Esto dice el Señor: no queráis engañaros a vosotros mismos, diciendo: íranse los caldeos para no volver, y nos dejarán en paz: porque entended que no se irán.

9. Pero aun cuando vosotros derrotaréis todo el ejército de los caldeos, que os hace la guerra, y solamente quedaren de él algunos pocos heridos, saldrían éstos solos de sus tiendas, y entregarían esta ciudad a las llamas.

10. Habiéndose, pues, retirado de Jerusalén el ejército de los caldeos, por causa del ejército de Faraón,

11. partió Jeremías de Jerusalén para irse a la tierra de Benjamín, y para repartir allí cierta posesión en presencia de aquellos ciudadanos.

12. Y así que llegó a la puerta llamada de Benjamín, el que estaba por turno haciendo la guardia de la puerta, el cual se llamaba Jerías, hijo de Selemías, hijo de Hananías, asió al profeta Jeremías diciendo: tú te huyes a los caldeos.

13. Es falso, respondió Jeremías: yo no me huyo a los caldeos. Pero Jerías no lo escuchó, sino que prendió a Jeremías y lo presentó a los príncipes.

14. Irritados con eso los príncipes contra Jeremías, después de haberlo hecho azotar, lo metieron en la cárcel que había en la casa de Jonatán, secretario o escriba, por tener éste a su cargo la cárcel.

15. Entró, pues, Jeremías en un hondo calabozo, y en una mazmorra donde permaneció muchos días.

16. Después el rey Sedecías envió a sacarlo de allí, y lo interrogó secretamente en su palacio, diciéndole: ¿Crees tú que hay efectivamente alguna revelación de parte del Señor? Sí, la hay, respondió Jeremías, y añadió: tú serás entregado en manos del rey de Babilonia.

17. ¿Y en qué he pecado contra ti, añadió Jeremías al rey Sedecías, ni contra tus servidores, ni contra tu pueblo para que me hayas mandado poner en la cárcel?

18. ¿Dónde están aquellos profetas vuestros que os profetizaban, y decían: no vendrá contra vosotros, ni contra esta tierra el rey de Babilonia?

19. Ahora, pues, escúchame, te ruego. ¡oh rey mi Señor!; recibe favorablemente la súplica que te hago, y no me vuelvas otra vez a la casa o cárcel de Jonatán secretario, para que no me muera yo allí.

20. Mandó, pues, el rey Sedecías que pusiesen a Jeremías en el patio de la cárcel, y que cada día le diesen una torta de pan, además de la vianda, mientras hubiese pan en la ciudad; con eso se mantuvo Jeremías en el patio de la cárcel.

CAPÍTULO XXXVIII

Jeremías es entregado por el rey en manos de los príncipes, quienes le encierran en un calabozo lleno de cieno; de allí le saca Abdemelec por orden del rey, al cual exhorta el profeta a que se rinda a los caldeos. El rey manda a Jeremías que no diga a nadie lo que ha hablado con él.

1. Pero Safatías, hijo de Matán, y Gedelías, hijo de Fasur, y Jucal, hijo de Selemías, y Fasur, hijo de Melquías, habían oído las palabras que Jeremías predicaba a todo el pueblo diciendo:

2. Así había el Señor: cualquiera que se quedare en esta ciudad morirá a cuchillo, o de hambre, o de peste: pero el que se refugiare a los caldeos vivirá y pondrá en salvo su vida.

3. Esto dice el Señor: sin falta será entregada esta ciudad en poder del ejército del rey de Babilonia, el cual se apoderará de ella.

4. Entonces dijeron los príncipes al rey: pedímoste que sea condenado a muerte ese hombre; porque él procura de intento que desmayen los brazos de los valientes, y el esfuerzo de los guerreros que han quedado en esta ciudad, y de todo el pueblo, con aquellas palabras que dice. Pues está visto que ese hombre no procura el bien sino el mal de este pueblo.

5. A lo que contestó el rey Sedecías: ahí lo tenéis a vuestra disposición; que no es posible que el rey os niegue cosa alguna.

6. Cogieron, pues, a Jeremías, y lo metieron en la cisterna de Melquías, hijo de Amelec, situa-

da en el atrio de la cárcel; y por medio de sogas descolgaron a Jeremías en la cisterna, donde no había agua, sino lodo; así, pues, Jeremías quedó hundido en el cieno.

7. Y Abdemelec, eunuco etíope que estaba en el palacio del rey, supo que habían echado a Jeremías en la cisterna. Hallábase el rey a la sazón sentado en la puerta de Benjamín.

8. Salió, pues, Abdemelec de palacio, y fue a hablar al rey, diciendo:

9. ¡Oh rey y Señor mío!, muy mal han obrado estos hombres en todo lo que han atentado contra el profeta Jeremías, echándolo en la cisterna para que allí muera de hambre, pues ya no hay pan en la ciudad.

10. Entonces el rey le dio esta orden a Abdemelec etíope: llévate de aquí contigo treinta hombres, y saca de la cisterna al profeta Jeremías antes que muera.

11. Tomando, pues, consigo Abdemelec los hombres, entró en el palacio del rey en una pieza subterránea que estaba debajo de la tesorería, y cogió de allí unas ropas viejas y trozos de paño medio consumidos y los echó a Jeremías en la cisterna por medio de cordeles.

12. Y dijo el etíope Abdemelec a Jeremías: pon esos trapos viejos y retazos medio consumidos debajo de tus sobacos y sobre o alrededor de las cuerdas, hízolo así Jeremías;

13. y tiraron de él con las cuerdas, y sacáronlo de la cisterna; y quedó Jeremías en el atrio de la cárcel.

14. Envió después el rey Sedecías a buscar al profeta Jeremías, y se le hizo traer a la tercera puerta del templo del Señor; y dijo el rey a Jeremías: una cosa te voy a preguntar: no me ocultes nada.

15. Y Jeremías contestó a Sedecías: si yo te la declaro, ¿no es así que tú me quitarás la vida?; y si yo te diere un consejo, tú no me has de escuchar.

16. Entonces el rey Sedecías juró secretamente a Jeremías, diciendo: Júrote por el Señor que ha criado en nosotros esta alma, que no te quitaré la vida, ni te entregaré en manos de esos hombres que desean matarte.

17. Dijo, pues, Jeremías a Sedecías: esto dice el Señor de los ejércitos, el Dios de Israel: si te sales de Jerusalen, y te pones en manos de los príncipes o generales del rey de Babilonia, salvarás tu vida, y esta ciudad no será entregada a las llamas, y te pondrás en salvo tú y tu familia.

18. Pero si no vas a encontrar a los príncipes del rey de Babilonia, será entregada la ciudad en poder de los caldeos los cuales la abrasarán, y tú no escaparás de sus manos.

19. Dijo el rey Sedecías a Jeremías: Témome de aquellos judíos que se han desertado a los caldeos: no sea que éstos me entreguen en sus manos, y me insulten y maltraten.

20. Pero Jeremías le respondió: no te abandonarán en sus manos. Ruégote que escuches las palabras del Señor, que yo te hablo, y te irá bien, y salvarás tu vida.

21. Que si no quisieras salir, he aquí lo que me ha revelado el Señor:

22. sábete que todas las mujeres que han quedado en el palacio del rey de Judá, serán conducidas para los príncipes del rey de Babilonia; y estas mismas te dirán entonces: ¡Oh, cómo te han engañado y prevalecido para daño tuyo los que te lisonjeaban con la paz! Dirigieron tus pasos a un resbaladero, y te han metido en un atolladero, y en seguida te han abandonado.

23. Y todas tus mujeres y tus hijos serán llevados a los caldeos, y tú no escaparás de sus manos, sino que caerás prisionero del rey de Babilonia, el cual incendiará esta ciudad.

24. Sedecías dijo entonces a Jeremías: nadie sepa estas cosas, y de este modo tú no morirás.

25. Y si los príncipes supieren que yo he hablado contigo, y fueren a ti, y te dijeren: Manifiéstanos lo que has dicho al rey, y qué es lo que el rey ha hablado contigo; no nos lo encubras y no te mataremos,

26. les has de responder: postrado a los pies del rey le supliqué que no me hiciese conducir otra vez a la casa o cárcel de Jonatán, para no morirme yo allí.

27. En efecto, vinieron luego todos los príncipes a Jeremías, y se lo preguntaron, y él les respondió palabra por palabra todo lo que le había prevenido el rey; y no le molestaron más, pues nada se había traslucido.

28. Y Jeremías permaneció en el zaguán de la cárcel hasta el día en que fue tomada Jerusalén: porque al fin Jerusalén fue rendida.

CAPÍTULO XXXIX

Conquista de Jerusalén. Sedecías es hecho prisionero; matan a sus hijos delante de él, y después le sacan los ojos. Incendio de la ciudad y del templo. El resto del pueblo es llevado cautivo a Babilonia junto con Sedecías. Jeremías es puesto en libertad.

1. En el año nono de Sedecías, rey de Judá, en el décimo mes, vino Nabucodonosor, rey de Babilonia, con todo su ejército a Jerusalén, y le puso sitio.

2. Y el año undécimo de Sedecías, en el día cinco del cuarto mes, fue asaltada por la brecha la ciudad.

3. Y entraron todos los príncipes del rey de Babilonia, e hicieron alto en la puerta del medio: Neregel, Seresel, Semegarnabú, Sarsaquim, Rabsares, Neregel, Sereser, Rebmag y todos los demás príncipes o capitanes del rey de Babilonia.

4. Así que los vieron Sedecías, rey de Judá, y todos sus guerreros, echaron a huir; y salieron de noche de la ciudad, por el camino del jardín del rey, y por la puerta que está entre las dos murallas, y tomaron el camino del desierto.

5. Pero fueles a los alcances el ejército de los caldeos, y prendieron a Sedecías en el campo desierto de Jericó, y le llevaron preso a Nabucodonosor, rey de Babiloma, que estaba en Reblata, situada en el territorio de Emat, donde le juzgó.

6. E hizo matar el rey de Babilonia, en Reblata, a los hijos de Sedecías, delante de los ojos de éste; a todos los nobles de Judá los hizo morir el rey de Babilonia.

7. Además hizo sacar los ojos a Sedecías, y lo aprisionó con grillos, para que fuese conducido a Babilonia.

8. Entretanto los caldeos, que estaban en Jerusalén, abrasaron el palacio del rey y la casa o las habitaciones del pueblo y derribaron salen las murallas de Jerusalén.

9. Y a los restos del vecindario que habían quedado en la ciudad, y a los desertores que se habían refugiado a él, y a lo restante de la plebe, los condujo a Babilonia Nabuzardán, general del ejército.

10. Mas a la turba de los pobres, que no tenían absolutamente nada, Nabuzardán, general del ejército, los dejó libres en la tierra de Judá, y dioles entonces viñas y tierras, con depósitos de agua para regar.

11. Es de saber que Nabucodonosor, rey de Babilonia, había dado sus órdenes a Nabuzardán comandante de sus ejércitos, acerca de Jeremías, diciendo:

12. encárgate de ese hombre, trátale con distinción, y no le hagas ningún daño, antes bien concédele cuanto quiera.

13. Por este motivo Nabuzardán, general del ejército, y Nabusezbán, y Rabsares y Neregel, y Sereser, y Rebmag, y todos los magnates del rey de Babilonia

14. enviaron a sacar del zaguán de la cárcel a Jeremías, y lo recomendaron a Godolías, hijo de Ahicam, hijo de Safán, para que lo volviese a su casa, y viviese con libertad en medio del pueblo,

15. Había el Señor prevenido de antemano a Jeremías, estando aún encerrado en el atrio de la cárcel, diciéndole:

16. anda, y di a Abdemelec etíope: esto dice el Señor de los ejércitos, el Dios de Israel: mira, Yo voy a ejecutar todo lo que he anunciado para daño o castigo, no para bien de esa ciudad, y tú verás en aquel día el cumplimiento de esto.

17. En ese día Yo te libraré, dice el Señor; y no serás entregado en poder de los hombres, de quienes tiemblas tanto,

18. sino que te libraré de todo trance; ni morirás a cuchillo, antes bien conservarás segura tu vida, porque tuviste confianza en mí, dice el Señor.

CAPÍTULO XL

Jeremías, puesto en plena ilbertad, va a verse con Godolías, prefecto de Judea. No cree éste a Johanán, que le avisa una traición que se urdía.

1. Palabra o profecía que el Señor manifestó a Jeremías, después que Nabuzardán, general del ejército, le envió libre desde Rama, cuando le llevaba atado a la cadena, confundido en medio de los demás que trasmigraban de Jerusalén y de Judá, y eran conducidos cautivos a Babilonia.

2. Es de advertir que el general del ejército, tomando a Jeremías, luego que lo conoció, le dijo: el Señor Dios tuyo ha predicho estas calamidades sobre este país;

3. y el Señor las ha puesto en ejecución, y ha cumplido lo que había dicho; porque vosotros pecasteis contra el Señor, y no escuchasteis su voz; por lo cual os ha sucedido eso.

4. Ahora bien, yo te he quitado hoy las cadenas que tenías en tus manos; si te place venir conmigo a Babilonia, vente; que yo miraré por ti; mas si no quieres venirte conmigo a Babilonia, quedate aquí; ahí tienes a tu vista todo el país; a donde escogieres y más te agradare, allí puedes irte.

5. No vengas, pues, conmigo, si no quieres: quédate en compañía de Godolías, hijo de Ahícam, hijo de Safán, a quien el rey de Babilonia ha puesto por gobernador de las ciudades de Judá: habita, pues, con él en medio de tu pueblo, o vete donde mejor te parezca. Diole también el general del ejército comestibles y algunos regalitos, y lo despidió.

6. En consecuencia Jeremías se fue a casa de Godolías, hijo de Ahicam, en Masfat, y habitó con él en medio del pueblo que había quedado en el país.

7. Y habiendo sabido todos los capitanes del ejército de los judíos (desparramados por varias partes ellos y sus camaradas) que el rey de Babilonia había nombrado gobernador del país a Godolías, hijo de Ahicam, y que le había recomendado los hombres, y las mujeres, y los niños, y los pobres del país, que no habían sido trasportados a Babilonia,

8. fueron a encontrar a Godolías en Masfa, es a saber; Ismael, hijo de Natanías, y Johanán y Jonatán, hijos de Caree, y Sareas, hijo de Tanehumet, y los hijos de Ofi, naturales de Netofati, y Jezonías, hijo de Maacati, ellos y sus gentes.

9. Y Godolías, hijo de Ahicam, hijo de Safán, les aseguró con juramento a ellos y a sus compañeros, diciendo: no temáis obedecer a los caldeos; habitad en el país, y servid al rey de Babilonia, y lo pasaréis bien.

10. Ya veis, yo habito en Masfat para ejecutar las órdenes que nos vienen de los caldeos. Y así vosotros recoged la vendimia, las mieses y el aceite, y metedlo en vuestras tinajas, y permaneced en las ciudades vuestras que habéis ocupado.

11. Asimismo todos los judíos que estaban en Moab, y entre los hijos de Ammón, y en la Idumea, y en los demás países, que oyeron que el rey de Babilonia había dejado alguna parte del pueblo de la Judea, y nombrado gobernador del país a Godolías, hijo de Ahícam, hijo de Safán,

12. todos aquellos judíos, digo, regresaron de los países donde se habían refugiado, y vinieron a la tierra de Judá a encontrar a Godolías en Masfat, y recogieron la vendimia y una cosecha grandísima de otros frutos.

13. Por este tiempo Johanán, hijo de Caree, y todos los capitanes del ejército que habían estado esparcidos en varias tierras, fueron a encontrar a Godolías en Masfat,

14. y le dijeron: has de saber que Baalis, rey de los ammonitas, ha despachado a Ismael, hijo de Natanías, para que te quite la vida. Mas Godolías, hijo de Ahicam, no les dio crédito.

15. Entonces Johanán, hijo de Caree, hablando aparte a Godolías, en Masfat, le dijo: Yo iré y mataré a Ismael, hijo de Natanías, sin que nadie lo sepa, para que no te mate a ti, y no sean desparramados todos los judíos que se han acogido a ti, y venga a perecer el resto del pueblo de Judá.

16. Pero Godolías, hijo de Ahicam, contestó a Johanán, hijo de Caree: No hagas tal cosa; porque lo que tú dices de Ismael es una falsedad.

CAPÍTULO XLI

Bárbara crueldad con que Ismael mata a Godolías y a sus soldados. Persigue Johanán a Ismael, el cual huye con ocho personas. El resto de la gente determina huir a Egipto.

1. Mas sucedió que al séptimo mes vino Ismael, hijo de Natanías, hijo de Elisama, que era de estirpe real, y los grandes del rey, con diez hombres atrevidos y valientes, a encontrar a Godolías, hijo de Ahicam, en Masfat, y comieron allí con él.

2. Y levantóse Ismael, hijo de Natanías, y los diez hombres que le acompañaban; y asesinaron a Godolías, hijo de Ahicam, hijo de Safán, quitando la vida al que el rey de Babilonia había puesto por gobernador del país.

3. Mató también Ismael a todos los judíos que estaban en Masfat con Godolías, y a los caldeos que allí se hallaban, y a todos los guerreros.

4. Y al día siguiente después que mató a Godolías, y antes de saberse el suceso,

5. llegaron de Siquem, y de Silo, y de Samaria, ochenta hombres, raída la barba, y rasgados los vestidos, y desaliñados o desfigurados, trayendo consigo incienso y dones para ofrecerlos en la Casa del Señor.

6. Ismael, pues, hijo de Natanías, saliendo de, Masfat al encuentro de esta gente, caminaba despacio y llorando; y así que los encontró, les dijo: venid a Godolías, hijo de Ahicam.

7. Pero así que llegaron al medio de la ciudad, Ismael, hijo de Natanías, los mató a todos con la ayuda de aquellos hombres que tenía consigo, y los echó en medio de la cisterna o foso.

8. Mas entre los dichos se hallaron diez hombres que dijeron a Ismael: no nos mates; porque tenemos en el campo repuestos o silos de trigos y de cebada, de aceite y de miel. Contúvose con esto, y no les quitó la vida como a los otros compañeros suyos.

9. La cisterna o foso en que Ismael arrojó todos los cadáveres de aquella gente que asesinó por causa o envidia de Godolías, es aquella misma que hizo el rey Asá con motivo de Baasa, rey de Israel; la cual llenó Ismael, hijo de Natanías, de los cuerpos de aquellos que había muerto.

10. Y se llevó Ismael cautivos todos los restos del pueblo que había en Masfat, con las hijas del rey y todos cuantos se hallaron en Masfat, los cuales Nabuzardán, general del ejército, había dejado encargados a Godolías, hijo de Ahicam. Y cogiéndolos Ismael, hijo de Natanías, se fue para pasarse a los ammonitas.

11. Entretanto Johanán, hijo de Caree, y todos los jefes de la milicia que estaban con él, reci-

bieron aviso de todo el estrago hecho por Ismael, hijo de Natanías.

12. Y reunida toda su gente, partieron para combatir contra Ismael, hijo de Natanías, y alcanzáronle cerca de la grande piscina o estanque de Gabaón.

13. Y cuando todo el pueblo, que iba con Ismael, vio a Johanan, hijo de Caree, y a todos los capitanes del ejército que le acompañaban, se llenó de alegría.

14. Con esto toda aquella gente que Ismael había hecho prisionera regresó a Masfat, y se fue con Johanán, hijo de Caree.

15. Ismael, empero, hijo de Natanías, huyó de Johanán con ocho hombres, y se pasó a los ammonitas.

l6. Johanán, pues, hijo de Caree, con todos los oficiales de guerra que tenía consigo, se encargó en Masfat de todos los residuos de la plebe que había él recobrado de Ismael, hijo de Natanías, después que éste asesinó a Godolías, hijo de Ahicam; y cogió todos los hombres aptos para la guerra, y las mujeres, y los niños, y los eunucos que había hecho volver de Gabaón,

17. y fuéronse, y estuvieron como peregrinos en Camaam, que está cerca de Betlehem, para pasar después adelante y entrar en Egipto

18. huyendo de los caldeos; porque los temían a causa de haber Ismael, hijo de Natanías, muerto a Godolías, hijo de Ahicam, al cual el rey de Babilonia había dejado por gobernador de la tierra de Judá.

CAPÍTULO XLII

Jeremías, después de haber rogado y consultado al Señor, responde que los judíos vivirán seguros si se quedan en Judea; pero que si pasan a Egipto perecerán al filo de la espada, de hambre y de peste.

1. Y vinieron todos los oficiales de la milicia, y Johanán, hijo de Caree, y Jezonías, hijo de Osaías, y el resto del pueblo, chicos y grandes,

2. y dijeron al profeta Jeremías: condesciende a nuestra súplica, y haz oración al Señor tu Dios por nosotros y por todos estos restos del pueblo, pues pocos hemos quedado de muchos que éramos, conforme estás viendo tú con tus ojos,

3. y háganos conocer el Señor Dios tuyo el camino que debemos seguir, y aquello que hemos de hacer.

4. Respondióles el profeta Jeremías: bien está, he aquí que voy a hacer oración al Señor Dios vuestro, conforme me lo habéis pedido; cual-quiera cosa que me responda el Señor, yo os la manifestaré sin ocultaros nada.

5. Y dijeron ellos a Jeremías: sea el Señor entre nosotros testigo de la verdad y sinceridad nuestra, y castíguenos, si no cumpliéremos fielmente todo cuanto nos mandare decir por tu boca el Señor Dios tuyo.

6. Ya sea cosa favorable, ya sea adversa, obedeceremos a la voz del Señor Dios nuestro, a quien te enviamos; para que, obedeciendo a la voz del Señor Dios nuestro, nos vaya prósperamente.

7. Pasados, pues, diez días, habló el Señor a Jeremías

8. el cual llamó a Johanán, hijo de Caree, a todos los oficiales de guerra que con él estaban, y a todo el pueblo, chicos y grandes,

9. y les dijo: esto dice el Señor Dios de Israel a quien me habéis enviado, para que expusiese humildemente vuestros ruegos ante su acatamiento:

10. Si permaneciereis quietos en esta tierra, Yo os restauraré, y no os destruiré; os plantaré, y no os arrancaré; porque yo estoy aplacado con el castigo que os he enviado.

11. No temáis al rey de Babilonia, del cual tenéis tanto miedo; no lo temáis, dice el Señor, porque Yo soy con vosotros para salvaros, y libraros de sus manos.

12. Y usaré con vosotros de misericordia, y me apiadaré de vosotros, y haré que habitéis en vuestra tierra.

13. Mas si vosotros dijereis: no queremos permanecer en esta tierra, ni escuchar lo que dice el Señor Dios nuestro;

14. y continuáis diciendo: no, no; sino que nos vamos a la tierra de Egipto, en donde no veremos guerra, ni oiremos sonido de trompetas, ni padeceremos hambre, y allí permaneceremos:

15. en este caso, oíd ahora, ¡oh resto de Judá!, lo que dice el Señor: esto dice el Señor de los ejércitos, el Dios de Israel: si vosotros os obstináis en querer ir a Egipto, y fuereis a habitar allí,

16. allí en la tierra de Egipto os alcanzará la espada que vosotros teméis; y el hambre de que receláis vosotros, allí en Egipto se os echará encima, y allí hallaréis la muerte.

17. Y todos cuantos se habrán obstinado en querer ir a Egipto para habitar allí, perecerán al filo de la espada, y de hambre, y de peste; no quedará ninguno de ellos con vida, ni escapará del castigo que Yo descargaré sobre ellos.

18. Porque esto dice el Señor de los ejércitos, el Dios de Israel: al modo que se encendió mi furor y mi indignación contra los moradores de Jerusalén, del mismo modo se encenderá contra vosotros la indignación mía cuando habréis

entrado en Egipto; y seréis objeto de execración, y de pasmo, y de maldición, y de oprobio, y nunca jamás volveréis a ver este lugar.

19. ¡Oh restos de Judá!, el Señor es el que os dice: no vayáis a Egipto; tened bien presente que yo os he protestado en este día,

20. que os habéis engañado a vosotros mismos, pues me habéis enviado a hablar al Señor Dios nuestro, diciendo: ruega por nosotros al Señor Dios nuestro, y todo aquello que te dirá el Señor Dios nuestro anúncianoslo del mismo modo, y lo practicaremos.

21. Y hoy os lo he referido, y vosotros no habéis querido obedecer lo que dice el Señor Dios vuestro, acerca de todas aquellas cosas sobre las cuales me ha mandado hablaros.

22. Ahora bien, tened entendido de cierto que moriréis al filo de la espada, hambre, y de peste, allí donde habéis querido ir a habitar.

CAPÍTULO XLIII

Azarías, Johanán y el resto de los judíos inobedientes al precepto del Señor se van a Egipto, llevándose consigo a Jeremías y a Baruc. Allí predice Jeremías la ruina de Egipto y de sus ídolos por Nabucodonosor.

1. Y así que Jeremías hubo concluido de hablar al pueblo todas las palabras del Señor Dios de ellos, palabras todas que el Señor Dios suyo le había enviado a decirles,

2. respondieron Azarías, hijo de Osaías, y Johanán, hijo de Caree, y todos aquellos hombres soberbios, y dijeron a Jeremías: mientes en lo que dices. No te ha enviado el Señor Dios nuestro a decirnos: no vayáis a habitar en Egipto;

3. sino que Baruc, hijo de Nerías, te instiga contra nosotros, para entregarnos en manos de los caldeos, y hacernos morir, y llevarnos a los demás a Babilonia.

4. No obedecieron, pues, Johanán, hijo de Caree, y todos los oficiales de guerra, y todo el pueblo a la voz del Señor de permanecer en la tierra de Judá;

5. sino que Johanán, hijo de Caree, y todos los oficiales de guerra, cogieron todos los restos de Judá, que habían vuelto a habitar en la tierra de Judá de todas las regiones por las cuales habían antes sido dispersos;

6. a hombres, y mujeres, y niños, y a las hijas del rey, y a todas las personas que había dejado Nabuzardán, general del ejército, con Godolías, hijo de Ahicam, hijo de Safán, y al profeta Jeremías, y a Baruc, hijo de Nenas,

7. y entraron en tierra de Egipto, pues no obedecieron a la voz del Señor; y llegaron hasta Tafnis, su capital.

8. Y habló el Señor a Jeremías en Tafnis, diciendo:

9. toma en tu mano unas piedras grandes, y escóndelas en la bóveda que hay debajo de la pared de ladrillos, a la puerta del palacio de Faraón, en Tafnis, a presencia de algunos judíos.

10. Y les dirás a éstos: así habla el Señor de los ejércitos, el Dios de Israel: he aquí que enviaré a llamar a Nabucodonosor, rey de Babilonia, mi siervo; y colocaré su trono sobre estas piedras que he escondido, y asentará su solio sobre ellas.

11. Y vendrá y azotará la tierra de Egipto; aquellos que he destinado a la muerte, morirán; irán al cautiverio aquellos que al cautiverio son destinados; y los que lo son a morir al filo de la espada, al filo de la espada morirán.

12. Y pegará fuego a los templos de los dioses de Egipto, y los abrasará, y se llevará cautivos sus ídolos, y se vestirá de sus despojos de Egipto, como el pastor se cubre con su capa, y se irá de allí en paz.

13. Y hará pedazos las estatuas de la casa o templo del Sol, que hay en tierra de Egipto, e incendiará los templos de los dioses de Egipto.

CAPÍTULO XLIV

Los judíos en Egipto, reprendidos por Jeremías de sus idolatrías, responden descaradamente, hombres y mujeres, que continuarán haciendo lo que hacen. Les predice su ruina, dándoles por señal cierta de ella la derrota y muerte de Faraón.

1. Palabra de Dios anunciada a todos los judíos que habitaban en tierra de Egipto, en Mágdalo, y en Tafnis, y en Memfis, y en la tierra de Fatures, por boca del profeta Jeremías, el cual decía:

2. así habla el Señor de los ejércitos, el Dios de Israel: vosotros habéis visto todos los castigos que yo he enviado sobre Jerusalén, y sobre todas las ciudades de Judá; y he aquí que ellas están en el día de hoy desiertas y despobladas,

3. por causa de la maldad que ellos cometieron para provocar mi indignación, yéndose a ofrecer sacrificios, y adorar a dioses ajenos, desconocidos de ellos, de vosotros y de vuestros padres.

4. Yo muy solícito os envié mis siervos los profetas; los envié para deciros: no hagáis cosas tan abominables y que tanto aborrece mi alma.

5. Mas no quisieron escuchar, ni dar oídos a eso para convertirse de sus maldades, y abstenerse de ofrecer sacrificios a los dioses extraños.

6. Y encendióse mi indignación y el furor mío, y estalló en las ciudades de Judá y en las plazas de Jerusalén, y quedaron convertidas en un desierto y desolación, como se ve hoy día.

7. Ahora, pues, esto dice el Señor de los ejércitos, el Dios de Israel: ¿por qué motivo hacéis tan grande mal contra vosotros mismos, acarreando la muerte a hombres, y a mujeres, y a los párvulos, y a los niños de pecho que hay en Judá, de tal suerte que no quede nadie de vosotros,

8. provocándome con los ídolos, obra de vuestras manos, sacrificando a los dioses ajenos en tierra de Egipto, a donde habéis venido a habitar, para perecer infelizmente, y ser la maldición y el oprobio de todas las gentes en la tierra?

9. ¿Acaso os habéis ya olvidado de los pecados de vuestros padres, y de los pecados de los reyes de Judá, y de los pecados de sus mujeres, y de los pecados vuestros, y de los de vuestras mujeres, cometidos en tierra de Judá y en los barrios de Jerusalén?

10. Hasta ahora no se han limpiado todavía de ellos, ni han tenido respeto ninguno, ni han observado la ley del Señor, ni los mandamientos que os intimé a vosotros y a vuestros padres.

11. Por tanto, esto dice el Señor de los ejércitos, el Dios de Israel: he aquí que os miraré con rostro airado, y destruiré a todo Judá.

12. Y me dirigiré después contra los restos de Judá, que se obstinaron en meterse en tierra de Egipto para morar allí; y allí en tierra de Egipto serán consumidos, pereciendo al filo de la espada y de hambre; y desde el más chico hasta el más grande serán consumidos, muriendo pasadas a cuchillos o de hambre, y serán objeto de execración, de terror, de maldición y de oprobio.

13. Y castigaré a los judíos que habitan en Egipto, como he castigado a los de Jerusalén, con la espada, con el hambre y con la peste.

14. No habrá nadie que se escape; y del resto de los judíos que viven peregrinando en la tierra de Egipto, no habrá ninguno que vuelva a la tierra de Judá, a la cual tanto suspiran ellos volver para habitarla; no volverán a ella sino aquellos que huirán de Egipto.

15. Entonces respondieron a Jeremías todos los hombres (los cuales sabían que sus mujeres ofrecían sacrificios a los dioses extraños) y todas las mujeres, de que había allí gran muchedumbre, y todo el pueblo de Israel que habitaba en tierra de Egipto en Fatures, y le dijeron:

16. Acerca de lo que tú nos has hablado en nombre del Señor, no queremos obedecerte;

17. sino que absolutamente haremos todo cuanto nos pareciere bien; y ofreceremos sacrificios y libaciones a Diana, la reina del cielo, conforme lo hemos practicado nosotros, y nuestros padres, y nuestros reyes, y nuestros príncipes en las ciudades de Judá y en las plazas de Jerusalén, con lo cual tuvimos abundancia de pan, y fuimos felices, y no vimos ninguna aflicción.

18. Desde aquel tiempo, empero, en que dejamos de ofrecer sacrificios y libaciones a la reina del cielo, estamos faltos de todo, y nos vemos consumidos por la espada y por el hambre.

19. Que si nosotras ofrecemos sacrificios y libaciones a la reina del cielo, ¿por ventura le hemos hecho la ofrenda de las tortas, para tributarle culto, y ofrecerle libaciones, sin consentimiento de nuestros maridos?

20. Entonces Jeremías habló a todo el pueblo contra los hombres, y contra las mujeres, y contra la plebe toda, que tal respuesta le habían dado, y les dijo:

21. ¿acaso el Señor no tuvo presentes, y no se irritó su corazón con aquellos sacrificios infames que ofrecíais en las ciudades de Judá y en las plazas de Jerusalén vosotros y vuestros Padres, vuestros reyes y vuestros príncipes, y el pueblo de aquella tierra?

22. Ya el Señor no podía soportaros más, a causa de vuestras perversas inclinaciones, y por las abominaciones que cometisteis; y así ha sido asolado vuestro país, y hecho un objeto de espanto y de maldición, y sin habitante ninguno como se halla en el día.

23. Porque sacrificasteis a los ídolos y pecasteis contra el Señor; porque no quisisteis escuchar la voz del Señor, ni observar su ley, ni sus mandamientos e instrucciones, por eso os han sobrevenido estas desgracias que se ven hoy día.

24. Y dijo Jeremías a todo el pueblo y a las mujeres todas: escuchad la palabra del Señor, vosotros todos del pueblo de Judá que estáis en tierra de Egipto.

25. Esto dice el Señor de los ejércitos, el Dios de Israel: vosotros y vuestras mujeres habéis pronunciado con vuestra boca y habéis ejecutado con vuestras manos aquello que decíais: cumplamos los votos que hicimos de ofrecer sacrificios y libaciones a la reina del cielo. En efecto, vosotros cumplisteis vuestros votos y los pusisteis por obra.

26. Por tanto, oíd la palabra del Señor todos los de Judá que vivís en tierra, de Egipto: he

aquí que Yo he jurado por mi grande Nombre, dice el Señor, que de ningún modo será pronunciado más en toda la tierra de Egipto el Nombre mío, por la boca de judío alguno, diciendo: vive el Señor Dios.

27. Mirad: Yo estaré velando sobre ellos para su daño, y no para su bien; y todos cuantos hombres de Judá se hallan en Egipto, perecerán al filo de la espada y de hambre, hasta que del todo sean exterminados.

28. Mas aquellos pocos que se librarán de la espada saliendo de Egipto, éstos volverán a la tierra de Judá; y todos los residuos del pueblo de Judá que han entrado en Egipto para vivir allí, conocerán si se verificará mi palabra o la de ellos.

29. Y ved aquí una señal, dice el Señor, de que Yo he de castigaros en este lugar, para que conozcáis que verdaderamente se cumplirán mis palabras contra vosotros para vuestro castigo.

30. Esto dice el Señor: he aquí que Yo entregaré a Faraón Efre, o Vafres, rey de Egipto, en poder de sus enemigos, en manos de aquellos que buscan su perdición, así como entregué a Sedecías, rey de Judá, en manos de Nabucodonosor, rey de Babilonia, enemigo suyo, que buscaba cómo perderlo.

CAPÍTULO XLV

Dios por medio de Jeremías reprende a Baruc, el cual se lamentaba de no tener reposo ninguno; y después le consuela.

1. Palabra que dijo el profeta Jeremías a Baruc, hijo de Nerías, cuando éste escribió en el libro aquellas cosas que le dictó Jeremías, en el año cuarto de Joakim, hijo de Josías, rey de Judá. Dijo Jeremías:

2. Esto te dice a ti, ¡oh Baruc!, el Señor, el Dios de Israel:

3. Tú has exclamado: ¡ay infeliz de mí!, porque el Señor ha añadido dolor a mi dolor: cansado estoy de gemir, y no he hallado reposo alguno.

4. Esto dice el Señor: Tú le dirás: he aquí que Yo destruyo aquellos que había ensalzado, y arranco los que había plantado, y a toda esta tierra o nación entera:

5. ¿y tú pides para ti portentos o cosas grandes? No tienes que pedirlas; porque he aquí que yo enviaré desastres sobre todos los hombres, dice el Señor; pero a ti te salvaré la vida en cualquier lugar a donde vayas.

CAPÍTULO XLVI

Jeremías profetiza la derrota de Faraón Necao, y la desolación de Egipto por Nabuco-donosor; vaticina a los judíos su libertad y su vuelta a Jerusalén.

1. Palabras que dijo el Señor a Jeremías profeta contra las naciones.

2. Contra Egipto, contra el ejército de Faraón Necao, rey de Egipto, que estaba junto al río Éufrates, en Cárcamis, y que fue desbaratado por Nabucodonosor, rey de Babilonia, el año cuarto de Joakin, hijo de Josías, rey de Judá, dijo:

3. Preparad en hora buena los escudos y las rodelas y salid al combate.

4. Uncid los caballos a los carros de guerra: soldados de a caballo, montad, poneos los morriones, acicalad las lanzas, revestíos de las corazas.

5. ¿Pero qué sucederá? Los vi despavoridos, y que volvían las espaldas, muertos sus valientes; huían azorados sin volverse a mirar atrás: el terror se esparce por todas partes, dice el Señor.

6. No hay que pensar en que pueda escaparse el ligero, ni salvarse el valiente; a la parte del norte, junto al río Éufrates, han sido derrotados y postrados por el suelo.

7. ¿Quién es ese ejército que se hincha a manera de una riada, y cuyos remolinos se encrespan como los de los ríos?

8. El Egipto, que se hincha cual torrente, cuyas olas se conmueven como ríos y ha dicho: Yo me avanzaré, inundaré la tierra; destruiré la ciudad y sus habitantes.

9. Montad a caballo, y corred locamente en los carros, y avancen los valientes de Etiopía, y los de Libia con el escudo en la mano, y los lidios echando mano de las saetas y arrojándolas.

10. Mas aquel día será el día del Señor Dios de los ejércitos, día de venganza en que hará pagar la pena a sus enemigos; la espada devorará y se hartará de matar, y se embriagará con la sangre de ellos; porque he aquí que la víctima del Señor Dios de los ejércitos estará en la tierra septentrional de junto al río Éufrates.

11. Sube a Galaad y toma bálsmo, ¡oh virgen hija de Egipto!: en vano multiplicas tú las medicinas; no hay ya remedio para ti.

12. Divulgado se ha entre las gentes tu afrenta, y llena está la tierra de tus alaridos: porque el valiente chocó con el valiente, y juntos cayeron en tierra.

13. Palabra que habló el Señor a Jeremías profeta, sobre el futuro arribo de Nabucodonosor, rey de Babilonia, a devastar la tierra de Egipto.

14. Llevad esta nueva a Egipto, anunciadla en Mágdalo, y haced que resuene en Memfis y en Tafnis, y decid: ponte en pie y prevente; por-

que la espada devorará todo cuanto hay en tus comarcas.

15. ¿Cómo ha caído y se pudre en el suelo tu campeón? No se ha mantenido firme; porque el Señor lo ha derribado.

16. Derribado ha un gran número de ellos; han caído unos sobre otros, y han dicho: levantémonos, volvámonos a nuestro pueblo y al país donde nacimos, sustrayéndonos a la espada de la paloma.

17. A Faraón, rey de Egipto, ponedle este nombre: *Tumulto*; pues él ha hecho venir el tiempo del trastorno.

18. Juro Yo por vida mía, (dice aquel rey que tiene por nombre Señor de los ejércitos), que así como el Tabor descuella entre los montes, y el Carmelo sobre el mar, así vendrá él.

19. Prepárate lo necesario para transmigrar a otro país, ¡oh tú, hija y moradora del Egipto!, porque Memfis será convertida en una soledad, será desamparada, sin que quede un habitante.

20. Becerra lozana y hermosa es Egipto: del Norte vendrá quien la dome.

21. También sus soldados mercenarios, que vivían en medio de ella como becerros cebados, volvieron las espaldas y echaron a huir; y no pudieron hacer frente al enemigo, porque llegó para ellos el día de su ruina, el día de su castigo.

22. Resonarán como bronce sus clamores: porque los caldeos avanzarán rápidamente con el ejército, y vendrán contra Egipto armados de segures, como quien va a cortar leña

23. Talarán, dice el Señor, sus bosques o población, cuyos árboles son sin cuento; multiplicáronse más que langostas: son innumerables.

24. Abatida está la hija de Egipto, y entregada en poder del pueblo del norte.

25. El Señor de los ejércitos, el Dios de Israel ha dicho: he aquí que Yo castigaré la multitud tumultuosa de Alejandría; y a Faraón, y a Egipto, y a sus dioses, y a sus reyes; a Faraón, y a los que en él confían.

26. Y los entregaré en manos de los que buscan cómo exterminarlos, esto es, en poder de Nabucodonosor, rey de Babilonia, y de sus siervos; y después de todo esto volverá Egipto a ser poblado como en lo antiguo, dice el Señor.

27. Mas tú, siervo mío Jacob, no temas. No te asustes, ¡oh Israel!, porque Yo te libraré en aquellos remotos países, y sacaré tus descendientes de la tierra donde están cautivos, y se volverá Jacob, y descansará, y será feliz, sin que haya nadie que lo atemorice.

28. No temas, pues, ¡oh Jacob, siervo mío!, dice el Señor, porque contigo estoy; pues yo consumiré todas las gentes entre las cuales te

he dispersado; mas a ti no te consumiré, sino que te castigaré con medida; pero no te dejaré impune, porque no te creas inocente.

CAPÍTULO XLVII

Jeremías profetiza la destrucción de los filisteos, de Tiro, de Sidón, de Gaza y de Ascalón.

1. Palabra que el Señor dijo a Jeremías, profeta, contra los filisteos, antes que Faraón se apoderase de Gaza.

2. Esto dice el Señor Dios: he aquí que vienen aguas o tropas del norte, a manera de un torrente que todo lo inunda, y cubrirán la tierra y cuanto hay en ella, la ciudad y los habitantes; los hombres darán gritos, y aullarán todos los moradores de la tierra

3. al oír el estruendo pomposo de las armas, y de los combatientes, y de los movimientos de sus carros armados, y de la multitud de sus carruajes: los padres, perdido todo el aliento, no cuidaban ya de mirar por sus hijos.

4. Porque ha llegado el día en que serán exterminados todos los filisteos, serán arruinados Tiro y Sidón, con todos sus auxiliares que le quedaban: pues el Señor ha entregado al saqueo los filisteos, restos de la isla o provincia marítima de Capadocia.

5. Gaza lleva rapada su cabeza. Ascalón no se atreve a desplegar sus labios, y lo mismo el resto de sus valles. ¿Hasta cuándo te sajarás, o rasgarás tus carnes?

6. ¡Oh espada del Señor!, ¿no descansarás tú nunca? Éntrate otra vez en tu vaina, mitiga ese ardor, y estáte queda.

7. Mas ¿cómo estará ella quieta cuando el Señor le ha dado sus órdenes contra Ascalón y contra sus regiones marítimas, y le ha mandado que obre contra ellos?

CAPÍTULO XLVIII

Profetiza Jeremías la ruina del reino y nación de los moabitas por su soberbia, por haber perseguido al pueblo de Dios, y por sus idolatrías; pero después les promete que finalmente saldrán del cautiverio.

1. Esto dice contra Moab el Señor de los ejércitos, el Dios de Israel: ¡desdichada Nabo!, devastada ha sido y abatida. Tomada ha sido Cariataím; la ciudad fuerte avergonzada está y temblando.

2. No hay ya alegría en Moab; han formado malignos proyectos contra Hesebón: venid,

exterminémosla de en medio de la nación. Y tú, ¡oh Madmen!, ciudad silenciosa, no chistarás; y la espada te irá siguiendo.

3. Estruendo y gritos de Oronaín: devastación y estrago grande.

4. Moab ha sido abatida: anunciad a sus parvulitos que tendrán mucho que clamar.

5. Ella subirá al collado de Luit llorando sin cesar: ya han oído los enemigos los alaridos de los miserables en la bajada de Oronain.

6. Huid, salvad vuestras vidas; sed como tamariscos en el desierto.

7. Porque por haber puesto tú, ¡oh Moab!, la confianza en tus fortalezas y en tus tesoros, por lo mismo serás tú también presa, e irán cautivos a otro país el dios Camos y sus sacerdotes y prícipes juntamente.

8. Y el ladrón Nabucodonosor se echará sobre todas las ciudades de Moab, sin que ninguna se libre; y serán asolados los valles y taladas las campiñas: porque el Señor lo ha dicho.

9. Coronad de flores a Moab; pero aunque coronada, saldrá para el cautiverio, y quedarán desiertas e inhabitables sus ciudades.

10. Maldito aquel que ejecuta de mala fe y con negligencia la obra que el Señor le manda; y maldito el que por lo mismo veda a su espada el verter sangre

11. Fértil viña fue Moab desde su mocedad; y como un vino que permaneció en sus heces, ni fue trasegado de una tinaja a otra, ni mudado a otro país; por eso ha conservado el mismo sabor suyo, ni se ha mudado o mejorado su olor.

12. Pero he aquí que llega el tiempo, dice el Señor, en que yo le enviaré hombres prácticos en disponer las tinajas y en trasegar el vino, y harán el trasiego; y vaciarán después las tinajas, y las harán pedazos.

13. Y Moab se verá avergonzada por causa de Camos; al modo que fue afrentada la casa de Israel por causa de los ídolos de Betel, en que tenía puesta su confianza.

14. ¿Cómo decís vosotros: esforzados somos y robustos para pelear?

15. Devastado ha sido el país de Moab, y taladas sus ciudades, ha sido degollada toda su escogida juventud, dice aquel rey cuyo nombre es Señor de los ejércitos.

16. La ruina de Moab es inminente; y van a comenzar muy presto sus desastres.

17. Tenedla compasión todos los que estáis a su rededor; y vosotros cuantos habéis oído hablar de su nombradla, decid: ¿cómo ha sido hecho pedazos el fuerte cetro de Moab, el bastón de gloria que empuñaba?

18. Desciende de la gloria, y siéntate en un árido lugar, ¡oh hija moradora de Dibón!, por-

que Nabucodonosor, el exterminador de Moab, viene contra ti, y destruirá tus fortalezas.

19. Estáte en medio del camino, y mira a lo lejos, ¡oh tú, habitadora de Aroer!; pregunta a los que huyen y a los que se han escapado, y diles: ¿qué es lo que ha acontecido?

20. Confundido queda Moab, responderán, porque ha sido vencido; dad alaridos, alzad el grito, anunciad por todo el país de Arnón que Moab ha sido devastada.

21. Y el castigo ha venido sobre la tierra llana; sobre Helón, y sobre Jasa, y sobre Mefaat,

22. y sobre Dibón, y sobre Nabo, y sobre la casa de Deblataím,

23. y sobre Cariataím, y sobre Betgamuí, y sobre Betmaón,

24. y sobre Cariot, y sobre Bosra, y sobre todas las ciudades del país de Moab, así las que están lejos como las que están cerca.

25. Aniquilado ha sido el poderío de Moab, y quebrantado su brazo, dice el Señor.

26. Embriagadla con el cáliz de la ira de Dios, ¡oh caldeos!, pues que se levantó contra el Señor; y vomite ella, y bata sus manos como desesperada, y sea también objeto de mofa.

27. Porque tú, ¡oh Moab!, insultaste a Israel, como si le hubieses sorprendido en compañía de ladrones; por las palabras, pues, que contra él has dicho, serás llevada cautiva.

28. Desamparad las ciudades, ¡oh habitantes de Moab!, idos a vivir entre las breñas, e imitad a la paloma que hace su nido en la hendidura más alta de la peña.

29. Hemos oído hablar de la soberbia de Moab, soberbia que es muy grande; de su orgullo, y de su arrogancia, y de su hinchazón, y de la altivez de su corazón.

30. Yo conozco, dice el Señor, su jactancia, a la cual no corresponde su valor, y sus tentativas no tenían proporción con sus fuerzas.

31. Por tanto, yo prorrumpiré en endechas sobre Moab, y a toda Moab haré sentir mis voces, a los hombres de la ciudad del muro de ladrillos, los cuales están lamentándose.

32. Del modo que lloré por Jazer, así lloraré por ti, ¡oh viña de Sabama!; tus sarmientos pasaron a la otra parte del mar, llegaron hasta el mar de Jazer; el ladrón, el exterminador se arrojó sobre tu mies y sobre tu vendimia.

33. Al país fértil y delicioso como el Carmelo y a la tierra de Moab se les ha quitado la alegría y el regocijo; se acabó el vino para sus lagares, no cantará sus canciones acostumbradas el pisador de la uva.

34. Desde Hesebón hasta Eleale y Jasa se oirán los clamores de los moabitas: desde Segor, que

es como una novilla de tres años, hasta Oronaim; aun las aguas mismas de Nemrim serán malísimas.

35. Y Yo exterminaré de Moab, dice el Señor, al que presenta ofrendas en las alturas, y sacrifica a los dioses de ellas.

36. Por todo esto, mi corazón se desahogará por amor de Moab en voces tristes, como de flauta en los entierros; e imitando el triste sonido de flauta; se explayará por amor de aquellos que habitan en la ciudad de el muro de ladrillos; los cuales perecieron por haber emprendido más de lo que podían.

37. Porque toda cabeza quedará rapada, y raída será toda barba en señal de tristeza, atadas o saladas se verán todas las manos, y toda espalda se cubrirá de saco o cilicio.

38. En todos los terrados o plazas de Moab se oirán plañidos; porque Yo hice pedazos de Moab como de un vaso inútil, dice el Señor.

39. ¡Cómo ha sido ella derrotada, y ha levantado el grito! ¡Cómo ha bajado Moab su altiva cerviz, y ha quedado avergonzada! De escarnio servirá Moab, y de escarmiento a todos los de su comarca.

40. Esto dice el Señor: he aquí que el caldeo como águila extenderá sus alas para venir volando sobre Moab.

41. Cariot ha sido tomada, y ganadas sus fortificaciones; y el corazón de los valientes de Moab será en aquella ocasión como corazón de mujer que está de parto.

42. Y Moab dejará de ser una nación, por haberse ensoberbecido contra el Señor.

43. El espanto, la fosa y el lazo se emplearán contra ti, ¡oh habitador de Moab!, dice el Señor.

44. El que huyere del espanto caerá en la fosa, y quien saliere de la fosa quedará preso en el lazo; porque Yo haré que llegue sobre Moab el tiempo de su castigo, dice el Señor.

45. A la sombra de Hesebón hicieron alto aquellos que escaparon del lazo; pero salió fuego de Hesebón: llamas salieron de en medio de Sehón las cuales devorarán una parte de Moab y los principales de los hijos del tumulto.

46. ¡Ay de ti, oh Moab!; perecido has, ¡oh pueblo del dios Camos!, porque al cautiverio han sido llevados tus hijos y tus hijas.

47. Mas Yo, dice el Señor, haré que vuelvan del cautiverio en los últimos días los hijos de Moab. Hasta aquí los juicios del Señor contra Moab.

CAPÍTULO XLIX

Jeremías profetiza la ruina de los ammonitas, de los idumeos, de los de Damasco, y de Cedar, y de los reinos de Asor, y de Elam.

1. Profecía contra los hijos de Ammón. Esto dice el Señor: Pues qué ¿no tiene hijos Israel, o está acaso sin heredero? ¿Por qué, pues, Melcom se ha hecho dueño de Gad, su pueblo, y está habitando en las ciudades de esta tribu?

2. Por tanto he aquí que viene el tiempo, dice el Señor, en que Yo haré oír en Rabbat de los hijos de Ammón el estruendo de la guerra; y quedará reducida a un montón de ruinas, y sus hijas, o pueblos, serán abrasadas, e Israel se hará señor de aquellos que lo habían sido de él.

3. ¡Oh Hesebón!, prorrumpe en alaridos, al ver que ha sido asolada Hai, tu vecina; alzad el grito, ¡oh hijos de Rabbat!, ceñíos de cilicios, plañid, y dad vueltas por los vallados; porque Melicom será llevado cautivo a otro país, y juntamente con él sus sacerdotes y sus príncipes.

4. ¿Por qué te glorías de tus amenos valles, ¡oh hija criada entre delicias!, que, confiada en tus tesoros, decías: ¿quién vendrá contra mí?

5. He aquí que Yo, dice el Señor de los ejércitos, haré que se llenen de terror todos los pueblos comarcanos tuyos, y quedaréis dispersos el uno lejos del otro, sin que haya nadie que reúna a los fugitivos.

6. Y después de esto haré que regresen a su país los hijos de Ammón, dice el Señor.

7. Contra la Idumea: Esto dice el Señor de los ejércitos: Pues qué, ¿no hay más sabiduría que ésa en Temán? No; ya no hay consejo en sus hijos: de nada sirve su sabiduría.

8. Huid, no os volváis a mirar atrás: bajaos a las más profundas simas, ¡oh habitantes de Dedán!, porque yo he enviado sobre Esaú su ruina, el tiempo de su castigo.

9. Si hubiesen venido a ti vendimiadores, no hubieran dejado racimos, pero sí algun rebusco; si hubiesen venido ladrones, habrían robado cuanto les bastase, sin destruir lo demás.

10. Mas Yo he descubierto a Esaú, he manifestado aquello que él había escondido, y no podrá ya ocultarlo: queda destruido su linaje, y sus, hermanos y vecinos y él no existirá más.

11. Deja no obstante tus huérfanos; Yo los haré vivir; y en mí pondrán su esperanza tus viudas.

12. Porque esto dice el Señor: he aquí que aquellos que no estaban sentenciados a beber el cáliz de la ira del Señor, también lo beberán sin falta, ¿y tú querrás ser dejada aparte como inocente? No, tú no serás tratada como inocente: y lo beberás sin remedio.

13. Pues por mí mismo he jurado, dice el Señor, que Bosra será devastada, y llenada de oprobio, y objeto de maldición; y una eterna

soledad es lo que vendrán a ser todas sus ciudades.

14. Estas cosas oí yo del Señor; y luego Nabucodonosor ha enviado mensajeros a las gentes suyas, diciendo: reuníos, y venid contra Bosra, y vamos a combatirla;

15. porque pequeño haré Yo que seas, ¡oh idumeo!, entre las naciones, y despreciable entre los hombres.

16. La arrogancia tuya y la soberbia de tu corazón te engañaron: tú que habitas en las cavernas de las peñas, y te esfuerzas a levantarte hasta la cima del monte; aunque hicieses tu nido más alto que el águila, de allí te arrojaré, dice el Señor.

17. Y la Idumea quedará desierta: todo el que pasare por ella se pasmará, y hará mofa de sus desgracias.

18. Así como fueron arrasadas Sodoma y Gomorra, y sus vecinas, dice el Señor, también ella quedará sin hombre que la habite, no morará allí ni una persona.

19. He aquí que Nabucodonosor, como león, vendrá desde el hinchado Jordán a caer sobre la bella y robusta Idumea: porque Yo lo haré correr súbitamente hacia ella, ¿y quién sino Nabucodonosor será el varón escogido, al cual Yo encargué que se apodere de ella? Porque ¿quién hay semejante a mí?; ¿quién habrá que se me oponga?; ¿ni cuál es el pastor o capitán que se pondrá delante de mí?

20. Oíd, pues, el designio que ha formado el Señor acerca de Edom; y lo que ha resuelto sobre los moradores de Temán: juro Yo, dice, que los pequeñuelos del rebaños derribarán por tierra, y destruirán a los idumeos y a sus habitaciones o ciudades.

21. Al rumor de su ruina se conmovió la tierra: hasta el mar Rojo llegaron sus voces y clamores.

22. He aquí que vendrá, y extendidas sus alas levantará el vuelo como águila, y se echará sobre Bosra; y el corazón de los valientes de la Idumea será en aquel día como corazón de mujer que está de parto.

23. Contra Damasco: Confundidas han sido Emat y Arfad; porque han oído una malísima nueva, se han turbado los de las islas del mar: su inquietud no la deja sosegar.

24. Damasco está azorada; ha echado a huir; ella está temblando toda; oprimida se halla de congojas y dolores, como la mujer que esta de parto.

25. ¡Cómo han abandonado ellos la ciudad famosa, la ciudad de delicias!

26. Serán degollados sus jóvenes por las calles; y quedarán exánimes en aquel día todos sus guerreros, dice el Señor de los ejércitos.

27. Y aplicaré fuego al muro de Damasco, el cual consumirá las murallas del rey Benadad.

28. Contra Cedar y contra los reinos o posesiones de Asor, destruidos por Nabucodonosor, rey de Babilonia: esto dice el Señor: levantaos, marchad contra Cedar, y exterminad los hijos de Oriente.

29. Se apoderarán de sus tiendas y de sus ganados; robarán sus pieles, y todos sus muebles, y sus camellos; y acarrearán de todas partes el terror sobre ellos.

30. Huid, escapad lejos a toda prisa, dice el Señor; reposad en las cavernas, vosotros que habitáis en Asor; porque contra vosotros ha formado designios, y ha maquinado males el rey de Babilonia, Nabucodonosor.

31. Levantaos, dice el Señor a los caldeos, marchad a invadir una nación tranquila, que vive sin temor alguno; no tienen puertas ni cerrojos: habitan solitarios.

32. Vosotros les arrebataréis sus camellos, y serán presa vuestra sus muchísimos jumentos. Yo dispersaré a todos vientos a éstos que se cortan sus cabellos en forma de corona; y de todos sus confines haré venir contra ellos la muerte, dice el Señor.

33. Y Asor parará en ser guarida de dragones, y eternamente desierta; no quedará allí hombre alguno, ni la habitará persona humana.

34. Palabras que el Señor dijo a Jeremías, profeta, contra Elam, al principio del reinado de Sedecías, rey de Judá:

35. esto dice el Señor de los ejércitos: he aquí que Yo haré pedazos el arco que es el cimiento de su pujanza.

36. Y soltaré contra Elam los cuatro vientos de los cuatro puntos del cielo, y dispersaré a sus moradores hacia todos estos vientos; sin que haya nación alguna a donde no lleguen fugitivos de Elam.

37. Y haré que tiemble Elam delante de sus enemigos, y a la vista de aquellos que intentan su ruina. Enviaré calamidades sobre ellos, la furibunda indignación mía, dice el Señor; y enviaré tras de ellos la espada que los persiga hasta acabarlos.

38. Y pondré mi trono en Elam, y arrojaré de allí a los reyes y a los príncipes, dice el Señor.

39. Mas en los últimos días Yo haré que vuelvan a su patria los cautivos de Elam, dice el Señor.

CAPÍTULO L

Profecía de la ruina de Babilonia por los medos y persas: y de la libertad que logrará el pueblo de Dios, al cual exhorta que se aproveche de tan gran beneficio del Señor.

1. Palabra que habló el Señor acerca de Babilonia y del país de los caldeos, por boca del profeta Jeremías.

2. Llevad la noticia a las naciones, y haced que corra la voz; alzad señales en las alturas, publicadlo, y no lo encubráis; decid: tomada ha sido Babilonia, corrido ha quedado Bel y abatido Merodac; cubiertos quedan de ignominia sus simulacros, aterrados han sido sus ídolos.

3. Porque vendrá contra ella del norte una nación, la cual asolará su país, sin que quede quien lo habite: desde el hombre hasta la bestia, todos se pusieron en movimiento y se marcharon.

4. En aquellos días y en aquel tiempo se reunirán, dice el Señor, los hijos de Israel, y juntamente con ellos los hijos de Judá para volver a Jerusalén; y llorando de alegría se darán prisa, y buscarán al Señor su Dios.

5. Preguntarán cuál es el camino que va a Sión; a ella dirigirán sus ojos. Volverán del cautiverio, y se unirán al Señor con una alianza eterna, cuya memoria no se borrará jamás.

6. Rebaño perdido fue el pueblo mío; sus pastores lo extraviaron y lo hicieron ir vílgilando por las montañas; anduvo por montes y collados, y se olvidó del lugar de su reposo.

7. Todos cuantos encontraban a los de mi pueblo, los devoraban; y sus enemigos decían: En esto no hacemos nada malo; porque éstos han pecado contra el Señor, esplendor de justicia o santidad; contra el Señor, esperanza de sus padres.

8. Huid de en medio de Babilonia y salid del país de los caldeos; y sed como los moruecos delante del rebaño.

9. Porque he aquí que Yo pondré en movimiento y traeré reunidos contra Babilonia los ejércitos de naciones grandes de la tierra del norte, los cuales se dispondrán para asaltarla, y en seguida será tomada; sus saetas, como de fuertes y mortíferos guerreros, no serán disparadas en vano.

10. Y la Caldea será entregada al saqueo; quedarán atestados de riquezas todos sus saqueadores, dice el Señor.

11. Ya que saltáis de contento, y habláis con arrogancia por haber devastado la heredad mía; ya que retozáis como novillos sobre la yerba, y mugís como toros,

12. Babilonia: vuestra madre, ha quedado profundamente abatida, y asolada ha sido la que os engendró; he aquí que será la más despreciable entre las naciones, desierta quedará, intransitable y árida.

13. La indignación del Señor la dejará inhabitada y reducida a una soledad; todo el que pasare por Babilonia quedará lleno de pasmo, y hará rechifla de todas las desgracias de ella.

14. ¡Oh vosotros todos cuantos estáis diestros en manejar el arco!, apercibíos de todas partes contra Babilonia; embestidla, no escaseéis las saetas; porque ha pecado contra el Señor.

15. Levantad contra ella el grito; ya tiende sus manos por todos lados, dándose por vencida; conmuáévense sus fundamentos, destruidos quedan sus muros, porque es el tiempo de la venganza del Señor; tomad venganza de ella; tratadla como ella trató a los demás.

16. Acabad en Babilonia con todo viviente; ni perdonéis a aquel que siembra, ni al que maneja la hoz en tiempo de la siega; al relumbrar la espada de la paloma, volverán todos a sus pueblos y cada cual huirá al propio país.

17. Israel es una grey descarriada: los leones la dispersaron. El primero a devorarla fue el rey de Asur; el último ha sido Nabucodonosor, rey de Babilonia, ha acabado hasta con sus huesos.

18. Por tanto, esto dice el Señor de los ejércitos, el Dios de Israel: he aquí que yo castigaré al rey de Babilonia y a su país, al modo que castigué al rey de Asur.

19. Y conducirá otra vez a Israel a su antigua morada, y gozará de los pastos del Carmelo; y en Basán y en los collados de Efraín y de Galsad se saciarán sus deseos.

20. En aquellos días, dice el Señor, y en aquel tiempo se andará en busca de la iniquidad o idolatría de Israel, mas ésta no existirá ya; y del pecado de Judá, y tampoco se hallará; porque Yo seré propicio a los restos de dicho pueblo que me habré reservado.

21. ¡Oh Ciro!, marcha tú contra la Caldea, tierra de los dominadores, y castiga a sus habitantes, devasta y mata a aquellos que les siguen detrás; a todos dice el Señor; y obra según las órdenes que te tengo dadas.

22. Estruendo de batalla se oye sobre la tierra, y de grande exterminio.

23. ¿Cómo ha sido hecho pedazos y desmenuzado el rey de Babilonia, el que era el martillo de toda la tierra? ¿Cómo está Babilonia hecha un desierto entre las gentes?

24. Yo te cogí en el lazo, y sin pensarlo te has visto presa; ¡oh Babilonia!, has sido hallada y cogida, porque hiciste guerra al Señor.

25. Abrió el Señor su tesoro, y ha sacado de él los instrumentos de su indignación; pues va a ejecutar el Señor Dios de los ejércitos su obra contra la tierra de los caldeos.

26. Venid contra ella desde las más remotas regiones, dad lugar para que salgan los que la han de hollar; quitad las piedras del camino, y

ponedlas en montones; haced en ella una carnicería, hasta que no quede viviente alguno.

27. Exterminad a todos sus guerreros, sean conducidos al matadero; ¡ay de ellos!, porque ha llegado ya su día, el día de su castigo.

28. Voz de los fugitivos y de aquellos que escaparon de la tierra de Babilonia, para llevar a Sión la noticia de la venganza del Señor Dios nuestro, de la venganza de su santo templo.

29. A toda la multitud de los que en Babilonia entesan el arco, decidles: asentad los reales contra ella por todo el alrededor, a fin de que ninguno escape, dadle el pago de sus fechorías; portaos con ella conforme ella se ha portado, pues se levantó contra el Señor, contra el Santo de Israel.

30. Por tanto caerán muertos en sus plazas sus jóvenes, quedarán sin aliento en aquel día todos sus guerreros, dice el Señor.

31. Aquí estoy yo contra ti, ¡oh soberbio Baltasar!, dice el Señor Dios de los ejércitos; porque ha llegado tu día, el día de tu castigo.

32. Y caerá el soberbio, y dará en tierra, sin que haya quien le levante; y pegaré fuego a sus ciudades, el cual devorará todos sus alrededores.

33. Esto dice el Señor de los ejércitos: los hijos de Israel, juntamente con los de Judá, se ven oprimidos; todos aquellos que los cautivaron, los retienen, no quieren soltarlos.

34. Pero el fuerte Redentor suyo, aquel que tiene por nombre Señor de los ejércitos, defenderá en juicio la causa de ellos, y llenará de espanto la tierra, y hará que se estremezcan los habitantes de Babilonia.

35. Espada, o guerra, contra los caldeos, dice el Señor, y contra los habitantes de Babilonia, y contra sus príncipes, y contra sus sabios.

36. Espada contra sus adivinos, y quedarán entontecidos; espada contra sus valientes, y quedarán llenos de terror.

37. Espada contra sus caballos, y contra sus carros de guerra, y contra todo el gentío que ella contiene, y serán tímidos como mujeres; espada contra los tesoros, los cuales serán saqueados.

38. Se secarán y agotarán sus aguas; porque tierra es esa de vanos simulacros, y que se gloría en sus monstruos.

39. Por tanto, vendrá a ser guarida de los dragones y de los faunos, que se alimentan de higos silvestres, y morada de avestruces; quedando inhabitada para siempre, sin que nunca jamás vuelva a ser reedificada.

40. Vendrá a ser ella, dice el Señor, como las ciudades de Sodoma y Gomorra y sus vecinas, que el Señor destruyó; no quedará hombre alguno que la habite, ni persona humana que allí more.

41. He aquí que viene del norte un pueblo y una nación grande; y se levantarán muchos reyes de los extremos de la tierra.

42. Asirán del arco y del escudo; son crueles y sin misericordia; sus voces serán como un mar que brama, y montarán sobre sus caballos, como un guerrero apercibido para combatir contra ti, ¡oh hija de Babilonia!

43. Oyó el rey de Babilonia la fama de ellos, y quedó sin aliento, y oprimido de angustia y de dolor como mujer que está de parto.

44. He aquí que un rey vendrá como un león, desde el hinchado Jordán a caer sobre la bella y fuerte Babilonia; porque Yo lo haré correr súbitamente hacia ella. ¿Y quién sino Ciro será el escogido, a quien Yo le encargué que se apodere de ella? Pues ¿quién hay semejante a mí? ¿quién habrá que se me oponga? ¿Ni cual es el pastor o capitán que pueda ponérseme delante?

45. Por tanto oíd el designio que tiene formado allá en su mente el Señor contra Babilonia; y sus decretos en orden al país de los caldeos: Juro, dice el Señor, que los zagales pequeñuelos del rebaño, o los más débiles soldados, darán en tierra con ellos; juro que serán destruidos ellos y las ciudades en que habitan.

46. A la noticia de la conquista de Babilonia se ha estremecido la tierra, y sus gritos se han oído entre las naciones.

CAPÍTULO LI

Continúa Jeremías describiendo la ruina de Babilonia; a cuya ciudad envía estas profecías para que sean leídas y confirmadas con una señal visible.

1. Esto dice el Señor: he aquí que Yo levantaré un viento pestífero o destructor contra Babilonia y sus moradores, los cuales se han levantado contra mí.

2. Y enviaré contra Babilonia aventadores, que la aventarán, y asolarán su país; porque en el día de su tribulación acudirán de todas partes contra ella.

3. El que entesa el arco, poco importa que no lo entese, ni que vaya sin coraza; porque la victoria es segura. No tenéis que perdonar a sus jóvenes: matad a todos sus soldados.

4. Y muertos caerán en tierra de los caldeos, y heridos serán en sus regiones.

5. Porque no han quedado Israel y Judá abandonador de su Dios, el Señor de los ejércitos; y porque la tierra de los caldeos está llena de pecados contra el Santo de Israel.

6. Huid, ¡oh judíos!, de en medio de Babilonia, y ponga cada cual en salvo su propia vida; no

seáis indolentes en orden a su iniquidad; porque llegado ha el tiempo de la venganza del Señor, el cual le dará su merecido.

7. Babilonia ha sido hasta ahora en la mano del Señor como un cáliz de oro para embriagar o hacer beber su ira a toda la tierra. Todas las naciones bebieron de su vino, y quedaron como fuera de sí.

8. Babilonia ha caído repentinamente, y se ha hecho pedazos: prorrumpid en alaridos sobre ella; tomad triaca para sus heridas, por si tal vez puede curarse.

9. Hemos medicinado a Babilonia, y no ha curado, dicen sus amigos; abandonémosla, pues, y volvámonos cada cual a su tierra; pues sus delitos subieron más allá de las nubes, llegaron hasta el cielo.

10. El Señor ha hecho aparecer nuestra justicia: venid y publiquemos en Sión la obra del Señor Dios nuestro.

11. Aguzad, ¡oh babilonios!, vuestras saetas, llenad de ellas vuestras aljabas. El Señor ha suscitado el espíritu de los reyes de la Media, y ha tomado ya su resolución de arruinar a Babilonia; porque el Señor debe ser vengado, debe ser vengado su templo.

12. Levantad enhorabuena las banderas sobre los muros de Babilonia, aumentad la guarnición, poned centinelas, disponed emboscadas: pero el Señor ha decretado y ejecutará todo cuanto predijo contra los habitantes de Babilonia.

13. ¡Oh tú, que tienes tu asiento entre abundancia de aguas, colmada de riquezas!, tu fin ha llegado, ha llegado el punto fijo de tu destrucción.

14. El Señor de los ejércitos ha jurado por sí mismo, diciendo: Yo te inundaré de una turba de hombres asoladores como langostas; y se cantará contra ti la canción de la vendimia o del castigo.

15. Él es el que con su poderío hizo la tierra, y el que con su sabiduría dispuso el mundo, y extendió los cielos con su inteligencia.

16. A una voz suya se congregan las aguas en el cielo; él hace venir del cabo del mundo las nubes; deshace en lluvia los relámpagos y saca de sus tesoros el viento.

17. En necio paró todo hombre con su saber. La estatua misma del ídolo es la confusión de todo artífice; porque cosa mentirosa es la obra que él ha hecho; no hay en ella espíritu de vida.

18. Obras vanas son ésas y dignas de risa o desprecio: ellas perecerán en el tiempo del castigo.

19. No es como las tales obras aquel que es la porción o la herencia de Jacob; pues él es quien ha formado todas las cosas, e Israel es su reino hereditario. Señor de los ejércitos es el nombre suyo.

20. Tú, ¡oh Babilonia!, has sido para mí el martillo con que he destrozado las gentes belicosas; y por medio de ti Yo arruinaré naciones, y asolaré reinos;

21. y por tu medio acabaré con los caballos y caballeros, y con los carros armados y los que los montan:

22. Por medio de ti acabaré con hombres y mujeres; por medio de ti acabaré con viejos y niños; y acabaré por tu medio con los jóvenes y doncellas.

23. Por tu medio acabaré con el pastor y con su grey, y por tu medio acabaré con el labrador y con sus yuntas, y acabaré por tu medio con los caudillos y los magistrados.

24. Y después, ante vuestros ojos, yo pagaré a Babilonia y a todos los moradores de la Caldea todo el mal que hicieron contra Sión, dice el Señor.

25. Aquí estoy Yo contra ti, dice el Señor, ¡oh monte pestífero que inficionas toda la tierra!, y extenderé contra ti mi mano, y te precipitaré de entre tus peñas, y te haré semejante a un monte consumido por las llamas.

26. No se sacará de ti ni piedra útil para una esquina, ni piedra para cimientos; sino que quedarás destruido para siempre, dice el Señor.

27. Alzad bandera en la tierra, haced resonar la trompeta entre las naciones: preparad los pueblos a una guerra sagrada contra Babilonia; llamad contra ella a los reyes de Ararat, de Menni y de Ascenez; alistad contra ella los soldados de Tafsar; poned en campaña caballos como un ejército de langostas armadas de aguijones.

28. Preparad a la guerra sagrada contra ella a los pueblos, y a los reyes de la Media, y a sus capitanes, y a todos sus magnates, y a todas las provincias que le están sujetas.

29. En seguida será conmovida y conturbada la tierra, porque pronto se cumplirá el decreto del Señor, por el cual el país de Babilonia quedará desierto e inhabitable.

30. Han abandonado el combate los valientes de Babilonia, se han metido en las fortalezas, se acabó su valor, son ya como mujeres, incendiadas han sido sus casas, y hechos pedazos los cerrojos de sus puertas.

31. Un correo alcanzará a otro correo, un mensajero a otro mensajero: van a noticiar al rey de Babilonia que su ciudad ha sido tomada desde un cabo al otro;

32. y que están tomados los vados del río, y que han incendiado los cañaverales de junto a

las lagunas, y que están llenos de turbación todos los guerreros.

33. Porque esto dice el Señor de los ejércitos, el Dios de Israel: la hija de Babilonia será hollada como la mies en la era; ha llegado el tiempo de ser trillada; dentro de poco comenzará la siega.

34. Nabucodonosor, rey de Babilonia, me ha consumido, me ha devorado; me ha dejado como una vasija vacía de todo; cual dragón me ha tragado; ha llenado su vientre de todo lo que tenía yo más precioso, y me ha echado fuera y dispersado.

35. Las injusticias cometidas contra mí, dice la hija de Sión, y la carnicería que ha hecho en mís hijos, está clamando contra Babilonia; y la sangre mía, dice Jerusalén, grita contra los habitantes de Caldea.

36. Por lo tanto esto dice el Señor: he aquí que yo tomaré por mi cuenta tu causa, y el vengarte de los agravios; yo dejaré sin agua a su mar, y secaré sus manantiales.

37. Y quedará Babilonia reducida a un montón de escombros, guarida de dragones, objeto de pasmo y de escarnio; pues permanece inhabitada.

38. Rugirán los caldeos todos a una como leones; sacudirán sus melenas como vigorosos leoncitos.

39. Los dejaré que se calienten en sus banquetes, y que se embriaguen; para que, aletargados, duerman un sueño perdurable, del cual no despierten ya, dice el Señor.

40. Los conduciré como corderos al matadero, y como carneros y cabritos.

41. ¡Cómo ha sido tomada Sesac y vencida la más esclarecida entre las ciudades de la tierra!; ¡cómo ha venido a ser aquella gran Babilonia el asombro de todos los pueblos!

42. Un mar ha inundado a Babilonia, y la muchedumbre de sus olas la ha ahogado.

43. Sus ciudades se han hecho un objeto de terror, un terreno inhabitable y desierto, en el cual no viva nadie, ni transite por él persona humana.

44. Y castigaré a Bel en Babilonia y le haré vomitar lo que ha engullido; y de allí en adelante no concurrirán a él las naciones; pues hasta los muros de Babilonia serán arrasados.

45. Salte de ella, ¡oh pueblo mío!, salve cada cual su vida de la terrible ira del Señor.

46. Y procurad que no desmaye vuestro corazón, y no os amedrenten las nuevas que correrán por el país; un año vendrá una noticia, y después de este año otra noticia, y se verá la maldad u opresión en la tierra, y a un dominador seguirse otro dominador.

47. Pues entonces llegará el tiempo en que Yo destruiré los ídolos de Babilonia, y quedará llena de confusión toda su tierra, en medio de la cual caerán muertos todos sus ciudadanos.

48. Los cielos y la tierra, y cuanto hay en ellos cantarán alabanzas al Señor por lo sucedido a Babilonia; porque del norte le vendrán sus destructores, dice el Señor.

49. Y al modo que Babilonia hizo morir a tantos en Israel, así los de Babilonia se verán caer muertos por todo el país.

50. Vosotros que huisteis de la espada, venid, no os paréis: desde lejos acordaos del Señor, y ocupe otra vez Jerusalén todo vuestro corazón.

51. Avergonzados estamos, ¡oh Señor!, de los oprobios que hemos oído: cubriéronse de confusión nuestros rostros, porque los extranjeros entraron en el santuario del templo del Señor.

52. Por eso, dice el Señor, he aquí que llega el tiempo en que Yo destruiré sus simulacros, y en todo su territorio se oirán los aullidos de sus heridos.

53. Aun cuando Babilonia se levantare hasta el cielo, y afianzare en lo alto su fuerza, yo enviaré, dice el Señor, gentes que la destruirán.

54. Grandes gritos se oirán de Babilonia, y un grande estruendo de tierra de los caldeos.

55. porque ha asolado el Señor a Babilonia, y ha hecho cesar su orgulloso tono; y será el ruido de sus oleadas semejante al de una grande mole de aguas: tal será el sonido de sus gritos.

56. Porque ha venido el ladrón sobre ella, esto es, sobre Babilonia, y han sido cogidos sus valientes, cuyo arco se quedó sin fuerza; porque vengador poderoso es el Señor, el cual les dará la paga merecida.

57. Y embriagaré con el cáliz de mi ira a sus príncipes, y a sus sabios, y a sus capitanes, y a sus magistrados, y a sus campeones, y haré que duerman un sueño perdurable, del cual jamás despertarán, dice el Señor, cuyo nombre es Señor de los ejércitos.

58. Esto dice el Señor de los ejércitos: aquel anchísimo muro de Babilonia será arruinado de arriba abajo, y serán abrasadas sus altísimas puertas, y reducido a la nada el trabajo de los pueblos, a ser pasto de las llamas la faena de las naciones.

59. Orden que dio Jeremías profeta a Saraías, hijo de Nerías, hijo de Maasías. cuando iba con el rey Sedecías a Babilonia, en el cuarto año de su reinado. Saraías era el jefe de la embajada.

60. Escribió Jeremías en un volumen todas las calamidades que habían de venir contra Babilonia, es a saber, todo esto que queda escrito contra ella.

61. Y díjole Jeremías a Saraías: cuando habrás llegado a Babilonia, y habrás visto y leído todas estas palabras,

62. dirás: ¡oh Señor!, Tú has dicho que destruirás este lugar de modo que no quede quien lo habite, ni hombre ni bestia, y sea una eterna soledad.

63. Y así que habrás concluido la lectura de este libro, atarás a él una piedra, y lo arrojarás en medio del Éufrates;

64. y dirás: de esta manera sera sumergida Babilonia, y no se recobrará del completo estrago que voy a descargar contra ella, y quedará para siempre destruida. Hasta aquí las palabras de Jeremías.

CAPÍTULO LII

Nabucodonosor se apodera de Jerusalén: incendio de la ciudad y del templo; hace sacar los ojos al rey Sedecías y se le lleva cautivo a Babilonia con el resto del pueblo. Exaltación de Joakim después de treinta y siete años de estar preso.

1. Veintiún años tenía Sedecías cuando comenzó a reinar, y reinó once años en Jerusalén. Su madre se llamaba Amital, hija de Jeremías de Lobna.

2. Y pecó Sedecías en la presencia del Señor obrando en todo y por todo como había obrado Joakim.

3. Estaba el Señor tan altamente irritado contra Jerusalén y contra Judá, que llegó a arrojarlos de delante de sí: y Sedecías se rebeló contra el rey de Babilonia.

4. Y en el año nono de su reinado, el día diez del mes décimo, vino Nabucodonosor, rey de Babilonia, él mismo con todo su ejército, contra Jerusalén; pusiéronle sitio, y levantaron baterías alrededor de ella.

5. Y estuvo la ciudad sitiada hasta el año undécimo del rey Sedecías.

6. Mas en el mes cuarto, a nueve del mes, se apoderó el hambre de la ciudad, y la gente del pueblo no tenía con qué alimentarse.

7. Y se abrió brecha en la ciudad, y huyeron todos sus guerreros, saliéndose de noche por la puerta que hay entre los dos muros, y va a la huerta del rey (mientras que los caldeos tenían cercada la ciudad) y tomaron el camino que conduce al desierto.

8. Pero el ejército de los caldeos fue en persecución de Sedecías, y se apoderó de él en el desierto que está cerca de Jericó, y lo abandonó toda su comitiva.

9. Y luego que lo cogieron, lo condujeron ante el rey de Babilonia, a Reblata, sita en el país de Emat; el cual pronunció sentencia contra él.

10. Y el rey de Babilonia hizo degollar a los hijos de Sedecías en presencia de éste; e hizo matar también en Reblata a todos los príncipes de Judá.

11. A Sedecías le hizo sacar los ojos y púsole grillos; y el rey de Babilonia se lo llevó a esta ciudad, y lo condenó a prisión perpetua.

12. En el mes quinto, a los diez del mes, esto es, el año decimonono del reinado de Nabucodonosor, rey de Babilonia, llegó a Jerusalén Nabuzardán, general del ejército, y uno de los primeros palaciegos del rey de Babilonia,

13. y abrasó el templo del Señor, y el palacio del rey, y todas las casas de Jerusalén, y todos los grandes edificios quedaron incendiados.

14. Y todo el ejército de los caldeos, que estaba allí con su general, arrasó todo el muro que circuía a Jerusalén.

15. Y a los pobres del pueblo, y a los restos de la plebe que había quedado en la ciudad, y a los fugitivos que se habían pasado al rey de Babilonia, y al resto de la multitud, los transportó Nabuzardán, general del ejército, a Babilonia.

16. Dejó, empero, Nabuzardán, general del ejército, algunos pobres del país para cultivar las viñas, y para las demás labores de la tierra.

17. Los caldeos hicieron también pedazos las columnas de bronce que estaban en el templo del Señor, y los pedestales, y el mar o concha de bronce que había en el templo del Señor; y se llevaron a Babilonia todo su cobre.

18. Y se llevaron las calderas, y los garfios, y los salterios, y las tenazas, y los morterillos, y todos los muebles de cobre del uso del templo;

19. y los cántaros, y los braserillos de los perfumes, y los jarros, y las bacías, y los candeleros, y los morteros, y las copas, y todo cuanto había de oro y de plata se lo llevó el general del ejército:

20. y las dos columnas, y el mar de bronce, y los doce becerros de bronce que estaban debajo de las basas, que había mandado hacer Salomón en el templo del Señor. Inmenso era el peso del metal de todos estos muebles.

21. En cuanto a las columnas, cada una de ellas tenía dieciocho codos de alto, y se necesitaba una cuerda de doce codos para medir su circunferencia; y tenía cuatro dedos de grueso, siendo hueca por dentro.

22. Y eran de bronce los capiteles de una y otra columna: cada capitel tenía cinco codos de alto; y las redes y las granadas que había por encima alrededor, eran todas de bronce. Lo mismo la otra columna y sus granadas.

23. Y las granadas que estaban pendientes y se veían eran noventa y seis; pero el total de las granadas eran ciento, rodeadas de redes.

24. Y el general del ejército se llevó también a Saraías, que era el primer sacerdote, y a Sofonías que era el segundo, y a tres guardas del atrio.

25. Y además se llevó de la ciudad un eunuco, que era el comandante de las tropas, y a siete personas de las principales de la corte del rey, que fueron halladas en la ciudad; y al secretario jefe o inspector de la milicia (el cual instruía a los soldados bisoños) y a sesenta hombres del vulgo del país, que se hallaron en la ciudad.

26. Cogiólos, pues, Nabuzardán, general del ejército, y los condujo a Reblata al rey de Babilonia.

27. Y el rey de Babilonia los hizo matar a todos en Reblata, país de Emat. Y el reato de Judá fue conducido fuera de su tierra a la Caldea.

28. Éste es el pueblo fue trasladó Nabucodonosor: en el año séptimo, tres mil veintitrés judíos:

29. en el año décimo octavo se llevó Nabucodonosor, de Jerusalén, ochocientas treinta y dos almas;

30. en el año vigésimo tercero de Nabucodonosor, transportó Nabuzardán, general del ejército, setecientos cuarenta y cinco judíos. Con esto fueron en todos cuatro mil y seiscientas personas.

31. En el año trigésimo séptimo de haber sido transportado Joaquín, rey de Judá, el mes duodécimo, a veinticinco del mes. Evilrnerodac, rey de Babilonia, el primer año de su reinado hizo levantar cabeza a Joaquín, rey de Judá, y lo sacó del encierro.

32. Y lo consoló con palabras amistosas, y le puso en asiento superior a los demás reyes vencidos, que tenía en su corte de Babilonia.

33. Y le hizo quitar los vestidos que llevaba en la cárcel, y lo admitió a comer en su mesa todo el tiempo que vivió.

34. y le señaló un tanto diario para su manutención perpetuamente por todos los días de su vida.

TRENOS O LAMENTACIONES DE JEREMÍAS PROFETA

CAPÍTULO I

Jeremías llora amargamente la ruina de Jerusalén por los caldeos; recuerda la pasada prosperidad y grandeza; y últimamente insinúa el castigo que dará el Señor a los enemigos de la ciudad santa.

Después que Israel fue llevado cautivo y quedó Jerusalén desierta, se estaba sentado el profeta Jeremías llorando, y endechó sobre Jerusalén con la siguiente lamentación, y suspirando con amargura de ánimo y dando alaridos dijo:

Alef. 1. ¡Cómo ha quedado solitaria la ciudad antes tan populosa! La señora de las naciones ha quedado como viuda desamparada; la soberana de las provincias es ahora tributaria.

Bet. 2. Inconsolable llora ella toda la noche, e hilo a hilo corren las lágrimas por sus mejillas; entre todos sus amantes no hay quien la consuele; todos sus amigos la han despreciado y se han vuelto enemigos suyos.

Gimel. 3. Emigró y dispersó Judá, por verse oprimida con muchas maneras de esclavitud; fijó su habitación entre las naciones; mas no halló reposo; estrecháronla por todas partes todos sus perseguidores.

Dalet. 4. Enlutados están los caminos de Sión, porque ya no hay quien vaya a sus solemnidades; destruidas están todas sus puertas, gimiendo sus sacerdotes, llenas de tristeza las vírgenes, y ella oprimida de amargura.

He. 5. Sus enemigos se han enseñoreado de ella; los que la odiaban se han enriquecido con sus despojos, porque el Señor falló contra ella a causa de la muchedumbre de sus maldades; sus pequeñuelos han sido llevados al cautiverio, arreándolos el opresor.

Vau. 6. Perdido ha la hija de Sión toda su hermosura; sus príncipes han venido a ser como carneros descarriados que no hallan pastos, y han marchado desfallecidos delante del perseguidor que los conduce.

Zain. 7. Jerusalén trae a su memoria aquellos días de su aflicción, y sus prevaricaciones, y todos aquellos bienes de que gozó desde los antiguos tiempos; acordóse de todo eso al tiempo que caía o perecía su pueblo por mano enemiga, sin que acudiese nadie a socorrerlo; viéronla sus enemigos y mofáronse de sus solemnidades.

Het. 8. Enorme pecado fue el de Jerusalén: por eso ha quedado ella divagando sin estabilidad; todos aquellos que la elogiaban, la han despreciado por haber visto sus inmundicias; y ella misma, sollozando, volvió su rostro hacia atrás llena de vergüenza.

Tet. 9. Hasta sus pies llegan sus inmundicias; ella no se acordó de su fin; está profundamente abatida sin haber quién la consuele. Mira, Señor, mira mi aflicción; porque el enemigo se ha engreído.

Jod. 10. El enemigo echó su mano a todas las cosas que Jerusalén tenía más apreciables: y ella ha visto entrar en su santuario los gentiles, de los cuales habías Tú mandado que no entrasen en tu iglesia.

Caf. 11. Todo su pueblo está gimiendo, y anda en busca de pan: todo cuanto tenían de precioso lo han dado para adquirir un bocado con que conservar su vida. Míralo, Señor, y considera cómo estoy envilecida.

Lamed. 12. ¡Oh vosotros cuantos pasáis por este camino!, atended y considerad si hay dolor como el dolor mío; porque el Señor, según Él lo predijo, me ha vendimiado, o despojado de todo, en el día de su furibunda ira.

Mem. 13. Desde lo alto metió fuego dentro de mis huesos, y me ha dejado desolada, todo el día consumida de tristeza.

Nun. 14. El yugo de mis maldades se dio prisa a venir sobre mí: el mismo Señor con sus manos las arrolló como un fardo y las puso sobre mi cuello; faltáronme las fuerzas; el Señor me ha entregado en manos de que no podré librarme.

Samec. 15. Arrebatado ha el Señor de en medio de mí todos mis príncipes y campeones; ha aplazado contra mí el tiempo de la ruina, en el cual destruyese a mis jóvenes escogidos. El Señor mismo los ha pisado como en un lagar, para castigar a la virgen hija de Judá.

Ain. 16. Por eso estoy yo llorando, y con mis ojos fuentes de agua; porque está lejos de mí el consolador que haga revivir el alma mía. Perecido han mis hijos, pues el enemigo ha triunfado.

Fe. 17. Sión extiende sus manos; pero no hay quien la consuele. El Señor ha convocado los enemigos de Jacob para que le circunvalasen; cual mujer manchada en sus períodos o impureza legal, así es Jerusalén en medio de ellos.

Sade. 18. Justo es el Señor; pues que yo, rebelde contra sus órdenes, le irrité. Pueblos todos, oíd os ruego, y considerad mi dolor: mis doncellas y mis jóvenes han sido llevados al cautiverio.

Cof. 19. Recurrí a los amigos míos, y me engañaron. Mis sacerdotes y mis ancianos han perecido dentro de la ciudad, habiendo buscado en vano alimento para sustentar su vida.

Res. 20. Mira, ¡oh Señor!, como estoy atribulada; conmovidas están mis entrañas; se ha trastornado todo mi corazón; llena estoy de amargura. Por afuera da la muerte la espada, y dentro de casa está el hambre, que es otro género de muerte.

Sin. 21. Han oído mis gemidos y no hay nadie que me consuele: todos mis enemigos han sabido mis desastres, y se han regocijado de que Tú los hayas causado. Tú me enviarás el día de la consolación; y entonces ellos se hallarán en el estado en que me hallo.

Tau. 22. Pon a tu vista toda su malicia, y trátalos como me has tratado a mí por todas mis maldades; porque continuos son mis gemidos y mi corazón desfallece.

CAPÍTULO II

El profeta sigue con sus lamentos por la desolación de la ciudad, del templo y de todo el país, y exhorta a Sión a llorar.

Alef. 1. ¡Cómo cubrió el Señor de oscuridad en medio de su cólera a la hija de Sión! Él ha arrojado del cielo a la tierra a la ínclita Israel; ni se ha acordado de la peana de sus pies, o de su Santuario, en el día de su furor.

Bet. 2. El Señor ha destruido sin excepción todo cuanto había de hermoso en Jacob; ha desmantelado en medio de su furor los baluartes de la virgen de Judá y los ha arrasado; ha tratado al reino y a sus príncipes como cosa profana o inmunda.

Gimel. 3. En medio del ardor de su ira ha reducido a polvo todo el poderío de Israel; retiró atrás su derecha auxiliadora así que vino el enemigo; y encendió en Jacob un fuego, que con su llama devora cuanto hay en contorno.

Dalet. 4. Entesó su arco como hace un enemigo, y cual adversario afirmó su mano derecha para disparar; y mató todo cuanto había de bello aspecto en el pabellón de la hija de Sión; lanzó cual fuego la indignación suya.

He. 5. El Señor se ha hecho como enemigo de Jerusalén: ha precipitado a Israel; ha destruido todos sus muros, arrasó sus baluartes, y ha llenado de abatimiento a hombres y mujeres de la hija de Judá.

Vau. 6. Y ha destruido su pabellón como la choza de un huerto; ha demolido su Tabernáculo: el Señor ha entregado al olvido en Sión las solemnidades y los sábados; y ha abandonado al oprobio y a la indignación de su furor al rey y al sacerdote.

Zain. 7. El Señor ha desechado su altar, ha maldecido a su Santuario; ha entregado sus murallas y torres en poder de los enemigos; los cuales han dado voces de júbilo, como en una solemne fiesta.

Het. 8. Determinó el Señor destruir los muros de la hija de Sión, tiró su cordel, y no retiró su mano hasta que la demolió; se resintió el antemural, y quedó luego arrasada la muralla.

Tet. 9. Sepultadas quedan sus puertas entre las ruinas; el Señor destruyó e hizo pedazos sus cerrojos, desterró a su rey y a sus magnates entre las naciones: ya no hay ley; y sus profetas ya no tienen visiones del Señor.

Jod. 10. Sentados están en tierra y en profundo silencio los ancianos de la hija de Sión; tienen cubiertas de ceniza sus cabezas, vistiéronse de cilicio, abatida hasta la tierra tienen su cabeza las vírgenes de Jerusalén.

Caf. 11. Cegáronse mis ojos de tanto llorar; estremeciéronse mis entrañas, derramóse en tierra mi corazón al ver el quebranto de la hija del pueblo mío, cuando los pequeñuelos y niños de teta desfallecían de hambre en las plazas de la ciudad.

Lamed. 12. Ellos decían a sus madres: ¿dónde está el pan y vino?, cuando, a manera de heridos, iban muriéndose por las calles de la ciudad, cuando exhalaban su alma en el regazo de sus madres.

Mem. 13. ¿Con quién te compararé, o a qué cosa te asemejaré, oh hija de Jerusalén? ¿A quién te igualaré, a fin de consolarte, oh virgen hija de Sión? Porque grande es como el mar tu tribulación. ¿Quién podrá remediarte?

Nun. 14. Tus profetas te vaticinaron cosas falsas y necias, y no te manifestaban tus maldades para moverte a penitencia; sino que te profetizaban falsamente sucesos contra tus enemigos, y su expulsión.

Samec. 15. Todos cuantos pasaban por el camino te insultaban dando palmadas; te silbaban y meneaban su cabeza contra la hija de Jerusalén, diciendo: ¿es ésta la ciudad de extremada belleza, el gozo de todo el mundo?

Fe. 16. Abrieron contra ti su boca todos tus enemigos; daban silbidos, y rechinaban sus dientes, y decían: nosotros nos la tragaremos; ya llegó el día que estábamos aguardando; ya vino, ya lo tenemos delante.

Ain. 17. El Señor ha hecho lo que tenía resuelto, cumplió lo que había anunciado desde los tiempos antiguos: te ha destruido sin remisión y te ha hecho un objeto de gozo para tus enemigos, y ha ensalzado la pujanza de los que te odiaban.

Sade. 18. El corazón de los sitiados levantó el grito al Señor desde sobre las murallas de la hija de Sión; derrama, ¡oh Jerusalén!, día y noche, haz correr a manera de torrente las lágrimas; no reposes, ni cesen de llorar tus ojos.

Cof. 19. Levántate, clama de noche al Señor desde el principio de las vigilias; derrama como agua tu corazón ante su presencia; levanta hacia Él tus manos, haciéndole presente la vida de tus parvulitos que se están muriendo de hambre en todas las esquinas y encrucijadas de las calles.

Res. 20. ¡Oh Señor!, mira y considera a quién has tú desolado de esta manera. ¿Y será verdad que las mujeres se coman sus propios hijos, niños del tamaño de la palma de la mano? ¿Y será asesinado dentro del Santuario del Señor el sacerdote y el profeta?

Sin. 21. Muertos yacen por fuera el mozo y el anciano; mis vírgenes y mis jóvenes han sido pasados a cuchillo; los has hecho perecer en el día de tu furor; los has herido de muerte sin compasión ninguna.

Tau. 22. Tú, Señor, has convidado como a una gran fiesta a esa nación enemiga, para que me aterrase por todos lados; y en aquel día de tu furor no hubo nadie que pudiese escapar y salvarse; a aquellos que yo crié y alimenté los hizo perecer el enemigo mío.

CAPÍTULO III

Prosigue Jeremías lamentándose, primero de sus propios trabajos, y después de los comunes a toda la ciudad. Alegóricamente habla en la mayor parte del capítulo de los trabajos de nuestro Señor Jesucristo en su Pasión, del cual fue Jeremías un bosquejo en muchos sucesos de su vida.

Alef. 1. Hombre soy yo que estoy viendo la miseria mía o aflicción en la vara de la indignación del Señor.

Alef. 2. Entre tinieblas o aflicciones me ha hecho andar, y no en el resplandor de la luz.

Alef. 3. No ha cesado día y noche de descargar sobre mi su mano.

Bet. 4. Ha hecho envejecer mi piel y mi carne, y ha quebrantado mis huesos.

Bet. 5. Ha levantado una pared alrededor mío; y me ha cercado de amarguras y de congojas.

Bet. 6. Colocado me ha en lugar tenebroso, como a aquellos que ya han muerto para siempre

Gimel. 7. Me circunvaló por todos lados para que no escapase; púsome pesados grillos.

Gimel. 8. Y aunque yo clame y ruegue, no hace caso de mis plegarias.

Gímel. 9. Cerró mis caminos como con piedras de sillería; desbarató todos mis senderos o designios.

Dalet. 10. Ha venido a ser para mí como un oso en acecho, como un león en lugar oculto.

Dalet.11. Él ha trastornado mis senderos, y me ha destrozado; abandonado me ha a la desolación.

Dalet. 12. Entesó su arco, y me puso por blanco de sus saetas.

He. 13. Ha clavado en mis lomos las flechas de su aljaba.

He. 14. He venido a ser el escarnio de todo mi pueblo, y su cantinela diaria.

He. 15. Llenado me ha de amargura, me ha embriagado de ajenjo.

Vau. 16. Ha quebrado todos mis dientes, dándome pan lleno de arena; ceniza me ha dado a comer.

Vau. 17. Desterrada está de mi alma la paz o abundancia; no sé ya lo que es felicidad.

Vau. 18. Y dije yo: ha desaparecido para mí todo término de mis males, y toda la esperanza que tenía en el Señor.

Zain. 19. Acuérdate, Señor, de mi miseria y persecución, y del ajenjo y de la hiel que me hacen beber.

Zain. 20. De continuo tengo en la memoria estas cosas, y se repudre dentro de mí el alma mía.

Zain. 21. Con todo, considerando estas cosas dentro de mi corazón, hallaré mi esperanza en el Señor.

Het. 22. Es una misericordia del Señor el que nosotros no hayamos sido consumidos del todo, porque jamás han faltado sus piedades.

Het. 23. Cada día las hay nuevas desde muy de mañana; grande es, ¡oh Señor!, tu felicidad.

Het. 24. Mi herencia, dice el alma mía, es el Señor; por tanto pondré en Él mi confianza.

Tet. 25. Bueno es el Señor para los que esperan en Él, para las almas que le buscan.

Tet. 26. Bueno es aguardar en silencio la salud que viene de Dios.

Tet. 27. Bueno es para el hombre el haber llevado el yugo ya desde su mocedad.

Jod. 28. Se estará quieto y callado, porque ha tomado sobre sí el yugo.

Jod. 29. Su boca la pegará al suelo, para ver si orando consigue lo que espera.

Jod. 30. Presentará su mejilla al que le hiere; le hartarán de oprobios.

Caf. 31. Pero no para siempre lo desechara de sí el Señor.

Caf. 32. Pues si Él nos ha desechado, aún se apiadará de nosotros, según la abundancia de sus misericordias.

Caf. 33. Puesto que no de buena gana abate Él, ni desecha a los hijos de los hombres,

Lamed. 34. ni huella debajo de sus pies, como un tirano, todos los cautivos de la tierra,

Lamed. 35. ni pesa con infiel balanza, ante su presencia, la causa del hombre,

Lamed. 36. ni daña con injusta sentencia a hombre ninguno: eso no sabe el Señor hacerlo.

Mem. 37. ¿Quién es aquel que ha dicho que se hace alguna cosa sin que el Señor lo ordene?

Mem. 38. ¿No vienen acaso de orden del Señor los males y los bienes?

Mem. 39. Pues ¿por qué se ha de quejar nunca hombre viviente del castigo de sus pecados?

Nun. 40. Examinemos y escudriñemos nuestros pasos, y convirtámonos al Señor.

Nun. 41. Levantemos al cielo, hacia el Señor, junto con las manos, nuestros corazones.

Nun. 42. Nosotros, empero, nos portamos inicuamente, y provocamos, ¡oh Señor!, tu enojo; por eso te muestras inexorable.

Samec. 43. Te cubriste de furor y nos castigaste: mataste sin perdonar a nadie.

Samec. 44. Pusiste una nube delante de ti, para que no pudiesen llegar a tu presencia nuestras plegarias.

Samec. 45. Tú nos has arrancado de cuajo y arrojado como basura en medio de los pueblos.

Fe. 46. Han abierto todos los enemigos su boca contra nosotros.

Fe. 47. Convirtióse la profecía en terror nuestro, y en lazo y en ruina nuestra.

Fe. 48. Ríos de agua salen de mis ojos en vista del quebranto de la hija del pueblo mío,

Ain. 49. Deshácense mis ojos en continuo llanto, porque no hay reposo alguno,

Ain. 50. hasta tanto que el Señor vuelva desde el cielo su vista, y se ponga a mirar.

Ain. 51 Las muchas lágrimas que he derramado por los desastres de todas las hijas o pueblos de mi patria, han consumido en mí todo el jugo o espíritu vital.

Sade. 52. Como el ave en el cazadero, se apoderaron de mí mis enemigos sin que yo les diese motivo.

Sade. 53. Cayó en el lago o fosa el alma mía; han puesto la losa sobre mí.

Sade. 54. Las aguas de la tribulación descargaron como un diluvio sobre mi cabeza. Yo dije entonces: perdido estoy.

Cof. 55. Invoqué, oh Señor, tu santo Nombre desde lo más profundo de la fosa;

Cof. 56. y Tú escuchaste mi voz: no cierres, pues, tus oídos a mis sollozos y clamores.

Cof. 57. Te me acercaste en el día en que te invoqué; y me dijiste: no temas.

Res. 58. Tú fallaste a favor del alma mía, ¡oh Señor, oh redentor de mi vida!

Res. 59. Viste, oh Señor, las iniquidades de ellos contra mí: hazme justicia.

Res. 60. Viste todo su furor, todas sus maquinaciones contra mí.

Sin. 61. Tú oíste, oh Señor, sus oprobios, y todos sus proyectos contra mí,

Sin. 62. y las palabras malignas de los que me hacen la guerra, y todo cuanto traman continuamente contra mí.

Sin. 63. Repara, señor, todas sus idas y vueltas; yo soy siempre el objeto de sus canciones burlescas.

Tau. 64. Tú les darás ¡oh Señor!, lo que merecen las obras de sus manos.

Tau. 65. Pondrás sobre su corazón, en vez de escudo, las aflicciones que les enviarás.

Tau. 66. ¡Oh Señor!, Tú los perseguirás con saña, y los exterminarás de debajo de los cielos.

CAPÍTULO IV

El profeta sigue llorando las miserias que padeció su pueblo en el sitio de Jerusalén por los caldeos, en castigo de los pecados de los falsos profetas y malos sacerdotes. Profetiza a los idumeos las mismas calamidades; y anuncia a Jerusalén el fin de las suyas.

Alef. 1. ¡Cómo se ha oscurecido el oro del templo, y mudado su color bellísimo! ¡Dispersas, ¡ay!, dispersas están las piedras del Santuario por los ángulos de todas las plazas!

Bet. 2. Los ínclitos hijos de Sión, que vestían de tisú de oro finísimo, ¡cómo son ya mirados cual si fuesen vasos de barro, obra de manos de alfarero!

Gimel. 3. Aun las mismas lamias descubren sus pechos, y dan de mamar a sus cachorrillos; pero cruel la hija de mi pueblo imita al avestruz del desierto, y los abandona.

Dalet. 4. Al niño de pecho se le pegaba la lengua al paladar, por causa de la sed; pedían pan los parvulitos, y no había quien se lo repartiese.

He. 5. Aquellos que comían con más regalo han perecido de hambre en medio de las calles: cubiertos se ven de basura o andrajos aquellos que se criaban entre púrpura y ropas: preciosas.

Vau. 6. Y ha sido mayor el castigo de las maldades de la hija de mi pueblo que el del pecado de Sodoma; la cual fue destruida en un momento, sin que tuviese parte mano de hombre.

Zain. 7. Sus nazareos eran más blanco. que la nieve, más lustrosos que la leche, más rubicundos que el marfil antiguo, más bellos que el zafiro.

Het. 8. Pero ahora más denegrido que el carbón está su rostro, ni son conocidos por las calles; pegada tienen su piel a los huesos, árida y seca como un palo.

Tet. 9. Menos mala fue la suerte de los que perecieron al filo de la espada, que la de aquellos que murieron de hambre; pues éstos se fueron aniquilando consumidos por la carestía de la tierra.

Jod. 10. Las mujeres, de suyo compasivas, pusieron a cocer con sus manos a sus propios hijos; éstos fueron su vianda en tiempo de la calamidad de la hija del pueblo mío.

Caf. 11. El Señor ha desahogado su furor, ha derramado la ira de su indignación, ha encendido en Sión un fuego que ha consumido hasta sus cimientos.

Lamed. 12. No creían los reyes de la tierra ni los habitantes todos del mundo que el enemigo y adversario entrase por las puertas de Jerusalén;

Mem. 13. pero entró por causa de los pecados de sus profetas y las maldades de sus sacerdotes, que en medio de ella derramaron la sangre de los justos.

Nun. 14. Andaban errantes como ciegos por las calles, amancillándose con la sangre; y no podían evitarlo, aunque se alzaban la extremidad de sus vestidos para no mancharse.

Samec. 15. Apartaos, inmundos, decían gritando a los otros; retiraos, marchad fuera, no nos toquéis: porque de resultas de eso tuvieron pendencias entre sí; y los que fueron dispersos entre las naciones, dijeron: no volverá el Señor ya a habitar entre ellos.

Fe. 16. El rostro airado del Señor los ha dispersado; ya no volverá él a mirarlos; no han respetado la persona de los sacerdotes, ni se han compadecido de los ancianos.

Ain. 17. Cuando aún subsistíamos, desfallecían nuestros ojos esperando en vano nuestro socorro, poniendo nuestra atención en una nación que no había de salvarnos.

Sade. 18. Al andar por nuestras calles hallaban tropiezos nuestros pies; acercóse nuestro fin; completáronse nuestros días, pues ha llegado nuestro término.

Cof. 19. Más veloces que las águilas del cielo han sido nuestros enemigos; nos han perseguido por los montes, nos han armado emboscadas en el desierto.

Res. 20. El Cristo del Señor, resuello de nuestra boca, ha sido preso por causa de nuestros pecados; aquel a quien habíamos dicho: A tu sombra viviremos entre las naciones.

Sin. 21. Gózate y regocíjate, ¡oh hija de Edomá, que habitas en la tierra de Hus!, también te dejará a ti el cáliz de la tribulación; embriagada serás y despojada de todos los bienes.

Tau. 22. ¡Oh hija de Sión!, tiene su término el castigo de tu maldad: el Señor nunca más te hará pasar a otro país. Mas Él castigará, ¡oh hija de Edom!, tu iniquidad, Él descubrirá tus maldades.

CAPÍTULO V
ORACIÓN DE JEREMÍAS PROFETA

Recopila el profeta lo que ha dicho en los capítulos antecedentes. No se conoce el lugar y tiempo en que compuso esta oración.

1. Acuérdate, ¡oh Señor!, de lo que nos ha sucedido; mira y considera nuestra ignominia.
2. Nuestra heredad ha pasado a manos de extranjeros, en poder de extraños se hallan nuestras casas.
3. Nos hemos quedado como huérfanos, privados de su padre; están como viudas nuestras madres.
4. A precio de dinero bebemos nuestra agua, y con dinero compramos nuestra leña.
5. Atados del cuello nos conducen como a bestias, no se da descanso a los fatigados.
6. Alargamos nuestras manos a los egipcios y a los asirios, para saciarnos de pan.
7. Pecaron nuestros padres, y ya no existen y el castigo de sus iniquidades lo llevamos nosotros.
8. Nuestros esclavos se han enseñoreado de nosotros; no hubo quien nos libertase de sus manos.
9. Con peligro de nuestras vidas vamos a lugares desiertos en busca de pan, temiendo siempre la espada.
10. Quemada y denegrida como un horno ha puesto nuestra piel el hambre atroz.
11. Deshonraban a las mujeres de Sión, violaban a las vírgenes en las ciudades de Judá.
12. Colgados de la mano en un madero han sido los príncipes; no han tenido respeto alguno a las personas de los ancianos.
13. Abusaron deshonestamente de los jóvenes; y los muchachos caían al peso de la leña.
14. Faltan ya en las puertas los ancianos, ni se ven los jóvenes en el coro de los músicos que tañen.
15. Extinguióse la alegría en nuestro corazón; convertido se han en luto nuestras danzas.
16. Han caído de nuestras cabezas las coronas o guirnaldas: ¡ay de nosotros, que hemos pecado!
17. Por esto ha quedado melancólico nuestro corazón; por esto perdieron la luz nuestros ojos.
18. Porque desolado está el monte santo de Sión; las raposas y demás fieras se pasean por él.

19. Empero tú, ¡oh Señor!, permanecerás eternamente; tu solio subsistirá en todas las generaciones venideras.
20. ¿Por qué para siempre te has de olvidar Tú de nosotros? ¿Nos has de tener abandonados por largos años?
21. Conviértenos, ¡oh Señor!, a ti, y nos convertiremos; renueva tú nuestros días felices, como desde el principio.

LA PROFECÍA DE BARUC

CAPÍTULO I

Los judíos de Babilonia envían a los de Jerusalén el libro de Baruc, juntamente con algún dinero para que ofreciesen holocaustos y rogasen a Dios por ellos, por Nabucodonosor y por su hijo Baltasar; y hacen una solemne confesión de sus pecados.

1. Y éstas son las palabras del libro que escribió Baruc, hijo de Nenas, hijo de Maasías, hijo de Sedecías, hijo de Sedei, hijo de Helcías, en Babilonia,
2. el año quinto, a siete del mes, desde que los caldeos se apoderaron de Jerusalén y la incendiaron.
3. Y leyó Baruc las palabras de este libro en presencia de Jeconías, hijo de Joakim, rey de Judá, y delante de todo el pueblo que acudía a oírlas,
4. y delante de todos los magnates de la estirpe real, y delante de los ancianos, y delante del pueblo, desde el más pequeño hasta el más grande, de todos cuantos habitaban en Babilonia, junto al río Sodí;
5. los cuales lloraban oyendo a Baruc, y ayunaban, y oraban en la presencia del Señor.
6. E hicieron una colecta de dinero, conforme la posibilidad de cada uno;
7. y lo remitieron a Jerusalén, a Joakim hijo de Helcías, hijo de Salom sacerdote, y a los sacerdotes, y a todo el pueblo que se hallaba con él en Jerusalén,
8. después que Baruc hubo recibido los vasos del templo del Señor, que habían sido robados del templo, para volverlos otra vez a tierra de Judá, a diez del mes de Siván; vasos de plata que había hecho Sedecías, hijo de Josías, rey de Judá,
9. así que Nabucodonosor, rey de Babilonia, hubo aprisionado a Jeconías y a los príncipes, a todos los magnates y al pueblo de la tierra, y llevádoselos presos desde Jerusalén a Babilonia.

10. Y dijéronles en una carta lo que sigue: he aquí que os enviamos dinero, con el cual compraréis víctimas para los holocaustos, e incienso, y haced ofrendas e inmolad víctimas por el pecado en el altar del Señor Dios nuestro.

11. Y rogaréis por la vida de Nabucodonosor, rey de Babilonia, y por la vida de Baltasar, su hijo, a fin de que los días de ellos sobre la tierra sean como los del cielo;

12. y para que el Señor nos conceda a nosotros fortaleza, y nos haga ver la luz de la prosperidad, para vivir felizmente bajo el amparo de Nabucodonosor, rey de Babilonia, y bajo el amparo de su hijo Baltasar, y les sirvamos a ellos por largo tiempo, y seamos gratos a sus ojos.

13. Rogad también por nosotros mismos al Señor Dios nuestro, porque hemos pecado contra el Señor Dios nuestro, y no se ha apartado su ira de sobre nosotros hasta el día presente.

14. Y leed este libro o escrito, el cual os hemos enviado para que se haga la lectura de él en donde estaba el templo del Señor, en día solemne y tiempo oportuno.

15. Diréis, pues: del Señor Dios nuestro es la justicia o santidad; mas de nosotros la confusión de nuestros rostros, como está sucediendo en este día a todo Judá y a los moradores todos de Jerusalén,

16. a nuestros reyes, y a nuestros príncipes, y a nuestros sacerdotes, y a nuestros profetas y a nuestros padres.

17. Pecado hemos contra el Señor Dios nuestro, y no le creímos, faltos de confianza en él;

18. y no le estuvimos sumisos, ni quisimos escuchar la voz del Señor Dios nuestro para proceder conforme a los mandamientos que Él nos había dado.

19. Desde aquel día en que sacó de la tierra de Egipto a nuestros padres hasta el presente, hemos sido rebeldes al Señor Dios nuestro; y disipados o entregados a nuestros vicios, nos apartamos de Él por no oír su voz.

20. Por lo cual se nos han apegado muchos desastres y las maldiciones intimadas por el Señor a su siervo Moisés; por el Señor que sacó de la tierra de Egipto a nuestros padres para darnos una tierra que mana leche y miel; maldiciones que estamos experimentando en el día de hoy.

21. Nosotros, empero, no quisimos escuchar la voz del Señor Dios nuestro, según lo que decían los profetas que él nos tenía enviados;

22. y cada uno de nosotros nos fuimos tras las inclinaciones de nuestro perverso corazón, a servir como esclavos a dioses ajenos, obrando la maldad delante de los ojos del Señor Dios nuestro.

CAPÍTULO II

Los judíos de Babilonia confiesan sus pecados, y que justamente los castiga el Señor. Imploran la misericordia que tiene prometida a los que se arrepienten.

1. Por este motivo el Señor Dios nuestro cumplió su palabra, que nos había ya intimado a nosotros, y a nuestros jueces gobernadores de Israel, y a nuestros reyes, y a nuestros príncipes, y a todo Israel y Judá,

2. de que traería el Señor sobre nosotros grandes males, tales que jamás se habían visto debajo del cielo, como los que han sucedido en Jerusalén conforme a lo que se halla escrito en la ley de Moisés;

3. y que el hombre comería la carne de su propio hijo y la carne de su hija.

4. Y entrególos el Señor en poder de todos los reyes comarcanos nuestros, para escarnio y ejemplar de desolación en todas las naciones, por entre las cuales nos dispersó el Señor.

5. Esclavos hemos venido a ser, y no amos, por haber pecado contra el Señor Dios nuestro, no obedeciendo a su voz.

6. Del Señor Dios nuestro es la justicia; de nosotros, empero, y de nuestros padres la confusión de nuestros rostros, como se está viendo hoy día.

7. Porque el Señor, todos estos castigos que padecemos, nos los había ya amenazado.

8. Mas nosotros ni por eso acudimos al Señor Dios nuestro para rogarle y para convertirnos cada cual de su depravada vida.

9. Con esto echó luego el Señor mano del castigo, y lo descargó sobre nosotros; porque justo es el Señor en todas sus obras y en cuanto nos ha mandado.

10. Y con todo, nosotros no quisimos obedecer a su voz para que caminásemos según los preceptos que el Señor nos había puesto delante de los ojos.

11. Ahora, pues, ¡oh Señor Dios de Israel!, que sacaste a tu pueblo de la tierra de Egipto con mano fuerte y por medio de portentos y prodigios, y con tu gran poderío y robusto brazo, y te adquiriste la nombradía que hoy tienes:

12. hemos pecado, Señor, hemos obrado impíamente; inicuamente nos hemos portado, ¡oh Señor Dios nuestro!, contra todos tus mandamientos.

13. Aléjese de nosotros la indignación tuya; porque somos pocos los que quedamos ya entre las naciones en que nos dispersaste.

14. Escucha, Señor, nuestros ruegos y nuestras oraciones, y líbranos por amor de ti

mismo, y haz que hallemos gracia a los ojos de aquellos que nos han sacado de nuestra patria;

15. a fin de que con eso conozca todo el mundo que tú eres el Señor Dios nuestro, y que Israel y toda su estirpe lleva tu Nombre.

16. Vuelve, ¡oh Señor!, tus ojos hacia nosotros desde tu santa Casa, e inclina tus oídos y escúchanos.

17. Abre tus ojos y míranos; porque no son los muertos que están en el sepulcro, cuyo espíritu se separó de sus entrañas, los que tributarán honra a la justicia del Señor

18. sino el alma que está afligida por causa de la grandeza de los males que ha cometido, y anda encorvada y macilenta, y con los ojos caídos; el alma hambrienta o mortificada, ésa es la que te tributa gloria, ¡oh Señor!, a ti y a tu justicia.

19. Puesto que, no apoyados en la justicia de nuestros padres derramamos nuestras plegarias, e imploramos misericordia ante tu acatamiento, ¡oh Señor Dios nuestro!,

20. sino porque tú has descargado tu indignación y tu furor sobre nosotros, según anunciaste por medio de tus siervos los profetas, diciendo:

21. Esto dice el Señor: inclinad vuestro hombro y vuestra cerviz y servid al rey de Babilonia, y así viviréis tranquilos, y no seréis echados de la tierra que Yo di a vuestros padres.

22. Mas si no obedeciereis la orden del Señor Dios vuestro de servir al rey de Babilonia, yo haré que seáis arrojados de las ciudades de Judá, y echados de Jerusalén;

23. y quitaré de entre vosotros las voces de alegría, y de gozo, y los alegres cantares de los esposos y de las esposas, y quedará todo el país sin vestigio de persona que lo habite.

24. Ellos, empero, no quisieron obedecer la orden tuya de servir al rey de Babilonia; y tú cumpliste tus palabras que anunciaron tus siervos los profetas, cuando dijeron que serían trasladados de su lugar por los enemigos los huesos de nuestros reyes y los huesos de nuestros padres.

25. Y he aquí que han sido arrojados al calor del sol y a la escarcha de la noche; y murieron entre crueles dolores causados por hambre, por la espada y por un penoso destierro.

26. Y el templo en que se invocaba tu santo Nombre, lo redujiste al estado en que se halla hoy día, por causa de las maldades de la casa de Israel y de la casa de Judá.

27. Y te has portado con nosotros, ¡oh Señor Dios nuestro!, con toda tu bondad y con toda aquella tu grande misericordia,

28. conforme lo habías predicho por Moisés, siervo tuyo, en el día que le mandaste escribir tu ley a vista de los hijos de Israel,

29. diciendo: si vosotros no obedeciereis mi voz, esta grande muchedumbre de gente será reducida a un pequeño número en las naciones, entre las cuales las dispersaré;

30. porque Yo sé que el pueblo ese no me escuchará, pues es un pueblo de dura cerviz; pero él volverá en sí, cuando esté en la tierra de su esclavitud;

31. y conocerán que Yo soy el Dios suyo. Y les daré un nuevo corazón, y entenderán; y oídos, y oirán:

32. y me tributarán alabanzas en la tierra de su cautiverio, y se acordarán de mi santo Nombre.

33. Y dejarán la dureza de su cerviz y la malignidad suya; pues se acordarán de lo que sucedió a sus padres por haber pecado contra mí.

34. Y los conduciré otra vez a la tierra que prometí con juramento a sus padres Abrahán, Isaac y Jacob; y serán señores de ella, y los multiplicaré, y no irán en disminución.

35. Y asentaré con ellos otra alianza, que será sempiterna, por la cual Yo sea su Dios, así como ellos sean el pueblo mío; y no removeré jamás a mi pueblo, a los hijos de Israel, de la tierra que les di.

CAPÍTULO III

Continúa el profeta implorando la misericordia del Señor. Israel abandona la senda de la sabiduría, y por eso fue llevado cautivo; esta senda, desconocida de los soberbios, la mostró el Señor a su pueblo. Profecía de la Encarnación del Hijo de Dios.

1. Y ahora, oh Señor todopoderoso, Dios de Israel, a ti dirige sus clamores el alma mía angustiada y mi espíritu acongojado.

2. Atiende, ¡oh Señor!, y ten piedad, pues tú eres un Dios de misericordia, y apiádate de nosotros, porque hemos pecado en tu presencia.

3. Pues tú, oh Señor, permaneces eternamente; y nosotros tus hijos, ¿habremos de perder para siempre?

4. ¡Oh Señor todopoderoso, Dios de Israel!, escucha ahora la oración de los muertos de Israel, de los israelitas atribulados y de los hijos de aquéllos los cuales pecaron delante de ti, y no quisieron escuchar la voz del Señor Dios suyo, por cuyo motivo se han apegado a nosotros todos los males.

5. No quieras acordarte de las maldades de nuestros padres; acuérdate, sí, en esta ocasión de tu poder y de tu santo Nombre.

6. Porque tú eres el Señor Dios nuestro; y nosotros, ¡oh Señor!, te tributaremos la alabanza;

7. pues por eso has llenado de temor nuestros corazones, a fin de que invoquemos tu santo Nombre, y te alabemos en nuestra cautividad; puesto que detestamos ya la iniquidad de nuestros padres que pecaron en tu presencia.

8. Y he aquí que permanecemos nosotros en nuestro cautiverio, en donde nos tienes tú dispersos para que seamos el escarnio, la maldición y la hez de los pecadores, en pena de todas las maldades de nuestros padres, los cuales se alejaron de ti, ¡oh Señor Dios nuestro!

9. Escucha, ¡oh Israel!, los mandamientos de vida: aplica tus oídos para aprender la prudencia.

10. ¿Cuál es el motivo, oh Israel, de que estés tú en tierra de enemigos?,

11. ¿y de que hayas envejecido en país extranjero, te hayas contaminado entre los muertos, y de que ya se te cuente en el número de los que descienden al sepulcro?

12. ¡Ah!, es por haber tú abandonado la fuente de la sabiduría.

13. Porque si hubieses andado por la senda de Dios, hubieras vivido ciertamente en una paz o felicidad perdurable.

14. Aprende, pues, dónde está la sabiduría, dónde está la fortaleza, dónde está la inteligencia, para que sepas así también dónde está la longura de la vida y el sustento, y dónde está la luz de los ojos del alma, y la paz o felicidad verdadera.

15. ¿Quién halló el lugar en que ella habita? ¿Ni quién penetró en sus tesoros?

16. ¿Dónde están los príncipes de las naciones y aquellos que dominaban las bestias de la tierra?

17. ¿Aquellos que jugaban o se enseñoreaban de las aves del cielo?

18. ¿Aquellos que atesoraban plata y oro, en que ponen los hombres su confianza, y en cuya adquisición jamás acaban de saciarse; aquellos que hacían labrar muebles de plata, y andaban afanados, sin poner término a sus empresas?

19. Exterminados fueron y descendieron a los infiernos; y su puesto lo ocuparon otros.

20. Estos jóvenes vieron la luz, y habitaron sobre la tierra como sus padres; pero desconocieron también el camino de la sabiduría;

21. ni comprendieron sus veredas, ni sus hijos la abrazaron; se alejó de la presencia de ellos.

22. No se oyó palabra de ella en la tierra de Canaán, ni fue vista en Temán.

23. Asimismo los hijos de Agar, que van en busca de la prudencia o sabiduría que procede de la tierra, y los negociantes de Merra y de Temán y los autores de fábulas instructivas, y los investigadores de la sabiduría e inteligencia, desconocieron igualmente el camino de la verdadera sabiduría, ni hicieron mención de sus veredas.

24. ¡Oh Israel, cuán grande es la Casa de Dios y cuán espacioso el lugar de su dominio!

25. Grandísimo es y no tiene término, excelso es e inmenso.

26. Allí viven aquellos famosos gigantes, que hubo al principio del mundo, de grande estatura, diestros en la guerra.

27. No fueron éstos escogidos por el Señor; no hallaron éstos la senda de la doctrina: por lo tanto perecieron.

28. Porque no tuvieron sabiduría, perecieron por su necedad.

29. ¿Quién subió al cielo, y la tomó, y la trajo de encima de las nubes?

30. ¿Quién atravesó los mares, y pudo hallarla, y la trajo con preferencia al oro purísimo?

31. No hay nadie que pueda conocer los caminos de ella, ni investigar las veredas por donde anda.

32. Mas aquel Señor que sabe todas las cosas, la conoce y la manifiesta con su prudencia; aquel que fundó la tierra para que subsista eternamente, y la llenó de ganados y de cuadrúpedos;

33. aquel que despide la luz, y ella marcha al instante; y la llama, y ella obedece luego, temblando de respeto

34. Las estrellas difundieron su luz en sus estaciones, y se llenaron de alegría:

35. fueron llamadas, y al instante respondieron: aquí estamos; y resplandecieron, gozosas de servir al Señor que las crió.

36. Éste es nuestro Dios, y ningún otro será reputado por tal en su presencia.

37. Éste fue el que dispuso todos los caminos de la doctrina o sabiduría, y el que la dio a su siervo Jacob y a Israel su amado.

38. Después de tales cosas, él se ha dejado ver sobre la tierra, y ha conversado con los hombres.

CAPÍTULO IV

Prerrogativas del pueblo de Israel. El Señor castigó sus pecados con un largo cautiverio; pero le dará libertad, y castigará a sus enemigos.

1. La Sabiduría, éste es el libro de los mandamientos de Dios, y la ley que subsiste eternamente: todos los que la abrazan, llegarán a la

vida verdadera; mas aquellos que la abandonan, van a parar en la muerte.

2. Conviértete, ¡oh Jacob, y tenla asida! Anda a la luz de ella por el camino que te señala con su resplandor.

3. No des tu gloria a otro pueblo, ni tu dignidad a una nación extraña.

4. Dichosos somos nosotros, ¡oh Israel!, porque sabemos las cosas que son del agrado de Dios.

5. Ten buen ánimo, ¡oh pueblo de Dios!, tú que conservas el nombre de Israel.

6. Vendidos habéis sido vosotros a las naciones, pero no para que seáis aniquilados; sino por haber provocado la indignación de Dios, por eso fuisteis entregados a los enemigos.

7. Pues exasperasteis a aquel Señor que os crió, al Dios eterno, ofreciendo sacrificios a los demonios en lugar de Dios.

8. Porque echasteis en olvido al Dios que os crió, y llenasteis de aflicción a Jerusalén, vuestra nodriza.

9. Porque ella vio venir sobre vosotros la ira de Dios, y dijo: escuchad, oh ciudades vecinas de Sión! Dios me ha enviado una aflicción grande;

10. pues yo he visto la esclavitud del pueblo mío, de mis hijos e hijas, a la cual el Eterno los ha conducido.

11. Porque yo los crié con gozo; pero con llanto y con dolor los he dejado.

12. Ninguno se alegra al verme viuda desolada: desamparada he sido de muchos, por causa de los pecados de mis hijos; los cuales se desviaron de la ley de Dios,

13. y desconocieron sus preceptos, y no anduvieron por el camino de los mandamientos de Dios, ni con la justicia siguieron por las sendas de su verdad.

14. Vengan las ciudades vecinas de Sión, y consideren y lamenten conmigo la esclavitud a que el Eterno ha reducido a mis hijos e hijas;

15. porque el Señor hizo venir contra ellos una nación remota, nación perversa y de lengua desconocida,

16. la cual no ha respetado al anciano, ni ha tenido piedad de los niños, y le ha arrancado a la viuda sus queridos hijos, dejándola sin ellos desolada.

17. Y ahora ¿en qué puedo yo ayudaros?

18. Pero aquel Señor que envió sobre vosotros los males, él mismo os librará de las manos de vuestros enemigos.

19. Andad, ¡oh hijos míos!, id al cautiverio: y yo me quedo solitaria.

20. Me desnudé del manto o vestido de paz y regocijo, y me vestí del saco de rogativa, y clamaré al Altísimo todos los días de mi vida.

21. Tened buen ánimo, ¡oh hijos míos!, clamad al Señor, y él os libertará del poder de los príncipes enemigos.

22. Porque yo he puesto la esperanza mía en el Eterno, que es nuestra salud; y el Santo me ha consolado con la promesa de la misericordia que tendrá de vosotros el Eterno, nuestro Salvador.

23. Pues con lágrimas y sollozos os dejé ir; mas el Señor os volverá otra vez a mí con gozo y alegría duradera.

24. Y al modo que las ciudades vecinas de Sión vieron que venía de Dios vuestra esclavitud, así verán muy presto que os vendrá de Dios la salud con grande honra y resplandor eterno.

25. Hijos, soportad con paciencia el castigo que ha descargado sobre vosotros. Porque, ¡oh Israel!, tu enemigo te ha perseguido; pero en breve verás tú la perdición suya, y pondrás tu pie sobre su cuello,

26. mis delicados hijos han andado por caminos ásperos; porque han sido llevados como un rebaño robado por enemigos.

27. Hijos, tened buen ánimo, y clamad al Señor; pues aquel mismo que os ha transportado ahí, se acordará de vosotros.

28. Porque si vuestra voluntad os movió a descarriaros de Dios, también le buscaréis con una voluntad diez veces mayor, luego que os hayáis convertido

29. Porque aquel que os envió estos males, él mismo traerá un gozo sempiterno con la salud que os dará.

30. Buen ánimo, ¡oh Jerusalén!, pues te consuela aquel Dios que te dio el nombre de ciudad suya.

31. Los malos que te destrozaron perecerán, y castigados serán aquellos que se alegraron en la ruina tuya.

32. Las ciudades a las cuales han servido tus hijos, serán castigadas; y será castigada aquella que se apoderó de ellos.

33. Así como se gozó ella en tu ruina y se alegró de tu caída, así se verá angustiada en su desolación.

34. Y cesará la alegre algazara de su muchedumbre, y su regocijo se convertirá en llanto.

35. Porque el Eterno enviará fuego sobre ella por largos días, y será habitada de demonios durante mucho tiempo.

36. Mira, ¡oh Jerusalén!, hacia el oriente, y repara la alegría que Dios te envía;

37. porque he aquí que vuelven tus hijos que tú enviaste dispersos: ellos vienen congregados desde oriente a occidente, según la promesa del Santo, alabando a Dios con alegría.

CAPÍTULO V

Convida a Jerusalén a que deponga sus vestidos de luto; porque sus hijos llevados con ignominia al cautiverio, volverán de él llenos de gozo y de honra.

1. Desnúdate, ¡oh Jerusalén!, del vestido de luto, correspondiente a tu aflicción, y viste te del esplendor y de la magnificencia de aquella gloria perdurable que te viene de Dios.
2. Te revestirá el Señor de un doble manto de justicia o santidad, y pondrá sobre tu cabeza una diadema de honra sempiterna.
3. Pues en ti dará a conocer Dios su magnificencia a todos los hombres que existen debajo del cielo.
4. Porque tu nombre, el nombre que te impondrá Dios para siempre será éste: La paz o felicidad de la justicia, y la gloria de la piedad.
5. Levántate, ¡oh Jerusalén!, y ponte en la altura, y dirige tu vista hacia oriente, y mira cómo se congregan tus hijos desde el oriente hasta el occidente en virtud de la palabra del Santo, gozándose en la memoria de su Dios;
6. porque se partieron de ti a pie llevados por los enemigos; el Señor, empero, te los volverá a traer conducidos con el decoro o magnificencia de hijos o príncipes del reino.
7. Porque Dios ha decretado abatir todo monte empinado, y todo peñasco eterno, y terraplenar los valles al igual de la tierra; para que Israel camine sin demora para gloria de Dios.
8. Aun las selvas y todos los árboles aromáticos harán sombra a Israel por mandamiento de Dios.
9. Porque Dios guiará alegremente a Israel con el esplendor de su majestad, mediante la misericordia y la justicia que de él vienen.

CAPÍTULO VI

Carta de Jeremías a los cautivos de Babilonia, en que les predice que lograrán la libertad pasadas siete generaciones; y los exhorta a huir de la idolatría.

Copia de la carta que envió Jeremías a los judíos cuando habían de salir para Babilonia, a donde los hacía conducir cautivos el rey de los babilonios, en que les hace saber lo que Dios le había mandado.

1. Por los pecados que habéis cometido en la presencia de Dios, seréis llevados cautivos a Babilonia por Nabucodonosor, rey de los babilonios.
2. Llegados, pues, a Babilonia, estaréis allí muchísimos años y por muy largo tiempo, hasta siete generaciones; después de lo cual os sacaré de allí en paz.
3. Ahora bien, vosotros veréis en Babilonia dioses de oro, y de plata, y de piedra, y de madera, llevados en hombros, que causan un temor respetuoso a las gentes.
4. Guardaos, pues, vosotros de imitar lo que hacen los extranjeros de modo que vengáis a temerlos o respetarlos, y a concebir temor de tales dioses.
5. Cuando veáis, pues, detrás y delante de ellos la turba que los adora, decid allá en vuestro corazón: ¡oh Señor!, sólo a ti se debe adorar.
6. Porque mi ángel con vosotros está; y yo mismo tendré cuidado de vuestras almas.
7. Puesto que la lengua de los ídolos limada fue por el artífice, y muda se queda; y aunque están ellos dorados y plateados, son un mero engaño, e incapaces de poder hablar.
8. Y al modo que se hace con una doncella amiga de engalanarse, así echando mano del oro los adornan con esmero.
9. A la verdad los dioses de ellos tienen puestas sobre la cabeza coronas de oro; oro que después juntamente con la plata les quitan los sacerdotes, a fin de gastarlo ellos para sí mismos.
10. Y aun lo hacen servir para engalanar a las barraganas y a las rameras; y a veces recobrándolo de ellas, adornan con él a sus dioses.
11. Sin embargo que estos dioses no saben librarse del orín y de la polilla.
12. Y después que los han revestido de púrpura, les limpian el rostro con motivo del muchísimo polvo que hay en sus templos.
13. Tiene también el ídolo un cetro en su mano, como lo tiene aquel que es juez o gobernador de un país; mas él no puede quitar la vida, ni dañar al que le ofende.
14. Tiene igualmente en su mano la espada y la segur; mas no se puede librar a sí mismo de la guerra, ni de los ladrones: por todo lo cual podéis echar de ver que no son dioses.
15. Y así no tenéis que temerlos; porque los tales dioses son como una vasija hecha pedazos, que para nada sirve.
16. Colocados que se hallan en una casa o templo, sus ojos se cubren luego del polvo que levantan los pies de los que entran.
17. Y al modo que al que ofendió al rey se le encierra dentro de muchas puertas, y como se practica con un muerto que se lleva al sepulcro, así aseguran los sacerdotes las puertas con cerraduras y cerrojos, para que los ladrones no despojen a los dioses.
18. Enciéndenles también delante muchas lámparas; mas no pueden ver ninguna de ellas; son los tales dioses como las vigas de una casa.

183

19. Dicen que unas sierpes, que salen de la tierra, les lamen el interior, cuando se los comen a ellos y a sus vestiduras, sin que ellos lo perciban.

20. Negras se vuelven sus caras del humo que hay en su casa.

21. Sobre su cuerpo y sobre su cabeza vuelan las lechuzas, y las golondrinas, y otras aves, y también los gatos andan sobre ellos.

22. Por donde podéis conocer que los tales no son dioses; y por lo mismo, no los temáis.

23. Además de esto, el oro que tienen es para bien parecer: si alguno no los limpia del orín, ya no relucirán. Ni aun cuando los estaban fundiendo en el crisol, sintieron nada.

24. Y a pesar de que no hay en ellos espíritu alguno, fueron comprados a sumo precio.

25. Llevados son en hombros, como que no tienen pies; demostrando así a los hombres su vergonzosa impotencia. Avergonzados sean también aquellos que los adoran.

26. Por eso si caen en tierra, no se levantan por sí mismos; ni por sí mismos se mantendrán, si alguno los pone en pie; y les han de poner delante las ofrendas como a los muertos.

27. Estas ofrendas las venden y malgastan sus sacerdotes, y también sus mujeres roban para sí; no dan nada de ello al enfermo ni al mendigo.

28. Tocan los sacrificios de ellos las mujeres paridas y las menstruosas. Conociendo, pues, por todas estas cosas que los tales no son dioses, no tenéis que temerlos.

29. Mas ¿cómo es que los llaman dioses? Es porque las mujeres presentan dones a estos dioses de plata, y de oro, y de madera;

30. y los sacerdotes se están en las casas o templos de ellos, llevando rasgadas sus túnicas, y raído el cabello y la barba, y con la cabeza descubierta.

31. Y rugen dando gritos en la presencia de sus dioses, como se practica en la cena o convite de un muerto.

32. Los sacerdotes les quitan a los ídolos sus vestidos, y los hacen servir para vestir a sus mujeres y a sus hijos.

33. Y aunque a los ídolos se les hiciere algún mal o algún bien, no pueden volver la paga correspondiente. Ni pueden poner un rey ni pueden quitarlo.

34. Y asimismo, ni pueden dar riquezas, ni tomar venganza de nadie. Si alguno les hace un voto y no lo cumple, ni de esto se quejan.

35. No pueden librar a un hombre de la muerte, ni amparar al débil contra el poderoso.

36. No restituyen la vista a ningún ciego, ni sacarán de la miseria a nadie.

37. No se compaderán de la viuda, ni serán bienhechores de los huérfanos.

38. Semejantes son a las piedras del monte esos sus dioses de madera, de piedra, de oro, de plata. Confundidos serán sus adoradores.

39. ¿Cómo, pues, puede juzgarse ni decirse que los tales son dioses,

40. cuando aun los mismos caldeos los desprecian? Así que oyen que uno no puede hablar porque es mudo, lo presentan a Bel, rogándole que lo haga hablar;

41. como si tuviesen sentido aquellos que no tienen movimiento alguno; y ellos mismos, cuando lleguen a desengañarse, los abandonarán; pues ningún sentido tienen sus dioses.

42. Las mujeres, empero, ceñidas de cordones, si se sientan en los caminos, quemando el terrón o el desecho de la aceituna.

43. Y así que alguna de ellas, atraída por algún pasajero, ha dormido con él, zahiere a su compañera de que no ha sido escogida como ella, y no ha sido roto su cordón o cinta.

44. Y todas cuantas cosas se hacen en honor de los ídolos, están llenas de engaño e infamia. ¿Cómo, pues, podrá nunca juzgarse o decirse que los tales sean dioses?

45. Han sido fabricados por carpinteros y por plateros. No serán otra cosa que aquello que quieran los sacerdotes.

46. Los artífices mismos de los ídolos duran poco tiempo. ¿Podrán, pues, ser dioses aquellas cosas que ellos mismos fabrican?

47. Mentira y oprobio es lo que dejan a los que han de nacer.

48. Porque si sobreviene alguna guerra o desastre, los sacerdotes andan discurriendo dónde guarecerse con aquellos sus dioses?

49. ¿Cómo, pues, pueden merecer jamás el concepto de dioses, aquellos que ni pueden librarse de la guerra, ni sustraerse de las calamidades?

50. Porque siendo como son cosa de madera, dorados y plateados, conocerán después al fin todas las naciones y reyes que son un engaño, viendo claramente cómo no son dioses, sino obras de las manos de los hombres, y que nada hacen ellos en prueba de ser dioses.

51. Pero ¿y de dónde se conoce que no son ellos dioses, sino obras de las manos de los hombres, y que nada hacen en prueba de que son dioses?

52. En que ellos no ponen rey en ningún país, ni pueden dar la lluvia a los hombres.

53. No decidirán ciertamente las contiendas, ni librarán de la opresión a las provincias; porque nada pueden; son como las cornejitas, las cuales ni vienen a ser aves del cielo, ni animales de la tierra.

184

54. Porque si se prendiere fuego en el templo de los dioses esos de madera, de plata y de oro, a buen seguro que echarán a huir sus sacerdotes, y se pondrán en salvo; pero ellos se abrasarán dentro, lo mismo que las vigas.

55. Ni harán resistencia a un rey en tiempo de guerra. ¿Cómo, pues, puede creerse, ni admitirse que sean ellos dioses?

56. No se librarán de ladrones, ni de salteadores, unos dioses que son de madera y de piedra, dorados y plateados; porque aquéllos pueden más que ellos;

57. y les quitarán el oro, y la plata, y el vestido de que están cubiertos, y se marcharán sin que los ídolos puedan valerse a sí mismos.

58. Por manera que vale más un rey que muestra su poder, o cualquiera mueble útil en una casa, del cual se precia el dueño, o la puerta de la casa, que guarda lo que hay dentro de ella, que no los falsos dioses.

59. El sol ciertamente, y la luna y las estrellas, que están puestas para alumbrarnos y sernos provechosas, obedecen puntualmente al Criador.

60. Asimismo el relámpago se hace percibir cuando aparece; y el viento sopla por todas las regiones.

61. Igualmente las nubes, cuando Dios les manda recorrer todo el mundo, ejecutan lo que se les ha mandado.

62. El fuego también enviado de arriba para abrasar los montes y los bosques, cumple lo que se le ha ordenado. Mas estos ídolos, ni en la belleza, ni en la virtud se parecen a ninguna de esas cosas.

63. Y así no debe pensarse, ni decirse que los tales sean dioses, cuando no pueden ni hacer justicia ni servir en cosa alguna a los hombres.

64. Sabiendo, pues, que ellos no son dioses, no tenéis que temerlos;

65. pues ni enviarán maldición ni bendición a los reyes;

66. ni muestran tampoco a los pueblos las estaciones de los tiempos, ni lucen como el sol, ni alumbran como la luna.

67. Más que ellos valen las bestias; las cuales pueden huir a refugiarse bajo cubierto, y valerse a sí mismas.

68. De ninguna manera son dioses, como es evidente: por tanto, pues, no tenéis que temerlos.

69. Porque así como no es buen guarda en el melonar un espantajo, así son sus dioses de madera, de plata y de oro.

70. Son como la espina blanca en un huerto, sobre la cual vienen a posar toda suerte de pájaros. Aseméjanse también estos dioses suyos de madera, dorados y plateados, a un muerto que yace entre las tinieblas del sepulcro.

71. Por la púrpura y escarlata, las cuales veis que se apolillan sobre ellos, conoceréis claramente que no son dioses: ellos mismos son al fin pasto de la polilla, y servirán de oprobio al país.

72. Mejor que todo es el varón justo, el cual no conoce los ídolos; porque estará bien lejos de la ignominia.

LA PROFECÍA DE EZEQUIEL

CAPÍTULO I

Ezequiel declara el lugar y tiempo en que tuvo las visiones divinas de los cuatro animales, de las ruedas, y del trono, y del personaje sentado sobre él, y rodeado de fuego.

1. En el año trigésimo, en el mes cuarto, a cinco del mes, sucedió que estando yo en medio de los cautivos junto al río Cobar, se me abrieron los cielos, y tuve visiones divinas, o extraordinarias.

2. A cinco del mes, en el quinto año después de haber sido trasladado a Babilonia el rey Joaquín, o Jeconías,

3. dirigió el Señor su palabra a Ezequiel sacerdote, hijo de Buzi, en la tierra de los caldeos, junto al río Cobar; y allí se hizo sentir sobre él la mano o virtud de Dios.

4. Y miré, y he aquí que venía del norte un torbellino de viento, y una gran nube, y un fuego que se revolvía dentro de la nube, y un resplandor alrededor de ella; y en su centro, esto es, en medio del fuego, una imagen de un personaje, tan brillante como de ámbar.

5. Y en medio de aquel fuego se veía una semejanza de cuatro animales; la apariencia de los cuales era la siguiente: había en ellos algo que se parecía al hombre.

6. Cada uno tenía cuatro caras y cuatro alas.

7. Sus pies eran derechos como los de un hombre, y la planta de sus pies como la planta. del pie de un becerro, y despedían centellas, como se ve en un acero muy encendido.

8. Debajo de sus alas, a los cuatro lados, había manos de hombre; y tenían caras y alas por los cuatro lados.

9. Y juntábanse las alas del uno con las del otro. No se volvían cuando andaban, sino que cada uno caminaba adelante según la dirección de su rostro.

10. Por lo que hace a su rostro, todos cuatro lo tenían de hombre, y todos cuatro tenían una cara

de león a su lado derecho; al lado izquierdo tenían todos cuatro una cara de buey; y en la parte de arriba tenían todos cuatro una cara de águila.

11. Sus caras y sus alas miraban y extendíanse hacia lo alto: juntábanse por la punta dos alas de cada uno, y con las otras dos cubrían sus cuerpos.

12. Y andaba cada cual de ellos según la dirección de su rostro: a donde les llevaba el ímpetu del espíritu, allá iban; ni se volvían para caminar.

13. Y estos animales a la vista parecían como ascuas de ardiente fuego, y como hachas encendidas. Veíase discurrir por en medio de los animales un resplandor de fuego, y salir del fuego relámpagos.

14. Y los animales iban y volvían a manera de resplandecientes relámpagos.

15. Y mientras estaba yo mirando los animales, apareció una rueda sobre la tierra, junto a cada uno de los animales: la cual tenía cuatro caras o frentes;

16. y las ruedas y la materia de ellas eran a la vista como del color del mar; y todas cuatro eran semejantes; y su forma y su estructura eran como de una rueda que está en medio de otra rueda.

17. Caminaban constantemente por sus cuatro lados, y no se volvían cuando andaban.

18. Asimismo las ruedas tenían tal circunferencia y altura, que causaba espanto el verlas; y toda la circunferencia de todas cuatro estaba llena de ojos por todas partes.

19. Y caminando los animales, andaban igualmente también las ruedas junto o detrás de ellos; y cuando los animales se levantaban de la tierra, se levantaban también del mismo modo las ruedas con ellos.

20. A cualquiera parte donde iba el espíritu, allá se dirigían tambien en pos de él las ruedas: porque había en las ruedas espíritu de vida.

21. Andaban las ruedas si los animales andaban; parábanse si ellos se paraban: y levantándose ellos de la tierra, se levantaban también las ruedas en pos de ellos; porque había en las ruedas espíritu de vida.

22. Y sobre las cabezas de los animales, había una semejanza de firmamento, que parecía a la vista un cristal estupendo; el cual estaba extendido arriba por encima de sus cabezas.

23. Debajo, empero, del firmamento, se veían las alas de ellos extendidas, tocando el ala del uno a la del otro, y cubriendo cada cual su cuerpo con las otras dos alas: cubríase cada uno del mismo modo.

24. Y oía yo el ruido de las alas como ruido de muchas aguas, como trueno del excelso Dios; así que caminaban, el ruido era semejante al de un gran gentío, o como ruido de un ejército; y así que paraban, bajaban sus alas.

25. Porque cuando salía una voz de sobre el firmamento que estaba encima de sus cabezas, ellos se paraban y bajaban sus alas.

26. Y había sobre el firmamento que estaba encima de sus cabezas, como un trono de piedra de zafiro, y sobre aquella especie de trono había la figura como de un personaje.

27. Y yo vi su aspecto como una especie de electro resplandeciente, y a manera de fuego dentro de él, y alrededor de su cintura hasta arriba; y desde la cintura abajo vi como un fuego ardiente que resplandecía alrededor.

28. Cual aparece el arco iris cuando se halla en una nube en día lluvioso, tal era el aspecto del resplandor que se veía alrededor del trono.

CAPÍTULO II

Ezequiel cuenta cómo Dios le envió a los hijos de Israel para condenar su rebeldía, y excitarlos a la enmienda. Le manda el Señor devorar un volumen escrito por dentro y por fuera, figura de la comisión que le da.

1. Esta visión era una semejanza de la gloria de Dios. Yo la tuve, y postréme atónito sobre mi rostro, y oía voz de un personaje que hablaba; y me dijo a mí: Hijo de hombre, ponte en pié, y hablaré contigo.

2. Y después que él hubo hablado, entró en mí el espíritu, y me puso sobre mis pies; y escuché al personje que me hablaba,

3. y decía: Hijo de hombre, yo te envío a los hijos de Israel, a esos gentiles y apóstatas que se han apartado de mí; ellos y sus padres han violado hasta el día de hoy el pacto que tenían conmigo.

4. Son hijos de rostro duro y de corazón indomable ésos a quienes yo te envío. Y les dirás: Esto y esto dice el Señor Dios;

5. por si acaso ellos escuchan, y por si cesan de pecar; porque es ésa una familia contumaz. Y a lo menos sabrán que tienen un profeta en medio de ellos.

6. Tú, pues, hijo de hombre, no los temas, ni amedrenten sus palabras, pues tú tienes que habértelas con incrédulos y pervertidores, y habitas con escorpiones; no temas sus palabras, ni te amedrenten sus rostros; pues ella es una familia rebelde.

7. Tú, pues, les repetirás mis palabras, por si acaso escuchan, y cesan de pecar porque es gente a propósito para irritar.

8. Empero tú, ¡oh hijo de hombre!, escucha todo aquello que te digo; y no seas rebelde, como lo es esta familia: abre tu boca, y come todo lo que te doy.

9. Y miré, y he aquí una mano extendida hacia mí, la cual tenía un volumen o libro enrollado, y lo abrió delante de mí y estaba escrito por dentro y por fuera; y lamentaciones, y canciones lúgubres, y ayes o maldiciones, era lo que se hallaba escrito en él.

CAPÍTULO III

Ezequiel come el libro que le dio el Señor, y queda lleno de valor para reprender a Israel, del cual se ve constituido centinela. Se le aparece nuevamente la gloria del Señor, el cual le manda que se encierre en casa y no hable hasta segunda orden.

1. Y díjome el Señor: Hijo de hombre, come cuanto hallares; come ese volumen, y ve a hablar a los hijos de Israel.

2. Entonces abrí mi boca, y diome a comer aquel volumen,

3. y díjome: Hijo de hombre, con este volumen que yo te doy tu vientre se alimentará, y llenáranse tus entrañas. Comílo, pues, y mi paladar hallólo dulce como la miel.

4. Y díjome él: Hijo de hombre, anda y anuncia a la familia de Israel mis palabras,

5. porque no eres enviado tú a un pueblo de extraño lenguaje y de idioma desconocido, sino a la casa de Israel;

6. ni a varias naciones, cuyo hablar te sea desconocido y extraña su lengua, cuyas palabras no puedas entender; que si a éstos fueses tú enviado, ellos te escucharían.

7. Mas los de la casa de Israel no quieren escucharte, porque ni a mí mismo quieren oírme: pues la casa toda de Israel es de frente descarada y de corazón endurecido.

8. He aquí que yo te daré a ti un rostro más firme que el rostro de ellos y una frente más dura que la frente suya.

9. Te daré un rostro tan firme como el diamante y el pedernal: no tienes que temer ni turbarte delante de ellos; porque ella es una familia contumaz.

10. Y díjome: Hijo de hombre, recibe en tu corazón, y escucha bien todas las palabras que yo te hablo;

11. y anda, preséntate a los hijos de tu pueblo, que fueron traídos al cautiverio, y les hablarás de esta manera: He aquí lo que dice el Señor Dios; por si atienden y cesan de pecar.

12. Y arrebatóme el espíritu, y oí detrás de mí una voz muy estrepitosa, que decía: Bendita sea la gloria del Señor que se va de su lugar.

13. Y oí el ruido de las alas de los animales, de las cuales la una batía con la otra, y el ruido de las ruedas que seguían a los animales y el ruido de un grande estruendo.

14. Y me reanimó el espíritu, y me tomó: e iba yo lleno de amargura e indignación de ánimo; pero estaba conmigo la mano del Señor que me confortaba.

15. Llegué, pues, a los cautivos transportados al lugar llamado Montón de las nuevas mieses, donde estaban aquellos que habitaban junto al río Cobar; y detúveme donde estaban ellos, y allí permanecí melancólico siete días en medio de ellos.

16. Y al cabo de los siete días, hablóme el Señor, diciendo:

17. Hijo de hombre, yo te he puesto por centinela en la casa de Israel, y de mi boca oirás mis palabra y se las anunciarás a ellos de mi parte.

18. Si diciendo yo al impío: Morirás sin remedio; tú no se lo intimas, ni le hablas, a fin de que se retraiga de su impío proceder y viva, aquel impío morirá en su pecado; pero yo te pediré a ti cuenta de su sangre o perdición.

19. Pero si tú has apercibido al impío, y él no se ha convertido de su impiedad ni de su impío proceder, él ciertamente morirá en su maldad; mas tú has salvado tu alma.

20. De la misma manera, si el justo abandonare la virtud, e hiciere obras malas, yo le pondré delante tropiezos; él morirá, porque tú no le has amonestado: morirá en su pecado, y no se hará cuenta ninguna de las obras justas que hizo, pero yo te pediré a ti cuenta de su sangre.

21. Mas si hubieres apercibido al justo a fin de que no peque, y él no pecare, en verdad que tendrá él verdadera vida, porque lo apercibiste; y tú has librado tu alma.

22. E hízose sentir sobre mí la mano o virtud del Señor; y díjome: Levántate y sal al campo, y allí hablaré contigo.

23. Y poniéndome en camino, salí al campo; y he aquí que la gloria del Señor que estaba allí era el modo de a quella que vi junto al río Cobar; y postréme sobre mi rostro.

24. Y entró en mí el Espíritu, y me puso sobre mis pies y me habló, y me dijo: Ve, y enciérrate dentro de tu casa.

25. Y tú, ¡oh hijo de hombre!, mira que han dispuesto para ti ataduras, y te atarán; y tú no podrás salir de en medio de ellos.

26. Y yo haré que tu lengua se pegue a tu paladar, de suerte que estés mudo y no seas ya un

hombre que reprende: porque ella es una familia contumaz.

27. Mas así que yo te habré hablado, abriré tu boca, y tú les dirás a ellos: Esto dice el Señor Dios: El que oye, oiga; y quien duerme, duerma: porque es esta una familia contumaz.

CAPÍTULO IV

Manda el Señor a Ezequiel que represente el sitio de Jerusalén y sus calamidades venideras, por medio de ciertas señales.

1. Y tú, hijo de hombre, toma un ladrilloy póntelo delante; y dibujarás en él la ciudad de Jerusalén,

2. y delinearás con orden un asedio contra ella, y levantarás fortificaciones y harás trincheras, y sentarás un campamento contra ella, y colocarás arietes alrededor de sus muros.

3. Coge luego una sartén o plancha de hierro, y la pondrás, cual si fuera una muralla de hierro, entre ti y la ciudad delineada; y a ésta la mirarás con un rostro severo, y ella quedará sitiada, pues tú le pondrás cerco. Todo lo dicho es una señal o vaticinio contra la casa de Israel.

4. Asimismo tú dormirás sobre tu lado izquierdo, y pondrás sobre él las maldades de Israel, durante el número de días en los cuales dormirás sobre dicho lado, y llevarás la pena de su maldad.

5. Ahora bien, yo te he dado el número de trescientos y noventa días, por otros tantos años de la maldad de ellos, y tú llevarás la pena de la iniquidad de la casa de Israel.

6. Y concluidos, empero, estos días dormirás otra vez, y dormirás sobre tu lado derecho, y llevarás la pena de la iniquidad de la casa de Judá por cuarenta días, día por año, pues que por cada año te he señalado un día.

7. Y volverás tu rostro airado contra la sitiada Jerusalén, y extendiendo tu brazo profetizarás contra ella.

8. Mira que yo te he rodeado de cadenas, y no te podrás volver del un lado al otro, hasta que hayas cumplido los días del sitio.

9. Tú, pues, haz provisión de trigo, y cebada, y habas, y lentejas, y mijo, y alverja; y ponlo todo en una vasija, y te harás de ello panes, según el número de los días en los cuales dormirás sobre tu costado: trescientos y noventa días comerás de ellos.

10. Y lo que comerás para tu sustento será veinte siclos de peso cada día: lo comerás una sola vez al día.

11. Beberás también el agua con medida, esto es, la sexta parte de un *hin*: la beberás una sola vez al día.

12. Y el pan lo comerás cocido bajo la ceniza o rescoldo, como una torta de cebada: debajo de la ceniza de excremento humano lo cocerás, a vista de ellos.

13. Y dijo el Señor: de este modo los hijos de Israel comerán su pan inmundo entre los gentiles, a donde yo los arrojaré.

14. Entonces dije yo: ¡Ah, ah, ¡Señor Dios! ¡Ah!, mira que mi alma no está contaminada, y desde mi infancia hasta ahora no he comido cosa mortecina, ni despedazada de fieras, ni jamás ha entrado en mi boca especie ninguna de carne inmunda.

15. Y respondióme el Señor: He aquí que en lugar de excremento humano, te daré a ti estiércol de bueyes, con el cual cocerás tu pan.

16. Y añadióme: He aquí, ¡oh hijo de hombre!, que yo quitaré a Jerusalén el sustento del pan; y comerán el pan por onzas, y aun con sobresalto, y beberán agua muy tasada, y llenos de congoja.

17. Y faltándoles al cabo el pan y el agua, vendrán a caer muertos unos sobre otros, y quedarán consumidos por sus maldades.

CAPÍTULO V

El Señor manda a Ezequiel que con ciertas señales y palabras intime a los hebreos su entera destrucción.

1. Y tú, ¡oh hijo de hombre!, toma una navaja de barbero afilada, y afeitarás con ella tu cabeza y tu barba; y coge después una balanza y harás la división del pelo.

2. Una tercera parte la quemarás al fuego en medio de la ciudad, concluidos que estén los días del sitio; y cogiendo otra tercera parte la cortarás con cuchillo alrededor de la ciudad; y la otra tercera parte la esparcirás al viento; y en seguida desenvainaré yo la espada en seguimiento de ellos.

3. Y de esta tercera parte de los cabellos cogerás un pequeño número, y los atarás en la extremidad de tu capa.

4. Y tomarás también algunos, y los echarás en medio del fuego, y los quemarás, y de allí saldrá fuego contra toda la casa de Israel.

5. Pues he aquí lo que dice el Señor Dios: Esta es aquella Jerusalén que yo fundé en medio de los gentiles, habiendo puesto las regiones de éstos alrededor de ella.

6. Pero Jerusalén despreció mis juicios, o leyes, y se ha hecho más impía que las naciones, y ha violado mis mandamientos mas que las naciones que la rodean; pues los hijos de Israel despreciaron mis leyes, y no han procedido según mis preceptos.

7. Por tanto, esto dice el Señor Dios: Pues que vosotros habéis excedido en la maldad a las naciones que tenéis alrededor, y no habéis procedido según mis preceptos, ni observado mis leyes, ni obrado siquiera conforme a las leyes de las gentes que viven alrededor vuestro,

8. por eso así habla el Señor Dios: Héme aquí, ¡oh Jerusalén!, contra ti, y yo mismo ejecutaré mis castigos en medio de ti, a la vista de las naciones.

9. Y haré contra ti, a causa de todas tus abominaciones, aquello que nunca he hecho, y tales cosas, que jamás las haré semejantes.

10. Por eso se verá en ti que los padres comerán a sus hijos, y los hijos comerán a sus padres, y cumpliré mis castigos en medio de ti, y aventaré o dispersaré a todo viento todos cuantos de ti quedaren.

11. Por tanto juro yo, dice el Señor Dios, que así como tú has profanado mi santuario con todos tus escándalos y con todas tus abominaciones, yo también te exterminaré y no te miraré con ojos benignos, ni tendré de ti misericordia.

12. Una tercera parte de los tuyos morirá de peste, y será consumida de hambre en medio de ti; otra tercera parte perecerá al filo de la espada alrededor tuyo; y a la otra tercera parte de tus hijos la esparciré a todo viento, y aun desenvainaré la espada en pos de ellos.

13. Y desahogaré mi furor, y haré que pose sobre ellos la indignación mía, y quedaré satisfecho; y cuando yo hubiere desahogado sobre ellos mi indignación, entonces conocerán que yo el Señor he hablado lleno de celo por mi gloria.

14. Yo te reduciré, ¡oh Jerusalén!, a un desierto, y a ser el escarnio de las naciones circunvecinas, y de cuantos transitando por ti te echen una mirada.

15. Y tú serás el oprobio y la maldición, y el escarmiento y asombro de las naciones circunvecinas, luego que yo haya ejecutado en ti mis castigos con furor e indignación, y con mi vengadora ira.

16. Y conocerán que yo el Señor he hablado, cuando yo arrojaré contra ellos las funestas saetas del hambre; las cuales llevarán consigo la muerte: que para mataros las despediré yo; y amontonaré sobre vosotros el hambre, y os quitaré el sustento del pan.

17. Despacharé, pues, contra vosotros el hambre y las bestias fieras hasta destruiros enteramente; y se pasearán por en medio de ti, ¡oh pueblo infiel!, la peste y la mortandad, y haré que la espada descargue sobre ti. Yo el Señor lo he dicho.

CAPÍTULO VI

Vaticinio de la ruina de la tierra de Israel por causa de la idolatría; los pocos que no perezcan por la peste, el hambre o la espada, serán llevados cautivos, y allí oprimidos de calamidades se convertirán al Señor.

1. Y hablóme el Señor, diciendo:

2. Hijo de hombre, vuelve tu cara hacia los montes de Israel, y profetizarás contra ellos,

3. y dirás: Montes de Israel, escuchad la palabra del Señor Dios: Esto dice el Señor Dios a los montes y a los collados, a los peñascos y a los valles: Mirad, yo haré que descargue sobre vosotros la espada, y destruiré vuestros lugares excelsos;

4. y arrasaré vuestros altares, y vuestros simulacros serán hechos pedazos, y a vuestros moradores los arrojaré muertos delante de vuestros ídolos.

5. En presencia de vuestros simulacros pondré los cadáveres de los hijos de Israel, y esparciré vuestros huesos alrededor de vuestros altares,

6. en todos los lugares donde moráis: despobladas quedarán las ciudades, y serán demolidos y arrasados los altos lugares en que sacrificáis, y arruinados vuestros altares, y hechos pedazos; y se acabarán vuestros ídolos, y serán derribados vuestros templos, y deshechas vuestras obras.

7. Y se hará una gran mortandad entre vosotros, y conoceréis que yo soy el Señor.

8. Y a algunos de vosotros que habrán escapado de la espada, los conservaré entre las naciones, cuando yo os habré dispersado por varios países.

9. Aquellos, pues, de vosotros que se habrán librado de la muerte, se acordarán de mí entre las naciones a donde serán llevados cautivos; porque yo quebrantaré su corazón adúltero, que se apartó de mí; y humillaré sus ojos, encendidos siempre en el impuro amor de sus ídolos; y ellos se disgustarán de sí mismos, al recordar las maldades que cometieron en todas sus abominaciones.

10. Y conocerán que no en balde dije yo el Señor, que haría en ellos tal escarmiento.

11. Esto dice el Señor Dios: Hiere una mano con otra, y da golpes con tu pie, y di: ¡Ay de la casa de Israel, a causa de sus inicuas abominaciones, porque todos ellos han de perecer al filo de la espada, y de hambre, y de peste!

12. El que esté lejos de Jerusalén morirá de peste; y el que esté cerca caerá bajo el filo de la espada; y el que se librare y fuere sitiado, morirá de hambre: y yo desahogaré en ellos mi indignación.

13. Y vosotros conoceréis que yo soy el Señor, cuando vuestros muertos estuvieren en medio de vuestros ídolos, alrededor de vuestros altares, en todos los altos collados, sobre todas las cimas de los montes, y debajo de todo árbol frondoso y de toda robusta encina; lugares en donde se quemaron olorosos inciensos a todos sus ídolos.

14. Y sentaré bien mi mano sobre ellos, y dejaré asolado y abandonado su país, desde el desierto de Deblata en todos los lugares en que habitan; y conocerán que yo soy el Señor.

CAPÍTULO VII

Ezequiel anuncia a los hebreos, de orden del Señor, la próxima ruina de su país.

1. Y hablóme el Señor, y dijo:

2. Tú, pues, oh hijo de hombre, atiende: esto dice el Señor Dios a la tierra de Israel: El fin llega, ya llega el fin por todos los cuatro lados de este país.

3. Llega ahora el fin para ti, y yo derramaré sobre ti mi furor, y te juzgaré según tus procederes, y pondré delante de ti todas tus abominaciones.

4. Y no te miraré con ojos compasivos, ni tendré de ti misericordia; sino que pondré tus obras encima de ti, y en medio de ti tus abominaciones, y conoceréis que yo soy el Señor.

5. Esto dice el Señor Dios: La aflicción única, la aflicción singularisíma, he aquí que viene.

6. El fin llega, llega ya el fin: se ha despertado contra ti; helo aquí que viene.

7. Viene el exterminio sobre ti, que habitas esta tierra; llega ya el tiempo, cerca está el día de la mortandad, y no día de alborozo en los montes.

8. Yo, pues, me acerco ya para derramar mi ira sobre ti, y desahogaré en ti el furor mío, y te castigaré según tus obras, y colocaré sobre ti todas tus maldades.

9. Y no te miraré con ojos benignos, ni me apiadaré de ti, sino que te echaré a cuestas todas tus maldades, y pondré delante de ti tus abominaciones; y conoceréis que yo soy el Señor que castigo.

10. He aquí el día, he aquí que ya llega: el exterminio viene ya: la vara del castigo floreció, la soberbia u obstinación ha echado sus ramas.

11. La maldad produjo la vara del castigo de la impiedad: no escapará ninguno de ellos, ninguno del pueblo, ninguno de aquellos que hacen ruido; nunca gozarán de reposo.

12. Llega el tiempo, acércase el día; no tiene que alegrarse el que compra, ni que llorar el que vende; porque la ira del Señor va a descargar sobre todo su pueblo.

13. Pues el que vende, no volverá a adquirir lo vendido, aunque viva todavía: porque la visión que he tenido y comprende toda la muchedumbre de su pueblo, no quedará sin efecto; y ninguno se sostendrá por medio de las maldades de su vida.

14. Tocad enhorabuena la tormenta, prepárense todos, mas nadie hay que vaya al combate, porque la indignación mía descarga sobre todo su pueblo.

15. Por afuera espada, y por adentro peste y hambre: el que está en la campiña perecerá al filo de la espada; y la peste y el hambre devorarán al que esté en la ciudad.

16. Se salvarán de ella aquellos que huyeren: y se irán a los montes como las palomas de los valles, todos temblando de miedo, cada uno por causa de su maldad.

17. Descoyuntados quedarán todos los brazos; y poseídos del miedo, se les irán las aguas rodillas abajo.

18. Y se vestirán de cilicio, y quedarán cubiertos de pavor; en todas las caras se verá la confusión, y rapadas aparecerán todas sus cabezas.

19. Arrojada será por la calle la plata de ellos, y entre la basura su oro. Pues ni su plata ni su oro podrá salvarlos en aquel día del furor del Señor, ni saciar su alma, ni llenar sus vientres: pues que les ha servido de tropiezo en su maldad.

20. Y las joyas con que se adornaban, las convirtieron en pábulo de su soberbia, e hicieron de ellas las imágenes de sus abominaciones y de sus ídolos: por lo mismo haré yo que sean para ellos como inmundicia,

21. y las entregaré en saqueo a los extranjeros, y vendrán a ser presa de los impíos de la tierra, los cuales las contaminarán.

22. Y apartaré de ellos mi rostro; y aquellos impíos violarán mi arcano, y entrarán en él los saqueadores, y lo profanarán.

23. Haz la conclusión de esta dura profecía: porque está la tierra llena de delitos sanguinarios, y llena está la ciudad de maldades.

24. Yo conduciré allí los más perversos de las naciones, y ellos poseerán sus casas, y reprimiré así el orgullo de los poderosos, y haré que otros se apoderen de sus santuarios, o cosas santas.

25. Llegado que haya el día del exterminio buscarán la paz, y no habrá paz;

26. sino que habrá disturbio sobre disturbio, y las malas nuevas se alcanzarán una a otras; y

reguntarán al profeta qué es lo que ha visto en us visiones; mas ya no se hallará en los sacerotes en conocimiento de la ley de Dios; ni en os ancianos ningún consejo atinado.

7. Sumergido quedará el rey en la aflicción, y ubiertos de tristeza los príncipes o magnates, temblando de miedo las manos del pueblo. os trataré yo como merecen, y los juzgaré egún sus obras; y conocerán que yo soy el eñor.

CAPÍTULO VIII

Ezequiel, conducido en espíritu a Jerusa-én, ve en el templo mismo las idolatrías de los udíos; por cuyo motivo declara Dios que no os perdonará ni oirá sus ruegos.

. Y sucedió en el año sexto, el Sexto mes, el ía cinco, que estando yo sentado en mi casa, stándolo alrededor mío los ancianos de Judá, úbito se hizo sentir sobre mí la virtud del eñor Dios.

. Y miré, y he aquí la imagen de un hombre ue parecía de fuego: desde la cintura a los ies era todo fuego, y desde la cintura arriba ra como una luz resplandeciente, como elec-ro que brilla.

. Y vi la figura de una mano extendida que ne cogió de una guedeja de mi cabeza, y evantóme en espíritu entre cielo y tierra, y lle-óme a Jerusalén en una visión maravillosa de Dios, junto a la puerta de adentro del templo, ue miraba al norte, en donde estaba colocado l ídolo de los celos, o celotipio, para provocar os celos del Señor.

. Y vi allí la gloria del Dios de Israel del nodo que yo la había visto en la visión tenida n el campo.

. Y díjome él: Hijo de hombre, levanta tus jos hacia la parte del norte; y alzando mis jos hacia la banda del norte, he aquí al norte le la puerta del altar, en la entrada misma, el dolo del celo.

. Y díjome: Hijo de hombre, ¿piensas acaso ue ves tú lo que éstos hacen, las grandes abo-ninaciones que comete aquí la casa del Israel ara que yo me retire lejos de mi santuario? ues si vuelves otra vez a mirar verás abomi-naciones mayores.

. Y me llevó a una salida del atrio, y miré, y abía un agujero en la pared.

. Y díjome: Hijo de hombre, horada la pared; horadado que hube la pared, apareció una uerta.

. Díjome entonces: Entra y observa las pési-nas abominaciones que cometen éstos aquí.

10. Y habiendo entrado, miré; y he aquí figuras de toda especie de reptiles y de animales; y la abominación de la familia de Israel, y todos sus ídolos estaban pintados por todo el alrededor de la pared.

11. Y setenta hombres de los ancianos de la familia de Israel estaban en pie delante de las pinturas, y en medio de ellos Jezonías, hijo de Safán, teniendo cada uno de ellos un incensario en la mano, y el incienso levantaba tanto humo que parecía una niebla.

12. Y díjome él: Hijo de hombre, bien ves tú lo que están haciendo los ancianos de la casa de Israel, en la oscuridad, cada cual en lo escondido de su aposento; porque dicen ellos: No, no nos ve el Señor: desamparó el Señor la tierra.

13. Y añadióme: Aún, volviéndote a otra parte, verás peores abominaciones que las que éstos cometen.

14. Y llevóme a la entrada de la puerta del templo del Señor, que caía al norte, y vi a unas mujeres que estaban allí sentadas llorando a Adonis.

15. Y díjome: Tú ciertamente lo has visto, ¡oh hijo de hombre!, mas si otra vez vuelves a mirar, verás abominaciones peores que ésas.

16. Y me introdujo en el atrio interior del templo del Señor, y he aquí que vi en la puerta del templo del Señor, entre el vestíbulo y el altar, como unos veinticinco hombres que tenían sus espaldas vueltas al templo del Señor, y las caras hacia el oriente, adorando al sol que nacía.

17. Y díjome: Ya lo has visto, ¡oh hijo de hombre! Pues qué, ¿es cosa de poco momento para la casa de Judá el cometer esas abominaciones que han hecho aquí, que aun después de haber llenado de iniquidad la tierra, se han empleado en irritarme? Y he aquí que aplican un ramo a su olfato.

18. Ahora, pues, yo también los trataré con rigor: no se enternecerán mis ojos, ni usaré de misericordia; y por más que levantaren el grito, para que los oiga, yo no los escucharé.

CAPÍTULO IX

Manda Dios que mueran todos los que no se hallan señalados con la letra Thau. Oración de Ezequiel; a quien dice el Señor que las maldades de su pueblo le fuerzan a castigarle con tanta severidad.

1. Y gritó el Señor con grande voz a mis oídos, diciendo: Se acerca la visita o castigo de la

ciudad, y cada uno tiene en su mano un instrumento de muerte.

2. Y he aquí seis varones respetables que venían por el camino de la puerta superior que mira al norte, y cada uno de ellos traía en su mano un instrumento de muerte; había también en medio de ellos un varón, o personaje, con vestiduras de lino, el cual traía un recado de escribir en la cintura, y entraron, y pusiéronse junto al altar de bronce.

3. Entonces la gloria del Señor de Israel se trasladó desde los querubines, sobre los cuales residía, al umbral de la casa, o templo; y llamó al varón que llevaba la vestidura de lino, y tenía en su cintura recado de escribir.

4. Y díjole el Señor: Pasa por medio de la ciudad, por medio de Jerusalén, y señala con la letra Thau las frentes de los hombres que gimen y se lamentan por todas las abominaciones que se cometen en medio de ella.

5. A aquéllos, empero, les dijo, oyéndolo yo: Pasad por la ciudad, siguiendo en pos de él, y herid de muerte a los restantes: no sean compasivos vuestros ojos, ni tengáis piedad.

6. Matad al anciano, al jovencito, y a la doncella, y a los niños, y a las mujeres, hasta que no quede nadie; pero no matéis a ninguno en quien viereis la Thau; y comenzaréis por mi santuario. Comenzaron, pues, por aquellos ancianos que estaban delante del templo.

7. Y díjoles él: Contaminad el templo, llenad sus pórticos de cadáveres: salid. Y salieron, y mataron a cuantos estaban en la ciudad.

8. Y acabada la mortandad, quedé yo allí, y me postré sobre mi rostro, y levantando el grito, dije: ¡Ay, ay, Señor Dios! ¡Ay! ¿Por ventura destruirás todos los restos de Israel, derramando tu furor sobre Jerusalén?

9. Y díjome a mí: La iniquidad de la casa de Israel y de Judá es excesivamente grande, y la tierra está cubierta de enormes delitos, y llena de apostasías la ciudad; pues dijeron: Abandonó el Señor la tierra; el Señor no lo vea.

10. Ahora, pues, tampoco miraré con compasión, ni usaré de piedad; los trataré como ellos merecen.

11. Y he aquí que el varón que llevaba la vestidura de lino, y tenía en su cintura el recado de escribir, vino a dar parte, diciendo: he hecho lo que me mandaste.

CAPÍTULO X

Manda Dios al ángel que llevaba la vestidura de lino que simbolice el incendio de Jerusalén, y el abandono en que dejará el Señor a su templo.

1. Y miré, y vi que en el firmamento o extensión que había sobre la cabeza de los querubines apareció sobre ellos como una piedra de zafiro que figuraba a manera de un trono o solio.

2. Y el Señor habló al varón aquel que llevaba la vestidura de lino, y le dijo: Métete por entre las ruedas que están bajo los querubines, y coge con tu mano brasas de fuego de las que están entre los querubines, y arrójalas sobre la ciudad. Y entró aquél a vista mía.

3. Y cuando entró, estaban los querubines al lado derecho del templo, y la nube llenó el atrio interior.

4. Y trasladóse la gloria del Señor desde encima de los querubines al umbral del templo y llenóse el templo de una nube tenebrosa; el atrio, empero, quedó lleno del resplandor de la gloria del Señor.

5. Y el ruido de las alas de los querubines se oía hasta el atrio exterior, a manera de la voz del Dios todopoderoso cuando habla o truena.

6. Y luego que él hubo mandado y dicho al varón que iba con vestidura de lino: Coge fuego de en medio de las ruedas que están entre los querubines, fue aquél, y se puso junto a una rueda.

7. Entonces uno de los querubines alargó la mano al fuego que estaba en medio de los querubines, y lo tomó, y púsolo en la mano de aquel varón de la vestidura de lino; quien habiéndolo recibido, se marchó.

8. Y se vio en los querubines uno como brazo de hombre debajo de sus alas.

9. Y miré, y vi cuatro ruedas junto a los querubines, una rueda junto a cada querubín; y las ruedas parecían como de piedra de crisólito:

10. y todos cuatro eran al parecer de una misma forma: como si una rueda estuviese en medio de otra.

11. Y así que andaban, se movían por los cuatro lados; ni se volvían a otra parte mientras andaban, sino que hacia donde se dirigía aquella que estaba delante seguían también las demás, sin mudar de rumbo.

12. Y todo el cuerpo, y el cuello, y las manos y las alas de los querubines, y los cercos de las cuatro ruedas estaban en todo su rededor llenos de ojos.

13. Y a estas ruedas oí yo que les dio él el nombre de volubles o ligeras.

14. Cada uno, pues, de los querubines tenía cuatro caras: la primera cara era de querubín; la segunda cara era cara de hombre; la tercera cara, cara de león, y la cuarta cara, cara de águila.

15. Y levantáronse en lo alto los querubines: ellos son los mismos cuatro animales que yo había visto junto al río Cobar.

16. Y mientras andaban los querubines, andaban también las ruedas junto a ellos; y así que los querubines extendían sus alas para remontarse de la tierra, no se quedaban inmobles las ruedas, sino que también seguían junto a ellos.

17. Cuando ellos se paraban, parábanse también las ruedas, y alzábanse éstas cuando se alzaban ellos; porque espíritu de vida había en ellas.

18. Y la gloria del Señor partió del umbral del templo, y se puso sobre los querubines.

19. Extendiendo los querubines sus alas, se remontaron del suelo a mi vista; y al marcharse ellos, les siguieron también las ruedas; y paráronse a la entrada de la puerta oriental del templo del Señor; y la gloria del Dios de Israel iba sobre los querubines.

20. Eran aquellos mismos animales que vi debajo del Dios de Israel, junto al río Cobar, y yo comprendí que eran los querubines:

21. cuatro caras tenía cada uno de ellos, y cada uno cuatro alas, y debajo de éstas una semejanza de brazo de hombre.

22. Y era la figura de sus caras como la de aquellas mismas caras que había yo visto junto al río Cobar; como también su mirar y la acción de moverse hacia delante según la dirección de su cara.

CAPÍTULO XI

Vaticinio contra los príncipes y pueblo de Jerusalén, que se burlaban de las profecías. Por este delito cae muerto Feltías. Promesas en favor de los cautivos.

1. Arrebatóme el espíritu, y condújome a la puerta oriental del templo del Señor que mira hacia el oriente, y vi que a la entrada de la puerta había veinticinco hombres, y vi en medio de ellos a Jezonías, hijo de Azur, y a Feltías, hijo de Banaías, príncipes del pueblo.

2. Y díjome el Señor: Hijo de hombre, éstos son los varones que meditan la maldad; y forman en esta ciudad pésimos designios,

3. diciendo: ¿No han sido edificadas poco ha varias casas? Esta ciudad es la caldera, y nosotros las carnes.

4. Por tanto, profetiza contra ellos, profetiza, oh hijo de hombre!

5. Y vino sobre mí el Espíritu del Señor, y me dijo: Habla: Esto dice el Señor: Vosotros habéis hablado así, ¡oh familia de Israel! y yo conozco los pensamientos de vuestro corazón.

6. Vosotros habéis muerto a muchísimos en esta ciudad y llenado sus calles de cadáveres.

7. Por tanto, esto dice el Señor Dios: Aquellos que vosotros habéis muerto y arrojado en medio de la ciudad, ésos son las carnes; y ella, (la ciudad) es la caldera; mas yo os echaré fuera de ella.

8. Temisteis la espada de los caldeos: pues la espada enviaré yo sobre vosotros, dice el Señor.

9. Y os arrojaré de la ciudad, y os entregaré en poder de los enemigos, y ejercitaré mi justicia sobre vosotros.

10. Al filo de la espada pereceréis; en los confines de Israel os juzgaré a vosotros, y conoceréis que yo soy el Señor.

11. No será esta ciudad la caldera para vosotros, ni seréis vosotros en medio de ella las carnes: en los confines de Israel haré yo la justicia en vosotros.

12. Y conoceréis que yo soy, el Señor; por cuanto no habéis vosotros procedido según mis mandamientos ni observado mis leyes, sino que habéis seguido los ritos de los gentiles que viven alrededor vuestro.

13. Y acaeció que mientras estaba yo vaticinando, cayó muerto Feltías, hijo de Banalas. Y yo me postré sobre mi rostro, gritando en alta voz, y diciendo: ¡Ay, ay, Señor Dios, ay! ¿Quieres acabar tú con los restos de Israel?

14. Y hablóme el Señor, diciendo:

15. Hijo de hombre, a tus hermanos, a los hermanos tuyos, y a tus parientes, y a todos los hombres de la casa de Israel les dijeron esos moradores de Jerusalén: Andad lejos del Señor: a nosotros se nos ha dado en posesión esta tierra.

16. Por tanto esto dice el Señor Dios: Si yo los envié lejos entre las naciones, y los dispersé en países extraños, yo mismo les serviré de santuario en ese breve tiempo, en el país a donde fueron.

17. Por eso les dirás: Así dice el Señor Dios: Yo os recogeré de entre las naciones, y os reuniré de los países por los cuales habéis sido dispersados, y os daré la tierra de Israel.

18. Y volverán a ella los hijos de Israel, y quitarán de allí todos los escándalos y todas las abominaciones.

19. Y yo les daré un corazón unánime, e infundiré un nuevo espíritu en sus entrañas, y les quitaré el corazón que tienen de piedra, y daréles un corazón de carne,

20. para que sigan mis mandamientos, y observen mis leyes, y las practiquen, con lo cual sean ellos el pueblo mío, y yo sea su Dios.

21. Mas en cuanto a aquellos cuyo corazón va en seguimiento de los escándalos y de sus abo-

minaciones, yo los castigaré según merecen, dice el Señor Dios.

22. Extendieron luego los querubines sus alas, y siguiéronlas las ruedas, y la gloria del Dios de Israel iba sobre ellos.

23. Retiróse, pues, de la ciudad la gloria del Señor, y se paró sobre el monte que está al oriente de la ciudad.

24. Y me cogió el Espíritu, y me condujo otra vez en visión, en espíritu de Dios, a la Caldea, en donde estaban cautivos los judíos; y desapareció de delante de mí la visión que yo había tenido.

25. Entonces dije a los judíos cautivos todas cuantas cosas me había el Señor manifestado.

CAPÍTULO XII

Ezequiel vaticina con diferentes figuras el cautiverio del rey del pueblo de Jerusalén después de las calamidades del sitio; condena la vana seguridad de los judíos, y anuncia el pronto cumplimiento de las terribles predicciones del profeta.

1. Y hablóme el Señor diciendo:

2. Hijo de hombre, tú habitas en medio de un pueblo rebelde: que tiene ojos para ver y no mira, y oídos para oír y no escucha; porque es ella una gente contumaz.

3. Tú, púes, ¡oh hijo de hombre!, vete preparando los avíos necesarios para mudar de país, y los sacarás fuera de día, a la vista de ellos, y partirás del lugar en que habitas a otro lugar, viéndolo ellos, por si tal vez paran en eso su atención: porque es ésa una familia contumaz.

4. De día, pues, y a vista de ellos sacarás afuera tu equipaje, como quien se muda a otro país; pero tú partirás al caer la tarde, a la vista de ellos, como uno que va a vivir a otra tierra.

5. Harás, viéndolo ellos, una abertura en la pared de tu casa, y saldrás por ella.

6. Luego, a la vista de ellos, te harás llevar en hombros de otros, y serás conducido fuera siendo ya casi de noche; cubrirás tu rostro, y no verás la tierra: porque yo te he puesto para anunciar portentos a la casa de Israel.

7. Hice, pues, yo lo que el Señor me mandara; saqué fuera mi equipaje siendo de día, como quien va a mudar de país, y por la tarde horadé yo mismo la pared, y partí siendo ya de noche, llevado en hombros de otros, a la vista de todos ellos.

8. Y hablóme el Señor por la mañana, diciéndome:

9. Hijo de hombre, ¿por ventura los de la familia de Israel, familia contumaz, dejaréis de preguntarte qué significa lo que haces?

10. Les dirás, pues: Así habla el Señor Dios Este duro vaticinio descargará sobre toda l familia de Israel que habita en su recinto.

11. Diles: Yo soy para vosotros un portento, señal maravillosa; como lo que yo he hecho así se les hará a ellos; serán transportados otro país, y hechos cautivos.

12. Y el jefe que está en medio de ellos, lleva do será en hombros, saldrá de noche; horada rán la pared para sacarlo fuera; su cara ser cubierta para que no vea la tierra.

13. Y yo extenderé mis redes sobre él y que dará cogido en ellas; y lo llevaré a Babilonia a la tierra de los caldeos; mas él no la verá, morirá en ella.

14. Y a todos los que están alrededor suyo, su guardia y a sus tropas los dispersaré por lo cuatro ángulos de la tierra, y haré que la espa da del enemigo los vaya persiguiendo.

15. Y conocerán que yo soy el Señor cuand los habré desparramado por entre las nacione y diseminado por toda la tierra.

16. Y preservaré de la espada, y del hambre, de la peste a algunos pocos de ellos, para qu cuenten entre las naciones a donde irán toda sus maldades, y conocerán que yo soy e Señor.

17. Y hablóme el Señor y díjome:

18. Hijo de hombre, come tu pan con azora miento, y bebe el agua con agitación y con tris teza.

19. Y dirás al pueblo de Israel que está en est tierra: Así habla el Señor Dios a aquellos qu aún habitan en Jerusalén, en la tierra de Israel Comerán su pan llenos de sobresalto, y bebe rán su agua poseídos de congoja; porque que dará el país desolado de su mucha gente, po causa de las maldades de sus habitantes.

20. De suerte que las ciudades hoy día pobla das quedarán desiertas y el país hecho un pára mo, y conoceréis que yo soy el Señor.

21. Hablóme el Señor otra vez, y díjome:

22. Hijo de hombre, ¿qué refrán es ése qu tenéis vosotros en tierra de Israel, según e cual dicen: Irán corriendo los días, y en nad pararán todas las visiones?

23. Por lo mismo diles: Esto dice el Señor Dios Yo haré que cese ese refrán, y que nunca jamá se repita por el vulgo de Israel; y diles que está para llegar los días en que se cumplirán los suce sos anunciados en todas las visiones.

24. Porque no quedará más sin efecto ningun visión, ni habrá predicción ambigua entre lo hijos de Israel;

25. pues yo, que soy el Señor, hablaré, y suce

derá cuando yo dijere, ni se diferirá para más adelante; sino que en vuestros días, ¡oh familia contumaz!, yo hablaré, y obraré, dice el Señor Dios.

26. Hablóme de nuevo el Señor, y díjome:

27. Hijo de hombre, mira lo que dicen los de la casa de Israel: La visión que éste ha tenido es para de aquí a muchos años, y él vaticina para tiempos lejanos.

28. Por tanto tú les dirás a ellos: Así habla el Señor Dios: Todas mis palabras en lo sucesivo no se diferirán más: lo que yo dijere se ejecutará, dice el Señor Dios.

CAPÍTULO XIII

Amenazas de Dios contra los falsos profetas que engañan al pueblo vaticinándole felicidades, y contra las falsas profetisas que adulaban a los pecadores.

1. Hablóme de nuevo el Señor, y díjome:

2. Hijo de hombre, vaticina contra los profetas falsos de Israel, que se entremeten a profetizar; y a estos tales, que profetizan por su capricho, les dirás: Escuchad lo que dice el Señor:

3. Así habla el Señor Dios: ¡Ay de los profetas insensatos, que siguen su propio espíritu y no ven nada.

4. Tus profetas, ¡oh Israel!, son como raposas en los despoblados.

5. Vosotros no habéis hecho frente, ni os habéis opuesto como muro a favor de la casa de Israel, para sostener la pelea en el día del Señor.

6. Vanas son las visiones que ellos tienen, y embustes sus adivinaciones, cuando dicen: El Señor ha dicho; siendo así que no son enviados del Señor, y persisten en asegurar aquello que han anunciado.

7. ¿Acaso dejan de ser vanas vuestras visiones, y mentirosas las adivinaciones, que habéis propalado? Vosotros decís: Así ha hablado el Señor; cuando yo nada os he hablado.

8. Por tanto, esto dice el Señor Dios: Porque habéis publicado cosas vanas, y por ser mentirosas vuestras visiones, por eso vedme aquí contra vosotros, dice el Señor Dios.

9. Y mi mano descargará sobre los profetas forjadores de visiones vanas y de mentirosas adivinaciones: no serán ya admitidos en la reunión de mi pueblo, ni escritos en el censo de la familia de Israel, en cuya tierra no volverán a entrar; y conoceréis que yo soy el Señor Dios.

10. Porque han engañado ellos a mi pueblo diciéndole ¡Paz!, siendo así que no hay tal paz; mi pueblo construía una muralla, y ellos la revocaban con légamo suelto sin mezcla de paja.

11. Diles, pues, a esos que revocaban con mal mortero, que la muralla caerá; porque vendrán aguaceros e inundaciones, y arrojaré del cielo enormes piedras, y enviaré un viento tempestuoso que todo lo destruirá.

12. Y así que la muralla haya caído, acaso no se os dirá por mofa: ¿Dónde está la encostradura que vosotros hicisteis?

13. Por tanto esto dice el Señor Dios: En medio de mi indignación haré estallar de repente un viento tempestuoso, y lleno de furor enviaré aguaceros, que todo lo inundarán, y airado arrojaré enormes piedras que todo lo arrasarán;

14. y arruinaré el muro que encontrasteis con barro sin mezcla, y lo igualaré con el suelo y se descubrirán sus cimientos, y caerá; y perecerán con él aquellos falsos profetas, y conoceréis que yo soy el Señor.

15. Y desfogaré mi indignación en la muralla, y en aquellos que la encostraron sin mezcla, y os diré a vosotros: La muralla ya no existe; ni existen aquellos que la encostraron,

16. es a saber, los profetas de Israel, que profetizaban sobre Jerusalén y veían para ella visiones lisonjeras o de paz; siendo así que no hay tal paz, dice el Señor Dios.

17. Tú, empero, ¡oh hijo de hombre!, reprende con rostro firme a las hijas de tu pueblo que profetizan por su propio capricho, y vaticina acerca de ellas,

18. y di: Así habla el Señor Dios: ¡Ay de aquellos que ponen almohadillas bajo de todos los codos, y hacen cabezales para poner debajo de las cabezas de los de toda edad, a fin de hacer presa de las almas del pueblo mío, y mientras cazaban las almas de mi pueblo, decían que las vivificaban!

19. Y deshonrábanme delante de mi pueblo por un puñado de cebada y por un pedazo de pan, matando las almas que no son muertas, y dando por vivas las que no viven, vendiendo a mentiras a mi pueblo, el cual da crédito a ellas.

20. Por tanto, así habla el Señor Dios: Vedme aquí contra vuestras almohadillas o lisonjas, con las cuales cazáis las almas como las aves; y yo las destruiré en vuestras mismas manos, y haré volar libremente las almas que vosotros cazáis.

21. Yo romperé vuestros cabezales, y libraré de vuestro poder a los del pueblo mío, y no dejaré que sean presa de vuestras manos; y sabréis que yo soy el Señor.

22. Porque vosotras con vuestras mentiras

habéis contristado el corazón del justo, al cual no había yo contristado; y habéis fortalecido los brazos del impío, para que no se convirtiese de suma proceder, y viviese:

23. Por tanto, no tendréis ya en adelante esas falsas visiones vuestras, ni esparciréis vuestras adivinaciones, y yo libraré de vuestras manos al pueblo mío; y conoceréis que yo soy el Señor.

CAPÍTULO XIV

Amenazas de Dios contra los hipócritas. Ni Noé, ni Daniel, ni Job podrían con sus oraciones librar al pueblo de la ruina. Con todo, los restos de Israel se salvarán.

1. Y vinieron a encontrarme algunos de los ancianos de Israel, y sentáronse junto a mí.

2. Y hablóme el Señor, diciendo:

3. Hijo de hombre, esos varones llevan sus inmundicias o ídolos dentro de sus corazones, y tienen siempre delante de sí el escándalo de su maldad: ¿cuándo ellos, pues, me preguntarán, piensas que acaso he de contestarles?

4. Por tanto, háblales, y diles. Esto dice el Señor Dios: Cualquiera hombre de la casa de Israel que tenga colocadas en su corazón sus inmundicias o ídolos, y tenga delante de sí el escándalo de su maldad, y viniere a encontrar el profeta para preguntarme por su medio, yo el Señor le responderé según la muchedumbre de sus inmundicias o idolatrías;

5. para que la casa de Israel halle su ruina en su propio Corazón, con el cual se alejaron de mí para seguir todos sus ídolos.

6. Por tanto, di a la casa de Israel: Así habla el Señor Dios: Convertíos, y apartaos de vuestros ídolos, y no volváis vuestras caras para mirar todas vuestras abominaciones.

7. Porque cualquiera hombre de la casa de Israel, y cualquiera extranjero que sea prosélito en Israel, si se enajenare de mí, y colocare sus ídolos en su corazón, y estableciere delante de sí el escándalo de su iniquidad, y viniere a encontrar al profeta a fin de preguntarme por medio de éste, yo el Señor le responderé a él por mí o según mi justicia,

8. y miraré a aquel hombre con rostro airado, y haré que venga a ser el escarmiento y la fábula de todos, y le exterminaré de en medio de mi pueblo; y sabréis que yo soy el Señor.

9. Y cuando cayere el profeta en error, y hablare falso, yo el Señor he dejado que se engañase aquel profeta: mas yo descargaré mi mano sobre él, y lo borraré del censo del pueblo mío de Israel.

10. Y ellos llevarán la pena de su iniquidad: según sea el castigo de la iniquidad del que consulte, así será el castigo de la iniquidad del profeta que responda,

11. a fin de que en adelante no se desvíe de mí la familia de Israel, ni se contamine con todas sus prevaricaciones; sino que sean ellos el pueblo mío, y yo sea su Dios, dice el Señor de los ejércitos.

12. Hablóme de nuevo el Señor, diciendo:

13. Hijo de hombre, si la tierra esa pecare contra mí, prevaricando enormemente, yo descargaré mi mano sobre ella, y le quitaré el sustento del pan, y le enviaré el hambre, y mataré personas y bestias,

14. Y si se hallaren en ella estos tres hombres, Noé, Daniel y Job, ellos por su justicia librarán sus vidas, dice el Señor de los ejércitos.

15. Que si yo enviare además a esa tierra feroces bestias para devastarla, y quedare inhabitable, sin que transite persona alguna por ella, por temor de las fieras;

16. si estos tres varones estuvieren en ella, juro yo, dice el Señor Dios, que no librarán a sus hijos ni hijas. sino que ellos solos serán librados, y la tierra quedará asolada.

17. O si enviare yo contra aquella tierra la espada, y dijere a la espada: Recorre ese país; y matare yo allí personas y bestias,

18. y se hallaren en medio de aquel país dichos tres varones, juro yo, dice el Señor Dios, que no librarán ellos sus hijos ni hijas, sino que ellos solos serán librados.

19. Y si también enviare yo pestilencia sobre aquella tierra, y derramare sobre ella mi indignación causando gran mortandad, y quitando de ella hombres y animales;

20. y Noé, Daniel y Job estuvieren en medio de ella, juro yo, dice el Señor Dios, que no librarán a sus hijos ni hijas, sino que por su inocencia salvarán ellos solos sus almas.

21. Porque esto dice el Señor Dios: Si yo enviare contra Jerusalén los cuatro castigos peores, la espada, el hambre, las bestias feroces y la peste, a fin de acabar con los hombres y ganados,

22. sin embargo, se salvarán algunos de ellos, los cuales sacarán fuera de la tierra a sus hijos e hijas; y he aquí que éstos vendrán a vosotros aquí a Babilonia, y veréis su conducta y sus obras, y os consolaréis entonces de los desastres que yo he descargado sobre Jerusalén, y de todo el peso con que la he oprimido.

23. Y os servirá de consuelo el ver sus costumbres y sus procederes; y conoceréis que no sin razón hice en ella todo lo que hice, dice el Señor Dios.

CAPÍTULO XV

Con la semejanza del sarmiento cortado de la vid, que sólo sirve para el fuego, se anuncia la destrucción de Jerusalén por causa de su obstinada malicia.

1. Hablóme de nuevo el Señor, diciendo:

2. Hijo de hombre, ¿qué se hará del tronco de la vid, con preferencia a todos los leños o maderas que se hallan entre los árboles de las selvas y de los bosques?

3. ¿Acaso se echará mano de dicho tronco para hacer de él alguna obra, o se podrá formar de él tan sólo una estaca para colgar alguna cosa?

4. He aquí que se arroja al fuego: el fuego consume los dos extremos de él, y lo de en medio queda reducido a pavesas; ¿será acaso útil para alguna obra?

5. Aun cuando estaba entero no era a propósito para obra alguna, ¿cuánto menos podrá hacerse de él ninguna cosa después que el fuego lo ha devorado y consumido?

6. Por tanto, esto dice el Señor Dios: como el árbol o tronco de la vid entre los árboles de los bosques, el cual entrego yo al fuego para que lo devore, así haré con los moradores de Jerusalén.

7. Yo los miraré con semblante airado, saldrán de un fuego, y otro fuego los consumirá; y conoceréis que yo soy el Señor cuando volviere mi rostro contra ellos,

8. y dejaré inhabitable y desolada su tierra; puesto que ellos se hicieron prevaricadores, dice el Señor Dios.

CAPÍTULO XVI

Jerusalén ensalzada a grande gloria por Dios, se hace más pérfida y abominable que Samaria y Sodoma. Por esto será asolada y hecha el escarnio de las naciones. Con todo, promete el Señor establecer con los residuos de ella una alianza eterna.

1. Hablóme de nuevo el Señor, diciendo:

2. Hijo de hombre, haz conocer a Jerusalén sus abominaciones,

3. y dile: Esto dice el Señor Dios a Jerusalén: Tu origen y tu raza es de tierra de Canaán, amorreo era tu padre, y cetea tu madre.

4. Y cuando tú saliste a luz, en el día de tu nacimiento, no te cortaron el ombligo, ni te lavaron con agua saludable, ni usaron contigo la sal, ni fuiste envuelta en pañales.

5. Nadie te miró compasivo, ni se apiadó de ti, para hacer contigo alguno de estos oficios; sino que fuiste echada sobre el suelo con desprecio de tu vida el mismo día en que naciste.

6. Pasando yo, empero, cerca de ti, te vi ensuciada aún en tu propia sangre; y te dije entonces mismo que estabas envuelta en tu sangre: Vive: vive, te dije, ¡oh tú que estás envuelta en tu sangre!

7. Como la yerba del prado te hice crecer; y tú creciste, y te hiciste grande, y llegaste a la edad y tiempo de usar los adornos mujeriles, al tiempo de la pubertad; pero tú estabas desnuda y cubierta de ignominia.

8. Y pasé junto a ti, y te vi, y estabas tú ya entonces en la edad de los amores, o en la pubertad, y extendí yo sobre ti la punta de mi manto y cubrí tu ignominia, y te hice un juramento, e hice contigo un contrato, dice el Señor Dios y desde entonces fuiste mía.

9. Y te lavé con agua, y te limpié de tu sangre, y te ungí con óleo.

10. Y te vestí con ropas de varios colores, y te di calzado de color de jacinto y ceñidor de lino fino, y te vestí de un manto finísimo.

11. Y te engalané con ricos adornos, y puse brazaletes en tus manos y un collar alrededor de tu cuello.

12. Y adorné con joyas tu frente, y tus orejas con zarcillos, y tu cabeza con hermosa diadema.

13. Y quedaste ataviada con oro y con plata, y vestida de fino lienzo y de bordados de varios colores; se te dio para comer la flor de harina con miel y aceite; viniste en fin a ser extremadamente bella, y llegaste a ser la reina del mundo.

14. Y tu hermosura te adquirió nombradía entre las naciones, por causa de los adornos que yo puse en ti, dice el Señor Dios.

15. Envanecida, empero, con tu hermosura, te prostituiste, como si fueras dueña de ti, y te ofreciste lujuriosa a todo el que pasaba, entregándote a él.

16. Y cogiendo tus vestidos, y cosiendo de aquí y de allí, hiciste de ellos adornos para los ídolos de las alturas; en donde tú de tal manera te prostituiste, que nunca jamás se había visto ni se verá cosa semejante.

17. Y echando mano de los adornos de tu gloria, hechos con mi oro y con mi plata, los cuales te había yo dado, hiciste de ellos figuras humanas, y has idolatrado con ellas.

18. Y tus vestidos de diversos colores los empleaste en las imágenes de tus ídolos, y a ellas ofreciste el óleo mío y mis perfumes.

19. Y el pan que yo te di, y la flor de harina, el óleo y la miel con que yo te alimentaba, lo presentaste ante ellos como ofrenda de suave olor; esto hiciste, dice el Señor Dios.

20. Y tomaste tus hijos e hijas, que habías engendrado para mí, y se los sacrificaste para

que fuesen devorados del fuego. ¿Y te parece poca cosa esa tu prostitucion?

21. Tú inmolaste mis hijos, y los diste a los ídolos, a los cuales los consagraste.

22. Y después de todas tus abominaciones y prostituciones, te has olvidado de los tiempos de tu mocedad; cuando te hallabas desnuda y llena de ignominia, envuelta en tu propia sangre.

23. Y acaeció que después de tanta malicia tuya (¡ay!, ¡ay de ti!, dice el Señor Dios),

24. te construiste lupanares; y te hiciste ramerías en todas las plazas;

25. en toda encrucijada de camino pusiste tú la señal de prostitución; y has hecho abominable tu hermosura, y te abandonaste a todo pasajero, y multiplicaste tus fornicaciones, o idolatrías.

26. Y pecaste con los hijos de Egipto vecinos tuyos, muy corpulentos, adorando sus innumerables ídolos, multiplicando así las idolatrías para irritarme.

27. He aquí que yo extendí mi mano sobre ti, y te quité tus cosas sagradas, y te abandoné al arbitrio de las hijas o ciudades de los filisteos que te aborrecen, y se avergüenzan de tu malvado proceder.

28. Pero tú, aún no estando saciada, has pecado con los hijos de los asirios, y ni después de tales idolatrías has quedado satisfecha.

29. Y multiplicaste tus idolatrías en tierra de Canaán con los caldeos, y tampoco con esto te saciaste.

30. ¿Con qué podré yo limpiar tu corazón, dice el Señor Dios, haciendo tú todas estas cosas propias de una mujer ramera y descarada?

31. Porque en cada encrucijada de camino o calle fabricaste tu burdel, y en toda plaza te hiciste un altar profano; ni fuiste como ramera que con el desdén aumenta el precio;

32. sino como una mujer adúltera, que en vez del propio marido, convida a los extraños.

33. A todas las otras rameras se les da paga; mas tú la has dado a todos tus amantes, y les hacías regalos, para que de todas partes viniesen a pecar contigo.

34. Y ha sucedido en ti lo contrario de aquello que se acostumbra con las mujeres de mala vida; ni habrá después de ti fornicación semejante. Porque en haber tú dado la paga, en lugar de haberla recibido, has hecho todo lo contrario de lo que se acostumbra.

35. Por tanto, ¡oh mujer pecadora!, he aquí lo que dice el Señor;

36. así habla el Señor Dios: Pues que has malgastado tu dinero, prostituyéndote a los ídolos, y has hecho pública tu ignominia en tus idolatrías con tus amantes y en la sangre de tus hijos, que has ofrecido a los ídolos de tus abominaciones,

37. he aquí que yo reuniré a tus amantes, con quienes has pecado, y a todos tus queridos, y a todos los que habías aborrecido, y los reuniré contra ti de todas partes, y delante de ellos descubriré tu ignominia, y verán ellos toda tu torpeza;

38. y te castigaré según las leyes que hay sobre adúlteras y sobre homicidas, y te quitaré la vida lleno de furor y de celos.

39. Y te entregaré en poder de ellos, y ellos destruirán tu burdel, y demolerán tu ramería (la ciudad de Jerusalén) y te desnudarán de tus vestidos, y robarán aquello que te embellecía, y te dejarán desnuda y llena de ignominia;

40. y reunirán contra ti la muchedumbre, y te apedrearán y te atravesarán con sus espadas,

41. y tus casas las entregarán a las llamas, y tomarán justa venganza de ti, a la vista de muchísimas mujeres o naciones, y tú cesarás de pecar, y nunca más darás pagas.

42. Entonces cesará también mi indignación contra ti, y se acabarán los celos que me causaste, y quedaré quieto, y no me irritaré más.

43. Por cuanto te olvidaste de los días de tu mocedad, y me provocaste con todas esas cosas; por lo mismo yo también he hecho que recaigan sobre ti los desórdenes de tu vida, dice el Señor Dios; aun no te castigaré conforme merecen los delitos de todas tus abominaciones.

44. Mira que todo el que profiere aquel proverbio común, te lo aplicará a ti, diciendo: Cual la madre, tal su hija.

45. Verdaderamente que tú eres hija de tu madre, que abandonó a su marido y a sus hijos; y hermana eres tú de tus hermanas, que desecharon a sus maridos y a sus hijos: cetea es tu madre y amorreo tu padre.

46. Tu hermana mayor es Samaria, con sus hijas, que habitan a tu izquierda; y Sodoma, con sus hijas, que habitan a la derecha, ésa es tu hermana menor.

47. Pero tú no solamente no te has quedado atrás en seguir sus caminos e imitar sus maldades; sino que casi has sido más perversa que aquéllas en todos tus procederes.

48. Juro yo, dice el Señor Dios, que no hizo Sodoma tu hermana, ella y sus hijas, lo que tú y tus hijas habéis hecho.

49. He aquí cuál fue la maldad de Sodoma tu hermana: la soberbia, la hartura o gula, y la abundancia o lujo, y la ociosidad de ella y de sus hijas, y el no socorrer al necesitado y al pobre.

50. Y engriéronse, y cometieron abominaciones delante de mí, y yo las aniquilé, como tú has visto.

51. Y no cometió Samaria la mitad de los pecados que has cometido tú; sino que la has sobrepujado en tus maldades, y has hecho que pareciesen justas tus hermanas, a fuerza de tantas abominaciones como tú has cometido.

52. Carga, pues, tú también con la ignominia, ya que en pecar has excedido a tus hermanas, obrando con mayor malicia que ellas, pues parangonadas contigo son ellas justas. Por eso confúndete tú también, y lleva sobre ti la ignominia tuya, tú que eres tan perversa que haces parecer buenas a tus hermanas.

53. Mas yo las restableceré, haciendo que Sodoma vuelva del cautiverio junto con sus hijas, y haciendo volver del cautiverio a Samaría y las hijas suyas, y junto con ellas haré también volver a tus hijos llevados al cautiverio:

54. para que esto te sirva de ignominia y te llenes de confusión por todo lo que hiciste, y les seas a ellas motivo de consuelo.

55. Y tu hermana Sodoma y sus hijas: volverán a su antiguo estado, y volverán al antiguo estado Samaria y sus hijas, y tú también y las hijas tuyas volveréis a vuestro primitivo estado.

56. Tú, ¡oh Jerusalén!, en el tiempo de tu fausto jamás te dignaste de tomar en boca a tu hermana Sodoma;

57. antes que se descubriese tu malicia, como lo está ahora, y que tú fueses el escarnio de las hijas, (o ciudades) de Siria y de todas las hijas de los filisteos que tienes alrededor, y te circuyen por todos lados.

58. Tú has llevado el castigo de tu maldad, y quedado cubierta de ignominia, dice el Señor Dios.

59. Porque así habla el Señor Dios: Yo te trataré a ti de este modo; pues que tú despreciaste el juramento, e hiciste nulo el pacto.

60. Con todo yo me acordaré aún del pacto hecho contigo en los días de tu mocedad, y haré revivir contigo la alianza sempiterna.

61. Entonces te acordarás tú de tus desórdenes, y te avergonzarás, cuando recibirás contigo a tus hermanas, mayores que tú, juntamente con las menores, y te las daré yo a ti en lugar de hijas: mas no en virtud de la antigua alianza contigo.

62. Y renovaré contigo mi alianza, y reconocerás que soy yo el Señor:

63. a fin de que te acuerdes de tus crímenes, y te confundas, y no te atrevas a abrir la boca de pura vergüenza, cuando yo me hubiere aplacado contigo después de todas tus fechorías, dice el Señor Dios.

CAPÍTULO XVII

Ezequiel por figuras, y después claramente, predice la rebelión de Sedecías, rey de Judá, contra el rey de Babilonia, acompañada de perjurio contra Dios; de donde se seguiría su cautiverio y la ruina del reino. Pero promete para después el restablecimiento del reino de Israel.

1. Hablóme el Señor, diciendo:

2. Hijo de hombre, propón un enigma, y cuenta una parábola a la casa de Israel.

3. Diles, pues: Así habla el Señor Dios: Una grande águila, de grandes alas y de miembros muy extendidos, poblada de plumas de varios colores, vino al Líbano, o a la Judea, y se llevó lo mejor del cedro.

4. Arrancó de él los renuevos que despuntaban, y los transportó a la tierra de Canaán, o de los traficantes, y púsolos en una ciudad de grande comercio.

5. Y tomó de la semilla de aquella tierra, y sembróla en un campo para que echase sus raíces, junto a una grande abundancia de aguas: sembróla en la superficie.

6. Y cuando hubo brotado, creció e hízose una cepa muy lozana, pero de poca elevación; cuyos vástagos se dirigían hacia aquella águila, y debajo de cuya sombra estaban sus raíces; llegó, pues, a ser una parra, y echó mugrones y sarmientos.

7. Y vino otra águila grande, de grandes alas y de muchas plumas; y he aquí que aquella parra, como que volvió sus raíces, y extendió sus sarmientos hacia ella, para ser regada con sus fecundos canales.

8. Plantada fue aquella vid en buena tierra, y junto a copiosas aguas, para que se dilate frondosa, y dé fruto y llegue a ser una parra grande.

9. Les dirás, pues: Así habla el Señor Dios: ¿Qué acaso prosperará? ¿No arrancará sus raíces la primera águila, y no destruirá sus frutos, y hará secar todos los sarmientos que había arrojado, de suerte que quede un tronco seco; y eso sin necesidad de gran poder, ni de mucha gente para arrancarla de cuajo?

10. Mira, ella es cierto que está plantada; ¿pero acaso prosperará? ¿No es verdad que luego que el viento abrasador la tocare se secará y quedará árida, a pesar de todos los canales que la fecundan?

11. Y hablóme el Señor, diciendo:

12. Di a esa familia provocadora: ¿No sabéis vosotros lo que esto significa? Mirad, el rey de Babilonia vino a Jerusalén, y se apoderó del rey y de sus príncipes, y se los llevó a su reino, a Babilonia.

13. Y tomó uno de la estirpe real, e hizo alianza con él, y recibió de él el juramento de fidelidad; y además sacó del país a los valientes,

14. para que el reino quedase abatido, y no pudiese levantarse, sino que observase y mantuviese el pacto.

15. Pero el nuevo rey apartándose de lo pactado envió mensajeros a Egipto para que lo ayudara con su caballería y muchísima tropa. ¿Acaso prosperará o hallará salvación quien esto hizo? ¿Y el que ha roto la alianza, podrá ponerse en salvo?

16. Yo juro, dice el Señor Dios, que en el país del rey que le había puesto sobre el trono, y cuyo juramento quebrantó, violando el pacto que con él había hecho; allí en medio de Babilonia morirá.

17. Y Faraón con su grande ejército y su mucha gente no peleará contra el enemigo, cuando éste levantará terraplenes, y formará trincheras para matar mucha gente,

18. por haber despreciado el rey el juramento y violado el pacto, después de haber contraído alianza; pues que todo esto hizo, no se librará.

19. Por tanto, esto dice el Señor Dios: Juro yo que por causa del juramento que él despreció y de la alianza que violó, lo castigaré en su propia persona.

20. Y extenderé mi red barredora sobre él, y quedará cogido en mis redes, y lo conduciré a Babilonia, y aún lo juzgaré por la prevaricación con que me ha despreciado.

21. Y perecerán al filo de la espada todos sus fugitivos y todos sus escuadrones, y los que quedaren serán esparcidos por toda la tierra, y conoceréis que yo el Señor he hablado.

22. Esto dice el Señor Dios: Yo tomaré de los más escogidos del cedro empinado, y lo plantaré; desgajaré de lo alto de sus ramas un tierno ramito, y lo plantaré sobre un monte alto y descollado.

23. Sobre el alto monte de Israel lo plantaré, y brotará un pimpollo, y dará fruto, y llegará a ser un grande cedro, debajo del cual hallarán albergue todas las aves, y anidarán a la sombra de sus hojas todas las especies de volátiles.

24. Y conocerán todos los árboles del país que yo el Señor humillé al árbol empinado, y ensalcé la humilde planta; y sequé el árbol verde, e hice reverdecer el árbol seco. Yo el Señor lo dije y lo hice.

CAPÍTULO XVIII

Declara el profeta que Dios juzga con justicia; que aflige al que persevera en sus pecados, o imita los de sus padres; y por el contrario, que perdona a los que se convierten de corazón. Exhorta al pueblo a la penitencia.

1. Hablóme nuevamente el Señor, diciendo:

2. ¿Cómo es que entre vosotros, en tierra de Israel, habéis convertido en proverbio este dicho: Los padres comieron el agraz, y los hijos sufren la dentera?

3. Juro yo, dice el Señor Dios, que esta parábola no será ya más para vosotros un proverbio en Israel.

4. Porque todas las almas son mías; como es mía el alma del padre, lo es también la del hijo: el alma que pecare, ésa morirá.

5. Y si un hombre fuere justo, y viviere según derecho y justicia;

6. si no celebrare banquetes en los montes, ni levantare sus ojos hacia los ídolos de la casa de Israel; si no violare la mujer de su prójimo, ni se acercare a su propia mujer en el tiempo de su menstruación,

7. y no ofendiere a nadie; si volviere la prenda al deudor; si no tomare nada ajeno a la fuerza; si partiere su pan con el hambriento, y vistiere al desnudo;

8. si no prestare a usura, ni recibiere más de lo prestado, si no obrare la maldad, y sentenciare justamente sin aceptación de personas;

9. si arreglare su proceder a mis mandamientos, y observare mis leyes para obrar rectamente: éste tal es varón justo, y tendrá vida verdadera y feliz, dice el Señor Dios.

10. Pero si él tiene un hijo, el cual sea ladrón y homicida, o cometa otras maldades;

11. y que lejos de hacer cosa buena, celebre banquetes en los montes de los ídolos, y viole la mujer de su prójimo;

12. ofende al desvalido y al pobre, robe lo ajeno, no devuelva la prenda, levante sus ojos hacia los ídolos, cometa abominaciones;

13. dé a usura y reciba más de lo prestado: ¿acaso ése vivirá? No vivirá. Habiendo hecho todas estas cosas tan detestables, morirá sin remedio: su sangre caerá sobre él.

14. Y si éste tuviere un hijo, que viendo todos los pecados que su padre ha cometido entrare en temor, y no le imitare en ellos;

15. si no celebrare banquetes en los montes, ni levantare sus ojos hacia los ídolos de la casa de Israel, y no violare la mujer de su prójimo;

16. si no ofendiere a nadie, ni retuviere la prenda, ni robare lo ajeno; si diere de su pan al hambriento, y vistiere al desnudo;

17. si no hiciere ningún agravio al pobre, ni recibiere usura, ni interés; si observare mis

leyes, y anduviere según mis preceptos: este tal no morirá por causa de la iniquidad de su padre, sino que vivirá felizmente.

18. Su padre, por haber sido un calumniador y opresor de su prójimo, y por haber obrado la maldad en medio de su pueblo, murió en pena de su iniquidad.

19. Y vosotros decís: ¿Por qué motivo no ha pagado el hijo la pena de la iniquidad de su padre? Por esto, porque el hijo ha obrado según la ley y según la justicia; él ha observado todos mis mandamientos, y los ha cumplido; y por lo mismo tendrá vida verdadera y feliz.

20. El alma que pecare, ésa morirá: no pagará el hijo la pena de la maldad de su padre, ni el padre la de la maldad de su hijo: la justicia del justo sobre él recaerá, y la impiedad del impío sobre el impío caerá.

21. Pero si el impío hiciere penitencia de todos sus pecados que ha cometido, y observare todos mis preceptos, y obrare según derecho y justicia, tendrá vida verdadera, y no morirá.

22. De todas cuantas maldades haya él cometido, yo no me acordaré más: él hallará vida en la virtud que ha practicado.

23. ¿Acaso quiero yo la muerte del impío, dice el Señor Dios, y no antes bien que se convierta de su mal proceder, y viva?

24. Pero si el justo se desviare de su justicia, y cometiere la maldad según las abominaciones que suele hacer el impío, ¿por ventura tendrá él vida? Todas cuantas obras buenas había él hecho, se echarán en olvido; por la prevaricación en que ha caído y por el pecado que ha cometido, por eso morirá.

25. Y vosotros habéis dicho: La conducta que observa el Señor no es justa. Escuchad, pues, oh hijos de Israel: ¿Acaso es el proceder mío el que no es justo, y no son más bien perversos vuestros procederes?

26. Porque cuando el justo se desviare de su justicia y pecare, por ello morirá: morirá por la injusticia que obró.

27. Y si el impío se apartare de la impiedad que obró, y procediere con rectitud y justicia, dará él mismo la vida a su alma;

28. porque si él entra otra vez en sí mismo, y se aparta de todas las iniquidades que ha cometido, tendrá verdadera vida y no morirá.

29. Y dicen los hijos de Israel: No es justa la conducta que tiene el Señor. ¿Acaso es la conducta mía la que no es justa, ¡oh casa de Israel!, y no son antes bien depravados vuestros procederes?

30. Por tanto, yo juzgaré, dice el Señor Dios, ¡oh casa de Israel!, a cada cual segun sus obras. Convertíos y haced penitencia de todas vuestras maldades; y no serán éstas causa de vuestra perdición.

31. Arrojad lejos de vosotros todas vuestras prevaricaciones que habéis cometido, y formaos un corazón nuevo y un nuevo espíritu. ¿Y por qué has de morir, oh casa de Israel?

32. Y pues que yo no deseo la muerte de aquel que muere, dice el Señor Dios, convertíos y viviréis.

CAPÍTULO XIX

Con la parábola de la leona y de los leoncillos representa los pecados y castigo de los reyes de Judá: y bajo el símbolo de una viña llora las calamidades de Jerusalén.

1. Tú, empero, ponte a endechar por los príncipes de Israel,

2. y dirás: ¿Por qué vuestra madre, como una leona, habitó entre leones, y crió sus cachorros en medio de los leoncillos?

3. Y ensalzó a uno de sus leoncillos, el cual se hizo león, y aprendió a arrebatar la presa y a devorar hombres.

4. Y corrió su fama por entre las gentes; y éstas, no sin recibir de él muchas heridas, le cogieron y lleváronle encadenado a tierra de Egipto.

5. Mas ella (la leona) viéndose privada de su apoyo, y que había salido fallida su esperanza, cogió a otro de sus leoncillos, del cual formó un nuevo león.

6. Andaba éste entre los otros leones, e hízose león, y aprendió a arrebatar la presa y a devorar hombres;

7. aprendió a dejar viudas las mujeres y a convertir en desierto las ciudades; y al estruendo de sus rugidos quedó desolado todo el país.

8. Y reuniéronse contra él las gentes de todas las provincias, y le tendieron el lazo, y lo cogieron, saliendo ellas heridas.

9. Y lo metieron en una jaula, y lo condujeron encadenado al rey de Babilonia; y encerráronle en una cárcel, para que no se oyese más su voz sobre los montes de Israel.

10. Vuestra madre, como una vid de vuestra sangre o estirpe, ha sido plantada junto al agua; por la abundancia de agua crecieron sus frutos y sarmientos.

11. Y sus fuertes varas vinieron a ser cetros de soberanos, y elevóse su tronco en medio de las ramas; y viose ensalzada con la muchedumbre de sus sarmientos.

12. Mas ella fue arrancada con ira, y echada por tierra, y un viento abrasador secó sus fru-

tos; marchitáronse y secáronse sus robustas varas, y el fuego la devoró.

13. Y ahora ha sido trasplantada a un desierto, en una tierra árida e inaccesible.

14. Y de una vara de sus ramas salió un fuego que devoró sus frutos, sin que quedara en ella una vara fuerte para servir de cetro a los soberanos. Cántico lúgubre es éste, y para llanto servirá.

CAPÍTULO XX

El Señor echa en cara a los israelitas su infidelidad e ingratitudes desde la salida de Egipto y les intima el castigo. Pero promete sacarlos después de la cautividad y volverlos a su país. Profecía contra Judá, al cual llama bosque del Mediodía.

1. Y sucedió que en el año séptimo, en el quinto mes, a diez días del mes, vinieron algunos de los ancianos de Israel a consultar al Señor, y sentáronse enfrente de mí.

2. Y hablóme el Señor, diciendo:

3. Hijo de hombre, habla a los ancianos de Israel, y les dirás: Esto dice el Señor Dios: ¿Y vosotros venís a consultarme? Yo os juro que no os daré ninguna respuesta, dice el Señor Dios.

4. Júzgalos a estos tales, ¡oh hijo de hombre!, júzgalos; muéstrales las abominaciones de sus padres.

5. Y les dirás: Así habla el Señor Dios: El día en que escogí yo a Israel, y extendí mi mano a favor de los de la casa de Jacob y me manifesté a ellos en la tierra de Egipto, y levanté mi mano para protegerlos, diciendo: Yo seré el Señor Dios vuestro

6. en aquel día empleé mi poder para sacarlos de la tierra de Egipto, a una tierra que yo les tenía ya destinada, la cual mana leche y miel, tierra la más excelente de todas.

7. Y díjeles: Arroje fuera cada uno aquello que fascina sus ojos, y no os contaminéis con los ídolos de Egipto. Yo soy el Señor Dios vuestro.

8. Ellos, empero, me irritaron, y no quisieron escucharme; ninguno de ellos apartó de sí lo que fascinaba sus ojos, ni abandonó los ídolos de Egipto. Entonces dije yo que derramaría sobre ellos mi indignación, y desahogaría en ellos mi cólera en medio de la tierra de Egipto.

9. Pero no lo hice, y antes bien los saqué de la tierra de Egipto, para que mi Nombre no se viese vilipendiado entre las naciones, en medio de las cuales vivían, y entre las que les aparecí yo.

10. Los saqué, pues, de la tierra de Egipto, y los conduje al desierto.

11. Les di en seguida mis mandamientos, y les enseñé mis leyes, en cuya observancia el hombre hallará la vida.

12. Además les instituí mis sábados o solemnidades, para que fuesen una señal entre mí y ellos, y conociesen que yo soy el Señor que los santifica.

13. Pero los hijos de la casa de Israel me provocaron a ira en el desierto, no se condujeron según mis mandamientos, y despreciaron mis leyes, que dan vida al que las observa, y violaron sobre manera mis sábados. Resolví, pues, derramar sobre ellos mi indignación en el desierto y destruirlos.

14. Mas por amor de mi Nombre hice de manera que no fuese vilipendiado entre las naciones, de entre las cuales, y a vista de las mismas, los había sacado de Egipto.

15. Yo también alcé mi mano contra ellos en el desierto, jurándoles que no los introduciría en la tierra que les di, tierra que mana leche y miel, la más excelente de todas las tierras;

16. porque habían despreciado mis leyes y no vivieron según mis mandamientos, y profanaron mis sábados: pues que su corazón se iba tras de los ídolos.

17. Pero los miré con ojos de misericordia y no les quité la vida, ni acabé con ellos en el desierto;

18. antes bien dije yo allí a sus hijos: No sigáis los ejemplos de vuestros padres, ni imitéis su conducta, ni os contamnléis con sus ídolos.

19. Yo soy el Señor Dios vuestro: seguid mis mandamientos, observad mis leyes, y ponedlas en práctica;

20. y santificad mis sábados para que sean un recuerdo entre mí y vosotros, y sepáis que yo soy el Señor Dios vuestro.

21. Pero sus hijos me exasperaron, no anduvieron según mis preceptos, ni observaron mis leyes ni practicaron aquellas cosas en que el hombre halla la vida, y violaron mis sábados; por lo que les amenacé que derramaría mi indignación sobre ellos, y que desfogaría en ellos mi cólera en el desierto.

22. Pero contuve otra vez mi mano, y esto por amor de mi Nombre, para que no fuese profanado delante de las naciones, de entre las cuales, y a la vista de las mismas, los había yo sacado.

23. Nuevamente los amenacé en el desierto que los esparciría entre las naciones, y los dispersaría por toda la tierra,

24. por no haber observado mis leyes, y haber despreciado mis mandamientos, y profanado

mis sábados y por haber vuelto a poner sus ojos en los ídolos de sus padres.

25. Por esto, pues, les di en castigo preceptos no buenos, imperfectos, y leyes en las cuales no hallarán la vida

26. Y los traté como inmundos en sus oblaciones, cuando por sus pecados ofrecían sus primogénitos; con lo que conocerán que yo soy el Señor.

27. Por este motivo, habla tú ¡oh hijo de hombre!, a la casa de Israel, y les dirás: Esto dice el Señor Dios: Aun después de esto blasfemaron de mí vuestros padres, deshonrándome y vilipendiándome;

28. pues habiéndolos yo llevado a la tierra que con juramento había prometido darles, pusieron los ojos en todo collado elevado y en todo árbol frondoso, y se fueron a inmolar allí sus víctimas, y a presentar allí sus ofrendas para irritarme, y allí quemaron suaves perfumes e hicieron libaciones.

29. Y díjeles yo entonces: ¿Qué viene a ser esa altura o collado a donde vais? Y el nombre de Altura le ha quedado hasta el día de hoy.

30. Por tanto di a la casa de Israel: Esto dice el Señor Dios: Ciertamente que vosotros os contamináis siguiendo la conducta de vuestros padres, y os entregáis a la misma fornicación o idolatría que ellos.

31. Y con la otrenda de vuestros dones a Moloc, cuando hacéis pasar por el fuego a vuestros hijos, os contamináis en gracia de todos vuestros ídolos hasta el día de hoy. Y después de esto, ¿queréis que yo os responda, oh hijos de Israel? Juro yo, dice el Señor Dios, que no os responderé.

32. Ni se efectuará lo que pensáis en vuestro corazón, diciendo: Adorando los leños y las piedras seremos nosotros felices como las naciones y pueblos de la tierra.

33. Yo os juro, dice el Señor, que dominaré sobre vosotros con mano pesada y con brazo extendido, derramando todo mi furor.

34. Y os sacaré de los pueblos, y os reuniré de los países por donde habéis sido dispersados, y dominaré sobre vosotros con mano pesada y con brazo extendido, derramando todo mi furor.

35. Y os conduciré a un desierto o país despoblado, y allí entraré en juicio con vosotros, cara a cara.

36. Como disputé en juicio contra vuestros padres allá en el desierto de la tierra de Egipto, así entraré en juicio con vosotros, dice el Señor Dios.

37. Y os someteré a mi cetro, y os haré entrar en los lazos de mi alianza.

38. Y entresacaré de en medio de vosotros los transgresores y los impíos, y los sacaré de la tierra en que habitan; pero no entrarán en la tierra de Israel; y conoceréis que yo soy el Señor.

39. A vosotros, empero, los de la familia de Israel, esto dice el Señor Dios: Váyase cada cual de vosotros en pos de vuestros ídolos, y dedíquese enhorabuena a su servicio. Que si ni con esto me escucháis y siguiereis profanando mi santo Nombre con vuestras ofrendas y con vuestros ídolos;

40. Yo sé que sobre mi santo monte sobre el excelso monte de Israel, dice el Señor Dios, allí me servirán algún día todos los de la familia de Israel; todos, digo, en aquella tierra, en la cual me serán gratos, y donde estimaré yo vuestras primicias y la ofrenda de vuestros diezmos, con todos los actos de vuestro culto sagrado.

41. Como suavísimo timiama, así me seréis agradables cuando os habré sacado de entre las naciones, y os habré recogido de todas las regiones por las cuales estáis dispersos; y se hará manifiesta en vosotros mi santidad a los ojos de las naciones.

42. Y conoceréis que yo soy el Señor, cuando os habré llevado a la tierra de Israel, a la tierra que yo juré que daría a vuestros padres.

43. Y allí os acordaréis de vuestros procederes, y de todas vuestras maldades, con las cuales os contaminasteis; y os incomodará la vista de vosotros mismos, en razón de todas las maldades que habéis cometido.

44. Y conoceréis, oh vosotros de la casa de Israel, que yo soy el Señor, cuando os colmaré de bienes por amor de mi Nombre, y no os trataré segun vuestros malos procederes, ni según vuestras detestables maldades, dice el Señor Dios.

45. Y hablóme el Señor, diciendo:

46. Hijo de hombre, vuelve tu rostro hacia el Mediodía, y dirige tu palabra hacia el lado del viento ábrego, y vaticina contra el bosque de la campiña del mediodía

47. Y dirás al bosque del Mediodía: Escucha la palabra del Señor: Esto dice el Señor Dios: Mira, yo pondré en ti fuego y abrasaré todos tus árboles, los verdes y los secos: no se apagará la llama del incendio, y arderá toda su superficie desde el mediodía hasta el norte.

48. Y conocerán todos los hombres que yo el Señor he puesto el fuego; y éste no se apagará.

49. Y dije yo: ¡Ah, ah, Señor Dios! ¡Ah!, esto dicen ellos de mí: ¿Acaso no son parábolas oscuras lo que éste profiere?

Vaticinio de la destrucción de Jerusalén, y lamentos del profeta. Profecía contra los ammonitas y caldeos.

1. Y hablóme el Señor, diciendo:

2. Hijo de hombre, vuelve tu rostro hacia Jerusalén, y habla contra los santuarios, o el templo, y profetiza contra la tierra de Israel.

3. Y dirás a la tierra de Israel: Esto dice el Señor Dios: Mira que yo vengo contra ti, y desenvainaré mi espada, y matará en ti al justo y al impío.

4. Y por cuanto he de matar en ti al justo y al impío, por eso saldrá mi espada de su vaina contra todo hombre, desde el mediodía hasta el septentrión,

5. a fin de que sepan todos que yo el Señor he desenvainado mi irresistible espada.

6. Pero tú, oh hijo de hombre, gime como quien tiene quebrantados sus lomos, y gime en la amargura de tu corazón, a vista de éstos.

7. Y cuando te preguntaren: ¿Por qué gimes?, responderás: Por la nueva que corre; porque viene el enemigo, y desmayarán todos los corazones, y desfallecerán todos los brazos, y decaerán los ánimos de todos, y todas las rodillas darán una contra otra de puro miedo: he aquí que llega tu ruina, y se efectuará, dice el Señor Dios.

8. Y hablóme el Señor diciendo:

9. Profetiza, ¡oh hijo de hombre!, y di: Esto dice el Señor Dios: Di: La espada, la espada está aguzada y bruñida.

10. Está aguzada para degollar las víctimas, y bruñida a fin de que reluzca: ¡oh espada!, tú que abates el cetro de mi hijo, tú cortarás cualquier otro árbol.

11. Yo la di a afilar para tenerla a la mano; aguzada ha sido esta espada, acicalada ha sido ella para que la empuñe el matador.

12. Grita y aúlla, ¡oh hijo de hombre!, porque esta espada se ha empleado contra el pueblo mío, contra todos los caudillos de Israel que habían huido: entregados han sido al filo de la espada, junto con mi pueblo; date, pues, con tu mano golpes en el muslo.

13. Porque espada es esta probada ya; y se verá cuando habrá destruido el cetro de Judá, el cual no existirá más, dice el Señor Dios.

14. Tú, pues, ¡oh hijo de hombre!, vaticina, y bate una mano con otra: y redóblese y triplíquese el furor de la espada homicida; ésta es la espada de la grande mortandad, que hará quedar atónitos a todos,

15. y desmayar de ánimo, y multiplicará los estragos. A todas sus puertas he llevado yo el terror de la espada aguda y bruñida, a fin de que brille, y esté pronta para dar la muerte.

16. Agúzate, ¡oh espada!, ve a la diestra o a la siniestra, ve a donde gustes.

17. Lo aplaudiré yo también con palmadas, y se saciará mi indignación. Yo el Señor soy el que he hablado.

18. Hablóme de nuevo el Señor diciendo:

19. Y tú, hijo de hombre, diséñate dos caminos, por los cuales pueda venir la espada del rey de Babilonia; ambos saldrán de un mismo punto; y al principio del doble camino el rey con su misma mano sacará por suerte una ciudad.

20. Señalarás, pues, un camino por el cual la espada vaya a Rabbat, capital de los ammonitas, y otro por el cual vaya a Judá, a la fortificadísima Jerusalén.

21. Porque el rey de Babilonia se parará en la encrucijada, al principio de los dos caminos, buscando el adivinar por medio de la mezcla de las saetas; y además preguntará a los ídolos y consultará las entrañas de los animales.

22. La adivinación le conducirá a la derecha contra Jerusalén, a fin de que vaya a batirla con arietes, para que intime la muerte, para que alce la voz con aullidos, para que dirija los arietes contra las puertas, y forme terraplenes, y construya fortines.

23. Y parecerá a la vista de ellos (de los judíos) como si aquel rey hubiese en vano consultado el oráculo, y como si celebrase el descanso del sábado. Él, empero (Nabucodonosor) tendrá presente la perfidia de los judíos, y tomará la ciudad.

24. Por tanto esto dice el Señor Dios: Porque habéis hecho alarde de vuestra perfidia, y habéis hecho públicas vuestras prevaricaciones, y en todos vuestros designios habéis hecho patentes vuestros pecados: ya que, repito, os habéis jactado de eso, seréis cautivados.

25. Mas tú, ¡oh profano e impío caudillo de Israel!, para quien ha llegado el día señalado del castigo de tu iniquidad,

26. esto dice el Señor Dios: Depón la diadema, quítate la corona: ¿no es esa corona la que a su arbitrio ensalzó al hombre vil, y abatió al varón grande?

27. Yo haré manifiesta la iniquidad, su iniquidad, la iniquidad de él; mas esto no sucederá hasta tanto que venga aquel cuyo es el juicio o reino; y a él daré yo esa corona.

28. Y tú, ¡oh hijo de hombre!, profetiza y di: Esto dice el Señor Dios acerca de los hijos de Ammán, y de sus insultos contra Israel; y dirás tú: ¡Espada, espada!, sal de la vaina para degollar; afílate para dar la muerte y relumbrar,

29. (en la ocasión en que tus adivinos, ¡oh Ammón!, te anuncian cosas vanas y mentirosas adivinaciones) a fin de que estés pronta, y descargues tus golpes sobre los cuellos de los impíos ammonitas, a quienes llegó el plazo señalado para el castigo de su maldad.

30. Y después vuélvete a tu vaina. En el lugar donde fuiste formada, en la Caldea tierra de tu nacimiento, allí te juzgaré

31. y derramaré sobre ti la indignación mía; soplaré contra ti en la fragua de mi encendido furor y te entregaré en manos de hombres insensatos y fraguadores de desastres.

32. Servirás, ¡oh caldeo!, de cebo al fuego; despreciada se verá por el suelo la sangre tuya, y serás entregado a perpetuo olvido; porque yo el Señor he hablado.

CAPÍTULO XXII

Maldades de Jerusalén. Pecados de los sacerdotes, de los príncipes, de los falsos profetas y de todo el pueblo. No se ha hallado nadie para calmar la indignación del Señor.

1. Hablóme el Señor nuevamente, diciendo:

2. Y tú, ¡oh hijo de hombre!, ¿por ventura no juzgarás tú, no condenarás a esa ciudad sanguinaria?

3. ¿No le harás ver todas sus abominaciones? Tú le dirás, pues: Esto dice el Señor Dios: He aquí la ciudad que a vista de todos derramará la sangre inocente, a fin de que llegue el tiempo de su castigo; y la que se fabricó ídolos, con que se contaminó para su propia ruina.

4. Tú has pecado, derramando la sangre, y te has contaminado con los ídolos que fabricaste y has acelerado el tiempo de tu castigo, y hecho llegar el fin de tus años. Por este motivo te he hecho el oprobio de las naciones y el escarnio de toda la tierra.

5. De ti triunfarán, y harán mofa los que están cerca de ti y los que están lejos, ¡oh ciudad infame, famosa y grande por tu desolación!

6. Mira cómo los príncipes de Israel se han ocupado, cada uno según su poder, en derramar sangre en medio de ti.

7. En medio de ti ultrajaron al padre y a la madre, calumniaron en ti al extranjero, y en tu recinto han afligido al huérfano y a la viuda.

8. Vosotros despreciasteis mis santuarios, y violasteis mis sábados.

9. En medio de ti tienes tú hombres calumniadores para derramar sangre, y dentro de ti se celebraron banquetes idolátricos sobre los montes; en medio de ti han cometido las maldades.

10. Dentro de ti se han cometido incestos con la mujer del propio padre; y en ti no se ha respetado la mujer durante su menstruación.

11. Cada uno de esos hombres hizo en ti cosas abominables con la mujer de su prójimo, y el suegro violó feamente a su nuera, e hizo el hermano violencia a su hermana, a la hija de su propio padre.

12. En ti se recibieron regalos para hacer derramar sangre; tú has sido usurera y logrera; y por avaricia calumniabas a tus prójimos; y a mí, dice el Señor Dios, me echaste en olvido.

13. Por eso batí yo mis manos, en señal de horror, al ver tu avaricia y la sangre derramada en medio de ti.

14. ¿Por ventura podrá mantenerse firme tu corazón, o serán bastante robustos tus brazos en los días de quebranto que yo te preparo? Yo el Señor lo dije, y lo haré:

15. yo te esparciré entre las naciones, y te desparramaré por todo el mundo, y pondré a tus abominaciones.

16. Y después tomaré otra vez posesión de ti, a la vista de las gentes, y sabrás que yo soy el Señor.

17. Y hablóme el Señor, diciendo:

18. Hijo de hombre, la casa de Israel se me ha convertido en escoria: cobre y estaño, y hierro, y plomo, son todos éstos de Israel en medio del crisol; escoria de plata han venido a ser.

19. Pero lo cual esto dice el Señor Dios: Por cuanto todos habéis venido a ser no más que escoria, por eso he aquí que yo os reuniré en medio de Jerusalén,

20. como quien junta plata, y cobre, y estaño, y hierro, y plomo en medio de la fragua, y enciende fuego debajo de ella para fundirlos. Así yo os recogeré lleno de furor e ira, y allí os dejaré, y os derretiré.

21. Os congregaré, y os abrasaré con el fuego de mi furor; y en medio de él os derretiré.

22. Como se funde la plata en medio del horno, así vosotros lo seréis en medio de Jerusalén; y conoceréis que yo soy el Señor cuando habré derramado sobre vosotros la indignación mía.

23. Y hablóme el Señor diciendo:

24. Hijo de hombre, dile a ella (a Jerusalén): Tú eres una tierra inmunda y no humedecida con lluvia y rocío del cielo, en el día de mi ira.

25. En medio de ella hay una conjuración de falsos profetas: como león rugiente que arrebata la presa, así han devorado las almas, han recibido ricas pagas, y han aumentado en ellas las viudas.

26. Sus sacerdotes han despreciado mi ley, han contaminado mis santuarios: no han sabido

hacer diferencia entre lo sagrado y lo profano, ni distinguir entre lo inmundo y lo puro, y no hicieron caso de mis sábados, y he sido yo deshonrado en medio de ellos.

27. Sus príncipes están en medio de ella como lobos para arrebatar la presa, para derramar sangre, y destruir vidas, y buscar usuras para pábulo de su avaricia.

28. Y sus profetas revocaban sin la mezcla necesaria, adulando al pueblo con falsas visiones y mentirosos vaticinios, diciendo: Esto dice el Señor Dios, siendo así que el Señor no había hablado.

29. Las gentes de esta tierra forjaban calumnias, y robaban con violencia lo ajeno, afligían al necesitado y al pobre, y oprimían al extranjero con imposturas e injusticias.

30. Y busqué entre ellos un varón justo que se interpusiese entre mí y el pueblo como un vallado, y pugnase contra a favor de la tierra, para que yo no la destruyese; mas no hallé ninguno.

31. En vista de todo esto derramaré sobre ellos la indignación mía: los consumiré con el fuego de mi furor; y haré caer sobre su cabeza el castigo de sus malas obras, dice el Señor Dios.

CAPÍTULO XXIII

Con la alegoría de dos rameras se describe la torpe idolatría de Jerusalén y de Samaria, por la cual serán entregadas en poder de los gentiles para su total ruina.

1. Hablóme el Señor nuevamente, diciendo:

2. Hijo de hombre: hubo dos mujeres hijas de una misma madre,

3. las cuales se prostituyeron estando en Egipto; se prostituyeron en su mocedad; allí perdieron su honor, y fueron desfloradas al entrar en la pubertad.

4. Llamábanse la mayor Oolla, y la hermana menor Ooliba. Me desposé yo con ellas, y parieron hijos e hijas. Por lo que hace a sus nombres, Oolla es Samaria, y Ooliba es Jerusalén.

5. Oolla, pues, me fue infiel, y perdió el juicio yéndose tras de sus amantes, los asirios sus vecinos,

6. que estaban vestidos de jacinto, o púrpura, y eran grandes señores, y de altos destinos, jóvenes amables, caballeros todos que montaban briosos caballos.

7. Y se prostituyó descaradamente a todos estos hombres que ella se escogió, todos asirios, y contaminóse con las inmundicias de todos ellos, en el amor de los cuales había enloquecido.

8. Además de lo dicho, no abandonó las malas costumbres que había tenido en Egipto; porque también los egipcios durmieron con ella en su mocedad, y deshonraron su pubertad, y le comunicaron todas sus fornicaciones, o maneras de idolatría.

9. Por todo lo cual la entregué en poder de sus amantes, en poder de los asirios, a quienes había amado con furor.

10. Éstos la llenaron de ignominia, le quitaron sus hijos e hijas, y la pasaron a cuchillo; con lo cual Samaria y sus hijas se hicieron mujeres famosas por el castigo que se hizo de ellas.

11. Habiendo visto esto su hermana Ooliba, enloqueció de lujuria aún más que la otra; y se prostituyó con más furor que su hermana.

12. Abandonóse descaradamente a los asirios, a los capitanes y a los magistrados, que venían a encontrarla, vestidos de varios colores, a caballeros montados en sus caballos, y a jóvenes, que eran todos de extraordinaria belleza.

13. Y conocí que ambas hermanas tenían las mismas brutales pasiones.

14. Pero Ooliba fue siempre aumentando su prostitución; y habiendo visto unos hombres pintados en la pared, imágenes de caldeos, hechas con colorido,

15. los cuales tenían los lomos ceñidos con talabartes, y sus cabezas con tiaras o turbantes de varios colores, que todos parecían capitanes o generales, y representados como los hijos de Babilonia y de la tierra de los caldeos, de donde eran naturales,

16. esta vista la hizo enloquecer de amor hacia ellos, y les envió mensajeros a la Caldea.

17. Y habiendo venido los hijos de Babilonia, y sido admitidos en su tálamo, la deshonraron con sus deshonestidades, y quedó contaminada y bien harta de ellos.

18. No se recató Ooliba de sus prostituciones, sino que hizo pública su ignominia; por lo que abominó de ella el alma mía, como había abominado de su hermana.

19. Pues aumentó sus prostituciones recordando la memoria del tiempo de su mocedad, cuando ella pecaba en la tierra de Egipto.

20. Y ardió en amor infame hacia aquéllos, cuyas carnes son como carnes de asnos, y su furor como el furor de los caballos.

21. Y recordaste las maldades de tu mocedad, cuando perdiste tu honor en Egipto, y fue violada tu pubertad.

22. Por tanto, ¡oh Ooliba!, esto dice el Señor Dios: He aquí que yo levantaré contra ti a todos tus amantes, de los cuales está ya harta tu alma, y los reuniré contra ti de todas partes;

23. reuniré, digo, a los hijos de Babilonia, y a todos los caldeos, los nobles, y señores, y príncipes; a todos los hijos de los asirios, jóvenes gallardos, a todos los capitanes, y magistrados, y príncipes de príncipes, y famosos jinetes.

24. Y vendrá contra ti una muchedumbre de pueblos pertrechados de carros de guerra, y de carrozas; en todas partes se armarán contra ti de corazas, y de escudos, y de morriones, y yo les daré potestad para juzgarte, y te juzgarán según sus leyes.

25. Con esto tomaré yo venganza en ti de mi amor ofendido; la cual ejecutarán ellos sin misericordia: te cortarán ignominiosamente la nariz y orejas, y el resto lo destrozarán con la espada; se llevarán cautivos a tus hijos e hijas; y cuanto quedare de ti lo consumirá el fuego.

26. Y te despojarán de tus vestidos, y te quitarán las galas de tu adorno.

27. Y así haré que cesen tus maldades y las prostituciones aprendidas en tierra de Egipto; ni levantarás tus ojos hacia los ídolos; ni te acordarás más de Egipto.

28. Porque esto dice el Señor Dios: He aquí que yo te entregaré en poder de aquellos que tú aborreciste, en poder de aquellos de quienes se hartó tu alma.

29. Y te tratarán con odio, y te robarán todos tus sudores, y te dejarán desnuda y llena de ignominia; y se hará patente la infamia de tus prostituciones, tu maldad y tus adulterios.

30. Así te tratarán, porque imitaste los pecados de las naciones, entre las cuales te contaminaste adorando sus ídolos.

31. Seguiste los pasos de tu hermana y te castigaré a ti del mismo modo que a ella.

32. Esto dice el Señor Dios: beberás el cáliz que bebió tu hermana, cáliz profundo y ancho; objeto serás de befa y de escarnio: porque grandísimo es el cáliz.

33. Embriagada quedarás y llena de dolor al beber el cáliz de aflicción y de amargura, el cáliz que bebió tu hermana Samaria.

34. Y lo beberás, y apurarás hasta sus heces y morderás sus tiestos, y te despedazarás el pecho: porque yo he hablado, dice el Señor Dios.

35. Por tanto, esto dice el Señor Dios: Porque te has olvidado de mí y me has vuelto las espaldas, por lo mismo lleva tú también sobre ti la pena de tus maldades y prostituciones.

36. Y hablóme el Señor, diciendo: Hijo de hombre, ¿qué, no juzgas tú a Oolla y a Ooliba, ni les echas en cara sus delitos?

37. Pues son ellas unas adúlteras y sanguinarias, y se han contaminado con sus ídolos; y además les han ofrecido para ser devorados por el fuego los hijos que yo había tenido en ellas.

38. Y aún han hecho más contra mí: profanaron en aquel tiempo mi santuario, y violaron mis sábados.

39. Pues el día mismo que inmolaban sus propios hijos a los ídolos, venían a mi santuario para profanarlo; y cometían estas maldades dentro de mi mismo templo.

40. Ellas enviaron mensajeros a buscar gentes que viven lejos: cuando llegaron, te lavaste, ¡oh infiel esposa!, y pintaste con alcohol tus ojos, y te adornaste con todas tus galas.

41. Te has recostado sobre un hermosísimo lecho o canapé y se te puso delante la mesa preparada para el banquete, sobre la cual pusiste mi incienso y mis perfumes,

42. y en cuyo alrededor se oía la algazara de gentes que se alegraban; y aquellos hombres extranjeros, que eran conducidos entre la muchedumbre de gentes, y venían de la parte del desierto, les pusieron ellas sus brazaletes en las manos, y hermosas coronas sobre sus cabezas.

43. Y dije yo con respecto a aquella que está envejecida en sus adulterios: Todavía continuará ésta en sus prostituciones.

44. Porque a ella acudía la gente, como a una pública ramera. De esta suerte iban todos a Oolla y a Ooliba, mujeres nefandas.

45. Justo es, pues, lo que ejecutan estos hombres (los caldeos); éstos las condenarán a la pena debida a las adúlteras y a la pena debida a los sanguinarios; pues ellas adúlteras son, y han ensangrentado sus manos.

46. Porque esto dice el Señor Dios: Conduce contra ellas al ejército, y abandónalas al terror y a la rapiña;

47. y sean apedreadas por los pueblos, y traspasadas con espadas; maten a los hijos e hijas de ellas, y peguen fuego a sus casas.

48. Y yo quitaré de la tierra las maldades, y aprenderán todas las mujeres o ciudades a no imitar la maldad de aquellas dos.

49. La pena de vuestras maldades descargará sobre vuestras cabezas, y pagareis los pecados de vuestras idolatrías, y conoceréis que yo soy el Señor Dios.

CAPÍTULO XXIV

Ezequiel, bajo la figura de una olla llena de carnes puesta al fuego, declara el sitio e incendio de Jerusalén. Muere la esposa del profeta, y Dios le prohíbe el hacer el duelo.

1. Hablóme el Señor en el año nono del cauti-

verio, en el mes décimo, a diez del mes, diciendo:

2. Hijo de hombre: Ten presente este día; porque hoy el rey de Babilonia ha sentado sus reales delante de Jerusalén.

3. Y hablarás a esa familia de rebeldes de un modo alegórico, y les propondrás esta parábola. Esto dice el Señor Dios: Toma una olla o caldera, tómala, te digo yo, y echa agua en ella.

4. Mete dentro pedazos de carne, todos escogidos, pierna y espalda, las partes mejores y donde están los huesos.

5. Toma la res más gorda, y pon además un montón de huesos debajo de la olla: haz que hierva a borbollones, y se cuezan también los huesos que hay dentro de ella.

6. Pues esto dice el Señor Dios: ¡Ay de la ciudad sanguinaria!, olla que está toda llena de sarro, sin que el sarro se haya quitado de ella: saca fuera la carne de porción en porción; no se dé lugar a la suerte.

7. Porque en medio de ella está la sangre inocente que ha derramado; sobre muy limpias piedras la derramó; no la derramó sobre la tierra, de modo que se pueda cubrir con el polvo.

8. Para hacer caer yo sobre ella la indignación mía y tomar venganza de ella, derramaré también su sangre sobre limpísimas piedras, a fin de que quede manifiesta.

9. Por tanto, esto dice el Señor Dios: ¡Ay de la ciudad sanguinaria, a la cual convertiré yo en una grande hoguera!

10. Amontona huesos, que yo les daré fuego: se consumirán las carnes, y se deshará todo cuanto contiene la olla, y los huesos se disolverán.

11. Después de esto pondrás sobre las brasas la olla vacía, para que se caldee y se derrita su cobre; con lo cual se deshaga dentro de ella su inmundicia y quede consumido su sarro.

12. Se ha trabajado con afán; pero no se ha podido quitar su mucho sarro, ni aun a fuerza del fuego.

13. Digna de execración es tu inmundicia; pues yo te he querido limpiar de tu porquería, y tú no te has limpiado: ni te limpiarás hasta tanto que yo haya desfogado en ti la indignación mía.

14. Yo el Señor he hablado: vendrá el tiempo y lo ejecutaré; no volverá atrás mi palabra, ni perdonaré, ni me aplacaré: según tus caminos y tus procederes te juzgaré yo, dice el Señor.

15. Hablóme de nuevo el Señor, diciendo:

16. Hijo de hombre: Mira, yo voy a quitarte de golpe lo que más agradable es a tus ojos; pero no te lamentes, ni llores, ni dejes correr tus lágrimas.

17. Gemirás en secreto: no harás el duelo que se acostumbra por los muertos; no te quitarás la tiara, o turbante, ni el calzado de tus pies; no te cubrirás el rostro con velo, ni usarás de los manjares propios del tiempo de luto.

18. Esto refería yo al pueblo por la mañana, y por la tarde murió mi mujer; y a la mañana siguiente me porté como el Señor me había mandado.

19. Y díjome el pueblo: ¿Por qué no nos explicas qué significan estas cosas que haces?

20. Y respondles: El Señor me ha hablado, diciendo:

21. Di a la casa de Israel: Esto dice el Señor Dios: He aquí que yo profanaré mi santuario, que es la gloria de vuestro reino, y lo más amable a vuestros ojos, y que causa más ansiedad a vuestra alma; y los hijos y las hijas que habéis dejado, perecerán al filo de la espada.

22. Y tendréis que hacer lo que yo he hecho: pues no os cubriréis el rostro con velo, ni os alimentaréis con las viandas que usan los que están de luto.

23. Tendréis la corona o turbante en vuestra cabeza, y calzados estarán vuestros pies; no endecharéis, ni lloraréis; sino que os consumiréis en vuestras maldades, y gemiréis, mirándoos atónitos uno a otro.

24. Y Ezequiel será un modelo para vosotros: lo mismo que él ha practicado en la muerte de su esposa, practicaréis vosotros cuando llegaren estos sucesos; y conoceréis entonces que yo soy el Señor Dios.

25. Y tú, ¡oh hijo de hombre!, mira que en el día en que yo les quitaré lo que les hace fuertes, aquello que es su consolación y su gloria, que más aman sus ojos, y en que su corazón tiene puesta su confianza, y les quitaré sus hijos e hijas;

26. en aquel día, cuando el que escapare de Jerusalén, llegará a ti y te dará la noticia de su ruina;

27. en aquel día, repito, tú hablarás al que habrá escapado, y hablarás con toda libertad, y no guardarás más silencio; y habrás sido una señal o vaticinio para ellos, y vosotros conoceréis que yo soy el Señor.

CAPÍTULO XXV

Ezequiel profetiza la destrucción de los ammonitas, moabitas, idumeos y filisteos por los ultrajes hechos al pueblo de Dios.

1. Hablóme de nuevo el Señor, diciendo:

2. Hijo de hombre, vuelve tu rostro contra los ammonitas y vaticinarás contra ellos.

3. Dirás, pues, a los hijos de Ammón: Oíd lo que habla el Señor Dios: Esto dice el Señor Dios: Por cuanto acerca de mi santuario que ha sido profanado, y de la tierra de Israel que ha sido desolada, y de la casa de Judá llevada al cautiverio, tú, ¡oh pueblo de Ammón!, has dicho por mofa: Bien, bien le está;

4. por eso yo te entregaré como en herencia a los hijos del oriente; los cuales colocarán en ti apriscos, y levantarán en ti sus tiendas; se comerán ellos tus frutos y beberán tu leche.

5. Y haré que tu capital Rabbat venga a ser una cuadra para camellos, y el país de los hijos de Ammón un redil de ganados; y conoceréis que yo soy el Señor.

6. Porque esto dice el Señor Dios: Pues tú has aplaudido con palmadas, y saltado de gozo, y te has alegrado sobremanera por lo sucedido a la tierra de Israel,

7. he aquí que yo descargaré mi mano contra ti, y te haré presa de las naciones, y te borraré del número de los pueblos, y te exterminaré de la superficie de la tierra, y te reduciré a polvo: y sabrás que yo soy el Señor.

8. Esto dice el Señor Dios: Por cuanto Moab y Seir o la Idumea han dicho: Mirad la casa de Judá; ella es como todas las otras naciones:

9. por eso he aquí que yo dejaré descubierto el flanco del país de Moab por la parte de las ciudades, de las ciudades, digo, que están en sus confines, las más famosas del país, Betiesimot, y Beelmeón, y Cariata;

10. a los hijos del oriente abriré yo el flanco del país de Moab; como abrí el de los ammonitas, y les daré el dominio de Moab; de tal modo que ni memoria quedará de ellos, como ni de los hijos de Ammón entre las gentes.

11. Y tomaré venganza de Moab; y sabrán que yo soy el Señor.

12. Esto dice el Señor Dios: Por cuanto la Idumea ejerció siempre su odio inveterado para vengarse de los hijos de Judá, y ha pecado desfogando sin medida sus deseos de vengarse,

13. por tanto, esto dice el Señor Dios: Yo descargaré mi mano sobre la Idumea, y exterminaré de ella hombres y bestias, y la dejaré hecha un desierto por el lado del mediodía; y los que se hallan en Dedán o hacia el norte, serán pasados a cuchillo.

14. Y tomaré venganza de la Idumea por medio del pueblo mío de Israel, el cual tratará a Edom según mi indignación y furor le prescribirán; y sabrán lo que es la venganza mía, dice el Señor Dios.

15. Esto dice el Señor Dios. Por cuanto los filisteos han tomado venganza, y lo han hecho con el mayor encono, matando y desahogando así sus antiguas enemistades,

16. por tanto, esto dice el Señor Dios: He aquí que yo descargaré mi mano sobre los filisteos, y mataré a los matadores, y exterminaré lo que queda en la costa del mar,

17. y tomaré de ellos una terrible venganza, castigándolos con furor: y conocerán que yo soy el Señor cuando me habré vengado de ellos.

CAPÍTULO XXVI

Tiro será tomada y arruinada por Nabucodonosor de un modo espantoso; porque se regocijaba de las calamidades de Israel.

1. Y sucedió que en el año undécimo del cautiverio, el primer día del mes, me habló el Señor, diciendo:

2. Hijo de hombre, pues que Tiro ha dicho de Jerusalén: Bien, bien le está: destruidas quedan ya las puertas o la concurrencia de las naciones; ella se ha pasado a mí; yo ahora me llenaré de riqueza, pues Jerusalén ha quedado hecha un desierto:

3. por tanto, esto dice el Señor Dios: ¡Oh Tiro!, heme aquí contra ti; yo haré subir contra ti muchas gentes, como olas del mar borrascoso.

4. Y arrasarán los muros de Tiro, y derribarán sus torres, y yo roeré hasta el polvo de ella, dejándola como una peña muy lisa.

5. Ella, en medio del mar, será como un tendedero para enjugar las redes; por que yo le he dicho, dice el Señor, será ella hecha presa de las naciones.

6. Sus hijas o aldeas de la campiña perecerán también al filo de la espada; y conocerán que yo soy el Señor.

7. Porque esto dice el Señor Dios: He aquí que yo conduciré a Nabucodonosor, rey de los reyes, desde el norte a Tiro, con caballos y carros de guerra, y caballeros, y con gran muchedumbre de tropa.

8. A tus hijas que están en la campiña las pasará a cuchillo, y te circunvalará con fortines, y levantará trincheras alrededor tuyo, y embrazará el escudo contra ti.

9. Y dispondrá sus manteletes y arietes contra tus muros, y con sus máquinas de guerra derribará tus torres.

10. Con la llegada de su numerosa caballería quedarás cubierta de polvo; estremecerse han tus muros al estruendo de la caballería y de los carros y carrozas, cuando él entrará por tus puertas como quien entra en una ciudad destruida.

11. Holladas se verán todas tus plazas por las pezuñas de los caballos, pasará a cuchillo a tu pueblo, y serán derribadas al suelo tus insignes estatuas.

12. Saquearán todos tus tesoros, pillarán tus mercaderías y destruirán tus muros, derribarán tus magníficos edificios, arrojando al mar tus piedras, tus maderas y hasta tu polvo.

13. Y haré que no se oigan más en ti tus conciertos de música, ni el sonido de tus arpas.

14. Y te dejaré tan arrasada como una limpísima pena, y servirás de tendedero para enjugar las redes; ni volverás a ser reedificada; porque yo lo he decretado, dice el Señor Dios.

15. Esto dice el Señor Dios a Tiro: ¿Por ventura no se estremecerán las islas al estruendo de tu ruina, y al gemido de los que morirán en la mortandad que en ti se hará?

16. Y todos los príncipes del mar descenderán de sus tronos, y se despojarán de sus insignias, y arrojarán sus vestidos bordados, y se cubrirán de espanto; se sentarán en el suelo, y atónitos de tu repentina caída quedarán como fuera de sí.

17. Y deplorando tu desgracia, te dirán: ¡Cómo has perecido, oh habitadora del mar, ciudad esclarecida, que fuiste poderosa en el mar con tus moradores, a quienes temían todos!

18. Los navegantes quedarán atónitos en el día de tu ruina, y las islas del mar se afligirán al ver que ya nadie sale de ti.

19. Porque esto dice el Señor Dios: Cuando te habré convertido en un desierto, como las ciudades despobladas, y habré enviado sobre ti un diluvio de desastres, y te verás sumergida en un abismo de aguas;

20. y cuando yo te habré precipitado allá abajo, a la región de la eternidad, con aquellos que descendieron al sepulcro, y te habré colocado en lo más profundo de la tierra, con aquellos que bajaron a la fosa, hecha tu semejanza a las antiguas soledades, a fin de que nadie te habite; en fin cuando ya habré restituido la gloria a Jerusalén, tierra de los vivientes,

21. entonces te dejaré reducida a la nada, y no existirás, te buscarán y te buscarán y nunca jamás serás hallada dice el Señor Dios.

CAPÍTULO XXVII

Canción lúgubre sobre la ruina de Tiro, ciudad marítima y opulentísima.

1. Hablóme de nuevo el Señor, diciendo:

2. Ahora pues, ¡oh hijo de hombre!, entona una lamentación sobre Tiro:

3. Dirás, pues, a Tiro, situada en una entrada o puerto de mar para fondeadero de los pueblos de muchas regiones: Esto dice el Señor Dios: ¡Oh Tiro!, tú dijiste: Yo soy de una belleza extremada,

4. y situada estoy en medio del mar. Tus vecinos que te edificaron te embellecieron con toda suerte de ornato;

5. construyéronte de abetos del Saniz, con todas las crujías a uso del mar: para hacer tu mástil trajeron un cedro del Líbano.

6. Labraron encinas de Basán para formar tus remos; y de marfil de India hicieron tus bancos y tus magníficas cámaras de popa de materiales traídos de las islas de Italia.

7. Para hacer la vela que pende del mástil, se tejió para ti el rico lino de Egipto con varios colores: el jacinto y la púrpura de las islas de Elisa formaron tu pabellón.

8. Los habitantes de Sidón y los de Arad fueron tus remeros; tus sabios, oh Tiro, te sirvieron de pilotos.

9. Los ancianos de Gebal y los más peritos de ella te suministraron gentes para la maestranza, que trabajasen en el servicio de tu marina; las naves todas del mar y sus marineros estaban en tu pueblo sirviendo a tu tráfico.

10. Tú tenías en tu ejército guerreros de Persia, y de Lidia, y de Libia; y en ti colgaron sus escudos y morriones, los cuales te servían de gala.

11. Entre tus huestes se veían coronando tus muros los hijos de Arad; y además los pigmeos o valientes que estaban sobre tus torres colgaban alrededor de tus murallas sus aljabas; ellos ponían el colmo a tu hermosura.

12. Los cartagineses que comerciaban contigo, henchían tus mercados con gran copia de toda suerte de riquezas, de plata, de hierro, de estaño y de plomo.

13. La Grecia, Tubal y Mosoc también negociaban contigo, trayendo a tu pueblo esclavos y artefactos de cobre.

14. De tierra de Togorma traían a tu mercado caballos y jinetes o picadores y mulos.

15. Los hijos de Dedán comerciaban contigo; tú dabas tus géneros a muchas islas o naciones; y recibías en cambio colmillos de elefante o el marfil y el ébano.

16. El siro traficaba contigo, y para proveerse de tus muchas manufacturas presentaba en tus mercados perlas, y púrpura, y telas bordadas, y lino fino, y sedería, y toda especie de géneros preciosos,

17. Judá y la tierra de Israel negociaban contigo, llevando a tus mercados el más rico trigo, el bálsamo, la miel, el aceite y la resina.

18. El mercader de Damasco contrataba contigo, y en cambio de tus muchas mercaderías te daba muchas y varias cosas ricas, excelentes vinos y lanas de extraordinaria blancura.

19. Dan, y la Grecia, y Mosel, llevaban a tu mercado, para comerciar contigo, hierro labrado, mirra destilada y caña aromática.

20. Los de Dedán te vendían las alfombras para tus estrados.

21. La Arabia y todos los príncipes de Cedar compraban tus mercaderías, dándote en cambio los corderos, y carneros y cabritos que te traían.

22. Los mercaderes de Sabá y de Reema traían a vender en tus plazas toda especie de aromas los más exquisitos, y piedras preciosas, y oro.

23. Harán, y Quene, y Edén contrataban contigo; Saba, Assur y Quelmad te vendían géneros.

24. Hacían ellos el comercio contigo de varias cosas, llevándote fardos de ropas de color de jacinto o carmesí, y de varias estofas y bordados, y diferentes preciosidades, embaladas y liadas con cuerdas; vendíante también maderas de cedro.

25. Tus naves ocupaban el primer lugar en el comercio marítimo; y fuiste populosa y opulentísima en medio del mar.

26. Tus remeros te condujeron por muchos mares; pero el viento del mediodía acabó contigo en medio de las aguas.

27. Tus riquezas y tesoros, y tu gran cargamento; tus marineros y tus pilotos que estaban encargados de todas tus preciosidades, y que dirigían tu gente; asimismo todos los guerreros que tenías contigo, y todo el gentío que estaba dentro de ti, todo ha sido precipitado al abismo del mar en el día de tu ruina.

28. Al estruendo de la gritería de tus pilotos quedarán llenas de su terror las demás naves;

29. y todos los remeros se saldrán de sus naves; y saltarán a tierra los marineros y todos los pilotos;

30. y prorrumpirán en grandes alaridos sobre ti, y en gritos de dolor, y esparcirán polvo sobre sus cabezas y se cubrirán de ceniza,

31. y se raparán por tu causa sus cabezas, y se vestirán de cilicio, y te llorarán en la angustia de su corazón con lágrimas amarguísimas

32. Y entonarán sobre ti lúgubres cantares, y te plañirán, diciendo: ¿Qué ciudad ha habido como Tiro, que haya sido como ella destruida en medio del mar?

33. Tú con tu comercio marítimo enriqueciste a muchas naciones; con la abundancia de las riquezas tuyas y de tu gente hiciste ricos a los reyes de la tierra:

34. ahora, empero, has sido destrozada en medio del mar, tus riquezas han caído al fondo de las aguas, y ha perecido todo el gentío que había en ti.

35. Pasmáronse con tu ruina todos los habitantes de las islas o regiones, y demudáronse los semblantes de sus reyes, atónitos de tal tempestad.

36. Los comerciantes de los pueblos silbaron, haciendo mofa de ti: a la nada has sido reducida tú, y nunca jamás volverás a existir.

CAPÍTULO XXVIII

Ezequiel intima al rey de Tiro su terrible ruina. Anuncia la desolación de Sidón, y promete el restablecimiento del reino de Israel.

1. Hablóme nuevamente el Señor, diciendo:

2. Hijo de hombre, di al príncipe de Tiro: esto dice el Señor Dios: porque se ha engreído tu corazón, y has dicho: yo soy un dios, y sentado estoy cual dios en el trono, en medio del mar (siendo tú un hombre y no un dios) y te has creído dotado de un entendimiento como de dios.

3. Está visto que te crees más sabio que Daniel, y que no hay nada que no sepas.

4. Tú te has hecho poderoso con tu saber y con tu prudencia; y has amontonado oro y plata en tus tesoros.

5. Con tu mucho saber y con tu comercio has aumentado tu poderío: y con este motivo se ha engreído tu corazón.

6. Por tanto, esto dice el Señor Dios: Porque tu corazón se ha ensalzado como si fuera de un dios,

7. por eso mismo Yo haré venir contra ti gentes extranjeras, las más fuertes de las naciones, y desenvainarán sus espadas contra tu preciado saber, y oscurecerán tu gloria.

8. Te matarán, y te destrozarán, y morirás de la muerte de aquellos que mueren en combate naval.

9. ¿Acaso hablarás tú delante de tus matadores, diciendo: Yo soy un dios: siendo tú un hombre sujeto a los que te han de matar, y no un dios?

10. Como mueren los incircuncisos así morirás tú a mano de los extranjeros: porque yo lo he dicho, dice el Señor Dios.

11. Hablóme de nuevo el Señor, diciendo: hijo de hombre, entona una lamentación sobre el rey de Tiro.

12. Y le dirás: esto dice el Señor Dios: tú, creído sello o imagen de Dios, lleno de sabiduría y colmado de hermosura,

13. vivías en medio del paraíso de Dios; en tus vestiduras brillaban toda suerte de piedras pre-

ciosas: el sardio, el topacio, el jaspe o diamante, el crisólito, el onique, el berilo, el zafiro. el carbunclo, la esmeralda y el oro, que te daban hermosura, y los instrumentos músicos estuvieron preparados para ti en el día de tu creación.

14. Tú has sido un querubín, que extiende las alas y cubre el trono de Dios; Yo te coloqué en el monte santo de Dios; tú caminabas en medio de piedras brillantes como el fuego.

15. Perfecto has sido en tus obras, desde el día de tu creación hasta que se halló en ti la maldad.

16. Con la abundancia de tu tráfico se llenó de iniquidad tu corazón, y pecaste, y yo te arrojé del monte de Dios; y a ti, ¡oh querubín, que cubrías el trono! te eché de en medio de las piedras resplandecientes como el fuego.

17. Por haberse engreído tu corazón por causa de tu hermosura, y corrompídose tu sabiduría por causa de tu brillo, por eso te arrojé Yo al suelo, y te expuse a la vista de los reyes, para que te contemplasen.

18. Con la muchedumbre de tus maldades, y con tus injustos tráficos contaminaste la santidad de esa porción de tierra de Israel que posees: por lo que haré salir de en medio de ti un fuego que te devorará, y te convertiré en ceniza sobre la tierra, a la vista de cuantos tienen puestos sobre ti sus ojos.

19. Todos los de las demás naciones que te vean, quedarán pasmados sobre ti: reducido serás a la nada, y nunca jamás volverás a existir.

20. Hablóme el Señor nuevamente, diciendo:

21. hijo de hombre, vuelve tu rostro contra Sidón, y profetizarás contra ella,

22. y dirás: esto dice el Señor Dios: heme aquí contra ti, ¡oh ciudad de Sidón! y glorificado seré en medio de ti. Porque conocerán que yo soy el Señor cuando ejerceré mi juicio en ella, y haré resplandecer en ella mi santidad y justicia.

23. Yo le enviaré la peste, e inundaré en sangre sus calles, y en todas partes se veran morir hombres pasados a cuchillo; y conocerán que Yo soy el Señor.

24. Ya no será más ella en adelante piedra de escándalo y de amargura para la casa de Israel; ni le serán como espina punzante esos enemigos de que está rodeada por todos lados; y conocerán que Yo soy el Señor Dios.

25. Esto dice el Señor Dios: cuando Yo habré congregado la familia de Israel de entre las naciones en que fue dispersada, entonces Yo manifestaré en ella mi santidad a la vista de las naciones, y ella habitará en la tierra que Yo di a Jacob, siervo mío.

26. Y allí habitará libre de temor, y construirá casas, y plantará viñas, y vivirá tranquilamente, cuando habré hecho yo justicia en todos los pueblos que la rodean, y que son sus enemigos; y conocerán que yo soy el Señor Dios suyo.

CAPÍTULO XXIX

Profecía de la desolación y ruina del rey de Egipto y de su reino, por la perfidia usada con el pueblo de Dios. Nabucodonosor se hará dueño de dicho reino en premio del sitio de Tiro.

1. En el año décimo, en el décimo mes, a los once días del mes, me habló el Señor, y dijo:

2. hijo de hombre, dirige tu rostro contra Faraón, rey de Egipto, y profetizarás cuanto ha de suceder contra él y contra Egipto.

3. Habla, y di: esto dice el Señor Dios: heme aquí contra ti, oh Faraón, rey de Egipto, dragón o monstruo grande que yaces en medio de tus ríos, y dices: Mío es el río, y a nadie debo el ser.

4. Pero Yo pondré un freno en tus quijadas, y haré que los peces de tu río se peguen a tus escamas; y te sacaré de en medio de tus ríos; y todos tus peces estarán pegados a tus escamas.

5. Y a ti y a todos los peces de tus ríos os arrojaré al desierto; tú caerás muerto sobre la superficie de la tierra, sin que nadie te recoja y dé sepultura: a las bestias de la tierra y a las aves del cielo te entregué para que te devoren.

6. Y conocerán todos los moradores de Egipto que Yo soy el Señor, porque tú has sido un báculo de caña para la casa de Israel.

7. Cuando te cogieron con la mano, tú te quebraste y lastimaste todas sus espaldas o lomos; y cuando ellos se apoyaron sobre ti, te hiciste pedazos, y los deslomaste enteramente.

8. Por tanto, esto dice el Señor Dios: mira, Yo descargaré la espada contra ti, y mataré tus hombres y tus bestias.

9. Y la tierra de Egipto quedará hecha un desierto y una soledad: y conocerán que Yo soy el Señor; pues que tú dijiste: mío es el río, yo lo hice.

10. Por tanto, heme aquí contra ti y contra tus ríos; y Yo haré que la tierra de Egipto quede hecha un desierto después de haberla asolado con la espada desde la torre de Siene hasta los confines de Etiopía.

11. No transitará por ella pie humano, ni la hollará pezuña de jumento: despoblada quedará por cuarenta años.

12. Y haré que quede yermo el país de Egipto en medio de otros países yermos, y destruidas

quedarán sus ciudades en medio de otras ciudades destruidas, y permanecerán desoladas por espacio de cuarenta años; y esparciré los egipcios por entre las naciones, y los arrojaré aquí y allá por todo el mundo.

13. Porque esto dice el Señor Dios: Pasado el plazo de los cuarenta años, yo congregaré a los egipcios de entre los pueblos por donde han estado dispersos;

14. y los sacaré del cautiverio, y los pondré en la tierra de Fatures, en el país de su nacimiento, y formarán allí un reino humilde.

15. Será el más débil entre los demás reinos, ni en adelante se alzará sobre las otras naciones, y yo los mantendré débiles, a fin de que no dominen sobre ellas.

16. Y no inspirarán ya confianza a los de la casa de Israel, a los cuales enseñaban la iniquidad; ni acudirán ya a ellos, ni los seguirán; sabrán que yo soy el Señor Dios.

17. Y el año vigésimo séptimo, en el primer día del primer mes, me habló el Señor, diciendo:

18. Hijo de hombre, Nabucodonosor, rey de Babilonia, ha fatigado mucho a su ejército en la guerra contra Tiro: han quedado calvas todas las cabezas, y pelados todos los hombres; y no se ha dado recompensa alguna ni a él, ni a su ejército, por el servicio que me han hecho contra Tiro.

19. Por tanto, esto dice el Señor Dios: He aquí que yo pondré a Nabucodonosor, rey de Babilonia, en tierra de Egipto; y hará cautivo a su pueblo, y lo saqueará, y repartirá los despojos, con lo cual quedarán sus tropas recompensadas

20. por el sevicio prestado contra Tiro: yo le he dado el país de Egipto porque él ha trabajado para mí, dice el Señor Dios.

21. En aquel día reflorecerá el poderío de la casa de Israel, y te haré hablar libremente en medio de ellos; y conocerán que yo soy el Señor.

CAPÍTULO XXX

El profeta anuncia a los egipcios y a otros pueblos aliados suyos la completa desolación de su tierra.

1. Hablóme nuevamente el Señor, diciendo:

2. Hijo de hombre, profetiza, y di: Esto dice el Señor Dios: ¡oh egipcios!, prorrumpid en aullidos: ¡Ay, ay de aquel día!

3. Porque cercano está el día, llega ya el día del Señor; día de tinieblas, que será la hora del castigo de las naciones.

4. Y la espada enemiga descargará contra Egipto; y Etiopía quedará aterrorizada, cuando los egipcios caerán heridos al filo de la espada, y el pueblo será llevado cautivo, y serán destruidos sus cimientos.

5. Etiopía, y Libia, y los lidios, y todos los demás pueblos, y Cub, y los hijos de la tierra de mi alianza perecerán juntamente con ellos al filo de la espada.

6. Esto dice el Señor Dios: caerán por tierra los que sostienen a Egipto, y quedará destruido su soberbio imperio: comenzando desde la torre de Siene, pasados serán a cuchillo los egipcios, dice el Señor Dios de los ejércitos.

7. Y aquellas regiones serán asoladas, quedando como otras tierras desiertas; y sus ciudades serán del número de las ciudades devastadas.

8. Y conocerán que Yo soy el Señor, cuando habré pegado fuego a Egipto, y sean derrotadas todas sus tropas auxiliares.

9. En aquel día partirán en naves mensajeros despachados por mí, para abatir la arrogancia de Etiopía; la cual se llenará de terror en el día del castigo de Egipto: día que llegará sin falta.

10. Esto dice el Señor Dios: Yo destruiré el numeroso gentío de Egipto por medio de Nabucodonosor, rey de Babilonia;

11. el cual y su pueblo, el más fuerte entre las naciones, serán llevados a asolar la tierra; desenvainarán sus espadas contra Egipto, y cubrirán la tierra de cadáveres.

12. Y secaré las madres de los ríos, y entregaré el país a hombres feroces, y lo aniquilaré por medio de extranjeros: yo el Señor soy quien lo digo.

13. Esto dice el Señor Dios: Yo destruiré los simulacros, y acabaré con los ídolos de Memfis, y no habrá más rey propio en la tierra de Egipto, y enviaré el terror sobre ella,

14. y asolaré la tierra de los fatures, y entregaré a Tafnis a las llamas, y castigaré suavemente a Alejandría.

15. Derramaré la indignación mía sobre Pelusio, baluarte del Egipto, y haré pasar a cuchillo al numeroso pueblo de Alejandría,

16. y entregaré Egipto a las llamas. Como la mujer que está de parto, sentirá dolores Pelusio; y Alejandría será asolada; y Memfis estará en continua congoja.

17. Pasados serán a cuchillo los jóvenes de Heliópolis y de Bubasto, y las mujeres serán llevadas cautivas.

18. Y en Tafnis el día se convertirá en noche, cuando haré yo allí pedazos los cetros de Egipto, y se acabará la arrogancia de su poder; la cubrirá un negro torbellino de males, y sus hijas serán llevadas al cautiverio.

19. Y ejerceré mi juicio contra Egipto; y conocerán que yo soy el Señor.

20. Y en el año undécimo, en el mes primero, a los siete días del mes, me habló el Señor, diciendo:

21. hijo de hombre: Yo he roto el brazo de Faraón, rey de Egipto, y he aquí que no ha sido vendado para restablecerlo en su primer estado, ni envuelto con paños, ni fajado con vendas, a fin de que, recobrado el vigor, pueda manejar la espada.

22. Por tanto esto dice el Señor Dios: heme aquí contra Faraón, rey de Egipto, y desmenuzaré su brazo que era robusto pero está ya quebrado; y haré caer de su mano la espada,

23. y dispersaré los egipcios entre las naciones, y los arrojaré aquí y allá por todo el mundo.

24. Y daré vigor a los brazos del rey de Babilonia, y pondré en su mano mi espada; y romperé los brazos de Faraón, y prorrumpirán en grandes gemidos los de su pueblo que serán muertos en su presencia.

25. Y esforzaré los brazos del rey de Babilonia, y quedarán como baldados los de Faraón; y conocerán que Yo soy el Señor cuando habré puesto mi espada en manos del rey de Babilonia, y él la habrá desenvainado contra la tierra de Egipto.

26. Y dispersaré a los de Egipto por entre las naciones, y los desparramaré por todo el mundo, y conocerán que yo soy el Señor.

CAPÍTULO XXXI

La ruina del rey de los asirios, figura de la de Faraón.

1. En el año undécimo, en el mes tercero, el día primero del mes, me habló el Señor, y dijo:

2. Hijo de hombre, di a Faraón rey de Egipto y a su pueblo: ¿A quién te has comparado en tu grandeza?

3. Depón ese orgullo; mira a Asur, que cual cedro sobre el Líbano, de hermosos ramos y frondosas hojas, y de sublime altura, elevaba su copa en medio de sus densas ramas.

4. Nutriéronle las aguas, y un abismo o mar inmenso lo encumbró; sus ríos corrían alrededor de sus raíces, y él hacía pasar sus arroyos por todos los árboles de aquella región.

5. Por eso superó en altura todos los árboles del país, y multiplicáronse sus arboledas, y se dilataron merced a la abundancia de las aguas.

6. Y como él arrojaba una grande sombra, anidaron bajo de sus ramas todas las aves del cielo, y criaron debajo de su frondosidad todas las bestias de los bosques, y a su sombra se acogía un inmenso gentío.

7. Y era un árbol hermosísimo por su elevación y por la extensión de sus ramas; porque sus raíces se hallaban cerca de abundantes aguas.

8. En el paraíso de Dios no hubo cedros más empinados que él; no igualaron los abetos a su copa; ni los plátanos emparejaron con sus ramas; no hubo en el paraíso de Dios un árbol semejante a él, ni de tanta hermosura.

9. Y porque yo lo hice tan hermoso, y de tantas y tan frondosas ramas, tuvieron envidia de él todos los árboles deliciosos que había en el paraíso de Dios.

10. Por lo cual esto dice el Señor Dios: Porque él se ha encumbrado, y ostentado su verde y frondosa copa, y su corazón se ha ensoberbecido viéndose tan alto,

11. Yo lo he entregado en poder del más fuerte de entre los pueblos, el cual hará de él lo que querrá: Yo lo he desechado, según merecía su impiedad.

12. Y unas gentes extrañas, y de las más feroces entre las naciones, lo troncharán y lo arrojarán sobre los montes, y sus ramas caerán por todos los valles, y quedarán cortados sus arbustos en todas las rocas de la tierra; y todos los pueblos de la tierra se retirarán de su sombra, y lo abandonarán.

13. Sobre sus ruinas posarán todas las aves del cielo, y sobre sus ramas estarán todas las bestias del país.

14. Por esta causa ninguno de los árboles plantados junto a la corriente de las aguas se engreirá en su grandeza, ni elevará su copa entre las espesas arboledas, ni se fiarán en su grandeza todos estos árboles de regadío; porque todos han sido entregados en poder de la muerte, cayeron en la profunda fosa, como los demás hijos de los hombres que descienden al sepulcro.

15. Esto dice el Señor Dios: En el día en que él descendió a los infiernos o al sepulcro, causé Yo un duelo grande: lo sumergí en el abismo, y vedé a sus ríos que lo regasen, y detuve las abundantes aguas. El Líbano se contristó por causa de él, y estremeciéronse todos los árboles del campo.

16. Con el estruendo de su ruina hice estremecer las naciones, así que yo lo vi caer en el infierno con los demás que bajan al sepulcro; y se consolaron allá en lo profundo de la tierra todos los príncipes o árboles del jardín de delicias, insignes y famosos en el Líbano, todos los que eran regados de las aguas.

17. Porque ellos descendieron también con él al infierno con los que perecieron al filo de la espada; los cuales siendo como el brazo del reu estaban bajo su sombra entre las naciones.

18. ¿A quién te has hecho semejante, oh Faraón, oh árbol ilustre y sublime entre los árboles del jardín de delicias? He aquí que con los árboles del jardín de delicias has sido precipitado al profundo de la tierra; en medio de los incircuncisos dormirás tú con aquellos que fueron pasados a cuchillo. Así sucederá a Faraón y a toda su gente, dice el Señor Dios.

CAPÍTULO XXXII
Canción lúgubre sobre la ruina de Faraón y de su pueblo.

1. En el año undécimo, el día primero del duodécimo mes, me habló el Señor, diciendo:

2. Hijo de hombre, entona una lamentación sobre Faraón, rey de Egipto, y le dirás así. A un león entre las gentes, y al dragón o monstruo que está en el mar entre los peces, te hiciste semejante; con tu gran poder todo lo revolvías en tus ríos, y enturbiabas con tus pies las aguas, y hollabas sus corrientes.

3. Por tanto, esto dice el Señor Dios: Con una turba inmensa de pueblos tenderé yo sobre ti mis redes, y con mi anzuelo o esparavel te sacaré fuera.

4. Y te arrojaré en tierra, te dejaré en medio del campo, y haré bajar sobre ti todas las aves del cielo, y que se ceben en ti todas las bestias de la tierra.

5. Pondré tus carnes sobre los montes, y henchiré los collados de tu sangre podrida.

6. Y regaré la tierra de las montañas con tu fétida sangre, y se henchirán de ella los valles.

7. Y cuando te mataren oscureceré el cielo, y ennegreceré sus estrellas; cubriré de nubes el sol, y la luna no despedirá su luz.

8. Haré que todas las lumbreras del cielo se vistan de luto por ti, y esparciré tinieblas sobre tu país, dice el Señor Dios, cuando los tuyos caerán muertos en medio del campo, dice el Señor Dios.

9. Y llenaré de terror el corazón de muchos pueblos cuando haga llegar la nueva de su calamidad a las gentes de países que tú no conoces.

10. Y haré que queden atónitas de tu desgracia muchas naciones; y que sus reyes tiemblen por causa de ti, poseídos de sumo espanto, así que mi espada comenzará a relumbrar delante de sus ojos; y todos de repente se pondrán a temblar por su vida en el día de tu ruina.

11. Porque esto dice el Señor Dios: vendrá sobre ti la espada del rey de Babilonia.

12. Con las espadas de aquellos valientes abatiré tus numerosos escuadrones; invencibles son todas aquellas gentes, y ellas humillarán la soberbia de Egipto, y sus ejércitos quedarán deshechos.

13. Y haré perecer todas sus bestias, que pacen a la orilla de sus abundantes aguas; no las enturbiará jamás el pie del hombre, ni pezuña de bestia las enlodará.

14. Entonces yo volveré limpísimas sus aguas, y haré que sus ríos corran suavemente como aceite, dice el Señor Dios,

15. cuando Yo habré asolado la tierra de Egipto. Despojado quedará este país de cuantos bienes contiene, cuando Yo habré herido a todos sus moradores; y conocerán que yo soy el Señor.

16. Ésta es la canción lúgubre con que se lamentarán: la entonarán las hijas de las naciones, la cantarán sobre Egipto y sobre su pueblo, dice el Señor Dios.

17. Y en el año duodécimo, a los quince días del mes, me dirigió el Señor su palabra, diciendo:

18. Hijo de hombre, canta una lamentación sobre el pueblo de Egipto; y, vaticinando, arrójale a él y a las hijas de las naciones poderosas al hondo de la tierra, donde están los que descienden al sepulcro.

19. ¿En qué eres tú?, ¡oh pueblo de Egipto!, más respetable que los demás? Desciende abajo y yace entre los incircuncisos.

20. Perecerán ellos en medio de todos los demás, pasados a cuchillo; la espada ha sido entregada por Dios a los caldeos, y han aterrado al Egipto y a todos sus pueblos.

21. Desde en medio del infierno le dirigirán la palabra los campeones más poderosos que descendieron allí con sus auxiliares, y perecieron incircuncisos al filo de la espada.

22. Allí está Asur y todo su pueblo, sepultado alrededor de él: todos estos fueron muertos; al filo de la espada perecieron.

23. Los cuales fueron sepultados en lo más profundo de la fosa; y toda su gente yace alrededor de su sepulcro; murieron todos pasados a cuchillo, éstos que en otro tiempo llenaban de espanto la tierra de los vivos.

24. Allí está Elam y todo su pueblo alrededor de su sepulcro; todos éstos murieron pasados a cuchillo, y descendieron incircuncisos a lo más profundo de la tierra, éstos que antes fueron el terror en la tierra de los vivos, y llevaron sobre sí su ignominia como los que bajan a la fosa.

25. En medio de los que fueron muertos, fue colocado el lecho para él y para todos sus pueblos que están sepultados alrededor suyo: todos ellos incircuncisos y pasados a cuchillo.

215

Porque pusieron el terror en la tierra de los vivos, y llevaron su ignominia, como los que descienden a la fosa, por eso fueron colocados en medio de los que fueron muertos.

26. Allí está Mosoc, y Tubal y toda su gente, cuyos sepulcros están alrededor de él: todos ellos incircuncisos y pasados a cuchillo por haber sido el terror de la tierra de los vivos.

27. Mas no morirán con la muerte gloriosa de los valientes incircuncisos que perecieron y bajaron al infierno o sepulcro adornados con sus armas, y debajo de cuyas espadas se les pusieron sus espadas, donde yacen con sus huesos los instrumentos de sus iniquidades, con que fueron el terror de los fuertes en la tierra de los vivos.

28. Pues tú también serás hollado en medio de los incircuncisos, y dormirás con aquellos que perecieron al filo de la espada.

29. Allí está la Idumea, y sus reyes y todos sus caudillos, los cuales juntamente con sus ejércitos han sido puestos entre los que murieron pasados a cuchillo; y duermen entre los incircuncisos y entre los que bajaron a la fosa.

30. Allí están los príncipes todos del septentrión y todos los tiranos, los cuales, junto con los que perecieron al filo de la espada, han sido llevados allí despavoridos y humillados a pesar de toda su valentía; quienes durmieron incircuncisos entre aquellos que fueron pasados a cuchillo, y llevaron su propia ignominia como los que bajaron a la fosa.

31. Vio a todos éstos Faraón, y se consoló en la mucha gente suya pasada a cuchillo: los vio Faraón y también todo su ejército, dice el Señor Dios.

32. Porque Yo derramaré mi terror sobre la tierra de los vivos; y en medio de los incircuncisos, con aquellos que perecieron al filo de la espada: allí fue Faraón a dormir con todo su pueblo, dice el Señor Dios.

CAPÍTULO XXXIII

El oficio de los verdaderos profetas y pastores es amonestar a los pecadores para que se libren de los castigos de Dios. Ezequiel profetiza contra la presunción de los judíos que se quedaron en su propio país, y contra la hipocresía de los que estaban en Babilonia.

1. Hablóme nuevamente el Señor, diciendo:

2. hijo de hombre, habla a los hijos de tu pueblo, y les dirás: cuando Yo enviare la espada de la guerra sobre algún país, y el pueblo de aquel país destinare un hombre de entre los ínfimos de sus moradores, y lo pusiere por centinela suya;

3. y este centinela, viendo venir la espada enemiga hacia el país, sonare la bocina y avisare al pueblo;

4. si aquel, quien quiera que sea, que oye el sonido de la bocina no se pone en salvo, y llega la espada y lo mata, su muerte sólo se imputara a él mismo:

5. oyó el sonido de la bocina y no se puso en salvo: solamente él tiene la culpa: pues él salvará su vida si se pone en lugar seguro.

6. Mas si la centinela viera venir la espada y no sonare la bocina, y el pueblo no se pusiere en salvo, y llegare la espada, y quitare la vida a alguno de ellos, este tal verdaderamente por su pecado padece la muerte, mas Yo demandaré la sangre de él a la centinela.

7. Ahora bien, hijo de hombre, yo te he puesto a ti por centinela en la casa de Israel: las palabras que oyeres de mi boca se las anunciarás a ellos de mi parte.

8. Si cuando Yo digo al impío: impío, tú morirás de mala muerte, no hablares al impío para que se aparte de su mala vida, morirá el impío por su iniquidad, pero a ti te pediré cuenta de su sangre.

9. Mas si amonestando tú al impío para que se convierta, no dejare él su mala vida, morirá el impío por su iniquidad; pero tu alma no será responsable de su muerte.

10. Tú, pues, hijo de hombre, di a la casa de Israel: vosotros habéis hablado y dicho con razón: están ya sobre vosotros los castigos de nuestras maldades y pecados, y por ellas nos vamos consumiendo: ¿como, pues, podremos aún conservar la vida?

11. Pero diles a ésos: Yo juro, dice el Señor Dios, que no quiero la muerte del impío, sino que se convierta de su mal proceder y viva. Convertíos, convertíos de vuestros perversos caminos; ¿y por qué habéis de morir, oh vosotros los de la casa de Israel?

12. Tú, pues, ¡oh hijo de hombre!, diles a los hijos de tu pueblo: en cualquiera ocasión en que el justo pecare, no podrá librarle su justicia, y en cualquiera ocasión en que el impío se convirtiere de su impiedad, la impiedad no le dañará; y el justo, siempre y cuando pecare, no podrá ya vivir por su justicia.

13. Aun cuando Yo haya dicho al justo que gozará de vida verdadera, si él, confiado en su justicia, cometiere la maldad, todas sus buenas obras serán puestas en olvido, y morirá en la misma iniquidad que él ha cometido.

14. Mas si Yo dijere al impío: tú morirás de mala muerte, y él hiciere penitencia de sus

pecados, y practicare obras buenas y justas,

15. si este impío volviere la prenda al deudor, y restituyere lo que ha robado, si siguiere los mandamientos que dan vida, y no hiciere cosa injusta, él tendrá verdadera vida, y no morirá.

16. Ninguno de los pecados que cometió le será imputado: ha hecho obras de equidad y de justicia; tendrá, pues, vida verdadera.

17. Mas los hijos de tu pueblo dijeron: no es justo el proceder del Señor; siendo así que es el proceder de ellos el que es injusto.

18. Porque cuando el justo se desviare de la justicia e hiciere obras malas, hallará en éstas la muerte.

19. Y asimismo siempre que el impío abandonare su impiedad, e hiciere obras de equidad y de justicia, hallará en ellas la vida.

20. Y vosotros decís: no es justo el proceder del Señor. ¡Oh casa de Israel!, a cada uno de vosotros le juzgaré Yo según sus obras.

21. En el año duodécimo de nuestra transportación al cautiverio, el día cinco del décimo mes, vino a mí uno que había huido de Jerusalén, el cual me dijo: ha sido asolada la ciudad.

22. Y la virtud del Señor se había hecho sentir sobre mí la tarde antes que llegase el que había escapado; y el Señor había abierto mi boca antes que este hombre se me presentase por la mañana; y abierta que tuve mi boca no guardé ya silencio.

23. Y hablóme el Señor diciendo:

24. hijo de hombre, los que habitan entre aquellas ruinas de la tierra de Israel, hablan de esta manera: un solo hombre era Abrahán, y tuvo por herencia esta tierra; mas nosotros somos muchos, y se nos ha dado la posesión de ella.

25. Por tanto les dirás: esto dice el Señor Dios: vosotros que coméis carnes con sangre, y levantáis los ojos hacia vuestros ídolos, y derramáis sangre humana, ¿pensáis acaso ser herederos y poseedores de esta tierra?

26. Habéis tenido siempre la espada en la mano, habéis cometido mil abominaciones, cada cual de vosotros ha seducido la mujer de su prójimo: ¿y seréis herederos y poseedores de la tierra?

27. Les dirás también: el Señor Dios dice lo siguiente: juro Yo que aquellos que habitan entre las ruinas de Jerusalén perecerán al filo de la espada; aquellos que están en la campiña serán entregados a las fieras para que los devoren; y los que moran en lugares fuertes y en las cavernas, morirán de peste.

28. Y reduciré esta tierra a una soledad y desierto; y fenecerá su altivo poder, y las montañas de Israel quedarán asoladas, de manera que no habrá nadie que pase por ellas.

29. conocerán que Yo soy el Señor cuando habré reducido su país a una soledad y desierto, en castigo de todas las abominaciones que han cometido.

30. Y en cuanto a ti, ¡oh hijo de hombre!, los hijos de tu pueblo hablan de ti junto a la muralla, y en las puertas de las casas, y se dicen en tono de mofa el uno al otro, el vecino a su vecino: ¡ea!, vamos a oír qué es lo que dice el Señor por medio del profeta.

31. acuden a ti en gran muchedumbre, se sientan delante de ti los del pueblo mío, y escuchan tus palabras; pero no las ponen en práctica; porque ellos las convierten en asuntos de sus canciones, y su corazón corre tras de la avaricia.

32. Y vienes tú a ser para ellos como una canción puesta en música, cantada con voz dulce y suave; ellos escuchan tus palabras, mas no las ponen en ejecución.

33. Pero cuando sucederá lo que ha sido profetizado (y he aquí que llegará luego la noticia), entonces conocerán que ha habido un profeta entre ellos.

CAPÍTULO XXXIV

Profecía contra aquellos malos pastores que sólo buscan su interés despreciando el de la grey. Promesa de un pastor que saldrá de entre ellos, el cual reunirá sus ovejas, y las conducirá a pastos saludables.

1. Hablóme nuevamente el Señor, diciendo:

2. hijo de hombre, profetiza acerca de los pastores de Israel; profetiza y di a los pastores: esto dice el Señor Dios: ¡ay de los pastores de Israel, que se apacientan a sí mismos! ¿Acaso no son los rebaños los que deben ser apacentados por los pastores?

3. Vosotros os alimentáis de su leche, y os vestís de su lana, y matáis las reses más gordas; mas no apacentáis mi grey.

4. No fortalecisteis las ovejas débiles, no curasteis las enfermas, no bizmasteis las perniquebradas, ni recogisteis las descarriadas, ni fuisteis en busca de las perdidas; sino que dominabais sobre ellas con aspereza y con prepotencia.

5. Y mis ovejas se han dispersado, porque estaban sin pastor que las cuidase: con lo cual vinieron a ser presa de todas las fieras del campo, descarriadas como habían quedado.

6. Perdida anduvo mi grey por todos los montes y por todas las altas colinas: dispersáronse

mis rebaños por toda la tierra, ni había quien fuese en busca de ellos; nadie, repito, hubo que los buscase.

7. Por tanto, escuchad, oh pastores. la palabra del Señor:

8. Juro Yo, dice el Señor Dios, que pues mis rebaños han sido entregados al robo y mis ovejas a ser todas devoradas de fieras del campo, por falta de pastor; pues que mis pastores no cuidaban de mi grey; cuidaban, sí, de apacentarse a sí mismos, y no de apacentar mis ovejas:

9. por tanto oíd, ¡oh pastores!, la palabra del Señor:

10. esto dice el Señor Dios: he aquí que Yo mismo pediré cuenta de mi grey a los pastores, y acabaré con ellos, para que nunca más sean pastores de mis rebaños, ni se apacienten más a sí mismos; y libraré mi grey de sus fauces, para que jamás les sirva de vianda.

11. Porque esto dice el Señor Dios: he aquí que yo mismo iré en busca de mis ovejas, y las reconoceré y contaré.

12. Al modo que el pastor va revistando su rebaño, en el día en que se halla en medio de sus ovejas, después que estuvieron descarriadas, así revistaré Yo las ovejas mías y las recogeré de todos los lugares por donde fueron dispersadas en el día del nublado y de las tinieblas.

13. Y Yo las sacaré de los pueblos, y las recogeré de varias naciones, y las conduciré a su propio país, y las apacentaré en las montañas de Israel, junto a los arroyos, y en todos los lugares de esta tierra.

14. En pastos muy fértiles las apacentaré, y estarán sus pastos en los altos montes de Israel; allí sestearán entre la verde yerba, y con los abundantes pastos de los montes de Israel quedarán saciadas.

15. Yo, dice el Señor Dios, Yo mismo apacentaré mis ovejas y las haré sestear.

16. Andaré en busca de aquellas que se habían perdido, y recogeré las que habían sido abandonadas: vendaré las heridas de aquellas que han padecido alguna fractura, y daré vigor a las débiles, y conservaré las que son gordas y gruesas, y a todas las apacentaré con juicio o sabiduría.

17. A vosotros, empero, ¡oh rebaños míos!, esto os dice el Señor Dios: He aquí que yo hago distinción entre ganado y ganado, entre carneros y machos de cabrío.

18. Pues qué, ¿no os bastaba tener buenos pastos? Pero vosotros también lo que os sobraba de ellos lo hollasteis con vuestros pies; y habiendo sido abrevados en aguas limpísimas, enturbiasteis con vuestros pies las que sobraban,

19. y muchas de mis ovejas tenían que apacentarse de lo que vosotros hollasteis con vuestros pies, y beber del agua que con vuestros pies habíais enturbiado.

20. Por tanto, esto dice a vosotros el Señor Dios: He aquí que yo haré juicio o distinción entre el ganado gordo y el flaco,

21. pues que vosotros atropellabais con vuestros costados y hombros todas las ovejas flacas, y, como toros, las aventabais con vuestras astas para echarlas fuera y dispersarlas;

22. yo salvaré mi grey, y no quedará más expuesta a la presa, y discerniré entre ganado y ganado.

23. Y estableceré sobre mis ovejas un SOLO PASTOR que las apaciente, esto es, el hijo de David, siervo míi: él mismo las apacentará y él será su pastor.

24. Yo el Señor seré su Dios, y el siervo mío David será el príncipe en medio de ellas: yo el Señor lo he dicho.

25. Y haré con ellas alianza de paz; y exterminaré de la tierra o país las bestias malignas; y aquellos que habitan en los desiertos dormirán sosegadamente en medio de los bosques.

26. Y las colmaré de bendiciones a ellas y a todos los alrededores de mi santo monte, y enviaré a su tiempo las lluvias, y serán lluvias de bendicion;

27. y los árboles del campo darán sus frutos y la tierra sus esquilmos, y vivirán sin temor ninguno en su país; y conocerán que yo soy el Señor cuando habré roto las cadenas de su yugo, y las habré librado del poder de aquellos que las dominan.

28. y no quedarán más expuestas a ser presa de las naciones, ni serán devoradas de las bestias de la tierra; sino que reposarán tranquilamente sin temor alguno.

29. Y yo haré brotar para ellas el tan renombrado pimpollo, y no serán más consumidos en su tierra por el hambre, ni llevarán más el oprobio de las gentes.

30. Y conocerán que yo el Señor su Dios estaré con ellos; y ellos, los de la casa de Israel, serán el pueblo mío, dice el Señor Dios.

31. Vosotros, pues, oh hombres, vosotros sois los rebaños míos, los rebaños que yo apaciento, y yo soy el Señor Dios vuestro dice el Señor.

CAPÍTULO XXXV

Ezequiel anuncia a los idumeos su última ruina por haber perseguido al pueblo de Dios.

1. Hablóme el Señor nuevamente, diciendo:

2. Hijo de hombre, dirige tu semblante contra

la montaña de Seir, y vaticinarás acerca de ella, y le dirás:

3. Esto dice el Señor Dios: Heme aquí contra ti, ¡oh montaña de Seir!, y Yo descargaré sobre ti mi mano, y te dejaré asolada y desierta.

4. Arrasaré tus ciudades, y quedarás despoblada: y conocerás que Yo soy el Señor.

5. Por cuanto has sido enemiga eterna, y has perseguido espada en mano a los hijos de Israel en el tiempo de su aflicción, en el tiempo de su extrema calamidad,

6. por eso juro Yo, dice el Señor Dios, que te abandonaré a tu sangre, y la sangre tuya te perseguirá; y por lo mismo que tú odiaste tu sangre, la sangre tuya te perseguirá.

7. Y dejaré asolada y yerma la montaña de Seir, y haré que no se vea en ella yente ni viniente.

8. Y henchiré sus montes de sus muertos: pasados serán a cuchillo sobre tus collados, y en tus valles, y en tus arroyos.

9. Te reduciré a una soledad eterna, y quedarán desiertas tus ciudades: y conoceréis que yo soy el Señor Dios.

10. Por cuanto tú dijiste: Dos naciones y dos tierras serán mías, y no las poseeré como herencia; siendo así que el Señor estaba allí;

11. por esto te juro, dice el Señor Dios, que Yo te trataré como merece tu ira, y tu envidia, y tu odio contra ellas; y Yo seré conocido por medio de ellas, cuando te habré juzgado a ti.

12. Y conocerás que Yo el Señor he oído todos los denuestos que has pronunciado contra los montes de Israel, diciendo: abandonados están: se nos han dado para que los devoremos.

13. Y os levantasteis contra mí con vuestras lenguas blasfemas, y lanzasteis contra mí vuestros dicterios: yo los oí.

14. Esto dice el Señor Dios: con júbilo de toda la tierra te reduciré a una soledad.

15. Así como tú celebraste con júbilo el que fuese destruida la herencia de la casa de Israel, así Yo te destruiré a ti. Devastada serás, ¡oh montaña de Seir!, y toda tú, ¡oh tierra de Idumea!, y conocerán que Yo soy el Señor.

CAPÍTULO XXXVI

Promesa por la vuelta de los hijos de Israel, y restauración de su país. El Señor les dará un corazón nuevo, y un espíritu nuevo para conocerle y obedecerle.

1. Mas tú, ¡oh hijo de hombre!, profetiza acerca de los montes de Israel, y dirás: Montes de Israel, escuchad la palabra del Señor.

2. Esto dice el Señor Dios: porque el enemigo ha dicho de vosotros: Bueno, bien está: se nos han dado a nosotros como en herencia los eternos montes de Israel:

3. Por tanto profetiza y di: esto dice el Señor Dios: porque vosotros habéis sido asolados y hollados por todas partes, y habéis venido a ser como herencia de otras naciones, y andáis en boca de todos, hechos el escarnio de la plebe:

4. por tanto, oíd, ¡oh montes de Israel!, la palabra del Señor Dios: Esto dice el Señor Dios a los montes, y a los collados, a los arroyos y a los valles, y a los desiertos, y a las murallas derrocadas, y a las ciudades abandonadas que han quedado sin moradores, y son la mofa de todas las demás naciones circunvecinas.

5. He aquí lo que el Señor Dios dice: En medio del ardor de mi celo he hablado yo contra las otras naciones y contra toda la Idumea; las cuales llenas de gozo se han apropiado para sí, y con todo su corazón y voluntad, la tierra mía, y han arrojado de ella a sus herederos para saquearla.

6. Por tanto profetiza acerca de la tierra de Israel, y dirás a los montes y collados, a los cerros y a los valles: Esto dice el Señor Dios: He aquí que yo he hablado en medio de mi celo y furor, porque vosotros habéis sufrido los insultos de las naciones.

7. Por lo cual esto dice el Señor Dios: yo he levantado mi mano, jurando que las naciones que están alrededor vuestro, ellas mismas llevarán sobre sí su ignominia.

8. Vosotros, empero, ¡oh montes de Israel!, brotad vuestros pimpollos, producid vuestros frutos para el pueblo mío de Israel, porque está ya cercana su vuelta del cautiverio:

9. Porque vedme aquí hacia vosotros, a vosotros me vuelvo, y seréis arados y sembrados.

10. Y multiplicaré en vosotros la mente y toda la familia de Israel, y las ciudades serán pobladas, y los lugares arruinados se restaurarán.

11. Y os henchiré de hombres y de bestias, que se multiplicarán y crecerán, y haré que seáis poblados como antiguamente, y os daré bienes más grandes que los que tuvisteis desde el principio: y conoceréis que yo soy el Señor.

12. Y os conduciré hombres, os traeré el pueblo mío de Israel, y éste os poseerá y heredará: y vosotros seréis su herencia, y nunca más volverá ésta a quedar privada de ellos.

13. Esto dice el Señor Dios: Por cuanto dicen de vosotros que sois una tierra que devora los hombres, y se traga sus gentes,

14. por eso en adelante no podrá decirse que

tú, ¡oh tierra de Israel!, te comas más los hombres, ni mates más tu gente, dice el Señor Dios.

15. Pues Yo haré que no oigas más los insultos de las naciones, ni tengas que sufrir ya los oprobios de los pueblos, no pierdas jamás tus habitantes, dice el Señor Dios.

16. Hablóme nuevamente el Señor, diciendo:

17. Hijo de hombre, los de la familia de Israel habitaron en su tierra, y la contaminaron con sus obras y costumbres; era su vida ante mis ojos como la inmundicia de la mujer menstruosa.

18. Y Yo descargué sobre ellos la indignación mía, en castigo de la sangre que derramaron sobre la tierra, la cual contaminaron con sus ídolos.

19. Y Yo los dispersé entre las naciones, y fueron arrojados aquí y allá a todos los vientos: los juzgué según sus procederes y conducta.

20. Y llegados a las naciones, entre las cuales fueron dispersados, causaron la deshonra de mi santo Nombre, diciéndose de ellos: Éste es el pueblo del Señor; de la tierra de él han tenido éstos que salirse.

21. Os perdoné, pues, por amor de mi santo Nombre, al cual deshonraba la casa de Israel entre las naciones en donde habita.

22. Por tanto di a la casa de Israel: Esto dice el Señor Dios: No lo haré por vosotros, ¡oh casa de Israel!, sino por amor de mí santo Nombre, que vosotros deshonrasteis entre las naciones en que vivís.

23. Yo glorificaré, pues, mi grande Nombre, que se halla deshonrado entre las naciones, por haberlo vosotros deshonrado a los ojos de ellas; para que las naciones sepan que yo soy el Señor, cuando a su vista habré hecho patente en vosotros la santidad mía, dice el Señor de los ejércitos.

24. Porque yo os sacaré de entre las naciones, y os recogeré de todos los países, y os conduciré a vuestra tierra.

25. Y derramaré sobre vosotros agua pura, y quedaréis purificados de todas inmundicias y os limpiaré de todas vuestras idolatrías.

26. Y os daré un nuevo corazón, y pondré en medio de vosotros un nuevo espíritu, y quitaré de vuestro cuerpo el corazón de piedra, y os daré un corazón de carne.

27. Y pondré el espíritu mío en medio de vosotros, y haré que guardéis mis preceptos, y observéis mis leyes, y las practiquéis.

28. Y habitaréis en la tierra que Yo di a vuestros padres, y vosotros seréis el pueblo mío, y yo seré vuestro Dios.

29. Y os purificaré de todas vuestras inmundicias; y haré venir el trigo, y lo multiplicaré; nunca os haré padecer hambre.

30. Y multiplicaré los frutos de los árboles, y las cosechas del campo, a fin de que jamás las naciones os echen en cara el que os morís de hambre.

31. Vosotros entonces traeréis a la memoria vuestras perversas costumbres y depravados afectos, y miraréis con amargura las maldades e iniquidades vuestras.

32. Mas esto no lo haré Yo por amor de vosotros, dice el Señor Dios: tenedlo así entendido; confundíos y avergonzaos de vuestros procederes, oh vosotros los de la casa de Israel.

33. Esto dice el Señor Dios: En el día en que Yo os purificaré de todas vuestras maldades, y poblaré vuestras ciudades, y repararé lo arruinado,

34. y se verá cultivada la tierra yerma donde antes no veía el viajero más que desolación,

35. dirán: Aquella tierra inculta está hecha ahora un jardín de delicias, y las ciudades desiertas, abandonadas y derruidas se hallan ya restauradas y fortificadas.

36. Y todas aquellas naciones, que quedarán alrededor vuestro, conocerán que Yo el Señor reedifiqué lo arruinado, y reduje a cultivo lo que estaba inculto; que Yo el Señor lo dije, y lo puse por obra.

37. Esto dice el Señor Dios: También logrará de mí la casa de Israel que Yo haga esto a favor suyo: yo los multiplicaré como un rebaño de hombres,

38. como un rebaño santo, como el rebaño que se ve en Jerusalén, en sus festividades; del mismo modo estarán las ciudades antes desiertas llenas como de rebaños de hombres; y conocerán que Yo soy el Señor.

CAPÍTULO XXXVII

Restablecimiento de Israel figurado en una multitud de huesos secos que recobran la vida; reunión de Israel y Judá figurada en la unión de dos varas. El Santuario del Señor se fijará en medio de su pueblo, bajo un solo Rey y Pastor, por medio de la nueva y eterna alianza.

1. La virtud del Señor se hizo sentir sobre mí, y me sacó fuera en espíritu del Señor; y me puso en medio de un campo que estaba lleno de huesos,

2. e hízome dar una vuelta alrededor de ellos: estaban en grandísimo número tendidos sobre la superficie del campo y secos en extremo.

3. Díjome, pues, el Señor: Hijo de hombre,

¿crees tú acaso que estos huesos vuelvan a tener vida? ¡Oh Señor Dios!, respondí yo, tú lo sabes.

4. Entonces me dijo él: Profetiza acerca de estos huesos, y les dirás: Huesos áridos, oíd las palabras del Señor:

5. Esto dice el Señor Dios a esos huesos: He aquí que Yo infundiré en vosotros el espíritu, y viviréis;

6. y pondré sobre vosotros nervios, y haré que crezcan carnes sobre vosotros, y las cubriré de piel, y os daré espíritu y viviréis; y sabréis que yo soy el Señor.

7. Y profeticé como me lo había mandado; y mientras yo profetizaba oyóse un ruido, y he aquí una conmoción grande; y uniéronse huesos a huesos, cada uno por su propia coyuntura.

8. Y miré, y observé que iban saliendo sobre ellos nervios y carnes, y que por encima se cubrían de piel; mas no tenían espíritu o vida,

9. Y díjome el Señor: Profetiza al espíritu, profetiza, oh hijo de hombre, y dirás al espíritu: Esto dice el Señor Dios: Ven tú, ¡oh espíritu!, de las cuatro partes del mundo, y sopla sobre estos muertos, y resuciten.

10. Profeticé, pues, como me lo había mandado; y entró el espíritu en los muertos, y resucitaron; y se puso en pie una muchedumbre grandísima de hombres.

11. Y díjome el Señor: Hijo de hombre, todos esos huesos representan la familia de Israel; ellos (los hebreos) dicen: Secáronse nuestros huesos y pereció nuestra esperanza, y nosotros somos ya ramas cortadas.

12. Por tanto, profetiza tú, y les dirás: Esto dice el Señor Dios: Mirad, yo abriré vuestras sepulturas, y os sacaré fuera de ellas, ¡oh pueblo mío!, y os conduciré desde vuestro cautiverio a la tierra de Israel.

13. Y conoceréis que yo soy el Señor cuando yo habré abierto vuestras sepulturas, ¡oh pueblo mío!, y os habré sacado de ellas,

14. y habré infundido en vosotros mi espíritu, y tendréis vida, y os dé el que reposéis en vuestra tierra; y conoceréis que yo el Señor hablé, y lo puse por obra, dice el Señor Dios.

15. Hablóme nuevamente el Señor, diciendo:

16. Y tú, ¡oh hijo de hombre!, tómate una vara, y escribe sobre ella: A Judá y a los hijos de Israel sus compañeros; y toma otra vara, y escribe sobre ella: A José, vara de Efraín, y a toda la familia de Israel, y a los que con ella están.

17. Y acerca la una vara a la otra, como para formarte de las dos una sola vara; y ambas se harán en tu mano una sola.

18. Entonces cuando los hijos de tu pueblo te pregunten, diciendo: ¿No nos explicarás que es lo que quieres significar con eso?,

19. tú les responderás: Esto dice el Señor Dios: He aquí que yo tomaré la vara de José que está en la mano de Efraín, y las tribus de Israel que le están unidas; y las juntaré con la vara de Judá, y haré de ellas una sola vara o un solo cetro, y serán una sola en su mano.

20. Y tendrás a vista de ellos en tu mano las varas en que escribiste;

21. y les hablarás así: Esto dice el Señor Dios: He aquí que yo tomaré los hijos de Israel en medio de las naciones a donde fueron, y los recogeré de todas partes, y los conduciré a su tierra.

22. Y formaré de ellos una sola nación en la tierra, en los montes de Israel, y habrá solamente un rey que los mande a todos, y nunca más formarán ya dos naciones, ni en lo venidero estarán divididos en dos reinos.

23. No se contaminarán más con sus ídolos, ni con sus abominaciones, ni con todas sus maldades; y Yo los sacaré salvos de todos los lugares donde ellos pecaron, y los purificaré, y serán ellos el pueblo mío, y Yo seré su Dios.

24. Y el siervo mío David será el rey suyo, y uno solo será el pastor de todos ellos; y observarán mis leyes, y guardarán mis preceptos, y los pondrán por obra.

25. Y morarán sobre la tierra que Yo di a mi siervo Jacob, en la cual moraron vuestros padres; y en la misma morarán ellos y sus hijos, y los hijos de sus hijos eternamente; y David mi siervo será perpetuamente su príncipe.

26. Y haré con ellos una alianza de paz, que será para ellos una alianza sempiterna; y les daré firme estabilidad, y los multiplicaré, y colocaré en medio de ellos mi Santuario para siempre.

27. Y tendré junto a ellos mi tabernáculo, y yo seré su Dios, y ellos serán el pueblo mío.

28. Y conocerán las naciones que yo soy el Señor, el santificador de Israel, cuando estará perpetuamente mi Santuario en medio de ellos.

CAPÍTULO XXXVIII

Profecía contra Gog y Magog, de quienes será infestado Israel en los últimos tiempos; pero el Señor los destruirá.

1. Hablóme el Señor diciendo:

2. Hijo de hombre, dirige tu rostro contra Gog, a la tierra de Magog, al príncipe y cabeza de Mosoc y de Tubal, y profetiza sobre él,

3. y le dirás: Esto dice el Señor Dios: Heme

aquí contra ti, oh Yo, príncipe y cabeza de Mosoc y de Tubal:

4. Yo te llevaré por donde quiera, y pondré un freno en tus quijadas, y te sacaré fuera a ti y a todo tu ejército, caballos y jinetes, cubiertos todos de corazas; gentío inmenso, que empuñará lanzas, escudos y espadas.

5. Con ellos estarán los persas, los etíopes y los de la Libia, todos con sus escudos y morriones.

6. Gomer y todas sus tropas, la familia de Togorma, los habitantes del lado del Norte con todas sus fuerzas y muchos otros pueblos contigo se hallarán.

7. Aparéjate para resistirme, ponte en orden de batalla con toda tu muchedumbre agolpada alrededor tuyo, y dales tus órdenes.

8. Pues al cabo de muchos días serás tú visitado y castigado; al fin de los años irás tú a una tierra, que fue librada de la espada, y cuya población ha sido recogida de entre muchas naciones en los montes de Israel, que estuvieron por mucho tiempo desiertos; esta gente ha sido sacada de entre las naciones, y morará toda en dicha tierra tranquilamente.

9. Tú irás allá y entrarás como una tempestad y como un nublado para cubrir la tierra con todos tus escuadrones, y con los muchos pueblos que están contigo.

10. Esto dice el Señor Dios: En aquel día formarás en tu corazón altivos pensamientos, y maquinarás perversos designios;

11. y dirás: Yo me dirigiré a una tierra indefensa; iré contra una nación que descansa y vive sin recelo ninguno, y todos ellos habitan en lugares abiertos, sin puertas ni cerrojos:

12. para enriquecerte de esta manera con los despojos y hacerte dueño de la presa, y descargarás la mano sobre aquellos que habían sido dispersados y fueron después restablecidos; sobre el pueblo que ha sido recogido de entre las naciones, el cual comenzó a poseer y habitar el país que se miraba como el centro de las naciones de la tierra.

13. Saba y Dedán, y los mercaderes de Tarsis, y todos sus leones te dirán: ¿Vienes tú acaso a recoger despojos? He aquí que has reunido tu gente para apoderarte de la presa, para pillar la plata y el oro, y hacer el saqueo de los muebles y alhajas y de riquezas sin cuento.

14. Por tanto profetiza ¡oh hijo de hombre!, y dirás a Gog: Esto dice el Señor Dios: pues qué, ¿no sabrás tú bien el día en que mi pueblo vivirá tranquilo y sin recelo ninguno?

15. Tú partirás de tu país de la parte del norte, llevando contigo muchas tropas, soldados todos de a caballo, que compondrán

una grande muchedumbre, un poderoso ejército.

16. Y te dirigirás contra mi pueblo de Israel, a manera de nublado que cubre la tierra. En los postreros días vivirás tú y en ellos yo te conduciré a mi tierra; con el fin de que las naciones me conozcan, así que yo haré resaltar en ti, ¡oh Gog!, la santidad mía a la vista de ellas.

17. Esto dice el Señor Dios: Tú eres, pues, aquel de quien hablé Yo antiguamente por medio de mis siervos los profetas de Israel288, los cuales en aquellos tiempos profetizaron que Yo te traerla contra el.

18. Y en aquel día, día en que llegue Gog a la tierra de Israel, dice el Señor Dios, se desahogará mi indignación y mi furor.

19. Así lo decretó lleno de celo y encendido en cólera. Grande será en aquel día la conmoción en la tierra de Israel;

20. y a mi presencia se agitarán y andarán perturbados los peces del mar, y las aves del cielo, y las bestias del campo y todos los reptiles que se mueven sobre la tierra, y cuantos hombres moran en ella; y serán derribados los montes, y caerán los vallados o baluartes e irán por el suelo todas las murallas.

21. Y llamaré contra él en todos mis montes la espada, dice el Señor Dios: cada uno dirigirá la espada contra su propio hermano.

22. Y lo castigaré con la peste, y con la espada, y con furiosos aguaceros y terribles piedras; fuego y azufre lloveré sobre él, y sobre su ejército, y sobre los muchos pueblos que van con él.

23. Con esto haré que se vea mi grandeza y mi santidad, y me haré conocer de muchas naciones: y sabrán que Yo soy el Señor.

CAPÍTULO XXXIX

Profecía del total exterminio de Gog y de Magog, para gloria del Nombre de Dios, y para consuelo y restauración de Israel, después del castigo sufrido por sus pecados.

1. Ahora tú, oh hijo de hombre, profetiza contra Gog, y dirás: Esto dice el Señor Dios: Heme aquí contra ti, ¡oh Gog, príncipe y cabeza de Mosoc y de Tubal!

2. Yo te llevaré por donde quiera, y te sacaré fuera, y te haré venir de la parte del norte, y te conduciré sobre los montes de Israel.

3. Y destrozaré tu arco que tienes en la mano izquierda, y haré caer de tu derecha las saetas.

4. Sobre los montes de Israel caerás muerto tú y todas tus huestes, y los pueblos que van con-

igo; a las fieras, a las aves y a todos los volátiles y bestias de la tierra te he entregado para que te devoren.

5. Tú perecerás en medio del campo: porque yo lo he decretado, dice el Señor Dios.

6. Y despediré fuego sobre la tierra de Magog y sobre los habitantes de las islas o países sujetos a Gog, los cuales viven sin temor alguno: y conocerán que yo soy el Señor.

7. Y haré que mi santo Nombre sea conocido en medio del pueblo mío de Israel, y no permitiré que sea en adelante mi santo Nombre profanado; y conocerán las gentes que yo soy el Señor, el Santo de Israel.

8. He aquí que llega el tiempo, y la cosa es hecha, dice el Señor Dios: éste es el día aquel de que Yo hablé.

9. Y saldrán los moradores de las ciudades de Israel, y recogerán para el fuego y quemarán las armas, los escudos, las lanzas, los arcos, las saetas, los bastones o garrotes y las picas, y serán pábulo para el fuego por siete, por muchos, años.

10. De suerte que no traerán leña de los campos, ni la irán a cortar en los bosques, porque harán lumbre con las armas; y disfrutarán de los despojos de aquellos que los habían a ellos saqueado, y cogerán el botín de los mismos que los habían robado a ellos, dice el Señor Dios.

11. En aquel día Yo señalaré a Gog para sepultura suya un lugar famoso en Israel, el valle que está hacia el oriente del mar de Genezaret, valle que causará espanto a los pasajeros; allí enterrarán a Gog y a toda su muchedumbre, y le quedará el nombre de *Valle de la muchedumbre* o de los ejércitos de Gog.

12. Y la familia de Israel los estará enterrando durante siete meses o muchos días, a fin de purificar la tierra.

13. Y concurrirá a enterrarlos todo el pueblo del país; para el cual será célebre aquel día en que he sido Yo glorificado, dice el Señor Dios.

14. Y destinarán hombres que recorran continuamente el país para enterrar, yendo en busca de los cadáveres que quedaron insepultos sobre la tierra, a fin de purificarla, y comenzarán a hacer estas pesquisas después de los siete meses.

15. Y girarán y recorrerán el país; y al ver un hueso humano pondrán una señal cerca de él, hasta tanto que los sepultureros lo entierren en el *Valle de la muchedumbre* de Gog.

16. La ciudad vecina tendrá por nombre Amona, y dejarán purificada la tierra.

17. A ti, pues, hijo de hombre, esto dice el Señor Dios: Diles a todos los volátiles, y a todas las aves, y a todas las bestias del campo: Reuníos, daos prisa y venid de todas partes a la víctima mía, víctima grande, que os presento sobre los montes de Israel, para que comáis sus carnes, y bebáis su sangre.

18. Comeréis las carnes de los valientes, y beberéis la sangre de los príncipes de la tierra: sangre de carneros, y de corderos, y de machos cabríos, y de toros, y de animales cebados, y de toda res gorda;

19. y comeréis hasta saciaros de la grosura de la víctima que yo inmolaré para vosotros, y beberéis de su sangre basta embriagaros,

20. y en la mesa, que os pondré, os saciaréis de caballos, y de fuertes caballeros, y de todos los hombres guerreros, dice el Señor Dios.

21. Y haré ostensión de mi gloria en medio de las naciones, y todas las gentes verán la venganza que habré tomado, y cómo he descargado sobre ellos mi mano.

22. Y desde aquel día en adelante conocerá la casa de Israel que yo soy el Señor Dios suyo.

23. Y las naciones entenderán que los de la casa de Israel en castigo de sus maldades fueron llevados cautivos, porque me abandonaron, y Yo aparté de ellos mi rostro, y los entregué en poder de los enemigos, con lo cual perecieron todos al filo de la espada.

24. Yo los traté según merecía su inmundicia y sus maldades, y aparté de ellos mi rostro.

25. Por tanto, esto dice el Señor Dios: Yo ahora volveré a traer los cautivos de Jacob, y me apiadaré de toda la familia de Israel, y me mostraré celoso de la honra de mi santo Nombre.

26. Y ellos se penetrarán de una santa confusión, y sentirán todas las prevaricaciones que cometieron contra mí, cuando habitarán tranquilamente en su tierra, sin temer a nadie;

27. y cuando los habré yo sacado de en medio de los pueblos, y los habré reunido de las tierras de sus enemigos, y habré ostentado en ellos mi santidad delante de los ojos de muchísimas gentes.

28. Y conocerán que Yo soy el Señor Dios suyo, pues que los transporté a las naciones, y los volví a su país, sin dejar allí ni uno de ellos.

29. Ya no les ocultaré más mi rostro: porque derramado he el espíritu mío sobre toda la casa de Israel, dice el Señor Dios.

CAPÍTULO XL

El Señor muestra en visión al profeta la forma de los atrios, de las puertas y del pórtico del templo del Señor, destruido por los caldeos.

223

1. El año vigésimo quinto de haber sido llevados al cautiverio, al principio del año, a los diez días del mes, catorce años después que la ciudad fue arruinada, en aquel mismo día se hizo sentir sobre mí la virtud del Señor, y condújome allá a Jerusalén.

2. Llevóme en una visión divina a la tierra de Israel, y púsome sobre un monte muy elevado, sobre el cual había como el edificio de una ciudad, que miraba hacia el mediodía.

3. E introdújome dentro de él; y he aquí un varón cuyo aspecto era como de lucidísimo bronce, y tenía en su mano una cuerda de lino, y una caña o vara de medir en la otra mano; y estaba parado a la puerta.

4. Y díjome este varón: Hijo de hombre, mira atentamente con tus ojos, y aplica bien tus oídos para escuchar, y deposita en tu corazón todas las cosas que yo te mostraré; porque para que se te manifiesten has sido tú conducido acá: cuenta a la casa de Israel todo cuanto ves.

5. Y vi afuera un muro que circuía la casa, y el varón en cuya mano estaba la caña de medir de seis codos y un palmo, midió la anchura del edificio, la cual era de una caña, y de una caña también la altura.

6. Y fue al portal que miraba al camino de oriente, y subió sus gradas, y midió el umbral de la puerta, cuya anchura era de una caña, esto es, cada uno de los umbrales tenía una caña de ancho.

7. Y cada cámara tenía una caña de largo y una de ancho: y entre una cámara y otra había cinco codos.

8. Y el umbral de la puerta, junto al vestíbulo de la puerta interior tenía una caña.

9. Y midió el vestíbulo de la puerta que era de ocho codos, y de dos codos su fachada; y el vestíbulo o corredor de la puerta estaba en la parte de adentro del edificio.

10. Las cámaras de la puerta de oriente eran tres a un lado y tres al otro: una misma era la medida de las tres cámaras; e igual medida tenían las fachadas de ambas partes.

11. Y midió la anchura del umbral de la puerta, que era de diez codos, y de trece codos su longitud.

12. Y la margen que había delante de las cámaras era de un codo; y un codo hacia toda su medida, por una y otra parte; y las cámaras de ambos lados tenían seis codos.

13. Y midió el atrio de la puerta desde el fondo de una cámara hasta el fondo de la otra, y tenía veinticinco codos de anchura: la puerta de una cámara estaba enfrente de la otra.

14. E hizo o midió las fachadas de sesenta codos; y correspondiente a la fachada hizo el atrio de la puerta por todo alrededor.

15. Y desde la fachada de la puerta hasta la fachada interior de la otra puerta del atrio había cincuenta codos;

16. y ventanas oblicuas en las cámaras y en las fachadas que estaban de dentro de la puerta por todas partes alrededor; había también en los zaguanes ventanas alrededor, por la parte de dentro; y delante de las fachadas había figuras de palmas.

17. Y condújome al atrio exterior, y vi allí cámaras, y el pavimento del atrio estaba enlosado de piedra alrededor: treinta cámaras o estancias había alrededor del pavimento.

18. Y el pavimento en la fachada de las puertas era más bajo, según la longitud de las puertas.

19. Y midió la anchura desde la fachada de la puerta inferior hasta el principio del atrio interior por la parte de fuera, y tenía cien codos al oriente y otros tantos al norte.

20. Asimismo midió tanto la longitud como la anchura de la puerta del atrio exterior que cae al norte.

21. Y sus cámaras, tres a un lado y tres al otro; y su frontispicio y su vestíbulo eran según la medida de la primera puerta, de cincuenta codos de largo, y veinticinco codos de ancho.

22. Y sus ventanas, y el vestíbulo, y las entalladuras eran según la medida de la puerta que miraba al oriente; y para subir a ella había siete gradas, y delante de ella un zaguán.

23. Y la puerta del atrio interior estaba enfrente de la puerta del atrio exterior a norte y a oriente; y desde una a otra puerta midió cien codos.

24. Y llevóme a la parte del mediodía en donde estaba la puerta que miraba al mediodía; y midió su fachada y su vestíbulo, que eran de las mismas medidas que las otras.

25. También sus ventanas y los zaguanes alrededor eran, como las otras ventanas, de cincuenta codos de largo y veinticinco de ancho.

26. Y subíase a esta puerta por siete gradas, y delante de ella había un zaguán y palmas entalladas una de un lado y otra de otro en su fachada.

27. La puerta del atrio interior caía al mediodía; y midió de puerta a puerta en la parte meridional cien codos.

28. Y llevóme al atrio interior a la puerta del mediodía; y midió la puerta, la cual era de las mismas medidas que las otras.

29. Sus cámaras, y fachada, y zaguán, y sus ventanas y su zaguán alrededor tenían las mis-

mas medidas, cincuenta codos de largo y veinticinco de ancho.

30. Y el vestíbulo que había alrededor tenía veinticinco codos de largo y cinco de ancho

31. Y su pórtico daba al atrio exterior; había también palmas en la fachada, y ocho gradas para subir a la puerta.

32. E introdújome en el mismo atrio interior por la parte oriental; y midió la puerta, la cual era de las mismas medidas que las otras.

33. Sus cámaras, su fachada y sus vestíbulos, así como arriba; y las ventanas y el vestíbulo alrededor tenían de longitud cincuenta codos, y veinticinco codos de anchura.

34. Y su pórtico caía al atrio exterior, y había en su fachada de un lado y de otro palmas entalladas; y subíase a la puerta por ocho gradas.

35. Y llevóme a la puerta que miraba al norte, y midióla según las mismas medidas que las otras.

36. Sus cámaras y su fachada, y su vestíbulo, y sus ventanas alrededor tenían cincuenta codos de largo y veinticinco de ancho.

37. Y su vestíbulo caía al atrio exterior, y había palmas entalladas en su fachada, de un lado y de otro; y subíase a la puerta por ocho gradas.

38. Y en cada una de las cámaras había un postigo enfrente de las puertas, junto a las cuales lavaban el holocausto.

39. Y en el zaguán de la puerta había dos mesas a un lado y dos al otro, para degollar sobre ellas las víctimas para el holocausto, por el pecado y por el delito.

40. Y al lado exterior que sube al postigo por la puerta que mira al norte había dos mesas y otras dos al otro lado, delante del zaguán de la puerta.

41. Cuatro mesas de un lado y cuatro de otro. A los lados de la puerta había ocho mesas, sobre las cuales inmolaban las víctimas.

42. Y las cuatro mesas para el holocausto estaban hechas de piedras cuadradas, de codo y medio de largo, y de codo y medio de ancho, y de un codo de alto, para poner sobre ellas los instrumentos que se usan al inmolar el holocausto y la víctima.

43. Y tenían todas ellas alrededor un borde de un palmo, que se redoblaba hacia dentro, y sobre las mesas poníanse las carnes de la ofrenda.

44. Y fuera de la puerta interior había dos cámaras de los cantores en el atrio interior, que estaba al lado de la puerta que mira al norte, y sus fachadas miraban al mediodía; una estaba al lado de la puerta oriental que miraba al norte.

45. Y díjome el ángel: Esta cámara o habitación que mira al mediodía, será para los sacerdotes que velan en la guardia del templo.

46. Aquella cámara que da al norte será para los sacerdotes que velan en el servicio del altar. Éstos son los hijos de Sadoc, los cuales son descendientes de Leví, y se acercan al Señor para emplearse en servirle.

47. Y midió el atrio, que tenía cien codos de largo y cien codos en cuadro de ancho, y el altar que estaba delante de la fachada del templo.

48. E introdújome en el vestíbulo del templo; y midió el vestíbulo, que tenía cinco codos de una parte y cinco codos de otra; y la anchura de la puerta tres codos de un lado y tres de otro.

49. Y la longitud del vestíbulo era de veinte codos y de once codos de anchura, se subía a la puerta por ocho gradas. Y en la fachada había dos columnas una de un lado y otra de otro.

CAPÍTULO XLI
Descripción del templo: esto es, del lugar santo, del Santísimo o Santo de los Santos, y de las estancias contiguas al templo.

1. E introdújome el ángel en el templo y midió los postes, que tenían seis codos de anchura por un lado y seis codos por otro; lo cual era la anchura del Tabernáculo antiguo.

2. La anchura de la puerta era de diez codos; y sus lados tenían cinco codos cada uno. Y midió la longitud del Santo y tenía cuarenta codos, y su anchura veinte codos.

3. Y habiendo entrado en el templo, midió un poste de la puerta que era de dos codos, y la puerta de seis codos; y además de esta abertura, siete codos de ancho desde la puerta a cada rincón.

4. Y midió el fondo del Santuario delante de la fachada del templo, y halló ser de veinte codos de largo y otros veinte de ancho; y díjome: Éste es el Santo de los Santos.

5. Y midió el grueso de la pared de la casa, o templo, que era de seis codos; y la anchura de los lados por todo el rededor de la casa era de cuatro codos.

6. Y los lados, unidos el uno al otro, componían dos veces treinta y tres cámaras; y había modillones que sobresalían y entraban en la pared de la casa por los lados alrededor, a fin de que sostuviesen las cámaras, sin que éstas tocasen a la pared del templo.

7. Y había una pieza redonda, con una escalera de caracol, por donde se subía a lo alto, y dando vueltas conducía a la cámara más alta del templo; de suerte que el templo era más

ancho en lo más alto: y así desde el pavimento se subía a la estancia del medio, y de ésta a la más alta.

8. Y observé la altura de la casa alrededor: sus lados tenían de fondo la medida de una caña de seis codos.

9. Y la anchura de la pared del lado de afuera era de cinco codos; y la casa o templo estaba rodeada de estos lados o edificios.

10. Y entre las cámaras había un espacio de veinte codos alrededor de la casa, por todos lados.

11. Y las puertas de las cámaras eran para ir a la oración; una puerta al norte y otra al mediodía: y el lugar para la oración tenía de ancho cinco codos por todos lados.

12. Y el edificio que estaba separado, y miraba hacia el mar u occidente, tenía de ancho setenta codos; y la pared del edificio cinco codos de ancho por todas partes y noventa de largo.

13. Y midió la longitud de la casa o templo y era de cien codos; y cien codos de largo tenía con sus paredes el edificio que estaba separado del templo.

14. Y la plaza que había delante de la casa y delante del edificio separado hacia el oriente, era de cien codos.

15. Y midió la longitud del edificio o muro que estaba delante de aquel que estaba separado, y sito en la parte de detrás, y las galerías de ambos lados, y era de cien codos: y midió el templo interior y los vestíbulos del atrio.

16. Midió los umbrales o puertas, y las ventanas oblicuas, y las galerías que estaban alrededor en los tres lados del templo, frente de cada umbral, todo lo cual estaba revestido de madera; lo midió todo desde el pavimento hasta las ventanas; y las ventanas de encima de las puertas estaban cerradas con celosías.

17. Y midió hasta la casa o templo interior, y por la parte de afuera toda la pared alrededor por dentro y por fuera, según medida.

18. Y había entalladuras de querubines y de palmas, pues entre querubín y querubín había una palma; y cada querubín tenía dos caras.

19. La cara de hombre vuelta hacia una palma a un lado, y la cara de león hacia la otra palma al otro lado, esculpidas de relieve por todo el rededor del templo.

20. Estas esculturas de los querubines y palmas estaban en la pared del templo desde el pavimento hasta la altura de la puerta.

21. La puerta era cuadrangular, y la fachada del Santuario miraba de frente a la del templo.

22. La altura del altar de madera era de tres codos, y su longitud de dos codos, y sus ángulos, y su superficie y sus lados eran de madera. Y díjome el ángel: He aquí la mesa que está delante del Señor.

23. Y en el templo y en el Santuario había dos puertas.

24. Y en estas dos puertas había en una y en otra parte otras dos pequeñas puertas; las que se doblaban una sobre otra, pues dos eran las hojas de una y otra parte de las puertas.

25. Y en las dichas puertas del templo había entallados querubines y palmas; así como se veían también de relieve en las paredes; por cuya razón eran más gruesas las vigas en la frente del vestíbulo de afuera,

26. sobre las cuales estaban las ventanas oblicuas; y las figuras de las palmas de un lado y de otro en los capiteles de la galería, a lo largo de los costados de la casa y en la extensión de las paredes.

CAPÍTULO XLII

De las cámaras o estancias que había en el atrio de los sacerdotes, y de su uso. Dimensiones del atrio exterior.

1. Y me sacó del templo al patio de afuera por el camino que va hacia el norte; y me introdujo en las cámaras que estaban enfrente del edificio separado, y delante de la casa o templo por la parte que miraba al norte.

2. En la fachada tenía este edificio cien codos de largo desde la puerta del norte, y cincuenta de ancho,

3. enfrente del atrio interior de veinte codos, y enfrente al pavimento enlosado del atrio exterior, donde estaba el pórtico que se unía a los tres pórticos de los tres lados.

4. Y delante de las cámaras había una galería de diez codos de ancho, que miraba a la parte de adentro y tenía delante un borde o antepecho de un codo. Sus puertas estaban al norte,

5. donde había las cámaras más bajas en el plano de arriba; por estar sostenidas de los pórticos, los cuales salían más afuera en la parte ínfima y media del edificio.

6. Porque había tres pisos, y aquellas cámaras no tenían columnas, como eran las columnas de los patios: por esto se levantaban de tierra cincuenta codos, comprendida la estancia ínfima y la del medio.

7. Y el recinto exterior a lo largo de las cámaras, las cuales estaban en el paso del patio de afuera delante de las cámaras, tenía de largo cincuenta codos.

8. Porque la longitud de las cámaras del atrio exterior era de cincuenta codos; y la longitud delante de la fachada del templo, de cien codos.

9. Y debajo de estas cámaras había un pasadizo al oriente para entrar en ellas desde el patio exterior.

10. A lo ancho del recinto del patio, que estaba frente a la parte oriental de la fachada del edificio separado, había también cámaras delante de este edificio.

11. Y el pasadizo de delante de ellas era semejante al de las cámaras que estaban al norte; la longitud de este pasadizo era como la de aquél, y la misma la anchura del uno que del otro; y así sus entradas, y su figura, y sus puertas.

12. Las cuales eran como las puertas de las cámaras que estaban al mediodía: tenían una puerta en la cabeza del pasadizo, y este pasadizo estaba delante del pórtico separado para quien venía del lado oriental.

13. Y díjome el ángel: Las cámaras del norte y las cámaras del mediodía, que están delante del edificio separado, son cámaras santas, en las cuales comerán los sacerdotes que se acercan al Señor en el Santuario; allí meterán las cosas sacrosantas y la ofrenda por el pecado y por el delito; porque el tal lugar santo es.

14. Y cuando los sacerdotes hubieren entrado, no saldrán del lugar santo al patio de afuera, sino que dejarán allí las vestiduras con que ejercen su ministerio, porque son santas; y tomarán otro vestido, y así saldrán a tratar con el pueblo.

15. Y cuando el ángel hubo acabado de medir la casa o templo interior, me sacó fuera por la puerta que miraba al oriente, y midió la casa por todos lados alrededor.

16. Midió, pues, por la parte del oriente con la caña de medir, y hubo la medida de quinientas cañas alrededor.

17. Y por la parte del norte hubo la medida de quinientas cañas de medir alrededor.

18. Y por la parte del mediodía hubo quinientas cañas de medir alrededor.

19. Y por la parte del poniente midió también quinientas cañas de medir alrededor.

20. Por los cuatro vientos midió su pared por todas partes alrededor, y hubo quinientos codos o cañas de longitud y quinientos codos de ancho; la cual pared hace la separación entre el Santuario y el lugar o atrio del pueblo.

CAPÍTULO XLIII

Entrada del Señor en el templo. Descripción del altar de los holocaustos y de la ceremonia de su consagración.

1. Y condújome el ángel a la puerta del atrio exterior que miraba al oriente.

2. Y he aquí que la gloria del Dios de Israel entraba por la puerta del oriente, y el estruendo que ella causaba era como el estruendo de una gran mole de aguas, y su majestad hacía relumbrar la tierra.

3. Y tuve una visión semejante a aquella que yo había tenido cuando el Señor vino para destruir la ciudad, y su semblante era conforme a la imagen que yo había visto cerca del río Cobar, y postréme sobre mi rostro.

4. Y la majestad del Señor entró en el templo por la puerta que mira al oriente.

5. Y el espíritu me arrebató, y me llevó al atrio interior, y he aquí que el templo estaba lleno de la gloria del Señor.

6. Y oí cómo me hablaba desde la casa; y aquel varón que estaba cerca de mí,

7. me dijo: Hijo de hombre, he aquí el lugar de mi trono, y el lugar donde asentaré mis pies, y donde tendré mi morada entre los hijos de Israel para siempre. Los de la familia de Israel no profanarán ya más mi santo Nombre, ni ellos ni sus reyes, con sus fornicaciones o idolatrías, con los cadáveres de sus reyes y con los oratorios en los lugares altos.

8. Ellos edificaron su puerta junto a la puerta mía, o de mi templo; y sus postes junto a los postes míos, y no había más que una pared entre mí y ellos, y profanaron mi santo Nombre con las abominaciones que cometieron; por esta causa los consumí lleno de indignación.

9. Ahora, pues, arrojen lejos de mí sus idolatrías y los cadáveres de sus reyes, y Yo moraré para siempre en medio de ellos.

10. Mas tú, ¡oh hijo de hombre!, muestra a los de la casa de Israel el templo, y confúndanse de sus maldades; y midan la fábrica,

11. y avergüéncense de toda su conducta; muéstrales la figura de la casa, o del templo, las salidas y entradas del edificio y todo su diseño, y todas sus ceremonias, y el orden que debe observarse en ella, y todas sus leyes; y lo escribirás todo a vista de ellos, para que observen todo el diseño que se da de ella, y sus ceremonias, y las pongan en práctica.

12. Ésta es la ley o norma de la casa que se reedificará sobre la cima del monte santo: todo su recinto alrededor es sacrosanto. Tal es, pues, la ley o arreglo en orden a esta casa.

13. Éstas son, empero, las medidas del altar hechas por un codo exacto, el cual tenía un codo vulgar y un palmo. El seno o canal tenía un codo de alto y un codo de ancho; y el remate o cornisa del mismo seno, que se levantaba

por todo el rededor de su borde, era de un palmo: tal era el foso del altar.

14. Y desde el seno o canal que había en el pavimento hasta la base inferior del altar dos codos de alto y la anchura de un codo; y desde la base inferior hasta la boca superior había cuatro codos de alto y un codo de ancho.

15. Y el mismo Ariel tenía cuatro codos de alto; y desde el plano del Ariel se levantaban hacia arriba cuatro pirámides.

16. Y el Ariel tenía de largo doce codos y doce codos de ancho: era un cuadrángulo de lados iguales.

17. Y el borde de su base tenía catorce codos de largo y catorce de ancho en todos sus cuatro ángulos; y alrededor del altar una cornisa de un codo, y su seno o canal de medio codo alrededor, y sus gradas miraban al oriente.

18. Y aquel ángel me dijo: Hijo de hombre, esto dice el Señor Dios: Éstas son las ceremonias pertenecientes al altar para cuando será construido, a fin de que se ofrezca sobre él el holocausto y se derrame la sangre.

19. Y tú las enseñarás a los sacerdotes y a los levitas que son de la estirpe de Sadoc, y se acercan a mi presencia, dice el Señor Dios, para ofrecerme un becerro de la vacada por el pecado.

20. Tomarás tú de su sangre y la echarás sobre los cuatro remates del altar, y sobre los cuatro ángulos de la basa, y sobre la cornisa alrededor, y así purificarás y expiarás el altar.

21. Y tomarás aquel becerro ofrecido por el pecado, y lo quemarás en un lugar separado de la casa, o templo, fuera del Santuario.

22. Y en el segundo día ofrecerás un macho de cabrío sin defecto, por el pecado; y se purificará el altar, como se purificó con el becerro.

23. Y así que hayas acabado de purificarlo, ofrecerás un becerro de la vacada sin defecto, y un carnero de rebaño también sin defecto.

24. Y los ofrecerás en la presencia del Señor; y los sacerdotes echarán sal sobre ellos, y los ofrecerán en holocausto al Señor.

25. Por siete días ofrecerás diariamente un macho de cabrío por el pecado; y un becerro de la vacada, y un carnero de rebaño, todos sin defecto.

26. Por siete días expiarán el altar, y lo purificarán, y lo consagrarán.

27. Cumplidos los días, en el día octavo, y en adelante, los sacerdotes inmolarán vuestros holocaustos y las víctimas pacíficas. Y yo me reconciliaré con vosotros, dice el Señor Dios.

CAPÍTULO XLIV

Queda cerrada la puerta oriental del templo. No entrarán en él los incircuncisos en la carne y en el corazón. Exhortación a la penitencia. Orden de los ministros sagrados, y leyes que deben observar.

1. Y el ángel me hizo volver hacia la puerta del Santuario exterior, la cual miraba al oriente, y estaba cerrada.

2. Y díjome el Señor: Esta puerta estará cerrada; y no se abrirá, y no pasará nadie por ella: porque por ella ha entrado el Señor Dios de Israel; y estará cerrada,

3. aun para el príncipe. El príncipe mismo se quedará en el umbral de ella para comer el pan en la presencia del Señor: por la puerta del vestíbulo entrará, y por la misma saldrá.

4. Y llevóme por el camino de la puerta del norte delante del templo; y miré, y he aquí que la gloria del Señor había henchido la Casa del Señor: y yo me postré sobre mi rostro.

5. Y díjome el Señor: Hijo de hombre, considera en tu corazón, mira atentamente, y escucha con cuidado todo aquello que Yo te digo acerca de todas las ceremonias de la Casa del Señor, y en orden a todas las leyes que a ella pertenecen; y aplicarás tu corazón a observar los ritos o usos del templo, en todas las cosas que se practican en el Santuario.

6. Y dirás a la familia de Israel, la cual me provoca a ira: Esto dice el Señor Dios: baste ya, ¡oh familia de Israel!, de todas vuestras maldades;

7. porque yo veo que aún introducís gente extranjera no circuncidada en el corazón, ni circuncidada en la carne, para estar en mi Santuario, y profanar mi Casa, y ofrecerme los panes, y la grosura y la sangre: de esta manera con todas vuestras maldades rompéis mi alianza.

8. Ni habéis guardado las leyes de mi Santuario, y vosotros mismos os habéis elegido los custodios o ministros de los ritos que Yo prescribí para mi Santuario.

9. Esto dice el Señor Dios: Ningún extranjero, no circuncidado de corazón, ni circuncidado en la carne, ni ningún hijo de extranjero que habita entre los hijos de Israel, entrará en mi Santuario.

10. Pero los del linaje de Leví, que en la apostasía de los hijos de Israel se apartaron lejos de mí, y de mí se desviaron en pos de sus ídolos y pagaron la pena de su maldad,

11. éstos serán en mi Santuario no más que guardas y porteros de las puertas de la casa, y sirvientes de ella; ellos degollarán los holo-

caustos y víctimas del pueblo, y estarán ante el pueblo para servirle.

12. pues que le sirvieron delante de sus ídolos, y fueron ellos piedra de escándalo a la familia de Israel, para que cayera en la maldad. Por eso Yo alcé mi mano contra ellos, dice el Señor Dios, y juré que llevarán la paga de su maldad.

13. Y no se acercarán a mí para ejercer las funciones de sacerdotes míos, ni se llegarán a nada de mi Santuario cerca del Santo de los Santos; sino que llevarán sobre sí su confusión y la pena de las maldades que cometieron.

14. Los pondré, pues, por porteros de la casa y sirvientes de ella, para todo cuanto se necesite.

15. Pero aquellos sacerdotes y levitas, hijos de Sadoc, los cuales observaron las ceremonias de mi Santuario cuando los hijos de Israel se desviaron de mí, éstos se acercarán a mí para servirme, y estarán en la presencia mía para ofrecerme la grosura y la sangre, dice el Señor Dios.

16. Y ellos entrarán en mi Santuario, y se llegarán a mi mesa para servirme y observar mis ceremonias.

17. Y así que entraren en las puertas del atrio interior, se vestirán de ropas de lino; y no llevarán encima cosa de lana mientras ejercen su ministerio en las puertas del atrio interior y más adentro.

18. Fajas o turbantes de lino traerán en sus cabezas, y calzoncillos de lino sobre sus lomos; y no se ceñirán apretadamente de modo que los excite el sudor.

19. Y cuando saldrán al atrio exterior donde está el pueblo, se desnudarán de las vestiduras con que hubieren ejercido su ministerio, y las dejarán en las cámaras del Santuario, y se vestirán otras ropas, para no consagrar al pueblo con el contacto de aquellas vestiduras suyas.

20. Y no raerán su cabeza ni dejarán crecer su cabello, sino que lo acortarán cortándolo con tijeras.

21. Y ningún sacerdote beberá vino cuando hubiere de entrar en el atrio interior.

22. Y no se desposarán con viudas, ni con repudiada, sino con una virgen del linaje de la casa de Israel; pero podrán también desposarse con viuda que lo fuere de otro sacerdote.

23. Y enseñarán a mi pueblo a discernir entre lo santo y lo profano, entre lo puro y lo impuro.

24. Y cuando sobreviniere alguna controversia, estarán a mis juicios, y según ellos juzgarán; observarán mis leyes y mis preceptos en todas mis solemnidades, y santificarán mis sábados.

25. Y no se acercarán a donde haya un cadáver, a fin de no quedar con eso contaminados, si no es que sea padre o madre, hijo o hija, hermano o hermana que no haya tenido marido: y aun por éstos contraerán alguna impureza legal.

26. Y después que se hubiere el sacerdote purificado, se le contarán siete días.

27. Y en el día que entrare en el Santuario, en el atrio interior para ejercer mi ministerio en el Santuario, presentará una ofrenda por su pecado, dice el Señor Dios.

28. Y los sacerdotes no tendrán heredad o tierras; la heredad de ellos soy Yo: y así no les daréis a ellos ninguna posesión en Israel; porque yo soy su posesión.

29. Ellos comerán la carne de la víctima ofrecida por el pecado y por el delito; y todas las ofrendas que haga Israel por voto, serán de ellos.

30. De los sacerdotes serán también las primicias u ofrenda de todo lo primerizo, y las libaciones todas de cuanto se ofrece, y a los sacerdotes daréis las primicias de vuestros manjares, para que esto atraiga la bendición sobre vuestras casas.

31. Ninguna cosa de aves, ni de reses que hayan muerto de suyo, o hayan sido muertas por otra bestia, la comerán los sacerdotes.

CAPÍTULO XLV

El Señor señala la porción de tierra para el templo, para los usos de los sacerdotes, y para propiedades de la ciudad y del príncipe. Equidad en los pesos y medidas. Sacrificios en las fiestas principales.

1. Y cuando comenzareis a repartir la tierra por suerte entre las familias, separad como primicia para el Señor una parte de tierra, que se consagre al Señor, de veinticinco mil medidas o codos de largo, y diez mil de ancho: santificado quedará este espacio en toda su extensión alrededor.

2. De todo este espacio de tierra separaréis para ser consagrado al Señor, un cuadrado de quinientas medidas por cada lado, y cincuenta codos de espacio vacío por todo el rededor.

3. Y con esta misma medida mediréis la longitud del espacio de veinticinco mil codos, y su anchura de diez mil; y en este espacio estará el templo y el Santo de los Santos.

4. Esta porción de tierra consagrada a Dios será para los sacerdotes ministros del Santuario que se ocupan en el servicio del Señor, y será el lugar para sus casas y para el Santuario de santidad.

5. Habrá también otros veinticinco mil codos de longitud y diez mil de anchura para los levitas que sirven a la casa o templo: los cuales tendrán veinte habitaciones cerca de las de los sacerdotes.

6. Y para posesión de la ciudad, común a toda la familia de Israel, señalaréis cinco mil medidas de ancho y veinticinco mil de largo, enfrente de la porción separada para el Santuario a sus ministros.

7. Al príncipe también le daréis su porción en un lado y otro, junto a la porción separada para el Santuario y sus ministros, y a la separada para la ciudad, enfrente de la señalada para el Santuario y de la señalada para la ciudad, desde un lado del mar, o del occidente, hasta el otro; y desde el un lado oriental hasta el otro. La longitud de las porciones será igual en cada una de las dos partes desde su término occidental hasta el oriental.

8. El príncipe tendrá una porción de tierra en Israel. Y los príncipes no despojarán ya más en lo venidero a mi pueblo; sino que distribuirán la tierra a la familia de Israel, tribu por tribu.

9. Esto dice el Señor Dios: básteos ya esto, príncipes de Israel: dejad la iniquidad y las rapiñas; haced justicia y portaos con rectitud; separad vuestros términos de los de mi pueblo, dice el Señor Dios.

10. Sea justa vuestra balanza, y justo el efí, y justo el bato.

11. El efí y el bato serán iguales y de una misma medida: de manera que el bato sea la décima parte del coro, y el efí la décima parte del coro: su peso será igual comparado con la medida del coro.

12. El siclo tiene veinte óbolos; y veinte siclos con veinticinco siclos y otros quince siclos hacen una mina.

13. Las primicias, pues, que ofreceréis vosotros serán las siguientes: de cada coro de trigo la sexta parte de un efí, y la sexta parte de un efi de cada coro de cebada.

14. En cuanto a la medida de aceite se dará un bato de aceite; la décima parte de cada coro: diez batos hacen el coro; pues éste con diez batos queda lleno.

15. Y de cada rebaño de doscientas cabezas que se críen en Israel, daréis un carnero para los sacrificios, para los holocaustos y para las hostias pacíficas, a fin de que os sirvan de expiación, dice el Señor Dios.

16. Todo el pueblo de la tierra estará obligado a dar estas primicias al príncipe de Israel.

17. Y a cargo del príncipe estará proveer para los holocaustos, para los sacrificios y para las libaciones en los días solemnes, y en las calendas, y en los sábados, y en todas las festividades de la casa de Israel: él ofrecerá el sacrificio por el pecado, y el holocausto, y las víctimas pacíficas para la expiación de la familia de Israel.

18. Esto dice el Señor Dios: En el mes primero, el día primero del mes, tomarás de la vacada un becerro sin defecto, y purificarás el santuario.

19. Y el sacerdote tomará de la sangre de la víctima ofrecida por el pecado, y rociará con ella los postes de la puerta del templo, y los cuatro ángulos del borde del altar, y los postes de la puerta del atrio interior.

20. Y lo mismo practicarás el día séptimo del mes por todos aquellos que pecaron por ignorancia o por error, y así purificarás la casa, o el templo.

21. En el mes primero, a catorce del mes, celebraréis la solemnidad de la Pascua: comeréis panes ácimos durante siete días.

22. Y en aquel día el príncipe ofrecerá por sí y por todo el pueblo de la tierra un becerro por el pecado.

23. Y durante la soleninidad de los siete días ofrecerá al Señor en holocausto siete becerros y siete carneros sin defectos, cada día durante los siete días; y un macho de cabrío por el pecado, cada uno de los días.

24. Y con el becerro ofrecerá un efí de la flor de harina, y otro efí con el carnero, y un hin de aceite con cada efí.

25. En el mes séptimo a los quince días del mes en que se celebra la solemnidad de los Tabernáculos, hará durante siete días lo que arriba se ha dicho, tanto para la expiación del pecado como para el holocausto, y para los sacrificios da las oblaciones y del aceite.

CAPÍTULO XLVI

La puerta oriental se abrirá en ciertos días: ofrendas que entonces deberá hacer el príncipe. Por qué puerta han de entrar él y el pueblo para adorar al Señor, y del lugar en que deben cocerse las carnes de las víctimas.

1. Esto dice el Señor Dios: La puerta del atrio interior que mira al oriente estará cerrada los seis días que son de trabajo; mas el día del sábado se abrirá, y se abrirá también en el día de las calendas.

2. Y entrará el príncipe por el vestíbulo de la puerta de afuera, y se parará en el umbral de la puerta, y los sacerdotes ofrecerán por él el holocausto y las hostias pacíficas; y hará su oración

desde el umbral de la puerta, y se saldrá: la puerta, empero, no se cerrará hasta la tarde.

3. Y el pueblo hará su adoración delante del Señor a la entrada de aquella puerta, en los sábados y en las calendas.

4. Y éste es el holocausto que el príncipe ofrecerá al Señor: En el día del sábado seis corderos sin defecto, y un carnero sin defecto;

5. y la ofrenda de un efí de harina con el carnero, y lo que él quisiere con los corderos; y ademas un hin de aceite por cada efí.

6. En el día, empero, de las calendas ofrecerá un becerro de la vacada que no tenga defecto, y seis corderos, y seis carneros igualmente sin defecto;

7. y con cada becerro ofrecerá un efí de harina, y otro efí con cada uno de los carneros; mas con los corderos dará la cantidad que quisiere: y además un hin de aceite por cada efí.

8. Cada vez que deba entrar el príncipe, entre por la parte del vestíbulo de la puerta oriental, y salga por el mismo camino.

9. Y cuando entrará el pueblo de la tierra a la presencia del Señor en las solemnidades, aquel que entrare por la puerta septentrional para adorar, salga por la puerta del mediodía; y aquel que entrare por la puerta del mediodía, salga por la puerta septentrional: nadie saldrá por la puerta que ha entrado, sino por la que está enfrente de ella.

10. Y el príncipe en medio de ellos entrará y saldrá por su puerta, como los demás que entran y salen.

11. Y en las ferias o fiestas y solemnidades ofrecerá un efí de harina con cada becerro, y un efí con cada carnero, y con los corderos lo que se quisiere; y además un hin de aceite con cada efí.

12. Y cuando el príncipe ofreciere al Señor un holocausto voluntario, o un voluntario sacrificio pacífico, le abrirán la puerta oriental, y ofrecerá su holocausto y sus hostias pacíficas, como suele practicarse en el día de sábado; y se irá; y luego que haya salido se cerrará la puerta.

13. Ofrecerá él también todos los días en holocausto al Señor un cordero primal, sin defecto: lo ofrecerá siempre por la mañana.

14. Y con él ofrecerá también cada mañana la sexta parte de un efí de harina, y la tercera parte de un hin de aceite, para mezclarse con la harina: sacrificio al Señor según la ley, perpetuo y diario.

15. Ofrecerá el cordero y el sacrificio de la harina y el aceite cada mañana; holocausto sempiterno.

16. Esto dice el Señor Dios: Si el príncipe hiciere alguna donación a uno de sus hijos, pasará ella en herencia a los hijos de éste, los cuales la poseerán por derecho hereditario.

17. Pero si él de su herencia hiciere un legado a alguno de sus criados, éste lo poseerá hasta el año del jubileo; y entonces la cosa legada volverá al príncipe: quedarán, pues, para sus hijos las heredades suyas.

18. No tomará el príncipe por la fuerza cosa alguna de la heredad del pueblo, y de cuanto éste posea; sino que de sus propios bienes dará una herencia a sus hijos: para que ninguno de mi pueblo sea despojado de sus posesiones.

19. Después el ángel por una entrada que estaba junto a la puerta, me introdujo en las cámaras del Santuario pertenecientes a los sacerdotes, las cuales estaban al norte; y había allí un lugar que caía hacia el poniente.

20. Y díjome el ángel: Éste es el lugar donde los sacerdotes cocerán las víctimas ofrecidas por el pecado y por el delito; donde cocerán aquello que se sacrifica, a fin de que no se saque al atrio exterior, y no quede el pueblo consagrado.

21. Y me sacó fuera al atrio exterior, y llevóme alrededor por los cuatro lados del patio; y vi que en el ángulo del patio habia una zaguanete; un zaguanete en cada ángulo del patio.

22. Estos zaguanetes así dispuestos en los cuatro ángulos, tenían de largo cuarenta codos y treinta codos de ancho: los cuatro tenían una misma medida.

23. Y había alrededor una pared que circuía los cuatro zaguanetes, y debajo de los pórticos estaban fabricadas alrededor las cocinas.

24. Y díjome el ángel: Éste es el edificio de las cocinas, en el cual los sirvientes de la Casa del Señor cocerán las víctimas de que ha de comer el pueblo.

CAPÍTULO XLVII

Aguas que salen de debajo de la puerta oriental del templo, y forman después un torrente caudaloso, las cuales son muy salutíferas. Límites de la tierra santa, que debe distribuirse entre los hijos de Israel y los extranjeros.

1. Y me hizo volver hacia la puerta de la Casa del Señor; y vi que brotaban aguas debajo del umbral de la casa hacia el oriente, pues la fachada de la casa miraba al oriente, y las aguas descendían hacia el lado derecho del templo, al mediodía del altar.

2. Y me condujo fuera por la puerta septentrional, e hízome dar la vuelta por fuera hasta la puerta exterior que cae al oriente; y vi las

aguas salir a borbollones por el lado derecho.

3. Aquel personaje, pues, dirigiéndose hacia el oriente, y teniendo en su mano la cuerda de medir, midió mil codos desde el manantial; y en seguida me hizo vadear el arroyo y me llegaba el agua a los tobillos.

4. Midió en seguida otros mil codos, y allí hízome vadear el agua, que me llegaba a las rodillas.

5. De nuevo midió otros mil, y allí hízome vadear el agua, la cual me llegaba hasta la cintura; y medidos otros mil, era ya tal el arroyo que no pude pasarlo, porque habían crecido las aguas de este arroyo profundo, de modo que no podía vadearse.

6. Díjome entonces: Hijo de hombre, bien lo has visto ya; e hízome salir y volvióme a la orilla del arroyo.

7. Y así que hube salido, he aquí en la orilla del arroyo un grandísimo número de árboles a una y otra parte.

8. Y díjome el ángel: Estas aguas que corren hacia los montes de arena al oriente, y descienden a la llanura del desierto, entrarán en el mar y saldrán; y las aguas del mar quedarán salutíferas.

9. Y todo animal viviente de los que andan serpeando por donde pasa el arroyo tendrá vida; y habrá allí gran cantidad de peces después que llegaren estas aguas; y todos aquellos a quienes tocare este arroyo tendrán salud y vida.

10. Y los pescadores se pararán junto a estas aguas: Desde Engaddí hasta Engallim se pondrán redes a enjugar: serán muchísimas las especies de peces, y en grandísima abundancia, como los peces en el mar grande.

11. Pero fuera de sus riberas, y en sus lagunas o charcos, no serán salutíferas las aguas; y sólo servirán para salinas.

12. Y a lo largo del arroyo nacerá en sus riberas de una y otra parte toda especie de árboles fructíferos; no se les caerá la hoja, ni les faltarán jamás frutos; cada mes llevarán frutos nuevos, pues las aguas que los riegan saldrán del Santuario; y sus frutos servirán de comida, y sus hojas para medicina.

13. Estas cosas dice el Señor Dios: Éstos son los términos dentro de los cuales tendréis vosotros la posesión de la tierra dividida entre las doce tribus de Israel; pues José tiene doble porción.

14. Esta tierra prometida por mí con juramento a vuestros padres, la poseeréis todos igualmente, cada uno lo mismo que su hermano; y será esta tierra vuestra herencia.

15. Ved aquí, pues, los límites de la tierra: por el lado del Norte, desde el mar grande, viniendo de Hetalón a Sedada,

16. a Emat, a Berota, a Sabarim, que está entre los confines de Damasco y los confines de Emat, la casa de Ticón, que está en los confines de Aurán.

17. Y sus confines serán desde el mar hasta el atrio de Enón, término de Damasco, y desde un lado del norte hasta el otro. Emat será el término por el lado del norte.

18. Su parte oriental será desde el medio de Aurán, y desde el medio de Damasco, y desde el medio de Calaad, y desde el medio de la tierra de Israel. El río Jordán será su término hacia el mar oriental. Mediréis también vosotros la parte oriental.

19. Y la parte meridional será desde Tamar o Palmira hasta las Aguas de Contradicción en Cadés; y desde el torrente de Egipto hasta el mar grande o Mediterráneo: ésta es la parte de mediodía.

20. Y la parte occidental o del mar será el mar grande desde su extremo en línea recta hasta llegar a Emat: éste es el lado de la parte del mar.

21. Y ésta es la tierra que os repartiréis entre las tribus de Israel;

22. Y la sortearéis para herencia vuestra y de aquellos extranjeros que se unirán a vosotros, y procrearán hijos entre vosotros, y a quienes deberéis vosotros mirar como del mismo pueblo de los hijos de Israel; con vosotros entrarán en la parte de las posesiones en medio de las tribus de Israel.

23. Y en cualquiera tribu que se halle el extranjero agregado, en ella le daréis su heredad o porción de tierra, dice el Señor Dios.

CAPÍTULO XLVIII

El Señor hace un nuevo repartimiento de la tierra santa entre las doce tribus. Porciones destinadas para el templo, para la ciudad, para los sacerdotes y levitas y para el príncipe. Nombres de las puertas de la ciudad.

1. Y he aquí los nombres de las tribus desde la extremidad septentrional, a lo largo del camino de Hetalón para ir a Emat; el atrio de Enán es el término por la parte de Damasco al norte a lo largo del camino de Emat; y el lado oriental y el mar terminarán la porción de la tribu de Dan.

2. Y desde los confines de Dan por la parte de oriente hasta el mar será la porción de Aser.

3. Y desde los confines de Aser, de oriente al mar, la porción de Neftalí.

4. Y desde los confines de Neftalí, de oriente al mar, la porción de Manasés.

5. Y desde los confines de Manasés, del oriente al mar, la porción de Efraín.

6. Y desde los confines de Efraín, de oriente al mar, la porción de Rubén.

7. Y desde los confines de Rubén, de oriente al mar, la porción de Judá.

8. Y desde los confines de Judá, de oriente al mar, estará la porción que separaréis a modo de primicias, la cual será de veinticinco mil medidas o codos de largo y de ancho, conforme tiene cada una de las porciones desde el oriente hasta el mar: y en medio estará el Santuario.

9. Las primicias o porción que separaréis para el Señor, serán de veinticinco mil medidas de largo y diez mil de ancho.

10. Éstas serán las primicias del lugar santo de los sacerdotes. Veinticinco mil medidas de largo hacia el norte; y diez mil de ancho hacia el mar; y hacia el oriente diez mil también de ancho; y veinticinco mil de largo hacia el mediodía: y en medio de esta porción estará el Santuario del Señor.

11. Todo éste será lugar santo destinado para los sacerdotes hijos de Sadoc, los cuales observaron mis ceremonias, y no cayeron en el error cuando iban extraviados los hijos de Israel, y se extraviaron también los levitas.

12. Y tendrán ellos, en medio de las primicias o porciones de la tierra, la primicia santísima al lado del término de los levitas.

13. Mas a los levitas igualmente se les señalará, junto al término de los sacerdotes, veinticinco mil medidas de largo y diez mil de ancho. Toda la longitud de su porción será de veinticinco mil medidas y de diez mil la anchura.

14. Y de esto no podrán hacer venta ni permuta, ni traspasar a otros las primicias o porción de tierras, porque están consagradas al Señor.

15. Y las cinco mil medidas que quedan de largo de las veinticinco mil, serán un espacio profano, o destinado para edificios de la ciudad y para arrabales; y la ciudad estará en medio.

16. Y he aquí sus medidas: A la parte del norte cuatro mil y quinientas; a la del mediodía cuatro mil y quinientas; a la de oriente cuatro mil y quinientas; y cuatro mil y quinientas a la de occidente.

17. Y los ejidos de la ciudad tendrán hacia el norte doscientas cincuenta; y hacia el mediodía doscientas cincuenta; y a oriente doscientas cincuenta; y doscientas cincuenta al lado del mar, o de occidente.

18. Y aquello que quedare de la longitud, junto a las primicias del lugar santo, esto es, diez mil medidas al oriente y diez mil a occidente, será como aditamento a las primicias del lugar santo; y los frutos de aquel terreno servirán para alimentar a aquellos que sirven a la ciudad.

19. Y aquellos que se emplearán en servir a la ciudad serán de todas las tribus de Israel.

20. Todas las primicias de veinticinco mil medidas en cuadro serán separadas para primicias del Santuario, y para posesión y sitio de la ciudad.

21. Y aquello que sobrare alrededor de todas las primicias del Santuario, y de la porción señalada a la ciudad enfrente de las veinticinco mil medidas de las primicias hasta el término oriental, será del príncipe; y asimismo será de él lo de la parte del mar, u occidente, enfrente a las veinticinco mil medidas hasta el límite del mar; y las primicias del Santuario y el lugar santo del templo quedarán en medio.

22. Y el resto de la posesión de los levitas y de la posesión de la ciudad estará en medio de la porción del príncipe: pertenecerá al príncipe aquello que está entre los confines de Judá y los confines de Benjamín.

23. En cuanto a las demás tribus: desde oriente a occidente la porción para Benjamín.

24. Desde los confines de Benjamín, de oriente a occidente, la porción de Simeón.

25. Y desde el término de Simeón, de oriente a occidente, la porción de Isacar.

26. Y desde el término de Isacar, de oriente a occidente, la porción de Zabulón.

27. Y desde el término de Zabulón, de oriente al mar u occidente la porción de Gad.

28. Y desde el término de Gad hacia la región de mediodía, serán sus confines desde Tamar hasta las Aguas de Contradicción en Cadés: su herencia enfrente del mar grande.

29. Ésta es la tierra que repartiréis por suerte a las tribus de Israel, y tales son sus porciones, dice el Señor Dios.

30. Y éstas son las salidas de la ciudad: por el lado del norte medirás cuatro mil y quinientas medidas;

31. y las puertas de la ciudad tomarán nombre de las tribus de Israel; tres puertas al Norte, una puerta de Rubén, una de Judá y una de Leví.

32. A oriente medirás cuatro mil quinientas medidas; y habrá tres puertas, una puerta de José, una de Benjamín y una de Dan.

33. Y a mediodía medirás cuatro mil quinientas medidas; y habrá tres puertas, una puerta de Simeón, una de Isacar y una de Zabulón.

34. Y al lado de occidente medirás cuatro mil quinientas medidas; y habrá tres puertas, una

puerta de Gad, otra de Aser y otra de Neftalí.
35. Su recinto será de dieciocho mil medidas. Y el nombre de la ciudad, desde aquel día será: habitación o ciudad del Señor.

LA PROFECÍA DE DANIEL

CAPÍTULO I

Daniel, Ananías, Misael y Azarías son escogidos para servir en la corte de Nabuco-donosor. Rehusaron los manjares de la casa real por no faltar a la Ley de Dios, y por eso el Señor les da su bendición, y comunica, señaladamente a Daniel, el don de profecía.

1. En el al tercero del reinado de Joakim, rey de Judá, vino Nabucodonosor, rey de Babilonia, contra Jerusalén, y la sitió.
2. Y el Señor entregó en sus manos a Joakim, rey de Judá, y una parte de los vasos del templo de Dios, y los trasladó a tierra de Senaar a la casa, o templo, de su dios, y los metió en la casa del tesoro de su dios.
3. Y dijo el rey a Asfenez, jefe de los eunucos, que de los hijos de Israel, y de la estirpe de sus reyes y grandes, le destinase
4. algunos niños que no tuviesen ningún defecto, de bella presencia y completamente instruidos, adornados con conocimientos científicos, y bien educados, y dignos, en fin, de estar en el palacio del rey, y que les enseñase la lengua y las letras o ciencias de los caldeos.
5. Y dispuso el rey que todos los días se les diese de comer de lo mismo que él comía y del vino mismo que él bebía; a fin de que mantenidos así por espacio de tres años, sirviesen después en la presencia del rey.
6. Entre éstos, pues, se hallaron de los hijos de Judá, Daniel, Ananías, Misael y Azarías.
7. Y el prefecto de los eunucos les puso los nombres siguientes: a Daniel el de Baltasar; a Ananías el de Sidrac; a Misael el de Misac, y a Azarías el de Abdénago.
8. Daniel, empero, resolvió en su corazón el no contaminarse con comer de la vianda de la mesa del rey, ni con beber del vino que el rey bebía; y rogó al prefecto de los eunucos que le permitiese el no contaminarse.
9. Y Dios hizo que Daniel hallase gracia y benevolencia ante el jefe de los eunucos.
10. Y dijo el prefecto de los eunucos a Daniel: me temo yo del rey mi señor, el cual os ha señalado la comida y bebida, que si él llegare a ver vuestras caras más flacas que las de los otros jóvenes vuestros coetáneos,

seréis causa de que el rey me condene a muerte.
11. Dijo entonces Daniel a Malasar, al cual el prefecto de los eunucos había encargado el cuidado de Daniel, de Ananías, de Misael y de Azarías:
12. Suplícote que hagas la prueba con nosotros tus siervos por espacio de diez días; y dénsenos legumbres para comer y agua para beber;
13. y observa nuestras caras y las caras de los jóvenes que comen de la vianda del rey; y según vieres, harás con tus siervos.
14. Oída por él semejante propuesta, hizo con ellos la prueba por diez días.
15. Y al cabo de los diez días aparecieron de mejor color sus rostros, y más llenos que los de todos los jóvenes que comían de las viandas del rey.
16. Malasar, pues, tomaba para sí las viandas, y el vino que ellos habían de beber; y les daba a comer legumbres.
17. Y diole Dios a estos jóvenes ciencia y pericia en todos los escritos y conocimientos de los caldeos: a Daniel, empero, la inteligencia de todas las visiones y sueños.
18. Cumplido, pues, el tiempo, después del cual había mandado el rey que le fuesen presentados los jóvenes, condújoles el prefecto de los eunucos a la presencia de Nabucodonosor.
19. Y habiéndolos el rey examinado, no se halló entre todos ellos quien igualase a Daniel, a Ananías, a Misael y a Azarías; y se quedaron para el servicio de la persona real.
20. Y en cualquiera especie de conocimientos y ciencias sobre que los examinó el rey, halló que eran diez veces más sabios que cuantos adivinos y magos había en todo su reino.
21. Y permaneció Daniel en el servicio del rey hasta el año primero del rey Ciro.

CAPÍTULO II

Los sabios o magos caldeos, no pudiendo adivinar un sueño de Nabucodonosor, son condenados a muerte. Revélale Dios a Daniel, quien explica al rey lo que significaba la estatua. Ensalza el rey a Daniel, y confiesa al Dios verdadero.

1. En el año segundo de su reinado tuvo Nabucodonosor un sueño que dejó consternado su espíritu, y huyósele dicho sueño de la memoria.
2. Y mandó el rey convocar los adivinos y magos, y los hechiceros y los caldeos o astrólogos, para que mostrasen al rey los sueños que había tenido; y llegados que fueron se presentaron delante del rey.

3. Y díjoles el rey: He tenido un sueño; y perturbada mi mente, ya no sé lo que he visto.

4. A esto le respondieron los caldeos en su lengua siríaca, o caldaica: ¡Oh rey, vive para siempre! Refiere el sueño a tus siervos y nosotros te daremos su interpretación.

5. Replicó el rey, y dijo a los caldeos: Olvidóseme lo que era; y si vosotros no me exponéis el sueño, y no me dais su interpretación, pereceréis vosotros y serán confiscadas vuestras casas.

6. Mas si expusiereis el sueño y lo que significa, recibiréis de mí premios y dones, y grandes honores; exponedme, pues, el sueño y su significación.

7. Respondiéronle otra vez ellos, diciendo: Refiera el rey su sueño a sus siervos, y le declararemos su significación.

8. A esto repuso el rey, y dijo: Conozco bien que vosotros queréis ganar tiempo, porque sabéis que se me fue de la memoria la cosa que soñé.

9. Por lo cual si no me decís aquello que he soñado, yo no pensaré otra cosa de vosotros, sino que forjaréis también una interpretación falaz y llena de engaño para entretenerme con palabras hasta que vaya pasando el tiempo. Por tanto, decidme el sueño mío, a fin de que conozca que también la interpretación que de él daréis será verdadera.

10. A esto dijeron los caldeos, respondiendo al rey: No hay hombre sobre la tierra, ¡oh rey!, que pueda cumplir tu mandato; ni hay rey alguno grande y poderoso que demande tal cosa a ningún adivino, mago o caldeo;

11. porque es cosa muy difícil, ¡oh rey!, la que pides, ni se hallará nadie que pueda ilustrar al rey sobre ella, fuera de los dioses, los cuales no tienen trato con los hombres.

12. Al oír esto el rey, lleno de furor y grandísimo enojo, mandó que se quitara la vida a todos los sabios de Babilonia.

13. Y publicada que fue esta sentencia, fueron a matar a los sabios, y andaban en busca de Daniel y de sus compañeros para hacerlos morir.

14. Entonces Daniel fue a preguntar a Arioc, capitán de las tropas del rey, el cual tenía la comisión de hacer morir a los sabios de Babilonia, que venía a ser aquella ley y aquella sentencia.

15. Y al dicho Arioc, que había recibido la comisión del rey, le preguntó por qué causa había pronunciado el rey tan cruel sentencia. Y habiendo Arioc declarado a Daniel lo que había sobre eso,

16. entró Daniel al rey y le suplicó que le concediese tiempo para dar la solución.

17. En seguida se fue a su casa, y contó el caso a sus compañeros Ananías, Misael y Azarías,

18. para que implorasen la misericordia del Dios del cielo acerca de un tal arcano, a fin de que no pereciesen Daniel y sus compañeros junto con los otros sabios de Babilonia.

19. Entonces tuvo Daniel por la noche una visión, en la cual le fue revelado el arcano; y bendijo Daniel al Dios del cielo,

20. y prorrumpió en estas palabras: Bendito sea el nombre del Señor *ab eterno* y para siempre: porque de Él son la sabiduría y la fortaleza.

21. Él muda los tiempos y las edades; traslada los reinos, y los afirma; da la sabiduría a los sabios y la ciencia a los inteligentes.

22. Él revela las cosas profundas y recónditas, y conoce las que se hallan en medio de tinieblas, pues la luz está con Él.

23. A ti, ¡oh Dios de nuestros padres!, te tributo las gracias, y rindo alabanzas, porque me has concedido sabiduría y fortaleza, y me has hecho conocer ahora lo que te hemos pedido; puesto que nos has revelado lo que el rey pregunta.

24. Después de esto fuese Daniel a encontrar a Arioc, a quien había dado el rey el encargo de hacer morir a los sabios de Babilonia; y le habló de esta manera: No quites la vida a los sabios de Babilonia: acompáñame a la presencia del rey y yo le expondré la solución.

25. Entonces Arioc condujo luego a Daniel a la presencia del rey, a quien dijo: He hallado un hombre entre los hijos de Judá cautivos, el cual dará al rey la explicación que desea.

26. Respondió el rey, y dijo a Daniel, a quien se daba el nombre de Baltasar: ¿Crees tú realmente que podrás decirme el sueño que tuve, y darme su interpretación?

27. A lo que respondió Daniel al rey, diciendo: El arcano que el rey desea descubrir, no se lo pueden declarar al rey los sabios, ni los magos, ni los adivinos, ni los arúspices.

28. Pero hay un Dios en el cielo que revela los misterios, y éste te ha mostrado, ¡oh rey Nabucodonosor!, las cosas que sucederán en los últimos tiempos. Tu sueño y las visiones que ha tenido tu cabeza en la cama, son las siguientes:

29. Tú, ¡oh rey!, estando en tu cama, te pusiste a pensar en lo que sucedería en los tiempos venideros, y aquel que revela los misterios te hizo ver lo que ha de venir.

30. A mí también se me ha revelado ese arcano no por una sabiduría que en mí haya más que en cualquier otro hombre mortal, sino a fin de que el rey tuviese una clara interpretación,

y para que reconocieses, ¡oh rey!, los pensamientos de tu espíritu.

31. Tú, ¡oh rey!, tuviste una visión; y te parecía que veías como una grande estatua y esta estatua grande y de elevada altura estaba derecha enfrente de ti: y su presencia era espantosa.

32. La cabeza de esta estatua era de oro finísimo el pecho, empero, y los brazos de plata; mas el vientre y los muslos de cobre o bronce;

33. y de hierro las piernas; y la una parte de los pies era de hierro y la otra de barro.

34. Así la veías tú cuando, sin que mano ninguna la moviese, se desgajó del monte una piedra, la cual hirió la estatua en sus pies de hierro y de barro cocido, y los desmenuzó.

35. Entonces se hicieron pedazos igualmente el hierro, el barro, el cobre, la plata y el oro, y quedaron reducidos a ser como el tamo de una era en el verano, que el viento esparce; y así no quedó nada de ellos. Pero la piedra que había herido a la estatua se hizo una gran montaña, y llenó toda la tierra.

36. Tal es el sueño. Diremos también en tu presencia, ¡oh rey!, su significación.

37. Tú eres rey de reyes; y el Dios del cielo te ha dado a ti reino, y fortaleza, e imperio y gloria;

38. y ha sujetado a tu poder los lugares todos en que habitan los hijos de los hombres, como también las bestias del campo y las aves del aire; todas las cosas ha puesto bajo tu dominio: tú, pues, eres la cabeza de oro.

39. Y después de ti se levantará otro reino menor que el tuyo, que será de plata y después otro tercer reino, que será de cobre o bronce, el cual mandará a toda la tierra.

40. Y el cuarto reino será como el hierro. Al modo que el hierro desmenuza y doma todas las cosas, así este reino destrozará y desmenuzará a todos los demás.

41. Mas en cuanto a lo que has visto que una parte de los pies y de los dedos era de barro de alfarero y la otra de hierro, sepas que el reino, sin embargo, que tendrá origen de vena de hierro será dividido, conforme lo que viste del hierro mezclado con el barro cocido.

42. Y como los dedos de los pies en parte son de hierro y en parte de barro cocido, así el reino en parte será firme y en parte quebradizo.

43. Y al modo que has visto el hierro mezclado con el barro cocido, así se unirán por medio de parentelas; mas no formarán un cuerpo el uno con el otro, así como el hierro no puede ligarse con el barro.

44. Pero en el tiempo de aquellos reinos, el Dios del cielo levantará un reino que nunca jamás será destruido; y este reino no pasará a otra nación, sino que quebrantará y aniquilará todos estos reinos, y él subsistirá eternamente.

45. Conforme viste tú que la piedra desprendida del monte sin concurso de hombre alguno desmenuzó el barro, y el hierro, y el cobre, y la plata y el oro, y el gran Dios ha mostrado al rey las cosas futuras. Y el tal sueño es verdadero, y es fiel su interpretación.

46. Entonces el rey Nabucodonosor postróse en tierra sobre su rostro y adoró a Daniel, y mandó que se le hiciesen sacrificios de víctimas, y le quemasen incienso.

47. El rey, pues, dirigió su palabra a Daniel, y le dijo: Verdaderamente que vuestro Dios es el Dios de los dioses, y el Señor de los reyes, y el que revela los arcanos, pues has podido tú descubrir éste.

48. Entonces el rey ensalzó a Daniel colmándole de honores, y le hizo muchos y magníficos regalos, y le constituyó príncipe de todas las provincias de Babilonia, y presidente de los magistrados y de todos los sabios de Babilonia.

49. E impetró Daniel del rey que se encargasen los negocios de la provincia de Babilonia a Sidrac, Misac y Abdénago. Daniel, empero, estaba al lado del rey.

CAPÍTULO III

Ananías, Misael y Azarías, no queriendo adorar la estatua de Nabucodonosor, son echados en un horno encendido, y milagrosamente librados por Dios. Asombrado el rey, da gloria a Dios, y manda que sea muerto el que blasfemare su santo Nombre.

1. Hizo el rey Nabucodonosor una estatua de oro de sesenta codos de altura y seis de anchura, y púsola en el campo de Dura, en la provincia de Babilonia.

2. Mandó, pues, el rey Nabucodonosor juntar los sátrapas, magistrados y jueces, los capitanes y grandes señores, y los prefectos y los gobernadores todos de las provincias, para que asistiesen a la dedicación de la estatua que había levantado el rey Nabucodonosor.

3. Reuniéronse, pues, los sátrapas, los magistrados, y los jueces, y los capitanes, y los grandes señores, y los presidentes de los tribunales, y todos los gobernadores de las provincias, para concurrir a la dedicación de la estatua que había levantado el rey Nabucodonosor. Y estaban en pie delante de la estatua erigida por el rey Nabucodonosor:

4. y gritaba un pregonero en alta voz: A voso-

tros, ¡oh pueblos, tribus y lenguas!, se os manda,

5. que en el mismo punto en que oyereis el sonido de la trompeta, de la flauta, del arpa, de la zampoña y del salterio, y de la sinfonía, y de toda especie de instrumentos músicos, postrándoos, adoréis la estatua de oro erigida por el rey Nabucodonosor.

6. Que si alguno no se postrare, y no la adorare, en el mismo momento será arrojado en un horno de fuego ardiente.

7. Así, pues, luego que los pueblos todos oyeron el sonido de la trompeta, de la flauta, del arpa, de la zampoña, y del salterio, y de la sinfonía, y de toda especie de instrumentos músicos, postrándose todos los pueblos, tribus y lenguas, adoraron la estatua de oro que había levantado el rey Nabucodonosor.

8. Y súbito en el mismo momento fueron algunos caldeos a acusar a los judíos;

9. y dijeron al rey Nabucodonosor: ¡Oh rey, vive eternamente!

10. Tú, ¡oh rey!, has dado un decreto para que todo hombre que oyere el sonido de la trompeta, de la flauta, y del arpa, de la zampoña, y del salterio, y de la sinfonía, y de toda especie de instrumentos músicos, se postre, y adore la estatua de oro;

11. y que cualquiera que no se postrare y no la adorare, sea arrojado en un horno de fuego ardiente.

12. Hay, pues, tres hombres entre los judíos, a los cuales tú constituiste sobre los negocios de la provincia de Babilonia, que son Sidrac, Misac y Abdénago: estos hombres han despreciado, oh rey, tu decreto; no dan culto a tus dioses, ni adoran la estatua de oro que has levantado.

13. Entonces Nabucodonosor, lleno de furor y saña, mandó que le trajesen a Sidrac, Misac y Abdénago, los cuales al momento fueron conducidos a la presencia del rey.

14. Y hablóles el rey Nabucodonosor, diciendo: ¿Es verdad, ¡oh Sidrac, Misac y Abedénago!, que no dais culto a mis dioses, ni adorais la estatua de oro que yo hice levantar?

15. Ahora, pues, si estáis dispuestos a obedecer, al punto que oigáis el sonido de la trompeta, de la flauta, del arpa, de la zampoña, y del salterio, y de la sinfonía, y de todo género de instrumentos músicos, postraos, y adorad la estatua que yo he hecho; pero si no la adoráis, al instante seréis arrojados en el horno ardiente de fuego. ¿Y cuál es el dios que os librará de mi mano?

16. Respondieron Sidrac, Misac y Abdénago, y dijeron al rey Nabucodonosor: No es necesario que nosotros te respondamos sobre esto.

17. Porque he aquí que nuestro Dios, a quien adoramos, puede librarnos del horno del fuego ardiente, y sustraernos, oh rey, de tus manos.

18. Que sí Él no quisiere, sepas, ¡oh rey!, que nosotros no daremos culto a tus dioses, ni adoraremos la estatua de oro que has levantado.

19. Enfurecióse con esto Nabucodonosor, y mudó el aspecto de su rostro para con Sidrac, Misac y Abdénago, y mandó que se encendiese el horno con fuego siete veces mayor de lo acostumbrado.

20. Y dio orden a unos soldados de los más fuertes de su ejército para que atando de pies y manos a Sidrac, Misac y Abdénago, los arrojasen al horno de fuego ardiente.

21. Y al punto fueron atados aquellos tres varones, y echados en el horno ardiente de fuego con sus fajas, y tiaras, y calzados, y vestidos.

22. Porque era urgente mandado del rey, y el horno estaba extraordinariamente encendido. Pero de repente las llamas del fuego mataron a aquellos hombres que habían echado a Sidrac, a Misac, y a Abdénago.

23. Y estos tres varones Sidrac, Misac y Abdénago cayeron atados en medio del horno de ardientes llamas.

24. Y andaban por medio de las llamas loando a Dios, y bendiciendo al Señor.

25. Y Azarías, poniéndose en pie, oró de esta manera, y abriendo su boca en medio del fuego, dijo:

26. Bendito eres, ¡oh Señor Dios de nuestros padres!, y digo es de alabanza tu Nombre, y glorioso por todos los siglos.

27. Porque justo eres en todo aquello que has hecho con nosotros; y verdaderas o perfectas son todas las obras tuyas, rectos tus caminos, y justos todos tus juicios.

28. Pues justos fueron los juicios tuyos, según los cuales hiciste recaer todas estas cosas sobre nosotros, y sobre la santa ciudad de nuestros padres, Jerusalén; porque en verdad y en justicia enviaste todas estas cosas por causa de nuestros pecados.

29. Puesto que nosotros hemos pecado y obrado inicuamente, apostando de ti, y en todo hemos faltado,

30. sin querer atender a tus preceptos, ni observarlos, ni guardarlos, según Tú habías dispuesto para que fuésemos felices.

31. Todo cuanto, pues, has enviado sobre nosotros, y todo lo que nos has hecho, justísimamente lo has hecho:

32. y nos has entregado en manos de nuestros

malvados, perversos y prevaricadores enemigos, y de un rey injusto y el peor de toda la tierra.

33. Y en esta sazón no podemos abrir la boca, siendo, como somos, objeto de confusión y de oprobio para tus siervos y para aquellos que te adoran.

34. Rogámoste, Señor, que por amor de tu Nombre no nos abandones para siempre, ni destruyas tu alianza con Israel:

35. Ni apartes de nosotros tu misericordia, por amor de Abrahán, tu amado, y de Isaac, siervo tuyo, y de Israel, tu santo:

36. a los cuales hablaste, prometiéndoles que multiplicarías su linaje como las estrellas del cielo y como la arena que está en la playa del mar.

37. Porque nosotros, ¡oh Señor!, hemos venido a ser la más pequeña de todas las naciones, y estamos hoy día abatidos en todo el mundo por causa de nuestros pecados.

38. Y no tenemos en este tiempo ni príncipe, ni caudillo, ni profeta, ni holocausto, ni sacrificio, ni ofrenda, ni incienso, ni lugar donde presentarte las primicias,

39. a fin de poder alcanzar tu misericordia. Pero recíbenos Tú, ¡oh Señor!, contritos de corazón y con espíritu humillado.

40. Como recibías el holocausto de los carneros y toros, y los sacrificios de millares de gordos corderos: así sea hoy agradable nuestro sacrificio en presencia tuya; puesto que jamás quedan confundidos aquellos que en ti confían.

41. Y ahora te seguirnos con todo el corazón, y te tememos, o respetamos, y buscamos tu rostro.

42. No quieras, pues, confundirnos: haz, sí, con nosotros, según la mansedumbre tuya, y según la grandísima misericordia.

43. Y líbranos, con tus prodigios, y glorifica, ¡oh Señor!, tu Nombre.

44. Y confundidos sean todos cuantos hacen sufrir tribulaciones a tus siervos, confundidos sean por medio de tu infinito poder, y aniquilada puede su fuerza.

45. Y sepan que sólo Tú eres el Señor Dios y el glorioso en la redondez de la tierra.

46. Entretanto los ministros del rey que los habían arrojado, no cesaban de cebar el horno con un cierto betún, estopa y pez, y con sarmientos.

47. Y alzábase la llama sobre el horno cuarenta y nueve codos

48. y se extendió, y abrazó a los caldeos que halló cerca del horno.

49. Y el ángel del Señor habiendo descendido al horno, estaba con Azarías y con sus compañeros, y los preservaba de la llama del fuego del horno.

50. E hizo que en medio del horno soplase como un viento fresco y húmedo que los recreaba; y el fuego no les tocó en parte alguna, ni los afligió, ni causó la menor molestia.

51. Entonces aquellos tres jóvenes, como si no tuviesen los tres sino una sola boca, alababan y glorificaban y bendecían a Dios en medio del horno, diciendo:

52. Bendito seas Tú, ¡oh Señor Dios de nuestros padres!, y digno eres de loor, y de gloria, y de ser ensalzado para siempre; bendito sea tu santo y glorioso Nombre, y digno de ser alabado y sobremanera ensalzado en todos los siglos.

53. Bendito eres Tú en el templo santo de tu gloria, y sobre todo loor y sobre toda gloria por todos los siglos de siglos.

54. Bendito eres Tú en el trono de tu reino, y sobre todo loor y sobre toda gloria por todos los siglos.

55. Bendito eres Tú que con tu vista penetras los abismos, y estás sentado sobre querubines, y eres digno de loor, y de ser ensalzado por todos los siglos.

56. Bendito eres Tú en el firmamento del cielo, y digno de loor, y de gloria por todos los siglos.

57. Obras todas del Señor, bendecid al Señor, y loadle y ensalzadle sobre todas las cosas por todos los siglos.

58. Ángeles del Señor bendecid al Señor: loadle y ensalzadle sobre todas las cosas por todos los siglos.

59. Cielos, bendecid al Señor: alabadle y ensalzadle sobre todas las cosas por todos los siglos.

60. Aguas todas que estáis sobre los cielos, bendecid al Señor: alabadle y ensalzadle sobre todas las cosas por todos los siglos.

61. Virtudes todas, o milicias celestiales, bendecid vosotras al Señor: loadle y ensalzadle sobre todas las cosas por todos los siglos.

62. Sol y luna, bendecid al Señor: loadle y ensalzadle sobre todas las cosas por todos los siglos.

63. Estrellas del cielo, bendecid al Señor: loadle y ensalzadle sobre todas las cosas por todos los siglos.

64. Lluvias todas y rocíos, bendecid al Señor: alabadle y ensalzadle sobre todas las cosas por todos los siglos

65. Espíritus o vientos de Dios, bendecid todos vosotros al Señor: loadle y ensalzadle sobre todas las cosas por todos los siglos.

66. Fuego y calor, bendecid vosotros al Señor: loadle y ensalzadle sobre todas las cosas por todos los siglos.

67. Frío y calor, bendecid al Señor: loadle y ensalzadle sobre todas las cosas por todos los siglos.

68. Rocíos y escarchas, bendecid al Señor: loadle y ensalzadle sobre todas las cosas por todos los siglos.

69. Hielos y fríos, bendecid al Señor: loadle y ensalzadle sobre todas las cosas por todos los siglos.

70. Heladas y nieves, bendecid al Señor: loadle y ensalzadle sobre todas las cosas por todos los siglos.

71. Noches y días, bendecid al Señor: loadle y ensalzadle sobre todas las cosas por todos los siglos.

72. Luz y tinieblas, bendecid al Señor: loadle y ensalzadle sobre todas las cosas por todos los siglos.

73. Relámpagos y nubes, bendecid al Señor: loadle y ensalzadle sobre todas las cosas por todos los siglos.

74. Bendiga al Señor la tierra, alábele y ensálcele sobre todas las cosas por todos los siglos

75. Montes y collados, bendecid al Señor: loadle y ensalzadle sobre todas las cosas por todos los siglos.

76. Plantas todas que nacéis en la tierra, bendecid al Señor: loadle y ensalzadle sobre todas las cosas por todos los siglos.

77. Fuentes, bendecid al Señor: loadle y ensalzadle sobre todas las cosas por todos los siglos

78. Mares y ríos, bendecid al Señor: loadle y ensalzadle sobre todas las cosas por todos los siglos.

79. Ballenas y peces todos, que giráis por las aguas, bendecid al Señor: loadle y ensalzadle por todos los siglos sobre todas las cosas.

80. Aves todas del cielo, bendecid al Señor: loadle y ensalzadle por todos los siglos sobre todas las cosas.

81. Bestias todas y ganados, bendecid al Señor: loadle y ensalzadle por todos los siglos sobre todas las cosas.

82. ¡Oh hijos de los hombres!, bendecid al Señor: loadle y ensalzadle por todos los siglos sobre todas las cosas.

83. Bendiga Israel al Señor: alábele y ensálcele por todos los siglos sobre todas las cosas.

84. Vosotros, sacerdotes del Señor, bendecid al Señor: loadle y ensalzadle por todos los siglos sobre todas las cosas.

85. Siervos del Señor, bendecid vosotros al Señor: loadle y ensalzadle por todos los siglos sobre todas las cosas.

86. Espíritus y almas de los justos, bendecid al Señor: loadle y ensalzadle por todos los siglos sobre todas las cosas.

87. Vosotros, santos y humildes de corazón, bendecid al Señor: alabadle y ensalzadle por todos los siglos sobre todas las cosas.

88. Vosotros, Ananías, Azarías y Misael, bendecid al Señor: loadle y ensalzadle por todos los siglos sobre todas las cosas. Porque Él nos ha salvado del infierno, o del sepulcro, y librado de las manos de la muerte, y nos ha sacado de en medio de las ardientes llamas, y libertado del fuego del horno.

89. Tributad las gracias al Señor: porque es tan bueno, y por ser eterna su misericordia.

90. Vosotros todos, los que dais culto al Señor, bendecid al Dios de los dioses: loadle y tributadle gracias, porque su misericordia permanece por todos los siglos

91. Entonces el rey Nabucodonosor quedó atónito, levantóse apresuradamente, y dijo a sus magnates: ¿no hemos mandado arrojar tres hombres atados aquí en medio del fuego? Respondieron diciendo: así es, ¡oh rey!

92. Repuso él, y dijo: he aquí que yo veo cuatro hombres sueltos, que se pasean por medio del fuego, sin que hayan padecido ningún daño, y el aspecto del cuarto es semejante a un hijo de Dios.

93. Acercóse entonces Nabucodonosora la boca del horno de fuego ardiente, y dijo: Sidrac, Misac y Abdénago, siervos del Dios Altísimo, salid fuera, y venid. Y luego salieron de en medio del fuego Sidrac, Misac y Abdénago.

94. Y agolpándose los sátrapas, y magistrados, y jueces, y los cortesanos del rey, contemplaban aquellos varones, en cuyo cuerpo no había tenido el fuego poder ninguno; y ni un cabello de su cabeza se había chamuscado, ni sus ropas habían padecido nada, ni habían tan siquiera percibido el olor o vecindad del fuego.

95. Entonces Nabucodonosor prorrumpió en estas palabras: ¡Bendito sea el Dios de ellos, el Dios de Sidrac, Misac y Abdénago, el cual ha enviado su ángel, y ha librado a sus siervos, que creyeron o confiaron en él, y pospusieron el mandato del rey, y sacrificaron sus cuerpos por no servir ni adorar a otro dios alguno fuera de su Dios!

96. Éste, pues, es el decreto que yo expido: Perezca cualquier pueblo, tribu o lengua que hable mal del Dios de Sidrac, Misac y Abdénago; y sean derruidas sus casas: porque no hay otro dios que pueda así salvar.

97. En seguida el rey ensalzó a Sidrac, Misac

y Abdénago en la provincia de Babilonia.

98. El rey Nabucodonosor a todos los pueblos, naciones y lenguas que habitan en toda la tierra: Vaya siempre en aumento vuestra paz o felicidad.

99. El altísimo Dios ha obrado conmigo portentos y maravillas. Por eso, pues, he querido publicar

100. sus prodigios, pues, son tan grandes, y sus maravillas que son estupendas: es su reino un reino eterno, y su poderío permanece por todos los siglos.

CAPÍTULO IV

Sueño de Nabucodonosor interpretado por Daniel. El rey, echado de su reino, vivió siete años con las bestias; hasta que reconociendo la mano de Dios fue restituido al trono.

1. Yo, Nabucodonosor, vivía tranquilo en mi casa y lleno de felicidad en mi palacio.

2. Y tuve un sueño que me estremeció; y las ideas, y las fantasmas que me pasaron por la cabeza estando en cama, me llenaron de turbación.

3. E hice publicar un decreto para que viniesen a mi presencia todos los sabios de Babilonia, a fin de que me declarasen la significación de mi sueño.

4. Entonces fueron introducidos a mi presencia los adivinos, los magos, los caldeos y los agoreros, y referí yo el sueño ante ellos; mas no supieron darme la interpretación de él;

5. hasta tanto que vino a mi presencia el compañero suyo Daniel (que se llama Baltasar, del nombre de mi dios; y el cual tiene dentro de sí el espíritu de los santos dioses) y expuse delante de él mi sueño.

6. ¡Oh Baltasar, príncipe de los adivinos!, por cuanto yo sé que tienes dentro de ti el espíritu de los santos dioses, y que no hay para ti arcano alguno impenetrable, expónme las visiones que he tenido en mis sueños, y dime su significación.

7. He aquí la visión que tenía yo en mi cabeza, estando en mi cama: Me parecía ver un árbol en medio de la tierra, de extremada altura.

8. Un árbol grande y robusto, cuya copa tocaba al cielo, y se alcanzaba a ver desde los últimos términos de toda la tierra.

9. Eran sus hojas hermosísimas y copiosísimos sus frutos: bastaban para alimentar a todos. Vivían a la sombra de él animales y fiera, y en sus ramas hacían nidos las aves del cielo, y de él sacaba su comida todo animal viviente.

10. Esta visión tenía yo en la cabeza estando en la cama, cuando he aquí que el velador y santo ángel descendió del cielo;

11. y clamó en alta voz, diciendo: Cortad el árbol y desmochad sus ramas, sacudid sus hojas, y desparramad sus frutos; huyan las bestias que están bajo de él y las aves que están en sus ramas.

12. Empero, dejad en la tierra la cepa de sus raíces; y sea él atado con cadenas de hierro y de bronce entre las yerbas que están al descubierto; y sea bañado del rocío del cielo, y su vivienda sea con las fieras entre la yerba del campo.

13. Cámbiesele a él el corazón, y désele un corazón de fiera en vez de hombre; y pasen de este modo siete tiempos, o años, sobre él.

14. Así queda resuelto por sentencia de los veladores o ángeles, y es cosa que han pedido los santos o justos: hasta que conozcan los mortales que El Altísimo tiene dominio sobre el reino de los hombres, y lo dará a aquel que bien le pareciere, y pondrá sobre él, si quiere, al más abatido de los mortales.

15. Esto en sueños, yo Nabucodonosor rey vi; tú, pues, ¡oh Baltasar!, dime luego su significación; porque los sabios todos de mi reino no han sabido decírmela; pero tú puedes, pues reside en ti el espíritu de los santos dioses.

16. Entonces Daniel, que era llamado Baltasar, quedóse pensativo y en silencio como una hora, y conturbábanle sus pensamientos. Mas el rey tomó la palabra, y dijo: Baltasar, no te turbes por causa del sueño y de su explicación. A lo que respondió Baltasar diciendo: Ojalá, señor mío, que el sueño recaiga sobre los que te quieren mal, y sea para tus enemigos lo que él significa.

17. El árbol que has visto elevadísimo y robusto, cuya altura llega hasta el cielo, y se ve de toda la tierra;

18. cuyas ramas son hermosísimas y abundantísimos sus frutos, y que da alimento para todos; y debajo de cuya sombra habitan las bestias del campo, y en cuyas ramas anidan las aves del cielo:

19. ése eres tú, ¡oh rey!, que has sido engrandecido, y te has hecho poderoso, y ha crecido tu grandeza, y elevádose hasta el cielo, y tu poderío hasta los últimos términos de toda la tierra.

20. Y en orden a aquello que ha visto el rey de bajar del cielo el velador y el santo que decía: cortad el árbol y hacedlo trozos, pero dejad en la tierra una punta de sus raíces, y sea atado el con hierro y con bronce, y esté al descubierto sobre la yerba, y sea bañado con el rocío del

cielo, y su pasto sea común con las fieras hasta que pasen así por él siete tiempos, o años,

21. ésta es la interpretación de la sentencia del Altísimo, pronunciada contra el rey, mi señor:

22. Te echarán de entre los hombres, y habitarás con las bestias y fieras, y comerás heno como si fueses buey, y serás bañado con el rocío del cielo; y así pasarán por ti siete tiempos, o años, hasta tanto que conozcas que el Altísimo tiene dominio sobre el reino de los hombres, y lo da a quien le parece.

23. Y en cuanto a la orden de dejar la punta de las raíces del árbol, significa que tu reino te quedará para ti después que conocieres que hay una potestad en el cielo.

24. Por tanto, toma, ¡oh rey!, mi consejo, y redime con limosnas tus pecados y maldades, ejercitando la misericordia con los pobres; que tal vez perdonará el Señor tus pecados.

25. Todas estas cosas acontecieron al rey Nabucodonosor.

26. Al cabo de doce meses se estaba el rey paseando por el palacio de Babilonia.

27. Y comenzó a hablar de esta manera: ¿No es ésta la gran Babilonia que yo he edificado para capital de mi reino con la fuerza de mi poderío y el esplendor de mi gloria?

28. No había aún acabado el rey de decir esto, cuando vino súbito una voz del cielo que dijo: A ti, ¡oh rey Nabucodonosor!, se te dice: Tu reino te ha sido quitado;

29. y te echarán de entre los hombres, y habitarás con las bestias y fieras, heno comerás como el buey, y pasarán de esta manera por ti siete tiempos, o años, hasta tanto que conozcas que el Altísimo tiene dominio sobre el reino de los hombres, y lo da a quien le place.

30. En aquel mismo punto se cumplió en Nabucodonosor esta sentencia, y fue separado de la compañía de los hombres, y comió heno como el buey, y su cuerpo recibió el rocío del cielo; de suerte que le crecieron los cabellos como si fuesen alas de un águila, y las uñas como las de las aves de rapiña.

31. Mas cumplidos que fueron aquellos días, levanté yo, Nabucodonosor, mis ojos al cielo, y me fue restituido mi juicio; y bendije al Altísimo, y alabé y glorifiqué al que vive eternamente. Porque su poder es un poder eterno, y su reino dura por todos los siglos;

32. y ante Él son reputados como una nonada todos los habitantes de la tierra; porque según Él quiere, así dispone, tanto de las potestades del cielo, como de los moradores de la tierra, ni hay quien resista a lo que Él hace, y le pueda decir: ¿por qué has hecho esto?

33. En aquel mismo punto me volvió a mí el juicio, y recobré el honor, y la dignidad de mi reino, y volví a tener el mismo aspecto que antes; y los grandes de mi corte y mis magistrados vinieron a buscarme, y fui restablecido en mi trono, y aumentóse la magnificencia mía.

34. Ahora, pues, alabo yo, Nabucodonosor, y ensalzo y glorifico al Rey del cielo; porque todas sus obras son verdaderas, y justos sus caminos; y puede Él abatir a los soberbios.

CAPÍTULO V

Baltasar celebra un banquete, y se sirve en él de los vasos sagrados del templo de Jerusalén. Aparece una mano que escribe en la pared. Interpreta Daniel la escritura, y la terrible sentencia que en ella contiene se verifica aquella misma noche.

1. Dio el rey Baltasar un gran banquete a mil de los grandes de su corte, y cada uno bebía según su edad.

2. Estando, pues, él ya lleno de vino, mandó traer los vasos de oro y plata, que su padre Nabucodonosor se había llevado del templo que hubo en Jerusalén, para que bebiesen en ellos el rey, y sus grandes, y sus mujeres, y sus concubinas.

3. Trajeron, pues, los vasos de oro y de plata transportados del templo que hubo en Jerusalén, y bebieron en ellos el rey, y sus grandes, y sus mujeres, y sus concubinas.

4. Bebían el vino, y celebraban a sus dioses de oro y de plata, de bronce, de hierro, de madera y de piedra.

5. En la hora misma aparecieron unos dedos como de mano de hombre que escribía enfrente del candelero, sobre la superficie de la pared de aquel regio salón, y el rey estaba observando los dedos de la mano que escribía.

6. Mudósele al instante al rey el color del rostro, llenábanle de turbación los pensamientos que le venían, y se le desencajaban las junturas de los riñones, y batíanse una contra otra sus rodillas.

7. Gritó, pues, en alta voz el rey que hiciesen venir los magos, y los caldeos, y los adivinos. Y comenzó el rey a decir a los sabios de Babilonia: Cualquiera que leyere esta escritura, y me declare su significación, será revestido de púrpura, y llevará collar de oro en su cuello, y será la tercera persona de mi reino.

8. Vinieron, pues, los sabios del reino, y no pudieron ni leer la escritura, ni indicar al rey su significación.

9. Por lo cual quedó el rey Baltasar muy conturbado, y mudósele el color del rostro; y quedaron también aterrados sus cortesanos.

10. Mas la reina, con motivo de lo acaecido al rey y a sus cortesanos, entró en la sala del convite, y tomando la palabra, dijo: ¡vive, oh rey, eternamente! No te conturben los pensamientos que tienes, ni se altere tu semblante.

11. Hay en tu reino un varón el cual tiene dentro de sí el espíritu de los santos dioses, y en tiempo de tu padre se manifestaron en él la ciencia y la sabiduría, por cuya causa el mismo rey Nabucodonosor tu padre lo constituyó jefe de los magos, de los encantadores, caldeos y agoreros; tu padre, digo, ¡oh rey!

12. Porque se conoció en él un espíritu superior, y prudencia, e inteligencia para interpretar los sueños, para investigar los arcanos, y para la solución de cosas intrincadas; hablo de Daniel, a quien el rey puso el nombre de Baltasar; ahora, pues, que se llame a Daniel, y él dará la interpretación.

13. Fue en seguida presentado Daniel ante el rey; y dirigióle el rey su palabra, diciendo: ¿Eres tú aquel Daniel de los hijos desterrados de Judá, que trajo mi padre de la Judea?

14. He oído decir que tú tienes el espíritu de los dioses, y que se hallan en ti en grado superior la ciencia, e inteligencia, y la sabiduría.

15. Ahora, pues, han venido a mi presencia los sabios y los magos para leer esta escritura, y declararme su significado; mas no han podido decirme el sentido de estas palabras.

16. Pero yo he oído decir de ti que tú puedes interpretar las cosas oscuras, y desatar las cosas intrincadas. Si puedes, pues, leer la escritura y declararme lo que significa, serás revestido de púrpura, y llevarás collar de oro en tu cuello, y serás la tercera persona de mi reino.

17. A lo que respondiendo Daniel, dijo al rey: quédate con tus dones, y dispensa a otro los honores de tu palacio; mas la escritura, ¡oh rey!, yo te la leeré, y te declararé su significado.

18. El Dios Altísimo, ¡oh rey!, dio a tu padre Nabucodonosor el reino y la magnificencia, la gloria y los honores;

19. y por la grandeza que le concedió, le respetaban y temblaban en su presencia todos los pueblos, tribus y lenguas; él hacía morir a aquellos que quería, y castigaba a quien le daba la gana; a los que quería ensalzaba, y a los que quería abatía.

20. Pero cuando se engrió su corazón, y se obstinó su espíritu en la soberbia, fue depuesto del trono de su reino, y despojado de su gloria,

21. y fue separado del trato de los hombres; además su corazón se hizo semejante al de una bestia, y habitó con los asnos monteses; comió heno como si fuera un buey, y su cuerpo recibió el rocío del cielo: hasta tanto que reconoció que el Altísimo tiene el dominio sobre el reino de los hombres, y que ensalza sobre el solio a quien Él quiere.

22. Y tú, oh Baltasar, siendo hijo suyo y sabedor de estas cosas, con todo no has humillado tu corazón;

23. sino que te has levantado contra el dominador del cielo, y has hecho traer a tu presencia los vasos sagrados de su santo templo, y en ellos has bebido el vino tú, y los grandes de tu corte, y tus mujeres, y tus concubinas; has dado también culto a dioses de plata, y de oro, y de cobre, y de hierro, y de madera, y de piedra, los cuales no ven, ni oyen, ni sienten; pero a aquel gran Dios, de cuyo arbitrio pende tu respiración y cualquiera movimiento tuyo, a ése no le has glorificado.

24. Por lo cual envió Él los dedos de aquella mano que ha escrito eso que está señalado.

25. Esto es, pues, lo que está allí escrito: MANÉ, TÉCEL, FARES.

26. Y esta es la interpretación de aquellas palabras. MANÉ: Ha numerado Dios los días de tu reinado, y le ha fijado término.

27. TÉCEL: Has sido pesado en la balanza, y has sido hallado falto.

28. FARES: Dividido ha sido tu reino, y se ha dado a los medos y a los persas.

29. En seguida por orden del rey fue Daniel revestido con la púrpura, y se le puso al cuello el collar de oro, y se hizo saber a todos que Daniel tenía el tercer puesto de autoridad en el reino.

30. Aquella noche misma fue muerto Baltasar, rey de los caldeos.

31. Y le sucedió en el reino Darío el medo, de edad de sesenta y dos años.

CAPÍTULO VI

Darío ensalza sobre todos los gobernadores del reino a Daniel; el cual es acusado de haber hecho oración al Dios del Cielo, y echado por eso al lago o cueva de los leones, de donde sale ileso. Edicto de Darío en favor de la religión de los judíos.

1. Plugo a Darío establecer para el gobierno del reino ciento y veinte sátrapas o gobernadores, repartidos por todas las provincias del reino;

2. y sobre ellos tres principales, uno de los

cuales era Daniel, a fin de que los sátrapas diesen cuenta a estos tres, y el rey no tuviese tanta molestias.

3. Daniel, empero, aventajaba a todos los príncipes y sátrapas; porque abundaba más en él el espíritu de Dios.

4. Pensaba, pues, el rey en conferirle la autoridad sobre todo el reino; por lo cual los príncipes y sátrapas iban buscando ocasión de indisponer al rey contra Daniel; pero no pudieron hallar motivo de ninguna acusación, ni de sospecha; por cuanto él era fiel, y se hallaba bien lejos de todo delito y de todo indicio de él.

5. Dijeron, pues: Nosotros no hallaremos por dónde acusar ante Daniel, sino tal vez por lo tocante a la ley de su Dios.

6. Entonces los príncipes y sátrapas sorprendieron al rey y le hablaron de esta manera: ¡Oh rey Darío, vive eternamente!

7. Todos los príncipes de tu reino, los magistrados y los sátrapas, los senadores y jueces son de parecer que se promulgue un real decreto, mandando que todo aquel que pidiere alguna cosa a cualquier dios u hombre hasta que pasen treinta días, sino a ti, oh rey, sea arrojado en el lago de los leones.

8. Ahora, pues, ¡oh rey!, confirma este parecer y firma el decreto, para que sea irrevocable, como establecido por los medos y persas; ni sea lícito a nadie el traspasarlo.

9. Y el rey Darío publicó el decreto y lo confirmó.

10. Lo que sabido por Daniel, esto es, que había sido establecida dicha ley, se fue a su casa; y allí, abiertas las ventanas de su habitación, que miraban hacia Jerusalén, hincaba sus rodillas tres veces al día, y adoraba y daba gracias a su Dios, como antes había acostumbrado hacerlo.

11. Aquellos hombres, pues, espiándole con el mayor cuidado, hallaron a Daniel orando y rogando a su Dios.

12. Y habiendo ido al rey, le hablaron acerca del edicto, diciendo: ¡Oh rey!, ¿no has mandado que cualquiera persona que hasta pasado el espacio de treinta días rogase a algún dios o algún hombre, sino a ti, ¡oh rey!, fuera echado en el lago de los leones? A lo que respondió el rey diciendo: Verdad es, según ley de los medos y persas, la cual no es lícito quebrantar.

13. Entonces repusieron, y dijeron al rey: Daniel, uno de los hijos cautivos de Judá, no ha hecho caso de tu ley ni del edicto que tú pusiste; sino que tres veces al día hace oración a su manera.

14. Al oír esto quedó el rey muy contristado; y resolvió en su corazón salvar a Daniel; y hasta que el sol se puso trabajó para librarle.

15. Mas aquellos hombres, conociendo el ánimo del rey, le dijeron: Sepas, ¡oh rey!, que es ley de los medos y de los persas, que sea inmutable todo edicto puesto por el rey.

16. Entonces, dio el rey la orden, y trajeron a Daniel, y le echaron en el lago de los leones. Y dijo el rey a Daniel: Tu Dios, a quien siempre adoras, Él te librará.

17. Y trajeron una piedra, y la pusieron sobre la boca del lago; y la selló el rey con su anillo y con el anillo de sus magnates, a fin de que nada pudiese intentarse contra Daniel.

18. Volvióse luego el rey a su palacio, se acostó sin cenar, ni se puso delante de él comida alguna, y además no pudo conciliar el sueño.

19. Al otro día, levantándose el rey muy de mañana, fue a toda prisa al lago de los leones.

20. Y arrimándose a la fosa llamó a Daniel, con voz llorosa, diciendo: ¡Daniel, siervo del Dios vivo!, el Dios tuyo a quien sirves siempre, ¿ha podido acaso librarte de los leones?

21. Y Daniel respondió al rey, diciendo: ¡Oh rey, vive para siempre!

22. Mi Dios envió su ángel, el cual cerró las bocas de los leones, y no me han hecho daño ninguno; porque he sido hallado justo delante de Él; mas ni tampoco para contigo, ¡oh rey!, he cometido delito alguno.

23. Llenóse entonces el rey de la mayor alegría por amor a Daniel, y mandó que sacasen a Daniel fuera del lago, y sacado que fue, no se halló en él lesión ninguna porque tuvo confianza en su Dios.

24. Luego por orden del rey fueron traídos aquellos que habían acusado a Daniel, y fueron echados en el lago de los leones ellos, y sus hijos, y sus mujeres; y aún no habían llegado al suelo del lago, cuando ya los leones los arrebataron, y desmenuzaron todos sus huesos.

25. Entonces el rey Darío escribió a todos los pueblos, tribus y lenguas que habitan sobre la tierra: La paz abunde más y más en vosotros:

26. Ha sido decretado por mí que en todo mi imperio y reino se respete y tema al Dios de Daniel: porque Él es el Dios viviente y eterno para siempre; y su reino no será destruido, y eterno es su poder.

27. Él es el libertador y el salvador, el que obra prodigios y maravillas en cielo y tierra: Él es el que ha librado a Daniel del lago de los leones.

28. Conservóse después Daniel en grande honor durante el reinado de Darío y el reinado de Ciro, rey de los persas.

CAPÍTULO VII

Daniel ve en una visión cuatro bestias, figura de cuatro monarquías. Potestad eterna del Hijo del hombre, o de Jesucristo en el mundo.

1. En el año primero de Baltasar, rey de Babilonia, tuvo Daniel una visión en sueños; y la visión la tuvo su mente estando en su cama; y escribió el sueño, y púsole en pocas palabras, refiriéndolo en compendio de esta manera:

2. Tuve yo una noche esta visión: los cuatro vientos del cielo combatían, o chocaban entre sí, en el mar grande.

3. Y cuatro grandes bestias, diversas entre sí, salían del mar.

4. La primera era como una leona, y tenía alas de águila; mientras yo la miraba, he aquí que le fueron arrancadas las alas, y se alzó de tierra, y se tuvo sobre sus pies como un hombre, y se le dio un corazón de hombre.

5. Y vi otra bestia semejante a un oso, que se puso a su lado, la cual tenía tres órdenes de dientes, y le decían así: Levántate, come carnes en abundancia.

6. Después de esto estaba yo observando, y he aquí otra bestia como un leopardo, y tenía en la parte superior cuatro alas como de ave; y tenía esta bestia cuatro cabezas, y le fue dado a ella el poder.

7. Después de esto estuve yo contemplando la visión nocturna; cuando he aquí que apareció una cuarta bestia terrible y prodigiosa, y extraordinariamente fuerte; la cual tenía grandes dientes de hierro, comía y despedazaba, y lo que le sobraba, lo hollaba con los pies; mas no se parecía a las otras bestias que antes había yo visto, y tenía diez astas.

8. Estaba yo contemplando las astas, cuando he aquí que despuntó por en medio de ellas otra asta más pequeña, y así que ésta apareció fueron arrancadas tres de las primeras astas; había en esta asta pequeña ojos como de hombre, y una boca que profería cosas grandes, o jactanciosas.

9. Estaba yo observando, hasta tanto que se pusieron unas sillas; y el anciano en muchos días se sentó: eran sus vestiduras blancas como la nieve, y como lana limpia los cabellos de su cabeza; de llamas de fuego era su trono, y fuego encendido las ruedas de éste.

10. Salía de delante de él un impetuoso río de fuego; eran millares de millares los que le servían, y mil millones, o innumerables, los que asistían ante su presencia. Sentóse para juzgar, y fueron abiertos los libros, o procesos.

11. Estaba yo en expectación, a causa del ruido de las palabras grandiosas que salían de aque-

lla asta; pero reparé que la bestia había sido muerta, y que su cuerpo muerto había sido echado a arder en el fuego;

12. y que a las otras bestias se les había también quitado el poder, y fijado el espacio de su vida hasta un tiempo y otro tiempo.

13. Yo estaba, pues, observando durante la visión nocturna, y he aquí que venía entre las nubes del cielo un personaje que parecía el Hijo del hombre; quien se adelantó hacia el anciano de muchos días, y le presentaron ante él.

14. Y diole éste la potestad, el honor y el reino; y todos los pueblos, tribus y lenguas le servían a él; la potestad suya es potestad eterna que no le será quitada, y su reino es indestructible.

15. Apoderóse de mí el terror: yo, Daniel, quedé atónito con tales cosas; y las visiones que había tenido llenaron de turbación mi mente.

16. Lleguéme a uno de los asistentes, y pedíle el verdadero significado de aquellas visiones; y me dio la interpretación de ellas, y me instruyó:

17. Estas cuatro bestias grandes, me dijo, son cuatro reinos que se levantarán en la tierra.

18. Después recibirán el reino los santos del Dios altísimo, y reinarán hasta el fin del siglo, y por los siglos de los siglos.

19. Quise en seguida informarme por menor de la cuarta bestia, que era tan diferente de todas las otras, y sobremanera horrorosa; cuyos dientes y uñas eran de hierro, y que comía y desmenuzaba, hollando con sus pies aquello que quedaba;

20. e informarme asimismo acerca de las diez astas que tenía en la cabeza; y de la otra asta que le había comenzado a salir, al aparecer la cual habían caído las tres astas; y de cómo aquella asta tenía ojos y boca que profería cosas grandiosas, y era mayor que todas las otras.

21. Estaba yo observando, y he aquí que aquella asta hacía guerra contra los santos, y prevalecía sobre ellos,

22. hasta tanto que llegó el anciano de muchos días, y sentenció en favor de los santos del Altísimo, y vino el tiempo, y los santos obtuvieron el reino.

23. Y aquél me habló así: La cuarta bestia será el cuarto reino sobre la tierra, el cual será mayor que todos los reinos, y devorará toda la tierra, y la hollará y desmenuzará.

24. Y las diez astas del dicho reino serán diez reyes, después de los cuales se levantará otro, que será más poderoso que los primeros, y derribará tres reyes.

25. Y él hablará mal contra el Excelso, y atro-

pellará los santos del Altísimo, y se creerá con facultad de mudar los tiempos de las solemnidades, y las leyes o ceremonias y serán dejadas a su arbitrio todas las cosas por un tiempo, o años, y dos tiempos, y la mitad de un tiempo.

26. Y después se celebrará juicio, a fin de que se le quite el poder, y sea destruido, y perezca para siempre.

27. Y para que el reino, y la potestad, y la magnificencia del reino, cuanta hay debajo de todo el cielo, sea dada al pueblo de los santos del Altísimo, cuyo reino es reino sempiterno, y a él le servirán y obedecerán los reyes todos.

28. Aquí acabó el razonamiento. Yo Daniel, quedé muy conturbado con estos mis pensamientos, y mudóse el color de mi rostro; conservé, empero, en mi corazón esta visión admirable.

CAPÍTULO VIII

En otra visión se muestra a Daniel un carnero con dos astas, y después un macho de cabrío, que primero sólo tiene una asta, y luego le nacen cuatro, el cual vence al carnero. El primero señala al rey de los medos y persas, y el segundo al de los griegos. Vaticinio de un príncipe cruel, cuya impiedad y ruina se muestran al profeta.

1. En el año tercero del reinado del rey Baltasar, se me presentó una visión a mí Daniel, después de aquella que tuve al principio, o el año primero.

2. Esta visión la tuve hallándome en el alcázar de Susa, que está en el país de Elam; y en la visión parecióme que yo estaba sobre la puerta de Ulai.

3. Y levanté mis ojos, y miré, y he aquí un carnero que estaba delante de una laguna, el cual tenía unas astas altísimas, y la una más que la otra, y que iba creciendo.

4. Después vi al carnero que acorneaba hacia el poniente, y hacia el septentrión, y hacia el mediodía, y ninguna bestia podía resistirle, ni librarse de su poder: e hizo cuanto quiso, y se engrandeció.

5. Estaba yo considerando esto, cuando he aquí que un macho de cabrío que venía de hacia el occidente, recorría toda la tierra, y tan rápidamente que no tocaba el suelo. Tenía el macho de cabrío una asta muy notable entre sus ojos.

6. Y se dirigió contra aquel carnero bien armado de astas, que yo había visto que estaba delante de la puerta, y embistió hacia él con todo el ímpetu de su fuerza.

7. Y al llegar cerca del carnero, lo atacó furiosamente, e hirióle, y le rompió ambas astas, y no podía el carnero resistirle; y después de haberlo echado por tierra, lo pisoteó, sin que nadie pudiese librar de su poder al carnero.

8. Este macho de cabrío se hizo en extremo grande; y cuando hubo crecido fue quebrantada el asta grande, en cuyo lugar nacieron cuatro astas con dirección a los cuatro vientos del cielo.

9. Y de la una de éstas salió una asta pequeña, la cual creció mucho hacia el mediodía, y hacia el oriente, y hacia la tierra fuerte, o de Israel.

10. Y se elevó hasta contra la fortaleza del cielo, y derribó al suelo parte de los fuertes y de las estrellas, y las holló.

11. Y se engrandeció hasta contra el príncipe de la fortaleza, o de los fuertes, y quitóle el sacrificio perenne, y abatió el lugar de su santificación.

12. Y le fue dado poder contra el sacrificio perpetuo, a causa de los pecados del pueblo; y la verdad será abatida sobre la tierra; y él emprenderá cuanto se le antoja, y saldrá con su empresa.

13. Y oía uno de los santos que hablaba; y dijo un santo a otro que yo no conocí, y que estaba hablando: ¿Por cuánto tiempo durará lo que se significa en la visión acerca del sacrificio perpetuo, y acerca del pecado, causa de la desolación, y en orden a ser hollado el santuario, y la tierra fuerte de Israel?

14. Y le respondió: por espacio de dos mil y trescientos días enteros, o de tarde y mañana: y después será purificado el santuario.

15. Y mientras yo Daniel tenía esta visión, y buscaba su inteligencia, he aquí que se presentó delante de mí como una figura de hombre.

16. Y oí la voz de un varón de dentro de la puerta de Ulai, el cual exclamó, diciendo: Gabriel, explícale a éste la visión.

17. Con esto vino, y paróse junto al sitio en que yo estaba; y así que llegó, me postré por tierra, despavorido, y díjome él entonces: ¡Oh hijo de hombre!, entiende el modo con que se cumplirá esta visión en el tiempo prefijado.

18. Y mientras él me hablaba, yo caí sobre mi rostro al suelo; mas él me tocó, y me hizo volver a mi anterior estado.

19. Díjome entonces: Yo te mostraré las cosas que han de suceder al fin de la maldición o castigo de Israel: porque este tiempo tiene su término.

20. El carnero que viste armado de astas, es el rey de los medos y de los persas.

21. El macho de cabrío es el rey de los grie-

gos; y la grande asta que tiene entre sus ojos denota el primer rey.

22. Las cuatro astas que, quebrada aquélla, nacieron en su lugar, significan cuatro reyes que se alzarán en su nación; mas no tendrán la fuerza o poder del primer rey.

23. Y después del reinado de éstos, creciendo las maldades de los judíos, se levantará un rey descarado, y entendedor de enigmas, o muy astuto,

24. y se afirmará su poder; mas no por sus fuerzas, sino por su astucia; y no es fácil figurarse cómo lo asolará todo, y hará cuanto se le antoje, y todo le saldrá bien; y quitará la vida a los esforzados israelitas, al pueblo de los santos,

25. según le pluguiere, y tendrán buen éxito los dolos o maquinaciones que urdiere, y con esto se hinchará su corazón, y sobrándole todas las cosas, hará perecer a muchísimos, y se alzará contra el Príncipe de los príncipes; pero será aniquilado, y no por obra de hombre.

26. Y es verdadera esta explicación de la visión, y tendrá cumplimiento entre la tarde y la mañana del último día. Sella tú, pues, o guarda la visión, que ella se verificará pasados muchos años.

27. Y yo Daniel perdí las fuerzas, y estuve enfermo por algunos días; y restablecido, continuaba despachando en los asuntos del rey; pero estaba pasmado de la visión, sin que hubiese nadie que la interpretase ni conociese.

CAPÍTULO IX

Oración de Daniel. Revelación de las setenta semanas hasta la unción del Santo de los santos, y muerte de Cristo; después de la cual quedaría exterminado el pueblo de Israel, y colocada la abominación en el lugar santo.

1. En el año primero de Darío, hijo de Asuero, de la estirpe de los medos, el cual gobernó el reino de los caldeos;

2. en el primer año de su reinado, yo Daniel consideré en los libros de Jeremías la cuenta de los años de que habló el Señor al profeta Jeremías, en los cuales debían cumplirse los setenta años de la desolación de Jerusalén.

3. Y volvía mi rostro hacia el Señor Dios mío, para dirigirle mis ruegos y súplicas, con ayunos, y vestidos de cilicio, y cubierto de ceniza.

4. Haciendo, pues, oración al Señor Dios mío, y tributándole mis alabanzas, dije: dígnate escucharme, ¡oh Señor, Dios grande y terrible, que eres fiel en cumplir tu alianza y misericordia con los que te aman, y observan tus mandamientos!

5. Nosotros hemos pecado, hemos cometido la maldad, hemos vivido impíamente, y hemos apostatado, y nos hemos desviado de tus mandamientos y juicios.

6. No hemos obedecido a tus siervos los profetas, los cuales hablaron en tu nombre a nuestros reyes, y a nuestros príncipes, y a nuestros padres, y al pueblo todo de la tierra.

7. Tuya es, ¡oh Señor!, de tu parte está la justicia; para nosotros, empero, la confusión de nuestro rostro; como está hoy sucediendo a todo hombre de Judá, y a todo habitante de Jerusalén, a todo Israel, así a aquellos que están cerca como a los que están lejos, en todos los países a donde los arrojaste por causa de las maldades con que te ofendieron.

8. Señor, justa es la confusión de nuestro rostro, la de nuestros reyes, la de nuestros príncipes, y la de nuestros padres, todos los cuales pecaron.

9. Mas de ti, ¡oh Señor Dios nuestro!, es propia la misericordia y la clemencia para con los pecadores; porque nosotros nos hemos apartado de ti,

10. y no hemos escuchado la voz del Señor Dios nuestro para proceder según su ley santa, que nos prescribió por medio de sus siervos los profetas.

11. Todo Israel se hizo prevaricador de tu ley, y se desvió para no oír la voz tuya; y así llovió sobre nosotros la maldición y el anatema que está escrito en el libro de Moisés, siervo de Dios, pues que pecamos contra el Señor.

12. Y él ha cumplido la sentencia que pronunció sobre nosotros y sobre nuestros príncipes que nos gobernaban, enviando contra nosotros una grande calamidad, cual jamás la hubo debajo del cielo, y cual ha acontecido en Jerusalén.

13. Todo este mal vino sobre nosotros, conforme está escrito en la ley de Moisés, y no recurrimos a ti, ¡oh Señor Dios nuestro!, para convertirnos de nuestras maldades y meditar la verdad de tus promesas.

14. Y no se descuidó el Señor de enviar el castigo, y descargóle sobre nosotros: justo es el Señor Dios nuestro en todas las obras que él hace; pues nosotros no quisimos escuchar su voz.

15. Ahora, pues, ¡oh Señor Dios nuestro!, tú que con mano fuerte sacaste de tierra de Egipto a tu pueblo, y te adquiriste un renombre glorioso, cual es el que ahora gozas, confesamos que hemos pecado, que hemos cometido la maldad.

16. Señor, por toda tu justicia o misericordia, ruégote que aplaques la ira y el furor tuyo contra tu ciudad de Jerusalén, y contra tu santo monte de Sión: pues por causa de nuestros pecados, y por las maldades de nuestros padres, Jerusalén y el pueblo tuyo son el escarnio de todos los que están alrededor nuestro.

17. ¡Ea, pues!, atiende, ¡oh Dios nuestro!, a la oración de tu siervo y a sus súplicas; y por amor de ti mismo mira benigno a tu santuario, que está desierto.

18. Dígnate escuchar, ¡oh Dios mío!, y atiende: abre tus ojos, y mira nuestra desolación y la de la ciudad, en la que se invocaba tu santo Nombre; pues postrados delante de ti te presentamos nuestros humildes ruegos; confiando, no en nuestra justicia, sino en tu grandísima misericordia.

19. Escucha benigno, ¡oh Señor! Señor, aplácate, atiende, y ponte a obrar nuestra salvación: no lo difieras, ¡oh Dios mío!, por amor de ti mismo: pues que la ciudad y tu pueblo llevan el Nombre tuyo.

20. Y mientras aún yo hablaba, y oraba, y confesaba mis pecados y los pecados de mi pueblo de Israel, y presentaba mis humildes ruegos en la presencia de mi Dios a favor del monte santo de mi Dios;

21. estando yo todavía profiriendo las palabras de mi oración, he aquí que Gabriel, aquel varón que yo había visto al principio de la vision, volando súbitamente, me tocó en la hora del sacrificio de la tarde;

22. y me instruyó, y me habló en los términos siguientes: Daniel, yo he venido ahora a fin de instruirte, y para que conozcas los designios de Dios.

23. La orden se me dio desde luego que te pusiste a orar, y yo vengo para mostrártela; porque tú eres un varón de ardientes deseos. Atiende, pues, tú ahora a mis palabras, y entiende la visión.

24. Se han fijado setenta semanas de años para tu pueblo y para tu santa ciudad, al fin de las cuales se acabará la prevaricación, y tendrá fin el pecado, y la iniquidad quedará borrada, y vendrá la justicia o santidad perdurable, y se cumplirá la visión y la profecía, y será ungido el Santo de los santos.

25. Sábete, pues, y nota atentamente: Desde que saldrá la orden o edicto para que sea reedificada Jerusalén, hasta el Cristo príncipe, pasarán siete semanas, y sesenta y dos semanas; y será nuevamente edificada la plaza, o ciudad, y los muros en tiempos de angustia.

26. Y después de las sesenta y dos semanas se quitará la vida al Cristo; y no será más suyo el pueblo, el cual le negará. Y un pueblo con su caudillo vendrá, y destruirá la ciudad y el santuario; y su fin será la devastación: y acabada la guerra quedará establecida allí la desolación.

27. Y el Cristo afirmará su nueva alianza en una semana con muchos fieles convertidos; y a la mitad de esta semana cesarán las hostias y los sacrificios; y estará en el tiempo la abominación de la desolación; y durará la desolación hasta la consumación y el fin del mundo.

CAPÍTULO X

Ayuno de Daniel, el cual tiene después una visión. Resistencia del príncipe de los persas al restablecimiento deseado de Jerusalén; unésele el príncipe de los griegos contra el ángel Gabriel.

1. En el año tercero de Ciro, rey de los persas, fue revelado a Daniel, por sobrenombre Baltasar, un suceso verdadero y una fuerza grande, o ejército celestial: y él comprendió el suceso; pues necesaria es para esta visión la inteligencia.

2. En aquellos días estuve yo Daniel llorando por espacio de tres semanas de días.

3. Pan delicado o sabroso no lo probé; carne ni vino no entraron en mi boca, ni me perfumé con ungüento; hasta tanto que fueron cumplidos los días de estas tres semanas.

4. Mas el día veinticuatro del primer mes estaba yo a la orilla del grande río Tigris.

5. Y levanté mis ojos y miré, y he aquí un varón con vestidura de lindos sus lomos con una faja bordada de oro acendrado;

6. su cuerpo brillaba como el crisólito, y su rostro como un relámpago, y como dos ardientes antorchas así eran sus ojos; sus brazos y el resto del cuerpo hasta los pies era semejante al bronce reluciente: y el sonido de sus palabras como el ruido de un grande gentío.

7. Y solamente yo Daniel tuve esta visión; mas aquellos hombres que estaban conmigo no la vieron; sino que se apoderó de ellos un extremo terror, y huyeron a esconderse.

8. Y habiendo quedado yo solo vi esta grande visión y me quedé sin aliento, y se me demudó el rostro, y caí desmayado, perdidas todas las fuerzas.

9. Y oía yo el sonido de sus palabras; y mientras tanto yacía boca abajo, todo atónito, y mi rostro continuaba pegado al suelo;

10. cuando he aquí que una mano me tocó, e hízome levantar sobre mis rodillas y sobre los dedos o palmas de mis manos.

11. Y díjome él: Daniel, varón de deseos, atiende a las palabras que yo te hablo, y ponte en pie; pues yo vengo ahora enviado a ti. Y así que él me hubo dicho estas palabras, me puse en pie, temblando.

12. Y díjome: No tienes que temer, ¡oh Daniel!, porque desde el primer día en que, a fin de alcanzar de Dios la inteligencia, resolviste en tu corazón mortificarte en la presencia de tu Dios, fueron atendidos tus ruegos; y por causa de tus oraciones he venido yo.

13. Pero el príncipe del reino de los persas se ha opuesto a mí por espacio de veintiún días; y he aquí que vino en mi ayuda Miguel, uno de los primeros príncipes, y yo me quedé allí al lado del rey de los persas.

14. He venido, pues, ahora para explicarte las cosas que han de acontecer a tu pueblo en los últimos días: porque esta visión se dirige a tiempos remotos.

15. Y al tiempo que me decía él estas palabras, bajé al suelo mi rostro, y me quedé en silencio.

16. Cuando he aquí que aquel, que era semejante a un hijo de hombre, tocó mis labios, y abriendo mi boca, hablé y díjele al varón que estaba parado delante de mí: ¡Oh Señor mío!, así que te he mirado se han desencajado todas mis coyunturas, y me he quedado sin fuerza alguna.

17. ¿Y cómo podrá el siervo de mi Señor dirigir su palabra al Señor mío? Pues no ha quedado en mí vigor ninguno, y hasta la respiración me falta.

18. Tocóme luego nuevamente aquel personaje que yo veía en figura de hombre, y me confortó,

19. y díjome: No temas, oh varón de deseos; paz sea contigo: aliéntate, y ten buen ánimo. Y mientras me estaba hablando, yo adquiría valor, y dije: Habla, ¡oh Señor mío!, porque Tú me has confortado.

20. Y dijo él: ¿Sabes tú el por qué he venido yo a ti? Y ahora yo me vuelvo a combatir contra el príncipe de los persas. Cuando yo salía se dejaba ver el príncipe de los griegos que venía.

21. Sin embargo, yo te anunciaré a ti lo que está declarado en la escritura o decreto de verdad: nadie me ayuda en todas estas cosas sino Miguel, que es vuestro príncipe.

CAPÍTULO XI

El ángel declara al profeta la destrucción del imperio de los persas por el rey de los griegos. Guerras entre los reyes del Mediodía y del Norte. Vendrá un rey impío: sus expediciones y su fin desastrado.

1. Yo, pues, Gabriel, desde el primer año del reinado de Darío el medo, le asistía para que se fortificase y corroborase.

2. Y ahora te comunicaré yo la verdad. He aquí que aún habrá tres reyes en Persia, y el cuarto sobrepujará a todos los otros por sus inmensas riquezas; y cuando se habrá enriquecido sobre todos, incitará a todas las gentes contra el reino de la Grecia.

3. Pero se levantará un rey poderoso, que extenderá muchísimo sus dominios, y hará cuanto quiera.

4. Y así que él estará en su auge, será deshecho su reino y repartido hacia los cuatro vientos del cielo; mas no entre sus descendientes, ni con el poder con que él dominó; porque a más de los cuatro dichos reinos, todavía será dividido entre otros príncipes extraños.

5. Y el rey del mediodía se hará poderoso; mas uno de los príncipes o capitanes de aquel rey poderoso podrá más que él, y será señor de muchas naciones, pues extenderá mucho su dominio.

6. Y al cabo de muchos años se confederarán; y la hija del rey del mediodía pasará a ser esposa del rey del norte para hacer las paces; empero ella no podrá detener la fuerza del brazo de su marido, ni subsistirá su estirpe; y será entregada a la muerte ella y los jóvenes que la habían acompañado y sostenido en aquel tiempo.

7. Sin embargo, se conservará un renuevo de su misma estirpe, el cual vendrá con su ejército, y entrará en los estados del rey del norte, y los destruirá y se hará dueño de ellos.

8. Además se llevará prisioneros a Egipto sus dioses y simulacros, y los vasos preciosos de plata y oro. Él triunfará del rey del norte.

9. Y el rey del mediodía entrará a poseer el reino, y se volverá a su tierra.

10. Sin embargo, irritados los hijos de aquél reunirán grandes ejércitos, y vendrá rápidamente uno de ellos, a modo de una inundación; y volverá al año siguiente, y lleno de ardor entrará en combate contra las fuerzas de Egipto.

11. Y el rey del mediodía, provocado, saldrá y peleará contra el rey del norte, y pondrá en campaña un ejército sumamente formidable, y caerá mucha gente en su poder.

12. Y hará gran número de prisioneros, y se engreirá su corazón, y hará perecer a muchos millares, y con todo no prevalecerá.

13. Porque el rey del norte volverá a levantar un ejército mucho mayor que el primero: y al cabo de cierto número de años vendrá precisamente con un numeroso ejército y poder grande.

14. Y en aquellos tiempos se levantarán muchos contra el rey del mediodía; y también los hijos de los prevaricadores de tu pueblo se alzarán, de manera que se cumpla la visión, y perecerán.

15. Y vendrá el rey del norte, y formará terraplenes, y se apoderará de las ciudades más fortificadas, sin que puedan resistirle las fuerzas del rey del mediodía; y saldrán a oponérsele sus campeones, pero se hallarán sin fuerzas.

16. Y viniendo aquél sobre el rey del mediodía, hará cuanto querrá, sin que haya quien pueda resistirle y entrará en la tierra ilustre de la Judea, la cual será por él asolada.

17. Y dirigirá sus miras a venir a ocupar todo el reino de aquél, y tratará con él como de buena fe, y le dará su hija, la más hermosa de las mujeres, para arruinarle; pero no le saldrá bien, ni ella estará a favor suyo.

18. Y se dirigirá hacia las islas, y se apoderará de muchas de ellas; y hará parar al autor de su oprobio; mas al fin quedará él cubierto de confusión.

19. Y se volverá al imperio de su país, y allí hallará un tropiezo, y perecerá, sin que parezca más.

20. Y tendrá por sucesor un hombre vilísimo e indigno del honor de rey; pero en pocos días acabará su vida, y no en contienda ni en batalla.

21. En seguida ocupará su lugar un príncipe despreciable, y no se le tributará el honor debido a un rey; el cual vendrá secretamente, y con dolo se apoderará del reino.

22. Y quedarán deshechas y destruidas las fuerzas del que peleará contra él; y además el caudillo de la confederación.

23. Y después de hacer amistad con él, usando de dolo, subirá a Egipto y triunfará de él con un pequeño ejército.

24. Y se apoderará de las ciudades abundantes, y llenas de riquezas; cosa que no pudieron hacer nunca todos sus antepasados: saqueará y arrebatará, y disipará sus riquezas, e irá trazando sus designios contra los más fuertes; y esto hasta cierto tiempo.

25. Y se verá instigado de su mismo poder y coraje a salir contra el rey del mediodía con un grande ejército; y el rey del mediodía se animará a la guerra, mediante las muchas y fuertes tropas auxiliares; mas no le valdrán, porque tramarán designios contra él.

26. Y aquellos mismos que comían en su mesa serán la ruina suya, y quedará derrotado su ejército, siendo muchísimos los muertos.

27. Los mismos dos reyes no pensarán en otra cosa que en hacerse daño; y comiendo en una misma mesa, se hallarán con dolo; mas ninguno llegará a conseguir sus intentos, porque el plazo es para otro tiempo.

28. Aquél, empero, regresará a su tierra con muchas riquezas, y su corazón estará siempre contra el testamento santo de Dios, y obrará contra Jerusalén, y se volverá a su tierra.

29. Al tiempo prefijado volverá y vendrá al mediodía; mas esta última expedición no saldrá como la primera.

30. Porque vendrán sobre él las naves de los romanos; y quedará consternado y se volverá, y encenderáse su saña contra el testamento santo, y la explayará; y se irá, y pondrá su pensamiento en aquellos que abandonaron el testamento santo.

31. Y los brazos de los prevaricadores estarán de su parte, y contaminarán el santuario de la fortaleza, y quitarán el sacrificio perenne, y sustituirán la abominación de la desolación.

32. Y los prevaricadores del testamento usarán de fraudulento disimulo; mas el pueblo, el cual reconoce a su Dios, se mantendrá firme, y obrará según la ley.

33. Y los sabios del pueblo iluminarán a mucha gente, haciéndose víctima de la espada, del fuego, del cautiverio y de la rapiña o saqueo, que durará muchos días.

34. Y en medio de su opresión tendrán un pequeño socorro, y muchos se agregarán a ellos fraudulentamente.

35. Y perecerán varios de los sabios, para que sean acrisolados, y purificados, y blanqueados hasta el tiempo señalado; porque aún quedará otro plazo.

36. Y hará el rey cuanto querrá, y se levantará soberbio e insolente contra todos los dioses; y hablará con arrogancia contra el Dios de los dioses, y todo le saldrá bien, hasta tanto que se despliegue la cólera de Dios: porque así está decretado.

37. Y no tendrá respeto al Dios de sus padres, y será dominado de la lascivia, y no hará caso alguno de los dioses, pues se creerá superior a todo.

38. Mas tributará culto al dios Maozim en el lugar de su residencia; y a este dios desconocido de sus padres lo honrará con presentes de oro, de plata, de piedras preciosas y con alhajas de gran valor.

39. Y pondrá por tutelar de las fortalezas a un dios extranjero; y a los que a éste lo reconozcan por su dios, él los colmará de honores, y les dará autoridad sobre muchos, y les repartirá gratuitamente la tierra.

40. Y en el tiempo prefijado le hará la guerra el rey del mediodía; y el rey del norte, a mane-

ra de una tempestad, se dejará caer sobre él con carros armados, y tropas de caballería, y con una grande armada, y entrará en sus provincias, y las talará y pasará adelante.

41. Y entrará en la tierra gloriosa o en la Judea, y serán destruidas muchas gentes; y solamente se librarán de sus manos Edom y Moab, y las fronteras de los hijos de Ammón.

42. Y se apropiará las provincias, y no escapará de sus manos el país de Egipto.

43. Asimismo se hará dueño de los tesoros de oro, y de plata, y de todas las preciosidades de Egipto, y pasará también por Libia y Etiopía.

44. Y le conturbarán unos rumores que vendrán del oriente y del norte, y partirá con un numeroso ejército para asolar y hacer una horrorosa carnicería.

45. Y sentará su real pabellón entre los mares, sobre el ínclito y santo monte, y subirá hasta su cumbre; pero después perecerá, y nadie le dará socorro.

CAPÍTULO XII

Después de una grande tribulación serán salvadas las reliquias del pueblo judaico. Resucitarán los muertos, unos para gloria, otros para ignominia eterna. Los doctores evangélicos resplandecerán como las estrellas en el firmamento. Explicación de una visión.

1. Y en aquel tiempo se levantará Miguel, príncipe grande, que es el defensor de los hijos de tu pueblo; porque vendrá un tiempo tal, cual nunca se ha visto desde que comenzaron a existir las naciones hasta aquel día. Y en aquel tiempo tu pueblo será salvado: lo será todo aquel que se hallare escrito en el libro.

2. Y la muchedumbre de aquellos que duermen o descansan en el polvo de la tierra, despertará: unos para la vida eterna, y otros para la ignominia, la cual tendrán siempre delante de sí.

3. Mas los que hubieren sido sabios brillarán como la luz del firmamento; y como estrellas por toda la eternidad aquellos que hubieren enseñado a muchos la justicia o la virtud.

4. Pero tú, ¡oh Daniel!, ten guardadas estas palabras, y sella el libro hasta el tiempo determinado: muchos lo recorrerán y sacarán de él mucha doctrina.

5. Y yo Daniel observé, y vi como otros dos ángeles que estaban en pie uno de esta parte de la orilla del río y el otro de la otra parte.

6. Entonces dije a aquel varón que estaba con las vestiduras de lino y en pie sobre las aguas del río: ¿cuándo se cumplirán estos portentos?

7. Y oí a aquel varón de las vestiduras de lino, que estaba en pie sobre las aguas del río, el cual habiendo alzado su diestra y su izquierda hacia el cielo, juró por aquel Señor que siempre vive, y dijo: en un tiempo, y en dos tiempos, y en la mitad de un tiempo. Y cuando se habrá cumplido la dispersión de la muchedumbre del pueblo santo; entonces tendrán efecto todas estas cosas.

8. Yo oí esto, mas no lo comprendí. Y dije: ¡Oh Señor mío!, ¿qué es lo que sucederá después de estas cosas?

9. Mas él me dijo: Anda, Daniel, que éstas son cosas recónditas y selladas hasta el tiempo determinado.

10. Muchos serán escogidos y blanqueados, y purificados como por fuego. Los impíos obrarán impíamente; ninguno de los impíos lo entenderá; mas los sabios o prudentes lo comprenderán.

11. Y desde el tiempo en que será quitado el sacrificio perpetuo, y será entronizada en el templo la abominación de la desolación, pasarán mil doscientos noventa días.

12. Bienaventurado el que espere y llegue a mil trescientos treinta y cinco días.

13. Mas tú, Daniel, anda hasta el término señalado; y después reposarás y te levantarás, y gozarás de tu suerte al fin de los días.

CAPÍTULO XIII

Susana, acusada de adulterio, y condenada injustamente, es librada por medio de Daniel; y sus acusadores mueren apedreados.

1. Había un varón, que habitaba en Babilonia, llamado Joakim;

2. el cual casó con una mujer llamada Susana, hija de Helcías, hermosa en extremo, y temerosa de Dios,

3. porque sus padres, que eran virtuosos, instruyeron a su hija según la ley de Moisés.

4. Era Joakim un hombre muy rico y tenía un jardín junto a su casa, al cual concurrían muchos judíos, por ser Joakím el más respetable de todos ellos.

5. Y en aquel año fueron elegidos jueces del pueblo de los judíos dos ancianos de aquellos de quienes dijo el Señor que la iniquidad había salido de Babilonia de los ancianos que eran jueces, los cuales parecía que gobernaban al pueblo.

6. Frecuentaban éstos la casa de Joakim, donde acudían a ellos todos cuantos tenían algún pleito.

7. Y cuando al mediodía se iba la gente, entraba Susana a pasearse en el jardín de su marido.

8. Veíanla los viejos cada día cómo entraba a pasearse; e inflamáronse en malos deseos hacia ella;

9. y perdieron el juicio, y desviaron sus ojos para no mirar al cielo, y para no acordarse de sus justos juicios.

10. Quedaron, pues, ambos ciegos por ella, pero no se comunicaron el uno al otro su pasión;

11. pues se avergonzaban de descubrir su concupiscencia y deseos de pecar con ella.

12. Y buscaban cada día con mayor solicitud el poderla ver. Y una vez dijo el uno al otro:

13. vámonos a casa, que ya es hora de comer; y salieron y se separaron el uno del otro.

14. Mas volviendo cada cual otra vez, se encontraron en un mismo puesto; y preguntándose mutuamente el motivo, confesaron su pasión, y entonces acordaron el tiempo en que podrían hallarla sola.

15. Y mientras estaban aguardando una ocasión oportuna, entró ella en el jardín, como solía todos los días, acompañada solamente de dos doncellas, y quiso bañarse en el jardín, pues hacía mucho calor.

16. Y no había en él nadie sino los dos viejos, que se habían escondido, y la estaban acechando.

17. Dijo, pues, ella a sus doncellas: Traedme la confección aromática y los perfumes, y cerrad las puertas del jardín; pues quiero bañarme.

18. Hiciéronlo como lo mandaba, y cerraron las puertas del jardín; y salieron por una puerta excusada para traer lo que había pedido; sin saber ellas que los viejos estaban dentro escondidos.

19. Así que se hubieron ido las criadas, salieron los dos viejos, y corriendo hacia ella, le dijeron:

20. Mira, las puertas del jardín están cerradas, nadie nos ve, y nosotros estamos enamorados de ti: condesciende, pues, con nosotros, y cede a nuestros deseos.

21. Porque si te resistieres a ello, testificaremos contra ti, diciendo que estaba contigo un joven, y que por eso despachaste tus doncellas.

22. Prorrumpió Susana en gemidos, y dijo: Estrechada me hallo por todos lados: porque si yo hiciere eso que queréis, sería una muerte para mí; y si no lo hago, no me libraré de vuestras manos.

23. Pero mejor es para mí el caer en vuestras manos sin haber hecho tal cosa, que el pecar en la presencia del Señor.

24. Y dio Susana un fuerte grito; y gritaron entonces los viejos contra ella.

25. Y corrió uno de ellos a las puertas del jardín, y abriólas.

26. Y así que los criados de la casa oyeron ruido en el jardín, corrieron allá por la puerta excusada para ver lo que era.

27. Y después de haber oído los criados lo que decían los jueces, quedaron sumamente avergonzados; porque nunca tal cosa se había dicho de Susana. Llegó, pues, el día siguiente.

28. Y habiendo acudido el pueblo a la casa de Joakim su marido, vinieron también los dos viejos, armados de falsedades contra Susana, para condenarla a muerte.

29. Dijeron, pues, en presencia del pueblo: Envíese a llamar a Susana, hija de Helcías, mujer de Joakim. Y enviaron luego por ella.

30. La cual vino acompañada de sus padres e hijos y de todos sus parientes.

31. Era Susana sumamente fina y de extraordinaria belleza.

32. Y aquellos malvados la mandaron descubrir, (pues estaba ella con su velo puesto) para saciarse por lo menos viendo su hermosura.

33. Entretanto lloraban los suyos y cuantos la conocían.

34. Y levantándose los dos viejos en medio del pueblo, pusieron sus manos sobre la cabeza de Susana.

35. Ella, empero, deshaciéndose en lágrimas, levantó sus ojos al cielo; porque su corazón estaba lleno de confianza en el Señor.

36. Y dijeron los viejos: Estándonos paseando solos en el jardín, entró con dos criadas; y cerró las puertas del jardín enviando fuera las criadas.

37. Entonces se le acercó un joven que estaba escondido, y pecó con ella.

38. Y nosotros que estábamos en un lado del jardín, viendo el atentado fuimos corriendo adonde estaban, y los hallamos en el mismo acto.

39. Mas al joven no pudimos prenderlo, porque era más robusto que nosotros, y abriendo la puerta se escapó corriendo.

40. Pero habiendo cogido a ésta, le preguntamos quién era el joven, y no nos lo quiso declarar: de este suceso somos nosotros testigos.

41. Dioles crédito la asamblea, como ancianos que eran y jueces del pueblo; y la condenaron a muerte.

42. Susana, empero, exclamó en alta voz y dijo: ¡Oh Dios eterno, que conoces las cosas ocultas, que sabes todas las cosas aun antes que sucedan!

43. Tú sabes que éstos han levantado contra mí un falso testimonio; y he aquí que yo muero

sin haber hecho nada de lo que han inventado maliciosamente contra mí.

44. Y oyó el Señor su oración.

45. Y cuando la conducían al suplicio, el Señor manifestó el santo espíritu de profecía en un tierno jovencito llamado Daniel;

46. el cual, a grandes voces, comenzó a gritar: Inocente seré yo de la sangre de ésta.

47. Y volviéndose hacia él toda la gente, le dijeron: ¿Qué es eso que tú dices?

48. Mas él, puesto en pie en medio de todos, dijo: ¿Tan insensatos sois, ¡oh hijos de Israel!, que, sin forma de juicio y sin conocer la verdad del hecho, habéis condenado a una hija de Israel?

49. Volved al tribunal, porque éstos han dicho falso testimonio contra ella.

50. Retrocedió, pues, a toda prisa el pueblo; y los ancianos le dijeron a Daniel: Ven, y siéntate en medio de nosotros e instrúyenos; ya que te ha concedido Dios la honra y dignidad de anciano.

51. Y dijo Daniel al pueblo: Separad a estos dos lejos el uno del otro, y yo los examinaré.

52. Y así que estuvieron separados el uno del otro, llamando a uno de ellos, le dijo: Envejecido en la mala vida, ahora llevarán su merecido los pecados que has cometido hasta aquí,

53. pronunciando injustas sentencias, oprimiendo a los inocentes y librando a los malvados, a pesar de que el Señor tiene dicho: No harás morir al inocente, ni al justo.

54. Ahora bien, si la viste pecar di: ¿Bajo qué árbol los viste confabular entre sí? Respondió él: Debajo de un lentisco.

55. A lo que replicó Daniel: Ciertamente que a costa de tu cabeza has mentido; pues he aquí que el ángel del Señor, por sentencia que ha recibido de él, te partirá por medio.

56. Y habiendo hecho retirar a éste, hizo venir al otro, y le dijo: Raza de Canaán y no de Judá, la hermosura te fascinó y la pasión pervirtió tu corazón.

57. Así os portabais con las hijas de Israel, las cuales de miedo condescendían con vuestros deseos; pero esta hija de Judá no ha sufrido vuestra maldad.

58. Ahora bien, dime: ¿Bajo qué árbol los sorprendiste tratando entre sí? Él respondió: Debajo de una encina.

59. A lo que repuso Daniel: Ciertamente que también tú mientes en daño tuyo; pues el ángel del Señor te está esperando con la espada en la mano, para partirte por medio y matarte.

60. Entonces toda la asamblea o muchedumbre

exclamó en alta voz, bendiciendo a Dios que salva a los que ponen en él su esperanza.

61. Y se levantaron contra los dos viejos, a los cuales convenció Daniel por la misma boca de ellos de haber proferido un falso testimonio, e hiciéronles el mal que ellos habían intentado contra su prójimo

62. y poniendo en ejecución la ley de Moisés, los mataron; con lo que fue salvada en aquel día la sangre inocente.

63. Entonces Reídas y su esposa alabaron a Dios por haber salvado a su hija Susana; y lo mismo hizo Joakim su marido con todos los parientes; porque nada se halló en ella de menos honesto.

64. Daniel empero, desde aquel día en adelante fue tenido en gran concepto por todo el pueblo.

65. Y el rey Astiages fue a reunirse con sus padres; entrando a sucederle en el trono Ciro de Persia.

CAPÍTULO XIV

Astucias de los sacerdotes de Bel descubiertas por Daniel, el cual hace morir a un dragón que adoraban los babilonios. Echado por segunda vez en el lago de los leones, donde el Señor le alimenta por medio de Habacuc, es librado por Dios.

1. Era Daniel uno de aquellos que comían a la mesa del rey, quien lo distinguía entre todos sus amigos o cortesanos.

2. Había a la sazón en Babilonia un ídolo llamado Bel; y se consumían para él cada día doce artabas o fanegas de flor de harina, y cuarenta ovejas, y seis cántaros de vino.

3. Tributábale culto también el rey, e iba todos los días a adorarle. Daniel, empero, adoraba a su Dios. Y díjole el rey: ¿Por qué no adoras tú a Bel?

4. A lo que respondió, diciendo: Porque yo no adoro a los ídolos hechos de mano de hombres, sino al Dios vivo, que crió el cielo y la tierra, y es Señor de todo viviente.

5. Replicóle el rey: Pues qué, ¿crees tú que Bel no es un dios vivo? ¿No ves cuánto come y bebe cada día?

6. A esto contestó Daniel, sonriéndose: no vivas engañado, ¡oh rey!, porque él por dentro es de barro, por fuera de bronce, y nunca come.

7. Montó el rey en cólera, y llamando a los sacerdotes del ídolo, les dijo: Si no me decís quién come todo eso que se gasta, moriréis.

8. Pero si me hacéis ver que todo eso lo come Bel, morirá Daniel por haber blasfemado con-

tra Bel. Y dijo Daniel al rey: Así sea como lo has dicho.

9. Eran los sacerdotes de Bel setenta, sin contar las mujeres, y los párvulos y los muchachos. Y fue el rey con Daniel al templo de Bel.

10. Dijeron, pues, los sacerdotes de Bel: He aquí que nosotros nos salimos fuera; y tú, ¡oh rey!, haz poner las viandas y servir el vino, y cierra la puerta, y séllala con tu anillo:

11. y si mañana temprano no hallares, al entrar, que todo se lo ha comido Bel, moriremos nosotros sin recurso; de lo contrario, morirá Daniel, que ha mentido contra nosotros.

12. Burlábanse ellos en su interior; pues habían hecho debajo de la mesa una comunicación secreta, y siempre entraban por allí y se comían aquella vianda.

13. Luego, pues, que se hubieron ellos salido, hizo el rey poner las viandas delante de Bel. Daniel, empero, mandó a sus criados traer ceniza, y la hizo esparcir con una criba por todo el templo en presencia del rey. Saliéronse, cerraron la puerta, la sellaron con el anillo del rey, y se fueron.

14. Mas los sacerdotes entraron de noche, según su costumbre, con sus mujeres e hijos y se lo comieron y bebieron todo.

15. Levantóse el rey muy de mañana, y del mismo modo Daniel.

16. Y preguntó el rey: ¿Están intactos los sellos, oh Daniel? Y respondió éste: ¡Oh rey!, intactos están.

17. Y abriendo luego la puerta, así que dirigió el rey sus ojos hacia la mesa o altar, exclamó en alta voz: Grande eres, ¡oh Bel!, y no hay engaño alguno en tu templo.

18. Sonrióse Daniel, y detuvo al rey para que no entrase dentro: y dijo: Mira el pavimento, y reflexiona de quién serán estas pisadas.

19. Veo, dijo el rey, pisadas de hombres, y de mujeres, y de niños. Con esto irritóse el rey.

20. E hizo luego prender a los sacerdotes, y a sus mujeres e hijos; quienes le descubrieron el postigo secreto por donde entraban allí a comer cuanto había sobre la mesa.

21. Por lo que hízolos el rey morir y entregó a Bel en poder de Daniel: quien lo destruyó juntamente con el templo.

22. Había en aquel lugar un dragón grande, al cual adoraban los babilonios.

23. Y dijo el rey a Daniel: Mira; no puedes tú decir ya que no sea éste un dios vivo: adórale, pues, tú también.

24. A lo que respondió Daniel: Yo adoro al Señor mi Dios, porque Él es el Dios vivo; más ése no es el Dios vivo.

25. Y así, dame, ¡oh rey!, licencia, y mataré al dragón sin espada ni palo. Y le dijo el rey: Yo te la doy.

26. Tomó, pues, Daniel pez y sebo, y pelos, y cociólo todo junto, e hizo de ello unas pellas, las que arrojó a la boca del dragón, el cual reventó. Entonces dijo Daniel: Ved aquí al que adorabais.

27. Así que supieron esto los babilonios, se irritaron en extremo; y levantándose contra el rey, dijeron: El rey se ha vuelto judío; destruyó a Bel, ha muerto al dragón, y quitado la vida a los sacerdotes.

28. Y habiendo ido a encontrar al rey, le dijeron: Entréganos a Daniel; de lo contrario te matamos a ti y a tu familia.

29. Viéndose, pues, el rey tremendamente acometido, obligado de la necesidad les entregó a Daniel.

30. Metiéronle ellos en el lago o cueva de los leones, donde estuvo seis días.

31. Había en el lago siete leones, y les daban cada día dos cadáveres y dos ovejas; y nada les dieron entonces, a fin de que devorasen a Daniel.

32. Estaba el profeta Habacuc en la Judea; y había cocido un potaje, y desmenuzado unos panes en una vasija, e íbase al campo a llevarlo a los segadores.

33. Y dijo el ángel del Señor a Habacuc: Esa comida que tienes, llévala a Babilonia, a Daniel, que está en el lago de los leones.

34. Y respondió Habacuc: Señor, yo no he visto a Babilonia, ni tengo noticia del lago.

35. Entonces el ángel del Señor lo cogió por la coronilla de la cabeza, y asiéndolo por los cabellos lo llevó con la celeridad de su espíritu a Babilonia sobre el lago.

36. Y Habacuc levantó la voz, y dijo: ¡Daniel, siervo de Dios!, toma la comida que Dios te envía.

37. Daniel entonces, dijo: Tú, ¡oh Señor!, te has acordado de mí, y no has desamparado a los que te aman.

38. Y levantóse Daniel y comió. Y el ángel del Señor volvió luego a Habacuc a su lugar.

39. Vino, pues, el rey el día séptimo para hacer el duelo por Daniel; y llegando al lago, miró hacia dentro, y vio a Daniel sentado en medio de los leones.

40. Entonces exclamó el rey en alta voz diciendo: ¡grande eres, oh Señor Dios de Daniel! Y lo hizo sacar del lago de los leones.

LA PROFECÍA DE OSEAS

CAPÍTULO I

El Señor manda a Oseas que se case con cierta mujer que había sido de mala vida; y que a dos hijos y una hija que tendrá de ella les ponga nombres que declaren lo que el Señor quiere hacer con su pueblo de Israel. Conversión de los gentiles, y reunión de los pueblos de Judá y de Israel.

1. Palabras del Señor, dichas a Oseas, hijo de Beeri, en el tiempo de Ozías, de Joatán, de Acaz, de Ezequías, reyes de Judá, y en los días de Jeroboán, hijo de Joás, rey de Israel.
2. El Señor comenzó a hablar a Oseas, y le dijo: anda, cásate con una mujer ramera, y ten hijos de ramera; porque la tierra de Israel no ha de cesar de fornicar o idolatrar contra el Señor.
3. Fue, pues, y se casó con Gomer, hija de Debelaim, la cual concibió y le parió un hijo.
4. Y dijo el Señor a Oseas: Ponle por nombre JEZRAHEL; porque dentro de poco yo tomaré venganza de la casa real de Jehú por la sangre que ha derramado en la ciudad de Jezrahel, y acabaré con el trono de la casa de Israel.
5. Y en aquel día yo haré trozos el arco o regio poder de Israel en el valle de Jezharel.
6. Concibió de nuevo Gomer y parió una hija. Y díjole el Señor a Oseas: Ponle por nombre NO MÁS MISERICORDIA; porque yo no usaré ya en adelante de misericordia alguna con los de la casa de Israel; sino que a todos los echaré en un profundo olvido.
7. Pero me apiadaré de la casa o reino de Judá; y la salvaré por medio del Señor su Dios, por mí mismo, y no por medio de arcos ni espadas, ni por medio de combates, o de caballos, ni caballeros.
8. Y destetó Gomer a su hija llamada: NO MÁS MISERICORDIA; y otra vez concibió y parió un hijo.
9. Y dijo el Señor a Oseas: Ponle por nombre: No MI PUEBLO; porque vosotros no seréis ya mi pueblo, ni yo seré vuestro Dios.
10. Mas algún día el número de los hijos del verdadero Israel será como el de las arenas del mar, que no tienen medida ni guarismo. Y sucederá que donde se les habrá dicho a ellos: Vosotros no sois mi pueblo, se les dirá: Vosotros sois hijos del Dios vivo.
11. Y se congregaran en uno los hijos de Judá y los de Israel; y se elegirán un solo caudillo o cabeza, y saldrán de la tierra de su cautiverio. Porque grande será aquel día de la reunión de Jezrahel.

CAPÍTULO II

Amenaza Dios a Israel que le repudiará como a una adúltera si no se convierte; habla de la reunión de Israel y Judá, y del restablecimiento de Israel.

1. Llamad a vuestros hermanos, «Pueblo mío»; y a vuestra hermana, «La que ha alcanzado misericordia».
2. Redargüid a vuestra madre, redargüidla; porque ya no es mi esposa, ni yo soy su esposo. Aparte de sí sus prostituciones, o idolatrías, y arroje de su seno los adulterios.
3. No sea que yo la despoje y desnude, y la ponga tal como en el día que nació, y la deje hecha una soledad, y como una tierra inhabitable, y la reduzca a morir de sed.
4. No tendré compasión de sus hijos: porque son hijos de fornicación.
5. Puesto que la madre de ellos, la nación, es una adúltera, ha quedado deshonrada la que los parió. Pues ella dijo: Iré en pos de mis amantes, los ídolos, que son los que me dan mi pan y mi agua, mi lana, mi lino, mi aceite y mi bebida.
6. (Por lo cual he aquí que yo le cerraré la salida con un seto de espinos, la cerraré con una pared, y ella no hallará paso.
7. E irá en pos de sus amantes, y no los encontrará, los buscará y no los hallará; y dirá: iré, y volveré a mi primer esposo, pues mejor me iba entonces que ahora.)
8. Y no sabía ella que fui yo, y no los ídolos, quien le dio el trigo, y el vino, y el aceite, y el que le dio la abundancia de plata y de oro que ofrecieron a Baal.
9. Por esto yo me portaré de otro modo, y a su tiempo recogeré mi trigo y mi vino, y quitaré de sus manos mis lanas y mis linos, que cubren sus vergüenzas.
10. Y ahora manifestaré su necedad a los ojos de sus mismos amadores, y nadie la librará de mis manos;
11. y haré cesar todos sus regocijos, sus solemnidades, sus neomenías, sus sábados y todos sus días festivos;
12. y destruiré sus viñas y sus higueras, de las cuales dijo ella: Éstos son los galardones que me dieron mis amantes; y yo la convertiré en un matorral, y la devorarán las fieras del campo.
13. Y ejerceré en ella mi venganza por los días que sirvió a Baalim, en los cuales le ofrecía

incienso, y se ataviaba con sus zarcillos y con sus galas, e iba en pos de sus amantes, y se olvidaba de mí, dice el Señor.

14. Pero con todo, después yo la acariciaré, y la llevaré a la soledad, y la hablaré al corazón.

15. Daréle viñadores de su mismo lugar, y el valle de Acor, para que entre en esperanza; y allí cantará himnos a su Dios como en los días de su juventud, como en los días en que salió de la tierra de Egipto.

16. Y aquel sera el día, dice el Señor, en que ella me llamará esposo suyo; y no me llamará más Baalí.

17. Y quitaré de su boca los nombres de Baalim, y no volverá a acordarse más de los nombres de los ídolos.

18. Y en aquel día pondré yo paz entre ellos, y las bestias del campo, y las aves del cielo, y los reptiles de la tierra; y quebrantaré en el país los arcos y las espadas, y haré cesar las guerras, y que ellos duerman con toda seguridad.

19. Y te desposaré conmigo para siempre; y te desposaré conmigo mediante la justicia o santidad y el juicio, y mediante la misericordia y la clemencia.

20. Y te desposaré conmigo mediante la fe: y conocerás que yo soy el Señor.

21. Entonces será, dice el Señor, cuando yo escucharé benigno a los cielos, y éstos escucharán a la tierra.

22. Y la tierra atenderá a dar el grano, y el vino, y el aceite; y estas cosas atenderán a consolarán a Jezrahel.

23. Y la sembraré yo para mí como precisa simiente sobre la tierra, porque apiadarme he de aquella nación que fue llamada: NOMÁS MISERCORDIA.

24. Y al que dije que no era mi pueblo, le diré: Pueblo mío eres tú; y él dirá: Tú eres mi Dios.

CAPÍTULO III

El Señor ordena al profeta que tome otra mujer que había sido adúltera, y que antes de casarse la haga esperar durante muchos días; para significar con esto que los hijos de Israel, después de estar mucho tiempo sin rey y sin sacrificios, por último se convertirán al Señor.

1. Díjome el Señor: Ve aún, y ama a una mujer que ha sido amada de su amigo y adúltera: así como el Señor ama a los hijos de Israel, y ellos vuelven sus ojos hacia los dioses ajenos, y aman el hollejo de las uvas.

2. Yo me la adquirí por quince siclos de plata, y un coro y medio de cebada.

3. Y le dije: Tendrás que esperar muchos días: entretanto no cometerás adulterio, ni tendrás trato con ningún hombre; y yo también te aguardaré a ti.

4. Porque los hijos de Israel mucho tiempo estarán sin rey, sin caudillo, sin sacrificios, sin altar, sin efod, y sin terafine, y Oráculos.

5. y después de esto volverán los hijos de Israel en busca del Señor Dios suyo, y del descendiente de David, su Rey y Salvador: y buscarán con santo temor y respeto al Señor y a sus bienes en el fin de los tiempos.

CAPÍTULO IV

Reprende el profeta a Israel por sus grandes pecados, y le intima los terribles castigos de Dios. Exhorta a Judá a que no imite los pecados de las otras diez tribus.

1. Escuchad la palabra del Señor, ¡oh vosotros hijos de Israel!, pues el Señor viene a juzgar a los moradores de esta tierra: porque no hay verdad, ni hay misericordia, no hay conocimiento de Dios en el país.

2. La maldición o blasfemia, y la mentira, y el homicidio, y el robo, y el adulterio lo han inundado todo; y una maldad alcanza a otra,

3. por cuya causa se cubrirá de luto o desolación la tierra, y desfallecerán todos sus moradores; y aun las bestias del campo, y las aves del cielo, y hasta los peces del mar perecerán.

4. Sin embargo, ninguno se ponga a reprender ni corregir a nadie: porque tu pueblo es como aquellos que se las apuestan al sacerdote.

5. Mas tú, ¡oh Israel!, hoy, luego perecerás, y perecerán contigo tus falsos profetas; en aquella noche reduciré a un fúnebre silencio a tu madre.

6. Quedó sin habla el pueblo mío, porque se hallaba falto de la ciencia de salud. Por haber tú desechado la ciencia, yo te desecharé a ti, para que no ejerzas mi sacerdocio; y pues olvidaste la ley de tu Dios, yo también me olvidaré de tus hijos.

7. A la par que ellos se han multiplicado con mi protección, se han multiplicado también sus pecados contra mí. Yo trocaré su gloria en ignominia.

8. Comen las víctimas de los pecados de mi pueblo; y mientras éste peca, le dan ánimo.

9. Por lo cual será tratado el sacerdote como el pueblo; y yo castigaré su mal proceder, y le daré la paga de sus designios.

10. Y comerán, y no se saciarán: han prevaricado incesantemente; han abandonado al Señor, desobedeciendo su santa ley.

11. La deshonestidad, y el vino y embriaguez, quitan el buen sentido.

12. Por eso el pueblo mío ha consultado con un pedazo de leño, y las varas suyas, o de los agoreros, le han dado las respuestas acerca de lo futuro; porque el espíritu de fornicación, o idolatría, los ha fascinado, y han vuelto la espalda a su Dios.

13. Han ofrecido sacrificios sobre las cimas de los montes, y sobre los collados quemaban el timiama o incienso, y debajo de la encina, y del álamo, y del terebinto, por serles grata su sombra; por esto vuestras hijas darán al traste con su honor, y serán adúlteras vuestras esposas.

14. Yo les daré rienda suelta: no castigaré a vuestras hijas cuando habrán pecado, ni a vuestras esposas cuando se hayan hecho adúlteras; pues que los mismos padres y esposos tienen trato con las rameras, y van a ofrecer sacrificios con los hombres afeminados y corrompidos. Por esta causa será azotado este pueblo insensato que no quiere darse por entendido.

15. Si tú, ¡oh Israel!, te has entregado a la fornicación, o idolatría, a lo menos tú ¡oh Judá!, no peques; y no queráis ir a Gálgala ni subáis a Betaven, para idolatrar, ni juréis diciendo: Vive el Señor.

16. Porque Israel se ha descarriado, cual vaca indómita y lozana; mas luego el Señor los conducirá a pacer como tímidos corderos en campiñas espaciosas.

17. Efraín ha hecho alianza con los ídolos: apártate de él tú, ¡oh Judá!

18. Él celebra aparte sus convites idolátricos, y ha caído en la más desenfrenada fornicación, o idolatría: sus protectores se complacen en cubrirle de ignominia.

19. A Israel le llevará atado a sus alas el viento de la indignación divina; y sus hijos quedarán cubiertos de ignominia por sus sacrificios.

CAPÍTULO V

Dios castigará a Israel por sus maldades; amenaza también a Judá. Cuando los hombres tienen al Señor por enemigo, les es inútil todo socorro humano, hasta que se conviertan a Él.

1. Escuchad esto, ¡oh sacerdotes! Tú, ¡oh casa de Israel!, oye con atención; atiende bien tú, ¡oh casa real!, porque a vosotros se os va a juzgar. Pues debiendo ser unas centinelas del pueblo, le habéis armado lazos, y sido para él como una red tendida por los cazadores sobre el monte Tabor.

2. Y habéis hecho caer la víctima en el abismo Yo, empero, os he instruido a todos.

3. Conozco bien a Efraín, no me es desconocido Israel: sé que Efraín es ahora idólatra, sé que está contaminado Israel.

4. No dedicarán ellos su pensamiento a convertirse a su Dios, porque están dominados del espíritu de fornicación, o idolatría, y desconocieron al Señor.

5. Y se descubrirá la arrogancia o impudencia de Israel en su descarado rostro; e Israel y Efraín perecerán por causa de su maldad; también Judá perecerá con ellos.

6. Irán a buscar al Señor con la ofrenda de sus rebaños y vacadas, y no lo hallarán: se retiró de ellos.

7. Han sido infieles al Señor, pues que han engendrado hijos bastardos: ahora en un mes serán consumidos con todo cuanto poseen.

8. Tocad la bocina en Gabaa, tocada la trompeta en Rama; levántase el aullido en Betaven, tras de tus espaldas, ¡oh Benjamín!

9. En el día del castigo será asolado Efraín. Veraz me he mostrado en las profecías tocantes a las tribus de Israel.

10. Los príncipes de Judá son como aquellos que mudan los mojones: como un diluvio derramaré sobre ellos mi indignación.

11. Efraín se ve tiranizado por sus príncipes, y es oprimido en juicio: porque se fue a buscar las inmundicias de los ídolos.

12. Y yo seré para Efraín como polilla: como una carcoma seré yo para la casa de Judá.

13. Sintió Efraín su falta de fuerzas, y Judá sus cadenas; y Efraín recurrió al asirio, y Judá llamó a un rey en su defensa; mas éste no podrá daros la salud, ni podrá libraros de las cadenas.

14. Porque yo soy para Efraín como una leona, y como un joven o vigoroso león para la casa de Judá. Yo, yo haré mi presa y me iré con ella; yo la tomaré, y no habrá quien me la quite.

15. Me marcharé y me volveré a mi habitación; hasta tanto que os halléis bien desfallecidos, y vengáis en busca de mí.

CAPÍTULO VI

Israel y Judá conviértense al Señor por medio de las tribulaciones. Quejas y amenazas de Dios contra ellos.

1. En medio de sus tribulaciones se levantarán con presteza para convertirse a mí. Venid, dirán, volvámonos al Señor;

2. porque él nos ha cautivado pero él mismo nos pondrá en salvo; él nos ha herido, y él mismo nos curará.

3. El mismo nos volverá a la vida después de dos días; al tercer día nos resucitará, y viviremos en la presencia suya. Conoceremos al Señor y le seguiremos para conocerlo. Preparado está su advenimiento como la aurora; y el Señor vendrá a nosotros, como la lluvia de otoño y de primavera sobre la tierra.

4. ¿Qué es lo que podré yo hacer contigo, oh Efraín? ¿Qué haré contigo, oh Judá? La piedad vuestra es como una nube o niebla de la mañana, o cual rocío de la madrugada, que luego desaparece.

5. Por esto por medio de mis profetas os acepillé, o castigué, con las palabras amenazadoras salidas de mi boca, con las cuales les he acarreado la muerte. Así tu condenación aparecerá clara como la luz.

6. Porque la misericordia es la que yo quiero, y no lo exterior del sacrificio; y el conocimiento práctico o temor de Dios, más que los holocaustos.

7. Mas ellos han violado mi alianza, a imitación de Adán: allí prevaricaron contra mí.

8. Galaad es ahora una ciudad de fabricadores de ídolos, inundada de sangre inocente.

9. Su garganta es como la de los ladrones; se ha unido con los sacerdotes impíos que matan en el camino a las gentes que van de Siquem; verdaderamente que son horrendas las cosas que han ejecutado.

10. Horrible cosa es la que he visto en la casa o pueblo de Israel; he visto en ella las idolatrías de Efraín: Israel se contaminó.

11. Y tú también, ¡oh Judá!, prepárate para la siega; hasta que por fin haga volver del cautiverio al pueblo mío.

CAPÍTULO VII

Reprende Dios la obstinación de su pueblo, y su confianza en las naciones gentiles, la cual será su ruina.

1. Cuando yo quería curar los males de Israel se descubrió la interior malicia de Efraín y la iniquidad de Samaria; porque entonces mismo se han dedicado a la mentira: y así entrará en su casa el ladrón a despojarlos, y por fuera lo hará el salteador.

2. Y porque no digan acaso en sus corazones que yo vuelvo a acordarme de todas sus maldades; actualmente están ellos rodeados de sus impiedades: las están cometiendo delante de mis ojos.

3. Con su perversidad dieron gusto al rey; dieron gusto a los príncipes con sus mentiras, o idolatrías.

4. Son adúlteros todos los de mi pueblo: son como horno encendido por el hornero: calmó la ciudad por un poco de tiempo, como después de mezclada la levadura, hasta que todo estuvo fermentado.

5. Es el día del cumpleaños de nuestro rey, dicen los israelitas; los príncipes, o cortesanos, tomados del vino, comenzaron a loquear, y el rey daba la mano a aquellos bufones o libertinos.

6. Aplicaron su corazón a la idolatría encendido como un horno, mientras él los acechaba; se echó a dormir toda la noche, mientras que ellos se cocían; a la mañana él mismo se encendió en la idolatría, cual llama ardiente.

7. Todos se encendieron en la impiedad como un horno, e incendiaron con ella a sus jueces, o gobernadores; cayeron en ella todos sus reyes; no hay entre ellos quien levante su voz hacia mí.

8. Mezclábase Efraín con las naciones idólatras: vino a ser Efraín como un pan que se cuece al rescoldo, y al cual no se le da la vuelta.

9. Devorarán sus riquezas los extranjeros, y él no ha caído aún en la cuenta: así se ha visto luego cubierto con canas, y no por eso entra en conocimiento.

10. E Israel mirará con sus propios ojos humillada la soberbia suya; y con todo eso no se convertirán al Señor Dios suyo, ni después de todas estas cosas irán en busca de él.

11. Se ha vuelto Efraín como una imbécil paloma, falta de entendimiento. A los egipcios fueron a llamar, recurrieron a los asirios.

12. Y cuando hubieren ido, extenderé yo mi red sobre ellos, y los haré caer como una ave del cielo; haré de ellos un destrozo, según se les ha dicho en sus asambleas.

13. ¡Ay de ellos, porque se apartaron de mí!; destruidos serán, pues se rebelaron contra mí; y habiendo yo sido muchas veces su redentor, ellos profirieron contra mí mentiras.

14. No han clamado a mí de corazón; sino que aullaban angustiados en sus lechos; sobre el trigo y sobre el vino era sobre lo que únicamente rumiaban: alejáronse de mí.

15. Y yo los instruí y yo di vigor a sus brazos; mas ellos sólo discurrieron cómo obrar el mal contra mí.

16. Quisieron volver a vivir sin el yugo de mi ley: asemejáronse a un arco. Perecerán sus príncipes al filo de la espada en castigo de su furiosa e impía lengua. Tal fue ya el escarnio que de mí hicieron en tierra de Egipto.

CAPÍTULO VIII

Manda Dios al profeta que intime al pueblo de Israel su próxima ruina por haberse

257

rebelado contra el Señor y despreciado su Ley; y que asimismo amenace a Judá que será entregada a las llamas.

1. Sea tu garganta como una trompeta y pregona que el enemigo se dejará caer como águila sobre la Casa del Señor; porque estos pueblos míos han quebrantado mi alianza, han violado mi ley.

2. Me invocarán diciendo: ¡Oh Dios nuestro!, nosotros los de Israel te hemos reconocido.

3. Mas Israel, dice Dios, ha desechado el bien obrar; y por eso lo destrozará su enemigo.

4. Ellos reinaron, pero no por mí; fueron príncipes, mas yo no los reconocí. De su plata y de su oro se forjaron ídolos para su perdición.

5. Derribado por el suelo ha sido tu becerro, ¡oh Samaria! Encendido se ha contra ellos mi indignación. ¿Hasta cuándo será imposible el curarlos de su idolatría?

6. Porque obra fue ciertamente de Israel aquel becerro: fabricólo un artífice y no es Dios; como telas de araña, así será el becerro de Samaria.

7. Sembrarán viento, y recogerán torbellinos para su ruina: no habrá allí espiga que se mantenga en pie, y sus granos no darán harina; y si la dieren, se la comerán los extraños.

8. Devorado ha sido Israel: ha venido él a ser entre las naciones como un vaso inmundo.

9. Recurrió a al rey de los asirios, asno silvestre que anda solo; los hijos de Efraín han ofrecido dones a sus amigos los asirios.

10. Pero después que se habrán procurado a caro precio el socorro de las naciones, yo entonces los reuniré en Asiria, y siendo cautivos, quedarán por algún tiempo exentos del tributo que pagan al rey y a los príncipes.

11. Por haber Efraín mutiplicado sus altares para pecar idolatrando, y haber sido sus altares el origen de sus delitos,

12. yo también muitiplicaré contra él mis leyes penales; las cuales han mirado como si no fuesen para ellos.

13. Ofrecerán hostias, inmolarán víctimas para el sacrificio, de las cuales comerán; mas el Señor no las aceptará, antes bien se acordará ahora de las maldades de ellos, y castigará sus pecados: entonces se acogerán a Egipto.

14. Olvidóse Israel de su Hacedor, y erigió templos a los ídolos; Judá se ha construido muchas plazas fuertes; mas yo aplicaré fuego a sus ciudades fortificadas, el cual devorará todos sus edificios.

CAPÍTULO IX

Intima Dios a los israelitas el hambre y el cautiverio, y que por su obstinación serán dispersados en las naciones, enteramente desamparados de Dios.

1. No tienes que regocijarte tanto, ¡oh Israel!, no te ocupes en danzas, como hacen los gentiles; porque tú has abandonado a tu Dios: has codiciado como recompensa de tu idolatría las eras llenas de trigo.

2. Pero ni la era, ni el lagar les darán con qué sustentarse; y la viña dejará burladas sus esperanzas.

3. No morarán en la tierra del Señor: Efraín se acogerá a Egipto, y comerá entre los asirios manjares impuros.

4. No ofrecerán libaciones de vino al Señor, ni le serán gratas sus ofrendas: sus sacrificios serán como los convites de los funerales: cualquiera que en ellos comiere, quedará contaminado. Guárdense para sí su inmundo pan; no entre en el templo del Señor hostia impura.

5. ¿Qué es lo que entonces haréis en el día de la solemnidad, en el día de la fiesta del Señor?

6. Yo los veo escapar ya del asolado país. El Egipto los recogerá; el país de Memfis les dará sepultura. Sobre sus codiciadas riquezas crecerá la ortiga, y se verán nacer abrojos en sus habitaciones.

7. Vendrán los días de la visita del Señor, los días del castigo llegarán luego. Sepas, ¡oh Israel!, que tus profetas son unos fatuos: esos que se creen varones espirituales son unos insensatos; permitiéndolo Dios en pena de tus muchas iniquidades y de la suma necedad tuya.

8. El sacerdote, el centinela de Efraín para con mi Dios, el profeta se ha hecho un lazo tendido en todos los caminos para ruina del pueblo: es objeto de odio en el templo de su Dios.

9. Han pecado enormemente, como en los días aquellos pecaron los gabaonitas. Acordarse ha el Señor de la perversidad de ellos, y castigará sus maldades.

10. Como uvas en árido desierto, con tanto gusto tomé yo a Israel; como los primeros frutos de las altas ramas de la higuera, así miré a sus padres. Mas ellos se fueron al templo de Beelfegor, y se enajenaron de mí, para ignominia suya, haciéndose execrables como las cosas que amaron.

11. Desapareció la gloria de Efraín como un pájaro que ha tomado el vuelo; perecerán sus hijos apenas hayan nacido; desde el seno materno, o desde su misma concepción.

12. Y aún cuando llegaren a criar sus hijos, yo haré que queden sin ellos en este mundo. ¡Ay, empero, de ellos cuando yo llegare a abandonarlos enteramente!

13. Efraín, cual yo la vi, se parecía a la rica Tiro, situada en hermosísimo país; mas Efraín

entregará sus propios hijos en manos del mortífero conquistador.

14. Dales, ¡oh Señor...!, pero, ¿y qué les darás? Dales vientres estériles y pechos sin leche.

15. El colmo de su maldad fue allá en Galgal; allí les tomé yo aversión; echarlos he yo de mi casa por causa de sus perversas obras; nunca más les amaré; todos sus príncipes son unos apóstatas.

16. Efraín ha sido herido de muerte; seca está su raíz: no producirán ellos más fruto; y si tuvieren hijos, yo haré morir los más amados de sus entrañas.

17. Los desechará mi Dios, porque no le han escuchado, y andarán prófugos entre las naciones.

CAPÍTULO X

Israel, por causa de su idolatría, es entregado a los asirios; y quedarán destruidos los dos reinos de Israel y de Judá por no haberse convertido al Señor.

1. Era Israel una frondosa viña, que llevó los frutos correspondientes: cuanto más abundó en bienes, tanto mayor número tuvo de altares a los ídolos; y cuanto más fecunda fue su tierra, mayor número tuvo de vanos simulacros.

2. Está dividido su corazón, y perecerán luego. Les hará el Señor pedazos sus simulacros, y derrocará sus altares.

3. Porque ellos dirán luego: Nos hallamos sin rey porque no tememos al Señor; y el rey ¿qué es lo que haría por nosotros?

4. Repetid ahora las palabras de la falsa visión de vuestros profetas: ajustad la alianza con el asirio; que a pesar de eso la venganza de Dios brotará como yerba nociva sobre los surcos de un campo sembrado.

5. Adoraron los habitantes de Samaria las vacas de Betaven; y aquel pueblo y sus sacerdotes, que celebraban ya fiesta en honor de aquel becerro, derraman lágrimas, porque queda desvanecida su gloria.

6. Pues el becerro fue transportado a Asiria, y sirvió de donativo o presente al rey que habían tomado por defensor: cubierto de ignominia quedará Efraín; Israel será afrentado por sus antojos.

7. Samaria con sus pecados ha hecho desaparecer su rey, como la ampollita de aire que se eleva sobre la superficie del agua.

8. Destruidos serán los lugares altos consagrados al ídolo, que es el pecado de Israel: espinas y abrojos crecerán sobre sus altares. Entonces los hijos de Israel dirán a los montes:

sepultadnos; y a los collados: Caed sobre nosotros.

9. Desde el tiempo de los sucesos de Gabaa está Israel pecando con los ídolos; en el pecado han perseverado; sufrirán una guerra peor que aquella que se hizo a los facinerosos de Gabaa.

10. A medida de mi deseo los castigaré yo: las naciones se reunirán contra ellos, entonces que serán castigados por su doble maldad.

11. Efraín, novilla avezada a trillar con gusto las mieses: yo pasaré sobre su lozana cerviz; subiré sobre Efraín y la dominaré. Judá echará mano al arado, Jacob abrirá los surcos.

12. Sembrad para vosotros semilla u obras de virtud, y segaréis abundancia de misericordia; romped vuestra tierra inculta: porque tiempo es de buscar al Señor, hasta tanto que venga el que os ha de enseñar la justicia o santidad.

13. Arasteis para sembrar impiedad; y habéis segado iniquidad, y comido un fruto mentiroso. Pusisteis vuestra confianza en vuestros planes y en la muchedumbre de vuestros valientes.

14. Se levantarán alborotos en vuestro pueblo, y serán destruidas todas vuestras fortalezas: como fue destruido Salmana en el día de la batalla por el ejército de Gedeón, que tomó venganza de Baal, habiendo quedado estrellada la madre junto con sus hijos.

15. He aquí lo que debéis a Betel; tal es el resultado de vuestras perversas maldades.

CAPÍTULO XI

El Señor demuestra como habiendo siempre amado a los hijos de Israel, los ha entregado a los asirios por sus maldades; pero que acordándose de su misericordia, los volverá algún día a restablecer en su propia tierra, a fin de que le adoren a una con las naciones convertidas.

1. Como pasa el crepúsculo de la mañana, así pasó el rey de Israel. Al principio era la casa de Israel un niño, yo lo amé; y yo llamé e hice venir de Egipto a mi hijo.

2. Mis profetas amonestaron a los hijos de Israel; pero éstos se alejaron tanto más de ellos: ofrecían víctimas a Baal y sacrificios a los ídolos.

3. Yo me hice como ayo de Efraín, le traje en mis brazos: y los hijos de Efraín desconocieron que yo soy el que cuida de su salud.

4. Yo los atraje hacia mí con vínculos propios de hombres, con los vínculos de la caridad: yo fui para ellos como quien les aliviaba el yugo

que apretaba sus quijadas, y les presenté que comer.

5. No volverán ya todos ellos a la tierra de Egipto; sino que el asirio será su rey: por cuanto no han querido convertirse.

6. La espada ha comenzado a recorrer sus ciudades, y consumirá la flor de sus habitantes, y devorará sus caudillos.

7. Entretanto estará mi pueblo como en un hilo, esperando con ansia que yo vuelva; mas a todos se les pondrá un yugo perpetuo.

8. ¿Qué haré yo de ti, oh Efraín? ¿Seré yo tu protector, oh Israel? Pues qué ¿podré yo tratarte como a Adama, ni ponerte como puse a Seboim? ¡Ah! mis entrañas se conmueven dentro de mí: yo me siento como arrepentido.

9. No dejaré obrar el furor de mi indignación, no me resolveré a destruir a Efraín: porque yo soy Dios y no un hombre. El Santo ha habitado en medio de ti: y así no entraré en la ciudad para destruirla,

l0. Ellos seguirán al Señor, cuando él rugirá como león: rugirá el Señor y causará asombro a los hijos del mar.

11. Y volarán desde Egipto como una ave ligera, y como veloz paloma a su nido vendrán de tierra de Asiria: y yo los restableceré en sus moradas, dice el Señor.

12. Efraín me ha estrechado el paso con renegar de mí, y con sus fraudes la casa de Israel; Judá, empero, ha venido a dar testimonio a Dios de su amor, y sigue fielmente el camino de los santos.

CAPÍTULO XII

Israel en vano espera la protección del Egipto. El Señor castigará toda la casa de Jacob por sus infidelidades e ingratitudes; con todo eso, aún les ofrece la paz. Ídolos de Galaad y de Galgal.

1. Efraín se apacienta del viento, y confiando en Egipto respira el aire ardiente. Todo el día está aumentando sus falsedades y las causas de su perdición: se ha confederado con los asirios, y ha llevado sus excelentes aceites a Egipto.

2. Vendrá, pues, el Señor a residenciar la conducta de Judá, y a castigar a Jacob: y le dará el pago que merecen sus obras y sus vanos caprichos.

3. Jacob en el seno materno cogió por el calcañar a su hermano: y con su fortaleza luchó con el ángel.

4. Y prevaleció sobre él, y lo venció: y con lágrimas se encomendó a dicho ángel del

Señor. En Betel fue donde tuvo este feliz encuentro, y allí habló el Señor con nosotros.

5. Y al Señor, que es el Dios de los ejércitos, al Señor tuvo siempre presente Jacob en su memoria.

6. ¡Ea pues!, conviértete tú al Dios tuyo: observa la misericordia y la justicia; y confía siempre en tu Dios.

7. Mas este cananeo tiene en sus manos una balanza engañosa: él se complace en estafar al prójimo.

8. Efraín está diciendo: Ello es que yo me he hecho rico; he adquirido para mí el ídolo de las riquezas; en todos mis afanes no se hallará que yo haya cometido injusticia alguna.

9. Pero no obstante yo me acuerdo que soy el Señor Dios tuyo desde que te saqué de la tierra de Egipto; aun te dejaré reposar en tus moradas como en los días de aquella solemnidad de los Tabernáculos.

10. Yo soy el que te hablé por los profetas, haciéndoles ver muchas cosas venideras; y por medio de los profetas me descubrí a vosotros.

11. Si aquello de Galaad es un ídolo, luego en vano se inmolaban bueyes en Galgal; y en efecto, ya sus altares son como los montones de piedras cerca de los surcos del campo.

12. Huyóse Jacob a tierra de Siria, Israel sirvió a Labán por adquirir una esposa, y por adquirir otra sirvió de pastor.

13. Después el Señor por medio de un profeta sacó a Israel de Egipto, y por medio de otro profeta le salvó.

14. Efraín, no obstante eso, con acerbos disgustos ha provocado mi enojo: sobre él hará recaer su Señor la sangre derramada, y le dará la paga de los insultos que le ha hecho.

CAPÍTULO XIII

Ingratitud del pueblo de Israel: por ella fue castigado en tiempos pasados, y lo será aún más en los venideros. No obstante promete Dios librarle de la muerte por medio del Mesías, vencedor de la muerte misma y del infierno.

1. A las palabras que pronunció Jeroboán, rey de Efraín, intimidóse Israel, y pecó adorando a Baal, con lo cual quedó como un muerto.

2. Y ahora han añadido pecados a pecados, y han fundido su plata, y formádose de ella figuras de ídolos; todo es obra de artífices. A tales adoradores les dicen éstos: Vosotros que adoráis por dioses los becerros, inmoladles víctimas humanas.

3. Por esto serán ellos como una nube al rayar el día, y como el rocío de la mañana que al instante se desvanece, y como el polvo que arrebata de la era un torbellino, y como el humo que sale de una chimenea.

4. Mas yo soy el Señor Dios tuyo desde que saliste de la tierra de Egipto; ni has de reconocer a otro Dios fuera de mí; ni hay otro Salvador sino Yo a ti.

5. Yo te reconocí por hijo en el desierto, en una tierra estéril.

6. Cercanos los israelitas al delicioso país que les di para vivir, se rellenaron y hartaron de bienes; y engreído su corazón, me echaron al mí en olvido.

7. Mas yo seré para ellos lo que una leona o un leopardo en el camino que va a Asiria.

8. Saldré a embestirlos, como osa a quien han robado sus cachorros; y despedazaré sus entrañas hasta lo más íntimo del corazón; y allí los devoraré, como lo ejecuta un león: las fieras los destrozarán.

9. Tu perdición, ¡oh Israel!, viene de ti mismo; y sólo de mí tu socorro.

10. ¿Dónde está tu rey?; ¿dónde tus jueces? Ahora es la ocasión de que te salven a ti y a tus ciudades; puesto que me dijiste tú: Dame un rey y príncipes que me gobiernen.

11. En medio de mi indignación te concedí un rey; y en medio de mi enojo te lo quitaré.

12. He ido reuniendo las iniquidades de Efraín; depositados tengo sus pecados.

13. Le asaltarán agudos dolores como de una mujer que está de parto. Es ese pueblo un hijo insensato: y no podrá subsistir ahora en medio del destrozo de sus hijos.

14. No obstante, yo los libraré del poder de la muerte; de las garras de la misma muerte los redimiré. ¡Oh muerte!, yo he de ser la muerte tuya: seré tu destrucción, ¡oh infierno! No veo cosa que pueda consolarme.

15. Porque el infierno o sepulcro dividirá unos hermanos de otros. El Señor enviará un viento abrasador que se levantará del desierto, el cual agotará sus manantiales y secará sus fuentes. El rey Salmanasar arrebatará del país todos los más preciosos tesoros.

CAPÍTULO XIV

Ruina de Samaria y de todo el reino de Israel: el Señor exhorta aún a su pueblo a que se convierta, y le promete grandes bienes.

1. ¡Oh!, mal haya Samaria por haber exasperado a su Dios, perezcan todos al filo de la espada; sean estrellados contra el suelo sus niños, y abiertos los vientres de sus mujeres preñadas.

2. ¡Oh Israel!, conviértete al Señor Dios tuyo; porque por tus maldades te has precipitado.

3. Pensad en lo que diréis al Señor: convertíos a él, y decidle contritos: Quita de nosotros toda iniquidad, acepta este bien, o buen deseo nuestro: y te presentaremos la ofrenda de nuestras alabanzas.

4. No confiaremos ya en que el asirio nos salve: no montaremos confiados en los caballos de los egipcios: no llamaremos en adelante dioses nuestros a las obras de nuestras manos: porque tú, ¡oh Señor!, te apiadarás de este pueblo como de un huérfano que se pone en tus manos.

5. Yo curaré sus llagas, responde el Señor, los amaré por pura gracia; por cuanto se ha aplacado mi indignación contra ellos.

6. Seré como el rocío para Israel; el cual brotará como el lirio y echará raíces como un árbol del Líbano.

7. Se extenderán sus ramas; será bello y fecundo como el olivo, y odorífero como el árbol del incienso.

8. Se convertirán al Señor: y reposarán bajo su sombra; se alimentarán del trigo; se propagarán como la vid; la fragancia de su nombre será como la del vino del Líbano.

9. Efraín dirá entonces: ¿Qué tengo yo ya que ver con los ídolos? Y yo le escucharé benignamente: yo lo haré crecer como un alto y verde abeto: de mí tendrán origen tus frutos, ¡oh Israel!

10. ¿Quién es el sabio que estas cosas comprenda? ¿Quién tiene talento para penetrarlas? Porque los caminos del Señor son rectos, y por ellos andarán los justos; mas los prevaricadores hallarán en ellos su ruina.

LA PROFECÍA DE JOEL

CAPÍTULO I

Joel con varias parábolas anuncia los castigos con que Dios desolará toda la Judea; y exhorta a todos, pero especialmente a los sacerdotes, a la penitencia.

1. Palabra de Dios, revelada a Joel, hijo de Fatuel.

2. Escuchad, ¡oh ancianos!, y atended también vosotros moradores todos de la tierra de Judá. ¿Ha sucedido una cosa como ésta en vuestros días o en tiempo de vuestros padres?

3. De ella hablaréis a vuestros hijos, y vuestros hijos a los hijos suyos, y los hijos de éstos a los que vayan viniendo.

4. Lo que dejó la oruga se lo comió la langosta, y lo que dejo la langosta se lo comió el pulgón, y lo que dejó el pulgón lo consumió el añublo.

5. Despertaos, ¡oh ebrios!, y llorad; alzad el grito todos los que estáis bebiendo alegremente el vino: porque se os quitará de vuestra boca.

6. Pues que va viniendo hacia mi tierra una gente fuerte e innumerable: como de león así son sus dientes; son sus muelas como de un joven y robusto león.

7. Ella ha convertido en un desierto mi viña; ha descortezado mis higueras, las ha dejado desnudas, y todas despojadas, y derribadas al suelo. Sus ramas, podridas y secas, se vuelven blancas.

8. Laméntate, ¡oh Jerusalén!, cual joven esposa, que vestida de cilicio llora al esposo que tomó en su edad florida.

9. Faltaron los sacrificios y las libaciones en la Casa del Señor; los sacerdotes ministros del Señor están llorando.

10. El país está asolado, los campos lloran; por cuanto han sido destruidos los sembrados, quedan perdidas las viñas, y secos los olivos.

11. Andan cabizbajos los labradores, los viñadores prorrumpen en tristes acentos; por haber faltado la cosecha del campo, el trigo y la cebada.

12. Las viñas causan lástima; secáronse los higuerales, y secos han quedado el granado, la palma, y el manzano, y todos los árboles de la campiña: la alegría se ha ido lejos de los hijos de los hombres.

13. Ceñíos de cilicio y llorad vosotros, ¡oh sacerdotes!; prorrumpid en tristes clamores, ¡oh ministros del altar!; venid a postraros sobre el cilicio, ¡oh ministros de mi Dios!, porque han desaparecido de la Casa de vuestro Dios el sacrificio y la libación.

14. Intimad el santo ayuno, convocad al pueblo, congregad los ancianos y a todos los moradores del país en la Casa de vuestro Dios, y levantad al Señor vuestros clamores.

15. ¡Ay, ay!, qué día tan terrible es ese día que llega. ¡Ay!, cercano está el día del Señor, y vendrá como una espantosa borrasca enviada del Todopoderoso.

16. Pues qué ¿no habéis visto ya con vuestros ojos cómo han faltado de la Casa de Dios todos los alimentos, y la alegría, y el regocijo?

17. Las bestias perecen de hambre en sus establos, los graneros han quedado exhaustos, vacías las despensas; porque faltaron los granos.

18. ¿Cómo es que gimen las bestias, y mugen las vacas del hato? Porque no tienen pasto, y hasta los rebaños de las ovejas están pereciendo.

19. A ti, ¡oh Señor!, levantaré mis clamores: porque el fuego ha devorado todas las hermosas praderías del desierto, y las llamas han abrasado todos los árboles del país.

20. Y aun las mismas bestias del campo levantan los ojos hacia tilo, como la tierra sedienta de agua: porque se secaron los manantiales de las aguas, y el fuego ha devorado todas las hermosas praderías del desierto.

CAPÍTULO II

Descripción de la calamidad que amenaza al pueblo. Exhortación a la penitencia: prosperidad prometida por Dios a los que se conviertan. El espíritu del Señor se difundirá sobre todos los hombres. Prodigios que anunciarán el día terrible del Señor. Cualquiera que le invocare será salvo.

1. Sonad la trompeta en Sión, prorrumpid en alaridos desde mi santo monte, estremézcanse todos los moradores de la tierra; porque se acerca el día del Señor, porque está ya para llegar.

2. Día de tinieblas y de oscuridad, día de nublados y de torbellinos: un pueblo numeroso y fuerte se derrama por todos los montes de la Judea, como se extiende la luz por la mañana: no lo ha habido semejante desde el principio, ni lo habrá en muchas generaciones.

3. Delante de él va un fuego devorador, y lleva en pos de sí una abrasadora llama; la tierra que antes de su llegada era un paraíso de delicias, la deja hecha un asolado desierto, sin que nadie pueda librarse de él.

4. El aspecto de esa multitud de langostas es como de caballos; y como caballería ligera, así correrán.

5. Saltarán sobre las cordilleras de los montes con un ruido semejante al de los carros, como el ruido que hacen las llamas cuando abrasan los pajares, como una muchedumbre de gente armada cuando se ordena en batalla.

6. A su arribo quedarán yertos de terror los pueblos, y todas las caras se pondrán del color denegrido de una olla.

7. Correrán como campeones; como fuertes guerreros, así escalarán el muro; nadie se saldrá de sus filas, ni se desviará de su camino.

8. No se embarazarán los unos a los otros: cada uno tirará línea recta por su senda, y aun cayendo, o saltando desde las ventanas, no se harán daño.

9. Asaltarán una ciudad, correrán por las murallas, subirán por las casas, entrarán por las ventanas como ladrones.

10. A su llegada se estremecerá la tierra, los cielos se conmoverán, se oscurecerán el sol y la luna, y las estrellas retirarán su resplandor.

11. Porque el Señor ha hecho oír su voz al arribo de sus ejércitos: pues son innumerables sus batallones, los cuales son fuertes, y ejecutan sus órdenes. Porque es grande y muy terrible el día del Señor. ¿Y quién podrá soportarlo?

12. Ahora, pues, convertíos a mí, dice el Señor, de todo vuestro corazón, con ayunos, con lágrimas, y con gemidos.

13. Y rasgad vuestros corazones, y no vuestros vestidos; y convertíos al Señor Dios vuestro: puesto que el Señor es benigno y misericordioso, y paciente, y de mucha clemencia, e inclinado a suspender el castigo.

14. ¿Quién sabe si se inclinará a piedad y os perdonará, y os dejará gozar de su bendición, y el poder ofrecer sacrificios y libaciones al Señor Dios vuestro?

15. Sonad la trompeta en Sión, intimad un santo ayuno, convocad a junta;

16. congregad el pueblo, purificad toda la gente, reunid los ancianos, haced venir los párvulos y los niños de pecho; salga del lecho nupcial el esposo y de su tálamo la esposa.

17. Lloren entre el vestíbulo y el altar los sacerdotes, ministros del Señor, y digan: ¡Perdona, Señor, perdona a tu pueblo, y no abandones al oprobio la herencia tuya, entregándola al dominio de las naciones! Porque tendrán pretexto las gentes para decir: el Dios de ellos ¿dónde está?

18. El Señor mira con ardiente amor a su tierra, y ha perdonado a su pueblo.

19. Y ha hablado el Señor, y ha dicho a su pueblo: Yo os enviaré trigo, y vino, y aceite, y seréis abastecidos de ello, y nunca más permitiré que seáis el escarnio de las naciones.

20. Y arrojaré lejos de vosotros a aquel enemigo que vino del Septentrión, y le echaré a un país despoblado y yermo: su vanguardia hacia el mar de Oriente; y la retaguardia hacia el mar más distante: y allí se pudrirá y despedirá fétido olor por haber obrado con tanta soberbia.

21. No tienes ya que temer, ¡oh tierra de Judá!, gózate y alégrate: porque el Señor ha obrado grandes maravillas a favor tuyo.

22. Vosotros, ¡oh animales del campo!, no temáis ya; porque las campiñas del desierto van a cubrirse de yerba, darán su fruto los árboles, los higuerales y las viñas han brotado con todo vigor.

23. Y vosotros, ¡oh hijos de Sión!, gozaos y alegraos en el Señor Dios vuestro, porque os ha dado que nazca de vosotros el maestro de la justicia o santidad, y os enviará las lluvias de otoño y de primavera como antiguamente.

24. Y se llenarán de trigo las eras y los lagares o prensas rebosarán de vino y de aceite.

25. Y os compensaré los años estériles que ocasionó la langosta, el pulgón, y la roya, y la oruga, terribles ejércitos que envié contra vosotros.

26. Y comeréis abundantemente hasta saciaros del todo, y bendeciréis el Nombre del Señor Dios vuestro, que ha hecho a favor de vosotros cosas tan admirables; y nunca jamás será confundido mi pueblo.

27. Y conoceréis que yo resido en medio de Israel, y que yo soy el Señor Dios vuestro, y que no hay otro sino yo; y jamás por jamás volverá a ser confundido el pueblo mío.

28. Y después de esto sucederá que derramaré yo mi espíritu divino sobre toda clase de hombres; y profetizarán vuestros hijos y vuestras hijas; vuestros ancianos tendrán sueños misteriosos, y tendrán visiones vuestros jóvenes.

29. Y aun también sobre mis siervos y siervas derramaré en aquellos días mi espíritu.

30. Y haré aparecer prodigios en el cielo y sobre la tierra, sangre, y fuego, y torbellinos de humo.

31. El sol se convertirá en tinieblas, y la luna en sangre, antes de la llegada de aquel grande y espantoso día del Señor.

32. Y sucederá que cualquiera que invocare el Nombre del Señor, será salvo; porque en el monte Sión y en Jerusalén hallarán la salvación, como ha dicho el Señor, los restos del pueblo de Judá; los cuales serán llamados por el Señor a su Iglesia.

CAPÍTULO III

Amenazas del Señor contra las naciones que afligen a su pueblo. Fuente de salud, que manara de la Casa del Señor. La Judea será habitada para siempre.

1. Porque en aquellos días y en aquel tiempo, cuando yo habré libertado a Judá, y a Jerusalén del cautiverio,

2. he aquí que reuniré todas las gentes y las conduciré al valle de Josafat, y allí disputaré con ellas a favor de mi pueblo, y a favor de Israel, heredad mía, que ellas dispersaron por éstas y las otras regiones, habiéndose repartido entre sí mi tierra.

3. Y dividiéronse por suertes el pueblo mío, y pusieron a los muchachos en el lugar de la

prostitución, y vendieron las doncellas por una porción de vino para beber.

4. Pero ¿qué es lo que yo he de hacer con vosotros, oh tirios, y sidonios, y filisteos de todos los confines? ¿Por ventura queréis vengaros de mí? Y si os vengáis de mí, luego muy en breve yo haré recaer la paga o castigo sobre vuestras cabezas.

5. Porque vosotros habéis robado mi plata y mi oro; y habéis transportado a vuestros templos mis cosas más bellas y apreciables.

6. Y habéis vendido a los hijos de los griegos o gentiles los hijos de Judá y de Jerusalén, para tenerlos distantes de su patria.

7. Sabed que yo los sacaré del país en que los vendisteis; y haré que recaiga la paga sobre vuestra cabeza.

8. Y entregaré vuestros hijos y vuestras hijas en poder de los hijos de Judá, quienes los venderán a los sabeos, nación remota, porque así lo ha dicho el Señor.

9. Bien podéis pregonar en alta voz entre las naciones: Aparejaos para la guerra, animad a los valientes; vengan, pónganse en marcha los guerreros todos;

10. transformad vuestros arados en espadas, y en lanzas vuestros azadones; diga aun el débil: Fuerza tengo yo.

11. Salid fuera y venid, y congregaos, ¡oh naciones todas cuantas seáis!; allí derribará el Señor por el suelo a todos vuestros campeones.

12. Levántense las gentes y vengan al valle de Josafat; porque allí me sentaré yo a juzgar a todas las naciones puestas a la redonda.

13. Echad la hoz, porque están ya maduras las mieses; venid y bajad, porque el lagar está lleno: rebosan los lagares: es decir, ha llegado ya a su colmo la malicia de ellos.

14. Pueblos, pueblos innumerables, compareced en el valle de la mortandad, porque cercano está el día del Señor, venid al valle de la matanza.

15. Oscurecerse han el sol y la luna, y las estrellas retirarán su resplandor.

16. Y el Señor rugirá desde Sión y hará oír su voz desde Jerusalén, y se estremecerán los cielos y la tierra. Mas el Señor es la esperanza de su pueblo y la fortaleza de los hijos de Israel.

17. Y conoceréis que yo soy el Señor Dios vuestro, que habita en mi monte santo de Sión; y Jerusalén será entonces santa y no pondrán más el pie dentro de ella los extraños o profanos.

18. En aquel día sucederá que los montes destilarán miel, y manarán leche los collados, y correrán llenos de aguas saludables todos los arroyos de Judá; y del templo del Señor brotará una fuente maravillosa que regará el valle de las espinas.

19. Egipto será abandonado a la desolación, y la Idumea será convertida en un hórrido desierto; porque trataron inicuamente a los hijos de Judá, y derramaron en sus regiones la sangre inocente.

20. Empero la Judea será habitada eternamente: para siempre será poblada Jerusalén.

21. Y vengaré la sangre de aquellos justos, de la cual no había yo tomado venganza; y el Señor habitará en Sión con ellos eternamente.

LA PROFECÍA DE AMÓS

CAPÍTULO I

Amós intima los castigos del Señor a los asirios, filisteos, tirios, idumeos y ammonitas, pricipalmente por las extorsiones cometidas contra su pueblo.

1. Palabras de Amós, que fue un pastor de Tecue, y contienen la revelación que tuvo en orden a Israel, en tiempo de Ozías, rey de Judá, y en tiempo de Jeroboán, hijo de Joás, rey de Israel, dos años antes del terremoto.

2. Dijo, pues: El Señor rugirá desde Sión, y hará oír su voz desde Jerusalén, y se marchitarán los más hermosos pastos, o praderías, y se agostarán las cimas del Carmelo.

3. Esto dice el Señor: Después de tres, cuatro y más maldades que ha cometido Damasco, ya no la convertiré: pues ella con carros de trillar ha despedazado a los israelitas de Galaad.

4. Yo entregaré, pues, a las llamas la casa de Azael, y serán abrasados los palacios de Benadad.

5. Y destruiré todo el poder de Damasco, y exterminaré los habitantes de las campiñas del ídolo, y al que empuña el cetro lo arrojaré de la casa de las delicias y el pueblo de Siria será transportado a Cirene, dice el Señor.

6. Esto dice el Señor: Después de tres, cuatro y más maldades que ha cometido Gaza, ya no la convertirá; pues ella se ha llevado cautiva toda la gente de Israel para encerrarla en Idumea.

7. Yo enviaré fuego contra los muros de Gaza, el cual reducirá a cenizas sus edificios.

8. Y exterminaré a los moradores de Azoto y al que empuña el cetro de Ascalón; descargaré mi mano sobre Accarón; y aniquilaré los restos de los filisteos, dice el Señor Dios.

9. Esto dice el Señor: Después de tres, cuatro y más maldades de Tiro, ya no la convertiré: pues ha encerrado en cautiverio, en la Idumea, toda la gente de mi pueblo, sin haberse acordado de la antigua fraternal alianza.

10. Yo enviaré fuego contra los muros de Tiro, el cual reducirá a cenizas sus edificios.

11. Esto dice el Señor: Después de tres, cuatro y más maldades de Edom, ya no la convertiré, o perdonaré; porque ha perseguido espada en mano a su hermano Israel, y le ha negado la compasión que le debía tener, conservando contra él hasta el fin su odio reconcentrado y su indignación.

12. Yo enviaré fuego contra Temán, que reducirá a pavesas los edificios de Bosra.

13. Esto dice el Señor: Después de tres, cuatro y más maldades de los ammonitas, ya no los convertiré, o perdonaré; porque ellos para extender sus dominios abrieron los vientres de las preñadas de Galaad.

14. Yo enviaré el fuego a los muros de Rabba, el cual abrasará sus edificios, en medio de los alaridos del tiempo de la batalla y del tumulto en el día de la destrucción.

15. Y el ídolo Melcom irá al cautiverio, juntamente con sus príncipes, dice el Señor.

CAPÍTULO II

Dios castigará a Moab, y también a Judá y a Israel, como ingratos a sus beneficios y rebeldes a su santa ley.

1. Esto dice el Señor: Después de tres, cuatro y más maldades de Moab, ya no la convertiré: porque vengativo quemó los huesos del rey de Idumea, reduciéndolos a cenizas.

2. Yo enviaré, pues, fuego contra Moab, que devorará los edificios de Cariot; y Moab perecerá en medio del estruendo y del sonido de las trompetas de guerra.

3. Y quitaré de en medio a su juez o monarca, y junto con él mataré a todos sus príncipes, dice el Señor.

4. Esto dice el Señor: Después de tres, cuatro y más maldades de Judá, ya no la convertiré: por cuanto ha desechado la ley del Señor, y no ha observado sus mandamientos; pues que le han seducido sus ídolos, en pos de los cuales anduvieron sus padres.

5. Yo enviaré fuego contra Judá, que devorará los edificios de Jerusalén.

6. Esto dice el Señor: Después de tres, cuatro y más maldades de Israel, ya no lo convertiré; por cuanto ha vendido por dinero al justo, y por un par de sandalias al pobre.

7. Abaten hasta el suelo las cabezas de los pobres, y se esquivan del trato con los humildes. El hijo y el padre durmieron con la misma joven, deshonrando mi santo Nombre.

8. Y recostábanse sobre las ropas y vestidos tomados en prenda al pobre, celebrando convites junto a cualquier altar, y en la casa de su Dios bebían el vino de aquellos que habían condenado.

9. Empero yo fui el que exterminé delante de ellos a los amorreos, los cuales eran altos como los cedros, y fuertes como la encina; yo destruí sus frutos que salen sobre la tierra, y hasta las raíces que están debajo de ella.

10. Yo soy aquel que os saqué de la tierra de Egipto, y os conduje por el desierto cuarenta años, para poneros en posesión de la tierra de los amorreos.

11. E hice salir profetas de entre vuestros hijos, y nazareos de entre vuestros jóvenes. ¿No es esto así, oh hijos de Israel, dice el Señor?

12. Y vosotros hicisteis que los nazareos bebiesen vino; y a los profetas les intimasteis y dijisteis: No tenéis que profetizar.

13. Y he aquí que os haré crujir, como hace un carro muy cargado de gavillas en todo lugar por donde pasa.

14. Ni el hombre más ligero podrá escapar, y en vano hará esfuerzos el fuerte, y no podrá el valiente salvarse.

15. No podrá resistir el que dispara el arco: no se salvará el ligero de pies, ni podrá el de a caballo ponerse en salvo.

16. El de corazón más valiente entre los campeones huirá desnudo en aquel día, dice el Señor.

CAPÍTULO III

Echa el Señor en cara a los israelitas sus grandes maldades, habiendo sido un pueblo tan amado de él y favorecido; y le intima que serán pocos los que se salvarán de las calamidades que han de sucederles.

1. Escuchad, ¡oh hijos de Israel!, la palabra que ha pronunciado el Señor acerca de vosotros acerca de toda aquella nación que saco el de la tierra de Egipto, diciendo:

2. De entre todos los linajes de la tierra, sois vosotros los únicos a quienes he reconocido: por lo mismo os he de castigar más por todas vuestras maldades.

3. ¿Pueden acaso dos caminar juntos, si no van acordes entre sí.

4. ¿Por ventura rugirá el león en el bosque, si no ve la presa? ¿Acaso el joven león alzará su

rugido dentro de su cueva, sin que haya apresado algo?

5. ¿Caerá por ventura el pájaro en el lazo tendido sobre la tierra, si no hay quien lo arme? ¿Y el lazo lo quitarán acaso del suelo antes de haber cogido algo?

6. ¿Sonará la trompeta de guerra en una ciudad, sin que la población se conmueva? ¿Descargará alguna calamidad sobre la ciudad, que no sea por disposición del Señor?

7. Mas el Señor Dios no hace estas cosas sin revelar sus secretos a los profetas siervos suyos.

8 Ruge el león de Judá: ¿quién no temerá? El Señor Dios ha hablado, ¿quién se retraerá de profetizar?

9. Hacedlo saber a las familias de los filisteos de Azoto y a las del país de Egipto, y decid: Reuníos sobre los montes de Samaria, y observad los muchos desórdenes que reinan en él, y las violencias que se cometen en su interior.

10. No han sabido lo que es hacer justicia, dice el Señor: han amontonado en sus casas tesoros de iniquidad y de rapiña.

11. Por tanto, esto dice el Señor Dios: Atribulada será la tierra esta por todas partes; y se te quitará, ¡oh Samaria!, toda tu fuerza, y saqueadas serán tus casas.

12. Esto dice el Señor: Como si un pastor salvase de la boca del león solamente las dos patas y la ternilla de una oreja de la res que devora, así se librarán de los asirios aquellos hijos de Israel que habitan en Samaria, descansando en un ángulo de cama, o en el lecho de Damasco.

13. Oíd y protestad estas cosas a la casa de Jacob, dice el Señor Dios de los Ejércitos:

14. Decidle que llegado que sea el día del castigo de las prevaricaciones de Israel, lo castigaré también a él; y destruiré los altares de Betel, y serán cortados y echados por tierra los ángulos del altar.

15. Y arrasaré las habitaciones o palacios de invierno junto con los de verano, y quedarán arruinadas las habitaciones de marfil y serán en gran número los edificios derribados, dice el Señor.

CAPÍTULO IV

Amenazas contra Samaria. Los israelitas que después de tantos castigos no se han enmendado, sufrirán otros mayores. Exhortación a la penitencia.

1. Escuchad estas palabras vosotros, vacas gordas del monte de Samaria, vosotros que oprimís a los menesterosos, y holláis a los pobres; vosotros que decís a vuestros amos: Traed, y beberemos.

2. Juró el Señor Dios por su santo Nombre que van a venir días para vosotros en que os ensartarán en picas, y pondrán a hervir en ollas los restos de vuestro cuerpo.

3. Y saldréis por las brechas abiertas por una y otra parte, y seréis arrojados a Armón, dice el Señor.

4. Id enhorabuena a Betel a continuar vuestras impiedades, id a Gálgala a aumentar las prevaricaciones, y llevaos allí por la mañana vuestras víctimas para los ídolos, y vuestros diezmos en los tres días solemnes,

5. Y ofreced a los ídolos el sacrificio de alabanza, con pan fermentado, y pregonad y haced saber las ofrendas voluntarias, pues que así os place a vosotros, ¡oh hijos de Israel!, dice el Señor Dios.

6. Por este motivo he hecho yo que estéis con los dientes afilados en todas vuestras ciudades, por falta de pan en todo vuestro país; y con todo vosotros no os habéis convertido a mí, dice el Señor.

7. Asimismo yo impedí que os viniese lluvia, cuando aún faltaban tres meses hasta la cosecha, e hice que lloviese en una ciudad, y que no lloviese en otra; a un paraje le di lluvia. y otro se secó por no habérsela dado.

8. Y acudieron dos, tres y más ciudades y otra ciudad a buscar agua para beber, y no pudieron saciarse; y no por eso os convertisteis a mí, dice el Señor.

9. Yo os afligí con viento abrasador y con añublo: la oruga devoró la multitud de vuestras huertas, y de vuestras viñas, y de vuestros olivares, y de vuestros higuerales; y a pesar de eso no os convertisteis a mí, dice el Señor.

10. Envié la mortandad contra vosotros en la jornada de Egipto; a vuestra juventud la hice morir al filo de la espada, y fueron cogidos hasta vuestros mismos caballos; el fetor de los cadáveres de vuestro campamento lo hice llegar a vuestras narices, y no por eso os convertisteis a mí dice el Señor.

11. Yo os arrasé como arrasó Dios a Sodoma y a Gomorra, y quedasteis como un tizón que se arrebata de en medio de un incendio, y con todo no os convertisteis a mí, dice el Señor.

12. Estas cosas ejecutaré yo contra ti, oh Israel; mas después que así me habré portado contigo, prepárate, ¡oh Israel!, para salir al encuentro de tu Dios.

13. Pues es aquí que viene aquel que forma los montes y cría los vientos, el cual anuncia a los hombres su palabra o Verbo eterno, aquel que

produce la niebla de la mañana, y el que pisa con sus pies las alturas de la tierra, aquel que tiene por nombre Señor Dios de los ejércitos.

CAPÍTULO V

El profeta llora las calamidades que vendrán sobre Israel, y le exhorta a la penitencia para poder librarse de ellas. Declara el Señor que aborrece las solemnidades y sacrificios que el pueblo le ofrece.

1. Escuchad estas palabras con que voy a formar una lamentación sobre vosotros: la casa de Israel cayó, y no volverá más a levantarse.
2. La virgen (el florido reino) de Israel ha sido arrojada por tierra, y no hay quien la levante.
3. Porque esto dice el Señor Dios: La ciudad de Israel de la cual salían mil hombres, quedará reducida a ciento, y aquella de la cual salían ciento, quedará reducida a diez: esto sucederá en la familia de Israel.
4. Pero el Señor dice a la casa de Israel. Buscadme y viviréis.
5. Y no os cuidéis de Betel, ni vayáis a Gálgala, ni paséis por Bersabee: porque Gálgala será llevada al cautiverio, y Betel quedará vacía.
6. Buscad al Señor, y tendréis vida: no sea que por desgracia arda como el fuego la casa de José, o Efraín, y devore a Betel sin que haya quien le apague.
7. ¡Oh vosotros, que convertís el juicio en amargura de ajenjo, y echáis a rodar la justicia!
8. Buscad al que crio el Arturo y el Orión, al que cambia las tinieblas en la luz de la mañana, y muda el día en noche; al que llama las aguas del mar hacia lo alto, y las derrama después sobre la tierra, y cuyo nombre es el Señor.
9. A aquel que como por juguete derriba al suelo los valientes, y hace que sean entregados al saqueo los poderosos.
10. Aborrecieron los de la casa de Israel al que los amonestaba en los concursos públicos, y han abominado del que les hablaba en mi Nombre la verdad.
11. Por tanto, ya que vosotros despojabais al pobre, le quitabais lo mejor que tenía, edificaréis casas de piedra de sillería, mas no las habitaréis; y plantaréis viñas excelentes, pero no llegaréis a beber su vino.
12. Porque tengo sabidas vuestras muchas maldades y vuestros escandalosos delitos: enemigos sois de la justicia, codiciosos de recibir dones, opresores de los pobres en los tribunales.
13. Por este motivo el prudente callará en aquel tiempo, porque es tiempo aciago.

14. Buscad el bien, y no el mal, a fin de que tengáis vida; y así estará con vosotros, el Señor Dios de los ejércitos como decís que está.
15. Aborreced el mal, y amad el bien y restableced la justicia en el foro; y el Señor Dios de ejércitos tendrá tal vez misericordia de los restos del linaje de José.
16. Por tanto, esto dice el Señor Dios de los ejércitos, el dominador del mundo: En todas las plazas habrá lamentos, y en todos los lugares de fuera de la ciudad se oirán ayes; y serán convidados los labradores a llorar, y a hacer el duelo los que saben plañir.
17. Y en todas las villas se oirán lamentos, porque yo pasaré por medio de vosotros, dice el Señor.
18. ¡Ay de aquellos que por mofa desean el día del Señor! ¿Por qué lo deseáis? Día de tinieblas será aquel para vosotros, y no de luz.
19. Os sucederá lo que a un hombre que huyendo de la vista de un león diere con un oso; o entrando en su casa, al apoyarse con su mano en la pared, fuese mordido de una culebra.
20. ¿Por ventura aquel día del Señor no será día de tinieblas, y no de luz; y no reinará en él una suma oscuridad, sin rastro de resplandor?
21. Yo aborrezco y desecho vuestras festividades, ni me es agradable el olor de los sacrificios en vuestras reuniones.
22. Y cuando vosotros me presentaréis vuestros holocaustos y dones, yo no los aceptaré: ni volveré mi vista hacia las gordas víctimas que me ofreceréis en voto.
23. Lejos de mí vuestros tumultuosos o estrepitosos himnos; yo no escucharé las canciones al son de vuestra lira;
24. sino que la venganza mía se derramará como agua, y la justicia cual torrente impetuoso.
25. ¿Por ventura, ¡oh casa de Israel!, me ofrecisteis vosotros, durante los cuarenta años en el desierto, gran multitud de hostias ni sacrificios?
26. Vosotros, empero, llevabais el tabernáculo de vuestro dios Moloc, y los simulacros de vuestros ídolos, la estrella de vuestro dios Saturno, hechuras de vuestras manos.
27. Yo haré, pues, que seáis transportados más allá de Damasco a la Asiria, dice el Señor, el Señor cuyo nombre es Dios de los ejércitos.

CAPÍTULO VI

Ayes terribles contra los soberbios y los que viven en delicias, y contra el pueblo de Israel lleno de arrogancia.

1. ¡Ay de vosotros los que nadáis en la abundancia en medio de Sión, y los que vivís sin ningún recelo en el monte de Samaria!, de vosotros, ¡oh magnates principales de los pueblos, que entráis con fausto en las juntas de Israel!

2. Pasad a la ciudad de Calane, y considerad, y desde allí id a Emat la grande, y bajad a Get de los palestinos, y a los mejores reinos o provincias dependientes de éstos. ¿Tienen ellos más espacioso terreno que vosotros?

3. Empero vosotros estáis reservados para el día calamitoso, y os vais acercando al solio o imperio de la iniquidad.

4. Vosotros los que dormís en camas de marfil, y os solazáis en vuestros mullidos lechos; los que coméis los mejores corderos de la grey y los más escogidos becerros de la vacada;

5. los que cantáis al son del salterio y creéis imitar a David usando instrumentos músicos para vuestro deleite;

6. los que bebéis vino en anchas copas, despidiendo preciosos olores, sin compadeceros de la aflicción de José.

7. Por lo mismo irán éstos los primeros a la cautividad, y será dispersada la gavilla de los lascivos.

8. El Señor Dios ha jurado por su vida; ha dicho el Señor Dios de los ejércitos: Yo detesto la soberbia de Jacob, y aborrezco sus palacios, y entregaré al dominio de otros la ciudad con sus habitantes.

9. Que si diez hombres quedaren refugiados en una casa, perecerán ellos también.

10. Y algún pariente suyo los tomará uno después de otro, y los quemará, y sacará los huesos fuera de la casa para enterrarlos, y dirá después al que está en el fondo de la casa: ¿Tienes todavía aquí dentro algún otro cadáver?

11. Y responderá el de adentro: No hay más. Y aquel pariente le dirá: Pues calla, y no tienes ya que hacer mención del Nombre del Señor.

12. Porque he aquí que el Señor lo ha decretado, y él castigará la casa grande con la total ruina, y la casa menor con grandes calamidades.

13. ¿Acaso pueden correr los caballos entre peñas o se puede arar con indómitos búfalos? Vosotros habéis trocado en opresión el justo juicio, y en ajenjo el fruto de la justicia.

14. Vosotros fundáis sobre la nada vuestra alegría, y decís: Pues qué ¿no nos ha hecho poderosos nuestra fortaleza?

15. Mas he aquí, ¡oh casa de Israel!, que yo levantaré contra vosotros una nación, dice el Señor Dios de los ejércitos, la cual acabará con vosotros desde la entrada de Esnat hasta el torrente del desierto.

CAPÍTULO VII

Refiere Amós tres visiones que tuvo sobre los castigos de Dios, y sobre su sentencia final contra Israel. Implora la misericordia del Señor a favor de su pueblo. Amasías, sacerdote, acusa ante el rey a Amós, y éste le anuncia los juicios de Dios contra Israel y contra el mismo Amasías.

1. Éstas son las visiones que me ha enviado el Señor Dios: He aquí que criaba el Señor un ejército de langostas al principio cuando la lluvia tardía hace crecer la yerba, y ésta es la lluvia tardía que la hace brotar después de haber sido segada para el rey.

2. Y sucedió que al haber acabado la langosta de comerse esta yerba de los campos, dije yo: Ruégote, Señor Dios, que tengas misericordia: ¿quién restaurará a Jacob tan extenuado como está?

3. Apiadóse con esto el Señor, y dijo: No sucederá lo que temes.

4. Hízome el Señor Dios ver aún lo siguiente: Vela al Señor Dios que llamaba al fuego para que fuese instrumento de su justicia, el cual secó un grande abismo, o copia de aguas, y consumía al mismo tiempo una parte del pueblo.

5. Y dije yo: Ruégote, Señor Dios, que te aplaques: ¿quién restaurará a Jacob, que está tan extenuado?

6. Apiadóse con esto el Señor Dios, y dijo: Ni tampoco será esta vez su ruina.

7. Envióme el Señor esta tercera visión: Veía al Señor que estaba sobre un muro embarrado, y que tenía en su mano una llana de albañil.

8. Y díjome el Señor: ¿Qué es lo que ves, Amós? Y respondí yo: Una llana de albañil. Pues he aquí, dijo el Señor, que yo voy a arrojar la llana en medio de mi pueblo de Israel; ni jamás volveré a embarrar sus muros.

9. Serán demolidos los lugares excelsos del ídolo, y arrasados los santuarios de Israel, y echaré mano de la espada contra la casa de Jerobeán.

10. Con esto Amasías, sacerdote de los ídolos de Betel, envió a decir a Jerobeán, rey de Israel, lo siguiente: Amós levanta una rebelión contra ti en medio del pueblo de Israel: la gente no puede sufrir todas las cosas que dice.

11. Porque de esta manera habla Amós: Jerobeán morirá al filo de la espada; e Israel será llevado cautivo fuera de su paísl.

12. Y Amasías dijo a Amós: ¡Oh tú que tienes visiones!, vete, huye al país de Judá, y come allí tu pan, y allí podrás profetizar;

13. mas no vuelvas a profetizar en Betel; porque este es el santuario del rey y la corte del reino.

14. A esto respondió Amós a Amasías: Yo no soy profeta, ni hijo de profeta, sino que guardo unas vacas, y voy buscando sicomoros.

15. Pero el Señor me tomó mientras yo iba tras del ganado; y díjome el Señor: Ve a profetizar a mi pueblo de Israel.

16. Y ahora tú, ¡oh Amasías¡, escucha la palabra del Señor: Tú me dices a mí: No profetices contra Israel, y no profieras Oráculos contra la casa del ídolo.

17. Por tanto, esto dice el Señor: Tu esposa será deshonrada en la ciudad, y serán pasados a cuchillo tus hijos e hijas, y tu país será repartido con una cuerda de medir; y tú morirás en una tierra profana, o idólatra, e Israel saldrá cautivo fuera de su país.

CAPÍTULO VIII

Muestra el Señor a Amós en una visión la final y terrible ruina de Israel, el cual quedaría privado de toda luz y del consuelo de la palabra del Señor.

1. Envióme el Señor Dios esta visión: Vi un gancho de coger fruta.

2. Y me dijo: ¿Qué es lo que ves, oh Amós? Un gancho, respondí yo, de coger frura. Y díjome el Señor: Ha llegado el fin de mi pueblo de Israel: no le dejaré ya impune por más tiempo.

3. Y en aquel día darán un estallido los quicios del templo, dice el Señor Dios: serán muchos los que perecerán; y reinará por todas partes el silencio de la muerte.

4. Escuchad esto, vosotros los que oprimís al pobre y estrujáis a los menesterosos del país,

5. y decís: ¿Cuándo pasará el mes, y venderemos los géneros; y pasará el sábado, y sacaremos fuera los granos; achicaremos la medida, y aumentaremos el peso del siclo, sustituyendo balanzas falsas,

6. para hacernos con el dinero dueños de los miserables, y con un par de sandalias comprar por esclavo al pobre, y vender a buen precio hasta las aechaduras del trigo?

7. Este juramento ha hecho el Señor contra la soberbia de los hijos de Jacob: Yo juro que no me olvidaré jamás de todo lo que han hecho.

8. Y después de tales cosas ¿no se estremecerá la tierra, y no prorrumpirán en llanto todos sus moradores? La inundará toda un río de calamidades; y quedará asolada, y desaparece-rá como las aguas del río de Egipto al llegar al mar:

9. y sucederá en aquel día, dice el Señor Dios, que el sol se pondrá al mediodía, y haré que la tierra se cubra de tinieblas en la mayor luz del día.

10. Y convertiré en llanto vuestras fiestas, y en lamentos todos vuestros cantares, y a todos vosotros os echaré el saco de cilicio sobre las espaldas, y os haré raer la cabeza; y a la hija.de Israel la pondré de duelo, cual suele ponerse la que ha perdido un hijo único, y haré que su fin sea un día de amargura.

11. He aquí que viene el tiempo, dice el Señor, en que yo enviaré hambre sobre la tierra; no hambre de pan ni sed de agua, sino de oír la palabra del Señor.

12. Y quedarán todos trastornados, desde un mar al otro, y desde el norte basta el oriente. Discurrirán de una a otra parte deseosos de oír una palabra del Señor, y no lo conseguirán.

13. En aquel día desfallecerán de sed las hermosas doncellas y los gallardos jóvenes:

14. aquellos que juran por el pecado o ídolos de Samaria, y dicen: ¡Viva, oh Dan, el dios tuyo; y viva la peregrinación a Bersabee; y caerán por tierra, y no volverán jamás a levantarse!

CAPÍTULO IX

Ruina y dispersión del pueblo de Israel. Restablecimiento de la casa de David. Los israelitas serán libertados, y vivirán felices.

1. Yo vi al Señor que estaba sobre el altar, y dijo: Hiere el quicio o umbral, y se conmoverán los dinteles. Porque no hay nadie que no esté dominado de la avaricia; y yo haré morir al filo de la espada hasta el último de ellos, sin que haya quien pueda escapar: huirán, y ninguno de los que huyeron se salvará.

2. Cuando bajaren ellos hasta lo más hondo de el infierno, de allí los sacaré yo con mi mano; y si se subieren hasta el cielo, de allí los arrancaré.

3. Y si se escondieren en las cimas del Carmelo, allí iré a buscarlos, y de allí los sacaré; y si se escondieren de mis ojos en lo más profundo del mar, allí por orden mía los morderá el dragón marino.

4. Y cuando serán llevados al cautiverio delante de sus enemigos, allí a mi orden los matará la espada; y fijaré mis ojos sobre ellos, pero para daño suyo, y no para su bien.

5. Y el Señor es el Dios de los ejércitos, aquel que con tocar la tierra la hace estremecer; prorrumpirán en llanto todos los moradores de

ella; la sumergirá a modo de un caudaloso río, y ella desaparecerá como el río de Egipto al llegar al mar.

6. El se ha construido su solio en el cielo, y ha establecido sobre la tierra el conjunto de tantas criaturas. El llama a sí las aguas del mar, y las derrama sobre la superficie de la tierra; el Señor, éste es el nombre suyo.

7. Pues vosotros, ¡oh hijos de Israel!, dice el Señor, ¿no sois lo mismo para conmigo que los hijos de los etíopes? ¿No hice yo salir a Israel de la tierra de Egipto, al modo que transporté de la Capadocia a los palestinos, y de Cirene a los siros?

8. Mas los ojos del Señor Dios están mirando a ese reino pecador; y yo lo quitaré de sobre la haz de la tierra: pero no obstante no destruiré del todo, dice el Señor, la casa o reino de Jacob.

9. Pues he aquí que por orden mía será agitada en medio de todas las naciones la casa de Israel, como se zarandea el trigo en un harnero, y no caerá por tierra un solo granito.

10. Pasados a cuchillo serán todos los pecadores de mi pueblo, los cuales están diciendo: No se acercará ni vendrá mal ninguno sobre nosotros.

11. En aquel tiempo restauraré el Tabernáculo o reino de David, que está por tierra, y repararé los portillos de sus muros, y reedificaré lo destruido, y lo volveré a poner en el pie en que estaba en los tiempos antiguos.

12. A fin de que sean dueños de los restos de la Idumea y de todas las demás naciones; pues que en ellos será invocado mi Nombre, dice el Señor hacedor de tales maravillas.

13. He aquí que vienen los tiempos, dice el Señor, en los cuales el que está aún arando verá ya detrás de si al que siega; y aquel que pisa las uvas, verá tras de sí al que siembra. Los montes destilarán delicias, y serán cultivados todos los collados.

14. Y sacaré de la esclavitud al pueblo mío de Israel, y edificarán las ciudades abandonadas, y las habitarán y plantarán viñas y beberán el vino, de ellas, y formarán huertas y comerán su fruta.

15. Y yo los estableceré en su país, y nunca jamás volveré a arrancarlos de la tierra que yo les di, dice el Señor Dios tuyo.

LA PROFECÍA DE ABDÍAS

CAPÍTULO ÚNICO

Predice la ruina de los idumeos por su crueldad contra los hijos de Israel. Liberta-dos éstos del cautiverio, dominarán sobre sus opresores y se restablecerá el reino del Señor.

1. Visión profética que tuvo Abdías. Esto dice el Señor Dios a Edom: (Nosotros oímos ya del Señor que él envió su embajador o profeta, a decir a las gentes: Venid y vamos a hacerle la guerra).

2. Tú ves, dice Dios a Edom, que yo te he hecho pequeñuelo entre las naciones, y que tú eres sumamente despreciable.

3. La soberbia de tu corazón te ha engreído, porque habitas en peñascos escarpados y sitios elevados; y dices en tu corazón: ¿Quién será el que me derribe en tierra?

4. Cuando tú, cual águila te remontares, y cuando pusieres tu nido o habitación entre las estrellas, de allí, dice el Señor, te arrancaré yo.

5. Si los ladrones y asesinos hubiesen entrado de noche en tu casa, ¿no habrías tú callado de miedo? ¿No te habrían robado a su santificación? Y si hubiesen entrado en tu viña para vendimiarle, ¿no te habrían dejado a lo menos algún racimo o rebusco?

6. Pero ¡de qué manera han tratado éstos y escudriñado la casa de Esaú, y han ido registrando los parajes más escondidos?

7. Te han arrojado fuera de tu país: todos tus aliados se han burlado de ti, se han alzado contra ti los amigos tuyos, aquellos mismos que comían en tu mesa te han armado asechanzas. No hay en Edom cordura.

8. Qué ¿acaso en aquel día no le quitaré yo, dice el Señor, los sabios a Idumea, y los prudentes al monte, o país, de Esaú?

9. Quedarán amedrentados esos tus campeones que tienes a la parte del mediodía, sin que quede un solo varón fuerte en el monte de Esaú.

10. Cubierto quedarás de confusión, y perecerás para siempre en castigo de la mortandad y de las injusticias cometidas contra tu hermano el pueblo de Jacob.

11. Pues en aquel día en que tomaste las armas contra él, cuando los extranjeros o caldeos hacían prisionero su ejército, y entraban en sus ciudades, y echaban suerte sobre los despojos de Jerusalén, tú también eras como uno de ellos.

12. Mas no te burlarás en adelante de tu hermano en el día de su aflicción cuando será llevado cautivo, ni te regocijarás de la desgracia de los hijos de Judá en el día de su perdición, ni los insultarás con descaro en el día de su angustia.

13. Ni entrarás en las puertas o ciudades de mi pueblo para coger despojos en el día de su

ruina, ni te burlarás tú tampoco de sus desastres en el día de su desolación, ni serás enviado a perseguir su ejército en el día de su derrota.

14. Ni estarás apostado en las salidas para matar a los fugitivos hebreos, y no cortarás el paso a los restos de sus tropas en aquel día de tribulación.

15. Porque se acerca ya el día del castigo del Señor para todas las gentes: aquello que tú hiciste contra mi pueblo eso se hará contigo; sobre tu propia cabeza hará Dios recaer tu castigo.

16. Porque al modo que vosotros que moráis en mi santo monte bebisteis el cáliz de mi ira, así lo beberán de continuo todas las gentes idólatras: lo beberán, y lo apurarán y quedarán enteramente aniquiladas.

17. Mas sobre el monte santo de Sión allí habrá después salvación, y allí habitará el Santo de los santos; y la casa de Jacob será señora de los que antes la habían dominado.

18. Será la casa de Jacob un fuego devorador; será una llama la casa de José, y será paja seca la casa de Esaú, la cual será abrasada y devorada de aquélla, sin que quede resto alguno de la casa de Esaú: porque así lo ha dicho el Señor.

19. Y los que moran hacia el mediodía se harán dueños del monte o país de Esaú, y los de la llanura se haran dueños de los filisteos; y poseerán el territorio de Efraín, y el de Samaria: y Benjamín será dueño de Galaad.

20. Y el ejército de los hijos de Israel, (o las diez tribus) que fue llevado al cautiverio, poseerá todos los lugares de los cananeos, hasta Sarepta de Sidón; y los hijos de Jerusalén o ramo de Judá, que fueron conducidos cautivos al Bósforo, poseerán las ciudades del mediodía.

21. Y subirán salvadores al monte de Sión, los cuales juzgarán y gobernarán el monte o país de Esaú; y reinará el Señor.

LA PROFECÍA DE JONÁS

CAPÍTULO I

Jonás, enviado por Dios a predicar a Nínive, huye por mar a Tarsis; y levantando el Señor una tempestad, es arrojado Jonás al mar como causa de ella, con lo que cesa la tormenta.

1. El Señor habló a Jonás, hijo de Amatí, y dijo:

2. Anda y ve luego a Nínive, ciudad grande y predica en ella: porque el clamor de sus maldades ha subido hasta mi presencia.

3. Jonás, empero, tomó el camino de Tarsis, huyendo del servicio del Señor; y así que llegó a Joppe halló una nave que se hacía a la vela para Tarsis; pagó su flete, y entró en ella con los demás para aportar a Tarsis, huyendo del servicio del Señor.

4. Mas el Señor envió un viento recio sobre el mar, con lo que se movió en ella una gran borrasca; de suerte que se hallaba la nave a riesgo de estrellarse.

5. Y temieron los marineros, y cada uno clamó a su dios, y arrojaron al mar el cargamento de la nave, a fin de aligerarla. Jonás, empero, dormía profundamente en lo más hondo de la nave, a donde se había bajado.

6. Y llegóse a él el piloto, y le dijo: ¿Cómo te estás así durmiendo? Levántate e invoca a tu Dios, por si quiere acordarse de nosotros, y nos libra de la muerte.

7. En seguida dijéronse unos a otros: Venid, y echemos suertes para averiguar de dónde nos viene este infortunio. Y echaron suertes y cayó la suerte sobre Jonás.

8. Dijéronle pues: Decláranos los motivos de este desastre que nos sucede. ¿Qué oficio es el tuyo? ¿De dónde eres, y adónde vas? ¿De qué nación eres tú?

9. Respondióles Jonás: Yo soy hebreo, y temo o adoro al Señor, Dios del cielo, que hizo el mar y la tierra.

10. Y quedaron sumamente atemorizadas aquellas gentes, y dijéronle: ¿Cómo es que has hecho tú eso? (Es de saber que de la relación que les hizo Jonás comprendieron que huía desobedeciendo a Dios.)

11. Entonces le dijeron: ¿Qué haremos de ti, a fin de que la mar se nos aplaque? Pues la mar iba embraveciéndose cada vez más.

12. Y respondióles Jonás: Cogedme y arrojadme al mar, y la mar se os aquietará; puesto que yo sé bien que por mi causa os ha sobrevenido esta gran borrasca.

13. Entretanto remaban los marineros para ver si podían ganar tierra y salvarse; mas no podían, porque iban levantándose más sobre ellos las olas del mar.

14. Y clamaron al Señor, diciendo: Rogámoste, ¡oh Señor!, que no nos hagas morir por haber dado muerte a este hombre, y no hagas recaer sobre nosotros la sangre inocente; pues que tú, ¡oh Señor!, has hecho caer la suerte así como has querido.

15. En seguida cogieron a Jonás, y lo echaron al mar, y al punto cesó el furor de las aguas.

16. Con lo cual concibieron aquellas gentes un gran temor y respeto al Señor, y ofreciéronle víctimas, y le hicieron votos.

CAPÍTULO II

Un pez enorme se traga a Jonás, el cual dentro del vientre del pez recurre al Señor, quien al cabo de tres días le salva milagrosamente.

1. Y había el Señor preparado un grande pez, para que se tragara a Jonás; el cual estuvo tres días y tres noches en el vientre del pez.
2. E hizo Jonás oración al Señor Dios suyo desde el vientre del pez;
3. y después dijo: Invocado he al Señor en medio de mi tribulación, y me ha escuchado benigno: he clamado desde el seno del sepulcro, y tú, ¡oh Señor!, has atendido mi voz.
4. Y arrojásteme a lo más profundo del mar, y me circundaron las aguas: sobre mí han pasado todos tus remolinos y todas tus olas.
5. Y dije: Arrojado he sido lejos de la misericordiosa vista de tus ojos: pero no; aún veré nuevamente tu santo templo.
6. Cercáronme las aguas hasta el punto de quitarme la vida; encerrado me he visto en el abismo: el inmenso piélago ha cubierto mi cabeza.
7. He descendido hasta las raíces de los montes; los cerrojos o barreras de la tierra me encerraron allí dentro para siempre: mas tú, ¡oh Señor Dios mío!, sacarás mi vida, o alma, del lugar de la corrupción.
8. En medio de las angustias que padecía mi alma, he recurrido a ti, ¡oh Señor!, dirigiéndote mi oración al templo santo de tu gloria.
9. Aquellos que tan inútilmente se entregan a la vanidad de los ídolos, abandonan su misericordia.
10. Mas yo te ofreceré en sacrificio cánticos de alabanza; cumpliré al Señor todos los votos que le he hecho por mi salud.
11. El Señor, en fin, dio la orden al pez, y éste vomitó a Jonás en la ribera.

CAPÍTULO III

El Señor manda de nuevo a Jonás que vaya a Nínive, e intime allí la ruina de la ciudad. Conviértense a la predicación de Jonás los ninivitas, hacen penitencia, y revoca el Señor la sentencia.

1. Y habló el Señor por segunda vez a Jonás, diciéndole:

2. Anda y ve luego a Nínive, ciudad grande, y predica en ella aquello que yo te digo.
3. Marchó, pues, Jonás, y se dirigió a Nínive, según la orden del Señor. Era Nínive una ciudad grandísima, que tenía tres días de camino en circuito.
4. Y comenzó Jonás a recorrer la ciudad, y anduvo por ella un día clamando y diciendo: De aquí a cuarenta días Nínive será destruida.
5. Y creyeron los ninivitas en la palabra de Dios, y publicaron el ayuno, y vistiéronse todos chicos y grandes de sacos o cilicios.
6. Y llegó la noticia al rey de Nínive, y se levantó del trono, y despojándose de sus regias vestiduras, vistióse de saco, y sentóse sobre la ceniza.
7. En seguida se publicó en Nínive una orden del rey y de sus principales magnates que decía: Ni hombres ni bestias nada coman; no salgan a pacer ni a beber los bueyes y ganados;
8. hombres y bestias cúbranse con sacos y arreos de luto, y clamen aquéllos con todo ahínco al Señor, convirtiéndose cada uno de su mala vida e inicuo proceder:
9. ¿quién sabe si así mudará el Señor su designio, y nos perdonará; y si se aplacara el furor de su ira, de suerte que no perezcamos?
10. Viendo, pues, Dios las obras de penitencia que hacían, y cómo se habían convertido de su mala vida, movióse a misericordia, y no les envió los males que había decretado.

CAPÍTULO IV

Jonás, afligido al ver que no se había verificado su profecía, se desea la muerte; pero el Señor le reprende, y le instruye y saca de su error.

1. Empero Jonás se afligió mucho, y se incomodó.
2. E hizo oración al Señor, diciendo: Ruégote que me digas, ¡oh Señor!, ¿no es esto lo mismo que yo me recelaba cuando aún estaba en mí país? No por otra razón me cautelaba, huyendo a Tarsis. Por que yo sé bien que tú eres un Dios clemente y misericordioso, sufrido y piadosísimo, y perdonador de los pecados.
3. Ahora bien, Señor, ruégote que me quites la vida, porque para mí es ya mejor morir que vivir.
4. Y respondió el Señor: ¿Y te parece a ti que tienes razón para enojarte?
5. Y salióse Jonás de Nínive, e hizo alto al oriente de la ciudad; y formándose allí una

cabaña, vivía dentro de ella, esperando a ver lo que acontecería a la ciudad.

6. Había el Señor preparado una hiedra, la cual creció hasta cubrir la cabeza de Jonás para hacerle sombra, y defenderlo del calor. Estaba Jonás muy fatigado, y recibió grandísimo placer de aquella hiedra.

7. Y al otro día al rayar el alba envió Dios un gusanillo que royó la raíz de la hiedra, la cual se secó.

8. Y nacido que hubo el sol, dispuso el Señor que soplase un viento solano que quemaba; hería el sol en la cabeza de Jonás, quien se abrasaba y deseaba la muerte, diciendo: mejor me es morir que vivir.

9. Pero el Señor dijo a Jonás: ¿Crees tú razonable el enojarte por causa de la hiedra? Y respondió él: Razón tengo para encolerizarme hasta desear mi muerte.

10. Y dijo el Señor: Tú tienes pesar por la pérdida de una hiedra, que ningún trabajo te ha costado, ni tú la has hecho crecer: pues ha crecido en una noche y en una noche ha perecido.

11. ¿Y yo no tendré compasión de Nínive, ciudad tan grande, y en la cual hay más de ciento veinte mil personas, que no saben aún discernir la mano diestra de la izquierda, y un gran número de animales?

LA PROFECÍA DE MIQUEAS

CAPÍTULO I

Predice Miqueas la irrupción de asirios, los cuales destruirán el reino de las diez tribus y el de Judá, llegando hasta Jerusalén.

1. Palabra del Señor en orden a Samaria y a Jerusalén, revelada a Miqueas moravita en los tiempos de Joatán, de Acaz y de Ezequías, reyes de Judá.

2. Pueblos todos, ¡escuchad! y esté atenta la tierra y cuanto en ella hay; y el Señor Dios sea testigo contra vosotros: séalo el Señor desde su santo templo.

3. Porque he aquí que el Señor va a salir de su morada y descendiendo de su trono hollará las grandezas de la tierra.

4. Y los montes se consumirán debajo de él, y los valles se derretirán como la cera delante del fuego, y fluirán como las aguas que corren por un despeñadero.

5. Todo esto por causa de la maldad de Jacob, y por los pecados de la casa de Israel. ¿Y cuál es la maldad de Jacob, sino las idolatrías de

Samaria? ¿Y cuáles los lugares excelsos de Judá, sino los de Jerusalén?

6. Por tanto, pondré a Samaria como un montón de piedras en el campo cuando se planta una viña; y arrojaré sus piedras en el valle, y descubriré hasta sus cimientos.

7. Y serán destrozados todos sus simulacros, y arrojadas al fuego todas sus riquezas, y yo destruiré todos sus ídolos; porque todos sus bienes los ha juntado Samaria con el precio de la prostitución, y precio de meretriz volverán a ser.

8. Por este motivo yo suplicaré y prorrumpiré en alaridos; andaré despojado y desnudo, y aullaré como los dragones, y daré gritos lastimeros como los avestruces.

9. Porque la llaga de la idolatría de Samaria está desahuciada; se ha extendido hasta Judá; ha penetrado hasta las puertas del pueblo mío, hasta Jerusalén,

10. Procurad que no se sepa esto en Get: no lloréis tanto: echaos encima polvo o ceniza en la casa del polvo.

11. ¡Oh tú que habitas en el país hermoso!, vete cubierta de oprobio: no ha partido la que habita en los confines; la casa vecina que se sostuvo por sí misma, hará duelo por vosotros.

12. Porque ha perdido las fuerzas para hacer bien la que habita en la amargura; puesto que el Señor ha enviado el azote hasta las puertas o ciudad de Jerusalén.

13. Al estruendo de los carros de guerra, quedará lleno de pavor el morador de Laquis: ésta fue el origen de pecado para la hija de Sión, pues en ella se hallaron imitadas las maldades de Israel.

14. Por lo que enviará ella mensajeros a la casa de Get, casa de mentira, para engaño de los reyes de Israel.

15. Aun te llevaré yo un nuevo amo, ¡oh casa de Maresa!: hasta Odollam llegará la gloria de Israel.

16. Mésate tus cabellos y ráete la cabeza por causa de tus queridos hijos: pélate toda la cabeza, como águila que está de muda, porque los habitantes tuyos son llevados al cautiverio.

CAPÍTULO II

Anuncia el profeta la maldición de Dios y una extrema desolación a los israelitas; cuyos restos serán al fin reunidos y salvados.

1. ¡Ay de vosotros que no pensáis sino en cosas vanas, y maquináis allá en vuestros lechos perversos designios! Ejecútanlos al llegar la luz de la mañana; porque ellos se han declarado contra Dios.

2. Y codiciaron las heredades, y las usurparon con violencia, e invadieron las casas; y calumniaron a éste para apoderarse de su casa; y a aquel otro para alzarse con su hacienda.

3. Por tanto, esto dice el Señor: He aquí que yo estoy pensando en enviar calamidades sobre esta familia, de las cuales no podréis vosotros libraros; y no andaréis ya erguidos, porque será tiempo en extremo calamitoso.

4. En aquel día se compondrá sobre vosotros una parábola o lamentación, y se os cantarán con tono lastimero esta canción: Nosotros hemos sido enteramente asolados; cambiado ha de dueño la herencia de mi pueblo; ¿cómo se retirará de mí el castigo, puesto que vuelve el asirio, el cual se ha de repartir nuestros campos?

5. Por esto ya no tendrás tú, ¡oh Israel!, quien reparta con la medida de cuerda las porciones de tierra en la congregación del Señor.

6. No gastéis, ¡oh profetas!, tantas palabras con este pueblo; porque no las recibirán éstos; ni les causarán confusión alguna.

7. Pues la casa de Jacob va diciendo: Qué, ¿por ventura se ha disminuido el espíritu misericordioso del Señor, o pueden ser tales sus designios? Pero ¿acaso no hablo yo, responde Dios, con benignidad a aquellos que andan por el recto camino?

8. Mas el pueblo mío, por el contrario, ha alzado bandera contra mí; vosotros, ¡oh israelitas!, después de la túnica habéis robado la capa, y a aquellos que pasaban o vivían quietamente les habéis hecho la guerra.

9. Arrojasteis de sus casas las mujeres de mi pueblo, que vivían en ellas con sosiego; y a sus niños les cerrasteis la boca para que jamás me alabasen.

10. Levantaos, y marchad, porque no habéis ya de tener aquí descanso; pues esta tierra de promisión se ha hecho inmunda, y por eso está inficionada de una corrupción horrorosa.

11. ¡Ojalá fuera yo un hombre que no tuviese el espíritu profético, sino que fuera falso lo que digo! Yo derramaré sobre ti, dice el Señor. el vino y la embriaguez del cáliz de mi indignación; y este vino sobre este pueblo se derramará.

12. Pero al fin, yo te reuniré todo junto, ¡oh Jacob!, yo recogeré en uno los restos de Israel, los pondré todos juntos como rebaño en un aprisco, como las ovejas en la majada: grande será el ruido que haga la muchedumbre de sus gentes.

13. E irá delante de ellas aquel buen Pastor que les abrirá el camino; forzarán la puerta, pasarán por ella, y entrarán dentro; y su rey irá delante de ellas; y estará a su frente el Señor.

CAPÍTULO III

Por los pecados de los príncipes, jueces, falsos profetas y sacerdotes castigará Dios terriblemente a Israel, y destruirá a Jerusalén.

1. Y dije yo: Escuchad, ¡oh vosotros, príncipes de Jacob, y caudillos de la casa de Israel! ¿Acaso no os toca a vosotros el saber aquello que es justo?

2. Y no obstante eso, vosotros aborrecéis el bien y amáis el mal; desolláis al pueblo y le quitáis la carne de encima de sus huesos.

3. Los caudillos se comen la carne del pueblo mío, y le quitan la piel, y le machacan los huesos, y le hacen pedazos, como la carne que se mete en la caldera o en la olla.

4. Algún día clamarán al Señor, y él no os escuchará, y les ocultará entonces su rostro, por cuanto ellos han obrado perversamente, según sus antojos.

5. Esto dice el Señor contra los falsos profetas que seducen a mi pueblo, los cuales le despedazan con sus dientes, y predican paz; y al que no les pone alguna cosa en su boca le mueven guerra a pretexto de santidad.

6. Por esto en lugar de visión, tendréis oscura noche, y tinieblas en vez de revelaciones; se pondrá el sol para estos profetas, y el día se oscurecerá para ellos.

7. Y quedarán avergonzados éstos que tienen visiones, y serán confundidos estos adivinos, y todos ellos se cubrirán el rostro avergonzados, pues sus oráculos no son de Dios.

8. Mas yo he sido llenado del espíritu fuerte del Señor, de justicia y de constancia; para decir y reprender a Jacob sus maldades, y a Israel su pecado.

9. Escuchad estas cosas, ¡oh príncipes de la casa de Jacob!, y vosotros, ¡oh jueces de la casa de Israel!, vosotros que abomináis de la justicia, y trastornáis toda equidad.

10. Vosotros que edificáis o adornáis a Sión con sangre de los pobres, y a Jerusalén a fuerza de injusticias.

11. Sus príncipes o jueces se dejan cohechar en los juicios; y sus sacerdotes predican por interés, y por el dinero adivinan sus profetas; y no obstante se apoyan en el Señor, diciendo: Pues qué, ¿acaso no está el Señor en medio de nosotros? No temáis, ningún mal nos vendrá.

12. Por tanto, arada como un campo se verá Sión por culpa vuestra; y Jerusalén será reducida a un montón de piedras, y el monte santo

del templo vendrá a ser como un elevado bosque.

CAPÍTULO IV

Anuncia Miqueas el restablecimiento de Sión, y la conversión de las naciones. Felicidad de Sión libertada del cautiverio, y total exterminio de sus enemigos.

1. Pero sucederá que en los últimos tiempos el monte o reino de la Casa del Señor será fundado sobre la cima de los demás montes, y se levantará sobre los altos collados, y correrán allá en gran número los pueblos.

2. Y allá irán a toda prisa muchas naciones, diciendo: Venid, y vamos al monte del Señor y a la Casa del Dios de Jacob, y él nos enseñará sus caminos, y nosotros seguiremos sus veredas; puesto que la ley saldrá de Sión, y de Jerusalén tendrá origen la palabra del Señor.

3. Y juzgará el Señor muchos pueblos, y corregirá o castigará naciones poderosas, hasta las más remotas; las cuales convertirán sus espadas en rejas de arados y sus lanzas en azadones; una nación no empuñará la espada contra otra, ni estudiarán ya más el arte de guerrear.

4. Y descansará cada uno debajo de su parra y debajo de su higuera, sin tener temor de nadie: pues lo ha prometido por su boca el Señor de los ejércitos.

5. Porque todos los pueblos andarán cada uno en el nombre de su dios; mas nosotros andaremos en el nombre del Señor Dios nuestro por todos los siglos de los siglos.

6. En aquel día yo reuniré conmigo, dice el Señor, aquella nación que cojeaba en mi servicio, y volveré a recoger aquella que yo había desechado y abatido;

7. y salvaré los restos de la que cojeaba, y formaré un pueblo robusto de aquella misma nación que había sido afligida; y sobre todos ellos reinará el Señor en el monte de Sión desde ahora para siempre jamás.

8. Y tú, ¡oh hija de Sión, torre nebulosa del rebaño!, hasta ti vendrá el Señor: y tú tendrás el supremo imperio, el reino gloriosísimo, ¡oh hija de Jerusalén!

9. Ahora pues ¿por qué te abandonas a la tristeza? ¿Acaso estás tú sin rey, o te ha faltado tu consejero, para que estés acongojada de dolor como una mujer que está de parto?

10. Pero duélete y aflígete, ¡oh hija de Sión! como la mujer que está de parto, puesto que ahora saldrás de la ciudad y habitarás en otro país, y pasarás hasta Babilonia; mas allí serás puesta en libertad, allí te rescatará el Señor de la mano de tus enemigos.

11. Pero al presente se han reunido contra ti muchas gentes, las cuales dicen: Muera apedreada, y vean nuestros ojos la ruina de Sión.

12. Empero estas gentes no conocen los designios del Señor, ni entienden sus consejos: porque el Senor las ha reunido para ser desmenuzadas como la paja en la era.

13. Levántate, pues, ¡oh hija de Sión!, y trilla a tus enemigos: porque yo te daré a ti astas o fortaleza de hierro, y uñas de bronce; y desmenuzarás muchos pueblos, y ofrecerás al Señor todo cuanto han robado, y todas sus riquezas al Señor de toda la tierra.

CAPÍTULO V

Vaticina Miqueas la ruina de Jerusalén, pero consuela a sus moradores con la promesa del nacimiento del Mesías en Betlehem; y de que los restos de los judíos serán glorificados, y destruida la idolatría.

1. Tú ahora serás destruida, ¡oh ciudad de ladrones! Los enemigos nos sitiarán; herirán con vara la mejilla del juez o rey de Israel.

2. Y tú, ¡oh Betlehem llamada Efrata!, tú eres una ciudad pequeña respecto de las principales de Judá; pero de ti me vendrá el que ha de ser dominador de Israel, el cual fue engendrado desde el principio, desde los días de la eternidad.

3. Por esto el Señor los dejará hasta aquel tiempo en que parirá la virgen que ha de parir al dominador; y entonces las reliquias de sus hermanos se reunirán con los hijos de Israel.

4. Y él permanecerá firme, y apacentará la grey con la fortaleza del Señor en el Nombre altísimo del Señor Dios suyo; y se convertirán a Él; porque ahora será él glorificado hasta los últimos términos del mundo.

5. Y Él será nuestra paz; y cuando viniere el asirio a nuestra tierra, y asolare nuestras casas, nosotros enviaremos contra él siete pastores y ocho príncipes.

6. Y gobernarán la tierra de Asur con la espada, y la tierra de Nemrod con sus lanzas; y Él nos librará del asirio cuando éste habrá venido a nuestra tierra y devastado nuestros términos.

7. Y los restos del pueblo de Jacob estarán entre la muchedumbre de las naciones como el rocío enviado del Señor, y como la lluvia sobre la yerba, la cual no aguarda que la cultiven los hombres, ni espera nada de los hijos de los hombres.

8. Y los residuos de Jacob serán entre las naciones, en medio de muchos pueblos, como

el león entre las bestias de las selvas, y como el joven entre los hatos de las ovejas; el cual pasa por el hato, lo pisotea, y hace su presa, sin que haya quien se la quite.

9. La mano tuya, ¡oh dominador de Israel!, prevalecerá sobre tus contrarios, y perecerán todos tus enemigos.

10. En aquel día yo quitaré, dice el Señor, de en medio de ti tus caballos, y destruiré tus carros de guerra.

11. Y arruinaré las ciudades de tu tierra, y destruiré todas tus fortalezas, y quitaré de tus manos las hechicerías, y no tendrás más adivinos.

12. Y haré perecer tus simulacros y tus ídolos de en medio de ti, y no adorarás más las obras de tus manos.

13. Y arrancaré de en medio de ti tus bosquetes profanos, y reduciré a polvo tus ciudades.

14. Y con furor e indignación ejerceré mi venganza en todas las gentes que no han escuchado mi voz.

CAPÍTULO VI

El Señor echa en cara a su pueblo la ingratitud, y le muestra el único camino para aplacar su indignación, que es la penitencia. Intima a los impíos y obstinados su última ruina.

1. Escuchad lo que me dice el Señor: ¡Ea, pues, oh profeta!, ventila en juicio mi causa contra los montes, y oigan los collados tu voz.

2. Oigan la defensa del Señor los montes y los fuertes cimientos de la tierra porque entra el Señor en juicio con su propio pueblo, y tiene pleito con Israel.

3. ¿Qué es lo que yo te he hecho, ¡oh pueblo mío!, o en qué cosa te he agraviado? Respóndeme.

4. ¿Acaso porque te saqué de tierra de Egipto, y te libré de la casa de la esclavitud, y envié delante de ti a Moisés, a Aarón y a María?

5. Pueblo mío, haz memoria, te pido, del designio que formó contra ti Balac, rey de Moab, y de la respuesta que le dio Balaam, hijo de Beor; y de lo que pasó desde Setim hasta Gálgala, a fin de que conocieses la justicia o fidelidad del Señor.

6. ¿Qué ofreceré, pues, al Señor que sea digno de él, a fin de aplacarle? ¿Doblaré la rodilla ante el Dios excelso? ¿Le ofreceré holocaustos y becerros de un año?

7. Pero ¿y acaso puede el Señor apiadarse por medio de millares de carneros que se le sacrifiquen, o con muchos millares de gordos machos cabríos? ¿Le sacrificaré acaso por mi delito al hijo mío primogénito, o a alguno de mis hijos por el pecado que he cometido?

8. ¡Oh hombre!, responde el profeta, yo te mostraré lo que conviene hacer, y yo lo que el Señor pide de ti: que es, el que obres con justicia, y que ames la misericordia, y que andes solícito en el servicio de tu Dios.

9. Resuena la voz del Señor en la ciudad, y aquellos que temen, ¡oh Dios!. tu santo Nombre, se salvarán. Escuchad vosotras, ¡oh tribus!; pero ¿y quién será el que obedezca?

10. Aún están en casa del impío, como fuego devorador, los tesoros inicuamente adquiridos; y llena está de la ira del Señor la medida corta de que usaba.

11. ¿Por ventura deberé yo tener por justa la balanza que es infiel, o por cabales los pesos falsos del saquillo?

12. Por medio de estas cosas los ricos de Jerusalén se han llenado de riquezas injustas, y sus habitantes están estafando, teniendo en su boca una lengua engañadora.

13. Por eso he empezado yo a castigarte y a asolarte por causa de tus pecados.

14. Comerás y no te saciarás; y en medio de ti estará la causa de tu calamidad. Tendrás fecundidad, mas no salvarás tus hijos; y si los salvares, yo los haré perecer al filo de la espada.

15. Sembrarás y no segarás: prensarás la aceituna, y no te ungirás con el óleo; y pisarás la uva, y no beberás el vino.

16. Porque tú has observado lo que te enseñó tu impío rey Amri y todos los usos de la casa de Acab, y has seguido todos sus antojos: para que yo te abandonase, ¡oh Jerusalén!, a la perdición, y al escarnio a tus moradores. Y vosotros, ¡oh poderosos!, llevaréis el castigo del oprobio causado al pueblo mío.

CAPÍTULO VII

Corto número de justos en la casa de Jacob. No se debe confiar en el hombre sino solamente en Dios Salvador, que se apiadará de Sión, y restablecerá a Jerusalén y a toda la casa de Jacob.

1. ¡Ay de mí! que he llegado a ser como aquel que en otoño anda rebuscando lo que ha quedado de la vendimia: no hallo un racimo que comer; en vano mi alma ha deseado los higos tempranos.

2. No hay ya un santo sobre la tierra; no se halla un justo entre los hombres; cada uno pone asechanzas a la vida del otro; cada cual

anda a caza de sus hermanos para quitarles la vida.

3. Al mal que ellos hacen le dan el nombre de bien. El príncipe demanda contra el pobre, y el juez está siempre dispuesto a satisfacerlo. El poderoso manifiesta con descaro lo que codicia su alma: tienen la tierra llena de desorden.

4. El mejor de ellos es como cambrón; el más justo es como espino de cercas. Llega el día de tus escudriñadores, y el día en que tú has de tomarles residencia: ahora van a ser ellos destruidos.

5. No confiéis del amigo; ni os fiéis del que gobierna. No descubras los secretos de tu corazón a la que duerme contigo.

6. Pues el hijo ultraja al padre y se rebela contra su madre la hija, y contra su suegra la nuera; son enemigos del hombre los mismos de su casa o familia.

7. Mas yo volveré mis ojos hacia el Señor, pondré mi esperanza en Dios Salvador mío, y mi Dios me atenderá.

8. No tienes que holgarte por mi ruina, ¡oh tú, enemiga mía!, que todavía yo volveré a levantarme; y cuando estuviere en las tinieblas del cautiverio, el Señor será mi luz y consolación.

9. Yo sufriré el castigo del Señor, pues que pequé contra él, hasta tanto que Él juzgue mi causa, y se declare en favor mío. Él me volverá a la luz del día, y yo veré su justicia.

10. Y esto lo presenciará la enemiga mía: y quedará cubierta de confusión la que me dice: ¿En dónde está ahora el Señor Dios tuyo? Yo fijaré mis ojos sobre ella: hollada será ella ahora como el lodo de las calles.

11. El día en que serán restauradas tus ruinas, en aquel día será alejada de ti la tiranía.

12. En aquel día vendrán a ti tus hijos desde la Asiria, y vendrán hasta las ciudades fuertes y desde las ciudades fuertes hasta el río Éufrates, y desde un mar hasta otro, y desde el uno hasta el otro monte.

13. Y aquella tierra de los caldeos será asolada, a causa de sus moradores y en pago de sus perversos pensamientos.

14. Apacienta, ¡oh Dios mío!, en medio del Carmelo con tu cayado al pueblo tuyo, la grey de tu heredad, la cual habita sola en el bosque: algún día se apacentará ella en Basán y en Galaad, como en los tiempos antiguos.

15. Sí, dice el Señor: Yo te haré ver prodigios, como cuando saliste de tierra de Egipto.

16. Lo verán las naciones, y quedarán confundidas con todo su poder: no osarán abrir la boca, y sus oídos quedarán sordos.

17. Lamerán el suelo como las serpientes, y como insectos de la tierra se aturdirán y me

meterán dentro de sus casas: temerán al Señor Dios nuestro, y tendrán miedo de ti, ¡oh Israel!

18. ¿Quién es, oh Dios, semejante a ti que perdonas la maldad y olvidas el pecado de las reliquias de Israel herencia tuya? No dará ya el Señor libre curso a su indignación, porque él es amante de la misericordia.

19. Se volverá hacia nosotros, y nos tendrá compasión. Sepultará en el olvido nuestras maldades, y arrojará a lo más profundo del mar todos nuestros pecados.

20. Tú, ¡oh Dios mío!, te mostrarás veraz a Jacob y misericordioso a Abrahán; como lo juraste antiguamente a nuestros padres.

LA PROFECÍA DE NAHUM

CAPÍTULO I

El profeta, después de ensalzar el poder, la justicia y benignidad del Señor, anuncia la ruina del imperio de los asirios para consuelo del pueblo de Dios, tan oprimido por ellos.

1. Duro anuncio contra Nínive. Libro de la visión o revelación que tuvo Nahum elceseo.

2. El Señor es un Dios celoso y vengado. El Señor ejercerá su venganza, y se armará de furor: sí, ejercerá el Señor su venganza contra sus enemigos, y para ellos reserva su cólera.

3. El Señor es sufrido y de grande poder; ni porque sufra tendrá a nadie por limpio e inocente. El Señor marcha entre tempestades y torbellinos, y debajo de sus pies se levantan nubes de polvo.

4. Él amenaza al mar y lo deja seco, y a los ríos los convierte, cuando quiere, en tierra enjuta. Hace volver estériles las fértiles montañas de Basán y del Carmelo, y que se marchiten las flores del Líbano.

5. Él hace estremecer los montes, y deja asolados los collados: ante él tiembla la tierra, y el orbe entero, y cuantos en él habitan.

6. ¿Quién podrá sostenerse cuando se deje ver su indignación? ¿Ni quién será capaz de resistirle cuando esté airado y enfurecido? Derrámase cual fuego voraz su cólera, y hace derretir los peñascos.

7. Bueno es al mismo tiempo el Señor, y consolador es de sus hijos en tiempo de la tribulación; y conoce y protege a los que ponen en él su esperanza.

8. Él destruirá como con una avenida impetuosa la corte o capital de aquella nación; y las

tinieblas de la calamidad perseguirán a los enemigos del Señor.

9. ¿Qué andáis vosotros maquinando contra el Señor? El Señor acabará con Nínive, no habrá otra tribulación.

10. Porque estos asirios, que se juntan a beber allá en sus comilonas, consumidos serán como haces de espinos bien atados entre sí, y como sequísimo heno.

11. De ti, ¡oh Nínive!, saldrá aquel que piensa mal o impíamente contra el Señor, y que revuelve en su ánimo pérfidos designios.

12. Esto dice el Señor: Aunque sean ellos tan fuertes y en tan gran número, con todo eso serán cortados, y pasarán a ser nada. Yo te he afligido, ¡oh pueblo mío!, pero no te afligiré ya más por medio de ellos.

13. Y ahora, romperé la vara de su tiranía que descargaba sobre tus espaldas, y quebraré tus cadenas.

14. Y el Señor pronunciará contra ti, ¡oh Nínive!, esta sentencia: No quedará más semilla de tu nombre: exterminaré de la casa de tu falso dios los simulacros y los ídolos de fundición; la haré sepulcro tuyo, y tú quedarás deshonrada.

15. Mira ya sobre los montes los pies del que viene a anunciar la buena nueva, del que anuncia la paz. Celebra, oh Judá, tus festividades, y cumple tus votos, que ya no volverá más a hacer por ti correrías aquel Belial: pereció del todo.

CAPÍTULO II

Destrucción de Nínive y cautiverio de sus moradores, en castigo de los males que han hecho al pueblo de Dios.

1. Sale ya a campaña, ¡oh Nínive!, aquel que ante tus ojos devastará tus campos, y estrechará tu sitio: bien puedes observar sus movimientos, reforzar tus flancos, acrecentar tus fuerzas.

2. Porque el Señor va a tomar venganza de tu insolencia contra Jacob, como igualmente de tu soberbia contra Israel, pues que tus ejércitos destructores devastaron y talaron sus campiñas.

3. Resplandecen como una llama los escudos de sus valientes, sus guerreros vienen vestidos de púrpura; y centellean en el día de la reseña para la batalla sus carros de guerra, y están furiosos como borrachos sus conductores.

4. Se agolpan en los caminos; los carros se chocan unos con otros en las calles; sus ojos son como centellas de fuego, como relámpagos que pasan de una a otra parte.

5. Se acordará de sus valientes, marcharán de tropel por los caminos, escalarán con denuedo los muros, preparando antes medios para ponerse a cubierto de los sitiadores.

6. Se han abierto las puertas en los muros por la avenida de los ríos y el templo ha sido arrasado.

7. Han sido llevados cautivos sus soldados, y las mujeres conducidas a la esclavitud, gimiendo como palomas, y lamentándose en sus corazones.

8. Y Nínive inundada con las aguas ha quedado hecha una laguna. Huyeron sus defensores, y por más que les gritaban: ¡Deteneos, deteneos!, ninguno volvió a mirar atrás.

9. Robad, ¡oh caldeos!, la plata, robad el oro: es inmensa la riqueza de sus preciosas alhajas.

10. Devastada ha quedado ella, y desgarrada, despedazada; los corazones desmayados, vacilantes las rodillas, quebrantados los lomos; y las caras de todos ellos denegridas como hollín.

11. ¿Dónde está la feroz Nínive, esa guarida de leones, ese bosque para pasto de cachorros de leones, adonde iban a reposar el león y sus cachorros, sin que nadie los ahuyentase?

12. El león rey de Asiria, habiendo tomado lo bastante para sus cachorros, hizo una matanza para sus leonas, y llenó de caza sus cuevas, y de rapiñas su guarida.

13. Pues heme aquí contra ti, dice el Señor de los ejércitos. Yo reduciré a humo tus carros de guerra, y la espada devorará tus jóvenes o vigorosos leones, y arrancaré de la tierra tus rapiñas, y no se oirá ya más la voz blasfema de tus embajadores.

CAPÍTULO III

Descripción de la toma y ruina de Nínive; de nada le servirán sus muros, sus tripas, ni el valor de su capitanes.

1. ¡Ay de ti, ciudad sanguinaria, llena toda de fraudes y de extorsiones, y de continuas rapiñas!

2. Óyese estruendo de látigos, estruendo de impetuosas ruedas, y de relinchos de caballos, y de carros ardientes, y de caballería que avanza.

3. y de relucientes espadas, y de relumbrantes lanzas, y de muchedumbre de heridos que mueren, y de grandísima derrota; son innumerables los cadáveres; los unos caen muertos encima de los otros.

4. Todo esto por causa de las muchas fornicaciones de la ramera bella y agraciada, la cual

posee el arte de hechizar, y ha hecho esclavos de sus fornicaciones a los pueblos, y de sus hechizos a las familias.

5. Aquí estoy yo contra ti, dice el Señor de los ejércitos, y descubriré tus infamias ante tu misma cara, y mostraré a las gentes las desnudez tuya, y a todos los reinos tu oprobio.

6. Y haré recaer sobre ti tus abominaciones, y te cubriré de afrentas, y te pondré de modo que sirvas de escarmiento.

7. Y entonces todos cuantos te vieren, retrocederán lejos de ti, horrorizados, diciendo: Nínive ha sido asolada. ¿Quién con un movimiento de cabeza mostrará compasión de ti? ¿En dónde buscaré yo quien te consuele?

8. ¿Eres tú por ventura mejor que la populosa Alejandría, que tiene su asiento entre ríos o brazos del Nilo, y está rodeada de aguas; cuyos tesoros son el mar, y las aguas sus murallas?

9. Su inmensa fortaleza eran Etiopía y Egipto, y tenía por auxiliares África y Libia.

10. Mas ella sin embargo ha sido llevada cautiva a país extranjero: sus párvulos han sido estrellados en las esquinas de todas las calles; y se echaron suertes sobre sus nobles, y fueron metidos en cepos todos sus magnates.

11. Tú, pues, ¡oh Nínive!, beberás hasta embriagarte... y serás abatida, y pedirás socorro a tu mismo enemigo.

12. Caerán todas tus fortalezas, como a una sacudida caen las brevas maduras en la boca del que va a comérselas.

13. Mira que el pueblo que contiene se ha vuelto débil como si fuese un pueblo de mujeres. Las puertas de tu país se abrirán de par en par a tus enemigos; devorará el fuego los cerrojos o barras que les pongas.

14. Abastécete de agua para cuando te halles sitiada; repara tus fortificaciones; entra en el barro, y písalo, y amasándolo forma de él ladrillos.

15. Entonces mismo serás devorada por el fuego; perecerás al filo de la espada, la cual te devorará, como el pulgón a la yerba, aunque reúnas gente en tanto número como el pulgón y la langosta.

16. Tus negociantes eran en mayor número que las estrellas del cielo; mas fueron como el pulgón, que habiéndose engordado voló a otra parte.

17. Tus guardas o capitanes se parecen a las langostas, y tus pequeños habitantes o soldados a las tiernas langostas; las cuales hacen asiento en los vallados durante el frío de la noche: pero luego que el sol ha nacido, se levantan, y ya no queda rastro de ellas en el lugar en donde han parado.

18. Durmiéronse, ¡oh rey de Asur!, tus pastores, o capitanes; enterrados serán tus príncipes; escondióse tu gente por los montes, y no hay quien la reúna.

19. Notoria se ha hecho tu calamidad; tu llaga tiene muy mala cura; batieron las manos en señal de alegría todos cuantos han sabido lo que te ha acaecido: porque ¿a quién no dañó en todo tiempo tu malicia?

LA PROFECÍA DE HABACUC

CAPÍTULO I

Se admira el profeta de que el impío prospere y prevalezca contra el justo. El Señor enviará contra su pueblo los caldeos, los cuales atribuirán sus victorias, no a Dios, sino a sus ídolos.

1. Duro anuncio revelado a Habacuc profeta.

2. ¿Hasta cuándo, Señor, estaré clamando, sin que tú me atiendas? ¿Hasta cuándo daré voces a ti en la violencia que sufro, sin que tú me salves?

3. ¿Por qué me haces ver delante de mí no más que iniquidad y trabajos, rapiñas e injusticias? Prevalecen por el cohecho los pleitistas, y pendencieros.

4. Por eso la ley se ve burlada, y no se hace justicia: por cuanto el impío puede más que el justo, por eso salen corrompidos los juicios.

5. Poned los ojos en las naciones y observad lo que pasa: admirados quedaréis y espantados; porque ha sucedido una cosa en vuestros días que nadie la querrá creer cuando será contada.

6. Pues he aquí que yo haré venir a los caldeos, nación fiera y veloz, que recorre toda la tierra para alzarse con las posesiones ajenas.

7. Ella es horrible y espantosa: por sí misma sentenciará y castigará.

8. Sus caballos son más ligeros que leopardos, y corren más que los lobos por la noche. Extenderáse por todas partes su caballería; de lejos vendrán sus jinetes; volarán como águila que se arroja sobre la presa.

9. Todos vendrán al botín: su presencia será como un viento abrasador, y amontonarán cautivos como arena.

10. Y el rey de Babilonia triunfará de los demás reyes, y se mofará de los potentados; se reirá de todas las fortalezas, levantará baterías y las tomará.

11. En este estado se mudará o trastornará su espíritu, y se desvanecerá y caerá; tal es el poder de aquel su dios en quien confiaba.

12. Mas qué ¿no existes tú desde el principio, ¡oh Señor Dios mío mi Santo!, y el que nos librarás de la muerte? ¡Oh Señor!, tú has destinado a este Nabucodonosor para ejercer tu venganza, y le has dado tan grande poderío para castigarnos por medio de él.

13. Limpios son siempre tus ojos: no puedes tú ver el mal ni podrías sufrir delante de ti la iniquidad. ¿Por qué, pues, te estás contemplando aquellos que obran mal, y callas cuando el impío está tragándose al que es más justo que él?

14. Y tú dejas que a los hombres les suceda lo que a los peces del mar, y lo que a los insectos, los cuales no tienen rey que los defienda.

15. Todo lo ha sacado fuera con el anzuelo, lo ha arrastrado con su red barredera, y recogido con sus redes. De todo esto se gozará y regocijará.

16. Por tanto, ofrecerá víctimas a su barredera, y sacrificios a sus redes; pues que por medio de éstas se ha engrosado su porción, y se ha provisto de exquisitos manjares.

17. Por esto tiene tendida su red barredera, y no cesa jamás de devastar a las naciones.

CAPÍTULO II

El profeta declara cómo el Señor le respondió en su angustia, y le mandó escribir la visión, y esperar con paciencia el suceso. Predice la destrucción del imperio de los caldeos, cuyos ídolos no podrán defenderle.

1. Yo estaré alerta entretanto, haciendo mi centinela, y estaré firme sobre el muro; para ver lo que se me dirá; y qué deberé responder al que me reprenda.

2. Respondióme, pues, el Señor, y díjome: Escribe la visión, y nótala en las tablillas de escribir, para que se pueda leer corrientemente.

3. Porque la visión es de cosa todavía lejana; mas ella al fin se cumplirá, y no saldrá fallida. Si tardare, espérale: que el que ha de venir vendrá y no tardará.

4. Mira que el que es incrédulo no tiene dentro de sí una alma justa. El justo, pues, en su fe vivirá.

5. Mas así como el vino engaña al que lo bebe, así será del hombre soberbio, el cual quedará sin honor; del soberbio, que ensanchó su garganta como el infierno, y es insaciable como la muerte, y quisiera reunir bajo su dominio todas las naciones y amontonar junto a sí todos los pueblos.

6. Que ¿acaso no será él la fábula de todos éstos, y el objeto de sus satíricos proverbios?

Y no se le dirá: ¡Ay de aquel que amontona lo que no es suyo! ¿Hasta cuándo recogerá él para daño suyo el denso lodo de las riquezas?

7. ¿Acaso no se levantarán de repente los que te han de morder, y no saldrán los que han de despedazarte, y de quienes vas a ser presa?

8. Por cuanto tú has despojado a muchas gentes o naciones, te despojarán a ti todos los que habrán quedado de ellas, en castigo de la sangre humana que has derramado, y de las injusticias cometidas contra la tierra, contra la ciudad y contra todos sus habitantes.

9. ¡Ay de aquel que allega frutos de avaricia, funesta para su propia casa, con el fin de hacer más alto su nido, y salvarse así de las garras del mal!

10. No parece sino que has ido trazando la ruina de tu casa; has asolado muchos pueblos, y tu alma delinquió.

11. Porque las piedras alzaran el grito desde las paredes, y clamarán contra ti los maderos que mantienen la trabazón del edificio.

12. ¡Ay de aquel que edifica una ciudad a fuerza de derramar sangre, y asienta sus cimientos sobre la injusticia!

13. ¿Acaso no están predichas estas cosas por el Señor de los ejércitos? Porque en vano, dice el Señor, se afanarán los pueblos, y las gentes allegarán bienes para pábulo de un gran fuego, y desfallecerán.

14. Pues la tierra será inundada de enemigos, al modo que la mar está cubierta de aguas; a fin de que sea conocida la gloria del Señor.

15. ¡Ay de aquel que da de beber a su amigo, mezclando hiel en el vaso, y lo embriaga para verlo desnudo!

16. En vez de gloria quedarás cubierto de afrenta: beberás también tú, y quedarás avergonzado; el cáliz de la diestra del Señor te embriagará, y vendrá un vómito de ignominia sobre tu gloria.

17. Puesto que las maldades cometidas por ti sobre el Líbano recaerán contra ti; y el destrozo hecho por estas fieras los aterrará, para que no derramen la sangre de los hombres, y no cometan maldades contra la tierra, y contra la ciudad, y todos sus habitantes.

18. ¿De qué sirve el vano simulacro que formó un artífice, y la falsa estatua o imagen que fundió de bronce? Con todo, el artífice pone su esperanza en la hechura suya, en la imagen muda que forjó.

19. ¡Ay de aquel que dice a un madero: ¡Despiértate! y a una muda piedra: ¡Levántate, y socórreme! ¿Por ventura la estatua podrá instruirte en lo que has de hacer? Mira: cubierta

está ella de oro y plata; pero dentro no hay espíritu ninguno.

20. Mas el Señor está en su templo de la gloria. Calle la tierra toda ante su acatamiento.

CAPÍTULO III

Oración de Habacuc, en la que recuerda las maravillas del Señor a favor de Israel; se aflige por la desolación de este pueblo; pero se consuela con la esperanza de que el Señor le socorrerá.

ORACIÓN DEL PROFETA HABACUC: POR LAS IGNORANCIAS.

1. ¡Oh Señor!, tu anuncio, y quedé lleno de un respetuoso temor. Oí ¡Señor!, aquella inefable obra tuya, ejecútala en medio de los años.

2. Sí, en medio de los años la harás patente, te acordarás de la misericordia tuya, cuando te habrás irritado.

3. Vendrá Dios de la parte del mediodía, y el Santo de hacia el monte Farán. Su gloria cubrió los cielos, y la tierra está llena de sus alabanzas.

4. Él resplandecerá como la luz; en sus manos tendrá un poder infinito: allí está escondida su fortaleza.

5. Llevará delante de sí como en triunfo la muerte,

6. y el diablo delante de sus pies. Paróse, y midió la tierra. Echó una mirada y acabó con las naciones, y quedaron reducidos a polvo los altísimos montes. Encorváronse los collados del mundo al pasar del Eterno.

7. Yo vi reunirse a favor de la iniquidad o idolatría las tiendas de Etiopía; pero puestos fueron luego en derrota los pabellones de Madián.

8. ¿Acaso fue contra los ríos tu enojo, oh Señor? ¿Fue contra los ríos tu cólera, o contra el mar tu indignación? Tú que montas sobre tus caballos, y llevas en tu carroza la salvación,

9. Tú tomarás con denuedo tu arco, conforme a los juramentos que hiciste a las tribus de Israel: tú dividirás los ríos de la tierra.

10. Viéronte los montes, y se estremecieron; retiráronse los hinchados ríos. Los abismos alzaron su voz, y levantó sus manos el profundo mar.

11. El sol y la luna se mantuvieron en sus puestos; marcharán ellos al resplandor de tus saetas, al resplandor de tu relumbrante lanza.

12. Tú, irritado, hollarás la tierra, y con tu furor dejarás atónitas las naciones.

13. Saliste para salvar a tu pueblo, para salvarlo por medio de tu Cristo. Heriste la cabeza de la casa del impío: descubriste sus cimientos de arriba abajo.

14. Echaste la maldición sobre su cetro, sobre el caudillo de los guerreros, los cuales venían como torbellinos para destrozarme: era ya su regocijo como el de aquel que en un sitio retirado devora cual pobre pasajero

15. Abriste camino en el mar a su caballería por en medio del cieno de profundas aguas.

16. Oí tu voz y se conmovieron mis entrañas: a tal voz tuya temblaron mis labios. Penetre mis huesos la podredumbre, y brote dentro de mí gusanos; a fin de que yo consiga reposo en el día de la tribulación, y vaya a reunirme con el pueblo nuestro que está apercibido.

17. Porque la higuera no florecerá, ni las viñas brotarán; faltará el fruto de la oliva; los campos no darán alimento. Arrebatadas serán del aprisco las ovejas, y quedarán sin ganados los pesebres.

18. Yo, empero me regocijaré en el Señor, y saltaré de gozo en Dios, Jesús mío.

19. El Señor Dios es mi fortaleza; y Él me dará pies ligeros como de ciervo: y el vencedor Jesús me conducirá a las alturas de mi morada, cantando yo himnos en su alabanza.

LA PROFECÍA DE SOFONÍAS

CAPÍTULO I

Sofonías vaticina la próxima ruina de Jerusalén en castigo de sus idolatrías, y de otros enormes pecados.

1. Palabra del Señor, revelada a Sofonías, hijo de Cusi, hijo de Godolías, dijo de Amarías, hijo de Ezecías, en tiempo de Josías, hijo de Amón, rey de Judá.

2. Yo quitaré de la tierra todo lo que hay en ella; la talaré toda, dice el Señor.

3. Exterminaré de ella hombres y bestias; exterminaré las aves del cielo y los peces del mar; y perecerán los impíos; exterminaré de la tierra a los hombres, dice el Señor.

4. Y extenderá mi brazo contra Judá contra todos los habitantes de Jerualén; y exterminará de este lugar los restos de la idolatría de Baal y los nombres o la memoria de sus ministros y sacerdotes;

5. y a aquellos que adoran sobre los terrados la milicia o astros del cielo, y adoran y juran por el Señor y por Melcom,

6. y a los que han dejado de seguir al Señor, y a los que al Señor no buscan, ni procuran encontrarle.

7. Permaneced con un respetuoso silencio ante el Señor Dios; porque el día terrible del Señor está cerca: preparada tiene el Señor la víctima de su justicia, y designados los convidados.

8. Y en aquel día de la víctima del Señor, yo castigaré, dice Dios, los príncipes y los hijos del rey de Jerusalén, y a cuantos visten y viven como los extranjeros.

9. Y castigaré entonces a todos aquellos que entran llenos de orgullo y arrogancia por los umbrales del templo, llenando de injusticias y de fraudes la Casa del Señor su Dios.

10. Habrá en aquel día, dice el Señor, muchos clamores, desde la puerta de los Peces, y muchos aullidos desde la Segunda, y grande aflicción sobre los collados.

11. Aullad, ¡oh moradores de Pila! o de mortero; enmudecido está todo el pueblo de Canaán, y han perecido todos aquellos que estaban nadando en la opulencia.

12. Y entonces será cuando yo iré con una antorcha en la mano registrando a Jerusalén, e iré buscando a los hombres sumidos en sus inmundicias, los cuales están diciendo en su corazón: El Señor no hace bien, ni hace mal a nadie.

13. Y serán saqueadas sus riquezas, y reducidas a un desierto sus casas, y construirán habitaciones excelentes, mas no las habitarán; plantarán viñas, mas no beberán su vino.

14. Cerca está el día grande del Señor: está cerca, y va llegando con suma velocidad; amargas voces serán las que se oigan en el día del Señor; los poderosos se verán entonces en apreturas.

15. Día de ira aquel, día de tribulación y de congoja, día de calamidad y de miseria, día de tinieblas y de oscuridad, día de nublados y de tempestades,

16. día del terrible sonido de la trompeta contra las ciudades fuertes y contra las altas torres.

17. Yo atribularé a los hombres, los cuales andarán como ciegos, porque han pecado contra el Señor: y su sangre será esparcida como el polvo, y arrojados sus cadáveres como la basura.

18. Y ni la plata ni el oro podrá librarlos en aquel día de la ira del Señor, cuyo ardiente celo devorará toda la tierra; pues él a toda prisa exterminará a cuantos la habitan.

CAPÍTULO II

El profeta exhorta al pueblo a que ore y haga penitencia antes que llegue el día del Señor. Destrucción de los filisteos, moabitas, ammonitas, etíopes y asirios.

1. Venid todos, reuníos, ¡oh pueblos no amables!

2. antes que el mandamiento del Señor produzca aquel día como torbellino que esparce el polvo; antes que venga sobre vosotros la ira furibunda del Señor; primero que llegue el día de su indignación.

3. Buscad al Señor, todos vosotros, humildes de la tierra, vosotros que habéis guardado sus preceptos: id en busca de la justicia o santidad, buscad la mansedumbre, por si podéis poneros a cubierto en el día de la ira del Señor.

4. Porque destruida será Gaza, quedará yerma Ascalón, Azoto será asolada en medio del día, y arrasada quedará Accarón.

5. ¡Ay de vosotros que habitáis la cuerda, o costa, del mar pueblo de perdición!, contra ti se dirige lo que dice el Señor, ¡oh Canaán, tierra de filisteos!; yo te asolaré de tal modo que no quede morador ninguno.

6. Y la costa del mar será morada de pastores y aprisco de ganados.

7. Y la dicha costa será de aquellos que quedaren de la casa de Judá: allí tendrán sus pastos, y descansarán por la noche en las casas de Ascalón; porque el Señor su Dios los visitará, y los hará volver del cautiverio.

8. Yo he oído los denuestos de Moab y las blasfemias que han vomitado contra el pueblo mío los hijos de Azamón, los cuales se han engrandecido invadiendo sus términos.

9. Por lo cual juro yo, dice el Señor Dios de los ejércitos, el Dios de Israel, que Moab ser´q como Sodoma, y los hijos de Ammón como Gomorra; lugar de espinos secos, y montones de sal, y un desierto sempiterno: saquearánlos las reliquias de mi pueblo, y se enseñorearán de ellos los restos de mi gente.

10. Esto les sucederá por causa de su soberbia: porque blasfemaron y se engrieron contra el pueblo del Señor de los ejércitos.

11. Terrible se mostrará contra ellos el Señor, y aniquilará a todos los dioses o ídolos de la tierra; y lo adorarán todos los hombres, cada uno en su país, y todas las islas de las gentes.

12. Vosotros, empero, oh etíopes, caeréis también bajo el filo de mi espada.

13. Pues el caldeo extenderá su mano contra el Aquilón, y exterminará a los asirios, y convertirá la hermosa ciudad de Nínive en una soledad, y en un país despoblado y yermo.

14. De suerte que sestearán en medio de ella los rebaños y todos los ganados de las gentes vecinas; y se guarecerán dentro de sus casas el

nocrótalo y el erizo; oiráse el canto de las aves campesinas en sus ventanas, y los cuervos anidarán sobre sus dinteles o arquitrabes; pues yo acabaré con todo su poder.

15. Ésta es aquella ciudad gloriosa que nada temía, y que decía en su corazón: Yo soy, y fuera de mí no hay otra ninguna. ¡Cómo ha venido a quedar hecha un desierto y una guarida de fieras! Todo el que transitará por ella la silbará y mofándose batirá una mano contra otra.

CAPÍTULO III

Amenazas contra Jerusalén y los que la gobiernan. Consuela al resto de los fieles con la promesa de la libertad, santificación y demás bienes que traerá la nueva Ley.

1. ¡Ay de ti, ciudad que provocas la ira!, y eso que fuiste ya rescatada, ¡oh paloma estúpida!
2. Ella no ha querido escuchar a quien le hablaba y le amonestaba; no puso su confianza en el Señor; no se acercó a su Dios.
3. Sus príncipes están en medio de ella como leones rugientes; como lobos nocturnos son sus jueces: no dejan nada para el día siguiente.
4. Sus profetas son hombres furiosos y sin fe; sus sacerdotes han profanado el santuario, han hecho violencia a la ley.
5. El Señor, que es justo, y que está en medio de ella, no hará injusticia; sino que luego ejecutará su juicio, y no quedará éste escondido; pero el malvado no sabe lo que es vergüenza.
6. Yo he exterminado las naciones enemigas, y han quedado arrasadas sus fortalezas: he dejado desiertas sus calles y no pasa alma por ellas; sus ciudades han quedado desoladas, hasta no haber quedado hombre, ni habitante alguno.
7. Y dije: Por fin, oh Israel, me temerás y recibirás mi amonestación, a fin de que tu casa no sea arruinada por causa de todas las culpas, por las cuales te castigué. Empero tus hijos pusieron su conato en pervertir todos sus afectos.
8. Por tanto, espérame, dice el Señor, en el día venidero de mi resurrección; porque mi voluntad es congregar las naciones y reunir los reinos; y entonces derramaré sobre ellos mi indignación, y toda la ira y furor mío; de modo que el fuego de mi celo devorará toda la tierra.
9. Porque entonces purificará los labios de las naciones, a fin de que todas ellas invoquen el Nombre del Señor, y le sirvan debajo de un mismo yugo.
10. Desde mas allá de los ríos de Etiopía, desde allí vendrán mis adoradores, los hijos del dispersado pueblo mío, a presentarme sus dones.
11. En aquel día, ¡oh Jerusalén!, no serás confundida por todas las obras tuyas, con que prevaricaste contra mí; pues entonces yo quitaré de en medio de ti aquellos maestros que alimentan tu orgullo; y no te engreirás más por tener mi santo monte de Sión.
12. Y dejará en medio de ti un pueblo pobre y humilde, el cual pondrá su esperanza en el Nombre del Señor.
13. Los restos del pueblo de Israel no cometerán injusticia, ni hablarán mentira, ni tendrán en su boca una lengua falaz; pues tendrán pastos excelentes, y gozarán descanso, ni habrá nadie que les cause miedo.
14. Entona himnos, ¡oh hija de Sión!; canta alabanzas, ¡oh Israel!, alégrate y regocíjate de todo corazón, ¡oh hija de Jerusalén!
15. El Señor ha borrado tu condenación, ha ahuyentado a tus enemigos. El Señor, rey de Israel, está en medio de ti: no tienes que temer jamás mal ninguno.
16. En aquel día se dirá a Jerusalén: No temas; y a Sión: No hay que desmayar.
17. Está en medio de ti el Señor, el Dios tuyo, el fuerte; él te salvará; en ti hallará él su gozo y su alegría: será constante en amarte, se regocijará, y celebrará tus alabanzas.
18. Yo reuniré aquellos hombres vanos que habían abandonado la ley, puesto que eran de los tuyos, a fin de que no padezcas más confusión a causa de ellos.
19. He aquí que yo quitaré la vida a todos cuantos en aquel tiempo te afligieron; y salvaré aquella nación que claudicaba, y volveré a llamar a la que fue repudiada, y les daré gloria y nombradla en toda aquella tierra en que padecieron ignominia.
20. En aquel tiempo, cuando yo os habré traído, y os habré reunido, haré que adquiráis nombradía y seáis alabados en todos los pueblos de la tierra; entonces que os veréis librados por mí de vuestro cautiverio, dice el Señor.

LA PROFECÍA DE AGEO

CAPÍTULO I

Reprende el profeta el descuido de los judíos en reedificar el templo del Señor. Zorobabel, caudillo del pueblo, y Jesús, Sumo sacerdote, a una con el pueblo, dan principio a la fábrica del templo.

1. En el año segundo del rey Darío, en el sexto mes, el día primero del mes, el Señor habló por medio de Agedo, profeta, a Zorobabel, hijo de Salatiel, príncipe o gobernador de Judá, y a Jesús, hijo de Josedec, Sumo sacerdote, diciendo:

2. Esto dice el Señor de los ejércitos: Dice este pueblo: No es llegado aún el tiempo de reedificar la casa del Señor.

3. Pero el Señor ha hablado a Ageo, profeta, diciendo:

4. ¿Conque es tiempo de que vosotros habitéis en casas de hermosos artesonados, y esta Casa estará abandonada?

5. Ahora, pues, esto dice el Señor de los ejércitos: Poneos a considerar seriamente vuestros procederes.

6. Habéis sembrado mucho, y recogido poco; habéis comido y no os habéis saciado, habéis bebido, y no os habéis refocilado; os habéis cargado de ropa y no os habéis calentado; y aquel que ganaba salarios, los ha ido poniendo en saco roto.

7. Así habla el Señor de los ejércitos: Poneos a reflexionar atentamente sobre vuestros procederes.

8. Subid al monte, traed de allí maderos y reedificad mi Casa: y yo me complaceré en ella y seré en ella glorificado, dice el Señor.

9. Vosotros esperabais lo más, y os ha venido lo menos: y aun eso poco lo metisteis dentro de vuestras casas, y yo con un soplo lo hice desaparecer. ¿Y por qué?, dice el Señor de los ejércitos. Porque mi Casa está abandonada, y cada uno de vosotros se ha dado gran prisa a reparar la suya propia.

10. Por eso se pohibió a los cielos el daros el rocío o lluvia, y se prohibió a la tierra el dar su fruto.

11. Y envié la sequía sobre la tierra y sobre los montes en perjuicio de los granos, y del vino, y el aceite, y de todos los productos de la tierra, y de los hombres, y de las bestias, y de toda labor de manos.

12. Y Zorobabel, hijo de Salatiel, y Jesús, hijo de Josedec, Sumo sacerdote, y todo el resto del pueblo oyeron la voz del Señor Dios suyo en las palabras del profeta Ageo que les envió el Señor su Dios; y temió el pueblo al Señor.

13. Y Ageo, uno de los enviados del Señor, dijo al pueblo: El Señor ha dicho: Yo estoy con vosotros.

14. Y excitó el Señor el espíritu de Zorobabel, hijo de Salatiel, gobernador de Judá, y el espíritu de Jesús, hijo de Josedec, Sumo sacerdote, y el espíritu de todo el resto del pueblo: y emprendieron la fábrica del templo del Señor de los ejércitos, su Dios.

CAPÍTULO II

El Señor alienta a los judíos que trabajan en la fábrica del templo, con la promesa de que el Mesías entraría en él, y le llenaría de gloria. Comenzada la fábrica, los castigos de Dios se mudan en bendiciones.

1. A veinticuatro días del mes sexto, año segundo del rey Darío.

2. En el mes séptimo, a veintiún días del mes habló el Señor al profeta Ageo, diciéndole:

3. Habla a Zorobabel, hijo de Salatiel, gobernador de Judá, y a Jesús, hijo de Josedec, Sumo sacerdote, y al resto del pueblo y diles:

4 ¿Quién ha quedado de todos vosotros que haya visto este templo en su gloria primera? ¿Y qué tal os parece él ahora? ¿Por ventura no es como nada ante vuestros ojos?

5. Pues ahora, ¡oh Zorobabel!, ten buen ánimo dice el Señor: buen ánimo también. ¡oh Jesús hijo de Josedec, Sumo sacerdote; y buen ánimo tú, pueblo todo del país!, dice el Señor de los ejércitos: y cumplid, pues yo estoy con vosotros, dice el Señor de los ejércitos

6 el pacto que hice con vosotros cuando salí ais de la tierra de Egipto; y mi espíritu estará en medio de vosotros: no temáis.

7. Porque esto dice el Señor de los ejércitos Aún falta un poco de tiempo, y yo pondré en movimiento el cielo y la tierra y el mar y todo el universo.

8. Y pondré en movimiento las gentes todas porque VENDRÁ EL DESEADO de todas las gentes; y henchiré de gloria este templo, dice el Señor de los ejércitos.

9. Por lo demás mía es la plata, dice el Señor de los ejércitos, y mío el oro.

10. La gloria de este último templo será grande, será mayor que la del primero, dice el Señor de los ejércitos; y en este lugar daré yo la paz o felicidad, dice el mismo Señor de los ejércitos.

11. A veinticuatro días del mes nono, en el año segundo del rey Darío, el Señor habló al profeta Ageo, y le dijo:

12. Esto dice el Señor de los ejércitos: Propón a los sacerdotes esta cuestión legal:

13. Si un hombre llevare carne santificada en una extremidad de su vestido, y tocare con la orla de él pan o vianda, o vino, o aceite, u otra cosa de comer, ¿quedará acaso santificada la tal cosa? Y respondieon los sacerdotes, y dijeron: No.

14. Y añadió Ageo: Si alguno que está inmundo por razón de un muerto tocare alguna de todas estas cosas, ¿quedará por ventura inmunda la cosa que tocó?, respondieron los sacerdotes diciendo: inmunda quedará.

15. A lo que repuso Ageo, y dijo: Así es este pueblo, y así es esta gente delante de mí, dice el Señor, y así sucede con todas las obras de sus manos; pues todo cuanto han ofrecido en este lugar, todo es inmundo.

16. Y reflexionad ahora vosotros lo sucedido desde este día atrás, antes que comenzaseis a construir el templo del Señor:

17. cuando acercándoos a un montón de mieses, que parecía de veinte celemines, venía a quedar en diez; y yendo al lagar para sacar cincuenta cántaros, no sacábais más de veinte,

18. Yo destruí con viento abrasador, y con añublo, y con pedrisco todas las labores de vuestras manos; y no hubo entre vosotros quien se convirtiese a mí, dice el Señor.

19. Pero fijad vuestra atención desde este día en adelante, desde el día veinticuatro del mes nono: desde el día en que se echaron los cimientos del templo del Señor, parad vuestra atención.

20. ¿No veis cómo aún no han nacido las simientes, y que las viñas, y las higueras, y los granados, y los olivos no están en flor? Pues yo desde este día les echaré mi bendición.

21. Y habló el Señor segunda vez a Ageo, a los veinticuatro días del mes y díjole:

22. Habla a Zorobabel, gobernador de Judá, y dile: Yo pondré en movimiento a un tiempo el cielo y la tierra,

23. y trastornaré el trono de los reinos, y destruiré el poder del reino de las gentes, y volcaré los carros de guerra, y los que van sobre ellos, y caerán muertos los caballos y los que los montan, cada uno bajo el filo de la espada de su hermano.

24. En aquel tiempo, dice el Señor de los ejércitos, yo te ensalzaré, ¡oh Zorobabel!, hijo de Salatiel, siervo mío!, dice el Señor, y te tendré como un anillo de sellar; pues a ti te he escogido, dice el Señor de los ejércitos.

LA PROFECÍA DE ZACARÍAS

CAPÍTULO I

Zacarías exhorta a los judíos a la penitencia, y a que no imiten a sus padres, que fueron castigados por haber despreciado los avisos de los profetas. Predice la restauración de la Iglesia y la destrucción de sus enemigos.

1. En el mes octavo del año segundo del rey Darío, el Señor habló al profeta, hijo de Baraquías, hijo de Addo, y le dijo:

2. El Señor estuvo altamente irritado contra vuestros padres.

3. Mas tú dirás a estos sus hijos: Esto dice el Señor de los ejércitos: Convertíos a mí, dice el Señor de los ejércitos: y yo me volveré a vosotros, dice el Señor de los ejércitos.

4. No seáis como vuestros padres, a los cuales exhortaban los anteriores profetas, diciendo: Esto dice el Señor de los ejércitos: Convertíos de vuestros malos pasos y de vuestros malvados designios: ellos, empero, no me escucharon, ni hicieron caso, dice el Señor.

5. ¿Y dónde están ya vuestros padres? ¿Y acaso los profetas vivirán para siempre?

6. Pues las palabras mías y los decretos míos, intimados a mis siervos los profetas, ¿por ventura no alcanzaron a vuestros padres? Ellos se convirtieron y dijeron: El Señor de los ejércitos ha hecho con nosotros aquello mismo que pensó hacer en vista de nuestras obras y de nuestros procederes.

7. A veinticuatro días del mes undécimo llamado Sabat, el año segundo de Darío, el Señor habló de esta manera a Zacarías profeta, hijo de Baraquías, hijo de Addo:

8. Tuve, pues, de noche esta visión: Vi a un hombre montado sobre un caballo rojo, que estaba parado entre unos mirtos que había en una hondonada; y detrás de él había caballos rojos, manchados y blancos.

9. Y dije yo: ¿Qué son éstos, Señor mío? Y el ángel que hablaba conmigo díjome: Yo te haré conocer lo que son estas cosas.

10. En esto, aquel hombre que estaba parado entre los mirtos, respondió y dijo: Éstos son los ángeles que envió el Señor a recorrer la tierra.

11. Y respondieron aquellos al ángel del Señor que estaba parado entre los mirtos, y dijeron: Hemos recorrido la tierra, y hemos visto que toda está poblada, y que goza de reposo.

12. A lo que replicó el ángel del Señor, y dijo: ¡Oh Señor de los ejércitos!, ¿hasta cuándo no te apiadarás de Jerusalén y de las ciudades de Judá, contra las cuales estás enojado? Éste es ya el año septuagésimo.

13. Y respondió el Señor al ángel que hablaba conmigo palabras buenas, palabras de consuelo.

14. Y díjome el ángel que hablaba conmigo: Clama, y di: Esto dice el Señor de los ejércitos: Me hallo poseído de un grande celo por amor de Jerusalén y de Sión;

15. y estoy altamente irritado contra aquellas naciones poderosas. Ya estaba yo un poco enojado; mas ellas han agravado el mal.

16. Por tanto, esto dice el Señor: Volveré mis ojos compasivos hacia Jerusalén, y en ella será edificado mi templo, dice el Señor de los ejércitos, y la plomada será tendida sobre Jerusalén.

17. Clama todavía, y di: Esto dice el Señor de los ejércitos: Mis ciudades aún han de rebosar en bienes, y aún consolará el Señor a Sión, y de nuevo escogerá a Jerusalén.

18. Y levanté mis ojos, y observé, y vi cuatro astas.

19. Y díjele al ángel que hablaba conmigo: ¿Qué significa esto? Y respondióme: Éstas son las astas que han aventado a Judá, y a Israel, y a Jerusalén.

20. Y mostróme el Señor cuatro ángeles en forma de operarios.

21. Y dije: ¿Qué vienen a hacer éstos? Y él me respondió, diciendo: Aquellas son las astas que aventaron a los varones de Judá uno por uno, sin que pudiese levantar cabeza ninguno de ellos; y éstos vinieron para aterrarlos, para abatir las astas o el poder de las naciones, las cuales levantaron sus fuerzas contra el país de Judá para exterminar sus habitantes.

CAPÍTULO II

Gloria de Jerusalén y muchedumbre de sus moradores. Dios será su muralla. Muchas naciones vendrán a Sión a servir al Señor, el cual las recibirá en su pueblo.

1. Y levanté mis ojos, y estaba observando; y he aquí un varón que tenía en su mano una cuerda como de medidor.

2. Y dije yo: ¿Adónde vas? Voy a medir a Jerusalén, me respondió, para ver cuánta es su latitud y cuánta su longitud.

3. Y he aquí que salió fuera el ángel que hablaba conmigo, y otro ángel le salió al encuentro,

4. y le dijo: Corre, habla a ese joven, y dile: Sin muros será habitada Jerusalén a causa de la muchedumbre de personas y de animales que contendrá en su recinto.

5. Pero yo seré para ella, dice el Señor, como una muralla de fuego que la circundará, y yo seré glorificado en medio de ella.

6. ¡Ah!, huid, huid, ahora de la tierra del norte, dice el Señor; puesto que os dispersé yo por los cuatro vientos del cielo, dice el Señor.

7. Huye, oh Sión, tú que habitas en la ciudad de Babilonia.

8. Porque esto dice el Señor de los ejércitos; el cual, después de restituida vuestra gloria, me enviará a las naciones que os despojaron (porque quien os tocare a vosotros, toca en las niñas de mis ojos).

9. He aquí que levanto yo mi mano contra ellas, y serán presa de aquellos que fueron esclavos suyos; y conoceréis que el Señor de los ejércitos es el que me ha enviado.

10. Canta himnos de alabanza, y alégrate, oh hija de Sión, porque mira, yo vengo y moraré en medio de ti, dice el Señor.

11. Y en aquel día se allegarán al Señor muchas naciones, y serán también pueblo mío, y yo habitaré en medio de ti: y tú conocerás que el Señor de los ejércitos me ha enviado a ti.

12. Y poseerá a Judá como herencia suya en la tierra santa; y escogerá otra vez a Jerusalén.

13. Callen todos los mortales ante el acatamiento del Señor; porque Él se ha levantado, y ha salido ya de su santa morada.

CAPÍTULO III

Zacarías, con una visión que refiere al pueblo, le da un nuevo anuncio de que recobrará la gracia del Señor, y juntamente una nueva promesa de la venida del Mesías para fundar la nueva Iglesia.

1. E hízome ver el Señor al Sumo sacerdote Jesús, o Josué, que estaba en pie ante el ángel del Señor; y estaba Satán a su derecha para oponérsele.

2. Y dijo el Señor a Satán: incrépete o confúndate el Señor, ¡oh Satán!; incrépete, repito, el Señor, el cual ha escogido para sí a Jerusalén. ¿Por ventura no es éste un tizón sacado del fuego?

3. Y Jesús estaba vestido de ropas sucias, y permanecía en pie delante del ángel.

4. El cual respondió y dijo a los que estaban en su presencia: Quitadle las ropas sucias. Y a él le dijo: He aquí que te he quitado de encima tu maldad, y te he hecho vestir ropas de gala.

5. Y añadió: Ponedle en la cabeza una tiara limpia; y pusiéronle en la cabeza una tiara limpia, y le mudaron de vestidos. Entretanto el ángel del Señor estaba en pie.

6. E hizo el ángel del Señor esta protesta a Jesús diciéndole:

7. Esto dice el Señor de los ejércitos: Si anduvieres por mis caminos, y guardares mis preceptos, tú también serás juez o gobernador de mi Casa, y custodio de mi templo, y te daré algunos de estos ángeles que ahora están aquí presentes para que vayan contigo.

8. Escucha tú, oh Jesús sacerdote, tú y tus amigos que moran contigo, que son varones de portento. Atiende, pues, lo que dijo: YO HARÉ VENIR A MI SIERVO EL ORIENTE.

9. Porque he aquí la piedra que yo puse delante de Jesús, piedra única, y la cual tiene siete ojos: he aquí que yo la labraré con el cincel, dice el Señor de los ejércitos; y en un día arrojaré yo de aquella tierra la iniquidad,

10. En aquel día, dice el Señor de los ejércitos, convidará cada uno a su amigo a la sombra de su parra y de su higuera.

CAPÍTULO IV

Muestra el Señor al profeta un candelero de oro, con dos olivas que destilan aceite para mantener la luz de las siete lámparas del candelero. Las dos olivas figuran al sacerdote Jesús y Zorobabel.

1. Y volvió el ángel que hablaba conmigo, y me despertó, como a un hombre a quien se le despierta de su sueño.

2. Y díjome: ¿Qué es lo que ves? Yo veo, respondí, aparecer un candelero todo de oro, que tiene encima una lámpara, y siete lamparillas o luces, y siete canales o tubos para dichas siete luces del candelero;

3. y sobre el tronco de éste dos olivas, una a la derecha de la lámpara, otra a su izquierda.

4. Y en seguida dije al ángel que hablaba conmigo: ¡Oh Señor mío!, ¿qué viene a ser esto?

5. A lo cual respondiendo el ángel que conmigo hablaba, me dijo: ¿Conque no sabes tú lo que significan estas cosas? No, mi Señor, dije yo.

6. Entonces respondióme él, y díjome: Ésta es la palabra que el Señor dice a Zorobabel: No ha de ser por medio de un ejército, ni con la fuerza, sino por la virtud de mi espíritu, dice el Señor de los ejércitos.

7. ¿Qué eres tú ¡oh monte grande!, delante de Zorobabel? Serás reducido a una llanura. El pondrá la piedra principal, e igualará su gracia a la gracia o gloria de aquél.

8. Y hablóme el Señor, y díjome:

9. Las manos de Zorobabel han puesto los cimientos de este templo, y sus mismas manos lo acabarán: y conoceréis que el Señor de los ejércitos me ha enviado a vosotros.

10. Porque ¿quién es el que hacía poco caso de los cortos progresos en los primeros días? Pues éste tal se alegrará y verá la piedra de plomo o la plomada en la mano de Zorobabel. Éstos (las siete luces), son los siete ojos del Señor, que recorren toda la tierra.

11. Y yo repuse, y dije: ¿Qué son estas dos olivas a la derecha e izquierda del candelero?

12. Y de nuevo le pregunté, y dije: ¿Qué son las dos ramas de olivas que están junto a los dos picos de oro, donde hay los tubos de oro?

13. Y contestó diciéndome: Pues qué ¿no sabes lo que es esto? No, mi señor, dije.

14. Y respondió él: Estos son los dos ungidos, los cuales están ante el Dominador de todo el orbe.

CAPÍTULO V

El profeta ve un libro que vuela, por el cual serán juzgados los malos: ve a una mujer sentada sobre una vasija, sellada con una masa de plomo: ella es la impiedad; y ve a dos mujeres con alas que trasladan esta vasija al país de Sennaar.

1. Y volvíme, y levanté los ojos, y vi un volumen que volaba.

2. Y díjome el ángel: ¿Qué es lo que ves? Yo veo, respondí, un volumen que vuela, y es de unos veinte codos de largo y diez de ancho.

3. A lo que repuso él: Ésta es la maldición que se derrama sobre toda la superficie de la tierra; porque todos los ladrones, según lo que allí en el volumen está escrito, serán condenados: y condenados serán igualmente por él todos los perjuros.

4. Yo los sacaré fuera, dice el Señor de los ejércitos, y caerá encima de la casa del ladrón, y del que jura falsamente en medio de sus casas, y las consumirá juntamente con sus maderos y piedras.

5. Y salió fuera el ángel que hablaba conmigo, y díjome: Levanta tus ojos, y mira qué es eso que aparece.

6. Y dije yo: ¿Qué viene a ser eso? Es, respondió, una ánfora o medida que se te pone delante; y añadió: Eso es a lo que atienden ellos en toda al tierra de Israel.

7. Y vi después que traían un talento o quintal de plomo, y vi una mujer sentada en medio del ánfora.

8. Y dijo el ángel: Ésta es la impiedad Y la echó al fondo del ánfora, y puso la porción de plomo sobre la boca de aquella vasija.

9. Y levanté mis ojos, y miré, y he aquí que venían dos mujeres, cuyas alas movía el viento, las cuales eran como alas de milano, y alzaron el ánfora en el aire.

10. Y dije yo al ángel que hablaba conmigo: ¿Adónde llevan ellas el ánfora?

11. A la tierra de Sennaar, me respondió, para que allí se le edifique una casa o habitación, y quede allí colocada y sentada sobre su basa la impiedad.

CAPÍTULO VI

Visión de cuatro carrozas que salen de entre dos montañas hacia diversas partes del mundo. *Coronas sobre la cabeza del Sumo sacerdote Jesús, y del que se llama Oriente, el cual reedificará el templo del Señor.*

1. Y de nuevo levanté mis ojos y observé: y he aquí cuatro carrozas que salían de entre dos montes; y estos montes eran montes de bronce.

2. En la primera carroza había caballos rojos, y en la segunda caballos negros.

3. En la carroza tercera caballos blancos, y en la cuarta caballos manchados y vigorosos

4. Y pregunté al ángel que hablaba conmigo: ¿Qué significan estas cosas, señor mío?

5. A lo que respondiendo el ángel, me dijo: Éstos son los cuatro vientos del cielo, que salen para presentarse ante el Dominador de toda la tierra.

6. La carroza que tenía los caballos negros se dirigía hacia la tierra del septentrión, e iban en pos de ella los caballos blancos; y los caballos manchados salieron hacia la tierra del mediodía.

7. Y éstos, que eran los más vigorosos, así que salieron, anhelaban recorrer toda la tierra. Y el ángel les dijo: id, recorred la tierra; y en efecto la anduvieron toda.

8. En seguida me llamó, y me habló de esta manera: Mira, aquellos que se dirigen hacia la dicha tierra, han hecho que reposase el espíritu mío sobre la tierra del Aquilón.

9. Y el ángel del Señor me habló diciendo:

10. Toma las ofrendas de aquellos que han venido del cautiverio, a saber, de Holdai, y de Tobías, y de Idaías; e irás tú en aquel día, y entrarás en la casa de Josías, hijo de Sofonías, que llegó también de Babilonia:

11. y tomarás el oro y la plata, y harás unas coronas, que pondrás sobre la cabeza del Sumo sacerdote Jesús, hijo de Josedec.

12. Al cual hablarás de esta manera: Esto es lo que dice el Señor de los ejércitos: He aquí el varón cuyo nombre es ORIENTE: y él nacerá de sí mismo, y edificará un templo al Señor.

13. Él construirá un templo al Señor, y quedará revestido de gloria, y se sentará y reinará sobre su solio, y estará el sacerdote sobre su trono, y habrá paz y unión entre ambos tronos.

14. Y serán las coronas como un monumento para Helem, y Tobías, e Idaías, y Hem, hijo de Sofonías, en el templo del Señor.

15. Y los que están en lugares remotos vendrán y trabajarán en la fábrica del templo del Señor: y conoceréis que el Señor de los ejércitos me envió a vosotros. Mas esto será si vosotros escuchareis con docilidad la voz del Señor Dios vuestro.

CAPÍTULO VII

Los ayunos de los judíos durante la caut vidad no fueron gratos al Señor, porque n dejaron su mala vida. Por sus maldades fue ron hechos cautivos.

1. El año cuarto del rey Darío habló el Señor Zacarías el día cuarto del mes nono, que es de Casleu,

2. cuando Sarasar y Rogommelec y la gent que estaba con él enviaron a la Casa de Dios hacer oración en la presencia del Señor,

3. y a preguntar a los sacerdotes de la Casa d Señor de los ejércitos, y a los profetas, dicien do: ¿Debo yo llorar en el quinto mes, o deb purificarme, como ya lo hice en muchos añc que duró el cautiverio?

4. Y el Señor de los ejércitos me habló y dijc

5. Responde a todo el pueblo del país, y a lc sacerdotes, y diles: Cuando ayunabais y plañíai en el quinto y séptimo mes durante estos setent años ¿acaso ayunasteis por respeto mío?

6. Y cuando comíais y bebíais, ¿acaso no l hacíais mirando por vosotros mismos?

7. ¿No son estas cosas las que dijo el Señor por medio de los anteriores profetas, cuand estaba aún poblada Jerusalén y llena d riquezas, tanto ella como las ciudades veci nas, y poblada la parte del mediodía y su campiñas?

8. Y el Señor habló a Zacarías, diciéndole:

9. Esto es lo que manda el Señor de los ejércitos: Juzgad según la verdad y la justi cia, y haced cada uno de vosotros repetida obras de misericordia para con vuestros her manos.

10. Y guardaos de agraviar a la viuda, ni a huérfano, ni al extranjero, ni al pobre; y nadie piense mal en su corazón contra el prójimo.

11. Mas ellos no quisieron escuchar, y rebelde volvieron la espalda, y se taparon sus oídos para no oír.

12. Y endurecieron su corazón como un dia mante; para no hacer caso de la ley, ni de las palabras que les había dirigido el Señor por medio de su espíritu, puesto en boca de los anteriores profetas. De donde provino la gran de indignación del Señor de los ejércitos.

13. Y verificóse lo que él había predicho, sir que quisiesen ellos dar oídos a sus palabras Así es que también ellos clamarán, dice el Señor de los ejércitos, y yo no los escucharé.

14. Y los dispersé por todos los reinos desco nocidos de ellos, y quedó su país asolado, sir haber persona alguna que transitase por él. De esta manera convirtieron en un páramo lo que era tierra de delicias.

CAPÍTULO VIII

El Señor colmará a Sión de bendiciones, y trocará en fiestas y alegría los ayunos precedentes. Las naciones extranjeras se unirán a Judá para adorar al verdadero Dios.

1. Y habló el Señor de los ejércitos. y dijo:
2. Esto dice el Señor de los ejércitos: Yo he tenido grandes celos de Sión, y mis celos por causa de ella me irritaron sobremanera.
3. Mas esto dice el Señor de los ejércitos: Yo he vuelto ahora a Sión, y moraré en medio de Jerusalén: y Jerusalén será llamada Ciudad de la verdad, y el monte del Señor de los ejércitos monte santo.
4. Esto dice el Señor de los ejércitos: Aún se verán ancianos y ancianas en las calles de Jerusalén, y muchas personas que por su edad avanzada irán con bastón en la mano;
5. y llenas estarán las calles de la ciudad de niños y niñas, que irán a jugar en sus plazas.
6. Esto dice el Señor de los ejércitos: Si lo que anuncio para aquel tiempo parece difícil a los que han quedado de este pueblo, ¿acaso será difícil para mí, dice el Señor de los ejércitos?
7. Esto dice el Señor de los ejércitos: He aquí que yo sacaré salvo al pueblo mío de las regiones del oriente y de las regiones del occidente.
8. Y lo volveré a traer para que habite en medio de Jerusalén; y ellos serán mi pueblo, y yo seré su Dios en la verdad y en la justicia.
9. Esto dice el Señor de los ejércitos: Cobren, pues, vigor vuestros brazos, ¡oh vosotros que en estos días oís tales palabras de boca de los profetas!; ahora que se han echado ya los cimientos de la Casa del Señor de los ejércitos, y va a levantarse la fábrica del templo.
10. Porque antes de estos días los hombres trabajaban sin utilidad, y sin utilidad trabajaban las bestias; ni los que entraban ni los que salían gozaban de paz, a causa de la tribulación en que se hallaban; habiendo yo dejado que se hiciesen guerra unos a otros.
11. Mas ahora no haré yo, dice el Señor de los ejércitos, lo que antes con las reliquias de este pueblo;
12. sino que serán una estirpe de gente muy feliz; la viña dará su fruto, y producirá la tierra su esquilmo, y los cielos enviarán su rocío, y haré que el resto de este pueblo goce de todos estos bienes.
13. Y sucederá que así como vosotros los de la casa de Judá y los de la casa de Israel erais un objeto o fórmula de execración entre las naciones, así yo os salvaré, y seréis objeto de bendición: no temáis; cobrad aliento.
14. Pues esto dice el Señor de los ejércitos: Al modo que yo determiné castigaros, dice el Señor, por haber vuestros padres provocado mi indignación,
15. Y no usé de misericordia con vosotros, así al contrario he resuelto en estos días favorecer a la casa de Judá y a Jerusalén: no tenéis que temer.
16. Esto es, pues, lo que habéis de hacer: Hable verdad con su prójimo cada uno de vosotros. Pronunciad en vuestros tribunales sentencias de verdad y juicios de paz.
17. Y ninguno maquine en su corazón injusticia contra su prójimo; y detestad el juramento falso; por que todas esas son cosas que yo aborrezco, dice el Señor.
18. Y hablóme el Señor de los ejércitos diciéndome:
19. Ello dice el Señor de los ejércitos: El ayuno del mes cuarto, y el ayuno del mes quinto, y el ayuno del mes séptimo, y el ayuno del mes décimo, se convertirán para la casa de Judá en días de gozo y de alegría, y en festividades solemnes; sólo con que vosotros améis la verdad y la paz.
20. Esto dice el Señor de los ejércitos: Vendrán aún los pueblos, y poblarán muchas ciudades;
21. y los moradores de una irán a decir a los de la otra: Vamos a hacer oración en la presencia del Señor, y busquemos al Señor de los ejércitos. Vamos, responderán: iremos también nosotros.
22. Y vendrán a Jerusalén muchos pueblos y naciones poderosas a buscar al Señor de los ejércitos y a orar en su presencia.
23. Así dice el Señor de los ejércitos: Esto será cuando diez hombres de cada lengua y de cada nación cogerán a un judío, asiéndole de la franja de su vestido, y le dirán: Iremos contigo porque hemos conocido que verdaderamente con vosotros está Dios.

CAPÍTULO IX

Profecía contra la Siria y Fenicia. El Rey Cristo vendrá a Sión montado en una asna, y colmará a su pueblo de bendiciones y prosperidades.

1. Duro anuncio del Señor contra la tierra de Hadrac y contra la ciudad de Damasco, en la cual aquélla confía; porque el ojo o providencia del Señor mira a todos los hombres y a todas las tribus de Israel.
2. También la ciudad de Emat está comprendida dentro de los términos de este duro anuncio,

e igualmente Tiro y Sidón: porque presumen mucho de su saber.

3. Tiro ha construido sus baluartes, y ha amontonado plata como si fuese tierra, y oro como si fuese lodo de las calles.

4. He aquí que el Señor se hará dueño de ella y sumergirá en el mar su fortaleza, y será pábulo del fuego.

5. Ascalón al ver esto quedará espantada; y será grande el dolor de Gaza, y también el de Accarón, porque queda burlada su esperanza: y Gaza perderá su rey, y Ascalón quedará despoblada.

6. Y Azoto será la residencia del extranjero o conquistador, y yo abatiré la soberbia de los filisteos.

7. Y quitaré de su boca la sangre, y de entre sus dientes las abominaciones idolátricas; y quedarán también ellos sujetos a nuestro Dios y serán como los vecinos de una ciudad principal en Judá, y el habitante de Accarón será como el jebuseo.

8. Y para la defensa de mi Casa pondré aquellos que van y vienen militando en mi servicio, y no comparecerá más entre ellos el exactor; porque yo ahora los miro con benignos ojos.

9. ¡Oh hija de Sión!, regocíjate en gran manera; salta de júbilo, ¡oh hija de Jerusalén!; he aquí que a ti vendrá tu rey, el Justo, el Salvador: él vendrá pobre, y montado en una asna y su pollino.

10. Entonces destruiré los carros de guerra de Efraín y los caballos de Jerusalén, y serán hechos pedazos los arcos guerreros; y aquel rey anunciará la paz a las gentes, y dominará desde un mar a otro, y desde los ríos hasta los confines de la tierra.

11. Y tú mismo, oh Salvador, mediante la sangre de tu testamento has hecho salir a los tuyos, que se hallaban cautivos, del lago o fosa en que no hay agua.

12. Dirigid vuestros pasos hacia la ciudad fuerte, oh vosotros cautivos que tenéis esperanza, pues te anuncio, oh pueblo mío, que te daré doblados bienes.

13. Porque yo he hecho de Judá como un arco tendido para mi servicio, y como un arco tendido es también para mí Efraín; y a tus hijos, ¡oh Sión!, les daré yo valor sobre los hijos tuyos, ¡oh Grecia!, y te haré irresistible como la espada de los valientes.

14. Y aparecerá sobre ellos el Señor Dios; el cual lanzará sus dardos como rayos; y tocará el Señor Dios la trompeta y marchará entre torbellinos del mediodía.

15. El Señor de los ejércitos será su protector; y consumirán y abatirán a sus enemigos con las piedras de sus hondas, y bebiendo su sangre se embriagarán como de vino, y se llenarán de ella como se llenan las jarras, y como se bañan los angulos del altar.

16. Y el Señor Dios suyo los salvará en aquel día como grey selecta de su pueblo; porque a manera de piedras santas serán erigidos en la tierra de él.

17. Mas ¿cuál será el bien venido de él, y lo hermoso que de él nos vendrá, sino el trigo de los escogidos, y el vino que engendra vírgenes o da la castidad?

CAPÍTULO X

Solamente Dios es el dador de todo lo bueno; él consolará a su pueblo; y si éste vive religiosamente le restituirá a su país, y humillará a sus enemigos.

1. Pedid al Señor las lluvias tardías, y el Señor enviará también nieve, y os dará lluvias abundantes, y abundante yerba en el campo de cada uno de vosotros.

2. Porque ya visteis que los ídolos han dado respuestas inútiles, y que son visiones mentirosas las que tienen los adivinos, y que hablan sin fundamento los intérpretes de los sueños, dando vanos consuelos: por este motivo fueron vuestros crédulos padres conducidos al cautiverio como un rebaño, y afligidos; pues estaban sin pastor.

3. Contra los pastores se ha encendido mi indignación, y castigaré a los machos de cabrío; porque el Señor de los ejércitos tendrá cuidado de su grey, es decir, de la casa de Judá, y la hará briosa como si fuese su caballo de regalo en la guerra.

4. De Judá saldrá el ángulo, de él la estaca, de él el arco guerrero, de él saldrán asimismo todos los exactores.

5. Y serán como campeones que hollarán en el combate a los enemigos, como es hollado el barro en las calles: y pelearán confundidos los que van montados en briosos caballos.

6. Y yo haré fuerte la casa de Judá, y salvaré la casa de José; y los haré volver de sus errores, pues que me apiadaré de ellos; y serán como eran antes que yo los desechase; puesto que yo soy el Señor Dios suyo, y los oiré benigno.

7. Y serán como los valientes de Efraín, y estará alegre su corazón, como el de quien bebe vino, y al verlos sus hijos se regocijarán, y se alegrará en el Señor su corazón.

8. Yo los reuniré con un silbido, pues los he rescatado; los multiplicaré del modo que antes se habían multiplicado.

9.Y los dispersaré entre las naciones; y aun en los más distantes países se acordarán de mí, y vivirán juntamente con sus hijos, y volverán.

10. Pues yo los traeré de la tierra de Egipto, y los recogeré a la Asiria, y los conduciré a la tierra de Galaad y del Líbano, y no se hallará bastante lugar para ellos.

11. Y pasarán el estrecho del mar, y el Señor herirá las olas del mar, y todas las honduras del río quedarán descubiertas, y será humillada la soberbia de Asur, y cesará la tiranía de Egipto.

12. Y los haré fuertes en el Señor, y en mi Nombre seguirán adelante, dice el Señor.

CAPÍTULO XI

Última desolación de Jerusalén y ruina de su templo. El pastor de Israel hace pedazos las dos varas. Tres pastores infieles muertos en un mes. Grey confiada a un pastor insensato.

1. Abre, ¡oh Líbano!, tus puertas, y devore el fuego tus cedros.

2. Aúlla, ¡oh abeto!, porque los cedros han caído, porque han sido derribados los árboles más encumbrados: aullad, ¡oh encinas de Basán!, porque ha sido cortado el bosque fuerte.

3. Retumban los aullidos de los pastores o príncipes, porque destruida ha sido su grandeza; resuenan los rugidos de los leones, porque ha sido disipada la hinchazón del Jordán.

4. Esto dice el Señor mi Dios: Apacienta estas ovejas del matadero,

5. a las cuales sus dueños enviaban a la muerte, sin compadecerse de ellas y las vendían diciendo: Bendito sea el Señor, nosotros nos hemos hechos ricos. Y aquellos pastores suyos no tenían compasión de ellas.

6. Pues tampoco yo tendré más compasión de los moradores de esta tierra, dice el Señor: he aquí que yo abandonaré estos hombres cada uno en poder del vecino y en poder de su rey, y su país quedará asolado, y no los libraré de las manos de ellos.

7. Y por esto, ¡oh pobres del rebaño!, yo apacentaré estas reses del matadero. A este fin me labré dos cayados: al uno de los cuales le llamé *Hermosura*, y al otro le llamé *Cuerda*, o Lazo; y apacenté la grey.

8. E hice morir a tres pastores en un mes, y por causa de ellos se angustió mi alma: porque tampoco el alma de ellos me fue a mí constante.

9. Y dije: Yo no quiero ser más vuestro pastor: lo que muriere, muérase; y lo que mataren,

mátenlo; y los demás que se coman a bocados unos a otros

10. Y tomé el cayado mío, llamado Hermosura, y lo rompí, en señal de romper la alianza que había hecho con todos los pueblos.

11. Y quedó anulada en aquel día; y los pobres de mi grey, que me son fieles, han reconocido así que ésta es palabra del Señor.

12. Yo, empero, les dije a ellos: Si os parece justo, dadme mi salario, y si no, dejadlo estar. Y ellos me pesaron o contaron treinta siclos de plata por el salario mío.

13. Y díjome el Señor: Entrégaselo al alfarero ese lindo precio en que me apreciaron. Tomé, pues, los treinta siclos de plata, y los eché en la Casa del Señor, para que se diesen al alfarero.

14. Y quebré mi segundo cayado, llamado *Cuerda* o *Lazo*, en señal de romper la hermandad entre Judá e Israel.

15. Díjome después el Señor: Toma aún los aperos de un pastor insensato y perverso.

16. Porque he aquí que yo levantaré en la tierra un pastor que no visitará las ovejas abandonadas, nl buscará las descarriadas, no sanará las enfermas, ni alimentará las que están sanas, sino que se comerá las carnes de las gordas, y les romperá hasta las pezuñas.

17. ¡Oh pastor, más bien fantasma de pastor, que desamparas la grey! La espada de la divina venganza le herirá en el brazo y en su ojo derecho: su brazo se secará y quedará árido; y cubierto de tinieblas, su ojo derecho se oscurecerá.

CAPÍTULO XII

Profecía contra Judá y Jerusalén. Al fin el Señor hará volver los judíos a su patria, y destruirá a sus enemigos. Efusión del espíritu de la divina gracia sobre los moradores de Jerusalén: los cuales plañirán la muerte de aquel a quien crucificaron.

1. Duro anuncio del Señor contra Israel. Dice el Señor, el que extendió los cielos y puso los fundamentos de la tierra, y el que forma el espíritu que tiene dentro de sí el hombre:

2. He aquí que yo haré de Jerusalén un lugar de banquete o embriaguez para todos los pueblos circunvecinos: y aun el mismo Judá acudirá al sitio contra Jerusalén.

3. Y yo haré en aquel día que sea Jerusalén como una piedra muy pesada para todos los pueblos; todos cuanto probaren el alzarla quedarán lisiados: contra ella se coligarán todas las naciones de la tierra.

4. En aquel día, dice el Señor, dejaré como de piedra los caballos, y como exánimes los jinetes; y abriré mis benignos ojos sobre la casa de Judá, y cegaré los caballos de todas las naciones.

5. Y dirán los caudillos de Judá en su corazón: Pongan los moradores de Jerusalén su confianza en el Señor de los ejércitos, su Dios.

6. En aquel día haré que los caudillos de Judá sean como ascuas de fuego debajo de la leña seca, y como llama encendida debajo del heno; a diestra y a siniestra abrasarán todos los pueblos circunvecinos, y Jerusalén será de nuevo habitada en el mismo sitio en que estuvo antes.

7. Y el Señor protegerá a los demás pabellones o ciudades de Judá, como al principio: para que no se gloríe altamente la casa de David, ni se engrían los moradores de Jerusalén contra Judá.

8. Protegerá el Señor en aquel día a los habitantes de Jerusalén, y los más débiles de entre ellos serán en aquel tiempo otros tantos Davides; y la casa de David será a la vista de ellos como Casa de Dios, como un ángel del Señor.

9. Y yo en aquel día tiraré a abatir todas las gentes que vengan contra Jerusalén.

10. Y derramaré sobre la casa de David, y sobre los habitantes de Jerusalén, el espíritu de gracia y de oración; y pondrán sus ojos en mí, a quien traspasaron, y plañirán al que han herido, como suele plañirse un hijo único; y harán duelo por él, como se suele hacer en la muerte de un primogénito.

11. El llanto será grande en Jerusalén en aquel día; como el duelo de Adadremmon en la llanura de Mageddon.

12. Y se pondrá de luto la tierra; separadas unas de otras las familias: aparte las familias de la casa de David, y aparte sus mujeres;

13. aparte las familias de la casa de Natán, y aparte sus mujeres; aparte las familias de la casa de Leví, y aparte sus mujeres; aparte las familias de Semeí, y aparte sus mujeres;

14. aparte cada una de las demás familias, y aparte las mujeres de ellas.

CAPÍTULO XIII

Fuente que lava los pecados de la casa de David. Los ídolos serán destruidos, y castigados los falsos profetas. Herido el pastor se dispersarán las ovejas: dos partes irán dispersas por toda la tierra, y la tercera será probada con el fuego.

1. En aquel día habrá una fuente abierta para la casa de David y para los habitantes de Jerusalén, a fin de lavar las manchas del pecador y de la mujer inmunda.

2. Y en aquel día, dice el Señor de los ejércitos, yo exterminaré de la tierra hasta los nombres de los ídolos, y no quedará más memoria de ellos: y extirparé de ellas los falsos profetas, y el espíritu inmundo.

3. Y si alguno de allí en adelante todavía profetizare, le dirán su padre y su madre que lo engendraron: Tú morirás porque esparces mentiras en nombre del Señor. Y cuando él profetizare, lo traspasarán o herirán su mismo padre y madre que lo engendraron.

4. Y quedarán confundidos en aquel día los profetas, cada cual por su propia visión cuando profetizare, y no se cubrirán hipócritamente con el manto de penitencia para mentir;

5. sino que cada uno de ellos dirá: Yo no soy profeta; soy un labrador de la tierra; Adán ha sido mi modelo desde mi juventud.

6. Y le dirán: ¿Pues qué llagas o cicatrices son ésas en medio de tus manos? Y responderá: En la casa de aquellos que me amaban me hicieron estas llagas.

7. ¡Oh espada!, desenváinate contra mi pastor y contra el varón unido conmigo, dice el Señor de los ejércitos; hiere al pastor, y serán dispersadas las ovejas; y extenderé mi mano sobre los párvulos.

8. Y sucederá que en toda la tierra, dice el Señor, dos partes de sus moradores serán dispersadas y perecerán, y la tercera parte quedará en ella.

9. Y a esta tercera parte la haré pasar por el fuego, y la purificaré como se purifica la plata, y la acrisolaré como es acrisolado el oro. Ellos invocarán mi Nombre, y yo los escucharé propicio. Yo diré: Pueblo mío eres tú; y él dirá: Tú eres mi Dios y Señor.

CAPÍTULO XIV

Después que Jerusalén habrá sufrido el cautiverio y otras tribulaciones, llegará el día conocido por el Señor en que saldrán de Jerusalén aguas vivas: volverán los hijos de Israel a vivir con toda seguridad; el Señor castigará a sus enemigos; y las reliquias de éstos irán a adorar a Dios en Jerusalén.

1. He aquí que vienen los días del Señor, y se hará en medio de ti la repartición de tus despojos.

2. Y yo reuniré a todas las naciones para que vayan a pelear contra Jerusalén, y la ciudad será tomada, y derribadas las casas, y violadas las mujeres; y la mitad de los ciudadanos será

llevada al cautiverio, y el resto del pueblo permanecerá en la ciudad.

3. Y saldrá depués el Señor, y peleará contra aquellas naciones, como peleó en el día de aquella batalla.

4. Pondrá él en aquel día sus pies sobre el monte de las Olivas, que está enfrente de Jerusalén, al oriente; y se dividirá el monte de las Olivas por medio hacia levante y hacia poniente con una enorme abertura; y la mitad del monte se apartará hacia el norte, y la otra mitad hacia el mediodía.

5. Y vosotros huiréis al valle de aquellos montes, pues el valle de aquellos montes estará contiguo al monte vecino: y huiréis al modo que huisteis por miedo del terremoto en los tiempos de Ozías, rey de Judá. Y vendrá el Señor mi Dios; y con él todos los santos.

6. Y en aquel día no habrá luz, sino únicamente frío y hielo.

7. Y vendrá un día que sólo es conocido del Señor que no será ni día, ni noche; mas al fin de la tarde aparecerá la luz.

8. Y en aquel día brotarán aguas vivas en Jerusalén, la mitad de ellas hacia el mar oriental, y la otra mitad hacia el mar occidental: serán perennes en verano y en invierno.

9. Y el Señor será el rey de toda la tierra: en aquel tiempo el Señor será el único; ni habrá más Nombre venerado que el suyo.

10. Y la tierra de Judá volverá a ser habitada hasta el desierto, desde el collado de Remmon hasta el mediodía de Jerusalén; y será ensalzada, y será habitada en su sitio, desde la puerta de Benjamín hasta el lugar de la puerta primera, y hasta la puerta de los ángulos; y desde la torre de Hananeel hasta los lagares del rey.

11. Y será habitada, ni será más entregada al anatema: sino que reposará Jerusalén tranquilamente.

12. La plaga con que el Señor herirá a todas las gentes que han peleado contra las gentes que han peleado contra Jerusalén, será ésta; consumiránsele a cada uno sus carnes, estando en pie, y se le pudrirán los ojos en sus concavidades, y se le deshará en la boca su lengua.

13. En aquel día excitará el Señor gran alboroto entre ellos, y cada uno asirá de la mano al otro, y se agarrará de la mano de su hermano.

14. Y Judá misma combatirá contra Jerusalén; y serán recogidas las riquezas de todas las gentes circunvecinas, oro, y plata, y ropas en grande abundancia.

15. Y los caballos, y mulos, y camellos, y asnos, y todas cuantas bestias se hallaren en aquel campamento, padecerán la misma ruina.

16. Y todos aquellos que quedaren de cuantas gentes vinieren contra Jerusalén, subirán todos los años a adorar al rey, Señor de los ejércitos, y a celebrar la fiesta de los Tabernáculos.

17. Y cualquiera que sea de las familias de la tierra de Judá, y no fuere a Jerusalén a adorar al rey, que es Señor de los ejércitos, no vendrá lluvia para él.

18. Que si alguna familia de Egipto no se moviere y no viniere, tampoco lloverá sobre ella; antes bien el Señor castigará con total ruina a todas las gentes que no fueren a celebrar la fiesta de los Tabernáculos.

19. Éste será el gran pecado de Egipto y éste el pecado de todas las gentes, el no ir a celebrar la solemnidad de los Tabernáculos.

20. En aquel día todo lo precioso que adorna el freno del caballo será consagrado al Señor, y las calderas de la Casa del Señor serán tantas como las copas del altar.

21. Y todas las calderas de Jerusalén y de Judá serán consagradas al Señor de los ejércitos; y todos aquellos que ofrecerán sacrificios vendrán y las tomarán para cocer en ellas las carnes; y no habrá ya mercader o traficante ninguno en el templo del Señor de los ejércitos en aquel tiempo.

LA PROFECÍA DE MALAQUÍAS

CAPITULO I

El Señor reprende a los hijos de Israel por su ingratitud: se lamenta de que los sacerdotes no le dan el culto que le deben; y anuncia que vendrá el día en que se le ofrecerá en todo lugar una obligación pura, y será venerado su Nombre.

1. Duro anuncio del Señor contra Israel por medio de Malaquías.

2. Yo os amé, dice el Señor, y vosotros habéis dicho: ¿En qué nos amaste? Pues qué, dice el Señor, ¿no era Esaú hermano de Jacob, y yo amé más a Jacob,

3. y aborrecí, o amé menos a Esaú y reduje a soledad sus montañas, abandonando su heredad a los dragones del desierto?

4. Que si los idumeos dijeren destruidos hemos sido, pero volveremos a restaurar nuestras ruinas; he aquí lo que dice el Señor de los ejércitos: Ellos edificarán, y yo destruiré; y serán llamados país impío, pueblo contra el cual está el Señor indignado para siempre.

5. Vosotros veréis esto con vuestros ojos, diréis: Glorificado sea el Señor más allá de los confines de Israel.

6. Honra a su padre el hijo, y el siervo honra a su señor: pues si yo soy vuestro padre, ¿dónde está la honra que me corresponde? Y si yo soy vuestro Señor, ¿donde está la reverencia que me es debida?, dice el Señor de los ejércitos a vosotros, los sacerdotes que despreciáis mi Nombre, y decís: ¿En qué hemos despreciado tu Nombre?

7. Vosotros ofrecéis sobre mi altar un pan impuro; y después decís: ¿En qué te hemos ultrajado? En eso que decís: La mesa del Señor está envilecida.

8. Si ofreciereis una res ciega para ser inmolada, ¿no será esto una cosa mal hecha? Y si ofreciereis una res coja y enferma, ¿no será esto una cosa mala? Preséntasela a tu caudillo, y verás si te será grata, y si te recibirá benignamente, dice el Señor de los ejércitos.

9. Ahora, pues, orad en la presencia de Dios, para que se apiade de vosotros porque tales han sido vuestros procederes; quizá él os acogerá benignamente, dice el Señor de los ejércitos.

10. ¿Quién hay entre vosotros que cierre de balde las puertas, y encienda el fuego sobre mi altar? El afecto mío no es hacia vosotros, dice el Señor de los ejércitos, ni aceptaré de vuestra mano ofrenda ninguna.

11. Porque desde Levante a Poniente es grande mi Nombre entre las naciones, y en todo lugar se sacrifica y se ofrece al Nombre mío una ofrenda pura; pues grande es mi Nombre entre las naciones, dice el Señor de los ejércitos.

12. Pero vosotros los habéis profanado, diciendo: La mesa del Señor está contaminada; y es cosa vil lo que se ofrece sobre ella, juntamente con el fuego que lo consume.

13. Y vosotros decís: He aquí el fruto de nuestro trabajo; y lo envilecéis, dice el Señor de los ejércitos, y ofrecéis la res coja y enferma, y me presentáis una ofrenda de lo que habéis robado. Pues qué, ¿he de aceptarla yo de vuestra mano?, dice el Señor.

14. Maldito será el hombre fraudulento, el cual tiene en su rebaño una res sin defecto, y habiendo hecho un voto, inmola al Señor una que es defectuosa; porque yo soy un rey grande, dice el Señor de los ejércitos, y terrible es mi Nombre entre las naciones.

CAPÍTULO II

Amenazas del Señor contra los malos sacerdotes. No le serán gratos los sacrificios, *porque ha tomado éste mujeres extranjeras, y porque murmura de la Divina Providencia.*

1. Y ahora a vosotros, ¡oh sacerdotes!, se dirige esta intimación:

2. Si no quisiereis escuchar, ni quisiereis asentar en vuestro corazón el dar gloria a mi Nombre, dice el Señor de los ejércitos, yo enviaré sobre vosotros la miseria y maldeciré vuestras bendiciones, o bienes, y echaré sobre ellas maldición; puesto que vosotros no habéis hecho caso de mí.

3. Mirad que yo os arrojaré a la cara la espaldilla de la víctima y os tiraré al rostro el estiércol de vuestras solemnidades, y seréis hollados como él.

4. Y conoceréis que yo os hice aquella intimación, para que permaneciese firme mi alianza con Leví, dice el Señor de los ejércitos.

5. Mi alianza con él fue alianza de vida y de paz; y yo le di el santo temor mío, y él me temió, y temblaba de respeto al pronunciar el Nombre mío.

6. La ley de la verdad regía su boca, y no se halló mentira en sus labios; anduvo conmigo en paz y en equidad; y retrajo a muchos del pecado.

7. Porque en los labios del sacerdote ha de estar el depósito de la ciencia, y de su boca se ha de aprender la ley; puesto que él es el ángel del Señor de los ejércitos.

8. Pero vosotros os habéis desviado del camino, y habéis escandalizado a muchísimos, haciéndoles violar la ley; habéis hecho nula la alianza de Leví, dice el Señor de los ejércitos.

9. Por tanto, así como vosotros no habéis seguido mis caminos, y tratándose de la ley habéis hecho acepción de personas, también yo os he hecho despreciables y viles delante de todos los pueblos.

10. Pues qué, ¿no es uno mismo el padre de todos nosotros? ¿No es un mismo Dios el que nos ha criado? ¿Por qué, pues, desdeña cada uno de nosotros a su hermano, quebrantando la alianza de nuestros padres?.

11. Prevaricó Judá, reinó la abominación en Israel y en Jerusalén; porque Judá contaminó la santidad del Señor o su nación santa, amada de él, y contrajo matrimonios con hijas de un dios extraño.

12. Por eso el Señor exterminará de los tabernáculos de Jacob al hombre que esto hiciere, al maestro y al discípulo de esta abominación, y a aquel que ofrece dones al Señor de los ejércitos.

13. Y aún habéis hecho más: habéis cubierto de lágrimas, de lamentos y de gemidos el altar

del Señor; por manera que yo no vuelvo ya mis ojos hacia ningún sacrificio, ni recibiré cosa alguna de vuestras manos, que pueda aplacarme.

14. Vosotros, empero, dijisteis: ¿Y por qué motivo? Porque el Señor, responde Dios, fue testigo entre ti y la mujer que tomaste en tu primera edad, y la cual despreciaste; siendo ella tu compañera y tu esposa, mediante el pacto hecho.

15. Pues qué, ¿no la hizo a ella aquel Señor que es uno? ¿Y no es ella una partícula de su espíritu?: Y aquel uno ¿qué es lo que quiere, sino una prole o linaje de Dios? Guardad, pues, custodiad vuestro espíritu, y no despreciéis la mujer que tomasteis en vuestra juventud.

16. Cuando tú la llegues a mirar con odio, déjala, dice el Señor Dios de Israel: mas la iniquidad te cubrirá todo, como te cubre el vestido, dice el Señor de los ejércitos. Guardad, ¡oh maridos!, vuestro espíritu, y no queráis desechar vuestra mujer.

17. Enfadosos habéis sido vosotros al Señor con vuestros discursos y con todo decís: ¿En qué le hemos causado enfado? En eso que andáis diciendo: Cualquiera que obra mal, ése es bueno a los ojos del Señor, y ése le es acepto: y si no es así, ¿en dónde se halla el Dios que ejerce la justicia?

CAPÍTULO III

El profeta anuncia la venida del Precursor de Jesucristo; y la venida de este mismo Señor, para juzgar y destruir los impíos, y purificar los fieles. Exhorta al pueblo a la penitencia, y a pagar los diezmos y primicias al templo, y a que cese de blasfemar contra la Divina Providencia.

1. He aquí que yo envío mi ángel, el cual preparará el camino delante de mí. Y luego vendrá a su templo el Dominador a quien buscáis vosotros, y el ángel del Testamento de vosotros tan deseado. Vedle ahí que viene, dice el Señor de los ejércitos.

2. ¿Y quién podrá pensar en lo que sucederá el día de su venida? ¿Y quién podrá pararse a mirarle? Porque él será como un fuego que derrite, y como la yerba jabonera de los bataneros.

3. Y sentarse ha como para derretir y limpiar la plata; y de este modo purificará a los hijos de Leví y los acrisolará como al oro y la plata, y así ellos ofrecerán al Señor con justicia o santidad los sacrificios.

4. Y entonces será grato al Señor el sacrificio de Judá y de Jerusalén, como en los siglos primeros y tiempos antiguos.

5. Y me acercaré a vosotros para juzgaros: y yo seré pronto testigo contra los hechiceros, y adúlteros, y perjuros, y contra los que defraudan al jornalero su salario, y oprimen las viudas y pupilos, y los extranjeros, sin temor alguno de mí, dice el Señor de los ejércitos.

6. Porque yo soy el Señor, y soy inmutable; y por eso vosotros, ¡oh hijos de Jacob!, no habéis sido consumidos.

7. Aunque desde los tiempos de vuestros padres os apartasteis de mis leyes, y no las observasteis. Volveos ya a mí, y yo me volveré a vosotros, dice el Señor de los ejércitos. Pero vosotros decís: ¿Qué es lo que haremos para convertirnos a ti?

8. ¿Debe un hombre ultrajar a su Dios? Mas vosotros me habéis ultrajado. Y decís: ¿Cómo te hemos ultrajado? En lo tocante a los diezmos y primicias.

9. Y por eso tenéis la maldición de la carestía; y vosotros, la nación toda, me ultrajáis.

10. Traed todo el diezmo al granero, para que tengan que comer los de mi casa o templo; y después de esto veréis, dice el Señor, si yo no os abriré las cataratas del cielo, y si no derramaré sobre vosotros bendiciones con abundancia.

11. Por vosotros ahuyentaré el gusano roedor, y no consumirá los frutos de vuestra tierra: ni habrá en las campiñas viña que sea estéril, dice el Señor de los ejércitos.

12. Y todas las naciones os llamarán bienaventurados: pues será el vuestro un país envidiable, dice el Señor de los ejércitos.

13. Tomaron cuerpo vuestros blasfemos discursos contra mí, dice el Señor.

14. Y vosotros decís: ¿Qué es lo que hemos hablado contra ti? Habéis dicho: En vano se sirve a Dios: ¿y qué provecho hemos sacado nosotros de haber guardado sus mandamientos, y haber seguido tristes o penitentes la senda del Señor de los ejércitos?

15. Por eso ahora llamamos bienaventurados a los soberbios: pues que viviendo impíamente hacen fortuna y provocan a Dios, y con todo quedan salvos.

16. Entonces aquellos que temen a Dios estuvieron hablando unos con otros. Y Dios estuvo atento, y escuchó y fue escrito ante él un libro de memoria a favor de los que temen al Señor, y tienen en el corazón su santo Nombre.

17. Y ellos, dice el Señor de los ejércitos, en aquel día en que yo pondré en ejecución mis

designios, serán el pueblo mío; y yo los atenderé benigno, como atiende el hombre a un hijo suyo que le sirve.

18. Y vosotros mudaréis entonces de parecer, y conoceréis la diferencia que hay entre el justo y el impío, y entre el que sirve a Dios y el que no le sirve.

CAPÍTULO IV

Día del Señor: en él saldrá el Sol de justicia para los buenos, y serán castigados los malos. Venida de Elías, y conversión de los judíos.

1. Porque he aquí que llegará aquel día semejante a un horno encendido, y todos los soberbios y todos los impíos serán como estopa; y aquel día que debe venir los abrasará, dice el Señor de los ejércitos, sin dejar de ellos raíz ni renuevo alguno.

2. Mas para vosotros los que teméis mi santo Nombre nacerá el sol de justicia, debajo de cuyas alas o ramos está la salvación; y vosotros saldréis fuera, saltando alegres como novillos de la manada;

3. y hollaréis a los impíos, hechos ya ceniza debajo las plantas de vuestros pies, en el día en que yo obraré, dice el Señor de los ejércitos.

4. Acordaos de la ley de Moisés, mi siervo, que le intimé en Horeb para todo Israel, la cual contiene mis preceptos y mandamientos.

5. He aquí que yo os enviaré el profeta Elías, antes que venga el día grande y tremendo del Señor.

6. Y él reunirá el corazón de los padres con el de los hijos, y el de los hijos con el de sus padres; a fin de que yo en viniendo no hiera la tierra con anatema.

LOS MACABEOS

LIBRO I

CAPÍTULO I

Victorias de Alejandro el Grande: su muerte y partición de sus estados. Le sucede en la Grecia Antíoco Epífanes, el cual invade a Jerusalén, y comete allí un sinnúmero de acciones impías e injustas.

1. Sucedió que después que Alejandro, hijo de Filipo, rey de Macedonia, y el primero que reinó en Grecia, salió del país de Cetim o Macedonia, y hubo vencido a Darío, rey de los persas y de los medos,

2. ganó muchas batallas, y se apoderó en todas partes de las ciudades fuertes, y mató a los reyes de la tierra,

3. y penetró hasta los últimos términos del mundo, y se enriqueció con los despojos de muchas naciones; y enmudeció la tierra delante de él.

4. Y juntó un ejército poderoso y de extraordinario valor; y se engrió e hinchó de soberbia su corazón;

5. y se apoderó de las provincias, de las naciones y de sus reyes; los cuales se le hicieron tributarios.

6. Después de todo esto cayó enfermo y conoció que iba a morirse.

7. Y llamó a los nobles o principales de su corte que se habían criado con él desde la tierna edad; y antes de morir dividió entre ellos su reino.

8. Reinó Alejandro doce años y murió.

9. En seguida aquellos se hicieron reyes, cada uno en sus respectivas provincias.

10. Y así que él murió, se coronaron todos, y después de ellos sus hijos por espacio de muchos años; y se multiplicaron los males sobre la tierra.

11. Y de entre ellos salió aquella raíz perversa, Antíoco Epífanes, hijo del rey Antíoco, que después de haber estado en rehenes en Roma, empezó a reinar el año ciento treinta y siete del imperio de los griegos.

12. En aquel tiempo se dejaron ver unos inicuos israelitas, que persuadieron a otros muchos diciéndoles: vamos, y hagamos alianza con las naciones circunvecinas: porque después que nos separamos de ellas, no hemos experimentado sino desastres.

13. Parecióles bien este consejo.

14. Y algunos del pueblo se decidieron, y fueron a estar con el rey, el cual les dio facultad de vivir según las costumbres de los gentiles.

15. En seguida construyeron en Jerusalén un gimnasio según el estilo de las naciones.

16. Y abolieron el uso o señal de la circuncisión, y abandonaron el Testamento, o Alianza santa, y se coligaron con las naciones, y se vendieron como esclavos a la maldad.

17. Y establecido Antíoco en su reino de Siria, concibió el designio de hacerse también rey de Egipto, a fin de dominar en ambos reinos.

18. Así, pues, entró en Egipto con un poderoso ejército, con carros de guerra, y elefantes, y caballería, y un gran número de naves.

19. Y haciendo la guerra a Tolomeo, rey de Egipto, temió éste su encuentro, y echó a huir, y fueron muchos los muertos y heridos.

20. Entonces se apoderó Antíoco de las ciudades fuertes de Egipto, y saqueó todo el país.

21. Y después de haber asolado Egipto, volvió Antíoco el año ciento cuarenta y tres, y se dirigió contra Israel.

22. Y habiendo llegado a Jerusalén con un poderoso ejército,

23. entró lleno de soberbia en el Santuario, y tomó el altar de oro, y el candelero con todas sus lámparas, y todos sus vasos, y la mesa de los panes de proposición, y las palanganas, y las copas, y los incensarios de oro, y el velo, y las coronas, y los adornos de oro que había en la fachada del templo, y todo lo hizo pedazos.

24. Tomó asimismo la plata y el oro, y los vasos preciosos, y los tesoros que encontró escondidos; y después de haberlo saqueado todo, se volvió a su tierra,

25. habiendo hecho grande mortandad en las personas, y mostrado en sus palabras mucha soberbia.

26. Fue grande el llanto que hubo en Israel y en todo el país.

27. Gemían los príncipes y los ancianos: quedaban sin aliento las doncellas y los jóvenes: y desapareció la hermosura en las mujeres.

28. Entregáronse al llanto todos los esposos, y sentadas sobre el tálamo nupcial se deshacían en lágrimas las esposas.

29. Y estremecióse la tierra como compadecida de sus habitantes; y toda la casa de Jacob quedó cubierta de oprobio.

30. Cumplidos que fueron dos años, envió el rey por las ciudades de Judá al superintendente de tributos, el cual llegó a Jerusalén con grande acompañamiento.

31. Y habló a la gente con una fingida dulzura, y le creyeron.

32. Pero de repente se arrojó sobre los ciudadanos, e hizo en ellos una gran carnicería, quitando la vida a muchísima gente del pueblo de Israel.

33. Y saqueó la ciudad, y entrególa a las llamas, y derribó sus casas y los muros que la cercaban.

34. Y lleváronse los enemigos cautivas las mujeres, apoderáronse de sus hijos y de sus ganados.

35. Y fortificaron la parte de Jerusalén llamada ciudad de David, con una grande y firme muralla, y con fuertes torres, e hicieron de ella una fortaleza;

36. y guarneciéronla de gente malvada, de hombres perversos, los cuales se hicieron allí fuertes, y metieron en ella armas y vituallas, y también los despojos de Jerusalén,

37. teniéndolos allí como en custodia: y de esta suerte vinieron ellos a ser como un funesto lazo,

38. estando como en emboscada contra los que iban al lugar santo, y siendo como unos enemigos mortales de Israel,

39. pues derramaron la sangre inocente alrededor del Santuario, y profanaron el lugar santo.

40. Por causa de ellos huyeron los habitantes de Jerusalén, viniendo ésta a quedar morada de extranjeros, y como extraña para sus naturales; los cuales la abandonaron.

41. Su Santuario quedó desolado como un yermo, convertidos en días de llanto sus días festivos, en oprobio sus sábados, y reducidos a nada sus honores.

42. En fin, la grandeza de su ignominia igualó a la de su pasada gloria, su alta elevación se convirtió o deshizo en llantos.

43. En esto el rey Antíoco expidió cartas-órdenes por todo su reino, para que todos sus pueblos formasen uno solo, renunciando cada uno a su ley particular.

44. Conformáronse todas las gentes con este decreto del rey Antíoco;

45. y muchos del pueblo de Israel se sometieron a esta servidumbre, y sacrificaron a los ídolos, y violaron el sábado.

46. Con efecto, el rey envió sus misionados a Jerusalén y por todas las ciudades de Judá, con cartas o edictos: para que todos abrazasen las leyes de gentiles:

47. y se prohibiese ofrecer en el templo de Dios holocaustos, sacrificios y oblaciones por los pecados,

48. y se impidiese la celebración del sábado y de las solemnidades.

49. Mandó además que se profanasen los santos lugares y el pueblo santo de Israel.

50. Dispuso que se erigiesen alteres y templos e ídolos, y que se sacrificasen carnes de cerdo y otros animales inmundos;

51. que dejasen sin circuncidar a sus hijos, y que manchasen sus almas con toda suerte de viandas impuras y de abominaciones, a fin de que olvidasen la ley de Dios, y traspasasen todos sus mandamientos;

52. y ordenó que todos los que no obedeciesen las órdenes del rey Antíoco perdiesen la vida.

53. A este tenor escribió Antíoco a todo su reino; y nombró comisionados que obligasen al pueblo a hacer todo esto;

54. los cuales mandaron a las ciudades de Judá que sacrificasen a los ídolos.

55. Y muchos del pueblo se unieron con aquellos que habían abandonado la ley del Señor, e hicieron mucho mal en el país;

56. y obligaron al pueblo de Israel a huir a parajes extraviados, y a guarecerse en sitios muy ocultos.

57. El día quince del mes de Caslen del año ciento cuarenta y cinco, colocó el rey Antíoco sobre el altar de Dios el abominable ídolo de la desolación, y por todas partes se erigieron altares a los ídolos en todas las ciudades de Judá;

58. y quemaban inciensos y ofrecían sacrificios hasta delante de las puertas de las casas y en las plazas.

59. Y despedañando los libros de la ley de Dios, los arrojaban al fuego;

60. y a todo hombre en cuyo poder hallaban los libros del Testamento del Señor, y a todos cuantos observaban la ley del Señor, los despedazaban luego, en cumplimiento del edicto del rey.

61. Con esta violencia trataban cada mes al pueblo de Israel que habitaba en las ciudades.

62. Porque a los veinticinco días del mes ofrecían ellos sacrificios sobre el altar que estaba erigido enfrente del altar de Dios.

63. Y las mujeres que circuncidaban a sus hijos eran despedazadas, conforme a lo mandado por el rey Antíoco,

64. y a los niños los ahorcaban y dejaban colgados por el cuello en todas las casas donde los hallaban, y despedazaban a los que se habían circuncidado.

65. En medio de esto muchos del pueblo de Israel resolvieron en su corazón no comer viandas impuras; y eligieron antes el morir que contaminarse con manjares inmundos;

66. y no queriendo quebrantar la ley santa de Dios, fueron despedazados.

67. Terrible fue sobremanera la ira del Señor que descargó sobre el pueblo de Israel.

CAPÍTULO II

Matatías resiste las órdenes de Antíoco, y se retira con los de su familia a los montes, después de matar a un judío que estaba idolatrando. Muere Matatías, y deja por caudillo de los judíos fieles a su hijo Judas.

1. En aquellos días se levantó Matatías, hijo de Juan, hijo de Simeón, sacerdote de la familia de Joarib, y huyendo de Jerusalén se retiró al monte de Modin.

2. Tenía Matatías cinco hijos; Juan, llamado por sobrenombre Gaddis,

3. y Simón, por sobrenombre Tasi;

4. y Judas, que era apellidado Macabeo;

5. y Eleázaro, denominado Abarón; y Jonatás, conocido con el sobrenombre de Apfus.

6. Y al ver éstos los estragos que se hacían en el pueblo de Judá y en Jerusalén,

7. exclamó Matatías: ¡Infeliz de mí! ¿Por qué he venido yo al mundo para ver la ruina de mi patria y la destrucción de la ciudad santa, y para estarme sin hacer nada por ella al tiempo que es entregada en poder de sus enemigos?

8. Hállanse las cosas santas en manos de los extranjeros; y su templo es como un hombre que está infamado.

9. Sus vasos preciosos han sido saqueados y llevados fuera; despedazados por las plazas sus ancianos, y muertos al filo de la espada enemiga sus jóvenes.

10. ¿Qué nación hay que no haya participado algo de este infeliz reino, o tenido parte en sus despojos?

11. Arrebatado le ha sido todo su esplendor; y la que antes era libre, es en el día esclava.

12. En fin, todo cuanto teníamos de santo, de ilustre y de glorioso, otro tanto ha sido asolado y profanado por las naciones.

13. ¿Para qué, pues, queremos ya la vida?

14. Y rasgaron sus vestidos Matatías y sus hijos y cubriéronse de cilicios; y lloraban amargamente.

15. A este tiempo llegaron allí los comisionados, que el rey Antíoco enviaba, para obligar a los que se habían refugiado en la ciudad de Modín a que ofreciesen sacrificios y quemasen inciensos a los ídolos, y abandonasen la ley de Dios.

16. Con efecto, muchos del pueblo de Israel consintieron en ello, y se les unieron. Pero Matatías y sus hijos permanecieron firmes.

17. Y tomando la palabra los comisionados de Antíoco, dijeron a Matatías: Tú eres el principal, el más grande y el más esclarecido de esta ciudad, y glorioso con esa corona de hijos y de hermanos.

18. Ven, pues, tú el primero, y haz lo que el rey manda, corno lo han hecho ya todas las gentes, y los varones de Judá, y los que han quedado en Jerusalén; y con esto tú y tus hijos seréis del número de los amigos del rey, el cual os llenará de oro y plata, y de grandes dones.

19. Respondió Matatías, y dijo en voz muy alta: aunque todas las gentes obedezcan al rey Antíoco, y todos abandonen la observancia de la ley de sus Padres, y se sometan a los mandatos del rey,

20. yo, y mis hijos, y mis hermanos obedeceremos siempre la ley santa de nuestros padres.

21. Quiera Dios concedernos esta gracia. No nos es provechoso abandonar la ley y los preceptos de Dios.

22. No, nunca daremos oídos a las palabras del rey Antíoco, ni ofreceremos sacrificios a los ídolos, violando los mandamientos de nuestra ley por seguir otros caminos o religión.

23. Apenas había acabado de pronunciar estas palabras, cuando a vista de todos se presentó un cierto judío para ofrecer sacrificio a los ídolos sobre el altar que se había erigido en la ciudad de Modín, conforme a la orden del rey.

24. Viole Matatías, y se llenó de dolor; conmoviéronsele las entrañas; e inflamándose su furor o celo, conforme al espíritu de la ley, se arrojó sobre él, y lo despedazó sobre el mismo altar.

25. No contento con esto, mató al mismo tiempo al comisionado del rey Antíoco, que forzaba a la gente a sacrificar, y derribó el altar;

26. mostrando así su celo por la ley, e imitando lo que hizo Finees con Zamri, hijo de Salomí.

27. Y, hecho esto, fue gritando Matatías a grandes voces por la ciudad, diciendo: todo el que tenga celo por la ley, y quiera permanecer firme en la alianza del Señor, sígame.

28. E inmediatamente huyó con sus hijos a los montes, y abandonaron todo cuanto tenían en la ciudad.

29. Entonces muchos que amaban la ley y la justicia, se fueron al desierto;

30. y permanecieron allí con sus hijos, con sus mujeres y sus ganados: porque se veían inundados de males.

31. Diose aviso a los oficiales del rey y a las tropas que había en Jerusalén, ciudad de David, de cómo ciertas gentes que habían hollado el mandato del rey, se habían retirado a los lugares ocultos del desierto, y que les habían seguido otros muchos.

32. Por lo que marcharon al punto contra ellos y se prepararon para atacarlos en día de sábado;

33. pero antes les dijeron: ¿Queréis todavía resistiros? Salid, y obedeced el mandato del rey Antíoco, y quedaréis salvos.

34. De ningún modo saldremos, respondieron ellos, ni obedeceremos al rey ni violaremos el sábado.

35. Entonces las tropas del rey se arrojaron sobre ellos;

36. pero tan lejos estuvieron los judíos de resistirles, que ni tan siquiera les tiraron una piedra, ni aún cerraron las bocas de las cavernas;

37. sino que dijeron: Muramos todos en nuestra sencillez o inocencia, y el cielo, y la tierra nos serán testigos de que injustamente nos quitáis la vida.

38. Con efecto, los enemigos los acometieron en día de sábado; y perecieron tanto ellos como sus mujeres, hijos y ganados, llegando a mil las personas que perdieron la vida.

39. Sabido eso por Matatías y sus amigos hicieron por ellos un gran duelo,

40. y se dijeron unos a otros: si todos nosotros hiciéramos como han hecho nuestros hermanos, y no peleáramos para defender nuestras vidas y nuestra ley contra las naciones, en breve tiempo acabarán con nosotros.

41. Así, pues, tomaron aquel día esta resolución: si alguno, dijeron, nos acomete en día de sábado, pelearemos contra él: y así no moriremos todos, como han muerto en las cavernas nuestros hermanos.

42. Entonces vino a reunirse con ellos la congregación de los asideos, que eran hombres de los más valientes de Israel, y celosos todos de la ley;

43. y también se les unieron todos los que huían acosados de las calamidades, y sirviéronles de refuerzo.

44. Formaron de todos un ejército, y arrojáronse furiosamente sobre los prevaricadores de la ley y sobre los hombres malvados, sin tener de ellos piedad alguna; y los que quedaron con vida huyeron a ponerse en salvo entre las naciones.

45. Matatías después con sus amigos recorrió todo el país, y destruyeron los altares;

46. y circuncidaron a cuantos niños hallaron incircuncisos, y obraron con gran denuedo.

47. Persiguieron a sus orgullosos enemigos y salieron prósperamente en todas sus empresas.

48. Y vindicaron la ley contra el poder de los gentiles y el poder de los reyes; y no dejaron al malvado que abusase de su poder.

49. Acercáronse entretanto los días de la muerte de Matatías: el cual juntando a sus hijos, les habló de esta manera: ahora domina la soberbia, y es el tiempo del castigo y de la ruina, y del furor e indignación.

50. Por lo mismo ahora, oh hijos míos, sed celosos de la ley, y dad vuestras vidas en defensa del Testamento de vuestros padres.

51. Acordaos de las obras que hicieron en sus tiempos vuestros antepasados, y os adquiriréis una gloria grande y un nombre eterno.

52. Abrahán por ventura, ¿no fue hallado fiel en la prueba que de él se hizo, y le fue imputado esto a justicia?

53. José en el tiempo de su aflicción observó los mandamientos de Dios, y vino a ser el Señor de Egipto.

54. Finees, nuestro padre, porque se abrasó en celo por la honra de Dios, recibió la promesa de un sacerdocio eterno.

55. Josué, por su obediencia, llegó a ser caudillo de Israel.

56. Caleb, por el testimonio que dio en la congregación del pueblo, recibió una rica herencia.

57. David, por su misericordia, se adquirió para siempre el trono del reino de Israel.

58. Elías, por su abrasado celo por la ley, fue recibido en el cielo.

59. Ananías, Azarías y Misael fueron librados de las llamas por su viva fe.

60. Daniel, por su sinceridad, fue librado de la boca de los leones.

61. Y a este modo id discurriendo de generación en generación: todos aquellos que tienen en Dios su esperanza, no descaecen.

62. Y no os amedrenten los fieros del hombre pecador; porque su gloria no es más que basura y pasto de gusanos.

63. Hoy es ensalzado, y manana desaparece porque se convierte en el polvo de que fue formado, y se desvanecen como humo todos sus designios.

64. Sed, pues, constantes vosotros, ¡oh hijos míos!, y obrad vigorosamente en defensa de la ley ; pues ella será la que os llenará de gloria.

65. Ahí tenéis a Simón, vuestro hermano; yo sé que es hombre de consejo: escuchadle siempre, y él hará para con vosotros las veces de padre.

66. Judas Macabeo ha sido esforzado y valiente desde su juventud: sea, pues, él el general de vuestro ejército, y el que conduzca el pueblo a la guerra.

67. Reunid a vosotros todos aquellos que observan la ley, y vengad a vuestro pueblo de sus enemigos.

68. Dad a las gentes su merecido, y sed solícitos en guardar los preceptos de la ley.

69. En seguida les echó su bendición, y fue a reunirse con sus padres.

70. Murió Matatías el año ciento cuarenta y seis, y sepultáronle sus hijos en Modín, en el sepulcro de sus padres, y todo Israel le lloró amargamente.

CAPÍTULO III

Elogio de Judas Macabeo, y sus victorias: derrota y mata al general Apolonio. Vence después a Serón. Irritado Antíoco, envía otro poderoso ejército al mando de Lisias. Judas y los suyos se preparan con obras de piedad para el combate.

1. Y sucedióle en el gobierno su hijo Judas, que tenía el sobrenombre de Macabeo.

2. Ayudábanle todos sus hermanos y todos cuantos se habían unido con su padre, y peleaban con alegría por la defensa de Israel.

3. Y dio Judas nuevo lustre a la gloria de su pueblo; revistióse cual gigante o campeón la coraza, ciñóse sus armas para combatir, y protegía con su espada todo el campamento.

4. Parecía un león en sus acciones, y se asemejaba a un cachorro cuando ruge sobre la presa.

5. Persiguió a los malvados, buscándolos por todas partes, y abrasó en las llamas a los que turbaban el reposo de su pueblo.

6. El temor que infundía su nombre hizo desaparecer a sus enemigos; todos los malvados se llenaron de turbación; y con su brazo obró la salud del pueblo.

7. Daba mucho que entender a varios reyes; sus acciones eran la alegría de Jacob, y será eternamente bendita su memoria.

8. Y recorrió las ciudades de Judá, exterminando de ellas a los impíos, y apartó el azote de sobre Israel.

9. Su nombradía llegó hasta el cabo del mundo, y reunió alrededor de sí a los que estaban a punto de perecer.

10. Apolonio, al saber eso, juntó las naciones y sacó de Samaria un grande y poderoso ejército para pelear contra Israel.

11. Informado de ello Judas, le salió al encuentro, y lo derrotó, y quitó la vida; quedando en el campo de batalla un gran número de enemigos, y echando a huir los restantes.

12. Apoderóse en seguida de sus despojos, reservándose Judas para sí la espada de Apolonio; de la cual se servía siempre en los combates.

13. En esto llegó a noticia de Serón, general del ejército de la Siria, que Judas había congregado una gran muchedumbre, y reunido consigo toda la gente fiel;

14. y dijo: Voy a ganarme gran reputación y gloria en todo el reino, derrotando a Judas y a los que le siguen; los cuales no hacen caso de las órdenes del rey.

15. Con esto se preparó para acometer; y unióse le un considerable refuerzo de tropas de impíos para vengarse de los hijos de Israel.

16. Y avanzaron hasta Bethorón, y Judas les salió al encuentro con pocas tropas.

17. Así que éstas vieron al ejército que venía contra ellas, dijeron a Judas: ¿Cómo podremos

nosotros pelear contra un ejército tan grande y valeroso, siendo como somos tan pocos y estando debilitados por el ayuno de hoy?

18. Y respondió Judas: Fácil cosa es que muchos sean presa de pocos; pues cuando el Dios del cielo quiere dar la victoria, lo mismo tiene para el que haya poca o que haya mucha gente;

19. porque el triunfo no depende en los combates de la multitud de las tropas, sino del cielo, que es de donde dimana toda fortaleza.

20. Ellos vienen contra nosotros con una turba de gente insolente y orgullosa, con el fin de aniquilarnos a nosotros y a nuestras mujeres, y a nuestros hijos, y despojarnos de todo;

21. mas nosotros vamos a combatir por nuestras vidas y por nuestra ley.

22. El Señor mismo los hará pedazos en nuestra presencia; y así no los temáis.

23. Luego que acabó de pronunciar estas palabras se arrojó de improviso sobre los enemigos, y derrotó a Serón con todo su ejército.

24. Y persiguióle desde la bajada de Bethorón hasta el llano, y habiendo quedado ochocientos hombres tendidos en el campo de batalla, huyeron los demás al país de los filisteos.

25. Con esto Judas y sus hermanos eran el terror de todas las naciones circunvecinas;

26. y su fama llegó hasta los oídos del rey, y en todas partes se hablaba de las batallas de Judas.

27. Luego que el rey Antíoco recibió estas noticias, se embraveció sobremanera, y mandó que se reunieran las tropas de todo su reino, y se formase un poderosísimo ejército.

28. Y abrió su erario, y habiendo dado a las tropas la paga de un año, les mandó que estuviesen apercibidas para todo.

29. Mas observó luego que se iba acabando el dinero de sus tesoros, y que sacaba pocos tributos de aquel país de la Judea, por causa de las disensiones y de la miseria, que él mismo había ocasionado, queriendo abolir los fueros que allí regían desde tiempos antiguos;

30. y temió que no podría ya gastar, ni dar como antes hacía, con largueza y con una munificencia superior a la de todos los reyes sus predecesores.

31. Hallándose, pues, en gran consternación, resolvió pasar a Persia, con el fin de recoger los tributos de aquellos países, y juntar gran cantidad de dinero.

32. Y dejó a Lisias, príncipe de la sangre real, por lugarteniente del reino desde el Éufrates hasta el río de Egipto,

33. y para que tuviese cuidado de la educación de su hijo Antíoco, hasta que él volviese.

34. Dejóle la mitad del ejército, y de los elefantes, y comunicóle órdenes sobre todo aquello que él quería que se hiciese; y también por lo respectivo a los habitantes de la Judea y de Jerusalén,

35. mandándole que enviase contra ellos un ejército para destruir y exterminar el poder de Israel, y las reliquias que quedaban en Jerusalén, y borrar de aquel país hasta la memoria de ellos;

36. y que estableciese en aquella región habitantes de otras naciones, distribuyéndoles por suerte todas sus tierras.

37. Tomó, pues, el rey la otra mitad del ejército, y partiendo de Antioquía, capital de su reino, el año ciento cuarenta y siete, y pasando el río Eufrates, y recorrió las provincias superiores.

38. En esto eligió Lisias a Tolomeo, hijo de Dorimino, a Nicanor y a Gorgias, que eran personas de gran valimiento entre los amigos del rey;

39. y envió con ellos cuarenta mil hombres a pie y siete mil de a caballo, para que pasasen a asolar la tierra de Judá, según lo había dejado dispuesto el rey.

40. Avanzaron, pues, con todas sus tropas, y vinieron a acampar en la llanura de Emmaús.

41. Y oyendo la noticia de su llegada los mercaderes de aquellas naciones circunvecinas, tomaron consigo gran cantidad de oro y plata; y con muchos criados vinieron a los reales con el fin de comprar por esclavos a los hijos de Israel; y uniéronse con ellos las tropas de la Siria y las de otras naciones.

42. Judas, empero, y sus hermanos, viendo que se aumentaban las calamidades, y que los ejércitos se iban acercando a sus confines, y habiendo sabido la orden que había dado el rey, de exterminar y acabar con el pueblo de Israel,

43. dijéronse unos a otros: reanimemos nuestro abatido pueblo, y peleemos en defensa de nuestra patria y de nuestra santa religión.

44. Reuniéronse, pues, en un cuerpo para estar prontos a la batalla, y para hacer oración e implorar del Señor su misericordia y gracia.

45. Hallábase a esta sazón Jerusalén sin habitantes, de modo que parecía un desierto: no se veían ya entrar ni salir los naturales de ella, era hollado el Santuario, los extranjeros eran dueños del alcázar, el cual servía de habitación a los gentiles: desterrada estaba de la casa de Jacob toda alegría, no se oía ya en ella flauta ni cítara.

46. Habiéndose, pues, reunido, se fueron a Masfa, que está enfrente de Jerusalén; por

haber sido Masfa en otro tiempo el lugar de la oración para Israel.

47. Ayunaron aquel día, y vistiéronse de cilicio, y se echaron ceniza sobre la cabeza, y rasgaron sus vestidos;

48. abrieron los libros de la ley, en donde los gentiles buscaban semejanzas para sus vanos simulacros;

49. y trajeron los ornamentos sacerdotales, y las primicias y diezmos; e hicieron venir a los nazareos que habían cumplido ya los días de su voto;

50. y levantando su clamor hasta el cielo, dijeron: ¡Señor!, ¿qué haremos de éstos, y a dónde los conduciremos?

51. Tu Santuario está hollado y profanado, y cubiertos de lágrimas y de abatimiento tus sacerdotes;

52. y he aquí que las naciones se han coligado contra nosotros para destuirnos: Tú sabes bien sus designios contra nosotros.

53. ¿Cómo, pues, podremos sostenernos delante de ellos, si Tú, oh Dios, no nos ayudas?

54. En seguida hicieron resonar las trompetas con grande estruendo.

55. Nombró después Judas los caudillos del ejército, los tribunos, los centuriones y los cabos de cincuenta hombres y los de diez.

56. Y a aquellos que estaban construyendo casa, o acababan de casarse, o de plantar viñas, como también a los que tenían poco valor, les dijo que se volviesen cada uno a su casa, conforme a lo prevenido por la ley.

57. Levantaron luego los reales, y fueron a acamparse al Mediodía de Emmaús.

58. Y Judas les habló de esta manera: Tomad las armas, y tened buen ánimo; y estad prevenidos para la mañana, a fin de pelear contra estas naciones, que se han unido contra nosotros para aniquilarnos y echar por tierra nuestra santa religión;

59. porque más nos vale morir en el combate que ver el exterminio de nuestra nación y del Santuario.

60. Y venga lo que el cielo quiera.

CAPÍTULO IV

Acomete Judas separadamente a Nicanor y a Gorgias, y los derrota; vence después a Lisias; entra en Jerusalén, y celebra la Dedicación del templo, después de haberlo purificado.

1. Y tomó Gorgias consigo cinco mil hombres de a pie, y mil caballos escogidos; y de noche partieron

2. para dar sobre el campamento de los judíos, y atacarlos de improviso, sirviéndoles de guías los del país que estaban en el alcázar de Jerusalén.

3. Tuvo Judas aviso de este movimiento, y marchó con los más valientes de los suyos para acometer al grueso del ejército del rey, que estaba en Emmaús,

4. y se hallaba entonces desparramado fuera de los atrincheramientos.

5. Y Gorgias, habiendo llegado aquella noche al campamento de Judas, no halló en él alma viviente; y se fue a buscarlos por los montes, diciendo: estas gentes van huyendo de nosotros.

6. Mas así que se hizo de día, se dejó ver Judas en el llano, acompañado tan solamente de tres mil hombres, que se hallaban faltos aún de espadas y broqueles;

7. y reconocieron que el ejército de los gentiles era muy fuerte, y que estaba rodeado de coraceros y de caballerías, toda gente aguerrida y diestra en el combate.

8. Entonces Judas habló a los suyos de esta manera: No os asuste su muchedumbre ni temáis su encuentro.

9. Acordaos del modo con que fueron librados nuestros padres en el mar Rojo, cuando Faraón iba en su alcance con un numeroso ejército;

10. y clamemos ahora al cielo, y el Señor se compadecerá de nosotros, y se acordará de la alianza hecha con nuestros padres, y destrozará hoy a nuestra vista todo ese ejército;

11. con lo cual reconocerán todas las gentes que hay un Salvador y libertador de Israel.

12. En esto levantaron sus ojos los extranjeros, y percibieron que los judíos venían marchando contra ellos,

13. y salieron de los reales para acometerlos. Entonces los que seguían a Judas dieron la señal con las trompeta,

14. y habiéndose trabado combate, fueron desbaratadas las tropas de los gentiles; y echaron a huir por aquella campiña.

15. Mas todos los que se quedaron atrás, perecieron al filo de la espada. Y los vencedores fueron siguiéndoles al alcance hasta Gezerón, y hasta las campiñas de la Idumea, y de Azoto y de Jamnia; dejando tendidos en el suelo hasta tres mil muertos.

16. Volvióse después Judas con el ejército que le seguía,

17. y dijo a sus tropas: No os dejéis llevar de la codicia del botín; porque aún tenemos enemigos que vencer,

18. y Gorgias se halla con su ejército cerca de nosotros ahí en el monte; ahora, pues, mante-

neos firmes contra nuestros enemigos, y vencedlos, y luego después cogeréis los despojos con toda seguridad.

19. Con efecto, aún estaba hablando Judas, cuando se descubrió parte de las tropas de Gorgias, que estaban acechando desde el monte.

20. Y reconoció entonces Gorgias que los suyos habían sido puestos en fuga, y que habían sido entregados al fuego sus reales; pues la humareda que se veía le daba a entender lo sucedido.

21. Cuando ellos vieron esto, y al mismo tiempo a Judas y su ejército en el llano, preparados para la batalla, se intimidaron en gran manera,

22. y echaron todos a huir a las tierras de las naciones extranjeras.

23. Con esto Judas se volvió a coger los despojos del campo enemigo, donde juntaron mucho oro y plata, y ropas preciosas de color de jacinto, y púrpura marina, y grandes riquezas.

24. Y al volverse después, entonaban himnos, y bendecían a voces a Dios, diciendo: Porque el Señor es bueno, y eterna su misericordia.

25. Y con esta memorable victoria se salvó Israel en aquel día.

26. Todos aquellos extranjeros que escaparon, fueron a llevar la nueva a Lisias de cuanto había sucedido.

27. Y así que lo oyó, quedó consternado, y como fuera de sí, por no haber salido las cosas de Israel según él se había prometido, y conforme el rey había mandado.

28. El año siguiente reunió Lisias sesenta mil hombres escogidos y cinco mil de a caballo, con el fin de exterminar a los judíos.

29. Y entrando en Judea sentaron los reales en Bethorón, y salióles Judas al encuentro con diez mil hombres.

30. Conocieron éstos que era poderoso el ejército enemigo: y Judas oró, y dijo: Bendito seas, oh Salvador de Israel, Tú que quebrantaste la fuerza de un gigante por medio de tu siervo David, y que entregaste el campamento de los extranjeros en poder de Jonatás, hijo de Saúl, y de su escudero:

31. entrega hoy del mismo modo ese ejército en poder de Israel, pueblo tuyo, y queden confundidas sus huestes y su caballería.

32. Infúndeles miedo, y aniquila su osadía, y coraje, y despedácense ellos mismos con sus propias fuerzas.

33. Derríbalos, en fin, Tú con la espada de aquellos que te aman: para que todos los que conocen tu santo Nombre te canten himnos de alabanza.

34. Trabada luego la batalla, quedaron en ella muertos cinco mil hombres del ejército de Lisias.

35. Viendo éste la fuga de los suyos y el ardimiento de los judíos, y que éstos estaban resueltos a vivir con honor, o a morir valerosamente, se fue a Antioquía, y levantó nuevas tropas escogidas para volver con mayores fuerzas a la Judea.

36. Entonces Judas y sus hermanos dijeron: ya que quedan destruidos nuestros enemigos, vamos ahora a purificar y restaurar el templo.

37. Y reunido todo el ejército, subieron al monte de Sión,

38. donde vieron desierto el lugar santo, y profanado el altar, y quemadas las puertas, y que en los patios habían nacido arbustos como en los bosques y montes, y que estaban arruinadas todas las habitaciones de los ministros del Santuario.

39. Y al ver esto, rasgaron sus vestidos, y lloraron amargamente, y se echaron ceniza sobre la cabeza.

40. Y postráronse rostro por tierra, e hicieron resonar las trompetas con que se daban las señales, y levantaron sus clamores hasta el cielo.

41. Entonces Judas dispuso que fueran algunas tropas a combatir a los que estaban en el alcázar, mientras tanto que se iba purificando el Santuario.

42. Y escogió sacerdotes sin tacha, amantes de la ley de Dios,

43. los cuales purificaron el Santuario, y llevaron a un sitio profano las piedras contaminadas.

44. Y estuvo pensando Judas qué debía hacerse del altar de los holocaustos, que había sido profanado.

45. Y tomaron el mejor partido, que fue el destruirlo, a fin de que no fuese para ellos motivo de oprobio, puesto que había sido contaminado por los gentiles y así lo demolieron.

46. Y depositaron las piedras en un lugar a propósito del monte en que estaba el templo, hasta que viniese un profeta, y decidiese qué era lo que de ellas debía hacerse.

47. Tomaron después piedras intactas o sin labrar, conforme dispone la ley, y construyeron un altar nuevo semejante a aquel que había habido antes.

48. Y reedificaron el Santuario, y aquello que estaba de la parte de adentro de la casa, o templo, y santificaron el templo y sus atrios.

49. E hicieron nuevos vasos sagrados, y colocaron en el templo el candelero, y el altar de los inciensos, y la mesa.

50. Y pusieron después incienso sobre el altar, y encendieron las lámparas que estaban sobre el candelero, y alumbraban en el templo.

51. Y pusieron los panes de proposición sobre la mesa, colgaron los velos, y completaron todas las obras que habían comenzado.

52. Y, hecho esto, levantáronse antes de amanecer el día veinticinco del noveno mes, llamado Casleu, del año ciento cuarenta y ocho.

53. Y ofrecieron el sacrificio, según la ley, sobre el nuevo altar de los holocaustos que habían construido.

54. Con lo cual se verificó que en el mismo tiempo o mes y en el mismo día que este altar había sido profanado por los gentiles, fue renovado o erigido de nuevo al son de cánticos, y de cítaras, y de liras, y de címbalos.

55. Y todo el pueblo se postró hasta juntar su rostro con la tierra, y adoraron a Dios, y levantando su voz hasta el cielo, bendijeron al Señor que les había concedido aquella felicidad.

56. Y celebraron la dedicación del altar por espacio de ocho días, y ofrecieron holocaustos con regocijo, y sacrificios de acción de gracias y alabanza.

57. Adornaron también la fachada del templo con coronas de oro y con escudetes de lo mismo, y renovaron las puertas del templo, y las habitaciones de los ministros a él unidas, y les pusieron puertas.

58. Y fue extraordinaria la alegría del pueblo, y sacudieron de sí el oprobio de las naciones.

59. Entonces estableció Judas y sus hermanos, y toda la iglesia de Israel, que en lo sucesivo se celebrase cada año con grande gozo y regocijo este día de la dedicación del altar por espacio de ocho días seguidos, empezando el día veinticinco del mes de Casleu.

60. Y fortificaron entonces mismo el monte Sión, y lo circuyeron de altas murallas y de fuertes torres, para que no viniesen los gentiles a profanarlo, como lo habían hecho antes.

61. Y puso allí Judas una guarnición para que lo custodiase, y lo fortificó también para seguridad de Betsura, a fin de que el pueblo tuviese esta fortaleza en la frontera de Idumea.

CAPÍTULO V

Victorias de Judas Macabeo sobre varias naciones comarcanas: su hermano Simón pasa a la Galilea. José y Azarías, que pelearon contra las órdenes de Judas, quedan vencidos. Otras expediciones de Judas contra Idumea, Samaria y Azoto.

1. Así que las naciones circunvecinas oyeron que el altar y el Santuario habían sido reedificados como antes, se irritaron sobremanera.

2. Y resolvieron exterminar a los de la estirpe de Jacob que vivían entre ellos, y en efecto, comenzaron a matar y perseguir a aquel pueblo.

3. Entre tanto batía Judas a los hijos de Esaú en la Idumea y a los que estaban en Acrabatane, porque tenían como sitiados a los israelitas, e hizo en ellos un gran destrozo.

4. También se acordó de castigar la malicia de los hijos de Beán, los cuales eran para el pueblo un lazo de tropiezo, armándole emboscadas en el camino.

5. Y oblígólos a encerrarse en unas torres, donde los tuvo cercados; y habiéndolos anatematizado, pegó fuego a las torres y quemólas con cuantos había dentro.

6. De allí pasó a la tierra de los hijos de Ammón, donde encontró un fuerte y numeroso ejército con Timoteo su caudillo.

7. Tuvo diferentes choques con ellos, y los derrotó e hizo en ellos gran carnicería.

8. Y tomó la ciudad de Gazer con los lugares dependientes de ella, y volvióse a Judea.

9. Pero los gentiles que habitaban en Galaad se reunieron para exterminar a los israelitas que vivían en su país; mas éstos se refugiaron en la fortaleza de Datemán;

10. y desde allí escribieron cartas a Judas y a sus hermanos, en las cuales decían: se han congregado las naciones circunvecinas para perdernos;

11. y se preparan para venir a tomar la fortaleza donde nos hemos refugiado, siendo Timoteo el caudillo de su ejército.

12. Ven, pues, luego, y líbranos de sus manos, porque han perecido ya muchos de los nuestros;

13. y todos nuestros hermanos, que habitaban en los lugares próximos a Tubín, han sido muertos, habiéndose llevado cautivas a sus mujeres e hijos, y saqueándolo todo, y dado muerte allí mismo a cerca de mil hombres.

14. Aún no habían acabado de leer estas cartas, cuando he aquí que llegaron otros mensajeros que venían de Galilea, rasgados sus vestidos, trayendo otras nuevas semejantes;

15. pues decían haberse coligado contra ellos los de Tolemaida, y los de Tiro, y de Sidón, y que toda la Galilea estaba llena de extranjeros, con el fin, decían, de acabar con nosotros.

16. Luego que Judas y su gente oyeron tales noticias, tuvieron un gran consejo para deliberar qué era lo que harían a favor de aquellos

hermanos suyos que se hallaban en la angustia, y eran estrechados por aquella gente.

17. Dijo, pues, Judas a su hermano Simón: escoge un cuerpo de tropas, y ve a librar a tus hermanos que están en Galilea, y yo y mi hermano Jonatás iremos a Galaad.

18. Y dejó a José, hijo de Zacarías, y a Azarías por caudillos del pueblo, para guardar la Judea con el resto del ejército;

19. y dioles esta orden: cuidad de esta gente, les dijo; y no salgáis a pelear contra los gentiles hasta que volvamos nosotros.

20. Diéronse, pues, a Simón tres mil hombres para ir a la Galilea, y Judas tomó ocho mil para pasar a Galaad.

21. Partió Simón para la Galilea; y tuvo muchos encuentros con aquellas naciones, las que derrotó y fue persiguiendo hasta las puertas de Tolemaida,

22. dejando muertos cerca de tres mil gentiles, y apoderándose del botín.

23. Tomó después consigo a los judíos que había en Galilea y en Arbates, como también a sus mujeres e hijos, y todo cuanto tenían, y condújolos a la Judea con grande regocijo.

24. Entre tanto Judas Macabeo con su hermano Jonatás pasaron el Jordán, y caminaron tres días por el desierto.

25. Y saliéronles al encuentro los nabuteos, los cuales los recibieron pacíficamente, y les contaron lo que había acaecido a sus hermanos en Galaad;

26. y cómo muchos de ellos se habían encerrado en Barasa, en Bosor, en Alimas, en Casfor, en Maget y Carnaím (todas ellas ciudades fuertes y grandes);

27. y cómo quedaban también cercados los que habitaban en otras ciudades de Galaad, y les añadieron que los enemigos tenían determinado arrimar al día siguiente su ejército a aquellas ciudades, y cogerlos, y acabar con ellos en un solo día.

28. Con esto partió Judas inmediatamente con su ejército por el camino del desierto de Bosor, y apoderóse de la ciudad, y pasó a cuchillo todos los varones, y después de saqueada, la entregó a las llamas.

29. Por la noche salieron de allí, y se dirigieron a la fortaleza de Datemán;

30. Y al rayar el día, alzando los ojos vieron una tropa innumerable de gentes, que traían consigo escalas y máquinas para tomar la plaza, y destruir o hacer prisioneros a los que estaban dentro.

31. Luego que Judas vio que se había comenzado el ataque, y que el clamor de los combatientes subía hasta el cielo, como si fuera el sonido de una trompeta, y que se oía una grande gritería en la ciudad,

32. dijo a sus tropas: Pelead en este día en defensa de vuestros hermanos.

33. Y en seguida marcharon en tres columnas por las espaldas de los enemigos; tocaron las trompetas, y clamaron orando en alta voz.

34. Y conocieron las tropas de Timoteo que era el macabeo el que venía, y huyeron su encuentro; sufriendo un gran destrozo, y habiendo perecido en aquel día al pie de ocho mil hombres.

35. De allí torció Judas el camino hacía Masfa, y la batió y se apoderó de ella; pasó a cuchillo a todos los varones y después de haberla saqueado, la incendió.

36. Partiendo más adelante tomó a Casbón, a Maget, a Bosor y a las demás ciudades de Galaad.

37. Después de estos sucesos juntó Timoteo otro ejército, y se acampó frente a Rafón, a la otra parte del arroyo.

38. Judas envió luego a reconocer el enemigo, y los emisarios le dijeron: Todas las naciones que nos rodean se han reunido a Timoteo, es un ejército sumamente grande.

39. Han tomado también en su auxilio a los árabes, y están acampados a la otra parte del arroyo, preparándose para venir a darte la batalla. Y enterado Judas de todo marchó contra ellos.

40. Y dijo Timoteo a los capitanes de su ejército: si cuando Judas con sus tropas llegue al arroyo, pasa él primero hacia nosotros, no le podremos resistir, y nos vencerá infaliblemente.

41. Pero si él temiere pasar, y pusiere su campo en el otro lado del arroyo, pasémoslo nosotros y lograremos victoria.

42. En esto llegó Judas cerca del arroyo, y poniendo a los escribanos o comisarios del ejército a lo largo de la orilla del agua, les dio esta orden: no dejéis que se quede aquí nadie, sino que todos han de venir al combate.

43. Dicho esto pasó él primero hacia los enemigos, y en pos de él toda la tropa, y así que llegaron, derrotaron a todos aquellos gentiles, los cuales arrojaron las armas, y huyeron al templo que había en Carnaím.

44. Judas tomó la ciudad, y pegó fuego al templo y lo abrasó con cuantos había dentro; y Carnaím fue asolada, sin que pudiesen resistir a Judas.

45. Entonces reunió Judas todos los israelitas que se hallaban en el país de Galaad, desde el más chico hasta el más grande, con sus mujeres e hijos, formando de todos ellos un ejérci-

to numerosísimo de gente para que viniesen a la tierra de Judá.

46. Y llegaron a Efrón, ciudad grande situada en la embocadura del país, y muy fuerte; y no era posible dejarla a un lado, echando a la derecha o a la izquierda, sino que era preciso atravesar por medio de ella.

47. Mas sus habitantes se encerraron, y tapiaron las puertas a cal y canto. Envióles Judas un mensajero de paz,

48. diciéndoles: Tened a bien que pasemos por vuestro país para ir a nuestras casas, y nadie os hará daño: no haremos más que pasar. Sin embargo ellos no quisieron abrir.

49. Entonces Judas hizo pregonar por todo el ejército que cada uno la asaltase por el lado en que se hallaba.

50. Con efecto, atacáronla los hombres más valientes, y diose el asalto que duró todo aquel día y aquella noche, cayendo al fin en sus manos la ciudad.

51. Y pasaron a cuchillo a todos los varones, y arrasaron a la ciudad hasta los cimientos, después de haberla saqueado, y atravesaron luego por toda ella, caminando por encima de los cadáveres.

52. En seguida pasaron el Jordán en la gran llanura que hay enfrente de Betsán.

53. E iba Judas en la retaguardia reuniendo a los rezagados, y alentando al pueblo por todo el camino, hasta que llegaron a tierra de Judá.

54. Y subieron al monte de Sión con alegría y regocijo, y ofrecieron allí holocaustos en acción de gracias por el feliz regreso, sin que hubiese perecido ninguno de ellos.

55. Pero mientras Judas y Jonatás estaban en el país de Galaad, y Simón su hermano en la Galilea delante de Tolemaida,

56. José, hijo de Zacarías, y Azarías, comandante de las tropas, tuvieron noticia de estos felices sucesos, y de las batallas que se habían dado.

57. Y José dijo a Azarías: hagamos también nosotros célebre nuestro nombre, y vamos a pelear contra las naciones circunvecinas.

58. Y dando la orden a las tropas de su ejército marcharon contra Jamnia.

59. Pero Gorgias salió con su gente fuera de la ciudad, para venir al encuentro de ellos y presentarles la batalla.

60. Y fueron batidos José y Azarías, los cuales echaron a huir hasta las fronteras de Judea; pereciendo en aquel día hasta dos mil hombres del pueblo de Israel, habiendo sufrido el pueblo esta gran derrota,

61. por no haber obedecido las órdenes de Judas y de sus hermanos, imaginándose que harían maravillas.

62. Mas ellos no eran de la estirpe de aquellos varones, por medio de los cuales había sido salvado Israel.

63. Por el contrario, las tropas de Judas se adquirieron gran reputación, tanto en todo Israel, como entre las naciones todas a donde llegaba el eco de su fama.

64. Y la gente les salía al encuentro con aclamaciones de júbilo.

65. Marchó después Judas con sus hermanos al país de Mediodía a reducir a los hijos de Esaú, y se apoderó a la fuerza de Quebrón, y de sus aldeas, quemando sus muros y las torres que tenía alrededor.

66. De allí partió y se dirigió al país de las naciones extranjeras, y recorrió la Samaria.

67. En aquel tiempo murieron peleando unos sacerdotes por querer hacer proezas y haber entrado imprudentemente en el combate.

68. Judas torció después hacia Azoto, país de los extranjeros, y derribó sus altares, quemó los simulacros de sus dioses, saqueó las ciudades, y con sus despojos volvióse a tierra de Judá.

CAPÍTULO VI

Muere Antíoco, y confiesa que sus desastres eran efecto de la impiedad con que había tratado a los judíos. Su hijo Eupátor, que le sucede, va con un poderoso ejército contra Judas, y no puede vencerle. Teniendo cercada a Jerusalén levanta el sitio, llamado por Lisias, jura la paz, pero quebranta luego el juramento.

1. Yendo el rey Antíoco recorriendo las provincias superiores, oyó que había en Persia una ciudad llamada Elimaida, muy célebre y abundante de plata y oro,

2. con un templo riquísimo, donde había velos con mucho oro, y corazas, y escudos que había dejado allí Alejandro, hijo de Filipo, rey de Macedonia, el que reinó primero en toda la Grecia.

3. Y fue allá con el fin de apoderarse de la ciudad y saquearla; pero no pudo salir con su intento, porque llegando a entender su designio los habitantes,

4. salieron a pelear contra él, y tuvo que huir, y se retiró con gran pesar volviéndose a Babilonia.

5. Y estando en Persia, llególe la noticia de que había sido destrozado el ejército que se hallaba en el país de Judá.

6. y que habiendo pasado allá Lisias con grandes fuerzas, fue derrotado por los judíos, los cuales se hacían más poderosos con las armas,

municiones y despojos tomados al ejército destruido;

7. y de cómo habían igualmente ellos derrocado la abominacion o ídolo erigido por él sobre el altar de Jerusalén, y cercado asimismo el Santuario con altos muros, según estaba antes, y también en Betsura, su ciudad.

8. Oído que hubo el rey tales noticias, quedó pasmado y lleno de turbación, y púsose en cama, y enfermó de melancolía, viendo que no le habían salido las cosas como él se había imaginado.

9. Permaneció así en aquel lugar por muchos días; porque iba aumentándose su tristeza, de suerte que consintió en que se moría.

10. Con esto llamó a todos sus amigos, y les dijo: El sueño ha huido de mis ojos; mi corazón se ve abatido y oprimido de pesares,

11. y digo allá dentro de mí: ¡a qué extrema aflicción me veo reducido, y en qué abismo de tristeza me hallo yo que estaba antes tan contento y querido, gozando de mi regia dignidad!

12. Mas ahora se me presentan a la memoria los males que causé en Jerusalén, de donde me traje todos los despojos de oro y plata que allí cogí, y el que sin motivo alguno envié exterminar los moradores de la Judea.

13. Yo reconozco ahora que por eso han llovido sobre mí tales desastres; y ved aquí que muero de profunda melancolía en tierra extraña.

14. Llamó después a Filipo, uno de sus confidentes, y lo nombró regente de todo su reino;

15. y entrególe la diadema, el manto real y el anillo, a fin de que fuese a encargarse de su hijo Antíoco, y le educase para ocupar el trono.

16. Y murió allí el rey Antíoco, el año ciento cuarenta y nueve.

17. Al saber Lisias la muerte del rey proclamó a Antíoco, su hijo, a quien él había criado desde niño; y le puso el nombre de Eupátor.

18. Entre tanto los que ocupaban el alcázar de Jerusalén tenían encerrado a Israel en los alrededores del Santuario; y procuraban siempre causarle daño y acrecentar el partido de los gentiles.

19. Resolvió, pues, Judas destruirlos y convocó a todo el pueblo para ir a sitiarlos.

20. Reunida la gente comenzaron el sitio el año ciento cincuenta y construyeron ballestas para arrojar piedras, y otras máquinas de guerra.

21. Y salieron fuera algunos de los sitiados, a los que se agregaron varios otros de los impíos del pueblo de Israel.

22. Y se fueron al rey, y le dijeron: ¿Cuándo, finalmente, harás tú justicia, y vengarás a nuestros hermanos?

23. Nosotros nos resolvimos a servir a tu padre, y obedecerle, y observar sus leyes;

24. y por esta causa nos tomaron aversión los de nuestro mismo pueblo, han dado muerte a todo el que han encontrado de nosotros, y han robado nuestros bienes;

25. y no tan sólo han ejercido su violencia contra nosotros, sino también por todo nuestro país.

26. Y he aquí que ahora han puesto sitio al alcázar de Jerusalén para apoderarse de él, y han fortificado a Betsura.

27. Y si tú no obras con más actividad que ellos, harán aún cosas mayores que éstas, y no podrás tenerlos a raya.

28. Irritóse el rey al oír esto, e hizo llamar a todos sus amigos, y a los principales oficiales de su ejército, y a los comandantes de la caballería.

29. Llegáronle también tropas asalariadas de otros reinos, y de las islas o países de ultramar.

30. De suerte que juntó un ejército de cien mil infantes con veinte mil hombres de caballería, y treinta y dos elefantes adiestrados para el combate.

31. Y entrando estas tropas por la Idumea, vinieron a poner sitio a Betsura, y la combatieron por espacio de muchos días, e hicieron varias máquinas de guerra; pero habiendo hecho una salida los sitiados, las quemaron, y pelearon valerosamente.

32. A este tiempo levantó Judas el sitio del alcázar de Jerusalén, y dirigió sus tropas hacia Betzacara, frente del campamento del rey.

33. Levantóse el rey antes de amanecer, e hizo marchar apresuradamente su ejército por el camino de Betzacara. Preparándose para el combate ambos ejércitos, y dieron la señal con las trompetas;

34. mostraron a los elefantes vino tinto y zumo de moras, a fin de incitarlos a la batalla;

35. y distribuyeron estos animales por las legiones, poniendo alrededor de cada elefante mil hombres armados de cotas de malla y morriones de bronce, y además quinientos hombres escogidos de caballería cerca de cada elefante.

36. Hallábanse estas tropas anticipadamente en donde quiera que había de estar el elefante, e iban donde él iba, sin apartarse de él nunca.

37. Sobre cada una de estas bestias había una fuerte torre de madera, que les servía de defensa, y sobre la torre máquinas de guerra; yendo en cada torre treinta y dos hombres esforzados, los cuales peleaban desde ella, y ademas un indio que gobernaba la bestia,

38. Y el resto de la caballería, dividido en dos trozos, lo colocó en los flancos del ejército

para excitarlo con el sonido de las trompetas, y tener así encerradas las filas de sus legiones.

39. Así que salió el sol e hirió con sus rayos los broqueles de oro y de bronce, reflejaron éstos la luz en los montes, resplandeciendo como antorchas encendidas.

40. Y la una parte del ejército del rey caminaba por lo alto de los montes, y la otra por los lugares bajos, e iban avanzando con precaución y en buen orden.

41. Y todos los moradores del país estaban asombrados a las voces de aquella muchedumbre, y al movimiento de tanta gente, y al estruendo de sus armas; pues era grandísimo y muy poderoso aquel ejército.

42. Y adelantóse Judas con sus tropas para dar la batalla, y murieron del ejército del rey seiscientos hombres.

43. Y Eleazar, hijo de Saura, observó un elefante que iba enjaezado con una regia cota de malla, y que era más alto que todos los demás; y juzgó que iría encima de él el rey.

44. E hizo el sacrificio de sí mismo por libertar a su pueblo y granjearse un nombre eterno.

45. Corrió, pues, animosamente hacia el elefante por en medio de la legión, matando a diestra y siniestra, y atropellando a cuantos se le ponían delante;

46. y fue a meterse debajo del vientre del elefante; y lo mató; pero cayendo la bestia encima de él, lo dejó muerto.

47. Mas los judíos viendo las fuerzas e impetuosidad del ejército del rey, hicieron una retirada.

48. Entonces las tropas del rey fueron contra ellos por el camino de Jerusalén, y llegando a la Judea acamparon junto al monte de Sión.

49. El rey hizo un tratado con los que estaban en Betsura; los cuales salieron de la ciudad, porque estando sitiados dentro de ella, no tenían víveres de repuesto, por ser aquel año sabático, o de descanso para los campos.

50. De esta suerte el rey se apoderó de Betsura, dejando en ella una guarnición para su custodia.

51. Asentó después sus reales cerca del lugar santo, donde permaneció muchos días, preparando allí ballestas y otros ingenios para lanzar fuegos, y máquinas para arrojar piedras y dardos, e instrumentos para tirar saetas, y además de eso hondas.

52. Los sitiados hicieron también máquinas contra las de los enemigos, y defendiéronse por muchos días.

53. Faltaban, empero, víveres en la ciudad, por ser el año séptimo, o sabático, y porque los gentiles que habían quedado en Judea habían consumido todos los repuestos.

54. Con eso quedó poca gente para la defensa de los lugares santos; porque los soldados se hallaron acosados del hambre, y se desparramaron, yéndose cada cual a su lugar.

55. En esto llegó a entender Lisias que Filipo (a quien el rey Antíoco, estando aún en vida, había encargado la educación de su hijo Antíoco para que ocupase el trono)

56. había vuelto de Persia y de la Media con el ejército que había ido con él, y que buscaba medios para apoderarse del gobierno del reino.

57. Por tanto fue inmediatamente, y dijo al rey y a los generales del ejército: nos vamos consumiendo de día en día; tenemos pocos víveres; la plaza que tenemos sitiada está bien pertrechada; y lo que nos urge es arreglar los negocios del reino.

58. Ahora, pues, compongámonos con estas gentes, y hagamos la paz con ellas y con toda su nación;

59. y dejémosles que vivan como antes según sus leyes, pues por amor de sus leyes, que hemos despreciado nosotros, se han encendido en cólera y hecho todas estas cosas.

60. Pareció bien al rey y a sus príncipes esta proposición; y envió a hacer la paz con los judíos, los cuales la aceptaron.

61. Confirmáronla con juramento el rey y los príncipes; y salieron de la fortaleza los que la defendían.

62. Y entró el rey en el monte de Sión, y observó las fortificaciones que en él había; pero violó luego el juramento hecho, mandando derribar el muro que había alrededor.

63. Partió después de allí a toda prisa, y se volvió a Antioquía, donde halló que Filipo se había hecho dueño de la ciudad; mas habiendo peleado contra él, la recobró.

CAPÍTULO VII

Demetrio, hijo de Seleuco, llega a Siria; hace quitar la vida a Antíoco Eupátor y a Lisias, y recobra el reino de sus padres. Envía a Baquides por comandante de la Judea, con orden de dar la posesión del sumo sacerdocio a Alcimo. Opónesele Judas Macabeo y le obliga a volverse a Antioquía. Nicanor, enviado contra Judas, es vencido por éste y muerto. Institúyese una fiesta en memoria de esta victoria.

1. El año ciento cincuenta y uno, Demetrio, hijo de Seleuco, salió de la ciudad de Roma, y llegó con poca comitiva a una ciudad marítima y allí comenzó a reinar.

2. Y apenas entró en el reino de sus padres, cuando el ejército se apoderó de Antíoco y de Lisias, para presentárselos a él.

3. Mas así que lo supo, dijo: Haced que no vea yo su cara.

4. Con esto la misma tropa les quitó la vida, y Demetrio quedó sentado en el trono de su reino.

5. Y vinieron a presentársele algunos hombres malvados e impíos de Israel, cuyo caudillo era Alcimo, el cual pretendía ser Sumo sacerdote.

6. Acusaron éstos a su nación delante del rey, diciendo: Judas y sus hermanos han hecho perecer a todos tus amigos, y a nosotros nos han arrojado de nuestra tierra.

7. Envía, pues, una persona de tu confianza, para que vaya y vea todos los estragos que aquél nos ha causado a nosotros y a las provincias del rey, y castigue a todos sus amigos y partidarios.

8. En efecto, el rey eligió de entre sus amigos a Báquides, que tenía el gobierno de la otra parte del río, magnate del reino y de la confianza del rey; y lo envió

9. a reconocer las vejaciones que había hecho Judas, confiriendo además el sumo pontificado al impío Alcimo, al cual dio orden de castigar a los hijos de Israel.

10. Pusiéronse, pues, en camino, y entraron con un grande ejército en el país de Judá; y enviaron mensajeros a Judas y sus hermanos para engañarlos con buenas palabras.

11. Pero éstos no quisieron fiarse de ellos, viendo que habían venido con un poderoso ejército.

12. Sin embargo, el colegio de los escribas pasó a estar con Alcimo y con Báquides para hacerles algunas proposiciones justas o razonables.

13. Al frente de estos hijos de Israel iban los asideos, los cuales le pedían la paz.

14. Porque decían: Un sacerdote de la estirpe de Aarón es el que viene a nosotros: no es de creer que nos engañe.

15. Alcimo, pues, les habló palabras de paz, y les juró, diciendo: No os haremos daño alguno ni a vosotros ni a vuestros amigos.

16. Dieron ellos crédito a su palabra; pero él hizo prender a sesenta de los mismos, y en un día les hizo quitar la vida: conforme a lo que está escrito en los Salmos:

17. Alrededor de Jerusalén arrojaron los cuerpos de tus santos y su sangre; ni hubo quien les diese sepultura.

18. Con esto se apoderó de todo el pueblo un grande temor y espanto, y decíanse unos a otros: no se encuentra verdad ni justicia en estas gentes; pues han quebrantado el tratado y el juramento que hicieron.

19. Y levantó Báquides sus reales de Jerusalén, y fue a acamparse junto a Betzeca, desde donde envió a prender a muchos que habían abandonado su partido; haciendo degollar a varios del pueblo, y que los arrojaran en un profundo pozo.

20. Encargóse después el gobierno del país a Alcimo, dejándole un cuerpo de tropas que le sostuviera: y volvióse Báquides a donde esfaba el rey.

21. Hacía Alcimo todos sus esfuerzos para asegurarse en su pontificado;

22. y habiéndose unido a él todos los revoltosos del pueblo, se hicieron dueños de toda la tierra de Judá, y causaron grandes estragos en Israel.

23. Viendo, pues, Judas las extorsiones que Alcimo y los suyos habían hecho a los hijos de Israel, y que eran mucho peores que las causadas por los gentiles,

24. salió a recorrer todo el territorio de la Judea, y castigó a estos desertores de la causa de la patria; de suerte que no volvieron a hacer más excursiones por el país.

25. Mas cuando Alcimo vio que Judas y sus gentes ya prevalecían, y que él no podía resistirles, se volvió a ver al rey, y los acusó de muchos delitos.

26. Entonces el rey envió a Nicanor, uno de sus más ilustres magnates y enemigo declarado de Israel, con la orden de acabar con este pueblo.

27. Pasó, pues, Nicanor a Jerusalén con un grande ejército, y envió luego sus emisarios a Judas y a sus hermanos para engañarlos con palabras de paz,

28. diciéndoles: No hay guerra entre mí y vosotros: yo pasaré con poca comitiva a veros y tratar de paz.

29. Con efecto, fue Nicanor a ver a Judas; y se saludaron mutuamente como amigos; pero los enemigos estaban prontos para apoderarse de Judas.

30. Y llegando Judas a entender que habían venido con mala intención, temió y no quiso volverlo a ver más.

31. Conoció entonces Nicanor que estaba descubierta su trama; y salió a pelear contra Judas junto a Cafarsalama,

32. donde quedaron muertos como unos cinco mil hombres del ejército de Nicanor. Judas, empero, y los suyos se retiraron a la ciudad o fortaleza de David.

33. Después de esto subió Nicanor al monte de Sión; y así que llegó, salieron a saludarle pací-

ficamente algunos sacerdotes del pueblo, y a hacerle ver los holocaustos que se ofrecían por el rey.

34. Mas él los recibió con desprecio y mofa, los trató como a personas profanas, y les habló con arrogancia,

35. y lleno de cólera les juró diciendo: si no entregáis en mis manos a Judas y a su ejército, inmediatamente que yo vuelva victorioso, abrasaré esta casa, o templo. Y marchóse sumamente enfurecido.

36. Entonces los sacerdotes entraron en el templo a presentarse ante el altar, y llorando dijeron:

37. Señor, Tú elegiste esta casa a fin de que en ella fuese invocado tu santo Nombre, y fuese un lugar de oración y de plegarias para tu pueblo.

38. Haz que resplandezca tu venganza sobre este hombre y su ejército, y perezcan al filo de la espada: ten presentes sus blasfemias, y no permitas que subsistan sobre la tierra.

39. Habiendo, pues, partido Nicanor de Jerusalén, fue a acamparse cerca de Bethorón, y allí se le juntó el ejército de la Siria.

40. Judas empero acampó junto a Adarsa con tres mil hombres, e hizo oración a Dios en estos términos:

41. Señor, cuando los enviados del Sennaquerib blasfemaron contra ti, vino un ángel que les mató ciento ochenta y cinco mil hombres.

42. Extermina hoy del mismo modo a nuestra vista ese ejército: y sepan todos los demás que Nicanor ha hablado indignamente contra tu Santuario, y júzgalo conforme a su maldad.

43. Diose, pues, la batalla el día trece del mes de Adar; y quedó derrotado el ejército de Nicanor; siendo él el primero que murió en el combate.

44. Viendo los soldados de Nicanor que éste había muerto, arrojaron las armas, y echaron a huir.

45. Siguiéronles los judíos al alcance toda una jornada desde Adazer hasta Gázara, y al ir tras de ellos tocaban las trompetas para avisar a todos la huida del enemigo.

46. Con esto salían gentes de todos los pueblos de la Judea situados en las cercanías, y cargando sobre ellos con denuedo, los hacían retroceder hacia los vencedores; de suerte que fueron todos pasados a cuchillo, sin que escapara ni siquiera uno.

47. Apoderáronse en seguida de sus despojos, y cortaron la cabeza a Nicanor, y su mano derecha, la cual había levantado él insolentemente contra el templo, y las llevaron y colgaron a la vista de Jerusalén.

48. Alegróse sobremanera el pueblo con la victoria, y pasaron aquel día en grande regocijo:

49. Y ordenó Judas que se celebrase todos los años esta fiesta a trece del mes de Adar.

50. Y la tierra de Judá quedó en reposo algún poco de tiempo.

CAPÍTULO VIII

Judas, oída la fama de los romanos, les envía embajadores y hace con ellos alianza para librar a los judíos del yugo de los griegos.

1. Y oyó Judas la reputación de los romanos, y que eran poderosos, y se prestaban a todo cuanto se les pedía, y que habían hecho amistad con todos los que se habían querido unir a ellos, y que era muy grande su poder.

2. Había también oído hablar de sus guerras, y de las proezas que hicieron en la Galacia, de la cual se habían enseñoreado y héchola tributaria suya;

3. y de las cosas grandes obradas en España, y cómo se habían hecho dueños de las minas de plata y de oro que hay allí, conquistando todo aquel país a esfuerzos de su prudencia y constancia.

4. Que asimismo habían sojuzgado regiones sumamente remotas, y destruido reyes, que en las extremidades del mundo se habían movido contra ellos, habiéndolos abatido enteramente, y que todos los demás les pagaban tributo cada año;

5. cómo también habían vencido en batalla, y sujetado a Filipo y a Perseo, rey de los ceteos, o macedonios, y a los demás que habían tomado las armas contra ellos;

6. que Antíoco el Grande, rey de Asia, el cual los había acometido con un ejército sumamente poderoso, en donde iban ciento y veinte elefantes, muchísima caballería y carros de guerra, fue asimismo enteramente derrotado;

7. cómo además lo cogieron vivo, y lo obligaron tanto a él como a sus sucesores a pagarles un grande tributo, y a que diese rehenes, y lo demás que se había pactado:

8. a saber, el país de los Indos, el de los medos y el de los lidios, sus provincias más excelentes; y cómo después de haberlas recibido de ellos, las dieron al rey Eumenes.

9. Supo también Judas cómo habían querido los griegos ir contra los romanos para destruirlos

10. y que al saberlo éstos enviaron en contra uno de sus generales, y dándoles batalla les

mataron mucha gente, y se llevaron cautivas a las mujeres con sus hijos, saquearon todo el país y se hicieron dueños de él; derribaron los muros de sus ciudades, y redujeron aquellas gentes a la servidumbre, como lo están hasta el día de hoy;

11. y cómo habían asolado y sometido a su imperio los otros reinos e islas que habían tomado las armas contra ellos;

12. pero que con sus amigos, y con los que se entregaban con confianza en sus manos, guardaban buena amistad; y que se habían enseñoreado de los reinos, ya fuesen vecinos, ya lejanos, porque cuantos oían su nombre los temían:

13. que aquellos a quienes ellos querían dar auxilio para que reinasen, reinaban en efecto; y al contrario, quitaban el reino a quienes querían: y que de esta suerte se habían elevado a un sumo poder;

14. que sin embargo de todo esto, ninguno de entre ellos ceñía su cabeza con corona, ni vestía púrpura para ensalzarse sobre los demás;

15. y que habían formado un senado compuesto de trescientas veinte personas, y que cada día se trataban en este consejo los negocios públicos, a fin de que se hiciese lo conveniente;

16. y finalmente, que se confiaba cada año la magistratura o supremo gobierno a un solo hombre, para que gobernase todo el Estado, y que así todos obedecían a uno solo, sin que hubiese entre ellos envidia ni celos.

17. Judas, pues, en vista de todo esto, eligió a Eupólemo, hijo de Juan, que lo era de Jacob, y a Jasón, hijo de Eleázaro, y los envió a Roma para establecer amistad y alianza con ellos,

18. a fin de que los libertasen del yugo de los griegos; pues estaban viendo cómo tenían éstos reducido a esclavitud el reino de Israel.

19. En efecto, después de un viaje muy largo; llegaron aquéllos a Roma y habiéndose presentado al Senado, dijeron:

20. Judas Macabeo, y sus hermanos y el pueblo judaico nos envían para establecer alianza y paz con vosotros, a fin de que nos contéis en el número de vuestros aliados y amigos.

21. Parecióles bien a los romanos esta proposición.

22. Y he aquí el rescripto que hicieron grabar en láminas de bronce, y enviaron a Jerusalén para que lo tuviesen allí los judíos como un monumento de esta paz y alianza:

23. DICHOSOS SEAN por mar y por tierra eternamente los romanos y la nación de los judíos, y aléjense siempre de ellos la guerra y el enemigo.

24. Pero si sobreviniere alguna guerra a los romanos, o a alguno de los aliados en cualquiera parte de sus dominios,

25. los auxiliará la nación de los judíos de todo corazón, según se lo permitieren las circunstancias,

26. sin que los romanos tengan que dar y suministrar a las tropas que envíe, ni víveres, ni armas, ni dinero, ni naves, porque así ha parecido a los romanos; y las tropas les obedecerán sin recibir de ellos la paga.

27. De la misma manera, si primero sobreviniese alguna guerra a los judíos, los auxiliarán de corazón los romanos, según la ocasión se lo permitiere;

28. sin que los judíos tengan que abastecer a las tropas auxiliares, ni de víveres, ni de armas, ni de dinero, ni de naves, porque así ha parecido a los romanos; y las tropas aquellas les obedecerán sinceramente.

29. Éste es el pacto que hacen los romanos con los judíos.

30. Mas si en lo venidero los unos o los otros quisieren añadir o quitar alguna cosa de lo que va expresado, lo harán de común consentimiento, y todo cuanto así añadieren o quitaren permanecerá firme y estable.

31. Por lo que mira a las injurias que el rey Demetrio ha hecho a los judíos, nosotros le hemos escrito, diciéndole: ¿por qué has oprimido con yugo tan pesado a los judíos, amigos que son y aliados nuestros?

32. Como vengan, pues, ellos de nuevo a quejarse a nosotros, les haremos justicia contra ti, y te haremos guerra por mar y tierra.

CAPÍTULO IX

Vuelven Báquides y Alcimo a Judea: háceles frente Judas, el cual muere en el combate, y le sucede su hermano Jonatás. Acomete éste a los hijos de Jambri, y mata mil hombres del ejército de Báquides. Muerte de Alcimo. Báquides al fin tiene que hacer la paz con Jonatás.

1. Entretanto, así que Demetrio supo que Nicanor con todas sus tropas habían perecido en el combate, envió de nuevo a Báquides y a Alcimo a la Judea, y con ellos el ala derecha o lo mejor de su ejército.

2. Dirigiéronse por el camino que va a Gálgala, y acamparon en Masalot, que está en Arbelas; la cual tomaron y mataron allí mucha gente.

3. En el primer mes del año ciento cincuenta y dos se acercaron con el ejército a Jerusalén;

311

4. de donde salieron y se fueron a Berea en número de veinte mil hombres y dos mil caballos.

5. Había Judas sentado su campo en Laisa, y tenía consigo tres mil hombres escogidos.

6. Mas cuando vieron la gran muchedumbre de tropas enemigas, se llenaron de grande temor, y desertaron muchos del campamento; de suerte que no quedaron más que ochocientos hombres.

7. Viendo Judas reducido a tan corto número su ejército, y que el enemigo le estrechaba de cerca, perdió el ánimo: pues no tenía tiempo para ir a reunir las tropas, y desmayó.

8. Con todo, dijo a los que le habían quedado: ¡ea!, vamos contra nuestros enemigos, y veamos si podemos batirlos.

9. Mas ellos procuraban disuadirlo de eso, diciendo: de ningún modo podemos: pongámonos más bien a salvo, yéndonos a incorporar con nuestros hermanos, y despues volveremos a pelear con ellos: ahora somos nosotros muy pocos.

10. Líbrenos Dios, respondió Judas, de huir de delante de ellos: si ha llegado nuestra hora, muramos valerosamente en defensa de nuestros hermanos, y no echemos un borrón a nuestra gloria.

11. A este tiempo salió de sus reales el ejército enemigo, y vino a su encuentro: la caballería iba dividida en dos cuerpos; los honderos y los flecheros ocupaban el frente del ejército, cuya vanguardia componían los soldados más valientes.

12. Báquides estaba en el ala derecha, y los batallones avanzaron en forma de media luna, tocando al mismo tiempo las trompetas.

13. Los soldados de Judas alzaron también el grito, de suerte que la tierra se estremeció con el estruendo de los ejércitos, y duró el combate desde la mañana hasta la caída de la tarde.

14. Habiendo conocido Judas que el ala derecha del ejército de Báquides era la más fuerte, tomó consigo los más valientes de su tropa,

15. y derrotándolo, persiguió a los que la componían hasta el monte de Azoto.

16. Mas los que estaban en el ala izquierda al ver desbaratada la derecha, fueron por la espalda en seguimiento de Judas y de su gente;

17. y encendiéndose con más vigor la pelea, perdieron muchos la vida de una y otra parte.

18. Pero habiendo caído muerto Judas, huyó el resto de su gente.

19. Recogieron después Jonatás y Simón el cuerpo de su hermano Judas, y lo enterraron en el sepulcro de sus padres en la ciudad de Modín.

20. Y todo el pueblo de Israel manifestó un gran sentimiento, y lo lloró por espacio de muchos días.

21. ¡Cómo es, decían, que ha perecido el campeón que salvaba al pueblo de Israel!

22. Las otras guerras, empero, de Judas, y las grandes hazañas que hizo, y la magnanimidad de su corazón no se han descrito, por ser excesivamente grande su número.

23. Y sucedió que muerto Judas, se manifestaron en Israel por todas partes los hombres perversos, y se dejaron ver todos los que obraban la maldad.

24. Por este tiempo sobrevino una grandísima hambre, y todo el país con sus habitantes se sujetó a Báquides;

25. el cual escogió hombres perversos, y púsolos por comandantes del país.

26. Y andaban éstos buscando, y en pesquisa de los amigos de Judas, y los llevaban a Báquides, quien se vengaba de ellos, y les hacía mil oprobios.

27. Fue, pues, grande la tribulación de Israel, y tal que no se había experimentado semejante desde el tiempo en que dejó de verse profeta en Israel.

28. En esto se juntaron todos los amigos de Judas, y dijeron a Jonatás:

29. después que murió tu hermano Judas, no hay ninguno como él que salga contra nuestros enemigos, que son Báquides y los enemigos de nuestra nación.

30. Por tanto te elegimos hoy en su lugar, para que seas nuestro príncipe, y el caudillo en nuestras guerras.

31. Y aceptó entonces Jonatás el mando, y ocupó el lugar de su hermano Judas.

32. Sabedor de esto Báquides, buscaba medios para quitarle la vida;

33. pero habiéndolo llegado a entender Jonatás, y Simón su hermano, con todos los que le acompañaban, se huyeron al desierto de Tecua, e hicieron alto junto al lago de Asfar.

34. Súpolo Báquides, y marchó él mismo con todo su ejército, en día de sábado, al otro lado del Jordán.

35. Entonces Jonatás envió a su hermano, caudillo del pueblo, a rogar a los nabuteos, sus amigos, que les prestasen su tren de guerra, que era grande.

36. Pero saliendo de Madaba los hijos de Jambri, cogieron a Juan y cuanto conducía, y se fueron con todo.

37. De allí a poco dieron noticia a Jonatás y a su hermano Simón, de que los hijos de Jambri celebraban unas grandes bodas, y que llevaban desde Madaba con mucha pompa la novia, la

cual era hija de uno de los grandes príncipes de Canaán.

38. Acordáronse entonces de la sangre derramada de Juan su hermano y fueron, y se escondieron en las espesuras de un monte.

39. En este estado, levantando sus ojos, vieron a cierta distancia una multitud de gentes, y un magnífico aparato; pues había salido el novio con sus amigos y parientes a recibir a la novia, al son de tambores e instrumentos músicos, con mucha gente armada.

40. Entonces saliendo súbitamente de su emboscada, se echaron sobre ellos, y mataron e hirieron a muchos, huyendo los demás a los montes; con lo cual se apoderaron de todos sus despojos;

41. de suerte que las bodas se convirtieron en duelo, y sus conciertos de música en lamentos.

42. Y vengaron de este modo la sangre de su hermano, y volviéronse hacia la ribera del Jordán.

43. Luego que lo supo Báquides, vino con un poderoso ejército en un día de sábado a la orilla del Jordán.

44. Entonces Jonatás dijo a los suyos: ¡ea!, vamos a pelear contra nuestros enemigos; pues no nos hallamos nosotros en la situación de ayer y demás días anteriores.

45. Vosotros veis que tenemos de frente a los enemigos; a la espalda, hacia derecha e izquierda, las aguas del Jordán, con sus riberas y pantanos, y bosques, sin que nos quede medio para escapar.

46. Ahora, pues, clamad al cielo, para que seáis librados de vuestros enemigos. Y trabóse luego el combate;

47. en el cual levantó Jonatás su brazo para matar a Báquides; pero evitó éste el golpe, retirando su cuerpo hacia atrás.

48. En fin, Jonatás y los suyos se arrojaron al Jordán, y lo pasaron a nado, a la vista de sus enemigos.

49. Y habiendo perecido en aquel día mil hombres del ejército de Báquides, se volvió éste con sus tropas a Jerusalén.

50. Y en seguida reedificaron las plazas fuertes de Judea, y fortificaron con altos muros, con puertas y barras de hierro las ciudades de Jericó, de Ammaum, de Bethorón, de Betel, de Tamnata, de Fara y de Topo.

51. En ellas puso Báquides guarniciones, para que hicieran correrías contra Israel.

52. Fortificó también la ciudad de Betsura, y la de Gázara, y el alcázar de Jerusalén, poniendo en todas partes guarnición y víveres.

53. Tomó después en rehenes los hijos de las primeras familias del país, y los tuvo custodiados en el alcázar de Jerusalén.

54. En el segundo mes del año ciento cincuenta y tres mandó Alcimo derribar las murallas de la parte interior del templo, y que se destruyesen las obras de los profetas Ageo y Zacarías. Comenzó con efecto la demolición;

55. pero hiriólo el Señor entonces, y no pudo acabar lo que había comenzado: perdió el habla, quedó baldado de perlesía, sin poder pronunciar una palabra más, ni dar disposición alguna en los asuntos de su casa.

56. Y murió Alcimo de allí a poco, atormentado de grandes dolores.

57. Viendo Báquides que había muerto Alcimo, se volvió adonde estaba el rey, y quedó el país en reposo por dos años.

58. Pero al cabo los malvados todos formaron el siguiente designio: Jonatás, dijeron, y los que con él están, viven en sosiego y descuidados; ahora es tiempo de hacer venir a Báquides y de que los sorprenda a todos en una noche.

59. Fueron, pues, a verse con él, y le propusieron este designio.

60. Báquides se puso luego en camino con un poderoso ejército, y envió secretamente sus cartas a los que seguían su partido en la Judea, a fin de que pusiesen presos a Jonatás y a los que le acompañaban; mas no pudieron hacer nada, porque éstos fueron advertidos de su designio.

61. Entonces Jonatás prendió a cincuenta personas del país, que eran los principales jefes de aquella conspiración, y les quitó la vida.

62. En seguida se retiró con su hermano Simón y los de su partido a Betbesén, que está en el desierto; repararon sus ruinas, y la pusieron en estado de defensa.

63. Tuvo noticia de esto Báquides, y juntando todas sus tropas, y avisando a los partidarios que tenía en la Judea,

64. vino a acamparse sobre Betbesén, a la cual tuvo sitiada por mucho tiempo, haciendo construir máquinas de guerra.

65. Pero Jonatás, dejando en la ciudad a su hermano Simón, fue a recorrer el país y volviendo con un buen cuerpo de tropa,

66. derrotó a Odarén, y a sus hermanos, y a los hijos de Faserón en sus propias tiendas, y comenzó a hacer destrozo en los enemigos y a dar grandes muestras de su valor.

67. Simón, empero, y sus tropas, salieron de la ciudad, y quemaron las máquinas de guerra;

68. atacaron a Báquides y lo derrotaron, causándole grandísimo pesar por ver frustrados sus designios y tentativas;

69. y así lleno de cólera contra aquellos hombres perversos que le habían aconsejado venir a su país, hizo matar a muchos de ellos, y resolvió volverse a su tierra con el resto de sus tropas.

70. Sabedor de esto Jonatás, le envió embajadores para ajustar la paz con él, y canjear los prisioneros.

71. Recibiólos Báquides gustosamente, y consintiendo en lo que proponía Jonatás, juró que en todos los días de su vida no volvería a hacerle mal ninguno.

72. Entrególe asimismo los prisioneros que había hecho antes en el país de Judá: después de lo cual partió para su tierra y no quiso volver más a la Judea.

73. Con esto cesó la guerra en Israel, y Jonatás fijó su residencia en Macmas, donde comenzó a gobernar la nación, y exterminó de Israel a los impíos.

CAPÍTULO X

Alejandro, hijo de Antíoco Epífanes, se levanta contra Demetrio. Ambos solicitan la amistad de Jonatás, el cual se declara a favor de Alejandro, y éste le colma de honras. Vence Jonatás a Apolonio, general de Demetrio, incendia a Azoto y el templo de Dagón, y es nuevamente honrado de Alejandro, que le da la ciudad de Acarón y la condecoración de la hebilla o broche de oro.

1. El año ciento sesenta Alejandro, hijo de Antíoco el Ilustre, subió a ocupar a Tolemaida, y fue bien recibido, y empezó allí a reinar.

2. Así que lo supo el rey Demetrio, levantó un poderoso ejército, y marcho a pelear contra él.

3. Envió también una carta a Jonatás llena de expresiones afectuosas y de grandes elogios de su persona.

4. Porque dijo él a los suyos: anticipémonos a hacer con él la paz, antes que la haga con Alejandro en daño nuestro;

5. pues él se acordará sin duda de los males que le hemos hecho tanto a él como a su hermano y a su nación.

6. Diole, pues, facultad para levantar un ejército y fabricar armas: declaróle su aliado, y mandó que se le entregasen los que estaban en rehenes en el alcázar de Jerusalén.

7. Entonces Jonatás pasó a Jerusalén, y leyó las cartas de Demetrio delante de todo el pueblo y de los que estaban en el alcázar.

8. E intimidáronse éstos en gran manera al oír que el rey le daba facultad de levantar un ejército.

9. Entregáronse luego a Jonatás los rehenes, el cual los volvió a sus padres.

10. Fijó Jonatás su residencia en Jerusalén, y comenzó a reedificar y restaurar la ciudad:

11. y mandó a los arquitectos que levantasen una muralla de piedras cuadradas alrededor del monte de Sión, para que quedase bien fortificado; y así lo hicieron.

12. Entonces los extranjeros que estaban en las fortalezas construidas por Báquides se huyeron;

13. y abandonando sus puestos se fue cada cual a su país.

14. Sólo en Betsura quedaron algunos de aquellos que habían abandonado la ley y los preceptos de Dios; porque esta fortaleza era su refugio.

15. Entretanto llegaron a oídos de Alejandro las promesas que Demetrio había hecho a Jonatás, y le contaron las batallas y acciones gloriosas de Jonatás y de sus hermanos, y los trabajos que habían padecido.

16. Y dijo: ¿podrá haber acaso otro varón como éste? Pensemos, pues, en hacerle nuestro amigo y aliado.

17. Con esta mira le escribió, enviándole una carta concebida en los términos siguientes:

18. El rey Alejandro, a su hermano Jonatás, salud:

19. Hemos sabido que eres un hombre de valor y digno de ser nuestro amigo.

20. Por lo tanto te constituimos hoy Sumo sacerdote de tu nación, y queremos además que tengas el título de Amigo del Rey, y que tus intereses estén unidos a los nuestros, y que conserves amistad con nosotros. Y envióle una vestidura de púrpura y la corona de oro.

21. En efecto, en el séptimo mes del año ciento sesenta, Jonatás se vistió la estola santa, en el día solemne de los Tabernáculos, y levantó un ejército, e hizo fabricar gran multitud de armas.

22. Así que supo Demetrio estas cosas, se contristó sobremanera, y dijo:

23. ¿Cómo hemos dado lugar a que Alejandro se nos haya adelantado a conciliarse la amistad de los judíos para fortalecer su partido?

24. Voy yo también a escribirles cortésmente, ofreciéndoles dignidades y dádivas, para empeñarlos a unirse conmigo en mi auxilio.

25. Y les escribió en estos términos: El rey Demetrio a la nación de los judíos, salud:

26. Hemos sabido con mucho placer que habéis mantenido la alianza que teníais hecha con nosotros; y que sois constantes en nuestra amistad, sin haberos coligado con nuestros enemigos.

27. Perseverad, pues, como hasta aquí, guardándonos la misma fidelidad, y os recompensaremos ampliamente lo que habéis hecho por nosotros.

28. Os perdonaremos además muchos impuestos, y os haremos muchas gracias.

29. Y desde ahora, a vosotros y a todos los
judíos os eximo de tributos, y os condono los
impuestos sobre la sal, las coronas, la tercera
parte de la simiente;

30. y la mitad de los frutos de los árboles, que
me corresponde, os la cedo a vosotros desde
hoy en adelante; por lo cual no se exigirá más
de la tierra de Judá, ni tampoco de las tres ciudades de Samaria y de Galilea, que se le han
agregado, y así será desde hoy para siempre.

31. Quiero también que Jerusalén sea santa o
privilegiada, y que quede libre con todo su
territorio, y que los diezmos y tributos sean
para ella.

32. Os entrego también el alcázar de Jerusalén,
y se lo doy al Sumo sacerdote para que ponga
en él la gente que él mismo escogiere para su
defensa.

33. Concedo ademas gratuitamente la libertad
a todos los judíos que se trajeron cautivos de la
tierra de Judá, en cualquier parte de mi reino
que se hallen, eximiéndolos de pagar pechos
por sí, y también por sus ganados.

34. Y todos los días solemnes, y los sábados, y
las neomenias, y los días establecidos, y los
tres días antes y después de la fiesta solemne
sean días de inmunidad y de libertad para
todos los judíos que hay en mi reino;

35. de modo que en estos días nadie podrá proceder contra ellos, ni llamarlos a juicio por
ningún motivo.

36. También ordeno que sean admitidos en el
ejército del rey hasta treinta mil judíos, los
cuales serán mantenidos del mismo modo que
todas las tropas reales, y se echará mano de
ellos para ponerlos de guarnición en las fortalezas del gran rey.

37. Igualmente se escogerán de éstos algunas
personas, a las cuales se encarguen los negocios del reino que exigen gran confianza; sus
jefes serán elegidos de entre ellos mismos, y
vivirán conforme a sus leyes, según el rey ha
ordenado para el país de Judá.

38. Repútense asimismo en un todo, como la
misma Judea, las tres ciudades de la provincia
de Samaria incorporadas a la Judea, de suerte
que no dependan más que de un jefe, ni reconozcan otra potestad que la del sumo sacerdote.

39. Hago donación de Tolemaida con su territorio al templo de Jerusalén para los gastos
necesarios del Santuario:

40. y le consigno todos los años quince mil
siclos de plata de los derechos reales que me
pertenecen.

41. Y todo aquello que ha quedado atrasado, y
han dejado de pagar mis administradores en
los años precedentes, se entregará desde ahora
para la reparación del templo del Señor;

42. Y por lo que hace a los cinco mil siclos de
plata que aquéllos recaudaban cada año por
cuenta de las rentas del Santuario, también
pertenecerán éstos a los sacerdotes que están
ejerciendo las funciones de su ministerio.

43. Asimismo, todos aquellos que siendo responsables al rey, por cualquier motivo que sea,
se refugiaren en el templo de Jerusalén, o a
cualquier parte de su recinto, quedarán inmu-
nes, y gozarán libremente de todos los bienes
que posean en mi reino.

44. Y finalmente, el gasto de lo que se edifique
o repare en el Santuario, correrá de cuenta del
rey;

45. como también lo que se gaste para restaurar los muros de Jerusalén y fortificarlos por
todo el rededor, y para las murallas que deben
levantarse en la Judea.

46. Habiendo, pues, oído Jonatás y el pueblo
estas proposiciones de Demetrio, no las creyeron sinceras, ni las quisieron aceptar: porque se
acordaban de los grandes males que había hecho
en Israel, y cuán duramente los había oprimido.

47. Y así se inclinaron más bien a complacer a
Alejandro, pues había sido el primero que les
había hablado de paz, y con efecto, le auxiliaron constantemente.

48. En esto juntó el rey Alejandro un grande
ejército, y marchó con sus tropas contra
Demetrio.

49. Y diéronse la batalla ambos reyes, y
habiendo sido puestas en fuga las tropas de
Demetrio, las fue siguiendo Alejandro, y cargó
furiosamente sobre ellas.

50. Fue muy recio el combate, el cual duró
hasta ponerse el sol; y murió en él Demetrio.

51. Después de esto, Alejandro envió sus
embajadores a Tolomeo, rey de Egipto, para
que le dijesen en su nombre:

52. Puesto que he vuelto a mi reino, y me hallo
sentado en el trono de mis padres, y he recobrado mis estados y entrado en posesión de
mis dominios con la derrota de Demetrio,

53. a quien deshice en batalla campal, por el
cual motivo ocupo el trono del reino que él
poseía;

54. establezcamos ahora entre nosotros una
mutua amistad: y para ello concédeme por
esposa a tu hija, con lo cual seré yo tu yerno, y
te presentaré tanto a ti como a ella regalos dignos de tu persona.

55. A lo que el rey Tolomeo respondió diciendo: ¡bendito sea el día en que has vuelto a

entrar en la tierra de tus padres, y te has sentado en el trono de tu reino!

56. Yo estoy pronto a concederte lo que me has escrito: mas ven hasta Tolemaida, para que nos veamos allí ambos, y te entregue yo mi hija por esposa, conforme me pides.

57. Partió, pues, Tolomeo de Egipto con su hija Cleopatra, y vino a Tolemaida el año ciento sesenta y dos.

58. Y fue Alejandro a encontrarlo allí; y Tolomeo le dio a su hija Cleopatra por esposa, celebrándose sus bodas en dicha ciudad de Tolemaida con una magnificencia verdaderamente real.

59. El rey Alejandro escribió también a Jonatás que viniese a verlo;

60. y en efecto, habiendo pasado a Tolemaida con grande pompa, visitó a los dos reyes, les presentó mucha plata y oro, y otros regalos, y ellos le recibieron con mucho agrado.

61. Entonces algunos hombres corrompidos y malvados de Israel se conjuraron para presentar una acusación contra él; mas el rey no quiso darles oídos;

62. antes bien mandó que a Jonatás le quitasen sus vestidos, y lo revistiesen de púrpura. Y así se ejecutó. Después de lo cual el rey le mandó sentar a su lado.

63. Luego dijo a sus magnates: id con él por medio de la ciudad, y haced publicar que nadie por ningún título ose formar acusación contra él, ni le moleste, sea por el asunto que fuere.

64. Así que los acusadores vieron la honra que se hacía a Jonatás, y lo que se había pregonado, y como iba revestido de púrpura, echaron a huir todos.

65. Elevólo el rey a grandes honores, y lo contó entre sus principales amigos; hízolo general, y le dio parte en el gobierno.

66. Después de lo cual se volvió Jonatás a Jerusalén en paz, y lleno de gozo.

67. El año ciento sesenta y cinco, Demetrio el joven, hijo de Demetrio, vino desde Creta a la tierra de sus padres;

68. y habiéndolo sabido el rey Alejandro, tuvo de ello gran pena, y se volvió a Antioquía.

69. El rey Demetrio hizo general de sus tropas a Apolonio, que era gobernador de la Celesiria, el cual juntó un grande ejército, y se acercó a Jamnia, y envió a decir a Jonatás, Sumo sacerdote,

70. estas palabras: Tú eres el único que nos haces resistencia; y yo he llegado a ser un objeto de escarnio y oprobio, a causa de que tú te haces fuerte en los montes, y triunfas contra nosotros.

71. Ahora bien, si tú tienes confianza en tus tropas, desciende a la llanura, y mediremos allí nuestras fuerzas; pues el valor militar en mí reside.

72. Infórmate si no, y sabrás quién soy yo, y quiénes son los que vienen en mi ayuda; los cuales dicen confiadamente que vosotros no podréis sosteneros en nuestra presencia, porque ya dos veces fueron tus mayores puestos en fuga en su propio país.

73. ¿Cómo, pues, ahora podrás tú resistir el ímpetu de la caballería y de un ejército tan poderoso en una llanura, donde no hay piedras, ni peñas, ni arbitrio para huir?

74. Así que Jonatás oyó estas palabras de Apolonio, se alteró su ánimo y escogiendo diez mil hombres, partió de Jerusalén, saliendo a incorporarse con él su hermano Simón para ayudarle.

75. Fueron a acamparse junto a la ciudad de Joppe; la cual le cerró las puertas (porque Joppe tenía guarnición de Apolonio), y así hubo de ponerla sitio.

76. Pero atemorizados los que estaban dentro, le abrieron las puertas, y Jonatás se apoderó de ella.

77. Habiéndolo sabido Apolonio, se acercó con tres mil caballos y un ejército numeroso;

78. y marchando como para ir a Azoto, bajó sin perder tiempo a la llanura; pues tenía mucha caballería, en la cual llevaba puesta su confianza. Jonatás se dirigió también hacia Azoto, y allí se dio la batalla.

79. Había dejado Apolonio en el campo, a las espaldas de los enemigos, mil caballos en emboscada.

80. Y supo Jonatás esta emboscada que los enemigos habían dejado a sus espaldas; los cuales le cercaron en su campo, y estuvieron arrojando dardos sobre sus gentes desde la mañana hasta la tarde.

81. Empero, los de Jonatás se mantuvieron inmobles, conforme él había ordenado; y entretanto se fatigó mucho la caballería enemiga.

82. Entonces Simón hizo avanzar su gente, y acometió a la infantería, la cual se vio sola, pues la caballería estaba ya cansada; y la derrotó, y puso en fuga.

83. Los que se dispersaron por el campo, se refugiaron en Azoto, y se metieron en la casa o templo de su ídolo Dagón para salvarse allí.

84. Pero Jonatás puso fuego a Azoto y a las ciudades circunvecinas, después de haberlas saqueado; y abrasó el templo de Dagón con cuantos en él se habían refugiado.

85. y entre pasados a cuchillo y quemados, perecieron cerca de ocho mil hombres.

86. Levantó luego Jonatás el campo y se aproximó a Ascalón, cuyos ciudadanos salieron a recibirlos con grandes agasajos;

87. y regresó después a Jerusalén con sus tropas cargadas de ricos despojos.

88. Así que el rey Alejandro supo todos estos sucesos, concedió nuevamente mayores honores a Jonatás,

89. y le envió la hebilla o broche de oro, que se acostumbraba dar a los parientes del rey; y diole el dominio de Accarón y de su territorio.

CAPÍTULO XI

Usurpa Tolomeo el reino de Alejandro, y mueren ambos. Sube al trono Demetrio Nicanor, y los judíos le sostienen contra Antíoco; pero él falta a la alianza hecha con Jonatás, con el cual la hace después Antíoco, luego que vence a Demetrio, y ocupa el trono. Victorias de Jonatás contra las naciones extranjeras.

1. Después de esto el rey de Egipto juntó un ejército innumerable como las arenas de la orilla del mar, y gran número de naves; y trataba con perfidia de apoderarse del reino de Alejandro y unirlo a su corona.

2. Entró, pues, en la Siria aparentando amistad, y las ciudades le abrían las puertas, y salíanle a recibir sus moradores; pues así lo había mandado Alejandro, por cuanto era su suegro.

3. Mas Tolomeo, así que entraba en una ciudad, ponía en ella guarnición militar.

4. Cuando llegó a Azoto, le mostraron el templo de Dagón que había sido abrasado, y las ruinas de esta ciudad y de sus arrabales, muchos cadáveres tendidos en tierra, y los túmulos que habían hecho a lo largo del camino de los muertos en la batalla.

5. Y dijeron al rey que todo aquello lo había hecho Jonatás: con lo cual intentaban hacerle odiosa su persona; mas el rey no se dio por entendido.

6. Y salió Jonatás a recibir al rey con toda pompa en Joppe, y saludáronse mutuamente, y pasaron allí la noche.

7. Fue Jonatás acompañando al rey hasta un río llamado Eleutero, desde donde regresó a Jerusalén.

8. Pero el rey Tolomeo se apoderó de todas las ciudades que hay hasta Seleucia, situada en la costa del mar, y maquinaba traiciones contra Alejandro.

9. Y despachó embajadores a Demetrio para que le dijeran: Ven, haremos alianza entre los dos, y yo te daré mi hija desposada con Alejandro, y tú recobrarás así el reino de tu padre;

10. pues estoy arrepentido de haberle dado mi hija; porque ha conspirado contra mi vida.

11. Así lo infamaba; porque codiciaba alzarse con su reino.

12. Al fin habiéndole quitado la hija, se la dio a Demetrio, y entonces se extrañó Alejandro, e hizo patente su malvada intención.

13. Entró después Tolomeo en Antioquía, y ciñó su cabeza con dos diademas, la de Egipto y la de Asia.

14. Hallábase a esta sazón el rey Alejandro en Cilicia, por habérsele rebelado la gente de aquellas provincias.

15. Pero así que supo lo ocurrido con el rey Tolomeo, marchó contra él. Ordenó también éste sus tropas, y salió a su encuentro con grandes fuerzas y le derrotó.

16. Huyó Alejandro a Arabia, para ponerse allí a cubierto; y se aumentó así el poder de Tolomeo.

17. Y Zabdiel, príncipe de la Arabia, cortó la cabeza a Alejandro, y se la envió a Tolomeo.

18. De allí a tres días murió también el rey Tolomeo; y las tropas que estaban en las fortalezas, perdieron la vida a manos de las que estaban en el campamento.

19. Y entró Demetrio en posesión del reino el año ciento sesenta y siete.

20. Por aquellos días reunió Jonatás las milicias de la Judea para apoderarse del alcázar de Jerusalén; a este fin levantaron contra él muchas máquinas de guerra.

21. Mas algunos hombres malvados, enemigos de su propia nación, fueron al rey Demetrio y le dieron parte de que Jonatás tenía sitiado el alcázar.

22. Irritado al oír esto, pasó al instante a Tolemaida, y escribió a Jonatás que levantase el sitio del alcázar, y viniese al punto a verse con él.

23. Recibido que hubo Jonatás esta carta, mandó que se continuase el sitio; y escogiendo algunos de los ancianos o senadores de Israel, y de los sacerdotes, fue con ellos y se expuso al peligro.

24. Llevó consigo mucho oro y plata, ropas y varios otros regalos, y partió a presentarse al rey en Tolemaida, y se ganó su amistad.

25. Sin embargo, algunos hombres perversos de su nación formaron nuevamente acusaciones contra Jonatás.

26. Mas el rey lo trató como lo habían tratado sus predecesores; y le honró en presencia de todos su amigos o cortesanos,

27. y confirmóle en el sumo sacerdocio y en todos los demás honores que de antemano tenía, y tratóle como al primero de sus amigos.

28. Entonces Jonatás suplicó al rey que concediese franquicia de tributos a la Judea, a las tres toparquías y a Samaria con todo su territo-

317

rio; prometiendo darle, como en homenaje, trescientos talentos.

29. Otorgó el rey la petición, e hizo expedir el diploma para Jonatás, en estos términos:

30. El rey Demetrio a su hermano Jonatás y a la nación judaica, salud:

31. Os enviamos para conocimiento vuestro copia de la carta que acerca de vosotros hemos escrito a Lastenes, nuestro padre. Dice así:

32. El rey Demetrio a Lástenes, su Padre, salud:

33. Hemos resuelto hacer mercedes a la nación de los judíos, los cuales son nuestros amigos, y se portan fielmente con nosotros, a causa de la buena voluntad que nos tienen.

34. Decretamos, pues, que toda la Judea y las tres ciudades Aférema, Lida y Ramata, de la provincia de Samaria, agregadas a la Judea, y todos sus territorios queden destinados para todos los sacerdotes de Jerusalén, en cambio de lo que el rey percibía antes de ellos todos los años por los frutos de la tierra y de los árboles.

35. Asimismo les perdonamos desde ahora lo demás que nos pertenecía de diezmos y tributos, y los productos de las lagunas de la sal y las coronas de oro que se nos ofrecían.

36. Todo lo referido se lo concedemos, y todo irrevocablemente, desde ahora en adelante para siempre.

37. Ahora, pues, cuidad de que se saque una copia de este decreto, y entregádsela a Jonatás, para que se coloque en el monte santo de Sión en un paraje público.

38. Viendo después el rey Demetrio que toda la tierra estaba tranquila, y lo respetaba, sin que le quedase competidor ninguno, licenció todo su ejército, enviando a cada cual a su casa, salvo las tropas extranjeras que había asalariado de las islas de las naciones; con lo cual se atrajo el odio de todas las tropas que habían servido a sus padres.

39. Había entonces un cierto Trifón, que había sido antes del partido de Alejandro; y viendo que todo el ejército murmuraba de Demetrio, fue a verse con Emalcuel, árabe el cual educaba a Antíoco, hijo de Alejandro.

40. Y le hizo muchas y grandes instancias para que se le entregase, a fin de hacer que ocupase el trono de su padre; contóle todo lo que Demetrio había hecho, y cómo le aborrecía todo el ejército, y detúvose allí muchos días.

41. Entretanto Jonatás envió a pedir al rey Demetrio que mandase quitar la guarnición que había aún en el alcázar de Jerusalén y en las otras fortalezas, porque causaban daño a Israel.

42. Y Demetrio respondió a Jonatás: no sólo haré por ti y por tu nación lo que me pides, sino que también te elevaré a mayor gloria a ti y a tu pueblo, luego que el tiempo me lo permita.

43. Mas ahora me harás el favor de enviar tropas a mi socorro; porque todo mi ejército me ha abandonado.

44. Entonces Jonatás le envió a Antioquía tres mil hombres de los más valientes, por cuya llegada recibió el rey grande contento.

45. Pero los moradores de la ciudad, en número de ciento y veinte mil hombres, se conjuraron y querían matar al rey.

46. Encerróse éste en su palacio, y apoderándose los de la ciudad de las calles o avenidas, comenzaron a combatirle.

47. Entonces el rey hizo venir en su socorro a los judíos, los cuales se reunieron todos juntos a él: y acometiendo por varias partes a la ciudad,

48. mataron en aquel día cien mil hombres, y después de saqueada le pegaron fuego: y libertaron así al rey.

49. Al ver los sediciosos de la ciudad que los judíos se habían hecho dueños absolutos de ella, se aturdieron, y a gritos pidieron al rey misericordia, haciéndole esta súplica:

50. concédenos la paz, y cesen los judíos de maltratarnos a nosotros y a la ciudad.

51. Le rindieron las armas, e hicieron la paz. Con esto los judíos adquirieron grande gloria para con el rey y todo su reino; y habiéndose hecho en él muy célebres, se volvieron a Jerusalén cargados de ricos despojos.

52. Quedó con esto Demetrio asegurado en el trono de su reino: y sosegado todo el país, era respetado de todos.

53. Mas, sin embargo, faltó a todo lo que había prometido; se extrañó de Jonatás, y bien lejos de manifestarse reconocicio a los servicios recibidos, le hacía todo el mal que podia.

54. Después de estas cosas, volvió Trifón trayendo consigo a Antíoco, que era aún niño; el cual fue reconocido por rey, y ciñóse la diadema.

55. Y acudieron a presentársele todas las tropas que Demetrio había licenciado; y pelearon contra Demetrio, el cual volvió las espaldas, y se puso en fuga.

56. Apoderóse en seguida Trifón de los elefantes, y se hizo dueño de Antioquía.

57. Y el jovencito Antíoco escribió a Jonatás en estos términos: Te confirmo en el sumo sacerdocio y en el dominio de las cuatro ciudades, y quiero que seas uno de los amigos del rey.

58. Envióle también varias alhajas de oro para su servicio, y concedióle facultad de poder

beber en copa de oro, vestirse de púrpura y de llevar la hebilla o broche de oro.

59. Al mismo tiempo nombró a su hermano Simón por gobernador de todo el país, desde los confines de Tiro hasta las fronteras de Egipto.

60. Salió luego Jonatás, y recorrió las ciudades de la otra parte del río Jordán; y todo el ejército de la Siria acudió a su auxilio, con lo que se encaminó hacia Ascalón, cuyos moradores salieron a recibirlo con grandes festejos.

61. Desde allí pasó a Gaza, y sus habitantes le cerraron las puertas; por lo que le puso sitio, y quemó todos los alrededores de la ciudad, después de haberlo todo saqueado.

62. Entonces los de Gaza pidieron capitulación a Jonatás, el cual se la concedió; y tomando en rehenes a sus hijos, los envió a Jerusalén, y recorrió en seguida todo el país hasta Damasco.

63. A esta sazón supo Jonatás que los generales de Demetrio habían ido con un poderoso ejército a la ciudad de Cades, situada en la Galilea, para sublevarla, con el fin de impedirle que se mezclase en adelante en los negocios de reino de Antíoco.

64. Y marchó contra ellos; dejando en la provincia a su hermano Simón.

65. Entretanto éste aproximándose a Betsura, la tuvo sitiada muchos días, teniendo encerrados a sus habitantes;

66. los cuales pidieron al fin la paz, y se la concedió; y habiéndoles hecho desocupar la plaza, tomó posesión de ella y la guarneció.

67. Jonatás, empero, se acercó con su ejército al lago de Genesar, y antes de amanecer llegaron a la llanura de Asor.

68. Y he aquí que se encontró delante del campamento de los extranjeros: quienes le habían puesto una emboscada en el monte. Jonatás fue a embestirlos de frente;

69. pero entonces los que estaban emboscados salieron de sus puestos y cargaron sobre él.

70. Con esto los de Jonatás echaron todos a huir, sin que quedase uno siquiera de los capitanes, excepto Matatías, hijo de Absalomi, y Judas, hijo de Calfi, comandante de su ejército.

71. Entonces Jonatás rasgó sus vestidos, se echó polvo sobre su cabeza, hizo oración.

72. En seguida volvió Jonatás sobre los enemigos, y peleó contra ellos y los puso en fuga.

73. Viendo esto las tropas que le habían abandonado, volvieron a unirse con él, y todos juntos persiguieron a los enemigos hasta Cades, donde tenían éstos sus reales, al pie de los cuales llegaron.

74. Murieron en aquel día tres mil hombres del ejército de los extranjeros: y Jonatás se volvió a Jerusalén.

CAPÍTULO XII

Jonatás renueva la alianza con los romanos y con los lacedemonios. Vence a los generales de Demetrio que le acometieron; y derrotados los árabes, manda construir plazas de armas en la Judea y un muro enfrente del alcázar de Jerusalén. Pero Trifón, fingiéndose amigo, le prende en Tolemaida, y hace matar a todos los que le acompañaban.

1. Viendo Jonatás que el tiempo o circunstancias le eran favorables, eligió diputados y los envió a Roma, para confirmar y renovar la amistad con los romanos;

2. e igualmente envió a los lacedemonios y a otros pueblos cartas en todo semejantes.

3. Partieron, pues, aquéllos para Roma, y habiéndose presentado al Senado dijeron: Jonatás, Sumo sacerdote, y la nación de los judíos nos han enviado a renovar la amistad y alianza, según se hizo en tiempos pasados.

4. Y los romanos les dieron después cartas para los gobernadores de las plazas a fin de que viajasen con seguridad hasta la Judea.

5. El tenor de la carta que Jonatás escribió a los lacedemonios, es el siguiente:

6. Jonatás, Sumo sacerdote, y los ancianos de la nación, y los sacerdotes, y todo el pueblo de los judíos, a los lacedemonios sus hermanos, salud:

7. Ya hace tiempo que Ario, vuestro rey, escribió una carta a Onías, Sumo sacerdote, en la cual se leía que vosotros sois nuestros hermanos, como se ve por la copia que más abajo se pone.

8. Y Onías recibió con grande honor al enviado del rey y también sus cartas, en las cuales se hablaba de hacer amistad y alianza.

9. Y aunque nosotros no teníamos necesidad de nada de eso, teniendo como tenemos en nuestras manos para consuelo nuestro los libros santos,

10. con todo hemos querido enviar y renovar con vosotros esta amistad y unión fraternal: no sea que os parezca que nos hemos extrañado de vosotros; porque ha transcurrido ya mucho tiempo desde que nos enviasteis aquella embajada.

11. Nosotros, empero, en todo este intermedio, jamás hemos dejado de hacer conmemoración de vosotros en los sacrificios que ofrecemos a Dios, en los días solemnes, y en los demás que corresponde, y en todas nuestras oraciones,

pues es justo y debido acordarse de los hermanos.

12. Nos regocijamos, pues, de la gloria que disfrutáis.

13. Mas por lo que hace a nosotros, hemos sufrido grandes aflicciones y muchas guerras, habiéndonos acometido varias veces los reyes circunvecinos.

14. Sin embargo, en estas guerras no hemos querido cansaros ni a vosotros, ni a ninguno de los demás aliados y amigos;

15. pues hemos recibido el socorro del cielo, con el cual hemos sido librados nosotros y humillados nuestros enemigos.

16. Por tanto, habiendo ahora elegido a Numenio, hijo de Antíoco, y Antípatro, hijo de Jasón, para enviarlos a los romanos, a fin de renovar con ellos la antigua amistad y alianza,

17. les hemos dado también la orden de pasar a veros, y a saludaros de nuestra parte, cuyo objeto es el renovar nuestra unión fraternal.

18. Y así nos haréis un favor respondiéndonos sobre su contenido.

19. Éste es el traslado de la carta que Ario escribió a Onías:

20. Ario, rey de los lacedemonios, a Onías, Sumo sacerdote, salud:

21. Aquí se ha encontrado en cierta escritura que los lacedemonios y los judíos son hermanos, y que son todos del linaje de Abrahán.

22. Por tanto, ahora que hemos descubierto esta noticia, nos haréis el gusto de escribirnos si gozáis de paz.

23. Pues nosotros desde luego os respondemos: nuestros ganados y nuestros bienes vuestros son, y nuestros los vuestros; y esto es lo que les encargamos que os digan.

24. Entretanto supo Jonatás que los generales de Demetrio habían vuelto contra él con un ejército mucho mayor que antes.

25. Con esto partió de Jerusalén, y fue a salirles al encuentro en el país de Amat, o Emat, para no darles tiempo de entrar en su tierra de Judea;

26. y enviando espías a reconocer su campo, volvieron éstos con la noticia de que los enemigos habían resuelto sorprenderle aquella noche.

27. Con esto Jonatás, puesto que fue el sol, mandó a su gente que estuviese alerta toda la noche, y sobre las armas, prontos para la batalla, y puso centinelas alrededor del campamento.

28. Pero cuando los enemigos supieron que Jonatás estaba preparado con sus tropas para la batalla, temieron y huyeron despavoridos, dejando encendidos fuegos, u hogueras, en su campamento.

29. Mas Jonatás y su tropa, por lo mismo que veían los fuegos encendidos, no lo conocieron hasta la mañana.

30. Bien que fue después en su seguimiento, pero no los pudo alcanzar, pues habían pasado ya el río Eleutero.

31. Entonces convirtió sus armas contra los árabes llamados zabadeos, a quienes derrotó y tomó sus despojos;

32. y reunida su gente fue a Damasco, y anduvo haciendo varias correrías por todo aquel país.

33. Entretanto Simón marchó y llegó hasta la ciudad de Ascalón y las fortalezas vecinas; y dirigiéndose a Joppe se apoderó de ella,

34. (pues había sabido que los de aquella ciudad querían entregar la plaza a los partidarios de Demetrio, y le puso guarnición para que la custodiase.

35. Habiendo vuelto Jonatás de su expedición convocó a los ancianos del pueblo, y de acuerdo con ellos resolvió construir fortalezas en la Judea,

36. reedificar los muros de Jerusalén, y levantar una muralla de grande altura entre el alcázar y la ciudad para separar aquél de ésta, de modo que el alcázar quedase aislado, y los de dentro no pudiesen comprar ni vender ninguna cosa.

37. Reunióse, pues, la gente para reedificar la ciudad, y hallándose caída la muralla que estaba sobre el torrente Cedrón hacia el Oriente, la levantó Jonatás, la cual se llama Cafeteta.

38. Simón también construyó a Adiada en Sefela, y la fortificó, y aseguró con puertas y barras de hierro.

39. Por este tiempo proyectó Trifón hacerse rey de Asia, y ceñirse la corona, y quitar la vida al rey Antíoco.

40. Mas temiendo que Jonatás le sería contrario y le declararía la guerra, andaba buscando medios para apoderarse de él y quitarle la vida. Fuese, pues, con este intento a Betsán.

41. Pero Jonatás le salió al encuentro con cuarenta mil hombres de tropa escogida, avanzando también hasta dicha ciudad.

42. Mas cuando Trifón vio que Jonatás había ido contra él con tan poderoso ejército, entró en miedo:

43. y así lo recibió con agasajo, y le recomendó a todos sus amigos; hízole varios regalos, y mandó a todo su ejército que le obedeciese como a su propia persona.

44. Dijo luego a Jonatás: ¿Por qué has cansado a toda esa tu gente, no habiendo guerra entre nosotros?

45. Ahora bien, despáchalos a sus casas, y escoge solamente algunos pocos de entre ellos

que te acompañen, y vente conmigo a Tolemaida, y yo te haré dueño de ella, y de las demás fortalezas, y del ejército, y de todos los encargados del gobierno; ejecutado lo cual me volveré, pues para eso he venido acá.

46. Diole crédito Jonatás, y haciendo lo que le dijo, licenció sus tropas, que se volvieron a la tierra de Judá,

47. reteniendo consigo tres mil hombres; de los cuales envió aún dos mil a la Galilea, y mil le acompañaron.

48. Mas apenas Jonatás hubo entrado en Tolemaida, cerraron sus habitantes las puertas de la ciudad, y lo prendieron; y pasaron a cuchillo a todos los que le habían acompañado.

49. Y Trifón envió su infantería y caballería a la Galilea y a su gran llanura para acabar con todos los soldados que habían acompañado a Jonatás.

50. Empero éstos, oyendo decir que habían preso a Jonatás, y que había sido muerto con cuantos le acompañaban, se animaron los unos a los otros, y se presentaron con denuedo para pelear.

51. Mas viendo los que les iban persiguiendo que estaban resueltos a vender muy caras sus vidas, se volvieron.

52. De esta suerte siguieron su camino, regresando todos felizmente a Judea, donde hicieron gran duelo por Jonatás y por los que le habían acompañado; y lloróle todo Israel amargamente.

53. Entonces todas las naciones circunvecinas intentaron nuevamente abatirlos. Porque dijeron:

54. no tienen caudillo, ni quién los socorra: ahora es tiempo de echarnos sobre ellos y de borrar su memoria de entre los hombres.

CAPÍTULO XIII

Sucede Simón a Jonatás en el gobierno del pueblo. Envía a Trifón el dinero y los hijos de Jonatás, que pidió por el rescate de éste. Pero Trifón recibe el dinero y mata a Jonatás y a sus hijos. Simón fabrica un suntuoso sepulcro a sus padres y hermanos en Medín. Trifón mata a Antíoco, y se apodera de su trono. Simón, alcanzando de Demetrio alianza y exención de tributos, toma a Gaza; y se apodera del alcázar o ciudadela de Jerusalén.

1. Tuvo Simón aviso de que había juntado Trifón un grande ejército para venir a asolar la tierra de Judá.

2. Y observando que la gente estaba intimidada y temblando subió a Jesuralén y convocó al pueblo;

3. y para animarlos a todos, les habló de esta manera: ya sabéis cuánto hemos trabajado así yo como mis hermanos, y la casa de mi padre por defender nuestra ley y por el Santuario, y en qué angustias nos hemos visto.

4. Por amor de estas cosas han perdido la vida todos mis herrnanos, para salvar a Israel, siendo yo el único de ellos que he quedado.

5. Mas no permita Dios que tenga ningun miramiento a mi vida, mientras estemos en la aflición; pues no soy yo de más valer que mis hermanos.

6. Defenderé, pues, a mi nación y al Santuario, y a nuestros hijos y a nuestras esposas; porque todas las naciones gentiles, por el odio que nos tienen, se han coligado para destruirnos.

7. Inflamóse el espíritu del pueblo así que oyó estas palabras,

8. y todos en alta voz respondieron: tú eres nuestro caudillo en lugar de Judas y Jonatás tus hermanos:

9. dirige nuestra guerra, que nosotros haremos todo cuanto nos mandares.

10. Con esto Simón hizo juntar todos los hombres de guerra y se dio prisa a reedificar las murallas de Jerusalén, y fortalecióla por todos lados.

11. Y envió a Jonatás, hijo de Absalomi, con un nuevo ejército contra Joppe, y habiendo éste arrojado a los de dentro de la ciudad, se quedó en ella con sus tropas.

12. Entretanto Trifón partió de Tolemaida con un numeroso ejército para entrar en tierra de Judá, trayendo consigo prisionero a Jonatás.

13. Simón se acampó cerca de Addús, enfrente de la llanura.

14. Pero Trifón, así que supo que Simón había entrado en lugar de su hermano Jonatás, y que se disponía para salir a darle batalla, le envió mensajeros;

15. para que le dijesen de su parte: hemos detenido hasta ahora a tu hermano Jonatás, porque debía dinero al rey con motivo de los negocios que estuvieron a su cuidado.

16. Ahora, pues, envíame cien talentos de plata, y por rehenes a sus dos hijos, para seguridad de que luego que esté libre no se vuelva contra nosotros, y le dejaremos ir.

17. Bien conoció Simón que le hablaba con doblez; pero con todo mandó que se le entregase el dinero y los niños, por no atraer sobre si el odio del pueblo de Israel; el cual hubiera dicho:

18. Por no haber enviado el dinero y los niños, por eso ha perecido Jonatás.

19. Así pues, envió los niños y los cien talentos; pero Trifón faltó a la palabra y no puso en libertad a Jonatás.

20. Y entró después Trifón en el país de Judá para devastarlo, y dio la vuelta por el camino que va a Ador; Simón, empero, con sus tropas les seguía siempre los pasos a doquiera que fuesen.

21. A este tiempo los que estaban en el alcázar de Jerusalén enviaron a decir a Trifón que se apresurase a venir por el camino del desierto y les enviase víveres.

22. En vista de lo cual dispuso Trifón toda su caballería para partir aquella misma noche a socorrerlos; mas por haber gran copia de nieve, no se verificó su ida al territorio de Galaad.

23. Y al llegar cerca de Bascamán, hizo matar allí a Jonatás y a sus hijos.

24. Luego volvió Trifón atrás, y regresó a su país.

25. Entonces Simón envió a buscar los huesos de su hermano Jonatás, y los sepultó en Modín, patria de sus padres.

26. Y todo Israel hizo gran duelo en su muerte, y le lloró por espacio de muchos días.

27. Mandó después Simón levantar sobre los sepulcros de su padre y hermanos un elevado monumento, que se descubría desde lejos, de piedras labradas por uno y otro lado,

28. y allí levantó siete pirámides una enfrente de otra, a su padre, y a su madre, y a sus cuatro hermanos.

29. Alrededor de ellas colocó grandes columnas, y sobre las columnas armas para eterna memoria, y junto a las armas unos navíos de escultura, los cuales se viesen de cuantos navegasen por aquel mar.

30. Tal es el sepulcro que levantó Simón en Modín, el cual subsiste hasta el día de hoy.

31. Pero Trifón yendo de camino con el jovencito rey Antíoco, hizo quitar a éste la vida a traición.

32. y reinó en su lugar, ciñendo su cabeza con la diadema de Asia; e hizo grandes extorsiones en todo el país.

33. Entre tanto Simón reparó las plazas de armas de la Judea, reforzándolas con altas torres, elevados muros, puertas y cerrojos, y surtiéndolas de víveres.

34. Envió también Simón comisionados al rey Demetrio para suplicarle que concediera la exención de tributos al país; porque todo cuanto había hecho Trifón no había sido más que un puro latrocinio.

35. Contestó el rey Demetrio a esta solicitud, y le escribió la siguiente carta:

36. El rey Demetrio a Simón, Sumo sacerdote y amigo de los reyes, y a los ancianos y al pueblo de los judíos, salud:

37. Hemos recibido la corona de oro y el ramo o palma que nos habéis enviado; y estamos dispuestos a hacer con vosotros una paz sólida, y a escribir a nuestros intendentes que os perdonen los tributos de que os hemos hecho gracia;

38. en la inteligencia de que debe permanecer firme todo cuanto hemos dispuesto a favor vuestro. Las plazas que habéis fortificado quedarán por vosotros:

39. Os perdonamos también todas las faltas y yerros que hayáis podido cometer hasta el día de hoy, como igualmente la corona de oro de que erais deudores, y queremos que si se pagaba algún otro pecho en Jerusalén, no se pague ya más en adelante

40. Finalmente, si se hallan entre vosotros algunos que sean a propósito para ser alistados entre los nuestros, alístense, y reine la paz entre nosotros.

41. Con esto en el año ciento y sesenta, quedó libre Israel del yugo de los gentiles:

42. y entonces comenzó el pueblo de Israel a datar sus monumentos y registros públicos desde el año primero de Simón, Sumo sacerdote, gran caudillo y príncipe de los judíos.

43. Por aquellos días pasó Simón a poner sitio a Gaza; y cercándola con su ejército, levantó máquinas de guerra, las arrimó a sus muros, y batió una torre, y se apoderó de ella.

44. Y los soldados que estaban en una de estas máquinas entraron de golpe en la ciudad, excitando con esto un grande alboroto en ella.

45. Entonces los ciudadanos subieron a la muralla con sus mujeres e hijos, rasgados sus vestidos, y a gritos clamaban a Simón, pidiendo que les concediese la paz,

46. y diciéndole: no nos trates como merece nuestra maldad, sino según tu grande clemencia.

47. En efecto, movido Simón a compasión, no los trató con el rigor de la guerra; pero los echó de la ciudad, y purificó los edificios en que había habido ídolos, y luego entró en ella, entonando himnos en alabanza del Señor.

48. Arrojadas después de la ciudad todas las inmundicias idolátricas, la hizo habitar por gente que observase la ley del Señor, y la fortificó, e hizo en ella para sí una casa.

49. A esta sazón los que ocupaban el alcázar de Jerusalén, no pudiendo entrar ni salir por el país, ni comprar, ni vender, se vieron reducidos a una grande escasez, de suerte que perecían muchos de hambre.

50. Entonces clamaron a Simón, pidiéndole capitulación, y se la otorgó: y los arrojó de allí, y purificó el alcázar de las inmundicias gentílicas.

51. Entraron, pues, los judíos dentro el día veintitrés del segundo mes, del año ciento setenta y uno, llevando ramos de palma, y cantando alabanzas a Dios, al son de arpas, de címbalos y cánticos, por haber exterminado de Israel un grande enemigo.

52. Y Simón ordenó que todos los años se solemnizasen aquellos días con regocijos

53. Asimismo fortificó el monte del templo, que está junto al alcázar, y habitó allí con sus gentes.

54. Finalmente, viendo Simón que su hijo Juan era un guerrero muy valiente, le hizo general de todas las tropas; el cual tenía fija en Gázara su residencia.

CAPÍTULO XIV

Vencido Demetrio, y hecho prisionero por Arsaces, Simón y su pueblo gozan de una grande paz: recibe cartas de renovación de la alianza con los lacedemonios y romanos. Los judíos le confirman solemnemente en la soberana autoridad.

1. En el año ciento setenta y dos juntó el rey Demetrio su ejército, y pasó a la Media para recoger allí socorros, a fin de hacer la guerra a Trifón.

2. Mas luego que Arsaces, rey de la Persia y de la Media, tuvo noticia de que Demetrio había invadido sus estados, envió a uno de sus generales para que lo prendiese y se lo trajese vivo.

3. Marchó, pues, este general, y derrotando el ejército de Demetrio, cogió a éste y le condujo a Arsaces, quien lo hizo poner en una prisión.

4. Todo el país de Judá estuvo en reposo durante los días de Simón: no cuidaba éste de otra cosa que de hacer bien a su pueblo; el cual miró siempre con placer su gobierno y la gloria de que gozaba.

5. A más de otros muchos hechos gloriosos, habiendo tomado a Joppe, hizo de ella un puerto que sirviese de escala para los países marítimos.

6. Extendió los límites de su nación, y se hizo dueño del país.

7. Reunió también un gran número de cautivos, tomó a Gázara, a Betsura y el alcázar de Jerusalén y quitó de allí las inmundicias idolátricas, y no había nadie que le contrarrestase.

8. Cada uno cultivaba entonces pacíficamente su tierra; y el país de Judá daba sus cosechas abundantes y frutos copiosos los árboles de los campos.

9. Sentados todos los ancianos en las plazas o consejos trataban de lo que era útil y ventajoso al país, y engalanábase la juventud con ricos vestidos y ropas cogidas en la pasada guerra.

10. Distribuía Simón víveres por las ciudades, y las ponía en estado de que fuesen otras tantas fortalezas, de manera que la fama de su glorioso nombre se extendió hasta el cabo del mundo.

11. Estableció la paz en toda la extensión de su país, con lo cual se vio Israel colmado de gozo.

12. De suerte que podía cada uno estarse sentado a la sombra de su parra y de su higuera, sin que nadie le infundiera el menor temor.

13. Desaparecieron de la tierra sus enemigos; y los reyes vecinos en aquellos días estaban abatidos.

14. Fue Simón el protector de los pobres de su pueblo, grande celador de la observancia de la ley, y el que exterminó a todos los inicuos y malvados.

15. Él restauró la gloria del Santuario, y aumentó el número de los vasos sagrados.

16. Habiéndose sabido en Roma y hasta en Lacedemonia la muerte de Jonatás, tuvieron de ella un gran sentimiento.

17. Mas luego que entendieron que su hermano Simón había sido elegido Sumo sacerdote en su lugar, y que gobernaba el país, y todas sus ciudades,

18. le escribieron en láminas de bronce, para renovar la amistad y alianza que habían hecho con Judas y con Jonatás sus hermanos.

19. Estas cartas fueron leídas en Jerusalén delante de todo el pueblo. El contenido de la que enviaron los lacedemonios es como sigue:

20. Los príncipes y ciudades de los lacedemonios, a Simón, Sumo sacerdote, y a los ancianos, o senadores, a los sacerdotes, y a todo el pueblo de los judíos, sus hermanos, salud:

21. Los embajadores que enviasteis a nuestro pueblo nos han informado de la gloria, y felicidad, y contentamiento que gozáis, y nos hemos alegrado mucho con su llegada;

22. y hemos hecho escribir en los registros públicos lo que ellos nos han dicho de parte vuestra en la asamblea del pueblo, en esta forma: Numenio, hijo de Antíoco, y Antípatro, hijo de Jasón, embajadores de los judíos, han venido a nosotros para renovar nuestra antigua amistad;

23. y pareció bien al pueblo recibir estos embajadores honoríficamente, y depositar copia de sus palabras en los registros públicos, para que en lo sucesivo sirva de recuerdo al pueblo de los lacedemonios. Y de esta acta hemos remitido un traslado al Sumo sacerdote Simón.

24. Después de esto Simón envió a Roma a Numenio con un grande escudo de oro, que pesaba mil minas con el fin de renovar con ellos la alianza. Y luego que lo supo el pueblo romano,

25. dijo: ¿de qué manera manifestaremos nosotros nuestro reconocimiento a Simón y a sus hijos?

26. Porque él ha vengado a sus hermanos, y ha exterminado de Israel a los enemigos. En vista de esto le concedieron la libertad, o inmunidad, cuyo decreto fue grabado en láminas de bronce, y colocado entre los monumentos del monte de Sión.

27. Y he aquí lo que en ella se escribió: A los dieciocho días del mes de Elul, el año ciento setenta y dos, el tercero del sumo pontificado de Simón, fue hecha la siguiente declaración en Asaramel,

28. en la grande asamblea de los sacerdotes y del pueblo, y de los príncipes de la nación, y de los ancianos del país: que habiendo habido en nuestra tierra continuas guerras,

29. Simón, hijo de Matatías, de la estirpe de Jarib, y asimismo sus hermanos se expusieron a los peligros e hicieron frente a los enemigos de su nación en defensa de su Santuario y de la ley, acrecentando mucho la gloria de su pueblo.

30. Jonatás levantó a los de su nación, fue su Sumo sacerdote, y se halla ya reunido a los difuntos de su pueblo.

31. Quisieron luego los enemigos atropellar a los judíos, asolar su país y profanar su Santuario.

32. Resistióles entonces Simón, y combatió en defensa de su pueblo, y expendió mucho dinero, armando a los hombres más valientes de su nación, y suministrándoles la paga.

33. Fortificó también las ciudades de la Judea y a Betsura, situada en sus fronteras, la cual antes era plaza de armas de los enemigos, y puso allí una guarnición de judíos.

34. Asimismo fortificó a Joppe en la costa del mar, y a Gázara, situada en los confines de Azoto, ocupada antes por los enemigos; en los cuales puso guarnición de soldados judíos, proveyéndolas de todo lo necesario para su defensa.

35. Viendo el pueblo las cosas que había ejecutado Simón, y cuanto hacía para acrecentar la gloria de su nación, lo declaró caudillo suyo y príncipe de los sacerdotes, por haber hecho todo lo referido, y por su justificación, y por la fidelidad que guardó para con su pueblo, y por haber procurado por todos los medios el ensalzar a su nación.

36. En tiempo de su gobierno todo prosperó en sus manos; de manera que las naciones extranjeras fueron arrojadas del país, y echados también los que estaban de Jerusalén en la ciudad de David, en el alcázar, desde el cual hacían sus salidas, profanando todos los contornos del Santuario, y haciendo grandes ultrajes a la santidad del mismo.

37. Y para seguridad del país y de la ciudad puso allí soldados judíos, e hizo levantar los muros de Jerusalén.

38. El rey Demetrio le confirmó en el sumo sacerdocio;

39. e hízole en seguida su amigo, y ensalzóle con grandes honores.

40. Pues oyó que los judíos habían sido declarados amigos, y aliados, y hermanos de los romanos; y que éstos habían recibido con grande honor a los embajadores de Simón;

41. que asimismo los judíos y sus sacerdotes le habían creado, de común consentimiento, su caudillo y Sumo sacerdote para siempre, hasta la venida del profeta fiel, o escogido;

42. y también habían querido que fuese su capitán, y que cuidase de las cosas santas, y estableciese inspectores sobre las obras públicas y sobre el país, y sobre las cosas de la guerra, y sobre las fortalezas;

43. que tuviese a su cargo el Santuario, y que fuese de todos obedecido, y que todos los instrumentos públicos del país se autorizasen con su nombre, y que vistiese púrpura y oro.

44. Y por último, que no fuese permitido a nadie, ora del pueblo, ora de los sacerdotes, violar ninguna de estas órdenes ni contradecir a lo que él mandase, ni convocar en la provincia sin su autoridad a ninguna junta, ni vestir púrpura, ni llevar la hebilla o broche de oro.

45. Y que todo aquel que no cumpliese estas órdenes, o violase alguna, fuese reputado como reo.

46. Y plugo a todo el pueblo el dar tal potestad a Simón, y que se ejecutase todo lo dicho.

47. Y Simón aceptó con gratitud el grado del sumo sacerdocio, y el ser caudillo y príncipe del pueblo de los judíos y de los sacerdotes, y el tener la suprema autoridad.

48. Y acordaron que esta acta se escribiese en láminas de bronce, las cuales fuesen colocadas en el pórtico o galería del templo, en un lugar distinguido;

49. archivándose además una copia de todo en el tesoro del templo, a disposición de Simón y de sus hijos.

CAPÍTULO XV

Antíoco, hijo de Demetrio, escribe a Simón cartas amistosas. Los romanos escriben a todas las naciones recomendando a los judíos sus confederados. Desazónase Antíoco con Simón, y envía contra él al general Cendebeo con un poderoso ejército.

1. Desde las islas del mar escribió el rey Antíoco, hijo de Demetrio el viejo, una carta a Simón, Sumo sacerdote y príncipe del pueblo de los judíos, y a toda la nación;

2. cuyo tenor es el que sigue: El rey Antíoco a Simón, Sumo sacerdote y a la nación de los judíos, salud:

3. Habiéndose hecho dueños del reino de nuestros padres algunos hombres malvados, tengo resuelto libertarlo y restablecerlo en el estado que antes tenía, para el cual fin he levantado un ejército numeroso y escogido, y he hecho construir naves de guerra.

4. Quiero, pues, entrar en esas regiones, para castigar a los que han destruido mis provincias y asolado muchas ciudades de mi reino.

5. Empero a ti desde ahora te confirmo todas las exenciones de tributos que te concedieron todos los reyes que me han precedido, y todas las demás donaciones que te hicieron.

6. Te doy permiso para que puedas acuñar moneda propia en tu país.

7. Quiero que Jerusalén sea ciudad santa y libre, y que todas las armas que has fabricado, como también las plazas fuertes que has construido, y están en tu poder, queden para ti.

8. Te perdono desde ahora todas las deudas y regalías debidas al rey y a la real hacienda, tanto por lo pasado como por lo venidero.

9. Y luego que entremos en la posesión de todo nuestro reino, te colmaremos de tanta gloria a ti, y a tu pueblo, y al templo, que resplandecerá por todo el orbe.

10. En efecto, el año ciento setenta y cuatro entró Antíoco en el país de sus padres, y al punto acudieron a presentársele todas las tropas, de suerte que quedaron poquísimos con Trifón.

11. Persiguióle luego el rey Antíoco; pero huyendo Trifón por la costa del mar, llegó a Dora,

12. pues veía los desastres que sobre él iban a llover, habiéndole abandonado el ejército.

13. Entonces Antíoco fue contra Dora con ciento veinte mil hombres aguerridos, y ocho mil caballos:

14. y puso sitio a la ciudad, haciendo que los navíos la bloqueasen por la parte del mar; con lo que estrechaba la ciudad por mar y por tierra, sin permitir que nadie entrase, ni saliese.

15. A esta sazón llegaron de la ciudad de Roma Numenio y sus compañeros, con cartas escritas a los reyes y a las naciones, del tenor siguiente:

16. Lucio, cónsul de los romanos, al rey Tolomeo, salud.

17. Han venido a nosotros embajadores de los judíos, nuestros amigos, enviados por Simón, príncipe de los sacerdotes, y por el pueblo judaico, con el fin de renovar la antigua amistad y alianza;

18. y nos han traído al mismo tiempo un escudo de oro de mil minas.

19. A consecuencia de esto hemos tenido a bien escribir a los reyes y a los pueblos que no les causen ningún daño, ni les muevan guerra a ellos, ni a sus ciudades y territorios, ni auxilien tampoco a los que se la hagan.

20. Y nos ha parecido que debíamos aceptar el escudo que nos han traído.

21. Por tanto, si hay algunos hombres malvados que, fugitivos de su propio país, se hayan refugiado entre vosotros, entregádselos a Simón, príncipe de los sacerdotes, para que los castigue según su ley.

22. Esto mismo escribieron al rey Demetrio, a Atalo, y a Ariarates, y a Arsaces;

23. como también a todos los pueblos aliados suyos, a saber, a los de Lampsaco, y a los de Lacedemonia, y a los de Delos y de Mindos, y de Sidón, y a los de la Caria, y de Samos, y de la Panfilia, a los de Licia, y de Alicarnaso, de Coo, y de Sidén, y de Aradón, y de Rodas, y de Faselides, y de Gortina, y de Gnido, y de Chipre, y de Cirene.

24. Y de estas cartas enviaron los romanos una copia a Simón, príncipe de los sacerdotes, y al pueblo de los judíos.

25. A este tiempo el rey Antíoco puso por segunda vez sitio a Dora, combatiéndola sin cesar, y levantando máquinas de guerra contra ella; y encerró dentro a Trifón, de tal suerte que no podía escapar.

26. Simón envió para auxiliarle dos mil hombres escogidos, y plata, y oro, y muchas alhajas.

27. Mas Antíoco no quiso aceptar nada; antes bien rompió todos los tratados hechos con él anteriormente, y se le mostró contrario.

28. Y envió a Atenobio, uno de sus amigos, para tratar con Simón, y decirle de su parte: vosotros estáis apoderados de Joppe y de Gázara, y del alcázar de Jerusalén, que son ciudades pertenecientes a mi reino.

29. Habéis asolado sus términos, y causado grandes daños al país, y os habéis alzado con el dominio de muchos lugares de mi reino.

30. Así que, o entregadme las ciudades que ocupasteis, y los tributos exigidos en los lugares de que os hicisteis dueños fuera de los límites de la Judea,

31. o si no, pagad quinientos talentos de plata por aquellas ciudades, y otros quinientos por los estragos que habéis hecho, y por los tributos sacados de ellas; pues de lo contrario iremos y os haremos guerra.

32. Llegó, pues, Antenobio, amigo del rey, a Jerusalén, y viendo la magnificencia de Simón, y el oro y plata que brillaba por todas partes, y el grande aparato de su casa, se sorprendió sobremanera. Díjole luego las palabras que el rey le había mandado.

33. Y Simón respondió en estos términos: nosotros ni hemos usurpado el territorio ajeno, ni retenemos nada que no sea nuestro: sólo sí, hemos tomado lo que es herencia de nuestros padres, y que nuestros enemigos poseyeron injustamente por algún tiempo.

34. Y habiéndonos aprovechado de la ocasión, nos hemos vuelto a poner en posesión de la herencia de nuestros padres.

35. Por lo que mira a las quejas que nos das tocante a Joppe y Gázara, sepas que los de estas ciudades causaban grandes daños al pueblo y a todo nuestro país; mas con todo, estamos prontos a dar por ellas cien talentos. A lo que Atenobio no respondió palabra.

36. Pero volviéndose irritado a su rey, le dio parte de esta respuesta, y de la magnificencia de Simón, y de todo cuanto había visto; e indignóse el rey sobremanera.

37. En este intermedio Trifón se escapó en una nave a Orto síada.

38. Y el rey dio el gobierno de la costa marítima a Cendebeo; y entregándole un ejército compuesto de infantería y caballería,

39. mandóle marchar contra la Judea, ordenándole que reedificase a Gedor, y reforzase las puertas de la ciudad, y que domase el pueblo de los judíos. Entretanto el rey perseguía a Trifón.

40. Con efecto, Cendebeo, llegó a Jamnia, y comenzó a vejar al pueblo, a talar la Judea, a prender y matar gente, y a fortificar a Gedor,

41. en la cual puso caballería e infantería para que hiciese desde allí correrías por la Judea, según se lo mandó el rey.

CAPÍTULO XVI

Guerra de Cendebeo contra los judíos: destrúyenle los hijos de Simón: éste es muerto a traición, junto con dos de sus hijos, por su yerno Tolomeo. Pero los emisarios despacha- *dos para matar al otro hijo Juan, fueron muertos por éste; el cual sucede a su padre en el sumo sacerdocio.*

1. Habiendo Juan subido de Gázara y enterado a su padre Simón de los daños que causaba Cendebeo en el pueblo,

2. llamó Simón a sus dos hijos mayores, Judas y Juan, y les dijo: yo, y mis hermanos, y la casa de mi padre hemos vencido a los enemigos de Israel desde nuestra juventud hasta este día, y hemos tenido la dicha de libertar muchas veces al pueblo.

3. Mas yo ahora ya soy viejo; y así entrad vosotros en mi lugar y en el de mis hermanos, y salid a pelear por nuestra nación; y el auxilio del cielo sea con vosotros.

4. En seguida escogió de todo el país veinte mil hombres aguerridos de tropa de infantería y caballería, los cuales marcharon contra Cendebeo, y durmieron en Modín

5. de donde partieron al rayar el día, y avanzando por la llanura, descubrieron un numeroso ejército de infantería y de caballería, que venía contra ellos, mediando un impetuoso torrente entre ambos ejércitos.

6. Entonces Juan hizo avanzar sus tropas para acometer; mas viendo que éstas temían pasar el torrente, pasó él el primero, y a su ejemplo lo pasaron todos en seguida.

7. Hecho esto, dividió en dos trozos su infantería, colocando en medio de ella la caballería, por ser muy numerosa la de los enemigos.

8. E hicieron resonar las trompetas sagradas, y echó a huir Cendebeo con todas sus tropas; muchas de éstas perecieron al filo de la espada, y las que escaparon con vida se refugiaron en la fortaleza de Gandor.

9. En esta acción quedó herido Judas, hermano de Juan; pero Juan les fue persiguiendo hasta Cedrón o Gedor, reedificada por Cendebeo.

10. Muchos llegaron hasta los castillos que había en las llanuras de Azoto; pero Juan les puso fuego, dejando muertos allí dos mil hombres, y regresó felizmente a la Judea.

11. A este tiempo Tolomeo, hijo de Abobo, se encontraba de gobernador del llano de Jericó, y tenía mucho oro y plata;

12. pues era yerno del Sumo sacerdote.

13. Hinchósele de soberbia el corazón, y quería hacerse dueño del país; a este fin maquinaba cómo quitar la vida por medio de alguna traición a Simón y a sus hijos.

14. Hallábase éste a la sazón recorriendo las ciudades de la Judea, tomando providencias para su mayor bien, y bajó a Jericó con sus

hijos Matatías y Judas en el undécimo mes, llamado Sabat, del año ciento setenta y siete.

15. Salióle a recibir el hijo de Abobo con mal designio, en un pequeño castillo llamado Doc, que había él construido, donde les dio un gran convite, poniendo gente en asechanza.

16. Y cuando Simón y sus hijos se hubieron regocijado, levantóse Tolomeo con los suyos, y tomando sus armas entraron en la sala del banquete, y asesinaron a Simón, y a sus dos hijos, y a algunos de sus criados,

17. cometiendo una gran traición en Israel, y volviendo así mal por bien a su bienhechor.

18. En seguida Tolomeo escribió todo esto al rey, rogándole que le enviase tropas en su socorro, prometiéndole entregar en su poder el país con todas las ciudades y los tributos.

19. Despachó asimismo otros emisarios a Gázara para que matasen a Juan: y escribió a los oficiales del ejército para que se viniesen a él, que les daría plata, y oro, y muchos dones.

20. Envió otros para que se apoderasen de Jerusalén y del monte santo donde estaba el templo.

21. Pero se adelantó corriendo un hombre, el cual llegó a Gázara y contó a Juan cómo habian perecido su padre y sus hermanos, y cómo Tolomeo había enviado gentes para quitarle a él también la vida.

22. Al oír tales cosas turbóse en gran manera Juan; pero luego se apoderó de los que venían para matarlo haciéndoles quitar la vida, puesto que supo que maquinaban contra la suya.

23. El resto, empero, de las acciones de Juan, y sus guerras, y las gloriosas empresas que llevó a cabo con singular valor, y la reedificación de los muros de Jerusalén hecha por él, y lo demás que ejecutó,

24. todo se halla descrito en el *Diario* de su pontificado desde el tiempo que qué hecho príncipe de los sacerdotes después de su padre Simón.

LOS MACABEOS

LIBRO II

CAPÍTULO I

Carta de los judíos de Jerusalén a los judíos que vivían en Egipto, participándoles la muerte de Antíoco, y exhortándolos a celebrar la fiesta de las cenopegias, y la del hallazgo del fuego sagrado, con cuyo motivo se refiere la historia y oración de Nehemías.

1. A los hermanos judíos que moran en Egipto: los judíos sus hermanos de Jerusalén y de la Judea, salud y completa felicidad.

2. Concédaos Dios sus bienes, y acuérdese siempre de la alianza hecha con Abrahán, con Isaac y con Jacob, fieles siervos suyos;

3. y os dé a todos un mismo corazón para adorarlo y cumplir su voluntad con grande espíritu y con un ánimo fervoroso.

4. Abra vuestro corazón, para que entendáis su ley, y observéis sus preceptos, y concédaos la paz.

5. Oiga benigno vuestras oraciones, y apláquese con vosotros, y no os desampare en la tribulación;

6. pues aquí no cesamos de rogar por vosotros.

7. Reinando Demetrio en el año ciento sesenta y nueve os escribimos nosotros los judíos en medio de la aflicción y quebranto que nos sobrevino en aquellos años, después que Jasón se retiró de la tierra santa y del reino.

8. Os dijimos que fueron quemadas las puertas del templo, y derramada la sangre inocente; pero que habiendo dirigido nuestras súplicas al Señor fuimos atendidos, y ofrecimos el sacrificio acostumbrado y las oblaciones de flor de harina, y encendimos las lámparas y pusimos en su presencia los panes de proposición.

9. Así, pues, celebrad también vosotros la fiesta de los Tabernáculos del mes de Casleu.

10. En el año ciento ochenta y ocho el pueblo de Jerusalén, y de la Judea, y el Senado, y Judas; a Aristóbulo, preceptor del rey Tolomeo, del linaje de los sacerdotes ungidos, y a los judíos que habitan en Egipto, salud y prosperidad.

11. Por habernos librado Dios de grandes peligros, le tributamos solemnes acciones de gracias, habiendo tenido que pelear contra tal rey.

12. que es el que hizo salir de la Persia aquella muchedumbre de gentes, que combatieron contra nosotros y contra la ciudad santa;

13. y aquel mismo caudillo que, hallándose en Persia al frente de un ejército innumerable pereció en el templo de Nanea, engañado por el consejo fraudulento de los sacerdotes de dicha diosa.

14. Pues habiendo ido el mismo Antíoco con sus amigos a aquel lugar o templo, como para desposarse con ella, y recibir grande suma de dinero a título de dote,

15. y habiéndoselo presentado los sacerdotes de Nanea; así que hubo él entrado, con algunas

pocas personas, en la parte interior del templo, cerraron las puertas

16. después que estaba ya Antíoco dentro, y abriendo entonces una puerta secreta del templo, mataron a pedradas al caudillo y a los compañeros, y los hicieron pedazos, y cortándoles las cabezas, los arrojaron fuera del templo.

17. Sea Dios bendito por todo, pues él fue el que destruyó de esta suerte los impíos.

18. Debiendo, pues, nosotros celebrar la purificación del templo el día veinticinco del mes de Casleu, hemos juzgado necesario hacéroslo saber; a fin de que celebréis también vosotros el día de los Tabernáculos, y la solemnidad del descubrimiento del fuego sagrado, que se nos concedió cuando Nehemías, restaurado que hubo el templo y el altar, ofreció allí sacrificios.

19. Porque cuando nuestros padres fueron llevados cautivos a Persia, los sacerdotes que a la sazón eran temerosos de Dios, cogiendo secretamente el fuego que había sobre el altar, lo escondieron en un valle donde había un pozo profundo y seco, y lo dejaron allí guardado, sin que nadie supiese dicho lugar.

20. Mas pasados muchos años, cuando Dios fue servido que el rey de Persia enviase a Nehemías a la Judea, los nietos de aquellos sacerdotes que lo habían escondido fueron enviados a buscar dicho fuego; pero según ellos nos contaron, no hallaron fuego, sino solamente una agua crasa.

21. Entonces el sacerdote Nehemías les mandó que sacasen de aquella agua, y se la trajesen; ordenó asimismo que hiciesen con ella aspersiones sobre los sacrificios preparados, esto es, sobre la leña y sobre lo puesto encima de ella.

22. Luego que esto se hizo, y que empezó a descubrirse el sol, escondido antes detrás de una nube, encendióse un grande fuego, que llenó a todos de admiración.

23. Y todos los sacerdotes hacían oración a Dios, mientras se consumaba el sacrificio, entonando Jonatás, y respondiendo los otros.

24. Y la oración de Nehemías fue en los siguientes términos: ¡Oh Señor Dios Criador de todas las cosas, terrible y fuerte, justo y misericordioso; Tú que eres el solo rey bueno,

25. el solo excelente, el solo justo, omnipotente y eterno; Tú que libras a Israel de todo mal; Tú que escogiste a nuestros padres y los santificaste!,

26. recibe este sacrificio por todo tu pueblo de Israel, y guarda los que son tu herencia, y santifícalos.

27. Vuelve a reunir todos nuestros hermanos que se hallan dispersos, libra a aquellos que son esclavos de las naciones, y echa una mirada favorable sobre los que han llegado, a ser un objeto de desprecio e ignominia; para que así conozcan las naciones que Tú eres nuestro Dios.

28. Humilla a los que, llenos de soberbia, nos oprimen y ultrajan.

29. Establece otra vez a tu pueblo en tu santo lugar de Jerusalén, según lo predijo Moisés.

30. Los sacerdotes entretanto cantaban himnos, hasta que fue consumido el sacrificio.

31. Acabado el cual, Nehemías mandó que el agua que había quedado se derramase sobre las piedras mayores de la base del altar;

32. y no bien se hubo efectuado, cuando se levantó de ellas una gran llama, la cual fue absorbida por la lumbre, o luz que resplandeció sobre el altar.

33. Luego que se divulgó este suceso, contaron al rey de Persia cómo en el mismo lugar en que los sacerdotes, al ser trasladados al cautiverio, habían escondido el fuego sagrado, se había encontrado una agua con la cual Nehemías y los que con él estaban habían purificado y consumido los sacrificios.

34. Considerando, pues, el rey este suceso, y examinada atentamente la verdad del hecho, mandó construir allí un templo en prueba de lo acaecido.

35. Y habiéndose asegurado de este prodigio, dio muchos bienes a los sacerdotes, y les hizo muchos y diferentes, regalos que les distribuyó por su propia mano.

36. Y Nehemías dio a este sitio el nombre de Neftar, que significa purificación: pero hay muchos que le llaman Nefi.

CAPÍTULO II

Continuación de la carta de los judíos de Jerusalén a los de Egipto. Se comprendían en este libro los hechos de Judas Macabeo y de sus hermanos. Prefacio del compilador de Jasón, autor de esta historia.

1. Léese en los escritos del profeta Jeremías, cómo mandó él a los que eran conducidos al cautiverio de Babilonia, que tomasen el fuego sagrado del modo que queda referido, y cómo prescribió varias cosas a aquellos que eran llevados cautivos.

2. Dioles asimismo la ley, para que no se olvidasen de los mandamientos del Señor, y no se pervirtiesen sus corazones con la vista de los ídolos de oro y plata y de toda su pompa;

3. y añadiéndoles otros varios avisos, los exhortó a que jamás apartasen de su corazón la ley de Dios.

4. También se leía en aquella escritura que este profeta, por una orden expresa que recibió de Dios, mandó llevar consigo el Tabernáculo y el Arca, hasta que llegó a aquel monte, al cual subió Moisés, y desde donde vio la herencia de Dios;

5. y que habiendo llegado allí Jeremías, halló una cueva, donde metió el Tabernáculo, y el Arca, y el Altar del incienso, tapando la entrada:

6. que algunos de aquellos que le seguían se acercaron para dejar notado este lugar; pero que no pudieron hallarlo;

7. lo que sabido por Jeremías, los reprendió, y les dijo: este lugar permanecerá ignorado hasta tanto que Dios congregue otra vez todo el pueblo, y use con él de misericordia.

8. Y entonces el Señor manifestará estas cosas, y aparecerá de nuevo la majestad del Señor, y se verá la nube que veía Moisés, y cual se dejó ver cuando Salomón pidió que fuese santificado el templo para el gran Dios.

9. Porque este rey dio grandes muestras de su sabiduría; y estando lleno de ella, ofreció el sacrificio de la dedicación y santificación del templo.

10. Y así como Moisés hizo oración al Señor, y bajó fuego del cielo, y consumió el holocausto, así también oró Salomón, y bajó fuego del cielo, y consumió el holocausto.

11. Entonces dijo Moisés: por no haber sido comida la hostia ofrecida por el pecado, ha sido consumida por el fuego.

12. Celebró igualmente Salomón por espacio de ocho días la dedicación del templo.

13. Estas mismas noticias se encontraban también anotadas en los escritos y comentarios de Nehemías, donde se lee que él formó una biblioteca, habiendo recogido de todas partes los libros de los profetas, los de David, y las cartas o concesiones de los reyes, y las memorias de sus donativos al templo.

14. A este modo recogió también Judas todo cuanto se había perdido durante la guerra que sufrimos; todo lo cual se conserva en nuestro poder.

15. Si vosotros, pues, deseáis tener estos escritos, enviad personas que puedan llevároslos.

16. Y estando ahora para celebrar la fiesta de la purificación del templo, os hemos dado aviso de ella; y así haréis bien si celebrareis, como nosotros, la fiesta de estos días.

17. Entretanto esperamos que Dios que ha libertado a su pueblo, que ha vuelto a todos su herencia, que ha restablecido el reino, y el sacerdocio, y el santuario,

18. conforme lo había prometido en la ley, se apiadará bien presto de nosotros, y nos reunirá de todas las partes del mundo en el lugar santo;

19. puesto que nos ha sacado de grandes peligros, y ha purificado el templo.

20. Por lo que mira a los hechos de Judas Macabeo y de sus hermanos, y a la purificación del grande templo, y a la dedicación del altar;

21. así como lo que toca a las guerras que hubo en tiempo de Antíoco el ilustre, y en el de su hijo Eupátor,

22. y a las señales que aparecieron en el aire a favor de los que combatían valerosamente por la nación judaica, de tal suerte que, siendo en corto número, defendieron todo el país y pusieron en fuga la muchedumbre de bárbaros,

23. recobrando el templo más célebre que hay en el mundo, y librando la ciudad de la esclavitud, y restableciendo la observancia de las leyes, las cuales se hallaban abolidas, habiéndoles favorecido el Señor con toda suerte de prosperidades:

24. estas cosas que escribió en cinco libros Jasón de Cirene, hemos procurado nosotros compendiarlas en un solo volumen,

25. pues considerando la multitud de libros, y la dificultad que acarrea la multiplicidad de noticias a los que desean interesarse en las narraciones históricas,

26. hemos procurado escribir ésta de un modo que agrade a los que quieran leerla; y que los aplicados puedan más fácilmente retenerla en su memoria y sea generalmente útil a todos los que la leyeren.

27. Y a la verdad, habiéndonos empeñado en hacer este compendio, no hemos emprendido una obra de poca dificultad, sumo un trabajo que pide grande aplicación, y mucha fatiga y diligencia.

28. Sin embargo, emprendemos de buena gana esta tarea por la utilidad que de ella resultará a muchos; a semejanza de aquellos que teniendo a su cargo el preparar un convite, se dedican del todo a satisfacer el gusto de los convidados.

29. La verdad de los hechos que se refieren va sobre la fe de los autores que los escribieron; pues por lo que hace a nosotros, trabajaremos solamente en compendiarlos conforme al designio que nos hemos propuesto.

30. Y a la manera que un arquitecto que emprende edificar una casa nueva, debe cuidar de toda la fábrica y aquel que la pinta solamente ha de buscar las cosas que son a propósito para su ornato, del mismo modo se debe juzgar de nosotros.

31. En efecto, al autor de una historia atañe el recoger los materiales y ordenar la narración, inquiriendo cuidadosamente las circunstancias particulares de lo que cuenta;

32. mas al que compendia se le debe permitir que use un estilo conciso y que evite el extenderse en largos discursos.

33. Basta ya de exordio y empecemos nuestra narración; porque no sería cordura prolongar el discurso preliminar a la historia y abreviar después el cuerpo de ella.

CAPÍTULO III

Felicidad de los judios en el pontificado de Onías III. Simón, prefecto del templo, da noticia a Apolonio de los tesoros que había en él: viene por ellos Heliodoro; el cual es castigado milagrosamente por Dios, y cuenta después al rey y publica los prodigios sucedidos.

1. En el tiempo, pues, que la ciudad santa gozaba de una plena paz, y que las leyes se observaban muy exactamente por la piedad del pontifice Onías, y el odio que todos tenían a la maldad,

2. nacía de esto que aun los mismos reyes y los príncipes honraban sumamente aquel lugar sagrado, y enriquecían el templo con grandes dones.

3. Por manera que Seleuco, rey de Asia, costeaba de sus rentas todos los gastos que se hacían en los sacrificios.

4. En medio de esto, Simón, de la tribu de Benjamín, y creado prefecto del templo, maquinaba con ansia hacer algún mal en esta ciudad; pero se le oponía el Sumo sacerdote.

5. Viendo, pues, que no podía vencer a Onías, pasó a verse con Apolonio, hijo de Tarseas, que en aquella sazón era gobernador de la Celesiria y de la Fenicia,

6. y le contó que el erario de Jerusalén estaba lleno de inmensas sumas de dinero y de riquezas del común, las cuales no servían para los gastos de los sacrificios; y que se podría hallar medio para que todo entrase en poder del rey.

7. Habiendo, pues, Apolonio dado cuenta al rey de lo que a él se le había dicho, concerniente a estas riquezas, llamó el rey a Heliodoro, su ministro de hacienda, y envióle con orden de transportar todo el dinero referido.

8. Heliodoro púsose luego en camino con el pretexto de ir a recorrer las ciudades de Celesiria y Fenicia; mas en la realidad para poner en ejecución el designio del rey.

9. Y habiendo llegado a Jerusalén, y sido bien recibido en la ciudad por el Sumo sacerdote, le declaró a éste la denuncia que le había sido hecha de aquellas riquezas; y le manifestó que éste era el motivo de su viaje; preguntándole en seguida si verdaderamente era la cosa como se le había dicho.

10. Entonces el Sumo sacerdote le representó que aquellos eran unos depósitos y alimentos de viudas y de huérfanos;

11. y que entre lo que había denunciado el impío Simón había una parte que era de Hircano Tobías, varón muy eminente, y que el todo eran cuatrocientos talentos de plata y doscientos de oro;

12. que por otra parte de ningún modo se podría defraudar a aquellos que habían depositado sus caudales en un lugar y templo honrado y venerado como sagrado por todo el universo.

13. Mas Heliodoro insistiendo en las órdenes que llevaba del rey, repuso que de todos modos se había de llevar al rey aquel tesoro.

14. Con efecto, en el día señalado entró Heliodoro en el templo para ejecutar su designio; con lo cual se llenó de consternación toda la ciudad.

15. Pero los sacerdotes, revestidos con las vestiduras sacerdotales, se postraron por tierra ante el altar, e invocaban al Señor que está en el cielo, y que puso la ley acerca de los depósitos, suplicándole que los conservase salvos para los depositadores.

16. Mas ninguno podía mirar el rostro del Sumo sacerdote sin que su corazón quedase traspasado de aflicción; porque su semblante y color demudado manifestaban el interno dolor de su ánimo.

17. Una cierta tristeza esparcida por todo su rostro, y un temblor que se había apoderado de todo su cuerpo mostraban bien a los que le miraban, la pena de su corazón.

18. Salían al mismo tiempo muchos a tropel de sus casas, pidiendo a Dios con públicas rogativas que no permitiese que aquel lugar santo quedase expuesto al desprecio.

19. Las mujeres, ceñidas hasta el pecho de cilicios, andaban en tropas por las calles; y hasta las doncellas mismas, que antes estaban encerradas en sus casas, corrían unas a donde estaba Onías, otras hacia las murallas, y algunas otras estaban mirando desde las ventanas;

20. pero todas levantando al cielo sus manos, dirigían allí sus plegarias.

21. A la verdad era un espectáculo digno de compasión el ver aquella confusa turba de gente, y al Sumo sacerdote puesto en tan grande conflicto.

22. Mientras éstos por su parte invocaban al Dios todopoderoso para que conservase intacto el depósito de aquellos que se lo habían confiado,

23. Heliodoro no pensaba en otra cosa que en ejecutar su designio; y para ello se había presentado ya él mismo con sus guardias a la puerta del erario.

24. Pero el espíritu del Dios todopoderoso se hizo allí manifiesto con señales bien patentes, en tal conformidad, que derribados en tierra por una virtud divina cuantos habían osado obedecer a Heliodoro, quedaron como yertos y despavoridos.

25. Porque se les apareció montado en un caballo un personaje de fulminante aspecto y magníficamente vestido, cuyas armas parecían de oro, el cual acometiendo con ímpetu a Heliodoro lo pateó con los pies delanteros del caballo.

26. Apareciéronse también otros dos gallardos y robustos jóvenes llenos de majestad, y ricamente vestidos, los cuales poniéndose uno a cada lado de Heliodoro, empezaron a azotarlo cada uno por su parte, descargando sobre él continuos golpes.

27. Con esto Heliodoro cayó luego por tierra envuelto en oscuridad y tinieblas; y habiéndole cogido y puesto en una silla de manos, le sacaron de allí.

28. De esta suerte aquel que había entrado en el erario con tanto aparato de guardias y ministros, era llevado sin que nadie pudiese valerle; habiéndose manifestado visiblemente la virtud o justicia de Dios;

29. por un efecto de la cual Heliodoro yacía sin habla y sin ninguna esperanza de vida.

30. Por el contrario, los otros bendecían al Señor, porque había ensalzado con esto la gloria de su santo lugar, y el templo que poco antes estaba lleno de confusión y temor, se llenó de alegría y regocijo luego que hizo ver el Señor su omnipotencia.

31. Entonces algunos amigos de Heliodoro rogaron con mucha eficacia a Onías que invocase al Altísimo, a fin de que concediese la vida a Heliodoro, reducido ya a los últimos alientos.

32. Y el Sumo sacerdote, considerando que quizá el rey podría sospechar que los judíos habían urdido alguna trama contra Heliodoro, ofreció una víctima de salud por su curación;

33. y al tiempo que el Sumo sacerdote estaba haciendo la súplica, aquellos mismos jóvenes, con las mismas vestiduras, poniéndose junto a Heliodoro, le dijeron: Dale las gracias al sacerdote Onías pues por su amor de él te concede el Señor la vida.

34. Y habiendo tú sido castigado por Dios de esta suerte, anuncia a todo el mundo sus maravillas y su poder; dicho esto, desaparecieron.

35. En efecto, Heliodoro, habiendo ofrecido un sacrificio a Dios, y hecho grandes votos a aquel Señor que le había concedido la vida, y dadas las gracias a Onías, recogiendo su gente se volvió para el rey.

36. Y atestiguaba a todo el mundo las obras maravillosas del gran Dios, que había visto él con sus propios ojos.

37. Y como el rey preguntase a Heliodoro quién sería bueno para ir de nuevo a Jerusalén, le contestó:

38. Si tú tienes algún enemigo, o que atente contra tu reino, envíalo allá, y lo verás volver desgarrado a azotes, si es que escapare con vida; porque no se puede dudar que reside en aquel lugar una cierta virtud divina.

39. Pues aquel mismo que tiene su morada en los cielos, está presente y protege aquel lugar, y castiga y hace perecer a los que van a hacer allí algún mal.

40. Esto es en suma lo que pasó a Heliodoro, y el modo con que se conservó el tesoro del templo.

CAPITULO IV

Calumnias de Simón contra Onías; Jasón, hermano de éste, ambiciona el pontificado: ofrece al rey una gran suma de dinero; y hecho Pontífice destruye el culto de Dios. Menelao suplanta después a su hermano Jasón. Muere violentamente Onías; y es castigado su asesino. Menelao, acusado al rey, logra a fuerza de dádivas ser absuelto.

1. Mas el mencionado Simón, que en daño de la patria había denunciado aquel tesoro, hablaba mal de Onías, como si éste hubiese instigado a Heliodoro a hacer tales cosas, y sido el autor de aquellos males;

2. y al protector de la ciudad, al defensor de su nación, al celador de la ley de Dios, tenía el atrevimiento de llamarlo traidor del reino.

3. Mas como estas enemistades pasasen a tal extremo, que se cometían hasta asesinatos por algunos amigos de Simón;

4. considerando Onías los peligros de la discordia, y que Apolonio, gobernador de la Celesiria y de la Fenicia, atizaba con su furor o imprudencia la malignidad de Simón, se fue a presentar al rey,

5. no para acusar a sus conciudadanos, sino únicamente con el fin de atender al pro comunal de todo su pueblo, que es lo que él se proponía,

6. pues estaba viendo que era imposible el pacificar los ánimos, ni el contener la locura de Simón sin una providencia del rey.

7. Mas después de la muerte de Seleuco, habiéndole sucedido en el reino su hermano Antíoco, llamado el ilustre, Jasón, hermano de Onías, aspiraba con ansia al pontificado.

8. Pasó a dicho fin a presentarse al ley, y le prometió trescientos y sesenta talentos de plata, y otros ochenta talentos por otros títulos;

9. con más otros ciento cincuenta que ofrecía dar, si se le concedía facultad de establecer un gimnasio, y una efebia para los jóvenes, y el que los moradores de Jerusalén gozasen del derecho de que gozaban los ciudadanos de Antioquía.

10. Habiéndole, pues, otorgado el rey lo que pedía, y obtenido el principado, comenzo al instante a hacer tomar a sus paisanos los usos y costumbres de los gentiles.

11. Y desterrando la manera de vivir según la ley, que los reyes por un efecto de su bondad a favor de los judíos habían aprobado, mediante los buenos oficios de Juan, padre de Eupólemo (el que fue enviado de embajador a los romanos para renovar la amistad y alianza), establecía Jasón leyes perversas, trastornando los derechos legítimos de los ciudadanos.

12. Pues tuvo el atrevimiento de establecer bajo del alcázar mismo de Jerusalén un gimnasio, y de exponer en lugares infames la flor de la juventud

13. siendo esto no un principio, sino un progreso y consumación de la vida pagana y extranjera, introducida con detestable e inaudita maldad por el no sacerdote, sino intruso e impío Jasón.

14. Llegó la cosa a tal estado, que los sacerdotes no se aplicaban ya al ministerio del altar, sino que despreciando el templo y olvidando los sacrificios, corrían como los demás a la palestra, y a los premios indignos, y a ejercitarse en el juego del disco.

15. Reputando en nada los honores patrios, apreciaban más las glorias que venían de la Grecia;

16. por cuya adquisición se excitaba entre ellos una peligrosa emulación; de suerte que hacían alarde de imitar los usos de los griegos, y de parecer semejantes a aquellos mismos que poco antes habían sido sus mortales enemigos.

17. Pero el obrar impíamente contra las leyes de Dios no queda sin castigo, como se verá en los tiempos siguientes.

18. Como se celebrasen, pues, en Tiro los juegos olímpicos de cada cinco años, y el rey estuviese presente,

19. envió el malvado Jasón desde Jerusalén unos hombres perversos a llevar trescientas didracmas de plata para el sacrificio de Hércules; pero los mismos que las llevaron, pidieron que no se expendiesen en los sacrificios, por no ser conveniente tal aplicación, sino que se empleasen en otros objetos.

20. Y así, aunque el donador de estas dracmas las había ofrecido para el sacrificio de Hércules, las emplearon, a instancias de los conductores, en la construcción de galeras.

21. Mas Antíoco, habiendo enviado a Egipto a Apolonio, hijo de Menesteo, a tratar con los grandes de la corte del rey Tolomeo Filométor, luego que vio que le excluía del manejo de los negocios de aquel reino, atendiendo sólo a sus propios intereses, partió de allí y se vino a Joppe, desde donde pasó a Jerusalén,

22. y recibido con toda pompa por Jasón y por toda la ciudad, hizo su entrada en ella en medio de luminarias y aclamaciones públicas; y desde allí volvió a Fenicia con su ejército.

23. Tres años después envió Jasón a Menelao, hermano del mencionado Simón, a llevar dinero al rey, y a recibir órdenes de éste sobre negocios de importancia.

24. Mas habiéndose granjeado Menelao la voluntad del rey, porque supo lisonjearlo ensalzando la grandeza de su poder, se alzó con el Sumo sacerdocio, dando trescientos talentos de plata más de lo que daba Jasón.

25. Y recibidas las órdenes del rey, se volvió. Y en verdad que nada se veía en su persona digno del sacerdocio; pues tenía el corazón de un cruel tirano, y la rabia de una bestia feroz.

26. De esta suerte Jasón, que había vendido a su propio hermano Onías, engañado ahora él mismo, se huyó como desterrado al país de los ammonitas.

27. Menelao, empero, así que obtuvo el principado, no se cuidó de enviar al rey el dinero que le había prometido, no obstante que Sóstrato, comandante del alcázar, lo estrechaba al pago,

28. pues estaba al cargo de éste la cobranza de los tributos. Por esta causa fueron citados ambos a comparecer ante el rey.

29. Y Menelao fue depuesto del pontificado, sucediéndole su hermano Lisímaco; y a Sóstrato le dieron el gobierno de Chipre.

30. Mientras que sucedían estas cosas, los de Tarso y de Malo excitaron una sedición porque habían sido donados a Antióquide, concubina del rey.

31. Con este motivo pasó el rey allá apresuradamente a fin de apaciguarlos, dejando por su lugarteniente a Andrónico, uno de sus amigos.

32. Menelao entonces creyendo que la ocasión era oportuna, hurtando del templo algunos vasos de oro, dio una parte de ellos a Andróni-

co, y vendió la otra en Tiro y en las ciudades comarcanas.

33. Lo que sabido con certeza por Onías, le reprendía por esta acción desde un sitio de Antioquía cercano al templo de Dafne, donde se hallaba refugiado.

34. Por esta causa pasó Menelao a ver a Andrónico, y le rogó que hiciese matar a Onías; Andrónico fue a visitar a Onías; y habiéndole alargado su mano derecha, y jurádole que no le haría daño, le persuadió (a pesar de que Onías no se fiaba enteramente de él) a que saliese del asilo; mas al punto que salió, le quitó la vida, sin tener ningun miramiento a la justicia.

35. Con este motivo, no solamente los judíos, sino también las demás naciones se irritaron, y llevaron muy a mal la injusta muerte de un tan grande varón.

36. Y así habiendo el rey vuelto de Cilicia, le presentaron en Antioquía los judíos y los mismos griegos a querellarse de la inicua muerte de Onías.

37. Y Antíoco, afligido en su corazón y enternecido por la muerte de Onías, prorrumpió en llanto, acordándose de la sobriedad y modestia del difunto;

38. y encendiéndose en cólera, mandó que Andrónico, despojado de la púrpura, fuese paseado por toda la ciudad; y que en el mismo lugar en que este sacrílego había cometido tal impiedad contra Onías, allí mismo se le quitase la vida. Así le dio el Señor el merecido castigo.

39. Por lo que hace a Lisímaco, habiendo cometido muchos sacrilegios en el templo, a instigación de Menelao, y esparcídose la fama del mucho oro que de allí había sacado, se sublevó el pueblo contra él.

40. Y amotinándose las gentes, y encendidos en cólera los ánimos Lisímaco, armando como unos tres mil hombres, capitaneados por un cierto Tirano, o Aurano, tan consumado en malicia como avanzado en edad, empezó a cometer violencias.

41. Mas luego que fueron conocidos los intentos o disposiciones de Lisímaco, unos se armaron de piedras, otros de gruesos garrotes, y otros arrojaban sobre él ceniza,

42. de cuyas resultas muchos quedaron heridos, algunos fueron muertos, y todos los restantes fueron puestos en fuga, perdiendo también la vida junto al erario el mismo sacrílego Lisímaco.

43. De todos estos desórdenes comenzóse a acusar a Menelao;

44. y habiendo llegado el rey a Tiro, pasaron a darle quejas sobre estos sucesos tres diputados enviados por los ancianos.

45. Pero Menelao, conociendo que iba a ser vencido, prometió a Tolomeo una grande suma de dinero, con tal que inclinase al rey en su favor.

46. En efecto, Tolomeo entró a ver al rey, que estaba tomando el fresco en una galería, y le hizo mudar de parecer;

47. de tal suerte, que Menelao, reo de toda maldad, fue plenamente absuelto de sus delitos; y a aquellos infelices que en un tribunal, aunque fuese de bárbaros escitas, hubieran sido declarados inocentes, los condenó a muerte.

48. Fueron, pues, castigados inmediatamente, contra toda justicia, aquellos que habían sostenido la causa o intereses del pueblo y de la ciudad, y la veneración de los vasos sagrados.

49. Pero los mismos vecinos de Tiro, indignados de semejante acción, se mostraron sumamente generosos en la honrosa sepultura que les dieron.

50. Entretanto Menelao conservaba la autoridad por medio de la avaricia de aquellos que tenían el poder del rey, y crecía en malicia para daño de sus conciudadanos.

CAPÍTULO V

Prodigios que se ven en Jesuralén. Jasón, apoderándose de la ciudad, hace en ella un grande estrago, y muere. Violencias de Antíoco contra Jerusalén. Judas Macabeo con los suyos se retira a un lugar desierto.

1. Hallábase Antíoco por este mismo tiempo haciendo los preparativos para la segunda expedición contra Egipto.

2. Y sucedió entonces que por espacio de cuarenta días se vieron en toda la ciudad de Jerusalén correr de parte a parte por el aire hombres a caballo, vestidos de telas de oro, y armados de lanzas, como si fuesen escuadrones de caballería.

3. Viéronse caballos, ordenados en filas, que corriendo se atacaban unos a otros, y movimientos de broqueles, y una multitud de gentes armadas con morriones y espadas desnudas, y tiros de dardos, y el resplandor de armas doradas y de todo género de corazas.

4. Por tanto, rogaban todos a Dios que tales prodigios tornasen en bien del pueblo.

5. Mas habiéndose esparcido el falso rumor de que Antíoco había muerto, tomando Jasón consigo mil hombres acometió de improviso a la ciudad, y aunque los ciudadanos acudieron al instante a las murallas, al fin se apoderó de ella, y Menelao se huyó al alcázar.

6. Pero Jasón, como si creyese ganar un triunfo sobre sus enemigos y no sobre sus conciudadanos, hizo una horrible carnicería en la ciudad: no parando la consideración en que es un grandísimo mal ser feliz en la guerra que se hace a los de su propia sangre.

7. Esto, no obstante, no pudo conseguir ponerse en posesión del principado; antes bien todo el fruto que sacó de sus traiciones fue la propia ignominia; y viéndose precisado nuevamente a huir, se retiró al país de los anamonitas.

8. Finalmente fue puesto en prisión por Aretas, rey de los árabes, que quería acabar con él; y habiéndose podido escapar, andaba de ciudad en ciudad aborrecido de todo el mundo: y como prevaricador de las leyes, y como un hombre execrable, y enemigo de la patria y de los ciudadanos, fue arrojado a Egipto.

9. Y de esta suerte, aquel que había arrojado a muchos fuera de su patria, murió desterrado de ella, habiéndose ido a Lacedemonia, creyendo que allí encontraría algún refugio a título de parentesco,

10. y el que había mandado arrojar los cadáveres de muchas personas sin darles sepultura, fue arrojado insepulto, y sin ser llorado de nadie, no habiendo podido hallar sepulcro ni en su tierra propia, ni en la extraña.

11. Pasadas así estas cosas, entró el rey en sospecha de que los judíos iban a abandonar la alianza que tenían con él; y así partiendo de Egipto lleno de furor, se apoderó de la ciudad a mano armada,

12. y mandó a los soldados que matasen indistintamente a cuantos encontrasen sin perdonar a nadie, y que entrando también por las casas pasasen a cuchillo toda la gente;

13. de manera que se hizo una carnicería general de jóvenes y de ancianos, y de mujeres con sus hijos, y de doncellas y de niños;

14. tanto, que en el espacio de aquellos tres días fueron ochenta mil los muertos, cuarenta mil los cautivos, y otros tantos los vendidos por esclavos.

15. Mas ni aún con esto quedó satisfecho Antíoco; sino que además cometió el arrojo de entrar en el templo, lugar el más santo de toda la tierra, conducido por Menelao, traidor a la patria y a las leyes;

16. y tomando con sus sacrílegas manos los vasos sagrados, que otros reyes y ciudades habían puesto allí para ornamento y gloria de aquel lugar sagrado, los manoseaba de una manera indigna, y los profanaba.

17. Así Antíoco, perdida toda la luz de su entendimiento, no veía que si Dios mostraba por un poco de tiempo su indignación contra los habitantes de la ciudad, era por causa de los pecados de ellos; y que por lo mismo había experimentado semejante profanación aquel lugar santo:

18. porque de otra suerte, si no hubieran estado envueltos en muchos delitos, este príncipe, como le sucedió a Heliodoro, enviado del rey Seleuco para saquear el tesoro del templo, hubiera sido azotado luego que llegó, y precisado a desistir de su temeraria empresa.

19. Pero Dios no escogió al pueblo por amor del lugar o templo, sino a éste por amor del pueblo.

20. Por este motivo este lugar mismo ha participado de los males que han acaecido al pueblo, así como tendrá también parte en los bienes que aquél reciba; y el que ahora se ve abandonado por efecto de la indignación del Dios todopoderoso, será nuevamente ensalzado a la mayor gloria, aplacado que esté aquel grande Señor.

21. Habiendo, pues, Antíoco sacado del templo mil y ochocientos talentos, se volvió apresuradamente a Antioquía, dominado en tal manera de la soberbia y presunción de ánimo, que se imaginaba poder llegar a navegar sobre la tierra y a caminar sobre el mar a pie enjuto.

22. Pero a su partida dejó allí gobernadores para que vejasen la nación: a saber, en Jerusalén a Filipo, originario de Frigia, aún más cruel que su amo:

23. y en Garizim a Andrónico y a Menelao, más encarnizados aún que los otros contra los ciudadanos.

24. Y siguiendo Antíoco muy enconado contra los judíos, les envió por comandante al detestable Apolonio con un ejército de veintidós mil hombres, con orden de degollar a todos los adultos, y de vender las mujeres y niños.

25. Llegado, pues, este general a Jerusalén, aparentando paz, se estuvo quieto hasta el santo día del sábado; mas en este día en que los judíos observaban el descanso, mandó a sus tropas que tomasen las armas,

26. y mató a todos los que se habían reunido para ver aquel espectáculo; y discurriendo después por toda la ciudad con sus soldados, quitó la vida a una gran multitud de gentes.

27. Empero Judas Macabeo, que era uno de los diez que se habían retirado a un lugar desierto, pasaba la vida con los suyos en los montes, entre las fieras, alimentándose de yerbas, a fin de no tener parte en la profanaciones.

CAPÍTULO VI

El gobernador enviado a Judea prohíbe la observancia de la Ley de Dios. Es profanado el templo, y forzados los judíos a sacrificar a los ídolos. Castigo de dos mujeres que habían circuncidado a sus hijos, y de otros que celebraban el sábado. Designio del Señor en permitir estos males. Martirio del anciano Eleázaro.

1. De allí a poco tiempo envió el rey un senador de Antioquía, para que compeliese a los judíos a abandonar las leyes de su Dios y de sus padres,

2. y para profanar el templo de Jerusalén, y consagrarlo a Júpiter Olímpico, como también el de Garizim en Samaria a Júpiter extranjero, u hospedador, por ser extranjeros los habitantes de aquel lugar.

3. Así que viose caer entonces de un golpe sobre todo el pueblo un diluvio terrible de males;

4. porque el templo estaba lleno de lascivias y de glotonerías propias de los gentiles, y de hombres disolutos mezclados con rameras, y de mujeres que entraban con descaro en los lugares sagrados, llevando allí cosas que no era lícito llevar.

5. El mismo altar se veía lleno de cosas ilícitas y prohibidas por las leyes.

6. No se guardaban ya los sábados ni se celebraban las fiestas solemnes del país, y nadie se atrevía a confesar sencillamente que era judío.

7. El día del cumpleaños del rey los hacían ir a dura y viva fuerza a los sacrificios profanos: y cuando se celebraba la fiesta de Baco, los precisaban a ir por las calles coronados de hiedra en honor de dicho ídolo.

8. A sugestión de los de Tolemaida se publicó en las ciudades de los gentiles, vecinas a Judea, un edicto por el cual se les daba facultad para obligar en aquellos lugares a los judíos a que sacrificasen,

9. y para quitar la vida a todos aquellos que no quisiesen acomodarse a las costumbres de los gentiles. Así, pues, no se veía otra cosa más que miserias.

10. En prueba de ello, habiendo sido acusadas dos mujeres de haber circuncidado a sus hijos, las pasearon públicamente por la ciudad, con los hijos colgados a sus pechos, y después las precipitaron desde lo alto de la muralla.

11. Asimismo algunos otros que se juntaban en las cuevas vecinas para celebrar allí secretamente el día del sábado, habiendo sido denunciados a Filipo, fueron quemados vivos: porque tuvieron escrúpulo de defenderse por respeto a la religión y a la santidad de aquel día.

12. (Ruego ahora a los que lean este libro, que no se escandalicen a vista de tan desgraciados sucesos; sino que consideren que estas cosas acaecieron, no para exterminar, sino para corregir a nuestra nación.

13. Porque señal es de gran misericordia hacia los pecadores el no dejarlos vivir largo tiempo a su antojo, sino aplicarles prontamente el azote para que se enmienden.

14. En efecto, el Señor no se porta con nosotros como con las demás naciones, a las cuales sufre ahora con paciencia para castigarlas en el día del juicio, colmada que sea la medida de sus pecados:

15. No así con nosotros, sino que nos castiga sin esperar a que lleguen a su colmo nuestros pecados.

16. Y así nunca retira de nosotros su misericordia, y cuando aflige a su pueblo con adversidades, no le desampara.

17. Pero baste esto poco que hemos dicho, para que estén advertidos los lectores; y volvamos ya a tomar el hilo de la historia.)

18. Eleázaro, pues, uno de los primeros doctores de la ley, varón de edad provecta, y de venerable presencia, fue estrechado a comer carne de cerdo, y se le quería obligar a ello abriéndole por fuerza la boca.

19. Mas él, prefiriendo una muerte llena de gloria a una vida aborrecible, caminaba voluntariamente por su pie al suplicio.

20. Y considerando cómo debía portarse en este lance, sufriendo con paciencia, resolvió no hacer por amor a la vida ninguna cosa contra la ley.

21. Pero algunos de los que se hallaban presentes, movidos de una cruel compasión, y en atención a la antigua amistad que con él tenían, tomándolo aparte, le rogaban que les permitiese traer carnes de las que le era lícito comer, para poder así aparentar que había cumplido la orden del rey, de comer carnes sacrificadas a los ídolos,

22. a fin de que de esta manera se libertase de la muerte. De esta especie de humanidad usaban con él por un efecto de la antigua amistad que le profesaban.

23. Pero Eleázaro, dominado de otros sentimientos dignos de su edad y de sus venerables canas, como asimismo de su antigua nativa nobleza, y de la buena conducta que había observado desde niño, respondió súbitamente, conforme a los preceptos de la ley santa establecida por Dios, y dijo que más bien quería morir;

24. porque no es decoroso a nuestra edad, les añadió, usar de esta ficción: la cual sería causa que muchos jóvenes, creyendo que Eleázaro en la edad de noventa años se había pasado a la vida o religión de los gentiles,

25. cayesen en error a causa de esta ficción mía, por conservar yo un pequeño resto de esta vida corruptible: además de que echaría sobre mi ancianidad la infamia y execración.

26. Fuera de esto, aun cuando pudiese librarme al presente de los suplicios de los hombres, no podría yo, ni vivo ni muerto, escapar de las manos del Todopoderoso.

27. Por lo cual muriendo valerosamente, me mostraré digno de la ancianidad a que he llegado;

28. y dejaré a los jóvenes un ejemplo de fortaleza si sufriere con ánimo pronto y constante una muerte honrosa en defensa de una ley la más santa y venerable. Luego que acabó de decir esto, fue conducido al suplicio.

29. Y aquellos que le llevaban, y que poco antes se le habían mostrado muy humanos, pasaron a un extremo de furor por las palabras que había dicho; las cuales creían efecto de arrogancia.

30. Estando ya para morir a fuerza de los golpes que descargaban sobre él, arrojó un suspiro, y dijo: Señor, Tú que tienes la ciencia santa, Tú sabes bien que habiendo yo podido librarme de la muerte, sufro en mi cuerpo atroces dolores; pero mi alma los padece de buena gana por tu santo temor.

31. De esta manera, pues, murió Eleázaro, dejando no solamente a los jóvenes, sino también a toda su nación en la memoria de su muerte un dechado de virtud y de fortaleza.

CAPÍTULO VII

Martirio de los siete hermanos Macabeos y de su admirable madre.

1. A más de lo referido aconteció que fueron presos siete hermanos juntamente con su madre; y quiso el rey, a fuerza de azotes y tormentos con nervios de toro obligarlos a comer carne de cerdo, contra lo prohibido por la ley.

2. Mas el uno de ellos, que era el primogénito, dijo: ¿qué es lo que tú pretendes, o quieres saber de nosotros? Aparejados estamos a morir antes que quebrantar las leyes patrias que Dios nos ha dado.

3. Encendióse el rey en cólera, y mandó que se pusiesen sobre el fuego sartenes y calderas de bronce; así que estuvieron hechas ascuas,

4. ordenó que se cortase la lengua al que había hablado el primero, que se le arrancase la piel de la cabeza y que se le cortasen las extremidades de las manos y pies, todo a presencia de sus hermanos y de su madre.

5. Y estando ya así del todo inutilizado, mandó traer fuego, y que lo tostasen en la sartén hasta que expirase. Mientras que sufría en ella este largo tormento, los demás hermanos con la madre se alentaban mutuamente a morir con valor,

6. diciendo: el Señor Dios verá la verdad, y se apiadará de nosotros, como lo declaró Moisés cuando protestó en su cántico, diciendo: Será misericordioso con sus siervos.

7. Muerto que fue de este modo el primero, conducían al segundo para atormentarle con escarnio; y habiéndole arrancado la piel de la cabeza con todos los cabellos, le preguntaban si comería antes que ser atormentado en cada miembro de su cuerpo.

8. Pero él respondiendo en la lengua de su patria, dijo: no haré tal. Así, pues, sufrió también éste los mismos tormentos que el primero;

9. y cuando estaba ya para expirar, dijo: tú, ¡oh perversísimo príncipe!, nos quitas la vida presente; pero el rey del universo nos resucitará algún día para la vida eterna, por haber muerto en defensa de sus leyes.

10. Después de éste, vino al tormento el tercero; el cual así que le pidieron la lengua la sacó al instante, y extendió sus manos con valor,

11. diciendo con grande confianza: del cielo he recibido estos miembros del cuerpo: mas ahora los desprecio por amor a las leyes de Dios; y espero que los he de volver a recibir de su misma mano.

12. Dijo esto de modo que así el rey, como su comitiva, quedaron maravillados del espíritu de este joven que ningún caso hacía de los tormentos.

13. Muerto también éste, atormentaron de la misma manera al cuarto;

14. el cual, estando ya para morir, habló del modo siguiente: Es gran ventaja para nosotros perder la vida a manos de los hombres, por la firme esperanza que tenemos en Dios de que nos la volverá, haciéndonos resucitar; pero tu resurrección, ¡oh Antíoco!, no será para la vida.

15. Habiendo cogido al quinto, lo martirizaban igualmente; pero él, clavando sus ojos en el rey, le dijo:

16. Teniendo, como tienes, poder entre los hombres, aunque eres mortal como ellos, haces tú lo que quieres; mas no imagines por eso que Dios ha desamparado a nuestra nación.

17. Aguarda tan solamente un poco, y verás la grandeza de su poder, y cómo te atormentará a ti y a tu linaje.

18. Después de éste, fue conducido al suplicio el sexto; y estando ya para expirar, dijo: No quieras engañarte vanamente; pues si nosotros padecemos estos tormentos, es porque los hemos merecido, habiendo pecado contra nuestro Dios; y por esto experimentamos cosas tan terribles.

19. Mas no pienses tú quedar impune después de haber osado combatir contra Dios.

20. Entretanto la madre, sobremanera admirable, y digna de vivir eternamente en la memoria de los buenos, viendo perecer en un solo día a sus siete hijos, lo sobrellevaba con ánimo constante por la esperanza que tenía en Dios.

21. Llena de sabiduría, exhortaba con valor, en su lengua nativa, a cada uno de ellos en particular; y juntando un ánimo varonil a la ternura de mujer,

22. les decía: Yo no sé cómo fuisteis formados en mi seno; porque ni yo os di el alma, el espíritu y la vida, ni fui tampoco la que coordiné los miembros de cada uno de nosotros;

23. sino el Criador del universo, que es el que formó al hombre en su origen, y el que dio principio a todas las cosas; y él mismo os volverá por su misericordia el espíritu y la vida, puesto que ahora por amor de sus leyes no hacéis aprecio de vosotros mismos.

24. Antíoco, pues, considerándose humillado, y creyendo que aquellas voces de los mártires eran un insulto a él, como quedase todavía el más pequeño de todos, comenzó no sólo a persuadirle con palabras, sino a asegurarle también con juramento, que lo haría rico y feliz si abandonaba las leyes de sus padres, y que le tendría por uno de sus amigos, y le daría cuanto necesitase.

25. Pero como ninguna mella hiciesen en el joven semejantes promesas, llamó el rey a la madre, y le aconsejaba que mirase por la vida y por la felicidad de su hijo.

26. Y después de haberla exhortado con muchas razones, ella le prometió que en efecto persuadiría a su hijo lo que le convenía:

27. a cuyo fin, habiéndose inclinado a él para hablarle, burlando los deseos del cruel tirano, le dijo en lengua patria: hijo mío, ten piedad de mí, que te llevé nueve meses en mis entrañas, que te alimenté por espacio de tres años con la leche de mis pechos, y te he criado y conducido hasta la edad en que te hallas.

28. Ruégote, hijo mío, que mires al cielo y a la tierra, y a todas las cosas que en ellos se contienen; y que entiendas bien que Dios las ha criado todas de la nada, como igualmente al linaje humano.

29. De este modo no temerás a este verdugo; antes bien haciéndote digno de participar de la suerte de tus hermanos, abrazarás gustoso la muerte, para que así en el tiempo de la misericordia te recobre yo en el cielo, junto con tus hermanos.

30. Aún no había acabado de hablar esto, cuando el joven dijo: ¿qué es lo que esperáis? Yo no obedezco al mandato del rey, sino al precepto de la ley que nos fue dada por Moisés.

31. Mas tú, que eres el autor de todos los males de los hebreos, ten entendido que no evitarás el castigo de Dios.

32. Porque nosotros padecemos esto por nuestros pecados;

33. y si el Señor nuestro Dios se ha irritado por un breve tiempo contra nosotros, a fin de corregirnos y enmendarnos, Él, empero, volverá a reconciliarse otra vez con sus siervos.

34. Pero tú, ¡oh malvado y el más abominable de todos los hombres!, no te lisonjees inútilmente con vanas esperanzas, inflamado en cólera contra los siervos de Dios;

35. pues aún no has escapado del juicio del Dios todopoderoso, que lo está viendo todo.

36. Mis hermanos por haber padecido ahora un dolor pasajero, se hallan ya gozando de la alianza de la vida eterna; mas tú por justo juicio de Dios sufrirás los castigos debidos a tu soberbia.

37. Por lo que a mí toca, hago como mis hermanos el sacrificio de mi cuerpo y de mi vida en defensa de las leyes de mis padres, rogando a Dios que cuanto antes se muestre propicio a nuestra nación, y que te obligue a ti a fuerza de tormentos y de castigos a confesar que el es el solo Dios.

38. Mas la ira del Todopoderoso, que justamente descarga sobre nuestra nación, tendrá fin en la muerte mía y de mis hermanos.

39. Entonces el rey, ardiendo en cólera, descargó su furor sobre éste con más crueldad que sobre todos los otros, sintiendo a par de muerte verse burlado.

40. Murió, pues, también este joven, sin contaminarse, y con una entera confianza en el Señor.

41. Finalmente, después de los hijos fue también muerta la madre.

42. Pero bastante se ha hablado ya de los sacrificios profanos y de las horribles crueldades de Antíoco.

CAPÍTULO VIII

Victorias de Judas Macabeo contra Nicanor, Báquides y Timoteo: Nicanor, huyendo solo a la Siria, declara que los judíos tienen a Dios por protector.

1. Entretanto Judas Macabeo y los que le seguían entraban secretamente en las poblaciones, y convocando a sus parientes y amigos, y tomando consigo a los que habían permanecido firmes en la religión judaica, juntaron hasta seis mil hombres.

2. Al mismo tiempo invocaban al Señor para que mirase propicio a su pueblo, hollado de todos; y que tuviese compasión de su templo, el cual se veía profanado por los impíos;

3. que se apiadase igualmente de la ruina de la ciudad, que iba a ser destruida y luego después arrasada, y escuchase la voz de la sangre derramada, que le estaba pidiendo venganza;

4. que tuviese también presente las inicuas muertes de los inocentes niños y las blasfemias proferidas contra su santo Nombre, y tomase de ello justísima venganza.

5. El Macabeo, pues, habiendo juntado mucha gente, se hacía formidable a los gentiles; porque la indignación del Señor contra su pueblo se había ya convertido en misericordia.

6. Arrojábase repentinamente sobre los lugares y ciudades, y los incendiaba; y ocupando los sitios más ventajosos, hacía no pequeño estrago en los enemigos,

7. ejecutando estas correrías principalmente por la noche; y la fama de su valor se esparcía por todas partes.

8. Viendo, pues, Filipo que este caudillo iba poco a poco engrosándose y haciendo progresos, y que las más veces le salían bien sus empresas, escribió a Tolomeo, gobernador de la Celesiria y de la Fenicia, a fin de que le enviara socorros para sostener el partido del rey.

9. En efecto, Tolomeo le envió al punto a Nicanor, amigo suyo, hijo de Patroclo, y uno de los principales magnates, dándole hasta veinte mil hombres armados, de diversas naciones, para que exterminase todo el linaje de los judíos; y junto con él envió también a Gorgias, que era gran soldado, y hombre de larga experiencia en las cosas de la guerra.

10. Nicanor formó el designio de pagar el tributo de los dos mil talentos que el rey debía dar a los romanos, sacándolos de la venta de los cautivos que haría de los judíos.

11. Con esta idea envió inmediatamente a las ciudades marítimas a convidar a la compra de judíos esclavos, prometiendo dar noventa de ellos por un talento; sin reflexionar el castigo que el Todopoderoso había de ejecutar en él.

12. Luego que Judas supo la venida de Nicanor, la participó a los judíos que tenía consigo;

13. algunos de los cuales, por falta de confianza en la justicia divina, llenos de miedo, echaron a huir.

14. Pero otros vendían cuanto les había quedado, y a una rogaban al Señor que los librase del impío Nicanor, que aun antes de haberse acercado a ellos los tenía ya vendidos;

15. y que se dignase hacerlo, ya que no por amor de ellos, siquiera por la alianza que había hecho con sus padres, y por el honor que tenían de llamarse con el nombre santo y glorioso de pueblo de Dios.

16. Habiendo, pues, convocado el Macabeo los seis o siete mil hombres que le seguían, los conjuró que no entrasen en componendas con los enemigos, y que no temiesen aquella muchedumbre que venía a atacarlos injustamente, sino que peleasen con esfuerzo,

17. teniendo siempre presente el ultraje que aquellos indignos habían cometido contra el lugar santo, y las injurias e insultos hechos a la ciudad, y además la abolición de las santas instituciones de sus mayores.

18. Estas gentes, añadió, confían sólo en sus armas y en su audacia; mas nosotros tenemos puesta nuestra confianza en el Señor Todopoderoso, que con una mirada puede trastornar, no sólo a los que vienen contra nosotros, sino también al mundo entero.

19. Trájoles asimismo a la memoria los socorros que había dado Dios en otras ocasiones a sus padres, y los ciento ochenta y cinco mil que perecieron del ejército de Sennaquerib;

20. como también la batalla que ellos habían dado a los gálatas en Babilonia, en la cual, no habiendo osado entrar en la acción sus aliados los macedonios, ellos, que sólo eran seis mil, mataron ciento veinte mil, mediante el auxilio que les dio el cielo; y consiguieron en recompensa grandes bienes.

21. Este razonamiento del Macabeo los llenó de valor, de suerte que se hallaron dispuestos a morir por las leyes y por la patria.

22. En seguida dio el mando de una porción de tropas a sus hermanos Simón, José y Jonatás, poniendo a las órdenes de cada uno mil quinientos hombres

23. Además de eso leyóles Esdras el libro santo; y habiéndoles dado Judas por señal o reseña SOCORRO DE DIOS, se puso él mismo a la cabeza del ejército, y marchó contra Nicanor.

24. En efecto, declarándose el Todopoderoso a favor de ellos, mataron más de nueve mil hombres, y pusieron en fuga al ejército de Nicanor,

que había quedado muy disminuido por razón de los muchos heridos.

25. Con esto cogieron el dinero de aquellos que habían acudido para comprarlos como esclavos; y fueron persiguiendo largo trecho al enemigo.

26. Pero estrechados del tiempo volvieron atrás, pues era la víspera del sábado; lo cual les impidió que continuaran persiguiéndole.

27. Recogidas, pues, las armas y despojos de los enemigos, celebraron el sábado bendiciendo al Señor, que los había librado en aquel día, derramando sobre ellos las primeras gotas del rocío de su misericordia.

28. Pasada la festividad del sábado, dieron parte de los despojos a los enfermos, a los huérfanos y a las viudas, quedándose con el resto para sí y para sus familias.

29. Ejecutadas estas cosas, hicieron todos juntos oración, rogando al Señor misericordioso que se dignara aplacarse ya para siempre con sus siervos.

30. Más adelante, habiendo sido acometidos del ejército de Timoteo y de Báquides, mataron de él a más de veinte mil hombres, se apoderaron de varias plazas fuertes, y recogieron un botín muy grande; del cual dieron igual porción a los enfermos, a los huérfanos y a las viudas, y también a los viejos.

31. Recogidas luego con diligencia todas las armas de los enemigos, las depositaron en lugares convenientes, llevando a Jerusalén los otros despojos.

32. Asimismo quitaron la vida a Filarco, hombre perverso, uno de los que acompañaban a Timoteo, y que había causado muchos males a los judíos.

33. Y cuando estaban en Jerusalén, dando gracias a Dios por esta victoria, al saber que aquel Calístenes, que había incendiado las puertas sagradas, se había refugiado en cierta casa, lo abrasaron en ella, dándole así el justo pago de sus impiedades.

34. Entretanto el perversísimo Nicanor, aquel que había hecho venir a mil negociantes para venderles los judíos por esclavos,

35. humillado con la ayuda del Señor por aquellos mismos a quienes él había reputado por nada, dejando su brillante vestido de generalísimo, y huyendo por el mar Mediterráneo, llegó solo a Antioquía, y reducido al colmo de la infelicidad por la pérdida de su ejército;

36. y aquel mismo que antes había prometido pagar el tributo a los romanos con el producto de los cautivos de Jerusalén, iba publicando ahora que los judíos tenían por protector a Dios, y que eran invulnerables, porque seguían las leyes que el mismo Señor les había dado.

CAPÍTULO IX

Antíoco Epífanes, echado de Persépolis al tiempo que estaba meditando el total exterminio de los judíos, es castigado por Dios con dolores acerbísimos, que le obligan a confesar sus delitos. Muere miserablemente, después de haber encomendado por cartas a los judíos que fuesen fieles a su hijo.

1. A este tiempo volvía Antíoco ignominiosamente de la Persia;

2. pues habiendo entrado en la ciudad de Persépolis, llamada Elimaida, e intentado saquear el templo y oprimir la ciudad, corrió todo el pueblo a tomar las armas, y lo puso en fuga con todas sus tropas, por lo cual volvió atrás vergonzosamente.

3. Y llegado que hubo cerca de Ecbatana, recibió la noticia de lo que había sucedido a Nicanor y a Timoteo.

4. Con lo que montando en cólera, pensó en desfogarla en los judíos, y vengarse así del ultraje que le habían hecho los que le obligaron a huir. Por tanto mandó que anduviese más aprisa su carroza, caminando sin pararse, impelido para ello del juicio o venganza del cielo por la insolencia con que había dicho que él iría a Jerusalén, y que la convertiría en un cementerio de cadáveres hacinados de judíos.

5. Mas el Señor Dios de Israel, que ve todas las cosas, lo hirió con una llaga interior e incurable: pues apenas había acabado de pronunciar dichas palabras, le acometió un acerbo dolor de entrañas y un terrible cólico.

6. Y a la verdad que bien lo merecía, puesto que él había desgarrado las entrañas de otros con muchas y nuevas maneras de tormentos. Mas no por eso desistía de sus malvados designios.

7. De esta suerte, lleno de soberbia, respirando su corazón llamas contra los judíos, y mandando siempre acelerar el viaje, sucedió que, corriendo furiosamente, cayó de la carroza, y con el grande golpe que recibió, se le quebrantaron gravemente los miembros del cuerpo.

8. Y aquel que lleno de soberbia quería levantarse sobre la esfera del hombre, y se lisonjeaba de poder mandar aun a las olas del mar, y de pesar en una balanza los montes más elevados, humillado ahora hasta el suelo, era conducido en una silla de manos, presentando en su misma persona un manifiesto testimonio del poder de Dios;

339

9. pues hervía de gusanos el cuerpo de este impío, y aún viviendo se le caían a pedazos las carnes en medio de los dolores, y ni sus tropas podían sufrir el mal olor y fetidez que de sí despedía.

10. Así el que poco antes se imaginaba que podía coger con la mano las estrellas del cielo, se había hecho insoportable a todos, por lo intolerable del hedor que despedía.

11. Derribado, pues, de este modo de su extremada soberbia, comenzó a entrar en conocimiento de sí mismo, estimulado del azote de Dios, pues crecían por momentos sus dolores.

12. Y como ni él mismo pudiese ya sufrir su fetor, dijo así: justo es que el hombre se sujete a Dios, y que un mortal no pretenda apostársela a Dios.

13. Mas este malvado rogaba al Señor, del cual no había de alcanzar misericordia.

14. Y siendo así que antes se apresuraba a ir a la ciudad de Jerusalén para arrasarla, y hacer de ella un cementerio de cadáveres amontonados, ahora deseaba hacerla libre;

15. prometiendo asimismo igualar con los atenienses a estos mismos judíos a quienes poco antes había juzgado indignos de sepultura, y les había dicho que los arrojaría a las aves de rapiña y a las fieras, para que los despedazasen, y que acabaría hasta con los niños más pequeños.

16. Ofrecía también adornar con preciosos dones aquel templo santo que antes había despojado, y aumentar el número de los vasos sagrados, y costear de sus rentas los gastos necesarios para los sacrificios;

17. y además de esto, hacerse él judío, e ir por todo el mundo ensalzando el poder de Dios.

18. Mas como no cesasen sus dolores (porque al fin había caído sobre él la justa venganza de Dios), perdida toda esperanza, escribió a los judíos una carta, en forma de súplica, del tenor siguiente:

19. A los judíos, excelentes ciudadanos, desea mucha salud y bienestar y toda prosperidad el rey y príncipe Antíoco.

20. Si gozáis de salud, tanto vosotros como vuestros hijos, y si os sucede todo según lo deseáis, nosotros damos por ello a Dios muchas gracias.

21. Hallándome yo al presente enfermo, y acordándome benignamente de vosotros, he juzgado necesario, en esta grave enfermedad que me ha acometido a mi regreso de Persia, atender al bien común, dando algunas disposiciones;

22. no porque desespere de mi salud, antes confío mucho que saldré de esta enfermedad;

23. mas considerando que también mi padre, al tiempo que iba con su ejército por las provincias altas, declaró quién debía reinar después de su muerte,

24. con el fin de que si sobreviniese alguna desgracia, o corriese alguna mala noticia, no se turbasen los habitantes de las provincias, sabiendo ya quién era el sucesor en el mando;

25. y considerando además que cada uno de los confinantes y poderosos vecinos está acechando ocasión favorable, y aguardando coyuntura para sus planes, he designado por rey a mi hijo Antíoco, el mismo a quien yo muchas veces, al pasar a las provincias altas de mis reinos, recomendé a muchos de vosotros, y al cual he escrito lo que más abajo veréis.

26. Por tanto, os ruego y pido que acordándoos de los beneficios que habéis recibido de mí en común y en particular, me guardéis todos fidelidad a mí y a mi hijo;

27. pues confío que él se portará con moderación y dulzura, y que siguiendo mis intenciones será vuestro favorecedor.

28. En fin, herido mortalmente de Dios este homicida y blasfemo, tratado del mismo modo que él había tratado a otros, acabó su vida en los montes, lejos patria, con una muerte infeliz.

29. Filipo, su hermano de leche, hizo trasladar su cuerpo, y temiéndose del hijo de Antíoco, se fue para Egipto a Tolomeo Filométor.

CAPÍTULO X

Purificación del templo hecha por Judas Macabeo. Lisias regenta el reino de Antíoco Eupátor: el cual hace tomar veneno a Tolomeo, y da el mando de la Judea a Gorgias. Victorias de los judíos contra éste y contra Timoteo.

1. Entretanto el Macabeo, y los que le seguían, protegidos del Señor, recobraron el templo y la ciudad,

2. y demolieron los altares que los gentiles habían erigido en las plazas y asimismo los templos de los ídolos.

3. Y habiendo purificado el templo, construyeron un altar nuevo, y sacando fuego por medio de unos pedernales, ofrecieron sacrificios, a los dos años después que entró a mandar Judas, y pusieron el altar del incienso, las lámparas o candelero, y los panes de pro- posición.

4. Ejecutado esto, postrados por tierra, rogaban al Señor que nunca más los dejase caer en

semejantes desgracias; y, caso que llegasen a pecar, los castigase con más benignidad, y no los entregase en poder de hombres bárbaros y blasfemos de su santo Nombre.

5. Y es digno de notar que el templo fue purificado en aquel mismo día en que había sido profanado por los extranjeros, es decir, el día veinticinco del mes de Casleu.

6. En efecto, celebraron esta fiesta con regocijo por espacio de ocho días, a manera de la de los Tabernáculos, acordándose que poco tiempo antes habían pasado esta solemnidad de los Tabernáculos en los montes y cuevas a manera de fieras.

7. Por este motivo llevaban en las manos tallos y ramos verdes, y palmas en honor de aquel Señor que les había concedido la dicha de purificar su santo templo.

8. Y de común consejo y acuerdo decretaron que toda la nación judaica celebrase esta fiesta todos los años en aquellos mismos días.

9. Por lo que toca a la muerte de Antíoco, llamado Epífanes, fue del modo que hemos dicho.

10. Mas ahora referiremos los hechos de Eupátor, hijo del impío Antíoco, recopilando los males que ocasionaron sus guerras.

11. Habiendo, pues, entrado éste a reinar, nombró para la dirección de los negocios del reino a un tal Lisias, gobernador militar de la Fenicia y de la Siria.

12. Porque Tolomeo, llamado Mácer, o Macrón, había resuelto observar inviolablemente la justicia respecto de los judíos, y portarse pacíficamente con ellos, sobre todo a vista de las injusticias que se les había hecho sufrir.

13. Pero acusado por esto mismo ante Eupátor por los amigos, que a cada paso lo trataban de traidor por haber abandonado a Chipre, cuyo gobierno le había confiado el rey Filométor, y porque después de haberse pasado al partido de Antíoco Epífanes, o el ilustre, había desertado también de él, acabó su vida con el veneno.

14. A este tiempo Gorgias, que tenía el gobierno de aquellas tierras de la Palestina, asalariando tropas extranjeras, molestaba frecuentemente a los judíos.

15. Y los judíos que ocupaban plazas fuertes en lugares ventajosos, acogían en ellas a los que huían de Jerusalén, y buscaban ocasiones de hacer guerra contra Judas.

16. Pero aquellos que seguían al Macabeo, hecha oración al Señor para implorar su auxilio, asaltaron con valor las fortalezas de los idumeos

17. y después de un crudo y porfiado combate, se apoderaron de ellas, mataron a cuantos se le pusieron delante, no siendo los pasados a cuchillo menos de veinte mil personas.

18. Mas como algunos se hubiesen refugiado en dos castillos sumamente fuertes y abastecidos de todo lo necesario para defenderse,

19. dejó el Macabeo para expugnarlos a Simón, y a José, y también a Zaqueo, con bastantes tropas que tenían bajo su mando, y él marchó con las suyas adonde las necesidades más urgentes de la guerra le llamaban.

20. Pero las tropas de Simón, llevadas de la avaricia, se dejaron sobornar con dinero por algunos de los que estaban en los castillos; y habiendo recibido hasta setenta mil didracmas, dejaron escapar a varios de ellos.

21. Así que fue informado de esto el Macabeo, congregados los príncipes o cabezas del pueblo, acusó a aquéllos de haber vendido por dinero a sus hermanos, dejando escapar a sus enemigos.

22. Por lo cual hizo quitar la vida a dichos traidores: y al instante se apoderó de los dos castillos.

23. Y saliendo todo tan felizmente como correspondía al valor de sus armas, mató en las dos fortalezas más de veinte mil hombres.

24. Timoteo, empero, que antes había sido vencido por los judíos, habiendo levantado de nuevo un ejército de tropas extranjeras, y reunido la caballería de Asia, vino a la Judea como para apoderarse de ella a fuerza de armas.

25. Mas al mismo tiempo que se iba acercando Timoteo, el Macabeo y su gente oraban al Señor, cubiertas de polvo o ceniza sus cabezas, ceñidos con el cilicio sus lomos,

26. y postrados al pie del altar, a fin de que les fuese propicio, y se mostrase enemigo de sus enemigos, y contrario de sus contrarios, como dice la ley.

27. Y de este modo, acabada la oración, habiendo tomado las armas, y saliendo a una distancia considerable de la ciudad de Jerusalén, cercanos ya a los enemigos, hicieron alto.

28. Apenas empezó a salir el sol, principió la batalla entre los dos ejércitos; teniendo los unos, además de su valor, al Señor mismo por garante de la victoria y del éxito feliz de sus armas, cuando los otros solamente contaban con su esfuerzo en el combate.

29. Mas mientras se estaba en lo más recio de la batalla, vieron los enemigos aparecer del cielo cinco varones montados en caballos adornados con frenos de oro, que servían de capitanes a los judíos;

30. dos de dichos varones, tomando en medio al Macabeo, lo cubrían con sus armas, guardándole de recibir daño; y lanzaban dardos y rayos contra los enemigos, quienes envueltos en oscuridad y confusión, y llenos de espanto, iban cayendo por tierra,

31. habiendo sido muertos veinte mil quinientos de a pie, y seiscientos de caballería.

32. Timoteo, empero, se refugió en Gázara, plaza fuerte, cuyo gobernador era Quereas.

33. Mas llenos de gozo el Macabeo y sus tropas, tuvieron sitiada la plaza cuatro días.

34. Entretanto los sitiados, confiados en la fortaleza de la plaza, insultaban a los judíos de mil maneras, y vomitaban expresiones abominables.

35. Pero así que amaneció el quinto día del sitio veinte jóvenes de los que estaban con el Macabeo, irritados por tales blasfemias, se acercaron valerosamente al muro y con ánimo denodado subieron sobre él;

36. y haciendo lo mismo otros, empezaron a pegar fuego a las torres y a las puertas, y quemaron vivos a aquellos blasfemos.

37. Dos días continuos estuvieron devastando la fortaleza; y habiendo encontrado a Timoteo, que se había escondido en cierto lugar, lo mataron, así como también a Quereas su hermano, y a Apolófanes.

38. Ejecutadas estas cosas, bendijeron con himnos y cánticos al Señor, que había hecho tan grandes cosas en Israel, y les había concedido la victoria.

CAPÍTULO XI

Derrota de Judas Macabeo, con la asistencia de un ángel de Dios, el ejército numerosísimo de Lisias: por lo que hace éste la paz con los judíos. Cartas de Lisias, de Antíoco y de los romanos dirigidas a los judíos, y la de Antíoco a Lisias a favor de los mismos.

1. Pero poco tiempo después Lisias, ayo del rey y su pariente, que tenía el manejo de los negocios del reino, sintiendo mucho pesar por lo que había acaecido,

2. juntó ochenta mil hombres de a pie, y toda la caballería, y se dirigió contra los judíos con el designio de tomar la ciudad de Jerusalén, y de darla a los gentiles para que la poblasen,

3. y de sacar del templo grandes sumas de dinero, como hacía de los otros templos de los paganos, y vender anualmente el Sumo sacerdocio,

4. sin reflexionar en el poder de Dios, sino confiando neciamente en su numerosa infantería, en los miles de caballos y en ochenta elefantes.

5. Y habiendo entrado en Judea, y acercádose a Betsura, situada en una garganta a cinco estadios de Jerusalén, atacó esta plaza.

6. Pero luego que el Macabeo y su gente supieron que los enemigos habían comenzado a sitiar las fortalezas, rogaban al Señor con lágrimas y suspiros, a una con todo el pueblo, que enviase un ángel bueno para que salvase a Israel.

7. Y el mismo Macabeo, tomando las armas el primero de todos, exhortó a los demás a exponerse como él a los peligros a fin de socorrer a sus hermanos.

8. Mientras, pues, que iban marchando todos con ánimo denodado, se les apareció, al salir de Jerusalén, un personaje a caballo, que iba vestido de blanco, con armas de oro, y blandiendo la lanza.

9. Entonces todos a una bendijeron al Señor misericordioso, y cobraron nuevo aliento, hallándose dispuestos a pelear, no sólo contra los hombres, sino hasta contra las bestias más feroces, y a penetrar muros de hierro.

10. Caminaban con esto llenos de ardimiento, teniendo en su ayuda al Señor, que desde el cielo hacía resplandecer sobre ellos su misericordia.

11. Así que, arrojándose impetuosamente como leones sobre el enemigo, mataron once mil de a pie, y mil seiscientos de a caballo;

12. y pusieron en fuga a todos los demás, la mayor parte de los cuales escaparon heridos y despojados de sus armas, salvándose el mismo Lisias por medio de una vergonzosa fuga.

13. Y como no le faltaba talento, meditando para consigo la pérdida que había tenido, y conociendo que los hebreos eran invencibles cuando se apoyaban en el socorro de Dios todopoderoso, les envió comisionados;

14. y les prometió condescender en todo aquello que fuese justo, y que persuadiría al rey a que hiciese alianza y amistad con ellos.

15. Asintió el Macabeo a la demanda de Lisias, atendiendo en todo a la utilidad pública; y con efecto, concedió el rey todo lo que había pedido Judas a favor de los judíos en la carta que escribió a Lisias.

16. La carta que Lisias escribió a los judíos era del tenor siguiente: Lisias al pueblo de los judíos, salud:

17. Juan y Abesalom, vuestros enviados, al entregarme vuestro escrito me pidieron que hiciese lo que ellos proponían.

18. Por tanto, expuse al rey todo lo que podía representársele, y ha otorgado cuanto le ha permitido el estado de los negocios.

19. Y si vosotros guardáis fidelidad en lo tratado, yo también procuraré en lo sucesivo proporcionaros el bien que pudiere.

20. Por lo que hace a los demás asuntos, he encargado a vuestros diputados y a los que yo envío, que a boca traten de cada uno de ellos con vosotros.

21. Pasadlo bien. A veinticuatro del mes de Dióscoro del año ciento cuarenta y ocho.

22. La carta del rey decía así: El rey Antíoco a Lisias su hermano, salud.

23. Después que el rey, nuestro padre, fue trasladado entre los dioses, nos, deseando que nuestros súbditos vivan en paz, y puedan atender a sus negocios;

24. y habiendo sabido que los judíos no pudieron condescender a los deseos que tenía mi padre de que abrazasen los ritos de los griegos, sino que han querido conservar sus costumbres, y por esta razón nos piden que les concedamos vivir según sus leyes:

25. por tanto, queriendo nos que esta nación goce también de paz, como las otras, hemos ordenado y decretado que se le restituya el libre uso del templo, a fin de que vivan según la costumbre de sus mayores.

26. En esta conformidad harás bien en enviarles comisionados para hacer con ellos la paz, a fin de que enterados de nuestra voluntad cobren buen ánimo, y se apliquen a sus intereses particulares.

27. La carta del rey a los judíos era del tenor siguiente: El rey Antíoco al Senado de los judíos y a todos los demás judíos, salud.

28. Si estáis buenos, esto es lo que os deseamos: por lo que hace a nos, lo pasamos bien.

29. Menelao ha venido a nos para hacernos presente que deseáis venir a tratar con los de vuestra nación que están acá con nosotros.

30. Por tanto, damos salvoconducto a aquellos que vengan hasta el día treinta del mes de Xántico.

31. Y permitimos a los judíos que ussen de sus viandas como quieran y vivan según sus leyes como antes; sin que ninguno pueda ser molestado por razón de las cosas o faltas hechas por ignorancia.

32. Y finalmente, os hemos enviado a Menelao para que lo trate con vosotros.

33. Pasadlo bien. A quince del mes de Xántico del año ciento cuarenta y ocho.

34. Asimismo los romanos enviaron también una carta en estos términos: Quinto Memmio y Tito Manilio, legados de los romanos, al pueblo de los judíos, salud.

35. Las cosas que os ha concedido Lisias, pariente del rey, os las concedemos igualmente nosotros;

36. y por lo que hace a las otras, sobre las cuales juzgó Lisias deber consultar al rey, enviad cuanto antes alguno, después que hayáis conferenciado entre vosotros, a fin de que resolvamos lo que os sea más ventajoso; pues estamos para marchar hacia Antioquía.

37. Daos, pues, prisa a responder, para que sepamos de este modo lo que deseáis.

38. Pasadlo bien. A quince del mes de Xántico del año ciento cuarenta y ocho.

CAPÍTULO XII

Victorias que con la protección de Dios alcanzan Judas y sus capitanes. Habiendo muerto algunos judíos que habían tomado despojos de cosas ofrecidas a los ídolos, Judas hace ofrecer sacrificios por sus pecados.

1. Concluidos estos tratados, se volvió Lisias para el rey, y los judíos se dedicaron a cultivar sus tierras.

2. Pero los oficiales del rey, que residían en el país, a saber, Timoteo y Apolonio, hijo de Genneo, y también Jerónimo y Demofonte, y además de éstos, Nicanor, gobernador de Chipre, no los dejaban vivir en paz ni sosiego.

3. Los habitantes, empero, de Joppe cometieron el siguiente atentado: convidaron a los judíos que habitaban en aquella ciudad a entrar con sus mujeres e hijos en unos barcos que habían prevenido, como que no existía ninguna enemistad entre unos y otros.

4. Y habiendo condescendido en ello, sin tener la menor sospecha, pues vivían en paz, y la ciudad tenía hecho un público acuerdo a favor de ellos, así que se hallaron en alta mar fueron arrojados al agua unos doscientos de ellos.

5. Luego que Judas tuvo noticia de esta crueldad contra los de su nación, mandó tomar las armas a su gente, y después de invocar a Dios justo Juez,

6. marchó contra aquellos asesinos de sus hermanos, y de noche pegó fuego al puerto, quemó sus barcos, e hizo pasar a cuchillo a todos los que se habían escapado de las llamas.

7. Hecho esto, partió de allí con ánimo de volver de nuevo para exterminar enteramente todos los vecinos de Joppe.

8. Pero habiendo entendido que también los de Jamnia meditaban hacer otro tanto con los judíos que moraban entre ellos,

9. los sorprendió igualmente de noche, y quemó el puerto con sus naves; de suerte que el resplandor de las llamas se veía de Jerusalén, que dista de allí doscientos cuarenta estadios.

343

10. Y cuando, partido que hubo de Jamnia, había ya andado nueve estadios, avanzando contra Timoteo, lo atacaron los árabes en número de cinco mil infantes y de quinientos caballos;

11. y trabándose un crudo combate, que con la protección de Dios le salió felizmente, el resto del ejército de los árabes vencido pidió la paz a Judas, prometiendo cederle varios pastos, y asistirle en todo lo demás.

12. Y Judas, creyendo que verdaderamente podían serle útiles en muchas cosas, les concedió la paz; y hecho el tratado se volvieron los árabes a sus tiendas.

13. Después de esto atacó a una ciudad fuerte, llamada Casfín, o Casbón, rodeada de muros y de puentes levadizos en la cual habitaba una turba de diferentes naciones.

14. Pero confiados los de dentro en la firmeza de sus muros, y en que tenían provisión de víveres, se defendían con flojedad, y provocaban a Judas con dichos picantes, blasfemias y expresiones detestables.

15. Mas el Macabeo, habiendo invocado al gran rey del universo que en tiempo de Josué derribó de un golpe, sin arietes, ni máquinas de guerra, los muros de Jericó, subió con gran denuedo sobre la muralla.

16. y tomada por voluntad del Señor la ciudad, hizo en ella una horrorosa carnicería; de tal suerte que un estanque vecino, de dos estadios de anchura, apareció teñido de sangre de los muertos.

17. Partieron de allí, y después de andados setecientos y cincuenta estadios, llegaron a Caraca, donde habitaban los judíos llamados turbianeos.

18. Mas tampoco pudieron venir allí a las manos con Timoteo, quien se había vuelto sin poder hacer nada, dejando en cierto lugar una guarnición muy fuerte.

19. Pero Dositeo y Sosípatro, que mandaban las tropas en compañía del Macabeo, pasaron a cuchillo a diez mil hombres que Timoteo había dejado en aquella plaza.

20. Entretanto el Macabeo, tomando consigo seis mil hombres, y distribuyéndolos en batallones, marchó contra Timoteo que traía ciento veinte mil hombres de a pie, y dos mil quinientos de a caballo.

21. Luego que éste supo la llegada de Judas, envió delante las mujeres, los niños y el resto del bagaje a una fortaleza llamada Camión, que era inexpugnable y de difícil entrada, a causa de los desfiladeros que era necesario pasar.

22. Mas al dejarse ver el primer batallón de Judas, se apoderó el terror de los enemigos a causa de la presencia de Dios, que todo lo ve, y se pusieron en fuga uno tras otro: de manera que el mayor daño lo recibían de su propia gente, y quedaban heridos por sus propias espadas.

23. Judas, empero, los cargaba de recio, castigando a aquellos profanos; habiendo dejado tendidos a treinta mil de ellos.

24. El mismo Timoteo cayó en poder de los batallones de Dositeo y Sosípatro, a los cuales pidió con grande instancia que le salvasen la vida, porque tenía prisioneros muchos padres y hermanos de los judíos; los cuales, muerto él, quedarían sin esperanza de salvar la suya.

25. Y habiéndoles dado palabra de restituirles los prisioneros, según lo estipulado, le dejaron ir sin hacerle mal, con la mira de salvar así a sus hermanos.

26. Hecho esto, volvió Judas contra Camión, en donde pasó a cuchillo veinticinco mil hombres.

27. Después de la derrota y mortandad de los enemigos, dirigió Judas su ejército contra Efrón, ciudad fuerte, habitada por una multitud de gentes de diversas naciones; cuyas murallas estaban coronadas de robustos jóvenes que las defendían con valor, y además había dentro de ella muchas máquinas de guerra y acopio de dardos.

28. Pero los judíos invocando el auxilio del Todopoderoso, que con su poder quebrantó las fuerzas de los enemigos, tomaron la ciudad, y dejaron tendidos por el suelo a veinticinco mil hombres de los que en ella había.

29. Desde allí fueron a la ciudad de los escitas, distante seiscientos estadios de Jerusalén;

30. pero asegurando los judíos que habitaban allí entre los escitopolitanos, que estas gentes los trataban bien, y que aun en el tiempo de sus desgracias se habían portado con ellos con toda humanidad,

31. les dio Judas las gracias; y habiéndolos exhortado a que en lo venidero mostrasen igual benevolencia a los de su nación, se volvió con los suyos a Jerusalén, por estar muy cercano el día solemne de Pentecostés.

32. Y pasada esta festividad marcharon contra Gorgias, gobernador de la idumea.

33. Salió, pues, Judas con tres mil infantes y cuatrocientos caballos;

34. y habiéndose trabado el combate, quedaron tendidos algunos pocos judíos en el campo de batalla.

35. Mas un cierto Dositeo, soldado de caballería de los de Bacenor, hombre valiente, asió a Gorgias, y quería cogerlo vivo: pero se arrojó sobre él un soldado de a caballo de los de Tra-

cia, y le cortó un hombro, lo cual dio lugar a que Gorgias se huyese a Maresa.

36. Fatigados ya los soldados que mandaba Esdrín con tan larga pelea, invocó Judas al Señor para que protegiese y dirigiese el combate;

37. y habiendo comenzado a cantar en alta voz himnos en su lengua nativa, puso en fuga a los soldados de Gorgias.

38. Reuniendo después Judas su ejército, pasó a la ciudad de Odollam, y llegado el día séptiino se purificaron según el rito, y celebraran allí el sábado.

39. Al día siguiente fue Judas con su gente a traer los cadáveres de los que habían muerto en en combate, y enterrarlos con sus parientes en las sepulturas de sus familias

40. y encontraron debajo de la ropa de los que habían sido muertos algunas ofrendas de las consagradas a los ídolos que había en Jamnia, cosas prohibidas por la ley a los judíos; con lo cual conocieran todas evidentemente que esto había sido la causa de su muerte.

41. Por tanto, bendijeron a una los justos juicios del Señor, que había manifestado el mal que se quiso encubrir;

42. y en seguida poniéndose en oración rezaron a Dios que echase en olvido el delito que se había cometido. Al mismo tiempo el esforzadísimo Judas exhortaba al pueblo a que se conservase sin pecado, viendo delante de sus mismos ojos lo sucedido por causa de las culpas de los que habían sido muertos.

43. Y habiendo recogido en una colecta que mandó hacer doce mil dracmas de plata, las envió a Jerusalén, a fin de que se ofreciese un sacrificio por los pecados de estos difuntos, teniendo, como tenía, buenos y religiosos sentimientos acerca de la resurrección.

44. Pues si no esperara que los que habían muerto habían de resucitar, habría tenido por cosa superflua e inútil el rogar por los difuntos,

45. y porque consideraba que a los que habían muerto después de una vida piadosa, les estaba reservada una grande misericordia.

46. Es, pues, un pensamiento santo y saludable el rogar por los difuntos, a fin de que sean libres de las penas de sus pecados.

CAPÍTULO XIII

Menelao, judío apóstata, muere por orden de Antíoco. Marcha éste con un poderoso ejército contra los judíos; y vencido una y otra vez, con pérdida de muchos millares de hombres, y habiéndosele rebelado Filipo, pide por gracia la paz a los judíos, que se la otorgan, y ofrece después sacrificio en el templo, y nombra a Judas por príncipe de Tolemaida.

1. El año ciento cuarenta y nueve supo Judas que Antíoco Eupátor venía con un grande ejército contra la Judea,

2. acompañado de Lisias, tutor y regente del reino; y que traía consigo ciento diez mil hombres de a pie, y cinco mil de a caballo, y veintidós elefantes y trescientos carros armados de hoces.

3. Agregóse también a ellos Menelao; y con grande y falaz artificio procuraba aplacar a Antíoco, no porque amase el bien de la patria, sino esperando ser puesto en posesión del principado.

4. Mas el rey de los reyes movió el corazón de Antíoco contra aquel malvado; y habiendo dicho Lisias que él era la causa de todos los males, mandó prenderlo, y que le quitasen la vida en aquel mismo lugar, según el uso de ellos.

5. Había, pues, en aquel sitio una torre de cincuenta codos de alto, rodeada por todas partes de un gran montón de cenizas: desde allí no se veía más que un precipicio.

6. Y mandó que desde la torre fuese arrojado en la ceniza aquel sacrílego, llevándolo todos a empellones a la muerte.

7. De este modo, pues, debió morir Menelao, prevaricador de la ley, sin que a su cuerpo se le diese sepultura.

8. Y a la verdad con mucha justicia; porque habiendo él cometido tantos delitos contra el altar de Dios, cuyo fuego y ceniza son cosas santas, justamente fue condenado a morir sofocado por la ceniza.

9. El rey, empero, continuaba furibundo su marcha, con ánimo de mostrarse con los judíos más cruel que su padre.

10. Teniendo, pues, Judas noticia de ello, mandó al pueblo que invocase al Señor día y noche, a fin de que les asistiese en aquella ocasión, como lo había hecho siempre;

11. pues temían el verse privados de su ley, de su patria y de su santo templo; y para que no permitiese que su pueblo escogido, que poco antes había empezado a respirar algún tanto, se viese nuevamente subyugado por las naciones, que blasfeman su santo Nombre.

12. En efecto, haciendo todos a una lo mandado por Judas, implorando la misericordia del Señor con lágrimas y ayunos, postrados en tie-

rra por espacio de tres días continuos, los exhortó Judas a que estuviesen apercibidos.

13. Él luego, con el consejo de los ancianos, resolvió salir a campaña antes que el rey Antíoco entrase con su ejército en la Judea y se apoderase de la ciudad, y encomendar al Señor el éxito de la empresa.

14. Entregándose, pues, enteramente a las disposiciones de Dios, criador del Universo, y habiendo exhortado a sus tropas a pelear varonilmente y hasta perder la vida en defensa de sus leyes, de su templo y de su ciudad, de su patria y de sus conciudadanos, hizo acampar el ejército en las cercanías de Modín.

15. Dio después a los suyos por señal LA VICTORIA DE DIOS; y tomando consigo los jóvenes más valientes de sus tropas, asaltó de noche el cuartel del rey, y mató en su campamento cuatro mil hombres y al mayor de los elefantes, con toda la gente que llevaba encima.

16. Y llenando con esto de un grande terror y confusión el campo de los enemigos, concluida tan felizmente la empresa, se retiraron.

17. Ejecutóse todo esto al rayar el día, asistiendo el Señor al Macabeo con su protección.

18. Mas el rey, visto este ensayo de la audacia de los judíos, intentó apoderarse con arte de los lugares más fortificados.

19. Y acercóse con su ejército a Betsura, una de las plazas de los judíos más bien fortificadas; pero era rechazado, hallaba mil tropiezos, y perdía gente.

20. Entretanto Judas enviaba a los sitiados cuanto necesitaban.

21. En esto un tal Rodoco hacía de espía de los enemigos en el ejército de los judíos; pero siendo reconocido, fue preso y puesto en un encierro.

22. Entonces el rey parlamentó nuevamente con los habitantes de Betsura, les concedió la paz, aprobó la capitulación de los sitiados, y se marchó.

23. Pero antes había peleado con Judas, y quedadó vencido. A esta sazón, teniendo aviso de que en Antioquía se le había rebelado Filipo, el cual había quedado con el gobierno de los negocios, consternado en gran manera sũ ánimo, suplicando y humillándose a los judíos, juró guardarles todo lo que pareció justo; y después de esta reconciliación ofreció un sacrificio, tributó honor al templo, e hízole varios donativos;

24. y abrazó al Macabeo, declarándolo gobernador y príncipe de todo el país desde Tolemaida hasta los gerrenos o gerasenos.

25. Luego que Antíoco llegó a Tolemaida, dieron a conocer sus habitantes el grave disgusto que les había causado aquel tratado y amistad hecha con los judíos, temiendo que indignados no rompiesen la alianza.

26. Pero subiendo Lisias a la tribuna expuso las razones que habían mediado para esta alianza, apaciguó al pueblo, y volvióse después a Antioquía. Tal fue la expedición del rey y el fin que tuvo.

CAPÍTULO XIV

Demetrio, rey de Siria, envía por sugestión de Alcimo un grande ejército contra la Judea. Nicanor, su general, hace la paz con el Macabeo: rómpese después por orden del rey, que quiere prender a Judas. Retírase este caudillo; y sucede la extraordinaria muerte del respetable y valeroso anciano Razias.

1. Pero de allí a tres años Judas y su gente entendieron que Demetrio, hijo de Seleuco, habiendo llegado con muchas naves y un numeroso ejército al puerto de Trípoli, se había apoderado de los puestos más ventajosos,

2. y ocupado varios territorios, a despecho de Antíoco y de su general Lisias.

3. Entretanto un cierto Alcimo, que había sido Sumo sacerdote, y que voluntariamente se había contaminado en los tiempos de la mezcla de los ritos judaicos gentiles, considerando que no había ningún remedio para él, y que jamás podría acercarse al altar,

4. pasó a ver al rey Demetrio, en el año de ciento cincuenta, presentándole una corona de oro y una palma de lo mismo, y además unos ramos que parecían ser del templo; y por entonces no le dijo nada.

5. Pero habiendo logrado una buena coyuntura para ejecutar su loco designio, por haberlo llamado Demetrio a su consejo, y preguntádole cuál era el sistema y máxima con que se regían los judíos,

6. respondió en esta forma: aquellos judíos que se llaman asideos, cuyo caudillo es Judas Macabeo, son los que fomentan la guerra, y mueven las sediciones, y no dejan estar en quietud el reino.

7. Y yo mismo, despojado de la dignidad hereditaria de mi familia, quiero decir, del sumo sacerdocio, me vine acá;

8. primeramente por ser fiel a la causa del rey, y lo segundo para mirar por el bien de mis conciudadanos; pues toda nuestra nación padece grandes vejaciones por causa de la perversidad de aquellos hombres.

9. Así que, te suplico, ¡oh rey!, que informándote por menor de todas estas cosas, mires por nuestra tierra y nación, conforme a tu bondad a todos notoria.

10. Porque en tanto que viva Judas, es imposible que haya allí paz.

11. Habiéndose él explicado de esta suerte, todos sus amigos inflamaron también a Demetrio contra Judas, del cual eran enemigos declarados.

12. Así es que al punto envió el rey a la Judea por general a Nicanor, comandante de los elefantes,

13. con orden de que cogiese vivo a Judas, dispersase sus tropas, y pusiese a Alcimo en posesión del sumo sacerdocio del gran templo.

14. Entonces los gentiles que habían huido de la Judea por temor a Judas, vinieron a bandadas a juntarse con Nicanor, mirando como prosperidad propia las miserias y calamidades de los judíos.

15. Luego que éstos supieron la llegada de Nicanor y la reunión de los gentiles con él, esparciendo polvo sobre sus cabezas, dirigieron sus plegarias a aquel Señor que se había formado un pueblo suyo para conservarlo eternamente, y que con evidentes milagros había protegido a esta su herencia.

16. E inmediatamente por orden del comandante partieron de allí, y fueron a acamparse junto al castillo de Desau.

17. Había ya Simón, hermano de Judas, venido a las manos con Nicanor; pero se llenó de sobresalto con la repentina llegada de otros enemigos.

18. Sin embargo, enterado Nicanor del denuedo de las tropas de Judas y de la grandeza de ánimo con que combatían por su patria, temió fiar su suerte a la decisión de una batalla.

19. Y así envió delante a Posidonio, a Teodocio y a Matías para presentar y admitir proposiciones de paz.

20. Y habiendo durado largo tiempo las conferencias sobre el asunto, y dando el mismo general parte de ellas al pueblo, todos unánimemente fueron de parecer que se aceptara la paz.

21. En virtud de lo cual los dos generales emplazaron un día para conferenciar entre sí secretamente; a este fin se llevó y puso una silla para cada uno de ellos.

22. Esto no obstante, mandó Judas apostar algunos soldados en lugares oportunos, no fuera que los enemigos intentasen de repente hacer alguna tropelía. Pero la conferencia se celebró como debía.

23. Por esto Nicanor fijó después su residencia en Jerusalén, sin hacer ninguna vejación a nadie, y despidió aquella multitud de tropas que se le habían juntado.

24. Amaba constantemente a Judas con un amor sincero, mostrando una particular inclinación a su persona.

25. Rogóle que se casase, y pensase en tener hijos. Con efecto, se casó, vivía tranquilo, y los dos se trataban familiarmente.

26. Mas viendo Alcimo la amistad y buena armonía que reinaba entre ellos, fue a ver a Demetrio, y le dijo que Nicanor favorecía los intereses ajenos o de los enemigos, y que tenía destinado por sucesor suyo a Judas, que aspiraba al trono.

27. Exasperado e irritado el rey sobremanera con las atroces calumnias de este malvado, escribió a Nicanor diciéndole que llevaba muy a mal la amistad que había contraído con el Macabeo, y que le mandaba que luego al punto se lo enviase atado a Antioquía.

28. Enterado de esto Nicanor, quedó lleno de consternación, y sentía sobremanera tener que violar los tratados hechos con aquel varón, sin haber recibido de él ofensa alguna.

29. Mas no pudiendo desobedecer al rey, andaba buscando oportunidad para poner en ejecución la orden recibida.

30. Entretanto el Macabeo, observando que Nicanor lo trataba con aspereza, y que en las visitas acostumbradas se le mostraba con cierto aire duro e imponente, consideró que aquella aspereza no podía nacer de nada bueno, y reuniendo algunos pocos de los suyos, se ocultó de Nicanor.

31. Luego que éste reconoció que Judas había tenido la destreza de prevenirlo, fue al augusto y santísimo templo, hallándose los sacerdotes ofreciendo los sacrificios acostumbrados, y les mandó que le entregasen al Macabeo.

32. Mas como ellos le asegurasen con juramento que no sabían dónde estaba el que él buscaba, Nicanor levantó la mano contra el templo,

33. y juró diciendo: si no me entregáis atado a Judas arrasaré este templo de Dios, derribaré este altar, y consagraré aquí un templo al dios y padre Baco;

34. dicho esto, se marchó. Los Sacerdotes, entonces, levantando sus manos al cielo invocaban a aquel Señor que había sido siempre el defensor de su nación, y oraban de este modo:

35. Señor de todo el universo; Tú que de nada necesitas, quisiste tener entre nosotros un templo para tu morada.

36. Conserva, pues ¡oh Santo de los santos y Señor de todas las cosas!, conserva ahora, y para siempre libre de profanación esta casa, que hace poco tiempo ha sido purificada.

37. En este tiempo fue acusado a Nicanor uno de los ancianos de Jerusalén, llamado Razías, varón amante de la patria, y de gran reputación al cual se daba el nombre de padre de los judíos por el afecto con que los miraba a todos.

38. Este, pues, ya de muchos tiempos antes, lleva a constantemente una vida muy exacta en el judaísmo, pronto a dar su misma vida antes que faltar a su observancia.

39. Mas queriendo Nicanor manifestar el odio que tenía a los judíos, envió quinientos soldados para que lo prendiesen;

40. pues juzgaba que si lograba seducir a este hombre, haría un daño gravísimo a los judíos.

41. Pero al tiempo que los soldados hacían sus esfuerzos para entrar en la casa, rompiendo la puerta, y poniéndole fuego, así que estaban ya para prenderle, se hirió con su espada,

42. prefiriendo morir noblemente a verse esclavo de los idólatras, y a sufrir ultrajes indignos de su nacimiento.

43. Mas como por la precipitación con que se hirió no fuese mortal la herida, entrasen ya en tropel los soldados en la casa, corrió animosamente al muro, y se precipitó denodadamente encima de las gentes;

44. las cuales retirándose al momento para que no les cayese encima, vino a dar de cabeza contra el suelo.

45. Pero como aún respirase, hizo un nuevo esfuerzo y volvióse a poner en pie; y aunque la sangre le salía a borbotones por sus heridas mortales, pasó corriendo por medio de la gente,

46. y subiéndose sobre una roca escarpada, desangrado ya como estaba, agarró con ambas manos sus propias entrañas, y las arrojó sobre las gentes, invocando al Señor y, dueño del alma y de la vida, a fin de que se las volviese a dar algún día; y de esta manera acabó de vivir.

CAPÍTULO XV

Victoria de Judas contra Nicanor: la cabeza y manos de este general son colgadas enfrente del templo y su lengua dividida en pedazos, es arrojada a las aves. Acción de gracias por esta victoria; y fiesta instituida en memoria suya.

1. Luego que Nicanor tuvo noticia que Judas estaba en tierra de Samaria, resolvió acometerlo con todas sus fuerzas en un día de sábado,

2. y como los judíos que por necesidad le seguían, le dijesen: No quieras hacer una acción tan feroz y bárbara como ésa; mas honra la santidad de este día, y respeta a aquel Señor que ve todas las cosas:

3. preguntóles aquel infeliz si había en el cielo algún Dios poderoso que hubiese mandado celebrar el sábado.

4. Y contestándole ellos: Sí, el Señor Dios vivo y poderoso que hay en el cielo, es el que mandó guardar el día séptimo.

5. Pues yo, les replicó él, soy poderoso sobre la tierra, y mando que se tomen las armas, y que se ejecuten las órdenes del rey. Mas a pesar de eso, no pudo Nicanor efectuar sus designios,

6. siendo así que había ideado ya, en el delirio de su soberbia, erigir un trofeo en memoria de la derrota de Judas y de su gente.

7. En medio de esto, el Macabeo esperaba siempre con firme confianza que Dios le asistiría con su socorro;

8. y al mismo tiempo exhortaba a los suyos a que no temiesen el encuentro de las naciones, sino que antes bien trajesen a la memoria la asistencia que otras veces habían recibido del cielo, y que al presente esperasen también que el Todopoderoso les concedería la victoria.

9. Y dándoles igualmente instrucciones sacadas de la ley y de los profetas, y acordándoles los combates que antes habían ellos sostenido, les infundió nuevo aliento.

10. Inflamados de esta manera sus ánimos les ponía igualmente a la vista la perfidia de las naciones, y la violación de los juramentos.

11. Y armó a cada uno de ellos, no tanto con darle escudo y lanza, como con admirables discursos y exhortaciones, y con la narración de una visión muy fidedigna que había tenido en sueños, la cual llenó a todos de alegría.

12. Ésta fue la visión que tuvo: se le representó que estaba viendo a Onías, Sumo sacerdote, que había sido hombre lleno de bondad y de dulzura, de aspecto venerando, modesto en sus costumbres y de gracia en sus discursos, y que desde niño se había ejercitado en la virtud; el cual, levantadas las manos, oraba por todo el pueblo judaico;

13. que después se le había aparecido otro varón, respetable por su ancianidad, lleno de gloria y circuido por todos lados de magnificencia;

14. y que Onías, dirigiéndole la palabra, le había dicho: éste es el verdadero amante de sus hermanos y del pueblo de Israel; éste es Jere-

mías, profeta de Dios, que ruega incesantemente por el pueblo y por toda la ciudad santa;

15. que luego Jeremías extendió su derecha y entregó a Judas una espada de oro, diciéndole:

16. Toma esta santa espada, como don de Dios, con la cual derribarás a los enemigos de mi pueblo de Israel.

17. Animados, pues, todos con estas palabras de Judas, las más eficaces para avivar el valor, e infundir nuevo aliento en la juventud, resolvieron atacar y combatir vigorosamente a los enemigos, de modo que su esfuerzo decidiese la causa: pues así el templo como la ciudad santa estaban en peligro.

18. Y a la verdad menos cuidado pasaban por sus mujeres, por sus hijos, por sus hermanos y por sus parientes, que por la santidad del templo, que era lo que les causaba el mayor y principal temor.

19. Asimismo los que se hallaban dentro de la ciudad, estaban en grande sobresalto por la suerte de aquellos que iban a entrar en batalla.

20. Y cuando ya todos estaban aguardando la decisión del combate, estando ya a la vista los enemigos, el ejército formado en batalla, y los elefantes y caballería colocados en los lugares oportunos;

21. considerando el Macabeo la multitud de hombres que venía a dejarse caer sobre ellos, y el vario aparato de armas, y la ferocidad de los elefantes, levantó las manos al cielo, invocando a aquel Señor que obra los prodigios; a aquel que, no según la fuerza de los ejércitos, sino según su voluntad, concede la victoria a los que la merecen.

22. E invocóle de esta manera: ¡Oh Señor! Tú, que en el reino de Ezequías, rey de Judá, enviaste uno de tus ángeles, y quitaste la vida a ciento ochenta y cinco mil hombres del ejército de Sennaquerib,

23. envía también ahora, ¡oh Dominador de los cielos!, a tu ángel bueno que vaya delante de nosotros, y haga conocer la fuerza de tu terrible y tremendo brazo;

24. a fin de que queden llenos de espanto los que blasfemando del Nombre tuyo vienen contra tu santo pueblo. Así terminó su oración.

25. Entretanto venía Nicanor marchando con su ejército al son de trompetas y de canciones.

26. Mas Judas y su gente, habiendo invocado a Dios por medio de sus oraciones, acometieron al enemigo;

27. y orando al Señor en lo interior de sus corazones, al mismo tiempo que, espada en mano, cargaban sobre sus enemigos, mataron

no menos de treinta y cinco mil, sintiéndose sumamente llenos de gozo y de vigor con la presencia de Dios.

28. Concluido el combate, al tiempo que alegres se volvían ya, supieron que Nicanor con sus armas yacía tendido en el suelo.

29. Por lo que alzándose al instante una grande gritería y estrépito, bendecían al Señor todopoderoso en su nativo idioma.

30. Judas, empero, que estaba siempre pronto a morir o dar su cuerpo y vida por sus conciudadanos, mandó que se cortase la cabeza y el brazo, junto con el hombro, a Nicanor, y que se llevasen a Jerusalén.

31. Así que llegó él a esta ciudad, convocó cerca del altar a sus conciudadanos y a los sacerdotes, e hizo llamar también a los del alcázar;

32. y habiéndoles mostrado la cabeza de Nicanor, y aquella su execrable mano que con tanto orgullo e insolencia había levantado contra la morada santa de Dios todopoderoso,

33. mandó luego que la lengua de este impío fuese cortada en menudos trozos, y arrojada después para pasto de las aves; y que se colgara enfrente del templo la mano de aquel insensato.

34. Con esto bendijeron todos al Señor del cielo, diciendo: bendito sea el que ha conservado exento de la profanación su santo templo.

35. Asimismo hizo colgar la cabeza de Nicanor en lo más alto del alcázar para que fuese una señal visible y patente de la asistencia de Dios.

36. Finalmente, todos unánimes resolvieron que de ningún modo se debía pasar este día sin hacer en él una fiesta particular;

37. y se dispuso que se celebrase esta solemnidad el día trece del mes llamado en lengua siríaca Adar, día anterior al día festivo de Mardoqueo.

38. Ejecutadas, pues, estas cosas en orden a Nicanor, y hechos dueños los hebreos desde entonces de la ciudad, acabaré yo también con esto mi narración.

39. Si ella ha salido bien, y cual conviene a una historia es ciertamente lo que yo deseaba; pero si, por el contrario, es menos digna del asunto que lo que debiera, se me debe disimular la falta.

40. Pues así como es cosa dañosa el beber siempre vino, o siempre agua, al paso que es grato el usar ora de uno, ora de otra, así también un discurso gustaría poco a los lectores si el estilo fuese siempre muy peinado y uniforme. Y con esto doy fin.

EL SANTO EVANGELIO
DE NUESTRO SEÑOR
JESUCRISTO SEGÚN SAN MATEO

CAPÍTULO I

Genealogía de Jesucristo, su concepción por obra del Espíritu Santo, y su nacimiento.

1. GENEALOGÍA de Jesucristo, hijo de David, hijo de Abrahán.

2. Abrahán engendró a Isaac. Isaac engendró a Jacob. Jacob engendró a Judas y a sus hermanos.

3. Judas engendró de Tamar, a Farés y a Zara. Farés engendró a Esrón. Esrón engendró a Arán.

4. Arán engendró a Aminadab. Aminadab engendró a Naasón. Naasón engendró a Salmón.

5. Salmón engendró de Rahab a Booz. Booz engendró de Rut a Obed. Obed engendró a Jesé. Jesé engendró al rey David.

6. El rey David engendró a Salomón, de la que fue mujer de Urías.

7. Salomón engendró a Roboam. Roboam engendró a Ablas. Ablas engendró a Asá.

8. Asá engendró a Josafat. Josafat engendró a Joram. Joram engendró a Ozías.

9. Ozías engendró a Joatam. Joatam engendró a Acaz. Acaz engendró a Ezequías.

10. Ezequías engendró a Manasés. Manasés engendró a Amón. Amón engendró a Josías.

11. Josías engendró a Jeconías y a sus hermanos cerca del tiempo de la transportación de los judios a Babilonia.

12. Y después que fueron transportados a Babilonia, Jeconías engendró a Salatiel. Salatiel engendró a Zorobabel.

13. Zorobabel engendró a Abiud. Abiud engendró a Eliacim. Eliacim engendró a Azor.

14. Azor engendró a Sadoc. Sadoc engendró a Aquim. Aquim engendró a Eliud.

15. Eliud engendró a Eleazar. Eleazar engendró a Matán engendró a Jacob.

16. Y Jacob engendró a José, el esposo de María, de la cual nació Jesús, por sobrenombre Cristo.

17. Así son catorce todas las generaciones desde Abrahán hasta David; y las de David hasta la transportación de los judíos a Babilonia catorce generaciones; y también catorce las generaciones desde la transportación a Babilonia hasta Cristo.

18. Pero el nacimiento de Cristo fue de esta manera: estando desposada su madre María con José, sin que antes hubiesen estado juntos, se halló que había concebido en su seno por obra del Espíritu Santo.

19. Mas José, su esposo, siendo como era justo, y no queriendo infamarla deliberó dejarla secretamente.

20. Estando él en este pensamiento, he aquí que un ángel del Señor le apareció en sueños diciendo: José, hijo de David, no tengas recelo en recibir a María tu esposa en tu casa, porque lo que se ha engendrado en su vientre es obra del Espíritu Santo.

21. Así que parirá un hijo a quien pondrás por nombre JESÚS; pues él es el que ha de salvar a su pueblo, o librarle, de sus pecados.

22. Todo lo cual se hizo en cumplimiento de lo que pronunció el Señor por el profeta, que dice:

23. Sabed que una virgen concebirá y parirá un hijo, a quien pondrán por nombre Emmanuel, que traducido significa Dios con nosotros.

24. Con esto José, al despertarse hizo lo que le mandó el ángel del Señor, y recibió a su esposa.

25. Y sin haberla conocido o tocado, dio a luz su hijo primogénito, y le puso el nombre de Jesús.

CAPÍTULO II

Adoración de los Magos; huida de Jesús a Egipto; cruel muerte de los inocentes; Jesús, María y José vuelven de Egipto.

1. Habiendo, pues, nacido Jesús en Belén de Judá, reinando Herodes, he aquí que unos Magos vinieron del Oriente a Jerusalén,

2. preguntando: ¿Dónde está el nacido rey de los judíos? Porque nosotros vimos en Oriente su estrella, y hemos venido con el fin de adorarle.

3. Oyendo esto el rey Herodes, turbóse, y con él toda Jerusalén.

4. Y convocando a todos los príncipes de los sacerdotes y a los escribas del pueblo, les preguntaba en dónde había de nacer el Cristo, o Mesías.

5. A lo cual ellos respondieron: En Belén de Judá; que así está escrito en el Profeta:

6. Y tú, Belén, tierra de Judá, no eres ciertamente la menor entre las principales ciudades de Judá, porque de ti es de donde ha de salir el caudillo que rija mi pueblo de Israel.

7. Entonces Herodes, llamando en secreto, o a solas, a los Magos, averiguó cuidadosamente de ellos el tiempo en que la estrella les apareció.

8. Y encaminándoles a Belén, les dijo: id e informaos puntualmente de lo que hay de ese niño, y en habiéndole hallado, dadme aviso, para ir yo también a adorarle.

9. Luego que oyeron esto al rey, partieron. Y he aquí que la estrella que habían visto en

Oriente iba delante de ellos, hasta que, llegando sobre el sitio en que estaba el niño, se paró.

10. A la vista de la estrella se regocijaron por extremo;

11. y entrando en la casa hallaron al niño con María, su madre, y postrándose le adoraron; y abiertos sus cofres le ofrecieron presentes de oro, incienso y mirra.

12. Y habiendo recibido en sueños un aviso del cielo para que no volviesen a Herodes, regresaron a su país por otro camino.

13. Después que ellos partieron, un ángel del Señor apareció en sueños a José, diciéndole: Levántate, toma al niño y a su madre, y huye a Egipto, y estáte allí hasta que yo te avise; porque Herodes ha de buscar al niño para matarlo.

14. Levantándose José, tomó al niño y a su madre de noche y se retiró a Egipto,

15. donde se mantuvo hasta la muerte de Herodes; de suerte que se cumplió lo que dijo el Señor por boca del profeta: Yo llamé de Egipto a mi hijo.

16. Entretanto Herodes, viéndose burlado de los Magos, se irritó sobremanera, y mandó matar a todos los niños que había en Belén y en toda su comarca de dos años abajo, conforme al tiempo de la aparición de la estrella, que había averiguado de los Magos.

17. Vióse cumplido entonces lo que predijo el profeta Jeremías, diciendo:

18. Hasta en Ramá se oyeron las voces, muchos lloros y alaridos: Es Raquel que llora sus hijos, sin querer consolarse porque ya no existen.

19. Luego después de la muerte de Herodes, un ángel del Señor apareció en sueños a José en Egipto,

20. diciéndole: Levántate y toma al niño y a su madre, y vete a la tierra de Israel, porque ya han muerto los que atentaban a la vida del niño.

21. José levantándose, tomó al niño y a su madre y vino a tierra de Israel,

22. mas oyendo que Arquelao reinaba en Judea, en lugar de su padre Herodes, temió ir allá y avisado entre sueños, retiróse a tierra de Galilea.

23. Y vino a morar en una ciudad llamada Nazaret; cumpliéndose de este modo el dicho de los profetas: Será llamado Nazareno.

CAPÍTULO III

El Precursor Juan predica penitencia y bautiza. Jesús quiso ser bautizado por Juan; y entonces es dado a conocer por Hijo unigénito de Dios.

1. En aquella temporada se dejó ver Juan Bautista predicando en el desierto de Judea,

2. y diciendo: Haced penitencia, porque está cerca el reino de los cielos.

3. Éste es aquel de quien se dijo por el profeta Isaías: Es la voz del que clama en el desierto, diciendo: Preparad el camino del Señor: haced derechas sus sendas.

4. Traía Juan un vestido de pelos de camello y un cinto de cuero a sus lomos, y la comida suya eran langostas y miel silvestres.

5. Iban, pues, a encontrarle las gentes de Jerusalén y de toda la Judea, y de toda la ribera del Jordán;

6. recibían de él el bautismo en el Jordán, confesando sus pecados.

7. Pero como viese venir a su bautismo muchos de los fariseos y saduceos, díjoles: ¡Oh raza de víboras!, ¿quién os ha enseñado que con solas exterioridades podéis huir de la ira que os amenaza?

8. Haced, pues, frutos dignos de penitencia;

9. y dejaos de decir interiormente: Tenemos por padre a Abrahán; porque yo os digo que poderoso es Dios para hacer que nazcan de estas mismas piedras hijos de Abrahán.

10. Mirad que ya la segur está aplicada a la raíz de los árboles; y todo árbol que no produce buen fruto, será cortado y echado al fuego.

11. Yo a la verdad os bautizo con agua para moveros a la penitencia; pero el que ha de venir después de mí es más poderoso que yo, y no soy yo digno siquiera de llevarle las sandalias; él es quien ha de bautizaros en el Espíritu Santo y en el fuego.

12. Él tiene en sus manos el bieldo, y limpiará perfectamente su era; y su trigo lo meterá en el granero; mas las pajas quemarálas en un fuego inextinguible.

13. Por este tiempo vino Jesús de Galilea al Jordán en busca de Juan para ser de él bautizado.

14. Juan, empero, se resistía a ello, diciendo: ¿Yo debo ser bautizado de ti, y tú vienes a mí?

15. A lo cual respondió Jesús, diciendo: Déjame hacer ahora, que así es como conviene que nosotros cumplamos toda justicia. Juan entonces condescendió con él.

16. Bautizado, pues, Jesús, al instante que salió del agua se le abrieron los cielos, y vio bajar al Espíritu de Dios a manera de paloma y posar sobre él.

17. Y oyóse una voz del cielo que decía: Éste es mi querido hijo, en quien tengo puesta toda mi complacencia.

CAPÍTULO IV

Ayuno y tentación de Jesucristo; vuelve a Galilea y establece su residencia en Cafarnaún; empieza su predicación y a juntar discípulos, y es seguido de mucha gente.

1. En aquella sazón, Jesús fue conducido del Espíritu de Dios al desierto, para que fuese tentado allí por el diablo.

2. Y después de haber ayunado cuarenta días con cuarenta noches, tuvo hambre.

3. Entonces, acercándose el tentador, le dijo: Si eres el Hijo de Dios, di que esas piedras se conviertan en panes.

4. Mas Jesús le respondió: Escrito está: No sólo de pan vive el hombre, sino de toda palabra o disposición que sale de la boca de Dios.

5. Después de esto le transportó el diablo a la santa ciudad de Jerusalén, y le puso sobre lo alto del templo;

6. y le dijo: Si eres el Hijo de Dios, échate de aquí abajo; pues está escrito: Que te ha encomendado a sus ángeles, los cuales te tomarán en las palmas de sus manos para que tu pie no tropiece contra alguna piedra.

7. Replicóle Jesús: También está escrito: No tentarás al Señor tu Dios.

8. Todavía le subió el diablo a un monte muy encumbrado, y mostróle todos los reinos del mundo y la gloria de ellos.

9. Y le dijo: Todas estas cosas te daré si, postrándote delante de mí, me adorares.

10. Respondióle entonces Jesús: Apártate de ahí, Satanás; porque está escrito: Adorarás al Señor Dios tuyo, y a él solo servirás.

11. Con esto le dejó el diablo; y he aquí que se acercaron los ángeles y le servían.

12. Oyendo después Jesús que Juan había sido encarcelado, retiróse a Galilea.

13. Y dejando la ciudad de Nazaret, fue a morar en Cafarnaúm, ciudad marítima en los confines de Zabulón y Neftalí;

14. con que vino a cumplirse lo que dijo el profeta Isaías:

15. El país de Zabulón y el país de Neftalí, por donde se va al mar de Tiberíades la otra parte del Jordán, la Galilea de los gentiles,

16. este pueblo que yacía en las tinieblas ha visto una luz grande: luz que ha venido a iluminar a los que habitan en la región de las sombras de la muerte.

17. Desde entonces empezó Jesús a predicar y decir: Haced penitencia, porque está cerca el reino de los cielos.

18. Caminando un día Jesús por la ribera del mar de Galilea vio a dos hermanos, Simón, llamado Pedro, y Andrés su hermano, echando la red en el mar (pues eran pescadores)

19. y les dijo: Seguidme a mí, y yo haré que vengáis a ser pescadores de hombres.

20. Al instante los dos, dejadas las redes, le siguieron.

21. Pasando más adelante, vio a otros dos hermanos, Santiago, hijo de Zebedeo, y Juan su hermano, remendando sus redes en la barca con Zebedeo su padre, y los llamó;

22. ellos también al punto, dejadas las redes y a su padre, le siguieron.

23. E iba Jesús recorriendo toda la Galilea, enseñando en sus sinagogas y predicando el Evangelio, o buena nueva, del reino celestial, y sanando toda dolencia y toda enfermedad en los del pueblo;

24. con lo que corrió su fama por toda la Siria, y presentábanle todos los que estaban enfermos y acosados de varios males y dolores agudos, los endemoniados, los lunáticos, los paralíticos; y los curaba.

25. E íbale siguiendo una gran muchedumbre de gentes de Galilea, y Decápolis, y Jerusalén, y Judea, y de la otra parte del Jordán.

CAPÍTULO V

Sermón de Jesucristo en el monte; comienza con las ocho bienaventuranzas. Los apóstoles con la sal y la luz de la tierra. Dice que no vino a destruir la Ley sino a cumplirla. Sobre las palabras injuriosas, la reconciliación, adulterio del corazón, escándalos, indisolubilidad del matrimonio, juramento, paciencia, amor de los enemigos, perfección cristiana.

1. Mas viendo Jesús a todo este gentío se subió a un monte, donde habiéndose sentado, se le acercaron sus discípulos;

2. y abriendo su boca divina los adoctrinaba, diciendo:

3. Bienaventurados los pobres de espíritu, porque de ellos es el reino de los cielos.

4. Bienaventurados los mansos y humildes, porque ellos poseerán la tierra.

5. Bienaventurados los que lloran, porque ellos serán consolados.

6. Bienaventurados los que tienen hambre y sed de la justicia, porque ellos serán saciados.

7. Bienaventurados los misericordiosos, porque ellos alcanzarán misericordia.

8. Bienaventurados los que tienen puro el corazón, porque ellos verán a Dios.

9. Bienaventurados los pacíficos porque ellos serán llamados hijos de Dios.

10. Bienaventurados los que padecen persecución por la justicia, porque de ellos es el reino de los cielos.

11. Dichosos seréis cuando los hombres por mi causa os maldijeren, y os persiguieren, y dijeren con mentira toda suerte de mal contra vosotros.

12. Alegraos entonces y regocijaos, porque es muy grande la recompensa que os aguarda en los cielos. Del mismo modo persiguieron a los profetas que ha habido antes de vosotros.

13. Vosotros sois la sal de la tierra. Y si la sal se hace insípida, ¿con qué se le volverá el sabor? Para nada sirve ya, sino para ser arrojada y pisada de las gentes.

14. Vosotros sois la luz del mundo. No se puede encubrir una ciudad edificada sobre un monte;

15. ni se enciende la luz para ponerla debajo de un celemín, sino sobre un candelero, a fin de que alumbre a todos los de la casa:

16. brille así vuestra luz ante los hombres; de manera que vean vuestras buenas obras y glorifiquen a vuestro Padre que está en los cielos:

17. No penséis que yo he venido a destruir la doctrina de la ley ni de los profetas: no he venido a destruirla, sino a darle su cumplimiento.

18. Que con toda verdad os digo que antes faltarán el cielo y la tierra, que deje de cumplirse perfectamente cuanto contiene la ley, hasta una sola jota o ápice de ella.

19. Y así, el que violare uno de estos mandamientos, por mínimos que parezcan, y enseñare a los hombres a hacer lo mismo, será tenido por el más pequeño, esto es, por nulo, en el reino de los cielos; pero el que los guardare y enseñare, ése será tenido por grande en el reino de los cielos.

20. Porque yo os digo que si vuestra justicia no es más llena y mayor que la de los escribas y fariseos, no entraréis en el reino de los cielos.

21. Habéis oído que se dijo a vuestros mayores: No matarás; y que quien matare será condenado a muerte en juicio.

22. Yo os digo más: quien quiera que tome ojeriza con su hermano, merecerá que el juez le condene. Y el que le llamare raca, merecerá que le condene el concilio. Mas quien le llamare fatuo, será reo del fuego del infierno.

23. Por tanto, si al tiempo de presentar tu ofrenda en el altar, allí te acuerdas que tu hermano tiene alguna queja contra ti,

24. deja allí mismo tu ofrenda delante del altar, y ve primero a reconciliarte con tu hermano, y después volverás a presentar tu ofrenda.

25. Compone luego con tu contrario, mientras estás con él todavía en el camino; no sea que te ponga en manos del juez, y el juez te entregue en las del alguacil, y te metan en la cárcel.

26. Asegúrote de cierto que de allí no saldrás hasta que pagues el último maravedí.

27. Habéis oído que se dijo a vuestros mayores: No cometerás adulterio:

28. yo os digo más: Cualquiera que mirare a una mujer con mal deseo hacia ella, ya adulteró en su corazón.

29. Que si tu ojo derecho es para ti una ocasión de pecar, sácale y arrójale fuera de ti; pues mejor te está el perder uno de tus miembros, que no que todo tu cuerpo sea arrojado al infierno.

30. Y si es tu mano derecha la que te sirve de escándalo o incita a pecar, córtala y tírala lejos de ti; pues mejor te está que perezca uno de tus miembros, que no el que vaya todo tu cuerpo al infierno.

31. Hase dicho: Cualquiera que despidiere a su mujer, déle libelo de repudio;

32. pero yo os digo, que cualquiera que despidiere a su mujer, si no es por causa de adulterio, la expone a ser adúltera; y el que se casare con la repudiada, es asimismo adúltero.

33. También habéis oído que se dijo a vuestros mayores: No jurarás en falso, antes bien cumplirás los juramentos hechos al Señor:

34. yo os digo más: Que de ningún modo juréis, sin justo motivo, ni por el cielo, pues es el trono de Dios,

35. ni por la tierra, pues es la peana de sus pies; ni por Jerusalén, porque es la ciudad o corte del gran rey.

36. Ni tampoco juraréis por vuestra cabeza, pues no está en vuestra mano el hacer blanco o negro un solo cabello.

37. Sea, pues, vuestro modo de hablar, sí, sí; o no, no: que lo que pasa de esto, de mal principio proviene.

38. Habéis oído que se dijo: Ojo por ojo y diente por diente.

39. Yo, empero, os digo, que no hagáis resistencia al agravio; antes si alguno te hiriere en la mejilla derecha, vuélvele también la otra;

40. y al que quiere armarte pleito para quitarte la túnica, alárgale también la capa;

41. y a quien te forzare a ir cargado mil pasos, ve con él otros dos mil.

42. Al que te pide, dale; y no tuerzas el rostro al que pretenda de ti algún préstamo.

43. Habéis oído que he dicho: Amarás a tu prójimo y (han añadido malamente), tendrás odio a tu enemigo.

44. Yo os digo más: Amad a vuestros enemigos, haced bien a los que os aborrecen, y orad por los que os persiguen y calumnian:

45. para que seáis hijos imitadores de vuestro Padre celestial, el cual hace nacer su sol sobre buenos y malos, y llover sobre justos y pecadores.

46. Que si no amáis sino a los que os aman, ¿qué premio habéis de tener? ¿No lo hacen así aun los publicanos?

47. Y si no saludais a otros que a vuestros hermanos, ¿qué tiene eso de particular? Por ventura ¿no hacen también esto los paganos?

48. Sed, pues, vosotros, perfectos, así como vuestro Padre celestial es perfecto, imitándole en cuanto podáis.

CAPÍTULO VI

Prosigue Jesús enseñando, y trata de la limosna, de la oración, del ayuno; dice que no debemos atesorar para este mundo sino para el cielo; que nuestra intención debe ser recta; que no se puede servir a Dios y al mundo, y hace ver la confianza que debemos tener en la Providencia Divina.

1. Guardaos bien de hacer vuestras obras buenas en presencia de los hombres con el fin de que os vean: de otra manera no recibiréis su galardón de vuestro Padre que está en los cielos.

2. Y así cuando das limosna no quieras publicarla a son de trompeta, como hacen los hipócritas en las sinagogas y en las calles, o plazas, a fin de ser honrados de los hombres. En verdad os digo, que ya recibieron su recompensa.

3. Mas tú cuando des limosna, haz que tu mano izquierda no perciba lo que hace tu derecha,

4. para que tu limosna quede oculta; y tu Padre, que ve lo más oculto, te recompensará en público.

5. Asimismo cuando oráis no habéis de ser como los hipócritas, que de propósito se ponen a orar de pie en las sinagogas y en las esquinas de las calles para ser vistos de los hombres. En verdad os digo que ya recibieron su recompensa.

6. Tú, al contrario, cuando hubieres de orar, entra en tu aposento, y cerrada la puerta, ora en secreto a tu Padre, y tu Padre, que ve lo más secreto, te premiará en público.

7. En la oración no afectéis hablar mucho, como hacen los gentiles, que se imaginan haber de ser oídos a fuerza de palabras.

8. No queráis, pues, imitarlos; que bien sabe vuestro Padre lo que habéis menester antes de pedírselo.

9. Ved, pues, cómo habéis de orar: Padre nuestro que estás en los cielos: santificado sea el tu nombre;

10. venga el tu reino; hágase tu voluntad, como en el cielo, así también en la tierra.

11. El pan nuestro de cada día dánosle hoy;

12. y perdónanos nuestras deudas así como nosotros perdonamos a nuestros deudores;

13. y no nos dejes caer en la tentación; mas líbranos de mal. Amén.

14. Porque si perdonáis a los hombres las ofensas que cometen contra vosotros, también vuestro Padre celestial os perdonará vuestros pecados.

15. Pero si vosotros no perdonáis a los hombres, tampoco vuestro Padre os perdonará los pecados.

16. Cuando ayunéis no os pongáis caritristes como los hipócritas, que desfiguran sus rostros para mostrar a los hombres que ayunan. En verdad os digo que ya recibieron su galardón.

17. Tú, al contrario, cuando ayunes, perfuma tu cabeza y lava bien tu cara.

18. para que no conozcan los hombres que ayunas, sino únicamente tu Padre que está presente a todo, aun a lo que hay de más secreto; y tu Padre que ve lo que pasa en secreto te dará por ello la recompensa.

19. No queráis amontonar tesoros para vosotros en la tierra, donde el orín y la polilla los consumen, y donde los ladrones los desentierran y roban.

20. Atesorad más bien para vosotros tesoros en el cielo, donde no hay ni orín ni polilla que los consuman, ni tampoco ladrones que los desentierren y roben.

21. Porque donde está tu tesoro, allí está también tu corazón.

22. Antorcha de tu cuerpo son tus ojos: si tu ojo fuere sencillo, o estuviere limpio, todo tu cuerpo estará iluminado.

23. Mas si tienes malicioso o malo tu ojo, todo tu cuerpo estará oscurecido. Que si lo que debe ser luz en ti es tinieblas, las mismas tinieblas ¿cuán grandes serán?

24. Ninguno puede servir a dos señores; porque o tendrá aversión al uno y amor al otro, o si se sujeta al primero, mirará con desdén al segundo. No podéis servir a Dios y a las riquezas.

25. En razón de esto os digo: No os acongojéis por el cuidado de hallar qué comer para sustentar vuestra vida, o de dónde sacaréis vestidos para cubrir vuestro cuerpo. Qué ¿no vale

más la vida, o el alma, que el alimento, y el cuerpo que el vestido?

26. Mirad las aves del cielo cómo no siembran, ni siegan, ni tienen graneros, y vuestro Padre celestial las alimenta. ¿Pues no valéis vosotros mucho más sin comparación que ellas?

27. Y ¿quién de vosotros a fuerza de discursos puede añadir un codo a su estatura?

28. Y acerca del vestido ¿a qué propósito inquietaros? Contemplad los lirios del campo cómo crecen y florecen. Ellos no labran, ni tampoco hilan:

29. sin embargo, yo os digo que ni Salomón, en medio de toda su gloria, se vistió con tanto primor como uno de estos lirios.

30. Pues si una hierba del campo que hoy es, o florece, y mañana se echa en el horno, Dios así la viste, ¿cuánto más a vosotros, hombres de poca fe?

31. Así que no vayáis diciendo acongojados: ¿Dónde hallaremos qué comer y beber? ¿Dónde hallaremos con qué vestirnos?,

32. como hacen los paganos, los cuales andan ansiosos tras de todas estas cosas; que bien sabe vuestro Padre la necesidad que de ellas tenéis.

33. Así que, buscad primero el reino de Dios y su justicia, y todas las demás cosas se os darán por añadidura.

34. No andéis, pues, acongojados por el día de mañana; que el día de mañana harto cuidado traerá por sí; bástale ya a cada día su propio afán o tarea.

CAPÍTULO VII

Concluye Jesús su sermón admirable; advierte que no se debe juzgar mal del prójimo; que no debe darse a los indignos las cosas santas; habla de la oración y perseverancia en ella; de la caridad; de cuán estrecho es el camino del cielo; de los falsos profetas; de que por los frutos se conoce el árbol, y del edificio fundado sobre peña, o sobre arena.

1. No juzguéis a los demás, si queréis no ser juzgados;

2. porque con el mismo juicio que juzgareis habéis de ser juzgados; y con la misma medida con que midiereis seréis medidos vosotros.

3. Mas tú, ¿con qué cara te pones a mirar la mota en el ojo de tu hermano y no reparas en la viga que está dentro del tuyo?

4. O ¿cómo dices a tu hermano: Deja que yo saque esa pajita de tu ojo, mientras tú mismo tienes una viga en el tuyo?

5. Hipócrita, saca primero la viga de tu ojo, y entonces verás cómo has de sacar la mota del ojo de tu hermano.

6. No deis a los perros las cosas santas, ni echéis vuestras perlas a los cerdos; no sea que las huellen con sus pies, y se vuelvan contra vosotros y os despedacen.

7. Pedid, y se os dará: buscad, y hallaréis: llamad, y os abrirán.

8. Porque todo aquel que pide, recibe; y el que busca, halla; y al que llama, se le abrirá.

9. ¿Hay por ventura alguno entre vosotros que, pidiéndole pan un hijo suyo, le dé una piedra?

10. ¿O que si le pide un pez, le dé una culebra?

11. Pues si vosotros siendo malos, o de mala ralea, sabéis dar buenas cosas a vuestros hijos, ¿cuánto más vuestro Padre celestial dará cosas buenas a los que se las pidan?

12. Y así, haced vosotros con los demás hombres todo lo que deseáis que hagan ellos con vosotros; porque ésta es la suma de la ley y de los profetas.

13. Entrad por la puerta angosta, porque la puerta ancha y el camino espacioso son los que conducen a la perdición, y son muchos los que entran por él.

14. ¡Oh, qué angosta es la puerta y cuán estrecha la senda que conduce a la vida eterna, y qué pocos son los que atinan con ella.

15. Guardaos de los falsos profetas que vienen a vosotros disfrazados con pieles de ovejas, mas por dentro son lobos voraces.

16. Por sus frutos u obras los conoceréis. ¿Acaso se cogen uvas de los espinos, o higos de las zarzas?

17. Así es que todo árbol bueno produce buenos frutos, y todo árbol malo da frutos malos.

18. Un árbol bueno no puede dar frutos malos, ni un árbol malo darlos buenos.

19. Todo árbol que no da buen fruto, será cortado y echado al fuego.

20. Por sus frutos, pues, los podréis conocer.

21. No todo aquel que me dice: ¡Oh, Señor, Señor! entrará por eso en el reino de los cielos; sino el que hace la voluntad de mi Padre celestial, ése es el que entrará en el reino de los cielos.

22. Muchos me dirán en aquel día del juicio: ¡Señor, Señor!, ¿pues no hemos nosotros profetizado en tu nombre, y lanzado en tu nombre los demonios, y hecho muchos milagros en tu nombre?

23. Mas entonces yo les protestaré: Jamás os he conocido por míos: apartaos de mí, operarios de la maldad.

24. Por tanto, cualquiera que escucha estas mis instrucciones y las practica, será semejante a un hombre cuerdo que fundó su casa sobre piedra:

25. y cayeron las lluvias, y los ríos salieron de madre, y soplaron los vientos y dieron con

ímpetu contra la tal casa; mas no fue destruida, porque estaba fundada sobre piedra.

26. Pero cualquiera que oye estas instrucciones que doy y no las pone por obra, será semejante a un hombre loco que fabricó su casa sobre arena:

27. y cayeron las lluvias y los ríos salieron de madre, y soplaron los vientos y dieron con ímpetu contra aquella casa, la cual se desplomó, y su ruina fue grande.

28. Al fin, habiendo Jesús concluido este razonamiento, los pueblos que le oían no acababan de admirar su doctrina;

29. porque su modo de instruirlos era con cierta autoridad soberana, y no a la manera de sus escribas y fariseos.

CAPÍTULO VIII

Jesús cura a un leproso, al criado de un centurión y a la suegra de San Pedro; sosiega al mar alborotado, y sana endemoniados.

1. Habiendo bajado Jesús del monte, le fue siguiendo una gran muchedumbre de gentes.

2. En esto, viniendo a él un leproso, le adoraba, diciendo: Señor, si tú quieres, puedes limpiarme.

3. Y Jesús, extendiendo la mano le tocó diciendo: Quiero, queda limpio; y al instante quedó curado de su lepra.

4. Y Jesús le dijo: Mira que no lo digas a nadie; pero ve a presentarte al sacerdote, y ofrece el don que Moisés ordenó, para que les sirva de testimonio.

5. Y al entrar en Cafarnaúm le salió al encuentro un centurión, y le rogaba,

6. diciendo: Señor, un criado mío está postrado en mi casa, paralítico, y padece muchísimo.

7. Dícele Jesús: Yo iré y lo curaré.

8. Y le replicó el centurión: Señor, no soy yo digno de que tú entres en mi casa; pero mándalo con tu palabra, y quedará curado mi criado.

9. Pues aun yo, que no soy más que un hombre sujeto a otros, como tengo soldados a mi mando, digo al uno: marcha, y él marcha, y al otro: ven, y viene; y a mi criado: haz esto, y lo hace.

10. Al oír esto Jesús, mostró grande admiración, y dijo a los que le seguían: En verdad os digo que ni aun en medio de Israel he hallado fe tan grande.

11. Así os declaro que vendrán muchos gentiles del oriente y del occidente, y estarán a la mesa con Abrahán, Isaac y Jacob en el reino de los cielos,

12. mientras que los hijos del reino (los judíos) serán echados fuera, a las tinieblas: allí será el llanto, y el crujir de dientes.

13. Después dijo Jesús al centurión: Vete, y sucédate conforme has creído; y en aquella hora misma quedó sano el criado.

14. Habiendo después Jesús ido a casa de Pedro, vio a la suegra de éste en cama con calentura;

15. y tocándole la mano, se le quitó la calentura; con eso se levantó luego de la cama, y se puso a servirles.

16. Venida la tarde, le trajeron muchos endemoniados, y con su palabra echaba los espíritus malignos, y curó a todos los dolientes:

17. verificándose con eso lo que predijo el profeta Isaías, diciendo: Él mismo ha cargado con nuestras dolencias, y ha tomado sobre sí nuestras enfermedades.

18. Viéndose Jesús un día cercado de mucha gente, dispuso pasar a la ribera opuesta del lago de Genezaret;

19. y arrimándosele cierto escriba, le dijo: Maestro, yo te seguiré a donde quiera que fueres.

20. Y Jesús le respondió: Las raposas tienen madrigueras, y las aves del cielo nidos; mas el Hijo del hombre no tiene sobre qué reclinar la cabeza.

21. Otro de sus discípulos le dijo: Señor, permíteme que antes de seguirte vaya a dar sepultura a mi padre;

22. mas Jesús le respondió: Sígueme tú, y deja que los muertos, o gentes que no tienen la vida de la fe, entierren a sus muertos.

23. Entró, pues, en una barca, acompañado de sus discípulos;

24. y he aquí que se levantó una tempestad tan recia en el mar, que las ondas cubrían la barca; mas Jesús estaba durmiendo;

25. y acercándose a él sus discípulos le despertaron, diciendo: Señor, sálvanos, que perecemos.

26. Díceles Jesús: ¿De qué teméis, oh hombres de poca fe? Entonces, puesto en pie, mandó a los vientos y al mar que se apaciguaran, y siguióse una gran bonanza.

27. De lo cual asombrados todos los que estaban allí, se decían: ¿Quién es este que los vientos y el mar obedecen?

28. Desembarcado en la otra ribera del lago, en el país de los gerasenos, fueron al encuentro de él, saliendo de los sepulcros en que habitaban dos endemoniados tan furiosos, que nadie osaba transitar por aquel camino.

29. Y luego empezaron a gritar, diciendo: ¿Qué tenemos nosotros que ver contigo, oh

Jesús, hijo de Dios? ¿Has venido acá con el fin de atormentarnos antes de tiempo?

30. Estaba no lejos de allí una gran piara de cerdos paciendo.

31. Y los demonios le rogaban de esta manera: Si nos echas de aquí, envíanos a esa piara de cerdos.

32. Y él les dijo: id. Y habiendo ellos salido, entraron en los cerdos; y he aquí que toda la piara corrió impetuosamente a despeñarse por un derrumbadero en el mar de Genezaret, y quedaron ahogados en las aguas.

33. Los porqueros echaron a huir, y llegados a la ciudad, lo contaron todo, y en particular lo de los endemoniados.

34. Al punto toda la ciudad salió en busca de Jesús, y al verle le suplicaron que se retirase de su país.

CAPÍTULO IX

Confirma Jesús su doctrina con nuevos milagros; curación de un paralítico; vocación de San Mateo; libra de un flujo de sangre a una mujer; resucita a la hija de Jairo; cura a dos ciegos y a un endemoniado mudo. Blasfemias de los fariseos; parábola de la mies y de los trabajadores.

1. Y subiendo en la barca, repasó el lago y vino a la ciudad de su residencia o a Cafarnaúm.

2. Cuando he aquí que le presentaron un paralítico postrado en un lecho. Y al ver Jesús su fe, dijo al tullido: Ten confianza, hijo mío, que perdonados te son tus pecados.

3. A lo que ciertos escribas dijeron luego para consigo: Éste blasfema.

4. Mas Jesús viendo sus pensamientos, dijo: ¿Por qué pensáis mal en vuestros corazones?

5. ¿Qué cosa es más fácil, el decir: se te perdonaron tus pecados, o el decir: levántate y anda?

6. Pues para que sepáis que el Hijo del hombre tiene en la tierra potestad de perdonar pecados, levántate, dijo al mismo tiempo al paralítico, toma tu lecho y vete a tu casa.

7. Y levantóse y fuese a su casa.

8. Lo cual viendo las gentes, quedaron poseídas de un santo temor, y dieron gloria a Dios por haber dado tal potestad a los hombres.

9. Partido de aquí Jesús, vio a un hombre sentado al banco o mesa de las alcabalas, llamado Mateo, y le dijo: Sígueme; y él levantándose luego, le siguió.

10. Y sucedió que estando Jesús a la mesa en la casa de Mateo, vinieron muchos publicanos y gentes de mala vida que se pusieron a la mesa a comer con él y con sus discípulos.

11. Y al verlo los fariseos decían a sus discípulos: ¿Cómo es que vuestro maestro come con publicanos y pecadores?

12. Mas Jesus, oyéndolo, les dijo: No son los que están sanos, sino los enfermos los que necesitan de médico.

13. Id, pues, a aprender lo que significa: Más estimo la misericordia que el sacrificio; porque los pecadores son, y no los justos, a quienes he venido yo a llamar a penitencia,

14. Entonces se presentaron a Jesús los discípulos de Juan, y le dijeron: ¿Cuál es el motivo por qué, ayunando frecuentemente nosotros y los fariseos, tus discípulos no ayunan?

15. Respondióles Jesús: ¿Acaso los amigos del esposo pueden andar afligidos o llorosos mientras el esposo está con ellos? Ya vendrá el tiempo en que les será arrebatado el esposo, y entonces ayunarán.

16. Nadie echa un remiendo de paño nuevo a un vestido viejo; de otra suerte, rasga lo nuevo parte de lo viejo, y se hace mayor la rotura.

17. Ni tampoco echan el vino nuevo en pellejos viejos; porque si esto se hace, revienta el pellejo, y el vino se derrama y piérdense los cueros. Pero el vino nuevo échanlo en pellejos nuevos, y así se conserva lo uno y lo otro.

18. En esta conversación estaba, cuando llegó un hombre principal o jefe de sinagoga, y adorándole, le dijo: Señor, una hija mía está a punto de morir; pero ven, impón tu mano sobre ella, y vivirá.

19. Levantándose Jesús, le iba siguiendo con sus discípulos;

20. cuando he aquí que una mujer que hacía ya doce años que padecía un flujo de sangre, vino por detrás y tocó el ruedo de su vestido.

21. Porque decía ella entre sí: Con que pueda solamente tocar su vestido, me veré curada.

22. Mas volviéndose Jesús y mirándola, dijo: Hija, ten confianza: tu fe te ha curado. En efecto, desde aquel punto quedó curada la mujer.

23. Venido Jesús a la casa de aquel hombre principal, y viendo a los tañedores de flautas, o música fúnebre, y el alboroto de la gente, decía:

24. Retiraos, pues no está muerta la niña, sino dormida. Y hacían burla de él.

25. Mas echada fuera la gente, entró, la tomó de la mano, y la niña se levantó

26. Y divulgóse el suceso por todo aquel país.

27. Partiendo Jesús de aquel lugar, le siguieron dos ciegos, gritando y diciendo: Hijo de David, ten compasión de nosotros.

28. Luego que llegó a casa, se le presentaron los ciegos y Jesús les dijo: ¿Creéis que yo puedo hacer eso que me pedís? Dícenle: Sí, Señor.

29. Entonces les tocó los ojos, diciendo: Según vuestra fe, así os sea hecho

30. Y se les abrieron los ojos. Mas Jesús les conminó diciendo: Mirad, que nadie lo sepa.

31. Ellos, sin embargo, al salir de allí lo publicaron por toda la comarca.

32. Salidos éstos le presentaron un mudo endemoniado.

33. Y arrojado el demonio, habló el mudo, y las gentes se llenaron de admiración, y decían: Jamás se ha visto cosa semejante en Israel.

34. Los fariseos, al contrario, decían: Por arte del príncipe de los demonios, expele los demonios.

35. Y Jesús iba recorriendo todas las ciudades y villas, enseñando en sus sinagogas, y predicando el Evangelio del reino de Dios, y curando toda dolencia y toda enfermedad.

36. Y al ver aquellas gentes, se compadecía entrañablemente de ellas porque estaban mal paradas y tendidas aquí y allá como ovejas sin pastor.

37. Sobre lo cual dijo a sus discípulos: la mies es verdaderamente mucha; mas los obreros pocos.

38. Rogad, pues, al dueño de la mies que envíe a su mies operarios.

CAPÍTULO X

Misión de los doce apóstoles; potestad de hacer milagros y las instrucciones que les dio Jesús.

1. Después de esto, habiendo convocado sus doce discípulos, les dio potestad para lanzar los espíritus inmundos y curar toda especie de dolencias y enfermedades.

2. Los nombres de los doce apóstoles son éstos: El primero Simón, por sobrenombre Pedro; y Andrés su hermano.

3. Santiago, hijo de Zebedeo, y Juan su hermano; Felipe y Bartolomé; Tomás y Mateo, el publicano; Santiago, hijo de Alfeo, y Tadeo;

4. Simón el cananeo, y Judas Iscariote, el mismo que le vendió.

5. A estos doce envió Jesús dándoles las siguientes instrucciones: No vayáis ahora a tierra de gentiles, ni tampoco entréis en poblaciones de samaritanos.

6. Mas id antes en busca de las ovejas perdidas de la casa de Israel.

7. Id y predicad, diciendo que se acera el reino de los cielos.

8. Y en prueba de vuestra doctrina, curad enfermos, resucitad muertos, limpiad leprosos, lanzad demonios. Dad graciosamente lo que graciosamente habéis recibido.

9. No llevéis oro, ni plata, ni dinero alguno en vuestros bolsillos,

10. ni alforja para el viaje, ni más de una túnica y un calzado, ni tampoco palo u otra arma para defenderos; porque el que trabaja merece que le sustenten.

11. En cualquiera ciudad o aldea en que entrareis, informaos quién hay en ella hombre de bien, o que sea digno de alojaros, y permaneced en su casa hasta vuestra partida.

12. Al entrar en la casa, la salutación ha de ser: La paz sea en esta casa.

13. Que si la casa la merece, vendrá vuestra paz a ella; mas si no la merece, vuestra paz se volverá con vosotros.

14. Caso que no quieran recibiros, ni escuchar vuestras palabras, saliendo fuera de la tal casa o ciudad, sacudid el polvo de vuestros pies.

15. En verdad os digo que Sodoma y Gomorra serán tratadas con menos rigor en el día del juicio, que no la tal ciudad.

16. Mirad que yo os envío como ovejas en medio de lobos; por tanto, habéis de ser prudentes como serpientes, y sencillos como palomas.

17. Recataos, empero, de los tales hombres; pues os delatarán a los tribunales, y os azotarán en sus sinagogas;

18. y por mi causa seréis conducidos ante los gobernadores y los reyes para dar testimonio de mí a ellos y a las naciones.

19. Si bien cuando os hicieren comparecer, no os dé cuidado el cómo o lo que habéis de hablar, porque os será dado en aquella misma hora lo que hayáis de decir:

20. puesto que no sois vosotros quien habla entonces, sino el Espíritu de vuestro Padre, el cual habla por vosotros.

21. Entonces un hermano entregará a su hermano a la muerte, y el padre al hijo; y los hijos se levantarán contra los padres, y los harán morir;

22. y vosotros vendréis a ser odiados de todos por causa de mi nombre; pero quien perseverare hasta el fin, éste se salvará.

23. Entretanto, cuando en una ciudad os persigan, huid a otra. En verdad os digo que no acabaréis de convertir a las ciudades de Israel antes que venga el Hijo del hombre.

24. No es el discipulo más que su maestro, ni el siervo más que su amo.

25. Baste al discípulo el ser tratado como su maestro, y al criado como su amo. Si al padre de familia le han llamado Beelzebub, ¿cuánto más a sus domésticos?

26. Pero por eso no les tengáis miedo: porque nada está encubierto que no se haya de descubrir, ni oculto que no se haya de saber.

27. Lo que os digo de noche, decidlo a la luz del día; y lo que os digo al oído, predicadlo desde los terrados.

28. Nada temáis a los que matan el cuerpo y no pueden matar el alma: temed antes al que puede arrojar alma y cuerpo en el infierno.

29. ¿No es así que dos pájaros se venden por un cuarto, y, no obstante, ni uno de ellos caerá en tierra sin que lo disponga vuestro Padre?

30. Hasta los cabellos de vuestra cabeza están todos contados.

31. No tenéis, pues, que temer; valéis vosotros más que muchos pájaros.

32. En suma: a todo aquel que me reconociere y confesare por Mesías delante de los hombres, yo también le reconoceré y me declararé por él delante de mi Padre que está en los cielos.

33. Mas a quien me negare delante de los hombres, yo también le negaré delante de mi Padre que está en los cielos.

34. No tenéis que pensar que yo haya venido a traer la paz a la tierra: no he venido a traer la paz, sino la guerra:

35. pues he venido a separar al hijo de su padre, y a la hija de su madre, y a la nuera de su suegra;

36. y los enemigos del hombre serán las personas de su misma casa.

37. Quien siga al padre o a la madre más que a mí, no merece ser mío; y quien ama al hijo o a la hija más que a mí, tampoco merece ser mío.

38. Y quien no carga con su cruz y me sigue, no es digno de mí.

39. Quien a costa de su alma conserva su vida la perderá; y quien perdiere su vida por amor mío, la volverá a hallar.

40. Quien a vosotros recibe, a mí me recibe; y quien a mí me recibe, recibe a aquel que me ha enviado a mí.

41. El que hospeda a un profeta en atención a que es profeta, recibirá premio de profeta; y el que hospeda a un justo en atención a que es justo, tendrá galardón de justo.

42. Y cualquiera que diere de beber a uno de estos pequeñuelos un vaso de agua fresca solamente por razón de ser discípulo mío, os doy mi palabra que no perderá su recompensa.

CAPÍTULO XI

Juan Bautista envía dos de sus discípulos a Jesús; lo que con esta ocasión dijo Jesús sobre Juan a sus oyentes: ciudades incrédulas; el yugo del Señor es suave.

1. Como hubiese Jesús acabado de dar estas instrucciones a sus doce discípulos, partió de allí para enseñar y predicar en las ciudades de ellos.

2. Pero Juan, habiendo en la prisión oído las obras maravillosas de Cristo, envió dos de sus discípulos a preguntarle:

3. ¿Eres tú el Mesías que ha de venir o debemos esperar a otro?

4. A lo que Jesús les respondió: Id y contad a Juan lo que habéis oído y visto:

5. Los ciegos ven, los cojos andan, los leprosos quedan limpios, los sordos oyen, los muertos resucitan, se anuncia el Evangelio a los pobres:

6. y bienaventurado aquel que no tomare de mí ocasión de escándalo.

7. Luego que se fueron éstos, empezó Jesús a hablar de Juan, y dijo al pueblo: ¿Qué es lo que salisteis a ver en el desierto? ¿Alguna caña que a todo viento se mueve?

8. Decidme si no, ¿qué salisteis a ver? ¿A un hombre vestido con lujo y afeminación? Ya sabéis que los que visten así, en palacios de reyes están.

9. En fin, ¿qué salisteis a ver? ¿A algún profeta? Eso sí, yo os lo aseguro, y aun mucho más que profeta.

10. Pues él es de quien está escrito: Mira que yo envío mi ángel ante tu presencia, el cual irá delante de ti disponiéndote el camino.

11. En verdad os digo que no ha salido a la luz entre los hijos de mujeres alguno mayor que Juan Bautista; si bien el que es menor en el reino de los cielos, es superior a él.

12. Y desde el tiempo de Juan Bautista, hasta el presente, el reino de los cielos se alcanza a viva fuerza, y los que se la hacen a sí mismos, son los que lo arrebatan.

13. Porque todos los profetas y la ley hasta Juan pronunciaron lo porvenir.

14. Y si queréis entenderlo, él mismo es aquel Elías que debía venir.

15. El que tiene oídos para entender, entiéndalo.

16. Mas ¿a quién compararé yo esta raza de hombres? Es semejante a los muchachos sentados en la plaza, que, dando voces a otros de sus compañeros,

17. les dicen: Os hemos entonado cantares alegres, y no habéis bailado; cantares lúgubres, y no habéis llorado.

18. Así es que vino Juan que casi no come ni bebe, y dicen: Es poseído del demonio.

19. Ha venido el Hijo del hombre, que come y bebe, y dicen: He aquí un glotón y un vinoso, amigo de publicanos y gentes de mala vida.

Pero queda la divina sabiduría justificada para con sus hijos.

20. Entonces comenzó a reconvenir a las ciudades donde se habían hecho muchísimos de sus milagros, porque no habían hecho penitencia.

21. ¡Ay de ti, Corozaín! ¡Ay de ti, Betsaida! Que si en Tiro y en Sidón se hubiesen hecho los milagros que se han obrado en vosotras, tiempo ha que habrían hecho penitencia, cubiertas de ceniza y de cilicio.

22. Por tanto, os digo que Tiro y Sidón serán menos rigurosamente tratadas en el día del juicio que vosotras.

23. Y tú, Cafarnaúm, ¿piensas, acaso, levantarte hasta el cielo? Serás, sí, abatida hasta el infierno; porque si en Sodoma se hubiesen hecho los milagros que en ti, Sodoma quizá subsistiera aún hoy día.

24. Por eso te digo que el país de Sodoma en el día del juicio será con menos rigor que tú castigado.

25. Por aquel tiempo exclamó Jesús, diciendo: Yo te glorifico, Padre mío, Señor de cielo y tierra, porque has tenido encubiertas estas cosas, a los sabios y prudentes del siglo y las has revelado a los pequeñuelos.

26. Sí, Padre mío alabado seas, por haber sido de tu agrado que fuese así.

27. Todas las cosas las ha puesto mi Padre en mis manos. Pero nadie conoce al Hijo sino el Padre; ni conoce ninguno al Padre sino el Hijo, y aquel a quien el Hijo habrá querido revelarlo.

28. Venid a mí todos los que andáis agobiados con trabajos y cargas, que yo os aliviaré.

29. Tomad mi yugo sobre vosotros, y aprended de mí, que soy manso y humilde de corazón; y hallaréis el reposo para vuestras almas.

30. Porque suave es mi yugo y ligero el peso mío.

CAPÍTULO XII

Defiende Jesucristo a sus discípulos de la murmuración de los fariseos con motivo de la observancia del sábado; cura a uno que tenía seca la mano, y a un endemoniado mudo y ciego. Habla del pecado contra el Espíritu Santo. Milagro de Jonás. Ninivitas, Reina del Mediodía.

1. Por aquel tiempo, pasando Jesús en día sábado por junto a unos sembrados, sus discípulos, teniendo hambre, empezaron a coger espigas y comer los granos.

2. Y viéndolo los fariseos, le dijeron. Mira que tus discípulos hacen lo que no es lícito hacer en sábado.

3. Pero él les respondió: ¿No habéis leído lo que hizo David cuando él y los que le acompañaban se vieron acosados del hambre?

4. ¿Cómo entró en la Casa de Dios y comió los panes de la proposición, que no era lícito comer ni a él ni a los suyos, sino a solos los sacerdotes?

5. ¿O no habéis leído en la ley cómo los sacerdotes en el templo trabajan en el sábado, y con todo eso no pecan?

6. Pues yo os digo que aquí está uno que es mayor que el templo.

7. Que si vosotros supieseis bien lo que significa: Más quiero la misericordia que no el sacrificio, jamás hubierais condenado a los inocentes.

8. Porque el Hijo del hombre es dueño aun del sábado.

9. Habiendo partido de allí, entró en la sinagoga de ellos,

10. donde se hallaba un hombre que tenía seca una mano; y preguntaron a Jesús, para hallar motivo de acusarle, si era lícito curar en día de sábado.

11. Mas él les dijo: ¿Qué hombre habrá entre vosotros que tenga una oveja, si ésta cae en una fosa en día de sábado, no la levante y saque fuera?

12. ¿Pues cuánto más vale un hombre que una oveja? Luego es lícito el hacer bien en día de sábado.

13. Entonces dijo al hombre: Extiende esa mano. Estiróla, y quedó tan sana como la otra.

14. Mas los fariseos en saliendo se juntaron para urdir tramas contra él y perderle.

15. Pero Jesús, entendiendo esto, se retiró, y muchos enfermos le siguieron, y a todos ellos los curó,

16. previniéndoles fuertemente que no le descubriesen;

17. con lo cual se cumplió la profecía de Isaías, que dice:

18. Ved ahí el siervo mío, a quien yo tengo elegido, el amado mío, en quien mi alma se ha complacido plenamente. Pondré sobre él mi Espíritu y anunciará la justicia a las naciones.

19. No contenderá con nadie, no voceará, ni oirá ninguno su voz o gritar en las plazas;

20. no quebrará la caña cascada, ni acabará de apagar la mecha que aún humea, hasta que haga triunfar la justicia de su causa;

21. y en su nombre pondrán las naciones su esperanza.

22. Fuele a la sazón traído un endemoniado, ciego y mudo, y lo curó, de modo que desde luego comenzó a hablar y ver.

23. Con lo que todo el pueblo quedó asombrado, y decía: ¿Es éste tal vez el Hijo de David, el Mesías?

24. Pero los fariseos, oyéndolo, decían: Éste no lanza los demonios sino por obra de Beelzebub, Príncipe de los demonios.

25. Entonces Jesús, penetrando sus pensamientos, díjoles: Todo reino dividido en facciones contrarias será desolado; y cualquiera ciudad, o casa dividida en bandos no subsistirá.

26. Y si Satanás echa fuera a Satanás, es contrario a sí mismo; ¿cómo, pues, ha de subsistir su reino?

27. Que si yo lanzo los demonios en nombre de Beelzebub, ¿vuestros hijos en qué nombre los echan? Por tanto, esos mismos serán vuestros jueces.

28. Mas si yo echo los demonios en virtud del Espíritu de Dios, síguese por cierto que ya el reino de Dios, o el Mesías, ha llegado a vosotros.

29. O si no, decidme: ¿cómo es posible que uno entre en casa de algún hombre valiente y le robe sus bienes, si primero no ata bien al valiente? Entonces podrá saquearle la casa.

30. El que no está por mí, contra mí está; y el que conmigo no recoge, desparrama.

31. Por lo cual os declaro que cualquier pecado y cualquier blasfemia se perdonará a los hombres; pero la blasfemia contra el Espíritu de Dios no se perdona tan fácilmente.

32. Asimismo a cualquiera que hablare contra el Hijo del hombres, se le perdonará; pero a quien hablare contra el Espíritu Santo, despreciando su gracia, no se le perdonará ni en esta vida ni en la otra.

33. O bien decid que el árbol es bueno, y bueno su fruto; o si tenéis el árbol por malo tened también por malo su fruto, ya que por el fruto se conoce la calidad del árbol.

34. ¡Oh raza de víboras! ¿Cómo es posible que vosotros habléis cosa buena, siendo, como sois, malos? Puesto que de la abundancia del corazón habla la boca.

35. El hombre de bien, del buen fondo de su corazón saca buenas cosas, y el hombre malo, de su mal fondo saca cosas malas.

36. Yo os digo que hasta de cualquiera palabra ociosa que hablaren los hombres han de dar cuenta en el día del Juicio.

37. Porque por tus palabras habrás de ser justificado, y por tus palabras condenado.

38. Entonces algunos de los escribas y fariseos le hablaron, diciendo: Maestro, quisiéramos verte hacer algún milagro.

39. Mas él les respondió: Esta raza mala y adúltera pide un prodigio; pero no se le dará el que pide, sino el prodigio de Jonás profeta:

40. porque así como Jonás estuvo en el vientre de la ballena tres días y tres noches así el Hijo del hombre estará tres días y tres noches en el seno de la tierra.

41. Los naturales de Nínive se levantarán en el día del juicio contra esta raza de hombres, y la condenarán: por cuanto ellos hicieron penitencia a la predicación de Jonás. Y con todo, el que está aquí es más que Jonás.

42. La reina del Mediodía hará de acusadora en el día del juicio contra esta raza de hombres y la condenará; por cuanto vino de los extremos de la tierra para escuchar la sabiduría de Salomón. Y con todo, aquí tenéis quien es más que Salomón.

43. Cuando el espíritu inmundo ha salido de algún hombre, anda vagueando por lugares áridos, buscando dónde hacer asiento, sin que lo consiga.

44. Entonces dice: Tornaréme a mi casa, de donde he salido. Y volviendo a ella la encuentra desocupada, bien barrida y alhajada.

45. Con esto va y toma consigo otros siete espíritus peores que él, y entrando habitan allí; con que viene a ser el postrer estado de aquel hombre más lastimoso que el primero. Así ha de acontecer a esta raza de hombres perversísima.

46. Todavía estaba él platicando al pueblo, y he aquí su madre y sus hermanos estaban fuera, que le querían hablar.

47. Por lo que uno le dijo: Mira que tu madre y tus hermanos están allí fuera preguntando por ti.

48. Pero él, respondiendo al que se lo decía, replicó: ¿quién es mi madre y quiénes son mis hermanos?

49. Y mostrando con la mano a sus discípulos: Éstos, dijo, son mi madre y mis hermanos.

50. Porque cualquiera que hiciere la voluntad de mi Padre, que está en los cielos, ése es mi hermano y mi hermana, y mi madre.

CAPÍTULO XIII

Predica Jesús en parábolas y descífraselas a los apóstoles; parábola del sembrador; del grano de mostaza, de la levadura, del tesoro escondido, de la perla preciosa, de la red llena de peces. El profeta sin honor en su patria.

1. En aquel día, saliendo Jesús de casa, fue y sentóse a la orilla del mar.

2. Y se juntó alrededor de Él un concurso tan grande de gentes, que le fue preciso entrar en una barca, y tomar asiento en ella; y todo el pueblo estaba en la ribera;

3. al cual habló de muchas cosas por medio de parábolas, diciendo: Salió una vez cierto sembrador a sembrar;

4. y al esparcir los granos, algunos cayeron cerca del camino; y vinieron las aves del cielo y se los comieron.

5. Otros cayeron en pedregales, donde había poca tierra, y luego brotaron, por estar muy someros en la tierra,

6. mas nacido el sol se quemaron y se secaron, porque casi no tenían raíces.

7. Otros granos cayeron entre espinas, y crecieron las espinas y los sofocaron.

8. Otros, en fin, cayeron en buena tierra, y dieron fruto, donde ciento por uno, donde sesenta, y donde treinta.

9. Quien tenga oídos para entender, entienda.

10. Acercándose después sus discípulos, le preguntaban: ¿Por qué causa les hablas por parábolas?

11. El cual les respondió: Porque a vosotros se os ha dado el privilegio de conocer los misterios del reino de los cielos; mas a ellos no se les ha dado;

12. siendo cierto que al que tiene lo que debe tener, dársele ha aún más, y estará sobrado; mas al que no tiene lo que debe tener, le quitarán aun lo que tiene.

13. Por eso les hablo con parábolas; porque ellos viendo no miran, no consideran; y oyendo no escuchan ni entienden;

14. con que viene a cumplirse en ellos la profecía de Isaías que dice: Oiréis con vuestros oídos, y no entenderéis; y por más que miréis con vuestros ojos, no veréis.

15. Porque ha endurecido este pueblo su corazón, y ha cerrado sus oídos, y tapado sus ojos a fin de no ver con ellos, ni oír con los oídos, ni comprender con el corazón, por miedo de que, convirtiéndose, yo le dé la salud.

16. Dichosos vuestros ojos porque ven, y dichosos vuestros oídos porque oyen.

17. Pues en verdad os digo que muchos profetas y justos ansiaron ver lo que vosotros estáis viendo, y no lo vieron, y oír lo que oís, y no lo oyeron.

18. Escuchad ahora la parábola del sembrador.

19. Cualquiera que oye la palabra del reino de Dios o del Evangelio, y no para en ella su atención, viene el mal espíritu y le arrebata aquello que se había sembrado en su corazón: éste es el sembrado junto al camino.

20. El sembrado en tierra pedregosa es aquel que oye la palabra de Dios y por el pronto la recibe con gozo;

21. mas no tiene interiormente raíz, sino que dura poco; y en sobreviniendo la tribulación y persecución por causa de la palabra o del Evangelio, luego le sirve ésta de escándalo.

22. El sembrado entre espinas es el que oye la palabra de Dios, mas los cuidados de este siglo y el embeleso de las riquezas la sofocan y queda infructuosa.

23. Al contrario, el sembrado en buena tierra es el que oye la palabra de Dios y la medita, y produce fruto, parte ciento por uno, parte sesenta, y parte treinta.

24. Otra parábola les propuso, diciendo: El reino de los cielos es semejante a un nombre que sembró buena simiente en su campo.

25. Pero al tiempo de dormir los hombres, vino cierto enemigo suyo y sembró cizaña en medio del trigo, y se fue.

26. Estando ya el trigo en hierba y apuntando la espiga, descubrióse asimismo la cizaña.

27. Entonces los criados del padre de familia acudieron a él, y le dijeron: Señor, ¿no sembraste buena simiente en tu campo?; pues ¿cómo tiene cizaña?

28. Respondióles: Algún enemigo mío la habrá sembrado. Replicaron los criados: ¿Quieres que vayamos a cogerla?

29. A lo que respondió: No, porque no suceda que, arrancando la cizaña, arranquéis juntamente con ella el trigo.

30. Dejad crecer una y otro hasta la siega, que al tiempo de la siega, yo diré a los segadores: coged primero la cizaña, y haced gavillas de ella para el fuego, y meted después el trigo en mi granero.

31. Propúsoles otra parábola diciendo: El reino de los cielos es semejante al grano de mostaza que tomó en su mano un hombre, y lo sembró en su camino.

32. El cual es a la vista menudísimo entre todas las semillas; mas en creciendo viene a ser mayor que todas las legumbres, y hácese árbol; de forma que las aves del cielo bajan y posan en sus ramas.

33. Y añadió esta otra parábola: El reino de los cielos es semejante a la levadura, que cogió una mujer y mezclóla con tres satos o celemines de harina, hasta que toda la masa quedó fermentada.

34. Todas estas cosas dijo Jesús al pueblo por parábolas, sin las cuales no solía predicarles;

35. cumpliéndose lo que había dicho el profeta: Abriré mi boca para hablar con parábolas: publicaré cosas misteriosas que han estado ocultas desde la creación del mundo.

36. Entonces Jesús, despedido el auditorio, volvió a casa, y rodeándole sus discípulos le dijeron: explícanos la parábola de la cizaña sembrada en el campo.

37. El cual les respondió: El que siembra la buena simiente es el Hijo del hambre;

38. el campo es el mundo; la buena simiente son los hijos del reino; la cizaña son los hijos del maligno espíritu.

39. El enemigo que la sembró es el diablo; la siega es el fin del mundo; los segadores son los ángeles.

40. Y así como se recoge la cizaña y se quema en el fuego, así sucederá al fin del mundo:

41. enviará el Hijo del hombre a sus ángeles, y quitarán de su reino a todos los escandalosos y a cuantos obran la maldad;

42. y los arrojarán en el horno del fuego: allí será el llanto y el crujir de dientes.

43. Al mismo tiempo los justos resplandecerán como el sol en el reino de su Padre. El que tiene oídos para entenderlo, entiéndalo:

44. Es también semejante el reino de los cielos a un tesoro escondido en el campo, que si lo halla un hombre lo encubre de nuevo, y gozoso del hallazgo va y vende todo cuanto tiene y compra aquel campo,

45. El reino de los cielos es asimismo semejante a un mercader que trata en perlas finas.

46. Y viniéndole a las manos una de gran valor, va y vende todo cuanto tiene, y la compra.

47. También es semejante el reino de los cielos a una red barredera, que echada en la mar allega todo género de peces;

48. la cual en estando llena, sácanla los pescadores, y sentados en la orilla van escogiendo los buenos y los meten en sus cestos, y arrojan los de mala calidad.

49. Así sucederá al fin del siglo: saldrán los ángeles y separarán a los malos de entre los justos;

50. y arrojarlos han en el horno del ruego. Allí será el llanto y el crujir de dientes.

51. ¿Habéis entendido bien todas estas cosas? Sí, Señor, le respondieron.

52. Y él añadió: Por eso todo doctor bien instruido en lo que mira al reino de los cielos es semejante a un padre de familia que va sacando de su repuesto cosas nuevas y cosas antiguas, según conviene.

53. Concluido que hubo Jesús estas parábolas, partió de allí.

54. Y pasando a su patria, se puso a enseñar en las sinagogas de sus naturales; de tal manera que no cesaban de maravillarse, y se decían: ¿De dónde le ha venido a éste tal sabiduría y tales milagros?

55. Por ventura, ¿no es el hijo del artesano, o carpintero? ¿Su madre no es la que se llama María? ¿No son sus primos hermanos Santiago, José, Simón y Judas?

56. Y sus primas hermanas, ¿no viven todas entre nosotros? Pues ¿de dónde le vendrán a éste todas esas cosas?

57. Y estaban como escandalizados de él. Jesús, empero, les dijo: No hay profeta sin honra, sino en su patria y en la propia casa.

58. En consecuencia, hizo aquí muy pocos milagros a causa de su incredulidad.

CAPÍTULO XIV

Muerte de Juan Bautista; milagro de los cinco panes; Jesús camina y hace caminar a San Pedro sobre las olas del mar, y sana a todos los enfermos que se le presentan o tocan su vestido.

1. Por aquel tiempo Herodes, el tetrarca, oyó lo que la fama publicaba de Jesús, y dijo a sus cortesanos:

2. Éste es Juan el Bautista que ha resucitado de entre los muertos; y por eso resplandece tanto en él la virtud de hacer milagros.

3. Es de saber que Herodes prendió a Juan, y atado con cadenas lo metió en la cárcel por causa de Herodías, mujer de su hermano.

4. Porque Juan le decía: No te es lícito tenerla por mujer.

5. Y Herodes bien quería hacerle morir, pero no se atrevía por temor del pueblo; porque todos tenían a Juan por un profeta.

6. Mas en la celebridad del cumpleaños de Herodes, salió a bailar la hija de Herodías en medio de la corte;

7. y gustó tanto a Herodes, que le prometió con juramento darle cualquiera cosa que le pidiese.

8. Con eso ella, prevenida antes por tu madre: Dame aquí, dijo, en una fuente, o plato, la cabeza de Juan Bautista.

9. Contristóse el rey. Sin embargo, en atención al juramento y a los convidados, mandó dársela.

10. Y así envió a degollar a Juan en la cárcel.

11. En seguida fue traída su cabeza en una fuente, y dada a la muchacha, que se la presentó a su madre.

12. Acudieron después sus discípulos a recoger el cuerpo, y lo enterraron, y fueron a dar la noticia a Jesús.

13. Jesús, pues habiendo oído aquello que Herodes decía de él, retiróse de allí por mar a un lugar desierto, fuera de poblado. Mas entendiéndolo las gentes, salieron de sus ciudades, siguiéndole a pie por tierra.

14. Y Jesús, al salir del barco, viendo tan gran gentío, se movió a lástima, y curó a sus enfermos.

15. Al caer de la tarde, sus discípulos se llegaron a él diciendo: El lugar es desierto, y la hora es ya pasada: despacha esas gentes para que vayan a las poblaciones a comprar qué comer.
16. Pero Jesús les dijo: No tienen necesidad de irse, dadles vosotros de comer.
17. A lo que respondieron: No tenemos aquí más de cinco panes y dos peces.
18. Díjoles él: Traédmelos acá.
19. Y habiendo mandado sentar a todos sobre la hierba, tomó los cinco panes y los dos peces, y levantando los ojos al cielo, los bendijo y partió; y dio los panes a los discípulos, y los discípulos los dieron a la gente.
20. Y todos comieron y se saciaron, y de lo que sobró, recogieron doce canastos llenos de pedazos.
21. El número de los que comieron fue de cinco mil hombres, sin contar mujeres y niños.
22. Inmediatamente después, Jesús obligó a sus discípulos a embarcarse e ir a esperarle al otro lado del lago, mientras que despedía a los pueblos.
23. Y despedidos éstos se subió solo a orar en un monte, y entrada la noche se mantuvo allí solo.
24. Entretanto la barca estaba en medio del mar, batida reciamente de las olas, por tener el viento contrario.
25. Cuando ya era la cuarta vela de la noche, vino Jesús hacia ellos caminando sobre el mar.
26. Y viéndole los discípulos caminar sobre el mar, se conturbaron y dijeron: Es un fantasma. Y llenos de miedo comenzaron a gritar.
27. Al instante Jesús les habló diciendo: Soy yo, no tengáis miedo.
28. Y Pedro respondió: Señor, si eres tú, mándame ir hacia ti sobre las aguas.
29. Y él le dijo: Ven. Y Pedro bajando de la barca, iba caminando sobre el agua, para llegar a Jesús.
30. Pero viendo la fuerza del viento, se atemorizó; y empezando luego a hundirse, dio voces diciendo: Señor, sálvame.
31. Al punto Jesús, extendiendo la mano, le cogió del brazo, y le dijo: Hombre de poca fe, ¿por qué has titubeado?
32. Y luego que subieron a la barca, calmó el viento.
33. Mas los que dentro estaban, se acercaron a él y le adoraron, diciendo: Verdaderamente eres tú el Hijo de Dios.
34. Atravesado luego el lago, arribaron a tierra de Genezaret.
35. Y habiéndole conocido los moradores de ella, luego enviaron aviso por todo aquel territorio, y le trajeron todos los enfermos.

36. Y le pedían por gracia el tocar solamente la orla de su vestido. Y todos cuantos la tocaron, quedaron sanos.

CAPÍTULO XV

Condena Jesús las tradiciones humanas opuestas a los preceptos divinos. Cura a la hija de la cananea que da muestras de grande fe; da de comer en el desierto a una gran muchedumbre de gente con siete panes y algunos peces.

1. En esta sazón, ciertos escribas y fariseos que habían llegado de Jerusalén le dijeron:
2. ¿Por qué motivo tus discípulos traspasan la tradición de los antiguos, no lavándose las manos cuando comen?
3. Y él les respondió: ¿Y por qué vosotros mismos traspasáis el mandamiento de Dios por seguir vuestra tradición? Pues que Dios tiene dicho:
4. Honra al padre y a la madre; y también: quien maldijere a padre o a madre, sea condenado a muerte;
5. mas vosotros decís: cualquiera que dijere al padre o a la madre: la ofrenda que yo por mi parte ofreciere redundará en bien tuyo,
6. ya no tiene obligación de honrar o asistir, a su padre o a su madre; con lo que habéis echado por tierra el mandamiento de Dios por vuestra tradición.
7. ¡Hipócritas!, con razón profetizó de vosotros Isaías, diciendo:
8. Este pueblo me honra con los labios; pero su corazón lejos está de mí.
9. En vano me honran enseñando doctrinas y mandamientos de hombres.
10. Y habiendo llamado a sí al pueblo, les dijo: Escuchadme, y atended bien a esto:
11. No lo que entra por la boca es lo que mancha al hombre, sino lo que sale de la boca; eso es lo que le mancha.
12. Entonces, arrimándose más sus discípulos, le dijeron: ¿No sabes que los fariseos se han escandalizado de esto que acaban de oír?
13. Mas Jesús respondió: Toda planta que mi Padre celestial no ha plantado, arrancada será de raíz.
14. Dejadlos: ellos son unos ciegos que guían a otros ciegos; y si un ciego se mete a guiar a otro ciego, entrambos caen en la hoya.
15. Aquí Pedro, tomando la palabra le dijo: Explícanos esa parábola.
16. A lo que Jesús respondió: ¿Cómo? ¿También vosotros estáis aún con tan poco conocimiento?

17. ¿Pues no conocéis que todo cuanto entra en la boca pasa de allí al vientre y se echa en lugares secretos?

18. Mas lo que sale de la boca, del corazón sale, y eso es lo que mancha al hombre.

19. Porque del corazón es de donde salen los malos pensamientos, los homicidios, adulterios, fornicaciones, hurtos, falsos testimonios, blasfemias.

20. Estas cosas sí que manchan al hombre; mas el comer sin lavarse las manos, eso no le mancha.

21. Partido de aquí Jesús, retiróse hacia el país de Tiro y de Sidón.

22. Cuando he aquí que una mujer cananea, venida de aquel territorio, empezó a dar voces diciendo: Señor, Hijo de David, ten lástima de mí: mi hija es cruelmente atormentada del demonio.

23. Jesús no le respondió palabra; y sus discípulos, acercándose, intercedían diciéndole: Concédele lo que pide, a fin de que se vaya porque viene gritando tras nosotros.

24. A lo que Jesús respondiendo dijo: Yo no soy enviado sino a las ovejas perdidas de la casa de Israel.

25. No obstante, ella se llegó y le adoró diciendo: Señor, socórreme.

26. El cual le dio por respuesta: No es justo tomar el pan de los hijos y echarlo a los perros.

27. Mas ella le dijo: Es verdad, Señor; pero los perritos comen a lo menos de las migajas que caen de la mesa de sus amos.

28. Entonces Jesús respondiendo le dice: ¡Oh mujer!, grande es tu fe; hágase conforme tú lo deseas. Y en la hora misma su hija quedó curada.

29. De allí pasó Jesús a la ribera del mar de Galilea; y subiendo a un monte, sentóse en él.

30. Y se llegaron a él muchas gentes, trayendo consigo mudos, ciegos, cojos, baldados y otros muchos dolientes, y los pusieron a sus pies, y curólos.

31. Por manera que las gentes estaban asombradas viendo hablar a los mudos, andar a los cojos y ver a los ciegos; y glorificaban al Dios de Israel.

32. Mas Jesús, convocados sus discípulos, dijo: Me causan compasión estos pueblos, porque tres días hace ya que perseveran en mi compañía y no tienen qué comer; y no quiero despedirlos en ayunas, no sea que desfallezcan en el camino.

33. Pero sus discípulos le respondieron: ¿Cómo podremos hallar en este lugar desierto bastantes panes para saciar a tanta gente?

34. Jesus les dijo: ¿Cuántos panes tenéis? Respondieron: Siete, con algunos pececillos.

35. Entonces mandó a la gente que se sentase en tierra.

36. Y él, cogiendo los siete panes y los peces, dadas las gracias, o hecha oración, los partió y dio a sus discípulos, y los discípulos los repartieron al pueblo.

37. Y comieron todos, y quedaron satisfechos; y de los pedazos que sobraron llenaron siete espuertas.

38. Los que comieron eran cuatro mil hombres, sin contar los niños y mujeres.

39. Con eso, despidiéndose de ellos, entró en la barca y pasó al territorio de Magedán.

CAPÍTULO XVI

Fariseos y saduceos confundidos; corrupción de su doctrina, confesión y primacía de San Pedro, que poco después es justamente reprendido.

1. Aquí vinieron a encontrarle los fariseos y saduceos; y, para tentarle, le pidieron que les hiciese ver algún prodigio del cielo.

2. Mas él les respondió: Cuando va llegando la noche, decís a veces: Hará buen tiempo, porque está el cielo arrebolado.

3. Y por la mañana: Tempestad habrá hoy, porque el cielo está cubierto y encendido.

4. ¿Conque sabéis adivinar por el aspecto del cielo, y no podéis conocer las señales claras de estos tiempos de la venida del Mesías? Esta raza o generación mala y adúltera pide un prodigio; mas no se le dará ese que pide, sino el prodigio del profeta Jonás. Y dejándolos, se fue.

5. Sus discípulos, habiendo venido de la otra parte del lago, se olvidaron de tomar pan.

6. Y Jesús les dijo: Estad alerta y guardaos de la levadura de los fariseos y saduceos.

7. Mas ellos, pensativos, decían para consigo: esto lo dice porque no hemos traído pan.

8. Lo que conociendo Jesús, dijo: Hombres de poca fe, ¿qué andáis discurriendo dentro de vosotros, porque no tenéis pan?

9. ¿Todavía estáis sin conocimiento, ni os acordáis de los cinco panes repartidos entre cinco mil hombres, y cuántos cestos de pedazos os quedaron?

10. ¿Ni de los siete panes para cuatro mil hombres, y cuántas espuertas recogisteis de lo que sobró?

11. ¿Cómo no conocéis que no por el pan os he dicho: guardaos de la levadura de los fariseos y saduceos?

12. Entonces entendieron que no quiso decir que se guardasen de la levadura que se pone en

el pan, sino de la doctrina de los fariseos y saduceos.

13. Viniendo después Jesús al territorio de Cesarea de Filipo, preguntó a sus discípulos: ¿Quién dice los hombres que es el Hijo del hombre?

14. Respondieron ellos: Unos dicen que Juan Bautista, otros Elías, otros, en fin, Jeremías o alguno de los profetas.

15. Díceles Jesús: Y vosotros, ¿quién decís que soy yo?

16. Tomando la palabra Simón Pedro, dijo: Tú eres el Cristo, o Mesías, el Hijo del Dios vivo.

17. Y Jesús, respondiendo, le dijo: Bienaventurado eres, Simón, hijo de Joná porque no te ha revelado eso la carne y sangre u hombre alguno, sino mi Padre que está en los cielos.

18. Y yo te digo que tú eres Pedro, y que sobre esta piedra edificaré mi Iglesia; y las puertas o poder del infierno no prevalecerán contra ella.

19. Y a ti te daré las llaves del reino de los cielos; y todo lo que atares sobre la tierra, será también atado en los cielos; y todo lo que desatares sobre la tierra, será también desatado en los cielos.

20. Entonces mandó a sus discípulos que a nadie dijesen que él era Jesús, el Cristo, o Mesías.

21. Y desde luego comenzó a manifestar a sus discípulos que convenía que fuese él a Jerusalén, y que allí padeciese mucho de parte de los ancianos, y de los escribas, y de los príncipes de los sacerdotes, y que fuese muerto, y que resucitase al tercer día.

22. Tomándole aparte Pedro, trataba de disuadírselo, diciendo: ¡Ah, Señor!, de ningún modo; no, no ha de verificarse eso en ti.

23. Pero Jesús, vuelto a él, le dijo: Quítateme de delante, Satanás, que me escandalizas; porque no tienes conocimiento ni gusto de las cosas de Dios, sino de las de los hombres.

24. Entonces dijo Jesús a sus discípulos: Si alguno quiere venir en pos de mí, niéguese a sí mismo, y cargue con su cruz, y sígame.

25. Pues quien quisiere salvar su vida obrando contra mí, la perderá; mas quien perdiere su vida por amor de mí la encontrará.

26. Porque ¿de qué le sirve al hombre el ganar todo el mundo, si pierde su alma? ¿O con qué cambio podrá el hombre rescatarla una vez perdida?

27. Ello es que el Hijo del hombre ha de venir revestido de la gloria de su Padre, acompañado de sus ángeles, a juzgar a los hombres; y entonces dará el pago a cada cual conforme a sus obras.

28. En verdad os digo que hay aquí algunos que no han de morir antes que vean al Hijo del hombre aparecer en el esplendor de su reino.

CAPÍTULO XVII

Transfiguración de Jesús; curación de un lunático endemoniado; Jesús paga el tributo por sí y por Pedro con una moneda milagrosamente hallada.

1. Seis días después tomó Jesús consigo a Pedro, y a Santiago, y a Juan su hermano; y subiendo con ellos solos a un alto monte,

2. se transfiguró en su presencia; de modo que su rostro se puso resplandeciente como el sol, y sus vestidos blancos como la nieve.

3. Y al mismo tiempo les aparecieron Moisés y Elías conversando con él de lo que debía padecer en Jerusalén.

4. Entonces Pedro, tomando la palabra, dijo a Jesús: Señor, bueno es estarnos aquí: si te parece, formemos aquí tres pabellones, uno para ti, otro para Moisés y otro para Elías.

5. Todavía estaba Pedro hablando, cuando una nube resplandeciente vino a cubrirlos; y al mismo instante resonó desde la nube una voz que decía: Éste es mi querido Hijo, en quien tengo todas mis complacencias. A él habéis de escuchar.

6. A esta voz los discípulos cayeron sobre su rostro en tierra, y quedaron poseídos de un grande espanto.

7. Mas Jesús se llegó a ellos, los tocó, y les dijo: Levantaos, y no tengáis miedo.

8. Y alzando los ojos, no vieron a nadie, sino a solo Jesús.

9. Y al bajar del monte, les puso Jesús precepto, diciendo: No digáis a nadie lo que habéis visto, hasta tanto que el Hijo del hombre haya resucitado de entre los muertos.

10. Sobre lo cual le preguntaron los discípulos: ¿Pues cómo dicen los escribas que debe venir primero Elías?

11. A esto Jesús les respondió: En efecto, Elías ha de venir antes de mi segunda venida, y entonces restablecerá todas las cosas.

12. Pero yo os declaro que Elías ya vino, y no le conocieron, sino que hicieron con él todo cuanto quisieron; así también harán ellos padecer al Hijo del hombre.

13. Entonces entendieron los discípulos que les había hablado de Juan Bautista.

14. Llegado al lugar donde le aguardaban las gentes, vino un hombre, e hincadas las rodillas delante de él, le dijo: Señor, ten compasión de

mi hijo, porque es lunático y padece mucho; pues muy a menudo cae en el fuego, y frecuentemente en el agua;

15. Y lo he presentado a tus discípulos, y no han podido curarle.

16. Jesús, en respuesta, dijo: ¡Oh raza incrédula y perversa! ¡Hasta cuándo he de vivir con vosotros! ¡Hasta cuándo habré de sufriros! Traédmelo acá.

17. Y Jesús amenazó al demonio, y salió del muchacho, el cual quedó curado desde aquel momento.

18. Entonces los discípulos hablaron aparte a Jesús, y le dijeron: ¿Porqué causa no hemos podido nosotros echarle?

19. Respondióles Jesús: Porque tenéis poca fe. Pues ciertamente os aseguro que si tuviereis fe tan grande como un granito de mostaza, podréis decir a ese monte: trasládate de aquí allá, y se trasladará; y nada os será imposible.

20. Y además, que esta casta de demonios no se lanza sino mediante la oración y el ayuno.

21. Mientras estaban ellos en Galilea, díjoles nuevamente Jesús: El Hijo del hombre ha de ser entregado en manos de los hombres;

22. le matarán, y resucitará al tercer día. Con lo cual los discípulos se afligieron sobremanera.

23. Habiendo llegado a Cafarnaúm, se acercaron a Pedro los recaudadores del tributo de las dos dracmas, y le dijeron: Qué, ¿no paga vuestro Maestro las dos dracmas?

24. Sí, por cierto, respondió. Y habiendo entrado en casa, se le anticipó Jesús diciendo: ¿Qué te parece, Simón? Los reyes de la tierra, ¿de quién cobran tributo o censo? ¿De sus mismos hijos, o de los extraños?

25. De los extraños, dijo él. Replicó Jesús: Luego, los hijos están exentos.

26. Con todo eso, por no escandalizarlos, ve al mar y tira el anzuelo, y coge el primer pez que saliere, y abriéndole la boca hallarás una pieza de plata de cuatro dracmas; tómala y dásela por mí y por ti.

CAPÍTULO XVIII

Doctrina de Jesús sobre la humildad, sobre el pecado de escándalo, y sobre la corrección fraterna. Parábola del buen pastor. Sobre la potestad de perdonar pecados; compasión con los pecadores; perdón de los enemigos. Parábola de los diez mil talentos.

1. En esta misma ocasión se acercaron los discípulos a Jesús, y le hicieron esta pregunta: ¿Quién será el mayor en el reino de los cielos?

2. Y Jesús, llamando a sí a un niño, le colocó en medio de ellos.

3. Y dijo: En verdad os digo que si no os volvéis y hacéis semejantes a los niños en la sencillez e inocencia, no entraréis en el reino de los cielos.

4. Cualquiera, pues, que se humillare como este niño, ése será el mayor en el reino de los cielos.

5. Y el que acogiere a un niño tal cual acabo de decir, en nombre mío, a mí me acoge.

6. Mas quien escandalizare a uno de estos parvulillos que creen en mí, mejor le sería que le colgasen del cuello una de esas piedras de molino que mueve un asno, y así fuese sumergido en el profundo del mar.

7. ¡Ay del mundo por razón de los escándalos!, porque si bien es forzoso, que haya escándalos, sin embargo ¡ay de aquel hombre que causa el escándalo!

8. Que si tu mano o tu pie te es ocasión de escándalo o pecado, córtalos y arrójalos lejos de ti; pues más te vale entrar en la vida eterna manco o cojo, que con dos manos o dos pies ser precipitado al fuego eterno.

9. Y si tu ojo es para ti ocasión de escándalo, sácalo y tíralo lejos de ti; mejor te es entrar en la vida eterna con un solo ojo, que tener dos ojos y ser arrojado al fuego del infierno.

10. Mirad que no despreciéis a alguno de estos pequeñitos; porque os hago saber que sus ángeles de guarda en los cielos están siempre viendo la cara de mi Padre celestial.

11. Y además el Hijo del hombre ha venido a salvar lo que se había perdido.

12. Si un hombre tiene cien ovejas, y, una de ellas se hubiere descarriado, ¿que os parece que hará entonces? ¿No dejará las noventa y nueve en los montes y se irá en busca de la que se ha descarriado?

13. Y si por dicha la encuentra, en verdad os digo que ella sola le causa mayor complacencia que las noventa y nueve que no se le han perdido.

14. Así que no es la voluntad de vuestro Padre que está en los cielos, el que perezca uno solo de estos pequeñitos.

15. Que si tu hermano pecare contra ti, o cayese en alguna culpa, ve y corrígele estando a solas con él. Si te escucha, habrás ganado a tu hermano.

16. Si no hiciere caso de ti, todavía válete de una o dos personas, a fin de que todo sea confirmado con la autoridad de dos o tres testigos.

17. Y si no los escuchare, díselo a la Iglesia; pero si ni a la misma Iglesia oyere, tenlo como por gentil y publicano.

18. Os empeño mi palabra, que todo lo que atareis sobre la tierra, será eso mismo atado en el cielo; y todo lo que desatareis sobre la tierra, será eso mismo desatado en el cielo.

19. Os digo más: Que si dos de vosotros se unieren entre sí sobre la tierra para pedir algo, sea lo que fuere, les será otorgado por mi Padre que está en los cielos.

20. Porque donde dos o tres se hallan congregados en mi nombre, allí me hallo yo en medio de ellos.

21. En esta sazón, arrimándosele Pedro, le dijo: Señor, ¿cuántas veces deberé perdonar a mi hermano cuando pecare contra mí?, ¿hasta siete veces?

22. Respondióle Jesús: No te digo yo hasta siete veces, sino hasta setenta veces siete, o cuantas te ofendiere.

23. Por esto el reino de los cielos viene a ser semejante a un rey que quiso tomar cuentas a sus criados.

24. Y habiendo empezado a tomarlas, le fue presentado uno que le debía diez mil talentos.

25. Y como éste no tuviera con qué pagar, mandó su señor que fuesen vendidos él y su mujer y sus hijos con toda su hacienda, y se pagase así la deuda.

26. Entonces el criado, arrojándose a sus pies, le rogaba diciendo: Ten un poco de paciencia, que yo te lo pagaré todo.

27. Movido el señor a compasión de aquel criado, le dio por libre, y aun le perdonó la deuda.

28. Mas apenas salió este criado de su presencia, encontró a uno de sus compañeros que le debía cien denarios, y agarrándole por la garganta le ahogaba, diciéndole: Paga lo que me debes.

29. El compañero, arrojándose a sus pies, le rogaba, diciendo: Ten un poco de paciencia conmigo, que yo te lo pagaré todo.

30. Él, empero, no quiso escucharle, sino que fue y le hizo meter en la cárcel hasta que le pagase lo que le debía.

31. Al ver los otros criados sus compañeros lo que pasaba, se contristaron por extremo, y fueron a contar a su señor todo lo sucedido.

32. Entonces le llamó su señor y le dijo: ¡Oh criado inicuo!, yo te perdoné toda la deuda porque me lo suplicaste.

33. ¿No era, pues, justo que tú también tuvieses compasión de tu compañero, como yo la tuve de ti?

34. E irritado el señor, le entregó en manos de los verdugos, para ser atormentado hasta tanto que satisfaciera la deuda toda por entero.

35. Así de esta manera se portará mi Padre celestial con vosotros, si cada uno no perdonare de corazón a su hermano.

CAPÍTULO XIX

Enseña Jesús que el matrimonio es indisoluble; aconseja la virginidad; habla de la dificultad de salvarse los ricos, y del premio de los que renuncian por amor de él a todas las cosas.

1. Habiendo concluido Jesús estos discursos, partió de Galilea, y vino a los términos de Judea, del otro lado del Jordán.

2. adonde le siguieron gran muchedumbre de gentes, y curó allí a sus enfermos.

3. Y se llegaron a él los fariseos para tentarle, y le dijeron: ¿Es lícito a un hombre repudiar a su mujer por cualquier motivo?

4. Jesús, en respuesta, les dijo: ¿No habéis leído que aquel que al principio crió al linaje humano, crió un solo hombre y una sola mujer?, y que se dijo:

5. Por tanto, dejará el hombre a su padre y a su madre, y unirse ha con su mujer, y serán dos en una sola carne.

6. Así que ya no son dos, sino una sola carne. Lo que Dios, pues, ha unido, no lo desuna el hombre.

7. Pero ¿por qué replicaron ellos, mandó Moisés dar libelo de repudio y despedirla?

8. Díjoles Jesús: A causa de la dureza de vuestro corazón os permitió Moisés repudiar a vuestras mujeres; mas desde el principio no fue así.

9. Así, pues, os declaro que cualquiera que despidiere a su mujer, sino en caso de adulterio, y aun en este caso se casare con otra, este tal comete adulterio; y que quien se casare con la divorciada, también lo comete.

10. Dícenle sus discípulos: Si tal es la condición del hombre con respecto a su mujer no tiene cuenta el casarse.

11. Jesús les respondió: No todos son capaces de esta resolución, sino aquellos a quienes se les ha concedido de lo alto.

12. Porque hay unos eunucos que nacieron tales del vientre de sus madres; hay eunucos que fueron castrados por los hombres; y eunucos hay que se castraron en cierta manera a sí mismos por amor del reino de los cielos con el voto de castidad. Aquel que puede ser capaz de eso séalo.

13. En esta sazón le presentaron unos niños para que pusiese sobre ellos las manos y orase. Mas los discípulos, creyendo que le importunaban los reñían.

14. Jesús, por el contrario, les dijo: Dejad en paz a los niños, y no les estorbéis de venir a mí; porque de los que son como ellos es el reino de los cielos.

15. Y habiéndoles impuesto las manos, o dado la bendición, partió de allí.

16. Acercósele entonces un hombre joven que le dijo: Maestro bueno, ¿qué obras buenas debo hacer para conseguir la vida eterna?

17. El cual le respondió: ¿Por qué me llamas bueno? Dios sólo es bueno. Por lo demás, si quieres entrar en la vida eterna, guarda los mandamientos.

18. Díjole él: ¿Qué mandamientos? Respondió Jesús: No matarás; no cometerás adulterio; no hurtarás; no levantarás falsos testimonios;

19. honra a tu padre y a tu madre; y ama a tu prójimo como a ti mismo.

20. Dícele el joven: Todos ésos los he guardado desde mi juventud; ¿qué más me falta?

21. Respondióle Jesús: Si quieres ser perfecto, anda y vende cuanto tienes, y dáselo a los pobres, y tendrás un tesoro en el cielo; ven después, y sígueme.

22. Habiendo oído el joven estas palabras, se retiró entristecido; y era que tenía muchas posesiones.

23. Jesús dijo entonces a sus discípulos: En verdad os digo que difícilmente un rico entrará en el reino de los cielos.

24. Y aún os digo más: Es más fácil el pasar un camello por el ojo de una aguja, que entrar un rico en el reino de los cielos.

25. Oídas estas proposiciones, los discípulos estaban muy maravillados, diciendo entre sí: Según esto, ¿quién podrá salvarse?

26. Pero Jesús, mirándolos blandamente, les dijo: Para los hombres es esto imposible, que para Dios todas las cosas posibles.

27. Tomando entonces Pedro la palabra, díjole: Bien ves que nosotros hemos abandonado todas las cosas y te hemos seguido; ¿cuál será, pues, nuestra recompensa?

28. Mas Jesús le respondió: En verdad os digo, que vosotros que me habéis seguido en el día de la resurrección universal, cuando el Hijo del hombre se sentará en el solio de su majestad, vosotros también os sentaréis sobre doce sillas, y juzgaréis las doce tribus de Israel.

29. Y cualquiera que habrá dejado casa o hermanos, o hermanas, o padre, o madre, y esposa, o hijos, o heredades por causa de mi nombre, recibirá cien veces más en bienes más sólidos, y poseerá después la vida eterna.

30. Y muchos que eran los primeros en este mundo, serán los últimos; y muchos que eran los últimos, serán los primeros.

CAPÍTULO XX

Parábola de los obreros llamados a trabajar en la viña. Jesús predice su muerte y resurrección. Responde a la pretensión de la madre de los hijos de Zebedeo. Da vista a dos ciegos.

1. Porque el reino de los cielos se parece a un padre de familia, que al romper el día salió a alquilar jornaleros para su viña,

2. y ajustándose con ellos en un denario por día, envióos a su viña.

3. Saliendo después, cerca de la hora de tercia, se encontró con otros que estaban mano sobre mano en la plaza, y díjoles:

4. Andad también vosotros a mi viña, y os daré lo que sea justo.

5. Y ellos fueron. Otras dos veces salió a eso de la hora de sexta, y de la hora de nona, e hizo lo mismo.

6. Finalmente, salió cerca de la hora undécima, y vio a otros que estaban todavía sin hacer nada, y les dijo: ¿Cómo os estáis aquí ociosos todo el día?

7. Respondiéronle: Es que nadie nos ha alquilado. Díjoles: Pues id también vosotros a mi viña.

8. Puesto el sol, dijo el dueño de la viña a su mayordomo: Llama a los trabajadores y págales el jornal, empezando desde los postreros y acabando en los primeros.

9. Venidos, pues, los que habían ido cerca de la hora undécima, recibieron un denario cada uno.

10. Cuando al fin llegaron los primeros, se imaginaron que les darían más. Pero no obstante, éstos recibieron igualmente cada uno su denario.

11. Y al recibirlo murmuraban contra el padre de familia,

12. diciendo: Estos últimos no han trabajado más que una hora, y los has igualado con nosotros, que hemos soportado el peso del día y del calor.

13. Mas él, por respuesta, dijo a uno de ellos: Amigo, yo no te hago agravio. ¿No te ajustaste conmigo en un denario?

14. Toma, pues, lo que es tuyo, y vete: yo quiero dar a éste, bien que sea el último, tanto como a ti.

15. ¿Acaso no puedo yo hacer de lo mío lo que quiero?; ¿o ha de ser tu ojo malo o envidioso, porque yo soy bueno?

16. De esta suerte, los postreros en este mundo serán primeros en el reino de los cielos; y los primeros, postreros. Muchos, empero, son los llamados; mas pocos los escogidos.

17. Poniéndose Jesús en camino para Jerusalén, tomó aparte a sus doce discípulos y les dijo:

18. Mirad que vamos a Jerusalén, donde el Hijo del hombre ha de ser entregado a los príncipes de los sacerdotes y a los escribas, y le condenarán a muerte;

19. y le entregarán a los gentiles para que sea escarnecido y azotado y crucificado; mas él resucitará al tercer día.

20. Entonces, la madre de los hijos de Zebedeo, se le acerca con sus dos hijos, y le adora, manifestando querer pedirle alguna gracia.

21. Jesús le dijo: ¿Qué quieres? Y ella le respondió: Dispón que estos dos hijos míos tengan su asiento en tu reino, uno a tu derecha y otro a tu izquierda.

22. Mas Jesus le dio por respuesta: No sabéis lo que os pedís. ¿Podéis beber el cáliz de la pasión que yo tengo de beber? Dícenle: Bien podemos.

23. Replicóles: Mi cáliz sí que le beberéis; pero el asiento a mi diestra o siniestra no me toca concederlo a vosotros, sino que será para aquellos a quienes lo ha destinado mi Padre.

24. Entendiendo esto los otros diez apóstoles, se indignaron contra los dos hermanos.

25. Mas Jesús los convocó a sí, y les dijo: No ignoráis que los príncipes de las naciones avasallan a sus pueblos, y que sus magnates los dominan con imperio.

26. No ha de ser así entre vosotros, sino que quien aspirase a ser mayor entre vosotros, debe ser vuestro criado.

27. Y el que quiera ser entre vosotros el primero, ha de ser vuestro siervo.

28. Al modo que el Hijo del hombre no ha venido a ser servido, sino a servir, y a dar su vida para redención de muchos.

29. Al salir de Jericó, le fue siguiendo gran multitud de gentes;

30. y he aquí que dos ciegos, sentados a la orilla del camino, habiendo oído decir que pasaba Jesús, comenzaron a gritar, diciendo: ¡Señor! ¡Hijo de David!, ten lástima de nosotros.

31. Mas las gentes los reñían para que callasen. Ellos, no obstante, alzaban más el grito, diciendo: ¡Señor! ¡Hijo de David, apiádate de nosotros.

32. Paróse a esto Jesús, y llamándoles, les dijo: ¿Qué queréis que os haga?

33. Señor, le respondieron ellos, que se abran nuestros ojos.

34. Movido Jesús a compasión, tocó sus ojos, y en el mismo instante vieron; y se fueron en pos de él.

CAPÍTULO XXI

Jesús entra en Jerusalén aclamado por Mesías; echa del templo a los que estaban allí vendiendo; maldice a una higuera, y confunde a sus émulos con parábolas y razones.

1. Acercándose a Jerusalén, luego que llegaron a la vista de Befage, al pie del monte de los Olivos, despachó Jesús a dos discípulos,

2. diciéndoles: id a esa aldea que se ve enfrente de vosotros, y sin más diligencia encontraréis una asna atada, y su pollino con ella; desatadlos, y traédmelos.

3. Que si alguno os dijera algo, respondedle que los ha menester el Señor; y al punto os los dejará llevar.

4. Todo esto sucedió en cumplimiento de lo que dijo el profeta:

5. Decid a la hija de Sión: Mira que viene a ti tu rey lleno de mansedumbre, sentado sobre una asna y su pollino, hijo de la que está acostumbrada al yugo.

6. Idos los discípulos, hicieron lo que Jesús les mandó;

7. y trajeron el asno y el pollino, y los aparejaron con sus vestidos, y le hicieron sentar encima.

8. Y una gran muchedumbre de gentes tendía por el camino sus vestidos; otros cortaban ramos u hojas de los árboles, y los ponían por donde había de pasar.

9. Y tanto las gentes que iban delante, como las que venían detrás, clamaban diciendo: ¡Hosanna, salud y gloria al Hijo de David! ¡Bendito sea el que viene en nombre del Señor! ¡Hosanna en lo más alto de los cielos!

10. Entrado que hubo así en Jerusalén, se conmovió toda la ciudad, diciendo muchos: ¿Quién es éste?

11. A lo que respondían las gentes: Éste es Jesús, el profeta de Nazaret de Galilea.

12. Habiendo entrado Jesús en el templo de Dios, echó fuera de él a todos los que vendían allí y compraban, y derribó las mesas de los banqueros o cambiantes, y las sillas de los que vendían las palomas para los sacrificios.

13. Y les dijo: Escrito está: Mi casa será llamada casa de oración; mas vosotros la tenéis hecha una cueva de ladrones.

14. Al mismo tiempo se llegaron a él en el templo varios ciegos y cojos y los curó.

15. Pero los príncipes de los sacerdotes y los escribas, al ver las maravillas que hacía, y a los niños que le aclamaban en el templo, diciendo: ¡Hosanna al Hijo de David!, se indignaron,

16. y le dijeron: ¿Oyes tú lo que dicen éstos? Jesús les respondió: Sí, por cierto; ¿pues qué,

no habéis leído jamás la profecía: De la boca de los infantes niños de pecho es de donde sacaste más perfecta alabanza?

17. Y dejándolos, se salió fuera de la ciudad a Betania, y se quedó allí.

18. La mañana siguiente, volviendo a la ciudad, tuvo hambre.

19. Y viendo una higuera junto al camino, se acercó a ella; en la cual, no hallando sino solamente hojas, le dijo: Nunca jamás nazca de ti fruto; y la higuera quedó luego seca.

20. Lo que viendo los discípulos, se maravillaron y decían: ¿Cómo se ha secado en un instante?

21. Y respondiendo Jesús, les dijo: En verdad os digo que si tenéis fe y no andáis vacilando, no solamente haréis esto de la higuera, sino que aun cuando digáis a ese monte: arráncate y arrójate al mar, así lo hará;

22. y todo cuanto pidiereis en la oración, como tengáis fe, lo alcanzaréis.

23. Llegado al templo, se acercaron a él, cuando estaba ya enseñando, los príncipes de los sacerdotes y los ancianos o senadores del pueblo, y le preguntaron: ¿Con qué autoridad haces estas cosas, y quién te ha dado tal potestad?

24. Respondióles Jesús: Yo también quiero haceros una pregunta, y si me respondéis a ella, os diré luego con qué autoridad hago estas cosas.

25. El bautismo de Juan, ¿de dónde era?, ¿del cielo o de los hombres? Mas ellos discurrían para consigo, diciendo:

26. Si respondemos del cielo, nos dirá: ¿Pues por qué no habéis creído en él? Si respondemos de los hombres, tenemos que temer al pueblo (porque todos miraban a Juan como un profeta).

27. Por tanto, contestaron a Jesús, diciendo: No lo sabemos: Replicóles él en seguida: Pues ni yo tampoco os diré a vosotros con qué autoridad hago estas cosas.

28. ¿Y qué os parece de lo que voy a decir? Un hombre tenía dos hijos, y llamando al primero le dijo: Hijo, ve hoy a trabajar en mi viña;

29. y él respondió: No quiero. Pero después, arrepentido, fue.

30. Llamando al segundo, le dijo lo mismo, y aunque él respondió: Voy, Señor, no fue.

31. ¿Cuál de los dos hizo la voluntad del padre? El primero, dijeron ellos. Y Jesús prosiguió: En verdad os digo que los publicanos y las rameras os precederán y entrarán en el reino de Dios:

32. por cuanto vino Juan a vosotros por las sendas de la justicia, y no le creísteis; al mismo tiempo que los publicanos y las rameras le creyeron. Mas vosotros ni con ver esto os movisteis después a penitencia para creer en él.

33. Escuchad otra parábola. Érase un padre de familia que plantó una viña y la cercó de vallado; y cavando hizo en ella un lagar, edificó una torre, arrendóla después a ciertos labradores, y se ausentó a un país lejano.

34. Venida ya la sazón de los frutos.envió sus criados a los renteros para que percibiesen el fruto de ella.

35. Mas los renteros, acometiendo a los criados, apalearon al uno, mataron al otro, y al otro le apedrearon.

36. Segunda vez envió nuevos criados en mayor número que los primeros, y los trataron de la misma manera.

37. Por último les envió a su hijo, diciendo para consigo: A mi hijo, por lo menos, le respetarán.

38. Pero los renteros, al ver al hijo dijeron entre sí: Éste es el heredero; venid, matémosle, y nos alzaremos con su herencia.

39. Y agarrándole le echaron fuera de la viña, y le mataron.

40. Ahora bien; en volviendo el dueño de la viña, ¿qué hará a aquellos labradores?

41. Hará, dijeron ellos, que esta gente tan mala perezca miserablemente, y arrendará su viña a otros labradores que le paguen los frutos a sus tiempos.

42. ¿Pues no habéis jamás leído en las Escrituras, les añadió Jesús: La piedra que desecharon los fabricantes, esa misma vino a ser la clave del ángulo? El Señor es el que ha hecho esto en nuestros días, y es una cosa admirable a nuestros ojos.

43. Por lo cual os digo que os será quitado a vosotros el reino de Dios, y dado a gentes que rindan frutos de buenas obras.

44. Ello es, que quien se escandalizare o cayere sobre esta piedra, se hará pedazos; y ella hará añicos a aquel sobre quien cayere en el día del juicio.

45. Oídas estas parábolas de Jesús, los príncipes de los sacerdotes y los fariseos entendieron que hablaba por ellos.

46. y queriendo prenderle, tuvieron miedo al pueblo; porque era mirado como un profeta.

CAPÍTULO XXII

Parábola del rey que convidó a las bodas de su hijo. Si debe pagarse el tributo al César. Doctrina sobre la resurrección. Amor de Dios y del prójimo. Cristo hijo y señor de David.

1. Entretanto Jesús, prosiguiendo la plática, les habló de nuevo por parábolas, diciendo:

2. En el reino de los cielos acontece lo que a cierto rey que celebró las bodas de su hijo.

3. Y envió sus criados a llamar los convidados a las bodas, mas éstos no quisieron venir.

4. Segunda vez despachó nuevos criados con orden de decir de su parte a los convidados: Tengo dispuesto el banquete; he hecho matar mis terneros y demás animales cebados, y todo está a punto; venid, pues, a las bodas.

5. Mas ellos no hicieron caso; antes bien se marcharon, quien a su granja, y quien a su tráfico ordinario.

6. Los demás cogieron a los criados, y después de haberlos llenado de ultrajes los mataron.

7. Lo cual oído, por el rey, montó en cólera, y enviando sus tropas acabó con aquellos homicidas, y abrasó su ciudad.

8. Entonces dijo a sus criados: Las prevenciones para las bodas están hechas, mas los convidados no eran dignos de asistir a ellas.

9. Id, pues, a las salidas de los caminos, y a todos cuantos encontréis convidados a las bodas.

10. Al punto, los criados, saliendo a los caminos, reunieron a cuantos hallaron, malos y buenos, de suerte que la sala de las bodas se llenó de gentes, que se pusieron a la mesa.

11. Entrando después el rey a ver los convidados, reparó allí en un hombre que no iba con vestido de boda.

12. Y díjole: Amigo, ¿cómo has entrado tú aquí sin vestido de boda? Pero él enmudeció.

13. Entonces dijo el rey a sus ministros de justicia: Atado de pies y manos, arrojadle fuera a las tinieblas; donde no habrá sino llanto y crujir de dientes.

14. Tan cierto es que muchos son los llamados y pocos los escogidos.

15. Entonces los fariseos se retiraron a tratar entre sí cómo podrían sorprenderle en lo que hablase.

16. Y para esto le enviaron sus discípulos con algunos herodianos, que le dijeron: Maestro, sabemos que eres veraz, y que enseñas el camino o la ley de Dios conforme a la pura verdad, sin respeto a nadie, porque no miras a la calidad de las personas.

17. Esto supuesto, dinos qué te parece de esto: ¿Es o no es lícito a los judíos, pueblo de Dios, pagar tributo a César?

18. A lo cual Jesús, conociendo su refinada malicia, respondió: ¿Por qué me tentáis, hipócritas?

19. Enseñadme la moneda con que se paga el tributo. Y ellos le mostraron un denario.

20. Jesús les dijo: ¿De quién es esta imagen y esta inscripción?

21. Respóndenle: De César. Entonces les replicó: Pues dad a César lo que es de César, y a Dios lo que es de Dios.

22. Con esta respuesta quedaron admirados, y dejándole, se fueron.

23. Aquel mismo día vinieron los saduceos, que niegan la resurrección, a proponerle ese caso:

24. Maestro, Moisés ordenó que si alguno muere sin hijos, el hermano se case con su mujer para dar sucesión a su hermano.

25. Es el caso que había entre nosotros siete hermanos. Casado el primero, vino a morir; y no teniendo sucesión, dejó su mujer a su hermano.

26. Lo mismo acaeció al segundo, y al tercero, hasta el séptimo.

27. Y después de todos ellos murió la mujer.

28. Ahora, pues, así que llegue la resurrección, ¿de cuál de los siete ha de ser mujer, supuesto que lo fue de todos?

29. A lo que Jesús les respondió: Muy errados andáis por no entender las Escrituras ni el poder de Dios.

30. Porque después de la resurrección, ni los hombres tomarán mujeres, ni las mujeres tomarán maridos, sino que serán como los ángeles de Dios en el cielo.

31. Mas tocante a la resurrección de los muertos, ¿no habéis leído las palabras que Dios os tiene dichas:

32. Yo soy el Dios de Abrahán, el Dios de Isaac y el Dios de Jacob? Ahora, pues, Dios no es Dios de muertos, sino de vivos.

33. Lo que habiendo oído el pueblo, estaba asombrado de su doctrina.

34. Pero los fariseos, informados de que había tapado la boca a los saduceos, se mancomunaron;

35. y uno de ellos, doctor de la ley, le preguntó para tentarle:

36. Maestro, ¿cuál es el mandamiento principal de la ley?

37. Respondióle Jesús: Amarás al Señor Dios tuyo de todo tu corazón, y con toda tu alma, y con toda tu mente:

38. éste es el máximo y primer mandamiento;

39. el segundo es semejante a éste, y es: Amarás a tu prójimo como a ti mismo.

40. En estos dos mandamientos está cifrada toda la ley y los profetas.

41. Estando aquí juntos los fariseos Jesús les hizo esta pregunta:

42. ¿Qué os parece a vosotros del Cristo, o Mesías? ¿De quién es hijo? Dícenle: De David.

43. Replicóles: ¿Pues cómo David en espíritu profético le llama su Señor, cuando dice:

44. Dijo el Señor a mi Señor: Siéntate a mi diestra, mientras tanto que yo pongo tus enemigos por peana de tus pies?

45. Pues si David le llama su Señor. ¿cómo cabe que sea hijo suyo?

46. A lo cual nadie pudo responder una palabra; ni hubo ya quien desde aquel día osase hacerle más preguntas.

CAPÍTULO XXIII

Condena Jesús el rigor extremado de los fariseos en la doctrina que enseñan al pueblo; habla de su hipocresía y soberbia; de las falsas explicaciones que dan a la Ley; de la muerte violenta de los profetas, y de la ruina de Jerusalén.

1. Entonces, dirigiendo Jesús su palabra al pueblo y a sus discípulos,

2. les dijo: Los escribas, o doctores de la ley, y los fariseos, están sentados en la cátedra de Moisés:

3. practicad, pues, y haced todo lo que os dijeren; pero no arregléis vuestra conducta por la suya, porque ellos dicen lo que se debe hacer, y no lo hacen.

4. El hecho es que van liando cargas pesadas e insoportables, y las ponen sobre los hombros de los demás, cuando ellos no quieren ni aplicar la punta del dedo para moverlas.

5. Todas sus obras las hacen con el fin de ser vistos de los hombres; por lo mismo llevan las palabras de la ley en filacterias más anchas, y más largas las franjas u orlas de su vestido.

6. Aman también los primeros asientos en los banquetes, y las primeras sillas en las sinagogas,

7. y el ser saludados en la plaza, y que los hombres les den el título de Maestros o Doctores.

8. Vosotros, por el contrario, no habéis de querer ser saludados maestros, porque uno solo es vuestro Maestro, y todos vosotros sois hermanos.

9. Tampoco habéis de aficionaros a llamar a nadie sobre la tierra Padre vuestro; pues uno solo es vuestro verdadero Padre, el cual está en los cielos.

10. Ni debéis preciaros de ser llamados maestros, porque el Cristo es vuestro único Maestro.

11. En fin, el mayor entre vosotros ha de ser ministro o criado vuestro.

12. Que quien se ensalzare será humillado, y quien se humillare será ensalzado.

13. Pero ¡ay de vosotros, escribas y fariseos hipócritas, que cerráis el reino de los cielos a los hombres; porque ni vosotros entráis ni dejáis entrar a los que entrarían, impidiéndoles que crean en mí!

14. ¡Ay de vosotros, escribas y fariseos hipócritas, que devoráis las casas de las viudas, con el pretexto de hacer largas oraciones; por eso recibiréis sentencia mucho más rigurosa!.

15. ¡Ay de vosotros, escribas y fariseos hipócritas, porque andáis girando por mar y tierra a trueque de convertir un gentil; y después de convertido, le hacéis con vuestro ejemplo, doctrina digno del infierno dos veces más que vosotros!

16. ¡Ay de vosotros, guías o conductores ciegos, que decís: el jurar uno por el templo, no es nada, no obliga; mas quien jura por el oro del templo está obligado!

17. ¡Necios y ciegos! ¿Qué vale más, el oro, o el templo que santifica al oro?

18. Y si alguno, decís, jura por el altar, no importa; mas quien jurare por la ofrenda puesta sobre él, se hace deudor.

19. ¡Ciegos! ¿Qué vale más, la ofrenda o el altar que santifica la ofrenda?

20. Cualquiera, pues, que jura por el altar, jura por él, y por todas las cosas que se ponen sobre él.

21. Y quien jura por el templo, jura por él, y por aquel Señor que le habita.

22. Y el que jura por el cielo, jura por el trono de Dios, y por aquel que está en él sentado.

23. ¡Ay de vosotros, escribas y fariseos hipócritas, que pagáis diezmo hasta de la hierbabuena y del eneldo y del comino y habéis abandonado las cosas más esenciales de la ley: la justicia, la misericordia y la buena fe! Éstas debierais observar, sin omitir aquéllas.

24. ¡Oh guías ciegos! que coláis cuando bebéis por si hay un mosquito, y os tragáis un camello.

25. ¡Ay de vosotros, escribas y fariseos hipócritas, que limpiáis por de fuera la copa y el plato, y por dentro, en el corazón, estáis llenos de rapacidad e inmundicia!

26. ¡Fariseo ciego!, limpia primero por dentro la copa y el plato, si quieres que lo de fuera sea limpio.

27. ¡Ay de vosotros, escribas y fariseos hipócritas, porque sois semejantes a los sepulcros blanqueados, los cuales por afuera parecen hermosos a los hombres, más por dentro están llenos de huesos de muertos, y de todo género de podredumbre!

28. Así también vosotros en el exterior os mostráis justos a los hombres; mas en el interior estáis llenos de hipocresía y de iniquidad.

29. ¡Ay de vosotros, escribas y fariseos hipócritas, que fabricáis los sepulcros de los profetas, y adornáis los monumentos de los justos,

30. y decís: Si hubiéramos vivido en tiempo de nuestros padres, no hubiéramos sido sus cómplices en la muerte de los profetas;

31. con lo que dais testimonio contra vosotros mismos de que sois hijos de los que mataron a los profetas.

32. Acabad, pues, de llenar la medida de vuestros padres, haciendo morir al Mesías.

33. ¡Serpientes, raza de víboras! ¿Cómo será posible que evitéis el ser condenados al fuego del infierno?

34. Porque he aquí que yo voy a enviaros profetas, y sabios, y escribas, y de ellos degollaréis a unos, crucificaréis a otros, a otros azotaréis en vuestras sinagogas, y los andaréis persiguiendo de ciudad en ciudad:

35. para que recaiga sobre vosotros toda la sangre inocente derramada sobre la tierra, desde la sangre del justo Abel hasta la sangre de Zacarías, hijo de Baraquias, a quien matasteis entre el templo y el altar.

36. En verdad os digo, que todas estas cosas vendrán a caer sobre la generación presente.

37. ¡Jerusalén! ¡Jerusalén! que matas a los profetas y apedreas a los que a ti son enviados, ¿cuántas veces quise recoger a tus hijos, como la gallina recoge a sus pollitos bajo las alas, y tú no lo has querido?

38. He aquí que vuestra casa va a quedar desierta.

39. Y así os digo: En breve ya no me veréis más hasta que, reconociéndome por Mesías, digáis: Bendito sea el que viene en nombre del Señor.

CAPÍTULO XXIV

Predice Jesús la ruina de Jerusalén y del templo, y anuncia a sus discípulos lo que sucedería durante la promulgación del Evangelio y en su segunda venida. Les encarga que estén siempre en vela para que la segunda venida no los coja desprevenidos.

1. Salido Jesús del templo iba ya andando cuando se llegaron a él sus discípulos, a fin de hacerle reparar en la fábrica del templo.

2. Pero él les dijo: ¿Veis toda esa gran fábrica? Pues yo os digo de cierto que no quedará de ella piedra sobre piedra.

3. Y estando después sentado en el monte del Olivar, se llegaron algunos de los discípulos y le preguntaron en secreto: Dinos ¿cuándo sucederá eso? ¿Y cuál será la señal de tu venida y del fin del mundo?

4. A lo que Jesús les respondió: Mirad que nadie os engañe:

5. porque muchos han de venir en mi nombre, diciendo: Yo soy el Cristo, o Mesías, o seducirán a mucha gente.

6. Oiréis asimismo noticias de batallas y rumores de guerra; no hay que turbaros por eso, que si bien han de preceder estas cosas, no es todavía esto el término.

7. Es verdad que se armará nación contra nación, y un reino contra otro reino; y habrá pestes, y hambres, y terremotos en varios lugares.

8. Empero todo esto aún no es más que el principio de los males.

9. En aquel tiempo seréis entregados a los magistrados para ser puestos en los tormentos y os darán la muerte, y seréis aborrecidos de todas las gentes por causa de mi nombre, por ser discípulos míos:

10. con lo que muchos padecerán entonces escándalo se harán traición unos a otros, y se odiarán recíprocamente;

11. y aparecerá un gran número de faltas profeas que pervertirán a mucha gente;

12. y por la inundación de los vicios, se resfriará la caridad de muchos.

13. Mas el que perseverare hasta el fin, ése se salvará.

14. Entretanto se predicará este evangelio del reino de Dios en todo el mundo, en testimonio para todas las naciones, y entonces vendrá el fin.

15. Según esto, cuando veréis que está establecida en el lugar santo la abominación desoladora que predijo el profeta Daniel (quien lea esto, nótelo bien),

16. en aquel trance los que moran en Judea huyan a los montes;

17. y el que está en el terrado no baje o entre a sacar cosa de su casa;

18. y el que se halle en el campo, no vuelva a coger su túnica o ropa.

19. Pero ¡ay de las que estén encinta o criando, y no puedan huir a prisa en aquellos días!

20. Rogad, pues, a Dios que vuestra huida no sea en invierno o en sábado, en que se puede caminar poco.

21. Porque será tan terrible la tribulación entonces, que no la hubo semejante desde el principio del mundo hasta ahora, ni la habrá jamás.

22. Y a no acortarse aquellos días, ninguno se salvarla; mas abreviarse han por amor de los escogidos.

23. En tal tiempo, si alguno os dice: El Cristo el Mesías está aquí o allí, no le creáis.

24. Porque aparecerán falsos Cristos y falsos profetas, y harán alarde de grandes maravillas y prodigios, por manera que aun los escogidos, si posible fuera, caerían en error:

25. ya veis que os lo he predicho.

26. Así, aunque os digan: He aquí al Mesías que esta en el desierto, no vayáis allá; o bien: Mirad que está en la parte más interior de la casa, no lo creáis.

27. Porque como el relámpago sale del oriente y se deja ver en un instante hasta el occidente, así será el advenimiento del Hijo del hombre.

28. Y donde quiera que se hallare el cuerpo, allí se juntarán las águilas.

29. Pero luego después de la tribulación de aquellos días, el sol se oscurecerá, la luna no alumbrará, y las estrellas caerán del cielo, y las virtudes o los ángeles de los cielos temblarán.

30. Entonces aparecerá en el cielo la señal del Hijo del hombre, a cuya vista todos los pueblos de la tierra prorrumpirán en llantos; y verán venir al Hijo del hombre sobre las nubes resplandecientes del cielo con gran poder y majestad;

31. el cual enviará sus ángeles, que a voz de trompeta sonora congregarán a sus escogidos de las cuatro partes del mundo, desde un horizonte del cielo hasta el otro.

32. Tomad esta comparación sacada del árbol de la higuera: cuando sus ramas están ya tiernas, y brotan las hojas, conocéis que el verano está cerca.

33. Pues así también, cuando vosotros viereis todas estas cosas, tened por cierto que ya el Hijo del hombre está para llegar, que está ya a la puerta.

34. Lo que os aseguro es que no se acabará esta generación hasta que se cumpla todo esto.

35. El cielo y la tierra pasarán; pero mis palabras no fallarán.

36. Mas en orden al día y a la hora, nadie lo sabe, ni aun los ángeles del cielo, sino sólo mi Padre.

37. Lo que sucedió en los días de Noé, eso mismo sucederá en la venida del Hijo del hombre.

38. Porque así como en los días anteriores al diluvio proseguían los hombres comiendo y bebiendo, casándose y casando a sus hijos, hasta el día mismo de la entrada de Noé en el arca;

39. y no pensaron jamás en el diluvio hasta que le vieron comenzado, y los arrebató a todos, así sucederá en la venida del Hijo del hombre.

40. Entonces, de dos hombres que se hallarán juntos en el campo, uno será tomado o libertado, y el otro dejado o abandonado.

41. Estarán dos mujeres moliendo en un molino, y la una será tomada o se salvará, y la otra dejada, y perecerá.

42. pues, vosotros, ya que no sabéis a qué hora ha de venir vuestro Señor.

43. Estad ciertos que si un padre de familia supiera a qué hora le había de asaltar el ladrón, estaría seguramente en vela y no dejaría minar su casa.

44. Pues asimismo estad vosotros igualmente apercibidos, porque a la hora que menos penséis ha de venir el Hijo del hombre.

45. ¿Quién pensáis que es el siervo fiel y prudente constituido por su Señor mayordomo sobre su familia para repartir a cada uno el alimento a su tiempo?

46. Bienaventurado el tal siervo, a quien cuando venga su Señor le hallare cumpliendo así con su obligación.

47. En verdad os digo que le encomendará el gobierno de toda su hacienda.

48. Pero si este siervo fuere malo, y dijere en su corazón: Mi amo no viene tan presto;

49. y con esto empezare a maltratar a sus consiervos, y a comer y a beber con los borrachos;

50. vendrá el amo del tal siervo en el día que no espera, y a la hora que menos piensa,

51. y le echará en hora mala, y le dará la pena que a los hipócritas o siervos infieles; allí será el llorar y el crujir de dientes.

CAPÍTULO XXV

Parábolas de las diez vírgenes, y de los talentos, en las que Jesús manda estar en vela y ejercitar las buenas obras, para que no seamos condenados en su segunda venida y último juicio.

1. Entonces el reino de los cielos será semejante a diez vírgenes que tomando sus lámparas salieron a recibir al esposo y a la esposa;

2. de las cuales cinco eran necias y cinco prudentes.

3. Pero las cinco necias, al coger sus lámparas, no se proveyeron de aceite;

4. al contrario, las prudentes junto con las lámparas llevaron aceite en sus vasijas.

5. Como el esposo tardase en venir, se adormecieron todas, y al fin se quedaron dormidas.

6. Mas llegada la media noche, se oyó una voz que gritaba: Mirad que viene el esposo, salid le al encuentro.

7. Al punto se levantaron todas aquellas vírgenes, y aderezaron sus lámparas.

8. Entonces las necias dijeron a las prudentes: Dadnos de vuestro aceite, porque nuestras lámparas se apagan.

9. Respondieron las prudentes, diciendo: No sea que este que tenemos no baste para nosotras y para vosotras, mejor es que vayáis a los que lo venden y compréis el que os falta.

10. Mientras iban éstas a comprarlo, vino el esposo; y las que estaban preparadas entraron con él a las bodas, y se cerró la puerta.

11. Al cabo vinieron también las otras vírgenes diciendo: ¡Señor, señor!, ábrenos

12. Pero él respondió y dijo: En verdad os digo que yo no os conozco.

13. Así que velad vosotros, ya que no sabéis ni el día ni la hora.

14. Porque el Señor obrará como un hombre que, yéndose a lejanas tierras, convocó a sus criados y les entregó sus bienes.

15. Dando al uno cinco talentos, a otro dos, y uno solo a otro, a cada uno según su capacidad, y marchóse inmediatamente.

16. El que recibió cinco talentos fue, y regociando con ellos, sacó de ganancia otros cinco.

17. De la misma suerte aquel que había recibido dos, ganó otros dos.

18. Mas el que recibió uno, fue e hizo un hoyo en la tierra, y escondió el dinero de su señor.

19. Pasado mucho tiempo, volvió el amo de dichos criados, y llamólos a cuentas.

20. Llegando el que había recibido cinco talentos, presentóle otros cinco, diciendo: Señor, cinco talentos me entregaste; he aquí otros cinco más que he ganado con ellos.

21. Respondióle su amo: Muy bien, siervo bueno, siervo diligente y leal; ya que has sido fiel en lo poco, yo te confiaré lo mucho: en a tomar parte en el gozo de tu señor.

22. Llegóse después el que había recibido dos talentos, y dijo: Señor, dos talentos me diste; aquí te traigo otros dos que he granjeado con ellos.

23. Díjole su amo: ¡Muy bien, siervo bueno y fiel!, pues has sido fiel en pocas cosas, yo te confiaré muchas más: ven a participar del gozo de tu señor.

24. Por último, llegando el que había recibido un talento, dijo: Señor, yo sé que eres un hombre de recia condición, que siegas donde no has sembrado, y recoges donde no has esparcido:

25. y así, temeroso de perderle, me fui y escondí tu talento en tierra; aquí tienes lo que es tuyo.

26. Pero su amo, cogiéndole la palabra, le replicó y dijo: ¡Oh siervo malo y perezoso! Tu salías que siego donde no siembro, y recojo donde nada he esparcido.

27. Pues por eso mismo debías haber dado a los banqueros mi dinero, para que yo a la vuelta recobrase mi caudal con los intereses.

28. Ea, pues, quitadle aquel talento, y dádselo al que tiene diez talentos.

29. Porque a quien tiene, dársele ha, y estará abundante o sobrado; mas a quien no tiene, quitárasele aun aquello que parece que tiene.

30. Ahora bien; a ese siervo inútil arrojadlo a las tinieblas de afuera: allí será el llorar y el crujir de dientes.

31. Cuando venga, pues, el Hijo del hombre con toda su majestad, y acompañado de todos sus ángeles, sentarse ha entonces en el trono de su gloria;

32. y hará comparecer delante de él a todas las naciones; y separará a los unos de los otros, como el pastor separa las ovejas de los cabritos,

33. poniendo a las ovejas a su derecha y los cabritos a la izquierda.

34. Entonces el rey dirá a los que estarán a su derecha: Venid, benditos de mi Padre, a tomar posesión del reino celestial, que os esta preparado desde el principio del mundo:

35. porque yo tuve hambre y me disteis de comer; tuve sed y me disteis de beber; era peregrino y me hospedasteis;

36. estando desnudo me cubristeis, enfermo y me visitasteis, encarcelado y vinisteis a verme y consolarme.

37. A lo cual los justos le responderán, diciendo: Señor, ¿cuándo te vimos nosotros hambriento y te dimos de comer, sediento y te dimos de beber?;

38. ¿cuándo te hallamos de peregrino y te hospedamos, desnudo y te vestimos?

39. o ¿cuándo te vimos enfermo o en la cárcel, y fuimos a visitarte?

40. Y el rey, en respuesta, les dirá: En verdad os digo: Siempre que lo hicisteis con algunos de estos mis más pequeños hermanos, conmigo lo hicisteis.

41. Al mismo tiempo dirá a los que estarán en la izquierda: Apartaos de mí, malditos: id al fuego eterno, que fue destinado para el diablo y sus ángeles, o ministros.

42. Porque tuve hambre y no me disteis de comer; sed, y no me disteis de beber;

43. era peregrino y no me recogisteis; desnudo y no me vestisteis; enfermo, y encarcelado y no me visitasteis.

44. A lo que replicarán también los malos: ¡Señor!, ¿cuándo te vimos hambriento, o sediento, o peregrino, o desnudo, o enfermo, o encarcelado y dejamos de asistirte?

45. Entonces les responderá: Os digo en verdad: Siempre que dejasteis de hacerlo con alguno de estos mis pequeños hermanos, dejasteis de hacerlo conmigo.

46. Y en consecuencia, irán éstos al eterno suplicio, y los justos a la vida eterna.

CAPÍTULO XXVI

Cena de Jesús en Betania, donde una mujer derrama sobre él bálsamo. Cena del cordero pascual en Jerusalén, en la cual habla de la traición de Judas. Institución de la Eucaristía. Prisión de Jesús y sentencia contra él del Sinedrio. Negaciones y penitencia de San Pedro.

1. Y sucedió que después de haber concluido Jesús todos estos razonamientos, dijo a sus discípulos:

2. Bien sabéis que de aquí a dos días debe celebrarse la Pascua, y que el Hijo del hombre será entregado a muerte de cruz.

3. Al mismo tiempo se juntaron los príncipes de los sacerdotes y los magistrados delpueblo en el pontífice, que se llamaba Caifás;

4. y tuvieron consejo para hallar medio cómo apoderarse con maña de Jesús, y hacerle morir.

5. Y de miedo de que se alborotara el pueblo, decían: No conviene que se haga esto durante la fiesta.

6. Estando Jesús en Betania, en casa de Simón el leproso,

7. se llegó a él una mujer con un vaso de alabastro, lleno de perfume o ungüento de gran precio, y derramólo sobre la cabeza de Jesús, el cual estaba a la mesa.

8. Algunos de los discípulos al ver esto, lo llevaron muy a mal, diciendo: ¿A qué fin ese desperdicio,

9. cuando se pudo vender esto en mucho precio, y darse a los pobres?

10. Lo cual entendiendo Jesús, les dijo: ¿Por qué molestáis a esta mujer, y reprobáis lo que hace, siendo buena, como es, la obra que ha hecho conmigo?

11. Pues a los pobres los tenéis siempre a mano; mas a mí no me tenéis siempre.

12. Y derramando ella sobre mi cuerpo este bálsamo lo ha hecho como para disponer de antemano mi sepultura.

13. En verdad os digo, que doquiera que se predique este evangelio, que lo será en todo el mundo, se celebrará también en memoria suya lo que acaba de hacer.

14. Entonces Judas Iscariote, uno de los doce, fue a verse con los príncipes de los sacerdotes, y les dijo:

15. ¿Qué queréis darme, y yo le pondré en vuestras manos? Y se convinieron con él en treinta monedas de plata.

16. Y desde entonces andaba buscando coyuntura favorable para hacer la traición

17. Instando el primer día de los ázimos, acudieron los discípulos a Jesús y le preguntaron: ¿Dónde quieres que te dispongamos la cena de la Pascua?

18. Jesús les respondió: id a la ciudad en casa de tal persona, y dadie este recado: El Maestro dice: Mi tiempo se acerca: voy a celebrar en tu casa la Pascua con mis discípulos.

19. Hicieron, pues, los discípulos lo que Jesús les ordenó, y prepararon lo necesario para la Pascua.

20. Al caer de la tarde, púsose a la mesa con sus doce discípulos.

21. Y estando ya comiendo, dijo: En verdad os digo que uno de vosotros me hará traición.

22. Y ellos, afligidos sobremanera, empezaron cada uno de por sí a preguntar: ¡Señor!, ¿soy acaso yo?

23. Y él en respuesta dijo: El que mete conmigo su mano en el plato para mojar el pan, ése es el traidor.

24. En cuanto al Hijo del hombre, él se marcha, conforme está escrito de él. pero ¡ay de aquel hombre por quien el Hijo del hombre será entregado; mejor le fuera al tal si no hubiese jamás nacido!

25. Y tomando la palabra Judas, que era el que le entregaba, dijo: ¿Soy quizá yo, Maestro? Y respondióle Jesus: Tú lo has dicho, tú eres.

26. Mientras estaban cenando, tomó Jesús el pan y lo bendijo y partió y diósolo a sus discípulos diciendo: Tomad y comed, este es mi cuerpo.

27. Y tomando el cáliz dio gracias, le bendijo, y diósolo, diciendo: Bebed todos de él:

28. Porque esta es mi sangre, que será el sello del nuevo testamento, la cual será derramada por muchos para remisión de los pecados

29. Y os declaro que no beberé y a más óesde ahora de este fruto de la vid, hasta el día en que beba con vosotros del nuevo cáliz de delicias en el reino de mi Padre.

30. Y dicho el himno de acción de gracias, salieron hacia el monte de los Olivos.

31. Entonces díceles Jesús: Todos vosotros padeceréis escándalo por ocasión de mí esta noche, y me abandonaréis. Por cuanto está escrito: Heriré al Pastor, y se descarriarán las ovejas del rebaño.

32. Mas en resucitando, yo iré delante de vosotros a Galilea, donde volveré a reuníros.

33. Pedro, respondiendo, le dijo: Aun cuando todos se escandalizaren por tu causa, nunca jamás me escandalizaré yo, ni te abandonaré.

34. Replicóle Jesús: Pues yo te aseguro con toda verdad que esta misma noche, antes que cante el gallo, me has de negar tres veces.

35. A lo que dijo Pedro: Aunque me sea forzoso el morir contigo, yo no te negaré. Eso mismo protestaron todos los discípulos.

36. Entretanto llegó Jesús con ellos a una granja llamada Getsemaní, y les dijo: Sentaos aquí, mientras yo voy más allá y hago oración.

37. Y llevándose consigo a Pedro y a los dos hijos de Zebedeo, Santiago y Juan, empezó a entristecerse y angustiarse;

38. y les dijo entonces: Mi alma siente angustias mortales; aguardad aquí y velad conmigo.

39. Y adelantándose algunos pasos, se postró en tierra, caído sobre su rostro, orando y diciendo: Padre mío, si es posible, no me hagas beber este cáliz; pero, no obstante, no se haga lo que yo quiero, sino lo que tú.

40. Volvió después a sus discípulos, y los halló durmiendo y dijo a Pedro: ¿Es posible que no hayáis podido velar una hora conmigo?

41. Velad y orad para no caer en la tentación. Que si bien el espíritu está pronto, mas la carne es flaca.

42. Volvióse de nuevo por segunda vez, y oró diciendo: Padre mío, si no puede pasar este cáliz sin que yo le beba, hágase tu voluntad.

43. Dio después otra vuelta, y encontrólos dormidos, porque sus ojos estaban cargados de sueño.

44. Y dejándolos, se retiró aún a orar por tercera vez, replicando las mismas palabras.

45. En seguida volvió a sus discípulos y les dijo: Dormid ahora y descansad; he aquí que llegó ya la hora, y el Hijo del hombre va luego a ser entregado en manos de los pecadores.

46. Ea, levantaos, vamos de aquí: ya llega aquel que me ha de entregar.

47. Aún no había acabado de decir esto, cuando llegó Judas, uno de los doce, seguido de gran multitud de gentes armadas con espadas y con palos, que venían enviadas por los príncipes y sacerdotes y ancianos o senadores del pueblo.

48. El traidor les había dado esta seña: Aquel a quien yo besare, ése es: aseguradle.

49. Arrimándose, pues, luego a Jesús dijo: ¡Dios te guarde, Maestro!, y le besó:

50. Díjole Jesús: ¡Oh, amigo! ¿a qué has venido aquí? Llegáronse entonces los demás y echaron la mano a Jesús, y le prendieron.

51. Y he aquí que uno de los que estaban con Jesús, tirando de la espada, hirió a un criado del príncipe de los sacerdotes, cortándole una oreja.

52. Entonces Jesús le dijo: Vuelve tu espada a la vaina, porque todos los que se sirvieren de la espada por su propia autoridad, a espada morirán.

53. ¿Piensas que no puedo acudir a mi Padre, y pondrá en el momento a mi disposición más de doce legiones de ángeles?

54. Mas ¿cómo se cumplirán las Escrituras, según las cuales conviene que suceda así?

55. En aquella hora dijo Jesús a aquel tropel de gentes: Como contra un ladrón o asesino habéis salido con espadas y con palos a prenderme: cada día estaba sentado entre vosotros enseñándoos templo, y nunca me prendisteis;

56. entre la verdad es que todo esto ha sucedido para que se cumplan las Escrituras de los profetas. Entonces todos los discipulos, abandonándole se huyeron.

57. Y los que predtieron a Jesús le condujeron a casa de Caifás, que era Sumo pontífice en aquel año, donde los escribas y los ancianos estaban congregados.

58. Y Pedro le iba siguiendo de lejos hasta llegar al palacio del Sumo pontífice. Y habiendo entrado, se estaba sentado con los sirvientes para ver el paradero de todo esto.

59. Los príncipes, pues, de los sacerdotes, y todo el concilio andaban buscando algún falso testimonio contra Jesús para condenarle a muerte.

60. Y no le hallaban suficiente para esto como quiera que muchos falsos testimonios se hubiesen presentado. Por último aparecieron dos falsos testigos,

61. y dijeron: Éste dijo: Yo puedo destruir el templo de Dios y reedificarlo en tres días.

62. Entonces, poniéndose en pie el Sumo sacerdote, le dijo: ¿No respondes nada malo que deponen contra ti?

63. Pero Jesús permanecía en silencio. Y díjole el Sumo sacerdote: Yo te conjuro, de parte de Dios vivo que nos digas si tú eres el Cristo o Mesías, el Hijo de Dios.

64. Respondióle Jesús: Tú lo has dicho: yo soy. Y aun os declaro, que veréis después a este Hijo del hombre, que tenéis delante, sentado a la diestra de la majestad de Dios, venir sobre las nubes del cielo.

65. A tal respuesta, el Sumo sacerdote rasgó sus vestiduras, diciendo: Blasfemado ha: ¿qué necesidad tenemos ya de testigos? Vosotros mismos acabáis de oír la blasfemia con que se hace Hijo de Dios:

66. ¿qué os parece? A lo que respondieron ellos diciendo: Reo es de muerte

67. Luego empezaron a escupirle en la cara y a maltratarle a puñadas; y otros, después de haberle vendado los ojos, le daban bofetadas,

68. diciendo: Cristo, profetízanos, adivina ¿quién es el que te ha herido?

69. Mientras tanto Pedro estaba sentado fuera en el atrio; y arrimándose a él una criada, le dijo: También tú andabas con Jesús el galileo.

70. Pero él lo negó en presencia de todos, diciendo: Yo no sé de qué hablas.

71. Y saliendo él al pórtico, le miró otra criada, y dijo a los que allí estaban: Éste también se hallaba con Jesús Nazareno.

72. Y negó segunda vez, afirmando con juramento: No conozco a tal hombre.

73. Poco después se acercaron los circunstantes, y dijeron a Pedro: Seguramente eres tú también de ellos, porque tú misma habla de galileo te descubre.

74. Entonces empezó a echarse sobre sí imprecaciones y a jurar que no había conocido a tal hombre. Y al momento cantó el gallo.

75. Con lo que se acordó Pedro de la proposición que Jesús le había dicho:Antes de cantar el gallo renegarás de mí tres veces. Y saliéndose fuera, lloró amargamente.

CAPÍTULO XXVII

Judas se ahorca. Jesús es azotado, escarnecido, crucificado y blasfemado. Prodigios que sucedieron en su muerte; es sepultado, y su sepulcro sellado, y custodiado.

1. Venida la mañana, todos los príncipes de los sacerdotes y los ancianos del pueblo tuvieron consejo contra Jesús para hacerle morir.

2. Y declarándole reo de muerte, le condujeron atado y entregaron al presidente o gobernador, Poncio Pilato.

3. Entonces Judas, el que le había entregado, viendo a Jesús sentenciado, arrepentido de lo hecho, restituyó las treinta monedas de plata a los príncipes de los sacerdotes y a los ancianos.

4. Diciendo: Yo he pecado, pues he vendido la sangre inocente. A lo que dijeron ellos: A nosotros ¿qué nos importa? Allá te las hayas.

5. Mas él, arrojando el dinero en el templo, se fue y echándose un lazo, desesperado, se ahorcó.

6. Pero los príncipes de los sacerdotes, recogidas las monedas, dijeron: No es lícito meterlas en el tesoro del templo siendo como son precio de sangre.

7. Y habiéndolo tratado en consejo, compraron con ellas el campo de un alfarero para sepultura de los extranjeros;

8. por lo cual se llamó dicho campo Hacéldama, esto es, Campo de sangre, y así se llama hoy día;

9. con lo que vino a cumplirse lo que predijo el profeta Jeremías, que dice: Recibido han las treinta monedas de plata, precio del puesto en venta, según que fue valuado por los hijos de Israel;

10. y empleáronlas en la compra del campo de un alfarero, como me lo ordeno el Señor.

11. Fue, pues, Jesús presentado ante el presidente, y el presidente le interrogó diciendo: ¿Eres tú el rey de los judios? Respondióle Jesús: Tú lo dices: lo soy.

12. Y por más que le acusaban los príncipes de los sacerdotes y los ancianos, nada respondió.

13. Por lo que Pilato le dijo: ¿No oyes de cuántas cosas te acusan?

14. Pero él a nada contestó de cuanto le dijo; por manera que el presidente quedo en extremo maravillado.

15. Acostumbraba el presidente conceder por razón de la fiesta de la Pascua, la libertad de un reo, a elección del pueblo.

16. Y teniendo a la sazón en la cárcel a uno muy famoso, llamado Barrabás,

17. preguntó Pilato a los que hablan concurrido: ¿A quién queréis que os suelte, a Barrabás, o a Jesús, que es llamado el Cristo, o Mesías?

18. porque sabía bien que se lo hablan entregado los príncipes de los sacerdotes por envidia.

19. Y estando él sentado en su tribunal, le envió a decir su mujer: No te mezcles en las cosas de ese justo, porque son muchas las congojas que hoy he padecido en sueños por su causa.

20. Entretanto, los príncipes de los sacerdotes y los ancianos indujeron al pueblo a que pidiese la libertad de Barrabás y la muerte de Jesús.

21. Así es que preguntándoles el presidente otra vez y diciendo: ¿A quién de los dos queréis que suelte?, respondieron ellos: A Barrabás.

22. Replicóles Pilato: ¿Pues qué he de hacer de Jesús, llamado el Cristo?

23. Dicen todos: ¡Sea crucificado! Y el presidente: Pero ¿qué mal ha hecho? Mas ellos comenzaron a gritar más, diciendo: ¡Sea crucificado!

24. Con lo que viendo Pilato que nada adelantaba, antes bien, que cada vez crecía el tumulto, mandando traer agua, se lavó las manos a la vista del pueblo, diciendo: Inocente soy yo de la sangre de este justo, allá os lo veáis vosotros.

25. A lo cual respondiendo todo el pueblo, dijo: Recaiga su sangre sobre nosotros y sobre nuestros hijos.

26. Entonces les soltó a Barrabás; y a Jesús, después de haberlo hecho azotar, lo entregó en sus manos para que fuese crucificado.

27. En seguida los soldados del presidente, cogiendo a Jesús y poniéndolo en el pórtico del pretorio o palacio de Pilato, juntaron alrededor de él la cohorte, o compañía, toda entera.

28. Y desnudándole, le cubrieron con un manto de grana.

29. Y entretejiendo una corona de espinas, se la pusieron sobre la cabeza, y una caña por cetro en su mano derecha; y con la rodilla hincada en tierra le escarnecían diciendo: Dios te salve, Rey de los judíos.

30. Y escupiéndole, tomaban la caña y le herían en la cabeza.

31. Y después que así se mofaron de él, le quitaron el manto y habiéndole puesto otra vez sus propios vestidos, le sacaron a crucificar.

32. Al salir de la ciudad encontraron un hombre natural de Cirene, llamado Simón, al cual obligaron a que cargase con la cruz de Jesús.

33. Y llegados al lugar que se llama Gólgota, esto es, lugar del Calvario, o de las calaveras

34. allí le dieron a beber vino mezclado con hiel; mas él, habiéndolo probado, no quiso beberlo.

35. Después que le hubieron crucificado, repartieron entre sí sus vestidos, echando suertes. Con esto se cumplió la profecía que dice: Repartieron entre sí mis vestidos, y sortearon mi túnica.

36. Y sentándose junto a él, le guardaban.

37. Pusiéronle también sobre la cabeza estas palabras, que denotaban la causa de su condenación. ÉSTE ES JESÚS REY DE LOS JUDÍOS.

38. Al mismo tiempo fueron crucificados con él dos ladrones, uno a la diestra y otro a la siniestra.

39. Y los que pasaban por allí le blasfemaban y escarnecían, meneando la cabeza y diciendo:

40. ¡Hola!, tú que derribas el templo de Dios y en tres días lo reedificas, sálvate a ti mismo; si eres el Hijo de Dios, desciende de la cruz.

41. De la misma manera también los príncipes de los sacerdotes, a una con los escribas y los ancianos, insultándole, decían:

42. A otros ha salvado, y no puede salvarse a sí mismo; si es el rey de Israel, baje ahora de la cruz y creeremos en él;

43. él pone su confianza en Dios; pues si Dios le ama tanto, líbrele ahora, ya que él mismo decía: Yo soy el Hijo de Dios.

44. Y eso mismo le echaban en cara a un los ladrones que estaban crucificados en su compañía.

45. Mas desde la hora sexta hasta la hora de nona quedó toda la tierra cubierta de tinieblas.

46. Y cerca de la hora nona exclamó Jesús con una gran voz, diciendo: ELÍ, ELÍ, ¿LLAMA SABCTANI? Esto es: Dios mío, Dios mío, ¿por qué me has desamparado?

47. Lo que oyendo algunos de los circunstantes, decían: A Elías llama éste.

48. Y luego, corriendo uno de ellos, tomó una esponja, empapóla en vinagre, y puesta en la punta de una caña, dábasela a chupar.

49. Los otros decían: Dejad, veamos si viene Elías a librarle.

50. Entonces Jesús, clamando de nuevo con una voz grande y sonora, entregó su espíritu.

51. Y al momento el velo del templo se rasgó en dos partes, de alto abajo, y la tierra tembló, y se partieron las piedras;

52. y los sepulcros se abrieron, y los cuerpos de muchos santos que habían muerto resucitaron,

53. y saliendo de los sepulcros después de la resurrección de Jesús, vinieron a la ciudad santa, y se aparecieron a muchos.

54. Entretanto el centurión y los que con él estaban guardando a Jesús, visto el terremoto y las cosas que sucedían, se llenaron de grande temor, y decían: Verdaderamente este hombre era Hijo de Dios.

55. Estaban también allí, a lo lejos, muchas mujeres, que habían seguido a Jesús desde Galilea para cuidar de su asistencia.

56. De las cuales eran María Magdalena, y María madre de Santiago y de José, y la madre de los hijos de Zebedeo.

57. Siendo ya tarde, compareció un hombre rico, natural de Arimatea, llamado José, el cual era también discípulo de Jesús.

58. Éste se presentó a Pilato y le pidió el cuerpo de Jesús, el cual mandó Pilato que se le entregase.

59. José, pues, tomando el cuerpo de Jesús, envolvióle en una sábana limpia.

60. Y lo colocó en un sepulcro suyo que había hecho abrir en una peña, y no había servido todavía; y arrimando una gran piedra, cerró la boca del sepulcro, y fuese.

61. Estaban allí María Magdalena y la otra María, sentadas enfrente del sepulcro.

62. Al día siguiente, que era el de después de la preparación del sábado, o el sábado mismo, acudieron junto a Pilato los príncipes de los sacerdotes y los fariseos,

63. diciendo: Señor, nos hemos acordado que aquel impostor, estando todavía en vida, dijo: Después de tres días resucitaré.

64. Manda, pues, que se guarde el sepulcro hasta el tercero día; porque no vayan quizás de

noche sus discípulos y lo hurten, y digan a la plebe: Ha resucitado de entre los muertos; y sea el postrer engaño más pernicioso que el primero.

65. Respondióles Pilato: Ahí tenéis la guardia: id y ponedla como os parezca

66. Con eso, yendo allá, aseguraron bien el sepulcro, sellando la piedra y poniendo guardas de vista.

CAPÍTULO XXVIII

Resurrección de Jesús; su aparición a las santas mujeres; aparécese también a los apóstoles, y les promete su protección.

1. Avanzada ya la noche del sábado, al amanecer el primer día de la semana o domingo, vino María Magdalena con la otra María a visitar el sepulcro.

2. A este tiempo se sintió un gran terremoto; porque bajó del cielo un ángel del Señor, y llegándose al sepulcro removió la piedra, y sentóse encima.

3. Su semblante brillaba como el relámpago, y era su vestidura blanca como la nieve.

4. De lo cual quedaron los guardas tan aterrados, que estaban como muertos.

5. Mas el ángel, dirigiéndose a las mujeres, les dijo: Vosotras no tenéis que temer; que bien sé que venís en busca de Jesús, que fue crucificado:

6. ya no está aquí porque ha resucitado, según predijo. Venid y mirad el lugar donde estaba sepultado el Señor.

7. Y ahora, id sin deteneros a decir a sus discípulos que ha resucitado; y he aquí que va delante de vosotros a Galilea; allí le veréis. Ya os lo prevengo de antemano.

8. Ellas salieron al instante del sepulcro con miedo y con gozo grande, y fueron corriendo a dar la nueva a los discípulos.

9. Cuando he aquí que Jesús les sale al encuentro, diciendo: Dios os guarde; y acercándose ellas, prostradas en tierra abrazaron sus pies y le adoraron.

10. Entonces Jesús les dice: No temáis: id, avisad a mis hermanos para que vayan a Galilea, que allí me verán.

11. Mientras ellas iban, algunos de los guardas vinieron a la ciudad, y contaron a los príncipes de los sacerdotes todo lo que había pasado.

12. Y congregados éstos con los ancianos, teniendo su consejo, dieron una grande cantidad de dinero a los soldados,

13. con esta instrucción: Habéis de decir: Estando nosotros durmiendo, vinieron de noche sus discípulos y le hurtaron.

14. Que si eso llegare a oídos del presidente, nosotros le aplacaremos, y os sacaremos a paz y a salvo.

15. Ellos, recibido el dinero, hicieron según estaban instruidos; y esta voz ha corrido entre los judíos hasta el día de hoy.

16. Mas los once discípulos partieron para Galilea, al monte que Jesús les había señalado.

17. Y allí al verle le adoraron; si bien algunos tuvieron sus dudas.

18. Entonces Jesús, acercándose, les habló en estos términos: A mí se me ha dado toda potestad en el cielo y en la tierra.

19. Id, pues, e instruid a todas las naciones en el camino de la salud, bautizándolas en el nombre del Padre, y del Hijo, y del Espíritu Santo;

20. enseñándolas a observar todas las cosas que yo os he mandado. Y estad ciertos que yo mismo estaré siempre con vosotros, hasta la consumación de los siglos.

EL SANTO EVANGELIO DE NUESTRO SEÑOR JESUCRISTO SEGÚN SAN MARCOS

CAPÍTULO I

Predicación y bautismo de San Juan. Jesús después de bautizado en el Jordán, y tentado en el desierto, comienza a predicar el Evangelio en Galilea. Vocación de San Pedro y de otros discípulos. Jesucristo obra varios milagros (Mat. III, IV, VIII. -Luc. III, IV, V.- Juan I, IV.)

1. Principio del Evangelio de Jesucristo, hijo de Dios.

2. Conforme a lo que se halla escrito en el profeta Isaías: He aquí que despacho Yo mi ángel o enviado ante tu presencia, el cual irá delante de ti preparándote el camino:

3. Ésta es la voz del que clama en el desierto: Preparad el camino del Señor, hacedle rectas las sendas.

4. Estaba Juan en el desierto de la Judea bautizando y predicando el bautismo y penitencia para la remisión de los pecados;

5. y acudía a él todo el país de Judea y todas las gentes de Jerusalén; y confesando sus pecados, recibían de su mano el bautismo en el río Jordán.

6. Andaba Juan vestido con un saco de pelos de camello, y traía un ceñidor de cuero a la cintura, sustentándose de langostas y miel silvestre. Y predicaba diciendo:

7. en pos de mí viene uno que es más poderoso que yo, ante el cual no soy digno ni de postrarme para desatar la correa de sus zapatos.

8. Yo os he bautizado con agua; mas Él os bautizará con el Espíritu Santo.

9. Por estos días fue cuando vino Jesús desde Nazaret, ciudad de Galilea, y Juan le bautizó en el Jordán.

10. Y luego al salir del agua, vio abrirse los cielos, y al Espíritu Santo descender en forma de paloma y posar sobre Él mismo.

11. Y se oyó esta voz del cielo: Tú eres el Hijo mío querido; en ti es en quien me estoy complaciendo.

12. Luego después el mismo Espíritu le arrebató al desierto.

13. Donde se mantuvo cuarenta días y cuarenta noches. Allí fue tentado de Satanás; y moraba entre las fieras, y los ángeles le servían.

14. Pero después que Juan fue puesto en la cárcel, vino Jesús a la alta Galilea predicando el Evangelio del reino de Dios.

15. Y diciendo: Se ha cumplido ya el tiempo, y el reino de Dios está cerca: haced penitencia, y creed al Evangelio.

16. En esto, pasando por la ribera del mar de Galilea, vio a Simón y a su hermano Andrés, echando las redes al mar (pues eran pescadores);

17. y díjoles Jesús: Seguidme, y Yo haré que vengáis a ser pescadores de hombres.

18. Y ellos prontamente, abandonadas las redes, le siguieron.

19. Habiendo pasado un poco más adelante, vio a Santiago, hijo de Zebedeo, y a Juan su hermano, ambos asimismo en la barca componiendo las redes.

20. Llamóles luego; y ellos, dejando a su padre Zebedeo en la barca con los jornaleros, se fueron en pos de Él.

21. Entraron después en Cafarnaúm, y Jesús comenzó luego en los sábados a enseñar al pueblo en la sinagoga.

22. Y los oyentes estaban asombrados de su doctrina; porque su modo de enseñar era como de persona que tiene autoridad, y no como los escribas.

23. Había en la sinagoga un hombre poseído del espíritu inmundo, el cual exclamó,

24. diciendo: ¿Qué tenemos nosotros que ver contigo, oh Jesús Nazareno? ¿Has venido a perdernos? Ya sé quién eres: eres el Santo de Dios.

25. Mas Jesús le conminó diciendo: Enmudece, y sal de ese hombre.

26. Entonces el espíritu inmundo, agitándole con violentas convulsiones, y dando grandes alaridos, salió de él,

27. y quedaron todos atónitos, tanto que se preguntaban unos a otros: ¿Qué es esto? ¿Qué nueva doctrina es ésta? Él manda con imperio aun a los espíritus inmundos, y le obedecen.

28. Con esto creció luego su fama por toda la Galilea.

29. Así que salieron de la sinagoga, fueron con Santiago y Juan a casa de Simón y de Andrés.

30. Hallábase la suegra de Simón en cama con calentura, y habláronle luego de ella;

31. y acercándose, la tomó por la mano y la levantó; y al instante la dejó la calentura y se puso a servirles.

32. Por la tarde, puesto ya el sol, le traían todos los enfermos y endemoniados.

33. Y toda la ciudad se había juntado delante de la puerta.

34. Y curó a muchas personas afligidas de varias dolencias, y lanzó a muchos demonios, sin permitirles decir que sabían quién era.

35. Por la mañana muy de madrugada salió fuera a un lugar solitario, y hacía allí oración.

36. Pero Simón y los que estaban con él fueron en su seguimiento.

37. Y habiéndole hallado, le dijeron: Todos te andan buscando.

38. A lo cual respondió: Vamos a las aldeas y ciudades vecinas para predicar también en ellas el Evangelio, porque para eso he venido.

39. Iba, pues, Jesús predicando en sus sinagogas y por toda la Galilea, y expelía los demonios.

40. Vino también a él un leproso a pedirle favor; e hincándose de rodillas, le dijo: Si tú quieres, puedes curarme.

41. Jesús, compadeciéndose de Él, extendió la mano, y tocándole, le dice: Quiero, sé curado;

42. y acabando de decir esto, al instante desapareció de él la lepra, y quedó curado.

43. y Jesús le despachó luego conminándole,

44. y diciéndole: Mira que no lo digas a nadie; pero ve y preséntate al príncipe de los sacerdotes, y ofrece por tu curación lo que tiene Moisés ordenado, para que esto les sirva de testimonio.

45. Mas aquel hombre, así que se fue, comenzó a hablar de su curación, y a publicarla por todas partes; de modo que ya no podía Jesús entrar manifiestamente en la ciudad, sino que andaba fuera por lugares solitarios, y acudían a Él de todas partes.

CAPÍTULO II

Cura Jesús a un paralítico en prueba de su potestad de perdonar pecados. Llama al apostolado a Leví o Mateo, cobrador de tributos; y reprime con su doctrina el orgullo e hipocresía de los fariseos (Mat. IX, XII. -Luc. V, VI).

1. Al cabo de algunos dias volvió a entrar en Cafarnaúm.

2. Y corriendo la voz de que estaba en la casa, acudieron muchos en tanto número, que no cabían ni dentro, ni aun fuera delante de la puerta; y Él les anunciaba la palabra de Dios.

3. Entonces llegaron unos conduciendo a cierto paralítico que llevaban entre cuatro

4. y no pudiendo presentárselo por causa del gentío que estaba alrededor, descubrieron el techo por la parte bajo la cual estaba Jesús, y por su abertura descolgaron la camilla en que yacía el paralítico.

5. Viendo Jesús la fe de aquellos hombres, dijo al paralítico: Hijo, tus pecados te son perdonados.

6. Estaban allí sentados algunos de los escribas, y decían en su interior:

7. ¿Que es lo que éste habla? Este hombre blasfema: ¿quién puede perdonar pecados, sino sólo Dios?

8. Mas como Jesús penetrase al momento con su espíritu esto mismo que interiormente pensaban, díceles: ¿Qué andáis revolviendo esos pensamientos en vuestros corazones?

9. ¿Qué es más fácil, decir al paralítico: Tus pecados te son perdonados, o decir: Levántate, toma tu camilla y camina?

10. Pues para que sepáis que el que se llama Hijo del hombre tiene potestad en la tierra de perdonar pecados: Levántate (dijo al paralitico):

11. Yo te lo digo; coge tu camilla y vete a tu casa.

12. Y al instante se puso en pie, y cargando con su camilla, se marchó a vista de todo el mundo; de forma que todos estaban pasmados, y dando gloria a Dios decían: Jamás habíamos visto cosa semejante.

13. Otra vez salió hacia el mar, y todas las gentes se iban en pos de Él, y las adoctrinaba.

14. Al paso vio a Leví, hijo de Alfeo, sentado al banco o mesa de los tributos, y díjole: Sígueme; y levantándose al instante, le siguió.

15. Aconteció después estando a la mesa en casa de éste, que muchos publicanos y gentes de mala vida se pusieron a ella con Jesús y sus discípulos; porque aun entre aquéllos eran no pocos los que le seguían.

16. Mas los escribas y fariseos, al ver que comía con publicanos y pecadores, decían a sus discípulos: ¿Cómo es que vuestro maestro come y bebe con publicanos y pecadores?

17. Habiéndolo oído Jesús, les dijo: Los que están buenos no necesitan de médico, sino los que están enfermos; así, Yo no he venido a llamar, o convertir, a los justos, sino a los pecadores.

18. Siendo también los discípulos de Juan y los fariseos muy dados al ayuno, vínieron a preguntarle: ¿No nos dirás por qué razón, ayunando los discípulos de Juan y los de los fariseos, no ayunan tus discípulos?

19. Respondióles Jesús: ¿Cómo es posible que los compañeros del esposo en las bodas ayunen, ínterin que el esposo está en su compañía? Mientras que tienen consigo al esposo no pueden ellos ayunar.

20. Tiempo vendrá en que les quitarán al esposo; y entonces será cuando ayunarán.

21. Nadie cose un retazo de paño nuevo o recio en un vestido viejo; de otra suerte, el remiendo nuevo rasga lo viejo, y se hace mayor la rotura.

22. Tampoco echa nadie vino nuevo en cueros viejos, porque romperá el vino los cueros, y se derramará el vino, y los cueros se perderán. Por tanto, el vino nuevo en pellejos nuevos debe meterse.

23. En otra ocasión, caminando el Señor por junto a unos sembrados un día de sábado, sus discípulos se adelantaron y empezaron a coger espigas, y a comer el grano.

24. Sobre lo cual le decían los fariseos: ¿Cómo es que hacen lo que no es lícito en sábado?

25. Y Él les respondió: ¿No habéis vosotros jamás leído lo que hizo David en la necesidad en que se vio, cuando se halló acosado del hambre, así él como los que le acompañaban?

26. ¿Cómo entró en la Casa de Dios en tiempo de Abiatar, príncipe de los sacerdotes, y comió los panes de la proposición, de que no era lícito comer sino a los sacerdotes, y dio de ellos a los que le acompañaban?

27. Y añadióles: El sábado se hizo para el bien del hombre, y no el hombre para el sábado.

28. En fin, el Hijo del hombre aun del sábado es dueño.

CAPÍTULO III

Jesús cura a un hombre que tenía la mano seca; es seguido de muchos pueblos; elige a los doce apóstoles, y responde con admirable mansedumbre a los dicterios y blasfemias de los escribas (Mat. VI, X, XII. -Luc. VI, VIII, XII.)

1. Otra vez en sábado entró Jesús en la sinagoga; y hallábase en ella un hombre que tenía seca una mano.

383

2. Y le estaban acechando si curaría en día de sábado, para acusarle.

3. Y dijo al hombre que tenía seca la mano: Ponte en medio.

4. Y a ellos les dice: ¿Es lícito en sábado el hacer bien, o mal? ¿Salvar la vida a una persona, o quitársela? Mas ellos callaban.

5. Entonces Jesús clavando en ellos sus ojos llenos de indignación, y deplorando la ceguedad de su corazón, dice al hombre: Extiende esa mano: extendióla y quedóle perfectamente sana.

6. Pero los fariseos, saliendo de allí, se juntaron luego en consejo contra Él con los herodíanos, sobre la manera de perderle.

7. Y Jesús con sus discípulos se retiró a la ribera del mar de Tiberíades, y le fue siguiendo mucha gente de Galilea y de Judea,

8. y de Jerusalén, y de la Idumea, y del otro lado del Jordán. También los comarcanos de Tiro y de Sidón, en gran multitud, vinieron a verle, oyendo las cosas que hacía.

9. Y así dijo a sus discípulos que le tuviesen dispuesta una barquilla, para que el tropel de la gente no le oprimiese.

10. Pues curando, como curaba, a muchos, echábanse a porfía encima de Él, a fin de tocarle todos los que tenían males;

11. y hasta los poseídos de espíritus inmundos, al verle se arrodillaban delante de Él, y gritaban, diciendo:

12. Tú eres el Hijo de Dios. Mas Él los apercibía con graves amenazas para que no le descubriesen.

13. Subiendo después Jesús a un monte, llamó a sí a aquellos de sus discipulos que le plugo:

14. y llegados que fueron, escogió doce para tenerlos consigo, y enviarlos a predicar,

15. dándoles potestad de curar enfermedades y de expeler demonios;

16. a saber: Simón, a quien puso el nombre de Pedro;

17. Santiago, hijo de Zebedeo, y Juan hermano de Santiago, a quienes apellidó Boanerges, esto es, *hijos del trueno*, o *rayos*;

18. Andrés, Felipe, Bartolomé, Mateo, Tomás, Santiago, hijo de Alfeo, Tadeo, y Simón el cananeo,

19. y Judas Iscariote, el mismo que le vendió.

20. De aquí vinieron a la casa, y concurrió de nuevo tal tropel de gente, que ni siquiera podían tomar alimento.

21. Entretanto, algunos de sus deudos que no creían en Él, con estas noticias salieron para recogerle; porque decían que había perdido el juicio.

22. Al mismo tiempo los escribas que habían bajado de Jerusalén, no dudaban decir: Está poseído de Beelzebub; y así, por arte del príncipe de los demonios es como lanza los demonios.

23. Mas Jesús, habiéndolos convocado, les decía o refutaba con estos símiles: ¿Cómo puede Satanás expeler a Satanás?

24. Pues si un reino se divide en partidos contrarios, es imposible que subsista el tal reino.

25. Y si una casa está desunida en contrarios partidos, la tal casa no puede quedar en pie.

26. Con que si Satanás se levanta contra sí mismo, está su reino en discordia, y no puede durar; antes está cerca su fin.

27. Ninguno puede entrar en la casa del valiente para robarle sus alhajas, si primero no ata bien al valiente; después sí que podrá saquear la casa.

28. En verdad os digo, añadió, que todos los pecados se perdonarán fácilmente a los hijos de los hombres, y aun las blasfemias que dijeren;

29. pero el que blasfemare contra el Espíritu Santo, no tendrá jamás perdón, sino que será reo de eterno juicio o condenación.

30. Les decía esto porque le acusaban de que estaba poseído del espíritu inmundo.

31. Entretanto, llegan su madre y hermanos, o parientes; y quedándose fuera a la puerta, enviaron a llamarle.

32. Estaba mucha gente sentada alrededor de Él, cuando le dicen: Mira que tu madre y tus hermanos ahí fuera te buscan.

33. A lo que respondió diciendo: ¿Quién es mi madre y mis hermanos?

34. Y dando una mirada a los que estaban sentados alrededor de Él dijo: Veis aquí a mi madre y a mis hermanos;

35. porque cualquiera que hiciere la voluntad de Dios, ese es mi hermano, y mi hermana, y mi madre.

CAPÍTULO IV

Parábola del sembrador y su explicación. La luz sobre el candelero. Semilla que nace y crece durmiendo el que la sembró. Otra parábola del grano de mostaza. Tempestad en el mar apaciguada de repente (Mat. V, VII, X, XIII. - Luc. VI, VIII, XI, XIX. - Juan XII).

1. Otra vez se puso a enseñar cerca del mar; y acudió tanta gente, que le fue preciso subir en una barca, y sentarse en ella dentro del mar, estando todo el auditorio en tierra a la orilla.

2. Y les enseñaba muchas cosas, usando de parábolas, y decíales así conforme a su manera de enseñar:

3. Escuchad: haced cuenta que salió un sembrador a sembrar;

4. y al esparcir el grano, parte cayó junto al camino, y vinieron las aves del cielo y lo comieron.

5. Parte cayó sobre pedregales, donde había poca tierra, y luego nació por no poder profundizar en ella;

6. mas calentando el sol, se agostó; y como no tenía raíces, secóse.

7. Otra parte cayó entre espinas, y las espinas crecieron y lo ahogaron, y así no dio fruto.

8. Finalmente, parte cayó en buena tierra, y dio fruto erguido y abultado, cuál a treinta por uno, cuál a sesenta, y cuál a ciento.

9. Y decíales: Quien tiene oídos para oír, escuche y reflexione.

10. Estando después a solas, le preguntaron los doce que estaban con Él la significación de la parábola.

11. Y Él les decía: A vosotros se os ha concedido el saber o conocer el misterio del reino de Dios; pero a los que son extraños o incrédulos, todo se les anuncia en parábolas,

12. de modo que viendo, vean y no reparen; y oyendo, oigan y no entiendan, por miedo de llegar a convertirse, y de que se les perdonen los pecados.

13. Después les dijo: ¿Conque vosotros no entendéis esta parábola? ¿Pues cómo entenderéis todas las demás?

14. Escuchad: El sembrador es el que siembra la palabra de Dios.

15. Los sembrados junto al camino, son aquellos hombres en que se siembra la palabra, y luego que la han oído, viene Satanás y se lleva la palabra sembrada en sus corazones.

16. A ese modo los sembrados en pedregales, son aquellos que, oída la palabra evangélica, desde luego la reciben con gozo;

17. mas no echa raíces en ellos, y así dura muy poco, y luego que viene alguna tribulación o persecución por causa de la palabra de Dios, al instante se rinden.

18. Los otros sembrados entre espinas son los que oyen la palabra;

19. pero los afanes del siglo, y la ilusión de las riquezas, y los demás apetitos desordenados a que dan entrada, ahogan la palabra divina, y viene a quedar infructuosa.

20. Los sembrados, en fin, en buena tierra, son los que oyen la palabra y la reciben y conservan en su seno, y dan fruto, quién a treinta por uno, quién a sesenta, y quién a ciento.

21. Decíales también: ¿Por ventura se trae o enciende una luz para ponerla debajo de algún celemín, o debajo de la cama? ¿No es para ponerla sobre un candelero?

22. Nada, pues, hay aquí secreto que no se deba manifestar, ni cosa alguna que se haga para estar encubierta, sino para publicarse.

23. Quien tiene buenos oídos, entiéndalo.

24. Decíales igualmente: Atended bien a lo que vais a oír: La misma medida que hiciereis servir para los demás, servirá para vosotros; y aun se os dará con creces.

25. Porque al que ya tiene, se le dará aun más; y el que no tiene será privado aun de aquello que parece que tiene.

26. Decía asimismo: El reino de Dios viene a ser a manera de un hombre que siembra su heredad.

27. Y ya duerma o vele noche y día, el grano va brotando y creciendo sin que el hombre lo advierta.

28. Porque la tierra de suyo produce primero el trigo en hierba, luego la espiga, y por último, el grano lleno en la espiga.

29. Y después que está el fruto maduro, inmediatamente se le echa la hoz, porque llegó ya el tiempo de la siega.

30. Y proseguía diciendo: ¿A qué cosa compararemos aún el reino de Dios? ¿O con qué parábola le representaremos?

31. Es como si granito de mostaza, que cuando se siembra en la tierra es la más pequeña entre las simientes que hay en ella.

32. Mas después de sembrado, sube y se hace mayor que todas las legumbres, y echa ramas tan grandes, que las aves del cielo pueden reposar debajo de su sombra.

33. Con muchas parábolas semejantes a ésta les predicaba la palabra de Dios, conforme a la capacidad de los oyentes;

34. y no les hablaba sin parábolas: bien es verdad que aparte se lo descifraba todo a sus discípulos.

35. En aquel mismo día, siendo ya tarde, les dijo: Pasemos a la ribera de enfrente.

36. Y despidiendo al pueblo, estando Jesús como estaba en la barca, se hicieron con Él a la vela; y le iban acompañando otros varios barcos.

37. Levantóse entonces una gran tempestad de viento, que arrojaba las olas en la barca; de manera que ya ésta se llenaba de agua.

38. Entretanto Él estaba durmiendo en la popa sobre un cabezal. Despiértanle, pues, y le dicen: Maestro, ¿no se te da nada que perezcamos?

39. Y Él, levantándose, amenazó al viento, y dijo a la mar: Calla tú, sosiégate; y al instante calmó el viento y sobrevino una gran bonanza.

40. Entonces les dijo: ¿De qué teméis? ¿Cómo no tenéis fe todavía?, y quedaron sobrecogidos de grande espanto, diciéndose unos a otros: ¿Quién es éste a quien aun el viento y la mar prestan obediencia?

CAPÍTULO V

Jesús expele los demonios de un hombre y les permite entrar en una piara de cerdos. Sana a una mujer de un envejecido flujo de sangre; resucita a la hija de Jairo (Mat. VIII.- Luc. VIII.)

1. Pasaron después al otro lado del lago, al territorio de los gerasenos.

2. Apenas desembarcado, le salió al encuentro un energúmeno salido de los sepulcros o cuevas sepulcrales.

3. El cual tenía su morada en ellos, y no había hombre que pudiese refrenarlo, ni aun con cadenas.

4. Pues muchas veces, aherrojado con grillos y cadenas, había roto las cadenas y despedazado los grillos, sin que nadie pudiese domarle.

5. Y andaba siempre día y noche por los sepulcros y por los montes, gritando y sajándose con agudas piedras.

6. Éste, pues, viendo de lejos a Jesús, corrió a Él y le adoró.

7. Y clamando en alta voz dijo: ¿Qué tengo yo que ver contigo, Jesús, Hijo del Altísimo Dios? En nombre del mismo Dios te conjuro que no me atormentes.

8. Y es que Jesús le decía: Sal, espíritu inmundo, sal de ese hombre.

9. Y preguntóle Jesús: ¿Cuál es tu nombre? Y él respondió: Mi nombre es porque somos muchos.

10. Y suplicábale con ahínco que no le echase de aquel país.

11. Estaba paciendo en la falda del monte vecino una gran piara de cerdos;

12. los espíritus infernales le rogaban diciendo: Envíanos a los cerdos para que vayamos y estemos dentro de ellos;

13. y Jesús se lo permitió al instante; y saliendo los espíritus inmundos, entraron en los cerdos; y con gran furia toda la piara, en que se contaban al pie de dos mil, corrió a precipitarse en el mar, en donde se anegaron todos.

14. Los que los guardaban se huyeron y trajeron las nuevas a la ciudad y a las alquerías; las gentes salieron a ver lo acontecido.

15. Y llegando adonde estaba Jesús, ven al que antes era atormentado del demonio, sentado, vestido y en su sano juicio, y quedaron espantados.

16. Los que se habían hallado presentes les contaron lo que había sucedido al demonio, y el azar de los cerdos.

17. Y temiendo nuevas pérdidas, comenzaron a rogarle que se retirase de sus términos.

18. Y al ir Jesús a embarcarse, se puso a suplicarle el que había sido atormentado del demonio que le admitiese en su compañía.

19. Mas Jesús no le admitió, sino que le dijo: Vete a tu casa y con tus parientes, y anuncia a los tuyos la gran merced que te ha hecho el Señor, y la misericordia que ha usado contigo.

20. Fuese aquel hombre, y empezó a publicar por el distrito de Decápolis cuántos beneficios había recibido de Jesús, y todos quedaban pasmados.

21. Habiendo pasado Jesús otra vez con el barco a la opuesta orilla, concurrió gran muchedumbre de gente a su encuentro; y estando todavía en la ribera del mar,

22. vino en busca de Él uno de los jefes de la sinagoga, llamado Jairo, el cual luego que le vio se arrojó a sus pies.

23. Y con muchas instancias le hacía esta súplica: Mi hija está a los últimos; ven y pon sobre ella tu mano para que sane y viva.

24. Fuese Jesús con él, y en su seguimiento mucho tropel de gente que le apretaba.

25. En esto una mujer que padecía flujo de sangre doce años hacía,

26. y había sufrido mucho en mano de varios médicos, y gastado toda su hacienda sin el menor alivio, antes lo pasaba peor;

27. oída la fama de Jesús, se llegó por detrás entre la muchedumbre de gente, y tocó su ropa,

28. diciendo para consigo: Como llegue a tocar su vestido, sanaré.

29. En efecto, de repente aquel manantial de sangre se le secó, y percibió en su cuerpo que estaba ya curada de su enfermedad.

30. Al mismo tiempo Jesús conociendo la virtud que había salido de Él, vuelto a los circunstantes, decía: ¿Quién ha tocado mi vestido?

31. A lo que respondían los discípulos: ¿Estás viendo la gente que te comprime por todos lados, y dices: Quién me ha tocado?

32. Mas Jesús proseguía mirando a todos lados para distinguir la persona que había hecho esto.

33. Entonces la mujer, sabiendo lo que había experimentado en sí misma, medrosa y temblando se acercó, y postrándose a sus pies, le confesó toda la verdad.

34. Él entonces le dijo: Hija, tu fe te ha curado; vete en paz, y queda libre de tu mal.

35. Estando aún hablando, llegaron de casa del jefe de la sinagoga a decirle a éste: Murió tu hija, ¿para que cansar ya al Maestro?

36. Mas Jesús, oyendo lo que decían, dijo al jefe de la sinagoga: No temas, ten fe solamente.

37. Y no permitió que le siguiese ninguno fuera de Pedro, y Santiago, y Juan, el hermano de Santiago.

38. Llegados que fueron a casa del jefe de la sinagoga, ve la confusión y los grandes lloros y alaridos de aquella gente;

39. y entrando, les dice: ¿De qué os afligís tanto y lloráis? La muchacha no está muerta, sino dormida.

40. Y se burlaban de Él, sabiendo bien lo contrario. Pero Jesús, haciéndoles salir a todos fuera, tomó consigo al padre y a la madre de la muchacha, y a los tres discípulos que estaban con Él, y entró adonde la muchacha yacía.

41. Y tomándola de la mano, le dice: Talitha, cumie (es decir: Muchacha, levántate, Yo te lo mando).

42. Inmediatamente se puso en pie la muchacha y echó a andar, pues tenía ya doce años, con lo que quedaron poseídos del mayor asombro.

43. Pero Jesús les mandó muy estrechamente que procuraran que nadie lo supiera; y dijo que diesen de comer a la muchacha.

CAPÍTULO VI

Jesús obra pocos milagros en su patria, castigando así su incredulidad. Misión de los apóstoles. Prisión y muerte de Juan Bautista. Milagro de los cinco panes y dos peces. Jesús anda sobre las aguas, cura a muchos enfermos (Mat. XIII, XIV. - Luc. IV, IX. - Juan IV, VI.)

1. Partido de aquí, se fue a su patria; y le seguían sus discípulos.

2. Llegado el sábado, comenzó a enseñar en la sinagoga; y muchos de los oyentes, admirados de su sabiduría, decian: ¿De dónde saca éste todas estas cosas que dice? ¿Y qué sabiduría es esta que se le ha dado? ¿Y de dónde tantas maravillas como obra?

3. ¿No es este aquel artesano, hijo de María, primo hermano de Santiago, y de José, y de Judas y de Simón? ¿Y sus primas hermanas no moran aquí entre nosotros? Y estaban escandalizados de Él por la humildad de su nacimiento.

4. Mas Jesús les decía: Cierto que ningún profeta está sin honor, o estimación, sino en su patria, en su casa y en su parentela.

5. Por lo cual no podía obrar allí milagro alguno grande. Curó solamente algunos pocos enfermos imponiéndoles las manos.

6. Y admirábase de la incredulidad de aquellas gentes, y andaba predicando por todas las aldeas del contorno.

7. Y habiendo convocado a los doce, comenzó a enviarlos de dos en dos a predicar, dándoles potestad sobre los espíritus inmundos.

8. Y les mandó que nada se llevasen para el camino, sino el solo báculo o bordón; no alforja, no pan, ni dinero en el cinto, o faja,

9. con sólo un calzado de sandalias, y sin muda de dos túnicas.

10. Advertíales asimismo: Donde quiera que tomareis posada, estaos allí hasta salir del lugar.

11. Y donde quiera que os desecharen ni quisieran escucharos, retirándoos de allí, sacudid el polvo de vuestros pies, en testimonio contra ellos.

12. De esta suerte salieron a predicar, exhortando a todos a que hiciesen penitencia;

13. Y lanzaban muchos demonios, y ungían a muchos enfermos con óleo y los sanaban.

14. Oyendo estas cosas el rey Herodes (pues se había hecho ya célebre el nombre de Jesús), decía: Sin duda que Juan Bautista ha resucitado de entre los muertos; y por eso tiene la virtud de hacer milagros.

15. Otros decían: No es, sino Elías. Otros, empero: Éste es un profeta igual a los principales profetas.

16. Mas Herodes, habiendo oído esto, dijo: Este es aquel Juan a quien yo mandé cortar la cabeza, el cual ha resucitado de entre los muertos.

17. Porque es de saber que el dicho Herodes había enviado a prender a Juan, y le aherrojó en la cárcel por amor de Herodías, mujer de su hermano Filipo, con la cual se había casado.

18. Porque Juan decía a Herodes: No te es lícito tener por mujer a la que lo es de tu hermano.

19. Por eso Herodías le armaba asechanzas y deseaba quitarle la vida; pero no podía conseguirlo,

20. porque Herodes, sabiendo que Juan era un varón justo y santo, le temía y miraba con respeto, y hacía muchas cosas por su consejo, y le oía con gusto.

21. Mas, en fin, llegó un día favorable al designio de Herodías, en que por la fiesta del nacimiento de Herodes convidó éste a cenar a los grandes de su corte, y a los primeros capitanes de sus tropas y a la gente principal de Galilea;.

22. entró la hija de Herodías, bailó, y agradó tanto a Herodes y a los convidados, que dijo el rey a la muchacha: Pídeme cuanto quisieses, que te lo daré;

23. y le añadió con juramento: Sí, te daré todo lo que me pidas, aunque sea la mitad de mi reino.

24. Y habiendo ella salido, dijo a su madre: ¿Qué pediré? Respondióle: la cabeza de Juan Bautista.

25. Y volviendo al instante a toda prisa adonde estaba el rey, le hizo esta demanda: Quiero que me des luego en una fuente la cabeza de Juan Bautista.

26. El rey se puso triste; mas en atención al impío juramento, y a los que estaban con él a la mesa, no quiso disgustarla,

27. sino que enviando a un alabardero, mandó traer la cabeza de Juan en una fuente. El alabardero, pues, le cortó la cabeza en la cárcel;

28. y trájola en una fuente, y se la entregó a la muchacha, que se la dio a su madre.

29. Lo cual sabido, vinieron sus discípulos y cogieron su cuerpo y le dieron sepultura.

30. Los apóstoles, pues, de vuelta de su misión, reuniéndose con Jesús, le dieron cuenta de todo lo que habían hecho y enseñado.

31. Y Él les dijo: Venid a retiraros conmigo en un lugar solitario, y reposaréis un poquito; porque eran tantos los yentes y vinientes, que ni aun tiempo de comer les dejaban.

32. Embarcándose, pues, fueron a buscar un lugar desierto para estar allí solos.

33. Mas como al irse los vieron y observaron muchos, de todas las ciudades vecinas acudieron por tierra a aquel sitio, y llegaron antes que ellos.

34. En desembarcando, vio Jesús la mucha gente que le aguardaba, y enternecióronsele con tal vista las entrañas; porque andaban como ovejas sin pastor; y así se puso a instruirlos en muchas cosas.

35. Pero haciéndose ya muy tarde, se llegaron a Él sus discípulos, y le dijeron: Éste es un lugar desierto, y ya es tarde;

36. despáchalos, a fin de que vayan a las alquerías y aldeas cercanas a comprar qué comer.

37. Mas Él les respondió: Dadles vosotros de comer. Y ellos le replicaron: Vamos, pues, y bien es menester que gastemos doscientos denarios para comprar panes si es que les habemos de dar algo de comer.

38. Díjoles Jesús: ¿Cuántos panes tenéis? Id y miradlo. Habiéndolo visto, le dicen: cinco, y dos peces.

39. Entonces les mandó que hiciesen sentar a todos sobre la hierba verde, divididos en cuadrillas.

40. Así se sentaron repartidos en cuadrillas, de ciento en ciento, y de cincuenta en cincuenta.

41. Después, tomados los cinco panes y los dos peces, levantando los ojos al cielo los bendijo; y partió los panes y diolos a sus discípulos para que se los distribuyesen; igualmente repartió los dos peces entre todos;

42. Y todos comieron y se saciaron.

43. Y de lo que sobró recogieron los discipulos doce canastos llenos de pedazos de pan, y de los peces:

44. y eso que los que comieron fueron cinco mil hombres.

45. Inmediatamente obligó a sus discípulos a subir en la barca para que pasasen antes que Él al otro lado del lago, hacia Betsaida, mientras él despedía al pueblo.

46. Así que le despidió, retiróse a orar en el monte.

47. Venida la noche, la barca estaba en medio del mar, y Él solo en tierra,

48. desde donde viéndolos remar con gran fatiga (por cuanto el viento les era contrario), a eso de la cuarta vela de la noche vino hacia ellos caminando sobre el mar, e hizo además de pasar adelante.

49. Mas ellos, como le vieron caminar sobre el mar, pensaron que era algún fantasma, y levantaron el grito;

50. porque todos le vieron y se asustaron. Pero Jesús les habló luego, y dijo: ¡Buen ánimo!, soy Yo, no tenéis que temer.

51. Y se metió con ellos en la barca, y echóse al instante el viento: con lo cual quedaron mucho más asombrados.

52. Y es que no habían hecho reflexión sobre el milagro de los panes; porque su corazón estaba aún ofuscado.

53. Atravesado, pues, el lago, arribaron a tierra de Genezaret, y abordaron allí.

54. Apenas desembarcaron, cuando luego fue conocido.

55. Y recorriendo toda la comarca empezaron las gentes a sacar en andas a todos los enfermos, llevándolos adonde oían que paraba.

56. Y doquiera que llegaba fuesen aldeas o alquerías, o ciudades, ponían los enfermos en las calles, suplicándole que les dejase tocar siquiera el ruedo de su vestido; y todos cuantos le tocaban quedaban sanos.

CAPÍTULO VII

Jesús reprende la hipocresía y supersticiones de los fariseos. Fe grande de la cana-

nea, por la cual libra del demonio a su hija.
Cura a un hombre sordo y mudo (Mat. IX, XV.)

1. Acercáronse a Jesús los fariseos y algunos de los escribas venidos de Jerusalén.

2. Y habiendo observado que algunos de sus discípulos comían con manos inmundas, esto es, sin habérselas lavado, se lo vituperaron.

3. Porque los fariseos, como todos los judíos, nunca comen sin lavarse a menudo las manos, siguiendo la tradición de sus mayores;

4. y si han estado en la plaza, no se ponen a comer sin lavarse primero; y observan muy escrupulosamente otras muchas ceremonias que han recibido por tradición, como las purificaciones o lavatorios de los vasos, de las jarras, de los utensilios de metal, y de los lechos.

5. Preguntábanle, pues, los escribas y fariseos: ¿Por qué razón tus discípulos no se conforman con la tradición de los antiguos, sino que comen sin lavarse las manos?

6. Mas Jesús les dio esta respuesta: ¡Oh, hipócritas!, bien profetizó de vosotros Isaías en lo que dejó escrito: Este pueblo me honra con los labios, pero su corazón está bien lejos de mí.

7. En vano, pues, me honran enseñando doctrinas y ordenanzas de hombres.

8. Porque vosotros, dejando el mandamiento de Dios, observáis con escrupulosidad la tradición de los hombres en lavatorios de jarros y de vasos, y en otras muchas cosas semejantes que hacéis.

9. Y añadíales: Bellamente destruís el precepto de Dios por observar vuestra tradición.

10. Porque Moisés dijo: Honra a tu padre y a tu madre, asistiéndolos en un todo; y quien maldijere al padre o a la madre, muera sin remedio.

11. Vosotros, al contrario, decís: Si uno dice a su padre o a su madre: cualquier Corbán (esto es el don) que yo ofrezca a Dios por mí, cederá, en tu provecho,

12. queda con esto desobligado de hacer más a favor de su padre o de su madre;

13. aboliendo así la palabra de Dios por una tradición inventada por vosotros mismos; y a este tenor hacéis muchas otras cosas.

14. Entonces, llamando de nuevo la atención del pueblo les decía: Escuchadme todos, y entendedlo bien:

15. Nada de fuera que entra en el hombre, puede hacerle inmundo; mas las cosas que proceden o salen del hombre, ésas son las que dejan mácula en el hombre.

16. Si hay quien tenga oídos para oír esto, óigalo y entiéndalo.

17. Despues que se hubo retirado de la gente y entró en casa, sus discípulos le preguntaban la significación de esta parábola.

18. Y Él les dijo: ¡Qué!, ¿también vosotros tenéis tan poca inteligencia? ¿Pues no comprendéis que todo lo que de fuera entra en el hombre no es capaz de contaminarle,

19. supuesto que nada de esto entra en su corazón, sino que va a parar en el vientre, de donde sale con todas las heces de la comida y se echa en lugares secretos?

20. Mas las cosas, decía, que salen del corazón del hombre, ésas son las que manchan al hombre:

21. porque del interior del corazón del hombre es de donde proceden los malos pensamientos, los adulterios, las fornicaciones, los homicidios,

22. los hurtos, las avaricias, las malicias, los fraudes, las deshonestidades, la envidia y mala intención, la blasfemia o maledicencia, la soberbia, la estupidez o la sinrazón.

23. Todos estos vicios proceden del interior, y ésos son los que manchan al hombre, y de los que ha de purificarse.

24. Partiendo de aquí, se dirigió hacia los confines de Tiro y de Sidón, y habiendo entrado en una casa, deseaba que nadie supiese que estaba allí; mas no pudo encubrirse;

25. porque luego que lo supo una mujer, cuya hija estaba poseída del espíritu inmundo, entró dentro, y se arrojó a sus pies.

26. Era esta mujer gentil, y sirofenicia de nación; y le suplicaba que lanzase de su hija al demonio.

27. Díjola Jesús: Aguarda que primero se sacien los hijos; que no parece bien hecho el tomar el pan de los hijos para echarlo a los perros.

28. A lo que replicó ella, y dijo: Es verdad, Señor; pero a lo menos los cachorrillos comen debajo de la mesa las migajas que dejan caer los hijos.

29. Díjola entonces Jesús: Por eso que has dicho, vete, que ya el demonio salió de tu hija.

30. Y habiendo vuelto a su casa, halló a la muchacha reposando sobre la cama, y libre ya del demonio.

31. Dejando Jesús otra vez los confines de Tiro, se fue por los de Sidón hacia el mar de Galilea, atravesando el territorio de Decápolis;

32. y presentáronle un hombre sordo y mudo, suplicándole que pusiese sobre él su mano para curarle.

33. Y apartándole Jesús del bullicio de la gente, le metió los dedos en las orejas, y con la saliva le tocó la lengua.

34. Y alzando los ojos al cielo, arrojó un suspiro y díjole: *Effeta* que quiere decir: abríos.

35. Y al momento se le abrieron los oídos, y se le soltó el impedimento de la lengua, y hablaba claramente.

36. Y mandóles que no lo dijeran a nadie. Pero cuanto más se lo mandaba, con tanto mayor empeño lo publicaban;

37. y tanto más crecía su admiración, y decían: Todo lo ha hecho bien: Él ha hecho oír a los sordos y hablar a los mudos.

CAPÍTULO VIII

Milagro de los siete panes. Jesús instruye a sus discípulos. Da vista a un ciego. Pedro le confiesa por Mesías. Les revela su pasión y muerte; reprende a Pedro, y los anima a llevar la cruz (Mat. VI, X, XV, XVI. - Luc. IX, XI, XIV, XVII. - Juan VI, XII.)

1. Por aquellos días habiéndose juntado otra vez un gran concurso de gentes alrededor de Jesús, y no teniendo qué comer, convocados sus discípulos, les dijo:

2. Me da compasión esta muititud de gentes, porque hace ya tres días que están conmigo, y no tienen qué comer.

3. Y si los envío a sus casas en ayunas, desfallecerán en el camino; pues algunos de ellos han venido de lejos.

4. Respondiéronle sus discípulos: Y ¿cómo podrá nadie en esta soledad procurarles pan en abundancia?

5. Él les preguntó: ¿Cuántos panes tenéis? Respondieron: Siete.

6. Entonces mandó Jesús a la gente que se sentara en tierra; y tomando los siete panes, dando gracias, los partió; y dábaselos a sus discípulos para que los distribuyesen entre la gente; y se los repartieron.

7. Tenían además algunos pececillos; bendíjolos también, y mandó distribuírselos.

8. Y comieron hasta saciarse; y de las sobras recogieron siete espuertas,

9. siendo al pie de cuatro mil los que habían comido. En seguida Jesús los despidió.

10. E inmediatamente, embarcándose con sus discípulos, pasó al territorio de Dalmanuta

11. donde salieron los fariseos, y empezaron a disputar con Él, pidiéndole, con el fin de tentarle, que les hiciese ver algún prodigio del cielo.

12. Mas Jesús, arrojando un suspiro de lo íntimo del corazón, dijo: ¿Por qué pedirá esta raza de hombres un prodigio? En verdad os digo, que a esa gente no se le dará el prodigio que pretende.

13. Y dejándolos, se embarcó otra vez pasando a la ribera qpuesta.

14. Habíanse olvidado los discípulos de hacer provisión de pan, ni tenían más que un solo pan consigo en la barca.

15. Y Jesús los amonestaba, diciendo: Estad alerta y guardaos de la levadura de los fariseos y de la levadura de Herodes.

16. Mas ellos, discurriendo entre si, se decían uno al otro: En verdad que no hemos tomado pan.

17. Lo cual, habiéndolo conocido Jesús, les dijo: ¿Qué andáis discurriendo sobre que no tenéis pan? ¿Todavía estáis sin conocimiento ni inteligencia?; ¿aún está oscurecido vuestro corazón?;

18. ¿tendréis siempre los ojos sin ver, y los oídos sin percibir? Ni os acordáis ya

19. de cuando repartí cinco panes entre cinco mil hombres. ¿Cuántos cestos llenos de las sobras recogisteis entonces? Dícenle: Doce.

20. Pues cuando Yo dividí siete panes entre cuatro mil, ¿cuántas espuertas sacasteis de los fragmentos que sobraron? Dícenle: Siete.

21. ¿Y cómo es, pues, les añadió, que todavía no entendéis lo que os decía?

22. Habiendo llegado a Betsaida, presentáronle un ciego, suplicándole que lo tocase.

23. Y Él, cogiéndole por la mano, le sacó fuera de la aldea, y echándole saliva en los ojos, puestas sobre él las manos, le preguntó si veía algo;

24. el ciego, abriendo los ojos, dijo: Veo andar a unos hombres, que me parecen como árboles.

25. Púsole segunda vez las manos sobre los ojos, y empezó a ver mejor; y, finalmente, recobró la vista, de suerte que veía claramente todos los objetos.

26. Con lo que le remitió a su casa, diciendo: Vete a tu casa, y si entras en el lugar, a nadie lo digas.

27. Desde allí partió Jesús con sus discípulos por las aldeas comarcanas de Cesarea de Filipo; y en el camino les hizo esta pregunta: ¿Quién dicen los hombres que soy yo?

28. Respondiéronle: Quién dice que Juan Bautista; quién Elías; y otros, en fin, que eres como uno de los antiguos profetas.

29. Díceles entonces: ¿Y vosotros, quién decís que soy yo? Pedro, respondiendo por todos, le dice: Tu eres el Cristo o Mesías.

30. Y les prohibió rigurosamente el decir esto de Él a ninguno, hasta que fuese la ocasión de publicarlo.

31. Y comenzó a declararles cómo convenía que el Hijo del hombre padeciese mucho, y fuese desechado por los ancianos, y por los príncipes de los sacerdotes, y por los escribas, y que fuese muerto, y que resucitase a los tres días.

32. Y hablaba de esto muy claramente. Pedro entonces, tomándole aparte, comenzó a reprenderle respetuosamente.

33. Pero Jesús vuelto contra él y mirando a sus discípulos para que atendiesen bien a la corrección, reprendió ásperamente a Pedro, diciendo: Quítateme de delante, Satanás, porque no te saboreas en las cosas de Dios, sino en las de los hombres.

34. Después, convocando al pueblo con sus discípulos, les dijo a todos: Si alguno quiere venir en pos de mí niéguese a sí mismo, y cargue con su cruz, y sígame.

35. Pues quien Quisiere salvar su vida a costa de su fe, la perderá para siempre; mas quien perdiere su vida por amor de mí y del Evangelio, la pondrá en salvo eternamente.

36. Por cierto, ¿de qué le servirá a un hombre el ganar el mundo, entero, si pierde su alma?

37. Y una vez perdida, ¿por qué cambio podrá rescatarla?

38. Ello es que quien se avergonzare de mí y de mi doctrina en medio de esta nación adúltera y pecadora, igualmente se avergonzará de él el Hijo del hombre cuando venga en la gloria de su Padre, acompañado de los santos ángeles.

39. Y les añadió: En verdad os digo, que algunos de los que aquí están no han de morir sin que vean la llegada del reino de Dios, o al Hijo del hombre, en su majestad.

CAPÍTULO IX

Transfiguración de Jesús, quien cura después a un endemoniado mudo. Poder de la fe, de la oración y del ayuno. Instruye a sus discípulos en la humildad y en los daños que acarrea el pecado de escándalo (Mat. V, VI, X, XV, XVII, XVIII.- Luc. IX, XI, XIV, XVII. -Juan VI, XII.)

1. Seis días después tomó Jesús consigo a Pedro, y a Santiago, y a Juan; y condújolos solos a un elevado monte, en lugar apartado, y se transfiguró en presencia de ellos;

2. de forma que sus vestidos aparecieron resplandecientes, y de un candor extremado como la nieve, tan blancos que no hay lavandero en el mundo que así pudiese blanquearlos.

3. Al mismo tiempo se les aparecieron Elías y Moisés, que estaban conversando con Jesús.

4. Y Pedro, absorto con lo que veía tomando la palabra, dijo a Jesús: ¡Oh Maestro!, bueno será quedarnos aquí: hagamos tres pabellones, uno para ti, otro para Moisés, y otro para Elías.

5. Porque él no sabía lo que se decía; por estar todos sobrecogidos del pasmo.

6. En esto se formó una nube que los cubrió, y salió de esta nube una voz del eterno Padre, que decía: Éste es mi Hijo carisímo: escuchadle a Él.

7. Y mirando luego a todas partes, no vieron consigo a nadie más que a solo Jesús.

8. El cual, así que bajaban del monte, les ordenó que a ninguno contasen lo que habían visto, sino cuando el Hijo del hombre hubiese resucitado de entre los muertos.

9. En efecto, guardaron en su pecho el secreto; bien que andaban discurriendo entre sí qué querría decir con aquellas palabras: Cuando hubiese resucitado de entre los muertos.

10. Y le preguntaron: ¿Pues cómo dicen los fariseos y los escribas que ha de venir primero Elías?

11. Y Él les respondió: Elías realmente ha de venir antes de mi segunda venida y restablecerá entonces todas las cosas; y como está escrito del Hijo del hombre, ha de padecer mucho y ser vilipendiado.

12. Si bien os digo que Elías ha venido ya en la persona del Bautista (y han hecho con él todo lo que les plugo), según estaba ya escrito.

13. Al llegar adonde estaban sus demás discípulos, violos rodeados de una gran multitud de gente, y a los escribas disputando con ellos.

14. Y todo el pueblo, luego que vio a Jesús, se llenó de asombro y de pavor; y acudieron todos corriendo a saludarle.

15. Y Él les preguntó: ¿Sobre qué altercabais entre vosotros?

16. A lo que respondiendo uno de ellos, dijo: Maestro, yo he traído a ti un hijo mío, poseído de cierto espíritu maligno, que le hace quedar mudo;

17. el cual, donde quiera que le toma, le tira contra el suelo, y le hace echar espuma por la boca, y crujir los dientes, y que se vaya secando; pedí a tus discípulos que le lanzasen, y no han podido.

18. Jesús, dirigiendo a todos la palabra, les dijo: ¡Oh gente incrédula!, ¿hasta cuándo habré de estar entre vosotros?; ¿hasta cuándo habré Yo de sufriros? Traédmele a mí.

19. Trajéronsele. Y apenas vio a Jesús, cuando el espíritu empezó a agitarse con violencia; y tirándose contra el suelo, se revolcaba, echando espumarajos.

20. Jesús preguntó a su padre: ¿Cuánto tiempo hace que le sucede esto? Desde la niñez, respondió;

21. y muchas veces le ha precipitado el demonio en el fuego y en el agua, a fin de acabar con él; pero si puedes algo, socórrenos, compadecido de nosotros.

22. A lo que Jesús le dijo: Si tú puedes creer, todo es posible para el que cree.

23. Y luego el padre del muchacho, bañado en lágrimas, exclamó diciendo: ¡Oh Señor, yo creo; ayuda Tú mi incredulidad, fortalece mi confianza!

24. Viendo Jesús el tropel de gente que iba acudiendo, amenazó al espíritu inmundo, diciéndole: Espíritu sordo y mudo, yo te lo mando, sal de este mozo, y no vuelvas más a entrar en él.

25. Y dando un gran grito, y atormentando horriblemente al joven, salió de él, dejándole como muerto; de suerte que muchos decían: Está muerto.

26. Pero Jesús, cogiéndolo de la mano, le ayudó a alzarse, y se levantó.

27. Entrado que hubo el Señor en la casa donde moraba, sus discípulos le preguntaban a solas: ¿Por qué motivo nosotros no le hemos podido lanzar?

28. Respondióles: Esta raza de demonios por ningún medio puede salir, sino a fuerza de oración y de ayuno.

29. Y habiendo marchado de allí, atravesaron la Galilea; y no quería darse a conocer a nadie.

30. Entretanto iba instruyendo a sus discípulos, y les decía: El Hijo del hombre será entregado en manos de los hombres, y le darán la muerte y después de muerto resucitará al tercer día.

31. Ellos, empero, no comprendían cómo podía ser esto que les decía, ni se atrevían a preguntárselo.

32. En esto llegaron a Cafarnaúm; y estando ya en casa, les preguntó: ¿De qué ibais tratando en el camino?

33. Mas ellos callaban; y es que habían tenido en el camino una disputa entre sí, sobre quién de ellos era el mayor de todos.

34. Entonces Jesús, sentándose, llamó a los doce, y les dijo: Si alguno pretende ser el primero, hágase el último de todos y el siervo de todos.

35. Y cogiendo a un niño le puso en medio de ellos, y después de abrazarle, díjoles:

36. Cualquiera que acogiere a uno de estos niños por amor mío, a mí me acoge; y cualquiera que me acoge, no tanto me acoge a mí, como al que a mí me ha enviado.

37. Tomando después Juan la palabra, le dijo: Maestro, hemos visto a uno que andaba lanzando los demonios en tu nombre, que no es de nuestra compañía, y se lo prohibimos.

38. No hay para qué prohibírselo, respondió Jesús, puesto que ninguno que haga milagros en mi nombre podrá luego hablar mal de mí.

39. Que quien no es contrario vuestro: de vuestro partido es.

40. Y cualquiera que os diere un vaso de agua en mi nombre, atento a que sois discipulos de Cristo, en verdad os digo que no será defraudado de su recompensa.

41. Y al contrario, al que escandalizare a alguno de estos pequeñitos que creen en mí, mucho mejor le fuera que le ataran al cuello una de esas ruedas de molino que mueve un asno, y le echaran al mar.

42. Que si tu mano te es ocasión de escándalo, córtala: más te vale el entrar manco en la vida eterna, que tener dos manos e ir al infierno al fuego inextinguible,

43. en donde el gusano que les roe, o remuerde su conciencia, nunca muere, y el fuego que les quema nunca se apaga.

44. Y si tu pie te es ocasión de pecado, córtale: más te vale entrar cojo en la vida eterna, que tener dos pies y ser arrojado al infierno, al fuego inextinguible,

45. donde el gusano que les roe nunca muere, y el fuego nunca se apaga.

46. Y si tu ojo te sirve de escándalo o tropiezo, arráncale: más te vale entrar tuerto en el reino de Dios, que tener dos ojos y ser arrojado al fuego del infierno,

47. donde el gusano que les roe, nunca muere, ni el fuego jamás se apaga.

48. Porque la sal con que todos ellos, víctimas de la divina justicia, serán salados, es el fuego; así como todas las víctimas deben, según la ley, ser de sal rociadas.

49. La sal de suyo es buena; mas si la sal perdiere su sabor, ¿con qué la sazonaréis? Tened siempre en vosotros sal de sabiduría y prudencia, y guardad así la paz entre vosotros.

CAPÍTULO X

Enseña Jesús la indisolubilidad del matrimonio; los peligros de las riquezas y el premio de los que dejan todas las cosas por seguirle. Avisa de nuevo a sus discípulos que debía morir y resucitar. Responde a la petición de los hijos de Zebedeo e inculca otra vez la humildad. Da la vista al ciego Bartimeo (Mat. XIX - Luc. XVIII, XXII).

1. Y partiendo de allí llegó a los confines de Judea, pasando por el país que está al otro lado del Jordán, donde concurrieron de nuevo alrededor de Él los pueblos vecinos, y se puso otra vez a enseñarlos, como tenía de costumbre.

2. Vinieron entonces a Él unos fariseos, y le preguntaban por tentarle: Si es lícito al marido repudiar a su mujer.

3. Pero Él, en respuesta, les dijo: ¿Qué os mandó Moisés?

4. Ellos dijeron: Moisés permitió repudiarla, precediendo escritura legal del repudio.

5. A los cuales replicó Jesús: en vista de la dureza de vuestro corazón os dejó mandado eso.

6. Pero al principio, cuando los crió Dios, formó a un solo hombre y a una sola mujer;

7. por cuya razón, dejará el hombre a su padre y a su madre, y juntarse ha con su mujer;

8. y los dos no compondrán sino una sola carne: de manera que ya no son dos, sino una sola carne:

9. no separe, pues, el hombre lo que Dios ha juntado.

10. Después en casa, le tocaron otra vez sus discípulos el mismo punto.

11. Y Él les inculcó: Cualquiera que desechare a su mujer y tomare otra, comete adulterio contra ella.

12. Y si la mujer se aparta de su marido y se casa con otro, es adúltera.

13. Como le presentasen unos niños para que los tocase y bendijese, los discípulos reñían a los que venían a presentárselos.

14. Lo que advirtiendo Jesús, lo llevó muy a mal y les dijo: Dejad que vengan a mí los niños, y no se lo estorbéis; porque de los que se asemejan a ellos es el reino de Dios.

15. En verdad os digo, que quien no recibiere, como niño inocente, el reino de Dios, no entrará en él.

16. Y estrechándolos entre sus brazos, y poniendo sobre ellos las manos, los bendecía.

17. Así que salió para ponerse en camino, vino corriendo uno, y, arrodillado a sus pies, le preguntó: ¡Oh buen Maestro!, ¿qué debo yo hacer para conseguir ia vida eterna?

18. Jesús le dijo: ¿Por qué me llamas bueno? Nadie es bueno sino sólo Dios.

19. Ya sabes los mandamientos que conducen a la vida: No cometer adulterio, no matar, no hurtar, no decir falso testimonio, no hacer mal a nadie, honrar padre y madre.

20. A esto respondió él, y le dijo: Maestro, todas esas cosas las he observado desde mi mocedad.

21. Y Jesús, mirándole de hito en hito, mostró quedar prendado de él, y le dijo: una cosa te falta aún, anda, vende cuanto tienes, y dalo a los pobres, que así tendrás un tesoro en el cielo; y ven después y sígueme.

22. A esta propuesta, entristecido el joven, fuese muy afligido, pues tenía muchos bienes.

23. Y echando Jesús una ojeada alrededor de sí, dijo a sus discípulos: ¡Oh, cuán difícilmente los acaudalados entrarán en el reino de Dios!

24. Los discípulos quedaron pasmados, al oír tales palabras. Pero Jesús, volviendo a hablar, les añadió: ¡Ay, hijitos míos, cuán difícil cosa es que los que ponen su confianza en las riquezas entren en el reino de Dios!

25. Más fácil es el pasar un camello por el ojo de una aguja, que el entrar un rico semejante en el reino de Dios.

26. Con esto subía de punto su asombro, y se decían unos a otros: ¿Quién podrá, pues, salvarse?

27. Pero Jesús, fijando en ellos la vista, les dijo: A los hombres es esto imposible, mas no a Dios; pues para Dios todas las cosas son posibles.

28. Aquí Pedro, tomando la palabra, le dijo: Por lo que hace a nosotros, bien ves que hemos renunciado todas las cosas y seguídote.

29. A lo que Jesús, respondiendo, dijo: Pues Yo os aseguro que nadie hay que haya dejado casa, o hermanos, o hermanas, o padre, o madre, o hijos, o heredades por amor de mí y del Evangelio.

30. que ahora mismo en este siglo, y aun en medio de las persecuciones, no reciba el cien doblado por equivalente de casas, y hermanos, y hermanas, de madres, de hijos y heredades; y en el siglo venidero, la vida eterna.

31. Pero muchos de los que en la tierra habrán sido los primeros, serán allí los últimos; y muchos de los que habrán sido los últimos serán los primeros.

32. Continuaban su viaje subiendo a Jerusalén, y Jesús se les adelantaba; y estaban sus discípulos como atónitos, y le seguían llenos de temor. Y tomando aparte de nuevo a los doce, comenzó a repetirles lo que había de sucederle.

33. Nosotros, les dijo, vamos, como veis, a Jerusalén, donde el Hijo del hombre será entregado a los príncipes de los sacerdotes, y a los escribas y ancianos, que le condenarán a muerte, y le entregarán a los gentiles:

34. Y le escarnecerán, y le escupirán y le azotarán, y le quitarán la vida, y tercer día resucitará.

35. Entonces, oyéndole hablar de la Resurrección, se arriman a Él Santiago y Juan, hijos de Zebedeo, y por medio de su madre le hacen esta petición: Maestro, quisiéramos que nos concedieses todo cuanto te pidamos.

36. Dijoles Él: ¿Qué cosas deseáis que os conceda?

37. Concédenos, respondieron, que en tu gloria, o glorioso reinado, nos sentemonos el uno a tu diestra y el otro a tu siniestra.

38. Mas Jesús les replicó: No sabéis lo que pedís. ¿Podéis beber el cáliz de la pasión que yo voy a beber?; ¿o ser bautizados con el bautismo de sangre con que yo voy a ser bautizado?

39. Respondiéronle: Sí que podemos. Pues tened por cierto, les dijo Jesús. que beberéis el cáliz que yo bebo y seréis bautizados con el bautismo con qué yo soy bautizado;

40. pero eso de sentarse a mi diestra o a mi siniestra no está en mi arbitrio, como hombre, el darlo a vosotros, sino a quienes se ha destinado por mi Padre celestial.

41. Entendiendo los otros diez dicha demanda, dieron muestras de indignación contra Santiago y Juan.

42. Mas Jesús, llamándolos todos a sí, les dijo: Bien sabéis que los que tienen autoridad de mandar a las naciones, las tratan con imperio; y que sus príncipes ejercen sobre ellos un poder absoluto:

43. no debe ser lo mismo entre vosotros; sino que quien quisiere hacerse mayor ha de ser vuestro criado;

44. y quien quisiere ser entre vosotros el primero, debe hacerse siervo de todos.

45. Porque aun el Hijo del hombre no vino a que le sirviesen, sino a servir y a dar su vida por la redención de muchos.

46. Después de esto llegaron a Jericó; y al partir de Jericó con sus discípulos, seguido de muchísima gente, Bartimeo el ciego, hijo de Timeo, estaba sentado junto al camino, pidiendo limosna.

47. Habiendo oído, pues, que era Jesús Nazareno el que venía, comenzó a dar voces, diciendo: ¡Jesús, hijo de David, ten misericordia de mí!

48. Y reñíanle muchos para que callara; sin embargo, él alzaba mucho más el grito: ¡Hijo de David, ten compasión de mí!

49. Parándose entonces Jesús, le mandó llamar. Y le llamaron, diciéndole: ¡Ea, buen ánimo!, levántate, que te llama.

50. El cual, arrojando su capa, al instante se puso en pie, y vino a él.

51. Y Jesús le dijo: ¿Qué quieres que te haga? El ciego le respondió: Maestro mío, haz que yo vea.

52. Y Jesús: Anda, que tu fe te ha curado. Y de repente vio, y le iba siguiendo por el camino.

CAPÍTULO XI

Entrada triunfante de Jesús en Jerusalén. Maldición de la higuera. Los negociantes echados del templo. Poder de la fe. Perdón de los enemigos. Los príncipes de los sacerdotes, confundidos (Mat. XXI. - Luc. XIX. - Juan XXI).

1. Cuando iban acercándose a Jerualén, al llegar junto a Betania, al pie del monte de las Olivas, despacha dos de sus discípulos

2. y les dice: id a ese lugar, que tenéis enfrente, y luego, al entrar en él, hallaréis atado un jumentillo, en el cual nadie ha montado hasta ahora: desatadlo, y traedlo.

3. Y si alguien os dijere: ¿Qué hacéis?, responded que el Señor lo ha menester; y al instante os lo dejará traer acá.

4. Luego que fueron, hallaron el pollino atado fuera, delante de una puerta, a la entrada de dos caminos o en una encrucijada: y lo desataron.

5. Y algunos de los que estaban allí, les dijeron: ¿Qué hacéis?, ¿por qué desatáis ese pollino?

6. Los discípulos respondieron conforme a lo que Jesús les había mandado, y se lo dejaron llevar.

7. Y trajeron el pollino a Jesús; y habiéndolo aparejado con los vestidos de ellos, montó Jesús en él.

8. Muchos en seguida tendieron sus vestidos en el camino; y otros cortaban ramas u hojas de los árboles, y las esparcían por donde había de pasar Jesús.

9. Y tanto los que iban delante, como los que seguían detrás, le aclamaban diciendo: ¡Hosanna, salud y gloria!

10. ¡Bendito sea el que viene en nombre del Señor! ¡Bendito sea el reino de nuestro padre David que vemos llegar ahora en la persona de su hijo! ¡Hosanna en lo más alto de los cielos!

11. Así entró Jesús en Jerusalén y se fue al templo, donde después de haber observado por una y otra parte todas las cosas, siendo ya tarde, se salió a Betania con los doce.

12. Al otro día así que salieron de Betania, tuvo hambre.

13. Y como viese a lo lejos una higuera con hojas, encaminóse allá por ver si encontraba en ella alguna cosa; y llegando, nada encontró sino follaje; porque no era aún tiempo de higos;

14. y hablando a la higuera, le dijo: Nunca jamás coma ya nadie fruto de ti. Lo cual oyeron sus discípulos.

15. Llegan, pues, a Jerusalén. Y habiendo Jesús entrado en el templo, comenzó a echar fuera a los que vendían y compraban en él, y derribó las mesas de los cambistas, y los asien-

tos de los que vendían palomas para los sacrificios;

16. y no permitía que nadie transportase mueble o cosa alguna por el templo;

17. y los instruía, diciendo: ¿Por ventura no está escrito: Mi casa será llamada de todas las gentes casa de oración? Pero vosotros habéis hecho de ella una guarida de ladrones.

18. Sabido esto por los príncipes de los sacerdotes y los escribas, andaban trazando el modo de quitarle la vida secretamente; porque le temían, viendo que todo el pueblo estaba maravillado de su doctrina.

19. Así que se hizo tarde, se salió de la cíudad.

20. La mañana siguiente repararon los discípulos al pasar, que la higuera se había secado de raíz;

21. con lo cual acordándose Pedro de lo sucedido, le dijo: Maestro, mira como la higuera que maldijiste se ha secado.

22. Y Jesús tomando la palabra, les dijo: Tened confianza en Dios y obraréis también estas maravillas:

23. en verdad os digo, que cualquiera que dijere a este monte: Quítate de ahí, y échate al mar, no vacilando en su corazón, sino creyendo que cuanto dijere se ha de hacer, así se hará.

24. Por tanto, os aseguro, que todas cuantas cosas pidiereis en la oración, tened viva fe de conseguirlas, y se os concederán sin falta.

25. Mas al poneros a orar, si tenéis algo contra alguno, perdonadle el agravio, a fin de que vuestro Padre que está en los cielos, también os perdone vuestros pecados.

26. Que si no perdonáis vosotros, tampoco vuestro Padre celestial os perdonará vuestras culpas ni oirá vuestras oraciones.

27. Volvieron, pues, otra vez a Jerusalén. Y paseándose Jesús por el atrio exterior del templo instruyendo al pueblo, lléganse a él los príncipes de los sacerdotes, y los escribas, y los ancianos;

28. y le dicen: ¿Con qué autoridad haces estas cosas?; ¿y quién te ha dado a ti potestad de hacer lo que haces?

29. Y respondiendo Jesús, les dijo: Yo también os haré una pregunta: respondedme a ella primero, y después os diré con qué autoridad hago estas cosas.

30. El bautismo de Juan, ¿era del cielo, o de los hombres? Respondedme a esto.

31. Ellos discurrían para consigo, diciendo entre sí: Si decimos que del cielo, dirá: pues ¿por qué no le creísteis?

32. Si decimos que de los hombres, debemos temer al pueblo, pues todos creían que Juan había sido verdadero profeta;

33. y así respondieron a Jesús, diciendo: No lo sabemos. Entonces Jesús les replicó: Pues ni yo tampoco os diré con qué autoridad hago estas cosas.

CAPÍTULO XII

Parábola de la viña plantada y arrendada. Convence Jesús a los fariseos y saduceos, redarguyéndolos. Sobre pagar el tributo a César; sobre la resurrección de los muertos. Cristo, Señor de David. Soberbia de los escribas. Ofrenda tenue de la viuda, preferida a todas las grandes oblaciones de los ricos (Mat. XXI, XXII.- Luc. XX, XXI).

1. En seguida comenzó a hablarles por parábolas: Un hombre, dijo, plantó una viña, y la ciñó con cercado, y cavando, hizo en ella un lagar, y fabricó una torre, y arrendóla a ciertos labradores, y marchóse lejos de su tierra.

2. A su tiempo despachó un criado a los renteros para cobrar lo que debían darle de el fruto de la viña;

3. mas ellos agarrándole le apalearon, y le despacharon con las manos vacías.

4. Segunda vez les envió otro criado, y a éste también le descalabraron, cargándole de oprobios.

5. Tercera vez envió a otro, al cual mataron; tras éste otros muchos, de ellos a unos les hirieron, y a otros les quitaron la vida.

6. En fin, a un hijo único que tenía y a quien amaba tiernamente, se lo envió también el último, diciendo: Respetarán a lo menos a mi hijo.

7. Pero los viñadores al verle venir se dijeron unos a otros: Éste es el heredero; venid, matémosle, y será nuestra la heredad.

8. Y asiendo de él, le mataron, arrojándolo antes fuera de la viña.

9. ¿Qué hará, pues, el dueño de la viña? Vendrá y perderá a aquellos renteros, y arrendará la viña a otros.

10. ¿No habéis leído este lugar de la Escritura: La piedra que desecharon los que edificaban, vino a ser la principal piedra del ángulo;

11. El Señor es el que hizo eso, y estamos viendo con nuestros ojos tal maravilla?

12. En la hora maquinaban cómo prenderle; porque bien conocieron que a ellos había enderezado la parábola; mas temieron al pueblo, y así dejándolo se marcharon.

13. Pero enviáronle algunos fariseos y herodianos, para sorprenderle en alguna expresión;

14. los cuales vinieron y dijéronle: Maestro, nosotros sabemos que eres hombre veraz, y que no atiendes a respetos humanos: porque no miras

la calidad de las personas, sino que enseñas el camino de Dios con lisura y según Él es: ¿nos es lícito a nosotros, pueblo escogido de Dios, el pagar tributo a César, o podremos no pagarlo?

15. Jesús penetrando su malicia, díjoles:, ¿Para qué venís a tentarme? Dadme a ver un denario, o la moneda corriente.

16. Presentáronselo, y Él les dice: ¿De quién es esta imagen, y esta inscripción? Respondieron: De César.

17. Entonces replicó Jesús, y díjoles: Pagad, pues, a César lo que es de César; y a Dios lo que es de Dios. Con cuya respuesta los dejó maravillados.

18. Vinieron después a encontrarle los saduceos que niegan la resurrección, y le propusieron esta cuestión:

19. Maestro, Moisés nos dejó ordenado por escrito, que si el hermano de uno muere, dejando a su mujer sin hijos, éste se case con la viuda, para que no falte a su hermano descendencia.

20. Esto supuesto, eran siete hermanos; el mayor se casó, y vino a morir sin hijos.

21. Con eso el segundo se casó con la viuda; pero murió también sin dejar sucesión. Del mismo modo el tercero.

22. En suma, los siete sucesivamente se casaron con ella, y ninguno tuvo hijos. Al cabo murió la mujer la última de todos.

23. Ahora, pues, en el día de la resurrección, cuando resuciten, ¿de cuál de éstos será mujer?; porque ella lo fue de todos siete.

24. Jesús en respuesta les dijo: ¿No veis que habéis caído en error, por no entender las Escrituras, ni el poder de Dios?

25. Porque cuando habrán resucitado de entre los muertos, ni los hombres tomarán mujeres, ni las mujeres maridos, sino que serán como los ángeles que están en los cielos.

26. Ahora sobre que los muertos hayan de resucitar, ¿no habéis leído en el libro de Moisés, cómo Dios hablando con él en la zarza, le dijo: Yo soy el Dios de Abrahán, y el Dios de Isaac, y el Dios de Jacob?

27. Y en verdad que Dios no es Dios de muertos, sino de vivos. Luego estáis vosotros en un grande error.

28. Uno de los escribas, que había oído esta disputa, viendo lo bien que les había respondido, se arrimó, y le preguntó cuál era el primero de todos los mandamientos.

29. Y Jesús le respondió: El primero de todos los mandamientos es éste: Escucha, ¡oh Israel!, el Señor Dios tuyo, es el solo Dios:

30. y así amarás al Señor Dios tuyo con todo tu corazón, y con toda tu alma, y con toda tu mente, y con todas tus fuerzas; éste es el mandamiento primero;

31. el segundo, semejante al primero, es: Amarás a tu prójimo como a ti mismo. No hay otro mandamiento que sea mayor que éstos.

32. Y el escriba le dijo: Maestro, has dicho bien y con toda verdad, que Dios es uno solo, y no hay otro fuera de Él;

33. y que el amarle de todo corazón, y con todo el espíritu, y con toda el alma, y con todas las fuerzas, y al prójimo como a sí mismo, vale más que todos los holocaustos y sacrificios.

34. Viendo Jesús que el letrado había respondido sabiamente, díjole: No estás lejos del reino de Dios. Y ya nadie osaba hacerle más preguntas.

35. Y enseñando y razonando después Jesús en el templo, decía: ¿Cómo dicen los escribas que el Cristo o Mesías es hijo de David?

36. Siendo así que el mismo David, inspirado del Espíritu Santo, dice hablando del Mesías: Dijo el Señor a mi Señor, siéntate a mi diestra hasta tanto que yo haya puesto a tus enemigos por tarima de tus pies:

37. pues si David le llama su Señor, ¿por dónde o cómo es su hijo? Y el numeroso auditorio le oía con gusto.

38. Y decíales en sus instrucciones: guardaos de los escribas que hacen gala de pasearse con vestidos rozagantes, y de ser saludados en la plaza,

39. y de ocupar las primeras sillas en las sinagogas y los primeros asientos en los convites;

40. que devoran las casas de las viudas con el pretexto de que hacen por ellas largas oraciones; éstos serán castigados con más rigor.

41. Estando Jesús una vez sentado frente al arca de las ofrendas, estaba mirando cómo la gente echaba dinero en ella; y muchos ricos echaban grandes cantidades.

42. Vino también una viuda pobre, la cual metió dos blancas, o pequeñas monedas, que hacen un maravedí;

43. y entonces convocando a sus discípulos les dijo: En verdad os digo que esta pobre viuda ha echado más en el arca, que todos los otros.

44. Por cuanto los demás han echado algo de lo que les sobraba; pero ésta ha dado de su misma pobreza todo lo que tenía, todo su sustento.

CAPÍTULO XIII

Profecías de la destrucción de Jerusalén y de la segunda venida de Jesús, con las señales que precederán (Mat. XXIV.- Luc. XIX, XXI.)

1. Al salir del templo, díjole uno de sus discípulos: Maestro, mira qué piedras y que fábrica tan asombrosa.

2. Jesús le dio por respuesta: ¿Ves todos esos magníficos edificios?, pues serán de tal modo destruidos, que no quedará piedra sobre piedra.

3. Y estando sentado en el monte del Olivar de cara al templo, le preguntaron aparte Pedro y Santiago, y Juan, y Andrés:

4. Dinos, ¿cuándo sucederá eso?, y ¿qué señal habrá de que todas estas cosas están a punto de cumplirse?

5. Jesús tomando la palabra, les habló de esta manera: Mirad que nadie os engañe;

6. porque muchos vendrán arrogándose mi nombre, y diciendo: Yo soy el Mesías; y con falsos prodigios seducirán a muchos.

7. Cuando sintiereis alarmas y rumores de guerras, no os turbáis por eso; porque si bien han de suceder estas cosas, mas no ha llegado aún con ellas el fin;

8. puesto que antes se armará nación contra nación, y reino contra reino, y habrá terremotos en varias partes, y hambres. Y esto no será sino el principio de los dolores.

9. Entretanto vosotros estad sobre aviso en orden a vuestras mismas personas. Por cuanto habéis de ser llevados a los concilios o tribunales, y azotados en las sinagogas, y presentados por causa de mí ante los gobernadores y reyes, para que déis delante de ellos testimonio de mí y de mi doctrina.

10. Mas primero debe ser predicado el evangelio a todas las naciones.

11. Cuando, pues, llegare el caso de que os lleven para entregaros en sus manos, no discurráis de antemano lo que habéis de hablar; sino hablad lo que os será inspirado en aquel trance; porque no sois entonces vosotros los que habláis, sino el Espíritu Santo.

12. Entonces el hermano entregará a la muerte al hermano, y el padre al hijo; y se levantarán los hijos contra los padres, y les quitarán la vida.

13. Y vosotros seréis aborrecidos de todo el mundo por causa de mi nombre. Mas quien estuviere firme o perseverare en la fe hasta el fin, éste será salvo.

14. Cuando empero viereis la abominación de la desolación, establecida donde menos debiera (el que lea esto, haga reflexión sobre ello), entonces los que moran en Judea, huyan a los montes;

15. y el que se encuentre en el terrado, no baje a casa, ni entre a sacar de ella cosa alguna;

16. y el que esté en el campo, no torne atrás a tomar su vestido.

17. Mas, ¡ay de las que estarán encinta, y de las que criarán en aquellos días!

18. Por eso rogad a Dios que no sucedan estas cosas durante el invierno.

19. Porque serán tales las tribulaciones de aquellos días, cuales no se han visto desde que Dios crió al mundo, hasta el presente, ni se verán.

20. Y si el Señor no hubiere abreviado aquellos días, no se salvaría hombre alguno; mas en gracia de los escogidos, que Él se eligió los ha abreviado.

21. Entonces si alguno os dijere: Ve aquí el Cristo, o vele allí, no lo creáis;

22. porque se levantarán falsos Cristos y falsos profetas, los cuales harán alarde de milagros y prodigios para seducir, si se pudiese, a los mismos escogidos.

23. Por tanto, vosotros estad sobre aviso: ya veis que os lo he predicho todo a fin de que no seáis sorprendidos.

24. Y pasados aquellos días de tribulación, el sol se oscurecerá, y la luna no alumbrará;

25. y las estrellas del cielo caerán o amenazarán ruina, y las potestades que hay en los cielos, bambalearán.

26. Entonces se verá venir al Hijo del hombre sobre las nubes con gran poder y gloria;

27. el cual enviará luego sus ángeles, y congregará a sus escogidos de los cuatro partes del mundo, desde el último cabo de la tierra, hasta la extremidad del cielo.

28. Aprended ahora sobre esto una comparación tomada de la higuera: cuando ya sus ramos retoñecen, y brotan las hojas, conocéis que está cerca el verano.

29. Pues así también, cuando vosotros veáis que acontecen estas cosas, sabed que el Hijo del hombre está cerca, está ya a la puerta.

30. En verdad os digo, que no pasará esta generación, que no se hayan curnplido todas estas cosas.

31. El cielo y la tierra faltarán; pero no faltarán mis palabras.

32. Mas en cuanto al día o a la hora nadie sabe nada, ni los ángeles en el cielo, ni el Hijo para revelároslo; sino el Padre.

33. Estad, pues, alerta, velad y orad, ya que no sabéis cuándo será el tiempo.

34. A la manera de un hombre que saliendo a un viaje largo dejó su casa, y señaló a cada uno de sus criados lo que debía hacer, y mandó al portero que velase,

35. velad, pues, también vosotros (porque no sabéis cuándo vendrá el dueño de la casa: si a la tarde, o a la media noche, o al canto del gallo, o al amanecer),

36. no sea que viniendo de repente, os encuentre dormidos.

37. En fin, lo que a vosotros os digo, a todos lo digo: Velad.

CAPÍTULO XIV

Principio de la pasión de Jesús. Última cena e institución de la Eucaristía. Oración en el huerto. El Señor es presentado a Caifás. Negación de San Pedro (Mat. XXVI.- Luc. XXVI.- Juan XII, XIII, XVI, XVIII.)

1. Dos días después era la Pascua, cuando comienzan los ázimos: y los príncipes de los sacerdotes y los escribas andaban trazando cómo prender a Jesús con engaño y quitarle la vida.

2. Mas no ha de ser, decían, en la fiesta, porque no se amotine el pueblo.

3. Hallándose Jesús en Betania, en casa de Simón el leproso, estando a la mesa, entró una mujer con un vaso de alabastro lleno de ungüento o perfume hecho de la espiga del nardo, de mucho precio, y quebrando el vaso, derramó el bálsamo sobre la cabeza de Jesús.

4. Algunos de los presentes irritados interiormente, decían: ¿A qué fin desperdiciar ese perfume,

5. siendo así que se podía vender en más de trescientos denarios, y dar el dinero a los pobres? Con este motivo bramaban contra ella.

6. Mas Jesús les dijo: Dejadla en paz, ¿por qué la molestáis? La obra que ha hecho conmigo es buena y loable:

7. pues que a los pobres los tenéis siempre con vosotros, y podéis hacerles bien cuando quisiereis; mas a mí no me tendréis siempre.

8. Ella ha hecho cuanto estaba en su mano; se ha anticipado a embalsamar mi cuerpo para la sepultura y hacerme en vida este honor.

9. En verdad os digo que doquiera que se predicare este evangelio por todo el mundo, se contará también en memoria o alabanza de esta mujer lo que acaba de hacer.

10. Entonces Judas Iscariote, uno de los doce, salió a verse con los sumos sacerdotes, para entregarles a Jesús.

11. Los cuales cuando le oyeron, se holgaron mucho, y prometieron darle dinero. Y él ya no buscaba sino ocasión oportuna para entregarle.

12. El primer día, pues, de los ázimos en que sacrificaban el cordero pascual, dícenle los discípulos: ¿A dónde quieres que vayamos a prepararte la cena de la Pascua?

13. Y Jesús envió a Jerusalén a dos de ellos, diciéndoles: id a la ciudad, y encontraréis a un hombre que lleva un cántaro de agua: seguidle.

14. Y en donde quiera que entrare, decid al amo de la casa, que el Maestro os envía a decir: ¿Dónde está la sala en que he de celebrar la cena de la Pascua con mis discípulos?

15. Y él os mostrará una pieza de comer grande, bien amueblada: preparadnos allí lo necesario.

16. Fueron, pues, los discípulos, y llegando a la ciudad, hallaron todo lo que les había dicho, y dispusieron las cosas para la Pascua.

17. Puesto ya el sol, fue Jesús allá con los doce.

18. Y estando a la mesa, y comiendo, dijo Jesús: En verdad os digo, que uno de vosotros, que come conmigo, me hará traición.

19. Comenzaron entonces ellos a contristarse y a decirle uno después de otro: ¿Seré yo acaso, Señor?

20. Él les respondió: Es uno de los doce, uno que mete conmigo la mano o moja en un mismo plato.

21. Verdad es que el Hijo del hombre se va, o camina a su fin, como está escrito de Él; pero, ¡ay de aquel hombre, por quien el Hijo del hombre será entregado a la muerte! Mejor sería para el tal hombre el no haber nacido.

22. Durante la cena, tomó Jesús pan, y bendiciéndolo lo partió, y dióselo, y les dijo: Tomad, éste es mi cuerpo.

23. Y cogiendo el cáliz, dando gracias se lo alargó; y bebieron todos de él.

24. Y al dárselo, díjoles: Ésta es la sangre mía, el sello del nuevo testamento, la cual será derramada por muchos.

25. En verdad os digo, que de hoy más no beberé de este fruto de la vid, hasta el día en que lo beba nuevo en el reino de Dios.

26. Y dicho el himno de acción de gracias, salieron hacia el monte del Olivar.

27. Antes de partir díjoles aún Jesús: Todos os escandalizaréis por ocasión de mí esta noche, según está escrito: Heriré al pastor, y se descarriarán las ovejas.

28. Pero en resucitando me pondré a vuestro frente en Galilea en donde os reuniré otra vez.

29. Pedro le dijo entonces: Aun cuando fueres para todos los demás un objeto de escándalo, no lo serás para mí.

30. Jesús le replicó: En verdad te digo, que tú, hoy mismo en esta noche, antes de la segunda vez que cante el gallo, tres veces me has de negar.

31. Él no obstante se afirmaba más y más en lo dicho, añadiendo: Aunque me sea forzoso el morir contigo, yo no te negaré. Y lo mismo decían todos los demás.

32. En esto llegan a la granja llamada Getsemaní. Y dice a sus discípulos: Sentaos aquí mientras que Yo hago oración.

33. Y llevándose consigo a Pedro, y a Santiago, y a Juan, comenzó a atemorizarse y angustiarse.

34. Y díjoles: Mi alma siente angustias de muerte; aguardad aquí y estad en vela.

35. Y apartándose un poco adelante se postró en tierra; y suplicaba que, si ser pudiese, se alejase de Él aquella hora:

36. ¡Oh Padre, Padre mío!, decía, todas las cosas te son posibles, aparta de mí este cáliz: mas no sea lo que Yo quiero, sino lo que Tú.

37. Viene después a las tres, y hallólos dormidos. Y dice a Pedro: ¿Simón, tú duermes?, ¿aún no has podido velar una hora?

38. Velad, y orad para que no caigáis en la tentación. El espíritu a la verdad está pronto, es esforzado, pero la carne es flaca.

39. Fuese otra vez a orar, repitiendo las mismas palabras.

40. Y habiendo vuelto, los encontró de nuevo dormidos (porque sus ojos estaban cargados de sueño) y no sabían qué responderle.

41. Al fin vino tercera vez, y les dijo: Ea, dormid y reposad... Pero basta ya: la hora es llegada: y ved aquí que el Hijo del hombre va a ser entregado en manos de los pecadores.

42. Levantaos de aquí, y vamos, que ya el traidor está cerca.

43. Estando todavía hablando, llega Judas Iscariote, uno de los doce, acompañado de mucha gente, armada con espadas y con garrotes, enviada por los príncipes de los sacerdotes, por los escribas y por los ancianos.

44. El traidor les había dado una seña, diciendo: A quien yo besare, Él es, prendedle y conducidle con cautela.

45. Así al punto que llegó, arrimándose a Jesús, le dijo: Maestro mío, Dios te guarde; y besóle.

46. Ellos entonces le echaron las manos, y le aseguraron.

47. Entretanto uno de los circunstantes (Pedro) desenvainando la espada, hirió a un criado del Sumo sacerdote, y le cortó una oreja.

48. Jesús empero, tomando la palabra, les dijo: ¿Como si yo fuese algún ladrón, habéis salido a prenderme con espadas y con garrotes?

49. Todos los días estaba entre vosotros enseñando en el templo, y no me prendisteis. Pero es necesario que se cumplan las Escrituras.

50. Entonces sus discípulos, abandonándole, huyeron todos.

51. Pero cierto mancebo le iba siguiendo envuelto solamente en una sábana o lienzo sobre sus carnes, y los soldados le cogieron.

52. Mas él soltando la sábana, desnudo se escapó de ellos.

53. Jesús fue conducido a casa del Sumo sacerdote, donde se juntaron todos los principales sacerdotes, y los escribas, y los ancianos.

54. Pedro como quiera le fue siguiendo a lo lejos, hasta dentro del palacio del Sumo sacerdote, donde se sentó al fuego con los criados, y estaba calentándose

55. mientras tanto los príncipes de los sacerdotes, con todo el concilio, andaban buscando contra Jesús algún testimonio, para condenarle a muerte, y no le hallaban.

56. Porque dado que muchos atestiguaban falsamente contra él, los tales testimonios no estaban acordes, ni eran suficientes para condenarle la muerte.

57. Comparecieron, en fin algunos que alegaban contra él este falso testimonio.

58. Nosotros le oímos decir: Yo destruiré este templo hecho de mano de los hombres, y en tres días fabricaré otro sin obra de mano alguna.

59. Pero tampoco en este testimonio estaban acordes.

60. Entonces el Sumo sacerdote levantándose en medio del congreso, interrogó a Jesús, diciéndole: ¿No respondes nada a los cargos que te hacen éstos?

61. Jesús, empero, callaba, y nada respondió. Interrogóle el Sumo sacerdote nuevamente, y le dijo: ¿eres tú el Cristo o Mesías el Hijo de Dios bendito?

62. A esto le respondió Jesús: Yo soy; y algún día veréis al Hijo del hombre sentado a la diestra de la majestad de Dios, y venir sobre las nubes del cielo.

63. Al punto, el Sumo sacerdote, rasgando sus vestiduras, dice: ¿Qué necesidad tenemos ya de testigos?

64. Vosotros mismos habéis oído la blasfemia: ¿qué os parece? Y todos ellos le condenaron por reo de muerte.

65. Y luego empezaron algunos a escupirle, y tapándole la cara, dábanle golpes, diciéndole: Profetiza, o adivina quién te ha dado; y los ministriles le daban de bofetadas.

66. Entretanto, hallándose Pedro abajo en el patio, vino una de las criadas del Sumo sacerdote;

67. y viendo a Pedro que se estaba calentando, clavados en él los ojos, le dice: Tú también andabas con Jesús Nazareno.

68. Mas él lo negó, diciendo: Ni le conozco, ni sé lo que te dices. Y saliéndose fuera del zaguán, cantó el gallo.

69. Reparando de nuevo en él la criada, empezó a decir a los circunstantes: Sin duda éste es de aquéllos.

70. Mas él lo negó segunda vez. Un poquito después, los que estaban allí decían nuevamente a Pedro: Seguramente tú eres de ellos, pues eres también galileo.

71. Aquí comenzó a echarse maldiciones, y a asegurar con juramento: Yo no conozco a ese hombre de que habláis.

72. Y al instante cantó el gallo la segunda vez. Con lo que se acordó Pedro de la palabra que Jesús le había dicho: Antes de cantar el gallo por segunda vez, tres veces me habrás ya negado. Y comenzó a llorar amargamente.

CAPÍTULO XV

Jesús es presentado a Pilatos, azotado, coronado de espinas y cruficicado entre dos ladrones. Prodigios que suceden en su muerte, y cómo fue sepultado (Mat. XXVII. - Luc. XXIII. - Juan XVIII, XIX).

1. Y luego que amaneció, habiéndose juntado para deliberar los Sumos sacerdotes, con los ancianos y los escribas, y todo el consejo o sanedrín, ataron a Jesús, y le condujeron y entregaron a Pilatos.

2. Pilatos le preguntó: ¿Eres tú el rey de los judíos? A que Jesús respondiendo, le dijo: Tú lo dices, lo soy.

3. Y como los príncipes de los sacerdotes le acusaban en muchos puntos,

4. Pilatos volvió nuevamente a interrogarle, diciendo: ¿No respondes nada?, mira de cuántas cosas te acusan.

5. Jesús, empero, nada más contestó, de modo que Pilatos estaba todo maravillado.

6. Solía él, por razón de la fiesta de Pascua, concederles la libertad de uno de los presos, cualquiera que el pueblo pidiese.

7. Entre éstos había uno llamado Barrabás, el cual estaba preso con otros sediciosos, por haber en cierto motín cometido un homicidio.

8. Pues como el pueblo acudiese a esta sazón a pedirle el indulto que siempre les otorgaba,

9. Pilatos les respondió, diciendo: ¿Queréis que os suelte al rey de los judíos?

10. Porque sabía que los príncipes de los sacerdotes se lo habían entregado por envidia.

11. Mas los pontífices instigaron al pueblo a que pidiese más bien la libertad de Barrabás.

12. Pilatos de nuevo les habló, y les dijo: ¿Pues qué queréis que haga del rey de los judíos?

13. Y ellos volvieron a gritar: ¡Crucifícale!

14. Y les decía: ¿Pues qué mal es el que ha hecho? Mas ellos gritaban con mayor fuerza: ¡Crucifícale!

15. Al fin Pilatos, deseando contentar al pueblo, les soltó a Barrabás; y a Jesús, después de haberle hecho azotar, se lo entregó para que fuese crucificado.

16. Los soldados le llevaron entonces al patio del pretorio, y reuniéndose allí toda la cohorte,

17. vístenle un manto de grana a manera de púrpura, y le ponen una corona de espinas entretejidas.

18. Comenzaron en seguida a saludarle diciendo: ¡Salve, oh rey de los judíos!

19. Al mismo tiempo herían su cabeza con una caña, y escupíanle, e hincando las rodillas le adoraban.

20. Después de haberse así mofado de él, le desnudaron de la púrpura, y volviéndole a poner sus vestidos, le condujeron a fuera para crucificarle.

21. Al paso alquilaron a un hombre que venía de una granja, llamado Simón Cireneo, padre de Alejandro y de Rufo, obligándole a que llevase la cruz de Jesús.

22. Y de esta suerte le conducen al lugar llamado Gólgota, que quiere decir calvario, u osario.

23. Allí le daban a beber vino mezclado con mirra mas él no quiso beberlo.

24. Y después de haberle crucificado, repartieron sus ropas, echando suertes sobre la parte que había de llevar cada uno.

25. Era ya cumplida la hora de tercia, cuando le crucificaron.

26. Y estaba escrita la causa de su sentencia con este letrero: EL REY DE LOS JUDÍOS.

27. Crucificaron también con él a dos ladrones, uno a su derecha y otro a la izquierda:

28. con lo que se cumplió la Escritura, que dice: Y fue puesto en la clase de los malhechores.

29. Los que iban y venían blasfemaban de él, meneando sus cabezas, y diciendo: ¡Hola!, tú que destruyes el templo de Dios, y que lo reedificas en tres días,

30. sálvate a ti mismo bajando de la cruz.

31. De la misma manera, mofándose de él los príncipes de los sacerdotes con los escribas, se decían el uno otro: A otros ha salvado, y no puede salvarse a sí mismo.

32. El Cristo, el rey de Israel, descienda ahora de la cruz, para que seamos testigos de vista, y le creamos. También los que estaban crucificados con él, le ultrajaban.

33. Y a la hora de sexta se cubrió toda la tierra de tinieblas hasta la hora de nona.

34. Y a la hora de nona exclamó Jesús diciendo en voz grande y extraordinaria: ¿ELOI, ELOI, LAMMA SABACTANI?, que significa: Dios

mío, Dios mío, ¿por qué me has desamparado?

35. Oyéndolo algunos de los circunstantes, decían: Ved cómo llama a Elías.

36. Y corriendo uno de ellos, empapó una esponja en vinagre, y revolviéndola en la punta de una caña, dábale a beber, diciendo: Dejad que cobre así algún aliento, y veremos si viene Elías a descolgarle de la cruz.

37. Mas Jesús, dando un gran grito, expiró.

38. Y al mismo tiempo el velo del templo se rasgó en dos partes, de arriba abajo.

39. Y el centurión que estaba allí presente, viendo que había expirado con gran clamor, dijo: Verdaderamente que este hombre era Hijo de Dios.

40. Había también allí varias mujeres que estaban mirando de lejos, entre las cuales estaba María Magdalena, y María madre de Santiago el menor y de José, y Salomé mujer de Zebedeo,

41. que cuando estaba en Galilea, le seguían y le asistían con sus bienes; y también otras muchas, que juntamente con él habían subido a Jerusalén.

42. Al caer el sol (por ser aquel día la parasceve, o día de preparación, que precede al sábado)

43. fue José de Arimatea, persona ilustre y senador, el cual esperaba también el reino de Dios, y entró denodadamente a Pilatos, y pidió el cuerpo de Jesús.

44. Pilatos, admirándose de que tan pronto hubiese muerto hizo llamar al centurión, y le preguntó si efectivamente era muerto.

45. Y habiéndole asegurado que sí, el centurión dio el cuerpo a José.

46. José, comprada una sábana, bajó a Jesús de la cruz, y le envolvio en la sábana, y le puso en un sepulcro abierto en una peña, y arrimando una gran piedra, dejó así con ella cerrada la entrada.

47. Entretanto María Magdalena y María, madre de José, estaban observando dónde le ponían.

CAPÍTULO XVI

Resurrección de Jesús; aparécese a la Magdalena y a los discípulos y apóstoles; envía a éstos a bautizar y a predicar el Evangelio. Su ascensión a los cielos (Mat. XXVIII.- Luc. XXIV.- Juan XX.)

1. Y pasada la fiesta del sábado, María Magdalena, y María madre de Santiago, y Salomé, compraron aromas para ir a embalsamar a Jesús.

2. Y partiendo muy de madrugada el domingo o primer día de la semana, llegaron al sepulcro, salido ya el sol.

3. Y se decían una a otra: ¿Quién nos quitará la piedra de la entrada del sepulcro?

4. La cual realmente era muy grande, mas echando la vista, repararon que la piedra estaba apartada.

5. Y entrando en el sepulcro o cueva sepulcral se hallaron con un joven sentado al lado derecho, vestido de un blanco ropaje, y se quedaron pasmadas.

6. Pero él les dijo: No tenéis que asustaros; vosotras venís a buscar a Jesús Nazareno, que fue crucificado; ya resucitó, no esta aquí: mirad el lugar donde le pusieron.

7. Pero id, y decid a sus discípulos, y especialmente a Pedro que él irá delante de vosotros a Galilea, donde le veréis, según que os tiene dicho.

8. Ellas, saliendo del sepulcro, echaron a huir, como sobrecogidas que estaban de pavor y espanto, y a nadie dijeron nada en el camino: tal era su pasmo.

9. Jesús habiendo resucitado de mañana, el domingo o primer día de la semana, se apareció primeramente a María Magdalena, de la cual había lanzado siete demonios.

10. Y Magdalena fue luego a dar las nuevas a los que habían andado con él, que no cesaban de gemir y llorar.

11. Los cuales al oírla decir que vivía, y que ella le había visto, no la creyeron.

12. Después de esto se apareció bajo otro aspecto a dos de ellos, que iban de camino a una casa de campo.

13. Los que viniendo luego, trajeron a los demás la nueva; pero ni tampoco los creyeron.

14. En fin, apareció a los once apóstoles cuando estaban a la mesa; y les dio en rostro con su incredulidad y dureza de corazón; porque no habían creído a los que le habían visto resucitado.

15. Por último, les dijo: id por todo el mundo; predicad el evangelio a todas las criaturas:

16. el que creyere y se bautizare se salvará; pero el que no creyere será condenado.

17. A los que creyeren, acompañarán estos milagros: en mi nombre lanzarán los demonios, hablarán nuevas lenguas;

18. manosearán las serpientes; y si algún licor venenoso bebieren, no les hará daño; pondrán las manos sobre los enfermos, y quedarán éstos curados.

19. Así el Señor Jesús, después de haberles hablado varias veces, fue elevado al cielo (en su propia virtud) y está allí sentado a la diestra de Dios.

20. Y sus discípulos fueron, y predicaron en todas partes, cooperando el Señor, y confir-

mando su doctrina con los milagros que la acompañaban.

EL SANTO EVANGELIO DE NUESTRO SEÑOR JESUCRISTO SEGÚN SAN LUCAS

CAPÍTULO I

El ángel Gabriel anuncia el nacimiento de San Juan el Precursor, y de Jesús el Hijo de Dios. Visita Nuestra Señora a Santa Elisabet. Cántico de la Virgen. Nacimiento de San Juan. Cántico de Zacarías. Los prodigios que antes y después sucedieron (Mat. XI.)

1. Ya que muchos han emprendido ordenar la narración de los sucesos que se han cumplido entre nosotros,

2. conforme nos lo tienen referido, aquellos mismos que desde su principio han sido testigos de vista y ministros de la palabra evangélica,

3. parecióme también a mí, después de haberme informado de todo exactamente desde su primer origen, escribírtelos por su orden, oh dignísimo Teófilo,

4. a fin de que conozcas la verdad de lo que se te ha enseñado.

5. Siendo Herodes rey de Judea, hubo un sacerdote llamado Zacarías, de la familia sacerdotal de Abía, una de aquellas que servían por turno en el templo, cuya mujer, llamada Elisabet, era igualmente del linaje de Aarón.

6. Ambos eran justos a los ojos de Dios, guardando, como guardaban, todos los mandamientos y leyes del Señor irreprensiblemente,

7. y no tenían hijos, porque Elisabet era estéril, y ambos de avanzada edad.

8. Sucedió, pues, que sirviendo él las funciones del sacerdocio en orden al culto divino, por su turno, que era el de Abía, le cupo en suerte,

9. según el estilo que había entre los sacerdotes, entrar en el templo del Señor, o lugar llamado santo,

10. a ofrecer el incienso; y todo el concurso del pueblo estaba orando de parte de afuera en el atrio, durante la oblación del incienso.

11. Entonces se le apareció a Zacarías un ángel del Señor, puesto en pie a la derecha del altar del incienso,

12. con cuya vista se estremeció Zacarías, y quedó sobrecogido de espanto.

13. Mas el ángel le dijo: No temas, Zacarías, pues tu oración ha sido bien despachada: tú

verás al Mesías; y tu mujer Elisabet te parirá un hijo, que será su precursor, a quien pondrás por nombre Juan;

14. el cual será para ti objeto de gozo y de júbilo; y muchos se regocijarán en su nacimiento,

15. porque ha de ser grande en la presencia del Señor. No beberá vino y ni cosa que pueda embriagar, y será lleno del Espíritu Santo ya desde el seno de su madre,

16. y convertirá a muchos de los hijos de Israel al Señor Dios Suyo.

17. delante del cual irá él revestido del espíritu y de la virtud o celo de Elías para reunir los corazones de los padres o patriarcas con los de los hijos y conducir los incrédulos a la prudencia y fe de los antiguos justos, a fin de preparar al Señor un pueblo perfecto.

18. Pero Zacarías respondió al ángel: ¿Por dónde podré yo certificarme de eso? Porque ya soy yo viejo, y mi mujer de edad muy avanzada.

19. El ángel replicándole dijo: Yo soy Gabriel, que asisto al trono de Dios, de quien he sido enviado a hablarte y a traerte esta feliz nueva.

20. Y desde ahora quedarás mudo, y no podrás hablar, hasta el día en que sucedan estas cosas, por cuanto no has creído en mis palabras, las cuales se cumplirán a su tiempo.

21. Entretanto estaba el pueblo esperando a Zacarías, y maravillándose de que se detuviese tanto en el templo.

22. Salido, en fin, no podía hablarles palabra, de donde conocieron que había tenido en el templo alguna visión. Él procuraba explicarse por señas, y permaneció mudo y sordo.

23. Cumplidos los días de su ministerio, volvió a su casa.

24. Poco después Elisabet, su esposa, concibió, y estuvo cinco meses ocultando el preñado, diciendo para consigo:

25. Esto ha hecho el Señor conmigo, ahora que ha tenido a bien borrar mi oprobio de delante de los hombres.

26. Estando ya Elisabet en su sexto mes, envió Dios al ángel Gabriel a Nazaret, ciudad de Galilea,

27. a una virgen desposada con cierto varón de la casa de David, llamado José; y el nombre de la virgen era María.

28. Y habiendo entrado el ángel a donde ella estaba, le dijo: Dios te salve, ¡oh llena de gracia!, el Señor es contigo; bendita tú eres entre todas las mujeres.

29. Al oír tales palabras la Virgen se turbó, y púsose a considerar qué significaría una tal salutación.

30. Mas el ángel le dijo: ¡Oh María!, no temas, porque has hallado gracia en los ojos de Dios.

31. Sábete que has de concebir en tu seno, y parirás un hijo, a quien pondrás por nombre Jesús.

32. Éste será grande, y será llamado Hijo del Altísimo, al cual el Señor Dios dará el trono de su padre David, y reinará en la casa de Jacob eternamente.

33. y su reino no tendrá fin.

34. Pero María dijo al ángel: ¿Cómo ha de ser eso, pues yo no conozco ni jamás conoceré varón alguno?

35. El ángel en respuesta le dijo: El Espíritu Santo descenderá sobre ti, y la virtud del Altísimo te cubrirá con su sombra, o fecundará: por esta causa el fruto santo que de ti nacerá será llamado Hijo de Dios.

36. Y ahí tienes a tu parienta Elisabet, que en su vejez ha concebido también un hijo; y la que se llamaba estéril, hoy cuenta ya el sexto mes;

37. porque para Dios nada es imposible.

38. Entonces dijo María: He aquí la esclava del Señor, hágase en mí tu palabra. Y en seguida el ángel desapareciendo se retiró de su presencia.

39. Por aquellos días partió María, y se fue apresuradamente a las montañas de Judea a una ciudad de la tribu de Judá;

40. habiendo entrado en la casa de Zacarías, saludó a Elisabet.

41. Lo mismo fue oír Elisabet la salutación de María, que la criatura, o el niño Juan, dio saltos de placer en su vientre, y Elisabet se sintió llena del Espíritu Santo,

42. y exclamando en alta voz, dijo a María: ¡Bendita tú eres entre todas las mujeres, y bendito es el fruto de tu vientre!

43. Y ¿de dónde a mí tanto bien que venga la madre de mi Señor a visitarme?

44. Pues lo mismo fue penetrar la voz de tu salutación en mis oídos, que dar saltos de júbilo la criatura en mi vientre.

45. ¡Oh bienaventurada tú que has creído! Porque se cumplirán sin falta las cosas que se te han dicho de parte del Señor.

46. Entonces María dijo: Mi alma glorifica al Señor,

47. y mi espíritu está transportado de gozo en el Dios salvador mío:

48. porque ha puesto los ojos en la bajeza de su esclava; por tanto ya desde ahora me llamarán bienaventurada todas las generaciones.

49. Porque ha hecho en mí cosas grandes aquel que es todopoderoso, cuyo nombre es santo,

50. y cuya misericordia se derrama de generación en generación sobre los que le temen.

51. Hizo alarde del poder de su brazo; deshizo las miras del corazón de los soberbios.

52. Derribó del solio a los poderosos, y ensalzó a los humildes.

53. Colmó de bienes a los hambrientos, y a los ricos los despidió sin nada.

54. Acordándose de su misericordia, acogió a Israel su siervo,

55. según la promesa que hizo a nuestros padres, a Abrahán y a su descendencia por los siglos de los siglos.

56. Y detúvose María con Elisabet cosa de tres meses, y después se volvió a su casa.

57. Entretanto le llegó a Elisabet el tiempo de su alumbramiento, y dio a luz un hijo.

58. Supieron sus vecinos y parientes la gran misericordia que Dios le había hecho, y se congratulaban con ella.

59. El día octavo vinieron a la circuncisión del niño, y llamábanle Zacarías, del nombre de su padre.

60. Pero su madre, oponiéndose, dijo: No por cierto, sino que se ha de llamar Juan.

61. Dijéronle: ¿No ves que nadie hay en tu familia que tenga ese nombre?

62. Al mismo tiempo preguntaban por señas al padre del niño cómo quería que se le llamase.

63. Y él pidiendo la tablilla, o recado de escribir, escribió así: Juan es su nombre. Lo que llenó a todos de admiración.

64. Y al mismo tiempo recobró el habla y usó de la lengua, y empezó a bendecir a Dios.

65. Con lo que un santo temor se apoderó de todas las gentes comarcanas; y divulgáronse todos estos sucesos por todo el país de las montañas de Judea.

66. Y cuantos los oían, los meditaban en su corazón, diciéndose unos a otros: ¿Quién pensáis ha de ser este niño? Porque verdaderamente la mano del Señor estaba con él.

67. Además de que Zacarías, su padre, quedó lleno del Espíritu Santo, y profetizó, diciendo:

68. Bendito sea el Señor Dios de Israel, porque ha visitado y redimido a su pueblo;

69. y nos ha suscitado un poderoso salvador en la casa de David su siervo,

70. según lo tenía anunciado por boca de sus santos profetas, que han florecido en todos los siglos pasados,

71. para librarnos de nuestros enemigos y de las manos de todos aquellos que nos aborrecen,

72. ejerciendo su misericordia con nuestros padres, y teniendo presente su alianza santa,

73. conforme al juramento con que juró a nuestro padre Abrahán que nos otorgaría la gracia

74. de que, libertados de las manos de nuestros enemigos, le sirvamos sin temor,

75. con verdadera santidad y justicia, ante su acatamiento, todos los días de nuestra vida.

76. Y tú, ¡oh niño!, tú serás llamado el profeta del Altísimo; porque irás delante del Señor a preparar sus caminos,

77. enseñando la ciencia de la salvación a su pueblo, para que obtenga el perdón de sus pecados,

78. por las entrañas misericordiosas de nuestro Dios, que ha hecho que ese Sol naciente ha venido a visitarnos de lo alto del cielo.

79. para alumbrar a los que yacen en las tinieblas y en la sombra de la muerte, para enderezar nuestros pasos por el camino de la paz.

80. Mientras tanto el niño iba creciendo, y se fortalecía en el espíritu, y habitó en los desiertos hasta el tiempo en que debía darse a conocer a Israel.

CAPÍTULO II

Jesús nace en Betlehem; es manifestado por los ángeles a los pastores y circuncidado al octavo día; cántico y profecía de Simeón. Jesús a los doce años disputa en el templo con los doctores de la Ley. Vive en Nazaret sujeto a sus padres (Mat. I, II).

1. Por aquellos días se promulgó un edicto de César Augusto, mandando empadronar a todo el mundo.

2. Éste fue el primer empadronamiento hecho por Cirino, que después fue gobernador de la Siria.

3. Y todos iban a empadronarse, cada cual a la ciudad de su estirpe.

4. José, pues, como era de la casa y familia de David, vino desde Nazaret, ciudad de Galilea, a la ciudad de David llamada Betlehem, en Judea,

5. para empadronarse con María su esposa, la cual estaba encinta.

6. Y sucedió que hallándose allí, le llegó la hora del parto.

7. Y parió a su hijo primogénito, y envolvióle en pañales, y recostóle en un pesebre, porque no hubo lugar para ellos en el mesón.

8. Estaban velando en aquellos contornos unos pastores, y haciendo centinela de noche sobre su grey.

9. cuando de improviso un ángel del Señor apareció junto a ellos, y cercólos con su resplandor una luz divina, lo cual los llenó de sumo temor.

10. Díjoles entonces el ángel: No tenéis que temer; pues vengo a daros una nueva de grandísimo gozo para todo el pueblo,

11. y es, que hoy os ha nacido en la ciudad de David el Salvador, que es el Cristo, o Mesías, el Señor nuestro.

12. Y sirvaos de seña que hallaréis al niño envuelto en pañales y reclinado en un pesebre.

13. Al punto lo mismo se dejó ver con el ángel un ejército numeroso de la milicia celestial, alabando a Dios, y diciendo:

14. Gloria a Dios en lo más alto de los cielos, y paz en la tierra a los hombres de buena voluntad.

15. Luego que los ángeles se apartaron de ellos y volaron al cielo, los pastores se decían unos a otros: Vamos hasta Betlehem, y veamos este suceso prodigioso que acaba de suceder, y que el Señor nos ha manifestado.

16. Vinieron, pues, a toda prisa, y hallaron a María y a José y al niño reclinado en el pesebre.

17. Y viéndole, se certificaron de cuanto se les había dicho de este niño.

18. Y todos los que supieron el suceso, se maravillaron igualmente, de lo que los pastores les habían contado.

19. María, empero, conservaba todas estas cosas dentro de sí, ponderándolas en su corazón.

20. En fin, los pastores se volvieron, no cesando de alabar y glorificar a Dios por todas las cosas que habían oído y visto, según se les había anunciado por el ángel.

21. Llegado el día octavo en que debía ser circuncidado el niño, le fue puesto por nombre Jesús, nombre que le puso el ángel antes que fuese concebido.

22. Cumplido asimismo el tiempo de la purificación de la madre, según la ley de Moisés, llevaron al niño a Jerusalén, para presentarle al Señor,

23. como está escrito en la ley del Señor: Todo varón que nazca el primero, será consagrado al Señor;

24. y para presentar la ofrenda de un par de tórtolas, o dos palominos, como está también ordenado en la ley del Señor.

25. Había a la sazón en Jerusalén un hombre justo y temeroso de Dios, llamado Simeón, el cual esperaba de día en día la consolación de Israel o la venida del Mesías, y el Espíritu Santo moraba en él.

26. El mismo Espíritu Santo le había revelado, que no había de morir antes de ver al Cristo o Ungido del Señor.

27. Así vino inspirado de él al templo. Y al entrar con el niño Jesús sus padres para practicar con él lo prescrito por la ley:

28. tomándole Simeón en sus brazos, bendijo a Dios, diciendo:

29. Ahora, Señor, ahora sí que sacas en paz de este mundo a tu siervo, según tu promesa.

30. Porque ya mis ojos han visto al Salvador que nos has dado,

31. al cual tienes destinado para que, expuesta a la vista de todos los pueblos,

32. sea luz brillante que ilumine a los gentiles y la gloria de tu pueblo de Israel.

33. Su padre y su madre escuchaban con admiración las cosas que de él se decían.

34. Simeón bendijo a entrambos, y dijo a María su madre: Mira, este niño que ves está destinado para ruina y para resurrección de muchos en Israel, y para ser el blanco de la contradicción de los hombres;

35. lo que será para ti misma una espada que traspasará tu alma; a fin de que sean descubiertos los pensamientos ocultos en los corazones de muchos.

36. Vivía entonces una profetisa llamada Ana, hija de Fanuel, de la tribu de Aser que era ya de edad muy avanzada; y la cual, casada desde la flor de ella, vivió con su marido siete años.

37. Y habíase mantenido viuda hasta los ochenta y cuatro años de su edad, no saliendo del templo, y sirviendo en él a Dios día y noche con ayunos y oraciones.

38. Ésta, pues, sobreviniendo a la misma hora, alababa igualmente al Señor, y hablaba de él a todos los que esperaban la redención de Israel.

39. Y María y José con el niño Jesús cumplidas todas las cosas ordenadas en la ley del Señor, regresaron a Galilea, a su ciudad de Nazaret.

40. Entretanto, el niño iba creciendo, y fortaleciéndose, lleno de sabiduría; y la gracia de Dios estaba en él.

41. Iban sus padres todos los años a Jerusalén por la fiesta solemne de la Pascua.

42. Y siendo el niño ya de doce años cumplidos, habiendo subido a Jerusalén, según solían en aquella solemnidad,

43. acabados aquellos días, cuando ya se volvían, se quedó el niño Jesús en Jerusalén, sin que sus padres lo advirtiesen;

44. antes bien, persuadidos de que venía con algunos de los de su comitiva, anduvieron la jornada entera buscándole entre los parientes y conocidos.

45. Mas como no le hallasen, retornaron a Jerusalén, en busca suya.

46. Y al cabo de tres días de haberle perdido, le hallaron en el templo, sentado en medio de los doctores, que ora les escuchaba, ora les preguntaba.

47. Y cuantos le oían quedaban pasmados de su sabiduría y de sus respuestas.

48. Al verle, pues, sus padres quedaron maravillados: y su madre le dijo: Hijo, ¿por qué te has portado así con nosotros? Mira cómo tu padre y yo llenos de aflicción te hemos andado buscando.

49. Y él les respondió: ¿Cómo es que me buscabais? No sabíais que yo debo emplearme en las cosas que miran al servicio de mi Padre?

50. Mas ellos por entonces no comprendieron el sentido de la respuesta.

51. En seguida se fue con ellos, y vino a Nazaret, y les estaba sujeto. Y su madre conservaba todas estas cosas en su corazón.

52. Jesús entretanto crecía en sabiduría, en edad y en gracia delante de Dios, y de los hombres.

CAPÍTULO III

Predicación y bautismo de San Juan. Va Jesús a ser bautizado; prodigios que suceden. Genealogía de Jesús (Mat. III, XIV, XVII, XXIII. - Marc. I. VI. - Juan I).

1. El año décimoquinto del imperio de Tiberio César, gobernando Poncio Pilatos la Judea, siendo Herodes tetrarca de la Galilea, y su hermano Filipo tetrarca de Iturea y de la provincia de Traconite y Lisanias tetrarca de Abilina;

2. hallándose Sumos sacerdotes Anás y Caifás el Señor hizo entender su palabra a Juan, hijo de Zacarías, en el desierto;

3. el cual, obedeciendo al instante, vino por toda la ribera del Jordán, predicando un bautismo de penitencia para la remisión de los pecados,

4. como está escrito en el libro de las palabras, o vaticinios, del profeta Isaías: Se oirá la voz de uno que clama en el desierto: Preparad el camino del Señor, enderezad sus sendas;

5. todo valle sea terraplenado, todo monte y cerro allanado; y así los caminos torcidos serán enderezados, y los escabrosos igualados;

6. y verán todos los hombres al Salvador enviado de Dios.

7. Y decía Juan a las gentes que venían a recibir su bautismo: ¡Oh raza de víboras!, ¿quién os ha enseñado que así podréis huir de la ira de Dios que os amenaza?

8. Haced dignos frutos de penitencia, y no andéis diciendo: Tenemos a Abrahán por padre. Porque yo os digo que de estas piedras puede hacer Dios nacer hijos a Abrahán.

9. La segur está ya puesta a la raíz de los árboles. Así que, todo árbol que no da buen fruto, será cortado y arrojado al fuego.

10. Y preguntándole las gentes, ¿qué es lo que debemos, pues, hacer?

11. Les respondía diciendo: El que tiene dos vestidos, dé al que no tiene ninguno; y haga otro tanto el que tiene qué comer.

12. Vinieron asimismo publicanos a ser bautizados, y le dijeron: Maestro, ¿y nosotros que debemos hacer para salvarnos?

13. Respondióles: No exijáis más de lo que os está ordenado.

14. Preguntábanle también los soldados: ¿Y nosotros qué haremos? A éstos dijo: No hagáis extorsiones a nadie, ni uséis de fraude; y contentaos con vuestras pagas.

15. Mas opinando el pueblo que quizá Juan era el Cristo, o Mesías, y prevaleciendo esta opinión en los corazones de todos,

16. Juan la rebatió, diciendo públicamente: Yo en verdad os bautizo con agua, a fin de excitaros a la penitencia; pero está para venir otro más poderoso que yo, al cual no soy yo digno de desatar la correa de sus zapatos: él os bautizará con el Espíritu Santo, y con el fuego de la caridad.

17. Tomará en su mano el bieldo, y limpiará su era metiendo después el trigo en su granero y quemando la paja o broza en un fuego inextinguible.

18. Muchas otras cosas además de éstas anunciaba al pueblo en las exhortaciones que le hacía.

19. Y como reprendiese al tetrarca Herodes por razón de Herodías, mujer de su hermano Filipo, y con motivo de todos los males que había hecho,

20. añadió después Herodes a todos ellos el de poner a Juan en la cárcel.

21. En el tiempo en que concurría todo el pueblo a recibir el bautismo, habiendo sido también Jesús bautizado, y estando en oración, sucedió el abrirse el cielo,

22. y bajar sobre él el Espíritu Santo en forma corporal como de una paloma, y se oyó del cielo esta voz: Tú eres mi hijo amado, en ti tengo puestas todas mis delicias.

23. Tenía Jesús al comenzar su ministerio cerca de treinta años, hijo, como se creía, de José, el cual fue hijo de Helí, que lo fue de Matat.

24. Este fue hijo de Leví, que lo fue de Melqui, que lo fue de Janne, que lo fue de José.

25. José fue hijo de Matatías, que lo fue de Amós, que lo fue de Nahum, que lo fue de Heslí, que lo fue de Nagge.

26. Éste fue hijo de Mahat, que lo fue de Matatías, que lo fue de Semei, que lo fue de José, que lo fue de Judas.

27. Judas fue hijo de Joanna, que lo fue de Resa, que lo fue de Zorobabel, que lo fue de Salatiel, que lo fue de Nerí.

28. Nerí fue hijo de Melquí, que lo fue de Addi, que lo fue de Cosán, que lo fue de Elmadán, que lo fue de Her.

29. Éste fue hijo de Jesús, que lo fue de Eliezer, que lo fue de Jorim, que lo fue de Matat, que lo fue de Leví.

30. Leví fue hijo de Simeón, que lo fue de Judas, que lo fue de José, que lo fue de Jonás, que lo fue de Eliaquin.

31. Éste lo fue de Melea, que lo fue de Menna, que lo fue de Matata, que lo fue de Natán, que lo fue de David.

32. David fue hijo de Jesé, que lo fue de Obed, que lo fue de Booz, que lo fue de Salmón, que lo fue de Naasón.

33. Naasón fue hijo de Aminadab, que lo fue de Aram, que lo fue de Esrom, que lo fue de Farés, que lo fue de Judas.

34. Judas fue hijo de Jacob, que lo fue de Isaac, que lo fue de Abrahán, que lo fue de Tare, que lo fue de Nacor.

35. Nacor fue hijo de Sarug, que lo fue de Ragau, que lo fue de Faleg, que lo fue de Heber, que lo fue de Salé.

36. Salé fue hijo de Cainán, que lo fue de Arfaxad, que lo fue de Sem, que lo fue de Noé, que lo fue de Lamec.

37. Lamec fue hijo de Matusalé, que lo fue de Henoc, que lo fue de Jared, que lo fue de Malaleel, que lo fue de Cainán.

38. Cainán fue hijo de Henós, que lo fue de Set, que lo fue de Adam, el cual fue criado por Dios.

CAPÍTULO IV

Ayuno y tentación de Jesucristo en el desierto. Predica en Nazaret. Va a Cafarnaúm, donde libra a una energúmena; cura a la suegra de San Pedro, y hace otros muchos milagros (Mat. IV, VII, VIII. Marc. I, VI. - Juan IV.)

1. Jesús, pues, lleno del Espíritu Santo, partió del Jordán, y fue conducido por el mismo Espíritu al desierto,

2. donde estuvo cuarenta días, y allí era tentado del diablo. En cuyos días no comió nada, y al cabo de ellos tuvo hambre.

3. Por lo que le dijo el diablo: Si tú eres el Hijo de Dios, di a esta piedra que se convierta en pan:

4. Respondióle Jesús: Escrito está: No vive de sólo pan el hombre, sino de todo lo que Dios dice.

5. Entonces el diablo le condujo a un elevado monte, y le puso a la vista en un instante todos los reinos de la redondez de la tierra,

6. y díjole: Yo te daré todo este poder y la gloria de estos reinos; porque se me han dado a mí, y los doy a quien quiero.

7. Si tú quieres, pues, adorarme, serán todos tuyos.

8. Jesús, en respuesta le dijo: Escrito está: Adorarás al Señor Dios tuyo, y a él sólo servirás.

9. Y llevóle aún a Jerusalén, púsole sobre el pináculo del templo, y díjole: Si tú eres el Hijo de Dios, échate de aquí abajo.

10. Porque está escrito que mandó a sus ángeles que te guarden,

11. y que te lleven en las palmas de sus manos, para que no tropiece tu pie contra alguna piedra.

12. Jesus le replicó: Dicho está también: No has de tentar al Señor Dios tuyo.

13. Acabadas todas estas tentaciones, el diablo se retiró de él, hasta otro tiempo.

14. Entonces Jesús por impulso del Espíritu Santo retornó a Galilea, y corrió luego su fama por toda la comarca.

15. El enseñaba en sus sinagogas, y era estimado y honrado de todos.

16. Habiendo ido a Nazaret donde se había criado, entró, según su costumbre, el día de sábado en la sinagoga, y se levantó para encargarse de la leyenda e interpretación.

17. Fuele dado el libro del profeta Isaías. Y en abriéndolo, halló el lugar donde estaba escrito:

18. El Espíritu del Señor reposó sobre mí: por lo cual me ha consagrado con su unción divina, y me ha enviado a evangelizar o dar buenas nuevas a los pobres; a curar a los que tienen el corazón contrito;

19. a anunciar libertad a los cautivos, y a los ciegos vista; a soltar a los que están oprimidos; a promulgar el año de las misericordias del Señor, o del jubileo, y el día de la retribución.

20. Y arrollado o cerrado, el libro, entregóselo al ministro, y sentóse. Todos en la sinagoga tenían fijos en él los ojos.

21. Su discurso lo comenzó diciendo: La Escritura que acabáis de oír hoy se ha cumplido.

22. Y todos le daban elogios y estaban pasmados de las palabras tan llenas de gracia, que salían de sus labios, y decían: ¿No es éste el hijo de José el carpintero?

23. Díjoles él: Sin duda que me aplicaréis aquel refrán: Médico, cúrate a ti mismo y todas las grandes cosas que hemos oído que has hecho en Cafarnaúm; hacías también aquí en tu patria.

24. Mas añadió luego: En verdad os digo, que ningún profeta es bien recibido en su patria.

25. Por cierto os digo, que muchas viudas había en Israel en tiempo de Elías. cuando el cielo estuvo sin llover tres años y seis meses, siendo grande el hambre por toda la tierra;

26. y a ninguna de ellas fue enviado Elías, sino que lo fue a una mujer viuda en Sarepta, ciudad gentil del territorio de Sidón.

27. Había asimismo muchos leprosos en Israel en tiempo del profeta Eliseo; y ninguno de ellos fue curado por este profeta, sino que lo fue Naamán, natural de Siria.

28. Al oír estas cosas todos en la sinagoga montaron en cólera.

29. Y levantándose alborotados le arrojaron fuera de la ciudad: y condujéronle hasta la cima del monte, sobre el cual estaba su ciudad edificada, con ánimo de despeñarle.

30. Pero Jesús, pasando por medio de ellos, iba su camino, o se iba retirando.

31. Y bajó a Cafarnaúm, ciudad de Galilea, donde enseñaba al pueblo en los días de sábado.

32. Y estaban asombrados de su doctrina, porque su modo de predicar era de gran autoridad y poderío.

33. Hallábase en la sinagoga cierto hombre poseído de un demonio inmundo, el cual gritó con grande voz,

34. diciendo: Déjanos en paz, ¿qué tenemos nosotros que ver contigo, oh Jesús Nazareno? ¿Has venido a exterminarnos? Ya sé quién eres, eres el Santo de Dios.

35. Mas Jesús, increpándole, le dijo: Enmudece, y sal de ese hombre. Y el demonio, habiéndole arrojado al suelo en medio de todos, salió de él, sin hacerle daño alguno.

36. Con lo que todos se atemorizazon, y conversando unos con otros decían: ¿Qué es esto? Él manda con autoridad y poderío a los espíritus inmundos, y luego van fuera.

37. Con esto se iba esparciendo la fama de su nombre por todo aquel país.

38. Y saliendo Jesús de la sinagoga, entró en casa de Simón. Hallábase la suegra de Simón con una fuerte calentura: y suplicáronle por su alivio.

39. Y él arrimándose a la enferma, mandó a la calentura que la dejase; y la dejó libre. Y levantándose entonces mismo de la cama se puso a servirles.

40. Puesto el sol, todos los que tenían enfermos de varias dolencias, se los traían. Y él los curaba con poner sobre cada uno las manos.

41. De muchos salían los demonios gritando y diciendo: Tú eres el Mesías, el Hijo de Dios; y con amenazas les prohibía decir que sabían que él era el Cristo.

42. Y partiendo luego que fue de día, se iba a un lugar desierto, y las gentes le anduvieron buscando, y no pararon hasta encontrarle; y

hacían por detenerle, no queriendo que se apartase de ellos.

43. Mas él les dijo: Es necesario que yo predique también a otras ciudades el evangelio del reino de Dios; pues para eso he sido enviado.

44. Y así andaba predicando en la sinagogas de Galilea.

CAPÍTULO V

Predica Jesús desde la barca de San Pedro: pesca milagrosa de éste. Curación de un leproso y de un paralítico. Vocación de San Mateo. Por qué no ayunaban los discípulos de Jesús (Mat. IV, VIII, IX. - Marc. I, II).

1. Sucedió un día, que hallándose Jesús junto al lago de Genezaret las gentes se agolpaban alrededor de él, ansiosas de oír la palabra de Dios.

2. En esto vio dos barcas a la orilla del lago, cuyos pescadores habían bajado y estaban lavando las redes.

3. Subiendo, pues, en una de ellas, la cual era de Simón, pidióle que la desviase un poco de tierra. Y sentándose dentro, predicaba desde la barca al numeroso concurso.

4. Acabada la plática, dijo a Simón: Guía mar adentro, y echad vuestras redes para pescar.

5. Replicóle Simón: Maestro, toda la noche hemos estado fatigándonos y nada hemos cogido; no obstante sobre tu palabra echaré la red.

6. Y habiéndolo hecho, recogieron tan grande cantidad de peces, que la red se rompía.

7. Por lo que hicieron señas a los compañeros de la otra barca, que viniesen y les ayudasen. Vinieron luego, y llenaron tanto de peces las dos barcas, que faltó poco para que se hundiesen.

8. Lo que viendo Simón Pedro, se arrojó a los pies de Jesús, diciendo: Apártate de mí, Señor, que soy un hombre pecador.

9. Y es que el asombro se había apoderado así de él como de todos los demás que con él estaban a vista de la pesca que acababan de hacer.

10. Lo mismo que sucedía a Santiago y a Juan, hijos de Zebedeo, compañeros de Simón. Entonces Jesús dijo a Simón: No tienes que temer: de hoy en adelante serán hombres los que has de pescar. para darles la vida.

11. Y ellos, sacando las barcas a tierra, dejadas todas las cosas le siguieron.

12. Estando en una de aquellas ciudades de Galilea, he aquí un hombre todo cubierto de lepra, el cual así que vio a Jesús, postróse rostro por tierra, y le rogaba diciendo: Señor, si tú quieres, puedes curarme.

13. Y Jesús, extendiendo la mano, le tocó diciendo: Quiero: sé curado. Y de repente desapareció de él la lepra.

14. Y le mandó que a nadie lo contase. Pero, anda, le dijo, preséntate al sacerdote, y lleva la ofrenda por tu curación, segun lo ordenado por Moisés, a fin de que les sirva de testimonio.

15. Sin embargo, su fama se extendía cada día más; por manera que los pueblos acudían en tropas a oírle, y a ser curados de sus enfermedades.

16. Mas no por eso dejaba él de retírarse a la soledad, y de hacer ahí oración.

17. Estaba Jesús un día sentado enseñando, y estaban asimismo sentados allí varios fariseos y doctores de la ley, que habían venido de todos los lugares de Galilea y de Judea, y de la ciudad de Jerusalén para espiarle; y la virtud del Señor se manifestaba en sanar a los enfermos.

18. Cuando he aquí que llegan unos hombres que traían tendido en una camilla a un paralítico: y hacían diligencias por meterle dentro de la casa en que estaba Jesús, y ponérsele delante.

19. Y no hallando por dónde introducirle a causa del gentío, subieron sobre el terrado, y abierto el techo le descolgaron con la camilla al medio delante de Jesús.

20. El cual viendo su fe, dijo: ¡Oh hombre!, tus pecados te son perdonados.

21. Entonces los escribas y fariseos empezaron a pensar mal, diciendo para consigo: ¿Quién es éste, que así blasfema? ¿Quién puede perdonar pecados, sino sólo Dios?

22. Mas Jesús, que conoció sus pensamientos, respondiendo, les dijo: ¿Qué es lo que andais resolviendo en vuestros corazones?

23. ¿qué es más fácil decir: Tus pecados te son perdonados; o decir: Levántate, y anda?

24. Pues para que sepáis que el Hijo del hombre tiene potestad en la tierra de perdonar pecados, levántate (dijo al paralítico), yo te lo mando, carga con tu camilla, y vete a tu casa.

25. Y levantándose al punto a vista de todos, cargó con la camilla en que yacía; y marchóse a su casa dando gloria a Dios.

26. Con lo cual todos quedaron pasmados, y glorificaban a Dios. Y penetrados de un santo temor, decían: Hoy si que hemos visto cosas maravillosas.

27. Después de esto, saliendo afuera hacia el lago de Genezaret, vio a un publicano llamado Leví, sentado al banco o mesa de los tributos, y díjole: Sígueme.

28. Y Leví abandonandolo todo, se levantó y le siguió.

29. Diole Leví después un gran convite en su casa, al cual asistió un grandísimo número de

publicanos y de otros que los acompañaban a la mesa.

30. De lo cual murmuraban los fariseos y los escribas de los judíos, diciendo a los discípulos de Jesús: ¿Cómo es que coméis y bebéis con publicanos, y con gentes de mala vida?

31. Pero Jesús, tomando la palabra les dijo: Los sanos no necesitan de médico, sino los enfermos.

32. No son los justos, sino los pecadores a los que he venido yo a llamar a penitencia.

33. Todavía le preguntaron ellos: ¿Y de qué proviene que los discípulos de Juan ayunan a menudo, y oran, como también los de los fariseos, al paso que los tuyos comen y beben?

34. A lo que les respondió él: ¿Por ventura podréis vosotros recabar de los compañeros del esposo el que ayunen en los días de la boda, mientras está con ellos el esposo?

35. Pero tiempo vendrá en que les será quitado el esposo, y entonces será cuando ayunaran.

36. Poníales también esta comparación: Nadie a un vestido viejo le echa un remiendo de paño nuevo; porque, fuera de que el retazo nuevo rasga lo viejo, no cae bien el remiendo nuevo en el vestido viejo.

37. Tampoco echa nadie vino nuevo en cueros viejos; de otra suerte el vino nuevo hará reventar los cueros, y se derramará el vino, y echaránse a perder los cueros;

38. sino que el vino nuevo se debe echar en cueros nuevos, y así entrambas cosas se conservan.

39. Del mismo modo, ninguno acostumbrado a beber vino añejo quiere inmediataniente del nuevo, porque dice: Mejor es el añejo.

CAPÍTULO VI

Jesús defiende a sus discípulos y redarguye a los escribas y fariseos sobre la observancia del sábado: nombra los doce apóstoles; cura enfermos, y predica aquel admirable sermón en que declara los fundamentos de la Ley nueva (Mat. V, VII, X, XII. - Marc. II, III, IV. Juan XIII.)

1. Aconteció también en el sábado llamado segundo primero, que pasando Jesús por junto a unos sembrados, sus discípulos arrancaban espigas; y estregándolas entre las manos, comían los granos.

2. Algunos de los fariseos les decían: ¿Por qué hacéis lo que no es lícito en sábado?

3. Y Jesús, tomando la palabra, les respondió: ¿Pues qué, no habéis leído vosotros lo que hizo David, cuando él y los que le acompañaban padecieron hambre?

4. ¿Cómo entró en la Casa de Dios, y tomó los panes de la proposición, y comió, y dio de ellos a sus compañeros, siendo así que a nadie se permite el comerlos sino a solos los sacerdotes?

5. Y añadióles: El Hijo del hombre es dueño aun del sábado mismo.

6. Sucedió que entró otro sábado en la sinagoga, y púsose a enseñar. Hallábase allí un hombre que tenía seca la mano derecha.

7. Y los escribas y fariseos le estaban acechando, a ver si curaría en sábado, para tener de qué acusarle.

8. Pero Jesús, que calaba sus pensamientos, dijo al que tenía seca la mano: Levántate, y ponte en medio. Levantóse y se puso en medio.

9. Díjoles entonces Jesús: Tengo que haceros una pregunta: ¿Es lícito en los días de sábado hacer bien, o mal? ¿Salvar a un hombre la vida, o quitársela?

10. Y dando una mirada a todos alrededor dijo al hombre: Extiende tu mano. Extendióla, y la mano quedó sana.

11. Mas ellos llenos de furor, conferenciaban entre sí, qué podrían hacer contra Jesús.

12. Por este tiempo se retiró a orar en un monte, y pasó toda la noche haciendo oración a Dios.

13. Así que fue de día, llamó a sus discípulos, y escogió doce de entre ellos (los cuales dio el nombre de apóstoles), a saber:

14. Simón, a quien puso el sobrenombre de Pedro, y Andrés su hermano: Santiago y Juan; Felipe y Bartolomé;

15. Mateo y Tomás; Santiago, hijo de Alfeo, y Simón, llamado el Zelador;

16. Judas, hermano de Santiago, y Judas Iscariote, que fue el traidor.

17. Y al bajar con ellos, se paró en un llano, juntamente con la compañía de sus discípulos, y de un grande gentío de toda la Judea, y en especial de Jerusalén, y del país marítimo de Tiro y de Sidón,

18. que habían venido a oírle y a ser curados de sus dolencias. Asimismo los molestados de los espíritus inmundo, seran tombién curados.

19. Y todo el mundo procuraba tocarle; porque salía de él una virtud que daba la salud a todos.

20. Entonces levantando los ojos hacii sus discípulos, decía: Bienaventurados vosotros los pobres, porque vuestro es el reino de Dios.

21. Bienaventurados los que ahora tenéis hambre, porque seréis saciados. Bienaventurados los que ahora lloráis, porque reiréis.

22. Bienaventurados seréis cuando los hombres os aborrezcan, y os separen de sus sina-

gogas, y os afrenten, y abominen de vuestro nombre como maldito, en odio del Hijo del hombre:

23. alegraos en aquel día, y saltad de gozo: porque os está reservada en el cielo una grande recompensa: tal era el trato que daban sus padres a los profetas.

24. Mas ¡ay de vosotros los ricos!, porque ya tenéis vuestro consuelo en este mundo.

25. ¡Ay de vosotros los que andáis hartos!, porque sufriréis hambre. ¡Ay de vosotros los que ahora reís!, porque día vendrá en que os lamentaréis y llíoraréis.

26. ¡Ay de vosotros cuando los hombres mundanos os aplaudieren!, que así lo hacían sus padres con los falsos profetas.

27. Ahora bien, a vosotros que me escucháis, digo yo: Amad a vuestros enemigos; haced bien a los que os aborrecen.

28. Bendecid a los que os maldicen. y orad por los que os calumnian.

29. A quien te hiriere en una mejilla, preséntale asimismo la otra; y a quien te quitare la capa, no le impidas que se lleve aun la tunica.

30. A todo el que te pida, dale; y al que te roba tus cosas, no se las demandes.

31. Tratad a los hombres de la misma manera que quisierais que ellos os tratasen a vosotros.

32. Que si no amáis sino a los que os aman, ¿qué mérito es el vuestro? Porque también los pecadores aman a quien los ama a ellos.

33. Y si hacéis bien a los que os hacen, ¿qué mérito es el vuestro? Puesto que aun los pecadores hacen lo mismo.

34. Y si prestáis a aquellos de quienes esperáis recibir recompensa, ¿qué mérito tenéis? Pues también los malos prestan a los malos, a trueque de recibir de ellos otro tanto.

35. Empero, vosotros amad a vuestros enemigos; haced bien y prestad, sin esperanza de recibir nada por ello; y será grande vuestra recompensa y seréis hijos del Altísimo, porque él es bueno o benéfico, aun para con los mismos ingratos y malos.

36. Sed, pues, misericordiosos, así como también vuestro padre es misericordioso.

37. No juzguéis, y no seréis juzgados; no condenéis, y no seréis condenados. Perdonad, y seréis perdonados.

38. Dad, y se os dará; dad abundantemente y se os echará en el seno una buena medida, apretada y bien colmada hasta que se derrame. Porque con la misma medida con que midiereis a los demás, se os medirá a vosotros.

39. Proponíales asimismo esta semejanza: ¿Por ventura puede un ciego guiar a otro ciego? ¿No caerán ambos en el precipicio?

40. No es el discípulo superior al maestro; pero todo discípulo será perfecto, como sea semejante a su maestro.

41. Mas tú, ¿por qué miras la mota en el ojo de tu hermano, no reparando en la viga que tienes en el tuyo?

42. O ¿con qué cara dices a tu hermano: Hermano, deja que te quite esa mota del ojo, cuando tú mismo no echas de ver la viga que en el tuyo? Hipócrita, saca primero la viga de tu ojo; y después podrás ver cómo has de sacar la mota del ojo de tu hermano.

43. Porque no es árbol bueno el que da malos frutos; ni árbol malo el que da frutos buenos.

44. Pues cada árbol por su fruto se conoce. Que no se cogen higos de los espinos, ni de las zarzas racimos de uvas.

45. El hombre bueno, del buen tesoro de su corazón saca cosas buenas; así como el mal hombre las saca malas del mal tesoro de su corazón. Porque de la abundancia del corazón habla la boca.

46. ¿Por qué, pues, me estáis llamando, Señor, Señor, siendo así que no hacéis lo que yo digo?

47. Quiero mostraros a quién es semejante cualquiera que viene a mí, y escucha mis palabras y las practica:

48. es semejante a un hombre que fabricando una casa, cavó muy hondo, y puso los cimientos sobre peña viva; venida después una inundación, el río descargó todo el golpe contra la casa, y no pudo derribarla, porque estaba fundada sobre peña.

49. Pero aquel que escucha mis palabras, y no las practica, es semejante a un hombre que fabricó su casa sobre tierra fofa sin poner cimiento, contra la cual descargó su ímpetu el río; y luego cayó, y fue grande la ruina de aquella casa.

CAPÍTULO VII

Sana Jesús al criado del centurión. Resucita al hijo de la viuda de Naím. Responde a los mensajeros de Juan Bautista. Increpa a los judíos, y los compara a unos niños que juegan. Una mujer le unge los pies. Parábola de los dos deudores (Mat. III, VIII, IX. XI, XXVI. - Marc. I, XIV. Juan IV,. XI, XII.)

1. Concluida toda su plática al pueblo que le escuchaba, entró en Cafarnaúm.

2. Hallábase allí a la sazón un centurión que tenía enfermo y a la muerte un criado, a quien estimaba mucho.

3. Habiendo oído hablar de Jesús, envióle algunos de los ancianos o senadores de los

judíos, a suplicarle que viniese a curar a su criado.

4. Ellos en consecuencia llegados que fueron a Jesús, le rogaban con grande empeño que condescendiese: Es un sujeto, le decían, que merece que le hagas este favor,

5. porque es afecto a nuestra nación y aun nos ha fabricado una sinagoga.

6. Iba, pues, Jesús con ellos. Y estando ya cerca de la casa, el centurión le envió a decir por sus amigos: Señor, no te tomes esa molestia, que no merezco yo que tú entres dentro de mi morada.

7. Por cuya razón, tampoco me tuve por digno de salir en persona a buscarte; pero di tan sólo una palabra, y sanará mi criado.

8. Pues aun yo que soy un oficial subalterno, como tengo soldados a mis órdenes, digo a éste: Ve, y va; y al otro: Ven, y viene; y a mi criado: Haz esto, y lo hace.

9. Así que Jesús oyó esto, quedó como admirado, y vuelto a las muchas gentes que le seguían, dijo: En verdad os digo, que ni aun en Israel he hallado fe tan grande.

10. Vueltos a casa los enviados, hallaron sano al criado que había estado enfermo.

11. Sucedió después que iba Jesús camino de la ciudad llamada Naím, y con él iban sus discípulos y mucho gentío.

12. Y cuando estaba cerca de la puerta de la ciudad, he aquí que sacaban a enterrar a un difunto, hijo único de su madre, la cual era viuda; e iba con ella grande acompañamiento de personas de la ciudad.

13. Así que la vio el Señor, movido a compasión, le dijo: No llores.

14. Y arrimóse y tocó el féretro. (Y los que lo llevaban, se pararon). Dijo entonces: Mancebo, yo te lo mando, levántate.

15. Y luego se incorporó el difunto, y comenzó a hablar. Y Jesús le entregó a su madre.

16. Con esto quedaron todos penetrados de un santo temor, y glorificaban a Dios, diciendo: Un gran profeta ha aparecido entre nosotros, y Dios ha visitado a su pueblo.

17. Y esparcióse la fama de este milagro por toda la Judea y por todas las regiones circunvecinas.

18. De todas estas cosas informaron a Juan sus discípulos.

19. Y Juan, llamando a dos de ellos, enviólos a Jesús para que le hiciesen esta pregunta: ¿Eres tú aquel que ha de venir a salvar al mundo, o debemos esperar a otro?

20. Llegados a él los tales, le dijeron: Juan el Bautista nos ha enviado a ti para preguntarte: ¿Eres tú aquel que ha de venir, o debemos esperar a otro?

21. (En la misma hora curó Jesús a muchos de sus enfermedades y llagas, y de espíritus malignos, y dio vista a muchos ciegos.)

22. Respondióles, pues, diciendo: Id y contad a Juan las cosas que habéis oído y visto: cómo los ciegos ven, los cojos andan, los leprosos quedan limpios, los sordos oyen, los muertos resucitan, a los pobres se les anuncia el Evangelio:

23. y bienaventurado aquel que no se escandalizare de mi proceder.

24. Así que hubieron partido los enviados de Juan, Jesús se dirigió al numeroso auditorio, y hablóles de Juan en esta forma: ¿Qué salisteis a ver en el desierto?; ¿alguna caña sacudida del viento?

25. O ¿qué es lo que salisteis a ver?: ¿algún hombre vestido de ropas delicadas? Ya sabéis que los que visten preciosas ropas y viven en delicias, en palacios de reyes están.

26. En fin, ¿qué salisteis a ver?: ¿un profeta? Sí, ciertamente, yo os lo aseguro, y aun más que profeta;

27. Pues él es de quien esta escrito. Mira que yo envío delante de ti mi ángel, el cual vaya preparándote el camino.

28. Por lo que os digo: Entre los nacidos de mujeres, ningún profeta es mayor que Juan Bautista: si bien aquel que es el más pequeño en el reino de Dios, es mayor que él.

29. Todo el pueblo y los publicanos, habiéndole oído, entraron en los designios de Dios, recibiendo el bautismo de Juan.

30. Pero los fariseos y doctores de la ley despreciaron en daño de sí mismos el designio de Dios sobre ellos, no habiendo recibido dicho bautismo.

31. Ahora bien, concluyó el Señor: ¿A quién diré que es semejante esta raza de hombres?; y ¿a quién se parecen?

32. Parécense a los muchachos sentados en la plaza y que por vía de juego parlan con los de enfrente, y les dicen: Os cantamos al son de la flauta, y no habéis danzado; entonamos lamentaciones, y no habéis llorado.

33. Vino Juan Bautista, que ni comía pan, ni bebía vino, y habéis dicho: Está endemoniado.

34. Ha venido el Hijo del hombre, que come y bebe como los demás, y decís: He aquí un hombre voraz y bebedor, amigo de publicanos y de gentes de mala vida.

35. Mas la sabiduría de Dios ha sido justificada por todos sus hijos.

36. Rogóle uno de los fariseos que fuera a comer con él. Y habiendo entrado en casa del fariseo, se puso a la mesa.

37. Cuando he aquí que una mujer de la ciudad, que era, o había sido, de mala conducta,

411

luego que supo que se había puesto a la mesa en casa del fariseo, trajo un vaso de alabastro lleno de bálsamo o perfume;

38. y arrimándose por detrás a sus pies, comenzó a bañarselos con sus lágrimas, y los limpiaba con los cabellos de su cabeza y los besaba, y derramaba sobre ellos el perfume.

39. Lo que viendo el fariseo que le había convidado, decía para consigo: Si este hombre fuera profeta, bien conocería quién, y qué tal es la mujer que le está tocando, o que es una mujer de mala vida.

40. Jesús respondiendo a su pensamiento, dicele: Simón, una cosa tengo que decirte. Di, maestro, respondió él.

41. Cierto acreedor tenía dos deudores: uno le debía quinientos denarios, y el otro cincuenta.

42. No teniendo ellos con qué pagar, perdonó a entrambos la deuda. ¿Cuál de ellos a tu parecer le amará más?

43. Respondió Simón: Hago juicio que aquel a quien se perdonó más. Y díjole Jesús: Has juzgado rectamente.

44. Y volviéndose hacia la mujer, dijo a Simón: ¿Ves a esta mujer? Yo entré en tu casa, y no me has dado agua con que se lavaran mis pies; mas ésta ha bañado mis pies con sus lágrimas, y los ha enjugado con sus cabellos.

45. Tu no me has dado el ósculo de paz; pero ésta desde que llegó no ha cesado de besar mis pies.

46. Tú no has ungido con óleo o perfume mi cabeza; y ésta ha derramado sobre mis pies sus perfumes.

47. Por todo lo cual te digo que le son perdonados muchos pecados, porque ha amado mucho. Que ama menos aquel a quien menos se le perdona.

48. En seguida dijo a la mujer: Perdonados te son tus pecados.

49. Y luego los convidados empezaron a decir interiormente: ¿Quién es éste que también perdona pecados?

50. Mas él dijo a la mujer: Tu fe te ha salvado: vete en paz.

CAPÍTULO VIII

Parábola del sembrador. Luz sobre el candelero. Ejerce Jesús su imperio sobre el mar, sobre los demonios, sobre una enfermedad incurable, y sobre la muerte, resucitando a la hija de Jairo (Mat. V, VIII, IX, X, XII, XIII, XVI, XXV. - Marc. III, IV, V. - Juan XII.)

1. Algún tiempo después andaba Jesús por las ciudades y aldeas predicando, y anunciando el reino de Dios, acompañado de los doce,

2. y de algunas mujeres que habían sido libradas de los espíritus malignos y curadas de varias enfermedades, de María, por sobrenombre Magdalena, de la cual había echado siete demonios,

3. y de Juana, mujer de Cusa, mayordomo de el rey Herodes, y de Susana, y de otras muchas, que le asistían con sus bienes.

4. En ocasión de un grandísimo concurso de gentes, que de las ciudades acudían presurosas a él, dijo esta parábola:

5. Salió un sembrador a sembrar su simiente; y al esparcirla, parte cayó a lo largo del camino, donde fue pisoteada, y la comieron las aves del cielo.

6. Parte cayó sobre un pedregal, y luego que nació, secóse por falta de humedad.

7. Parte cayó entre espinas, y creciendo al mismo tiempo las espinas con ella, sofocáronla.

8. Parte finalmente cayó en buena tierra; y habiendo nacido dio fruto a ciento por uno. Dicho esto exclamó en alta voz: El que tenga oídos para escuchar, atienda bien a lo que digo.

9. Preguntábanle sus discípulos cuál era el sentido de esta parábola.

10. A los cuales respondió así: A vosotros se os ha concedido el entender el misterio del reino de Dios, mientras a los demás en castigo de su malicia, se les habla en parábolas: de modo que viendo no echen de ver, y oyendo no entiendan.

11. Ahora bien, el sentido de la parábola es éste: la semilla es la palabra de Dios;

12. los granos sembrados a lo largo del camino, significan aquellos que la escuchan, sí; pero viene luego el diablo, y se la saca del corazón, para que no crean y se salven;

13. los sembrados en un pedregal, son aquellos que, oída la palabra, recíbenla, sí, con gozo, pero no echa raíces en ellos; y así creen por una temporada, y al tiempo de la tentación vuelven atrás;

14. la semilla caída entre espinas, son los que la escucharon, pero con los cuidados, y las riquezas y delicias de la vida, al cabo la sofocan, y nunca llega a dar fruto.

15. En fin, la que cae en buena tierra, denota aquellos que con un corazón bueno y muy sano oyen la palabra de Dios, y la conservan con cuidado, y mediante la paciencia dan fruto sazonado.

16. Y añadió: Ninguno después de encender una antorcha la tapa con una vasija, ni la mete debajo de la cama; sino que la pone sobre un candelero, para que dé luz a los que entran.

17. Porque nada hay oculto que no deba ser descubierto; ni escondido, que no haya de ser conocido y publicado.

18. Por tanto, mirad de qué manera oís mis instrucciones. Pues a quien tiene, dársele ha; y al que no tiene, aun aquello mismo que cree tener, se le quitará.

19. Entretanto vinieron a encontrarle su madre y primos hermanos, y no pudiendo acercarse a él a causa del gentío,

20. se lo avisaron, diciéndole: Tu madre y tus hermanos están allá fuera, que te quieren ver.

21. Pero él dioles esta respuesta: Mi madre y mis hermanos son aquellos que escuchan la palabra de Dios y la practican.

22. Un día sucedió que habiéndose embarcado con sus discípulos, les dijo: Pasemos al otro lado del lago. Partieron, pues;

23. y mientras ellos iban navegando, se durmió Jesús, al tiempo que un viento recio alborotó las olas, de manera que llenándose de agua la barca, corrían riesgo.

24. Con esto llegándose a él le despertaron, diciendo: ¡Maestro, que perecemos! Y puesto él en pie, amenazó al viento y a la tormenta, que cesaron luego, y siguióse la calma.

25. Entonces les dijo: ¿Dónde está vuestra fe? Mas ellos llenos de temor se decían con asombro unos a otros: ¿Quién diremos que es éste, que así da órdenes a los vientos y al mar, y le obedecen?

26. Arribaron, en fin, al país de los gerasenos, que está en la ribera opuesta a la Galilea.

27. Luego que salió a tierra, le salió al encuentro un hombre, ya de muchos tiempos atrás endemoniado, que ni sufría ropa encima, ni moraba en casa, sino en las cuevas sepulcrales.

28. Este, pues, así que vió a Jesús, se arrojó a sus pies, y le dijo a grandes gritos: ¿Qué tengo yo que ver contigo, Jesús, Hijo del Dios altísimo? Ruégote que no me atormentes.

29. Y es que Jesús mandaba al espíritu inmundo que saliese de aquel hombre; porque hacía mucho tiempo que estaba de él apoderado; y por más que le ataban con cadenas y ponían grillos, rompía las prisiones, y acosado del demonio huía a los desiertos.

30. Jesús le preguntó: ¿Cuál es tu nombre? Y él respondió: Legión; porque eran muchos los demonios entrados en él.

31. Y le suplicaban éstos que no les mandase ir al abismo.

32. Andaba por allí una gran piara de cerdos paciendo en el monte; con esta ocasión le pedían que les permitiera entrar en ellos. Y se lo permitió.

33. Salieron, pues, del hombre los demonios, y entraron en los cerdos; y de repente toda la piara corrió a arrojarse por un precipicio al lago, y se anegó.

34. Viendo esto los que los guardaban, echaron a huir, y fuéronse a llevar la nueva a la ciudad y por los cortijos;

35. de donde salieron las gentes a ver lo que había sucedido; y viniendo a Jesús, hallaron al hombre, de quien habían salido los demonios, sentado a sus pies, vestido, y en su sano juicio, y quedaron espantados.

36. Contáronles asimismo los que habían estado presentes de qué manera había sido librado de la legión de demonios.

37. Entonces todos los gerasenos a una le suplicaron que se retirase de su país; por hallarse sobrecogidos de grande espanto. Subiendo, pues, Jesús en la barca, se volvió.

38. Pedíale aquel hombre de quien habían salido los demonios, que le llevase en su compañía. Pero Jesús le despidió diciendo:

39. Vuélvete a tu casa, y cuenta las maravillas que Dios ha obrado a favor tuyo. Y fuese por toda la ciudad, publicando los grandes beneficios que Jesús le había hecho.

40. Habiendo regresado Jesús a Galilea, salió el pueblo a recibirle; porque todos estaban esperándole con ansia.

41. Entonces se le presentó un jefe de la sinagoga llamado Jairo, el cual se postró a sus pies suplicándole que viniese a su casa,

42. porque tenía una hija única de cerca de doce años de edad que se estaba muriendo. Al ir, pues, allá, y hallándose apretado del tropel de las gentes que le seguían

43. sucedió que cierta mujer enferma después de doce años de un flujo de sangre, la cual había gastado en médicos toda su hacienda, sin que ninguno hubiese podido curarla,

44. se arrimó por detrás, y llena de confianza le tocó la orilla de su vestido, y al instante mismo paró el flujo de sangre.

45. Y dijo Jesús: ¿Quién es el que me ha tocado? Excusándose todos, dijo Pedro con sus compañeros: Maestro, un tropel de gentes te comprime, y sofoca, y preguntas: ¿Quién me ha tocado?

46. Pero Jesús replicó: Alguno me ha tocado de propósito; pues yo he sentido salir de mí cierta virtud.

47. En fin, viéndose la mujer descubierta, llegóse temblando, y echándose a sus pies, declaró en presencia de todo el pueblo la causa por qué le había tocado, y cómo al momento había quedado sana.

48. Y Jesús le dijo: Hija, tu fe te ha curado: vete en paz.

49. Aún estaba hablando, cuando vino uno a decir al jefe de la sinagoga: Tu hija ha muerto, no tienes que cansar ya al Maestro.

50. Pero Jesús, así que lo oyó, dijo al padre de la niña: No temas, basta que creas, y ella vivirá.

51. Llegado a la casa, no permitió entrar consigo a nadie, sino a Pedro, y a Santiago, y a Juan, y al padre y madre de la niña, lloraban todos, y plañían.

52. Entretanto la niña, golpeándose el pecho. Mas él dijo: No lloréis, pues la niña no está muerta, sino dormida.

53. Y se burlaban de él, sabiendo bien que estaba muerta.

54. Jesús, pues, la cogió de la mano, y dijo en alta voz: Niña, levántate.

55. Y de repente volvió su alma al cuerpo, y se levantó al instante. Y Jesús mandó que le diesen de comer.

56. Y quedaron sus padres llenos de asombro, a los cuales mandó que a nadie dijesen lo que había sucedido.

CAPÍTULO IX

Misión y poder de los apóstoles. Multiplicación de los panes y peces. Confesión de Pedro. Transfiguración de Jesús. Lunático curado. Pasión predicha. Disputa de los apóstoles sobre la primacía. Celo indiscreto de los hijos de Zebedeo. Hombre que quiere seguir a Jesucristo (Mat. VIII, X, XIV, XVI, XVII, XVIII. - Marc. III, VI, VIII, IX. - Juan III, VI, XII.)

1. Algún tiempo después habiendo convocado a los doce apóstoles, les dio poder y autoridad sobre todos los demonios, y virtud de curar enfermedades.

2. Y envióles a predicar el reino de Dios, y a dar la salud a los enfermos.

3. Y díjoles: No llevéis nada para el viaje, ni palo para defenderos, ni alforja para provisiones, ni pan, ni dinero, ni mudas de ropa.

4. En cualquiera casa que entrareis, permaneced allí, y no la dejéis hasta la partida.

5. Y donde nadie os recibiere, al salir de la ciudad, sacudid aun el polvo de vuestros pies, en testimonio contra sus moradores.

6. Habiendo, pues, partido, iban de lugar en lugar, anunciando el evangelio, y curando enfermos por todas partes.

7. Entretando oyó Herodes el tetrarca todo lo que hacía Jesús, y no sabía a qué atenerse,

8. porque unos decían: Sin duda que Juan ha resucitado; algunos: No, sino que ha aparecido Elías; otros, en fin, que uno de los profetas antiguos había resucitado.

9. Y decía Herodes: A Juan yo le corté la cabeza: ¿Quién será, pues, tiste de quien tales cosas oigo? Y buscaba cómo verle.

10. Los apóstoles a la vuelta de su misión contaron a Jesús todo cuanto habían hecho: y él tomándolos consigo aparte se retiró a un lugar desierto, del territorio de Betsaida.

11. Lo que sabido por los pueblos se fueron tras él; y recibiólos Jesús con amor, y les hablaba del reino de Dios, y daba salud a los que carecían de ella.

12. Empezaba a caer el día. Por lo que acercándose los doce apóstoles le dijeron: Despacha ya a estas gentes, para que vayan a buscar alojamiento, y hallen qué comer en las villas y aldeas del contorno; pues aquí estamos en un desierto.

13. Respondióles Jesús: Dadles vosotros de comer. Pero ellos replicaron: No tenemos más de cinco panes y dos peces: a no ser que quieras que vayamos nosotros con nuestro poco dinero a comprar víveres para toda esta gente.

14. Es de notar que eran como unos cinco mil hombres. Entonces dijo a sus discípulos: Hacedlos sentar por cuadrillas de cincuenta en cincuenta.

15. Así lo ejecutaron, y los hicieron sentar a todos.

16. Y habiendo él tomado los cinco panes y los dos peces, levantando los ojos al cielo, los bendijo, los partió y los distribuyó a los discípulos, para que los sirviesen a la gente.

17. Y comieron todos, y se saciaron; y de lo que les sobró, se sacaron doce cestos de pedazos.

18. Sucedió un día que habiéndose retirado a hacer oración, teniendo consigo a sus discípulos, preguntóles: ¿Quién dicen las gentes que soy yo?

19. Ellos le respondieron: Muchos que Juan Bautista, otros que Elías, otros, en fin, uno de los antiguos profetas que ha resucitado.

20. Y vosotros, replicó Jesús, ¿quién decís que soy yo? Respondió Simon Pedro: El Cristo, o Ungido de Dios.

21. Pero él los apercibió con amenazas que a nadie dijesen eso.

22. Y añadió: Porque conviene que el Hijo del hombre padezca muchos tormentos y sea condenado por los ancianos, y los príncipes de los sacerdotes, y los escribas, y sea muerto, y resucite después al tercer día.

23. Asimismo decía a todos: si alguno quiere venir en pos de mí y tener parte en mi gloria, renúnciese a sí mismo, y lleve su cruz cada día, y sigame.

24. Pues quien quisiere salvar su vida abandonándome a mi, la perderá; cuando al contrario,

el que perdiere su vida por amor de mí, la pondrá en salvo.

25. ¿Y qué adelanta el hombre con ganar todo el mundo, si es a costa suya, y perdiéndose a sí mismo?

26. Porque quien se avergonzare de mí y de mis palabras, de ese tal se avergonzará el Hijo del hombre, cuando venga en el esplendor de su majestad, y en la de su Padre, y de los santos ángeles.

27. Os aseguro con verdad, que algunos hay aquí presentes que no moriran sin que hayan visto un bosquejo de la gloria de el reino de Dios.

28. Sucedió, pues, que cerca de ocho días después de dichas estas palabras, tomó consigo a Pedro, y a Santiago, y a Juan, y subió a un monte a orar.

29. Y mientras estaba orando, apareció diversa la figura de su semblante, y su vestido se volvió blanco y refulgente.

30. Y viéronse de repente dos personajes que conversaban con él, los cuales eran Moisés y Elías,

31. que aparecieron en forma gloriosa y hablaban de su salida del mundo, la cual estaba para verificar en Jerusalén.

32. Mas Pedro y sus compañeros se hallaban cargados de sueño. Y despertando vieron la gloria de Jesús y a los dos personajes que le acompañaban.

33. Y así que éstos iban a despedirse de él, díjole Pedro: Maestro, bien estamos aquí; hagamos tres tiendas o pabellones, una para ti, otra para Moisés, y otra para Elías; no sabiendo lo que se decía.

34. Mas en tanto que esto hablaba, formóse una nube que los cubrió; y viéndolos entrar en esta nube, quedaron aterrados.

35. Y salió de la nube una voz que decía: Éste es el hijo mío querido: escuchadle.

36. Al oírse esta voz, se halló Jesús solo. Y ellos guardaron silencio, y a nadie dijeron por entonces nada de lo que habían visto.

37. Al día siguiente, cuando bajaban del monte, les salió al camino gran multitud de gente;

38. y en medio de ella un hombre clamó, diciendo: Maestro, mira, te ruego, con ojos de piedad a mi hijo, que es el único que tengo;

39. y un espíritu maligno le toma, y de repente le hace dar alaridos, y le tira contra el suelo, y le agita con violentas convulsiones hasta hacerle arrojar espuma, y con dificultad se aparta de él, después de desgarrarle sus carnes.

40. He rogado a tus discípulos que le echen, mas no han podido.

41. Jesús entonces, tomando la palabra, dijo: ¡Oh generación incrédula y perversa!, ¿hasta cuándo he de estar con vosotros, y sufriros? Trae aquí a tu hijo.

42. Al acercarse, le tiró el demonio contra el suelo, y le maltrataba.

43. Pero Jesús, habiendo increpado al espíritu inmundo, curó al mozo, y volvióle a su padre.

44. Con lo que todos quedaban pasmados del gran poder de Dios que brillaba en Jesús; y mientras que todo el mundo no cesaba de admirar las cosas que hacía, él dijo a sus discípulos: grabad en vuestro corazón lo que voy a deciros: El Hijo del hombre está para ser entregado en manos de los hombres.

45. Pero ellos no entendieron este lenguaje, y les era tan oscuro el sentido de estas palabras, que nada comprendieron, ni tuvieron valor para preguntarle sobre lo dicho.

46. Y, lo que es más de admirar, les vino el pensamiento cuál de ellos sería el mayor;

47. pero Jesús, leyendo los afectos de su corazón, tomó de la mano a un niño, símbolo de humildad, y lo puso junto a sí,

48. y les dijo: Cualquiera que acogiere a este niño por amor mío, a mí me acoge; y cualquiera que me acogiere a mí, acoge al que me ha enviado. Y así, aquel que es o se tiene por el menor entre vosotros, ése es el mayor en el reino de los cielos.

49. Entonces Juan, tomando la palabra dijo: Maestro, hemos visto a uno lanzar los demonios en tu nombre, pero se lo hemos vedado; porque no anda con nosotros en tu seguimiento.

50. Díjole Jesús: No se lo prohibáis; porque quien no está contra vosotros, por vosotros está.

51. Y cuando estaba para cumplirse el tiempo en que Jesús había de salir del mundo, se puso en camino, mostrando un semblante decidido para ir a Jerusalén a consumar su sacrificio.

52. Y despachó a algunos delante de sí para anunciar su venida; los cuales habiendo partido entraron en una ciudad de samaritanos a prepararle hospedaje.

53. Mas no quisieron recibirle, porque daba a conocer que iba a Jerusalén.

54. Viendo esto sus discípulos Santiago y Juan, dijeron: ¿Quieres que mandemos que llueva fuego del cielo y los devore?

55. Pero Jesús vuelto a ellos los reprendió, diciendo: No sabéis a qué espíritu pertenecéis.

56. El Hijo del hombre no ha venido para perder a los hombres, sino para salvarlos. Y con esto se fueron a otra aldea.

57. Mientras iban andando su camino, hubo un hombre que le dijo: Señor, yo te seguiré a donde quiera que fueres.

58. Pero Jesús le respondió: Las raposas tienen guaridas, y las aves del cielo nidos; mas entiende que el Hijo del hombre no tiene dónde reclinar su cabeza.

59. A otro, empero, le dijo Jesús: Sígueme; mas éste respondió: Señor, permíteme que vaya antes, y dé sepultura a mi padre.

60. Replicóle Jesús: Deja tú a los muertos, o a los que no tienen fe, el cuidado de sepultar a sus muertos; pero tú, que eres llamado de lo alto, ve, y anuncia el reino de Dios.

61. Y otro le dijo: Yo te seguiré, Señor; pero primero déjame ir a despedirme de mi casa.

62. Respondióle Jesús: Ninguno que después de haber puesto mano en el arado vuelve los ojos atrás, es apto para el reino de Dios.

CAPÍTULO X

Misión e instrucción de los setenta y dos discípulos. Ciudades impenitentes. Parábola del samaritano. Marta y María hospedan a Jesús (Mat. IX, X, XI, XIII, XXII. - Marc. VI, VIII. - Juan XIII).

1. Después de esto eligió el Señor otros setenta y dos discípulos, a los cuales envió delante de él, de dos en dos, por todas las ciudades y lugares adonde había de venir él mismo.

2. Y les decía: La mies de la verdad es mucha, mas los trabajadores pocos; rogad, pues, al dueño de la mies que envíe obreros a su mies.

3. Id vosotros: he aquí que yo os envío a predicar como corderos entre lobos.

4. No llevéis bolsillo ni alforja, ni zapatos, ni os paréis a saludar a nadie por el camino.

5. Al entrar en cualquiera casa, decid ante todas cosas: La paz sea en esta casa;

6. que si en ella hubiere algún hijo de la paz, descansará vuestra paz sobre él; donde no volveráse a vosotros.

7. Y perseverad, en aquella misma casa, comiendo y bebiendo de lo que tengan; pues el que trabaja, merece su recompensa. No andéis pasando de casa en casa.

8. En cualquiera ciudad que entrareis y os hospedaren, comed lo que os pusieren delante,

9. y curad a los enfermos que en ella hubiere, y decidles: El reino de Dios está cerca de vosotros.

10. Pero si en la ciudad donde hubiereis entrado, no quisieren recibiros, saliendo a las plazas, decid:

11. Hasta el polvo que se nos ha pegado de vuestra ciudad, lo sacudimos contra vosotros; mas sin embargo sabed que el reino de Dios está cerca.

12. Yo os aseguro que Sodoma será tratada en el día aquel, del juicio, con menos rigor que la tal ciudad.

13. ¡Ay de ti Corozaín!, ¡ay de ti Betsaida!, porque si en Tiro y en Sidón se hubiesen hecho los milagros que se han hecho en vosotras, tiempo ha que hubieran hecho penitencia cubiertas de cilicio, y yaciendo sobre la ceniza.

14. Por eso Tiro y Sidón serán juzgadas con más clemencia que vosotras.

15. Y tú, ¡oh Cafarnaúm!, que orgullosa te has levantado hasta el cielo, serás abatida hasta el profundo del infierno:

16. El que os escucha a vosotros, me escucha a mí; y el que os desprecia a vosotros, a mí me desprecia. Y quien a mí me desprecia, desprecia a aquel que me ha enviado.

17. Regresaron después los setenta y dos discípulos llenos de gozo, diciendo: Señor, hasta los demonios mismos se sujetan a nosotros por la virtud de tu nombre.

18. A lo que les respondió: Yo estaba viendo desde el principio del mundo a Satanás caer del cielo a manera de relámpagos.

19. Vosotros veis que os he dado potestad de hollar serpientes, y escorpiones, y todo el poder del enemigo, de suerte que nada podrá haceros daño.

20. Con todo eso, no tanto habéis de gozaros, porque se os rinden los espíritus inmundos, cuanto porque vuestros nombres están escritos en los cielos.

21. En aquel mismo punto Jesús manifestó un extraordinario gozo, al impulso del Espíritu Santo, y dijo: Yo te alabo, Padre mío, Señor del cielo y de la tierra, porque has encubierto estas cosas grandes a los sabios y prudentes del siglo, y descubiértolas a los humildes y pequeñuelos. Así es, ¡oh Padre!, porque así fue tu soberano beneplácito.

22. El Padre ha puesto en mi mano todas las cosas. Y nadie conoce quién es el Hijo, sino el Padre; ni quién es el Padre, sino el Hijo, y aquel a quien el Hijo quisiere revelarlo.

23. Y vuelto a sus discípulos, dijo: Bienaventurados los ojos que ven lo que vosotros veis;

24. pues os aseguro que muchos profetas y reyes desearon ver lo que vosotros veis, y no lo vieron; como también oír las cosas que vosotros oís, y no las oyeron.

25. Levantóse entonces un doctor de la ley, y díjole con el fin de tentarle: Maestro, ¿qué debo yo hacer para conseguir la vida eterna?

26. Díjole Jesús: ¿Qué es lo que se halla escrito en la ley? ¿Qué es lo que en ella lees?

27. Respondió él: Amarás al Señor Dios tuyo de todo tu corazón, y con toda tu alma, y con todas tus fuerzas, y con toda tu mente, y al prójimo como a ti mismo.

28. Replicóle Jesús: Bien has respondido: haz eso y vivirás.

29. Mas él, queriendo dar a entender que era justo, preguntó a Jesús: ¿Y quién es mi prójimo?

30. Entonces Jesús tomando la palabra, dijo: Bajaba un hombre de Jerusalén a Jericó, y cayó en manos de ladrones, que le despojaron de todo, le cubrieron de heridas, y se fueron, dejándole medio muerto.

31. Bajaba casualmente por el mismo camino un sacerdote, y aunque le vio pasóse de largo.

32. Igualmente un levita, a pesar de que se halló vecino al sitio, y le miró, tiró adelante.

33. Pero un pasajero de nación samaritano, llegóse adonde estaba, y viéndole movióse a compasión;

34. y arrimándose, vendó sus heridas, bañándolas con aceite y vino; y subiéndole en su cabalgadura, le condujo al mesón, y cuidó de él en un todo.

35. Al día siguiente sacó dos denarios de plata, y dióselos al mesonero, diciéndole: Cuídame este hombre; y todo lo que gastares de más yo te lo abonaré a mi vuelta.

36. ¿Quién de estos tres te parece haber sido prójimo del que cayó en manos de los ladrones?

37. Aquel, respondió el doctor, que uso con él de misericordia. Pues anda, díjole Jesús, y haz tú otro tanto.

38. Prosiguiendo Jesús su viaje a Jerusalén, entró en cierta aldea, donde una mujer, por nombre Marta, le hospedó en su casa.

39. Tenía ésta una hermana llamada María, la cual sentada también a los pies del Señor estaba escuchando su divina palabra.

40. Mientras tanto Marta andaba muy afanada en disponer todo lo que era menester, por lo cual se presentó a Jesús y dijo: Señor, ¿no reparas que mi hermana me ha dejado sola en las faenas de la casa? Dile, pues, que me ayude.

41. Pero el Señor le dio esta respuesta: Marta, Marta, tú te afanas y acongojas, distraída en muchísimas cosas;

42. y a la verdad que una sola cosa es necesaria, que es la salvación eterna. María ha escogido la mejor suerte, de que jamás será privada.

CAPÍTULO XI

De la oración dominical. Perseverancia en orar. Demonio mudo. Blasfemias de los judíos. Parábola del valiente armado. Reprende Jesús a los fariseos y doctores de la Ley. (Mat. V, VI, VII, IX, XII, XXI, XIII. - Marc. III, IV, XI, XII. - Juan XIV.)

1. Un día estando Jesús orando en cierto lugar, acabada la oración, díjole uno de sus discípulos: Señor, enséñanos a orar, como enseñó también Juan a sus discípulos.

2. Y Jesús les respondió: Cuando os pongáis a orar, habéis de decir: Padre, sea santificado el tu nombró. Venga a nos el tu reino.

3. El pan nuestro de cada día dánosle hoy.

4. Y perdónanos nuestros pecados, puesto que también nosotros perdonamos a nuestros deudores. Y no nos dejes caer en la tentación.

5. Díjoles también: Si alguno de vosotros tuviere un amigo y fuese a estar con él a media noche, y a decirle: Amigo, préstame tres panes,

6. porque otro amigo mío acaba de llegar de viaje a mi casa, y no tengo nada que darle;

7. aunque aquél desde adentro le responda: No me molestes, la puerta está ya cerrada, y mis criados están como yo acostados, no puedo levantarme a dártelos;

8. si el otro porfía en llamar y más llamar, yo os aseguro que cuando no se levantare a dárselos por razón de su amistad, a lo menos por librarse de su impertinencia se levantará al fin, y le dará cuantos hubiere menester.

9. Así os digo yo, añadió Jesús: pedid, y se os dará; buscad y hallaréis; llamad, y se os abrirá.

10. Porque todo aquel que pide, recibe; y quien busca, halla; y al que llama, se le abrirá.

11. Que si entre vosotros un hijo pide pan a su padre, ¿acaso le dará una piedra? O si pide un pez, ¿le dará en lugar de un pez una sierpe?

12. O si pide un huevo, ¿por ventura lo dará un escorpión, o alacrán?

13. Pues si vosotros, siendo malos como sois, sabéis dar buenas cosas a vuestros hijos, ¿cuánto más vuestro Padre que está en los cielos dará el espíritu bueno a los que se le piden?

14. Otro día estaba Jesús lanzando un demonio, el cual era mudo. Y así que hubo echado al demonio, habló el mudo, y todas las gentes quedaron muy admiradas.

15. Mas no faltaron allí algunos que dijeron: Por arte de Beelzebub, príncipe de los demonios, echa él los demonios.

16. Y otros, por tentarle, le pedían que les hiciese ver algún prodigio en el cielo.

17. Pero Jesús penetrando sus pensamientos, les dijo: Todo reino dividido en partidos con-

trarios quedará destruido; y una casa dividida en facciones, camina a su ruina.

18. Si, pues, Satanás está también dividido contra sí mismo, ¿cómo ha de subsistir su reino?, ya que decís vosotros que yo lanzo los demonios por arte de Beelzebub.

19. Y si yo lanzo los demonios por virtud de Beelzebub, ¿por virtud de quién los lanzan vuestros hijos? Por tanto ellos mismos serán vuestros jueces.

20. Pero si yo lanzo demonios con el dedo o virtud de Dios, es evidente que ha llegado ya el reino de Dios a vosotros.

21. Cuando un hombre valiente bien armado, guarda la entrada de su casa, todas las cosas están seguras.

22. Pero si otro más valiente que él asaltándole le vence, le desarmará de todos sus arneses, en que tanto confiaba, y repartirá sus despojos.

23. Quien no esta por mí, está contra mí; y quien no recoge conmigo, desparrama.

24. Cuando un espíritu inmundo ha salido de un hombre, se va por lugares áridos, buscando lugar donde reposar, y no hallándolo dice: Me volveré a mi casa de donde salí.

25. Y viniendo a ella, la halla barrida y bien adornada.

26. Entonces, va, y toma consigo a otros siete espíritus peores que él, y entrando en esta casa fijan en ella su mo rada. Con lo que el último estado de aquel hombre viene a ser peor que el primero.

27. Estando diciendo estas cosas, he aquí que una mujer, le levantando la voz de en medio del pueblo, exclamó: Bienaventurado el vientre que te llevó, y los pechos que te alimentaron.

28. Pero Jesús respondió: Bienaventurados más bien los que escuchan la palabra de Dios, y la ponen en práctica.

29. Como concurriesen las turbas a oírle, comenzó a decir: Esta raza de hombres es una raza perversa; ellos piden un prodigio, y no se les dará otro prodigio que el del profeta Jonás;

30. pues a la manera que Jonás fue un prodigio para los ninivitas, así el Hijo del hombre lo será para los de esta nación infiel e incrédula.

31. La reina del Mediodía se levantará en el día del juicio contra los hombres de esta nación, y los condenará; por cuanto ella vino del cabo del mundo a escuchar la sabiduría de Salomón; y veis aquí uno, superior a Salomón, a quien no se quiere escuchar.

32. Los habitantes de Nínive comparecerán también en el día del juicio contra esta nación, y la condenarán; por cuanto ellos hicieron penitencia a la predicación de Jonás; y veis aquí uno cuyas palabras se desprecian, que es superior a Jonás.

33. Nadie enciende una candela para ponerla en un lugar escondido, ni debajo de un celemín; sino sobre un candelero, para que los que entran vean la luz.

34. Antorcha de tu cuerpo son tus ojos. Si tu ojo estuviere puro y sano, todo tu cuerpo será alumbrado; mas si estuviere dañado, también tu cuerpo estará lleno de tinieblas.

35. Cuida, pues, de que la luz que hay en ti, no sea o no se convierta en tinieblas;

36. porque si tu cuerpo estuviere todo iluminado, sin tener parte alguna oscura, todo lo demás sera luminoso, y como antorcha luciente te alumbrará.

37. Así que acabó de hablar, un fariseo le convidó a comer en su casa; y entrando Jesús en ella, púsose a la mesa.

38. Entonces el fariseo, discurriendo consigo mismo, comenzó a decir: ¿Por qué no se habrá lavado antes de comer?

39. Mas el Señor le dijo: Vosotros, ¡oh fariseos!, tenéis gran cuidado en limpiar el exterior de las copas y de los platos, pero el interior de vuestro corazón está lleno de rapiña y de maldad.

40. ¡Oh necios!, ¿no sabéis que quien hizo lo de afuera, hizo asimismo lo de adentro?

41. Sobre todo, dad limosna de lo vuestro que os sobra, y con eso alcanzaréis de Dios que todas las cosas estarán limpias en orden a vosotros.

42. Mas ¡ay de vosotros, fariseos, que pagáis el diezmo de la yerba buena, y de la ruda, y de toda suerte de legumbres, y no hacéis caso de la justicia y de la caridad o amor de Dios! Éstas son las cosas que debíais practicar, sin omitir aquéllas.

43. ¡Ay de vosotros, fariseos, que amáis tener los primeros asientos en las sinagogas, y ser saludados en público!

44. ¡Ay de vosotros, que sois como los sepulcros que están encubiertos, y que son desconocidos de los hombres que pasan por encima de ellos!

45. Entonces uno de los doctores de la ley le dijo: Maestro, hablando así, también nos afrentas a nosotros.

46. Mas él respondió: ¡Ay de vosotros igualmente, doctores de la ley!, porque echáis a los hombres cargas que no pueden soportar, y vosotros ni con la punta del dedo las tocáis.

47. ¡Ay de vosotros que fabricáis mausoleos a los profetas, después que vuestros mismos padres los mataron!

48. En verdad que dais a conocer que aprobáis los atentados de vuestros padres; porque si

ellos los mataron, vosotros edificáis sus sepulcros.

49. Por eso dijo también la sabiduría de Dios:
Yo les enviaré profetas y apóstoles, y matarán
a unos y perseguirán a otros,

50. para que a esta nación se le pida cuenta de
la sangre de todos los profetas, que ha sido
derramada desde la creación del mundo acá

51. de la sangre de Abel hasta la sangre de
Zacarías, muerto entre el altar y el templo. Sí;
yo os lo digo: a esta raza de hombres se le
pedirá de ello cuenta rigurosa.

52. ¡Ay de vosotros, doctores de la ley, que os
habéis reservado la llave de la ciencia de la
salud! Vosotros mismos no habéis entrado, y aun
a los que iban a entrar se lo habéis impedido.

53. Diciéndoles todas estas cosas, irritados los
fariseos y doctores de la ley empezaron a con-
tradecirle fuertemente, y a pretender taparle la
boca de muchas maneras,

54. armándole asechanzas, y tirando a sonsa-
carle alguna palabra de que poder acusarle.

CAPÍTULO XII

Levadura de los fariseos. No temer sino a
Dios. Rico del siglo. No inquietarse sobre
comida y vestido. Tesoro y corazón en el cielo.
Administrador fiel y prudente. Siervo violento
e infiel. Jesús vino a poner fuego sobre la tie-
rra (Mat. V, VI, X, XII, XVI, XIX, XXIV. - Marc.
III, IV, VIII).

1. Entretanto, habiéndose juntado alrededor de
Jesús tanto concurso de gentes que se atrope-
llaban unos a otros, empezó a decir a sus discípulos: Guardaos de la levadura de los fariseos, que es la hipocresía.

2. Mas nada es tan oculto que no se haya de
manifestar; ni tan secreto que al fin no se
sepa.

3. Así es que lo que dijisteis a oscuras, se dirá
en la luz del día; y lo que hablasteis al oído en
las alcobas, se pregonará sobre los terrados.

4. A vosotros, empero, que sois mis amigos, os
digo yo ahora: No tengáis miedo de los que
matan el cuerpo. y esto hecho ya no pueden
hacer más.

5. Yo quiero mostraros a quien habéis de
temer: temed al que, después de quitar la vida,
puede arrojar al infierno: a éste es, os repito, a
quien habéis de temer.

6. ¿No es verdad que cinco pajarillos se venden por dos cuartos, y con todo ni uno de ellos
es olvidado de Dios?

7. Hasta los cabellos de vuestra cabeza están
todos contados. Por tanto no tenéis que temer

que Dios os olvide: más valéis vosotros que
muchos pajarillos.

8. Os digo, pues, que cualquiera que me confesare delante de los hombres, también el Hijo
del hombre le confesará, o te conocerá por
suyo, delante de los ángeles de Dios.

9. Al contrario, quien me negare ante los hombres, será negado ante los ángeles de Dios.

10. Si alguno habla contra el Hijo del hombre
no conociendo su divinidad, este pecado se le
perdonará; pero no habrá perdón para quien
blasfemare contra el Espíritu Santo.

11. Cuando os conduzcan a las sinagogas, y a
los magistrados y potestades de la tierra, no
paséis cuidado de lo que, o cómo habéis de
responder o alegar.

12. Porque el Espíritu Santo os enseñará en
aquel trance lo que debéis decir,

13. Entonces le dijo uno del auditorio: Maestro, dile a mi hermano que me dé la parte que
me toca de la herencia.

14. Pero Jesús le respondió: ¡Oh hombre!,
¿quién me ha constituido a mí juez, o reparti-
dor entre vosotros?

15. Con esta ocasión les dijo: Estad alertas, y
guardaos de toda avaricia: que no depende la
vida del hombre de la abundancia de los bienes
que él posee.

16. Y en seguida les propuso esta parábola: Un
hombre rico tuvo una extraordinaria cosecha
de frutos en su heredad;

17. y discurría para consigo, diciendo: ¿Qué
haré, que no tengo sitio capaz para encerrar
mis granos?

18. Al fin dijo: Haré esto: derribaré mis graneros, y construiré otros mayores, donde almace-
naré todos mis productos y mis bienes,

19. con lo que diré a mi alma: ¡Oh alma mía!,
ya tienes muchos bienes de repuesto para
muchísimos años: descansa, come, bebe, y
date buena vida.

20. Pero al punto le dijo Dios: ¡insensato!, esta
misma noche han de exigir de ti la entrega de tu
alma: ¿de quién será cuanto has almacenado?

21. Esto es lo que sucede, concluyó Jesús, al
que atesora para sí, y no es rico a los ojos de
Dios.

22. Y después dijo a sus discípulos: Por eso os
digo a vosotros: No andéis inquietos en orden
a vuestra vida, sobre lo que comeréis y en
orden a vuestro cuerpo sobre qué vestiréis.

23. Más importa la vida que la comida, y el
cuerpo que el vestido.

24. Reparad en los cuervos: ellos no siembran,
ni siegan, no tienen despensa, ni granero; sin
embargo, Dios los alimenta. Ahora bien,
¿cuánto más valéis vosotros que ellos?

25. Y por otra parte ¿quién de vosotros, por mucho que discurra, puede acrecentar a su estatura un solo codo?

26. Pues si ni aun para las cosas más pequeñas tenéis poder, ¿a qué fin inquietaros por las demás?

27. Contemplad las azucenas cómo crecen y florecen: no trabajan, ni tampoco hilan; no obstante os digo, que ni Salomón con toda su magnificencia estuvo jamás vestido como una de estas flores.

28. Pues si a una yerba que hoy está en el campo, y mañana se echa en el horno, Dios así la viste, ¿cuánto más a vosotros, hombres de poquísima fe?

29. Así que no estáis acongojados cuando buscáis de comer o de beber; ni tengáis suspenso o inquieto vuestro ánimo;

30. los paganos y las gentes del mundo son los que van afanados tras de esas cosas: bien sabe vuestro Padre que de ellas necesitáis.

31. Por tanto, buscad primero el reino de Dios y su justicia; que todo lo demás se os dará por añadidura.

32. No tenéis vosotros que temer, mi pequeñito rebaño, porque ha sido del agrado de vuestra Padre celestial daros el reino eterno.

33. Vended, si es necesario, lo que poseéis, y dad limosnas. Haceos unas bolsas que no se echen a perder; un tesoro en el cielo que jamás se agota, adonde no llegan los ladrones, ni roe la polilla.

34. Porque donde está vuestro tesoro, allí también estará vuestro corazón.

35. Estad con vuestras ropas ceñidas a la cintura, y tened en vuestras manos las luces ya encendidas, prontos a servir a vuestro Señor.

36. Sed semejantes a los criados que aguardan a su amo cuando vuelve de las bodas, a fin de abrirle prontamente, luego que llegue, y llame a la puerta.

37. Dichosos aquellos siervos a los cuales el amo al venir encuentra así velando: en verdad os digo, que arregazándose él su vestido, los hará sentar a la mesa, y se pondrá a servirles.

38. Y si viene a la segunda vela, o viene a la tercera, y los halla así prontos, dichosos son tales criados.

39. Tened esto por cierto, que si el padre de familia supiera a qué hora había de venir el ladron, estaría ciertamente velando, y no dejaría que le horadasen y forzasen su casa.

40. Así vosotros estad siempre prevenidos; porque a la hora que menos pensáis vendr e Hijo del hombre.

41. Preguntóle entonces Pedro: Señor, ¿dices por nosotros esta parábola, o por todos igualmente?

42. Respondió el Señor: ¿Quién piensas que es sino un criado vigilante aquel administrador fiel y prudente, a quien su amo constituyó mayordomo de su familia, para distribuir a cada uno a su tiempo la medida de trigo o el alimento correspondiente?

43. Dichoso de tal siervo, si su amo a la vuelta le halla ejecutando así su deber.

44. En verdad os digo, que le dará la superintendencia de todos sus bienes.

45. Mas si dicho criado dijere en su corazón: Mi amo no piensa en venir tan presto, y empezare a maltratar a los criados, y a las criadas, y a comer, y a beber, y a embriagarse;

46. vendrá el amo del tal siervo en el día que menos le espera, y en la hora que no sabe, y le echará de su casa, y darle ha el pago debido a los criados infieles.

47. Así es que aquel siervo que, habiendo conocido la voluntad de su amo, no obstante ni puso en orden las cosas, ni se portó conforme quería su señor, recibirá muchos azotes;

48. mas el que sin conocerla hizo cosas que de suyo merecen castigo, recibirá menos. Porqué se pedirá cuenta de mucho a aquel a quien mucho se le entregó; y a quien se han confiado muchas otras cosas, más cuenta le pedirán.

49. Yo he venido a poner fuego en la tierra: ¿y qué he de querer sino que arda?

50. Con un bautismo de sangre tengo de ser yo bautizado: ¡oh y cómo traigo en prensa el corazón, mientras que no lo veo cumplido!

51. ¿Pensáis que he venido a poner paz en la tierra? No, sino desunión: así os lo declaro.

52. De suerte que desde ahora en adelante habrá en una misma casa cinco entre sí desunidos, tres contra dos, y dos contra tres.

53. El padre estará contra el hijo, y el hijo contra el padre; la madre contra la hija, y la hija contra la madre; la suegra contra la nuera, y la nuera contra la suegra.

54. Decía también al pueblo: En viendo una nube que se levantaba del ocaso, al instante decís: Tempestad tenemos; y así sucede.

55. Y cuando veis que sopla el aire de mediodía, decís: hará calor; y lo hace.

56. Hipócritas, si sabéis pronosticar por los varios aspectos del cielo y de la tierra, ¿cómo no conocéis este tiempo del Mesías?

57. O ¿cómo por lo que pasa en vosotros mismos no discernís lo que es justo que hagáis ahora?

58. Cuando vas junto con tu contrario a querellarte ante el magistrado, haz en el camino todo lo posible por librarte de él, no sea que por fuerza te lleve al juez y el juez te entregue al alguacil, y el alguacil te meta en la cárcel.

59. Porque yo te aseguro que de ella no saldrás, hasta que hayas pagado el último maravedí.

CAPÍTULO XIII

Del castigo que amenaza a los que no hacen penitencia. Higuera estéril. Curación de la mujer encorvada. Parábolas del grano de mostaza, y de la levadura. Corto número de los que se salvan. Pasión predicha. Jerusalén homicida de los profetas. (Mat. VII, XIII, XIX, XX, XXIII. - Marc. IV, X.)

1. En este mismo tiempo vinieron algunos, y contaron a Jesus lo que había sucedido a unos galileos, cuya sangre mezcló Pilatos con la de los sacrificios que ellos ofrecían.

2. Sobre lo cual les respondió Jesús. ¿Pensáis que aquellos galileos eran entre todos los demás de Galilea los mayores pecadores, porque fueron castigados de esta suerte?

3. Os aseguro que no; y entended que si vosotros no hiciereis penitencia, todos pereceréis igualmente.

4. Como también aquellos dieciocho hombres, sobre los cuales cayó la torre de Siloé, y los mató, ¿pensáis que fuesen los más culpados de todos los moradores de Jerusalén?

5. Os digo que no; mas si vosotros no hiciereis penitencia, todos pereceréis igualmente.

6. Y añadióles esta parábola: Un hombre tenía plantada una higuera en su viña, y vino a ella en busca de fruto, y no lo halló;

7. por lo que dijo al viñador: Ya ves que hace tres años seguidos que vengo a buscar fruto en esta higuera, y no lo hallo; córtala, pues; ¿para qué ha de ocupar terreno en balde?

8. Pero él respondió: Señor, déjala todavía este año, y cavaré alrededor de ella, y le echaré estiércol,

9. a ver si así dará fruto; cuando no, entonces la harás cortar.

10. Enseñando Jesús un día de sábado en la sinagoga,

11. he aquí que vino allí una mujer, que por espacio de dieciocho años padecía una enfermedad causada de un maligno espíritu; y andaba encorvada, sin poder mirar poco ni mucho hacia arriba.

12. Como la viese Jesús, llamóla a sí, y le dijo: Mujer, libre quedas de tu achaque.

13. Puso sobre ella las manos, y enderezóse al momento, y daba gracias y alabanzas a Dios.

14. El jefe de la sinagoga. indignado de que Jesús hiciera esta cura en sábado, dijo al pueblo: Seis días hay destinados al trabajo; en ésos podáis venir a curaros, y no en el día de sábado.

15. Mas el Señor, dirigiéndole a él la palabra, dijo: ¡Hipócritas!, ¿cada uno de vosotros no suelta su buey o su asno del pesebre, aunque sea sábado, y los lleva a abrevar?

16. Y a esta hija de Abrahán, a quien, como veis, ha tenido atada Satanás por espacio de dieciocho años, ¿no será permitido desatarla de estos lazos en día de sábado?

17. Y a estas palabras quedaron avergonzados todos sus contrarios; y todo el pueblo se complacía en sus gloriosas acciones.

18. Decía también Jesús: ¿A qué cosa es semejante el reino de Dios, o con qué podrá compararlo?

19. Es semejante a un grano de mostaza que tomó un hombre y lo sembró en su huerta; el cual fue creciendo hasta llegar a ser un árbol grande, de suerte que las aves del cielo posaban en sus ramas.

20. Y volvió a repetir: ¿A qué cosa diré que se asemeja el reino de Dios?

21. Es semejante a la levadura que tomó una mujer y la revolvió en tres medidas de harina, hasta que hubo fermentado toda la masa.

22. E iba así ensoñando por las ciudades y aldeas, de camino para Jerusalán.

23. Y úno le preguntó: Señor, ¿es verdad que son pocos los que se salvan? Él en respuesta dijo a los oyentes:

24. Esforzaos a entrar por la puerta angosta; porque os aseguro que muchos buscarán cómo entrar, y no podrán.

25. Y después que el padre de familia hubiere entrado y cerrado la puerta, empezaréis, estando fuera, a llamar a la puerta diciendo: ¡Señor, Señor, ábrenos!, y él os responderá: No os conozco, ni sé de dónde sois.

26. Entonces alegaréis en favor vuestro: Nosotros hemos comido y bebido contigo, y tú predicaste en nuestras plazas.

27. Y él os repetirá: No os conozco, ni sé de dónde sois. Apartaos lejos de mí todos vosotros, artífices de la maldad.

28. Allí será el llanto y el rechinar de dientes; cuando veréis a Abrahán, y a Isaac, y a Jacob, y a todos los profetas en el reino de Dios, mientras vosotros sois arrojados fuera.

29. Y vendrán también gentes del oriente y del occidente, del norte y del mediodía, y se pondrán a la mesa en el convite del reino de Dios.

30. Y ved aquí que los que son ahora los últimos serán entonces los primeros, y los que son primeros serán entonces los últimos.

31. En el mismo día vinieron algunos fariseos a decirle: Sal de aquí, y retírate a otra parte, porque Herodes quiere matarte.

32. Y les respondió: Andad, y decid de mi parte a ese falso y raposo: Sábete que aún he de lanzar demonios y sanar enfermos el día de hoy, y el de mañana, pero dentro de poco tiempo al tercer día soy finado.

33. No obstante, así hoy como mañana, y pasado mañana, conviene que yo siga mi camino hasta llegar a la ciudad; porque no cabe que un profeta pierda la vida fuera de Jerusalén.

34. ¡Oh Jerusalén, Jerusalén, que matas a los profetas, y apedreas a los que a ti son enviados!, ¿cuántas veces quise recoger a tus hijos, a la manera que el ave cubre su nidada debajo de sus alas, y tú no has querido?

35. ¡Pueblo ingrato!, he aquí que vuestra morada va a quedar desierta. Y os declaro que ya no me veréis más, hasta que llegue el día en que digáis: ¡Bendito sea el que viene en nombre del Señor!

CAPÍTULO XIV

Hidrópico curado en sábado. Parábola de la gran cena. El que quiere seguir a Jesús debe llevar su cruz. Sal hecha insípida (Mat. V, X, XVI, XVIII, XXII, XXIII. - Marc. VIII, IX.)

1. Y sucedió que habiendo entrado Jesús en casa de uno de los principales fariseos a comer en un día de sábado, le estaban éstos acechando.

2. Y he aquí que se puso delante de él un hombre hidrópico.

3. Y Jesús vuelto a los doctores de la ley y a los fariseos, les preguntó: ¿Es lícito curar en día de sábado?

4. Mas ellos callaron. Y Jesús, habiendo tocado al hidrópico, con sólo tocarle le curó, y despachóle.

5. Dirigiéndose después a ellos, les dijo: ¿Quien de vosotros, si su asno o su buey cae en algún pozo o pantano, no le sacará luego, aunque sea día de sabado?

6. Y no sabían qué responder a esto.

7. Notando entonces que los convidados iban escogiendo los primeros puestos en la mesa, les propuso esta parábola, y dijo:

8. Cuando fueres convidado a bodas, no te pongas en el primer puesto, porque no haya quizá otro convidado de más distinción que tú;

9. y sobreviniendo el que a ti y a él os convidó, te diga: Haz lugar a éste; y entonces con sonrojo te veas precisado a ponerte el último.

10. Antes bien, cuando fueres convidado, vete a poner en el último lugar; para que cuando venga el que te convidó, te diga: Amigo, sube más arriba: lo que te acarreará honor a vista de los demás convidados.

11. Así es que cualquiera que se ensalza, será humillado; y quien se humilla, será ensalzado.

12. Decía también al que le había convidado: Tú cuando das comida o cena, no convides a tus amigos, ni a tus hermanos, ni a los parientes, o vecinos ricos; no sea que también ellos te conviden a ti, y te sirva esto de recompensa;

13. sino que cuando haces un convite, has de convidar a los pobres, y a los tullidos, y a los cojos, ya los ciegos;

14. y serás afortunado, porque no pueden pagártelo: pues así serás recompensado en la resurrección de los justos.

15. Habiendo oído esto uno de los convidados le dijo: ¡Oh, bienaventurado aquel que tendrá parte en el convite del reino de Dios!

16. Mas Jesús le respondió: Un hombre dispuso una gran cena, y convidó a mucha gente.

17. A la hora de cenar envió un criado a decir a los convidados que viniesen, pues ya todo estaba dispuesto.

18. Y empezaron todos como de concierto a excusarse. El primero le dijo: He comprado una granja, y necesito salir a verla: ruégote que me des por excusado.

19. El segundo dijo: He comprado cinco yuntas de bueyes, y voy a probarlas: dame, ruego, por excusado.

20. Otro dijo: Acabo de casarme, y así no puedo ir allá.

21. Habiendo vuelto el criado refirió todo esto a su amo. Irritado entonces el padre de familia, dijo a su criado: Sal luego a las plazas y barrios de la ciudad; y tráeme acá cuantos pobres, y lisiados, y ciegos, y cojos, hallares.

22. Dijo después el criado: Señor, se ha hecho lo que mandaste, y aún sobra lugar.

23. Respondió el amo: Sal a los caminos y cercados; e impele a los que halles a que vengan, para que se llene mí casa.

24. Pues os protesto que ninguno de los que antes fueron convidados ha de probar mi cena.

25. Sucedió que yendo con Jesús gran multitud de gentes, vuelto a ellas les dijo:

26. Si alguno de los que me siguen no aborrece o no ama menos que a mí a su padre y madre, y a la mujer, y a los hijos, y a los hermanos y hermanas, y aun a su vida misma, no puede ser mi discípulo.

27. Y el que no carga con su cruz, y no me sigue, tampoco puede ser mi discípulo.

28. Porque, ¿quién de vosotros queriendo edificar una torre, no echa primero despacio sus cuentas, para ver si tiene el caudal necesario con que acabarla;

29. no le suceda que, después de haber echado los cimientos, y no pudiendo concluirla, todos los que lo vean, comiencen a burlarse de él.

30. diciendo: Ved ahí un hombre que comenzó a edificar, y no pudo rematar?

31. O ¿cuál es el rey que habiendo de hacer guerra contra otro rey, no considera primero despacio si podrá con diez mil hombres hacer frente al que con veinte mil viene contra él?

32. Que si no puede, despachando una embajada, cuando está el otro todavía lejos, le ruega con la paz.

33. Así, pues, cualquiera de vosotros que no renuncia todo lo que posee, no puede ser mi discípulo.

34. La sal es buena; pero si la sal se desvirtúa, ¿con qué será sazonada?

35. Nada vale, ni para la tierra, ni para servir de estiércol así es que se arroja fuera como inútil. Quien tiene oídos para escuchar, atienda bien a esto.

CAPÍTULO XV

Parábolas de la oveja descarriada; de la dracma perdida, y del hijo pródigo para confusión de los fariseos presuntuosos, y aliento de los pecadores arrepentidos (Mat. XVIII.)

1. Solían los publicanos y pecadores acercarse a Jesús para oírle.

2. Y los fariseos y escribas murmuraban de eso diciendo: Mirad cómo se familiariza con los pecadores, y come con ellos.

3. Entonces les propuso esta parábola:

4. ¿Quién hay de vosotros, teniendo cien ovejas, y habiendo perdido una de ellas, no deje las noventa y nueve en la dehesa, y no vaya en busca de la que se perdió, hasta encontrarla?

5. En hallándola se la pone sobre los hombros muy gozoso;

6. y llegado a casa, convoca a sus amigos y vecinos, diciéndoles: Regocijaos conmigo, porque he hallado la oveja mía, que se me había perdido.

7. Os digo que a este modo habrá más fiesta en el cielo por un pecador que se arrepiente, que por noventa y nueve justos, que no tienen necesidad de penitencia.

8. O ¿qué mujer, teniendo diez dracmas o reales de plata, si pierde una, no enciende luz, y barre bien la casa, y lo registra todo, hasta dar con ella?

9. Y en hallándola, convoca a sus amigas y vecinas, diciendo: Alegraos conmigo, que ya he hallado la dracma que había perdido.

10. Así os digo yo, que harán fila los ángeles de Dios por un pecador que haga penitencia.

11. Añadió también: un hombre tenía dos hijos,

12. de los cuales el más mozo dijo a su padre: Padre, dame la parte de la herencia que me toca. Y el padre repartió entre los dos la hacienda.

13. No se pasaron muchos días que aquel hijo más mozo, recogidas todas sus cosas, se marchó a un país muy remoto, y allí malbarató todo su caudal, viviendo disolutamente.

14. Después que lo gastó todo, sobre vino una grande hambre en aquel país, y comenzó a padecer necesidad.

15. De resultas púsose a servir a un morador de aquella tierra, el cual le envió a su granja a guardar cerdos.

16. Allí deseaba con ansia henchir su vientre de las algarrobas y mondaduras que comían los cerdos; y nadie se las daba.

17. Y volviendo en sí, dijo: ¡Ay cuántos jornaleros en casa de mi padre tienen pan en abundancia, mientras que yo estoy aquí pereciendo de hambre!

18. No: yo iré a mi padre y le diré: Padre mío, pequé contra el cielo, y contra ti:

19. ya no soy digno de ser llamado hijo tuyo; trátame como a uno de tus jornaleros.

20. Con esta resolución se puso en camino para la casa de su padre. Estando todavía lejos, avistóle su padre, y enterneciéronsele las entrañas, y corriendo a su encuentro, le echó los brazo al cuello, y le dio mil besos.

21. Díjole el hijo: Padre mío, yo he pecado contra el cielo y contra ti: ya no soy digno de ser llamado hijo tuyo.

22. Mas el padre, por respuesta dijo a sus criados: Presto traed aquí luego el vestido más precíoso que hay en casa, y ponédselo, ponedle un anillo en el dedo, y calzadle las sandalias;

23. y traed un ternero cebado, matadlo, y comamos, y celebremos un banquete:

24. pues que este hijo mío estaba muerto, y ha resucitado; habíase perdido, y ha sido hallado. Y con eso dieron principio al banquete.

25. Hallábase a la sazón el hijo mayor en el campo; y a la vuelta, estando ya cerca de su casa, oyó el concierto de música y el baile;

26. y llamó a uno de sus criados, y preguntóle qué venía a ser aquello.

27. El cual le respondió: Ha vuelto tu hermano, y tu padre ha mandado matar un becerro

cebado, por haberle recobrado en buena salud.

28. Al oír esto, indignóse, y no quería entrar. Salió, pues, su padre afuera y empezó a instarle con ruegos.

29. Pero él le replicó diciendo: Es bueno que tantos años ha que te sirvo, sin haberte jamás desobedecido en cosa alguna que me hayas mandado, y nunca me has dado un cabrito para merendar con mis amigos;

30. y ahora que ha venido este hijo tuyo, el cual ha consumido su hacienda con meretrices, luego has hecho matar para él un becerro cebado.

31. Hijo mío, respondió el padre, tú siempre estás conmigo, y todos los bienes míos son tuyos;

32. mas ya ves que era muy justo el tener un banquete y regocijarnos, por cuanto este tu hermano había muerto, y ha resucitado; estaba perdido, y se ha hallado.

CAPÍTULO XVI
Parábola del mayordomo tramposo. Nadie puede servir a Dios y a las riquezas. Indisolubilidad del matrimonio. Del rico avariento, y del pobre Lázaro (Mat. V, VI, XI. - Marc. X.)

1. Decía también Jesús a sus discípulos: Érase un hombre rico, que tenía un mayordomo, del cual por la voz común vino a entender que le había disipado sus bienes.

2. Llamóle, pues, y díjole: ¿Qué es esto que oigo de ti? Dame cuenta de tu administración, porque no quiero que en adelante cuides de mi hacienda.

3. Entonces el mayordomo dijo entre sí: ¿Qué hará, pues mi amo me quita la administración de sus bienes? Yo no soy bueno para cavar, y para mendigar no tengo cara

4. Pero ya sé lo que he de hacer, para que, cuando sea removido de mi mayordomía, halle yo personas que me reciban en su casa.

5. Llamando, pues, a los deudores de su amo a cada uno de por sí, dijo al primero: ¿Cuánto debes a mi amo?

6. Respondió: Cien barriles de aceite. Díjole: Toma tu obligación, siéntate y haz al instante otra de cincuenta.

7. Dijo después a otro: ¿Y tú cuánto debes? Respondió: Cien coros, o cargas de trigo. Díjole: Toma tu obligación, escribe otra de ochenta.

8. Habiéndolo sabido el amo, alabó a este mayordomo infiel, no por su infidelidad, sino de que hubiese sabido portarse sagazmente,

porque los hijos de este siglo, o amadores del mundo, son en sus negocios más sagaces que los hijos de la luz, o del evangelio, en el negocio de su eterna salud.

9. Así os digo yo a vosotros: Granjeaos amigos con las riquezas, manantial de iniquidad, para que, cuando falleciereis, seáis recibidos en las moradas eternas.

10. Quien es fiel en lo poco, también lo es en lo mucho; y quien es injusto en lo es poco, también lo es en lo mucho.

11. Si en las falsas riquezas no habéis sido fieles ¿quién os fiará las verdaderas o los do gracia?

12. Y si en lo ajeno no fuisteis fieles, ¿quién pondrá en vuestras manos lo propio vuestro?

13. Ningún criado puede servir a dos amos; porque o aborrecerá al uno, y amará al otro; o se aficionará al primero, y no hará caso del segundo: no podéis servir a Dios y a las riquezas.

14. Estaban oyendo todo esto los fariseos que eran avarientos; y se burlaban de él.

15. Mas Jesús les dijo: Vosotros os vendéis por justos delante de los hombres; pero Dios conoce el fondo de vuestros corazones; porque sucede a menudo que lo que parece sublime a los ojos humanos, a los de Dios es abominable.

16. La ley y los profetas han durado hasta Juan; después acá el reino de Dios es anunciado claramente, y todos entran en él a viva fuerza, o mortificando sus pasiones.

17. Más fácil es que perezcan el cielo y la tierra, que el que deje de cumplirse un solo ápice de la ley.

18. Cualquiera que repudia a su mujer, y se casa con otra, comete adulterio; y comételo también el que se casa con la repudiada por su marido.

19. Hubo cierto hombre muy rico, que se vestía de púrpura y de lino finísimo: y tenía cada día espléndidos banquetes.

20. Al mismo tiempo vivía un mendigo llamado Lázaro, el cual, cubierto de llagas, yacía a la puerta de éste,

21. deseando saciarse con las migajas que caían de la mesa del rico; mas nadie se las daba; pero los perros venían y lamíanle las llagas.

22. Sucedió, pues, que murió dicho mendigo, y fue llevado por los ángeles al seno de Abrahán. Murió también el rico, y fue sepultado en el infierno.

23. Y cuando estaba en los tormentos, levantando los ojos vió a lo lejos a Abrahán y a Lázaro en su seno:

24. Y exclamó diciendo: ¡Padre mío Abrahán!, compadécete de mí y envíame a Lázaro, para

que mojando la punta de su dedo en agua, me refresque la lengua, pues me abraso en estas llamas.

25. Respondióle Abrahán: Hijo, acuérdate que recibiste bienes durante tu vida, y Lázaro al contrario males; y así éste ahora es consolado, y tú atormentado:

26. fuera de que, entre nosotros y vosotros, está de por medio un abismo insondable: de suerte que los que de aquí quisieran pasar a vosotros, no podrían, ni tampoco de ahí pasar acá.

27. Ruégote, pues, ¡oh padre!, replicó el rico, que lo envíes a casa de mi padre,

28. donde tengo cinco hermanos, a fin de que los aperciba, y no les suceda a ellos, por seguir mi mal ejemplo, el venir también a este lugar de tormentos.

29. Replicóle Abrahán: Tienen a Moisés y a los profetas: escúchenlos.

30. No basta esto, dijo él, ¡oh padre Abrahán!; pero si alguno de los muertos fuere a ellos, harán penitencia.

31. Respondióle Abrahán: Si a Moisés y a los profetas no los escuchan, aun cuando uno de los muertos resucite, tampoco le darán crédito.

CAPÍTULO XVII

Enseña Jesús a sus discípulos cuán malo es el escándalo; que se deben perdonar las injurias; que todos somos siervos inútiles. Cura a diez leprosos; y trata de su segunda venida (Mat. X, XVII, XVIII, XXIV. - Marc. VIII, IX, XIII. - Juan XII).

1. Dijo también un día a sus discípulos: Imposible es que no sucedan escándalos; pero ¡ay de aquel que los causa!

2. Menos mal sería para él que le echasen al cuello una rueda de molino, y le arrojasen al mar, que no que él escandalizara a uno de estos pequeñitos.

3. Id, pues, con cuidado: Si tu hermano peca contra ti, repréndele con dulzura; y sí se arrepiente, perdónale.

4. Que si siete veces al día, esto es, muchas veces, te ofendiere, y siete veces al día volviere a ti diciendo: Pésame de lo hecho, perdónale siempre.

5. Entonces los apóstoles dijeron al Señor: Auméntanos la fe.

6. Y el Señor les dijo: Si tuviereis fe tan grande como un granito de mostaza, diréis a ese moral: Arráncate de raíz, y trasplántate en el mar, y os obedecerá.

7. ¿Quién hay entre vosotros que teniendo un criado de labranza, o pastor, luego que vuelve del campo le diga: Ven, ponte a la mesa;

8. y que al contrario no le diga: Dispónme la cena, cíñete, y sírveme, mientras yo como y bebo, que después comerás tú y beberás?

9. ¿Por ventura el amo se tendrá por obligado al tal criado, de que hizo lo que le mandó?

10. No por cierto. Así también vosotros, después que hubiereis hecho todas las cosas que se os han mandado habéis de decir: Somos siervos inútiles; no hemos hecho más que lo que ya teníamos obligación de hacer.

11. Caminando Jesus hacia Jerusalén, atravesaba las provincias de Samaria y de Galilea.

12. Y estando para entrar en una población, le salieron al encuentro diez leprosos, los cuales se pararon a lo lejos,

13. y levantaron la voz, diciendo: Jesús nuestro maestro, ten lástima de nosotros.

14. Luego que Jesús los vió, les dijo: id, mostraos a los sacerdotes. Y cuando iban, quedaron curados.

15. Uno de ellos, apenas echó de ver que estaba limpio, volvió atrás, glorificando a Dios a grandes voces.

16. y postróse a los pies de Jesús, pecho por tierra, dándole gracias; y éste era un samaritano.

17. Jesús dijo entonces: ¿Pues qué, no son diez los curados? ¿Y los nueve dónde están?

18. No ha habido quién volviese a dar a Dios la gloria, sino este extranjero.

19. Después le dijo: Levántate, vete, que tu fe te ha salvado.

20. Preguntado por los fariseos: ¿Cuándo vendrá el reino de Dios?, les dio por respuesta: El reino de Dios no ha de venir con muestras de aparato:

21. ni se dirá: vele aquí, o vele allí. Antes tened por cierto que ya el reino de Dios, o el Mesías, está en medio de vosotros.

22. Con esta ocasión dijo a sus discípulos: Tiempo vendrá en que desearéis ver uno de los días del Hijo del hombre, y no lo veréis.

23. Entonces os dirán: Mírale aquí, mírale allí. No vayáis tras ellos, ni los sigáis.

24. Porque como el relámpago brilla y se deja ver de un cabo del cielo al otro, iluminando la atmósfera, así se dejará ver el Hijo del hombre en el día suyo.

25. Mas es menester que primero padezca muchos tormentos y sea desechado de esta nación.

26. Lo que acaeció en el tiempo de Noé, igualmente acaecerá en el día del Hijo del hombre:

27. Comían y bebían, casábanse y celebraban bodas, hasta el día en que Noé entró en el Arca; y sobrevino entonces el diluvio que acabó con todos.

28. Como también lo que sucedió en los días de Lot: los de Sodoma y Gomorra comían y bebían; compraban y vendían; hacían plantíos y edificaban casas;

29. mas el día que salió Lot de Sodoma llovió del cielo fuego y azufre, que los abrasó a todos.

30. De esta manera será el día en que se manifestará el Hijo del hombre.

31. En aquella hora, quien se hallare en el terrado, y tiene también sus muebles dentro de casa, no entre a cogerlos; ni tampoco quien está en el campo no vuelva atrás: no piense sino en salvar su vida.

32. Acordaos de la mujer de Lot.

33. Todo aquel que quisiere salvar su vida abandonando la fe, la perderá eternamente; y quien la perdiere por defenderla, la conservará.

34. Una cosa os digo: En aquella noche dos estarán en un mismo lecho; el uno será libertado, y el otro abandonado:

35. Estarán dos mujeres moliendo juntas; la una será libertada, y la otra abandonada: dos hombres en el mismo campo; el uno será libertado, y el otro abandonado.

36. ¿Dónde, Señor, replicaron ellos, dónde será esto?

37. Jesús les respondió: Doquiera que esté el cuerpo o cadáver, allá volarán las águilas.

CAPÍTULO XVIII

Parábolas de la viuda, del mal juez, del fariseo y del publicano. Jesús recibe amorosamente a los niños. Da consejos de perfección. Muestra el peligro de las riquezas; cura al ciego de Jericó (Mat. XIX, XX, XXIII. - Marc. X.)

1. Propúsoles también esta parábola, para hacer ver que conviene orar perseverantemente y no desfallecer,

2. diciendo: En cierta ciudad había un juez, que ni tenía temor de Dios, ni respeto a hombre alguno.

3. Vivía en la misma ciudad una viuda, la cual solía ir a él, diciendo: Hazme justicia de mi contrario.

4. Mas el juez en mucho tiempo no quiso hacérsela. Pero después dijo para consigo: Aunque yo no temo a Dios, ni respeto a hombre alguno,

5. con todo, para que me deje en paz esta viuda, le haré justicia, a fin de que no venga de continuo a romperme la cabeza.

6. Ved, añadió el Señor, lo que dijo ese juez inicuo.

7. Y ¿creereis que Dios dejará de hacer justicia a sus escogidos que clamana él día y noche, y que ha de sufrir siempre que se les oprima?

8. Os aseguro que no tardará en vengarlos de los agravios. Pero cuando viniere el Hijo del hombre, ¿os parece que hallará fe sobre la tierra?

9. Dijo asimismo a ciertos hombres que presumían de justos, y despreciaban a los demás, esta parábola:

10. Dos hombres subieron al templo a orar: el uno era fariseo, y el otro publicano, o alcabalero.

11. El fariseo, puesto en pie, oraba en su interior de esta manera: ¡Oh Dios!, yo te doy gracias de que no soy como los demás hombres, que son ladrones, injustos y adúlteros; ni tampoco como este publicano.

12. Ayuno dos veces a la semana; pago los diezmos de todo lo que poseo.

13. El publicano, al contrario, puesto allá lejos, ni aun los ojos osaba levantar al cielo; sino que se daba golpes de pecho, diciendo: Dios mío, ten misericordia de mí, que soy un pecador.

14. Os declaro, pues, que éste volvió a su casa justificado, mas no el otro; porque todo aquel que se ensalza, será humillado; y el que se humilla, será ensalzado.

15. Y traíanle también algunos niños para que los tocase, o les impusiese las manos. Lo cual viendo los discípulos, lo impedían con ásperas palabras.

16. Mas Jesús llamando a sí a los niños dijo a sus discípulos: Dejad venir a mí los niños, y no se lo vedéis; porque de tales como éstos es el reino de Dios.

17. En verdad os digo, que quien no recibiere el reino de Dios como un niño, o con la sencillez suya, no entrará en él.

18. Un joven, sujeto de distinción, le hizo esta pregunta: Buen Maestro, ¿qué podré yo hacer a fin de alcanzar la vida eterna?

19. Respondióle Jesús: ¿por qué me llamas bueno, teniéndome por puro hombre? Nadie es bueno sino sólo Dios.

20. Ya sabes los mandamientos: No matarás. No cometerás adulterio. No hurtarás. No dirás falso testimonio. Honra a tu padre y madre.

21. Dijo él: Todos estos mandamientos los he guardado desde mi mocedad.

22. Lo cual oyendo Jesús, le dijo: Todavía te falta una cosa para ser perfecto: vende todos tus haberes, dalos a los pobres, y tendrás un tesoro en el cielo; y despues ven, y sígueme

23. Al oír esto, entristecióse el joven; porque era sumamente rico.

24. Y Jesús viéndole sobrecogido de tristeza, dijo: ¡Oh cuán dificultosamente los adinerados entrarán en el reino de Dios!

25. Porque más fácil es a un camello el pasar por el ojo de una aguja, que a un rico el entrar en el reino de Dios.

26. Y dijeron los que le escuchaban: ¿Pues quién podrá salvarse?

27. Respondióles Jesús: Lo que es imposible a los hombres, a Dios es posible.

28. Entonces dijo Pedro: Bien ves que nosotros hemos dejado todas las cosas, y seguídote.

29. Díjoles Jesús: En verdad os digo, ninguno hay que haya dejado casa, o padres, o hermanos, o esposa, o hijos, por amor del reino de Dios,

30. el cual no reciba mucho más en este siglo en bienes sólidos y celestiales, y en el venidero la vida eterna.

31. Después tomando Jesús aparte a los doce apóstoles, les dijo: Ya veis que subimos a Jerusalén, donde se cumpllrán todas las cosas que fueron escritas por los profetas acerca del Hijo del hombre;

32. porque será entregado en manos de los gentiles, y escarnecido, y azotado, y escupido;

33. y después que le hubieren azotado, le darán la muerte: y al tercer día resucitará.

34. Pero ellos ninguna de estas cosas comprendieron; antes era éste un lenguaje desconocido para ellos, ni entendían la significación de las palabras dichas.

35. Y al acercarse a Jericó, estaba un ciego sentado a la orilla del camino, pidiendo limosna.

36. Y sintiendo el tropel de la gente que pasaba, preguntó qué novedad era aquella.

37. Dijéronle que Jesús Nazareno pasaba por allí de camino.

38. Y al punto se puso a gritar: ¡Jesús, hijo de David, ten piedad de mí!

39. Los que iban delante, le reprendían para que callase. Pero él levantaba mucho más el grito: ¡Hijo de David, ten piedad de mí!

40. Paróse entonces Jesús, y mandó traerle a su presencia; y cuando le tuvo ya cerca, preguntóle

41. diciendo: ¿Qué quieres que te haga? Señor, respondió él, que yo tenga vista.

42. Dijole Jesús: Tenía: y sábete que tu fe te ha salvado.

43. Y al instante vio, y le seguía celebrando las grandezas de Dios. Y todo el pueblo, cuando vio esto, alabó a Dios.

CAPÍTULO XIX

Conversación de Zaqueo. Parábola del hombre noble. Jesús, entrando en Jerusalén como en triunfo, predice y llora su ruina, en medio de los aplausos del pueblo. Negociantes echados del templo (Mat. XII, XIII, XXI, XXV. - Marc. IV, XI, XIII. - Juan XII.)

1. Habiendo Jesús entrado en Jericó, atravesaba por la ciudad.

2. Y he aquí que un hombre muy rico llamado Zaqueo, principal o jefe entre los publicanos,

3. hacía diligencias para conocer a Jesús de vista; y no pudiendo a causa del gentío, por ser de muy pequeña estatura,

4. se adelantó corriendo, y subióse sobre un cabrahigo o higuera silvestre para verle; porque había de allí.

5. Llegado al lugar, alzando los ojos le vio, y díjole: Zaqueo, baja luego; porque conviene que yo me hospede hoy en tu casa.

6. Él bajó a toda prisa, y le recibió gozoso.

7. Todo el mundo al ver esto, murmuraba diciendo que se había ido a hospedar en casa de un hombre de mala vida.

8. Mas Zaqueo, puesto en presencia del Señor, le dijo: Señor, desde ahora doy yo la mitad de mis bienes a los pobres; y si he defraudado en algo a alguno, le voy a restituir cuatro tantos más.

9. Jesús le respondió: Ciertamente que el día de hoy ha sido día de salvación para esta casa; pues que también éste es hijo de la fe de Abrahán.

10. Porque el Hijo del hombre ha venido a buscar y a salvar lo que había perecido.

11. Mientras escuchaban estas cosas los circunstantes, añadió una parábola, atento a que se hallaba vecino a Jerusalén, y las gentes creían que luego se había de manifestar el reino de Dios.

12. Dijo, pues: Un hombre de ilustre nacimiento marchóse a una región remota para recibir la investidura del reino, y volver con ella.

13. Con este motivo, convocados diez de sus criados, dioles diez minas o marcos de plata, diciéndoles: Negociad con ellas hasta mi vuelta.

14. Es de saber que sus naturales le aborrecían; y así despacharon tras de él embajadores, diciendo: No queremos a ése por nuestro rey.

15. Pero habiendo vuelto, recibida la investidura del reino, mandó luego llamar a los criados, a quienes había dado su dinero, para informarse de lo que había negociado cada uno.

16. Vino, pues, el primero, y dijo: Señor, tu marco ha rendido diez marcos.

17. Respondióle: Bien está, buen criado, ya que en esto poco has sido fiel, tendrás mando sobre diez ciudades.

18. Llegó el segundo, y dijo: Señor, tu marco ha dado de ganancia cinco marcos.

19. Dijo asimismo a éste: Tú tendrás también el gobierno de cinco ciudades.

20. Vino otro, y dijo: Señor, aquí tienes tu marco de plata, el cual he guardado envuelto en un pañuelo

21. porque tuve miedo de ti, por cuanto eres hombre de un natural austero: tomas lo que no has depositado, y siegas lo que no has sembrado.

22. Dícele el amo: ¡Oh mal siervo!, por tu propia boca te condeno: sabías que yo soy un hombre duro y austero, que me llevo lo que no deposité y siego lo que no he sembrado;

23. ¿pues cómo no pusiste mi dinero en el banco, para que yo en volviendo lo recobrase con los intereses?

24. Por lo que dijo a los asistentes: Quitadle el marco, y dádselo al que tiene diez marcos.

25. Replicáronle: Señor, que tiene ya diez marcos.

26. Yo os declaro, respondió Jesús, que a todo aquel que tiene, dársele ha, y se hará rico; pero al que no tiene, aun lo que parece que tiene se le ha de quitar.

27. Pero en orden a aquellos enemigos míos, que no me han querido por rey, conducidlos acá, y quitadles la vida en mi presencia.

28. Después de haber dicho Jesús estas cosas, prosiguió su viaje a Jerusalén, e iba él delante de todos.

29. Y estando cerca de Betfage y de Betania, junto al monte llamado de los Olivos, despachó a dos de sus discípulos,

30. diciéndoles: id a esa aldea de enfrente, donde al entrar hallaréis un pollino atado, en que ningún hombre ha montado jamás; desatadlo, y traedlo.

31. Que si alguno os preguntare: ¿Por qué lo desatáis?, le diréis así: Porque el Señor lo ha menester.

32. Fueron, pues, los enviados; y hallaron el pollino de la misma manera que les había dicho.

33. En el acto de desatarlo, les dijeron los dueños de él: ¿Por qué desatáis ese pollino?

34. A lo que respondieron ellos: Porque lo ha menester el Señor.

35. Condujéronlo, pues, a Jesús. Y echando las ropas de ellos sobre el pollino, le hicieron montar encima.

36. Mientras iba Jesús pasando, acudían las gentes y tendían sus vestidos por el camino.

37. Pero estando ya cercano a la bajada del monte de los Olivos, todos los discípulos en gran número, transportados de gozo, comenzaron a alabar a Dios en alta voz por todos los prodigios que habían visto,

38. diciendo: ¡Bendito sea el rey que viene en nombre del Señor; paz en el cielo, y gloria en lo más alto de los cielos!

39. Con esto algunos de los fariseos, que iban entre la gente, le dijeron: Maestro, reprende a tus discípulos.

40. Respondióles él: En verdad os digo, que si éstos callan, las mismas piedras darán voces.

41. Al llegar cerca de Jerusalén, poniéndose a mirar esta ciudad, derramó lágrimas sobre ella diciendo:

42. ¡Ah! si conocieses también tú, por lo menos en este día que se te ha dado, lo que puede atraerte la paz o felicidad; mas ahora está todo ello oculto a tus ojos.

43. La lástima es que vendrán unos días sobre ti, en que tus enemigos te circunvalarán, y te rodearán de contra muro, y te estrecharán por todas partes,

44. y te arrasarán, con los hijos tuyos, que tendrás encerrados dentro de ti, y no dejarán en ti piedra sobre piedra; por cuanto has desconocido el tiempo en que Dios te ha visitado.

45. Y habiendo entrado en el templo, comenzó a echar fuera a los que vendían y compraban en él.

46. diciéndoles: Escrito está: Mi casa es casa de oración; mas vosotros la tenéis hecha una cueva de ladrones.

47. Y enseñaba todos los días en el templo. Pero los príncipes de los sacerdotes, y los escribas, y los principales del pueblo buscaban cómo quitarle del mundo.

48. Y no hallaban medio de obrar contra él; porque todo el pueblo estaba con la boca abierta escuchándole.

CAPÍTULO XX

Jesús confunde a los sacerdotes y escribas. Parábola de los viñadores. Piedra angular. Tributo al César. Resurrección de los muertos. Jesucristo hijo y Señor de David. Soberbia y avaricia de los escribas (Mat. XXI, XXII, XXIII - Marc. XI, XII).

1. En uno de estos días, estando él en el templo instruyendo al pueblo, y anunciándole el evangelio, vinieron de mancomún los príncipes de los sacerdotes y los escribas con los ancianos,

2. y le hicieron esta pregunta: Dinos, ¿con qué autoridad haces estas cosas?; o ¿quién es el que te ha dado esa potestad?

3. Pero Jesús, por respuesta, les dijo a ellos: También yo quiero haceros una pregunta: respondedme:

4. El bautismo de Juan: ¿era cosa del cielo o de los hombres?

5. Mas ellos discurrían entre sí, diciendo: Si respondemos, que del cielo, nos dirá: Pues ¿por qué no habéis creído en él?

6. Y si decimos de los hombres, el pueblo todo nos apedreará, teniendo por cierto, como tiene, que Juan era un profeta.

7. Y así contestaron no saber de dónde fuese.

8. Entonces Jesús les dijo: Tampoco yo quiero deciros con qué autoridad hago estas cosas.

9. Luego comenzó a decir al pueblo esta parabola: Un hombre plantó una viña, y arrendóla a ciertos viñadores; y él se ausentó lejos de allí por una larga temporada.

10. A su tiempo envió un criado a los renteros, para que le diesen su parte de los frutos de la viña; mas ellos, después de haberle maltratado, le despacharon con las manos vacías.

11. Envió de nuevo a otro criado; pero a éste también después de herirle y llenarle de baldones, le remitieron sin nada.

12. Envióles todavía otro; y a éste también le hirieron y echaron fuera.

13. Dijo entonces el dueño de la viña: ¿Qué haré ya? Enviaré a mi hijo querido; quizá cuando le vean, le tendrán más respeto.

14. Mas luego que los colonos le avistaron, discurrieron entre sí, diciendo: Éste es el heredero, matémosle, a fin de que la heredad quede por nuestra.

15. Y habiéndolo arrojado fuera de la viña, le mataron. ¿Qué hará, pues, con ellos el dueño de la viña?

16. Vendrá en persona, y perderá a estos colonos, y dará su viña a otros. Lo que oído por los príncipes de los sacerdotes, dijeron: No lo permita Dios.

17. Pero Jesús, clavando los ojos en ellos, dijo: ¿Pues qué quiere decir lo que esta escrito: La piedra que desecharon los arquitectos, esta misma vino a ser la principal piedra del ángulo?

18. De suerte que quien cayese sobre la dicha piedra, se estrellará; y aquel sobre quien ella cayere, quedara hecho añicos.

19. Entonces los príncipes de los sacerdotes y los escribas desearon prenderle en aquella misma hora; porque bien conocieron que contra ellos se dirigía la parábola propuesta; mas temieron al pueblo, como andaban asechándole, enviaron espías, que hiciesen de los virtuo-sos, para cogerle en alguna palabra, a fin de tener ocasión de entregarle a la jurisdicción y potestad del gobernador.

20. Entretanto, como andaban acechándole, enviaron espías que hiciesen de los virtuosos para cogerles en alguna palabra, a fin de entregarle a la jurisdicción y potestad del procurador.

21. Así le propusieron una cuestión en estos términos: Maestro, bien sabemos que tú hablas, y enseñas lo que es justo: y que no andas con respetos humanos, sino que enseñas el camino de Dios según la pura verdad:

22. ¿nos es lícito a nosotros, pueblo escogido de Dios, el pagar tributo a César, o no?

23. Mas Jesús, conociendo su malicia, les dijo: ¿Para qué venís a tentarme?

24. Mostradme un denario: ¿de quién es la imagen e inscripción que tiene? Respóndenle: De César.

25. Díjoles entonces: Pagad, pues, a César lo que es de César; y a Dios lo que es de Dios.

26. Y no pudieron reprender su respuesta delante del pueblo; antes bien, admirados de ella, y no sabiendo que replicar callaron.

27. Llegaron después algunos de los saduceos, los cuales niegan la resurrección y le propusieron este caso, con el cual pensaban enredarle:

28. Maestro, Moisés nos dejó escrito que si el hermano de alguno, estando casado, viene a morir sin hijos, el hermano de éste se case con su mujer, y dé sucesión a su hermano.

29. Eran, pues, siete hermanos: el primero tomó mujer, y murió sin hijos;

30. el segundo se casó con la viuda, y murió también sin dejar hijos;

31. con lo que se desposó con ella el tercero; eso mismo hicieron todos los demás; y sin tener sucesión fallecieron;

32. en fin, la última de todos murió la mujer.

33. Esto supuesto, en la resurrección ¿de cuál de los siete ha de ser mujer ya que todos siete tuvieron por mujer a la misma?

34. Respondióles Jesús: Los hijos de este siglo contraen matrimonios recíprocamente.

35. pero entre los que serán juzgados dignos del otro siglo y de la dichosa resurrección de entre los muertos, ni los hombres tomarán mujeres, ni las mujeres maridos.

36. Porque ya no podrán morir otra vez, siendo iguales a los ángeles e hijos de Dios, por el estado de la resurrección a que han llegado.

37. Por lo demás, que los muertos hayan de resucitar, Moisés lo declaró cuando, estando junto a la zarza, le dijo el Señor: Yo soy el Dios de Abrahán, y el Dios de Isaac, y el Dios de Jacob.

38. Claro está que Dios no es Dios de muertos, sino de vivos; porque para él todos viven.

39. Entonces algunos de los escribas, tomando la palabra, le dijeron: Maestro, bien has respondido.

40. Y de allí adelante ya no se atrevieron a preguntarle nada.

41. Él, empero, les replicó: ¿Cómo dicen que el Cristo es hijo de David,

42. siendo así que David mismo en el libro de los Salmos, hablando del Mesías, dice: Dijo el Señor a mi Señor, siéntate a mi diestra,

43. hasta tanto que yo ponga a tus enemigos por tarima de tus pies?

44. Pues si David le llama su Señor, ¿cómo puede ser hijo suyo?

45. Después, oyéndolo todo el pueblo, dijo a sus discípulos:

46. Guardaos de los escribas, que hacen pompa de pasearse con vestidos rozagantes, y gustan de ser saludados en las plazas; y de ocupar las primeras sillas en las sinagogas, y los primeros puestos en los convites;

47. que devoran las casas de las viudas, so color de hacer larga oración: éstos serán condenados con mayor rigor.

CAPÍTULO XXI

De la ofrenda que hizo una pobre viuda. Predicción de la ruina del templo. Señales que precederán a la destrucción de Jerusalén y a la segunda venida de Jesús (Mat. XXIV. - Marc. XII, XIII.)

1. Estando un día Jesús mirando hacia el gazofilacio o cepo del templo, vio a varios ricos que iban echando en él sus ofrendas.

2. Y vio asimismo a una pobrecita viuda, la cual echaba dos blancas o pequeñas monedas.

3. Y dijo a sus discípulos: En verdad os digo, que esta pobre viuda ha echado más que todos.

4. Por cuanto todos éstos han ofrecido a Dios parte de lo que les sobra; pero ésta de su misma pobreza ha dado lo que tenía y necesitaba para su sustento.

5. Como algunos de sus discípulos dijesen del templo que estaba fabricado de hermosas piedras, y adornado de ricos dones, replicó:

6. Días vendrán en que todo esto que veis será destruido de tal suerte que no piedra sobre piedra, que no sea demolida.

7. Preguntáronle ellos: Maestro, ¿cuándo será eso, y qué señal habrá de que tales cosas están próximas a suceder?

8. Jesús les respondió: Mirad que no os dejéis engañar; porque muchos vendrán en mi nombre, diciendo: Yo soy el Mesías y ya ha llegado el tiempo: guar daos, pues, de seguirlos.

9. Antes cuando sintieres rumor de guerras y sediciones, no queráis alarmaros; es verdad que primero han de acaecer estas cosas, mas no por eso será luego el fin.

10. Entonces añadió él: Se levantará un pueblo contra otro pueblo, y un reino contra otro reino.

11. Y habrá grandes terremotos en varias partes, y pestilencias, y hambres, y aparecerán en el cielo cosas espantosas y prodigios extraordinarios.

12. Pero antes que sucedan todas estas cosas se apoderarán de vosotros, y os perseguirán, y os entregarán a las sinagogas, y os meterán en las cárceles, y os llevarán por fuerza al tribunal de los reyes y gobernadores, por causa de mi nombre,

13. lo cual os servirá de ocasión para dar testimonio de mí.

14. Por consiguiente, imprimid en vuestros corazones la máxima de que no debéis discurrir de antemano cómo habéis de responder.

15. Pues yo pondré las palabras en vuestra boca, y una sabiduría a que no podrán resistir, ni contradecir todos vuestros enemigos.

16. Y lo que es más, seréis entregados a los magistrados por vuestros mismos padres, y hermanos, y parientes, y amigos, y harán morir a muchos de vosotros;

17. de suerte que seréis odiados de todo el mundo por amor de mí:

18. No obstante, ni un cabello de vuestra cabeza se perderá.

19. Mediante vuestra paciencia salvaréis vuestras almas.

20. Mas por lo que toca a la ruina de este pueblo, cuando viereis a Jerusalén estar cercada por un ejército, entonces tened por cierto que su desolación está cerca.

21. En aquella hora los que se hallan en Judea, huyan a las montañas; los que habitan en medio de la ciudad, retírense; y los que están en los contornos, no entren.

22. Porque días de venganza son éstos, en que se han de cumplir todas las cosas como están escritas.

23. Pero ¡ay de las que estén encinta, o criando en aquellos días!, pues este país se hallará en grandes angustias, y la ira de Dios descargará sobre este pueblo.

24. Parte morirán a filo de espada; parte serán llevados cautivos a todas las naciones; y Jerusalén será hollada por los gentiles, hasta tanto que los tiempos de las naciones acaben de cumplirse.

25. Veránse, empero, antes fenómenos prodigiosos en el sol, la luna y las estrellas, y en la tierra estarán consternadas y atónitas las gentes por el estruendo del mar y de las olas,

26. secándose los hombres de temor y de sobresalto, por las cosas que han de sobrevenir a todo el universo; porque las virtudes de los cielos o esferas celestes estarán bambaleando.

27. Y entonces será cuando verán al Hijo del hombre venir sobre una nube con grande poder y majestad.

28. Como quiera, vosotros, fieles discípulos míos, al ver que comienzan a suceder estas cosas, abrid los ojos, y alzad la cabeza, estad de buen ánimo, porque vuestra redención se acerca.

29. Y propúsoles esta comparación: Reparad en la higuera y en los demás árboles.

30. Cuando ya empiezan a brotar de sí el fruto, conocéis que está cerca el verano.

31. Así también vosotros, en viendo la ejecución de estas cosas, entended que el reino de Dios está cerca.

32. Os empeño mi palabra, que no se acabará esta geñeración, hasta que todo lo dicho se cumpla.

33. El cielo y la tierra se mudarán, pero mis palabras no faltarán.

34. Velad, pues, sobre vosotros mismos, no suceda que se ofusquen vuestros corazones o entendimientos con la glotonería, y embriaguez, y los cuidados de esta vida, y os sobrecoja de repente aquel día,

35. que será como un lazo que sorprenderá a todos los que moran sobre la superficie de toda la tierra.

36. Velad, pues, orando en todo tiempo, a fin de merecer el evitar todos estos males venideros, y comparecer con confianza ante el Hijo del hombre.

37. Estaba Jesús entre día enseñando en el templo, y sallendo de la ciudad a la noche, la pasaba en el monte llamado de los Olivos.

38. Y todo el pueblo acudía muy de madrugada al templo para oírle.

CAPÍTULO XXII

Traición de Judas. Cena pascual e institución de la Eucaristía. Disputa de la primacía entre los apóstoles. Predice Jesús la negación de San Pedro. Oración y agonías de Jesús en el huerto. Su prendimiento y ultrajes en casa del Pontífice (Mat. X, XX, XXVI, XXVII. - Marc. X, XIV, XV. - Juan XIII, XVIII).

1. Acercábase ya la fiesta de los ázimos, que es la que se llama Pascua,

2. y los príncipes de los sacerdotes y los escribas andaban trazando el modo de dar la muerte a Jesús; mas temían al pueblo.

3. Entretanto Satanás se apoderó de Judas, por sobrenombre Iscariote, uno de los doce apóstoles.

4. El cual se fue a tratar con los príncipes de los sacerdotes y con los prefectos de las guardias del templo, de la manera de ponerle en sus manos.

5. Ellos se holgaron, y concertáronse con él en cierta suma de dinero.

6. Obligóse Judas, y buscaba oportu. nidad para entregarle sin tumulto.

7. Llegó entretanto el día de los ázimos, en el cual era necesario sacrificar el cordero pascual.

8. Jesús, pues, envió a Pedro y a Juan, diciéndoles: id a prepararnos lo necesario para celebrar la Pascua.

9. Dijeron ellos: ¿Dónde quieres que lo dispongamos?

10. Respondióles: Así que entrareis en la ciudad, encontraréis un hombre que lleva un cántaro de agua; seguidle hasta la casa en que entre.

11. Y diréis al padre de familia de ella: El Maestro te envía a decir: ¿Dónde está la pieza en que yo he de comer el cordero pascual con mis discípulos?

12. Y él os enseñará, en lo alto de la casa, una sala grande bien aderezada; preparad allí lo necesario.

13. Idos que fueron, lo hallaron todo como les había dicho, y dispusieron la Pascua.

14. Llegada la hora de la cena, púsose a la mesa con los doce apóstoles.

15. Y les dijo: Ardientemente he deseado comer este cordero pascual o celebrar esta Pascua con vosotros, antes de la pasión.

16. Porque yo os digo, que ya no lo comeré otra vez, hasta que la Pascua tenga su cumplimiento en el reino de Dios.

17. Y tomando el cáliz dio gracias a Dios, y dijo: Tomad, y distribuidlo entre vosotros;

18. porque os aseguro que ya no beberé del zumo de la vid, hasta que llegue el reino de Dios.

19. Después de acabada la cena tomó el pan, dio de nuevo gracias, lo partió, y dióselo, diciendo: Éste es mi cuerpo, el cual se da por vosotros: haced esto en memoria mía.

20. Del mismo modo tomó el cáliz después que hubo cenado, diciendo: Este cáliz es la nueva alianza sellada en mi sangre, que se derramará por vosotros.

21. Con todo, he aquí que la mano del que me hace traición está conmigo en la mesa.

22. Verdad es que el Hijo del hombre, según está decretado, va a su camino; pero ¡ay de aquel hombre que le ha de hacer traición!

23. Inmediatamente comenzaron y preguntarse unos a otros quién de ellos podía ser el que tal hiciese.

24. Suscitóse además entre los mismos una contienda sobre quién de ellos sería reputado el mayor, al establecerse el reino del Mesías.

25. Mas Jesús les dijo: Los reyes de las naciones las tratan con imperio; y los que tienen autoridad sobre ellas, son llamados bienhechores.

26. No habéis de ser así vosotros; antes bien el mayor de entre vosotros, pórtese como el menor, y el que tiene la precedencia, como sirviente.

27. Porque, ¿quién es mayor, el que está comiendo a la mesa, o el que sirve? ¿No es claro que quien está a la mesa? No obstante, yo estoy en medio de vosotros como un sirviente.

28. Vosotros sois los que constantemente habéis perseverado conmigo en mis tribulaciones.

29. Por eso yo os preparo el reino celestial como mi padre me lo preparó a mí;

30. para que comáis y bebáis a mi mesa en mi reino, y os sentéis sobre tronos para juzgar a las doce tribus de Israel.

31. Dijo también el Señor: Simón, Simón mira que Satanás va tras de vosotros para zarandearos, como el trigo cuando se criba:

32. Mas yo he rogado por ti a fin de que tu fe no perezca; y tú, cuando te conviertas y arrepientas, confirma en ella a tus hermanos.

33. Señor, respondió él, yo estoy pronto a ir contigo a la cárcel y aun a la muerte misma.

34. Pero Jesús le replicó: Yo te digo, ¡oh Pedro!, que no cantará hoy el gallo, antes que tú niegues tres veces haberme conocido. Díjoles después:

35. En aquel tiempo en que os envié sin bolsillo, sin alforja y sin zapatos, ¿por ventura os faltó alguna cosa?

36. Nada, respondieron ellos. Pues ahora, prosiguió Jesús, el que tiene bolsillo, llévelo, y también alforja; y el que no tiene espada, venda su túnica, y cómprela.

37. Porque yo os digo, que es necesario que se cumpla en mí todavía esto que está escrito: Él ha sido contado y sentenciado entre los malhechores. Lo cual sucederá luego; pues las cosas que de mí fueron pronunciadas, están a punto de cumplirse.

38. Ellos salieron con decir: Señor, he aquí dos espadas. Pero Jesús cortando la conversación, les respondió: Basta.

39. Salió, pues, Jesús acabada la cena, y se fue según costumbre hacia el monte de los Olivos para orar. Siguiéronle asimismo sus discípulos.

40. Y llegado que fue allí les dijo: para que no caigáis en tentación.

41. Y apartándose de ellos como la distancia de un tiro de piedra, hincadas las rodillas hacía oración,

42. diciendo: Padre mío, si es de tu agrado, aleja de mí este cáliz. No obstante, no se haga mi voluntad, sino la tuya.

43. En esto se le apareció un ángel del cielo, confortándole. Y entrando en agonía, oraba con mayor intensión.

44. Y vínole un sudor como de gotas de sangre, que chorreaba hasta el suelo.

45. Y levantándose de la oración, y viniendo a sus discípulos, hallóles dormidos por causa de la tristeza.

46. Y díjoles: ¿Por qué dormís?, levantaos, y orad, para no caer en tentación.

47. Estando todavía con la palabra en la boca, sobrevino un tropel de gente, delante de la cual iba uno de los doce llamado Judas, que se arrimó a Jesús para besarle.

48. Y Jesús le dijo: ¡Oh Judas!, ¿con un beso entregas al Hijo del hombre?

49. Viendo los que acompañaban a Jesús lo que iba a suceder, le dijeron: Señor, ¿heriremos con la espada?

50. Y uno de ellos hirió a un criado del príncipe de los sacerdotes, y le cortó la oreja derecha.

51. Pero Jesús, tomando la palabra, dijo luego: Dejadlo, no paséis adelante, y habiendo tocado la oreja del herido, le curó.

52. Dijo después Jesús a los príncipes de los sacerdotes, y a los prefectos del templo, y a los ancianos que venían contra él: ¿Habéis salido armados con espadas y garrotes como contra un ladrón?

53. Aunque cada día estaba con vosotros en el templo, nunca me habéis echado la mano; mas ésta es la hora vuestra y el poder de las tinieblas.

54. En seguida prendiendo a Jesús, le condujeron a casa del Sumo sacerdote: y Pedro le iba siguiendo a lo lejos.

55. Encendido fuego en medio del atrio, y sentándose todos a la redonda estaba también Pedro entre ellos.

56. Al cual, como una criada le viese sentado a la lumbre, fijando en él los ojos, dijo: También éste andaba con aquel hombre.

57. Mas Pedro lo negó, diciendo: Mujer, no le conozco.

58. De allí a poco mirándole otro, dijo: Sí, tú también eres de aquéllos. Mas Pedro le respondió: ¡Oh hombre!, no lo soy.

59. Pasada como una hora, otro distinto aseguraba lo mismo, diciendo: No hay duda, éste estaba también con él porque se ve que es igualmente de Galilea.

60. A lo que Pedro respondió: Hombre, yo no entiendo lo que dices: E inmediatamente, estando todavía él hablando, cantó el gallo.

61. Y volviéndose el Señor, dio una mirada a Pedro. Y Pedro se acordó luego de la palabra que el Señor le había dicho: Antes que cante el gallo, tres veces me negarás.

62. Y habiéndose salido afuera lloró amargamente.

63. Mientras tanto, los que tenían atado a Jesús, se mofaban de él, y le golpeaban.

64. Y habiéndole vendado los ojos, le daban bofetones, y le preguntaban, diciendo: Adivina, ¿quién es el que te ha herido?

65. Y repetían otros muchos dicterios blasfemando contra él.

66. Luego que fue de día, se congregaron los ancianos del pueblo, y los príncipes de los sacerdotes, y los escribas, y haciéndole comparecer en su concilio le dijeron: Si tú eres el Cristo, o Mesías, dínoslo.

67. Respondióles: Si os lo dijere, no me creeréis.

68. Y si yo os hiciera alguna pregunta, no me responderéis, ni me dejaréis ir.

69. Pero después de lo que veis ahora, el Hijo del hombre estará sentado a la diestra del poder de Dios.

70. Dijeron entonces todos: ¿Luego tú eres el Hijo de Dios? Respondióles él: Así es, que yo soy, como vosotros decís.

71. Y replicaron ellos: ¿Qué necesitamos ya buscar otros testigos, cuando nosotros mismos lo hemos oído de su propia boca?

CAPÍTULO XXIII

Jesucristo es acusado delante de Pilatos; enviado a Herodes; prospuesto a Barrabás; entregado a los judíos; crucificado e insultado. Título de la cruz. Del buen ladrón. Tinieblas. Muerte del Señor. Confesión del centurión y sepultura de Jesús (Mat. XXII, XXVII. - Marc. XII, XV, XVIII. - Juan XVIII, XIX).

1. Y levantándose luego todo aquel congreso, le llevaron a Pilatos.

2. Y comenzaron a acusarle, diciendo: A éste le hemos hallado pervirtiendo a nuestra nación, y vedando pagar los tributos a César, y diciendo que él es el Cristo o el ungido rey de Israel.

3. Pilatos, pues, le interrogó, diciendo: ¿Eres tú el rey de los judíos? A lo cual respondió Jesus: Así es como tú dices.

4. Pilatos dijo a los príncipes de los sacerdotes y al pueblo: Yo no hallo delito alguno en este hombre.

5. Pero ellos insistían más y más, diciendo: Tiene alborotado al pueblo con la doctrina que va sembrando por toda la Judea, desde la Galilea, donde comenzó, hasta aquí.

6. Pilatos oyendo Galilea, preguntó sí aquel hombre era galileo.

7. Y cuando entendió que era de la jurisdicción de Herodes, remitióle al mismo Herodes, que en aquellos días se hallaba también en Jerusalén.

8. Herodes holgóse sobremanera de ver a Jesús; porque hacía mucho tiempo que deseaba verle, por las muchas cosas que había oído de el, y con esta ocasión esperaba verle hacer algún milagro.

9. Hízole, pues, muchas preguntas, pero él no le respondió palabra.

10. Entretanto los príncipes de los sacerdotes y los escribas persistían obstinadamente en acusarle.

11. Mas Herodes con todos los de su séquito le despreció; y para burlarse de el le hizo vestir de una ropa blanca, y le volvió a envió a Pilatos.

12. Con lo cual se hicieron amigos aquel mismo día Herodes y Pilatos, que antes estaban entre sí enemistados.

13. Habiendo, pues, Pilatos, convocado a los príncipes de los sacerdotes, y a los magistrados, juntamente con el pueblo,

14. les dijo: Vosotros me habéis presentado este hombre como alborotador del pueblo, y he aquí que habiéndole yo interrogado en presencia vuestra, ningún delito he hallado en él, de los que le acusáis.

15. Pero ni tampoco Herodes; puesto que lo remití a él, y por el hecho se ve que no le juzgó digno de muerte.

16. Por tanto, después de castigado le dejaré libre.

17. Tenía Pilatos que dar libertad a un reo, cuando llegaba la celebridad de la fiesta de la Pascua.

18. Y todo el pueblo a una voz clamó, diciendo: Quítale a éste la vida, y suéltanos a Barrabás:

19. el cual por una sedición levantada en la ciudad y por un homicidio, había sido puesto en la cárcel.

20. Hablóles nuevamente Pilatos, con deseo de libertar a Jesús.

21. Pero ellos se pusieron a gritar, diciendo: ¡Crucifícale, crucifícale!

22. Él, no obstante por tercera vez les dijo: ¿Pues qué mal ha hecho éste? Yo no hallo en él delito ninguno de muerte así que, después de castigarle, le daré por libre.

23. Mas ellos insistían con grandes clamores pidiendo que fuese crucificado, y se aumentaba la gritería.

24. Al fin Pilatos se resolvió a otorgar su demanda.

25. En consecuencia dio libertad, como ellos pedían, al que por causa de homicilio y sedición había sido encarcelado; y a Jesús le abandonó al arbitrio de ellos.

26. Al conducirle al suplicio echaron mano de un tal Simón, natural de Cirene, que venía de una granja, y le cargaron la cruz para que la llevara en pos de Jesús.

27. Seguíale gran muchedumbre de pueblo, y de mujeres las cuales se deshacían en llantos, y le plañían.

28. Pero Jesús vuelto a ellas, les dijo: Hijas de Jerusalén, no lloréis por mí; llorad por vosotras mismas y por vuestros hijos.

29. Porque presto vendrán días en que se diga: Dichosas las estériles, y dichosos los vientres que no concibieron, y los pechos que no dieron de mamar.

30. Entonces comenzarán a decir a los montes: Caed sobre nosotros; y a los collados: Sepultadnos.

31. Pues si al árbol verde le tratan de esta manera, ¿en el seco qué se hará?

32. Eran también conducidos con Jesús a la muerte otros dos facinerosos.

33. Llegados que fueron al lugar llamado Calvario u osario, allí le crucificaron; y con él a los ladrones, uno a la diestra y otro a la izquierda.

34. Entretanto Jesús decía: Padre mío, perdónales, porque no saben lo que hacen. Y ellos poniéndose a repartir entre si sus vestidos, los sortearon.

35. El pueblo lo estaba mirando todo, y a una con él los principales hacían befa de Jesús diciendo: A otros ha salvado: sálvese, pues, a sí mismo, si él es el Cristo, o Mesías, el escogido de Dios.

36. Insultábanle no menos los soldados, los cuales se arrimaban a él, y presentándole vinagre,

37. le decían: Sí tú eres el rey de los judíos, ponte en salvo.

38. Estaba colocado sobre la cabeza de Jesús un letrero escrito en griego, en latín y en hebreo, que decía: ÉSTE ES EL REY DE LOS JUDÍOS.

39. Y uno de los ladrones que estaban crucificados, blasfemaba contra Jesús, diciendo: Si tú eres el Cristo, o Mesías sálvate a ti mismo y a nosotros.

40. Mas el otro le reprendía, diciendo: ¿Cómo, ni aún tú temes a Dios, estando como estás en el mismo suplicio?

41. Y nosotros a la verdad estamos en él justamente, pues pagamos la pena merecida por nuestros delitos; pero éste ningún mal ha hecho.

42. Decía después a Jesús: Señor, acuérdate de mí, cuando hayas llegado a tu reino.

43. Y Jesús le dijo: En verdad te digo, que hoy estarás conmigo en el paraíso.

44. Era ya casi la hora de sexta o el mediodía, y las tinieblas cubrieron toda la tierra hasta la hora de nona.

45. El sol se oscureció; y el velo del templo se rasgó por medio.

46. Entonces Jesús clamando con una voz muy grande, dijo: Padre mío, en tus manos encomiendo mi espíritu. Y diciendo esto, expiró.

47. Así que vio el centurión lo que acababa de suceder, glorificó a Dios diciendo: Verdaderamente era éste un hombre justo.

48. Y todo aquel concurso de los que se hallaban presentes a este espectáculo, considerando lo que había pasado, se volvían dándose golpes de pecho.

49. Estaban al mismo tiempo todos los conocidos de Jesús y las mujeres que le habían seguido desde Galilea, observando de lejos estas cosas.

50. Entonces se dejó ver un senador llamado José, varón virtuoso y justo, oriundo de Arimatea, ciudad de la Judea,

51. el cual no había consentido en el designio de los otros ni en lo que habían ejecutado; antes bien era de aquellos que esperaban también el reino de Dios.

52. Éste, pues, se presentó a Pilatos, y le pidió el cuerpo de Jesús.

53. Y habiéndole descolgado de la cruz le envolvió en una sábana, y le colocó en un sepulcro abierto en peña viva, en donde ninguno hasta entonces había sido sepultado.

54. Era aquel el día que llamaban parasceve, o preparación, e iba ya a entrar el sábado.

55. Las mujeres que habían seguido a Jesús desde Galilea, yendo en pos de José, observaron el sepulcro, y la manera con que había sido depositado el cuerpo de Jesús.

56. Y al volverse, hicieron prevención de aromas y bálsamos; bien que durante el sábado se mantuvieron quietas según el mandamiento de la ley.

CAPÍTULO XXIV

Jesús resucita. Van al sepulcro las santas mujeres. Incredulidad de los apóstoles. Discípulos que van a Emaús. Aparécese a los apóstoles, les promete el Espíritu Santo y sube a los cielos (Mat. XVI, XVII, XXVIII. - Marc. VIII, IX, XVI. - Juan XIV, XX).

1. Mas el primer día de la semana, muy de mañana, fueron estas mujeres al sepulcro, llevando los aromas que tenían preparados.

2. Y encontraron apartada la piedra del sepulcro.

3. Pero habiendo entrado dentro, no hallaron el cuerpo del Señor Jesús.

4. Y quedando muy consternadas con este motivo, he aquí que se aparecieron de repente junto a ellas dos personajes con vestiduras resplandecientes.

5. Y quedando llenas de espanto, y teniendo inclinado el rostro hacia la tierra, los ángeles les dijeron: ¿Para qué andáis buscando entre los muertos al que está vivo?

6. Jesús no está aquí, sino que resucitó; acordaos de lo que os previno, cuando estaba todavía en Galilea,

7. diciendo: Conviene que el Hijo del hombre sea entregado en manos de hombres pecadores, y crucificado, y que al tercer día resucite.

8. Ellas, en efecto, se acordaron de las palabras de Jesús.

9. Y volviendo del sepulcro, anunciaron todas estas cosas a los once y a todos los demás.

10. Las que refirieron esto a los apóstoles eran María Magdalena, y Juana, y María madre de Santiago, y las otras sus compañeras;

11. si bien estas nuevas las miraron ellos como un desvarío; y así no las creyeron.

12. Pedro, no obstante, fue corriendo al sepulcro, y asomándose a él, vio la mortaja sola allí en el suelo, y se volvió admirando para consigo el suceso.

13. En este mismo día dos de ellos iban a una aldea llamada Emaús, distante de Jerusalén el espacio de sesenta estadios;

14. y conversaban entre sí de todas las cosas que habían acontecido.

15. Mientras así discurrían y conferenciaban recíprocamente, el mismo Jesús juntándose con ellos caminaba en su compañía;

16. mas sus ojos estaban como deslumbrados para que no le reconociesen.

17. Díjoles, pues: ¿Qué conversación es esa que caminando lleváis entre los dos, y por qué estáis tan tristes?

18. Uno de ellos, llamado Cleofás, respondiendo, le dijo: ¿Tú sólo eres tan extranjero en Jerusalén, que no sabes lo que ha pasado en ella estos días?

19. Replicó él: ¿Qué? Lo de Jesús Nazareno, respondieron, el cual fue un profeta, poderoso en obras y en palabras, a los ojos de Dios y de todo el pueblo;

20. y cómo los principes de los sacerdotes y nuestros jefes le entregaron a Pilatos para que fuese condenado a muerte y le han crucificado.

21. Mas nosotros esperábamos que él era el que había de redimir a Israel; y no obstante, después de todo esto, he aquí que estamos ya en el tercer día después que acaecieron dichas cosas.

22. Bien es verdad que algunas mujeres de entre nosotros nos han sobre- saltado, porque antes de ser de día fueron al sepulcro,

23. y, no habiendo hallado su cuerpo, volvieron, diciendo habérseles aparecido unos ángeles, los cuales les han asegurado que está vivo.

24. Con eso algunos de los nuestros han sido al sepulcro, y hallado ser cierto lo que las mujeres dijeron; pero a Jesús no le han encontrado.

25. Entonces les dijo él: ¡Oh necios, y tardos de corazón para creer todo lo que anunciaron ya los profetas!

26. Pues qué, ¿por ventura no era conveniente que el Cristo padeciese todas estas cosas, y entrase así en su gloria?

27. Y empezando por Moisés, y discurriendo por todos los profetas, les interpretaba en todas las Escrituras los lugares que hablaban de él.

28. En esto llegaron cerca de la aldea adonde iban; y él hizo ademán de pasar adelante.

29. Mas le detuvieron por fuerza, diciendo: Quédate con nosotros, porque ya es tarde, y va ya el día de caída. Entró, pues, con ellos.

30. Y estando juntos a la mesa, tomó el pan, y lo bendijo, y habiéndolo partido, se lo dio.

31. Con lo cual se les abrieron los ojos, y le conocieron; mas él de repente desapareció de su vista.

32. Entonces se dijeron uno a otro: ¿No es verdad que sentíamos abrasarse nuestro corazón, mientras nos hablaba por el camino y nos explicaba las Escrituras?

435

33. Y levantándose al punto regresaron a Jerusalén, donde hallaron congregados a los once apóstoles y a otros de su séquito,

34. que decían: El Señor ha resucitado realmente, y se ha aparecido a Simón.

35. Ellos por su parte contaban lo que les había sucedido en el camino, y cómo le habían conocido al partir el pan.

36. Mientras estaban hablando de estas cosas, se presentó Jesús de repente en medio de ellos, y les dijo: La paz sea con vosotros: soy yo, no temáis.

37. Ellos, empero, atónitos, y atemorizados, se imaginaban ver a algún espíritu,

38. Y Jesús les dijo: ¿De qué os asustáis, y por qué dais lugar en vuestro corazón a tales pensamientos?

39. Mirad mis manos y mis pies, yo mismo soy: palpad, y considerad que un espíritu no tiene carne, ni huesos, como vosotros veis que yo tengo.

40. Dicho esto, mostróles las manos y los pies.

41. Mas como ellos aún no lo acabasen de creer, estando como estaban fuera de sí de gozo y de admiración, les dijo: ¿Teneis aquí algo de comer?

42. Ellos le presentaron un pedazo de pez asado y un panal de miel.

43. Comido que hubo delante de ellos, tomando las sobras se las dio.

44. Díjoles en seguida: Ved ahí lo que os decía, cuando estaba aún con vosotros, que era necesario que se cumpliese todo cuanto está escrito de mí en la ley de Moisés, y en los profetas, y en los salmos.

45. Entonces les abrió el entendimiento para que entendiesen las Escrituras.

46. Y les dijo: Así estaba ya escrito, y así era necesario que el Cristo padeciese, y que resucitase de entre los muertos al tercer día,

47. y que en nombre suyo se predicase la penitencia y el perdón de los pecados a todas las naciones, empezando por Jerusalén.

48. Vosotros sois testigos de estas cosas.

49. Y yo voy a enviaros el Espíritu divino que mi Padre os ha prometido por mi boca: entretanto permaneced en la ciudad, hasta que seáis revestidos de la fortaleza de lo alto.

50. Después los sacó afuera camino de Betania; y levantando las manos les echó su bendición.

51. Y mientras los bendecía, se fue separando de ellos, y elevándose al cielo.

52. Y habiéndole adorado, regresaron a Jerusalén con gran júbilo.

53. Y estaban de continuo en el templo, alabando y bendiciendo a Dios. Amén.

EL SANTO EVANGELIO DE NUESTRO SEÑOR JESUCRISTO SEGÚN SAN JUAN

CAPÍTULO I

Generación eterna del Verbo. Su encarnación. Testimonio de Juan Bautista. Primera vocación de los primeros discípulos (Mat. I, III.- Marc. I.- Luc. II, III.).

1. En el principio era ya el Verbo, y el Verbo estaba en Dios, y el Verbo era Dios.

2. Él estaba en el principio en Dios.

3. Por él fueron hechas todas las cosas; y sin él no se ha hecho cosa alguna de cuantas han sido hechas.

4. En él estaba la vida y la vida era la luz de los hombres.

5. Y esta luz resplandece en medio de las tinieblas y las tinieblas no la han recibido.

6. Hubo un hombre enviado de Dios que se llamaba Juan.

7. Este vino como testigo, para dar testimonio de la luz, a fin de que por medio de él todos creyesen.

8. No era él la luz, sino enviado para dar testimonio de aquel que era la luz.

9. El Verbo era la luz verdadera, que cuanto es de sí alumbra a todo hombre que viene a este mundo.

10. En el mundo estaba, y el mundo fue por él hecho, y con todo el mundo no le conoció.

11. Vino a su propia casa, y los suyos no le recibieron.

12. Pero a todos los que le recibieron, que son los que creen en su nombre, dioles poder de llegar a ser hijos de Dios.

13. Los cuales no nacen de la sangre, ni de la voluntad de la carne, ni de querer de hombre sino que nacen de Dios por la gracia.

14. Y para eso el Verbo se hizo carne; y habitó en medio de nosotros; y nosotros hemos visto su gloria, gloria cual el Unigénito debía recibir del Padre lleno de gracia y de verdad.

15. De él da testimonio Juan, y clama diciendo: He aquí aquel de quien yo os decía: El que ha de venir después de mí, ha sido preferido a mí; por cuanto era antes que yo.

16. De la plenitud de éste hemos participado todos nosotros, y recibido una gracia por otra gracia.

17. Porque la ley fue dada porr Moisés; mas la gracia y la verdad fue traída por Jesucristo.

18. A Dios nadie le ha visto jamás: El Hijo unigénito, existente *ab eterno* en el seno del

Padre, él mismo en persona es quien le ha hecho conocer a los hombres.

19. Y he aquí el testimonio que dio Juan a favor de Jesús, cuando los judíos le enviaron de Jerusalén sacerdotes y levitas para preguntarle: ¿Tú quién eres?

20. Él confesó la verdad, y no la negó antes protestó claramente: Yo no soy el Cristo.

21. ¿Pues quién eres?, le dijeron: ¿Eres tú Elias? Y dijo: No lo soy. ¿Eres tú el profeta? Respondió: No.

22. ¿Pues quién eres tú, le dijeron, para que podamos dar alguna res uesta a los que nos han enviado? ¿Qué dices de ti mismo?

23. Yo soy, dijo entonces, la voz del que clama en el desierto: Enderezad el camino del Señor: como lo tiene dicho el profeta Isaías.

24. Es de saber que los enviados eran de la secta de los fariseos.

25. Y le preguntaron de nuevo, diciendo: ¿Pues cómo bautizas, si tú no eres el Cristo, ni Elías, ni el profeta?

26. Respondióles Juan, diciendo: Yo bautizo con agua; pero en medio de vosotros está uno, a quien no conocéis.

27. Él es el que ha de venir después de mí, el cual ha sido preferido a mí, y a quien yo no soy digno de desatar la correa de su zapato.

28. Todo esto sucedió en Betania, la que está a la otra parte del Jordán, donde Juan estaba bautizando.

29. Al día siguiente vió Juan a Jesús que venía a encontrarle, y dijo: He aquí el cordero de Dios, ved aquí el que quita los pecados del mundo.

30. Éste es aquel de quien yo dije: En pos de mí viene un varón, el cual ha sido preferido a mí; por cuanto era ya antes que yo.

31. Yo no le conocía personalmente; pero yo he venido a bautizar con agua, para que él sea reconocido por Mesías en Israel.

32. Y dio entonces Juan este testimonio de Jesús, diciendo: Yo he visto al Espíritu Santo descender del cielo en forma de paloma, y reposar sobre él.

33. Yo antes no le conocía, mas el que me envió a bautizar con agua, me dijo: Aquel sobre quien vieres que baja el Espíritu Santo, y reposa sobre él, ése es el que bautiza con el Espíritu Santo.

34. Yo le he visto; y por eso doy testimonio de que él es el Hijo de Dios.

35. Al día siguiente otra vez estaba Juan allí con dos de sus discípulos.

36. Y viendo a Jesús que pasaba, dijo: He aquí el cordero de Dios.

37. Los dos discípulos al oírle hablar así, se fueron en pos de Jesús.

38. Y volviéndose Jesús, y viendo que le seguían, díjoles: ¿Qué buscáis? Respondieron ellos: Rabbi (que quiere decir Maestro) ¿dónde habitas?

39. Díceles venid y lo veréis. Fueron, pues, y vieron dónde habitaba, y se quedaron con él aquel día: era entonces como la hora de las diez.

40. Uno de los dos, que oído lo que dijo Juan, siguieron a Jesús, era Andrés, hermano de Simón Pedro.

41. El primero a quien éste halló fue Simón, su hermano, y le dijo: Hemos hallado al Mesías (que quiere decir el Cristo).

42. Y le llevó a Jesús. Y Jesús, fijo, los ojos en él, dijo: Tú eres Simón, hijo de Jona o Juan: Tú serás llamado Cefas: que quiere decir Pedro, o piedra.

43. Al día siguiente determinó Jesús encaminarse a Galilea, y en el camino encontró a Felipe, y dijole: Sígueme.

44. Era Felipe de Betsaida, patria de Andrés y de Pedro.

45. Felipe halló a Natanael, y le dijo: Hemos encontrado a aquel de quien escribió Moisés en la ley, y prenunciaron los profetas, a Jesús de Nazaret, el hijo de José.

46. Respondióle Natanael: ¿Acaso de Nazaret puede salir cosa buena? Dícele Felipe: ven, y lo verás.

47. Vio Jesús venir hacia sí a Natanael, y dijo de él: He aquí un verdadero israelita, en quien ni hay doblez ni engaño.

48. Dícele Natanael: ¿De dónde me conoces? Respondióle Jesús: Antes que Felipe te llamara, yo te vi cuando estabas debajo de la higuera.

49. Al oír esto Natanael, le dijo: ¡Oh Maestro mío!, tú eres el Hijo de Dios, tú eres el rey de Israel.

50. Replicóle Jesús: Por haberte dicho que te vi debajo de la higuera, crees: mayores cosas que éstas verás todavía.

51. Y le añadió: En verdad, en verdad os digo, que algún día veréis abierto el cielo, y a los ángeles de Dios subir y bajar, sirviendo al Hijo del hombre.

CAPÍTULO II

Bodas de Caná, donde Jesús convierte el agua en vino. Arroja con un azote a los negociantes del templo. Anuncia su resurreción. Obra varios milagros (Mat. XXVI. XXVII.- Marc. XIV. XV.)

1. Tres días después se celebraron unas bodas en Cana de Galilea, donde se hallaba la madre de Jesús.

2. Fue también convidado a las bodas Jesús con sus discípulos.

3. Y como viniese a faltar el vino, dijo a Jesús su madre: No tienen vino.

4. Respondióle Jesús: Mujer, ¿qué nos va a mi y a ti? Aún no es llegada mi hora.

5. Dijo entonces su madre a los sirvientes: Haced lo que él os dirá.

6. Estaban allí seis hidrias de piedra, destinadas para las purificaciones de los judíos; en cada una de las cuales cabían dos o tres cántaras.

7. Díjoles Jesús: Llenad de agua aquellas hidrias. Y llenáronlas hasta arriba.

8. Díceles después Jesús: Sacad ahora en algún vaso, y llevadle al maestresala. Hiciéronlo así.

9. Apenas probó el maestresala el agua convertida en vino, como él no sabía de dónde era, bien que lo sabían los sirvientes que la habían sacado, llamó al esposo.

10. Y le dijo: Todos sirven al principio el vino mejor; y cuando los convidados han bebido ya a satisfacción, sacan el más flojo: tú al contrario has reservado el buen vino para lo último.

11. Así en Caná de Galilea hizo Jesús el primero de sus milagros, con que manifestó su gloria, y sus discípulos creyeron más en él.

12. Después de esto pasó a Cafarnaúm con su madre, sus hermanos o parientes, y sus discípulos, en donde se detuvieron pocos días.

13. Estaba ya cerca la Pascua de los judíos, y Jesús subió a Jerusalén.

14. Y encontrando en el templo gentes que vendían bueyes, y ovejas, y palomas, y cambistas sentados en sus mesas,

15. habiendo formado de cuerdas como un azote, los echó a todos del templo, juntamente con las ovejas y bueyes, y derramó por el suelo el dinero de los cambistas, derribando las mesas.

16. Y hasta a los que vendían palomas, les dijo: Quitad eso de aquí, y no queráis hacer de la casa de mi Padre una casa de tráfico.

17. Entonces se acordaron sus discípulos que está escrito: El celo de tu casa me tiene consumido.

18. Pero los judíos se dirigieron a él, y le preguntaron: ¿Qué señal nos das de tu autoridad para hacer estas cosas?

19. Respondióles Jesús: Destruid este templo, y yo en tres días lo reedificaré.

20. Los judíos le dijeron: Cuarenta y seis años se han gastado en la reedificación de este templo, y tú lo has de levantar en tres días?

21. Mas él les hablaba del templo de su cuerpo.

22. Así, cuando hubo resucitado de entre los muertos, sus discípulos hicieron memoria de lo que dio por esto, y creyeron, con más viva fe, a la Escritura y a las palabras de Jesús.

23. En el tiempo, pues, que estuvo en Jerusalén con motivo de la fiesta de la Pascua, creyeron muchos en su nombre, viendo los milagros que hacía.

24. Verdad es que Jesus no se fiaba de ello, porque los conocía bien a todos,

25. y no necesitaba que nadie le diera testimonio o le informase acerca de hombre alguno: porque sabía él mismo lo que hay dentro de cada hombre.

CAPÍTULO III

Instruye Jesús a Nicodemo. Juan Bautista desengaña a sus discípulos del concepto errado que formaban sobre su bautismo y sobre el bautismo y la persona de Jesús. Declara que Jesucristo es el esposo y él su amigo.

1. Había un hombre en la secta de los fariseos, llamado Nicodemo, varón principal entre los judíos.

2. El cual fue de noche a Jesús, y le dijo: Maestro, nosotros conocemos que eres un maestro enviado de Dios para instruirnos; porque ninguno puede hacer los milagros que tú haces, a no tener a Dios consigo.

3. Respondióle Jesús: Pues en verdad, en verdad te digo, que quien no naciere de nuevo, no puede ver el reino de Dios o tener parte en él.

4. Dícele Nicodemo: ¿Cómo puede nacer un hombre, siendo viejo? ¿Puede acaso volver otra vez al seno de su madre para renacer?

5. En verdad, en verdad te digo, respondió Jesús: que quien no renaciere por el bautismo del agua, y la gracia del Espíritu Santo, no puede entrar en el reino de Dios.

6. Lo que ha nacido de la carne, carne es; mas lo que ha nacido del espíritu, es espíritu, o espiritual.

7. Por tanto no extrañes que te haya dicho: Os es preciso nacer otra vez.

8. Pues el espíritu, o el aire, sopla donde quiere; y tú oyes su sonido, mas no sabes de dónde sale, o a dónde va: eso mismo sucede al que nace del espíritu.

9. Preguntóle Nicodemo: ¿Cómo puede hacerse esto?

10. Respondióle Jesús: ¿Y tú eres maestro en Israel, y no entiendes estas cosas?

11. En verdad, en verdad te digo, que nosotros no hablamos sino lo que sabemos bien, y no atestiguamos, sino lo que hemos visto, y vosotros con todo no admitís nuestro testimonio.

12. Si os he hablado de cosas de la tierra, y no me creéis, ¿cómo me creeréis si os hablo de cosas del cielo?

13. Ello es así que nadie subió al cielo, sino aquel que ha descendido del cielo a saber, el Hijo del hombre, que está en el cielo.

14. Al modo como Moisés en el desierto levantó en alto la serpiente de bronce, así también es menester que el Hijo del hombre sea levantado en alto:

15. para que todo aquel que crea en él, no perezca, sino que logre la vida eterna.

16. Que amó tanto Dios al mundo, que no paró hasta dar a su Hijo unigénito; a fin de que todos los que creen en él, no perezcan, sino que vivan vida eterna.

17. Pues no envió Dios su Hijo al mundo para condenar al mundo, sino para que por su medio el mundo se salve.

18. Quien cree en él, no es condenado: pero quien no cree, ya tiene hecha la condena; por lo mismo que no cree en el nombre del Hijo unigénito de Dios.

19. Este juicio de condenación consiste en que la luz vino al mundo y los hombres amaron más las tinieblas que la luz, por cuanto sus obras eran malas.

20. Pues quien obra mal, aborrece la luz, y no se arrima a ella, para que no sean reprendidas sus obras.

21. Al contrario, quien obra según la verdad le inspira, se arrima a la luz, a fin de que sus obras se vean, como que han sido hechas según Dios.

22. Después de esto se fue Jesús con sus discípulos a la Judea: y allí moraba con ellos, y bautizaba por medio de los mismos.

23. Juan asimismo proseguía bautizando en Ennón, junto a Salim: porque allí había mucha abundancia de aguas, y concurrían las gentes, y eran bautizadas.

24. Que todavía Juan no había sido puesto en la cárcel.

25. Con esta ocasión se suscitó una disputa entre los discípulos de Juan y algunos judíos acerca del bautismo.

26. Y acudieron a Juan sus discípulos, y le dijeron: Maestro, aquel que estaba contigo a la otra parte del Jordán, de quien diste un testimonio tan honorífico, he aquí que se ha puesto a bautizar, y todos se van a él

27. Pero Juan les respondió, y dijo: No puede el hombre atribuirse nada, si no le es dado del cielo.

28. Vosotros mismos me sois testigos de que he dicho: Yo no soy el Cristo, sino que he sido enviado delante de él como predecesor suyo.

29. El esposo es aquel que tiene la esposa; mas el amigo del esposo, que está para asistirle y atender a lo que dispone, se llena de gozo con oír la voz del esposo. Mi gozo, pues, es ahora completo.

30. Conviene que él crezca, y que yo mengüe.

31. El que ha venido de lo alto, es superior a todos. Quien trae su origen de la tierra, a la tierra pertenece, y de la tierra habla. El que nos ha venido del cielo, es superior a todos,

32. y atestigua cosas que ha visto, y oído; y con todo casi nadie presta fe a su testimonio.

33. Mas quien ha adherido a lo que él atestigua, testifica con su fe que Dios es verídico.

34. Porque éste a quien Dios ha enviado, habla las mismas palabras que Dios; pues Dios no le ha dado su Espíritu con medida.

35. El Padre ama al Hijo, y ha puesto todas las cosas en su mano.

36. Al que cree en el Hijo de Dios, tiene vida eterna; pero quien no da crédito al que dito Hijo, no verá la vida, sino que al contrario, la ira de Dios permanece siempre sobre su cabeza.

CAPÍTULO IV

Conversión de la samaritana y de muchos samaritanos. Instrucción que con este motivo da el Señor a sus discípulos. Cura milagrosamente al hijo de un señor principal (Mat. IV, IX, XIII. - Marc. I. VI. - Luc. IV, X).

1. Luego que entendió Jesús que los fariseos habían sabido que él juntaba más discípulos, y bautizaba más que Juan

2. (si bien Jesús no bautizaba por sí mismo, sino por sus discípulos),

3. dejó la Judea, y partióse otra vez a Galilea.

4. Debía por tanto pasar por la provincia de Samaria.

5. Llegó, pues, a la ciudad de Samaria, llamada Sicar, o Siquem, vecina a la heredad que Jacob dio a su hijo José.

6. Aquí estaba el pozo llamado la fuente de Jacob. Jesús, pues, cansado del camino, sentóse a descansar así sobre el brocal de este pozo. Era ya cerca de la hora de sexta.

7. Vino entonces una mujer samaritana a sacar agua. Díjole Jesús: Dame de beber.

8. (Es de advertir que sus discípulos habían ido a la ciudad a comprar de comer.)

9. Pero la mujer samaritana le respondió: ¿Cómo tú, siendo judío, me pides de beber a mí, que soy samaritana? Porque los judíos no se avienen o comunican con los samaritanos.

10. Díjole Jesús en respuesta: Sí tú conocieras el don de Dios, y quién es el que te dice: Dame

de beber, puede ser que tú le hubieras pedido a él, y él te hubiera dado agua viva.

11. Dícele la mujer: Señor, tú no tienes con qué sacarla, y el pozo es profundo: ¿dónde tienes, pues, esa agua viva?

12. ¿Eres tú por ventura mayor que nuestro padre Jacob, que nos dió este pozo, del cual bebió él mismo, y sus hijos, y sus ganados?

13. Respondióle Jesús: Cualquiera que bebe de esta agua, tendrá otra vez sed; pero quien bebiere del agua que yo le daré, nunca jamás volvera a tener sed.

14. Antes el agua que yo le daré, vendrá a ser dentro de él un manantial de agua que manará sin cesar hasta la vida eterna.

15. La mujer le dijo: Señor, dame de esa agua, para que no tenga yo más sed, ni haya de venir aquí a sacarla.

16. Pero Jesús le dijo: Anda, llama a tu marido, y vuelve con él acá.

17. Respondió la mujer: Yo no tengo marido. Dícele Jesús: Tienes razón en decir que no tienes marido;

18. porque cinco maridos has tenido; y el que ahora tienes, no es marido tuyo; en eso verdad has dicho.

19. Díjole la mujer: Señor, yo veo que tú eres un profeta.

20. Nuestros padres adoraron a Dios en este monte, y vosotros los judíos decís que en Jerusalén está el lugar donde se debe adorar.

21. Respóndele Jesús: Mujer, créeme a mí, ya llega el tiempo en que ni precisamente en este monte, ni en Jerusalén adoraréis al Padre, sino en cualquiera lugar.

22. Vosotros adoráis lo que no conocéis, pues sabéis poco de Dios; pero nosotros adoramos lo que conocemos, porque la salud o el Salvador procede de los judíos.

23. Pero ya llega tiempo, ya estamos en él, cuando los verdaderos adoradores adorarán al Padre en espíritu y en verdad. Porque tales son los adoradores que el Padre busca.

24. Dios es espíritu, y la misma verdad; y por lo mismo los que le adoran en espíritu y verdad deben adorarle.

25. Dícele la mujer: Sé que está para venir el Mesías (esto es, el Cristo); cuando venga, pues, él nos lo declarará todo.

26. Y Jesús le responde: Ése soy yo, que hablo contigo.

27. En esto llegaron sus discípulos; y extrañaban que hablase con aquella mujer. No obstante nadie le dijo: ¿Qué le preguntas, o por qué hablas con ella?

28. Entretanto la mujer, dejando allí su cántaro, se fue a la ciudad, y dijo a las gentes:

29. Venid y veréis a un hombre me ha dicho todo cuanto yo he hecho. ¿Será quizá éste el Cristo?

30. Con eso salieron de la ciudad, y vinieron a encontrarle.

31. Entretanto instábanle los discípulos diciendo: Maestro, come.

32. Díceles él: Yo tengo para alimentarme un manjar que vosotros no sabéis.

33. Decíanse, pues, los discípulos unos a otros: ¿Si le habrá traído alguno de comer?

34. Pero Jesús les dijo: Mi comida es hacer la voluntad del que me ha enviado, y dar cumplimiento a su obra.

35. ¿No decís vosotros: ¡Ea!, dentro de cuatro meses estaremos ya en la siega? Pues ahora os digo yo: Alzad vuestros ojos, tended la vista por los campos, y ved ya las mieses blancas y a punto de segarse.

36. En esta cosecha evangélica, aquel que siega recibe su jornal, y recoge frutos para la vida eterna, a fin de que igualmente se gocen así el que siembra como el que siega.

37. Y en esta ocasión se verifica aquel refrán: Uno es el que siembra, y otro el que siega.

38. Yo os he enviado a vosotros a segar lo que no labrasteis: otros hicieron la labranza, y vosotros habéis entrado en sus labores.

39. El hecho fue que muchos samaritanos de aquella ciudad creyeron en él, por las palabras de la mujer, que aseguraba: Me ha dicho todo cuanto yo hice.

40. Y venidos a él los samaritanos, le logaron que se quedase allí. En efecto. se detuvo dos días en aquella ciudad;

41. con lo que fueren muchos más los que creyeron en él por haber oído sus discursos;

42. y decían a la mujer: Ya no creemos por lo que tú has dicho; pues nosotros mismos le hemos oído, y hemos conocido que este es verdaderamente el Salvador del mundo.

43. Pasados, pues, dos días, salió de allí, y prosiguió su viaje a Galilea.

44. Porque el mismo Jesús había atestiguado que un profeta por lo regular no es mirado con veneración en su patria.

45. Así que llegó a Galilea, fue bien recibido de los galileos, porque habían visto todas las cosas que había hecho en Jerusalén durante la fiesta; pues también ellos habían concurrido a celebrarla.

46. Y fue Jesús nuevamente a Caná de Galilea, donde había convertido el agua en vino. Había en Cafarnaúm un señor de la corte que tenía un hijo enfermo.

47. Este señor habiendo oído decir que Jesús venía de Judea a Galilea, fue a encontrarle,

suplicándole que bajase desde Caná a Cafarnaúm a curar a su hijo, que estaba muriéndose.

48. Pero Jesús le respondió: Vosotros, si no
veis milagros y prodigios, no creéis.

49. Instábale el de la corte: Ven, Señor, antes
que muera mi hijo.

50. Dícele Jesús: Anda, que tu hijo está bueno.
Creyó aquel hombre a la palabra que Jesús le
dijo, y se puso en camino.

51. Yendo ya hacia su casa, le salieron al
encuentro los criados, con la nueva de que su
hijo estaba ya bueno.

52. Preguntóles a qué hora había sentido la
mejoría. Y le respondieron: Ayer a las siete de
la mañana le dejó la calentura.

53. Reflexionó el padre que aquella era la hora
misma en que Jesús le dijo: Tu hijo está bueno;
y así creyó él, y toda su familia.

54. Éste fue el segundo milagro que hizo Jesús,
después de haber vuelto de Judea a Galilea.

CAPÍTULO V

*Jesús cura al paralítico de la piscina. Los
judíos le calumnian por este milagro; el Señor
alega contra ellos a su favor testimonios irre-
fragables (Mat. III, XVII, XXV.)*

1. Después de esto, siendo la fiesta de los judíos, partió Jesús a Jerusalén.

2. Hay en Jerusalén una piscina, o estanque,
dicha de las ovejas, llamada en hebreo Betsaida, la cual tiene cinco pórticos.

3. En ellos, pues, yacía una gran muchedumbre de enferrnos, ciegos, cojos, paralíticos,
aguardando el movimiento de las aguas;

4. pues un ángel del Señor descendía de tiempo en tiempo a la piscina, y se agitaba el agua.
Y el primero que después de movida el agua
entraba en la piscina, quedaba sano de cualquiera enfermedad que tuviese.

5. Allí estaba un hombre que treinta y ocho
años hacía que se hallaba enfermo.

6. Como Jesús le viese tendido, y conociese ser
de edad avazada, dícele: ¿Quieres ser curado?

7. Señor, respondió el doliente, no tengo una
persona que me meta en la piscina, así que el
agua está agitada; por lo cual mientras yo voy,
ya otro ha bajado antes.

8. Dícele Jesús: Levántate, coge tu camilla, y
anda.

9. De repente se halló sano este hombre; y
cogió su camilla, e iba caminando. Era aquel
un día de sábado;

10. por lo que decían los judíos al que había
sido curado: Hoy es sábado, no te es lícito llevar la camilla.

11. Respondióles: El que me ha curado, ese
mismo me ha dicho: Toma tu camilla, y anda.

12. Preguntáronle entonces: ¿Quién es ese
hombre que te ha dicho: Toma tu camilla, y
anda?

13. Mas el que había sido curado, no sabía
quién era. Porque Jesús se habla retirado del
tropel de gentes que allí había.

14. Hallóle después Jesús en el templo, y le
dijo: Bien ves cómo has quedado curado: no
peques, pues, en adelante, para que no te suceda alguna cosa peor.

15. Gozoso aquel hombre, fue y declaró a los
judíos, que Jesús era quien le había curado.

16. Pero éstos por lo mismo perseguían a
Jesús, por cuanto hacía tales cosas en sábado.

17. Entonces Jesús les dijo: Mi Padre hoy
como siempre está obrando incesantemente, y
yo ni más ni menos.

18. Mas por esto mismo, con mayor empeño
andaban tramando los judíos el quitarle la vida
porque no solamente violaba el sábado, sino
que decía que Dios era Padre propio suyo,
haciéndose igual a Dios, por lo cual tomando
la palabra, les dijo:

19. En verdad, en verdad os digo, que no
puede hacer el Hijo por sí cosa alguna, fuera
de lo que viere hacer al Padre porque todo lo
que éste hace, lo hace igualmente el Hijo.

20. Y es que como el Padre ama al Hijo, le
comunica todas las cosas que hace; y aun le
manifestará, hará en él por él obras mayores
que éstas, de suerte que quedéis asombrados.

21. Pues así como el Padre resucita a los muertos, y les da vida, del mismo modo el Hijo da
vida a los que quiere.

22. Ni el Padre juzga visiblemente a nadie;
sino que todo el poder de juzgar lo dio al Hijo,

23. con el fin de que todos honren al Hijo, de
la manera que honran al Padre: que quien al
Hijo no honra, tampoco honra al Padre que le
ha enviado.

24. En verdad, en verdad os digo, que quien
escucha mi palabra, y cree a aquel que me ha
enviado, tiene la vida eterna, y no incurre en
sentencia de condenación, sino que ha pasado
la de muerte a vida.

25. En verdad, en verdad os digo, que viene
tiempo, y estamos ya en él, en que los muertos
oirán la voz o la palabra del Hijo de Dios; y
aquellos que la escucharen revivirán;

26. porque así como el Padre tiene en sí mismo
la vida; así también ha dado al Hijo el tener la
vida en sí mismo,

27. y le ha dado la potestad de juzgar en cuanto es Hijo del hombre.

28. No tenéis que admiraros de esto, pues vendrá tiempo en que todos los que están en los sepulcros oirán la voz del Hijo de Dios

29. Y saldrán los que hicieron buenas obras a resucitar para la vida eterna; pero los que las hicieron malas, resucitarán ser condenados.

30. No puedo yo de mí mismo hacer cosa alguna. Yo sentencio según oigo de mi Padre, y mi sentencia es justa; porque no pretendo hacer mi voluntad, sino la de aquel que me ha enviado.

31. Vosotros estáis pensando que si yo doy testimonio de mí mismo, mi testimonio no es idóneo.

32. Más otro hay que da testimonio de mí; y sé que es testimonio idóneo el que da de mí, y que vosotros no podéis desecharlo.

33. Vosotros enviasteis a preguntar a Juan: y él dio testimonio de la verdad.

34. Bien que yo no he menester testimonio de hombre; sino que digo esto para vuestra salvación.

35. Juan era una antorcha que ardía y brillaba. Y vosotros por un breve tiempo quisisteis mostrar regocijo a vista de su luz.

36. Pero yo tengo a mi favor un testimonio superior al testimonio de Juan. Porque las obras que el Padre me puso en las manos para que las ejecutase, estas mismas obras maravillosas que yo hago, dan testimonio en mi favor de que me ha enviado el Padre.

37. Y el Padre que me ha enviado, él mismo ha dado testimonio de mí; vosotros, empero, no habéis oído jamás su voz, ni visto su semblante.

38. Ni tenéis impresa su palabra dentro de vosotros, pues no creéis a quien él ha enviado.

39. Registrad las Escrituras, puesto que creéis hallar en ellas la vida eterna: ellas son las que están dando testimonio de mí;

40. y con todo no queréis venir a mí para alcanzar la vida,

41. Yo no me pago de la fama de los hombres.

42. Pero yo os conozco: Sé que el amor de Dios no habita en vosotros.

43. Pues yo vine en nombre de mi Padre, y no me recibís: si otro viniere de su propia autoridad, a aquél le recibiréis.

44. Y ¿cómo es posible que me recibáis y creáis vosotros que andáis mendigando alabanzas unos de otros y no procuráis aquella gloria que de sólo Dios procede?

45. No penséis que yo os he de acusar ante el Padre; vuestro acusador es Moisés mismo, en quien vosotros confiáis.

46. Porque si creyeseis a Moisés, acaso me creeríais también a mí; pues de mí escribió él.

47. Pero si no creéis lo que él escribió, ¿cómo habéis de creer lo que yo os digo?

CAPÍTULO VI

Multiplica Jesús los panes. Huye de los que le querían hacer rey. Camina sobre las olas del mar. Enseña el misterio de la Eucaristía. Predice la traición de Judas (Mat. III, XI, XIV, XVI, XVII.- Marc. VI, VIII.- Luc. IX.)

1. Después de esto pasó Jesús al otro lado del mar de Galilea, que es el lago de Tiberíades.

2. Y como le siguiese una gran muchedumbre de gentes, porque veían los milagros que hacía con los enfermos,

3. subióse a un monte, y sentóse allí con sus discípulos.

4. Acercábase ya la Pascua, que es la gran fiesta de los judíos,

5. Habiendo, pues, Jesús levantado los ojos, y viendo venir hacia sí un grandísimo gentío, dijo a Felipe: ¿Dónde compraremos panes para dar de comer a toda la gente?

6. Mas esto lo decía para probarle, pues bien sabía él mismo lo que había de hacer.

7. Respondióle Felipe: Doscientos denarios de pan no bastan para que cada uno de ellos tome un bocado.

8. Dícele uno de sus discípulos, Andrés, hermano de Simón Pedro:

9. Aquí está un muchacho, que tiene cinco panes de cebada y dos peces: mas ¿qué es esto para tanta gente?

10. Pero Jesús dijo: Haced sentar a esas gentes. El sitio estaba cubierto de hierba. Sentáronse, pues, al pie de cinco mil hombres.

11. Jesús entonces tomó los panes; y después de haber dado gracias a su eterno Padre, repartiólos por medio de sus discípulos entre los que estaban sentados, y lo mismo hizo con los peces, dando a todos cuanto querían.

12. Después que quedaron saciados, dijo a sus discípulos: Recoged los pedazos que han sobrado para que no se pierdan.

13. Hiciéronlo así, y llenaron doce cestos de los pedazos que habían sobrado de los cinco panes de cebada, después que todos hubieron comido.

14. Visto el milagro que Jesús había hecho, decían aquellos hombres: Éste sin duda es el gran profeta que ha de venir al mundo.

15. Por lo cual, conociendo Jesús que habían de venir para llevársele por fuerza, y levantarle por rey, huyase él solo otra vez al monte.

16. Siendo ya tarde, sus discípulos bajaron a la orilla del mar.

17. Y habiendo entrado en un barco, iban atravesando el mar hacia Cafarnaúm; era ya noche cerrada, y Jesús, no se había juntado todavía con ellos.

18. Entretanto el mar, soplando un viento muy recio, se hinchaba.

19. Después de haber remado como unos veinticinco o treinta estadios, ven venir a Jesús andando sobre las olas y arrimarse a la nave; y, creyéndole un fantasma, se asustaron.

20. Mas él les dijo luego: Soy yo, no tenéis que temer.

21. Quisieron, pues, recibirle consigo a bordo; y la barca tocó luego en el sitio adonde se dirigían.

22. Al día siguiente, aquel gentío que se había quedado en la otra parte del mar, advirtió entonces que allí no había más de una barca, y que Jesús no se había metido en ella con sus discípulos, sino que éstos habían marchado solos.

23. Arribaron a la sazón otras barcas de Tiberíades, cerca del lugar en que el Señor, después de haber dado gracias o echado su bendición, les dio de comer con los cinco panes.

24. Pues como viese la gente que Jesús no estaba allí, ni tampoco sus discípulos, entraron en dichos barcos, y dirigiéronse a Cafarnaúm en busca de Jesús.

25. Y habiéndole hallado a la otra parte del lago, le preguntaron: Maestro, ¿cuándo viniste acá?

26. Jesús les respondió, y dijo: En verdad, en verdad os digo, que vosotros me buscáis no por mi doctrina atestiguada por los milagros que habéis visto. sino porque os he dado de comer con aquellos panes, hasta saciaros.

27. Trabajad para tener no tanto el manjar que se consume, sino el que dura hasta la vida eterna, el cual os lo dará el Hijo del hombre, pues en éste imprimió su sello o imagen el Padre, que es Dios.

28. Preguntáronle luego ellos: ¿Qué es lo que haremos, para ejercitarnos en obras del agrado de Dios?

29. Respondióles Jesús: La obra agradable a Dios, es que creáis en aquel que él os ha enviado.

30. Dijéronle: ¿Pues qué milagro haces tú para que nosotros veamos y creamos? ¿Qué cosas haces extraordinarias?

31. Nuestros padres comieron el maná en el desierto, según está escrito: Dioles a comer pan del cielo.

32. Respondióles Jesús: En verdad, en verdad os digo: Moisés no os dio pan del cielo; mi Padre es quien os da a vosotros el verdadero pan del cielo.

33. Porque pan de Dios es aquel que ha descendido del cielo, y que da la vida al mundo.

34. Dijéronle ellos: Señor, danos siempre ese pan.

35. A lo que Jesús respondió: Yo soy el pan de vida; el que viene a mí, no tendrá hambre, y el que cree en mí, no tendrá sed jamás.

36. Pero yo os lo he dicho, que vosotros me habéis visto obrar milagros, y con todo no creéis en mí.

37. Todos los que me da el Padre vendrán a mí: y al que viniere a mí por la fe, no le desecharé.

38. Pues he descendido del cielo, no para hacer mi voluntad, sino la voluntad de aquel que me ha enviado.

39. Y la voluntad de mi Padre, que me ha enviado, es que yo no pierda ninguno de los que me ha dado, sino que los resucite a todos en el último día.

40. Por tanto la voluntad de mi Padre, que me ha enviado, es que todo aquel que ve, o conoce, al Hijo, y cree en él, tenga vida eterna, y yo le resucitaré en el último día.

41. Los judíos entonces comenzaron a murmurar de él, porque había dicho: Yo soy el pan vivo, que he descendido del cielo.

42. Y decían: ¿No es éste aquel Jesús, hijo de José, cuyo padre y cuya madre nosotros conocemos? ¿Pues cómo dice él: Yo he bajado del cielo?

43. Mas Jesús les respondió, y dijo: No andéis murmurando entre vosotros.

44. Nadie puede venir a mí, si el Padre que me envió no le atrae; y al tal le resucitaré yo en el último día.

45. Escrito está en los profetas: Todos serán enseñados de Dios. Cualquiera, pues, que ha escuchado al Padre, y aprendido su doctrina, viene a mí.

46. No porque algún hombre haya visto al Padre, excepto el que es hijo natural de Dios: éste sí que ha visto al Padre.

47. En verdad, en verdad os digo, que quien cree en mí, tiene la vida eterna.

48. Yo soy el pan de vida.

49. Vuestros padres comieron el maná en el desierto, y murieron.

50. Mas éste es el pan que desciende del cielo, a fin de que quien comiere de él no muera.

51. Yo soy el pan vivo, que he descendido del cielo.

52. Quien comiere de este pan vivirá eternamente; y el pan que yo daré, es mi misma carne, la cual daré yo para la vida o salvación del mundo.

53. Comenzaron entonces los judíos a altercar unos con otros, diciendo: ¿Cómo puede éste darnos a comer su carne?

54. Jesús, empero, les dijo: En verdad, en verdad os digo, que si no comiereis la carne del Hijo del hombre, y no bebiereis su sangre, no tendréis vida en vosotros.

55. Quien come mi carne y bebe mi sangre, tiene vida eterna; y yo le resucitaré en el último día.

56. Porque mi carne verdaderamente es comida, y mi sangre es verdaderamente bebida.

57. Quien come mi carne, y bebe mi sangre en mí mora, y yo en él.

58. Así como el Padre que me ha enviado vive, y yo vivo por el Padre; así quien me come, también él vivirá por mí, y de mi propia vida.

59. Este es el pan que ha bajado del cielo. No sucederá como a vuestros padres, que comieron el maná, y no obstante murieron. Quien come este pan, vivirá eternamente.

60. Estas cosas las dijo Jesús, enseñando en la sinagoga de Cafarnaúm.

61. Y muchos de sus discípulos habiéndolas oído, dijeron: Dura es esta doctrina: ¿y quién es el que puede escucharla?

62. Mas Jesús sabiendo por sí mismo que sus discípulos murmuraban de esto, díjoles: ¿Esto os escandaliza?

63. ¿Pues qué será si viereis al Hijo del hombre subir a donde antes estaba?

64. El espíritu es quien da la vida; la carne o el sentido carnal de nada sirve para entender este misterio; las palabras que yo os he dicho, espíritu y vida son.

65. Pero entre vosotros hay algunos que no creen. Que bien sabía Jesús desde el principio cuáles eran los que no creían, y quién le había de entregar.

66. Así decía: Por esta causa os he dicho que nadie puede venir a mí, si mi Padre no se lo concediere.

67. Desde entonces muchos de sus discipulos dejaron de seguirle, y ya no andaban con él.

68. Por lo que dijo Jesús a los doce apóstoles: ¿Y vosotros queréis también retiraros?

69. Respondióle Simón Pedro: Señor, ¿a quién iremos? Tú tienes palabras de vida eterna.

70. Y nosotros hemos creído y conocido que tú eres el Cristo, el Hijo de Dios.

71. Replicóle Jesús: Pues qué ¿no soy yo el que os escogí a todos doce, y con todo uno de vosotros es un diablo?

72. Decía esto por Judas Iscariote, hijo de Simón, que, no obstante de ser uno de los doce, le había de vender.

CAPÍTULO VII

Va Jesús a Jerusalén por la fiesta de los Tabernáculos; enseña en el templo; prueba eficacísimamente la verdad de su misión y doctrina, y muda el corazón de los que venían a prenderle. Nicodemo le defiende.

1. Después de esto andaba Jesús por Galilea, porque no quería ir a Judea, visto que los judíos procuraban su muerte.

2. Mas estando próxima la fiesta de los judíos, llamada de los Tabernáculos,

3. sus hermanos o parientes le dijeron: Sal de aquí y vete a Judea, para que también a aquellos discípulos tuyos vean las obras maravillosas que haces.

4. Puesto que nadie hace las cosas en secreto, si quiere ser conocido; ya que haces tales cosas, date a conocer al mundo.

5. Porque aun muchos de sus hermanos no creían en él,

6. Jesús, pues, les dijo: Mi tiempo no ha llegado todavía; el vuestro siempre está a punto.

7. A vosotros no puede el mundo aborreceros; a mí si que me aborrece, porque yo demuestro que sus obras son malas.

8. Vosotros id a esa fiesta, yo no voy invitado a ella porque mi tiempo aún no se ha cumplido.

9. Dicho esto, él se quedó en Gamel.

10. Pero algunos días después que marcharon sus hermanos o parientes, él también se puso en camino para ir a la fiesta, no con publicidad, sino como en secreto.

11. En efecto, los judios en el día de la fiesta le buscaban por Jerusalén, y decían: ¿En dónde está aquél?

12. Y era mucho lo que se susurraba de él entre el pueblo. Porque unos decían: Sin duda es hombre de bien. Otros al contrario: No, sino que trae embaucado al pueblo.

13. Pero nadie osaba declararse públicamente a favor suyo, por temor de los judíos principales.

14. Como quiera, hacia la mitad de la fiesta, subió Jesús al templo, y púsose a enseñar.

15. Y maravillábanse los judíos, y decían: ¿Cómo sabe éste las letras sagradas sin haber estudiado?

16. Respondióles Jesús: Mi doctrina no es mía sino de aquel que me ha enviado.

17. Quien quisiere hacer la voluntad de éste, conocerá si mi doctrina es de Dios, o si yo hablo de mí mismo.

18. Quien habla de su propio movimiento, busca su propia gloria; mas el que únicamente busca la gloria del que le envió, ése es veraz, y no hay en él injusticia o fraude.

19. ¿Por ventura, no os dió Moisés la ley, y con todo eso ninguno de vosotros observa la ley?

20. ¿Pues, por qué intentáis matarme? Respondió la gente, y dijo: Estás endemoniado: ¿quién es el que trata de matarte?

21. Jesús prosiguió, diciéndoles: Yo hice una sola obra milagrosa en día de sábado, y todos lo habéis extrañado.

22. Mientras que, habiéndoos dado Moisés la ley de la circuncisión (no que traiga de él su origen sino de los patriarcas), no dejáis de circuncidar al hombre aun en día de sábado.

23. Pues, si un hombre es circuncidado en sábado, para no quebrantar la ley de Moisés, ¿os habéis de indignar contra mí, porque he curado a un hombre en todo su cuerpo en día de sábado?

24. No queráis juzgar por las apariencias, sino juzgad por un juicio recto.

25. Comenzaron entonces a decir algunos de Jerusalén: ¿No es éste aquí buscan para darle la muerte?

26. Y con todo vedle que habla públicamente, y no le dicen nada. ¿Si será que nuestros príncipes de los sacerdotes y los senadores han conocido de cierto ser éste el Cristo?

27. Pero de éste sabemos de dónde es; mas cuando venga el Cristo nadie sabrá su origen.

28. Entretanto, prosiguiendo Jesús en instruirlos, decía en alta voz en el templo: Vosotros pensáis que me conocéis, y sabéis de dónde soy; pero yo no he venido de mí mismo, sino que quien me ha enviado es veraz, al cual vosotros no conocéis.

29. Yo sí que le conozco, porque de él tengo el ser; y él es el que me ha enviado.

30. Al oír esto buscaban cómo prenderle; mas nadie puso en él las manos, porque aún no era llegada su hora.

31. Entretanto muchos del pueblo creyeron en él, y decían: Cuando venga el Cristo, ¿hará por ventura más milagros que los que hace éste?

32. Oyeron los fariseos estas conversaciones que el pueblo tenía acerca de él: y así ellos, como los príncipes de los sacerdotes, despacharon ministros para prenderle.

33. Pero Jesús les dijo: Todavía estaré con vosotros un poco de tiempo y después me voy a aquel que me ha enviado,

34. Vosotros me buscaréis y no me hallaréis; y adonde yo voy a estar, vosotros no podéis venir.

35. Sobre lo cual dijeron los judíos entre sí: ¿A dónde irá éste, que no le hayamos de hallar? ¿Iráse quiza por entre las naciones esparcidas por el mundo a predicar a los gentiles?

36. ¿Qué es lo que ha querido decir con estas palabras: Me buscaréis, y no me hallaréis; ¿adonde yo voy a estar, no podéis venir vosotros?

37. En el último día de la fiesta, que es el más solemne, Jesús se puso en pie, y en alta voz decía: Si alguno tiene sed, venga a mí, y beba.

38. Del seno de aquel que cree en mí, manarán, como dice la Escritura, ríos de agua viva,

39. Esto lo dijo por el Espíritu Santo, que habían de recibir los que creyesen en él; pues aún no se había comunicado el Espíritu Santo, porque Jesús todavía no estaba en su gloria.

40. Muchas de aquellas gentes, habiendo oído estos discursos de Jesús, decían: Éste ciertamente es un profeta;

41. éste es el Cristo, o Mesías, decían otros. Mas algunos replicaban: ¿Por ventura el Cristo ha de venir de Galilea?

42. ¿No está claro en la Escritura que del linaje de David, y del lugar de Betlehem donde David moraba, debe venir el Cristo?

43. Con esto se suscitaron disputas entre las gentes del pueblo sobre su persona,

44. Había entre la muchedumbre algunos que querían prenderle; pero nadie se atrevió a echar la mano sobre él.

45. Y así los ministros o alguaciles volvieron a los pontífices y fariseos. Y éstos les dijeron: ¿Cómo no le habéis traído?

46. Respondieron los minístros: Jamás hombre alguno ha hablado tan divinamente como este hombre.

47. Dijéronle los fariseos: ¿Qué, también vosotros habéis sido embaucados?

48. ¿Acaso alguno de los príncipes o de los fariseos ha creído en él?

49. Sólo ese populacho, que no entiende de la ley, es el maldito.

50. Entonces Nicodemo, aquel mismo que de noche vino a Jesús, y era uno de ellos, les dijo:

51. ¿Por ventura nuestra ley condena a nadie sin haberle oído primero, y examinado su proceder?

52. Respondiéronle: ¿Eres acaso tú como él, galileo? Examina bien las Escrituras, y verás cómo no hay profeta originario de Galilea,

53. En seguida se retiraron cada uno a su casa.

CAPÍTULO VIII

Libra Jesús de la muerte a una mujer adúltera, confundiendo a sus acusadores. Declara de varias maneras ser el Hijo de Dios y el Mesías prometido; responde con admirable mansedumbre a las blasfemias de los judíos (Mat. XVIII.)

445

1. Jesús se retiró al monte de los Olivos:

2. Y al romper el día volvió segun costumbre al templo; y como todo el pueblo concurría a él, sentándose se puso a enseñarlos.

3. Cuando he aquí que los escribas y fariseos traen a una mujer cogida en adulterio y, poniéndola en medio,

4. dijeron a Jesús: Maestro, esta mujer acaba de ser sorprendida en adulterio.

5. Moisés en la ley nos tiene mandado apedrear a las tales. Tú ¿qué dices a esto?

6. Lo cual preguntaban para tentarle y poder acusarle. Pero Jesús, como desentendiéndose, inclinóse hacia el suelo, y con el dedo escribía en la tierra.

7. Mas como porfiasen ellos en preguntarle, se enderezó, y les dijo: El que de vosotros se halla sin pecado, tire contra ella el primero la piedra.

8. Y volviendo a inclinarse otra vez, continuaba escribiendo en el suelo.

9. Mas, oída tal respuesta, se iban descabullendo uno tras otro, comenzando por los más viejos, hasta que dejaron solo a Jesús y a la mujer que estaba en medio.

10. Entonces Jesús, enderezándose, le dijo: Mujer, ¿dónde están tus acusadores? ¿Nadie te ha condenado?

11. Ella respondió: Ninguno, Señor. Y Jesús compadecido le dijo: Pues tampoco yo te condenaré: Anda, y no peques más en adelante.

12. Y volviendo Jesús a hablar al pueblo, dijo: Yo soy la luz del mundo: El que me sigue, no camina a oscuras, sino que tendrá la luz de la vida.

13. Replicáronle los fariseos: Tú das testimonio de ti mismo; y así tu testimonio no es idóneo.

14. Respondióles Jesús: Aunque yo doy testimonio de mí mismo, mi testimonio es digno de fe. Porque yo sé de dónde soy venido, y a dónde voy; pero vosotros no sabéis de dónde vengo, ni a dónde voy.

15. Vosotros juzgáis de mí según la carne; pero yo no juzgo así de nadie;

16. y cuando yo juzgo, mí juicio es idóneo; porque no soy yo sólo el que da el testimonio; sino yo y el Padre que me ha enviado.

17. En vuestra ley está escrito que el testimonio de dos personas es idóneo.

18. Yo soy el que doy testimonio de mí mismo; y además el Padre, que me ha enviado, da también testimonio de mí.

19. Decíanle a esto: ¿En dónde está tu padre? Respondió Jesús: Ni me conocéis a mí, ni a mi Padre: si me conocierais a mí no dejaríais de conocer a mi Padre.

20. Estas cosas las dijo Jesús enseñando en el templo, en el atrio del tesoro; y nadie le prendió, porque aún no era llegada su hora.

21. Díjoles Jesús en otra ocasión: Yo me voy, y vosotros me buscaréis, y vendréis a morir en vuestro pecado. Adonde yo voy, no podéis venir vosotros.

22. A esto decían los judíos: ¿Si querrá matarse a sí mismo, y por eso dice: Adonde yo voy, no podéis venir vosotros?

23. Y Jesús proseguía diciéndoles: Vosotros sois de acá abajo, yo soy de arriba: Vosotros sois de este mundo, yo no soy de este mundo.

24. Con razón os he dicho que moriréis en vuestros pecados; porque si no creyereis ser yo lo que soy, moriréis en vuestro pecado.

25. Replicábanle: ¿Pues quién eres tú? Respondióles Jesús: Yo soy el principio de todas las cosas, el mismo que os estoy hablando.

26. Muchas cosas tengo que decir y condenar en cuanto a vosotros: como quiera, el que me ha enviado, es veraz; y yo sólo hablo en el mundo las cosas que oí a él.

27. Ellos no echaban de ver que decía que Dios era su Padre.

28. Por tanto Jesús les dijo: Cuando habréis levantado en alto o crucificado al Hijo del hombre, entonces conoceréis quién soy yo, y que nada hago de mí mismo, sino que hablo lo que mi Padre me ha enseñado.

29. Y el que me ha enviado está siempre conmigo, y no me ha dejado solo; porque yo hago siempre lo que es de su agrado.

30. Cuando Jesús dijo estas cosas, muchos creyeron en él.

31. Decía, pues, a los judíos, que creían en él: Si perseverareis en mi doctrina, seréis verdaderamente discípulos míos.

32. Y conoceréis la verdad, y la verdad os hará libres.

33. Respondiéronle ellos: Nosotros somos descendientes de Abrahán, y jamás hemos sido esclavos de nadie, ¿cómo, pues, dices tú que vendremos a ser libres?

34. Replicóles Jesús: En verdad, en verdad os digo, que todo aquel que comete pecado, es esclavo del pecado.

35. Es así que el esclavo no mora para siempre en la casa; el hijo sí que permanece siempre en ella.

36. Luego si el hijo os da libertad, seréis verdaderamente libres.

37. Yo sé que sois hijos de Abrahán; pero también sé que tratáis de matarme, porque mi palabra o doctrina no halla cabida en vosotros.

38. Yo hablo lo que he visto en mi Padre: vosotros hacéis lo que habéis visto en vuestro padre.

39. Respondiéronle diciendo: Nuestro padre es Abrahán. Si sois hijos de Abrahán, les replicó Jesús, obrad como Abrahán.

40. Mas ahora pretendéis quitarme la vida, siendo yo un hombre que os he dicho la verdad que oí de Dios: no hizo eso Abrahán.

41. Vosotros hacéis lo que hizo vuestro padre. Ellos le replicaron: Nosotros no somos de raza de fornicadores, o idólatras: un solo padre tenemos, que es Dios.

42. A lo cual les dijo Jesus: Si Dios fuera vuestro padre, ciertamente me amaríais a mi; pues yo nací de Dios, y he venido de parte de Dios; que no he venido de mí mismo, sino que él me ha enviado.

43. ¿Por qué, pues, no entendéis mi lenguaje? Es porque no podéis sufrir mi doctrina.

44. Vosotros sois hijos del diablo, y así quaréis satisfacer los deseos de vuestro padre; él fue homicida desde el principio; y, criado justo, no permaneció en la verdad; y así no hay verdad en él; cuando dice mentira, habla como quien es, por ser de suyo mentiroso y padre de la mentira.

45. A mí empero no me creéis, porque os digo la verdad.

46. ¿Quién de vosotros me convencerá de pecado? Pues si os digo la verdad, ¿por qué no me creéis?

47. Quien es de Dios escucha las palabras de Dios. Por eso vosotros no las escucháis, porque no sois de Dios.

48. A esto respondieron los judíos diciéndole: ¿No decimos bien nosotros que tú eres un samaritano, y que estás endemoniado?

49. Jesús les respondió: Yo no estoy poseído del demonio, sino que honro a mi Padre, y vosotros me habéis deshonrado a mí.

50. Pero yo no busco mi gloria; otro hay que la promueve, y él me vindicará.

51. En verdad, en verdad os digo, que quien observare mí doctrina, no morira para siempre.

52. Dijeron los judíos: Ahora acabamos de conocer que estás poseído de algún demonio. Abrahán murió, y murieron también los profetas, y tú dices: Quien observare mi doctrina, no morirá eternamente.

53. ¿Acaso eres tú mayor que nuestro padre Abrahán, el cual murió; y que los profetas, que asimismo murieron? Tú ¿por quién te tienes?

54. Respondió Jesús: Si yo me glorifico a mi mismo, mi gloria, diréis, no vale nada; pero es mi Padre el que me glorifica, aquel que decís vosotros que es vuestro Dios.

55. Vosotros, empero, no le habéis conocido; yo sí que le conozco: y si dijere que no le conozco, sería como vosotros un mentiroso. Pero le conozco bien, y observo sus palabras.

56. Abrahán, vuestro padre, ardió en deseos de ver este día mío: viole, y se llenó de gozo.

57. Los judíos le dijeron: Aún no tienes cincuenta años, ¿y viste a Abrahán?

58. Respondióles Jesús: En verdad, en verdad os digo, que antes que Abrahárn fuera criado, yo existo.

59. Al oír esto, cogieron piedras para tirárselas. Mas Jesús se escondió milagrosamente, y salió del templo.

CAPÍTULO IX

Da vista Jesús a un ciego de nacimiento. Murmuran los fariseos de este milagro, y excomulgan al ciego, que instruido por Jesús, cree en él y le adora.

1. Al pasar vio Jesús a un hombre ciego de nacimiento.

2. Y sus discípulos le preguntaron: Maestro, ¿qué pecados son la causa de que éste haya nacido ciego, los suyos, o los de sus padres?

3. Respondió Jesús: No es por culpa de éste, ni de sus padres; sino para que las obras del poder de Dios resplandezcan en él.

4. Conviene que yo haga las obras de aquel que me ha enviado, mientras dura el día: viene la noche de la muerte, cuando nadie puede trabajar.

5. Mientras estoy en el mundo, yo soy la luz del mundo.

6. Así que hubo dicho esto, escupió en tierra, y formó lodo con la saliva, y aplicólo sobre los ojos del ciego,

7. y díjole: Anda, y lávate en la piscina de Siloé (palabra que significa el Enviado). Fuese, pues, y lavóse allí, y volvió con vista.

8. Por lo cual los vecinos y los que antes le habían visto pedir limosna, decían: ¿No es éste aquel que sentado allá, pedía limosna? Éste es, respondían algunos.

9. Y otros decían: No es él, sino alguno que se le parece. Pero él decía: Sí que soy yo.

10. Le preguntaban, pues: ¿Cómo se te han abierto los ojos?

11. Respondió: Aquel hombre que se llama Jesús, hizo un poquito de lodo, y lo aplicó a mis ojos, y me dijo: Ve a la piscina de Siloé, y lávate allí. Yo fui, me lavé, y veo.

12. Preguntáronle: ¿Dónde está ése? Respondió: No lo sé.

13. Llevaron, pues a los fariseos al que antes estaba ciego.

14. Es de advertir que cuando Jesús formó el lodo y le abrió los ojos era día de sábado.

15. Nuevamente, pues, los fariseos le preguntaban también cómo había logrado la vista. El les respondió: Puso lodo sobre mis ojos, me lavé, y veo.

16. Sobre lo que decían algunos de los fariseos: No es enviado de Dios este hombre, pues no guarda el sábado. Otros, empero, decían: ¿Cómo un hombre pecador puede hacer tales milagros? Y había disensión entre ellos.

17. Dicen, pues, otra vez al ciego: Y tú ¿qué dices del que te ha abierto los ojos? Respondió: Que es un profeta.

18. Pero por lo mismo no creyeron los judíos que hubiese sido ciego, y recibido la vista hasta que llamaron a sus padres;

19. y les preguntaron: ¿Es éste vuestro hijo, de quien vosotros decís que nació ciego? Pues ¿cómo ve ahora?

20. Sus padres les respondieron, diciendo: Sabemos que este es hijo nuestro, y que nació ciego;

21. pero cómo ahora ve, no lo sabemos; ni tampoco sabemos quién le ha abierto los ojos; preguntadselo a él: edad tiene, él dará razón de ello.

22. Esto dijeron sus padres por temor de los judíos; porque ya éstos habían decretado echar de la sinagoga, o excomulgar, a cualquiera que reconociese a Jesús por el Cristo, o Mesías.

23. Por eso sus padres dijeron: Edad tiene, preguntádselo a él.

24. Llamaron, pues, otra vez al hombre que había sido ciego, y dijéronle: da gloria a Dios; nosotros sabemos que ese hombre es un pecador.

25. Mas él les respondió: Si es pecador, yo no lo sé; sólo sé que yo antes era ciego, y ahora veo.

26. Replicáronle: ¿Qué hizo él contigo? ¿Cómo te abrió los ojos?

27. Respondióles: Os lo he dicho ya, y lo habéis oído: ¿la qué fin queréis oírlo de nuevo? ¿Si será que también vosotros queréis haceros discípulos suyos?

28. Entonces le llenaron de maldiciones, y por fin le dijeron: Tú seas su discípulo, que nosotros somos discípulos de Moisés.

29. Nosotros sabemos que a Moisés le habló Dios; mas éste no sabemos de dónde es.

30. Respondió aquel hombre, y les dijo: Aquí está la maravilla, que vosotros no sabéis de dónde es éste, y con todo ha abierto mis ojos.

31. Lo que sabemos es que Dios no oye a los pecadores; sino que aquel que honra a Dios y hace su voluntad, éste es a quien Dios oye.

32. Desde que el mundo es mundo no se ha oído jamás que alguno haya abierto los ojos de un ciego de nacimiento.

33. Si este hombre no fuese enviado de Dios, no podría hacer nada de lo que hace.

34. Dijéronle en respuesta: Saliste del vientre de tu madre envuelto en pecado, ¿y tú nos das lecciones? Y le arrojaron fuera.

35. Oyó Jesús que le habían echado fuera; y haciéndose encontradizo con él, le dijo: ¿Crees tú en el Hijo de Dios?

36. Respondió él y dijo: ¿Quién es, Señor, para que yo crea en él?

37. Díjole Jesús: Le viste ya, y es el mismo que está hablando contigo.

38. Entonces dijo él: Creo, Señor, Y postrándose a sus pies, le adoró.

39. Y añadió Jesús: Yo vine a este mundo a ejercer un justo juicio, para que los que no ven, vean, y los que ven, o soberbios presumen ver, queden ciegos.

40. Oyeron esto algunos de los fariseos, que estaban con él, y le dijeron: Pues qué, ¿nosotros somos también ciegos?

41. Respondióles Jesús: Si fuerais ciegos, no tendríais pecado; pero por lo mismo que decís: Nosotros vemos, y os juzgáis muy instruidos, por eso vuestro pecado persevera en vosotros.

CAPÍTULO X

Parábola del buen pastor, y sus propiedades. Va Jesús al templo el día de la Dedicación, y declara ser el Mesías. Los judíos cogen piedras para tirárselas como a blasfemo, y se quedan con ellas en las manos a una razón suya (Mat. XI. - Luc. X.)

1. En verdad, en verdad os digo, prosiguió Jesús, que quien no entra por la puerta en el aprisco de las ovejas, sino que sube por otra parte, el tal es un ladrón y salteador.

2. Mas el que entra por la puerta, pastor es de las ovejas.

3. A éste el portero le abre, y las ovejas escuchan su voz, y él llama por su nombre a las ovejas propias, y las saca fuera al pasto.

4. Y cuando ha hecho salir sus propias ovejas, va delante de ellas y las ovejas le siguen, porque conocen su voz.

5. Mas a un extraño no le siguen, sino que huyen de él; porque no conocen la voz de los extraños.

6. Este símil les puso Jesús; pero no entendieron lo que les decía.

7. Por eso Jesús les dijo segunda vez por lo claro: En verdad, en verdad os digo, que yo soy la puerta de las ovejas.

8. Todos los que hasta ahora han venido, o entrado por otra parte, son ladrones y salte-

adores, y así las ovejas no los han escuchado.

9. Yo soy la puerta. El que por mi entrare, se salvará; y entrará, y saldrá sin tropiezo, y hallará pastos.

10. El ladrón no viene sino para robar, y matar, y hacer estrago. Mas yo he venido para que las ovejas tengan vida, y la tengan en más abundancia.

11. Yo soy el buen pastor. El buen pastor sacrifica su vida por sus ovejas.

12. Pero el mercenario, y el que no es el propio pastor, de quien no son propias las ovejas, en viendo venir al lobo, desampara las ovejas, y huye; y el lobo las arrebata, y dispersa el rebaño.

13. El mercenario huye, por la razón de que es asalariado, y no tiene interés alguno en las ovejas.

14. Yo soy el buen pastor: y conozco mis ovejas, y las ovejas mías me conocen a mí.

15. Así como el Padre me conoce a mí, así yo conozco al Padre; y doy mi vida por mis ovejas.

16. Tengo también otras ovejas, que no son de este aprisco, las cuales debo yo recoger, y oirán mi voz; y de todas se hará un solo rebaño, y un solo pastor.

17. Por eso mi Padre me ama, porque doy mi vida por mis ovejas, bien que para tomarla otra vez.

18. Nadie me la arranca, sino que yo la doy de mi propia voluntad, y soy dueño de darla, y dueño de recobrarla: éste es el mandamiento que recibí de mi Padre.

19. Excitó este discurso una nueva división entre los judíos.

20. Decían muchos de ellos: Está poseído del demonio, y ha perdido el juicio; ¿por qué le escucháis?

21. Otros decían: No son palabras estas de quien está endemoniado: ¿por ventura puede el demonio abrir los ojos de los ciegos?

22. Celebrábase en Jerusalén la fiesta de la Dedicación, fiesta que era en invierno.

23. Y Jesús se paseaba en el templo, por el pórtico de Salomón.

24. Rodeáronle, pues, los judíos, y le dijeron: ¿Hasta cuándo has de traer suspensa nuestra alma? Si tú eres el Cristo, dínoslo abiertamente.

25. Respondióles Jesús: Os lo estoy diciendo, y no lo creéis: las obras que yo hago en nombre de mi Padre, ésas están dando testimonio de mí.

26. Mas vosotros no creéis, porque no sois de mis ovejas.

27. Mis ovejas oyen la voz mía; y yo las conozco, y ellas me siguen.

28. Y yo les doy la vida eterna; y no se perderán jamás, y ninguno las arrebatará de mis manos.

29. Pues lo que mi Padre me ha dado, todo lo sobrepuja; y nadie puede arrebatarlo de mano de mi Padre o de la mía.

30. Mi Padre y yo somos una misma cosa.

31. Al oír esto los judíos, cogieron piedras para apedrearle.

32. Díjoles Jesús: Muchas buenas obras he hecho delante de vosotros por la virtud de mi Padre, ¿por cuál de ellas me apedreáis?

33. Respondiéronle los judíos: No te apedreamos por ninguna obra buena, sino por la blasfemia; y porque siendo tú, como eres hombre, te haces Dios.

34. Replicóles Jesús: ¿No está escrito en vuestra ley: Yo dije, dioses sois?

35. Pues si llamó dioses a aquellos a quienes habló Dios, y no puede faltar la Escritura,

36. ¿cómo de mí, a quien ha santificado el Padre, y ha enviado al mundo, decís vosotros que blasfemo, porque he dicho: Soy Hijo de Dios?

37. Si no hago las obras de mi Padre, no me creáis.

38. Pero si las hago, cuando no queráis darme crédito a mí, dádselo a mis obras, a fin de que conozcáis, y creáis que el Padre está en mí, y yo en el Padre.

39. Quisieron entonces prenderle; mas él se escapó de entre sus manos;

40. y se fue de nuevo a la otra parte del Jordán, a aquel lugar en que Juan había comenzado a bautizar; y permaneció allí.

41. Y acudieron muchos a él, y decían: Es cierto que Juan no hizo milagro alguno.

42. Mas todas cuantas cosas dijo Juan de éste, han salido verdaderas. Muchos creyeron en él.

CAPÍTULO XI

Resurrección de Lázaro. Consejo de los pontífices y fariseos, en que se resuelve la muerte de Jesús; y que debe morir un hombre por todos. Retírase Jesucristo a Efrán, ciudad de Galilea (Mat. XXVI. Luc VII, XIV.)

1. Estaba enfermo por este tiempo un hombre llamado Lázaro, vecino de Betania, patria de María y de María sus hermanas.

2. (Esta María es aquella misma que derramó sobre el Señor el perfume, y le limpió los pies con sus cabellos; de la cual era hermano el Lázaro que estaba enfermo.)

3. Las hermanas, pues, enviaron a decirle: Señor, mira que aquel a quien amas está enfermo.

4. Oyendo Jesús el recado, díjoles: Esta enfermedad no es mortal, sino que está ordenada para gloria de Dios, con la mira de que por ella el Hijo de Dios sea glorificado.

5. Jesús tenía particular afecto a Marta y a su hermana María y a Lázaro.

6. Cuando oyó que éste estaba enfermo, quedóse aún dos días más en el mismo lugar.

7. Después de pasados éstos, dijo a sus discípulos: Vamos otra vez a la Judea.

8. Dícenle sus discípulos: Maestro, hace poco que los judíos querían apedrearte, y ¿quieres volver allá?

9. Jesús les respondió: Pues qué, ¿no son doce las horas del día? El que anda de día no tropieza, porque ve la luz de este mundo;

10. al contrario, quien anda de noche, tropieza, porque no tiene luz.

11. Así dijo, y añadióles después: Nuestro amigo Lázaro duerme; mas yo voy a despertarle del sueño.

12. A lo que dijeron sus discípulos: Señor, si duerme, sanará.

13. Mas Jesús había hablado del sueño de la muerte; y ellos pensaban que hablaba del sueño natural.

14. Entonces les dijo Jesús claramente: Lázaro ha muerto;

15. y me alegro por vosotros de no haberme hallado allí, a fin de que creáis. Pero vamos a él.

16. Entonces Tomás, por otro nombre Dídimo: dijo a sus condiscípulos: Vamos también nosotros, y muramos con él.

17. Llegó, pues, Jesús, y halló que hacía ya cuatro días que Lazaro estaba sepultado.

18. (Distaba Betania de Jerusalén como unos quince estadios.)

19. Y habían ido muchos de los judíos a consolar a Marta y a María de la muerte de su hermano.

20. Marta luego que oyó que Jesús venía, le salió a recibir; María que se quedó en casa.

21. Dijo, pues, Marta a Jesús: Señor, si hubieses estado aquí, no hubiera muerto mi hermano.

22. Bien que estoy persuadida de que ahora mismo te concederá Dios cualquiera cosa que le pidieres.

23. Dícele Jesús: Tu hermano resucitará.

24. Respóndele Marta: Bien sé que resucitará en la resurrección universal, que será en el último día.

25. Díjole Jesús: Yo soy la resurrección y la vida: quien cree en mí, aunque hubiere muerto, vivirá;

26. y todo aquel que vive y cree en mí no morirá para siempre: ¿crees tú esto?

27. Respondióle: ¡Oh Señor!, sí que lo creo, y que tú eres el Cristo, el Hijo de Dios vivo, que has venido a este mundo.

28. Dicho esto, fuese, y llamó secretamente a María, su hermana, diciéndole: Está aquí el Maestro y te llama.

29. Apenas la oyó esto, se levantó apresuradamente, y fue a encontrarle.

30. Porque Jesús no había entrado todavía en la aldea, sino que aún estaba en aquel mismo sitio en que Marta le había salido a recibir.

31. Por eso los judíos que estaban con María, en la casa, y la consolaban, viéndola levantarse de repente, y salir fuera, la siguieron diciendo: Ésta va sin duda al sepulcro para llorar allí.

32. María, pues, habiendo llegado a donde estaba Jesús, viéndole, postróse a sus pies, y díjole: Señor, si hubieses estado aquí, no habría muerto mi hermano.

33. Jesús al verla llorar, y llorar también los judíos que habían venido con ella, estremecióse en su alma, y conturbóse a sí mismo,

34. y dijo: ¿Dónde le pusisteis? Ven, Señor, le dijeron, y lo verás.

35. Entonces a Jesús se le arrasaron los ojos en lágrimas.

36. En vista de lo cual dijeron los judíos: Mirad cómo le amaba.

37. Mas algunos de ellos dijeron: Pues éste, que abrió los ojos de un ciego de nacimiento, ¿no podía hacer que Lázaro no muriese?

38. Finalmente, prorrumpiendo Jesús en nuevos sollozos, que le salían del corazón, vino al sepulcro, que era una gruta cerrada con una gran piedra.

39. Dijo Jesús: Quitad la piedra. Marta, hermana del difunto, le respondió: Señor, mira que ya hiede, pues yace ya cuatro días que está ahí.

40. Díjole Jesús: ¿No te he dicho que si creyeres, verás la gloria de Dios?

41. Quitaron, pues, la piedra; y Jesús levantando los ojos al cielo, dijo: ¡Oh Padre!, gracias te doy porque me has oído:

42. bien es verdad que yo ya sabía que siempre me oyes; mas lo he dicho por razón de este pueblo que está alrededor de mí, con el fin de que crean que tú eres el que me has enviado.

43. Dicho esto, gritó con voz muy alta o sonora: Lázaro, sal afuera.

44. Y al instante el que había muerto salió fuera, ligado de pies y manos con fajas, y tapado el rostro con un sudario. Díjoles Jesús: Desatadle, y dejadle ir.

45. Con eso muchos de los judíos que habían venido a visitar a María y a Marta, y vieron lo que Jesús hizo, creyeron en él.

46. Mas algunos de ellos se fueron a los fariseos, y les contaron las cosas que Jesús había hecho.

47. Entonces los pontífices y fariseos, juntaron consejo, y dijeron: ¿Qué hacemos? Este hombre hace muchos milagros.

48. Si le dejamos así, todos creerán en él; y vendrán los romanos, y arruinarán nuestra ciudad y la nación,

49. En esto uno de ellos llamado Caifás, que era el Sumo pontífice de aquel año, les dijo: Vosotros no entendéis nada en esto,

50. ni reflexionáis que os conviene el que muera un solo hombre por el bien del pueblo, y no perezca toda la nación.

51. Mas esto no lo dijo de propio movimiento; sino que, como era el Sumo pontífice en aquel año, sivió de instrumento a Dios, le profetizó que Jesús había de morir por la nación,

52. y no solamente por la nación judaica, sino también para congregar en un cuerpo a los hijos de Dios, que estaban dispersos.

53. Y así desde aquel día no pensaban sino en hallar medio de hacerle morir.

54. Por lo que Jesús ya no se dejaba ver en público entre los judíos, antes bien se retiró a un territorio vecino al desierto, en la ciudad llamada Efrán, donde moraba con sus discípulos.

55. Y como estaba próxima la Pascua de los judíos, muchos de aquel distrito subieron a Jerusalén antes de la Pascua, para purificarse.

56. Los cuales iban en busca de Jesús y se decían en el templo unos a otros: ¿Qué será que aún no ha venido a la fiesta? Pero los pontífices y fariseos tenían ya dada orden de que, si alguno supiese dónde Jesús estaba, le denunciase para hacerle prender.

CAPÍTULO XII

Dan a Jesús en Betania una cena, en medio de la cual María, hermana de Lázaro, derrama sobre los pies del Señor un bálsamo precioso. Maquinan los judíos matar a Lázaro. Entrada triunfante de Jesús en Jerusalén. Algunos gentiles quieren hablar con él, y con esta ocasión declara Jesús que hasta después de muerto no hará fruto entre ellos. Creen muchos de los principales judíos, pero no se atreven a manifestarlo por miedo de la Sinagoga (Mat. X, XIII, XVI, XXVI. - Marc. IV, VIII, XI, XIV, XVI. - Luc. VIIII, IX, XVII, XIX).

1. Seis días antes de la Pascua volvió Jesús a Betania, donde Lázaro había muerto, a quien Jesús resucitó.

2. Aquí le dispusieron una cena. Marta servía, y Lázaro era uno de los que estaban a la mesa con él.

3. Y María tomó una libra de ungüento o perfume de nardo puro, y de gran recio, y derramólo sobre los pies de Jesús, y los enjugó con sus cabellos; y se llenó la casa de la fragancia del perfume.

4. Por lo cual Judas Iscariote, uno de sus discípulos, aquel que le había de entregar, dijo:

5. ¿Por qué no se ha vendido este perfume por trescientos denarios, para limosna de los pobres?

6. Esto dijo, no porque él pasase algún cuidado por los pobres, sino porque era ladrón ratero, y teniendo la bolsa, llevaba o defraudaba el dinero que se echaba en ella.

7. Pero Jesús respondió: Dejadla que lo emplee para honrar de antemano el día de mi sepultura.

8. Pues en cuanto a los pobres, los tenéis siempre con vosotros; pero a mí no me tenéis siempre.

9. Entretanto una gran multitud de judíos, luego que supieron que Jesús estaba allí, vinieron, no sólo por Jesús, sino también por ver a Lázaro, a quien había resucitado de entre los muertos.

10. Por eso los príncipes de los sacerdotes deliberaron quitar también la vida a Lázaro,

11. visto que muchos judíos por su causa se apartaban de ellos, y creían en Jesús.

12. Al día siguiente, una gran muchedumbre de gentes, que habían venido a la fiesta, habiendo oído que Jesús estaba para llegar a Jerusalén,

13. cogieron ramos de palmas y salieron a recibirle, gritando: ¡Hosanna! ¡Bendito sea el que viene en el nombre del Señor, el rey de Israel!

14. Halló Jesús un jumentillo, y montó en él, según está escrito.

15. No tienes que temer, hija de Sión: Mira a tu rey que viene sentado sobre un asnillo.

16. Los discípulos por entonces no reflexionaron sobre esto; mas cuando Jesús hubo entrado en su gloria, se acordaron que tales cosas estaban escritas de él, y que ellos mismos las cumplieron.

17. Y la multitud de gentes, que estaban con Jesús, cuando llamó a Lázaro del sepulcro, y le resucitó de entre los muertos, daba testimonio de él.

18. Por esta causa salió tanta gente a recibirle, por haber oído que había hecho este milagro.

19. En vista de lo cual dijéronse unos a otros los fariseos: ¿Véis cómo no adelantamos nada? He aquí que todo el mundo se va en pos de él.

20. Al mismo tiempo ciertos gentiles de los que habían venido para adorar a Dios en la fiesta

21. se llegaron a Felipe, natural de Betsaida en Galilea, y le hicieron esta súplica: Señor, deseamos ver a Jesús.

22. Felipe fue y lo dijo a Andrés; y Andrés y Felipe juntos, se lo dijeron a Jesús.

23. Jesús les respondió, diciendo: Venida es la hora en que debe ser glorificado el Hijo del hombre.

24. En verdad, en verdad os digo, que si el grano de trigo, después de echado en la tierra, no muere, queda infecundo; pero si muere, produce mucho fruto.

25. Así el que ama desordenadamente su alma, la perderá; mas el que aborrece o mortifica su alma en este mundo, la conserva para la vida eterna.

26. El que me sirve, sígame; que donde yo estoy, allí estará también el que me sirve; y a quien me sirviere, le honrará mi Padre.

27. Pero ahora mi alma se ha conturbado. Y ¿qué diré? ¡Oh Padre!, líbrame de esta hora. Mas no, que para esa misma hora he venido al mundo.

28. ¡Oh Padre!, glorifica tu santo nombre. Al momento se oyó del cielo esta voz: Le he glorificado ya, y le glorificaré todavía más.

29. La gente que allí estaba, y oyó el sonido de esta voz, decía que aquello había sido un trueno. Otros decían: Un ángel le ha hablado.

30. Jesús les respondió, y dijo: Esta voz no ha venido por mí, sino por vosotros.

31. Ahora mismo va a ser juzgado el mundo; ahora el príncipe de este mundo va a ser lanzado fuera.

32. Y cuando yo seré levantado en alto en la tierra, todo lo atraeré a mí.

33. (Esto lo decía para significar de que muerte había de morir.)

34. Replicóle la gente: Nosotros sabemos por la ley, que el Cristo debe vivir eternamente; pues ¿cómo dices que debe ser levantado en alto o crucificado el Hijo del hombre? ¿Quién es ese Hijo del hombre?

35. Respondióles Jesús: La luz aún está entre vosotros por un poco de tiempo. Caminad, pues, mientras tenéis luz, para que las tinieblas no os sorprendan; que quien anda entre tinieblas, no sabe adónde va.

36. Mientras tenéis luz, creed en la luz, para que seáis hijos de la luz. Estas cosas les dijo Jesús; y fue, y se escondió de ellos.

37. El caso es que con haber hecho Jesús delante de ellos tantos milagros, no creían en él.

38. De suerte que vinieron a cumplirse las palabras que dijo el profeta Isaías: ¡Oh Señor!, ¿quién ha creído a lo que oyó de nosotros? ¿Y de quién ha sido conocido el brazo del Señor?

39. Por eso no podían creer, pues ya Isaías, previendo su depravada voluntad, dijo también:

40. Cegó sus ojos y endureció su corazón, para que con los ojos no vean, y no perciban en su corazon por temor de convertirse, y de que yo los cure.

41. Esto dijo Isaías cuando vió la gloria de él, Mesías, y habló de su persona.

42. No obstante, hubo aun de los magnates muchos que creyeron en él; mas por temor de los fariseos no lo confesaban, para que no los echasen de la sinagoga.

43. Y es que amaron más la gloria o estimación de los hombres, que la gloria de Dios.

44. Jesús, pues, alzó la voz, y dijo: Quien cree en mí, no cree solamente en mí, sino en aquel que me ha enviado.

45. Y el que a mí me ve, ve al que me envió.

46. Yo, que soy la luz eterna, he venido al mundo, para que quien cree en mí no permanezca entre las tinieblas.

47. Que si alguno oye mis palabras, y no las observa, yo no le doy la sentencia: pues no he venido ahora a juzgar al mundo, sino a salvarle.

48. Quien me menosprecia, y no reciba mis palabras, ya tiene juez que le juzgue: la palabra evangélica, que yo he predicado, esa será la que le juzgue en el último día;

49. puesto que yo no he hablado de mí mismo, sino que el Padre que me envió, él mismo me ordenó lo que debo decir, y cómo he de hablar.

50. Y yo sé que lo que él me ha mandado enseñar, es lo que conduce a la vida eterna. Las cosas, pues, que yo hablo, las digo como el Padre me las ha dicho.

CAPÍTULO XIII

Última cena del Señor. Lava los pies a sus discípulos. Descubre el discípulo amado quién es el traidor, y empieza la última plática que hizo a los apóstoles la noche de su prisión, recomendándoles particularmente, entre otras cosas, la caridad, y prediciendo la negación de Pedro (Mat. X, XXII, XXVI. - Marc. XIV. - Luc. VI, X., XXII).

1. Víspera del día solemne de la Pascua, sabiendo Jesús que era llegada la hora de su tránsito de este mundo al Padre, como hubiese amado a los suyos, que vivían en el mundo, los amó hasta el fin.

2. Y así acabada la cena, cuando ya el diablo había sugerido en el corazón de Judas, hijo de Simón Iscariote, el designio de entregarle,

3. Jesús, que sabía que el Padre le había puesto todas las cosas en sus manos, y que como era venido de Dios, a Dios volvía,

4. levántase de la mesa, y quítase sus vestidos, y habiendo tomado una toalla, se la ciñe.

5. Echa después agua en un lebrillo, y pónese a lavar los pies de los discípulos, y a limpiarlos con la toalla que se había ceñido.

6. Viene a Simón Pedro, y Pedro le dice: ¡Señor!, ¿tú lavarme a mí los pies?

7. Respondióle Jesús, y le dijo: Lo que yo hago, tú no lo entiendes ahora: lo entenderás después.

8. Dícele Pedro: Jamás por jamás no me lavarás tú a mí los pies. Respondióle Jesús: Si yo no te lavare, no tendrás parte conmigo.

9. Dícele Simón Pedro: Señor, no solamente mis pies, sino las manos también, y la cabeza.

10. Jesús le dice: El que acaba de lavarse, no necesita lavarse más que los pies, estando como está limpio todo lo demás. Y en cuanto a vosotros, limpios estáis, bien que no todos.

11. Que como sabía quién era el que le había de hacer traición, por eso dijo: No todos estáis limpios.

12. Después, en fin, que les hubo lavado los pies y tomó otra vez su vestido, puesto de nuevo a la mesa, díjoles: ¿Comprendéis lo que acabo de hacer con vosotros?

13. Vosotros me llamáis Maestro y Señor, y decís bien, porque lo soy.

14. Pues si yo, que soy el Maestro y el Señor, os he lavado los pies, debéis también vosotros lavaros los pies uno al otro.

15. Porque ejemplo os he dado, para que pensando lo que yo he hecho con vosotros, así lo hagáis vosotros también.

16. En verdad, en verdad os digo, que no es el siervo más que su amo, ni tampoco el enviado o embajador mayor que aquel que le envió.

17. Y añadió: Si comprendéis estas cosas, seréis bienaventurados, como las practiquéis.

18. No lo digo por todos vosotros: yo conozco a los que tengo escogidos; mas ha de cumplirse la Escritura: Uno que come el pan conmigo, levantará contra mí su calcañar.

19. Os lo digo desde ahora, antes que suceda; para que cuando sucediere, me reconozcáis por lo que soy, esto es, por el Mesías.

20. En verdad, en verdad os digo, que quien recibe al que yo enviare a mí me recibe; y quien a mí me recibe, recibe a aquel que me ha enviado.

21. Habiendo dicho Jesús estas cosas, se turbó en su corazón, y abiertamente declaró, y dijo: En verdad, en verdad os digo, que uno de vosotros me hará traicion.

22. Al oír esto los discípulos horrorizados, mirábanse unos a otros de quién hablaría.

23. Estaba uno de ellos, al cual Jesús amaba, recostado a la mesa, con la cabeza casi sobre el seno de Jesús.

24. A este discípulo, pues, Simón Pedro le hizo una seña, diciéndole: ¿Quién es ese de quien habla?

25. Él entonces, recostándose más sobre el pecho de Jesús, le dijo: Señor, ¿quién es?

26. Jesús le respondió: Es aquel a quien yo ahora daré pan mojado. Y habiendo mojado un pedazo de pan, se lo dió a Judas, hijo de Simón Iscariote.

27. Y después que tomó éste el bocado, se apoderó de él Satanás plenamente. Y Jesús, con majestuoso desdén, le dijo: Lo que piensas hacer, hazlo cuanto antes.

28. Pero ninguno de los que estaban a la mesa entendió a qué fin se lo dijo.

29. Porque, como Judas tenía la bolsa, pensaban algunos que Jesús le hubiese dicho: compra lo que necesitemos para la fiesta; o que diese algo a los pobres.

30. Él, luego que tomó el bocado, se salió; y era ya de noche.

31. Salido que hubo Judas, dijo Jesús: Ahora es glorificado el Hijo del hombre, y Dios es glorificado en él.

32. Y si Dios queda glorificado en él Dios igualmente le glorificará a él en él mismo, y le glorificará muy presto.

33. Hijitos míos, por un poco de tiempo aún, estoy con vosotros. Vosotros me buscareis; y así como dije a los judíos: A donde yo voy no podéis venir vosotros, eso mismo digo a vosotros ahora.

34. Entretanto un nuevo mandamiento os doy, y es: Que os améis unos a otros; y que del modo que, yo os he amado a vosotros, así también os améis recíprocamente.

35. Por aquí conocerán todos que sois mis discípulos, si os tenéis un tal amor unos a otros.

36. Dícele Simón Pedro: Señor, ¿a dónde te vas? Respondió Jesús: A donde yo voy, tú no puedes seguirme ahora; me seguirás, sí, después.

37. Pedro le dice: ¿Por qué no puedo seguirte al presente? Yo daré por ti mi vida.

38. Respondióle Jesús: ¿Tú darás la vida por mí? En verdad en verdad te digo: No cantará el gallo sin que me hayas negado tres veces.

Prosigue la plática de Jesús, interrumpida poco antes por la pregunta de Simón Pedro. Consuela a sus apóstoles: díceles que él es el camino, la verdad y la vida, y que está en el Padre y el Padre en él. Promete enviarles el Espíritu Santo y darles la paz; les asegura la utilidad de su partida (Mat.VII, XXI. - Marc. XI.)

1. No se turbe vuestro corazón. Pues creéis en Dios, creed también en mí.

2. En la casa de mi Padre hay muchas habitaciones; que si no fuese así, os lo hubiera yo dicho yo voy a preparar lugar para vosotros.

3. Y cuando habré ido, y os habré preparado lugar, vendré otra vez, y os llevaré conmigo, para que donde yo estoy, estéis también vosotros.

4. Que ya sabéis adónde voy, y sabéis asimismo el camino.

5. Dícele Tomás: Señor, no sabemos adónde vas; pues ¿cómo podemos saber el camino?

6. Respóndele Jesús: Yo soy el camino, y la verdad, y la vida: nadie viene al Padre sino por mí.

7. Si me hubieseis conocido a mí, hubierais sin duda conocido también a mi Padre; pero le conoceréis luego, y ya le habéis visto en cierto modo.

8. Dícele Felipe: Señor, muéstranos al Padre, y eso nos basta.

9. Jesús le responde: Tanto tiempo ha que estoy con vosotros, ¿y aún no me habéis conocido? Felipe, quien me ve a mí, ve también al Padre. ¿Pues cómo dices tú: muéstranos al Padre?

10. ¿No creéis que yo estoy en el Padre y que el Padre está en mí? Las palabras que yo os hablo, no las hablo de mí mismo. El Padre que está en mí, él mismo hace conmigo las obras que yo hago.

11. ¿Cómo no creéis que yo estoy en el Padre, y que el Padre está en mí?

12. Creedlo a lo menos por las obras que yo hago. En verdad, en verdad os digo, que quien cree en mí, ése hará también las obras que yo hago, y las hará todavía mayores; por cuanto yo me voy al Padre.

13. Y cuanto pidiereis al Padre en mi nombre, yo lo haré, a fin de que el Padre sea glorificado en el Hijo.

14. Si algo pidiereis en mi nombre, yo lo haré.

15. Si me amáis, observad mis mandamientos.

16. Y yo rogaré al Padre, y os dará otro Consolador y abogado, para que esté con vosotros eternamente,

17. a saber, el Espíritu de verdad, a quien el mundo, o el hombre mundano, no puede recibir, porque no le ve, ni le conoce; pero vosotros le conoceréis, porque morará con vosotros, y estará dentro de vosotros.

18. No os dejaré huérfanos: yo volveré a vosotros.

19. Aun resta un poco de tiempo; después del cual el mundo ya no me verá. Pero vosotros me veréis, porque yo vivo, y vosotros viviréis.

20. Entonces conoceréis vosotros que yo estoy en mi Padre, y que vosotros estáis en mí, y yo en vosotros.

21. Quien ha recibido mis mandamientos, y los observa, ése es el que me ama. Y el que me ama, será amado de mi Padre; y yo le amaré, y yo mismo me manifestaré a él.

22. Dícele Judas, no el Iscariote: Señor, ¿qué causa hay para que te hayas de manifestar claramente a nosotros, y no al mundo?

23. Jesús le respondió así: Cualquiera que me ama, observará mi doctrina, y mi Padre le amará, y vendremos a él, y haremos mansión dentro de él.

24. Pero el que no me ama, no practica mi doctrina. Y la doctrina que habéis oído, no es solamente mía, sino del Padre, que me ha enviado.

25. Estas cosas os he dicho, conversando con vosotros.

26. Mas el Consolador, el Espíritu Santo, que mi Padre enviará en mi nombre, os lo enseñará todo, y os recordará cuantas cosas os tengo dichas.

27. La paz os dejo, la paz mía os doy; no os la doy yo, como la da el mundo. No se turbe vuestro corazón, ni se acobarde.

28. Oído habéis que os he dicho: Me voy, y vuelvo a vosotros. Si me amaseis, os alegraríais sin duda de que voy al Padre; porque el Padre es mayor que yo.

29. Yo os lo digo ahora antes que suceda, a fin de que cuando sucediere, os confirméis en la fe.

30. Ya no hablaré mucho con vosotros, porque viene el príncipe de este mundo, aunque no hay en mí cosa que le pertenezca.

31. Mas para que conozca el mundo que yo amo al Padre y que cumplo con lo que me ha mandado, levantaos, y vamos de aquí.

CAPÍTULO XV

Prosigue la plática de Jesús. Dice que él es la vid y los fieles los sarmientos. Recomienda y manda otra vez el amor. Escoge a sus discípulos para que den fruto, y los conforta contra las persecuciones del mundo. Hace ver que

los judíos son inexcusables de su pecado (Mat.
X, XXIV, XXVIII. - Luc. XXIV).

1. Yo soy la verdadera vid y mi Padre es el labrador.

2. Todo sarmiento que en mí que soy la vid, no lleva fruto, lo cortará; y a todo aquel que diere fruto, lo podará para que dé más fruto.

3. Ya vosotros estáis limpios, en virtud de la doctrina que os he predicado.

4. Permaneced en mí, que yo permaneceré en vosotros. Al modo que el sarmiento no puede de suyo producir, sino está unido con la vid, así tampoco vosotros si no estáis unidos conmigo.

5. Yo soy la vid, vosotros los sarmientos; quien está unido, pues, conmigo, y yo con él, ése da mucho fruto, porque sin mí nada podéis hacer.

6. El que no permanece en mí, será echado fuera como el sarmiento inútil, y se secará, y le cogerán y arrojarán al fuego y arderá.

7. Al contrario, si permanecéis en mí, y mis palabras permanecen en vosotros, pediréis lo que quisiereis, y se os otorgará.

8. Mi Padre queda glorificado en que vosotros llevéis mucho fruto, y seáis verdaderos discípulos míos.

9. Al modo que mi Padre me amó, así os he amado yo. Perseverad en mi amor.

10. Si observareis mis preceptos, perseverareis en mi amor; así como yo también he guardado los preceptos de mi Padre, y persevero en su amor.

11. Estas cosas os he dicho, a fin de que observándolas fielmente os gocéis con el gozo mío, y vuestro gozo sea completo.

12. El precepto mío es, que os améis unos a otros, como yo os he amado a vosotros.

13. Que nadie tiene amor más grande que el que da su vida por sus amigos.

14. Vosotros sois mis amigos, si hacéis lo que yo os mando.

15. Ya no os llamaré siervos; pues el siervo no es sabedor de lo que hace su amo. Mas a vosotros os he llamado amigos; porque os he hecho y haré saber cuantas cosas oí de mi Padre.

16. No me elegisteis vosotros a mí, si no que yo soy el que os he elegido a vosotros, y destinado para que vayáis por todo el mundo y hagáis fruto, y vuestro fruto sea duradero, a fin de que cualquiera cosa que pidiereis al Padre en mi nombre, os la conceda.

17. Lo que os mando es, que os améis unos a otros.

18. Si el mundo os aborrece, sabed que primero que a vosotros me aborreció a mí.

19. Si fuerais del mundo, el mundo os amaría como cosa suya; pero como no sois del mundo, sino que os entresaqué yo del mundo, por eso el mundo os aborrece.

20. Acordaos de aquella sentencia mía, que ya os dije: No es el siervo mayor que su amo. Si me han perseguido a mí, también os han de perseguir a vosotros; como han practicado mi doctrina, del mismo modo practicarán la vuestra.

21. Pero todo esto lo ejecutarán con vosotros por causa del odio de mi nombre; porque no conocen al que me ha enviado.

22. Si yo no hubiera venido, y no les hubiera predicado, no tuvieran culpa de no haber creído en mí; mas ahora no tienen excusa de su pecado.

23. El que me aborrece a mí, aborrece también a mi Padre.

24. Si yo no hubiera hecho entre ellos obras tales, cuales ningún otro ha hecho, no tendrían culpa; pero ahora ellos las han visto y con todo me han aborrecido a mí, y no sólo a mí sino también a mi Padre.

25. Por donde se viene a cumplir la sentencia escrita en su ley: Me han aborrecido sin causa alguna.

26. Mas cuando viniere el Consolador, el Espíritu de verdad que procede del Padre, y que yo os enviaré de parte de mi Padre, él dará testimonio de mí.

27. Y también vosotros daréis testimonio, puesto que desde el principio estáis en mi compañía.

CAPÍTULO XVI

Concluye Jesús la plática a sus apóstoles, previniéndoles contra las persecuciones que habían de padecer; les promete enviar al Espíritu Santo, que convencerá al mundo y les enseñará a ellos todas las verdades, y que el Padre les concederá cuanto le pidan en su nombre. Predice finalmente que todos ellos huirán y le abandonarán aquella noche (Mat. VII, XXI, XXVI. - Marc. XI, XIV. - Luc. XI).

1. Estas cosas os las he dicho, para que no os escandalicéis, ni os turbéis.

2. Os echarán de las sinagogas; y aun va a venir tiempo en que quien os matare, se persuada hacer un obsequio a Dios.

3. Y os tratarán de esta suerte, porque no conocen al Padre, ni a mí.

4. Pero yo os he advertido estas cosas con el fin de que cuando llegue la hora, os acordéis de que ya os las había anunciado.

5. Y no os las dije al principio, porque entonces yo estaba con vosotros. Mas ahora me voy a aquel que me envió; y ninguno de vosotros me pregunta: ¿Adónde vas?

6. Porque os he dicho estas cosas, vuestro corazón se ha llenado de tristeza.

7. Mas yo os digo la verdad: os conviene que yo me vaya; porque si yo no me voy, el Consolador o abogado no vendrá a vosotros; pero si me voy, os lo enviaré.

8. Y cuando él venga, convencerá al mundo en orden al pecado, en orden a la justicia y en orden al juicio:

9. en orden al pecado, por cuanto no han creído en mí;

10. respecto a la justicia de mi causa, porque yo voy al Padre, y ya no me veréis:

11. y tocante al juicio, porque el príncipe de este mundo ha sido ya juzgado.

12. Aún tengo otras muchas cosas que deciros; mas por ahora no podéis comprenderlas.

13. Cuando empero, venga el Espíritu de verdad, él os enseñará todas las verdades necesarias para la salvación; pues no hablará de suyo, sino que dirá todas las cosas que habrá oído, y os prensenciará las venideras.

14. El me glorificará: porque recibirá de lo mío, y os lo anunciará.

15. Todo lo que tiene el Padre, es mío. Por eso he dicho que recibirá de lo mío, y os lo anunciará.

16. Dentro de poco ya no me veréis; mas poco después, en resucitando, me volveréis a ver: porque me voy al Padre.

17. Al oír esto algunos de los discípulos, se decían unos a otros: ¿Qué nos querrá decir con esto: Dentro de poco no me veréis; mas poco después me volveréis a ver, porque me voy al Padre?

18. Decían, pues: ¿Qué poquito de tiempo es éste de que habla? No entendemos lo que quiere decirnos.

19. Conoció Jesús que deseaban preguntarle, y díjoles: Vosotros estáis tratando y preguntándoos unos a otros por qué habré dicho: Dentro de poco ya no me veréis; mas poco después me volveréis a ver:

20. en verdad, en verdad os digo, que vosotros lloraréis, y plañiréis mientras el mundo se regocijará; os contristaréis, pero vuestra tristeza se convertirá en gozo.

21. La mujer en los dolores del parto está poseída de tristeza, porque le vino su hora; mas una vez que ha dado a luz un infante, ya no se acuerda de su angustia, con el gozo que tiene de haber dado un hombre al mundo.

22. Así vosotros al presente a la verdad padecéis tristeza; pero yo volveré a visitaros, y vuestro corazón se bañará en gozo, y nadie os quitará vuestro gozo.

23. Entonces no habréis de preguntarme cosa alguna. En verdad, en verdad os digo, que cuanto pidiereis al Padre en mi nombre, os lo concederá.

24. Hasta ahora nada le habéis pedido en mi nombre: Pedidle, y recibiréis, para que vuestro gozo sea completo.

25. Estas cosas os he dicho usando de parábolas. Va llegando el tiempo en que ya no os hablaré con parábolas, sino que abiertamente os anunciaré las cosas del Padre.

26. Entonces le pediréis en mi nombre; y no os digo que yo intercederé con mi Padre por vosotros.

27. siendo cierto que el mismo Padre él propio os ama, porque vosotros me habéis amado, y creído que yo he salido de Dios.

28. Salí del Padre, y vine al mundo ahora dejo el mundo, y otra vez voy al Padre.

29. Dícenle sus discípulos: Ahora sí que hablas claro, y no en proverbios:

30. ahora conocemos que tú lo sabes todo, y no has menester que nadie te haga preguntas; por donde creemos que has salido de Dios.

31. Respondióles Jesús: ¿Y qué, vosotros ahora creéis?

32. Pues sabed que viene el tiempo, y ya llegó, en que seréis esparcidos, y cada uno de vosotros se irá por su lado, y me dejaréis solo; si bien que no estoy solo, porque el Padre está siempre conmigo.

33. Estas cosas os he dicho con el fin de que halléis en mí la paz. En el mundo tendréis grandes tribulaciones, pero tened confianza, yo he vencido al mundo.

CAPÍTULO XVII

Afectuosa oración de Jesús a su eterno Padre (Mat. XXVIII.)

1. Estas cosas habló Jesús; y levantando los ojos al cielo, dijo: Padre mío la hora es llegada, glorifica a tu Hijo, para que tu Hijo te glorifique a ti;

2. pues que le has dado poder sobre todo el linaje humano, para que dé la vida eterna a todos los que le has señalado.

3. Y la vida eterna consiste en conocerte a ti, solo Dios verdadero, y a Jesucristo, a quien tú enviaste.

4. Yo por mí te he glorificado en la tierra; tengo acabada la obra, cuya ejecución me encomendaste.

5. Ahora glorifícame tú, ¡oh Padre! en ti mismo, con aquella gloria que como Dios tuve yo en ti antes que el mundo fuese.

6. Yo he manifestado tu nombre a los hombres que me has dado entresacados del mundo. Tuyos eran, y me los diste, y ellos han puesto por obra tu palabra.

7. Ahora han conocido que todo lo que me diste, viene de ti.

8. Porque yo les di las palabras, o doctrina, que tú me diste; y ellos las han recibido, y han reconocido verdaderamente que yo salí de ti, y han creído que tú eres el que me has enviado.

9. Por ellos ruego yo ahora. No ruego por el mundo, sino por éstos que me diste, porque tuyos son:

10. Y todas mis cosas son tuyas, como las tuyas son mías; y en ellos he sido glorificado.

11. Yo ya no estoy más en el mundo, pero éstos quedan en el mundo; yo estoy de partida para ti. ¡Oh Padre santo! guarda en tu nombre a éstos que tú me has dado, a fin de que sean una misma cosa por la caridad, así como nosotros lo somos en la naturaleza.

12. Mientras estaba yo con ellos, yo los defendía en tu nombre. Guardado he los que tú me diste y ninguno de ellos se ha perdido sino Judas el hijo de la perdición, cumpliéndose así la Escritura.

13. Mas ahora vengo a ti; y digo esto estando todavía en el mundo, a fin de que ellos tengan en sí mismos el gozo cumplido que tengo yo.

14. Yo les he comunicado tu doctrina, y el mundo los ha aborrecido, porque no son del mundo, así como yo tampoco soy del mundo.

15. No te pido que los saques del mundo, sino que los preserves del mal.

16. Ellos ya no son del mundo, como ni yo tampoco soy del mundo.

17. Santifícalos en la verdad. La palabra tuya es la verdad misma.

18. Así como tú me has enviado al mundo, así yo los he enviado también a ellos al mundo.

19. Y yo por amor de ellos me santifico, me ofrezco por víctima a mí mismo; con el fin de que ellos sean santificados en la verdad.

20. Pero no ruego solamente por vosotros sino también por aquellos que han de creer en mí por medio de su predicación;

21. ruego que todos sean una misma cosa; y que como tú, ¡oh Padre!, estás en mí y yo en ti por identidad de naturaleza, así sean ellos una misma cosa en nosotros por unión de amor, para que crea el mundo que tú me has enviado.

22. Yo les he dado ya parte de la gloria que tú me diste y alimentándolos con mi misma substancia, para que en cierta manera sean una misma cosa, como lo somos nosotros.

23. Yo estoy en ellos, y tú estás siempre en mí, a fin de que sean consumados en la unidad y conozca el mundo que tú me has enviado, y amádolos a ellos, como a mí me amaste.

24. ¡Oh Padre!, yo deseo ardientemente que aquellos que tú me has dado, estén conmigo allí mismo donde yo estoy, para que contemplen mi gloria, cual tú me la has dado; porque tú me amaste desde antes de la creación del mundo.

25. ¡Oh Padre justo!, el mundo no te ha conocido; yo sí que te he conocido; y éstos han conocido que tú me enviaste.

26. Yo por mi parte les he dado y daré a conocer tu nombre, para que el amor con que me amaste, en ellos esté, y yo mismo esté en ellos.

CAPÍTULO XVIII

Prisión de Jesús. Malco es herido por Pedro. Huyen los apóstoles. Le niega Pedro. Interrogatorio que le hacen el Sumo Pontífice y el presidente Pilatos (Mat. XXVI, XXVII.- Marc. XIV, XV. - Luc. XXII, XIII).

1. Dicho esto marchó Jesús con sus discípulos a la otra parte del torrente Cedrón, donde había un huerto, en el cual entró él con sus discípulos.

2. Judas, que le entregaba, estaba bien informado del sitio; porque Jesús solía retirarse muchas veces a él con sus discípulos.

3. Judas, pues, habiendo tomado una cohorte o compañía de soldados y varios ministros que le dieron los pontífices y fariseos, fue allá con linternas, y hachas, y con armas.

4. Y Jesús, que sabía todas las cosas que le habían de sobrevenir, salió a su encuentro, y les dijo: ¿A quién buscáis?

5. Respondiéronle: A Jesús Nazareno. Díceles Jesús: Yo soy. Estaba también entre ellos Judas el que le entregaba.

6. Apenas, pues, les dijo: Yo soy, retrocedieron todos, y cayeron en tierra.

7. Levantados que fueron les preguntó Jesús segunda vez: ¿A quién buscáis? Y ellos respondieron: A Jesús Nazareno.

8. Replicó Jesús: Ya os he dicho que yo soy; ahora bien, si me buscáis a mi, dejad ir a éstos.

9. Para que se cumpliese la palabra que había dicho: ¡Oh Padre!, ninguno he perdido de los que tú me diste.

10. Entretanto Simón Pedro que tenía una

espada, la desenvainó, y dando un golpe a un criado del pontífice, le cortó la oreja derecha. Este criado llamábase Malco.

11. Pero Jesús dijo a Pedro: Mete tu espada en la vaina: el cáliz que me ha dado mi Padre, ¿he de dejar yo de beberle?

12. En fin, la cohorte de soldados, el tribuno o comandante, y los ministros de los judíos prendieron a Jesús y le ataron.

13. De allí le condujeron primeramente a casa de Anás, porque era suegro de Caifás, que era Sumo pontífice aquel año.

14. Caifás era el que había dado a los judíos el consejo, que convenía que un hombre muriese por el pueblo.

15. Iba siguiendo a Jesús, Simón Pedro y otro discípulo, el cual era conocido del pontífice, y así entró con Jesús en el atrio del pontífice,

16. quedándose Pedro fuera en la puerta. Por eso el otro discípulo, conocido del pontífice, salió a la puerta y habló a la portera, y franqueó a Pedro la entrada.

17. Entonces la criada portera dice a Pedro: ¿No eres tú también de los discípulos de este hombre? Él le respondió: No lo soy.

18. Los criados y ministros, que habían ido a prender a Jesús, estaban a la lumbre, porque hacía frío, y se calentaban. Pedro asimismo estaba con ellos, calentándose.

19. Entretanto el pontífice se puso a interrogar a Jesús sobre sus discípulos y doctrina.

20. A lo que respondió Jesús: Yo he predicado públicamente delante de todo el mundo; siempre he enseñado en la sinagoga, y en el templo, adonde concurren todos los judíos, y nada he hablado en secreto.

21. ¿Qué me preguntas a mí? Pregunta a los que han oído lo que yo les he enseñado; pues ésos saben cuáles cosas haya dicho yo.

22. A esta respuesta, uno de los ministros asistentes dio una bofetada a Jesús, diciendo: ¿Así respondes tú al pontífice?

23. Díjole a él Jesús: Si yo he hablado mal, manifiesta lo malo que he dicho; pero si bien, ¿por qué me hieres?

24. Habíale enviado Anás atado al pontífice Caifás.

25. Y estaba allí en pie Simón Pedro, calentándose. Dijéronle, pues: ¿No eres tú también de sus discípulos? Él lo negó diciendo: No lo soy.

26. Dícele uno de los criados del pontífice, pariente de aquel cuya oreja había cortado Pedro: Pues qué, ¿no te vi yo en el huerto con él?

27. Negó Pedro otra vez, y al punto cantó el gallo.

28. Llevaron después a Jesús desde casa de Caifás al pretorio. Era muy de mañana; y ellos no entraron en el pretorio, por no contaminarse, a fin de poder comer de las víctimas de la Pascua.

29. Por eso Pilatos salió afuera, y les dijo: ¿Qué acusación traéis contra este hombre?

30. Respondieron, y dijéronle: Si éste no fuera malhechor, no le hubiéramos puesto en tus manos.

31. Replicóles Pilatos: Pues tomadle vosotros y juzgadle según vuestra ley. Los judíos le dijeron: A nosotros no nos es permitido matar a nadie; esa potestad es tuya:

32. con lo que vino a cumplirse lo que Jesús dijo, indicando el género de muerte de que había de morir.

33. Oído esto, Pilatos entró de nuevo en el pretorio, y llamó a Jesús, y le preguntó: ¿Eres tú el rey de los judíos?

34. Respondió Jesús: ¿Dices tú eso de ti mismo, o te lo han dicho de mí otros?

35. Replicó Pilatos: ¿Qué, acaso soy yo judío? Tu nación y los pontífices te han entregado a mí: ¿qué has hecho tú?

36. Respondió Jesús: Mi reino no es de este mundo. Si de este mundo fuera mi reino, claro está que mis gentes me habrían defendido para que no cayese en manos de los judíos; mas mi reino no es de acá.

37. Replicóle Pilatos: ¿Conque tú eres rey? Respondió Jesús: Así es como dice: yo soy rey. Yo para esto nací, y para esto vine al mundo, para dar testimonio de la verdad: todo aquel que pertenece a la verdad, escucha mi voz.

38. Dícele Pilatos: ¿Qué es la verdad? ¿De qué verdad hablas? Y dicho esto, salió segunda vez a los judíos, y les dijo: Yo ningún delito hallo en este hombre;

39. mas ya que tenéis la costumbre de que os suelte un reo por la Pascua, ¿queréis que os ponga en libertad al rey de los judíos?

40. Entonces todos ellos volvieron a gritar: No a ése, sino a Barrabás. Es de saber que este Barrabás era un ladrón y homicida.

CAPÍTULO XIX

Pasión, muerte y sepultura de Jesús (Mat. XXVII.- Marc. XV. - Luc. XXIII.)

1. Tomó entonces Pilatos a Jesús, y mandó azotarle.

2. Y los soldados formaron una corona de espinas entretejidas, y se la pusieron sobre la cabeza; y le vistieron una ropa o manto de púrpura;

3. y se arrimaban a él, y decían: Salve, ¡oh rey de los judíos!, y dábanle de bofetadas.

4. Ejecutando esto, salió Pilatos de nuevo afuera, y díjoles: He aquí que os le saco fuera, para que reconozcáis que yo no hallo en él delito ninguno.

5. (Salió, pues, Jesús, llevando la corona de espinas y revestido del manto o capa de púrpura). Y les dijo Pilatos: ¡Ved aquí al hombre!

6. Luego que los pontífices y sus ministros le vieron, alzaron el grito, diciendo: ¡Crucifícale, crucifícale! Díceles Pilatos: Tomadle allá vosotros y crucificadle, que yo no hallo en él crimen.

7. Respondiéronle los judíos: Nosotros tenemos una ley, y según esta ley debe morir, porque se ha hecho Hijo de Dios.

8. Cuando Pilatos oyó esta acusación, se llenó más de temor.

9. Y volviendo a entrar en el pretorio, dijo a Jesús: ¿De dónde eres tú? Mas Jesús no le respondió palabra.

10. Por lo que Pilatos le dice: ¿A mí no me hablas?; pues ¿no sabes que está en mi mano el crucificarte, y en mi mano está el soltarte?

11. Respondió Jesús: No tendrías poder alguno sobre mí, si no te fuera dado de arriba. Por tanto quien a ti me ha entrega do es reo de pecado más grave.

12. Desde aquel punto Pilatos, aun con más ansia buscaba cómo libertarle. Pero los judíos daban voces diciendo: Si sueltas a ése, no eres amigo de César; puesto que cualquiera que se hace rey, se declara contra César.

13. Pilatos oyendo estas palabras, sacó a Jesús consigo afuera; y sentóse en su tribunal, en el lugar dicho en griego Litóstrotos, y en hebreo Gábbat.

14. Era entonces el día de la preparación, o el viernes, de Pascua, cerca de la hora sexta, y dijo a los judíos: ¡Aquí tenéis a vuestro rey!

15. Ellos, empero, gritaban: ¡Quítale quítale en medio, crucifícale! Díceles Pilatos: ¿A vuestro rey tengo yo de crucificar? Respondieron los Pontífices: No tenemos rey, sino a César.

16. Entonces se lo entregó para que lo crucificasen. Apoderáronse, pues, de Jesús, y le sacaron fuera.

17. Y llevando él mismo a cuestas su cruz, fue caminando hacia el sitio llamado el Calvario, u Osario, y en hebreo Gólgota,

18. donde lo crucificaron, y con él a otros dos, uno a cada lado, quedando Jesús en medio.

19. Escribió asimismo Pilatos un letrero, y púsole sobre la cruz. En él estaba escrito: JESÚS NAZARENO REY DE LOS JUDÍOS.

20. Este rótulo lo leyeron muchos de los judíos, porque el lugar en que fue Jesús crucificado estaba contiguo a la ciudad, y el título estaba en hebreo, en griego y en latín.

21. Con esto los pontífices de los judíos representaban a Pilato: No has de escribir: Rey de los judíos; sino que él ha dicho: Yo soy el rey de los judíos.

22. Respondió Pilatos: lo escrito, escrito.

23. Entretanto los soldados, habiendo crucificado a Jesús, tomaron sus vestidos de que hicieron cuatro partes, una para cada soldado) y la túnica. La cual era sin costura, y de un solo tejido de arriba abajo.

24. Por lo que dijeron entre sí: No la dividamos, mas echemos suerte para ver de quién. Con lo que se cumplió la Escritura, que dice: Partieron entre sí los vestidos, y sortearon mi túnica. Y esto es lo que hicieron los soldados.

25. Estaban al mismo tiempo junto a la cruz de Jesús su madre, y la hermana, o parienta de su madre, María, mujer de Cleofás, y María Magdalena.

26. Habiendo mirado, pues Jesús a su madre y al discípulo que él amaba, el cual estaba allí, dice a su madre: Mujer, ahí tienes a tu hijo.

27. Después dice al discípulo: Ahí tienes a tu madre. Y desde aquel punto encargóse de ella el discípulo, y la tuvo consigo en su casa.

28. Después de esto, sabiendo Jesús que todas las cosas estaban a punto de ser cumplidas para que se cumpliese la Escritura, dijo: Tengo sed.

29. Estaba puesto allí un vaso lleno de vinagre. Los soldados, pues, empapando en vinagre una esponja, y envolviéndola a una caña de hisopo, aplicáronsela a la boca.

30. Jesús luego que chupó el vinagre, dijo: Todo esta cumplido. E inclinando la cabeza, entregó su espíritu.

31. (Como era día de preparación, o viernes) para que los cuerpos no quedasen en la cruz el sábado (que cabalmente era aquel un sábado muy solemne) suplicaron los judíos a Pilatos que se les quebrasen las piernas a los crucificados, y los quitasen de allí.

32. Vinieron, pues, los soldados, y rompieron las piernas del primero y del otro que habla sido crucificado con él.

33. Mas al llegar a Jesús, como le vieron ya muerto, no le quebraron las piernas;

34. sino que uno de los soldados con la lanza le abrió el costado, y al instante salió sangre y agua.

35. Y quien lo vio, es el que lo asegura, y su testimonio es verdadero. Y sabe que dice la verdad, y la atestigua para que vosotros también creáis;

36. pues estas cosas sucedieron, en cumplimiento de la Escritura: No le quebraréis ni un hueso,

37. y del otro lugar de la Escritura que dice: Dirigirán sus ojos hacia aquel a quien traspasaron.

38. Después de esto José, natural de Arimatea (que era discípulo de Jesús, bien que oculto por miedo de los judíos) pidió licencia a Pilatos para recoger el cuerpo de Jesús, y Pilatos se lo permitió. Con eso vino, y se llevó el cuerpo de Jesús.

39. Vino también Nicodemo, aquel mismo que en otra ocasión había ido de noche a encontrar a Jesús, trayendo consigo una confección de mirra, y de aloe, cosa de cien libras.

40. Tomaron, pues, el cuerpo de Jesús, y bañado en las especies aromáticas, lo amortajaron con lienzos, según la costumbre de sepultar de los judíos.

41. Había en el lugar, donde fue crucificado, un huerto; y en el huerto un sepulcro nuevo, donde hasta entonces ninguno había sido sepultado.

42. Como era la víspera del sábado de los judíos, y este sepulcro estaba cerca, pusieron allí a Jesús.

CAPÍTULO XX

Resurrección de Jesús y algunas de sus apariciones (Mat. XXVIII. - Marc. XVI - Luc. XXIV.)

1. El primer día de la semana, al amanecer, cuando todavía estaba oscuro, fue María Magdalena al sepulcro, y vio quitada de él la piedra;

2. y sorprendida echó a correr, y fue a estar con Simón Pedro y con aquel otro discípulo amado de Jesús, y les dijo: Se han llevado del sepulcro al Señor, y no sabemos dónde le han puesto.

3. Con esta nueva salió Pedro y el dicho discípulo, y encamináronse al sepulcro.

4. Corrían ambos a la par, mas este otro discípulo corrió más a prisa que Pedro, y llegó primero al sepulcro;

5. y habiéndose inclinado, vió los lienzos en el suelo, pero no entró.

6. Llegó tras él Simón Pedro, y entró en el sepulcro, y vio los lienzos en el suelo,

7. y el sudario o pañuelo que habían puesto sobre la cabeza de Jesús, no junto con los demás lienzos, sino separado y doblado en otro lugar.

8. Entonces el otro discípulo, que había llegado primero al sepulcro, entró también, y vio, creyó que efectivamente le habían quitado;

9. porque aún no habían entendido de la Escritura, que Jesús debía resucitar de entre los muertos.

10. Con esto los discípulos se volvieron otra vez a casa.

11. Entretanto María Magdalena estaba fuera llorando, cerca del sepulcro. Con las lágrimas, pues, en los ojos se inclinó a mirar al sepulcro.

12. Y vió a dos ángeles, vestidos de blanco, sentados, uno a la cabecera, y otro a los pies, donde estuvo colocado el cuerpo de Jesús.

13. Dijéronle ellos: Mujer, ¿por qué lloras? Respondióles: Porque se han llevado de aquí a mi Señor; y no sé dónde le han puesto.

14. Dicho esto volviéndose hacia atrás, vio a Jesús en pie; mas no conocía que fuese Jesús.

15. Dícele Jesús: Mujer, ¿por qué lloras?; ¿a quién buscas? Ella suponiendo que sería el hortelano, le dice: Señor, si tú le has quitado, dime dónde le pusiste; y yo me lo llevaré.

16. Dícele Jesús: María. Volvióse ella al instante, y le dijo: Rabboni (que quiere decir, Maestro mío).

17. Dícele Jesús: No me toques, porque no he subido todavía a mi Padre; mas anda, ve a mis hermanos, y diles de mi parte: Subo a mi Padre y vuestro Padre; a mi Dios y vuestro Dios.

18. Fue, pues, María Magdalena a dar parte a los discípulos, diciendo: He visto al Señor, y me ha dicho esto y esto.

19. Aquel mismo día primero de la semana, siendo ya muy tarde, y estando cerradas las puertas de la casa, donde se hallaban reunidos los discípulos por miedo de los judíos, vino Jesús, y apareciéndose en medio de ellos, les dijo: La paz sea con vosotros.

20. Dicho esto, mostróles las manos y el costado. Llenáronse de gozo los discípulos con la vista del Señor.

21. El cual les repitió: La paz sea con vosotros. Como mi Padre me envió, así os envío también a vosotros.

22. Dichas estas palabras, alentó, o dirigió el aliento, hacia ellos; y les dijo; Recibid el Espíritu Santo:

23. quedan perdonados los pecados a aquellos a quienes los perdonareis; y quedan retenidos a los que se los retuviereis.

24. Tomás, empero, uno de los doce, llamado Dídimo, no estaba con ellos cuando vino Jesús.

25. Dijéronle después los otros discípulos: Hemos visto al Señor. Mas él les respondió: Si yo no veo en sus manos la hendidura de los clavos, y no meto mi dedo en el agujero que en ellas hicieron, y mi mano en la llaga de su costado, no lo creeré.

26. Ocho días después, estaban otra vez los discípulos en el mismo lugar, y Tomás con ellos, vino Jesús estando tembién cerradas las puertas, y púsoseles en medio, y dijo: La paz sea con vosotros.

27. Después dice a Tomás: Mete aquí tu dedo, y registra mis manos, entre tu mano y métela en mi costa, no seáis incrédulo, sino fiel.

28. Respondió Tomás, y le dijo: ¡Señor mío y Dios mío!

29. Díjole Jesús: Tú has creído, ¡oh Tomás!, porque me has visto: bienaventurados aquellos que sin haberme visto han creído.

30. Muchos otros milagros hizo tambián Jesús en presencia de sus discípulos que no están escritos en este libro.

31. Pero éstos se han escrito con el fin de que creáis que Jesús es el Cristo, el Hijo de Dios; y para que, creyendo, tengáis vida eterna, en mundo de su nombre.

CAPÍTULO XXI

Aparécese Jesús a sus discípulos, estando ellos pescando. Constituye a Pedro vicario suyo en la tierra, le predice su martirio, y mortifica su curiosidad acerca de Juan.

1. Después de esto Jesús se apareció otra vez a los discípulos a la orilla del mar de Tiberíades; y fue de esta manera:

2. Hallábanse juntos Simón Pedro, y Tomás, llamado Dídimo y Natanael el cual era de Caná de Galilea, y los hijos de Zebedeo, y otros dos de sus discípulos.

3. Díceles Simón Pedro: Voy a pescar. Respóndenle ellos: Vamos también nosotros contigo. Fueron, pues, y entraron en la barca, y aquella noche no cogieron nada.

4. Venida la mañana, se apareció Jesús en la ribera; pero los discípulos no conocieron que fuese él.

5. Y Jesús les dijo: Muchachos, ¿tenéis algo que comer? Respondiéronle: No.

6. Díceles él: Echad la red a la derecha del barco; y encontraréis. Echáronla, pues; y ya no podían sacarla por la muítitud de peces que había.

7. Entonces el discípulo aquel que Jesús amaba, dijo a Pedro: Es el Señor. Simón Pedro apenas oyó: Es el Señor, vistióse la túnica (pues estaba desnudo, o en paños menores) y se echó al mar.

8. Los demás discípulos vinieron en la barca, tírando la red llena de peces (pues no estaba lejos de tierra, sino como unos doscientos codos).

9. Al saltar en tierra, vieron preparadas brasas encendidas, y un pez puesto encima, y pan.

10. Jesús les dijo: Traed acá de los peces que acabáis de coger.

11. Subió al barco Simón Pedro, y sacó a tierra la red, llena de ciento cincuenta y tres peces grandes. Y en medio de ser tantos, no se rompió la red.

12 Díceles Jesús: Vamos, almorzad. Y ninguno de los que estaban comiendo osaba preguntarle: ¿Quién eres tú?, sabiendo bien que era el Señor.

13. Acércase, pues, Jesús, y toma el pan y se lo distribuye, y lo mismo hace de el pez.

14. Ésta fue la tercera vez que Jesús apareció a sus discípulos, despuás que resucitó de entre los muerto.

15. Acabada la comida, dice Jesús a Simón Pedro: Simón, hijo de Juan ¿me amas tú más que éstos? Dícele: Sí Señor, tú sabes que te amo. Dícele: Apacienta mis corderos.

16. Segunda vez le dice: Simón, hijo de Juan, ¿me amas? Respóndele: Sí, Señor, tú sabes que te amo. Dícele: Apacienta mis corderos.

17. Dícele tercera vez: Simón, hijo de Juan, ¿me amas? Pedro se contristó de que por tercera vez te preguntase si le amaba; y así respondió: Señor, tú lo sabes todó; tú conoces bien que yo te amo. Díjole Jesús: Apacienta mis ovejas.

18. En verdad, en verdad te digo, que cuando eras más mozo, tú mismo te ceñías el vestido, e ibas adonde querías; mas en siendo viejo, extenderás tus manos en una cruz, y otro te ceñirá, y te conducirá adonde tú no gustes.

19. Esto lo dijo a indicar qué género de muerte había Pedro de glorificar a Dios. Y después de esto, añadió: si querré

20. Volviéndose Pedro a mirar, vio venir detrás al discípulo amado de Jesús, aquel que, en la cena se reclinara sobre y había preguntado: Señor. ¿quién es el que te hará traición?

21. Pedro, pues, habiéndole visto, dijo a Jesús: Señor, ¿qué será de éste?

22. Respondióle Jesús: Sí yo quiero que así se quede hasta mi venida, ¿a ti qué te importa? Tú sígueme a mí.

23. Y de aquí se originó la voz que corrió entre los hermanos, de que este discípulo no moriría. Mas no le dijo Jesús: No morirá: sino: Si yo quiero que así se quede hasta mi venida, ¿a ti qué te importa?

24. Éste es aquel discípulo que da testimonio de estas cosas, y las ha escrito; y estamos ciertos de que su testimonio es verdadero.

25. Muchas otras cosas hay que hizo Jesús, que si se escribieran una por una, me parece que no cabrían en el mundo los libros que se habrían de escribir.

LOS HECHOS DE LOS APÓSTOLES

CAPÍTULO I
Promesa del Espíritu Santo. Ascensión del Señor. Elección de Matías para el apostolado.

1. He hablado en mi primer libro, ¡oh Teófilo!, de todo lo más notable que hizo y enseñó Jesús, desde su principio,
2. hasta el día en que fue recibido en el cielo, después de haber instruido por el Espíritu Santo a los apóstoles, que él había escogido.
3. A los cuales se había manifestado también después de su pasión dándoles muchas pruebas de que vivía, apareciéndoseles en el espacio de cuarenta días, y hablándoles de las cosas tocantes al reino de Dios.
4. Y por último, comiendo con ellos, les mandó que no partiesen de Jerusalén, sino que esperasen el cumplimiento de la promesa del Padre, la cual, dijo, oísteis de mi boca:
5. y es, que Juan bautizó con el agua, mas vosotros habéis de ser bautizados, o bañados, en el Espíritu Santo dentro de pocos días.
6. Entonces los que se hallaban presentes, le hicieron esta pregunta: Señor, ¿si será éste el tiempo en que has de restituir el reino a Israel?
7. A lo cual respondió Jesús: No os corresponde a vosotros el saber los tiempos y momentos que tiene el Padre reservados a su poder soberano,
8. recibiréis, sí, la virtud del Espíritu Santo, que descenderá sobre vosotros, y me serviréis de testigos en Jerusalén, y en toda la Judea, y Samaria, y hasta el cabo del mundo.
9. Dicho esto, se fue elevando a vista de ellos por los aires, hasta que una nube le encubrió a sus ojos.
10. Y estando atentos a mirar cómo iba subiéndose al cielo, he aquí que aparecieron cerca de ellos dos personajes con vestiduras blancas,
11. los cuales les dijeron: Varones de Galilea, ¿por qué estáis ahí parados mirando al cielo? Este Jesús, que separándose de vosotros se ha subido al cielo, vendrá de la misma suerte que le acabáis de ver subir allá.
12. Después de esto se volvieron los discípulos a Jerusalén, desde el monte llamado de los Olivos, que dista de Jerusalén el espacio de camino que puede andarse en sábado.

13. Entrados en la ciudad, subiéronse a una habitación alta, donde tenían su morada, Pedro y Juan Santiago y Andrés, Felipe y Tomás, Bartolomé y Mateo, Santiago hijo de Alfeo, y Simón llamado el Zelador, y Judas hermano de Santiago.
14. Todos los cuales, animados de un mismo espíritu, perseveraban juntos en oración con las mujeres piadosas, y con María la madre de Jesús, y con los hermanos, o parientes de este Señor.
15. Por aquellos días levantándose Pedro en medio de los hermanos (cuya junta era como de unas ciento veinte personas) les dijo:
16. Hermanos míos, es preciso que se cumpla lo que tiene profetizado el Espíritu Santo por boca de David, acerca de Judas, que se hizo adalid de los que prendieron a Jesús,
17. y el cual fue de nuestro número, y había sido llamado a las funciones de nuestro ministerio.
18. Éste adquirió un campo con el precio de su maldad, y habiéndose ahorcado reventó por medio; quedando esparcidas por tierra todas sus entrañas;
19. cosa que es notoria a todos los habitantes de Jerusalén, por manera que aquel campo ha sido llamado en su lengua Hacéldama, esto es, Campo de sangre.
20. Así es que está escrito en el libro de los Salmos: Quede su morada desierta, ni haya quien habite en ella, y ocupe otro su lugar en el episcopado.
21. Es necesario, pues, que de estos sujetos que han estado en nuestra compañía, todo el tiempo que Jesús Señor nuestro conversó entre nosotros,
22. empezando desde el bautismo de Juan, hasta el día en que apartándose de nosotros, se subió al cielo, se elija uno que sea, como nosotros, testigo de su resurrección.
23. Con esto propusieron a dos: a José, llamado Barsabas, y por sobrenombre el Justo, y a Matías.
24. Y haciendo oración dijeron: ¡Oh Señor!, tú que ves los corazones de todos, muéstranos cuál de estos dos has destinado
25. a ocupar el puesto de este ministerio y apostolado, del cual cayó Judas por su prevaricación, para irse a su lugar,
26. y echando suertes, cayó la suerte a Matías, con lo que fue agregado a los once apóstoles.

CAPÍTULO II
Venida del Espíritu Santo. Primer sermón de San Pedro y su fruto. Vida de los primeros fieles.

1. Al cumplirse, pues, los días de Pentecostés, estaban todos juntos en un mismo lugar,

2. cuando de repente sobrevino del cielo un ruido, como de viento impetuoso que soplaba, y llenó toda la casa donde estaban.

3. Al mismo tiempo vieron aparecer unas como lenguas de fuego, que se repartieron y se asentaron sobre cada uno de ellos.

4. Entonces fueron llenados todos del Espíritu Santo, y comenzaron a hablar en diversas lenguas las palabras que el Espíritu Santo ponía en su boca.

5. Había a la sazón en Jerusalén judíos piadosos, y temerosos de Dios, de todas las naciones del mundo.

6. Divulgado, pues, este suceso, acudió una gran multitud de ellos, y quedaron atónitos, al ver que cada uno oía hablar a los apóstoles en su propia lengua.

7. Así pasmados todos, y maravillados se decían unos a otros: ¿Por ventura estos que hablan, no son todos galileos, rudos e ignorantes?

8. Pues ¿cómo es que los oímos cada uno de nosotros hablar nuestra lengua nativa?

9. Partos, medos y elamitas, los moradores de Mesopotamia, de Judea, y de Capadocia, del Ponto y del Asia,

10. los de Frigia, de Panfilia y de Egipto, los de la Libia confinante con Cirene, los que han venido de Roma,

11. tanto judíos, como prosélitos, los cretenses, y los árabes, los oímos hablar en nuestras propias lenguas las maravillas de Dios.

12. Estando, pues, todos llenos de admiración, y no sabiendo qué discurrir, se decían unos a otros: ¿Qué novedad es ésta?

13. Pero hubo algunos que se mofaban de ellos diciendo: Éstos sin duda están borrachos, o llenos de mosto.

14. Entonces Pedro presentándose con los once apóstoles, levantó su voz y les habló de esta suerte: ¡Oh vosotros judíos, y todos los demás que moráis en Jerusalén!, estad atentos a lo que voy a deciros, y escuchad bien mis palabras.

15. No están éstos embriagados, como sospecháis vosotros, pues no es más que la hora tercia del día;

16. sino que se verifica lo que dijo el profeta Joel:

17. Sucederá en los postreros días, dice el Señor, que yo derramaré mi espíritu sobre todos los hombres; y profetizarán vuestros hijos y vuestras hijas; y vuestros jóvenes tendrán visiones, y vuestros ancianos revelaciones en sueños.

18. Sí, por cierto: yo derramaré mi espíritu sobre mis siervos, y sobre mis siervas en aquellos días, y profetizarán.

19. Yo haré que se vean prodigios arriba en el cielo, y portentos abajo en la tierra: sangre y fuego, y torbellinos de humo.

20. El sol se convertirá en tinieblas, y la luna en sangre, antes que llegue el día grande y patente del Señor.

21. Entonces, todos los que hayan invocado el nombre del Señor, serán salvos.

22. ¡Oh hijos de Israel!, escuchadme ahora: A Jesús de Nazaret, hombre autorizado por Dios a vuestros ojos, con los milagros, maravillas y prodigios que por medio de él ha hecho entre vosotros, como todos sabéis,

23. a este Jesús, dejado a vuestro arbitrio por una orden expresa de la voluntad de Dios y decreto de su presciencia, vosotros le habéis hecho morir, clavándole en la cruz por mano de los impíos

24. Pero Dios le ha resucitado, librándole de los dolores o ataduras de la muerte, siendo como era imposible quedar él preso o detenido por ella en tal lugar. Porque ya David en persona de él decía:

25. Tenía siempre presente al Señor ante mis ojos; pues está siempre a tan diestra, para que no experimente ningún trastorno.

26. Por tanto se llenó de alegría mi corazón, y resonó mi lengua en voces de júbilo, y mi carne reposará en la esperanza:

27. que no dejarás mi alma en el sepulcro, ni permitirás que el cuerpo de tu Santo experimente la corrupción.

28. Me harás entrar otra vez en las sendas de la vida, y colmarme has de gozo con tu presencia.

29. Hermanos míos, permitidle que os diga con toda libertad, y sin el menor recelo: el patriarca David muerto está, y fue sepultado, y su sepulcro se conserva entre nosotros hasta el día de hoy;

30. pero como era profeta, y sabía que Dios le había prometido con juramento que uno de sa deseendencia se habla de sentar sobre su trono,

31. previendo la resurrección de Cristo, dijo, que ni fue detenido en el sepulcro, ni su carne padeció corrupción.

32. Este Jesús es a quien Dios ha resucitado de lo que todos nosotros somos testigos.

33. Elevado pues, al cielo, sentado allí a la diestra de Dios y habiendo recibido de su Padre la promesa o potestad de enviar al Espíritu Santo, le ha derramado hoy sobre nosotros del modo que estáis viendo y oyendo.

34. Porque no es David el que subió al cielo; antes bien él mismo dejó escrito: Dijo el Señor a mi Señor: Siéntate a mi diestra,

35. mientras a tus enemigos los pongo yo por tarima de tus pies.

36. Persuádase, pues, certísimamente toda la casa de Israel, que Dios ha constituido Señor, y Cristo, a este mismo Jesús, al cual vosotros habéis crucificado.

37. Oído este discurso, se compungieron de corazón, y dijeron a Pedro y a los demás apóstoles: Pues, hermanos, ¿qué es lo que debemos hacer?

38. A lo que Pedro les respondió: Haced penitencia, y sea bautizado cada uno de vosotros en el nombre de Jesucristo para remisión de vuestros pecados; y recibiréis el don del Espíritu Santo;

39. porque la promesa de este don es para vosotros, y para vuestros hijos, y para todos los que ahora están lejos de la salud, para cuantos llamare a sí el Señor Dios nuestro.

40. Otras muchísimas razones alegó, y los amonestaba, diciendo: Poneos en salvo de entre esta generación perversa.

41. Aquellos, pues, que recibieron su doctrina, fueron bautizados; y se añadieron aquel día a la Iglesia cerca de tres mil personas.

42. Y perseveraban todos en oír las instrucciones de los apóstoles, y en la comunicación de la fracción del pan, o Eucaristía, y en la oración.

43. Y toda la gente estaba sobrecogida de un respetuoso temor; porque eran muchos los prodigios y milagros que hacían los apóstoles en Jerusalén, de suerte que todos universalmente estaban llenos de espanto.

44. Los creyentes por su parte vivían unidos entre sí, y nada tenían que no fuese común para todos ellos.

45. Vendían sus posesiones y demás bienes y los repartían entre todos, según la necesidad de cada uno.

46. Asistiendo asimismo cada día largos ratos al templo unidos con un mismo espíritu y partiendo el pan por las casas de los fieles; tomaban el alimento con alegría y sencillez de corazón,

47. alabando a Dios, y haciéndose amar de todó el pueblo. Y el Señor aumentaba cada día el número de los que abrazaban el mismo género de vida para salvarse.

CAPÍTULO III

Un cojo de nacimiento, curado con la invocación del nombre de Jesús. Segundo sermón de San Pedro, en que demuestra ser Jesús el Mesías prometido en la Ley.

1. Subían un día Pedro y Juan al templo, a la oración de la hora de nona.

2. Y había un hombre, cojo desde el vientre de su madre, a quien traían a cuestas, y ponían todos los días a la puerta del templo, llamada la Hermosa, para pedir limosna a los que entraban en él.

3. Pues como éste viese a Pedro y a Juan que iban a entrar en el templo, les rogaba que le diesen limosna.

4. Pedro entonces, fijando con Juan la vista en este pobre, le dijo: Atiende hacia nosotros.

5. Él los miraba de hito en hito, esperando que le diesen algo.

6. Mas Pedro le dijo: Plata ni oro, yo no tengo; pero te doy lo que tengo: en el nombre de Jesucristo Nazareno, levántate, y camina.

7. Y cogiéndole de la mano derecha, le levantó, y al imtante se le consolidaron las piernas y las plantas.

8. Y dando un salto de gozo se puso en pie, y echó a andar; y entró con ellos en el templo, and ando por sus propios pies, y saltando, y loando a Dios.

9. Todo el pueblo le vio cómo iba andando y alabando a Dios.

10. Y como le conocían por aquel mismo que solía estar sentado a la limosna, en la puerta Hermosa del templo, quedaron espantados y fuera de sí con tal suceso.

11. Teniendo, pues, él de la mano d Pedro y a Juan, todo el pueblo asombrado vino corriendo hacia ellos, al lugar llamado pórtico o galeón de Salomón.

12. Lo que viendo Pedro, habló a la gente de esta manera: ¡Oh hijos de Israel!, ¿por qué os maravilláis de esto, y por qué nos estáis mirando a nosotros, como si por virtud o potestad nuestra hubiésemos hecho andar a este hombre?

13. El Dios de Abrahán, el Dios de Isaac, y el Dios de Jacob, el Dios de nuestros padres ha glorificado con este prodigio a su Hijo Jesús, a quien vosotros habéis entregado y negado en el tribunal de Pilatos, juzgando éste que debía ser puesto en libertad.

14. Mas vosotros renegasteis del Santo y del Justo, y pedisteis que se os hiciese gracia de la vida de un homicida.

15. Disteis la muerte al autor de la vida, pero Dios le ha resucitado de entre los muertos, y nosotros somos testigos de su resurrección.

16. Su poder es el que, mediante la fe en su Nombre, ha consolidado los pies a éste que vosotros visteis y conocisteis tullido, de modo que la fe, que de él proviene, y en él tenemos, es la que ha causado esta perfecta curación delante de todos vosotros.

17. Ahora, hermanos, yo bien sé que hicisteis por ignorancia lo que hicisteis, como también vuestros jefes.

18. Si bien Dios ha cumplido de esta suerte lo prenunciado por la boca de todos los profetas, en orden a la pasión de su Cristo.

19. Haced, pues, penitencia, y convertíos, a fin de que se borren vuestros pecados,

20. para cuando vengan por disposición del Señor los tiempos de consolación, y envíe al mismo Jesucristo que os ha sido anunciado.

21. El cual es debido por cierto que se mantenga en el cielo, hasta los tiempos de la restauración de todas las cosas, de que antiguamente Dios habló por boca de sus santos profetas.

22. Porque Moisés dijo a vuestros padres: El Señor Dios vuestro os suscitará de entre vuestros hermanos un profeta, como me ha suscitado a mí; a él habéis de obedecer en todo cuanto os diga;

23. de lo contrario, cualquiera que desobedeciere a aquel profeta será exterminado o borrado del pueblo de Dios.

24. Y todos los profetas que desde Samuel en adelante han vaticinado, anunciaron lo que pasa en estos días.

25. Vosotros, ¡oh israelitas!, sois hijos de los profetas, y los herederos de la alianza que hizo Dios con nuestros padres, diciendo a Abrahán: En uno de tu descendencia serán benditas todas las naciones de la tierra.

26. Para vosotros en primer lugar es para quienes ha resucitado Dios a su Hijo quien le ha enviado a llenaros de bendiciones, a fin de que cada uno se convierta de su mala vida.

CAPÍTULO IV

Los apóstoles, presos, y examinados sobre la curación del tullido, confiesan la fe de Jesucristo. Se les manda que no prediquen. Crecen los fieles en número y viven con perfecta unión.

1. Mientras ellos estaban hablando al pueblo, sobrevinieron los sacerdotes con el magistrado o comandonte del templo y los saduceos,

2. no pudiendo sufrir que enseñasen al pueblo, y predicasen en la persona de Jesús la resurrección de los muertos.

3. Y habiéndose apoderado de ellos, los metieron en la cárcel hasta el día siguiente: porque ya era tarde.

4. Entretanto muchos de los que habían oído la predicación de Pedro, creyeron; cuyo número llegó a cinco mil hombres.

5. Al día siguiente se congregaron en Jerusalén los jefes o magistrados, y los ancianos, y los escribas,

6. con el pontífice Anás y Caifás, y Juan, y Alejandro, y todos los que eran del linaje sacerdotal;

7. y haciendo comparecer en medio a los apóstoles, les preguntaron: ¿Con qué testad o en nombre de quién habéis echo esa acción?

8. Entonces Pedro, lleno del Espíritu Santo, les respondió: Príncipes del pueblo, y vosotros ancianos de Israel, escuchad:

9. Ya que en este día se nos pide razón del bien que hemos hecho a un hombre tullido, y que se quiere saber por virtud de quién ha sido curado,

10. declaramos a todos vosotros y a todo el pueblo de Israel, que la curación se ha hecho en nombre de nuestro Señor Jesucristo Nazareno, a quien vosotros crucificasteis y Dios ha resucitado. En virtud de tal nombre se presenta sano ese hombre a vuestros ojos.

11. Este Jesús es aquella piedra que vosotros desechasteis a edificar, la cual, ha venido a ser la principal piedra del ángulo.

12. Fuera de él no hay que buscar la salvación en ningún otro. Pues no se ha dado a los hombres otro Nombre debajo del cielo, por el cual debamos salvarnos.

13. Viendo ellos la firmeza de Pedro y de Juan, constándoles por otra parte que eran hombres sin letras y del vulgo, estaban llenos de admiración, conociendo que eran de los que habían sido discípulos de Jesús.

14. Por otra parte, al ver al hombre que había sido curado estar con ellos en pie, nada podían replicar en contrario.

15. Mandáronles, pues, salir fuera de la junta, y comenzaron a deliberar entre sí,

16. diciendo: ¿Qué haremos con estos hombres? El milagro hecho por ellos es notorio a todos los habitantes de Jerusalén; es tan evidente, que no podemos negarlo.

17. Pero a fin de que no se divulgue en el pueblo, apercibámosles que de aquí en adelante no tomen en boca este Nombre, ni hablen de él a persona viviente.

18. Por tanto llamándolos, les intimaron que por ningún caso hablasen ni enseñasen en el Nombre de Jesús.

19. Mas Pedro y Juan respondieron a esto. diciéndoles: Juzgad vosotros si en la presencia de Dios es justo el obedeceros a vosotros antes que a Dios;

20. porque nosotros no podemos menos de hablar lo que hemos visto y oído.

21. Pero ellos con todo amenazándolos los despacharon, no hallando arbitrio para casti-

garlos, por temor del pueblo, porque todos celebraban este glorioso hecho;

22. pues el hombre en quien se había obrado esta cura milagrosa, pasaba de cuarenta años.

23. Puestos ya en libertad, volvieron a los suyos; y les contaron cuantas cosas les habían dicho los principes de los sacerdotes, y los ancianos.

24. Ellos al oírlo, levantaron todos unánimes la voz a Dios, y dijeron: ¡Señor!, tú eres el que hiciste el cielo y la tierra, el mar y todo cuanto en ellos se contiene;

25. el que, hablando el Espíritu Santo por boca de David nuestro padre y siervo tuyo, dijiste: ¿Por qué se han alborotado las naciones, y los pueblos han forjado empresas vanas?

26. Armáronse los reyes de la tierra, los príncipes se coligaron contra el Señor y contra su Cristo.

27. Porque verdaderamente se mancomunaron en esta ciudad contra tu santo Hijo Jesús, a quien ungiste, Herodes y Poncio Pilatos, con los gentiles y las tribus de Irsael,

28. para ejecutar lo que tu poder y providencia determinaron que se hiciese.

29. Ahora, pues, Señor, mira sus vanas amenazas, y da a tus siervos el predicar con toda confianza tu palabra,

30. extendiendo tu poderosa mano para hacer curaciones, prodigios y portentos en el Nombre de Jesús tu santo Hijo.

31. Acabada esta oración, tembló el lugar en que estaban congregados; y todos se sintieron llenos del Espíritu Santo, y anunciaban con firmeza la palabra de Dios.

32. Toda la multitud de los fieles tenía un mismo corazón y una misma alma; ni había entre ellos quien considerase como suyo lo que poseía, sino que tenían todas las cosas en común.

33. Los apóstoles con gran valor daban testimonio de la resurrección de Jesucristo Señor nuestro; y en todos los fieles resplandecía la gracia con abundancia.

34. Así es que no había entre ellos persona necesitada; pues todos los que tenían posesiones o casas, vendiéndolas, traían el precio de ellas,

35. y lo ponían a los pies de los apóstoles; el cual después se distribuía segur la necesidad de cada uno.

36. De esta manera José, a quien los apóstoles pusieron el sobrenombre de Bernabé, (esto es, Hijo de consolación o Consolador) que era levita y natural de la isla de Chipre,

37. vendió una heredad que tenía, y trajo el precio y lo puso a los pies de los apóstoles.

CAPÍTULO V

Castigo de Ananías y Safira. Los apóstoles, y en especial San Pedro, son de nuevo perseguidos y presos: por consejo de Gamaliel son puestos en libertad después de ser azotados.

1. Un hombre llamado Ananías, con su mujer Safira, vendió también un campo.

2. Y, de acuerdo con eIIa, retuvo parte del precio; y trayendo el resto, púsolo a los pies de los apóstoles.

3. Mas Pedro le dijo: Ananías, ¿cómo ha tentado Satanás tu corazón, para que mintieses al Espíritu Santo, reteniendo parte del precio de ese campo?

4. ¿Quién te quitaba el conservarlo? Y aunque lo hubieses vendido, ¿no estaba su precio a tu disposición? ¿Pues a qué fin has urdido en tu corazón esta trampa? No mentiste a hombres, sino a Dios.

5. Al oír Ananías estas palabras, cayó en tierra y expiró. Con lo cual todos los que tal suceso supieron, quedaron en gran manera atemorizados.

6. En la hora misma vinieron unos mozos, y le sacaron y llevaron a enterrar.

7. No bien se pasaron tres horas, cuando su mujer entró ignorante de lo acaecido.

8. Díjole Pedro: Dime, mujer, ¿es así que vendisteis el campo por tanto? Sí, respondió ella, por ese precio lo vendimos.

9. Entonces Pedro le dijo: ¿Por qué os habéis concertado para tentar al Esíritu del Señor? He aquí a la puerta los que enterraron a tu marido; y ellos mismos te llevarán a enterrar.

10. Al momento cayó a sus pies, y expiró. Entretanto luego los mozos encontráronla muerta, y sacándola, la enterraron al lado de su marido.

11. Lo que causó gran temor en toda la Iglesia y en todos los que tal suceso oyeron.

12. Entretanto los apóstoles hacían muchos milagros y prodigios entre el pueblo. Y todos los fieles unidos en un mismo espíritu se juntaban en el pórtico de Salomón.

13. De los otros nadie osaba juntarse o hermanarse con ellos; pero el pueblo hacía de ellos grandes elogios.

14. Con esto se aumentaba más y más el número de los que creían en el Señor, así de hombres como de mujeres,

15. de suerte que sacaban a las calles a los enfermos, poniéndolos en camillas y lechos o carretones, para que pasando Pedro, su sombra tocase por lo menos en alguno de ellos, y quedasen libres de sus dolencias.

16. Concurría también a Jerusalén mucha gente de las ciudades vecinas, trayendo enfermos y endemoniados, los cuales eran curados todos.

17. Alarmado con esto el príncipe de los sacerdotes y los de su partido, que era la secta de los saduceos, se mostraron llenos de celo;

18. y prendiendo a los apóstoles, los metieron en la cárcel pública.

19. Mas el ángel del Señor abriendo por la noche las puertas de la cárcel, y sacándoles fuera, les dijo:

20. Id al templo, y puestos allí, predicad al pueblo la doctrina de esta ciencia de vida.

21. Ellos, oído esto, entraron al despuntar el alba en el templo, y se pusieron a enseñar. Entretanto vino el pontífice con los de su partido, y convocaron el concilio y a todos los ancianos del pueblo de Israel, y enviaron por los presos a la cárcel.

22. Llegados los ministros y abierta la cárcel, como no los hallasen, volvieron con la noticia,

23. diciendo: La cárcel la hemos hallado muy bien cerrada, y a los guardas en centinela delante de las puertas; mas habiéndolas abierto, a nadie hemos hallado dentro.

24. Oídas tales nuevas, tanto el comandante del templo, como los príncipes de los sacerdotes, no podían atinar qué se habría hecho de ellos.

25. A este tiempo llegó uno y les dijo: Sabed que aquellos hombres que metisteis en la cárcel, están en el templo enseñando al pueblo.

26. Entonces el comandante fue allá con su gente y los condujo sin hacerles violencia; porque temían ser apedreados por el pueblo.

27. Conducidos que fueron, presentáronlos al concilio; y el Sumo sacerdote los interrogó,

28. diciendo: Nosotros os teníamos prohibido con mandato formal que enseñaseis en ese Nombre; y en vez de obedecer, habéis llenado a Jerusalén de vuestra doctrina, y queréis hacernos responsables a nosotros de la sangre de ese hombre.

29. A lo cual respondiendo Pedro y los apóstoles, dijeron: Es necesario obedecer a Dios antes que a los hombres.

30. El Dios de nuestros padres ha resucitado a Jesús, a quien vosotros habéis hecho morir, colgándole en un madero.

31. A éste ensalzó Dios con su diestra por príncipe y salvador, para dar a Israel el arrepentimiento y la remisión de los pecados:

32. nosotros somos testigos de estas verdades, y lo es también el Espíritu Santo, que Dios ha dado a todos los que le obedecen.

33. Oídas estas razones, se desatinaban sus enemigos, y enfurecidos trataban de matarlos.

34. Pero levantándose en el concilio un fariseo llamado Gamaliel, doctor de la ley, hombre respetado de todo el pueblo, mandó que se retirasen afuera por un breve rato aquellos hombres.

35. Y entonces dijo a los del concilio: ¡Oh israelitas!, considerad bien lo que vais a hacer con estos hombres.

36. Sabéis que poco ha se levantó un tal Teodas, que se vendía por persona de mucha importancia, al cual se asociaron cerca de cuatrocientos hombres: él fue muerto, y todos los que le creían se dispersaron y redujeron a nada.

37. Después de éste alzó bandera Judas Galileo en tiempo del empadronamiento, y arrastró tras sí al pueblo: éste pereció del mismo modo, y todos sus secuaces quedaron disipados.

38. Ahora, pues, os aconsejo que no os metáis con esos hombres, y que los dejéis; porque si este designio o empresa es obra de hombres, ella misma se desvanecerá;

39. pero si es cosa de Dios no podréis destruirla, y os expondríais a ir contra Dios. Todos adhirieron a este parecer.

40. Y llamando a los apóstoles, después de haberlos hecho azotar, les intimaron que no hablasen más ni poco ni mucho en el Nombre de Jesús; y los dejaron ir.

41. Entonces los apóstoles se retiraron de la presencia del concilio muy gozosos, porque habían sido hallados dignos de sufrir aquel ultraje por el nombre de Jesús.

42. Y no cesaban todos los días, en el templo, y por las casas, de anunciar y de predicar a Jesucristo.

CAPÍTULO VI
Elección de los siete diáconos; Esteban se señala entre todos; hace grandes milagros, y se levantan contra él muchos judíos.

1. Por aquellos días, creciendo el número de los discípulos, se suscitó una queja de los judíos griegos contra los judíos hebreos, o nacidos en el país, porque no se hacía caso de sus viudas en el servicio o distribución del sustento diario.

2. En atención a esto, los doce apóstoles, convocando a todos los discípulos, les dijeron: No es justo que nosotros descuidemos la predicación de la palabra de Dios, por tener cuidado de las mesas:

3. por tanto, hermanos, nombrad de entre vosotros siete sujetos de buena fama, llenos

del Espíritu Santo y de inteligencia, a los cuales encarguemos este ministerio.

4. Y con esto podremos nosotros emplearnos enteramente en la oración y en la predicación de la palabra divina.

5. Pareció bien esta propuesta a toda la asamblea; y así nombraron a Esteban, varón lleno de fe y del Espíritu Santo, y a Felipe y a Prócoro, a Nicanor y a Timón, a Pármenas y a Nicolás prosélito antioqueno.

6. Presentáronlos a los apóstoles, los cuales, haciendo oración, les impusieron las manos, o consagraron.

7. Entretanto la palabra de Dios iba fructificando, y multiplicándose sobremanera el número de los discípulos en Jerusalén; y sujetábanse también a la fe muchos de los sacerdotes.

8. Mas Esteban, lleno de gracia y de fortaleza, obraba grandes prodigios y milagros entre el pueblo.

9. Levantáronse, pues, algunos de la sinagoga llamada de los libertinos, o libertos, y de las sinagogas de los cireneos, de los alejandrinos, de los cilicianos y de los asiáticos, y trabaron disputas con Esteban;

10. pero no podían contrarrestar a la sabiduría y al Espíritu que hablaba en él.

11. Entonces sobornaron a algunos que dijesen haberlo oído proferir blasfemias contra Moisés y contra Dios.

12. Con eso alborotaron a la plebe, y a los ancianos, y a los escribas, y echándose sobre él, le arrebataron y trajeron al concilio

13. y produjeron testigos falsos que afirmasen: Este hombre no cesa de proferir palabras contra este lugar santo y contra la Ley;

14. pues nosotros le hemos oído decir que aquel Jesús Nazareno ha de destruir este lugar y mudar las tradiciones u observancias que nos dejó ordenadas Moisés.

15. Entonces fijando en él los ojos todos los del concilio, vieron su rostro como el rostro de un ángel.

CAPÍTULO VII

Razonamiento de San Esteban en el concilio de los judíos; su martirio.

1. Dijo entonces el príncipe de los sacerdotes: ¿Es esto así?

2. Respondió él: Hermanos míos y padres, escuchadme. El Dios de la gloria apareció a nuestro padre Abrahán cuando estaba en Mesopotamia, antes que habitase en Carán,

3. y le dijo: Sal de tu patria y de tu parentela, y ven al país que yo te mostraré.

4. Entonces salió de la Caldea, y vino a habitar en Carán. De allí, muerto su padre, le hizo pasar Dios a esta tierra, en donde ahora moráis vosotros.

5. Y no le dio de ella en propiedad ni un palmo tan solamente; prometióle, sí, darle la posesión de dicha tierra, y que después de él la poseerían sus descendientes; y eso que a la sazón Abrahán no tenía hijos.

6. Predíjole también Dios que sus descendientes morarían en tierra extraña, y serían esclavizados, y muy maltratados por espacio de cuatrocientos años;

7. si bien, dijo el Señor, yo tomaré venganza de la nación a la cual servirán como esclavos; y al cabo saldrán libres de aquel país, y me servirán a mí en este lugar.

8. Hizo después con él la alianza sellada con la circuncisión; y así Abrahán habiendo engendrado a Isaac, le circuncidó a los ocho días; Isaac tuvo a Jacob; y Jacob a los doce patriarcas.

9. Los patriarcas movidos de envidia, vendieron a José para ser llevado a Egipto, donde Dios estaba con él;

10. y le libró de todas sus tribulaciones; y habiéndole llenado de sabiduría, le hizo grato a Faraón, rey de Egipto, el cual le constituyó gobernador de Egipto y de todo su palacio.

11. Vino después el hambre general en todo el Egipto y en la tierra de Canaán, y la miseria fue extrema; de suerte que nuestros padres no hallaban de qué alimentarse.

12. Pero habiendo sabido Jacob que en Egipto había trigo, envió allá a nuestros padres por la primera vez.

13. Y en la segunda que fueron, José se dio a conocer a sus hermanos, y fue descubierto su linaje a Faraón.

14. Entonces José envió por su padre Jacob y por toda su parentela, que era de setenta y cinco personas.

15. Bajó, pues, Jacob a Egipto, donde vino a morir él, y también nuestros padres.

16. Y sus huesos fueron después trasladados a Siquem, y colocados en el sepulcro que Abrahán compró de los hijos de Hemor, hijo de Siquem, por cierta suma de dinero.

17. Pero acercándose ya el tiempo de cumplirse la promesa, que con juramento había hecho Dios a Abrahán, el pueblo de Israel fue creciendo y multiplicándose en Egipto,

18. hasta que reinó allí otro soberano, que no sabía nada de José.

19. Este príncipe, usando de una artificiosa malicia contra nuestra nación, persiguió a nuestros padres, hasta obligarlos a abandonar sus niños recién nacidos a fin de que no se propagasen.

20. Por este mismo tiempo nació Moisés, que fue grato a Dios, y el cual por tres meses fue criado ocultamente en casa de su padre.

21. Al fin, habiendo sido abandonado sobre las aguas del Nilo, le recogió la hija de Faraón, y le crió como a hijo suyo.

22. Se le instruyó en todas las ciencias de los egipcios, y llegó a ser varón poderoso, tanto en palabras como en obras.

23. Llegado a la edad de cuarenta años, le vino deseo de ir a visitar a sus hermanos los hijos de Israel.

24. Y habiendo visto que uno de ellos era injuriado, se puso de su parte, y le vengó, matando al egipcio que le injuriaba.

25. Él estaba persuadido de que sus hermanos los israelitas conocerían que por su medio les había de dar Dios libertad; mas ellos no lo entendieron.

26. Al día siguiente se metió entre unos que reñían: y exhortábalos a la paz, diciendo: Hombres, vosotros sois hermanos; ¿pues por qué os maltratáis uno al otro?

27. Mas aquel que hacía el agravio a su prójimo, le rempujó, diciendo. ¿Quién te ha puesto a ti por príncipe y juez sobre nosotros?

28. ¿Quieres tú por ventura matarme a mí, como mataste ayer al egipcio?

29. Al oir esto Moisés se ausentó, y retiróse a vivir como extranjero en el país de Madián, donde tuvo dos hijos.

30. Cuarenta años después se le apareció un ángel del Señor en el desierto del monte Sinaí, entre las llamas de una zarza que ardía sin consumirse.

31. Maravillóse Moisés al ver aquel espectáculo; y acercándose a contemplarlo, oyó la voz del Señor, que le decía:

32. Yo soy el Dios de tus padres, el Dios de Abrahán, el Dios de Isaac, y el Dios de Jacob. Despavorido entonces Moisés, no osaba mirar lo que aquello era.

33. Pero el Señor le dijo: Quítate de los pies el calzado; porque el lugar en que estás, es una tierra santa,

34. Yo he visto y considerado la aflicción del pueblo mío, que habita en Egipto, y he oído sus gemidos, y he descendido a librarle. Ahora, pues, ven tú, y te enviaré a Egipto.

35. Así que a este Moisés, a quien desecharon, diciendo: ¿Quién te ha constituido nuestro príncipe y juez?, a tí mismo envió Dios para ser el caudillo y libertador de ellos, bajo la dirección del ángel, que se le apareció en la zarza.

36. Este mismo los libertó, haciéndoos en la tierra de Egipto, y en el mar Rojo, y en el desierto por espacio de cuarenta años,

37. Éste es aquel Moisés que dijo a los hijos de Israel: Dios os suscitará de entre vuestros hermanos un profeta legislador, como me ha suscitado a mí: a éste debéis obedecer.

38. Moisés es quien, mientras el pueblo estaba congregado en el desierto, estuvo tratando con el ángel, que le hablaba en el monte Sinaí; es aquel que estuvo con nuestros padres; el que recibió de Dios las palabras de vida para comunicárnoslas;

39. a quien no quisieron obedecer nuestros padres; antes bien le desecharon, y con su corazón afecto se volvieron a Egipto,

40. Diciendo a Aarón: Haznos dioses que nos guíen, ya que no sabemos qué se ha hecho de ese Moisés, que los sacó de la tierra de Egipto.

41. Y fabricaron después un becerro, y ofrecieron sacrificio a este ídolo, y hacían regocijo ante la hechura de sus manos.

42. Entonces Dios les volvió las espaldas, y los abandonó a la idolatría de los astros o la milicia del cielo, según se halla escrito en el libro de los profetas: ¡Oh casa de Israel!, ¿por ventura me has ofrecido víctimas y sacrificios los cuarenta años del desierto?

43. Al contrario, habéis conducido el tabernáculo de Moloc y el astro de vuestro dios Remfamse, figuras que fabricasteis para adorarlas. Pues yo os transportaré a Babilonia, y más allá.

44. Tuvieron nuestros padres en el desierto el Tabernáculo del Testimonio, según se le ordenó Dios a Moisés, diciéndole que lo fabricase según el modelo de lo que habíamos visto.

45. Y habiéndolo recibido nuestros padres, lo condujeron bajo la dirección de Josué al país que era la posesión de las naciones, que fue Dios expeliendo delante de ellos, y duró el Tabernáculo hasta el tiempo de David.

46. Éste fue acepto a los ojos de Dios, y pidió poder fabricar un templo al Dios de Jacob.

47. Pero el templo quien lo edificó fue Salomón.

48. Si bien el Altísimo no habita precisamente en moradas hechas de mano de hombres como dice el profeta:

49. El cielo es mi trono, y la tierra el estrado de mis pies. ¿Qué especies de casas me habéis de edificar vosotros?, dice el Señor; o ¿cuál podrá ser digno lugar de mi descanso?

50. ¿Por ventura no hizo mi mano todas estas cosas?

51. ¡Hombres de dura cerviz y de corazón y oído incircuncisos!, vosotros resistís siempre al Espíritu Santo; como fueron vuestros padres, así sois vosotros.

52. ¿A qué profeta no persiguieron vuestros padres? Ellos son los que mataron a los que

469

prenunciaban la venida del Justo, que vosotros acabáis de entregar, y del cual habéis sido homicidas;

53. vosotros que recibisteis la Ley por ministerio de ángeles, y no la habéis guardado.

54. Al oír tales cosas, ardían en cólera sus corazones, y crujían los dientes contra él.

55. Mas Esteban, estando lleno del Espíritu Santo, y fijando los ojos en el cielo vio la gloria de Dios, y a Jesús que estaba a la diestra de Dios. Y dijo: estoy viendo ahora los cielos abiertos, y al Hijo del hombre sentado a la diestra de Dios.

56. Entonces clamando ellos con gran griterío se taparon los oídos, y después todos a una arremetieron contra él.

57. Y arrojándole fuera de la ciudad le apedrearon; y los testigos depositaron sus vestidos a los pies de un mancebo, que se llamaba Saulo,

58. Y apedreaban a Esteban, el cual estaba orando y diciendo: ¡Señor Jesús, recibe mi espíritu.

59. Y poniéndose de rodillas, clamó en alta voz: ¡Señor, no les hagas cargo de este pecado! Y dicho esto durmió en el Señor. Saulo, empero, había consentido como los otros a la muerte de Esteban.

CAPÍTULO VIII

Saulo persigue a la Iglesia. Felipe el diácono hace mucho fruto en Samaria, a donde son enviados Pedro y Juan. Pecado cometido por Simón Mago, que dio el nombre a la simonía. Felipe bautiza al eunuco de la reina Candace.

1. Por aquellos días se levantó una gran persecución contra la Iglesia de Jerusalén, y todos los discípulos, menos los apóstoles, se desparramaron por varios distritos de Judea, y de Samaria.

2. Mas algunos hombres timoratos cuidaron de dar sepultura a Esteban, en cuyas exequias hicieron gran duelo.

3. Entretanto Saulo iba desolando la Iglesia, y entrándose por las casas, sacaba con violencia a hombres y mujeres, y los hacía meter en la cárcel.

4. Pero los que se habían dispersado andaban de un lugar a otro, predicando la palabra de Dios.

5. Entre ellos Felipe, habiendo llegado a la ciudad de Samaria, les predicaba a Jesucristo.

6. Y era grande la atención con que todo el pueblo escuchaba los discursos de Felipe, oyéndole todos con el mismo fervor, y viendo los milagros que obraba.

7. Porque muchos espíritus inrnundos salían de los poseídos, dando grandes gritos,

8. y muchos paralíticos y cojos fueron curados.

9. Por lo que se llenó de grande alegría aquella ciudad. En ella había ejercitado antes la magia un hombre llamado Simón, engañando a los samaritanos, y persuadiéndoles que él era un gran personaje.

10. Todos, grandes y pequeños, le escuchaban con veneración, y decían: Éste es la virtud grande de Dios.

11. La causa de su adhesión a él era porque ya hacía mucho tiempo que los traía infatuados con su arte mágica.

12. Pero luego que hubieron creído la palabra del reino de Dios, que Felipe les anunciaba, hombres y mujeres se hacían bautizar en nombre de Jesucristo.

13. Entonces creyó también el mismo Simón, y habiendo sido bautizado, seguía y acompañaba a Felipe. Y al ver los milagros y portentos grandísimos que se hacían, estaba atónito y lleno de asombro.

14. Sabiendo, pues, los apóstoles, que estaban en Jerusalén, que los samaritanos habían recibido la palabra de Dios, les enviaron a Pedro y a Juan.

15. Éstos en llegando, hicieron oración por ellos a fin de que recibiesen al Espíritu Santo.

16. Porque aún no había descendido sobre ninguno de ellos, sino que solamente estaban bautizados en nombre del Señor Jesús.

17. Entonces les imponían las manos, y luego recibían al Espíritu Santo, de un modo sensible.

18. Habiendo visto, pues, Simón, que por la imposición de las manos de los apóstoles se daba el Espíritu Santo, les ofreció dinero,

19. diciendo: Dadme también a mí esa potestad, para que cualquiera a quien imponga yo las manos, reciba al Espíritu Santo. Mas Pedro le respondió:

20. Perezca tu dinero contigo; pues has juzgado que se alcanzaba por dinero el don de Dios.

21. No puedes tú tener parte, ni cabida en este ministerio; porque tu corazón no es recto a los ojos de Dios.

22. Por tanto haz penitencia de esta perversidad tuya, y ruega de tal suerte a Dios, que te sea perdonado ese desvarío de tu corazón.

23. Pues yo te veo lleno de amarguísima hiel, y arrastrando la cadena de la iniquidad.

24. Respondió Simón, y dijo: Rogad por mí vosotros al Señor, para que no venga sobre mí nada de lo que acabáis de decir.

25. Ellos en fin, habiendo predicado y dado testimonio de la palabra del Señor, regresaron

a Jerusalén, anunciando el Evangelio en muchos distritos de los samaritanos.

26. Mas un ángel del Señor habló a Felipe, diciendo: Parte, y ve hacia el mediodía, por la vía que lleva de Jerusalén a Gaza; la cual está desierta.

27. Partió luego Felipe, y se fue hacia allá. Y he aquí que encuentra a un etíope, eunuco, gran valido de Candace, reina de los etíopes, y superintendente de todos sus tesoros, el cual había venido a Jerusalén a adorar a Dios;

28. y a la sazón se volvía, sentado en su carruaje, y leyendo al profeta Isaías.

29. Entonces dijo el espíritu a Felipe: Date prisa y arrímate a ese carruaje.

30. Acercándose, pues, Felipe, a toda prisa, oyó que iba leyendo en el profeta Isaías, y le dijo: ¿Te parece a ti que entiendes lo que vas leyendo?

31. ¿Cómo lo he de entender, respondió él, si alguno no me lo explica? Rogó, pues, a Felipe que subiese, y tomase asiento a su lado.

32. El pasaje de la Escritura que iba leyendo, era este: Como oveja fue conducido al matadero: y como cordero que está sin balar en manos del que le trasquila, así él no abrió su boca.

33. Después de sus humillaciones ha sido libertado del poder de la muerte a la cual fue condenado. Su generación ¿quién podrá declararla?, puesto que su vida será cortada de la tierra.

34. A esto preguntó el eunuco a Felipe: Dime, te ruego, ¿de quién dice esto el profeta?, ¿de sí mismo, o de algún otro?

35. Entonces Felipe tomando la palabra, y comenzando por este texto de la Escritura, le evangelizó a Jesús.

36. Siguiendo su camino, llegaron a un paraje en que había agua; y dijo el eunuco: Aquí hay agua: ¿qué impedimento hay para que yo sea bautizado?

37. Ninguno, respondió Felipe, si crees de todo corazón. A lo que dijo el eunuco: Yo creo que Jesucristo es el Hijo de Dios.

38. Y mandando parar el carruaje, bajaron ambos, Felipe y el eunuco, al agua, y Felipe le bautizó.

39. Así que salieron del agua el Espíritu del Señor arrebató a Felipe, y no le vio más el eunuco; el cual prosiguió su viaje rebosando de gozo.

40. Felipe de repente se halló en Azoto, y fue anunciando el evangelio a todas las ciudades por donde pasaba, hasta que llegó a Cesarea.

CAPÍTULO IX

Conversión portentosa de Saulo. Predica luego en Damasco. Va a Jerusalén y Bernabé le presenta a los apóstoles, que le envían a Tarso. San Pedro cura a un paralítico y resucita en Jope a Tabita.

1. Mas Saulo, que todavía no respiraba sino amenazas y muerte contra los discípulos del Señor, se presentó al príncipe de los sacerdotes,

2. y le pidió cartas para Damasco, dirigidas a las sinagogas, para traer presos a Jerusalén a cuantos hombres y mujeres hallase de esta profesión o escuela de Jesús.

3. Caminando, pues, a Damasco, ya se acercaba a esta ciudad, cuando de repente le cercó de resplandor una luz del cielo.

4. Y cayendo en tierra asombrado oyó una voz que le decía: ¡Saulo, Saulo!, ¿por qué me persigues?

5. Y él respondió: ¿Quién eres tú, Señor? Y el Señor le dijo: Yo soy Jesús, a quien tú persigues: dura cosa es para ti el dar coces contra el aguijón.

6. El entonces y temblando y despavorido, dijo: Señor, ¿qué quieres que haga?

7. Y el Señor le respondió: Levántate y entra en la ciudad, donde se te dirá lo que debes hacer. Los que venían acompañándole estaban asombrados, oyendo, sí, sonidos de voz, pero sin ver a nadie.

8. Levantóse Saulo de la tierra, y aunque tenía abiertos los ojos, nada veía. Por lo cual llevándole de la mano le metieron en Damasco.

9. Aquí se mantuvo tres días privado de la vista, y sin comer ni beber.

10. Estaba a la sazón en Damasco un discípulo llamado Ananías, al cual dijo el Señor en una visión: ¡Ananías! Y él respondió: Aquí me tenéis, Señor.

11. Levántate, le dijo el Señor, y ve a la calle llamada Recta; y busca en casa de Judas a un hombre de Tarso llamado Saulo, que ahora está en oración.

12. (Y en este mismo tiempo, veía Saulo en una visión a un hombre llamado Ananías, que entraba y le imponía las manos para que recobrase la vista.)

13. Respondió, empero, Ananías: Señor, he oído decir a muchos que este hombre ha hecho grandes daños a tus santos en Jerusalén.

14. Y aun aquí está con poderes de los príncipes de los sacerdotes para prender a todos los que invocan tu Nombre.

15. Ve a encontrarle, le dijo el Señor, que ése mismo es ya un instrumento elegido por mí para llevar mi Nombre y anunciarlo delante de todas las naciones, y de los reyes, y de los hijos de Israel.

16. Y yo le haré ver cuántos trabajos tendrá que padecer por mi Nombre.

17. Marchó, pues, Ananías, y entró en la casa, e imponiéndole las manos, le dijo: ¡Saulo, hermano mío!, el Señor Jesús, que se te apareció en el camino que traías, me ha enviado para que recobres la vista, y quedes lleno del Espíritu Santo.

18. Al momento cayeron de sus ojos unas como escamas, y recobró la vista; y levantándose fue bautizado.

19. Y habiendo tomado después alimento, recobró sus fuerzas. Estuvo algunos días con los discípulos que habitaban en Damasco;

20. y desde luego empezó a predicar en las sinagogas a Jesús, afirmando que éste era el Hijo de Dios.

21. Todos los que le oían estaban pasmados, y decían: ¿Pues no es éste aquel mismo que con tanto furor perseguía en Jerusalén a los que invocaban este Nombre, y que vino acá de propósito para conducirlos presos a los príncipes de los sacerdotes?

22. Saulo, empero, cobraba cada día nuevo vigor y esfuerzo, y confundía a los judíos que habitaban en Damasco, demostrándoles que Jesús era el Cristo.

23. Mucho tiempo después, los judíos se conjuraron de mancomún para quitarle la vida.

24. Fue advertido Saulo de sus asechanzas; y ellos a fin de salir con el intento de matarle, tenían puestos centinelas día y noche a las puertas.

25. En vista de lo cual, los discípulos, tomándole una noche, le descolgaron por el muro metido en un serón.

26. Así que llegó a Jerusalén, procuraba unirse con los discípulos, mas todos se temían de él, no creyendo que fuese discípulo;

27. hasta tanto que Bernabé, tomándole consigo, le llevó a los apóstoles, y les contó cómo el Señor se le había aparecido en el camino, y las palabras que le había dicho, y con cuánta firmeza había procedido en Damasco, predicando con libertad en el Nombre de Jesús.

28. Con eso andaba y vivía con ellos en Jerusalén, y predicaba con grande ánimo y libertad en el nombre del Señor.

29. Conversaba también con los, de otras naciones, y disputaba con los judíos griegos; pero éstos, confundidos, buscaban medio para matarle.

30. Lo que sabido por los hermanos le condujeron a Cesarea, y de allí le enviaron a Tarso.

31. La Iglesia entretanto gozaba de paz por toda la Judea, y Galilea, y Samaria, e iba estableciéndose o perfeccionándose, procediendo en el temor del Señor, y llena de los consuelos del Espíritu Santo.

32. Sucedió por entonces, que visitando Pedro a todos los discípulos, vino asimismo a los santos o fieles que moraban en Lidda.

33. Aquí halló a un hombre llamado Eneas, que hacía ocho años que estaba postrado en una cama, por estar paralítico.

34. Díjole Pedro: Eneas, el Señor Jesucristo te cura: levántate, y hazte tú mismo la cama. Y al momento se levantó.

35. Todos los que habitaban en Lidda y en Sarona le vieron; y se convirtieron al Señor.

36. Había también en Jope entre los discípulos una mujer llamada Tabita, que traducido al griego es lo mismo que Dorcas. Estaba ésta enriquecida de buenas obras y de las limosnas que hacía.

37. Mas acaeció en aquellos días que cayendo enferma, murió. Y lavado su cadáver, la pusieron de cuerpo presente en un aposento alto.

38. Como Lidda está cerca de Jope, oyendo los discípulos que Pedro estaba allí, le enviaron dos mensajeros, suplicándole que sin detención pasase a verlos.

39. Púsose luego Pedro en camino con ellos. Llegado que fue, condujéronle al aposento alto, y se halló rodeado de todas las viudas, que llorando le mostraban las túnicas y los vestidos que Dorcas les hacía.

40. Entonces Pedro, habiendo hecho salir a toda la gente, poniéndose de rodillas, hizo oración, y vuelto al cadáver dijo: Tabita, levántate. Al instante abrió ella los ojos, y viendo a Pedro se incorporó.

41. El cual, dándole la mano, la puso en pie. Y llamando a los santos, o fieles, y a las viudas, se la entregó viva.

42. Lo que fue notorio en toda la ciudad de Jope; por cuyo motivo muchos creyeron en el Señor.

43. Con eso Pedro se hubo de detener muchos días en Jope, hospedado en casa de cierto Simón curtidor.

CAPÍTULO X

Bautiza Pedro a Cornelio el centurión, y a varios otros gentiles parientes y amigos de éste.

1. Había en Cesarea un varón llamado Cornelio, el cual era centurión en una cohorte de la legión llamada Itálica,

2. hombre religioso, y temeroso de Dios con toda su familia, y que daba muchas limosnas al pueblo, y hacía continua oración a Dios.

3. Éste, pues, a eso de la hora de nona, en una visión vio claramente a un ángel del Señor entrar en su aposento, y decirle: ¡Cornelio!

4. Y él, mirándole sobrecogido de temor, dijo: ¿Qué queréis de mí, Señor? Respondióle: Tus oraciones y tus limosnas han subido hasta arriba en el acatamiento de Dios haciendo memoria de ti.

5. Ahora, pues, envía a alguno a Jope en busca de un tal Simón, por sobrenombre Pedro,

6. el cual está hospedado en casa de otro Simón curtidor, cuya casa está cerca del mar: éste te dirá lo que te conviene hacer.

7. Luego que se retiró el ángel que le hablaba, llamó a dos de sus domésticos y a un soldado de los que estaban a sus órdenes, temeroso de Dios;

8. a los cuales, después de habérselo confiado todo, los envió a Jope.

9. El día siguiente, mientras estaban ellos haciendo su viaje, y acercándose a la ciudad, subió Pedro a lo alto de la casa, cerca de la hora de sexta, a hacer oración.

10. Sintiendo hambre, quiso tomar alimento. Pero mientras se lo aderezaban, le sobrevino un éxtasis o arrobamiento;

11. y en él vio el cielo abierto, y bajar cierta cosa como un mantel grande, que pendiente de sus cuatro puntas se descolgaba del cielo a la tierra,

12. en el cual había todo género de animales cuadrúpedos, y reptiles de la tierra, y aves del cielo.

13. Y oyó una voz que le decía: Pedro, levántate, mata, y come.

14. Dijo Pedro: No haré tal, Señor, pues jamás he comido cosa profana e inmunda,

15. Replicóle la misma voz: Lo que Dios ha purificado, no lo llames tú profano.

16. Esto se repitió por tres veces; y luego el mantel volvió a subirse al cielo.

17. Mientras estaba Pedro discurriendo entre sí qué significaría la visión que acababa de tener, he aquí que los hombres que enviara Cornelio, preguntando por la casa de Simón, llegaron a la puerta.

18. Y habiendo llamado preguntaron si estaba hospedado allí Simón, por sobrenombre Pedro.

19. Y mientras éste estaba ocupado en discurrir sobre la visión, le dijo el Espíritu: Mira, ahí están tres hombres que te buscan.

20. Levántate luego, baja, y vete con ellos sin el menor reparo: porque yo soy el que los ha enviado.

21. Habiendo, pues, Pedro bajado, e ido al encuentro de los mensajeros, les dijo: Vedme aquí: yo soy aquel a quien buscáis: ¿cuál es el motivo de vuestro viaje?

22. Ellos le respondieron. El centurión Cornelio, varón justo y temeroso de Dios, estimado y tenido por tal de toda la nación de los judíos, recibió aviso de un santo ángel, para que te enviara llamar a su casa, y escuchase lo que tú le digas.

23. Pedro entonces, haciéndolos entrar, los hospedó consigo. Al día siguiente partió con ellos, acompañándole también algunos de los hermanos de Jope.

24. El día después entró en Cesarea. Cornelio, por su parte, convocados sus parientes y amigos más íntimos, los estaba esperando.

25. Estando Pedro para entrar, le salió Cornelio a recibir, y postrándose a sus pies, le adoró.

26. Mas Pedro le levantó, diciendo: Álzate, que yo no soy más que un hombre como tú.

27. Y conversando con él entró en casa, donde halló reunidas muchas personas.

28. Y les dijo: No ignoráis qué cosa tan abominable sea para un judío el trabar amistad o familiarizarse con un extranjero; pero Dios me ha enseñado a no tener a ningún hombre por impuro o manchado.

29. Por lo cual, luego que he sido llamado he venido sin dificultad. Ahora os pregunto: ¿por qué motivo me habéis llamado?

30. A lo que respondió Cornelio. Cuatro días hace hoy, que yo estaba orando en mi casa a la hora de nona, cuando he aquí que se me puso delante un personaje vestido de blanco, y me dijo:

31. Cornelio, tu oración ha sido oída benignamente, y se ha hecho mención de tus limosnas en la presencia de Dios.

32. Envía, pues, a Jope, y haz venir a Simón, por sobrenombre Pedro, el cual está hospedado en casa de Simón el curtidor, cerca del mar.

33. Al punto, pues, envié por ti, y tú me has hecho la gracia de venir. Ahora, pues, todos nosotros estamos aquí en tu presencia, para escuchar cuanto el Señor te haya mandado decirnos.

34. Entonces Pedro, dando principio a su discurso, habló de esta manera: Verdaderamente acabé de conocer que Dios no hace acepción de personas;

35. sino que en cualquiera nación, el que le teme, y obra bien, merece su agrado.

36. Lo cual ha hecho entender Dios a los hijos de Israel, anunciándoles la paz por Jesucristo (el cual es el Señor de todos).

37. Vosotros sabéis lo que ha ocurrido en toda la Judea habiendo principiado en Galilea, después que predicó Juan el bautismo;

38. la manera en que Dios ungió con el Espíritu Santo y su virtud a Jesús de Nazaret; el cual ha ido haciendo beneficios por todas partes por donde ha pasado, y ha curado a todos

los que estaban bajo la opresión del demonio, porque Dios estaba con él.

39. Y nosotros somos testigos de todas las cosas que hizo en el país de Judea y en Jerusalén, al cual no obstante quitaron la vida colgándole en una cruz.

40. Pero Dios le resucitó al tercer día, y dispuso que de dejase ver,

41. no de todo el pueblo, sino de los predestinados de Dios para testigos, de nosotros, que hemos comido y bebido con él, después que resucitó de entre los muertos.

42. Y nos mandó que predicásemos y testificásemos al pueblo, que él es el que está por Dios constituido juez de vivos y de muertos.

43. Del mismo testifican todos los profetas, que cualquiera que cree en él, recibe en virtud de su nombre la remisión de los pecados.

44. Estando aún Pedro diciendo estas palabras, descendió el Espíritu Santo sobre todos los que oían la plática.

45. Y los fieles circuncidados, o judíos, que habían venido con Pedro, quedaron pasmados, al ver que la gracia del Espíritu Santo se derramaba también sobre los gentiles, o incircuncisos.

46. Pues los oían hablar varias lenguas y publicar las grandezas de Dios.

47. Entonces dijo Pedro: ¿Quién puede negar el agua del bautismo a los que como nosotros, han recibido también al Espíritu Santo?

48. Así que mandó bautizarlos en Nombre y con el bautismo de Nuestro Señor Jesucristo; y le suplicaron que se detuviese con ellos algunos días, como lo hizo.

CAPÍTULO XI

Disgústanse los hermanos de que Pedro haya tratado con los gentiles; él les satisface, contándoles el suceso. Propagación del Evangelio en varias partes, sobre todo en Antioquía, a donde es enviado Bernabé, que conduce allí a Saulo.

1. Supieron los apóstoles y los hermanos o fieles de Judea, que también los gentiles habían recibido la palabra de Dios.

2. Vuelto, pues, Pedro a Jerusalén, le hacían por eso cargo los fieles circuncidados,

3. diciendo: ¿Cómo has entrado en casa de personas incircuncisas, y has comido con ellas?

4. Pedro entonces empezó a exponerles toda la serie del suceso, en estos términos:

5. Estaba yo en la ciudad de Jope en oración, y vi en éxtasis una visión de cierta cosa que iba

descendiendo, a manera de un gran lienzo descolgado del cielo por las cuatro puntas, que llegó junto a mí.

6. Mirando con atención, me puse a contemplarle, y le vi lleno de animales cuadrúpedos terrestres, de fieras, de reptiles y volátiles del cielo.

7. Al mismo tiempo oí una voz que me decía: Pedro, levántate, mata, y come.

8. Yo respondí: De ningún modo, Señor, porque hasta ahora no ha entrado jamás en mi boca cosa profana o inmunda.

9. Mas la voz del cielo, hablándome segunda vez, me replicó: Lo que Dios ha purificado, no lo llames tú impuro.

10. Esto sucedió por tres veces; y luego todo aquel aparato fue recibido otra vez en el cielo.

11. Pero en aquel mismo punto llegaron a la casa en que estaba yo hospedado tres hombres, que eran enviados a mí de Cesarea.

12. Y me dijo el Espíritu que fuese con ellos sin escrúpulo alguno. Vinieron asimismo estos seis hermanos que me acompañan y entramos en casa de aquel hombre que me envió a buscar.

13. El cual nos contó cómo había visto en su casa a un ángel, que se le presentó y le dijo: Envía a Jope, y haz venir a Simón, por sobrenombre Pedro,

14. quien te dirá las cosas necesarias para tu salvación y la de toda tu familia.

15. Habiendo yo, pues, empezado a hablar, descendió el Espíritu Santo sobre ellos, como descendió al principio sobre nosotros.

16. Entonces me acordé de lo que decía el Señor: Juan a la verdad ha bautizado con agua, mas vosotros seréis bautizados con el Espíritu Santo.

17. Pues si Dios les dio a ellos la misma gracia, y del mismo modo que a nosotros, que hemos creído en Nuestro Señor Jesucristo, ¿quién era yo para oponerme a el designio de Dios?

18. Oídas estas cosas, se aquietaron, y glorificaron a Dios, diciendo: Luego también a los gentiles les ha concedido Dios la penitencia para alcanzar la vida.

19. Entretanto los discípulos que se habían esparcido por la persecución suscitada con motivo de Esteban, llegaron hasta Fenicia, y Chipre, y Antioquía, predicando el evangelio únicamente a los judíos.

20. Entre ellos había algunos nacidos en Chipre y en Cirene, los cuales, habiendo entrado en Antioquía, conversaban asimismo con los griegos, anunciándoles la fe de el Señor Jesús.

21. Y la mano de Dios los ayudaba, por manera que un gran número de personas creyó y se convirtió al Señor.

22. Llegaron estas noticias a oídos de la Iglesia de Jerusalén; y enviaron a Bernabé a Antioquía.

23. Llegado allá, y al ver los prodigios de la gracia de Dios, se llenó de júbilo; y exhortaba a todos a permanecer en el secriicio del Señor con un corazón firme y constante.

24. Porque era Bernabé varón perfecto, y lleno del Espíritu Santo y de fe. Y así fueron muchos los que se agregaron al Señor.

25. De aquí partió Bernabé a Tarso, en busca de Saulo; y habiéndole hallado, le llevó consigo a Antioquía,

26. en cuya Iglesia estuvieron empleados todo un año; e instruyeron a tanta multitud de gentes, que aquí en Antioquía fue donde los discípulos empezaron a llamarse cristianos.

27. Por estos días vinieron de Jerusalén ciertos profetas a Antioquía;

28. uno de los cuales por nombre Agabo, inspirado de Dios, anunciaba que había de haber una grande hambre por toda la tierra, como en efecto la hubo en tiempo del emperador Claudio;

29. por cuya causa los discípulos determinaron contribuir cada uno, según sus facultades, con alguna limosna, para socorrer a los hermanos habitantes en Judea.

30. Lo que hicieron efectivamente, remitiendo las limosnas a los ancianos o sacerdotes de Jerusalén por mano de Bernabé y de Saulo.

CAPÍTULO XII

Martirio de Santiago. Prisión de San Pedro y cómo fue puesto milagrosamente en libertad. Muerte desgraciada del rey Herodes.

1. Por este mismo tiempo el rey Herodes se puso a perseguir a algunos de la Iglesia.

2. Primeramente hizo degollar a Santiago, hermano de Juan;

3. después viendo que esto complacía a los judíos, determinó también prender a Pedro. Eran entonces los días de los ázimos.

4. Habiendo, pues, logrado prenderle, le metió en la cárcel, entregándole a la custodia de cuatro piquetes de soldados, de a cuatro hombres cada piquete, con el designio de presentarle al pueblo y ajusticiarle después de la Pascua.

5. Mientras que Pedro estaba así custodiado en la cárcel, la Iglesia incesantemente hacía oracion a Dios por él.

6. Mas cuando iba ya Herodes a presentarle al público, aquella misma noche estaba durmiendo Pedro en medio de dos soldados, atado a ellos con dos cadenas, y las guardias ante la puerta de la cárcel haciendo centinela.

7. Cuando de repente apareció un ángel del Señor, cuya luz llenó de resplandor toda la pieza, y tocando a Pedro en el lado, le despertó, diciendo: Levántate presto. Y al punto se le cayeron las cadenas de las manos.

8. Díjole asimismo el ángel: Ponte el ceñidor, y cálzate tus sandalias. Hízolo así. Díjole más: Toma tu capa, y sígueme.

9. Salió, pues, y le iba siguiendo, bien que no creía ser realidad lo que hacía el ángel; antes se imaginaba que era un sueño lo que veía.

10. Pasada la primera y la segunda guardia, llegaron a la puerta de hierro que sale a la ciudad, la cual se les abrió por sí misma. Salidos por ella caminaron hasta lo último de la calle, y súbitamente desapareció de su vista el ángel.

11. Entonces Pedro vuelto en sí, dijo: Ahora si que conozco que el Señor verdaderamente ha enviado a su ángel y librádome de las manos de Herodes y de la expectación de todo el pueblo judaico.

12. Y habiendo pensado lo que haría, se encaminó a casa de María madre de Juan, por sobrenombre Marcos, donde muchos estaban congregados en oración.

13. Habiendo, pues, llamado al postigo de la puerta, una doncella llamada Rode salió a observar quién era.

14. Y conocida la voz de Pedro, fue tanto su gozo, que, en lugar de abrir, corrió adentro con la nueva de que Pedro estaba a la puerta.

15. Dijéronle: Tú estás loca. Mas ella afirmaba que era cierto lo que decía. Ellos dijeron entonces: Sin duda será su ángel.

16. Pedro entretanto proseguía llamando a la puerta. Abriendo por último, le vieron, y quedaron asombrados.

17. Mas Pedro haciéndoles señas con la mano para que callasen, contóles cómo el Señor le había sacado de la cárcel, y añadió: Haced saber esto a Santiago y a los hermanos. Y partiendo de allí, se retiró a otra parte.

18. Luego que fue de día, era grande la confusión entre los soldados, sobre qué se habría hecho de Pedro.

19. Herodes, haciendo pesquisas de él, y no hallándole, hecha la sumaria a los de la guardia, mandólos llevar al suplicio; y después se marchó de Judea a Cesarea, en donde se quedó.

20. Estaba Herodes irritado contra los tirios y sidonios. Pero éstos de común acuerdo vinie-

ron a presentársele, y ganado el favor de Blasto, camarero mayor del rey, le pidieron la paz, pues aquel país necesitaba de los socorros del territorio de Herodes para su subsistencia.

21. El día señalado para la audiencia Herodes vestido de traje real, se sentó en su trono, y les arengaba.

22. Todo el auditorio prorrumpía en aclamaciones, diciendo: Ésta es la voz de un Dios, y no de un hombre.

23. Mas en aquel mismo instante le hirió un ángel del Señor, por no haber dado a Dios la gloria; y roído de gusanos, expiró.

24. Entretanto la palabra de Dios hacía grandes progresos, y se propagaba más y más cada día.

25. Bernabé y Saulo, acabada su comisión de entregar las limosnas, volvieron de Jerusalén a Antioquía, habiéndose llevado consigo a Juan, por sobrenombre Marcos.

CAPÍTULO XIII

Saulo y Bernabé enviados por el Espíritu Santo a predicar a los gentiles. Conversión del procónsul Sergio Paulo. San Pablo predica en Antioquía de Pisidia; convierte a muchos gentiles y abandona a los judíos incrédulos.

1. Había en la iglesia de Antioquía varios profetas y doctores, de cuyo número eran Bernabé, y Simón, llamado el Negro, y Lucio de Cirene, y Manahén, hermano de leche del tetrarca Herodes, y Saulo.

2. Mientras estaban un día ejerciendo las funciones de su ministerio delante del Señor, y ayunando, díjoles el Espíritu Santo: Separadme a Saulo y a Bernabé para la obra a que los tengo destinados.

3. Y después de haberse dispuesto con ayunos y oraciones, les impusieron las manos y los despidieron.

4. Ellos, pues, enviados así por el Espíritu Santo fueron a Seleucia; desde donde navegaron a Chipre.

5. Y llegados a Salamina, predicaban la palabra de Dios en las sinagogas de los judíos, teniendo consigo a Juan, que les ayudaba, como diácono.

6. Recorrida toda la isla hasta Pafo, encontraron a cierto judío, mago y falso profeta, llamado Barjesos,

7. el cual estaba en compañía del procónsul Sergio Paulo, hombre de mucha prudencia. Este procónsul habiendo hecho llamar a sí a Bernabé y a Saulo, deseaba oír la palabra de Dios.

8. Pero Elimas, o el mago (que eso significa el nombre Elimas) se les oponía, procurando apartar al procónsul de abrazar la fe.

9. Mas Saulo, que también se llama Pablo, lleno del Espíritu Santo, clavando en él sus ojos,

l0. le dijo: ¡Oh hombre lleno de toda suerte de fraudes y embustes, hijo del diablo, enemigo de toda justicia! ¿No cesarás nunca de procurar trastornar o torer los caminos rectos del Señor?

11. Pues mira: Desde ahora la mano del Señor descargará sobre ti, y quedarás ciego sin ver la luz del día, hasta cierto tiempo. Y al momento densas tinieblas cayeron sobre sus ojos, y andaba buscando a tientas quien le diese la mano.

12. En la hora el procónsul, visto lo sucedido, abrazó la fe, maravillándose de la doctrina del Señor.

13. Pablo y sus compañeros, habiéndose hecho a la vela desde Pafo, aportaron a Perge de Panfilia. Aquí Juan, apartándose de ellos, se volvió a Jerusalén.

14. Pablo, empero, y los demás, sin detenerse en Perge, llegaron a Antioquía de Pisidia; y entrando el sábado en la sinagoga, tomaron asiento.

15. Después que se acabó la lectura de la ley y de los profetas, los presidentes de la sinagoga los convidaron, enviándoles a decir: Hermanos, si tenéis alguna cosa de edificación que decir al pueblo, hablad.

16. Entonces Pablo, puesto en pie, y haciendo con la mano una señal pidiendo atención, dijo: ¡Oh israelitas, y vosotros los que teméis al Señor, escuchad!

17. El Dios del pueblo de Israel eligió a nuestros padres, y engrandeció a este pueblo, mientras habitaban como extranjeros en Egipto, de donde los sacó con el poder soberano de su brazo;

18. y sufrió después sus perversas costumbres por espacio de cuarenta años en el desierto;

19. y, en fin, destruidas siete naciones en la tierra de Canaán, les distribuyó por suerte las tierras de éstas,

20. unos cuatrocientos cincuenta años después; luego les dio jueces, o gobernadores, hasta el profeta Samuel,

21. en cuyo tiempo pidieron rey; y dioles Dios a Saúl, hijo de Cis, de la tribu de Benjamín, por espacio de cuarenta años.

22. Y removido éste, les dio por rey a David, a quien abonó diciendo: He hallado a David, hijo de Jesé, hombre conforme a mi corazón, que cumplirá todos mis preceptos.

23. Del linaje de éste ha hecho nacer Dios, según su promesa, a Jesús para ser el salvador de Israel,

24. habiendo predicado Juan, antes de manifestarse su venida, el bautismo de penitencia a todo el pueblo de Israel.

25. El mismo Juan al terminar su carrera decía: Yo no soy el que vosotros imagináis; pero mirad, después de mí viene uno a quien yo no soy digno de desatar el calzado de sus pies.

26. Ahora, pues, hermanos míos, hijos de la prosapia de Abrahán, a vosotros es, y a cualquiera que entre vosotros teme a Dios, a quienes es enviado este anuncio de la salvación.

27. Porque los habitantes de Jerusalén y sus jefes, desconociendo a este Señor, y las profecías que se leen todos los sábados, con haberle condenado las cumplieron,

28. cuando no hallando en él ninguna causa de muerte, no obstante pidieron a Pilatos que le quitase la vida.

29. Y después de haber ejecutado todas las cosas que de él estaban escritas, descolgándole de la cruz, le pusieron en el sepulcro.

30. Mas Dios le resucitó de entre los muertos al tercer día; y se apareció durante muchos días a aquellos

31. que con él habían venido de Galilea a Jerusalén, los cuales hasta el día de hoy están dando testimonio de él al pueblo.

32. Nosotros, pues, os anunciamos el cumplimiento de la promesa hecha a nuestros padres,

33. el efecto de la cual nos ha hecho Dios ver a nosotros sus hijos, resucitando a Jesús, en conformidad de lo que se halla escrito en el salmo segundo: Tú eres Hijo mío, yo te di hoy el ser.

34. Y para manifestar que le ha resucitado de entre los muertos para nunca más morir, dijo así: Yo cumpliré fielmente las promesas juradas a David.

35. Y por eso mismo dice en otra parte: No permitirás que tu Santo Hijo experimente la corrupción.

36. Pues por lo que hace a David, sabemos que después de haber servido en su tiempo a los designios de Dios, cerró los ojos; y fue sepultado con sus padres, y padeció la corrupción como los demas.

37. Pero aquel a quien Dios ha resucitado de entre los muertos, no ha experimentado ninguna corrupción.

38. Ahora, pues, hermanos míos, tened entendido que por medio de éste se os ofrece la remisión de los pecados y de todas las manchas de que no habéis podido ser justificados en virtud de la ley mosaica.

39. Todo aquel que cree en él es justificado.

40. Por tanto mirad no recaiga sobre vosotros lo que se halla dicho en los profetas:

41. Reparad, burladores de mi palabra, llenaos de pavor, y quedad desolados; porque yo voy a ejecutar una obra en vuestros días, obra que no acabaréis de creerla por más que os la cuenten y aseguren.

42. Al tiempo de salir, les suplicaban que el sábado siguiente les hablasen también del mismo asunto.

43. Despedido el auditorio, muchos de los judíos y de los prosélitos, temerosos de Dios, siguieron a Pablo y a Bernabé, los cuales los exhortaban a perseverar en la gracia de Dios.

44. El sábado siguiente casi toda la ciudad concurrió a oír la palabra de Dios.

45. Pero los judíos, viendo tanto concurso, se llenaron de envidia, y contradecían con blasfemias a todo lo que Pablo predicaba.

46. Entonces Pablo y Bernabé con gran entereza les dijeron: A vosotros debía ser primeramente anunciada la palabra de Dios; mas ya que la rechazáis, y os juzgáis vosotros mismos indignos de la vida eterna, de hoy en adelante nos vamos a predicar a los gentiles:

47. que así nos lo tiene ordenado el Señor diciendo: Yo te puse por lumbrera de las naciones, para que seas la salvación de todas hasta el cabo del mundo.

48. Oído esto por los gentiles se regocijaban, y glorificaban la palabra de Dios; y creyeron todos los que estaban preordinados para la vida eterna.

49. Así la palabra del Señor se esparcía por todo aquel país.

50. Los judíos, empero, instigaron a varias mujeres devotas y de distinción, y a los hombres principales de la ciudad, y levantaron una persecución contra Pablo y Bernabé, y los echaron de su territorio.

51. Pero éstos, sacudiendo contra ellos el polvo de sus pies, se fueron a Iconio.

52. Y los discípulos estaban llenos de gozo y del Espíritu Santo.

CAPÍTULO XIV

Lo que hicieron y padecieron Pablo y Bernabé en Iconio y otras ciudades de Licaonia, y visitando las iglesias, al volverse a Antioquía de Siria.

1. Estando ya en Iconio, entraron juntos en la sinagoga de los judíos, y hablaron en tales términos, que se convirtió una gran multitud de judíos y de griegos.

2. Pero los judíos que se mantuvieron incrédulos, conmovieron y provocaron a ira los ánimos de los gentiles contra los hermanos.

3. Sin embargo se detuvieron allí mucho tiempo, trabajando llenos de confianza en el Señor, que confirmaba la palabra de su gracia con los prodigios y milagros que hacía por sus manos.

4. De suerte que la ciudad estaba dividida en dos bandos: unos estaban por los judíos, y otros por los apóstoles.

5. Pero habiéndose amotinado los gentiles y judíos con sus jefes, para ultrajar a los apóstoles y apedrearles,

6. ellos, sabido esto, se marcharon a Listra y Derbe, ciudades también de Licaonia, recorriendo toda la comarca, y predicando el Evangelio.

7. Había en Listra un hombre cojo desde su nacimiento, que por la debilidad de las piernas estaba sentado, y no había andado en su vida.

8. Éste oyó predicar a Pablo; el cual fijando en él los ojos, y viendo que tenía fe de que sería curado,

9. le dijo en alta voz: Levántate y mantente derecho sobre sus pies. Y al instante saltó en pie, y echó a andar.

10. Las gentes viendo lo que Pablo acababa de hacer, levantaron el grito, diciendo en su idioma licaónico: Dioses son éstos que han bajado a nosotros en figura de hombres.

11. Y daban a Bernabé el nombre de Júpiter, y a Pablo el de Mercurio: por cuanto era el que llevaba la palabra.

12. Además de eso el sacerdote de Júpiter, cuyo templo estaba al entrar en la ciudad, trayendo toros adornados con guirnaldas delante de la puerta, intentaba, seguido del pueblo, ofrecerles sacrificios.

13. Lo cual apenas entendieron los apóstoles Bernabe y Pablo, rasgando sus vestidos, rompieron por medio del gentío, clamando,

14. y diciendo: Hombres, ¿qué es lo que hacéis? También somos nosotros, de la misma manera que vosotros, hombres mortales que venimos a predicaros que, dejadas esas vanas deidades, os convirtáis al Dios vivo, que ha criado el cielo, la tierra, el mar y todo cuanto en ellos se contiene.

15. Que si bien en los tiempos pasados permitió que las naciones echasen cada cual por su camino,

16. no dejó con todo de dar testimonio de quién era, o de su divinidad, haciendo beneficios desde el cielo, enviando lluvias, y los buenos temporales para los frutos, dándonos abundancia de manjares, y llenando de alegría nuestros corazones.

17. Aun diciendo tales cosas, con dificultad pudieron recabar del pueblo que no les ofreciese sacrificio.

18. Después sobrevinieron de Antioquía y de Iconio ciertos judíos; y habiendo ganado al populacho, apedrearon a Pablo, y le sacaron arrastrando fuera de la ciudad, dándole por muerto.

19. Mas amontonándose alrededor de él los discípulos, levantóse curado milagrosamente, y entró en la ciudad, y al día siguiente marchó con Bernabé a Derbe.

20. Y habiendo predicado en esta ciudad el evangelio, e instruido a muchos, volvieron a Listra, y a Iconio, y a Antioquía de Pisidia,

21. para corroborar los ánimos de los discípulos, y exhortarlos a perseverar en la fe, haciéndoles entender que es preciso pasar por medio de muchas tribulaciones para entrar en el reino de Dios.

22. En seguida, habiendo ordenado sacerdotes en cada una de las iglesias, después de oraciones y ayunos, los encomendaron al Señor, en quien habían creído.

23. Y atravesando la Pisidia, vinieron a la Panfilia,

24. y anunciada la palabra divina en Perge, bajaron a Atalia;

25. y desde aquí se embarcaron para Antioquía de Siria de donde los habían enviado, y encomendado a la gracia de Dios para la obra o ministerio que acababan de cumplir.

26. Luego de llegados congregaron la Iglesia, y refirieron cuán grandes cosas había hecho Dios con ellos, y cómo había abierto la puerta de la fe a los gentiles.

27. Y después se detuvieron bastante tiempo aquí con los discípulos.

CAPÍTULO XV

Concilio de Jerusalén, en que los gentiles convertidos son declarados exentos de la Ley mosaica. Pablo se separa de Bernabé, por razón del discípulo Marcos.

1. Por aquellos días algunos venidos de Judea andaban enseñando a los hermanos: Que si no se circuncidaban según el rito de Moisés, no podían salvarse.

2. Originóse de ahí una conmoción, y oponiéndoseles fuertemente Pablo y Bernabé, acordóse que Pablo y Bernabé, y algunos del otro partido fuesen a Jerusalén a consultar a los apóstoles y presbíteros sobre la dicha cuestión.

3. Ellos, pues, siendo despachados honoríficamente por la Iglesia, iban atravesando por la Fenicia y la Samaria, contando la conversión de los gentiles, con lo que llenaban de grande gozo a todos los hermanos.

4. Llegados a Jerusalén fueron bien recibidos de la Iglesia, y de los apóstoles, y de los presbíteros, y allí refirieron cuán grandes cosas había Dios obrado por medio de ellos.

5. Pero, añadieron, algunos de la secta de los fariseos, que han abrazado la fe, se han levantado diciendo ser necesario circuncidar a los gentiles, y mandarles observar la ley de Moisés.

6. Entonces los apóstoles y los presbíteros se juntaron a examinar este punto.

7. Y después de un maduro examen, Pedro como cabeza de todos se levantó, y les dijo: Hermanos míos, bien sabéis que mucho tiempo hace fui yo escogido por Dios entre nosotros, para que los gentiles oyesen de mi boca la palabra evangélica y creyesen.

8. Y Dios que penetra los corazones, dio testimonio de esto, dándoles el Espíritu Santo, del mismo modo que a nosotros.

9. Ni ha hecho diferencia entre ellos y nosotros, habiendo purificado con la fe sus corazones.

10. Pues ¿por qué ahora queréis tentar a Dios, con imponer sobre la cerviz de los discípulos un yugo, que ni nuestros padres ni nosotros hemos podido soportar?

11. Pues nosotros creemos salvarnos únicamente por la gracia de nuestro Señor Jesucristo, así como ellos.

12. Calló a esto toda la multitud, y se pusieron a escuchar a Bernabé y a Pablo que contaban cuántas maravillas y prodigios por su medio había obrado Dios entre los gentiles.

13. Después que hubieron acabado, tomó Santiago la palabra y dijo: Hermanos míos, escuchadme.

14. Simón os ha manifestado de qué manera ha comenzado Dios desde el principio a mirar favorablemente a los gentiles, escogiendo entre ellos un pueblo consagrado a su Nombre.

15. Con él están conformes las palabras de los profetas, según está escrito.

16. Después de estas cosas yo volveré, y reedificaré el Tabernáculo o reino de David, que fue arruinado, y restauraré sus ruinas y lo levantaré.

17. para que busquen al Señor los demás hombres y todas las naciones que han invocado mi Nombre, dice el Señor que hace estas cosas.

18. Desde la eternidad tiene conocida el Señor su obra.

19. Por lo cual yo juzgo que no se inquiete a los gentiles que se convierten a Dios,

20. sino que se les escriba que se abstengan de las inmundicias de los ídolos o manjares a ellos sacrificados, y de la fornicación, y de animales sofocados, y de la sangre.

21. Porque en cuanto a Moisés, ya de tiempos antiguos tiene en cada ciudad quien predica su doctrina en las sinagogas, donde se lee todos los sábados.

22. Oído esto, acordaron los apóstoles y presbíteros con toda la Iglesia elegir algunas personas de entre ellos, y enviarlas con Pablo y Bernabé a la Iglesia de Antioquía; y así nombraron a Judas, por sobrenombre Barsabas, y a Silas, sujetos principales entre los hermanos,

23. remitiendo por sus manos esta carta: Los apóstoles y los presbíteros hermanos, a nuestros hermanos convertidos de la gentilidad, que están en Antioquía, Siria y Cilicia, salud.

24. Por cuanto hemos sabido que algunos que de nosotros fueron ahí sin ninguna comisión nuestra, os han alarmado con sus discursos, desasosegando vuestras conciencias,

25. habiéndonos congregado, hemos resuelto, de común acuerdo, escoger algunas personas, y enviároslas con nuestros carísimos Bernabé y Pablo,

26. que son sujetos que han expuesto sus vidas por el Nombre de Nuestro Señor Jesucristo.

27. Os enviamos, pues, a Judas y a Silas, los cuales de palabra os dirán también lo mismo:

28. y es que ha parecido al Espíritu Santo, y a nosotros, inspirados por él, no imponeros otra carga, fuera de estas que son precisas, es a saber:

29. que os abstengáis de manjares inmolados a los ídolos, y de sangre, y de animal sofocado, y de la fornicación; de las cuales cosas haréis bien en guardaros. Dios os guarde.

30. Despachados, pues, de esta suerte los enviados llegaron a Antioquía, y congregada la Iglesia, entregaron la carta,

31. que fue leída con gran consuelo y alegría.

32. Judas y Silas por su parte, siendo como eran también profetas, consolaron y confortaron con muchísimas reflexiones a los hermanos;

33. y habiéndose detenido allí por algún tiempo, fueron remitidos en paz por los hermanos a los que los habían enviado.

34. Verdad es que a Silas le pareció conveniente quedarse allí; y así Judas se volvió solo a Jerusalén.

35. Pablo y Bernabé se mantenían en Antioquía, enseñando y predicando con otros muchos la palabra del Señor.

36. Mas pasados algunos días, dijo Pablo a Bernabé: Demos una vuelta visitando a los hermanos por todas las ciudades, en que hemos predicado la palabra del Señor, para ver el estado en que se hallan.

37. Bernabé para esto quería llevar también consigo a Juan, por sobrenombre Marcos.

38. Pablo, al contrario, le representaba que no debían llevarle, pues les había dejado desde Panfilia, y no les había acompañado en aquella misión.

39. La disensión entre los dos vino a parar en que se apartaron uno de otro. Bernabé, tomando consigo a Marcos, se embarcó para Chipre.

40. Pablo, eligiendo por su compañero a Silas, emprendió su viaje, después de haber sido encomendado por los hermanos a la gracia o favor de Dios.

41. Discurrió, pues, de esta suerte por la Siria y Cilicia, confirmando y animando las Iglesias; y mandando que observasen los preceptos de los apóstoles y de los presbíteros.

CAPÍTULO XVI

Pablo en Listra toma consigo a Timoteo; Lucas, el autor de este libro, se les junta en Tróade, o se manifiesta por primera vez estar en su compañía. Van a Macedonia, y en Filipos, donde se detuvieron antes, obran varios prodigios. Son azotados y puestos en la cárcel. Conviértese el carcelero, y los magistrados le suplican que se vayan de la ciudad.

1. Llegó Pablo a Derbe, y luego a Listra; donde se hallaba un discípulo llamado Timoteo, hijo de madre judía convertida a la fe, y de padre gentil.

2. Los hermanos que estaban en Listra y en Iconio hablaban con mucho elogio de este discípulo.

3. Pablo, pues, determinó llevarle en su compañía; y habiéndole tomado consigo, le circuncidó, por causa de los judíos que había en aquellos lugares; porque todos sabían que su padre era gentil.

4. Conforme iban visitando las ciudades, recomendaban a los fieles la observancia de los decretos acordados por los apóstoles y los presbíteros, que residían en Jerusalén.

5. Así las iglesias se confirmaban en la fe, y se aumentaba cada día el número de los fieles.

6. Cuando hubieron atravesado la Frigia y el país de Galacia, les prohibió el Espíritu Santo predicar la palabra de Dios en el Asia, o Jonia.

7. Y habiendo ido a la Misia, intentaban pasar a Bitinia; pero tampoco se lo permitió el Espíritu de Jesu-Cristo.

8. Con eso, atravesada la Misia, bajaron a Tróade,

9. donde Pablo tuvo por la noche esta visión: Un hombre de Macedonia poniéndosele delante, le suplicaba, y decía: Ven a Macedonia, y socorrenos.

10. Luego que tuvo visión, al punto dispusimos marchar a Macedonia, cerciorados de que Dios nos llamaba a predicar el Evangelio a aquellas gentes.

11. Así, embarcándonos en Tróade, fuimos en derechura a Samotracia, y al día siguiente a Nápoles.

12. Y de aquí a Filipos, que es una colonia romana y la primera ciudad de aquella parte de Macedonia. En esta ciudad nos detuvimos algunos días conferenciando.

13. Un día de sábado salimos fuera de la ciudad hacia la ribera del río, donde parecía estar el lugar o casa para tener oración los judíos, y habiéndonos sentado allí trabamos conversación con varias mujeres, que habían concurrido a dicho fin.

14. Y una mujer llamada Lidia, que comerciaba en púrpura o grana, natural de Tiatira, temerosa de Dios estaba escuchando; y el Señor le abrió el corazón para recibir bien las cosas que Pablo decía.

15. Habiendo, pues, sido bautizada ella y su familia, nos hizo esta súplica: Si es que me tenéis por fiel al Señor venid y hospedaos en mi casa. Y nos obligó a ello.

16. Sucedió que yendo nosotros a la oración, nos salió al encuentro una esclava moza, que estaba obsesa, o poseída, del espíritu pitón, la cual acarreaba una gran ganancia a sus amos haciendo de adivina.

17. Ésta, siguiendo detrás de Pablo y de nosotros, gritaba diciendo: Estos hombres son siervos del Dios altísimo, que os anuncian el camino de la salvación.

18. Lo que continuó haciendo muchos días. Al fin Pablo, no pudiendo ya sufrirlo, vuelto a ella, dijo al espíritu: Yo te mando en nombre de Jesucristo que salgas de esta muchacha. Y al punto salió.

19. Mas sus amos, viendo desvanecida a esperanza de la granjería que hacían con ella, prendiendo a Pablo y a Silas, los condujeron al juzgado ante los jefes de la ciudad,

20. y presentándolos a los magistrados, dijeron: Estos hombres alborotan nuestra ciudad, son judíos,

21. y quieren introducir una manera de vida que no nos es lícito abrazar ni practicar, siendo como somos romanos.

22. Al mismo tiempo la plebe conmovida acudió de tropel contra ellos; y los magistrados mandaron que, rasgándoles las túnicas, los azotasen con varas.

23. Y después de haberles dado muchos azotes, los metieron en la cárcel, apercibiendo al carcelero para que los asegurase bien.

24. El cual, recibida esta orden, los metió en un profundo calabozo, con los pies en el cepo.
25. Mas a eso de media noche, puestos Pablo y Silas en oración, cantaban alabanzas a Dios, y los demás presos los estaban escuchando,
26. cuando de repente se sintió un gran terremoto, tal que se meneaban los cimientos de la cárcel. Y al instante se abrieron de par en par todas las puertas, y se les soltaron a todos las prisiones.
27. En esto, despertando el carcelero, y viendo abiertas las puertas de la cárcel, desenvainando una espada iba a matarse, creyendo que se habían escapado los presos.
28. Entonces Pablo le gritó con grande voz, diciendo: No te hagas ningún daño que todos sin faltar uno estamos aquí.
29. El carcelero entonces habiendo pedido luz, entró dentro, y estremecido se arrojó a los pies de Pablo y de Silas,
30. y sacándolos afuera, les dijo: Señores ¿qué debo hacer para salvarme?
31. Ellos le respondieron: Cree en el Señor Jesús, y te salvarás tú, y tu familia.
32. Y enseñáronle la doctrina del Señor a él y a todos los de su casa.
33. El carcelero en aquella misma hora de la noche, llevándolos consigo, les lavó las llagas: y recibió luego el bautismo, así él como toda su familia.
34. Y conduciéndolos a su habitación, les sirvió la cena, regocijándose con toda su familia de haber creído en Dios.
35. Luego que amaneció, los magistrados enviaron los alguaciles, con orden al carcelero para que pusiese en libertad a aquellos hombres.
36. El carcelero dio esta noticia a Pablo, diciendo: Los magistrados han ordenado que se os ponga en libertad: por tanto saliéndoos ahora, idos en paz.
37. Mas Pablo les dijo a los alguaciles: ¡Cómo! Después de habernos azotado públicamente, sin oírnos en juicio, siendo ciudadanos romanos nos metieron en la cárcel, ¿y ahora salen con soltarnos en secreto? No ha de ser así, sino que han de venir los magistrados,
38. y soltarnos ellos mismos. Los alguaciles refirieron a los magistrados esta respuesta; los cuales al oír que eran romanos comenzaron a temer.
39. Y así viniendo procuraron excusarse con ellos, y sacándolos de la cárcel les suplicaron que se fuesen de la ciudad.
40. Salidos, pues, de la cárcel, entraron en casa de Lidia; y habiendo visto a los hermanos, los consolaron, y después partieron.

CAPÍTULO XVII

Pablo predica con mucho fruto en Tesalónica y los judíos le persiguen. Lo mismo sucede después en Berea. Disputa con ellos en Atenas, y con los filósofos; se convierte entre otros Dionisio areopagita, o senador del Areópago.

1. Y habiendo pasado por Anfípolis y Apolonia, llegaron a Tesalónica, donde había una sinagoga de judíos.
2. Pablo segun su costumbre entró en ella, y por tres sábados continuos disputaba con ellos sobre las Escrituras.
3. demostrando y haciéndoles ver que había sido necesario que el Cristo o Mesías padeciese y resucitase de entre los muertos; y este Mesías, les decía, es Jesucristo, a quien yo os anuncio.
4. Algunos de ellos creyeron, y se unieron a Pablo y a Silas, y también gran multitud de prosélitos, y de gentiles, y muchas matronas de distinción.
5. Pero los judíos incrédulos, llevados de su falso celo, se valieron de algunos malos hombres de ínfima plebe, y reuniendo gente, amotinaron la ciudad, y echáronse sobre la casa de Jasón en busca de Pablo y de Silas, para presentarlos a la vista del pueblo.
6. Mas como no los hubiesen encontrado, trajeron por fuerza a Jasón y a algunos hermanos ante los magistrados de la ciudad, gritando: Ved ahí unas gentes que meten la confusión por todas partes; han venido acá,
7. y Jasón los ha hospedado en su casa. Todos éstos son rebeldes a los edictos de César, diciendo que hay otro rey, el cual es Jesús.
8. La plebe y los magistrados de la ciudad, oyendo esto, se alborotaron.
9. Pero Jasón y los otros, habiendo dado fianzas, fueron puestos en libertad.
10. Como quiera, los hermanos, sin perder tiempo aquella noche, hicieron partir a Pablo y a Silas para Berea. Los cuales luego que llegaron, entraron en la sinagoga de los judíos.
11. Eran éstos de mejor índole que los de Tesalónica, y así recibieron la palabra de Dios con grande ansia y ardor, examinando atentamente todo el día las Escrituras, para ver si era cierto lo que se les decía.
12. De suerte que muchos de ellos creyeron, como también muchas señoras gentiles de distinción, y no pocos hombres.
13. Mas como los judíos de Tesalónica hubiesen sabido que también en Berea predicaba Pablo el Evangelio, acudieron luego allá alborotando y amotinando al pueblo.

14. Entonces los hermanos dispusieron inmediatamente que Pablo se retirase hacia el mar, quedando Silas y Timoteo en Berea.

15. Los que acompañaban a Pablo, lo condujeron hasta la ciudad de Atenas, y recibido el encargo de decir a Silas y a Timoteo que viniesen a él cuanto antes, se despidieron.

16. Mientras que Pablo los estaba aguardando en Atenas, se consumía interiormente su espíritu, considerando aquella ciudad entregada toda a la idolatría.

17. Por tanto disputaba en la sinagoga con los judíos y prosélitos, y todos los días en la plaza, con los que allí se le ponían delante.

18. También algunos filósofos de los epicúreos y de los estoicos armaban con él disputas; y unos decían: ¿Qué quiere decir este charlatán? Y otro: Éste parece que viene a anunciarnos nuevos dioses; lo cual decían porque les hablaba de Jesús y de la resurrección.

19. Al fin, cogiéndole en medio, le llevaron al Areópago, diciendo: ¿Podremos saber qué doctrina nueva es ésta que predicas?

20. Porque te hemos oído decir cosas que nunca habíamos oído. Y así deseamos saber a qué se reduce eso.

21. (Es de advertir que todos los atenienses, y los forasteros que allí vivían, en ninguna otra cosa se ocupaban, sino en decir o en oír algo de nuevo.)

22. Puesto, pues, Pablo en medio del Areópago, dijo: Ciudadanos atenienses, echo de ver que vosotros sois casi ni mios en todas las cosas de religión.

23. Porque al pasar, mirando yo las estatuas de vuestros dioses, he encontrado también un altar, con esta inscripción: AL DIOS NO CONOCIDO. Pues ese Dios que vosotros adoráis sin conocerle, es el que yo vengo a anunciaros.

24. El Dios que crió al mundo y todas las cosas contenidas en él, siendo como es el Señor del cielo y tierra, no está encerrado en templos fabricados por hombres,

25. ni necesita del servicio de las manos de los hombres, como si estuviese menesteroso de alguna cosa; antes bien él mismo está dando a todos la vida, y el aliento, y todas las cosas.

26. Él es el que de uno solo ha hecho nacer todo el linaje de los hombres, para que habitase la vasta extensión de la tierra, fijando el orden de los tiempos o estaciones, y los límites de la habitación de cada pueblo,

27. queriendo con esto que buscasen a Dios, por si rastreando y como palpando, pudiesen por fortuna hallarle; como quiera que no está lejos de cada uno de nosotros:

28. porque dentro de él vivimos, nos movemos, y existimos; y como algunos de vuestros poetas dijeron: Somos del linaje, o descendencia, del mismo Dios.

29. Siendo, pues, nosotros del linaje de Dios, no debemos imaginar que el ser divino sea semejante al oro, a la plata, o al mármol, de cuya materia ha hecho las figuras el arte e industria humana.

30. Pero Dios, habiendo disimulado o cerrado los ojos sobre los tiempos de esta tan grosera ignorancia, intima ahora a los hombres que todos en todas partes hagan penitencia,

31. por cuanto tiene determinado el día en que ha de juzgar al mundo con rectitud, por medio de aquel varón constituido por él, dando de esto a todos una prueba cierta, con haberle resucitado de entre los muertos.

32. Al oír mentar la resurrección de los muertos, algunos se burlaron de él, y otros le dijeron: Te volveremos a oír otra vez sobre esto.

33. De esta suerte Pablo salió de en medio de aquellas gentes.

34. Sin embargo, algunos se le juntaron y creyeron, entre los cuales fue Dionisio el areopagita, y cierta mujer llamada Dámaris, con algunos otros.

CAPÍTULO XVIII

El fruto que hizo San Pablo en Corinto, animado del Señor. Es acusado al procónsul. Parte a Éfeso, y vuelve a Jerusalén. Apolo en su ausencia predica con gran fervor y fruto a los judíos.

1. Después de esto Pablo, marchándose de Atenas, pasó a Corinto.

2. Y encontrando allí a un judío, llamado Aquila, natural del Ponto, que poco antes había llegado de Italia, con su mujer Priscila (porque el emperador Claudio había extinguido de Roma a todos los judíos), se juntó con ellos.

3. Y como era del mismo oficio, se hospedó en su casa, y trabajaba en su compañía (el oficio de ellos era hacer tiendas de campaña)

4. Y todos los sábados disputaba en la sinagoga, haciendo entrar siempre en sus discursos el nombre del Señor Jesús, procurando convencer a los judíos y a los griegos.

5. Mas cuando Silas y Timoteo hubieron llegado de Macedonia, Pablo se aplicaba aun con más ardor a la predicación, testificando a los judíos que Jesús era el Cristo.

6. Pero como éstos le contradijesen, y prorrumpiesen en blasfemias, sacudiendo sus ves-

tidos, les dijo: Recaiga vuestra sangre sobre vuestra cabeza; yo no tengo la culpa. Desde ahora me voy a predicar a los gentiles.

7. En efecto, saliendo de allí, entró a hospedarse en casa de uno llamado Tito Justo, temeroso de Dios, cuya casa estaba contigua a la sinagoga.

8. Con todo Crispo, jefe de la sinagoga, creyó en el Señor con toda su familia, como también muchos ciudadanos de Corinto, oyendo a Pablo creyeron, y fueron bautizados.

9. Entonces el Señor, apareciéndose una noche a Pablo, le dijo: No tienes que temer, prosigue predicando, y no dejes de hablar;

10. pues que yo estoy contigo, y nadie llegará a maltratarte; porque ha de ser mía mucha gente en esta ciudad.

11. Con esto se detuvo aquí año y medio, predicando la palabra de Dios.

12. Pero siendo procónsul de Acaya Galión, los judíos se levantaron de mancomún contra Pablo, y le llevaron a su tribunal,

13. diciendo: Éste persuade a la gente que dé a Dios un culto contrario a la ley.

14. Mas cuando Pablo iba a hablar en su defensa, dijo Galión a los judíos: Si se tratase verdaderamente de alguna injusticia o delito, o de algún enorme crimen, sería razón, ¡oh judíos!, que yo admitiese vuestra delación;

15. mas si estas son cuestiones de palabras, y de nombres, y cosas de vuestra ley, allá os las hayáis, que yo no quiero meterme a juez de esas cosas.

16. E hízolos salir de su tribunal.

17. Entonces, acometiendo todos a Sóstenes, jefe de la sinagoga, le maltrataban a golpes delante del tribunal, sin que Galión hiciese caso de nada de esto.

18. Y Pablo habiéndose a un detenido allí mucho tiempo, se despidió de los hermanos, y, se embarcó para la Siria (en compañía de Priscila y de Aquila), habiéndose hecho cortar antes el cabello en Cencres, a causa de haber concluido ya el voto que había hecho.

19. Arribó a Efeso, y dejó allí a sus compañeros. Y entrando él en la sinagoga, disputaba con los judíos.

20. Y aunque éstos le rogaron que se detuviese más tiempo en su compañía, no condescendió,

21. sino que, despidiéndose de ellos, y diciéndoles: Otra vez volveré a veros, id Dios quiere, partió de Éfeso.

22. Y desembarcando en Cesarea, subió a saludar a la Iglesia, y en seguida tomó el camino de Antioquía;

23. donde habiéndose detenido algún tiempo, partió después, y recorrió por su orden Los

pueblos del país de la Galacia y de la Frigia, confortando y todos los discípulos.

24. En este tiempo vino a Éfeso un judío, llamado Apolo, natural de Alejandría, varón elocuente, y muy versado en las Escrituras.

25. Estaba éste instruido en el camino del Señor, y predicaba con fervoroso espíritu, y enseñaba exactamente todo lo perteneciente a Jesús, aunque no conocía más que el bautismo de Juan.

26. Apolo, pues, comenzó a predicar con toda libertad en la sinagoga; y habiéndole oído Priscila y Aquila, se lo llevaron consigo, e instruyéronle más a fondo en la doctrina del Señor.

27. Mostrando después el deseo de ir a la provincia de Acaya, habiéndole animado a ello los hermanos, escribieron a los discípulos para que le diesen buena acogida. El cual llegado a aquel país, sirvió de mucho provecho a los que habían creído.

28. Porque con gran fervor redargüía a los judíos en público, demostrando por las Escrituras que Jesús era el Cristo o Mesías.

CAPÍTULO XIX

Vuelve Pablo a Éfeso y manda que se bauticen varios discípulos, que solamente habían recibido el bautismo de Juan; hace bajar sobre ellos el Espíritu Santo y obra muchos milagros. Quémanse los malos libros. Demetrio el platero mueve una sedición contra el apóstol.

1. Mientras Apolo estaba en Corinto, Pablo, recorridas las provincias superiores del Asiaf pasó a Efeso, y encontró a algunos discípulos,

2. y preguntóles: ¿Habéis recibido el Espíritu Santo después que abrazasteis la fe? Mas ellos le respondieron: Ni siquiera hemos oído si hay Espíritu Santo.

3. ¿Pues con qué bautismo, les replicó, fuisteis bautizados? Y ellos respondieron: Con el bautismo de Juan.

4. Dijo entonces Pablo: Juan bautizó al pueblo con el bautismo de penitencia, advirtiendo que creyesen en aquel que había de venir después de él, esto es, en Jesús.

5. Oído esto, se bautizaron en nombre del Señor Jesús.

6. Y habiéndoles Pablo impuesto las manos, descendió sobre ellos el Espíritu Santo, y hablaban varias lenguas, y profetizaban.

7. Eran en todos como unos doce hombres.

8. Pablo, entrando después en la sinagoga, predicó libremente por espacio de tres meses, disputando con los judíos, y procurando convencerlos en lo tocante al reino de Dios.

9. Mas como algunos de ellos endurecidos no creyesen, antes blasfemasen de la doctrina del Señor delante de los oyentes, apartándose de ellos, separó a los discípulos, y platicaba o enseñaba todos los días en la escuela de un tal Tirano.

10. Lo que practicó por espacio de dos años, de manera que todos los que habitaban en Asia, oyeron la palabra del Señor, así judíos como gentiles.

11. Y obraba Dios milagros extraordinarios por medio de Pablo.

12. Tanto que en aplicando solamente los pañuelos y ceñidores que habían tocado a su cuerpo, a los enfermos, al momento las dolencias se les quitaban, y los espíritus malignos salían fuera.

13. Tentaron asimismo ciertos judío, y exorcistas que andaban girando de una parte a otra, el invocar sobre los endemoniados el nombre del Señor Jesús, diciendo: Os conjuro por aquel Jesús, a quien Pablo predica.

14. Los que hacían esto eran siete hijos de un judío llamado Esceva, príncipe de los sacerdotes.

15. Pero el maligno espíritu respondiendo, les dijo: Conozco a Jesús, y sé quién es Pablo; mas vosotros ¿quiénes sois?

16. Y al instante el hombre, que estaba poseído de un pésimo demonio, se echó sobre ellos y apoderóse de dos, y los maltrató de tal suerte que los hizo huir de aquella casa desnudos y heridos.

17. Cosa que fue notoria a todos los judíos y gentiles que habitaban en Éfeso; y todos ellos quedaron llenos de temor, y era engrandecido el nombre del Señor Jesús.

18. Y muchos de los creyentes, o fieles, venían a confesar y a declarar todo lo malo que habían hecho.

19. Muchos asimismo de los que se habían dado al ejercicio de vanas curiosidades o ciencia mágica, hicieron un montón de sus libros, y los quemaron a vista de todos; y valuados, se halló que montaban a cincuenta mil denarios, o siclos de plata.

20. Así se iba propagando más y más y prevaleciendo la palabra de Dios.

21. Concluidas estas cosas, resolvió Pablo por inspiración divina ir a Jerusalén, bajando por la Macedonia y Acaya, y decía: Después de haber estado allí, es necesario que yo vaya también a Roma.

22. Y habiendo enviado a Macedonia a dos de los que le ayudaban en su ministerio, Timoteo y Erasto él se quedó por algún tiempo en Asia.

23. Durante este tiempo fue cuando acaeció un no pequeño alboroto con ocasión del camino del Señor, o del Evangelio.

24. El caso fue que cierto Demetrio, platero de oficio, fabricando de plata templitos de Diana, daba no poco que ganar a los demás de este oficio.

25. A los cuales, como a otros que vivían de semejantes labores, habiéndonos convocado, les dijo: Amigos, bien sabéis que nuestra ganancia depende de esta industria;

26. y veis también y oís cómo ese Pablo, no sólo en Éfeso, sino casi en toda el Asia, con sus persuasiones ha hecho mudar de creencia a mucha gente, diciendo que no son dioses los que se hacen con las manos.

27. Por donde, no sólo esta profesión nuestra correrá peligro de ser desacreditada, sino, lo que es más, el templo de la gran diosa Diana perderá toda su estimación, y la majestad de aquella, a quien toda el Asia y el mundo entero adora, caerá por tierra.

28. Oído esto, se enfurecieron, y exclamaron, diciendo: ¡Viva la gran Diana de los efesios!

29. Llenóse luego la ciudad de confusión, y corrieron todos impetuosamente al teatro, arrebatando consigo a Gayo y a Aristarco macedonios, compañeros de Pablo.

30. Quería éste salir a presentarse en medio del pueblo, mas los discípulos no se lo permitieron.

31. Algunos también de los señores principales del Asia, que eran amigos suyos, enviaron a rogarle que no compareciese en el teatro.

32. Por lo demás unos gritaban una cosa y otros otra; porque todo el concurso era un tumulto, y la mayor pate de ellos no sabían a qué se habían juntado.

33. Entretanto un tal Alejandro, habiendo podido salir de entre el tropel, ayudado de los judíos, pidiendo con la mano que tuviesen silencio, quería informar al pueblo.

34. Mas luego que conocieron ser judío, todos a una voz se pusieron a gritar por espacio de casi dos horas: ¡Viva la gran Diana de los efesios!

35. Al fin el secretario, o sindico, habiendo sosegado el tumulto, les dijo: Varones efesinos, ¿quién hay entre los hombres que ignore que la ciudad de Éfeso está dedicada toda al culto de la gran Diana, hija de Júpiter?

36. Siendo, pues, esto tan cierto que nadie lo puede contradecir, es preciso que os soseguéis, y no procedáis inconsideradamente.

37. Estos hombres que habéis traído aquí, ni son sacrílegos, ni blasfemadores de vuestra diosa.

38. Mas si Demetrio y los artífices que le acompañan, tienen queja contra alguno,

audiencia pública hay, y procónsules: acúsenle, y demanden contra él.

39. Y si tenéis alguna otra pretensión, podrá ésta decidirse en legítimo ayuntamiento.

40. De lo contrario estamos a riesgo de que se nos acuse de sediciosos por lo de este día, no pudiendo alegar ninguna causa para justificar esta reunión. Dicho esto, hizo retirar a todo el concurso.

CAPÍTULO XX

Pablo, habiendo recorrido varios distritos de la Macedonia y Grecia, predica en Tróade, donde resucita a Eutico. En Mileto convoca a los presbíteros de Éfeso y les da saludables consejos y advertencias.

1. Después que cesó el tumulto, convocando Pablo a los discípulos, y haciéndoles una exhortación, se despidió, y puso en camino para Macedonia.

2. Recorridas aquellas tierras, y habiendo exhortado a los fieles con muchas pláticas, pasó a Grecia,

3. donde permaneció tres meses, y estando para navegar a Siria, le armaron los judíos una emboscada; por lo cual tomó la resolución de volverse por Macedonia.

4. Acompañáronle Sópatro, hijo de Pirro, natural de Berea, y los tesalonicenses Aristarco y Segundo, con Gayo de Derbe y Timoteo, y asimismo Tíquico y Trófimo asiáticos,

5. los cuales habiéndose adelantado, nos esperaron en Tróade.

6. Nosotros después de los días de los ázimos, o Pascua, nos hicimos a la vela desde Filipos, y en cinco días nos juntamos con ellos en Tróade, donde nos detuvimos siete días.

7. Mas como el primer día de la semana nos hubiésemos congregado para partir, y comer el pan eucarístico, Pablo, que había de marchar al día siguiente, conferenciaba con los oyentes, y alargó la plática hasta la media noche.

8. Es de advertir que en el cenáculo o sala donde estábamos congregados, había gran copia de luces.

9. Y sucedió que a un mancebo llamado Eutico, estando sentado sobre una ventana, le sobrecogió un sueño muy pesado, mientras proseguía Pablo su largo discurso, y vencido al fin del sueño, cayó desde el tercer piso de la casa abajo, y le levantaron muerto.

10. Pero habiendo bajado Pablo, echóse sobre él, y abrazándole, dijo: No os asustéis, pues está vivo.

11. Y subiendo luego otra vez, partió o distribuyó el pan, y habiendo comido y platicado todavía con ellos hasta el amanecer, después se marchó.

12. Al jovencito le presentaron vivo a la vista de todos, con lo cual se consolaron en extremo.

13. Nosotros, empero, embarcándonos, navegamos a el puerto de Asón, donde debíamos recibir a Pablo, que así lo había dispuesto él mismo, queriendo andar aquel trecho de camino por tierra.

14. Habiéndonos, pues, alcanzado en Asón, tomándole en nuestra nave, vinimos a Mitilene.

15. Desde allí haciéndonos a la vela, llegamos al día siguiente delante de Quío, al otro día aportamos a Samos, y en el día siguiente desembarcamos en Mileto.

16. Porque Pablo se había propuesto no tocar en Éfeso, para que no le detuviesen poco o mucho en Asia, por cuanto se daba prisa con el fin de celebrar, si le fuese posible, el día de Pentecostés en Jerusalén.

17. Desde Mileto envió a Éfeso a llamar a los ancianos, a prelados, de la Iglesia.

18. Venidos que fueron, y estando todos juntos, les dijo: Vosotros sabéis de qué manera me he portado todo el tiempo que he estado con vosotros, desde el primer día que entré en el Asia,

19. sirviendo al Señor con toda humildad y entre lágrimas, en medio de las adversidades que me han sobrevenido por la conspiración de los judíos contra mí;

20. cómo nada de cuanto os era provechoso, he omitido de anunciároslo y enseñároslo en público y por las casas,

21. y en particular exhortando a los judíos y gentiles a convertirse a Dios y a creer sinceramente en nuestro Señor Jesucristo.

22. Al presente constreñido del Espíritu Santo yo voy a Jerusalén, sin saber las cosas que me han de acontecer allí;

23. solamente puedo deciros que el Espíritu Santo, en todas las ciudades me asegura y avisa que en Jerusalén me aguardan cadenas y tribulaciones.

24. Pero yo ninguna de estas cosas temo; ni aprecio mas mi vida que a mí mismo, o a mi alma, siempre que de esta suerte concluya felizmente mi carrera, y cumpla el ministerio que he recibido del Señor Jesús para predicar el evangelio de la gracia de Dios.

25. Ahora bien, yo sé que ninguno de todos vosotros, por cuyas tierras he discurrido predicando el reino de Dios, me volverá a ver.

26. Por tanto os protesto en este día, que yo no tengo la culpa de la perdición de ninguno.

27. Pues que no he dejado de intimaros todos los designios de Dios.

28. Velad sobre vosotros y sobre toda la grey, en la cual el Espíritu Santo os ha instituido obispos, para apacentar o gobernar la Iglesia de Dios, que ha ganado él con su propia sangre.

29. Porque sé que después de mí partida os han de asaltar lobos voraces, que destrocen el rebaño.

30. Y de entre vosotros mismos se levantarán hombres que sembrarán doctrinas perversas con el fin de atraerse a sí discípulos.

31. Por tanto estad alerta, teniendo en la memoria que por espacio de tres años no he cesado de día ni de noche de amonestar con lágrimas a cada uno de vosotros.

32. Y ahora, por último, os encomiendo a Dios, ya la palabra o promesa de su gracia, a aquel que puede acabar el edificio de vuestra salud, y haceros participar de su herencia con todos los santos.

33. Yo no he codiciado ni recibido de nadie plata, ni oro, ni vestido, como

34. vosotros mismos lo sabéis; porque cuanto ha sido menester para ml y para mis compañeros, todo me lo han suministrado estas manos, con su trabajo.

35. Yo os he hecho ver en toda mi conducta, que trabajando de esta suerte, es como se debe sobrellevar a los flacos, y tener presente las palabras del Señor Jesús, cuando dijo: Mucho mayor dicha es el dar, que el recibir.

36. Concluido este razonamiento, se puso de rodillas e hizo oración con todos ellos.

37. Y aquí comenzaron todos a deshacerse en lágrimas; y arrojándose al cuello de Pablo no cesaban de besarle,

38. afligidos sobre todo por aquella palabra que había dicho, que ya no verían más su rostro. Y de esta manera le fueron acompañando hasta la nave.

CAPÍTULO XXI

Viaje de San Pablo a Jerusalén. El profeta Agabo le predice los trabajos que le han de suceder. Allí se purifica en el templo y maltratado por los judíos, le libra de sus manos el tribuno Lisias.

1. Al fin nos hicimos a la vela después de habernos con pena separado de ellos, y navegamos derechamente a la isla de Cos, y al día siguiente a la de Rodas y de allí a Pátara,

2. en donde, habiendo hallado una nave que pasaba a Fenicia, nos embarcamos en ella y marchamos.

3. Y habiendo avistado a Chipre, dejándola a la izquierda, continuamos nuestro rumbo hacia la Siria, y arribamos a Tiro, en donde había de dejar la nave su cargamento.

4. Habiendo encontrado aquí discípulos, nos detuvimos siete días; estos discípulos, decían a Pablo, como inspirados, que no subiese a Jerusalén.

5. Pero cumplidos aquellos días, pusímonos en camino, acompañándonos todos con sus mujeres y niños hasta fuera de la ciudad, y puestos de rodillas en la ribera, hicimos oración.

6. Despidiéndonos unos de otros, entramos en la nave; y ellos se volvieron a sus casas.

7. Y concluyendo nuestra navegación llegamos de Tiro a Tolemaida, donde abrazamos a los hermanos, y nos detuvimos un día con ellos.

8. Partiendo al siguiente, llegamos a Cesarea. Y entrando en casa de Felipe el evangelista, que era uno de los siete diáconos, nos hospedamos en ella.

9. Tenía éste cuatro hijas vírgenes profetisas.

10. Deteniéndonos aquí algunos días, sobrevino de la Judea cierto profeta, llamado Agabo.

11. El cual, viniendo a visitarnos, cogió el ceñidor de Pablo, y atándose con los pies y las manos, dijo: Esto dice el Espíritu Santo: Así atarán los judíos en Jerusalén al hombre cuyo es este ceñidor, y entregarle han en manos de los gentiles.

12. Lo que oído, rogábamos a Pablo, así nosotros como los de aquel pueblo, que no pasase a Jerusalén.

13. A lo que respondió, y dijo: ¿Qué hacéis con llorar y afligir mi corazón? Porque yo estoy pronto, no sólo a ser aprisionado, sino también a morir en Jerusalén por el Nombre del Señor Jesús.

14. Y viendo que no pedíamos persuadírselo, dejamos de instarle más, y dijimos: Hágase la voluntad del Señor.

15. Pasados estos días nos dispusimos para el viaje, y nos encaminamos hacia Jerusalén.

16. Vinieron también con nosotros algunos de los discípulos de Cesarea, trayendo consigo un antiguo discipulo llamado Mnasón, oriundo de Chipre, en cuya casa habíamos de hospedarnos.

17. Llegados a Jerusalén, nos recibieron los hermanos con mucho gozo.

18. Al día siguiente fuimos con Pablo a visitar a Santiago, a cuya casa concurrieron todos los ancianos, o presbíteros.

19. Y habiéndolos saludado, les contaba una por una las cosas que Dios había hecho por su ministerio entre los gentiles.

20. Ellos, oído esto, glorificaban a Dios, y después le dijeron: Ya ves, hermano, cuántos millares de judíos hay, que han creído y que todos son celosos de la observancia de la Ley.

21. Ahora, pues, éstos han oído decir que tú enseñas a los judíos que viven entre los gentiles, a abandonar a Moisés, diciéndoles que no deben circuncidar a sus hijos, ni seguir las antiguas costumbres.

22. ¿Qué es, pues, lo que se ha de hacer? Sin duda se reunirá toda esta multitud de gente, porque luego han de saber que has venido.

23. Por tanto haz esto que vamos a proponerte: aquí tenemos cuatro hombres con obligación de cumplir un voto.

24. Unido a éstos, purifícate con ellos y hazles el gasto en la ceremonia, a fin de que se hagan la rasura de la cabeza: con eso sabrán todos, que lo que han oído de ti es falso, antes bien, que aun tu mismo continúas en observar la Ley.

25. Por lo que hace a los gentiles que han creído, ya les hemos escrito, que habíamos decidido que se abstuviesen de manjares ofrecidos a los ídolos, y de sangre, y de animales sofocados, y de la fornicación.

26. Pablo, pues, tomando consigo aquellos hombres, se purificó al día siguiente con ellos y entró en el templo, haciendo saber cuándo se cumplían los días de su purificación, y cuándo debía presentarse la ofrenda por cada uno de ellos.

27. Estando para cumplirse los siete días, los judíos venidos de Asia, habiendo visto a Pablo en el templo, amotinaron todo el pueblo y le prendieron, gritando:

28. ¡Favor, israelitas!, éste es aquel hombre que, sobre andar enseñando a todos, en todas partes, contra la nación, contra la Ley, y contra este santo lugar, ha introducido también a los gentiles en el templo, y profanado este lugar santo.

29. Y era que habían visto andar con él por la ciudad a Trófimo de Efeso, al cual se imaginaron que Pablo le había llevado consigo al templo.

30. Con esto se conmovió toda la ciudad, y se amotinó el pueblo. Y cogiendo a Pablo, le llevaron arrastrando fuera del templo, cuyas puertas fueron cerradas inmediatamente.

31. Mientras estaban tratando de matarle, fue avisado el tribuno de la cohorte de que toda Jerusalén estaba alborotada.

32. Al punto marchó con los soldados y centuriones, y corrió a donde estaban. Ellos al ver al tribuno y la tropa, cesaron de maltratar a Pablo.

33. Entonces llegando el tribuno le prendió, y mandóle asegurar con dos cadenas, y preguntaba quién era, y qué había hecho.

34. Mas en aquel tropel de gente quién gritaba una cosa, y quién otra. Y no pudiendo averiguar lo cierto a causa del alboroto, mandó que le condujesen a una fortaleza.

35. Al llegará las gradas, fue preciso que los soldados le llevasen en peso a causa de la violencia del pueblo.

36. Porque le seguía el gentío gritando: ¡Que muera!

37. Estando ya Pablo para entrar en la fortaleza, dijo al tribuno: ¿No podré hablarte dos palabras? A lo cual respondió el tribuno: ¿Qué sabes tú hablar en griego?

38. ¿Pues no eres tú el egipcio que los días pasados excitó una sedición, y se llevó al desierto cuatro mil salteadores?

39. Díjole Pablo: Yo soy ciertamente judío, ciudadano de Tarso en Cilicia, ciudad bien conocida. Suplícote, pues, que, me permitas hablar al pueblo.

40. Y concediéndoselo el tribuno, Pablo poniéndose en pie sobre las gradas, hizo señal con la mano al pueblo, y siguiéndole a esto gran silencio, le habló así en lengua hebrea:

CAPÍTULO XXII

Apología de San Pablo; furor contra él de los judíos obstinados; se declara ciudadano romano queriendo el tribuno azotarle.

1. ¡Hermanos y padres míos! oíd la razón que voy a daros ahora de mi persona.

2. Al ver que les hablaba en lengua hebrea redoblaron el silencio.

3. Dijo, pues: Yo soy judío, nacido en Tarso de Cilicia, pero educado en esta ciudad, en la escuela de Gamaliel, e instruido por él conforme a la verdad de la Ley de nuestros padres, y muy celoso de la misma Ley, así como al presente lo sois todos vosotros.

4. Yo perseguí de muerte a los de esta nueva doctrina, aprisionando y metiendo en la cárcel a hombres y a mujeres,

5. como me son testigos el Sumo sacerdote y todos los ancianos, de los cuales tomé asimismo cartas para los hermanos de Damasco, e iba allá para traer presos a Jerusalén a los de esta secta que allí hubiese, a fin de que fuesen castigados.

6. Mas sucedió que, yendo de camino, y estando ya cerca de Damasco a hora de mediodía,

de repente una luz copiosa del cielo me cercó con sus rayos.

7. Y cayendo en tierra, oí una voz que me decía: ¡Saulo, Saulo!, ¿por qué me persigues?

8. Yo respondí: ¿Quién eres tú, Señor? Y me dijo: Yo soy Jesús Nazareno, a quien tú persigues.

9. Los que me acompañaban, aunque vieron la luz no entendieron bien la voz del que hablaba conmigo.

10. Yo dije: ¿Qué haré, Señor? Y el Señor me respondió: Levántate, y ve a Damasco, donde se te dirá todo lo que debes hacer.

11. Y como el resplandor de aquella luz me hizo quedar ciego los compañeros me condujeron por la mano hasta Damasco.

12. Aquí un cierto Ananías, varón justo según la Ley, que tiene a su favor el testimonio de todos los judíos, sus conciudadanos,

13. viniendo a mí, y poniéndoseme delante me dijo: Saulo, hermano mío, recibe la vista. Y al punto le vi ya claramente.

14. Dijo él entonces: El Dios de nuestros padres te ha predestinado para que conocieses su voluntad, y viese, al Justo, y oyeses la voz de su boca.

15. porque has de ser testigo suyo delante de todos los hombres, de las cosas que has visto y oído.

16. Ahora, pues, ¿qué te detienes? Levántate, bautízate, y lava tus pecados, invocando su Nombre.

17. Sucedió despúes que, volviendo yo a Jerusalén, y estando orando en el templo, fui arrebatado en éxtasis,

18. y le vi que me decía: Date prisa, y sal luego de Jerusalén; porque éstos no recibirán el testimonio que les dieres de mí.

19. Señor, respondí yo, ellos saben que yo era el que andaba por las sinagogas, metiendo en la cárcel y maltratando a los que creían en ti;

20. y mientras se derramaba la sangre de tu testigo, o mártir, Esteban, yo me hallaba presente, consintiendo en su muerte y guardando la ropa de los que le mataban.

21. Pero el Señor me dijo: Anda, que yo te quiero enviar lejos de aquí hacia los gentiles.

22. Hasta esta palabra la estuvieron escuchando; mas aquí levantaron el grito diciendo: ¡Quita del mundo a un tal hombre, que no es justo que viva!

23. Prosiguiendo ellos en sus alaridos, y echando de sí enfurecidos sus vestidos, y arrojando puñados de polvo al aire,

24. ordenó el tribuno que le metiesen en la fortaleza, y que azotándole le atormentasen, para descubrir por qué causa gritaban tanto contra él.

25. Ya que le hubieron atado con las correas, dijo Pablo al centurión que estaba presente: ¿Os es lícito a vosotros azotar a un ciudadano romano, y eso sin formarle causa?

26. El centurión, oído esto, fue al tribuno, y le dijo: Mira lo que haces; pues este hombre es ciudadano romano.

27. Llegándose entonces el tribuno a él, preguntóle: Dime, ¿eres tú romano? Respondió él: Sí que lo soy.

28. A lo que replicó el tribuno: A mí me costó una grande suma de dinero este privilegio. Y Pablo dijo: Pues yo lo soy de nacimiento.

29. Al punto se apartaron de él los que iban a darle el tormento. Y el mismo tribuno entró en temor después que supo que era ciudadano romano, y que le había hecho atar.

30. Al día siguiente queriendo cerciorarse del motivo por qué le acusaban los judíos. le quitó las prisiones, y mandó juntar a los sacerdotes, con todo el sinedrio, o consistorio, y sacando a Pablo le presentó en medio de ellos.

CAPÍTULO XXIII

Pablo con sus palabras ocasiona una disputa con que se dividen los fariseos de los saduceos. El tribuno Lisias le remite con escolta militar a Cesarea, a Félix, gobernador romano, para librarle de una horrible conjuración.

1. Pablo entonces fijos los ojos en el sinedrio les dijo: Hermanos míos, yo hasta el día presente he observado tal conducta, que en la presencia de Dios nada me remuerde la conciencia.

2. En esto el príncipe de los sacerdotes Ananías mandó a sus ministros que le hiriesen en la boca.

3. Entonces le dijo Pablo: Herirte ha Dios a ti, pared blanqueada. ¿Tú estás sentado para juzgarme según la Ley, y contra la Ley mandas herirme?

4. Los circunstantes le dijeron: ¿Cómo maldices tú al Sumo sacerdote de Dios?

5. A esto respondió Pablo: Hermanos, no sabía que fuese el príncipe de los sacerdotes. Porque realmente escrito está: No maldecirás al príncipe de tu pueblo.

6. Sabiendo, empero, Pablo que parte de los que asistían eran saduceos y parte fariseos, exclamó en medio del sinedrio: Hermanos míos, yo soy fariseo, hijo de fariseos y por causa de mi esperanza de la resurrección de los muertos es por lo que voy a ser condenado.

7. Desde que hubo proferido estas palabras, se suscitó discordia entre los fariseos y saduceos, y se dividió la asamblea en dos partidos.

8. Porque los saduceos dicen que no hay resurrección, ni ángel ni espíritu; cuando al contrario los fariseos confiesan ambas cosas.

9. Así que fue grande la gritería que se levantó. Y puestos en pie algunos fariseos, porfiaban, diciendo: Nada de malo hallamos en este hombre; ¿quién sabe si le habló algún espíritu o ángel?

10. Y enardeciéndose más la discordia, temeroso el tribuno que despedazasen a Pablo, mandó bajar a los soldados, para que le quitasen de en medio de ellos, y le condujesen a la fortaleza.

11. A la noche siguiente se le apareció el Señor, y le dijo: ¡Pablo, buen ánimo!, así como has dado testimonio de mí en Jerusalén, así conviene también que lo des en Roma.

12. Venido el día se juntaron algunos judíos, e hicieron voto con juramento e imprecación, de no comer ni beber hasta haber matado a Pablo.

13. Eran más de cuarenta hombres los que se habían así conjurado;

14. los cuales se presentaron a los príncipes de los sacerdotes y a los ancianos, y dijeron: Nosotros nos hemos obligado con voto y grandes imprecaciones, a no probar bocado hasta que matemos a Pablo.

15. Ahora pues, no tenéis más que avisar al tribuno de parte del sinedrio pidiéndole que haga conducir mañana a Pablo delante de vosotros, como que tenéis que averiguar de él alguna cosa con más certeza. Nosotros de nuestra parte estaremos prevenidos para matarle antes que llegue.

16. Mas como un hijo de la hermana de Pablo entendiese la trama, entró en la fortaleza, y dio aviso.

17. Pablo llamando a uno de los centuriones, dijo: Lleva este mozo al tribuno, porque tiene que participarle cierta cosa.

18. El centurión tomándole consigo le condujo al tribuno, y dijo: Pablo el preso me ha pedido que traiga a tu presencia a este joven, que tiene que comunicarte alguna cosa.

19. El tribuno cogiendo de la mano al mancebo, se retiró con él a solas, y le preguntó: ¿Qué es lo que tienes que comunicarme?

20. Él respondió: Los judíos han acordado el suplicarte que mañana conduzcas a Pablo al concilio, con pretexto de querer examinarle más individualmente de algún punto.

21. Pero tú no los creas, porque de ellos le tienen armadas asechanzas más de cuarenta hombres, los cuales con grandes juramentos han

hecho voto de no comer ni beber hasta que le maten; y ya están alerta, esperando que tú les concedas lo que piden.

22. El tribuno despidió al muchacho, mandándole que a nadie dijese que había hecho aquella delación.

23. Y llamando a dos centuriones, les dijo: Tened prevenidos para las nueve de la noche doscientos soldados de infantería, para que vayan a Cesarea, y setenta de caballería, y doscientos alabarderos, o lanceros:

24. Y preparad bagajes para que lleven a Pablo, y le conduzcan sin peligro de su vida al gobernador Félix.

25. (Porque temió el tribuno que los judíos le arrebatasen, y matasen, y después él mismo padeciese la calumnia de haberlo permitido, sobornado con dinero.) Y al mismo tiempo escribió una carta al gobernador Félix, en los términos siguientes:

26. Claudio Lisias al óptimo gobernador Félix, salud.

27. A ese hombre preso por los judíos, y a punto de ser muerto por ellos, acudiendo con la tropa le libré, noticioso de que era ciudadano romano;

28. y queriendo informarme del delito de que le acusaban, condújele a su sinedrio o consistorio.

29. Allí averigué que es acusado sobre cuestiones de su Ley de ellos; pero que no ha cometido ningún delito digno de muerte o de prisión.

30. Y avisado después de que los judíos le tenían urdidas asechanzas, te lo envío a ti, previniendo también a sus acusadores que recurran a tu tribunal. Ten salud.

31. Los soldados, pues, según la orden que se les había dado encargándoie de Pablo, le condujeron de noche a la ciudad de Antipátrida.

32. Al día siguiente dejando a los de a caballo para que le acompañasen, volviéronse los demás a la fortaleza.

33. Llegados que fueron a Cesarea, y entregada la carta al gobernador, le presentaron asimismo.

34. Luego que leyó la carta, le preguntó de qué provincia era, y oído que de Cilicia, dijo:

35. Te daré audiencia en viniendo tus acusadores. Entretanto mandó que le custodiasen en el pretorio llamado de Herodes.

CAPÍTULO XXIV

Respuesta convincente de Pablo a las acusaciones falsas de los judíos. El gobernador Félix oye también a Pablo sobre la fe de

Cristo; viendo que nadie le ofrecía dinero, le reserva preso para su sucesor Porcio Festo.

1. Al cabo de cinco días llegó a Cesarea el Sumo sacerdote Ananías con algunos ancianos y con un tal Tértulo orador, o abogado, los cuales comparecieron ante el gobernador contra Pablo.

2. Citado Pablo, empezó su acusación Tértulo, diciendo: Como es por medio de ti, óptimo Félix, que gozamos de una paz profunda, y con tu previsión remedias muchos desórdenes,

3. nosotros lo reconocemos en todas ocasiones y en todos lugares, y te tributamos toda suerte de acciones de gracias.

4. Mas por no molestarte demasiado, suplícote nos oigas por breves momentos con tu acostumbrada humanidad.

5. Tenemos averiguado ser éste un hombre pestilencial, que anda por todo el mundo metiendo en confusión y desorden a todos los judíos, y es el caudillo de la sediciosa secta de los nazarenos.

6. El cual además intentó profanar el templo, y por esto habiéndole preso, quisimos juzgarle según nuestra ley.

7. Pero sobreviniendo el tribuno Lisias, le arrancó a viva fuerza de nuestras manos.

8. mandando que los acusadores recurriesen a ti; tú mismo, examinándole como juez, podrás reconocer la verdad de todas estas cosas de que le acusamos.

9. Los judíos confirmaron por su parte lo dicho, atestiguando ser todo verdad.

10. Pablo, empero, habiéndole hecho señal el gobernador para que hablase, lo hizo en estos términos: Sabiendo yo que ya hace muchos años que tú gobiernas esta nación, emprendo con mucha confianza el justificarme.

11. Bien fácilmente puedes certificarte, de que no ha más de doce días que llegué a Jerusalén, a fin de adorar a Dios.

12. Y nunca me han visto disputar con nadie en el templo, ni amotinando la gente de las sinagogas,

13. o en la ciudad; ni pueden alegarte prueba de cuantas cosas me acusan ahora.

14. Es verdad, y lo confieso delante de ti, que siguiendo una doctrina, que ellos tratan de herejía, yo sirvo al Padre y Dios mío, creyendo todas las cosas, que se hallan escritas en la Ley y en los profetas,

15. teniendo firme esperanza en Dios, como ellos también la tienen, que ha de verificarse la resurrección de los justos y de los pecadores.

16. Por lo cual procuro yo siempre conservar mi conciencia sin culpa delante de Dios y delante de los hombres.

17. Ahora, después de muchos años, vine a repartir limosnas a los de mi nación, y a cumplir a Dios mis ofrendas y votos.

18. Y estando en esto, es cuando algunos judíos de Asia me han hallado purificado en el templo; mas no con reunión de pueblo, ni con tumulto.

19. Estos judíos son los que habían de comparecer delante de ti, y ser mis acusadores si algo tenían que alegar contra mí:

20. Pero ahora digan estos mismos que me acusan, si, congregados en el sinedrio, han hallado en mí algún delito,

21. a no ser que lo sea una expresión con que exclamé en medio de ellos, diciendo: Veo que por defender yo la resurrección de los muertos me formáis hoy vosotros causa.

22. Félix, pues, que estaba bien informado de esta doctrina, difirió para otra ocasión el asunto, diciendo: Cuando viniere de Jerusalén el tribuno Lisias, os daré audiencia otra vez.

23. Entretanto mandó a un centurión que custodiara a Pablo, teniéndole con menos estrechez, y sin prohibir que los suyos entrasen a asistirle.

24. Algunos días después volviendo Félix a Cesarea, y trayendo a su mujer Drusila, la cual era judía, llamó a Pablo, y se oyó explicar la fe de Jesucristo.

25. Pero inculcando Pablo la doctrina de la justicia, de la castidad y del juicio venidero, despavorido Félix le dijo: Basta por ahora, retírate, que a su tiempo yo te llamaré.

26. Y como esperaba que Pablo le daría dinero para conseguir la libertad, por eso llamándole a menudo, conversaba con él.

27. Pasados dos años, Félix recibió por sucesor a Porcio Festo; y queriendo congraciarse con los judíos, dejó preso a Pablo.

CAPÍTULO XXV

Lo que sucedió al Apóstol con el gobernador Festo, ante quien apela al César. Festo le presenta al rey Agripa y a Berenice su hermana.

1. Llegado Festo a la provincia, tres días después subió a Jerusalén desde Cesarea.

2. Presentáronsele luego los príncipes de los sacerdotes y los más distinguidos entre los judíos, para acusar a Pablo, con una petición

3. en que le suplicaban por gracia que le mandase conducir a Jerusalén, tramando ellos una emboscada para asesinarle en el camino.

4. Mas Festo respondió que Pablo estaba bien custodiado en Cesarea, para donde iba a partir él cuanto antes.

5. Por tanto, los principales, dijo, de entre vosotros, vengan también a Cesarea, y acúsenle, si es reo de algún crimen.

6. En efecto, no habiéndose detenido en Jerusalén mas que ocho o diez días, marchó a Cesarea, y al día siguiente, sentándose en el tribunal, mandó comparecer a Pablo.

7. Luego que fue presentado, le rodearon los judíos venidos de Jerusalén, acusándole de muchos y graves delitos, que no podían probar,

8. y de los cuales se defendía Pablo, diciendo: En nada he pecado ni contra la ley de los judíos, ni contra el templo, ni contra César.

9. Mas Festo queriendo congraciarse con los judíos, respondiendo a Pablo, le dijo: ¿Quieres subir a Jerusalén, y ser allí juzgado ante mí?

10. Respondió Pablo: Yo estoy ante el tribunal de César, que es donde debo ser juzgado; tú sabes muy bien que yo no he hecho el menor agravio a los judíos;

11. que si en algo les he ofendido o he hecho alguna cosa por la que sea reo de muerte, no rehuso morir; pero si no hay nada de cuanto éstos me imputan, ninguno tiene derecho para entregarme a ellos. Apelo a César.

12. Entonces Festo, habiéndolo tratado con los de su consejo, respondió: ¿A César has apelado?, pues a César irás.

13. Pasados algunos días, bajaron a Cesarea el rey Agripa y Berenice a visitar a Festo.

14. Y habiéndose detenido allí muchos días, Festo habló al rey de la causa de Pablo, diciendo: Aquí dejó Félix preso a un hombre,

15. sobre el cual estando yo en Jerusalén, recurrieron a mí los príncipes de los sacerdotes y los ancianos de los judíos, pidiendo que fuese condenado a muerte.

16. Yo les respondí que los romanos no acostumbran condenar a ningún hombre, antes que el acusado tenga presentes a sus acusadores y lugar de defenderse para justificarse de los cargos.

17. Habiendo, pues, ellos concurrido acá sin dilación alguna, al día siguiente, sentado yo en el tribunal, mandé traer ante mí al dicho hombre.

18. Compareciendo los acusadores, vi que no le imputaban ningún crimen de los que yo sospechaba fuese culpado.

19. Solamente tenían con él no sé que disputa tocante a su superstición judaica, y sobre un cierto Jesús difunto, que Pablo afirmaba estar vivo.

20. Perplejo yo en una causa de esta naturaleza, le dije si quería ir a Jerusalén, y ser allí juzgado de estas cosas.

21. Mas interponiendo Pablo apelación para que su causa se reservase al juicio de Augusto, di orden para que se le mantuviese en custodia, hasta remitirle a César.

22. Entonces dijo Agripa a Festo: Desearía yo también oír a ese hombre. Mañana, respondió Festo, le oirás.

23. Con eso al día siguiente, habiendo venido Agripa y Berenice, con mucha pompa, y entrando en la sala de la audiencia con los tribunos y personas principales de la ciudad, fue Pablo traído por orden de Festo.

24. El cual dijo: Rey Agripa, y todos vosotros que os halláis aquí presentes, ya veis a este hombre, contra quien todo el pueblo de los judíos ha acudido a mí en Jerusalén, representándome con grandes instancias y clamores que no debe vivir más.

25. Mas yo he averiguado que nada ha hecho que mereciese la muerte. Pero habiendo él mismo apelado a Augusto he determinado remitírsele.

26. Bien que como no tengo cosa cierta que escribir al Señor acerca de él, por esto le he hecho venir a vuestra presencia, mayormente ante ti, ¡oh rey Agripa!, para que examinándole tenga yo algo que escribir.

27. Pues me parece cosa fuera de razón el remitir a un hombre preso, sin exponer los delitos de que se le acusa.

CAPÍTULO XXVI

Pablo se justifica delante de Agripa y cuenta por menor su conversión.

1. Entonces Agripa dijo a Pablo: Se te da licencia para hablar en tu defensa. Y luego Pablo accionando con la mano, empezó así su apología.

2. Tengo a gran dicha mía, ¡oh rey Agripa!, el poder justificarme ante ti en el día de hoy de todos los cargos de que me acusan los judíos.

3. Mayormente sabiendo tú todas las costumbres de los judíos y las cuestiones que se agitan entre ellos; por lo cual te suplico que me oigas con paciencia.

4. Y en primer lugar, por lo que hace al tenor de vida, que observé en Jerusalén, desde mi juventud entre los de mi nación, es bien notorio a todos los judíos.

5. Sabedores son de antemano (si quieren confesar la verdad) que yo, siguiendo desde mis primeros años la secta o profesión más segura de nuestra religión, viví cual fariseo.

6. Y ahora soy acusado en juicio por la esperanza que tengo de la promesa hecha por Dios a nuestros padres,

7. promesa cuyo cumplimiento esperan nuestras doce tribus, sirviendo a Dios noche y día. Por esta esperanza, ¡oh rey!, soy acusado yo de los judíos.

8. Pues qué, ¿juzgáis acaso increíble el que Dios resucite a los muertos?

9. Yo por mí estaba persuadido de que debía proceder hostilmente contra el Nombre de Jesús Nazareno,

10. como ya lo hice en Jerusalén, donde no sólo metía muchos de los santos, o fieles, en las cárceles, con poderes que para ello recibí de los príncipes de los sacerdotes, sino que siendo condenados a muerte yo di también mi consentimiento.

11. Y andando con frecuencia por todas las sinagogas, los obligaba a fuerza de castigos a blasfemar del Nombre de Jesús, y enfurecido más cada día contra ellos, los iba persiguiendo hasta en las ciudades extranjeras.

12. En este estado, yendo un día a Damasco con poderes y comisión de los príncipes de los sacerdotes,

13. siendo al mediodía, vi, ¡oh rey!, en el camino una luz del cielo más resplandeciente que el sol, la cual con sus rayos me rodeó a mí y a los que iban juntamente conmigo.

14. Y habiendo todos nosotros caído en tierra, oí una voz que me decía en lengua hebrea: ¡Saulo, Saulo!, ¿por qué me persigues?; duro empeño es para ti el dar coces contra el aguijón.

15. Yo entonces respondí: ¿Quién eres tú, Señor? Y el Señor me dijo: Yo soy Jesús, a quien tú persigues.

16. Pero levántate, y ponte en pie; pues para esto te he aparecido, a fin de constituirte ministro y testigo de las cosas que has visto y de otra que te mostraré apareciéndome a ti de nuevo.

17. Y yo te libraré de las manos de este pueblo y de los gentiles, a los cuales ahora te envío,

18. a abrirles los ojos, para que se conviertan de las tinieblas a la luz, y del poder de Satanás a Dios, y con esto reciban la remisión de sus pecados, y tengan parte en la herencia de los santos, mediante la fe en mí.

19. Así que, ¡oh rey Agripa!, no fui rebelde a la visión celestial;

20. antes bien empecé a predicar primeramente a los judíos que están en Damasco, y en Jerusalén, y por todo el país de Judea, y después a los gentiles, que hiciesen penitencia, y se convirtiesen a Dios, haciendo dignas obras de penitencia.

21. Por esta causa los judíos me prendieron, estando yo en el templo, e intentaban matarme.

22. Pero ayudado del auxilio de Dios, he perseverado hasta el día de hoy, testificando la verdad a grandes y a pequeños, no predicando otra cosa más que lo que Moisés y los profetas predijeron que había de suceder,

23. es a saber, que Cristo había de padecer la muerte, y que sería el primero que resucitaría de entre los muertos, y había de mostrar la luz del Evangelio a este pueblo y a los gentiles.

24. Diciendo él esto en su defensa, exclamó Festo: Pablo tú estás loco: las muchas letras te han trastornado el juicio.

25. Y Pablo le respondió: No deliro, óptimo Festo, sino que hablo palabras de verdad y de cordura.

26. Que bien sabidas son del rey estas cosas, y por lo mismo hablo delante de él con tanta confianza, bien persuadido de que nada de esto ignora, puesto que ninguna de las cosas mencionadas se ha ejecutado en algún rincón oculto.

27. ¡Oh rey Agripa! ¿Crees tú en los profetas? Yo sé que crees en ellos.

28. A esto Agripa sonriéndose, respondió a Pablo: Poco falta para que me persuadas a hacerme cristiano.

29. A lo que contestó Pablo: Pluguiera a Dios, como deseo, que no solamente faltara poco, sino que no faltara nada, para que tú y todos cuantos me oyen llegaseis a ser hoy tales cual soy yo, salvo estas cadenas.

30. Aquí se levantaron el rey, y el gobernador, y Berenice, y los que les hacían la corte.

31. Y habiéndose retirado aparte hablaban entre sí, y decían: En efecto, este hombre no ha hecho cosa digna de muerte, ni de prisión.

32. Y Agripa dijo a Festo: Si no hubiese ya apelado a César, bien se le pudiera poner en libertad.

CAPÍTULO XXVII

Pablo navega para Roma conducido por el centurión Julio; la nave naufraga junto a una isla, pero todos se salvan.

1. Luego, pues, que se determinó que Pablo navegase a Italia, y que fuese entregado con los demás presos a un centurión de la cohorte o legión augusta llamado Julio,

2. embarcándonos en una nao de Adrumeto, nos hicimos a la vela, empezando a costear las tierras de Asia, acompañándonos siempre Aristarco, macedonio de Tesalónica.

3. El día siguiente arribamos a Sidón; y Julio, tratando a Pablo con humanidad, le permitió salir a visitar a los amigos y proveerse de lo necesario.

4. Partidos de allí, fuimos bogando por debajo de Chipre, por ser contrarios los vientos.

5. Y habiendo atravesado el mar de Cilicia y de Panfilia, aportamos a Listra, o Mira, de la Licia,

6. donde el centurión, encontrando una nave de Alejandría que pasaba a Italia, nos trasladó a ella.

7. Y navegando por muchos días lentamente, y arribando con trabajo enfrente de Gnido, por estorbárnoslo el viento, costeamos a Creta, por el cabo Salmón.

8. Y doblado éste con gran dificultad arribamos a un lugar llamado Buenos Puertos, que está cercano a la ciudad de Talasa.

9. Pero habiendo gastado mucho tiempo, y no siendo desde entonces segura la navegación, por haber pasado ya el tiempo del ayuno, Pablo los amonestaba,

10. diciéndoles: Yo conozco, amigos, que la navegación comienza a ser muy peligrosa y de mucho perjuicio, no sólo para la nave y cargamento, sino también para nuestras vidas.

11. Pero el centurión daba más crédito al piloto y al patrón del barco, que a cuanto decía Pablo.

12. Mas como aquel puerto no fuese a propósito para invernar, la mayor parte fueron de parecer que nos hiciésemos a la vela para ir a tomar invernadero, por poco que se pudiese, en Fenice, puerto de Creta, opuesto al ábrego y al poniente.

13. Así, pues, soplando el austro figurándose salir ya con su intento, levantando anclas en Asón, iban costeando por la isla de Creta.

14. Pero a poco tiempo dio contra la nave un viento tempestuoso, llamado nordeste.

15. Arrebatada la nave, y no pudiendo resistir el torbellino, éramos llevados a merced de los vientos.

16. Arrojados con ímpetu hacia una isleta, llamada Cauda, pudimos con gran dificultad recoger el esquife.

17. El cual metido dentro, maniobraban los marineros cuanto podían, asegurando y liando la nave, temerosos de dar en algún banco de arena. De esta suerte abajadas las velas y el mástil, se dejaban llevar de las olas.

18. Al día siguiente, como nos hallábamos furiosamente combatidos por la tempestad, echaron al mar el cargamento.

19. Y tres días después arrojaron con sus propias manos las municiones y pertrechos de la nave.

20. Entretanto, había muchos días que no se dejaban ver ni el sol, ni las estrellas, y la borrasca era continuamente tan furiosa, que ya habíamos perdido todas las esperanzas de salvarnos.

21. Entonces Pablo, como había ya mucho tiempo que nadie había tomado alimento, puesto en medio de ellos, dijo: En verdad, compañeros, que hubiera sido mejor creyéndome a mí, no haber salido de Creta, y excusar este desastre y pérdida.

22. Mas ahora os exhorto a tener buen ánimo, pues ninguno de vosotros se perderá, lo único que se perderá será la nave.

23. Porque esta noche se me ha aparecido un ángel del Dios de quien soy yo, y a quien sirvo.

24. diciéndome: no temas, Pablo, tú sin falta has de comparecer ante César; y he ahí que Dios te ha concedido la vida de todos los que navegan contigo.

25. Por tanto, compañeros, tened buen ánimo, pues yo creo en Dios, que así será, como se me ha prometido.

26. Al fin hemos de venir a dar en cierta isla.

27. Mas llegada la noche del día catorce navegando nosotros por el mar Adriático, los marineros a eso de la media noche barruntaban hallarse a vista de tierra.

28. Por lo que tiraron la sonda, y hallaron veinte brazas de agua; y poco más adelante sólo hallaron ya quince.

29. Entonces temiendo cayésemos en algún escollo, echaron por la popa cuatro áncoras, aguardando con impaciencia el día.

30. Pero como los marineros, intentando escaparse de la nave, echasen al mar el esquife, con el pretexto de ir a tirar las áncoras un poco más lejos por la parte de proa,

31. dijo Pablo al centurión y a los soldados: Si estos hombres no permanecen en el navío, vosotros no podéis salvaros.

32. En la hora los soldados cortaron las amarras del esquife, y lo dejaron perder.

33. Y al empezar a ser de día, rogaba Pablo a todos que tomasen alimento, diciendo: Hace hoy catorce días que aguardando el fin de la tormenta estáis sin comer, ni probar casi nada.

34. Por lo cual os ruego que toméis algún alimento para vuestra conservación, seguros de que no ha de perderse ni un cabello de vuestra cabeza.

35. Dicho esto, tomando pan, dio gracias a Dios en presencia de todos; y partiéndolo empezó a comer.

36. Con eso animados todos, comieron también ellos.

37. Éramos los navegantes al todo doscientas setenta y seis personas.

38. Estando ya satisfechos, aligeraban la nave, arrojando al mar el trigo.

39. Siendo ya día claro, no reconocían qué tierra era la que descubrían; echaban sí de ver cierta ensenada que tenía playa, donde pensaban arrimar la nave, si pudiesen.

40. Alzadas, pues, las áncoras, se abandonaban a la corriente del mar, aflojando al mismo tiempo las cuerdas de las dos planchas del timón; y alzada la vela del artimón, o de la popa, para tomar el viento preciso, se dirigían hacia la playa.

41. Mas tropezando en una lengua de tierra que tenía mar por ambos lados, encalló la nave, quedando inmoble la proa, fija, o encallada, en el fondo, mientras la popa iba abriéndose por la violencia de las olas.

42. Los soldados entonces deliberaron matar a los presos, temerosos de que alguno se escapase a nado.

43. Pero el centurión, deseoso de salvar a Pablo, estorbó que lo hiciesen; y mandó que los que supiesen nadar, saltasen primeros al agua, y saliesen a tierra.

44. A los demás, parte los llevaron en tablas, y algunos sobre los desechos que restaban del navío. Y así se verificó, que todas las personas salieron salvas a tierra.

CAPÍTULO XXVIII

Prosigue Pablo su viaje desde Malta a Roma; en donde luego de llegado, convocando a los principales judíos les da razón de su apelación, y les predica a Jesucristo, lo cual sigue haciendo después, por espacio de dos años, a cuantos iban a él.

1. Salvados del naufragio, conocimos entonces que aquella isla se llamaba Malta. Los bárbaros por su parte nos trataron con mucha humanidad.

2. Porque luego encendida una hoguera nos refocilaban a todos contra la lluvia y el frío.

3. Y habiendo recogido Pablo una porción de sarmientos, y echándolos al fuego, saltó una víbora huyendo del calor, y le trabó de la mano.

4. Cuando los bárbaros vieron la víbora colgando de su mano, se decían unos a otros: Este hombre sin duda es algún homicida, pues que, habiéndose salvado de la mar, la venganza divina no quiere que viva.

5. Él, empero, sacudiendo la víbora en el fuego, no padeció daño alguno.

6. Los bárbaros, al contrario, se persuadían a que se hincharía, y de repente caería muerto. Mas después de aguardar largo rato, repatran-

do que ningún mal le acontecía, mudando de opinión, decían que era un dios.

7. En aquellas cercanías tenía unas posesiones el príncipe de la isla, llamado Publio, el cual, acogiéndonos benignamente, nos hospedó por tres días con mucha humanidad.

8. Y sucedió que, hallándose el padre de Publio muy acosado de fiebres y disentería, entró Pablo a verle, y haciendo oración, e imponiendo sobre él las manos, le curó.

9. Después de este suceso todos los que tenían enfermedades en aquella isla acudían a él, y eran curados;

10. por cuyo motivo nos hicieron muchas honras, y cuando nos embarcamos nos proveyeron de todo lo necesario.

11. Al cabo de tres meses, nos hicimos a la vela en una nave alejandrina, que había invernado en aquella isla, y tenía la divisa de Cástor y Pólux.

12. Y habiendo llegado a Siracusa, nos detuvimos allí tres días.

13. Desde aquí costeando las tierras de Sicilia, vinimos a Regio; y al día siguiente soplando el sur, en dos días nos pusimos en Puzol,

14. donde habiendo encontrado hermanos en Cristo, nos instaron a que nos detuviésemos con ellos siete días, después de los cuales nos dirigimos a Roma.

15. Sabiendo nuestra venida los hermanos de esta ciudad, salieron a recibirnos hasta el pueblo llamado Foro Apio, y otros a Tres Tabernas. A los cuales habiendo visto Pablo, dio gracias a Dios, y cobró grande ánimo.

16. Llegados a Roma, se le permitió a Pablo el estar de por sí en una casa con un soldado de guardia.

17. Pasados tres días pidió a los principales de entre los judíos que fuesen a verle. Luego que se juntaron, les dijo: Yo hermanos míos, sin haber hecho nada contra el pueblo, ni contra las tradiciones de nuestros padres, fui preso en Jerusalén y entregado en manos de los romanos,

18. los cuales después que me hicieron los interrogatorios, quisieron ponerme en libertad, visto que no hallaban en mí causa de muerte.

19. Mas, oponiéndose los judíos, me vi obligado a apelar a César, pero no con el fin de acusar en cosa alguna a los de mi nación,

20. Por este motivo, pues, he procurado veros y hablaros, para que sepáis que por la esperanza de Israel me veo atado con esta cadena.

21. A lo que respondieron ellos: Nosotros ni hemos recibido cartas de Judea acerca de ti, ni hermano alguno venido de allá ha contado o dicho mal de ti.

494

22. Mas deseamos saber cuáles son tus sentimientos; porque tenemos noticia que esa tu secta halla contradicción en todas partes.

23. Y habiéndole señalado día para oírle, vinieron en gran número a su alojamiento, a los cuales predicaba el reino de Dios desde la mañana hasta la noche, confirmando con autoridades las proposiciones que sentaba, y probándoles lo perteneciente a Jesús con la ley de Moisés y con los profetas.

24. Unos creían las cosas que decía, otros no las creían.

25. Y no estando acordes entre sí, se iban saliendo, sobre lo cual decía Pablo: ¡Oh, con cuánta razón habló el Espíritu Santo a nuestros padres por el profeta Isaías,

26. diciendo: Ve a ese pueblo, y diles: Oiréis con vuestros oídos, y no entenderéis; y por más que viereis con vuestros ojos, no miraréis!

27. Porque embotando este pueblo su corazón, ha tapado sus oídos, y apretado las pestañas de sus ojos, de miedo que con ellos vean y oigan con sus oídos, y entiendan con el corazón, y así se conviertan, y yo les dé la salud.

28. Por tanto tened entendido todos vosotros, que a los gentiles es enviada esta salud de Dios, y ellos la recibirán.

29. Dicho esto, se apartaron de él los judíos, teniendo grandes debates entre sí.

30. Y Pablo permaneció por espacio de dos años enteros en la casa que había alquilado, en donde recibía a cuantos iban a verle,

31. predicando el reino de Dios, y enseñando con toda libertad, sin que nadie se lo prohibiese, lo tocante a Nuestro Señor Jesucristo.

EPÍSTOLA DEL APÓSTOL SAN PABLO A LOS ROMANOS

CAPÍTULO I

La fe es necesaria para salvarse; porque sin ella nadie se justifica: y de la razón se abusa tanto que los preciados de sabios vienen a ser los más viciosos.

1. Pablo, siervo de Jesucristo, apóstol por vocación divina, escogido para predicar el Evangelio de Dios,

2. evangelio que el mismo Dios había prometido anteriormente por sus profetas en las santas Escrituras,

3. acerca de su Hijo Jesucristo Nuestro Señor, que le nació según la carne del linaje de David,

4. y que fue predestinado para ser Hijo de Dios con soberano poder, según el espíritu de santificación por su resurrección de entre los muertos,

5. por el cual nosotros hemos recibido la gracia y el apostolado para someter a la fe por la virtud de su nombre a todas las naciones,

6. entre las cuales sois también contados vosotros, llamados a ella por Jesucristo:

7. a todos aquellos que estáis en Roma, que sois amados de Dios, y santos por vuestra vocación, gracia y paz de parte de Dios nuestro Padre y de nuestro Señor Jesucristo.

8. Primeramente yo doy gracias a mi Dios por medio de Jesucristo acerca de todos vosotros, de que vuestra fe es celebrada por todo el mundo.

9. Dios, a quien sirvo con todo mi espíritu en la predicación del Evangelio de su Hijo, me es testigo de que continuamente hago memoria de vosotros,

10. pidiéndole siempre en mis oraciones que, si es de su voluntad, me abra finalmente algún camino favorable para ir a veros.

11. Porque tengo muchos deseos de ello, a fin de comunicaros alguna gracia espiritual con la que seáis fortalecidos:

12. quiero decir, para que hallándome entre vosotros podamos consolarnos mutuamente los unos a los otros, por medio de la fe, que es común a vosotros y a mí.

13. Mas no quiero, hermanos, que dejéis de saber, que muchas veces he propuesto hacer este viaje, para lograr también entre vosotros algún fruto, así como entre las demás naciones; pero basta ahora no me ha sido posible.

14. Deudor soy igualmente a griegos y a bárbaros, a sabios y a ignorantes.

15. Así (por lo que a mí toca) pronto estoy a predicar el Evangelio, también a los que vivís en Roma:

16. que no me avergüenzo yo del Evangelio, siendo él como es la virtud de Dios para salvar a todos los que creen, a los judíos primeramente, y después a los gentiles

17. Y en el Evangelio es en donde se nos ha revelado la justicia que viene de Dios la cual nace de la fe, y, se perfecciona en la fe, según aquello que está escrito: El justo vive por la fe.

18. Se descubre también en él la ira de Dios que descargará el cielo sobre en toda la impiedad e injusticia de aquellos hombres, que tienen aprisionada injustamente la verdad de Dios;

19. puesto que ellos han conocido claramente lo que se puede conocer de Dios, porque Dios se lo ha manifestado.

20. En efecto, las perfecciones invisibles de Dios, aun su eterno poder y su divinidad, se

han hecho visibles después de la creación del mundo, por el conocimiento que de ellas nos dan sus criaturas; y así tales hombres no tienen disculpa;

21. porque habiendo conocido a Dios, no le glorificaron como a Dios, ni le dieron gracias; sino que ensoberbecidos devanearon en sus discursos, y quedó su insensato corazón lleno de tinieblas;

22. y mientras que se jactaban de sabios, pararon en ser unos necios,

23. hasta llegar a transferir a un Simulacro en imagen de hombre corruptible, y a figuras de aves, y de bestias cuadrúpedas, y de serpientes, el honor debido solamente a Dios incorruptible o inmortal.

24. Por lo cual Dios los abandonó a los deseos de su depravado corazón, a los vicios de la impureza, en tanto grado que deshonraron ellos mismos sus propios cuerpos;

25. ellos habían colocado la mentira en él surge de la verdad de Dios, dando culto y sirviendo a las criaturas en lugar de adorar al Criador, solamente el cual es digno de ser bendito por todos los siglos. Amén.

26. Por eso los entregó Dios a pasiones infames. Pues sus mismas mujeres invirtieron el uso natural, en el que es contrario a la naturaleza.

27. Del mismo modo también los varones, desechando el uso natural de la hembra, se abrasaron en amores brutales de unos con otros, cometiendo torpezas nefandas varones con varones, y recibiendo en sí mismo la paga merecida de su obcecación.

28. Pues como no quisieron reconocer a Dios, Dios los entregó a un réprobo sentido, de suerte que han hecho acciones indignas del hombre,

29. quedando atestados de toda suerte de iniquidad, de malicia, de fornicación, le avaricia, de perversidad; llenos de invidia, homicidas, pendencieros, fraululentos, malignos, chismosos,

30. infamadores, enemigos de Dios, ultrajadores, soberbios, altaneros, inventores de vicios, desobedientes a sus padres

31. irracionales, desgarrados, desamorados, desleales, desapiadados:

32. los cuales en medio de haber conoido la justicia de Dios, no echaron de ver, que los que hacen tales cosas, son dignos de muerte eterna, y no sólo los que las hacen, sino también los que aprueban a los que las hacen.

CAPÍTULO II
Demuéstrase que los judíos son tanto y más culpables por sus malas obras, que los gentiles. La verdadera circuncisión es la del espíritu, o la del entendimiento y de la voluntad.

1. Por donde tú eres inexcusable, ¡oh hombre, quien quiera que seas!, que te metes a condenar a los demás. Pues en lo que condenas a otro te condenas a ti mismo, haciendo como haces tá, ¡oh judío!, aquellas mismas cosas que condenas.

2. Sabemos que Dios condena, según su verdad, a los que cometen tales acciones.

3. Tú, pues, ¡oh hombre!, que condenas a los que tales cosas hacen, y no obstante las haces, ¿piensas acaso que podrás huir del juicio de Dios?

4. ¿O desprecias tal vez las riquezas de su bondad, y de su paciencia, y largo sufrimiento? ¿No reparas que la bondad de Dios te está llamando a la penitencía?

5. Tú, al contrario, con tu dureza y corazón impenitente vas atesorándote ira y más ira para el día de la venganza y de la manifestación del justo juicio de Dios,

6. el cual ha de pagar a cada uno según sus obras,

7. dando la vida eterna a los que, por medio de la perseverancia en las buenas obras, aspiran a la gloria, al honor y a la inmortalidad,

8. y derramando su cólera y su indignación sobre los espíritus porfiados, que no se rinden a la verdad, sino que abrazan la injusticia.

9. Así que tribulación y angustias aguardan sin remedio al alma de todo hombre que obra mal, del judío primeramente, y después del griego;

10. mas la gloria, el honor y la paz serán la porción hereditaria de todo aquel que obra bien, del judío primeramente, y después del griego

11. porque para con Dios no hay acepción de personas.

12. Y así todos los que pecaron sin tener ley escrita, perecerán sin ser juzgados por ella; mas todos los que pecaron teniéndola, por ella seran juzgados.

13. Que no son justos delante de Dios los que oyen la ley; sino los que la cumplen, ésos son los que serán justificados.

14. En efecto, cuando los gentiles, que no tienen ley escrita, hacen por razón natural lo que manda la ley, estos tales no teniendo ley, son para sí mismos ley viva;

15. y ellos hacen ver que lo que la ley ordena está escrito en sus corazones, como se lo atestigua su propia conciencia, y las diferentes reflexiones que allá en su interior ya los acusan, ya los defienden,

16. como se verá en aquel día, en que Dios juzgará los secretos de los hombres, por medio de Jesucristo, según la doctrina de mi evangelio.

17. Mas tú que te precias del renombre de judío, y tienes puesta tu confianza en la ley, y te glorías de adorar a Dios,

18. y conoces su voluntad y, amaestrado por la ley, disciernes lo que es mejor,

19. tú te jactas de ser guía de ciegos, luz de los que están a oscuras,

20. preceptor de gente ruda, maestro de niños, o recién convertidos, como quien tiene en la ley de Moisés la pauta de la ciencia y de la verdad;

21. y no obstante, tú que instruyes al otro, no te instruyes a ti mismo; tú que predicas que no es lícito hurtar, hurtas;

22. tú que dices que no se ha de cometer adulterio, lo cometes; tú que abominas de los ídolos, eres sacrílego adorador suyo;

23. tú, en fin, que teorías en la ley, con la violación de la misma ley deshonras a Dios.

24. (Vosotros los judíos sois la causa, como dice la Escritura, de que sea blasfemado el nombre de Dios entre los gentiles.)

25. Por lo demás, la circuncisión sirve si observas la ley; pero si eres prevaricador de la ley, por más que estés circuncidado, vienes a ser delante de Dios como un hombre incircunciso.

26. Al contrario, si un incircunciso guarda los preceptos de la ley, por ventura, sin estar circuncidado, ¿no será reputado por circunciso?

27. Y el que por naturaleza es incircunciso o gentil, y guarda exactamente la ley, ¿no te condenará a ti, que teniendo la letra de la ley y la circuncisión, eres prevaricador de la ley?

28. Porque no está en lo exterior el ser judío, ni es la verdadera circuncisión la que se hace en la carne;

29. sino que el verdadero judío es aquel que lo es en su interior: así como la verdadera circuncisión es la del corazón que se hace según el espíritu, y no según la letra de la ley; y este verdadero judío recibe su alabanza, no de los hombres, sino de Dios.

CAPÍTULO III

En qué tienen la preferencia los judíos sobre los gentiles. Unos y otros están sujetos al yugo del pecado. No es la ley, sino la fe en Jesucristo la que los libra de él. Pero la fe no destruye la ley, sino que la perfecciona.

1. ¿Cuál es, pues, me diréis, la ventaja de los judíos sobre los gentiles?; o ¿qué utilidad se saca en ser del pueblo circuncidado?

2. La ventaja de los judíos es grande de todos modos. Y principalmente porque a ellos les fueron confiados los oráculos de Diosis.

3. Porque, en fin, si algunos de ellos no han creído, ¿su infidelidad frustrará por ventura la fidelidad de Dios? Sin duda que no,

4. siendo Dios, como es, veraz, y mentiroso todo hombre y según aquello que David dijo a Díos: A fin de que tú seas reconocido fiel en tus palabras, y salgas vencedor en los juicios que de ti se hacen.

5. Mas si nuestra injusticia o iniquidad hace resaltar la justicia de Dios, ¿qué diremos? No será Dios (hablo a lo humano) injusto en castigarnos?

6. Nada menos. Porque si así fuese, ¿cómo sería Dios el juez del mundo?

7. Pero si la fidelidad o verdad de Dios, añadirá alguno, con ocasión de mi infidelidad o malicia se ha manifestado más gloriosa, ¿por qué razón todavía soy yo condenado como pecador?

8. ¿Y por qué (como con una insigne calumnia esparcen algunos que nosotros decimos) no hemos de hacer nosotros un mal, a fin de que de él resulte un bien? Los que dicen esto son justamente condenados.

9. ¿Diremos, pues, que somos los judíos más dignos que los gentiles? No por cierto. Pues a emos demostrado que así judíos como gentiles todos están sujetos al pecado,

10. segun aquello que dice la Escritura: No hay uno que sea justo;

11. no hay quien sea cuerdo, no hay quien busque a Dios;

12. todos se descarriaron, todos se inutilizaron; no hay quien obre bien, no hay siquiera uno;

13. su garganta es un sepulcro abierto, se han servido de sus lenguas para urdir enredos; dentro de sus labios tienen veneno de áspides;

14. Su boca esta llena de maldición y de amargura;

15. son sus pies ligeros para ir a derramar sangre;

16. todos sus pasos se dirigen a oprimir y a hacer infelices a los demás

17. porque la senda de la paz nunca la conocieron,

18. ni tienen el temor de Dios ante sus ojos.

19. Empero sabemos que cuantas cosas dice la ley, todas las dirige a los que profesan la ley a fin de que toda boca enmudezca, y todo el mundo, así judíos como gentiles, se reconozca reo delante de Dios;

20. supuesto que delante de él ningún hombre será justificado por solas las obras de la ley.

Porque por la ley se nos ha dado el conocimiento del pecado.

21. Cuando ahora la justicia que da Dios sin la ley se nos ha hecho patente, según está atestiguada por la Ley y los profetas.

22. Y esta justicia que da Dios por la fe en Jesucristo, es para todos y sobre todos los que creen en él, pues no hay distinción alguna entre judío y gentil;

23. porque todos pecaron, y tienen necesidad de la gloria o gracia de Dios,

24. siendo justificados gratuitamente por la gracia del mismo, en virtud de la redención que todos tienen en Jesucristo,

25. a quien Dios propuso para ser la víctima de propiciación en virtud de su sangre por medio de la fe, a fin de demostrar la justicia que da él mismo perdonando los pecados pasados,

26. soportados por Dios con tanta paciencia, con el fin, digo, de manifestar su justicia en el tiempo presente; por donde se vea cómo él es justo en sí mismo, y que justifica al que tiene la fe de Jesucristo.

27. Ahora, pues, ¿dónde está, ¡oh judío!, el motivo de gloriarte? Queda excluido. ¿Por qué ley? ¿Por la de las obras? No, sino por la ley de la fe.

28. Así que, concluimos ser justificado el hombre por la fe viva sin las obras de la ley.

29. Porque en fin, ¿es acaso Dios de los judíos solamente?; ¿no es también Dios de los gentiles? Sí por cierto, de los gentiles también.

30. Porque uno es realmente el Dios que justifica por medio de la fe a los circuncidados, y que con la misma fe justifica a los no circuncidados.

31. Luego nosotros, dirá alguno, ¿destruimos la ley de Moisés por la fe en Jesucristo? No hay tal, antes bien confirmamos la Ley.

CAPÍTULO IV

Con el ejemplo de Abrahán prueba el Apóstol que Dios justifica al pecador no en fuerza de obras o virtudes humanas, sino de pura gracia por la fe que le infunde.

1. ¿Qué ventaja, pues, diremos haber logrado Abrahán, padre nuestro según la carne?

2. Ciertamente que si Abrahán fuese justificado por las obras exteriores, él tiene de que gloriarse, mas no para con Dios.

3. Porque ¿qué es lo que dice la Escritura?: Creyó Abrahán a Dios, lo cual le fue imputado a justicia.

4. Pues al que trabaja, el salario no se le cuenta como una gracia, sino como deuda.

5. Al contrario, cuando a alguno, sin hacer las obras exteriores, o de la ley, con creer en aquel que justifica al impío, se le reputa su fe por justicia, es este un don gratuito según el beneplácito de la gracia de Dios.

6. En este sentido David llama bienaventurado al hombre a quien Dios imputa la justicia sin mérito de las obras, diciendo:

7. Bienaventurados aquellos cuyas maldades son perdonadas y cuyos pecados están borrados;

8. dichoso el hombre a quien Dios no imputó culpa.

9. ¿Y esta dicha es sólo para los circuncisos? ¿No es también para los incircuncisos? Acabamos de decir que la fe se reputó a Abrahán por justicia.

10. ¿Y cuándo se le reputó?; ¿después que fue circuncidado, o antes de serlo? Claro está que no cuando fue circuncidado, sino antes.

11. Y así él recibió la marca o divisa de la circuncisión, como un sello, o señal de la justicia que había adquirido por la fe, cuando era aún incircunciso; para que fuese padre de todos los que creen sin estar circuncidados, a quienes se les reputase también la fe por justicia;

12. como asimismo padre de los circuncidados; de aquellos, digo, que no solamente han recibido la circuncisión, sino que siguen también las huellas de la fe que tenía nuestro padre Abrahán, siendo aún incircunciso.

13. Y así no fue en virtud de la ley, sino en virtud de la justicia de la fe, la promesa hecha a Abrahán, o a su posteridad, de tener al mundo por herencia suya.

14. Porque si solos los que pertenecen a la ley de Moisés son los herederos, inútil fue la fe, y queda sin efecto la promesa de Dios.

15. Porque la ley produce o manifiesta la cólera de Dios contra sus transgresores en lugar de que allá donde no hay ley, no hay tampoco violación de la ley.

16. La fe, pues, es por la cual nosotros somos herederos, a fin de que lo seamos por gracia, y permanezca firme la promesa para todos los hijos de Abrahán, no solamente para los que han recibido la Ley, sino también para aquellos que siguen la fe de Abrahán, que es el padre de todos,

17. (según lo que está escrito: Téngote constituido padre de muchas gentes), y que lo es delante de Dios, a quien ha creído, el cual da vida a los muertos, y llama, o da ser, a las cosas que no son, del mismo modo que conserva las que son.

18. Así habiendo esperado contra toda esperanza, él creyó que vendría a ser padre de

muchas naciones, según se le había dicho: Innumerable será tu descendencia.

19. Y no desfalleció en la fe, ni atendió a su propio cuerpo ya desvirtuado, siendo ya de casi cien años, ni a que estaba extinguida en Sara la virtud de concebir.

20. No dudó él ni tuvo la menor desconfianza de la promesa de Dios, antes se fortaleció en la fe, dando a Dios la gloria,

21. plenamente persuadido de que todo cuanto Dios tiene prometido, es poderoso también para cumplirlo.

22. Por eso el creer le fue reputado por justicia.

23. Pero el habérsele reputado por justicia, no está escrito sólo para él,

24. sino también para nosotros, a quienes se ha de reputar igualmente a justicia, el creer en aquel que resucitó de entre los muertos, Jesucristo Señor nuestro;

25. el cual fue entregado a la muerte por nuestros pecados, y resucitó para nuestra justificación.

CAPÍTULO V

Excelencias de la justificación por la fe de Jesucristo, cuya gracia sobreabundante no como quiera quita los males del pecado, sino que nos colma de bienes inmensos.

1. Justificados, pues, por la fe, mantengamos la paz con Dios mediante nuestro Señor Jesucristo,

2. por el cual asimismo, en virtud de la fe, tenemos cabida en esta gracia, en la cual permanecemos firmes, y nos gloriamos esperando la gloria de los hijos de Dios.

3. Ni nos gloriamos solamente en esto, sino también en las tribulaciones, sabiendo que la tribulación ejercita la paciencia,

4. la paciencia sirve a la prueba de nuestra fe, y la prueba produce la esperanza,

5. esperanza que no burla; porque la caridad de Dios ha sido derramada en nuestros corazones por medio del Espíritu Santo, que se nos ha dado.

6. Porque ¿de dónde nace que Cristo, estando nosotros todavía enfermos del pecado, al tiempo señalado murió por los impíos?

7. A la verdad apenas hay quien quisiese morir por un justo; tal vez se hallaría quien tuviese valor de dar su vida por un bienhechor:

8. pero lo que hace brillar más la caridad de Dios hacia nosotros, es que entonces mismo cuando éramos aún pecadores o enemigos suyos, fué cuando al tiempo señalado,

9. murió Cristo por nosotros; luego es claro que ahora mucho más estando justificados por su sangre, nos salvaremos por él de la ira de Dios.

10. Que si cuando éramos enemigos de Dios, fuimos reconciliados con él por la muerte de su Hijo, mucho más estando ya reconciliados, nos salvará por él mismo resucitado y vivo.

11. Y no tan sólo eso, sino que también nos gloriamos en Dios por nuestro Señor Jesucristo, por cuyo medio hemos obtenido ahora la reconciliación.

12. Por tanto, así como por un solo hombre entró el pecado en este mundo, y por el pecado la muerte, así también la muerte se fue propagando en todos los hombres, por aquel solo Adán en quien todos pecaron.

13. Así que el pecado ha estado siempre en el mundo hasta el tiempo de la ley; mas como entonces no había ley escrita, el pecado no se imputaba como transgresión de ellos.

14. Con todo eso, la muerte reinó desde Adán hasta Moisés aun sobre aquellos que no pecaron con una transgresión de la ley de Dios semejante a la de Adán, el cual es figura del segundo Adán que había de venir.

15. Pero no ha sucedido en la gracia, así como en el pecado; porque si por el pecado de uno solo murieron muchos, mucho más copiosamente se ha derramado sobre muchos la misericordia y el don de Dios por la gracia de un solo hombre, que es Jesucristo,

16. Ni pasa lo mismo en este don de la gracia, que lo que vemos en el pecado. Porque nosotros hemos sido condenados en el juicio de Dios por un solo pecado, en lugar de que somos justificados por la gracia después de muchos pecados.

17. Conque, si por el pecado de uno solo ha reinado la muerte por un solo hombre que es Adán, mucho más los que reciben la abundancia de la gracia, y de los dones, y de la justicia, reinarán en la vida por solo un hombre que es Jesucristo.

18. En conclusión, así como el delito de uno solo atrajo la condenación de muerte a todos los hombres, así también la justicia de uno solo ha merecido a todos los hombres la justificación que da vida al alma.

19. Pues a la manera que por la desobediencia de un solo hombre fueron muchos constituidos pecadores, así también por la obediencia de uno solo serán muchos constituidos justos.

20. Es verdad que sobrevino la Ley, y con ella se aumentó el pecado por haber sido desobedecida. Pero cuanto más abundó el pecado, tanto más ha sobreabundado la gracia,

21. a fin de que al modo que reinó el pecado para dar la muerte, así también reine la gracia

en virtud de la justicia para dar la vida eterna, por Jesucristo nuestro Señor.

CAPÍTULO VI
Cómo deben los fieles perseverar en la gracia una vez recibida en el bautismo, haciendo nueva vida, y entregándose del todo a Dios.

1. ¿Qué diremos, pues?; ¿habremos de permanecer en el pecado para dar motivo a que la gracia sea copiosa?
2. No lo permita Dios. Porque estando ya muertos al pecado, ¿cómo hemos de vivir aún en él?
3. ¿No sabéis que cuantos hemos sido bautizados en Jesucristo, lo hemos sido con la representación y en virtud de su muerte?
4. En efecto, en el bautismo hemos quedado sepultados con él muriendo al pecado, a fin de que así como Cristo resucitó de muerte a vida para gloria del Padre, así también procedamos nosotros con nuevo tenor de vida.
5. Que si hemos sido injertados con él por medio de la representación de su muerte, igualmente lo hemos de ser representando su resurrección,
6. haciéndonos cargo que nuestro hombre viejo fue crucificado juntamente con, para que sea destruido en nosotros el cuerpo del pecado, y ya no sirvamos más al pecado.
7. Pues quien ha muerto de esta manera, queda ya justificado del pecado.
8. Y sí nosotros hemos muerto con Jesu-Cristo, creemos firmemente que viviremos también juntamente con Cristo,
9. sabiendo que Cristo resucitado de entre los muertos no muere ya otra vez; y que la muerte no tendrá ya dominio sobre él.
10. Porque en cuanto al haber muerto, como fue por destruir el pecado, murió una sola vez; mas en cuanto al vivir, vive para Dios y es inmortal.
11. Así ni mas ni menos vosotros considerad también que realmente estáis muertos al pecado por el bautismo, y que vivís ya para Dios en Jesucristo Señor nuestro.
12. No reine, pues, el pecado en vuestro cuerpo mortal, de modo que obedezcáis a sus concupiscencias.
13. Ni tampoco abandonéis más vuestros miembros al pecado para servir de instrumentos a la iniquidad; sino antes bien entregaos todos a Dios, como resucitados de muerte a vida, y ofreced a Dios vuestros miembros para servir de instrumentos a la justicia o virtud.
14. Porque el pecado no se enseñoreara ya de vosotros, si no queréis; pues no estáis bajo el dominio de la ley, sino de la gracia.

15. ¿Mas qué?, ¿pecaremos, ya que no estamos sujetos a la ley, sino a la gracia? No lo permita Dios.
16. ¿No sabéis que si os ofrecéis por esclavo de alguno para obedecer a su imperio, por el mismo hecho quedáis esclavos de aquél a quien obedecéis, bien sea del pecado para recibir la muerte, bien sea de la obediencia a la fe para recibir la justicia o vida del alma?
17. Pero, gracias a Dios, vosotros, aunque fuisteis siervos del pecado, habéis obedecido de corazón a la doctrina del Evangelio, segun cuyo modelo habéis sido formados de nuevo.
18. Con lo que, libertados de la esclavitud del pecado habéis venido a ser siervos de la justicia o santidad.
19. Voy a decir una cosa, hablando a lo humano, en atención a la flaqueza de vuestra carne; y es, que así como habéis empleado los miembros de vuestro cuerpo en servir a la impureza y a la injusticia para cometer la iniquidad, así ahora los empleéis en servir a la justicia para santificaros.
20. Porque cuando erais esclavos del pecado, estuvisteis como exentos del imperio de la justicia.
21. Mas ¿y qué frutos sacasteis entonces de aquellos desórdenes de que al presente os avergonzáis? En verdad que la muerte es el fin a que conducen.
22. Por el contrario, ahora habiendo quedado libres del pecado, y hechos siervos de Dios, cogéis por fruto vuestro la santificación y por fin la vida eterna.
23. Porque el estipendio y paga del pecado es la muerte. Empero la vida eterna es una gracia de Dios por Jesucristo nuestro Señor.

CAPÍTULO VII
Ventaja grandísima del hombre en el estado de la Ley de gracia, comparado con el que tenía por razón del pecado en la Ley antigua. Combate la carne contra el espíritu.

1. ¿Ignoráis acaso, hermanos (ya que hablo con los que están instruidos en la Ley) que la Ley no domina sobre el hombre sino mientras éste vive?
2. Así es que una mujer casada está ligada por la ley del matrimonio al marido mientras éste vive; mas en muriendo su marido, queda libre de la ley que la ligaba al marido.
3. Por cuya razón será tenida por adúltera si, viviendo su marido, se junta con otro hombre; pero si el marido muere, queda libre del vínculo, y puede casarse con otro sin ser adúltera.

4. Así también vosotros, hermanos míos, quedasteis muertos a la Ley en virtud de la muerte de el cuerpo de Cristo, para ser de otro, esto es, del que resucitó de entre los muertos, a fin de que nosotros produzcamos frutos para Dios.

5. Pues cuando vivíamos según la carne, las pasiones de los pecados, excitadas por ocasión de la Ley, mostraban su eficacia en nuestros miembros, en hacerles producir frutos para la muerte;

6. pero ahora estamos ya exentos de esta ley ocasión de muerte, que nos tenía ligados, para que sirvamos a Dios según el nuevo espíritu, y no según la letra o ley antigua.

7. Esto supuesto, ¿qué diremos? ¿Es la ley la causa del pecado? No digo tal. Pero si que no acabé de conocer el necado, sino por medio de la ley; de suerte que yo no hubiera advertido la concupiscencia mía, si la Ley no dijera: No codiciarás.

8. Mas el pecado, o el deseo de éste, estimulado con ocasión del mandamiento que lo prohibe, produjo en mí toda suerte de malos deseos. Porque sin la ley el pecado de la codícía estaba como muerto.

9. Yo también vivía en algún tiempo sin ley, dirá otro; mas así que sobrevino el mandamiento, revivió el pecado,

10. y yo quedé muerto; con lo que aquel mandamiento, que debía servir para darme la vida, ha servido para darme la muerte.

11. Porque el pecado, tomando ocasión del mandamiento, me sedujo, y así por la violación de el mismo mandamiento me ha dado la muerte.

12. De manera que la ley es santa, y el mandamiento que prohíbe el pecado, santo, justo y bueno,

13. Pero qué, ¿lo que es en sí bueno, me ha causado a mi la muerte? Nada menos. Sino que el pecado, o la concupiscencia, es el que, habiéndome causado la muerte por medio de una cosa buena, cual es la ley, ha manifestado lo venenoso que él es; de manera que por ocasión del mismo mandamiento se ha hecho el pecado sobremanera maligno.

14. Porque bien sabemos que la ley es espiritual; pero yo por mí soy carnal, vendido para ser esclavo del pecado.

15. Por lo que yo mismo no apruebo lo que hago; pues no hago el bien que amo, sino antes el mal que aborrezco, ése lo hago.

16. Mas por lo mismo que hago lo que no amo, reconozco la ley como buena.

17. Y en este lance no tanto soy yo el que obra aquello, cuanto el pecado o la concupiscencia que habita en mí.

18. Que bien conozco que nada de bueno hay en mí, quiero decir en mi carne. Pues aunque hallo en mí la voluntad para hacer el bien, no hallo cómo cumplirla.

19. Por cuanto no hago el bien que quiero; antes bien hago el mal que no quiero.

20. Mas si hago lo que no quiero, ya no lo ejecuto yo, sino el pecado que habita en mí.

21. Y así es que, cuando yo quiero hacer el bien, me encuentro con una ley o inclinación contraria, porque el mal está pegado a mí.

22. De aquí es que me complazco en la ley de Dios segun el hombre interior;

23. mas al mismo tiempo echo de ver otra ley en mis miembros, la cual resiste a la ley de mi espíritu, y me sojuzga a la ley del pecado, que está en los miembros de mi cuerpo

24. ¡Oh qué hombre tan infeliz soy yo! ¿Quién me libertará de este cuerpo de muerte, o mortífera concupiscencia?

25. Solamente la gracia de Dios por los méritos de Jesucristo, Señor nuestro. Entretanto yo mismo vivo sometido por el espíritu a la ley de Dios, y por la carne a la ley del pecado.

CAPÍTULO VIII

Confirma lo dicho el Apóstol mucho más copiosamente. Felicidad de los justos y esperanza; cómo de todo sacan provecho, sin que nada les pueda separar del amor de Jesucristo.

1. De consiguiente nada hay ahora digno de condenación en aquellos que están reengendrados en Cristo Jesús, y que no siguen la carne.

2. Porque la ley del espíritu de vida, que está en Cristo Jesús, me ha libertado de la ley del pecado y de la muerte.

3. Pues lo que era imposible que la ley hiciese, estando como estaba debilitada por la carne, hizolo Dios cuando habiendo enviado a su Hijo revestido de una carne semejante a la del pecado y héchole víctima por el pecado, mató así al pecado en la carne,

4. a fin de que la justificación de la ley tuviese su cumplimiento en nosotros, que no vivimos conforme a la carne, sin conforme al espíritu.

5. Porque los que viven según la carne, se saborean con las cosas que son de la carne; cuando los que viven según el espíritu gustan de las que son del espíritu.

6. La sabiduría o prudencia de la carne es una muerte, en lugar de que la sabiduría de las cosas del espíritu, es vida y paz:

7. por cuanto la sabiduría de la carne enemiga de Dios; como que no está sumisa a la ley de Dios, ni es posible que lo esté siendo contraria a ella.

8. Por donde los que viven según la carne no pueden agradar a Dios.

9. Pero vosotros no vivís según la carne, sino del espíritu, si es que el Espíritu deshabita en vosotros. Que alguno no tiene el Espíritu de Cristo, éste tal no es de Jesucristo.

10. Mas si Cristo está en vosotros, aunque el cuerpo esté muerto, o sujeto a muerte, por razón del pecado de Adán, Espíritu vive en virtud de la justificación.

11. Y si el Espíritu de aquel Dios, que resucitó a Jesús de la muerte, habita en nosotros, el mismo que ha resucitado a Jesucristo de la muerte dará vida también a vuestros cuerpos mortales, en virtud de su espíritu que habita en vosotros.

12. Así que, hermanos míos somos deudores no a la carne, para vivir según la carne, sino al Espíritu de Dios:

13. porque si vivireis según la carne, moriréis; mas si con el espíritu hacéis morir las obras o pasiones de la carne, viviréis,

14. siendo cierto que los que se rigen por el Espíritu de Dios, ésos son hijos de Dios.

15. Porque no habéis recibido ahora el espíritu de servidumbre para obrar todavía solamente por temor como esclavos, sino que habéis recibido el espíritu de adopción de hijos en virtud del cual clamamos con toda confianza: Abba, esto es, ¡oh Padre mío!

16. Y con razón; porque el mismo Espíritu de Dios está dando testimonio a nuestro espíritu de que somos hijos de Dios.

17. Y siendo hijos, somos también herederos: herederos de Dios, y coherederos con Jesucristo, con tal, no obstante, que padezcamos con él a fin de que seamos con él glorificados.

18. A la verdad yo estoy firmemente persuadido de que los sufrimientos o penas de la vida presente no son de comparar con aquella gloria venidera, que se ha de manifestar en nosotros.

19. Así las criaturas todas están aguardando con grande ansia la manifestación de los hijos de Dios.

20. Porque se ven sujetas a la vanidad, o mudanza, no de grado, sino por causa de aquel que les puso tal sujeción, con la esperanza

21. de que serán también ellas mismas libertadas de esa servidumbre a la comupción, para participar de la libertad y gloria de los hijos de Dios.

22. Porque sabemos que hasta ahora todas las criaturas están suspirando por dicho día, y como en dolores de parto.

23. Y no solamente ellas, sino también nosotros mismos, que tenemos ya las primicias del Espíritu Santo, nosotros, con todo eso, suspiramos de lo íntimo del corazón, aguardando el efecto de la adopción de los hijos de Dios, esto es, la redención de nuestro cuerpo.

24. Porque hasta ahora no somos salvos, sino en esperanza. Y no se dice que alguno tenga esperanza de aquello que ya ve y posee; pues lo que uno ya ve o tiene, ¿cómo lo podrá esperar?

25. Si esperamos, pues, lo que no vemos todavía, claro está que aguardamos por medio de la paciencia

26. Y además el Espíritu divino ayuda a nuestra flaqueza; pues no sabiendo siquiera qué hemos de pedir en nuestras oraciones, ni cómo conviene hacerlo, el mismo Espíritu hace, o produce en nuestro interior, nuestras peticiones a Dios con gemidos que son inexplicables.

27. Pero aquel que penetra a fondo los corazones conoce bien qué es lo que desea el Espíritu, el cual no pide nada por los santos, que no sea según Dios.

28. Sabemos también nosotros que todas las cosas contribuyen al bien de los que aman a Dio, de aquellos, digo, que el ha llamado según su decreto para ser santos.

29. Pues a los que él tiene especialmente previstos, también los predestinó para que se hiciesen conforme a la imagen de su Hijo Jesucristo, por manera que sea el mismo Hijo el primogénito entre muchos hermanos.

30. Y a éstos que ha predestinado, también los ha llamado; y a quienes ha llamado, también los ha justificado, y a los que ha justificado también los ha glorificado.

31. Después de esto, ¿qué diremos ahora? Si Dios está con nosotros, ¿quién contra nosotros?

32. El que ni a su propio Hijo perdonó, sino que le entregó a la muerte por todos nosotros, cómo después de habérnosle dado a él, dejará de darnos cualquier otra cosa?

33. Y ¿quién puede acusar a los escogidos de Dios? Dios mismo es el que los justifica.

34. ¿Quién osará condenarlos? Después que Jesucristo no solamente murió por nosotros, sino que también resucitó, y está sentado a la diestra de Dios, en donde asimismo intercede por nosotros.

35. ¿Quién, pues, podrá separarnos del amor de Cristo? ¿Será la tribulación?, ¿o la angustia?, ¿o el hambre?, ¿o la desnudez?, ¿o el riesgo?, ¿o la persecución?, ¿o el cuchillo?

36. (Según está escrito; Por ti, ¡oh, Señor!, somos entregados cada día en manos de la muerte: somos tratados como ovejas destinadas al matadero).

37. Pero en medio de todas estas cosas triunfamos por virtud de aquel que nos amó.

38. Por lo cual estoy seguro de que ni la muerte, ni la vida, ni ángeles, ni principados, ni virtudes, ni lo presente, ni lo venidero, ni la fuerza, o violencia,

39. ni todo lo que hay de más alto, ni de más profundos, ni otra ninguna criatura podrá jamás separarnos del amor de Dios, que se funda en Jesucristo Nuestro Señor.

CAPÍTULO IX

Que los verdaderos israelitas y los hijos verdaderos de Abrahán son lo que, llamados de Dios gratuita y misericordiosamente, se rinden a la fe de Jesucristo.

1. Jesucristo me es testigo de que os digo la verdad; y mi conciencia da testimonio, en presencia del Espíritu Santo, de que no miento,

2. al aseguraros que estoy poseído de una profunda tristeza y de continuo dolor en mi corazón,

3. hasta desear yo mismo el ser apartado de Cristo por la salud de mis hermanos, que son mis deudos según la carne,

4. los cuales son los israelitas de quienes es la adopción de hijos de Dios, y la gloria y la alianza, y la legislación, y el culto, y las promesas,

5. cuyos padres son los patriarcas, y de quienes desciende el mismo Jesucristo según la carne, el cual es Dios, bendito sobre todas las cosas por siempre jamás. Amén.

6. Pero no por eso la palabra de Dios deja de tener su efecto. Porque no todos los descendientes de Israel son verdaderos israelitas;

7. ni todos los que son del linaje de Abrahán son por eso hijos suyos y herederos; pues por Isaac (y no por Ismael) le dijo Dios, se contará tu descendencia.

8. Es decir, no los que son hijos de la carne, éstos son hijos de Dios; sino los que son hijos de la promesa, ésos se cuentan por descendientes de Abrahán.

9. Porque las palabras de la promesa son éstas: Por este mismo tiempo dentro de un año vendré; y Sara tendrá un hijo.

10. Mas no solamente se vio esto en Sara, sino también en Rebeca, que concibió de una vez dos hijos de Isaac, nuestro padre.

11. Pues antes que los niños naciesen, ni hubiesen hecho bien, ni mal alguno a fin de que se cumpliese el designio de Dios en la elección.

12. no en vista de sus obras, sino por el llamamiento y elección de Dios, se le dijo:

13. El mayor ha de servir al menor como en efecto está escrito: He amado más a Jacob, y he aborrecido o pospuesto, a Esaú.

14. ¿Pues qué diremos a esto?; ¿por ventura cabe en Dios injusticia? Nada menos.

15. Pues Dios dice a Moisés: Usaré de misericordia con quien me pluguiere usarla y tendré compasión de quien querré tenerla.

16. Así que no es obra del que quiere, ni del que corre, sino de Dios que usa de misericordia.

17. Dice también a Faraón en la Escritura: A este fin te levanté, para mostrar en ti mi poder; y para que mi nombre sea celebrado por toda la tierra.

18. De donde se sigue que con quien quiere usa de misericordia y endurece o abandona en su pecado a que quiere.

19. Pero tú me dirás: ¿Pues cómo es que se queja Dios, o se enoja?; porque, ¿quién puede resistir a su voluntad?

20. Mas, ¿quién eres tú, ¡oh hombre!, para reconvenir a Dios? Un vaso de barro dice acaso al que le labró: ¿Por qué me has hecho así?

21. ¿Pues qué, no tiene facultad el alfarero para hacer de la misma masa de barro, un vaso para usos honrosos, y otro al contrario para usos viles?

22. Nadie puede quejarse si Dios, queriendo mostrar en unos su justo enojo, y hacer patente su poder, sufre con mucha paciencia a los que son vasos de ira, dispuestos para la perdición

23. a fin de manifestar las riquezas de su gloria en los que son vasos de misericordia, que él preparó o destinó para la gloria;

24. y ha llamado a ella, como a nosotros, no solamente de entre los judíos, sino también de entre los gentiles,

25. conforme a lo que dice por Oseas: Llamaré pueblo mío al que no era mi pueblo; y amado, al que no era amado; y objeto de misericordia, al que no había conseguido misericordia.

26. Y sucederá que en el mismo lugar en que se les dijo: Vosotros no sois mi pueblo, allí serán llamados hijos de Dios vivo.

27. Por otra parte Isaías exclama con respecto a Israel: Aun cuando el número de los hijos de Israel fuese igual al de las arenas del mar, sólo un pequeno residuo de ellos se salvará.

28. Porque Dios en su justicia reducirá su pueblo a un corto número; el Señor hará una gran rebaja sobre la tierra.

29. Y antes había dicho el mismo Isaías: Si el Señor de los ejércitos no hubiese conservado a algunos de nuestro linaje, hubiéramos venido a quedar semejantes a Sodoma y Gomorra.

30. Esto supuesto, ¿qué diremos sino que los gentiles, que no seguían la justicia, han abrazado la justicia, aquella justicia que viene de la fe

31. y que, al contrario, los israelitas que seguían con esmero la ley de la justicia, o la ley

mosaica, no han llegado a la ley de la justicia, o a la justicia de la ley?

32. ¿Y por qué causa? Porque no la buscaron por la fe, sino por las solas obras de la ley; y tropezaron en Jesús como en piedra de escándalo

33. según aquello que está escrito: Mirad que yo voy a poner en Sión una piedra de tropiezo, y piedra de escándalo para los incrédulos; pero cuantos creerán en él, no quedarán confundidos.

CAPÍTULO X

Sin la fe de Jesucristo nadie puede salvarse; con ella, y no con las obras de la Ley, se consigue la justificación. Por eso es predicada en todo el mundo. Los gentiles la abrazan, mientras que los judíos permanecen en su incredulidad.

1. Es cierto, hermanos míos, que siento en mi corazón un singular afecto a Israel, y pido muy de veras a Dios su salvación.

2. Yo les confieso y me consta que tienen celo de las cosas de Dios, pero no es un celo según la ciencia.

3. Porque no conociendo la justicia que viene de Dios, y esforzándose a establecer la suya propia, no se han sujetado a Dios para recibir de él esta justicia.

4. Siendo así que el fin de la ley es Cristo para justificar a todos los que creen en él.

5. Porque Moisés dejó escrito, que el hombre que cumpliere la justicia ordenada por la ley o sus mandamientos, hallará en ella la vida.

6. Pero de la justicia que procede de la fe, dice así: No digas en tu corazón: ¿Quién podrá subir al cielo?, esto es, para hacer que Jesucristo descienda;

7. ¿o quién ha de bajar al abismo?, esto es, para sacar a vida de entre los muertos a Cristo.

8. Mas ¿qué es lo que dice la Escritura? Cerca está de ti la palabra que da la justificación, en tu boca está y en tu corazón; esta palabra es la palabra de la fe que predicamos.

9. Pues si confesares con tu boca al Señor Jesús, y creyeres en tu corazón que Dios le ha resucitado de entre los muertos, serás salvo.

10. Porque es necesario creer de corazón para justificarse, y confesar la fe con las palabras u obras para salvarse.

11. Por esto dice la Escritura: Cuantos creen en él, no serán confundidos.

12. Puesto que no hay distinción de judío y de gentil; por cuanto uno mismo es el Señor de todos, rico para con todos aquellos que le invocan.

13. Porque todo aquel que invocare de veras el nombre del Señor, será salvo.

14. ¿Mas cómo le han de invocar, si no creen en él? O cómo creerán en él, si de él nada han oído hablar? Y ¿cómo oirán hablar de él, si no se les predica?

15. Y ¿cómo habrá predicadores, si nadie los envía?, según aquello que está escrito: ¡Qué feliz es la llegada de los que anuncian el evangelio de la paz, los verdaderos bienes!

16. Verdad es que no todos obedecen al Evangelio. Y por eso dijo Isaías: ¡Oh Señor!, ¿quién ha creído lo que nos ha oído predicar?

17. Así que la fe proviene del oír, y el oír depende de la predicación de la palabra de Jesucristo.

18. Pero pregunto: ¿Pues qué, no la han oído ya? Sí, ciertamente: su voz ha resonado por toda la tierra, y hanse oído sus palabras hasta las extremidades del mundo.

19. Mas digo yo: ¿Será que Israel no lo ha entendido? No por cierto. Moisés es el primero a decir en nombre de Dios: Yo he de provocaros a celos por un pueblo que no es pueblo mío; y haré que una nación insensata o ignorante venga a ser el objeto de vuestra indignación y envidia.

20. Isaías, en persona de Cristo; levanta la voz, y dice: Halláronme los que no me buscaban; descubríme claramente a los que no preguntaban por mí, esto es, a los gentiles.

21. Y, al contrario, dice a Israel: Todo el día tuve mis manos extendidas a ese israelita incrédulo y rebelde a mis palabras.

CAPÍTULO XI

Con el escarmiento de los judíos incrédulos amonesta el Apóstol a los gentiles que no presuman de sí; profetiza la general conversión de aquéllos.

1. Pues, según esto, digo yo ahora: ¿Por ventura ha desechado Dios a su pueblo? No por cierto. Porque yo mismo soy israelita del linaje de Abrahán y de la tribu de Benjamín:

2. no ha desechado Dios al pueblo suyo, al cual conoció en su presencia. ¿No sabéis vosotros lo que de Elías refiere la Escritura, de qué manera dirige él a Dios sus quejas contra Israel, diciendo:

3. ¡Oh Señor!, a tus profetas los han muerto, demolieron tus altares, y he quedado yo solo, y atentan a mi vida?

4. Mas ¿qué le responde el oráculo divino? Heme reservado siete mil hombres, que no han doblado la rodilla delante del ídolo Baal.

5. De la misma suerte, pues, se han salvado en

este tiempo algunos pocos que han sido reservados por Dios según la elección de su gracia.

6. Y si por gracia, claro está que no por obras; de otra suerte la gracia no fuera gracia.

7. De aquí, ¿qué se infiere?; que Israel que buscaba la justicia, mas no por la fe, no la ha hallado; pero la han hallado aquellos que han sido escogidos por Dios, habiéndose cegado todos los demás;

8. Según está escrito: Les ha dado Dios hasta hoy día, en castigo de su rebeldía, un espíritu de estupidez y contumacia; ojos para no ver, y oídos para no oír.

9. David dice también: Venga a ser para ellos su mesa un lazo donde queden cogidos, y una piedra de escándalo, y eso en justo castigo suyo.

10. Obscurézcanse sus ojos de tal modo que no vean; y haz que sus espaldas estén cada vez más encorvadas hacía la tierra.

11. Mas esto supuesto, pregunto: ¿Los judíos están caídos para no levantarse jamás? No por cierto. Pero su caída ha venido a ser una ocasión de salud para los gentiles, a fin de que el ejemplo de los gentiles les excite la emulación para imitar su fe.

12. Que si su delito ha venido a ser la riqueza del mundo, y el menoscabo de ellos el tesoro o riqueza de las naciones, ¿cuánto más lo será su plenitud, o futura restauración?

13. Con vosotros hablo, ¡oh gentiles! Ya que soy el apóstol de las gentes, he de honrar mi ministerio,

14. para ver también si de algún modo puedo provocar a una santa emulación a los de mi linaje, y logro la salvación de algunos de ellos.

15. Porque si el haber sido los más de ellos desechados ha sido ocasión de la reconciliación del mundo, ¿qué será su restablecimiento o conversión, sino resurrección de muerte a vida?

16. Porque si las primicias de los judíos son santas, esto es, los patriarcas, lo es también la masa o el cuerpo de la nación; y si es santa la raíz, también las ramas.

17. Que si algunas de las ramas han sido cortadas, y si tú, ¡oh pueblo gentil!, que no eres más que un acebuche, has sido injertado en lugar de ellas, y hecho participante de la savia o jugo que sube de la raíz del olivo,

18. no tienes de qué gloriarte contra las ramas naturales. Y si te glorías, sábete que no sustentas tú a la raíz, sino la raíz a ti.

19. Pero las ramas, dirás tú, han sido cortadas para ser yo ingerido en su lugar.

20. Bien está: por su incredulidad fueron cortadas. Tú, empero, estás ahora firme en el árbol, por medio de la fe; mas no te engrías, antes bien vive con temor.

21. Porque si Dios no perdonó a las ramas naturales, o a los judíos, debes temer que ni a ti tampoco te perdonará.

22. Considera, pues, la bondad y la severidad de Dios: la severidad para con aquellos que cayeron, y la bondad de Dios para contigo, si perseverares en el estado en que su bondad te ha puesto; de lo contrario, tú también serás cortado.

23. Y todavía ellos mismos si no permanecieren en la incredulidad, serán otra vez unidos a su tronco; pues poderoso es Dios para ingerirlos de nuevo.

24. Porque si tú fuiste cortado del acebuche, que es tu tronco natural, e injerto contra natura en la oliva castiza, ¿con cuánta mayor razón serán injertas en su propio tronco las ramas naturales del mismo olivo?

25. Por tanto, no quiero, hermanos, que ignoréis este misterio (a fin de que no tengáis sentimientos presuntuosos de vosotros mismos) y es, que una parte de Israel ha caído en la obcecación, hasta tanto que la plenitud de las naciones haya entrado en la Iglesia,

26. entonces salvarse ha todo Israel, según está escrito: Saldrá de Sión el libertador o Salvador, que desterrará de Jacob la impiedad;

27. y entonces tendrá efecto la alianza que he hecho con ellos, en habiendo yo borrado sus pecados.

28. Es verdad que en orden al Evangelio, son enemigos de Dios por ocasión de vosotros; mas con respecto a la elección de Dios, son muy amados por causa de sus padres los patriarcas.

29. Pues los dones y vocación de Dios son inmutables.

30. Pues así como en otro tiempo vosotros no creíais en Dios, y al presente habéis alcanzado misericordia por ocasión de la incredulidad de los judíos;

31. así también los judíos están al presente sumergidos en la incredulidad para dar lugar a la misericordia que vosotros habéis alcanzado, a fin de que a su tiempo consigan también ellos misericordia

32. El hecho es que Dios permitió que todas las gentes quedasen envueltas en la incredulidad, para ejercitar su misericordia con todos.

33. ¡Oh profundidad de los tesoros de la sabiduría y de la ciencia de Dios, cuán incomprensibles son sus juicios, cuán inapelables sus caminos!

34. Porque ¿quién ha conocido los designios del Señor? O ¿quién fue su consejero?

35. O ¿quién es el que le dio a él primero alguna cosa, para que pretenda ser por ello recompensado?

36. Todas las cosas son de él, y todas son por él, y todas existen en él: a él sea la gloria por siempre jamás. Amén.

CAPÍTULO XII

Da el Apóstol reglas de perfección a los fieles, conforme al estado de cada uno, y a los dones recibidos de Dios con la fe de Jesucristo; dice que, siendo todos miembros de un mismo cuerpo, todos debemos trabajar en favor de toda la Iglesia y amarnos mutuamente.

1. Ahora, pues, hermanos míos, os ruego encarecidamente, por la misericordia de Dios, que le ofrezcáis vuestros cuerpos como una hostia o víctima viva santa y agradable a sus ojos, que es culto racional que debéis ofrecerle.
2. Y no queráis conformaros con este siglo, antes bien trasformaos con la renovación de vuestro espíritu; a fin de acertar qué es lo bueno, y lo más gradable, y lo perfecto que Dios quiere de vosotros.
3. Por lo que os exhorto a todos vosotros, en virtud del ministerio que por gracia se me ha dado, a que en vuestro saber o pensar, no os levantéis más alto de lo que debéis, sino que os contengáis dentro de los límites de la moderación, según la medida de fe que Dios ha repartido a cada cual.
4. Porque así como en un solo cuerpo tenemos muchos miembros, mas no todos los miembros tienen un mismo oficio,
5. así nosotros, aunque seamos muchos, formamos en Cristo un solo cuerpo, siendo todos recíprocamente miembros los unos de los otros.
6. Tenemos por tanto dones diferentes, según la gracia que nos es concedida; por lo cual el que ha recibido el don de profecía, úsele siempre según la regla de la fe;
7. el que ha sido llamado al ministerio de su iglesia; el que ha recibido el don de enseñar, aplíquese a enseñar,
8. el que ha recibido el don de exhortar, exhorte; el que reparte limosna, déla con sencillez; el que preside o gobierna, sea con vigilancia; el que hace obras de misericordia, hágalas con apacibilidad y alegría.
9. El amor sea sin fingimiento. Tened horror al mal, y aplicaos perennemente al bien,
10. amándoos recíprocamente con ternura y caridad fraternal, procurando anticiparos unos a otros en las señales de honor y de deferencia.
11. No seáis flojos en cumplir vuestro deber; sed fervorosos de espíritu, acordándoos que el Señor es a quien servís.
12. Alegraos con la esperanza del premio; sed sufridos en la tribulación; en la oración continuos;
13. caritativos para aliviar las necesidades de los santos, o fieles; prontos a ejercer la hospitalidad.
14. Bendecida los que os persiguen; bendecidlos, y no los maldigáis.
15. Alegraos con los que se alegran y llorad con los que lloran.
16. Estad siempre unidos en unos mismos sentimientos y deseos, no blasonando de cosas altas, sino acomodándoos a lo que sea más humilde. No queráis teneros dentro de vosotros mismos por sabios o prudentes.
17. A nadie volváis mal por mal, procurando obrar bien no sólo delante de Dios sino también delante de todos los hombres.
18. Vivid en paz si se puede, y cuanto esté de vuestra parte con todos los hombres.
19. No os venguéis vosotros mismos, queridos míos, sino dad lugar a que se pase la cólera; pues esta escrito: A mí toca la venganza; yo haré justicia, dice el Señor.
20. Antes bien si tu enemigo tuviere hambre, dale de comer; si tiene sed, dale de beber; que con hacer eso, amontonarás ascuas encendidas sobre su cabeza.
21. No te dejes vencer del mal, o del deseo de venganza, mas procura vencer al mal con el bien, o a fuerza de beneficios.

CAPÍTULO XIII

Recomienda la sujeción a los superiores y a las potestades civiles. El amor del prójimo es el compendio de la Ley. Imitación de Jesucristo.

1. Toda persona esté sujeta a las potestades superiores: Porque no a potestad que no provenga de Dios; y Dios es el que ha establecido las que hay en el mundo.
2. Por lo cual quien desobedece a las potestades, a la ordenación o voluntad de Dios desobedece. De consiguiente los que tal hacen, ellos mismos se acarrean la condenación.
3. Mas los príncipes o magistrados no son de temer por las buenas obras que se hagan, sino por las malas. ¿Quieres tú no tener que temer nada de aquel que tiene el poder? Pues obra bien; y merecerás de él alabanza:
4. Porque el príncipe es un ministro de Dios puesto para tu bien. Pero si obras mal, tiembla; porque no en vano se ciñe la espada, siendo como es ministro de Dios, para ejercer su justicia castigando al que obra mal.
5. Por tanto, es necesario que le estéis sujetos,

no sólo por temor del castigo, sino también por obligación de conciencia.

6. Por esta misma razón les pagáis los tributos; porque son ministros de Dios, a quien en esto mismo sirven.

7. Pagad, pues, a todos lo que se les debe; al que se debe tributo, el tributo; al que impuesto, el impuesto; al que temor, temor; al que honra, honra.

8. No tengáis otra deuda con nadie, que la del amor que os debéis siempre unos a otros; puesto que quien ama al prójimo, tiene cumplida la ley.

9. En efecto, estos mandamientos de Dios: No cometerás adulterio, no matarás, no robarás, no levantarás falso testimonio, no codiciarás nada de los bienes de tu prójimo, y cualquier otro que haya, están recopilados en esta expresión: Amarás a tu prójimo como a ti mismo.

10. El amor que se tiene al prójimo no sufre que se le haga daño alguno. Y así el amor es el cumplimiento de la ley.

11. Cumplamos, pues, con él, y tanto más que sabemos que el tiempo insta, y que ya es hora de despertarnos de nuestro largo letargo. Pues estamos más cerca de nuestra salud, que cuando recibimos la fe.

12. La noche está ya muy avanzada, y va a llegar el día de la eternidad. Dejemos, pues, las sobras de las tinieblas, y revistámonos de las armas de la luz.

13. Andemos con decencia y honestidad, como se suele andar durante el día, no en comilonas y borracheras, no en deshonestidades y disoluciones, no en contiendas y envidias;

14. mas revestíos de nuestro Señor Jesucristo, y no busquéis cómo contentar los antojos de vuestra sensualidad.

CAPÍTULO XIV

Los fuertes en la fe deben soportar a los flacos, y unos y otros se deben edificar mutuamente, evitando el escandalizarse, y considerando que Dios es el juez de todos.

1. Tratad con caridad al que todavía es flaco en la fe o poco instruido en ella, sin andar con él en disputas de opiniones.

2. Porque tal hay que tiene por lícito el comer de todo, mientras el flaco no comerá sino legumbres, o verduras.

3. El que de todo come, no desprecie ni condene al que no se atreve a comer de todo; y el que no come de todo, no se mata en juzgar al que come; pues que Dios le ha recibido por suyo o en su Iglesia.

4. ¿Quién eres tú para juzgar al que es siervo de otro? Si cae, o si se mantiene firme, esto pertenece a su amo; pero firme se mantendrá, pues poderoso es Dios para sostenerle.

5. Del mismo modo también uno hace diferencia entre día y día, al paso que otro tiene todos los días por iguales: cada uno obre según le dicte su recta conciencia.

6. El que hace distinción de días, la hace para agradar a el Señor. Y el que come de todo para agradar a el Señor come, pues da gracias a Dios. Y el que se abstiene de ciertas viandas, por respeto al Señor lo hace; y así es que da gracias a Dios.

7. Como quiera que ninguno de nosotros vive para sí, y ninguno de nosotros muere para sí.

8. Que como somos de Dios, si vivimos para el Señor vivimos, y si morimos para el Señor morimos. Ora, pues, vivamos, ora muramos, del Señor somos.

9. Porque a este fin murió Cristo, y resucitó: para redimirnos, adquirir un soberano dominio sobre vivos y muertos.

10. Ahora bien, ¿por qué tú que sigues todavía la ley condenas a tu hermano?; o ¿por qué tú que no la sigues desprecias a tu hermano que aun la guarda? No le juzgues, porque todos hemos de comparecer ante el tribunal de Cristo.

11. Pues escrito está: Yo juro por mí mismo, dice el Señor, que ante mí se doblará toda rodilla, y que toda lengua o nación ha de confesar que soy Dios.

12. Así que cada uno de nosotros ha de dar cuenta a Dios de sí mismo.

13. No nos juzguemos, pues, ya más unos a otros; pensad sí, y poned cuidado en no causar tropiezo o escándalo al hermano.

14. Yo bien sé, y estoy seguro según la doctrina de el Señor Jesús, que ninguna cosa es de suyo inmunda, sino que viene a ser inmunda para aquel que por tal la tiene.

15. Mas si por lo que comes, tu hermano se contrista y escandaliza, ya tu proceder no es conforme a caridad. No quieras por tu manjar perder a aquel por quien Cristo murió.

16. No se dé, pues, ocasión a que se blasfeme de nuestro bien.

17. Que no consiste el reino de Dios en el comer, ni en el beber esto o aquellos, sino en la justicia, en la paz y en el gozo del Espíritu Santo.

18. Pues el que así sirve a Cristo, agrada a Dios, y tiene la aprobación de los hombres.

19. En suma, procuremos las cosas que contribuyen a la paz, y observemos a las que pueden servir a nuestra mutua edificación.

20. No quieras por un manjar destruir la obra de

Dios, escandalizando al prójimo. Es verdad que todas las viandas son limpias; pero hace mal el hombre en comer de ellas con escándalo de los otros.

21. Y al contrario, hace bien en no comer carne, y en no beber vino, ni en tomar otra cosa por la cual su hermano se ofende, o se escandaliza, o se debilita en la fe.

22. ¿Tienes tú una fe ilustrada? tenla para contigo delante de Dios y obra según ella. Dichoso aquel que no es condenado por su misma conciencia en lo que resuelve.

23. Pero aquel que hace distinción de viandas, si come contra su conciencia, es condenado por ella misma, porque no obra de buena fe. Y todo lo que no es según la fe o dictamen de la conciencia, pecado es.

CAPÍTULO XV

Concluye San Pablo su exhortación con muestras de grande aprecio y afecto a los romanos, y del vehemente deseo que tiene de ir a verlos de camino para España.

1. Y así nosotros como más fuertes en la fe, debemos soportar las flaquezas de los menos firmes y no dejarnos llevar de una vana complacencia por nosotros mismos.

2. Al contrario, cada uno de vosotros procure dar gusto a su prójimo en lo que es bueno y pueda edificarle.

3. Considere que Cristo no buscó su propia satisfacción, antes bien, como está escrito, decía a su Padre: Los oprobios de los que te ultrajaban vinieron a descargar sobre mí.

4. Porque todas las cosas que han sido escritas en los libros santos, para nuestra enseñanza se han escrito, a fin de que mediante la paciencia y el consuelo que se saca de las Escrituras, mantengamos firme la esperanza.

5. Quiera el Dios de la paciencia y de la consolación haceros la gracia de estar siempre unidos mutuamente en sentimientos y afectos según el espíritu de Jesucristo;

6. a fin de que no teniendo sino un mismo corazón y una misma boca, glorifiquéis unánimes a Dios, el Padre de Nuestro Señor Jesucristo.

7. Por tanto, soportaos recíprocamente, así como Cristo os ha soportado y acogido con amor a vosotros para gloria de Dios.

8. Digo, pues, que Jesucristo fue ministro, o predicador del evangelio, para con los de la circuncisión, a fin de que fuese reconocida la veracidad de Dios, en el cumplimiento de las promesas que él había hecho a los padres o patriarcas.

9. Mas los gentiles deben alabar a Dios por su misericordia, según está escrito: Por eso publicaré, ¡oh Señor!, entre las naciones tus alabanzas, y cantaré salmos a la gloria de tu Nombre.

10. Y en otro lugar: Alegraos, naciones, en compañía de los judíos que son su pueblo.

11. Y en otra parte: Alabad todas las gentes al Señor, y ensalzadle los pueblos todos.

12. Asimismo dice Isaías: De la estirpe de Jesé nacerá aquel que ha de gobernar las naciones, y las naciones esperarán en él.

13. El Dios de la esperanza nuestra os colme de toda suerte de gozo y de paz en vuestra creencia, para que crezca vuestra esperanza siempre más y más, por la virtud del Espíritu Santo.

14. Por lo que hace a mí estoy bien persuadido, hermanos míos, de que estáis llenos de caridad, y de que tenéis todas las luces necesarias para instruiros los unos a los otros.

15. Con todo os he escrito esto, ¡oh hermanos!, y quizá con alguna más libertad, sólo para recordaros lo mismo que ya sabéis, según la gracia que me ha hecho Dios,

16. de ser ministro de Jesucristo entre las naciones; para ejercer el sacerdocio del evangelio de Dios, a fin de que la oblación de los gentiles le sea grata, estando santificada por el Espíritu Santo.

17. Con razón, pues, me puedo gloriar en Jesucristo del suceso que ha tenido la obra de Dios.

18. Porque no me atreveré a tomar en boca, sino lo que Jesucristo ha hecho por medio de mí para reducir a su obediencia a los gentiles, con la palabra y con las obras,

19. con la eficacia de los milagros y prodigios, y con la virtud del Espíritu Santo; de manera que desde Jerusalén, girando a todas partes hasta el Ilírico, lo he llenado todo del evangelio de Cristo.

20. Por lo demás, al cumplir con mi ministerio, he tenido cuidado de no predicar el Evangelio en los lugares en que era ya conocido el nombre de Jesucristo, por no edificar sobre fundamento de otro, verificando de esta manera lo que dice la Escritura:

21. Aquellos que no tuvieron nuevas de él, le verán; y los que no le han oído, le entenderán, o conocerán.

22. Ésta es la causa que me ha impedido muchas veces el ir a visitaros, y que hasta aquí me ha detenido.

23. Pero ahora no teniendo ya motivo para detenerme más en estos países, y deseando, muchos años hace, ir a veros,

24. cuando emprenda mi viaje para España espero al pasar visitaros, y ser encaminado por vosotros a aquella tierra, después de haber gozado algún tanto de vuestra compañía.

25. Ahora estoy de partida para Jerusalén, en servicio de los santos.

26. Porque la Macedonia y la Acaya han tenido a bien hacer una colecta para socorrer a los pobres de entre los santos o fieles de Jerusalén.

27. Así les ha parecido, y a la verdad obligación les tienen. Porque si los gentiles han sido hechos participantes de los bienes espirituales de los judíos, deben también aquéllos hacer participar a éstos de sus bienes temporales.

28. Cumplido, pues este encargo, y en habiéndoles entregado este fruto de la caridad, dirigiré por ahí mi camino a España.

29. Y sé de cierto que en llegando a vosotros, mi llegada será acompañada de una abundante bendición y dones del evangelio de Cristo.

30. Entretanto hermanos, os suplico por Nuestro Señor Jesucristo y por la caridad del Espíritu Santo, que me ayudéis con las oraciones que hagáis a Dios por mí,

31. para que sea librado de los judíos incrédulos, que hay en Judea y la ofrenda de mi ministerio, o la limosna que llevo, sea bien recibida de los santos en Jerusalén,

32. a fin de que de esta manera pueda ir con alegría a veros, si es la voluntad de Dios, y descansar, y recrearme con vosotros.

33. Entretanto el Dios de la paz sea con todos vosotros. Amén.

CAPÍTULO XVI

Encomiendas y memorias, y último aviso de San Pablo a los fieles residentes en Roma.

1. Os recomiendo nuestra hermana Febe, la cual está dedicada al servicio de la iglesia de Cencrea,

2. para que la recibáis por amor del Señor, como deben recibirse los santos, o fieles, y le deis favor en cualquier negocio que necesitare de vosotros; pues ella lo ha hecho así con muchos, y en particular conmigo.

3. Saludad de mi parte a Prisca y a Aquila, que trabajaron conmigo en servicio de Jesucristo

4. (y los cuales por salvar mi vida expusieron sus cabezas: por lo que no solamente yo me reconozco agradecido, sino también las iglesias todas de los gentiles);

5. y saludad con ellos a la Iglesia de su casa. Saludad a mi querido Epéneto primicia, o primer fruto, de Cristo en Asia.

6. Saludad a María, la cual ha trabajado mucho entre vosotros.

7. Saludad a Andrónico y a Junia, mis parientes y comprisioneros, que son ilustres entre los apóstoles, o ministros del Evangelio, y los cuales creyeron en Cristo antes que yo.

8. Saludad a Ampliato, a quien amo entrañablemente en el Señor.

9. Saludad a Urbano, coadjutor nuestro en Cristo Jesús, y a mi amado Estaquis.

10. Saludad a Apeles, probado y fiel servidor de Jesucristo.

11. Saludad a los de la familia de Aristóbolo. Saludad a Herodión, mi pariente. Saludad a los de casa de Narciso, que creen en el Señor.

12. Saludad a Trifena y a Trifosa, las cuales trabajan para el servicio del Señor. Saludad a nuestra carísima Pérsida, la cual asimismo ha trabajado mucho por el Señor.

13. Saludad a Rufo, escogido del Señor, y a su madre, que también lo es mía en el amor.

14. Saludad a Asincrito, a Flegonte, a Hermas, a Patrobas, a Hermes y a los hermanos que viven con ellos.

15. Saludad a Filólogo, y a Julia, a Nereo y su hermana, y a Olimpiade, y a todos los santos, o fieles, que están con ellos.

16. Saludaos unos a otros con el ósculo santo de la caridad. A vosotros os saludan todas las iglesias de Cristo.

17. Y os ruego, hermanos, que os recatéis de aquellos que causan entre vosotros disensiones y escándalos, enseñando contra la doctrina que vosotros habéis aprendido; y evitad su compañía;

18. pues los tales no sirven a Cristo Señor nuestro, sino a su propia sensualidad, y con palabras melosas y con adulaciones seducen los corazones de los sencillos.

19. Vuestra obediencia a la fe se ha hecho célebre por todas partes, de lo cual me congratulo con vosotros. Pero deseo que seais sabios, o sagaces, en orden al bien, y sencillos como niños en cuanto al mal.

20. El Dios de la paz quebrante y abata presto a Satanás debajo de vuestros pies. La gracia de nuestro Señor Jesucristo sea con vosotros.

21. Os saluda Tiznoteo, mi coadjutor; y Lucio y Jasón y Sosipatro, mis parientes.

22. Os saludo en el Señor yo, Tercio, que he sido el amanuense en esta carta.

23. Salúdaos Cayo, mi huésped, y la Iglesia toda. Salúdaos Erasto, el tesorero de la ciudad, y nuestro hermano Cuarto.

24. La gracia de nuestro Señor Jesucristo sea con todos vosotros. Amén.

25. Gloria a aquel que es poderoso para fortaleceros en mi evangelio y en la doctrina de Jesucristo que yo predico, según la revelación del misterio de la redención; misterio que después de haber permanecido oculto en todos los siglos pasados,

26. acaba de ser descubierto por los oráculos de los profetas, conforme al decreto del Dios eterno, y ha venido a noticia de todos los pueblos, para que obedezcan a la fe;

27. a Dios, digo, que es el solo sabio, a él la honra y la gloria por Jesucristo en los siglos de los siglos. Amén.

EPÍSTOLA PRIMERA DEL APÓSTOL SAN PABLO A LOS CORINTIOS

CAPÍTULO I

Exhórtales a la unión y concordia; les hace ver como confunde Dios la sabiduría y soberbia humana, y que la cruz de Cristo, que es una necesidad y escándalo para los mundanos, es para los fieles sabiduría y salud.

1. Pablo, apóstol de Jesucristo por la vocación y voluntad de Dios, y nuestro hermano Sostenes.

2. a la Iglesia de Dios, que está en Corinto, a los fieles: santificados por Jesucristo, llamados santos por su profesión, y a todos los que en cualquier lugar que sea invocan el nombre de Nuestro Señor Jesucristo, Señor de ellos y de nosotros:

3. Gracia y paz de arte de Dios Padre nuestro, y de Jesucristo nuestro Señor.

4. Continuamente estoy dando gracias a Dios por vosotros por la gracia de Dios, que se os ha dado en Jesucristo;

5. porque en él habéis sido enriquecidos con toda suerte de bienes espirituales, con todo lo que pertenece a los dones de la palabra y de la ciencia.

6. habiéndose así verificado en vosotros el testimonio de Cristo;

7. de manera que nada os falte de gracia ninguna, a vosotros que estáis esperando la manifestación de Jesucristo Nuestro Señor,

8. el cual os confortará todavia hasta el fin, para que seáis hallados irreprensibles en el día del advenimiento de Jesucristo Señor Nuestro.

9. Porque Dios, por el cual habéis sido llamado a la compañía de su Hijo Jesucristo Nuestro Señor, es fiel en sus promesa:

10. Mas os ruego encarecidamente, hermanos míos, por el nombre de Nuestro Señor Jesucristo, que todos tengáis un mismo lenguaje, y que no haya entre vosotros cismas ni partidos; antes bien viváis perfectamente unidos en un mismo pensar y en un mismo sentir;

11. porque he llegado a entender, hermanos míos, por los de la familia de Cloe, que hay entre vosotros contiendas.

12. Quiero decir, que cada uno de vosotros toma partido, diciendo: Yo soy de Pablo, yo de Apolo, yo de Cefas, yo de Cristo.

13. Pues qué ¿Cristo acaso se ha dividido? ¿Y por ventura Pablo ha sido crucificado por vosotros?; ¿o habéis sido bautizados en nombre de Pablo?

14. Ahora que sé esto doy gracias a Dios, de que a ninguno de vosotros he bautizado por mi mismo, sino a Crispo y a Cayo,

15. para que no pueda decir nadie que habéis sido bautizados en mi nombre.

16. Verdad es que bauticé también a la familia de Estéfanas; por lo demás, no me acuerdo haber bautizado a otro alguno que yo sepa.

17. Porque no me envió Cristo a bautizar, sino a predicar el Evangelio; y a predicarlo, sin valerme para eso de la elocuencia de palabras, o discursos de sabiduría humana, para que no se haga inútil la cruz de Jesucristo.

18. A la verdad que la predicación de la cruz o de un Dios crucificado, parece una necedad a los ojos de los que se pierden; mas para los que se salvan, esto es, para nosotros, es la virtud y poder de Dios.

19. Así está escrito: Destruiré la sabiduría de los sabios, y desecharé la prudencia de los prudentes.

20. ¿En dónde están los sabios?, ¿en dónde los escribas, o doctores, de la ley, ¿en dónde esos espíritus curiosos de las ciencias de este mundo? ¿No es verdad que Dios ha convencido de fatua la sabiduría de este mundo?

21. Porque ya que el mundo, a vista de las obras de la sabiduría divina, no conoció a Dios por medio de la ciencia humana, plugo a Dios salvar a los que creyesen en él por medio de la locura o simplicidad de la predicación de un Dios crucificado.

22. Así es que los judíos por su parte piden milagros y los griegos o gentiles por la suya, quieren ciencia

23. mas nosotros predicamos sencillamente a Cristo crucificado, lo cual para los judíos es motivo de escándalo, y parece una locura a los gentiles;

24. si bien para los que han sido llamados a la fe, tanto judíos, como griegos, es Cristo la virtud de Dios y la sabiduría de Dios.

25. Porque lo que parece una locura en los misterios de Dios, es mayor sabiduría que la de todos los hombres; y lo que parece debilidad en Dios, es más fuerte que toda la fortaleza de los hombres.

26. Considerad si no, hermanos, quiénes son los que han sido llamados a la ley de entre vosotros, cómo no sois muchos los sabios, según la carne, ni muchos los poderosos, ni muchos los nobles;

27. sino que Dios ha escogido a los necios según el mundo, para confundir a los sabios; y Dios ha escogido a los flacos del mundo, para confundir a los fuertes

28. y a las cosas viles y despreciables del mundo, y a aquellas que eran nada, para destruir las que son al parece más grandes

29. a fin de que ningún mortal se jacte ante su acatamiento.

30. Y esta conducta del mismo Dios subsistís vosotros o estáis incorporados en Cristo Jesús, el cual fue constituido por Dios para nosotros por fuente de sabiduría, y por justicia, y santificación, y redención nuestra

31. a fin de que como está escrito: El que se gloría, gloríese en el Señor.

CAPÍTULO II

Demuestra el Apóstol que su predicación en Corinto no había sido con pompa de palabras, ni aparato de ciencia humana, sino con la sabiduría aprendida en la escuela de Cristo crucificado, la cual solamente puede entenderse por medio del Espíritu de Dios.

1. Yo, pues, hermanos míos, cuando fui a vosotros a predicaros el testimonio o evangelio de Cristo, no fui con sublimes discursos, ni sabiduría humana;

2. puesto que no me he preciado de saber otra cosa entre vosotros, sino a Jesucristo, y éste crucificado.

3. Y mientras estuve ahí entre vosotros, estuve siempre con mucha pusilanimidad, o humillación, mucho temor, y en continuo susto;

4. y mi modo de hablar, y mi predicación, no fue con palabras persuasivas de humano saber, pero sí con los efectos sensibles del espíritu y de la virtud de Dios;

5. para que vuestra fe no estribe en saber de hombres, sino en el poder de Dios.

6. Esto no obstante, enseñamos sabiduría entre los perfectos, o verdaderos cristianos; mas una sabiduría, no de este siglo, ni de los príncipes de este siglo, los cuales son destruidos con la cruz;

7. sino que predicamos la sabiduría de Dios en el misterio de la encarnación, sabiduría recóndita, la cual predestinó y preparó Dios antes de los siglos para gloria nuestra,

8. sabiduría que ninguno de los príncipes de este siglo ha entendido; que si la hubiesen entendido, nunca hubieran crucificado al Señor de la gloria;

9. y de la cual está escrito: Ni ojo alguno vio, ni oreja oyó, ni pasó a hombre por pensamiento cuáles cosas tiene Dios preparadas para aquellos que le aman.

10. A nosotros, empero, nos lo ha revelado Dios por medio de su Espíritu; pues el Espíritu de Dios todas las cosas penetra, aun las más íntimas de Dios.

11. Porque ¿quién de los hombres sabe las cosas del hombre, sino solamente el espíritu del hombre, que está dentro de él? Así es que las cosas de Dios nadie las ha conocido, sino el Espíritu de Dios.

12. Nosotros, pues, no hemos recibido el espíritu de este mundo, sino el Espíritu que es de Dios a fin de que conozcamos las cosas que Dios nos ha comunicado.

13. Las cuales por eso tratarnos no con palabras estudiadas de humana ciencia, sino conforme nos enseña el Espíritu de Dios, acomodando lo espiritual a lo espiritual.

14. Porque el hombre animal no puede hacerse capaz de las cosas que son del Espíritu de Dios; pues para él todas son una necedad, y no puede entenderlas, puesto que se han de discernir con una luz espiritual que lo tiene.

15. El hombre espiritual discierne o juzga de todo, y nadie que no tenga esta luz puede a él discernirle.

16. Porque ¿quién conoce la mente o designios del Señor, para darle instrucciones? Mas nosotros tenemos el Espíritu de Jesucristo.

CAPÍTULO III

Reprende a los que se apasionan por los predicadores del Evangelio, sin mirar al Señor cuyos ministros son, y cuya gracia es la que produce el fruto en las almas; exhorta a que despreciando la vana sabiduría del mundo, se abracen con la sabia ignorancia del Evangelio.

1. Y así es, hermanos, que yo no he podido hablaros como a hombres espirituales, sino como a personas aún carnales. Y por eso, como a niños en Jesucristo,

2. os he alimentado con leche, y no con manjares sólidos; porque no erais todavía capaces de ellos; y ni aún ahora lo sois, pues sois todavía carnales.

3. En efecto, habiendo entre vosotros celos y discordias, ¿no es claro que sois carnales y procedéis como hombres?

4. Porque diciendo uno: Yo soy de Pablo; y el otro: Yo de Apolo, ¿no estáis mostrando ser aún hombres carnales? Ahora bien, ¿qué es Apolo?, ¿o qué es Pablo?

5. Unos ministros, y no miás, de aquel en quien habéis creído; y eso según el don que a cada uno ha concedido al Señor

6. Yo planté entre vosotros el Evangelio, regó Apolo; pero Dios es quien ha dado el crecer hacer fruto.

7. Y así ni el que planta es algo, ni el que riega; sino Dios, que es el que hace crecer fructificar.

8. Tanto el que planta, como el que riega, viene a ser una misma cosa. Pero cada uno recibirá su propio salario a medida de su trabajo.

9. Porque nosotros somos unos coadjutores de Dios; vosotros sois el campo que Dios cultiva, sois el edificio que Dios fabrica por nuestras manos.

10. Yo, según la gracia que Dios me ha dado, eché en vosotros, cual perito arquitecto, el cimiento del espiritual edificio; otro edifica sobre él. Pero mire bien cada uno cómo alza la fábrica o qué doctrina enseña:

11. pues nadie puede poner otro fundamento que el que ya ha sido puesto, el cual es Jesucristo.

12. que si sobre tal fundamento pone alguno por materiales oro, plata, piedras preciosas, o maderas, heno, hojarasca

13. sepa que la obra de cada uno ha de manifestarse. Por cuanto el día del Señor la descubrirá, como quiera que se ha de manifestar por medio del fuego; y el fuego mostrará cuál sea la obra de cada uno.

14. Si la obra de uno sobrepuesta subsistiere sin quemarse, recibirá la paga.

15. Si la obra de otro se quemare, será suyo el daño; no obstante, él no dejará de salvarse, si bien como quien pasa por el fuego.

16. ¿No sabéis vosotros que sois templo de Dios, y que el Espíritu de Dios mora en vosotros?

17. Pues si alguno profanare el templo de Dios, perderle ha Dios a él. Porque el templo de Dios, que sois vosotros, santo es.

18. Nadie se engañe a sí mismo: si alguno de vosotros se tiene por sabio según el mundo, hágase necio a los de los mundanos, a fin de ser sabio a los de Dios.

19. Porque la sabiduría de este mundo es necedad delante de Dios. Pues está escrito: Yo prenderé a los sabios en su propia astucia.

20. Y en otra parte: El Señor penetra las ideas de los sabios, y conoce la vanidad de ellas.

21. Por tanto nadie se gloríe en los hombres.

22. Porque todas las cosas son vuestras, bien sea Pablo, bien Apolo, bien Cefas; el mundo, la vida, la muerte, lo presente, lo futuro: todo es vuestro, o hecho para vuestro bien;

23. vosotros, empero, sois de Cristo; y Cristo es de Dios su Padre.

CAPÍTULO IV
Oficio del verdadero Apóstol, y estima que se merece. Sigue reprendiendo con singular energía y mansedumbre a los corintios.

1. A nosotros, pues, nos ha de considerar el hombre como unos ministros de Cristo, y dispensadores de los misterios de Dios.

2. Esto supuesto, entre los dispensadores lo que se requiere es, que sean hallados fieles en su ministerio.

3. Por lo que a mí toca, muy poco se me da el ser juzgado por vosotros, o en cualquier juicio humano; pues ni aun yo me atrevo a juzgar de mí mismo.

4. Porque si bien no me remuerde la conciencia de cosa alguna no por eso me tengo por justificado; pues el que me juzga es el Señor.

5. Por tanto, no queráis sentenciar antes de tiempo, suspended vuestro juicio hasta tanto que venga el Señor el cual sacará a plena luz lo que está en los escondrijos de las tinieblas, y descubrirá en aquel día las intenciones de los corazones; y entonces cada cual será de Dios alabado según merezca.

6. Por lo demás, hermanos míos, todo esto que acabo de decir, lo he presentado en persona mía y en la de Apolo por amor vuestro, a fin de que, sin nombrar a nadie, aprendáis por medio de nosotros a no entonaros uno contra otro a favor de un tercero, más allá de lo que va escrito.

7. Porque ¿quién es el que te da la ventaja sobre otros? O ¿qué cosa tienes tú que no la hayas recibido de Dios? Y si todo lo que tienes lo has recibido de él, ¿de que te jactas como si no lo hubieses recibido?

8. He aquí que vosotros estáis ya satisfechos, heos aquí hechos ya ricos; sin nosotros estáis reinando; y plegue a Dios que en efecto reinéis, para que así nosotros reinemos también con vosotros.

9. Pues yo para mí tengo que Dios a nosotros los apóstoles nos trata como a los últimos o más viles hombres, como a los condenados a muerte, haciéndonos servir de espectáculo al mundo, a los ángeles y a los hombres.

10. Nosotros somos reputados como unos necios por amor de Cristo; mas vosotros, vosotros sois los prudentes en Cristo; nosotros fla-

cos, vosotros fuertes; vosotros sois honrados, nosotros viles y de Israel:

11. Hasta la hora presente andamos sufriendo el hambre, la sed, la desnudez, los malos tratamientos, y no tenemos dónde fijar nuestro domicilio,

12. y nos afanamos trabajando con nuestras propias manos: nos maldicen, y bendecimos; padecemos persecución, y la sufrimos con paciencia;

13. nos ultrajan y retornamos súplicas; somos en fin tratados, hasta el presente, como la basura las heces del mundo, como la escoria de todos.

14. No os escribo estas cosas porque quiera sonrojaros, sino que os amonesto como a hijos míos muy queridos.

15. Porque aun cuando tengáis millares de ayos o maestros en Jesucristo, no tenéis muchos padres. Pues yo soy el que os he engendrado en Jesucristo por medio del Evangelio.

16. Por tanto, os ruego que seáis imitadores míos, así como yo lo soy de Cristo.

17. Con este fin he enviado a vosotros a Timoteo, cual es hijo mío, carísimo y fiel en el Señor; para que os informe de mi proceder o manera de vivir en Jesucristo, conforme a lo que yo enseño por todas partes en todas las iglesias.

18. Algunos sé que están tan engreídos, como si yo nunca hubiese de volver a vosotros.

19. Mas bien pronto pasaré a veros, si Dios quiere; y examinaré no la labia de los que andan así hinchados, sino su virtud.

20. Que no consiste el reino de Dios o nuestra religión en palabras, sino en la virtud, o en buenas obras.

21. ¿Qué estimáis más?, ¿que vaya a vosotros con la vara o castigo, o con amor y espíritu de mansedumbre?

CAPÍTULO V

Excomulga el Apóstol a un incestuoso y exhorta a los de Corinto a que eviten el trato con los pecadores públicos.

1. Es ya una voz pública de que entre vosotros se cometen deshonestidades, y tales, cuales no se oyen ni aun entre gentiles, hasta llegar alguno a abusar de mujer de su propio padre.

2. Y con todo vosotros estáis hinchados de orgullo, y no os habéis al contrario, entregado al llanto, para que fuese quitado de entre vosotros el que ha cometido tal maldad.

3. Por lo que a mí toca, aunque ausente de ahí con el cuerpo, mas presente en espíritu, ya he pronunciado, como presente, esta sentencia contra aquel que así pecó.

4. En nombre de Nuestro Señor Jesucristo, uniéndose con vosotros mi espíritu, con el poder, que he recibido de Nuestro Señor Jesús,

5. sea ese que tal hizo entregado a Satanás, o excomulgado, para castigo de su cuerpo, a trueque de que su alma sea salva en el día de Nuestro Señor Jesucristo.

6. No tenéis, pues, motivo para gloriaros. ¿No sabéis acaso que un poco de levadura aceda toda la masa?

7. Echad fuera la levadura añeja, para que seáis una masa enteramente nueva, como que sois panes puros, sin levadura. Porque Jesucristo, que es nuestro Cordero pascual, ha sido inmolado por nosotros.

8. Por tanto, celebremos la fiesta, o el convite pascual, no con levadura añeja, ni con levadura de malicia y de corrupción, sino con los panes ázimos de la sinceridad y de la verdad.

9. Os tengo escrito en una carta: No tratéis con los deshonestos.

10. Claro está que no entiendo decir con los deshonestos de este mundo, o con los avarientos o con los que viven de rapiña, o con los idólatras; de otra suerte era menester que os salieseis de este mundo.

11. Cuando os escribí que no trataseis con tales sujetos, quise decir que si aquel que es del número de vuestros hermanos, es deshonesto o avariento, o idólatra, o maldiciente, o borracho, o vive de rapiña, con este tal, ni tomar bocado.

12. Pues ¿cómo podría yo meterme en juzgar a los que están fuera de la Iglesia? ¿No son los que están dentro de ella a quienes tenéis derecho de juzgar?

13. A los de afuera Dios los juzgará. Vosotros, empero, apartad a ese mal hombre de vuestra compañía.

CAPÍTULO VI

Contra los desórdenes de los pleitistas y de los deshonestos.

1. ¿Cómo es posible que se halle uno siquiera entre vosotros que teniendo alguna diferencia con su hermano, se atreva a llamarle a juicio ante los jueces inicuos o infieles, y no delante de los santos o cristianos?

2. ¿No sabéis que los santos han de juzgar algún día a este mundo? Pues si el mundo ha de ser juzgado por vosotros ¿no seréis dignos de juzgar de estas menudencias?

3. ¿No sabéis que hemos de ser jueces hasta de los ángeles malos?, ¿cuánto más de las cosas mundanas?

4. Si tuviereis, pues, pleitos sobre negocios de este mundo, tomad por jueces, antes que a infieles, a los más ínfimos de la Iglesia.

5. Dígolo para confusión vuestra. ¿Es posible que no ha de haber entre vosotros algún hombre inteligente, que pueda ser juez o árbitro entre los hermanos;

6. sino que ha de verse que litiga hermano con hermano, y eso en el tribunal de los infieles?

7. Ya por cierto es una falta en vosotros el andar en pleitos unos contra otros. ¿Por qué no toleráis antes el agravio?; ¿por qué antes no sufrís el fraude?

8. Mas algunos de vosotros sois los que agraviáis y defraudáis, y eso a vuestros propios hermanos.

9. ¿No sabéis que los injustos no poseerán el reino de Dios? No queráis cegaros, hermanos míos: ni los fornicarios, ni los idólatras, ni los adúlteros,

10. ni los afeminados, ni los sodomitas,. ni los ladrones, ni los avarientos, ni los borrachos, ni los maldicientes, ni los que viven de rapiña, han de poseer el reino de Dios.

11. Tales habéis sido algunos de vosotros en otro tiempo; pero fuisteis lavados, fuisteis santificados, fuisteis justificados, en el nombre de Nuesto Señor Jesucristo, y por el Espíritu de nuestro Dios.

12. Si todo me es lícito, no todo me es conveniente. No porque todo me es lícito, me haré yo esclavo de ninguna cosa.

13. Las viandas son para el vientre, y el vientre para las viandas; mas Dios destruirá a aquél y a éstas; el cuerpo, empero, no es para la fornicación, sino para gloria de el Señor, como el Señor para el cuerpo.

14. Pues así como Dios resucitó al Señor, nos resucitará también a nosotros por su virtud.

15. ¿No sabéis que vuestros cuerpos son miembros de Cristo nuestra cabeza? ¿He de abusar yo de los miembros de Cristo, para hacerlos miembros de una prostituta? No lo permita Dios.

16. ¿O no sabéis que quien se junta con una prostituta, se hace un cuerpo con ella? Porque serán los dos, dice la Escritura, una carne.

17. Al contrario, quien está unido con el Señor, es con él un mismo espíritu.

18. Huid la fornicación. Cualquier otro pecado que cometa el hombre, está fuera del cuerpo; pero el que fornica contra su cuerpo peca.

19. ¿Por ventura no sabéis que vuestros cuerpos son templos del Espíritu Santo, que habita en vosotros, el cual habéis recibido de Dios, y que ya no sois de vosotros,

20. puesto que fuisteis comprados a gran precio? Glorificad, pues, a Dios y llevadle siempre en vuestro cuerpo.

CAPÍTULO VII
De las cargas del matrimonio y de las ventajas de la virginidad. Aviso a las viudas.

1. En orden a las cosas sobre que me habéis escrito respondo: Loable cosa es en el hombre no tocar mujer:

2. Mas por evitar la fornicación, viva cada uno con su mujer, y cada una con su marido.

3. El marido pague a la mujer el débito, y de la misma suerte la mujer al marido.

4. Porque la mujer casada no es dueña de su cuerpo, sino que lo es el marido. Y asimismo el marido no es dueño de su cuerpo, sino que lo es la mujer.

5. No queráis, pues, defraudaros el derecho recíproco, a no ser por algún tiempo de común acuerdo, para dedicaros a la oración; y después volved a cohabitar, no sea que os tiente Satanás por vuestra incontinencia.

6. Esto lo digo por condescendencia, que no lo mando.

7. A la verdad me alegrara que fueseis todos tales como yo mismo, esto es, célibes; mas cada uno tiene de Dios su propio don: quien de una manera, quien de, otra.

8. Pero sí que digo a las personas no casadas y viudas: bueno les es si así permanecen, como también permanezco yo.

9. Mas si no tienen don de continencia, cásense. Pues más vale casarse, que abrasarse.

10. Pero a las personas casadas mando, no yo, sino el Señor, que la mujer no se separe del marido;

11. que si se separa por justa causa, no pase a otras nupcias, o bien reconcíliese con su marido. Ni tampoco el marido repudie a su mujer.

12. Pero a los demás digo yo mi dictamen, no que el Señor lo mande: si algún hermano tiene por mujer a una infiel o idólatra, y ésta consiente en habitar con él, no la repudie.

13. Y si alguna mujer fiel o cristiana tiene por marido a un infiel, y éste consiente en habitar con ella, no abandone a su marido.

14. Porque un marido infiel es santificado por la mujer fiel, y la mujer in fiel santificada por el marido fielel; de lo contrario, vuestros hijos serían amancillados, en vez de que ahora son santo.

15. Mas si el infiel se separa, sepárese enhorabuena; porque en tal caso ni nuestro hermano, ni nuestra hermana deben sujetarse a servidumbre; pues Dios nos ha llamado a un estado de paz y tranquilidad.

16. Porque ¿sabes tú, mujer, si salvarás o convertirás al marido?; ¿y tú, marido, sabes si salvarás a la mujer?

17. Pero proceda cada cual conforme al don que Dios le ha repartido, y según el estado en que se hallaba cuando Dios le llamó a la fe; y así es como lo enseñó en todas las Iglesias.

18. ¿Fue uno llamado siendo circunciso?; no afecte parecer incircunciso. ¿Fue otro llamado estando incircunciso?; no se haga circuncidar.

19. Nada importa ahora el ser circuncidado, y nada importa el no serlo; lo que importa a judíos y, a gentiles es la observancia de los mandamientos de Dios.

20. Manténgase, pues, cada uno en el estado que tenía cuando Dios le llamó.

21. ¿Fuiste llamado siendo siervo?; no te impacientes viéndote en tal condición: antes bien saca provecho de eso mismo, aun cuando pudieses ser libre.

22. Pues aquel que siendo esclavo es llamado al servicio del Señor, se hace liberto del Señor; y de la misma manera aquel que es llamado siendo libre, se hace esclavo de Jesucristo.

23. Rescatados habéis sido a gran costa, no queráis haceros esclavos de los hombres.

24. Cada uno, hermanos míos, permanezca para con Dios en el estado civil en que fue llamado.

25. En orden a las vírgenes, precepto del Señor yo no lo tengo; doy, sí, consejo, como quien ha conseguido del Señor la misericordia de ser fiel ministro suyo.

26. Juzgo, pues, que este estado es ventajoso a causa de las miserias de la vida presente; que es, digo, ventajoso al hombre el no casarse.

27. ¿Estás ligado a una mujer?, no busques quedar desligado. ¿Estás sin tener mujer?, no busques el casarte.

28. Si te casares, no por eso pecas. Y si una doncella se casa, tampoco peca; pero estos tales sufrirán en su carne aflicciones y trabajos inseparables del matrimonio. Mas yo os perdono, déjolo a vuestra consideración.

29. Y lo que digo, hermanos míos, es, que el tiempo es corto; y que así lo que importa es que los que tienen mujer vivan como si no la tuviesen;

30. y los que lloran, como si no llorasen; y los que se huelgan, como si no se holgasen; y los qué hacen compras, como si nada poseyesen;

31. y los que gozan del mundo, como si no gozasen de él; porque la escena o apariencia de este mundo pasa en un momento,

32. Ahora bien; yo deseo que viváis sin cuidados ni inquietudes. El que no tiene mujer, anda unicamente solícito de las cosas del Señor, y en lo que ha de hacer para agradar a Dios.

33. Al contrario, el que tiene mujer anda afanado en las cosas del mundo, y en cómo ha de agradar a la mujer, y así se halla dividido.

34. De la misma manera la mujer no casada, y una virgen, piensa en las cosas de Dios, para ser santa en cuerpo y alma. Mas la casada piensa en las del mundo, y en cómo ha de agradar al marido.

35. Por lo demás yo digo esto para provecho vuestro; no para echaros un lazo y obligaros a la continencia, sino solamente para exhortaros a lo más loable, y a lo que habilita para servir a Dios sin ningún embarazo.

36. Mas si a alguno le parece que es un deshonor que su hija pase la flor de la edad sin contraer matrimonio, y juzga deber casarla, haga lo que quisiere: no peca, si ella se casa.

37. Aunque por otra parte quien ha hecho en su interior la firme resolución de conservar virgen a su hija no teniendo necesidad de obrar de otro modo, sino pudiendo disponer en esto de su voluntad, y así lo ha determinado en su corazón, este tal obra bien.

38. En suma, el que da su hija en matrimonio, obra bien; mas el que no la da, obra mejor.

39. La mujer está ligada a la ley del matrimonio mientras que vive su marido; pero si su marido fallece, queda libre; cásese con quien quiera, con tal que sea según el Señor.

40. Pero mucho más dichosa será si permaneciere viuda, según mi consejo; y estoy persuadido de que también en esto me anima el espíritu de Dios.

CAPÍTULO VIII

Nadie ha de probar cosas ofrecidas a ídolos, si con eso causa escándalo; pues el que escandaliza a los flacos, peca contra Jesucristo.

1. Acerca de las cosas o viandas sacrificadas a los ídolos, ya sabemos que todos nosotros tenemos bastante ciencia o conocimientos sobre eso. Mas la ciencia por sí sola hincha; la caridad es la que edifica.

2. Que si alguno se imagina saber algo, y no sabe esto, todavía no ha entendido de qué manera le convenga saber.

3. Pero el que ama a Dios, ése es conocido o amado de él.

4. En orden, pues, a los manjares inmolados a los ídolos, sabemos que el ídolo es nada en el mundo, y que no hay más que un solo Dios.

5. Pues aunque haya algunos que se llamen dioses, ya en el cielo, ya en la tierra y que así se cuenten muchos dioses y muchos señores),

6. sin embargo, para nosotros no hay más que

un solo Dios, que es el Padre, del cual tienen el ser todas las cosas, y que nos ha hecho a nosotros para él; y no hay sino un solo Señor, que es Jesucristo, por quien han sido hechas todas las cosas, y somos nosotros por él cuanto somos.

7. Mas no en todos se halla esta ilustración; sino que hay algunos que creyendo todavía que el ídolo es alguna cosa, comen bajo este concepto viandas que se le han ofrecido; y así la conciencia de éstos, por ser débil, viene a quedar contaminada.

8. Lo cierto es que el comer de tales viandas no es lo que nos hace recomendables a Dios. Pues ni porque comamos tendremos delante de él ventaja alguna; ni porque no comamos desmereceremos en nada.

9. Pero cuidad de que esta libertad que tenéis no sirva de tropiezo a los flacos.

10. Porque si uno de éstos ve a otro, de los que están más instruidos, puesto a la mesa en un lugar dedicado a los ídolos, ¿no es claro que el que tiene su conciencia flaca, se tentará a comer también de aquellas viandas sacrificadas que cree impuras?

11. ¿Y es posible que haya de perecer por el uso indiscreto de tu ciencia ese hermano enfermo, por amor del cual murió Cristo?

12. Así sucede que, pecando contra los hermanos, y llagando su conciencia poco firme, venís a pecar contra Jesucristo.

13. Por lo cual si lo que yo como escandaliza a mi hermano, no comeré en mi vida carne alguna, sólo por no escandalizar a mi hermano.

CAPÍTULO IX

Cómo el Apóstol se privaba de hacer lo que podía lícitamente, por no desedificar a nadie, haciéndose todo para todos y padeciendo mil trabajos, por ganar para Dios a todo el mundo.

1. ¿No tengo yo libertad? ¿No soy yo apóstol? ¿No he visto yo a Jesucristo, Señor nuestro? ¿No sois vosotros obra mía en el Señor?

2. Lo cierto es que aun cuando para los otros no fuera apóstol, a lo menos lo sería para vosotros, siendo como sois el sello, o la patente, de mi apostolado en el Señor.

3. Ved ahí mi respuesta a aquellos que se meten a examinar y sindicar mi conducta.

4. ¿Acaso no tenemos derecho de ser alimentados a expensas vuestras?

5. ¿Por ventura no tenemos también facultad de llevar en los viajes alguna mujer hermana en Jesucristo, para que nos asista, como hacen los demás apóstoles, y los hermanos o parientes del Señor, y el mismo Cefas, o Pedro?

6. ¿O sólo yo y Bernabé no podemos hacer esto?

7. ¿Quién milita jamás a sus expensas? ¿Quién planta una viña, y no come de su fruto? ¿Quién apacienta un rebaño, y no se alimenta de la leche del ganado?

8. ¿Y por ventura esto que digo es solamente un raciocinio humano? ¿O no dice la ley esto mismo?

9. Pues en la ley de Moisés está escrito: no pongas bozal al buey que trilla. ¿Será que Dios se cura de los bueyes?

10. ¿Acaso no dice esto principalmente por nosotros? Sí, ciertamente por nosotros se han escrito estas cosas; porque la esperanza hace arar al que ara; y el que trilla lo hace con la esperanza de percibir el fruto.

11. Si nosotros, pues, hemos sembrado entre vosotros bienes espirituales, ¿son gran cosa que recojamos un poco de vuestros bienes temporales?

12. Si otros participan de este derech(a lo vuestro ¿por qué no más bien nosotros?; pero con todo no hemos hecho uso de esa facultad, antes bien todo lo sufrimos y padecemos por no poner estorbo alguno al evangelio de Cristo.

13. ¿No sabéis que los que sirven en el templo, se mantienen de los es del templo, y que los que sirven al altar, participan de las ofrendas?

14. Así también dejó el Señor ordenado que los que predican el Evangelio, vivan del Evangelio.

15. Mas yo de ninguna de estas cosas me he valido. Ni ahora escribo esto para que así se haga conmigo; porque tengo por mejor el morir que el que alguno me haga perder esta gloria.

16. Como quiera que por predicar el Evangelio no tengo gloria, pues estoy por necesidad obligado a ello; y desventurado de mí si no lo predicare.

17. Por lo cual si lo hago de buena voluntad, premio aguardo; pero si por fuerza, entonces no hago más que cumplir con el cargo que tengo.

18. Según esto, pues, ¿dónde está mi galardón? Está en predicar gratuitamente el Evangelio, sin ocasionar ningún gasto, para no abusar del derecho que tengo por la predicación del Evangelio.

19. En verdad que estando libre, o independiente, de todos, de todos me he hecho siervo, para ganar más almas.

20. Y así con los judíos he vivido como judío, para ganar, o convertir, a los judíos;

21. con los sujetos a la Ley, o prosélitos he vivido como si yo estuviese sujeto a la Ley (con no estar yo sujeto a ella) sólo por ganar a los que a

la Ley vivían sujetos; así como con los que no estaban sujetos a la ley de Moisés, he vivido como si yo tampoco lo estuviese (aunque tenía yo una ley con respecto a Dios, teniendo la de Jesucristo) a trueque de ganar a los que vivían sin ley.

22. Híceme flaco con los flacos, por ganar a los flacos. Híceme todo para todos, para salvarlos a todos,

23. todo lo cual hago por amor del Evangelio, a fin de participar de sus promesas,

24. ¿No sabéis que los que corren en el estadio, si bien todos corren, uno solo se lleva el premio? Corred, pues, hermanos míos, de tal manera que lo ganéis.

25. Ello es que todos los que han de luchar en la palestra, guardan en todo una exacta continencia; y no es sino para alcanzar una corona perecedera; al paso que nosotros la esperamos eterna,

26. Así que, yo voy corriendo, no como quien corre a la ventura; peleo, no como quien tira golpes al aire, sin tocar a su enemigo,

27. sino que castigo mi cuerpo rebelde y lo esclavizo, no sea que habiendo predicado a los otros, venga yo a ser reprobado.

CAPÍTULO X

Propuestos los beneficios y los castigos de los hebreos por sus ingratitudes, amonesta el Apóstol a los corintios que se guarden de sus vicios, especialmente de todo resabio de idolatría, de la vana confianza, y de ofender al prójimo.

1. Porque no debéis de ignorar, hermanos míos, que nuestros padres estuvieron todos a la sombra de aquella misteriosa nube; que todos pasaron el mar;

2. y que todos bajo la dirección de Moisés fueron en cierto modo bautizados en la nube y en el mar;

3. que todos comieron el mismo manjar espiritual,

4. y todos bebieron la misma bebida espiritual (porque ellos bebían del agua que salía de la misteriosa piedra, y los iba siguiendo, la cual piedra era figura de Cristo);

5. pero a pesar de eso la mayor parte de ellos desagradaron a Dios; y así quedaron muertos en el desierto,

6. Cuyos sucesos eran figura de lo que atañe a nosotros, a fin de que no nos abandonemos a malos deseos, como ellos se abandonaron.

7. No seáis adoradores de los ídolos, como algunos de ellos, según está escrito: Sentóse el pueblo a comer y a beber, y levantáronse todos a retozar,

8. Ni forniquemos, como algunos de ellos fornicaron, y murieron en un día como veintitrés mil.

9. Ni tentemos a Cristo, como hicieron algunos de ellos, los cuales perecieron mordidos de las serpientes.

10. Ni tampoco murmuréis, como algunos de ellos murmuraron, y fueron muertos por el ángel exterminador,

11. Todas estas cosas que les sucedían eran unas figuras: y están escritas para escarmiento de nosotros, que nos hallamos al fin de los siglos.

12. Mire, pues, no caiga el que piensa estar firme en la fe.

13. Hasta ahora no habéis tenido sino tentaciones humanas, u ordinarias; pero fiel es Dios, que no permitirá seáis tentados sobre vuestras fuerzas, sino que de la misma tentación os hará sacar provecho para que podáis sosteneros.

14. En razón de esto, carísimos míos, huid del culto de los ídolos.

15. Puesto que hablo con personas inteligentes, juzgad vosotros mismos de lo que voy a decir,

16. El cáliz de bendición que bendecimos, o consagramos, ¿no es la comunión de la sangre de Cristo?; y el pan que partimos, ¿no es la participación del cuerpo del Señor?

17. Porque todos los que participamos del mismo pan, bien que muchos, venimos a ser un solo pan, un solo cuerpo.

18. Considerad a los israelitas según la carne: los que entre ellos comen de las víctimas, ¿no es así que tienen parte en el altar o sacrificio.

19. ¿Mas qué?, ¿digo yo que lo sacrificado a los ídolos haya contraído alguna virtud?, ¿o que el ídolo sea algo?

20. No, sino que las cosas que sacrifican los gentiles, las sacrifican a los demonios, y no a Dios. Y no quiero que tengáis ninguna sociedad, ni por sombra, con los demonios; no podéis beber el cáliz del Señor y el cáliz de los demonios,

21. No podéis tener parte en la mesa del Señor, y en la mesa de los demonios,

22. ¿Por ventura queremos irritar con celos al Señor? ¿Somos acaso más fuertes que él? Todo me es lícito, sí, pero no todo es conveniente.

23. Está bien que todo me sea lícito, mas no todo es de edificación.

24. Dicta la caridad que nadie busque su propia satisfacción o conveniencia sino el bien del prójimo.

25. Por lo demás, todo lo que se vende en la

plaza, o carnicería, comedlo, sin andar en preguntas por escrúpulo de conciencia.

26. Porque del Señor es la tierra y todo lo que hay en ella.

27. Si algún infiel os convida, y queréis ir, comed sin escrúpulo de todo lo que os ponen delante, sin hacer preguntas por razón de la conciencia.

28. Mas si alguno dijere: Esto ha sido sacrificado a los ídolos, no lo comáis, en atención al que os ha avisado y a la conciencia:

29. a la conciencia, digo, no la tuya, sino la del otro. Pues ¿por qué me he de exponer, diréis, a que sea condenada por la conciencia de otro esta libertad que tengo de comer de todo?

30. Si yo recibo en acción de gracias lo que como ¿por qué he de dar motivo a otro de hablar mal de mí por una cosa de que yo ofrezco a Dios acción de gracias?

31. Pero en fin, ora comáis, ora bebáis o hagáis cualquiera otra cosa, hacedlo todo a gloria de Dios.

32. No deis motivo de ofensión o escándalo ni a los judíos, ni a los gentiles, ni a la Iglesia de Dios;

33. al modo que yo también en todo procuro complacer a todos, no buscando mi. utilidad particular, sino la de los demás, a fin de que se salven.

CAPÍTULO XI

Ordena que los hombres estén con la cabeza descubierta en la Iglesia, y las mujeres cubierta. Trata de la institución de la sagrada Eucaristía, y reprende los desórdenes que se cometían al tiempo de la sagrada comunión.

1. Sed, pues, imitadores míos, así como yo lo soy de Cristo.

2. Yo por mi parte os alabo, hermanos míos, de que en todas cosas os acordéis de mí, y de que guardáis mis instrucciones, conforme os lo tengo enseñado.

3. Mas quiero también que sepáis que Cristo es el jefe, la cabeza de todo hombre, como el hombre es cabeza de la mujer, y Dios lo es de Cristo.

4. Todo hombre que ora o que profetiza teniendo la cabeza cubierta, deshonra su cabeza.

5. contrario, mujer que ora o profetiza con la cabeza descubierta deshonra su cabeza, siendo lo mismo que si se rapase.

6. Por donde si una mujer no se cubre con un velo la cabeza, que se la rape también. Que si es cosa fea a una mujer el cortarse el pelo, o raparse, cubra por lo mismo su cabeza.

7. Lo cierto es que no debe el varón cubrir su cabeza, pues él es la imagen y gloria de Dios; mas la mujer es la gloria del varón.

8. Que no fue el hombre formado de la hembra, sino al contrario la hembra del hombre.

9. Como ni tampoco fue el hombre criado para la hembra, sino la hembra para el hombre

10. Por tanto debe la mujer traer sobre la cabeza la divisa de la sujeción, y también por respeto a los ángeles.

11. Bien es verdad que ni el varón por levy del Seilor existe sin la mujer, ni la mujer sin el varón.

l2. Pues así como la mujer al principio fue formada del varón, así también ahora el varón nace de la mujer; y todo por disposición de Dios.

13. Sed jueces vosotros mismos: ¿es decente a la mujer hacer en público oración a Dios sin velo?

14. ¿No es así que la naturaleza misma, o la común opinión, os dicta que no es decente al hombre el dejarse crecer siempre su cabellera;

15. al contrario, para la mujer es gloria el dejarse crecer el pelo, porque los cabellos le son dados a manera de velo para cubrirse?

16. Pero si no obstante estas razones, alguno se muestra terco, le diremos que nosotros no tenemos esa costumbre, ni la Iglesia de Dios.

17. Por lo que toca a vuestras asambleas, yo os declaro que no puedo alabaros, pues ellas en lugar de seros útiles, os sirven de daño.

18. Primeramente oigo que al juntaros en la iglesia hay entre vosotros parcialidades o desuniones, y en parte lo creo.

19. Siendo, como es, forzoso que aun herejías haya, para que se descubran entre vosotros los que son de una virtud probada.

20. Ahora, pues, cuando vosotros os juntáis, para los ágapes, ya no es para celebrar la cena del Señor.

21. Porque cada uno come allí lo que ha llevado para cenar sin atender a los demás. Y así sucede que los unos no tienen nada que comer, mientras los otros comen con exceso.

22. No tenéis vuestras casas para comer allí y beber?, ¿o venís a profanar la Iglesia de Dios, y avergonzar a los pobres, que no tienen nada? ¿Qué os diré sobre eso? ¿Os alabaré? En eso no puedo alabaros.

23. Porque yo aprendí del Señor lo que también os tengo ya enseñado, y es que el Señor Jesús la noche misma en que había de ser traidoramente entregado, tomó el pan,

24. y dando gracias, lo partió, y dijo a sus discípulos: Tomad, y comed: éste es mi cuerpo, que por vosotros será entregado a la muerte; haced esto en memoria mía.

25. Y de la misma manera el cáliz, después de haber cenado, diciendo: Este cáliz es el nuevo testamento en mi sangre; haced esto cuantas veces lo bebiereis, en memoria mía.

26. Pues todas las veces que comiereis este pan y bebiereis este caliz, anunciaréis o representaréis la muerte del Señor hasta que venga.

27. De manera que cualquiera que comiere este pan, o bebiere el cáliz del Señor indignamente, reo será del cuerpo y de la sangre del Señor.

28. Por tanto, examínese a sí mismo el hombre; y de esta suerte coma de aquel pan, y beba de aquel cáliz.

29. Porque quien lo come y bebe indignamente, se traga y bebe su propia condenación, no habiendo el debido discernimiento del cuerpo del Señor.

30. De aquí es que hay entre vosotros muchos enfermos y sin fuerzas, y muchos que mueren.

31. Que si nosotros entrásemos en cuentas con nosotros mismos, ciertamente no seríamos así juzgados por Dios.

32. Si bien cuando lo somos, el Señor nos castiga como a hijos con el fin de que no seamos condenados juntamente con este mundo.

33. Por lo cual, hermanos míos, cuando os reunís para esas comidas de caridad, esperaos unos a otros.

34. Si alguno tiene hambre, coma en casa, a fin de que el juntaros no sea para condenación vuestra. Las demás cosas yendo yo ahí, las arreglaré.

CAPÍTULO XII

De la variedad de dones que el Espíritu Santo distribuye entre los fieles para utilidad de la Iglesia. Es ésta un solo cuerpo místico, cuyos miembros deben ayudarse mutuamente.

1. Mas en orden a los dones espirituales no quiero, hermanos míos, que estéis ignorantes.

2. Bien sabéis vosotros que cuando erais paganos, os ibais en pos de los ídolos mudos, según erais conducidos.

3. Ahora, pues, yo os declaro que ningún verdadero profeta, ningún hombre que había inspirado de Dios, dice anatema a Jesús. Ni nadie puede confesar que Jesús es el Señor, sino por el Espíritu Santo.

4. Hay, sí, diversidad de dones espirituales, mas el Espíritu es uno mismo.

5. Hay también diversidad de ministerios, mas el Señor es uno mismo.

6. Hay asimismo diversidad de operaciones sobrenaturales, mas el mismo Dios es el que obra todas las cosas en todos.

7. Pero los dones visibles del Espíritu Santo se dan a cada uno para la utilidad.

8. Así el uno recibe del Espíritu Santo el don de hablar con profunda sabiduría; otro recibe del mismo Espíritu el don de hablar con mucha ciencia;

9. a éste le da el mismo Espíritu una fe o confianza extraordinaria; al otro la gracia de curar enfermedades por el mismo Espíritu;

10. a quién el don de hacer milagros, a quién el don de profecía, a quién discreción de espíritus, a quién don de hablar varios idiomas, a quién el de interpretar las palabras, o razonamientos.

11. Mas todas estas cosas las causa el mismo indivisible Espíritu, repartiéndolas a cada uno según quiere.

12. Porque así como el cuerpo humano es uno, y tiene muchos miembros, y todos los miembros, con ser muchos, son un solo cuerpo, así también el cuerpo místico de Cristo.

13. A cuyo fin todos nosotros somos bautizados en un mismo Espíritu para componer un solo cuerpo, ya seamos judíos, ya gentiles, ya esclavos, ya libres; y todos hemos bebido un mismo Espíritu.

14. Que ni tampoco el cuerpo es un sólo miembro, sino el conjunto de muchos.

15. Si dijere el pie: Pues que no soy mano, no soy del cuerpo, ¿dejará por eso de ser del cuerpo?

16. Y si dijere la oreja: Pues que no soy ojo, no soy del cuerpo, ¿dejará por eso de ser del cuerpo?

17. Si todo el cuerpo fuese ojo, ¿dónde estaría el oído? Si todo fuese oído, ¿dónde estaría el olfato?

18. Mas ahora ha puesto Dios en el cuerpo muchos miembros, y los ha colocado en el como le plugo.

19. Que si todos fuesen un solo miembro, ¿dónde estaría el cuerpo?

20. Por eso ahora, aunque los miembros sean muchos, el cuerpo es uno.

21. Ni puede decir el ojo a la mano: No he menester tu ayuda; ni la cabeza a los pies: No me sois necesarios.

22. Antes bien aquellos miembros que parecen los más débiles del cuerpo, son os más necesarios.

23. Y a los miembros del cuerpo que juzgamos más viles, a éstos ceñimos de mayor adorno; y cubrimos con más cuidado y honestidad aquellos que son menos honestos.

24. Al contrario, nuestras partes o miembros honestos, como la cara, manos, etc., no han menester nada de eso; pero Dios ha puesto tal orden en todo el cuerpo, que se honra más lo que de suyo es menos digno de honor,

25. a fin de que no haya cisma o división en el cuerpo; antes te ligan los miembros la misma solicitud unos de otros.

26. Por donde si un miembro padecer, todos los miembros se compadecen, y si un miembro es honrado, todos los miembros se gozan con él.

27. Vosotros, pues, sois el cuerpo místico de Cristo, y miembros unidos a otros miembros.

28. Así es que ha puesto Dios varios miembros en la Iglesia, unos en primer lugar, apóstoles; en segundo lugar profetas, en el tercero doctores, luego a los que tienen el don de hacer milagros, después a los que tienen gracia de curar, de socorrer al prójimo, don de gobierno, de hablar todo género de lenguas, de interpretar las palabras.

29. ¿Por ventura son todos apóstoles?, ¿o todos profetas?, ¿o todos doctores?

30. ¿Hacen todos milagros?, ¿tienen todos la gracia de curar?, ¿hablan todos lenguas?, ¿interpretan todos?

31. Vosotros, empero, entre esos dones aspirad a los mejores. Yo voy, pues, a mostraros un camino o don todavía más excelente.

CAPÍTULO XIII
Descripción de la caridad, y de sus propiedades.

1. Cuando yo hablara todas las lenguas de los hombres y el lenguaje de los ángeles mismos, si no tuviere caridad, vengo a ser como un metal que suena, o campana que retine.

2. Y cuando tuviera el don de profecía, y penetrase todos los misterios, y poseyese todas las ciencias; cuando tuviera toda la fe posible, de manera que trasladase de una a otra parte los montes, no teniendo caridad, soy un nada.

3. Cuando yo distribuyese todos mis bienes para sustento de los pobres, y cuando entregara mi cuerpo a las llamas, si la caridad me falta, todo lo dicho no me sirve de nada.

4. La caridad es sufrida, es dulce y bienhechora; la caridad no tiene envidia, no obra precipitada ni temerariamente, no se ensoberbece,

5. no es ambiciosa, no busca sus intereses, no se irrita, no piensa mal.

6. no se huelga de la injusticia, complácese si en la verdad;

7. a todo se acomoda, cree todo el bien del prójimo, todo lo espera, y lo soporta todo.

8. La caridad nunca fenece; en lugar de que las profecías se terminarán, y cesarán las lenguas, y se acabará la ciencia.

9. Porque ahora nuestro conocimiento es imperfecto, e imperfecta la profecía.

10. Mas llegado que sea lo perfecto, desaparecerá lo imperfecto.

11. Así cuando yo era niño, hablaba como niño, juzgaba como niño, discurría como niño. Pero cuando fui ya hombre hecho, di de mano a las cosas de niño.

12. Al presente no vemos a Dios sino como en un espejo, y bajo imágenes oscuras; pero entonces le veremos cara a cara. Yo no le conozco ahora sino imperfectamente; mas entonces le conoceré con una visión clara, a la manera que soy yo conocido.

13. Ahora permanecen estas tres virtudes: la fe, la esperanza y la caridad; pero de las tres la caridad es la más excelente de todas.

CAPÍTULO XIV
El don de profecía se debe anteponer al don de lenguas. Del modo de usar bien de todos los dones. Dios es un Dios de paz, y no de discordias. La mujeres deben callar en la Iglesia.

1. Corred con ardor para alcanzar la caridad, y codiciad después dones espirítuales: mayormente el de profecía.

2. Pues quien habla lenguas sin tener dicho don, no habla para los hombres, porque nadie le entiende, sino para Dios: habla sí en espíritu cosas misteriosas.

3. Al paso que el que hace oficio de profetaial, habla con los hombres para edificación de ellos, y para exhortarlos y consolarlos.

4. Quien habla lenguas, se edifica a sí mismo; mas el que profetiza, edifica a la Iglesia de Dios.

5. Yo, sí, deseo que todos vosotros tengáis el don de lenguas; pero mucho más que tengáis el de profecía. Porque aquel que profetiza es preferible al que habla lenguas desconocidas; a no ser que también las interprete o profetice, a fin de que la Iglesia reciba utilidad.

6. En efecto, hermanos, si yo fuere a vosotros hablando lenguas, ¿qué os aprovecharé, si no os hablo instruyéndoos o con la revelación, o con la ciencia, o con la profecía, o con la doctrina?

7. ¿No vemos aun en las cosas inanimadas que producen sonidos, como la flauta y el arpa, que si no forman tonos diferentes, no se puede saber lo que se toca con la flauta o con el arpa?

8. Y si la trompeta no da un sonido determinado sino confuso, ¿quién es el que se preparará para el combate?

9. Si la lengua que habláis no es inteligible, ¿cómo se sabrá lo que decís? No hablaréis sino al aire.

10. En efecto, hay en el mundo muchas dife-

rentes lenguas, y no hay pueblo que no tenga la suya.

11. Si yo, pues, ignoro lo que significan las palabras, seré bárbaro, o extranjero para aquel a quien hablo; y el que me hable, será bárbaro para mí.

12. Por eso vosotros, ya que sois codiciosos de estos dones espirituales, desead ser enriquecidos con ellos para edificación de la Iglesia.

13. Y por lo mismo, el que habla una lengua, pida la gracia de interpretarla o explicar lo que dice.

14. Que si yo hago oración o predico en una lengua desconocida, mi espíritu ora o predico, pero mi concepto queda sin fruto.

15. Pues ¿qué haré? Oraré con el espíritu, y oraré también hablando inteligiblemente; cantaré salmos con el espíritu, pero los cantaré también.

16. Por lo demás, si tú alabas a Dios solamente con el espíritu, el que está en la clase del sencillo pueblo ¿cómo ha de decir: Amén, esto es, sea, al fin de tu acción de gracias?, puesto que no entiende lo que tú dices.

17. No es que no sea buena tu acción de gracias, sino que no quedan por ella edificados los otros.

18. Yo doy gracias a mi Dios de que hablo las lenguas de todos vosotros.

19. Pero en la Iglesia más bien quiero hablar cinco palabras de modo que sea entendido, e instruya también a los otros, que diez mil palabras en lengua extraña.

20. Hermanos, no seáis como niños en el uso de la razón; sed si niños en la malicia, pero en la cordura hombres hechos.

21. En la ley está escrito: Yo hablaré en otras lenguas y con otros acentos a este pueblo; y ni aun así me creerán, dice el Señor.

22. Asi, pues, el don de las lenguas es una senal no para los fieles, sino para los infieles; mas el de las profecías no se ha dado para convertir a los infieles, sino para instruir a los fieles.

23. Ahora bien, si estando congregada toda la Iglesia en un lugar y poniéndose todos a hablar lenguas diferentes, entran gentes idiotas o rudas, o bien infieles, ¿no dirán que estáis locos?

24. Mas al contrario, si profetizando todos, entra un infiel o un idiota, de todos será convencido, será juzgado de todos.

25. Los secretos de su corazón se harán manifiestos y, por tanto, postrado sobre su rostro, adorará a Dios, confesando que verdaderamente Dios está en medio de vosotros.

26. Pues ¿qué es lo que se ha de hacer, hermanos míos? Vedlo aquí: Si cuando os congregáis, uno de vosotros se halla inspirado de Dios para hacer un himno, otro para instruir, éste para revelar alguna cosa de Dios, aquel para hablar lenguas, otro para interpretarlas, hágase todo para edificación de los fieles.

27. Si han de hablar lenguas hablen dos solamente, o cuando mucho tres, y eso por turno, y haya uno que explique lo que dicen.

28. Y si no hubiere intérprete, callen en la Iglesia los que tienen este don, y hablen consigo y con Dios.

29. De los profetas hablen dos o tres y los demás disciernan.

30. Que si a otro de los asistentes, estando sentado, le fuere revelado algo, calle luego el primero.

31. Asi podeis profetizar todos uno después de otro, a fin de que todos aprendan, y todos se aprovechen;

32. pues los espíritus o dones proféticos están sujetos a los profetas.

33. Porque Dios no es autor de desorden, sino de paz; y esto es lo que yo enseño en todas las iglesias de los santos.

34. Las mujeres callen en las iglesias, porque no les es permitido hablar allí, sino que deben estar sumisas, como lo dice también la Ley.

35. Que si desean instruirse en algún punto, pregúntenselo cuando estén en casa a sus maridos. Pues es cosa indecente en una mujer el hablar en la iglesia.

36. ¿Por ventura tuvo de vosotros su origen la palabra de Dios?, ¿o ha llegado a vosotros solos?

37. Si alguno de vosotros se tiene por profeta, o por persona espiritual, reconozca que las cosas que os escribo, son preceptos del Señor.

38. El que lo desconoce, será desconocidos.

39. En suma, hermanos, codiciad o preferid el don de la profecía, y no estorbéis el de hablar lenguas.

40. Pero hágase todo con decoro y con orden.

CAPÍTULO XV

La fe y esperanza de nuestra futura resurrección se confirman eficazmente por la resurrección ya sucedida de Jesucristo. Descríbese el orden y modo de ella, y la naturaleza de los cuerpos resucitados.

1. Quiero ahora, hermanos míos, renovaros la memoria del Evangelio, que os he predicado, que vosotros recibisteis, en el cual estáis firmes,

2. y por el cual sois salvados: a fin de que veáis si lo conserváis de la manera que os lo prediqué, porque de otra suerte en vano habríais abrazado la fe.

3. En primer lugar, pues, os he ensenñado lo mismo que yo aprendí del Señor, es a saber, que Cristo murió por nuestros pecados conforme a las Escrituras.

4. Y que fue sepultado, y que resucitó al tercer día, según las mismas Escrituras.

5. Y que se apareció a Cefas, o Pedro, y después a los once apóstoles.

6. Posteriormente se dejó ver en una sola vez de más de quinientos hermanos juntos, de los cuales, aunque han muerto algunos, la mayor parte viven todavía.

7. Se apareció también a Santiago, y después a los apóstoles todos.

8. Finalmente después de todos se me apareció también a que vengo a ser como un abortivo,

9. siendo como soy el menor de los apóstoles, que ni merezco ser llamado apóstol, pues que perseguí la Iglesia de Dios.

10. Mas por la gracia de Dios soy lo que soy, y su gracia no ha sido estéril en mí; antes he trabajado más copiosamente que todos; pero no yo sino más bien la gracia de Dios que está conmigo.

11. Así que tanto yo, como ellos, esto es lo que predicamos todos, y esto habéis creído vosotros.

12. Ahora bien, si se predica a Cristo como resucitado de entre los muertos, ¿cómo es que algunos de vosotros andan diciendo que no hay resurrección de muertos?

13. Pues si no hay resurrección de muertos, como dicen ellos, tampoco resucitó Cristo.

14. Mas si Cristo no resucitó, luego vana es nuestra predicación, y vana es también nuestra fe.

15. A más de eso somos convencidos de testigos falsos respecto a Dios; por cuanto hemos testificado contra Dios, diciendo que resucitó a Cristo, al cual no ha resucitado, si los muertos no resucitan.

16. Porque en verdad que si los muertos no resucitan, tampoco Cristo resucitó.

17. Y si Cristo no resucitó, vana es vuestra fe, pues todavía estáis en vuestros pecados.

18. Por consiguiente, aun los que murieron creyendo en Cristo, son perdidos sin remedio.

19. Si nosotros sólo tenemos esperanza en Cristo mientras dura nuestra vida, somos los más desdichados de todos los hombres.

20. Pero Cristo, hermanos míos, ha resucitado de entre los muertos, y ha venido a ser como las primicias de los difuntos.

21. Porque así como por un hombre vino la muerte al mundo, por un hombre debe venir también la resurrección de los muertos.

22. Que así como en Adán mueren todos, así en Cristo todos serán vivificados.

23. Cada uno, empero, por su orden Cristo el primero; después los que son de Cristo y que han creído en su venida.

24. En seguida será el fin del mundo, cuando Jesucristo hubiere entregado su reino, o Iglesia, a su Dios y Padre, cuando habrá destruido todo imperio, y toda potencia, y toda dominación.

25. Entretanto debe reinar, hasta ponerle el Padre a todos los enemigos debajo de sus pies.

26. Y la muerte será el último enemigo destruido; porque todas las cosas las sujetó Dios debajo de los pies de su Hijo. Mas cuando dice la Escritura:

27. Todas las cosas están sujetas a él, sin duda queda exceptuado aquel que se las sujetó todas.

28. Y cuando ya todas las cosas estuvieren sujetas a él, entonces el Hijo mismo quedará sujeto en cuanto hombre al que se las sujetó todas: a fin de que en todas las cosas todo sea de Dios.

29. De otra manera, ¿qué harán aquellos que se bautizan por aliviar a los difuntos, si absolutamente los muertos no resucitan? ¿Por qué, pues, se bautizan por los muertos?

30. ¿Y a qué fin a toda hora nos exponemos nosotros a tantos peligros?

31. No hay día, tenedlo por cierto, hermanos, en que yo no muera por asegurar la gloria vuestra y tambien mía, que está en Jesucristo nuestro Señor.

32. ¿De qué me sirve hablando como hombre haber combatido en Éfeso contra bestias feroces, si no resucitan los muertos? En este caso, no pensemos más que en comer y beber, puesto que mañana moriremos.

33. No deis lugar a la seducción: las malas conversaciones corrompen las buenas costumbres.

34. Estad alerta, ¡oh justos!, y guardaos del pecado; porque entre nosotros hay hombres que no conocen a Dios, dígolo para confusión vuestra.

35. Pero ¿de qué manera resucitarán los muertos?, me dirá alguno, o ¿con qué cuerpo vendrán?

36. ¡Necio!, lo que tú siembras no recibe vida, si primero no muere.

37. Y al sembrar, no siembras el cuerpo de la planta que ha de nacer después, sino el grano desnudo, por ejemplo, de trigo, o de alguna otra especie.

38. Sin embargo, Dios le da cuerpo según quiere, y a cada una de las semillas el cuerpo que es propio de ella.

39. No toda carne es la misma carne; sino que una es la carne de los hombres, otra la de las bestias, otra la de las aves, otra la de los peces.

40. Hay asimismo cuerpos celestes y cuerpos

terrestres; pero una es la hermosura de los celestes y otra la de los terrestres.

41. Entre aquellos mismos una es la claridad del sol, otra la claridad de la luna y otra la claridad de las estrellas. Y aun hay diferencia en la claridad entre estrella y estrella.

42. Así sucederá también en la resurrección de los muertos. El cuerpo, a manera de una semilla, es puesto en la tierra en estado de corrupción, y resucitará incorruptible.

43. Es puesto en la tierra todo disforme, y resucitará glorioso. Es puesto en tierra privado de movimiento y resucitará lleno de vigor.

44. Es puesto en tierra como un cuerpo animal, y resucitará como un cuerpo todo espiritual. Porque así como hay cuerpo animal, lo hay también espiritual, según está escrito:

45. El primer hombre Adán fue formado con alma viviente; el postrer Adán, Jesucristo, ha sido llenado de un espíritu vivificante.

46. Pero no es el cuerpo espiritual el que ha sido formado el primero, sino animal, y en seguida el espiritual.

47. El primer hombre es el terreno, formado de la tierra; y el segundo hombre es el celestial, que viene del cielo.

48. Así como el primer hombre ha sido terreno, han sido también terrenos sus hijos; y así como es celestial el segundo hombre, son también celestiales sus hijos

49. Según esto, así como hemos llevado grabada la imagen del hombre terreno, llevemos también la imagen del hombre celestial.

50. Digo esto, hermanos míos, porque la carne y sangre, o los hombres carnales, no pueden poseer el reino de Dios, ni la corrupción poseerá esta herencia incorruptible.

51. Ved aquí, hermanos, un misterio que voy a declararos: Todos a la verdad resucitaremos; mas no todos seremos mudados en hombres celestiales.

52. En un momento, en un abrir y cerrar de ojos, al son de la última trompeta: porque sonará la trompeta, y los muertos resucitarán en un estado incorruptible, y entonces nosotros seremos inmutados.

53. Porque es necesario que este cuerpo corruptible sea revestido de incorruptibilidad, y que este cuerpo mortal sea revestido de inmortalidad.

54. Mas cuando este cuerpo mortal haya sido revestido de inmortalidad, entonces se cumplirá la palabra escrita: La muerte ha sido absorbida por una victoria.

55. ¿Dónde está, ¡oh muerte!, tu victoria? ¿Dó está, ¡oh muerte!, tu aguijón?

56. Aguijón de la muerte es el pecado: al paso que la fuerza del pecado es ocasionada de la Ley.

57. Pero demos gracias a Dios, que nos ha dado victoria contra la muerte el pecado, por virtud de Nuestro Señor Jesucristo.

58. Así que, amados hermanos míos, estad firmes y constantes, trabajando siempre más y más en la obra del Señor, pues que sabéis que vuestro trabajo quedará sin recompensa delante del Señor.

CAPÍTULO XVI

Exhorta a los corintios a que hagan la colecta de limosnas para los pobres de la Iglesia de Jerusalén, y les recomienda a Timoteo y a otros discípulos.

1. En cuanto a las limosnas que se recogen para los santos, practicadlo en la misma forma que yo he ordenado las iglesias de Galacia.

2. El primer día de la semana, cada uno de vosotros ponga aparte y deposite aquello que le dicte su buena voluntad, a fin de que no se hagan las colectas al tiempo mismo de mi llegada.

3. En estando yo presente, a aquellos sujetos que me hubiereis designado, los enviaré con cartas mías a llevar vuestras liberalidades a Jerusalén.

4. Que si la cosa mereciere que yo también vaya, irán conmigo.

5. Yo pasaré a veros, después de haber atravesado la Macedonia, pues tengo de pasar por dicha provincia.

6. Y quizá me detendré con vosotros, y tal vez pasaré también el invierno, para que vosotros me llevéis a doquiera que hubiere de ir.

7. Porque esta vez no quiero visitaros solamente de paso; antes espero detenerme algún tiempo entre vosotros, si el Señor me lo permitiere.

8. Acá en Éfeso me quedaré hasta Pentecostés.

9. Porque se me ha abierto una puerta grande y espaciosa para la propagación del Evangelio, si bien los adversarios son muchos.

10. Si va a veros Timoteo, procurad que esté sin recelo entre vosotros, pues trabaja, como yo, en la obra del Señor.

11. Por tanto ninguno le tenga en poco por ser mozo; y despachadle en paz, para que venga a verse conmigo, pues le estoy aguardando con los hermanos.

12. En cuanto a nuestro hermano Apolo os hago saber que le he instado mucho para que fuese a visitaros con alguno de nuestros hermanos; pero no ha creído conveniente hacerlo ahora, mas él irá cuando tuviere oportunidad.

13. Velad entretanto, estad firmes en la fe, trabajad varonilmente, y alentaos más y más.

14. Todas vuestras cosas háganse con caridad.

15. Ya conocéis, hermanos míos, la familia de Estéfanas y de Fortunato, y de Acalco; y a sabéis que son las primicias de la Acaya, y que se consagraron al servicio de los santos.

16. Os ruego que tengáis mucha deferencia a personas de ese carácter, y a todos los que cooperan y trabajan en la obra de Dios.

17. Yo por mi parte me huelgo con el arribo de Estéfanas, y de Fortunato, y de Acalco; ellos son los que han suplido vuestra falta, o ausencia.

18. recreando así mi espíritu como el vuestro. Mostrad, pues, reconocimiento a tales personas.

19. Las iglesias de Asia os saludan. Os saludan con grande afecto en el Señor, Aquila y Priscila, con la iglesia de su casa, en la que me hallo hospedado.

20. Todos los hermanos os saludan. Saludaos Vosotros unos a otros con el ósculo santo de la caridad.

21. La salutación de mí, Pablo, va de propio puño.

22. El que no ama a nuestro Señor Jesucristo, sea anatema: Maran Atha.

23. La gracia de nuestro Señor Jesucristo sea con vosotros.

24. Mi sincero amor con todos vosotros en Cristo Jesús. Amén.

EPÍSTOLA SEGUNDA DEL APÓSTOL SAN PABLO A LOS CORINTIOS

CAPÍTULO I

Excúsase el Apóstol de no haber ido antes a visitarlos; después de hacerles ver la sinceridad de su corazón y de su doctrina.

1. Pablo, apóstol de Jesucristo por la voluntad de Dios, y Timoteo su hermano, o coadjutor, a la Iglesia de Dios, establecida en Corinto, y a todos los santos o fieles, existentes en toda la Acaya.

2. Dios, Padre nuestro, y el señor Jesucristo os den gracias y paz.

3. Bendito sea Dios, Padre de Nuestro Se;or Jesucristo el Padre de las misericordias y Dios de toda consolación,

4. el cual nos consuela en todas nuestras tribulaciones, para que podamos también nosotros consolar a los que se hallan en cualquier trabajo, con la misma consolación con que nosotros somos consolados por Dios.

5. Porque a medida que se aumentan en nosotros las aflicciones por amor de Cristo se aumenta también nuestra consolación por Cristo.

6. Porque si somos atribulados, lo somos para vuestra edificación y salud; si somos consolados, lo somos para vuestra consolación; si somos confortados, lo somos para confortación y salvación vuestra, cuya obra se perfecciona con la paciencia con que sufrís las mismas penas que igualmente sufrimos nosotros.

7. De suerte que nuestra esperanza es firme por lo tocante a vosotros, sabiendo que así como sois compañeros en las penas, así lo seréis también en la consolación.

8. Pues no quiero, hermanos, que ignoréis la tribulación que padecimos en el Asia, los males que nos vimos abrumados, tan excesivos y tan superiores a nuestras fuerzas, que nos hacían pesada la misma vida.

9. Pero si sentimos pronunciar allá dentro de nosotros el fallo de nuestra muerte, fue a fin de que no pusiésemos nuestra confianza en nosotros, sino en Dios, que resucita a los muertos.

10. El cual nos ha librado y nos libra aún de tan graves peligros de muerte; y en quien confiamos que todavía nos ha de librar,

11. ayudándonos vosotros también con vuestras oraciones, a fin de que muchos den gracias del beneficio que gozamos, ya que es para bien de muchas personas.

12. Porque toda nuestra gloria consiste en el testimonio que nos da la conciencia de haber procedido en este mundo con sencillez de corazón y sinceridad delante de Dios, no con la prudencia de la carne, sino según la gracia de Dios o espíritu del Evangelio, y especialmente entre vosotros.

13. Yo no os escribo sino cosas cuya verdad conocéis al leerlas. Y espero que la reconoceréis hasta el fin

14. pues ya en parte habéis reconocido que nosotros somos vuestra gloria, como vosotros seréis la nuestra en el día, o juicio, de Nuestro Señor Jesucristo.

15. Y con esta confianza quise primero ir a visitaros, a fin de que recibieseis una segunda gracia.

16. y pasar desde ahí a Macedonia, y volver otra vez desde Macedonia a vosotros, y ser de vosotros encaminado a Judea.

17. Habiendo, pues, sido ésta mi voluntad, ¿acaso he dejado de ejecutarla por inconstancia? ¿O las cosas que resuelvo, las resuelvo a gusto de la carne, de modo que ya diga sí, ya no?

18. Mas Dios verdadero me es testigo de que en la palabra o doctrina que os he anunciado, nada ha habido del sí y del no.

19. Porque Jesucristo, Hijo de Dios, que os hemos predicado nosotros, esto es, yo, y Silvano, y Timoteo, no es tal que se hallen en Él, el sí y el no, sino que en Él todo es inmutable: un sí invariable.

20. Pues todas cuantas promesas hay de Dios, tienen en este sí su verdad; y también por Él mismo todo tiene su infalible cumplimiento para honra y gloria de Dios, lo cual hace también la gloria de nuestro ministerio.

21. Así, Dios es el que a nosotros junto con vosotros nos confirma en la fe de Cristo, y el que nos ha ungido con su unción.

22. El que asimismo nos ha marcado con su sello, y que por arras de los bienes que nos ha prometido, nos da el Espíritu Santo en nuestros corazones.

23. Por lo que a mí hace, tomo a Dios por testigo, y deseo que me castigue, si no digo la verdad, que el no haber pasado todavía a Corinto ha sido para poder ser indulgente con vosotros: no es esto porque dominemos en vuestra fe; al contrario procuramos contribuir a vuestro gozo, puesto que permanecéis firmes en la fe que recibisteis.

CAPÍTULO II

Manda restituir al incestuoso arrepentido a la comunión de la Iglesia; y con indulgencia paternal y autoridad apostólica en nombre de Cristo le alza la pena impuesta.

1. Por lo mismo he resuelto para conmigo no ir nuevamente a veros para no causaros tristezas.

2. Porque si yo voy a contristaros, ¿quién después me ha de alegrar, toda vez que vosotros que deberíais hacerlo os hallaríais contristados por mí?

3. Y ésta es la causa de haberos escrito, para no tener, en llegando, tristeza sobre tristeza, con la vista de aquellos mismos que debieran causarme gozo confiando en que todos, vosotros halláis vuestra alegría en la mía.

4. Es verdad que os escribí entonces en extremo afligido y con un corazón angustiado y derramando muchas lágrimas, no para contristaros, sino para haceros conocer el amor tan singular que os tengo.

5. Que si uno de vosotros ha sido causa de tristeza, sólo me ha tocado a mí una parte de la tristeza; dígolo para no agraviaros, pues que todos os habéis afligido.

6. Bástale al tal esa corrección, hecha por muchos de los hermanos, esto es, por vuestra Iglesia.

7. Ahora, por el contrario, debéis usar con él de indulgencia y consolarle, porque quizá con la demasiada tristeza no acontezca que ese tal dé al través, se desespere.

8. Por lo cual os suplico que ratifiquéis con él la caridad, y comuniquéis otra vez con él.

9. Que aun por eso os he escrito, para conocer por experiencia si sois obedientes en todas las cosas.

10. Lo que vosotros le concediereis por indulgencia, yo se lo concedo también; porque si yo mismo uso de indulgencia, uso de ella por amor vuestro, en nombre y en persona de Jesucristo,

11. a fin de que Satanás no arrebate a ninguno de nosotros, pues no ignoramos sus maquinaciones,

12. Yo por mí cuando vine a Tróade a predicar el evangelio de Cristo, en medio de haberme abierto el Señor una entrada favorable,

13. no tuvo sosiego mi espíritu, porque no hallé a mi hermano Tito; y así despidiéndome de ellos, partí para Macedonia.

14. Pero gracias a Dios, que siempre nos hace triunfar en Cristo Jesús, y derrama por medio de nosotros en todas partes el buen olor del conocimiento de su Nombre.

15. Porque nosotros somos el buen olor de Cristo delante de Dios, así para los que se salvan, como para los que se pierden,

16. para los unos olor mortífero que les ocasiona la muerte; mas para los otros olor vivificante que les causa la vida. ¿Y quién será idóneo para un tal mínisterio?

17. Pero ciertamente no somos nosotros como muchísimos que adulteran la palabra de Dios, sino que la predicamos con sinceridad, como de parte de Dios, en la presencia de Dios, y según el espíritu de Jesucristo.

CAPÍTULO III

Excelencia de la Ley de gracia comparada con la Ley escrita. El velo que cubre a los judíos la inteligencia de las Escrituras, solamente se quita con la fe en Jesucristo.

1. ¿Empezamos ya otra vez a alabarnos a nosotros mismos?, o ¿necesitamos (como algunos) cartas de recomendación para vosotros, o que vosotros nos las deis para otros?

2. Vosotros mismos sois nuestra carta de recomendación, escrita en nuestros corazones, conocida y leída de todos los hombres,

3. manifestándose por vuestras acciones que vosotros sois carta de Jesucristo, hecha por nuestro ministerio, y escrita, no con tinta, sino con el Espíritu de Dios vivo; no en tablas de piedra, sino en tablas de carne, que son vuestros corazones.

4. Tal confianza tenemos en Dios por Cristo,

5. no porque seamos suficientes o capaces por nosotros mismos para concebir algún buen pensamiento, como de nosotros mismos, sino que nuestra suficiencia o capacidad viene de Dios.

6. Y Dios es el que asimismo nos ha hecho idóneos o capaces para ser ministros del nuevo testamento, no de la letra de la ley, sino del espíritu; porque la letra sola mata, mas el espíritu vivifica.

7. Que si el ministerio de aquella ley de muerte, grabada con letras sobre dos piedras, fue tan glorioso que no podían los hijos de Israel fijar la vista en el rostro de Moisés por el resplandor de su cara, resplandor que no era duradero,

8. ¿cómo no ha de ser sin comparación más glorioso el ministerio o la ley del Espíritu?

9. Porque si el ministerio de la ley antigua, no obstante que era ocasión de condenación, fue acompañado de tanta gloria, mucho más glorioso es el ministerio o publicación de la ley de la justicia.

10. Y aun lo que ha habido de glorioso por aquel lado, no ha sido una verdadera gloria si se compara con la excelente gloria del Evangelio.

11. Porque si lo que se anula ha estado lleno de gloria, lo que para siempre subsiste debe ser mucho más glorioso.

12. Teniendo, pues, tal esperanza, nosotros os hablamos con toda libertad.

13. Y no hacemos como Moisés, que ponía un velo sobre su rostro, por cuanto no podían los hijos de Israel fijar la vista en el resplandor de su cara, aunque no debía durar:

14. y así sus corazones han quedado endurecidos; porque hasta el día de hoy este mismo velo permanece delante de sus ojos en la lectura del antiguo Testamento sin ser alzado (porque no se quita sino por la fe en Cristo);

15. y así hasta el día de hoy cuando se lee a Moisés, cubre un velo su corazón.

16. Pero en convirtiéndose este pueblo al Señor, se quitará el velo.

17. Porque el Señor es Espíritu: y donde está el Espíritu del Señor, allí hay libertad.

18. Y así es que todos nosotros, contemplando a cara descubierta como en un espejo la gloria del Señor, somos transformados en la misma imagen de Jesucristo, avanzándonos de claridad en claridad, como iluminados por el Espíritu del Señor.

CAPÍTULO IV

La virtud y eficacia del Evangelio es más admirable predicándole los apóstoles, hombres frágiles y continuamente atribulados. Conduc- *ta de San Pablo llena de sinceridad. Los apóstoles abrumados de trabajos, pero llenos de esperanza. Los males de esta vida son momentáneos, los bienes de la otra, eternos.*

1. Por lo cual teniendo nosotros este ministerio de predicar la nueva ley, en virtud de la misericordia que hemos alcanzado de Dios, no decaemos de ánimo;

2. antes bien desechamos lejos de nosotros las ocultas infamias o disimulos vergonzosos de los falsos hermanos, no procediendo con artificio, ni alterando la palabra de Dios, sino alegando únicamente en abono nuestro para con todos aquellos que juzguen de nosotros según su conciencia, la sinceridad con que predicamos la verdad delante de Dios.

3. Que si todavía nuestro Evangelio está encubierto, es solamente para los que se pierden para quienes está encubiero;

4. para esos incrédulos cuyos entendimientos ha cegado el dios de este siglo, para que no les alumbre la luz del Evangelio de la gloria de Cristo, el cual es la imagen de Dios.

5. Porque no nos predicamos a nosotros mismos, sino a Jesucristo, Señor nuestro, haciéndonos siervos vuestros por amor de Jesús.

6. Porque Dios, que dijo que la luz saliese o brillase de en medio de las tinieblas, él mismo ha hecho brillar su claridad en nuestros corazones, a fin de que nosotros podamos iluminar a los demás por medio del conocimiento de la gloria de Dios, según que ella resplandece en Jesucristo.

7. Mas este tesoro lo llevamos en vasos de barro, frágil, quebradizo; para que se reconozca que la grandeza del poder que se ve en nosotros es de Dios y no nuestra.

8. Nos vemos acosados de toda suerte de tribulaciones, pero no por eso perdemos el ánimo; nos hallamos en grandes apuros, mas no desesperados, o sin recursos;

9. somos perseguidos, mas no abandonados; abatidos, mas no enteramente perdidos.

10. Traemos siempre representada en nuestro cuerpo por todas partes la mortificación de Jesús, a fin de que la vida de Jesús se manifieste también en nuestros cuerpos.

11. Porque nosotros, bien que vivimos, somos continuamente entregados en manos de la muerte por amor de Jesús; para que la vida de Jesús se manifieste asimismo en nuestra carne mortal.

12. Así es que la muerte imprime sus efectos en nosotros, mas en vosotros resplandece la vida.

13. Pero teniendo un mismo espíritu de fe que David, quien según está escrito decía: Creí, por

eso hablé con confianza: nosotros también creemos, y por eso hablamos,

14. estando ciertos de que quien resucitó a Jesús, nos resucitará también a nosotros con Jesús, y nos colocará con vosotros en su gloria.

15. Pues todas las cosas que pasan en nosotros se hacen por causa de vosotros, a fin de que la gracia esparcida con abundancia, sirva a aumentar la gloria de Dios por medio de las acciones de gracias que le tributarán muchos.

16. Por lo cual no desmayamos; antes aunque en nosotros el hombre exterior o el cuerpo se vaya desmoronando, el interior o el espíritu se va renovando de día en día.

17. Porque las aflicciones tan breves y tan ligeras de la vida presente nos producen el eterno peso de una sublime e incomparable gloria,

18. y así no ponemos nosotros la mira en las cosas visibles, sino en las invisibles. Porque las que se ven, son transitorias: mas las que no se ven, son eternas.

CAPÍTULO V

Cómo la tierra es un destierro y el cielo nuestra patria. Por Jesucristo, juez de todos, somos reconciliados con Dios, siendo los apóstoles sus embajadores.

1. Sabemos también, que si esta casa terrestre o el cuerpo corruptible en que habitamos viene a destruirse, nos dará Dios en el cielo otra casa, una casa no hecha de mano de hombre, y que durará eternamente.

2. Que aun por eso aquí suspiramos deseando la sobrevestidura del ropaje de gloria, o la habitación nuestra del cielo,

3. si es que fuéremos hallados vestidos de buenas obras, y no desnudos.

4. Así también es que mientras nos hallamos en este cuerpo como en una tienda de campaña, gemimos agobiados bajo su pesantez; pues no querríamos vernos despojados de él, sino ser revestidos como por encima, de manera que la vida inmortal absorba y haga desaparecer lo que hay de mortalidad en nosotros.

5. Y el que nos formó o crio para este estado de gloria es Dios, el cual nos ha dado su espíritu por prenda.

6. Por esto estamos siempre llenos de confianza, y como sabemos que, mientras habitamos en este cuerpo, estamos distantes del Señor y fuera de nuestra patria

7. (porque caminamos hacia Él por la fe, y no le vemos todavía claramente).

8. En esta confianza que tenemos, preferimos más ser separados del cuerpo, a fin de gozar de la vista del Señor.

9. Por esta razón todo nuestro conato consiste en hacernos agradables al Señor, ora habitemos en el cuerpo, ora salgamos de él, para irnos con Dios:

10. siendo como es forzoso que todos comparezcamos ante el tribunal de Cristo, para que cada uno reciba el pago debido a las buenas o malas acciones que habrá hecho mientras ha estado revestido de su cuerpo.

11. Sabiendo, pues, el temor que se debe al Señor, procuramos justificarnos delante de los hombres, mas Dios conoce bien lo que somos. Y aun quiero creer que también somos conocidos de vosotros allá en vuestro interior.

12. No es esto repetiros nuestras alabanzas, sino daros ocasión de gloriaros en nuestra causa; para que tengáis que responder a los que se glorían solamente en lo que aparece al exterior.

13. Pues nosotros, si extáticos nos enajenamos, es por respeto a Dios; si nos moderamos, o abajamos, es por vosotros.

14. Porque la caridad de Cristo nos urge, al considerar que, si uno murió por todos, luego es consiguiente que todos murieron,

15. y que Cristo murió por todos, para que los que viven, no vivan ya para sí, sino para el que murió y resucitó por ellos.

16. Por esta razón nosotros de ahora en adelante no conocemos a nadie según la carne. Y si antes conocimos a Cristo en cuanto a la carne, ahora ya no le conocemos así.

17. Por tanto, si alguno está en Jesucristo ya es una criatura nueva: acabóse lo que era viejo, y todo viene a ser nuevo; pues que todo ha sido renovado.

18. Y toda ella es obra de Dios, el cual nos ha reconciliado consigo por medio de Cristo, y a nosotros nos ha confiado el ministerio de la reconciliación.

19. Porque Dios era el que reconciliaba consigo al mundo en Jesucristo, no imputándoles a ellos sus delitos, y Él es el que nos ha encargado a nosotros el predicarla reconciliación.

20. Somos, pues, como unos embajadores en nombre de Cristo, y es Dios mismo el que nos exhorta por boca nuestra. Os rogamos, pues, encarecidamente en nombre de Jesucristo, que os reconciliéis con Dios.

21. El cual por amor de nosotros ha tratado a aquel que no conocía al pecado, como si hubiese sido el pecado mismo, con el fin de que nosotros viniésemos a ser en él justos con la justicia de Dios.

CAPÍTULO VI

El modo de proceder de los ministros evangélicos; aviso a los fieles de no mezclarse con los infieles.

1. Y así nosotros como cooperadores del Señor, os exhortamos a no recibir en vano la gracia de Dios.

2. Pues Él mismo dice: Al tiempo oportuno te oí, atenderé tus suplicas, y en el día de la salvación te di auxilio. Llegado es ahora el tiempo favorable, llegado es ahora el día de la salvación.

3. Nosotros, empero, no demos a nadie motivo alguno de escándalo, para que no sea vituperado nuestro ministerio.

4. Antes bien portémonos en todas cosas, como deben portarse los ministros de Dios, con mucha paciencia, en medio de tribulaciones, de necesidades, de angustias,

5. de azotes, de cárceles, de sediciones, de trabajos, de vigilias, de ayunos,

6. con pureza, con doctrina, con longanimidad, con mansedumbre, con unción del Espíritu Santo, con caridad sincera,

7. con palabras de verdad, con fortaleza de Dios, con las armas de la justicia para combatir a la diestra y a la siniestra,

8. en medio de honras y deshonras, de infamia, y de buena fama; tenidos por embaidores o impostores, siendo verídicos; por desconocidos, aunque muy conocidos;

9. casi moribundos, siendo así que vivimos; como castigados, mas no muertos;

10. como melancólicos, estando en realidad siempre alegres; como menesterosos, siendo así que enriquecemos a muchos; como que nada tenemos, y todo lo poseemos.

11. El amor, ¡oh corintios!, hace que mi boca se abra tan francamente, y se ensanche mi corazón.

12. No están mis entrañas cerradas para vosotros; las vuestras sí que lo están para mí.

13. Volvedme, pues, amor por amor, os hablo como a hijos míos, ensanchad también para mí vuestro corazón.

14. No queráis unciros en yugo con los infieles. Porque ¿qué tiene que ver la santidad o justicia con la iniquidad? Y ¿qué compañía puede haber entre la luz y las tinieblas?

15. ¿O qué concordia entre Cristo y Belial? ¿O qué parte tiene el fiel con el infiel?

16. ¿O qué consonancia entre el templo de Dios y los ídolos? Porque vosotros sois templo de Dios vivo, según aquello que dice Dios: Habitaré dentro de ellos, y en medio de ellos andaré y Yo seré su Dios, y ellos serán rni pueblo.

17. Por lo cual salid vosotros de entre tales gentes, y separaos de ellas, dice el Señor, y no tengáis contacto con la inmundicia o idolatría

18. y Yo os acogeré, y seré Yo vuestro padre, y vosotros seréis mis hijos y mis hijas, dice el Señor todopoderoso.

CAPÍTULO VII

Muestras del amor entrañable entre San Pablo y los corintios. La tristeza que les ocasionó les fue muy saludable.

1. Teniendo, pues, carísimos hermanos mios, tales promesas, purifiquémonos de cuanto mancha la carne y el espíritu, perfeccionando nuestra santificación con el temor de Dios.

2. Dadnos cabida en vuestro corazón. Nosotros a nadie hemos injuriado, a nadie hemos pervertido, a nadie hemos engañado, sonsacándole los bienes.

3. No lo digo por tacharos a vosotros; porque ya os dije antes de ahora que os tenemos en el corazón, estamos prontos a morir, o a vivir en vuestra compañía.

4. Grande es la confianza que de vosotros tengo, muchos los motivos de gloriarme en vosotros; así estoy inundado de consuelo, reboso de gozo en medio de todas mis tribulaciones.

5. Pues así que hubimos llegado a Macedonia, no he tenido sosiego ninguno según la carne, sino que he sufrido toda suerte de tribulaciones: combates por defuera, por dentro temores.

6. Pero Dios que consuela a los humildes, nos ha consolado con la venida de Tito;

7. no sólo con su venida, sino también con la consolación que él ha recibido de vosotros, cuyo gran deseo de verme, y el llanto por el escándalo del incestuoso y la ardiente afición que me tenéis, él me ha referido, de suerte que se ha aumentado mucho mi gozo.

8. Por lo que si bien os contristé con mi carta, no me pesa; y si hubiese estado pesaroso en vista de que aquella carta os contristó por un poco de tiempo,

9. al presente me alegro, no de la tristeza que tuvisteis, sino de que vuestra tristeza os ha conducido a la penitencia. De modo que la tristeza que habéis tenido ha sido según Dios; y así ningún daño os hemos causado.

10. Puesto que la tristeza que es según Dios, produce una penitencia o enmienda constante para la salud, cuando la tristeza del siglo causa la muerte.

11. Y si no, ved lo que ha producido en vosotros esa tristeza según Dios, que habéis sentido: ¿qué solicitud, qué cuidado en justificaros, qué

indignación contra el incestuoso, qué temor, qué deseo de remediar el mal, qué celo, qué ardor para castigar el delito? Vosotros habéis hecho ver en toda vuestra conducta que estáis inocentes en este negocio.

12. Así, pues, aunque os escribí aquella carta, no fue por causa del que hizo la injuria, ni por el que la padeció, sino para manifestar el cuidado que tenemos de vosotros

13. delante de Dios: por eso ahora nos hemos consolado. Mas en esta consolación nuestra, sobre todo nos ha llenado de gozo el contento de Tito, viendo que todos vosotros habéis contribuido a recrear su espíritu;

14. y que si yo le di a él algunas muestras del concepto ventajoso que tengo de vosotros, no he quedado desmentido; sino que así como en todas las cosas os hemos dicho la verdad, así también se ha visto ser la pura verdad el testimonio ventajoso que de vosotros dimos a Tito;

15. y así es que se aumenta el entrañable amor que os tiene, cada vez que se acuerda de la obediencia de todos vosotros y del respetuoso temor y filial reverencia con que le recibisteis.

16. Huélgome, pues, de la confianza que os merezco en todas las cosas.

CAPÍTULO VIII

Con el ejemplo de los macedonios exhorta el Apóstol a los corintios a contribuir con largas limosnas al socorro de los pobres cristianos de Jerusalén.

1. Ahora os hago saber, hermanos míos, la gracia que Dios ha hecho a los fieles de las iglesias de Macedonia.

2. Y es, que han sido colmados de gozo a proporción de las muchas tribulaciones con que han sido probados; y que su extrema pobreza ha derramado con abundancia las riquezas de su buen corazón;

3. porque debo darles el testimonio de que de suyo o voluntariamente, han dado lo que han podido, y aun más de lo que podían,

4. rogándonos con muchas instancias que aceptásemos sus limosnas, y permitiésemos que contribuyesen por su parte al socorro que se da a los santos, o fieles de Jerusalen.

5. Y en esto no solamente han hecho lo que ya de ellos esperábamos, sino que se han entregado a sí mismos, primeramente al Señor, y después a nosotros mediante la voluntad de Dios.

6. Y esto es lo que nos ha hecho rogar a Tito, que conforme ha comenzado, acabe también de conduciros el cumplimiento de esta buena obra;

7. a fin de que, siendo como sois, ricos en todas cosas, en fe, en palabras, en ciencia, en toda solicitud, y además de eso en el amor que me tenéis, lo seáis también en esta especie de gracia.

8. No lo digo como quien os impone una ley, sino para excitaros con el ejemplo de la solicitud de los otros, a dar pruebas de vuestra sincera caridad.

9. Porque bien sabéis cuál haya sido la liberalidad de Nuestro Señor Jesucristo; el cual siendo rico, se hizo pobre por vosotros a fin de que vosotros fueseis ricos por medio de su pobreza.

10. Y así os doy consejo en esto, como cosa que os importa; puesto que no sólo ya lo comenzasteis a hacer, sino que por vosotros mismos formasteis el designio de hacerlo desde el año pasado.

11. Pues ahora cumplido de hecho; para que así como vuestro ánimo es pronto en querer, así lo sea también en ejecutar según las facultades que tenéis.

12. Porque cuando un hombre tiene gran voluntad de dar, Dios la acepta, no exigiendo de él sino lo que puede, y no lo que no puede.

13. Que no se pretende que los otros tengan holganza, y vosotros estrechez, sino que haya igualdad,

14. supliendo al presente vuestra abundancia la necesidad de los otros; para que asimismo su abundancia en bienes espirituales sea también suplemento a vuestra indigencia en ellos, de donde resulte igualdad, según está escrito.

15. El que recogía mucho maná, no se hallaba con más; ni con menos de lo necesario el que recogía poco.

16. Pero gracias a Dios, que ha inspirado en el corazón de Tito este mismo celo mío por vosotros.

17. Pues no solamente se ha movido por mis ruegos; sino que habiéndose movido aún más por su voluntad hacia vosotros, partió espontáneamente para ir a veros.

18. Os hemos también enviado con él al hermano nuestro, que se ha hecho célebre en todas las iglesias por el Evangelio;

19. y el cual, además de eso, ha sido escogido por las iglesias para acompañarnos en nuestros viajes, y tomar parte en el cuidado que tenemos de procurar este socorro a nuestros hermanos por la gloria del Señor, y para mostrar nuestra pronta voluntad,

20. con lo que tiramos a evitar que ninguno nos pueda vituperar, con motivo de la administración de este caudal.

21. Pues atendemos a portarnos bien, no sólo delante de Dios, sino también delante de los hombres.

22. Enviamos asimismo con éstos a otro hermano nuestro, a quien hemos experimentado lleno de celo en muchas ocasiones, y que ahora lo está aún más en la presente; y tengo gran confianza de que le recibiréis bien,

23. lo mismo que a Tito, mi socio y coadjutor entre vosotros, y a los demás hermanos que le acompañan y son los apóstoles o enviados de las iglesias y la gloria de Cristo.

24. Dadles, pues, a vista de las iglesias pruebas propias de vuestra caridad y de la razón que tenemos de gloriarnos acerca de vosotros.

CAPÍTULO IX

Prosigue la misma exhortación con nuevas razones, en las que da el Apóstol algunos avisos sobre la limosna, y dice que se debe dar con gusto, para conseguir el mérito de ella.

1. Porque en orden a la asistencia o socorro que se dispone a favor de los santos de Jerusalén, para mí es por demás el escribiros.

2. Pues sé bien la prontitud de vuestro ánimo, de la cual me glorío entre los macedonios, diciéndoles que la provincia de Acaya está ya pronta desde el año pasado a hacer esa limosna, y que vuestro ejemplo ha provocado la santa emulación de muchos.

3. Sin embargo, he enviado ahí a esos hermanos, a fin de que no en vano me haya gloriado de vosotros en esta parte, y para que estéis prevenidos, como yo he dicho que estabais;

4. no sea que cuando vinieren los de Macedonia conmigo, hallasen que no teníais recogido nada, y tuviésemos nosotros (por no decir vosotros) que avergonzarnos por esta causa.

5. Por tanto he juzgado necesario rogar a dichos hermanos que se adelanten, y den orden para que esa limosna, de antemano prometida, esté a punto, de modo que sea ése un don ofrecido por la caridad, y no como arrancado a la avaricia.

6. Lo que digo es que quien escasamente siembra, cogerá escasamente; y quien siembra a manos llenas, a manos llenas cogerá.

7. Haga cada cual la oferta conforme lo ha resuelto en su corazón, no de mala gana, o como por fuerza; porque Dios ama al que da con alegría.

8. Por lo demás, poderoso es Dios para colmaros de todo bien; de suerte que contentos siempre con tener en todas las cosas todo lo suficiente, estéis sobrados para ejercitar toda especie de buenas obras con vuestros prójimos,

9. según lo que está escrito: *La justicia del que a manos llenas dio a los pobres, dura por los siglos de los siglos.*

10. Porque Dios que provee de simiente al sembrador, Él os dará también pan que comer, y multiplicará vuestra sementera, y hará crecer más y más los frutos de vuestra justicia;

11. para que siendo ricos en todo, ejercitéis con sincera caridad toda suerte de limosnas, las cuales nos harán tributar a Dios acciones de gracias.

12. Porque estas ofrendas que estamos encargados de recoger, no sólo remedian las necesidades de los santos, sino que también contribuyen mucho a la gloria del Señor, por la gran multitud de acciones de gracias que se le tributan;

13. pues los santos recibiendo esta prueba de vuestra liberalidad por medio de nuestro ministerio, se mueven à glorificar a Dios por la sumisión que mostráis al Evangelio de Jesu-Cristo, y por la sincera caridad con que dais parte de vuestros bienes, ya a ellos; ya a todos los demás.

14. Y con las oraciones que hacen por vosotros, dan un buen testimonio del amor que os tienen, a causa de la eminente gracia que habéis recibido de Dios.

15. Sea, pues, Dios loado por su don inefable.

CAPÍTULO X

Conducta de San Pablo, contrapuesta a la de los falsos apóstoles, los cuales calumniándole, impedían el fruto de su predicación.

1. Mas yo Pablo, aquel mismo Pablo que, como dicen mis enemigos, parezco tan pequeño o humilde estando entre vosotros, pero que ausente soy para con vosotros osado, o imperioso, os suplico encarecidamente por la mansedumbre y modestia de Cristo,

2. os suplico, digo, que hagáis de manera que no me vea obligado, cuando esté entre vosotros, a obrar con esa osadía que se me atribuye, con respecto a ciertos sujetos que se imaginan que procedemos según la carne, o por miras humanas.

3. Porque aunque vivimos en carne miserable, no militamos según la carne.

4. Pues las armas con que combatimos no son carnales, sino que son poderosísimas en Dios para derrocar fortalezas, destruyendo nosotros con ellas los proyectos o raciocinios humanos,

5. y toda altanería de espíritu que se engríe contra la ciencia o el conocimiento de Dios, y cautivando todo entendimiento a la obediencia de Cristo,

6. y teniendo en la mano el poder para vengar toda desobediencia, para cuando hubiereis satisfecho a lo que la obediencia exige de vuestra parte.

7. Mirad las cosas a lo menos según se dejan ver. Si alguno se precia de ser de Cristo, considere asimismo para consigo que así como él es de Cristo, también lo somos nosotros.

8. Porque, aun cuando yo me gloriase un poco más de la potestad que el Señor nos dio para vuestra edificación, y no para vuestra ruina, no tendré de qué avergonzarme;

9. pero me abstengo, porque no parezca que pretendo aterraros con mis cartas,

10. ya que ellos andan diciendo: Las cartas, sí, son graves y vehementes; mas el aspecto de la persona es ruin, y despreciable o tosco su lenguaje.

11. Sepa aquel que así habla, que cuando nos hallemos presentes, obraremos de la misma manera que hablamos en nuestras cartas, estando ausentes.

12. A la verdad no nos atrevemos a ponernos en la clase de ciertos sujetos que se ensalzan a sí mismos, ni a compararnos con ellos; sino que nos medimos por lo que somos, comparándonos con nosotros mismos.

13. Por tanto, no nos gloriaremos desmesuradamente, sino a medida de la regla que Dios nos ha dado, medida que alcanza hasta vosotros.

14. Porque no hemos excedido los límites, como si no alcanzásemos hasta vosotros, puesto que hasta vosotros hemos llegado predicando el evangelio de Cristo.

15. ni nos gloriamos desmesuradamente atribuyéndonos las fatigas de otros: esperamos, sí, que yendo vuestra fe siempre en aumento, haremos, sin salir de nuestros límites, mayores progresos entre vosotros,

16. llevando también el Evangelio a otras partes que están más allá de vosotros, ni nos gloriaremos de aquello que esté cultivado dentro del término a otros señalado.

17. Por lo demás, el que se gloría, gloríese en el Señor.

18. Pues no es aprobado quien se abona a sí mismo; sino aquel a quien Dios abona o alaba.

CAPÍTULO XI

Prosigue su discurso contra los falsos apóstoles, gloriándose de que ha ejercido su ministerio sin recibir ningún socorro y de los trabajos que ha sufrido.

1. ¡Oh, si soportaseis por un poco mi indiscreción! Mas, sí, soportadme, sufridme,

2. ya que soy amante celoso de vosotros y, celoso en nombre de Dios. Pues que os tengo desposados con este único esposo, que es Cristo, para presentaros a Él como una pura y casta virgen.

3. Mas temo que así como la serpiente engañó a Eva con su astucia, así sean maleados vuestros espíritus, y degeneren de la sencillez propia del discípulo de Cristo.

4. En efecto, si el que va a predicaros, os anunciase otro Cristo que el que os hemos predicado; u os hiciese recibir otro espíritu más perfecto que el que habéis recibido; u otro Evangelio mejor que el que habéis abrazado, pudierais con razón sufrirlo, y, seguirle;

5. mas yo nada pienso haber hecho menos que los más grandes apóstoles.

6. Porque dado que yo sea tosco en el hablar, no lo soy ciertamente en la ciencia de Cristo; en fin, vosotros nos tenéis bien conocidos en todo.

7. ¿Acaso habré cometido una falta cuando, por ensalzaros a vosotros, me he humillado yo mismo, predicándoos gratuitamente el Evangelio de Dios?

8. He despojado, por decirlo así, a otras iglesias, recibiendo de ellas las asistencias de que necesitaba para serviros a vosotros.

9. Y estando yo en vuestra patria, y necesitado, a nadie no obstante fui gravoso, proveyéndome de lo que me faltaba los hermanos venidos de Macedonia; y en todas ocasiones me guardé de serviros de carga, y me guardaré en adelante.

10. Os aseguro por la verdad de Cristo que está en mí, que no tendrá mengua en mí esta gloria en las regiones de Acaya.

11. ¿Y por qué? ¿Será porque no os amo? Dios lo sabe, y ve mi intenso amor.

12. Pero yo hago esto, y lo haré todavía, a fin de cortar enteramente una ocasión de gloriarse a aquellos que la buscan con hacer alarde de parecer en todo semejantes a nosotros, para encontrar en esto un motivo de gloriarse.

13. Pues los tales falsos apóstoles son operarios engañosos, e hipócritas, que se disfrazan de apóstoles de Cristo.

14. Y no es de extrañar, pues el mismo Satanás se transforma en ángel de luz.

15. Así no es mucho que sus ministros se transfiguren en ministros de justicia o de santidad; mas su paradero será conforme a sus obras.

16. Vuelvo a repetir, (no me tenga ninguno por imprudente, o a lo menos sufridme como si lo fuese, y permitidme que me alabe todavía algún tanto)

17. lo que voy a decir para tomar de ello motivo de gloriarme, creed, si queréis, que yo no lo digo según Dios, sino que es una especie de imprudencia o jactancia mía;

18. mas ya que muchos se glorían según la carne, dejad, que yo también me gloriaré:

19. puesto que siendo como sois prudentes, aguantáis sin pena a los imprudentes.

20. Porque vosotros aguantáis a quien os reduce a esclavitud, a quien os devora, a quien toma vuestros bienes estafándoos, a quien os trata con altanería, a quien os hiere en el rostro, o llena de iniurias.

21. Digo esto con confusión mía, pues en este punto pasamos por sobrado débiles, o moderados. Pero en cualquiera otra cosa de que alguno presumiere y se vanagloriare (no parecea que hablo sin cordura) no menos presumo yo:

22. ¿Son hebreos?, yo también lo soy. ¿Son israelitas, también yo. ¿Son del linaje de Abrahán?, también lo soy yo:

23. ¿Son ministros de Cristo? (aunque me expongo a pasar por imprudente), diré que yo lo soy más que ellos, pues me he visto en muchísimos más trabajos, más en las cárceles, en azotes sin medida, en riesgos de muerte frecuentemente;

24. cinco veces recibí de los judíos cuarenta azotes menos uno;

25. tres veces fui azotado con varas; una vez apedreado; tres veces naufragué; estuve una noche y un día como hundido en alta mar, a punto de sumergirme.

26. Me he hallado en penosos viajes muchas veces, en peligros de ríos, peligros de ladrones, peligros de los de mi nación, peligros de los gentiles, peligros en poblado, peligros en despoblado, peligros en la mar, peligros entre falsos hermanos;

27. en toda suerte de trabajos y miserias, en muchas vigilias y desvelos, en hambre y sed, en muchos ayunos, en frío y desnudez.

28. Fuera de estas cosas o males exteriores, cargan sobre mí las ocurrencias de cada día, por la solicitud cuidado de todas las iglesias.

29. ¿Quién enferma, que no enferme yo con él?; ¿quién es escandalizado, o cae en pecado, que yo no me requeme?

30. Si es preciso gloriarse de alguna cosa, me gloriaré de aquellas que son propias de mi flaqueza.

31. Dios que es el Padre de nuestro Señor Jesucristo, y que es para siempre bendito, sabe que no miento ni exagero.

32. Y aún no he dicho que estando en Damasco, el gobernador de la provincia por el rey Aretas, tenía puestas guardias a la ciudad para prenderme;

33. mas por una ventana fui descolgado del muro abajo en un serón, y así escapé de sus manos.

CAPÍTULO XII

En prueba de la verdad y excelencia de su apostolado, refiere San Pablo sus visiones y revelaciones, *y concluye manifestando su amor a los corintios.*

1. Si es necesario gloriarse (aunque nada se gana en hacerlo) yo haré mención de las visiones y revelaciones del Señor.

2. Yo conozco a un hombre que cree en Cristo, que catorce años ha (si en cuerpo o fuera del cuerpo no lo sé, sábelo Dios) fue arrebatado hasta el tercer cielo

3. y sé que el mismo hombre (si en cuerpo o fuera del cuerpo no lo sé, Dios lo sabe)

4. fue arrebatado al paraíso, donde oyó palabras inefables, que no es lícito o posible a un hombre el proferirlas o explicarlas.

5. Hablando de semejante hombre podré gloriarme; mas en cuanto a mí de nada me gloriaré, sino de mis flaquezas y penas.

6. Verdad es que, si quisiese gloriarme podría hacerlo sin ser imprudente, porque diría verdad; pero me contengo, a fin de que nadie forme de mi persona un concepto superior a aquello que en mí ve, o de mí oye.

7. Y para que la grandeza de las revelaciones no me desvanezca, se me ha dado el estímulo o aguijón de mi carne, que es como un ángel de Satanás, para que me abofetee.

8. Sobre lo cual por tres veces pedí al Señor que le apartase de mí;

9. y respondióme: Bástate mi gracia: porque el poder mío brilla y consigue su fin por medio de la flaqueza. Así que con gusto me gloriaré de mis flaquezas o enfermedades, para que haga morada en mí el poder de Cristo.

10. Por cuya causa yo siento satisfacción y alegría en mis enfermedades, en los ultrajes, en las necesidades, en las persecuciones, en las angustias, en que me veo por amor de Cristo. Pues cuando estoy débil, entonces con la gracia soy más fuerte.

11. Casi estoy hecho un mentecato con tanto alabarme; mas vosotros me habéis forzado a serlo. Porque a vosotros os tocaba el volver por mí; puesto que en ninguna cosa he sido inferior a los más aventajados apóstoles; aunque por mí nada soy.

12. En efecto, yo os he dado claras señales de mi apostolado con manifestar una paciencia a toda prueba, con milagros, con prodigios y con efectos extraordinarios del poder divino.

13. Y en verdad, ¿qué habéis tenido vosotros de menos que las otras iglesias sino es que yo no os he sido gravoso? Perdonadme ese agravio que os he hecho.

14. He ahí que es ésta la tercera vez que me dispongo para ir a veros, y tampoco os ocasionaré gravamen. Porque a vosotros os busco yo, no

vuestros bienes; atento a que no son los hijos los que deben atesorar para los padres, sino los padres para los hijos.

15. Yo por mí gustosísimo expenderé cuanto tenga, y aun me entregaré a mí mismo por la salud de vuestras almas, a pesar de parecerme que cuanto más os quiero, soy menos querido de vosotros.

16. Enhorabuena, dirán, es verdad que yo no os he gravado; pero como soy astuto, os he cogido con dolor.

17. Mas ¿acaso por medio de alguno de mis enviados os he yo sonsacado algo?

18. A mis ruegos fue Tito, y con él envié a otro hermano. ¿Por ventura Tito os ha estafado? ¿No procedimos con el mismo espíritu y desinterés que antes?; ¿no seguirnos las mismas pisadas?

19. ¿Pensáis aún ahora al decir esto, sea nuestro designio justificarnos delante de vosotros? Delante de Dios hablamos y según el espíritu de Cristo; y todo cuanto os decimos, carisimos, lo decimos para edificación vuestra.

20. Lo que temo que suceda es, que cuando vaya y a veros, no os halle tales como yo quiero, y a mi me veáis cual no queréis; que por desgracia haya quizá entre vosotros contiendas, envidias, animosidades, discordias, detracciones, chismes, hinchazones, sediciones, y bandos;

21. y no sea que cuando yo vaya me humille de nuevo Dios entre vosotros; y tenga que llorar castigando a muchos de los que antes pecaron, y todavía no han hecho penitencia de la impureza, y fornicación, y deshonestidad en que han vivido.

CAPÍTULO XIII
Amenaza el Apóstol con grandes castigos a los que no se hubieren enmendado; concluye con una exhortación general.

1. Mirad que por tercera vez voy a visitaros; por el dicho de dos o tres testigos, como dice la ley, se decidirá todo.

2. Ya lo dije antes estando presente, y lo vuelvo a decir ahora ausente, que si voy otra vez no perdonaré a los que antes pecaron, ni a todos los demás.

3. ¿O queréis acaso hacer prueba del poder de Jesucristo, que habla por mi boca, y del cual ya sabéis que no ha mostrado entre vosotros flaqueza, sino poder y virtud?

4. Porque si bien fue crucificado como flaco según la carne, no obstante vive ahora por la virtud de Dios. Así también nosotros somos flacos con Él; pero estaremos también vivos con Él por la virtud de Dios que haremos brillar entre vosotros.

5. Examinaos a vosotros mismos para ver si mantenéis la fe; haced prueba de vosotros. ¿Por ventura no conocéis en vosotros mismos que Cristo Jesús está en vosotros? A no ser que quizá hayáis decaído de lo que antes erais.

6. Mas yo espero que reconoceréis, que por lo que toca a nosotros no hemos decaído de lo que éramos.

7. Y rogamos a Dios que no cometáis mal ninguno, y no al contrario que nosotros aparezcamos ser lo que somos con la ostensión de nuestro poder sino que obréis bien, aun cuando parezcamos nosotros haber decaído de lo que somos.

8. Porque nada podemos contra la verdad y, justicia, sino que todo nuestro poder es a favor de la verdad.

9. Así es que nos gozamos de que estéis fuertes en la virtud, y que nosotros parezcamos flacos o sin poder. Y pedimos igualmente a Dios que os haga perfectos.

10. Por tanto, os escribo estas cosas estando ausente a fin de que presente no haya de proceder con rigor, usando de la potestad que Dios me ha dado, la cual es para la edificación y no para ruina o destrucción.

11. Por lo demás, hermanos, estad alegres, sed perfectos, exhortaos los unos a los otros, reuníos en un mismo espíritu y corazón, vivid en paz, y el Dios de la paz y de la caridad será con vosotros.

12. Saludaos recíprocamente con el ósculo santo. Todos los santos o fieles os saludan.

13. La gracia de nuestro Señor Jesucristo, y la caridad de Dios Padre, y la participación del Espíritu Santo sea con todos vosotros. Amén.

EPÍSTOLA DEL APÓSTOL SAN PABLO A LOS GÁLATAS

CAPÍTULO I
Reprende a los gálatas por haber dado oídos a unos falsos apóstoles, abandonando la doctrina que les había enseñado y que recibió él de Jesucristo. Refiere lo que era él antes y después de su conversión.

1. Pablo, constituido apóstol, no por los hombres ni por la autoridad de hombre alguno sino por Jesucristo, y por Dios su padre, que le resucitó de entre los muertos,

2. y todos los hermanos que conmigo están, a las iglesias de Galacia:

3. gracia a vosotros, y paz de parte de Dios Padre y de Jesucristo Nuestro Señor,

4. el cual se dio a sí mismo a la muerte por

nuestros pecados, para sacarnos de la corrupción de este mundo, conforme a la voluntad de Dios y Padre nuestro,

5. cuya es la gloria por los siglos de los siglos. Amén.

6. Me maravillo cómo así tan de ligero abandonáis al que os llamó a la gracia de Jesu-Cristo, para seguir otro evangelio.

7. Mas no es que haya otro evangelio, sino que hay algunos que os traen alborotados, y quieren trastornar el Evangelio de Cristo.

8. Pero aun cuando nosotros mismos, o un ángel del cielo, si posible fuese, os predique un evangelio diferente del que nosotros os hemos anunciado, sea anatema.

9. Os lo he dicho ya, y os lo repito: cualquiera que os anuncie un evangelio diferente del que habéis recibido, sea anatema.

10. Porque en fin ¿busco yo ahora la aprobación de los hombres, o de Dios? ¿Por ventura pretendo agradar a los hombres? Si todavía prosiguiese complaciendo a los hombres, no sería yo siervo de Cristo.

11. Porque os hago saber, hermanos, que el evangelio que yo os he predicado, no es una cosa humana;

12. pues no lo he recibido, ni aprendido yo de algún hombre, sino por revelación de Cristo.

13. Porque bien habéis oído decir el modo con que en otro tiempo vivía yo en el judaísmo, con qué exceso de furor perseguía a la Iglesia de Dios, y la desolaba,

14. y me señalaba en el judaísmo más que muchos coetáneos míos de mi nación, siendo en extremo celoso de las tradiciones de mis padres.

15. Mas cuando plugo a aquel Señor que me destinó y separó desde el vientre de mi madre, y me llamó con su gracia,

16. el revelarme a su Hijo, para que yo le predicase a las naciones, lo hice al punto sin tomar consejo de la carne ni de la sangre,

17. ni pasar a Jerusalén en busca de los apóstoles anteriores a mí; sino que me fui luego a la Arabia, de donde volví otra vez a Damasco.

18. De allí a tres años fui a Jerusalén para visitar a Pedro, y estuve con él quince días;

19. y no vi a otro alguno de los apóstoles, sino a Santiago, el primo hermano del Señor.

20. De todo esto que os escribo, pongo a Dios por testigo que no miento.

21. De allí fui a los países de Siria y de Cilicia.

22. Hasta entonces no me conocían de vista las iglesias de Cristo, que había en la Judea;

23. solamente habían oído decir: aquel que antes nos perseguía, ahora predica la fe que en otro tiempo impugnaba.

24. Y glorificaban a Dios por causa de mi, de conversión.

CAPÍTULO II

San Pablo predica con libertad contra los falsos apóstoles, y contra los judaizantes. Resistencia que hizo a Cefas en Antioquía sobre las ceremonias legales. Nadie es justificado sino por la fe en Jesucristo.

1. Catorce años después volví a Jerusalén con Bernabé, llevando también conmigo a Tito.

2. Este viaje lo hice movido de una revelación; y conferí con los fieles de allí el Evangelio, que predico entre las naciones, en particular con los más autorizados, por no seguir quizá mi carrera sin fruto, o haberla seguido en vano.

3. Mas ni aun Tito, que me acompañaba, con ser gentil, fue obligado a circuncidarse.

4. Ni aun por miramiento a aquellos falsos hermanos, que furtivamente se metieron a espiar la libertad con que procedemos en Cristo Jesús, a fin de reducirnos a la servidumbre de la ley antigua.

5. A los cuales ni por un momento quisimos ceder ni sujetarnos, para que la verdad del Evangelio se mantenga firme entre vosotros.

6. En cuanto a los que parecían ser los más distinguidos (nada me importa lo que hayan sido en otro tiempo: en Dios no hay acepción de personas), aquellos, digo, que parecían ser los más autorizados, nada me enseñaron de nuevo;

7. antes al contrario habiendo reconocido que a mí se me había confiado por Dios el evangelizar a los incircuncisos, así como a Pedro a los circuncisos

8. (pues quien dio eficacia a Pedro para el apostolado entre los circuncisos, me la dio también a mí para entre los gentiles);

9. habiendo, digo, conocido Santiago, Cefas y Juan, que eran reputados como columnas de la Iglesia, la gracia que se me había dado, nos dieron las manos, en señal de convenio, a mí y a Bernabé, para que nosotros predicásemos a los gentiles, y ellos a los circuncidados.

10. Solamente nos recomendaron que tuviésemos presentes a los pobres de la Judea; cosa que he procurado hacer con esmero.

11. Y cuando vino después Cefas, o Pedro, a Antioquía, le hice resistencia cara a cara, por ser digno de represión;

12. pues antes que llegasen ciertos sujetos de parte de Santiago, comía con los gentiles; mas llegados que fueron, empezó a recatarse y separarse, por temor de aquellos circuncisos.

13. Y los demás judíos se conformaron con su

534

porte disimulado, por manera que aún Bernabé fue inducido por ellos a usar de la misma simulación.

14. Pero yo, visto que no andaban derechamente conforme a la verdad del Evangelio, dije a Cefas en presencia de todos: Si tú, con ser judío, vives como los gentiles, y no como los judíos, ¿cómo con tu ejemplo fuerzas a los gentiles a judaizar?

15. Nosotros somos de naturaleza judíos y no de casta de gentiles pecadores o idólatras.

16. Sin embargo, sabiendo que no se justifica el hombre por las obras solas de la ley, sino por la fe de Jesucristo, por eso creemos en Cristo Jesús, a fin de ser justificados por la fe de Cristo, y no por las obras de la ley.

17. Y si queriendo ser justificados en Cristo, venimos a ser también nosotros pecadores por no observar la antigua ley, ¿no se dirá entonces que Cristo es ministro y causa del pecado? En ninguna manera puede jamás serlo.

18. Mas si yo vuelvo a edificar lo mismo que he destruido como inútil, me convenzo a mí mismo de prevaricador.

19. Pero la verdad es que yo estoy muerto a la ley antigua, por lo que me enseña la ley misma; a fin de vivir para Dios: estoy clavado en la cruz juntamente con Cristo;

20. y yo vivo ahora, o más bien no soy yo el que vivo sino que Cristo vive en mí. Así la vida que vivo ahora en esta carne, la vivo en la fe del Hijo de Dios, el cual me amó, y se entregó a sí mismo a la muerte por mí.

21. No desecho esta gracia o merced de Dios. Porque si por la ley antigua se obtiene la justicia, luego en balde Cristo murió.

CAPÍTULO III

Ni antes ni después de la Ley escrita pudo haber justificación de hombre sino por la fe viva en Jesucristo.

1. ¡Oh gálatas insensatos!, ¿quién os ha fascinado, o hechizado, para desobedecer así a la verdad?, vosotros ante cuyos ojos ha sido ya representado Jesucristo como crucificado en vosotros mismos.

2. Una sola cosa deseo saber de vosotros: ¿habéis recibido al Espíritu Santo por las obras de la ley, o por la obediencia a la fe que se os ha predicado?

3. ¿Tan necios sois, que habiendo comenzado, por el Espíritu, ahora vengáis a parar en la carne?

4. Tanto como habéis sufrido por Jesucristo, ¿será en vano? Pero yo espero en Dios que al cabo no ha ser en vano.

5. Ahora, pues, aquel que os comunica el Espíritu Santo, y obra milagros entre vosotros, ¿lo hace por virtud de obras de la ley, o por la fe que habéis oído predicar?

6. Ciertamennte que por la fe, según está escrito: *Creyó Abrahán a Dios, y su fe se le reputó por justicia.*

7. Reconoced, pues, que los que abrazan la fe, ésos son los verdaderos hijos de Abrahán.

8. Así es que Dios en la Escritura previendo que había de justificar a los gentiles por medio de la fe, lo anunció de antemano a Abrahán diciendo: *En ti serán benditas todas las gentes.*

9. Luego los que tienen fe, ésos son benditos con el fiel Abrahán.

10. En lugar de que todos los que se apoyan en las obras de la ley, están su jetos a maldición. Pues está escrito: *Maldito es cualquiera que no observare constantemente todo lo que está escrito en el libro de la Ley.*

11. Por lo demás el que nadie se justifica delante de Dios por la ley, está claro: porque el justo vive por la fe.

12. La ley, empero, no tiene el ser, o no se deriva, de la fe; sólo, sí, el que la cumpliere vivirá en ella.

13. Jesucristo nos redimió de la maldición de la ley, habiéndose hecho por nosotros objeto de maldición; pues está escrito: *Maldito todo aquel que es colgado en un madero.*

14. Y todo esto para que la bendición de Abrahán cupiese a los gentiles por Jesucristo, a fin de que así por medio de la fe recibiésemos la promesa del Espíritu Santo.

15. Hermanos míos (me servirá del ejemplo de una cosa humana, ordinaria): después que un hombre ha otorgado en debida forma un testamento, nadie puede ni anularlo, ni alterarlo;

16. las promesas se hicieron a Abrahán y la descendiente de él. No dice: y a los descendientes, como si fuesen muchos; sino como uno precisamente: y al descendiente de ti, el cual es Cristo.

17. Lo que quiero, pues, decir es que habiendo hecho Dios una alianza con Abrahán en debida forma, la ley dada cuatrocientos y treinta años después no ha podido anularla, ni invalidar la promesa.

18. Porque si la herencia esta de bendiciones espirituales se nos da por la ley, ya no es por la promesa. Y Dios hizo por medio de la promesa la donación a Abrahán.

19. Pues ¿de qué ha servido, diréis, la ley? Pusose por freno de las transgresiones, hasta que viniese el descendiente de Abrahán, a quien se hizo la promesa, siendo dicha ley dada por

mano de los ángeles, por medio del mediador Moisés.

20. No hay mediador de uno solo; y la promesa a Abrahán es uno.

21. Luego replicaréis: ¿la ley es contra las promesas de Dios? No, por cierto. Por que si se hubiese dado una ley que pudiese vivificar o justificar, la justicia o santidad provendría realmente de la ley, no de la fe.

22. Mas la ley escrita dejó sujetos a todos al pecado, para que la promesa se cumpliese a los creyentes por la fe en Jesucristo.

23. Así antes del tiempo de la fe, estábamos como encerrados bajo la custodia de la ley hasta recibir la fe, que había de ser revelada.

24. Por manera que la ley fue nuestro ayo que nos condujo a Cristo, por medio de los Sacrificios y ceremonias, para ser justificados por la fe en él.

25. Mas venida la fe, ya no estamos sujetos al ayo.

26. Porque todos sois hijos de Dios por la fe en Jesucristo.

27. Pues todos los que habéis sido bautizados en Cristo, estáis revestidos de Cristo.

28. y ya no hay distinción de judío ni griego; ni de siervo ni libre; ni tampoco de hombre ni mujer. Porque todos vosotros sois una cosa en Jesucristo.

29. Y siendo vosotros miembros de Cristo, sois por consiguiente hijos de Abrahán, y los herederos según la promesa.

CAPÍTULO IV

Compara la Ley antigua con un tutor y a los judíos con un pupilo; dice que Cristo puso ya a los hombres en libertad. Después de varias expresiones de sentimiento amoroso, prueba por la Escritura misma, cuando habla de Isaac e Ismael, que la Ley escrita no puede hacer liga con la Ley de gracia.

1. Digo además: que mientras el heredero es niño, en nada se diferencia de un siervo, no obstante ser dueño de todo;

2. sino que está bajo la potestad de los tutores y curadores, hasta el tiempo señalado por su padre.

3. Así nosotros, cuando éramos todavía niños, estábamos servilmente sujetos a las primeras y más groseras instrucciones que se dieron al mundo.

4. Mas cumplido que fue el tiempo, envió Dios a su Hijo, formado de una mujer, y sujeto a la ley,

5. para redimir a los que estaban debajo de la ley y a fin de que recibiésemos la adopción de hijos.

6. Y por cuanto vosotros sois hijos, envió Dios a vuestros corazones el Espíritu de su Hijo, el cual, nos hace clamar: ¡Abba!, esto es: ¡Padre mío!

7. Y así ninguno de vosotros es ya siervo, sino hijo. Y siendo hijo, es también heredero de Dios por Cristo.

8. Verdad es que cuando no conocíais a Dios, servíais a los que realmente no son dioses.

9. Pero ahora, habiendo conocido a Dios, o por mejor decir, habiendo sido de Dios amados y conocidos, ¿cómo tornáis otra vez a esas observancias legales, que son sin vigor ni suficiencia, queriendo sujetaros nuevamente a ellas?

10. Observáis todavía los ritos de los días, y meses, y tiempos, y años.

11. Témome de vosotros no hayan sido inútiles entre vosotros mis trabajos.

12. Sed como yo, ya que yo he sido como vosotros, ¡Oh hermanos míos!; os lo ruego encarecidamente. A mí en nada me habéis agraviado;

13. al contrario, bien sabéis que cuando tiempo ha os prediqué el Evangelio, lo hice entre las persecuciones y, aflicciones de la carne, y en tal estado de mi carne o de humillación mío, que os era materia de tentación,

14. no me despreciasteis, ni desechasteis; antes bien me recibisteis como a un ángel de Dios, como al mismo Jesucristo.

15. ¿Dónde está, pues, ahora aquella felicidad en que os gozabais? Porque yo puedo testificar de vosotros que entonces estabais prontos, si posible fuera, a sacaros los ojos, para dármelos a mí.

16. Conque ¿por deciros la verdad me he hecho enemigo vuestro?

17. Esos falsos apóstoles procuran estrecharse con vosotros; más no es con buen fin, sino que pretenden separaros de nosotros, para que los sigáis a ellos.

18. Sed, pues, celosos amantes del bien con un fin recto en todo tiempo, y no sólo cuando me hallo yo presente entre vosotros.

19. Hijitos míos, por quienes segunda vez padezco dolores de parto hasta formar enteramente a Cristo en vosotros,

20. quisiera estar ahora con vosotros, y diversificar mi voz según vuestras necesidades: porque me tenéis perplejo sobre el modo con que debo hablaros.

21. Decidme, os ruego, los que queréis estar sujetos a la ley antigua, ¿no habéis leído lo que dice la ley?

22. Porque escrito está que Abrahán tuvo dos hijos: uno de la esclava Agar, y otro de la libre que era Sara.

23. Mas el de la esclava nació según la carne, o naturalmente; al contrario, el hijo de la libre

nació milagrosamente y en virtud de la promesa.

24. Todo lo cual fue dicho por alegoría: porque estas dos madres son las dos leyes o testamentos. La una dada en el monte Sinaí, que engendra esclavos la cual es simbolizada en Agar;

25. porque el Sinaí es un monte de la Arabia que corresponde a la Jerusalén de aquí bajo, la cual es esclava con sus hijos.

26. Mas aquella Jerusalén de arriba, figurada en Sara, es libre, la cual es madre de todos nosotros.

27. Porque escrito está: *Alégrate estéril, que no pares: prorrumpe en gritos de júbilo, tú que no eres fecunda; porque son muchos más los hijos de la que ya estaba abandonada por estéril, que los de la que tiene marido.*

28. Nosotros, pues, hermanos, somos los hijos de la promesa, figurados en Isaac.

29. Mas así como entonces el que había nacido según la carne perseguía al nacido según el espíritu, así sucede también ahora.

30. Pero ¿qué dice la Escritura? Echa fuera a la esclava y a su hijo; que no ha de ser heredero el hijo de la esclava con el hijo de la libre.

31. Según esto, hermanos, nosotros no somos hijos de la esclava, sino de la libre; y Jesu-Cristo es el que nos ha adquirido esta libertad.

CAPÍTULO V
Daños de las observaciones legales, y bienes de la fe de Jesucristo. Cuáles sean los verdaderos ejercicios del cristiano.

1. Manteneos firmes, y no dejéis que os opriman de nuevo con el yugo de la servidumbre de la ley antigua.

2. Mirad que os declaro yo, Pablo, que si os hacéis circuncidar, Cristo de nada os aprovechará.

3. Además declaro a todo hombre que se hace circuncidar, que queda obligado a observar toda la ley por entero.

4. No tenéis ya parte ninguna con Cristo los que buscáis la justificación en la ley; habéis perdido la gracia.

5. Pues nosotros solamente en virtud de la fe esperamos recibir del espíritu la verdadera justicia o santidad.

6. Porque para con Jesucristo nada importa el ser circunciso o incircunciso, sino la fe, que obra animada de la caridad.

7. Vosotros habíais comenzado bien vuestra carrera: ¿quién os ha estorbado de obedecer a la verdad?

8. Persuasión semejante no es ciertamente de aquel que os ha llamado a la fe.

9. Un poco de levadura hace fermentar toda la masa.

10. Yo confío, no obstante, de vosotros en el Señor, que no tendréis otros sentimientos que los míos; pero el que os anda inquietando, quien quiera que sea, llevará el castigo merecido.

11. En cuanto a mí, hermanos, si yo predico aún la circuncisión, ¿por qué soy todavía perseguido? Según eso, acabóse el escándalo de la cruz que causo a los judíos.

12. ¡Ojalá fuesen, no digo circuncidados, sino cortados o separados de entre vosotros los que os perturban!

13. Porque vosotros, hermanos míos sois llamados a un estado de libertad; cuidad solamente que esta libertad no os sirva de ocasión para vivir según la carne; pero sed siervos unos de otros por un amor espiritual,

14. como quiera que toda la Ley en este precepto se encierra: *Amarás a tu prójimo como a ti mismo.*

15. Que si unos a otros os mordéis, y roéis, mirad no os destruyáis los unos a los otros.

16. Digo, pues, en suma: proceded según el Espíritu de Dios, y no satisfaréis los apetitos de la carne.

17. Porque la carne tiene deseos contrarios a los del espíritu, y el espíritu les tiene contrarios a los de la carne, como que son cosas entre si opuestas; por cuyo motivo no hacéis vosotros todo aquello que queréis.

18. Que si vosotros sois conducidos por el espíritu, no estáis sujetos a la ley.

19. Bien manifiestas son las obras de la carne, las cuales son adulterio, fornicación, deshonestidad, lujuria,

20. culto de ídolos, hechicerías, enemistades, pleitos, celos, enojos, riñas, disensiones, herejías,

21. envidias, homicidios, embriagueces, glotonerías y cosas semejantes, sobre las cuales os prevengo, como ya tengo dicho, que los que tales cosas hacen, no alcanzarán el reino de Dios.

22. Al contrario, los frutos del espíritu son caridad, gozo, paz, paciencia, benignidad, bondad, longanimidad,

23. mansedumbre, fe, o fidelidad, modestia, continencia, castidad. Para los que viven de esta suerte no hay ley que sea contra ellos.

24. Y los que son de Jesu-Cristo tienen crucificada su propia carne con los vicios y las pasiones.

25. Si vivimos por el Espíritu de Dios, proceda-

mos también según el mismo Espírltu.

26. No seamos ambiciosos de vana gloria, provocándonos los unos a los otros, y recíprocamente envidiándonos.

CAPÍTULO VI

Cómo se deben ayudar unos a otros en el ejercicio de las virtudes cristianas. Para coger es necesario sembrar. La gloria del cristiano ha de ser solamente la cruz de Jesucristo.

1. Hemanos míos, si alguno, como hombre que es, cayere desgraciadamente en algún delito, vosotros los que sois espirituales, al tal amonestadle e instruidle con espíritu de mansedumbre haciendo cada uno reflexión sobre sí mismo, y temiendo caer también en la tentación.

2. Comportad las cargas unos de otros, y con eso cumpliréis la ley de Cristo.

3. Porque si alguno piensa ser algo, se engaña a sí mismo, pues verdaderamente de suyo es nada.

4. Por tanto, examine bien cada uno sus propias obras, y así si halla que son rectas tendrá entonces motivo de gloriarse en sí mismo solamente, y no respecto de otro.

5. Porque cada cual, al ir a ser juzgado, cargará con su propio fardo.

6. Entretanto, aquel a quien se le instruye en las cosas de la fe, asista de todos modos con sus bienes al que le instruye.

7. No queráis engañaros a vosotros mismos: Dios no puede ser burlado.

8. Así es que lo que un hombre sembrare, eso recogerá. Por donde quien siembra ahora para su carne, de la carne recogerá después la corrupción y la muerte; más el que siembra para el espíritu, del espíritu cogerá la vida eterna.

9. No nos cansemos, pues, de hacer bien; porque si perseveramos, a su tiempo recogeremos el fruto.

10. Así que, mientras tenemos tiempo, hagamos bien a todos, y mayormente a aquellos que son, mediante la fe, de la misma familia del Señor que nosotros.

11. Mirad qué carta tan larga os he escrito de mi propio puño.

12. Todos aquellos que quieren seros gratos o lisonjearos según la carne, ésos os constriñen a que os circuncidéis, con sólo el fin de no ser ellos perseguidos por causa de la cruz de Cristo.

13. Porque ni ellos mismos que están circuncidados, guardan la ley; sino que quieren que seáis circuncidados vosotros, a fin de gloriarse en vuestra carne, contándoos entre sus prosélitos.

14. A mí líbreme Dios de gloriarme, sino en la cruz de Nuestro Señor Jesucristo; por quien el mundo está muerto y crucificado para mí, como yo lo estoy para el mundo.

15. El hecho es que respecto de Jesucristo ni la circuncisión, ni la incircuncisión valen nada, sino que lo que vale es el ser una nueva criatura.

16. Y sobre todos cuantos siguieren esta norma o doctrina, venga paz y misericordia, como sobre el verdadero pueblo de Dios.

17. Por lo demás, nadie me moleste en adelante sobre la circuncisión; porque yo traigo impresas en mi cuerpo las señales o la marca del Señor Jesús.

18. La gracia de Nuestro Señor Jesucristo sea, hermanos míos, con vuestro espíritu. Amén.

EPÍSTOLA DEL APÓSTOL SAN PABLO A LOS EFESIOS

CAPÍTULO I

Todos los bienes de gracia y gloria se nos dan por Jesucristo, exaltado sobre todas las cosas, hecho cabeza de toda la Iglesia.

1. Pablo, por voluntad de Dios apóstol de Jesucristo, a todos los santos, residentes en Efeso, y fieles en Cristo Jesús:

2. la gracia sea con vosotros, y la paz de Dios, Padre Nuestro, y del señor Jesucristo.

3. Bendito el Dios y Padre de Nuestro Señor Jesucristo, que nos ha colmado en Cristo de toda suerte de bendiciones espirituales del cielo,

4. así como por Él mismo nos escogió antes de la creación del mundo, para ser santos y sin mácula en su presencia, por la caridad;

5. habiéndonos predestinado al ser de hijos suyos adoptivos por Jesucristo a gloria suya un puro efecto de su buena voluntad,

6. a fin de que se celebre la gloria de su gracia, mediante la cual nos hizo gratos a sus ojos en su querido Hijo,

7. en quien por su sangre logramos la redención, y el perdón de los pecados, por las riquezas de su gracia,

8. que con abundancia ha derramado sobre nosotros, colmándonos de toda sabiduría y prudencia,

9. para hacernos conocer el misterio, o arcano, de su voluntad, fundada en su mero beneplácito, por el cual se propuso

10. el restaurar en Cristo, cumplidos los tiempos prescritos, todas las cosas de los cielos y las de la tierra, reuniéndolas todas por Él mismo, en un cuerpo Iglesia.

11. Por Él fuimos también nosotros llamados como por suerte, habiendo sido predestinados según el decreto de Aquel que hace todas las cosas conforme al designio de su voluntad,

12. para que seamos la gloria y el objeto de las alabanzas de Jesu-Cristo, nosotros los judíos, que hemos sido los primeros en esperar en Él.

13. En Él habéis esperado también vosotros los gentiles, luego que habéis oído la palabra de la verdad (el evangelio de vuestra salud) y en quien habiendo asimismo creído, recibisteis el sello del Espíritu Santo que estaba prometido,

14. el cual es la prenda o las arras de nuestra herencia celestial hasta la perfecta libertad del pueblo que se ha adquirido el Señor para loor de la gloria de Él mismo

15. Por eso yo estando, como estoy, informado de la fe que tenéis en el Señor Jesús, y de vuestra caridad para con todos los santos, o pobres fieles,

16. no ceso de dar gracias a Dios por vosotros, acordándome de vosotros en mis oraciones,

17. para que Dios, Padre glorioso de Nuestro Señor Jesucristo, os dé espíritu de sabiduría y de ilustración para conocerle,

18. iluminando los ojos de vuestro corazón, a fin de que sepáis cuál es la esperanza, o lo que debéis esperar, de su vocación, y cuáles las riquezas y la gloria de su herencia destinada para los santos,

19. y cuál aquella soberana grandeza de su poder sobre nosotros, que creemos según la eficacia de su poderosa virtud,

20. que Él ha desplegado y hecho patente en la persona de Cristo, resucitándole de entre los muertos, y colocándole a su diestra en los cielos,

21. sobre todo principado, y potestad, y virtud, y dominación, y sobre todo nombre, por celebrado que sea no sólo en este siglo, sino también en el futuro.

22. Ha puesto todas las cosas bajo los pies de Él, y le ha constituido cabeza de toda la Iglesia, así militante como triunfante,

23. la cual es su cuerpo, y en la cual aquél que lo completa todo en todos halla el complemento de todos sus miembros.

CAPÍTULO II

Bienes grandes ya recibidos y otros mayores que gozamos en esperanza por la sangre de Jesucristo; por ésta han entrado los gentiles en la herencia de los hijos; de todos, así gentiles como judíos, forma Jesucristo su Iglesia.

1. Él es el que os dio vida a vosotros, estando como estabais muertos espiritualmente por vuestros delitos y pecados,

2. en que vivisteis en otro tiempo, según la costumbre de este siglo mundano, a merced del príncipe que ejerce su potestad sobre este aire, que es el espíritu que al presente domina en los hijos rebeldes,

3. entre los cuales fuimos asimismo todos nosotros en otro tiempo siguiendo nuestros deseos carnales, haciendo la voluntad de la carne y de las sugestiones de los demás vicios, y éramos por naturaleza u origen hijos de ira, no menos que todos los demás;

4. pero Dios, que es rico en misericordia, movido del excesivo amor con que nos amó,

5. aun cuando estábamos muertos por los pecados, y éramos objetos de su cólera, nos dio vida juntamente en Cristo (por cuya gracia vosotros habéis sido salvados)

6. y nos resucitó con Él, y nos hizo sentar sobre los cielos en la persona de Jesucristo,

7. para mostrar en los siglos venideros las abundantes riquezas de su gracia, en vista de la bondad usada con nosotros por amor de Jesucristo.

8. Porque de pura gracia habéis sido salvados por medio de la fe, y esto no viene de vosotros, siendo como es un don de Dios;

9. tampoco en virtud de vuestras obras anteriores, puramente naturales, para que nadie pueda gloriarse.

10. Por cuanto somos hechura suya en la gracia como lo fuimos en la flaturaleza, criados en Jesucristo para obras buenas, preparadas por Dios desde la eternidad para que nos ejercitemos en ellas y merezcamos la gloria.

11. Así, pues, acordaos, que en otro tiempo vosotros que erais gentiles de origen y llamados incircuncisos por los que se llaman circuncidados a causa de la circuncisión hecha en su carne, por mano de hombre.

12. acordaos, digo, que vosotros no teníais entonces parte alguna con Jesucristo, estabais enteramente separados de la sociedad de Israel, extranjeros, por lo tocante a las alianzas, sin esperanza de la promesa o bienes prometidos, y sin Dios en este mundo

13. Mas ahora que creéis en Cristo Jesús, vosotros que en otro tiempo estabais alejados de Dios y de sus promesas, os habéis puesto cerca por la sangre de Jesucristo.

14. Pues Él es la paz nuestra, el que de los dos pueblos judío y gentil ha hecho uno, rompiendo, por medio del sacrificio de su carne, el

muro de separación, esa enemistad que los dividía,

15. aboliendo con sus preceptos evangélicos la ley de los ritos, o las ceremonias legales, para formar en sí mismo de dos un solo hombre nuevo, haciendo la paz,

16. y reconciliando a ambos pueblos ya reunidos en un solo cuerpo con Dios por medio de la cruz, destruyendo en sí mismo la enemistad de ellos.

17. Y así vino al mundo a evangelizar la paz a vosotros los gentiles, que estabais alejados de Dios, como a los judíos, que estaban cercanos;

18. pues por Él es por quien unos y otros tenemos cabida con el Padre eterno, unidos en el mismo Espíritu.

19. Así que ya no sois extraños, ni advenedizos, sino conciudadanos de los santos y domésticos o familiares de la Casa de Dios;

20. pues estais edificados sobre el fundamento de los apóstoles y profetas, y unidos en Jesucristo, el cual es la principal piedra angular de la nueva Jerusalén,

21. sobre quien trabado todo el espiritual edificio se alza para ser un templo santo del Señor.

22. Por Él entráis también vosotros, gentiles, a ser parte de la estructura de este edificio, para llegar a ser morada de Dios por medio del Espíritu Santo.

CAPÍTULO III

Misterio admirable de la vocación de los gentiles revelado claramente a los apóstoles, y en especial a San Pablo, destinado de Dios particularmente para predicarles el Evangelio.

1. Por este motivo yo, Pablo, estoy preso por amor de Jesucristo, por causa de vosotros los gentiles.

2. porque sin duda habréis entendido de qué manera me confirió Dios el ministerio de su gracia entre vosotros,

3. después de haberme manifestado por revelación este misterio de vuestra vocación, sobre el cual acabo de hablar en esta carta, aunque brevemente,

4. por cuya lectura podéis conocer la inteligencia mía en el misterio de Cristo

5. misterio que en otras edades no fue conocido de los hijos de los hombres, en la manera que ahora ha sido revelado a sus santos apóstoles y profetas por el Espíritu Santo,

6. esto es, que los gentiles son llamados a la misma herencia que los judíos, miembros de un mismo cuerpo o Iglesia, y partícipes de la promesa divina en Jesucristo mediante el evangelio,

7. del cual yo he sido constituido ministro, por el don de la gracia de Dios, que se me ha dado conforme a la eficacia de su poder.

8. A mí, el más inferior de todos los santos o fieles se me dio esta gracia, de anunciar en las naciones las riquezas investigables de Jesu-Cristo,

9. y de ilustrar a todos los hombres descubriéndoles la dispensación del misterio que después de tantos siglos había estado en el secreto de Dios, criador de todas las cosas,

10. con el fin de que en la formación de la Iglesia se manifieste a los principados, y potestados en los cielos, la sabiduría de Dios en los admirables y diferentes modos de su conducta,

11. según el eterno designio, que puso en ejecución por medio de Jesucristo Nuestro Señor,

12. por quien mediante su fe tenemos gran confianza y acceso libre a Dios.

13. Por tanto os ruego que no caigáis de ánimo en vista de tantas tribulaciones como sufro por vosotros; pues estas tribulaciones son para vuestra gloria, y prueba de mi apostolado.

14. Por esta causa doblo mis rodillas ante el Padre de Nuestro Señor Jesucristo,

15. el cual es el principio y la cabeza de toda esta gran familia que está en el cielo y sobre la tierra.

16. para que según las riquezas de su gloria os conceda por medio de su Espíritu el ser fortalecidos en virtud en el hombre interior,

17. y el que Cristo habite por la fe en vuestros corazones, estando arraigados y cimentados en caridad,

18. a fin de que podáis comprender con todos los santos cuál sea la anchura, y longura, y la alteza, y profundidad de este misterio,

19. y conocer también aquel amor de Cristo hacia nosotros, que sobrepuja a todo conocimiento, para que seáis plenamente colmados de todos los dones de Dios.

20. Y en fin, a aquel Señor que es poderoso para hacer infinitamente más que todo lo que nosotros pedemos, o de todo cuanto pensamos, según el poder que obra eficazmente en nosotros.

21. Él sea la gloria, por medio de Cristo Jesús, en la Iglesia, por todas las generaciones de todos los siglos. Amén.

CAPÍTULO IV

Unión de los fieles en la unidad de la Iglesia, cuya perfección deben todos procurar según su grado. Vida de los gentiles, y cuál debe ser la de los cristianos.

540

1. Yo pues, que estoy entre cadenas por el Señor, os conjuro que os portéis de una manera que sea digna del estado o dignidad a que habéis sido llamados.

2. con toda humildad y mansedumbre, con paciencia, soportándoos unos a otros con caridad,

3. solícitos en conservar la unidad del espíritu con el vínculo de la paz,

4. siendo un solo cuerpo y un solo espíritu, así como fuisteis llamados a una misma esperanza de vuestra vocación.

5. Uno es el Señor, una la fe, uno el bautismo;

6. uno el Dios y Padre de todos, el cual es sobre todos, y gobierna todas las cosas, y habita en todos nosotros,

7. si bien a cada uno de nosotros se le ha dado la gracia a medida de la donación gratuita de Cristo.

8. Por lo cual dice la Escritura: *Al subirse a lo alto llevó consigo cautiva o como en triunfo a una grande multitud de cautivos, y derramó sus dones sobre los hombres.*

9. Mas ¿por qué se dice que subió, sino porque antes había descendido a los lugares más ínfimos de la tierra?

10. El que descendió, ése mismo es el que ascendió sobre todos los cielos, para dar cumplimiento a todas las cosas.

11. Y así, Él mismo a unos ha constituido apóstoles, a otros profetas, y a otros evangelistas, y a otros pastores y doctores,

12. a fin de que trabajen en la perfección de los santos en las funciones de su ministerio, en la edificación del cuerpo místico de Jesucristo

13. hasta que arribemos todos a la unidad de una misma fe y de un mismo conocimiento del hijo de Dios, al estado de un varón perfecto a la medida de la edad perfecta según la cual Cristo se ha de fonmar místicamente en nosotros;

14. por manera que ya no seamos niñs fluctuantes, ni nos dejemos llevar aquí y allá de todos los vientos de opiniones humanas, por la malignidad de los hombres que engañan con astucia para introducir el error,

15. antes bien siguiendo la verdad del Evangelio con caridad, en todo vayamos creciendo en Cristo, que es nuestra cabeza

16. y de quien todo el cuerpo místico de los fieles trabado y conexo entre sí con la fe y caridad recibe por todos los vasos y conductos de comunicación, según la medida correspondiente a cada miembro, el aumento propio del cuerpo para su perfección mediante la caridad.

17. Os advierto pues, y yo os conjuro de parte del Señor, que ya no viváis como todavía viven los otros gentiles que, proceden en su conducta según la vanidad de sus pensamientos,

18. teniendo oscurecido y lleno de tinieblas el entendimiento, ajenos enteramente de vivir según Dios, por la ignorancia en que están, a causa de la ceguedad o dureza de su corazón;

19. los cuales no teniendo ninguna esperanza, se abandonan a la disolución, para zambullirse con un ardor insaciable en toda suerte de impurezas.

20. Pero en cuanto a vosotros no es eso lo que habéis aprendido en la escuela de Jesucristo;

21. pues en ella habéis oído predicar y aprendido, según la verdad de su doctrina

22. a desnudaros del hombre viejo, según el cual habéis vivido en vuestra vida pasada, el cual se vicia siguiendo la ilusión de las pasiones.

23. Renovaos, pues, ahora en el espíritu de vuestra mente o interior de vuestra alma.

24. Y revestíos del hombre nuevo, que ha sido criado conforme a la imagen de Dios en justicia y santidad verdadera.

25. Por lo cual renunciando a la mentira, hable cada uno verdad con su prójimo, puesto que nosotros somos miembros los unos de los otros.

26. Si os enojáis, no queráis pecar, no sea que se os ponga el sol estando todavía airados.

27. No deis lugar o entrada al diablo.

28. El que hurtaba o defraudaba al prójimo, no hurte ya; antes bien trabaje, ocupándose con sus manos en algún ejercicio honesto, para tener con qué subsistir y dar al necesitado.

29. De vuestra boca no salga ningún discurso malo sino los que sean buenos para edificación de la fe, que den gracia o inspiren piedad a los oyentes.

30. Y no queráis contristar con vuestros pecados al Espíritu Santo de Dios, con el cual fuisteis sellados para el día de la redención.

31. Toda amargura, ira, y enojo, y gritería, y maledicencia, con todo género de malicia, destiérrese de vosotros.

32. Al contrario, sed mutuamente amables, compasivos, perdonándoos los unos a los otros, así como también Dios os ha perdonado a vosotros por Jesu-Cristo.

CAPÍTULO V

Exhorta a los efesios a la imitación de Jesucristo, a que se aparten de todo vicio, y se empleen en obras buenas; trata de la santidad del matrimonio.

1. Sed, pues, imitadores de Dios, como sois sus hijos muy queridos,

2. y proceded con amor hacia vuestros hermanos, a ejemplo de lo que Cristo nos amó, y se ofreció a sí mismo a Dios en oblación y hostia de olor suavísimo.

3. Pero la fornicación, y toda especie de impureza, o avaricia, ni aun se nombre entre vosotros, como corresponde a quienes Dios ha hecho santos,

4. ni tampoco palabras torpes, ni truhanerías, ni bufonadas, lo cual desdice de vuestro estado; sino antes bien acciones de gracias a Dios.

5. Porque tened esto bien entendido, que ningún fornicador, o impúdico, o avariento, lo cual viene a ser una idolatría, será heredero del reino de Cristo y de Dios.

6. Nadie os engañe con palabras vanas; pues por tales cosas descargó la ira de Dios sobre los incrédulos.

7. No queráis por tanto tener parte con ellos.

8. Porque verdad es que en otro tiempo no erais sino tinieblas; mas ahora sois luz en el Señor. Y así proceded como hijos de la luz.

9. El fruto, empero, de la luz consiste en proceder con toda bondad, y justicia, y verdad

10. inquiriendo lo que es agradable a Dios.

11. No queráis, pues, ser cómplices de las obras infructuosas de las timeblas; antes bien, reprendedlas;

12. porque las cosas que hacen ellos en secreto, no permite el pudor ni aun decirlas.

13. Mas todo lo que es reprensible, se descubre por la luz, pues la luz la que lo aclara todo.

14. Por eso dice el Señor: *Levántate, tú que duermes, y resucita de la muerte, y te alumbrará Cristo.*

15. Y así mirad, hermanos, que andéis con gran circunspección, no como necios,

16. sino como prudentes, recobrando en cierto modo el tiempo perdido, porque los días de nuestra vida son malos.

17. Por tanto, no seáis indiscretos e inconsiderados, sino atentos sobre cuál es la voluntad de Dios.

18. Ni os entreguéis con exceso al vino, fomento de la lujuria, sino llenaos del Espíritu Santo,

19. hablando entre vosotros y entreteniéndoos con salmos, y con himnos, y canciones espirituales, cantando y loando al Señor en vuestros corazones,

20. dando siempre gracias por todo a Dios Padre, en el nombre de Nuestro Señor Jesucristo,

21. subordinados unos a otros por el santo temor de Cristo.

22. Las casadas estén sujetas a sus maridos, como al Señor;

23. por cuanto el hombre es cabeza de la mujer, así como Cristo es cabeza de la Iglesia, que es su cuerpo místico, del cual Él mismo es salvador.

24. De donde así como la Iglesia está sujeta a Cristo, así las mujeres lo han de estar a sus maridos en todo.

25. Vosotros, maridos, amad a vuestras mujeres, así como Cristo amó a su Iglesia, y se sacrificó por ella,

26. para santificarla, limpiándola en el bautismo de agua con la palabra de vida,

27. a fin de hacerla comparecer delante de Él llena de gloria, sin mácula, ni arruga, ni cosa semejante, sino siendo santa e inmaculada.

28. Así también los maridos deben amar a sus mujeres como a sus propios cuerpos. Quien ama a su mujer, a sí mismo se ama.

29. Ciertamente que nadie aborreció jamás a su propia carne; antes bien la sustenta y cuida, así como también Cristo a la Iglesia.

30. Porque nosotros que la componemos somos miembros de su cuerpo, formados de su carne y de sus huesos,

31. Por eso está escrito: *Dejará el hombre a su padre y a su madre, y se juntará con su mujer, y serán los dos una carne.*

32. Sacramento es éste grande, mas yo hablo con respecto a Cristo y a la Iglesia.

33. Cada uno, pues de vosotros ame a su mujer como a sí mismo; y la mujer tema y respete a su marido.

CAPÍTULO VI

Obligaciones respectivas de los hijos y de los padres, de los criados y de los amos. Armas espirituales del cristiano. Vigilancia y perseverancia en la oración.

1. Hijos, vosotros obedeced a vuestros padres con la mira puesta en el Señor, porque es ésta una cosa justa.

2. Honra a tu padre y a tu madre: que es el primer mandamiento que va acompañado con recompensa,

3. para que te vaya bien, y tengas larga vida sobre la tierra.

4. Y vosotros, padres, no irritéis con excesivo rigor a vuestros hijos; mas educadios corrigiéndolos e instruyéndolos según la doctrina del Señor.

5. Siervos, obedeced a vuestros servidores temporales con temor y respeto, con sencillo corazón, como al mismo Cristo,

6. no sirviéndolos solamente cuando tienen puesto el ojo sobre vosotros, como si no pensaseis más que en complacer a los hombres, sino

como siervos de Cristo, que hacen de corazón la voluntad de Dios, que los ha puesto en tal estado;

7. y servidlos con amor, haciéndoos cargo que servís al Señor, y no a hombres,

8. estando ciertos de que cada uno, de todo el bien que hiciere, recibirá del Señor la paga, ya sea esclavo, ya sea libre.

9. Y vosotros, amos, haced otro tanto con ellos, excusando las amenazas y castigos, considerando que unos y otros tenéis un mismo Señor allá en los cielos, y que no hay en Él acepción de personas.

10. Por lo demás, hermanos míos confortaos en el Señor, y en su virtud todo poderosa.

11. Revestíos de toda la armadura de Dios, para poder contrarrestar a las asechanzas del diablo.

12. Porque no es nuestra pelea solamente contra hombres de carne y sangre, sino contra los príncipes y potestades, contra los adalides de estas tinieblas del mundo, contra los espíritus malignos esparcidos en los aires.

13. Por tanto, tomad las armas todas de Dios, o todo su arnés, para poder resistir en el día aciago, y sosteneros apercibidos en todo.

14. Estad, pues, a pie firme ceñidos vuestros lomos en el cíngulo de la verdad, y armados de la coraza de la justicia.

15. y calzados los pies prontos a seguir y predicar el evangelio de la paz,

16. Embrazando en todos los encuentros el broquel de la fe, con que podáis apagar todos los dardos encendidos del maligno espíritu.

17. Tomad también el yelmo de la salud; y empuñad la espada espiritual o del espíritu (que es la palabra de Dios);

18. haciendo en todo tiempo con espíritu y fervor continuas oraciones y plegarias, y velando para lo mismo con todo empeño, y orando por todos los santos o fieles,

19. y por mí también, a fin de que se me conceda el saber desplegar mis labios para predicar con libertad manifestando el misterio del Evangelio,

20. del cual soy embajador aun estando entre cadenas, de modo que hable yo de él con valentía, como debo hablar.

21. En fin, en orden al estado de mis cosas, y lo que hago, os informará de todo Tíquico, nuestro carísimo hermano y fiel ministro en el Señor,

22. al cual os he remitido ahí con este mismo fin, para que sepáis lo que es de nosotros, y consuele vuestros corazones.

23. Paz a los hermanos, y caridad y fe de parte de Dios Padre y de Nuestro Señor Jesucristo.

24. La gracia sea con todos los que aman a Nuestro Señor Jesucristo con un amor puro e incorruptible. Amén.

EPÍSTOLA DEL APÓSTOL SAN PABLO A LOS FILIPENSES

CAPÍTULO I

Después de agradecerles su afecto, les da cuenta del estado y disposición en que se halla entre las cadenas; les exhorta a sufrir trabajos por Cristo.

1. Pablo y Timoteo, siervos de Jesucristo, a todos los santos en Cristo Jesús, que están en Filipos, con los obispos y diáconos:

2. la gracia y paz de Dios Padre nuestro y de Nuestro Señor Jesucristo sean con vosotros.

3. Yo doy gracias a mi Dios cada vez que me acuerdo de vosotros,

4. rogando siempre con gozo por todos vosotros, en todas mis oraciones,

5. al ver la parte que tomáis en el Evangelio de Cristo desde el primer día hasta el presente.

6. Porque yo tengo una firme confianza, que quien ha empezado en vosotros la buena obra de vuestra salud, la llevará a cabo hasta el día de la venida de Jesucristo;

7. como es justo que yo lo piense así de todos vosotros; pues tengo impreso en mi corazón el que todos vosotros sois compañeros de mi gozo en mis cadenas, y en la defensa y confirmación del Evangelio.

8. Dios me es testigo de la ternura con que os amo a todos en las entrañas de Jesucristo.

9. Y lo que pido es que vuestra caridad crezca más y más en conocimiento y en toda discreción,

10. a fin de que sepáis discernir lo mejor, y os mantengáis puros y sin tropiezo hasta el día de Cristo,

11. colmados de frutos de justicia por Jesucristo, a gloria y loor de Dios.

12. Entretanto ¡oh hermanos!, quiero que sepáis que las cosas que han sucedido han redundado en mayor progreso del Evangelio,

13. de suerte que mis cadenas por Cristo han llegado a ser notorias a toda la corte del emperador y a todos los demás habitantes,

14. y muchos de los hermanos en el Señor, cobrando bríos con mis cadenas, con mayor ánimo se atreven a predicar sin miedo la palabra de Dios.

15. Verdad es que hay algunos que predican a Cristo por espíritu de envidia como por temor, mientras otros lo hacen con buena intención.

16. Unos por caridad, sabiendo que estoy constituido para defensa del Evangelio;

17. otros, al contrario, por celos y temor contra mí, anuncian a Cristo con intención torcida, imaginándose agravar el peso de mis cadenas.

18. Mas ¿qué importa? Con tal que de cualquier modo Cristo sea anunciado, bien sea por algún aparente pretexto, o bien por un verdadero celo, en esto me gozo, y me gozaré siempre.

19. Porque sé que esto redundará en mi bien, mediante vuestras oraciones y el auxilio del Espíritu de Jesucristo,

20. conforme a mis deseos y a la esperanza que tengo, de que por ningún caso quedaré confundido; antes estoy con total confianza de que también ahora, como siempre, Cristo será glorificado en mi cuerpo, ora sea por mi vida, ora sea por mi muerte.

21. Porque mi vivir es todo para servir a Cristo, y el morir también, además es una ganancia mía, pues me lleva a Él.

22. Pero si quedándome más tiempo en este cuerpo mortal, yo puedo sacar fruto de mi trabajo, no sé en verdad qué escoger, si la muerte o la vida;

23. pues me hallo estrechado por ambos lados: tengo deseos de verme libre de las ataduras de este cuerpo, y estar con Cristo, lo cual es sin comparación mejor para mí;

24. pero por otra parte el quedar en esta vida es necesario por vosotros.

25. Persuadido de esto entiendo que quedaré todavía, y permaneceré con todos vosotros, para provecho vuestro y gozo o exaltación de vuestra fe;

26. a fin de que crezca vuestro regocijo y congratulación conmigo en Cristo Jesús, con motivo de mi regreso a vosotros.

27. Sólo os encargo ahora que vuestro proceder sea digno del Evangelio de Cristo; para que o sea que yo vaya a veros, o que esté ausente, oiga decir de vosotros que perseveráis firmes en un mismo espíritu, trabajando unánimes por la fe del Evangelio.

28. Y no deben intimidaros los esfuerzos de los enemigos; pues esto que hacen contra vosotros y es la causa de su perdición, lo es para vosotros de salvación; y eso es disposición de Dios;

29. pues que por los méritos de Cristo se os ha hecho la gracia, no sólo de creer en Él, sino también de padecer por su amor,

30. sufriendo el mismo conflicto que antes en esa ciudad visteis en mí, y el que ahora habéis oído que sufro.

CAPÍTULO II
Exhórtalos a la unión y caridad fraternal, a la humildad y a la obediencia, con el ejemplo de Jesucristo. Recomienda y alaba a Timoteo y a Epafrodito.

1. Por tanto, si hay para mí alguna consolación en Cristo de parte de vosotros, si algún refrigerio de parte de vuestra caridad, si alguna unión entre nosotros por la participación de compasión hacia este preso,

2. haced cumplido mi gozo, sintiendo todos una misma cosa, teniendo una misma caridad, un mismo espíritu, unos mismos sentimientos,

3. no haciendo nada por tema, ni por vanagloria: sino que cada uno por humildad mire como superiores a los otros,

4. atendiendo cada cual no solamente al bien de sí mismo, sino a lo que redunda en bien del prójimo.

5. Porque habéis de tener en vuestros corazones los mismos sentimientos que tuvo Jesucristo en el suyo,

6. el cual teniendo la naturaleza de Dios, no fue por usurpación, sino por esencia el ser igual a Dios;

7. y no obstante se anonadó a sí mismo tomando la forma o naturaleza de siervo, hecho semejante a los demás hombres, y reducido a la condición de hombre.

8. Se humilló asimismo haciéndose obediente hasta la muerte, y muerte de cruz;

9. por lo cual también Dios le ensalzó sobre todas las cosas y le dio nombre superior a todo nombre,

10. a fin de que al nombre de Jesús se doble toda rodilla en el cielo, en la tierra y en el infierno:

11. y toda lengua confiese que el Señor Jesucristo está en la gloria de Dios Padre.

12. Por lo cual, carísimos míos, (puesto que siempre habéis sido obedientes a mi doctrina, sedlo ahora) trabajad con temor y temblor en la obra de vuestra salvación, no sólo como en mi presencia, sino mucho más ahora en ausencia mía.

13. Pues Dios es el que obra o produce en vosotros por un puro efecto de su buena voluntad, no sólo el querer, sino el ejecutar.

14. Haced, pues, todas las cosas sin murmuraciones ni perplejidades;

15. para que seáis irreprensibles y sencillos como hijos de Dios, sin tacha en medio de una nación depravada y perversa, en donde resplandecéis como lumbrera del mundo,

16. conservando la palabra de vida que os he predicado, para que yo me glorie en el día de Cristo de que no he corrido en balde, ni en balde he trabajado.

17. Pues aun cuando yo haya de derramar mi

sangre a manera de libación sobre el sacrificio, y víctima de vuestra fe, me gozo, y me congratulo con todos vosotros.

18. Y de eso mismo habéis vosotros de holgaros y darme a mí el parabién.

19. Yo espero en el Señor Jesús enviaros muy presto a Timoteo, para consolarme yo también: y alentarme con saber de vuestras cosas.

20. Porque no tengo ninguna tan unida de corazón y espíritu conmigo como él, ni que se interese por vosotros con afecto más sincero;

21. visto que casi todos buscan sus propios intereses, no los de Jesucristo.

22. Pues ya sabéis vosotros la experiencia que tengo de él, habiéndome servido en la predicación del Evangelio como un hijo al lado de su padre.

23. Así que espero enviárosle, luego que yo vea arregladas mis cosas.

24. Confío asimismo en el Señor, que aun yo en persona he de ir dentro de muy poco tiempo a veros.

25. Interin me ha parecido necesario el enviaros ya a Epafrodito, mi hermano, y coadjutor en el ministerio, y compañero en los combates, apóstol o enviado vuestro, y que me ha asistido en mis necesidades.

26. Porque a la verdad él tenía grande gana de veros a todos; y estaba angustiado, porque vosotros habíaís sabido su enfermedad.

27. Y cierto que ha estado enfermo a punto de morir; pero Dios tuvo misericordla de él, y no sólo de él sino también de mí, para que yo no padeciese tristeza sobre tristeza.

28. Por eso se le he despachado más presto, a fin de que con su visita os gocéis de nuevo, y así yo esté sin pena.

29. Recibidle, pues, con toda alegría en el Señor, y con el honor debido a semejantes personas,

30. en atención a que por el servicio de Jesucristo ha estado a las puertas de la muerte, exponiendo su vida a trueque de suplir lo que vosotros desde ahí no podíais hacer en obsequio mío.

CAPÍTULO III

Que todas las cosas no valen nada en comparación de las que tenemos en Jesucristo. De los falsos apóstoles, enemigos de la cruz de Cristo.

1. En fin, hermanos míos, vosotros alegraos en el Señor. A mí no me es molesto el escribiros las mismas cosas, y para vosotros es necesario.

2. Guardaos, pues, os repito, de esos canes, guardaos de los malos obreros, guardaos de los falsos circuncisos.

3. Porque los verdaderos circuncisos somos nosotros, que servimos en espíritu a Dios y nos gloriamos en Jesucristo, lejos de poner confianza en la carne.

4. bien que podría gloriarme yo también en la carne. Si alguno, pues, presume aventajarse según la carne, sepa que más puedo yo,

5. pues fui circuncidado al octavo día, soy, del linaje de Israel, de la tribu de Benjamín hebreo, hijo de hebreos, fariseo en la manera de observar la Ley,

6. celoso por el judaísmo, hasta perseguir la iglesia de Dios; y en cuanto a la justicia que consiste en la Ley, ha sido mi proceder irreprensible.

7. Pero estas cosas que antes las consideraba yo como ventajas mías, me han parecido desventajas y pérdidas al poner los ojos en Jesu-Cristo.

8. Y en verdad, todo lo tengo por pérdida o desventaja, en cotejo del sublime conocimiento de mi Señor Jesucristo, por cuyo amor he abandonado y perdido todas las cosas, y las miro como basura, por ganar a Cristo,

9. y en Él hallarme, no con tener la justicia mía, la cual es la que viene de Ley, sino aquella que nace de la fe de Jesucristo, la justicia que viene de Dios por la fe,

10. a fin de conocerle a Él, esto es a Cristo, y la eficacia de su resurrección, y participar de sus penas, asemejándome a su muerte,

11. de modo que al cabo pueda arribar a merecer la resurrección glolosa de los muertos;

12. no que lo haya logrado ya todo, ni llegado a la perfección de asemejarme a Cristo; pero yo sigo mi carrera por ver si alcanzo aquello para lo cual fui destinado, o llamado, por Jesucristo.

13. Yo, hermanos míos, no pienso haber tocado al fin de mi carrera. Mi única mira es, olvidando las cosas de atrás y atendiendo sólo y mirando a las de adelante,

14. ir corriendo hacia el hito, para ganar el premio a que Dios llama desde por Jesucristo.

15. Pensemos, pues, así todos los que somos perfectos; que si vosotros pensáis de otra suerte, confío en que Dios os iluminará también en esto y sacará del error.

16. Más en cuanto a los conocimientos a que hemos arribado ya en las verdades de la fe, tengamos los mismos sentimientos, y perseveremos en la misma regla.

17. ¡Oh hermanos!, sed imitadores míos, y poned los ojos en aquellos que proceden conforme al dechado nuestro que tenéis.

18. Porque muchos andan por ahí, como os

decía repetidas veces, (y aún ahora lo digo con lágrimas) que se portan como enemigos de la cruz de Cristo,

19. el paradero de los cuales es la perdición; cuyo Dios es el vientre, y que hacen gala de lo que es su desdoro y confusión, aferrados a las cosas terrenas.

20. Pero nosotros vivimos ya como ciudadanos del cielo, de donde asimismo estamos aguardando al salvador Jesucristo Señor nuestro,

21. el cual transformará nuestro vil cuerpo, y lo hará conforme al suyo glorioso, con la misma virtud eficaz, con que puede también sujetar a su imperio todas las cosas y hacer cuanto quiera de ellas.

CAPÍTULO IV

Última exhortación del Apóstol a la práctica de todas las virtudes; su agradecimiento por el socorro que le habían enviado.

1. Por tanto, hermanos míos carísimos y amabilísimos, que sois mi gozo y mi corona, perseverad así firmes en el Señor.

2. Yo ruego a Evodia, y suplico a Sintique, que tengan unos mismos sentimientos en el Señor.

3. También te pido a ti, ¡oh fiel compñero! que asistas a ésas que conmigo han trabajado por el Evangelio con Clemente y los demás coadjutores míos, cuyos nombres están en el libro de la vida.

4. Vivid siempre alegres en el Señor; vivid alegres, repito.

5. Sea vuestra modestia patente a todos los hombres: el Señor está cerca.

6. No os inquietéis por la solicitud de cosa alguna; mas en todo presentad a Dios vuestras peticiones por medio de la oración y de las plegarias, acompañadas de hacimiento de gracias.

7. Y la paz de Dios, que sobrepuja a todo entendimiento, sea la guardia de vuestros corazones y de vuestros sentimientos en Jesucristo.

8. Por lo demás, hermanos míos, todo lo que es conforme a verdad, todo lo que respira pureza, todo lo justo, todo lo que es santo, o santifica, todo lo que os haga amables todo lo que sirve al buen nombre, toda virtud, toda disciplina loable, esto sea vuestro estudio.

9. Lo que habéis aprendido, y recibido, y oído, y visto en mí, esto habéis de practicar; y el Dios de la Paz será con vosotros.

10. Yo por mí me holgué sobremanera en el Señor, de que al fin ha reflorecido aquel afecto que me tenéis: siempre lo habéis tenido en vuestro corazón, mas no hallabais coyuntura para manifestarlo.

11. No lo digo por razón de mi indigencia: pues he aprendido a contentarme con lo que tengo.

12. Sé vivir en pobreza, y sé vivir en abundancia; (todo lo he probado y estoy ya hecho a todo) a tener hartura, y a sufrir hambre; a tener abundancia, y a padecer necesidad,

13. Todo lo puedo en aquel que me conforta, esto es, en Cristo.

14. Sin embargo, habéis hecho una obra buena en concurrir al alivio de mi tribulación.

15. Por lo demás, bien sabéis vosotros, ¡oh filipenses!, que después de haber comenzado a predicaros el Evangelio, habiendo en seguida salido de la Macedonia, ninguna otra Iglesia, sino solamente la vuestra, me asistió con sus bienes;

16. pues una y dos veces me remitisteis a Tesalónica con qué atender a mis necesidades.

17. No es que desee yo vuestras dádivas, sino lo que deseo es el provecho considerable que resultará de ello a cuenta vuestra delante de Dios.

18. Ahora lo tengo todo, y estoy sobrado; colmado estoy de bienes, después de haber recibido por Epafrodito lo que me habéis enviado, y que han recibido como una oblación de olor suavisimo, como una hostia acepta y agradable de Dios.

19. Cumpla, pues, mi Dios todos vuestros deseos, según sus riquezas, con la gloria que os dé en Jesucristo.

20. Al Dios y Padre nuestro sea dada la gloria por los siglos de los siglos. Amén.

21. Saludad a todos los santos, o fieles, en Cristo Jesús.

22. Los hermanos que conmigo están, os saludan. Os saludan todos los santos, y principalmente los que son de la casa, o palacio, de César.

23. La gracia de nuestro Señor Jesucristo sea con vuestro espíritu. Amén.

EPÍSTOLA DEL APÓSTOL SAN PABLO A LOS COLOSENSES

CAPÍTULO I

Alaba San Pablo la fe de los colosenses y ruega por ellos. Jesucristo es la imagen perfecta de Dios, el Señor de todas las cosas, la cabeza de la Iglesia, y el Redentor de los hombres. Pablo es el ministro de Jesucristo para anunciar el misterio de la vocación de los gentiles.

1. Pablo, apóstol de Jesucristo por la voluntad de Dios, y Timoteo su hermano,

2. a los santos y fieles hermanos en Jesucristo, residentes en Colosas:

3. la gracia y paz sea con vosotros, de parte de Dios, Padre nuestro, y de Jesucristo Nuestro Señor. Damos gracias al Dios y Padre de Nuestro Señor Jesucristo, orando siempre por vosotros,

4. al oír vuestra fe en Cristo Jesús y el amor que tenéis a todos los santos, o fieles,

5. en vista de la esperanza de la gloria. que os está reservada en los cielos, esperanza que habéis adquirido cuando se os anunció la verdadera doctrina del Evangelio.

6. El cual se ha propagado entre vosotros, como asimismo en todo el mundo, donde fructifica y va creciendo, del modo que lo ha hecho entre vosotros, desde aquel día en que oísteis y conocisteis la gracia de Dios según la verdad,

7. conforme la aprendisteis de nuestro carísimo Epafras, que es nuestro compañero en el servicio de Dios, y un fiel ministro de Jesucristo para con vosotros;

8. el cual asimismo nos ha informado de vuestro amor todo espiritual.

9. Por ello también nosotros desde el día en que lo supimos, no cesamos de orar por vosotros y de pedir a Dios que alcancéis pleno conocimiento de su voluntad, con toda sabiduría e inteligencia espiritual,

10. a fin de que sigáis una conducta digna de Dios agradándole en todo, produciendo frutos en toda especie de obras buenas, y adelantando en la ciencia de Dios,

11. corroborados en toda suerte de fortaleza por el poder glorioso de su gracia, para tener siempre una perfecta paciencia, y longanimidad acompañada de alegría,

12. dando gracias a Dios Padre, que nos ha hecho dignos de participar en la suerte y herencia de los santos, iluminándonos con la luz del Evangelio;

13. que nos ha arrebatado del poder de las tinieblas y trasladado al reino de su Hijo muy amado,

14. por cuya sangre hemos sido nosotros rescatados y recibido la remisión de los pecados,

15. el cual es imagen perfecta del Dios invisible, engendrado *ab eterno* ante toda criatura;

16. pues por Él fueron criadas todas las cosas en los cielos y en la tierra, las visibles y las invisibles, ora sean tronos, ora dominaciones, ora principados, ora potestades: todas las cosas fueron criadas por Él mismo y en atención así mismo;

17. y así Él tiene ser ante todas las cosas, y todas subsisten por Él y por Él son conservadas.

18. Y Él es la cabeza del cuerpo de la Iglesia y el principio de la resurrección, el primero a renacer de entre los muertos, para que en todo tenga Él la primacía;

19. pues plugo al Padre poner en Él la plenitud de todo ser,

20. y reconciliar por Él todas las cosas consigo, restableciendo la paz entre cielo y tierra por medio de la sangre que derramó en la cruz.

21. Igualmente a vosotros que antes os habíais extrañado de Dios, y erais enemigos suyos de corazón, por causa de vuestras malas obras,

22. ahora, en fin, os ha reconciliado en el cuerpo mortal de su carne por medio de la muerte que ha padecido, a fin de presentaros santos sin mancilla, e irreprensibles delante de Él en la gloria,

23. con tal que perseveréis cimentados en la fe, y firmes e inmobles en la esperanza del Evangelio que oísteis, y que ha sido predicado en todas las naciones que habitan debajo del cielo del cual yo, Pablo, he sido hecho ministro.

24. Yo, que al presente me gozo de lo que padezco por vosotros, y estoy cumpliendo en mi carne lo que resta que padecer a Cristo en sus miembros sufriendo trabajos en pro de su cuerpo mistico, el cual es su Iglesia

25. cuyo ministro soy yo por la disposición de la divinidad de Dios, ministerio que se me ha dado en orden a vosotros, gentiles, para desempeñar la predicación de la Palabra de Dios,

26. anunciándoos el misterio escondido a los siglos y generaciones pasadas, y que ahora ha sido revelado a sus santos,

27. a quienes Dios ha querido hacer patentes las riquezas de la gloria de este arcano entre las naciones, el cual no es otra cosa que Cristo, hecho por la fe y la esperanza de vuestra gloria.

28. Éste es a quien predicamos nosotros, amonestan a todos los hombres, e instruyéndolos a todos en toda sabiduría o conocimientos celestiales, para hacerlos a todos perfectos en Jesucristo,

29. a cuyo fin dirijo yo todos mis esfuerzos, peleando según el impulso que ejerce en míel Señor, con su poderosa virtud

CAPÍTULO II

Exhorta a los colosenses a que se guarden de los sofismas de los filósofos, de la superstición de los herejes, de los ritos del judaísmo y de falsas visiones.

1. Porque deseo que sepáis las inquietudes que padezco por vosotros y por los de Laodicea, y aun por aquellos fieles que todavía no me conocen de vista,

2. a fin de que sean consolados sus corazones, y que estando bien unidos sean llenados de todas las riquezas de una perfecta inteligencia, para conocer el misterio de Dios Padre, y de Jesucristo,

3. en quien están encerrados todos los tesoros de la sabiduría y de la ciencia.

4. Y digo esto, para que nadie os deslumbre con sutiles discursos, o altisonantes palabras.

5. Pues aunque con el cuerpo estoy ausente, no obstante con el espíritu estoy con vosotros, holgándome de ver vuestro buen orden y la firmeza de vuestra fe en Cristo.

6. Ya, pues, que habéis recibido por Señor a Jesucristo, seguid sus pasos,

7. unidos a Él como a vuestra raíz, y edificados sobre Él como sobre vuestro fundamento, y confirmados en la fe que se os ha enseñado creciendo más y más en ella con continuas acciones de gracias.

8. Estad sobre aviso para que nadie os seduzca por medio de una filosofía inútil y falaz, y con vanas sutilezas, fundadas sobre la tradición de los hombres, conforme a las máximas del mundo, y no conforme a la doctrina de Jesucristo;

9. porque en Él habita toda la plenitud y corporalmente, esto es, real y sustancialmente,

10. y lo tenéis todo en Él, que es la cabeza de todo principado y potestad.

11. En el cual fuisteis vosotros también circuncidados, con circuncisión no carnal o hecha por mano que cercena la carne del cuerpo, sino con la circuncisión de Cristo,

12. siendo sepultados con Él por el bautismo, y con Él resucitados a la vida de la profecía por la fe que tenéis del poder de Dios, que le resucitó de la muerte

13. En efecto, cuando estabais muertos por vuestros pecados y por la incircuncisión o desorden de vuestra carne, entonces os hizo revivir con Él, perdonándoos graciosamente todos los pecados;

14. y cancelada la cédula del decreto firmado contra nosotros, que nos era contrario, quitóla de en medio, enclavándola en la cruz.

15. Y despojando con esto a los principados y potestades infernales, los sacó valerosamente en público, y llevólos delante de sí, triunfando de ellos en su propia persona, o por su pasión y muerte.

16. Nadie, pues os condene por razón de la comida, o bebida, o en punto de días festivos, o de novilunios, o de sábados, u otras observancias de la ley,

17. cosas todas que eran sombra de las que habían de venir; mas el cuerpo, o la realidad de ellas, es Cristo.

18. Nadie os extravíe del recto camino, afectando humildad, enredándoos con un culto supersticioso de los ángeles, metiéndose en hablar de cosas que no han visto, hinchado vanamente de su prudencia carna.

19. y no estando unido con la cabeza que es Jesucristo, de la cual todo cuerpo alimentado y organizado por medio de los nervios y junturas va creciendo por el aumento que es de Dios.

20. Si habéis muerto, pues, con Jesucristo en orden a aquellas primeras y elementales instrucciones del mundo, ¿por qué las queréis reputar todavía por leyes vuestras, como si vivieseis en la época aquella del mundo!

21. No comáis, se os dice, ni gustéis, ni toquéis esto o aquello;

22. no obstante que todas estas cosas, prescritas por ordenanzas y doctrinas humanas, son tales que se destruyen con el uso mismo que de ellas se hace.

23. Pero en ellas hay verdaderamente una especie de sabiduría cristiana en su observancia libre y acompañada de huniildad, y en castigar al cuerpo y no contemplar nuestra carne.

CAPÍTULO III

De la renovación de las costumbres conforme a la nueva vida recibida de Cristo. Varios avisos a los casados, a los padres de familia, y a los criados.

1. Ahora bien, si habéis resucitado con Jesucristo, buscad las cosas que son de arriba, donde Cristo está sentado a la diestra de Dios Padre;

2. saboreaos en las cosas del cielo, no en las de la tierra.

3. Porque muertos estáis ya, y vuestra nueva vida está escondida con Cristo en Dios.

4. Cuando, empero, aparezca Jesucristo, que es vuestra vida, entonces apareceréis también vosotros con Él gloriosos.

5. Haced morir, pues, los miembros del hombre terreno que hay en vosotros; la fornicación, la impureza, las pasiones deshonestas, la concupiscencia desordenada y la avaricia, que todo viene a ser una idolatría;

6. por las cuales cosas descarga la ira de Dios sobre los incrédulos,

7. y en las cuales anduvisteis también vosotros en otro tiempo, pasando en aquellos desórdenes vuestra vida.

8. Mas ahora dad ya demano a todas estas cosas: a la cólera, al enojo, a la malicia, a la maledicencia, y lejos de vuestra boca toda palabra deshonesta.

9. No mintáis los unos a los otros; en Suma, desnudaos del hombre viejo con sus acciones,

10. y vestíos del nuevo, de aquel que por el conocimiento de la fe se renueva según la imagen del que le crió,

11. para con el cual no hay distinción de gentil y judío, de circunciso y no circunciso, de barbaro y escita, de esclavo y libre, sino que Cristo es todo el bien, y está en todos.

12. Revestíos, pues, como escogidos que sois de Dios, santos y amados, revestios de entrañas de compasión, de benignidad, de humildad, de modestia, de paciencia,

13. sufriéndoos los unos a los otros, y perdonándoos mutuamente, si alguno tiene queja contra otro: así como el Señor os ha perdonado, así lo habéis de hacer también vosotros.

14. Pero sobre todo mantened la caridad, la cual es el vínculo de la perfección.

15. Y la paz de Cristo triunfe en vuestros corazones paz divina a la cual fuisteis asimismo llamados para formar todos un solo cuerpo, y sed agradecidos a Dios por éste y otros beneficios.

16. La palabra de Cristo o su doctrina en abundancia tenga su morada entre vosotros, con toda sabiduría, enseñándoos y animándoos unos a otros, con salimos, con himnos y cánticos espirituales, cantando de corazón con gracia o edificación las alabanzas a Dios.

17. Todo cuanto hacéis, sea de palabra o de obra, hacedlo todo en nombre de Nuestro Señor Jesucristo, y a gloria suya, dando por medio de Él gracias a Dios Padre.

18. Mujeres, estad sujetas a los maridos, como es debido, en lo que es según el Señor.

19. Maridos amad a vuestras mujeres, y no las tratáis con aspereza.

20. Hijos, obedeced a vuestros padres en todo, porque esto es agradecer al Señor.

21. Padres, no provoquéis a ira, o no irritéis, a vuestros hijos con excesiva severidad, para que no se hagan pusilánimes, o apocados.

22. Siervos, obedeced en todo a vuestros amos temporales, no sirviéndolos sólo mientras tienen la vista sobre vosotros, o solamente cuando os miran como si no deseaseis más que complacer a los hombres, sino con sencillez de corazón y temor de Dios.

23. Todo lo que hagáis, hacedlo de buena gana, como quien sirve a Dios y no a hombres,

24. sabiendo que recibiréis del Señor la herencia del cielo por galardón o salario; pues a Cristo nuestro Señor es a quien sirve en la persona de nuestros amos.

25. Mas el que obra mal o impunetete lleva el pago de su injusticia, porque en Dios no hay acepeión de personas.

CAPÍTULO IV

Últimos avisos del Apóstol. Recomienda a Tíquico y a Onésimo, y saluda a varios.

1. Amos, tratad a los siervos según lo que dictan la justicia y la equidad, Sabiendo que también vosotros tenéis amo en el cielo.

2. Perseverad en la oración, velando en ella y acompañándola con acciones de gracias,

3. orando juntamente por nosotros, para que Dios nos abra la puerta de la oración a fin de anunciar el misterio de la redención de los hombres por Jesucristo, (por cuya causa estoy todavía preso)

4. y para que yo le manifieste de la manera firme con que debo hablar de él.

5. Portaos sabiamente y con prudencia con aquellos que están fuera de la Iglesia, resarciendo el tiempo perdido.

6. Vuestra conversación sea siempre con agrado, sazonada con la sal de la decreción, de suerte que acertáis a responder a cada uno como conviene.

7. De todas mis cosas os informará Tíquico, mi carísimo hermano, y fiel ministro y consiervo en el Señor,

8. al cual he enviado a vosotros expresamente para que se informe de vuestras cosas y consuele vuestros corazones,

9. juntamente con Onésimo, mi muy amado y fiel hermano, el cual es vuestro compatriota. Éstos os contarán todo lo que aquí pasa.

10. Aristarco, mi compañero en la prisión, y Marcos, primo de Bernabé, acerca del cual os tengo ya hechos mis encargos: si fuere a vosotros, recibidle bien.

11. Os saluda también Jesús, por sobrenombre Justo: éstos son de los circuncisos, o de los hebreos convertidos; y ellos solos son los que me ayudan a anunciar el reino de Dios, y me han servido de consuelo.

12. Salúdaos Epafras, el cual es de los vuestros, a vuestro paisano, siervo de Jesucristo, siempre solícito en rogar por vosotros en sus oraciones, para que seáis perfectos, y conozcáis bien todo lo que Dios quiere de nosotros.

13. Pues yo soy testigo de lo mucho que se afana por vosotros, y por los de Hierápolis.

14. Cuidados el muy amado Lucas, médico, y también Demas.

15. Saludad vosotros a los hermanos de Laodicea, y a Ninfas, y a la Iglesia que tiene en su casa.

16. Leída que sea esta carta entre vosotros, haced que se lea también en la Iglesia de Laodicea, como el que vosotros asimismo leais de los laodicenses.

17. Finalmente, decid de mi parte a Arquipo: Considera bien el ministerio, que has recibido en nombre del Señor, a fin de desempeñar todos sus cargos.

18. La salutación de mi propia mano: Pablo. Acordaos de mis cadenas gracia sea con vosotros. Amén.

EPÍSTOLA PRIMERA DEL APÓSTOL SAN PABLO A LOS TESALONICENSES

CAPÍTULO I

Alaba el Apóstol a los tesalonicenses por haber sido un dechado de los demás fieles, con el fervor de su fe, esperanza y caridad, en medio de las tribulaciones.

1. Pablo y Silvano, y Timoteo, a la Iglesia de los tesalonicenses, congregada en Dios Padre, y en Nuestro Señor Jesucristo:

2. gracia y paz sea con vosotros. Sin cesar damos gracias a Dios por todos vosotros, haciendo continuamente memoria de vosotros en nuestras oraciones,

3. acordándonos delante del Dios y Padre nuestro de las obras de vuestra fe, de los trabajos de vuestra caridad, y de la firmeza de vuestra esperanza en Señor Jesucristo,

4. considerando, amados hermanos, que vuestra elección o vocación a la fe es de Dios;

5. porque nuestro Evangelio no se anunció a vosotros sólo con palabras sino también con milagros y el Espíritu Santo, con eficaz persuasión, porque ya sabéis cuál fue nuestro proceder entre vosotros para procurar vuestro bien.

6. Vosotros de vuestra parte os hicisteis imitadores nuestros y del Señor, recibiendo su palabra en medio de muchas tribulaciones, con gozo del Espirltu Santo,

7. de suerte que habéis servido de modelo a cuantos han creído en la Macedonia y en Acaya.

8. Pues que de vosotros se difundió la palabra del Señor, o el Evangelía, no sólo por la Macedonia y por la Acaya, sino que por todas partes se ha divulgado en tanto grado la fe que tenéis en Dios, que no tenemos necesidad de decir nada sobre esto.

9. Porque los mismos fieles publican el suceso que tuvo nuestra entrada entre vosotros, y cómo os convertisteis a Dios abandonando los ídolos por servir al Dios vivo y verdadero,

10. y para esperar del cielo a su Hijo Jesús (a quien resucitó de entre los muertos), y el cual nos libertó de la ira venidera.

CAPÍTULO II

San Pablo hace presente a los tesalonicenses la libertad, desinterés y celo con que les predicó el Evangelio, y también el entrañable amor que les profesa por su constancia en la fe.

1. El hecho es que vosotros, hermanos míos, sabéis bien cómo nuestra llegada a vuestra ciudad no fue en vano, o sin fruto;

2. sino que habiendo sido antes maltratados y afrentados, o azotados coni varas (como no ignoráis) en Filipos, puesta en nuestro Dios la confianza, pasamos animosamente a predicaros el Evangelio de Dios en medio de muchos obstáculos.

3. Porque no os hemos predicado ninguna doctrina de error de inmundicia, ni con el designio de engañaros;

4. sino que del mismo modo que fuimos aprobados de Dios para que se nos confiase su Evangelio, así hablamos o predicamos no como para agradar a los hombres, sino a Dios, que sondea nuestros corazones.

5. Porque nunca usamos del lenguaje de adulación, como sabéis, ni de ningun pretexto de avaricia: Dios es testigo de todo esto;

6. ni buscamos gloria de los hombres, ni de vosotros, ni de otros algunos.

7. Pudiendo como apóstoles de Cristo gravaros, casi lo carga de nuestra subsistencia, más bien nos hicimos párvulos, o mansos y suaves, en medio de vosotros, como una madre que está criando, llena de ternura para con sus hijos.

8. de tal manera apasionados por vosotros, que deseábamos con ansia comunicaros no sólo el Evangelio de Dios, sino daros también hasta nuestra misma vida: tan queridos llegasteis a ser de nosotros.

9. Porque bien os acordaréis, hermanos míos, de nuestros trabajos y fatigas por amor vuestro; cómo trabajando de día y de noche, a trueque de no gravar a nadie, ganándonos nuestro sustento, predicamos ahí el Evangelio de Dios.

10. Testigos sois vosotros, y tambien Dios, de cuán santa, y justa, y sin querella alguna fué nuestra mansión entre vosotros, que habéis abrazado la fe,

11. sabiendo, como sabéis, que nos hemos portado con cada uno de vosotros (a la manera que un padre con sus hijos)

12. amonestándoos, consolándoos, y conjurándoos a llevar una vida digna de Dios, que os ha llamado a su reino y gloria.

13. De aquí es que no cesamos de dar gtacias al Señor; porque cuando recibísteis la palabra de Dios oyéndola de nosotros la recibisteis, no como palabra de hombre, (sino según es verda-

deramente) como palabra de Dios, que fructifica en vosotros que habéis creído.

14. Porque vosotros, hermanos míos, habéis imitado a las iglesias de Dios que hay en Judea reunidas en Jesucristo, siendo así que habéis sufrido de los de vuestra propia nación las mismas repercusiones que aquéllas han sufrido de los judíos;

15. los cuales también mataron al Señor Jesús y a los profetas, y a nosotros nos han perseguido, y desagradan a Dios, y son enemigos de todos los hombres, pues se oponen a su salvación,

16. prohibiéndonos el predicar a los gentiles a fin de que se salven, para ir siempre ellos llenando la medida de sus pecados por lo que la ira de Dios ha caído sobre su cabeza, y durará hasta el fin.

17. Pero en cuanto a nosotros, hermanos mío, después de haber estado por un poco de tiempo separados de vosotros con el cuerpo, no con el corazón, hemos deseado con tanto más ardor y empeño volveros a ver.

18. Por eso quisimos pasar a visitaros; y en particular yo, Pablo, he estado resuelto a ello más de una vez; pero Satanás nos lo ha estorbado.

19. En efecto, ¿cuál es nuestra esperanza, nuestro gozo, y la corona que formará nuestra gloria? ¿No sois vosotros delante de Nuestro Señor Jesucristo para el día de su advenimiento?

20. Sí, vosotros sois nuestra gloria y nuestro gozo.

CAPÍTULO III

Consuelo del Apóstol al saber por Timoteo la constancia de los tesalonicenses en la fe de Jesucristo.

1. Por este motivo no pudiendo sufrir más el estar sin saber de vosotros, tuvimos por bien quedarnos solos en Atenas.

2. Y despachamos a Timoteo, hermano nuestro y ministro de Dios en la predicación del Evangelio de Jesucristo. para confirmaros y esforzaros en vuestra fe,

3. a fin de que ninguno se conturbe ni bambalee por estas tribulaciones; pues vosotros mismos sabéis que a esto estamos destinados.

4. Porque ya cuando estábamos con vosotros, o predecíamos que habíamos de padecer tribulaciones, así como ha sucedido, y tenéis noticia de ello.

5. Por esto mismo no pudiendo ya sufrir más, envié a informarme de vuestra fe, temiendo que el tentador os hubiese tentado, y se perdiese nuestro trabajo.

6. Pero ahora que Timoteo, regresado acá de vosotros, nos ha traído nuevas de la fe y caridad vuestra, y cómo conserváis siempre buena memoria de nosotros, deseando vernos, igualmente que nosotros os deseamos ver también;

7. con eso, hermanos, hemos tenido gran consuelo a vista de vuestra fe, en medio de todas nuestras necesidades y tribulaciones;

8. porque ahora podemos decir que vivimos, puesto que vosotros estáis firmes en el Señor.

9. Y en efecto, ¿qué acción de gracias bastante podemos tributar a Dios por vosotros, por todo el gozo que experimentamos por vuestra causa delante de nuestro Dios?

10. Esto es lo que nos hace rogarle día y noche con la mayor instancia, que nos permita pasar a veros y acabar las instrucciones que faltan a vuestra fe.

11. ¡Oh! quiera el Dios y Padre nuestro, y Nuestro Señor Jesucristo, dirigir nuestros pasos hacia vosotros.

12. Entretanto el Señor os multiplique, y aumente vuestra caridad recíprocamente, y para con todos, tal cual es la nuestra para con vosotros,

13. a fin de fortalecer vuestros corazones en santidad, y ser irreprensibles delante de Dios y Padre nuestro, para cuando venga Nuestro Señor Jesucristo con todos sus santos. Amén.

CAPÍTULO IV

Que debemos huir de la lujuria y ociosidad y que no hemos de contristarnos como los gentiles por la muerte de los difuntos, teniendo la esperanza de la resurrección.

1. Por lo demás, hermanos, os rogamos y conjuramos por el Señor Jesús, que según aprendisteis de nosotros el modo como debéis portaros y agradar a Dios, así procedáis, para adelantar más y más en el camino del Señor.

2. Porque ya sabéis qué preceptos os he dado en nombre del Señor Jesús.

3. Ésta es la voluntad de Dios, a saber, vuestra santificación, que os abstengáis de la fornicación,

4. que sepa cada uno de vosotros usar del propio cuerpo santa y honestamente,

5. no con pasión libidinosa, como lo hacen los gentiles, que no conocen a Dios;

6. y que nadie oprima a su hermano, ni le engañe en nigún asunto; puesto que Dios es vengador de todas estas cosas, como ya antes os hemos dicho y protestado;

7. porque no nos ha llamado Dios a inmundicia, sino a santidad.

8. Así que quien menosprecia estos preceptos,

no desprecia a un hombre, sino a Dios, que es el autor de ellos, y el cual asimismo nos ha dado su santo Espíritu.

9. Por lo que mira a la caridad fraterna no hay necesidad de escribiros; pues vosotros mismos aprendisteis de Dios el amaros unos a otros,

10. y así lo hacéis con cuantos hermanos hay en toda la Macedonia. Pero os rogamos, hermanos míos, que adelantéis o crezcáis más y más en este amor;

11. y procuréis vivir quietos; y atended a lo que tengáis que hacer; y trabajéis con vuestras manos, conforme os tenemos ordenado, y que os portéis modestamente con los que están fuera de la Iglesia, y que no codiciéis cosa alguna de nadie.

12. En orden a los difuntos no queremos, hermanos, dejaros en ignorancia, porque no os entristezcáis, del modo que suelen los demás hombres, que no tienen la esperanza de la vida eterna.

13. Porque si creemos que Jesús, nuestra cabeza, murió y resucitó, también debemos creer que Dios resucitará y llevará con Jesús a la gloria a los que hayan muerto en la fe y amor de Jesús.

14. Por lo cual os decimos sobre la palabra del Señor, que nosotros los vivientes, o los que quedaremos hasta la venida del Señor, no cogeremos la delantera a los que ya murieron antes:

15. por cuanto el mismo Señor a la intimación, y a la voz del arcángel, y al sonido de la trompeta de Dios, descenderá del cielo; y los que murieron en Cristo, resucitarán los primeros.

16. Después, nosotros los vivos, los que hayamos quedado, seremos arrebatados juntamente con ellos sobre nubes al encuentro de Cristo en el aire, y así estaremos con el Señor eternamente.

17. Consolaos, pues, los unos a los otros con estas verdades.

CAPÍTULO V

Les advierte que la segunda venida del Señor será cuando menos piensen; exhorta a prepararse con buenas obras a súbditos, a superiores y a todos en general, pidiéndoles por último que rueguen por él a Dios.

1. Pero en cuanto al tiempo y al momento de esta segunda venida de Jesucristo, no necesitáis, hermanos míos, que os escriba;

2. porque vosotros sabéis muy bien que como el ladrón de noche, así vendrá e día del Señor.

3. Pues cuando los impíos estarán diciendo que hay paz y seguridad, entonces los sobrecogerá de repente la ruina, como el dolor de parto a la preñada, sin que puedan evitarla.

4. Mas vosotros, hermanos, no vivís en las tinieblas del pecado, para que os sorprenda como ladrón aquel día;

5. puesto que todos vosotros sois hijos de la luz e hijos del día; no lo somos de la noche ni de las tinieblas.

6. No durmamos, pues, como los demás, antes bien estemos en vela, y vivamos con templanza.

7. Pues los que duermen, duermen de noche, y los que se embriagan, de noche se embriagan.

8. Nosotros empero, que somos hijos del día, o de la luz de la fe, vivamos en sobriedad, vestidos de cota de fe y de caridad, y teniendo por yelmo la esperanza de la salud eterna;

9. porque no nos ha puesto Dios para blanco de venganza, sino para hacernos adquirir la salud por Nuestro Señor Jesucristo,

10. el cual murió por nosotros, a fin de que ora velando, ora durmiendo, vivamos juntamente con Él.

11. Por lo cual consolaos mutuamente, y edificaos los unos a los otros, como ya lo hacéis.

12. Asimismo, hermanos, os rogamos que tengáis especial consideración a los que trabajan entre vosotros, y os gobiernan en el Señor, y os instruyen,

13. dándoles las mayores muestras de caridad por sus desvelos; conservad la paz con ellos.

14. Os rogamos también, hermanos. que corrijáis a los inquietos, que consoleis a los pusilánimes, que soportéis a los flacos, que seáis sufridos con todos.

15. Procurad que ninguno vuelva a otro mal por mal; sino tratad de hacer siempre bien unos a otros, y a todo el mundo.

16. Vivid siempre alegres.

17. Orad sin intermisión.

18. Dad gracias por todo al Señor; porque esto es lo que quiere Dios que hagáis todos en nombre de Jesucristo.

19. No apaguéis el Espíritu de Dios.

20. No despreciéis las profecías, apreciadlas mucho.

21. Examinad, sí, todas las cosas, y ateneos a lo bueno y conforme al Evangelio.

22. Apartaos aun de toda apariencia de mal.

23. Y el Dios de la paz os haga santos en todo, a fin de que vuestro espíritu entero, con alma y cuerpo se conserven sin culpa para cuando venga Nuestro Señor Jesucristo.

24. Fiel es el que os llamó, y así lo hará como lo ha ofrecido.

25. Hermanos míos, orad por nosotros.

26. Saludad a todos los hermanos con el ósculo santo.

27. Os conjuro por el Señor, que se lea esta carta a todos los santos hermanos.

28. La gracia de Nuestro Señor Jesucristo sea con vosotros. Amén.

EPÍSTOLA SEGUNDA DEL APÓSTOL SAN PABLO A LOS TESALONICENSES

CAPÍTULO I

Da gracias a Dios por la fe de los tesalonicenses y por su paciencia en las tribulaciones.

1. Pablo, y Silvano, y Timoteo, a la iglesia de los tesalonicenses, congregada en el nombre de Dios nuestro Padre, y en el Señor Jesucristo:

2. la gracia y la paz sea con vosotros de parte de Dios nuestro Padre, y del Señor Jesucristo.

3. Debemos dar a Dios continuamente acciones de gracias por vosotros, hermanos míos, y es muy justo que lo hagamos puesto que vuestra fe va aumentándose más y más, y la caridad que tenéis recíprocamente unos para con otros va tomando un nuevo incremento,

4. de tal manera que nosotros mismos nos gloriamos de vosotros en las iglesias de Dios por vuestra paciencia y fe en medio de todas vuestras persecuciones y tribulaciones que padecéis,

5. que son señales que demuestran el justo juicio de Dios que así os purifica para haceros dignos de su reino, por el cual padecéis lo que padecéis.

6. Porque delante de Dios es justo que Él aflija a su vez a aquellos que ahora os aflijen;

7. y a vosotros, que estáis al presente atribulados, os haga gozar juntamente con nosotros del descanso eterno, cuando el Señor Jesús descenderá del cielo y aparecerá con los ángeles que son los ministros de su poder,

8. cuando vendrá con llamas de fuego a tomar venganza de los que conocieron a Dios, y de los que no obedecen el Evangelio de Nuestro Señor Jesucristo;

9. los cuales sufrirán la pena de una eterna condenación confundidos por la presencia del Señor y por el brillante resplandor de su poder,

10. cuando viniere a ser glorificado en sus santos y a ostentarse admirable en todos los que creyeron; pues que vosotros habéis creído nuestro testimonio acerca de aquel día.

11. Por este motivo oramos también sin cesar por vosotros, para que nuestro Dios os haga dignos del estado a que os ha llamado, y cumpla todos los designios que su bondad tiene

sobre vosotros, y haga con su poder fecunda vuestra fe en buenas obras,

12. a fin de que sea glorificado en vosotros el nombre de Nuestro Señor Jesucristo; y vosotros en Él, por la gracia de nuestro Dios y del Señor Jesucristo.

CAPÍTULO II

Describe las señales que precederán a la venida de Cristo y a la del Anticristo y sus secuaces; los exhorta a permanecer en la doctrina que les ha enseñado.

1. Entretanto, hermanos, os suplicamos por el advenimiento de Nuestro Señor Jesucristo y de nuestra reunión al mismo,

2. que no abandonéis ligeramente vuestros primeros sentimientos, ni os alarméis con supuestas revelaciones, con ciertos discursos, o con cartas que se supongan enviadas por nosotros, como si el día del Señor estuviera ya muy cercano.

3. No os dejéis seducir de nadie en ninguna manera; porque no vendrá este día sin que primero haya acontecido la apostasía, casi general de los fieles, y aparecido el hombre del pecado, el hijo de la perdición,

4. el cual se pondrá a Dios, y se alzará contra todo lo que se dice Dios, o se adora, hasta llegar a poner su asiento en el templo de Dios, dando a entender que es Dios.

5. ¿No os acordáis que cuando estaba todavía entre vosotros, os decía estas cosas?

6. Ya sabéis vosotros la causa que ahora le detiene, hasta que sea manifestado o venga en su tiempo señalado.

7. El hecho es que ya va obrando o formándose el misterio de iniquidad; entretanto el que está firme ahora, manténgase, hasta que sea quitado el impedimento.

8. Y entonces se dejará ver aquel perverso, a quien el Señor Jesús matará con el resuello o el solo alento de su boca, y destruirá con el resplandor de su presencia

9. a aquel inicuo que vendrá con el poder de Satanás, con toda suerte de milagros, de señales y de prodigios falsos

10. y con todas las ilusiones que pueden conducir a la iniquidad a aquellos que se perderán, por no haber recibido y amado la verdad a fin de salvarse. Dios les enviará o permitirá que obre en ellos el artificio del error, con que crean a la mentira,

11. para que sean condenados todos los que no creyeron a la verdad, sino que se complacieron en la maldad o injusticia.

12. Mas nosotros debemos siempre dar gracias

553

a Dios por vosotros ¡oh hermanos amados de Dios!, por ilaberos Dios escogido por primicias de salvación en toda la Macedonia, mediante la santificación del espíritu y la verdadera fe que os ha dado,

13. a la cual os llamó asimismo por medio de nuestro evangelio, para haceros conseguir la gloria de Nuestro Señor Jesucristo.

14. Así que, hermanos míos, estad firmes en la fe, y mantened las tradiciones o doctrinas que habéis aprendido, ora por medio de la predicación, ora por carta nuestra.

15. Y nuestro Señor Jesucristo, y Dios y Padre nuestro, que nos amó, y dio eterno consuelo y buena esperanza por la gracia,

16. aliente y consuele vuestros carazones, y los confirme en toda obra y palabra buena.

CAPÍTULO III

Les pide rueguen a Dios por él; habla contra los díscolos, ociosos y pertinaces; recomienda el amor al trabajo y la corrección de los males.

1. Por último, hermanos, orad por nosotros, para que la palabra de Dios se propague más y más, sea glorificada en todo el mundo, como lo es ya entre vosotros,

2. y nos veamos libres de los díscolos y malos hombres: porque al fin es de todos el alcanzar la fe.

3. Pero fiel es Dios, que os fortalecerá y defenderá del espíritu maligno.

4. Y así confiamos en el Señor, que vosotros hacéis ya ahora lo que ordenamos en esta carta, y que lo haréis en adelante.

5. El Señor entretanto dirija vuestros corazones en el amor de Dios y en la paciencia de Cristo.

6. Por lo que os intimamos, hermanos, en nombre de Nuestro Señor Jesucristo, que os a partéis de cualquiera de entre vuestros hermanos que proceda desordenadamente, y no conforme a la tradición o enseñanza que ha recibido de nosotros.

7. Pues bien sabéis vosotros mismos lo que debéis hacer para imitarnos, por cuanto no anduvimos desordenadamente o causando inquietudes entre vosotros;

8. ni comimos el pan de balde a costa de otro, sino con trabajo y fatiga, trabajando de noche y de día para ganar nuestro sustento, por no ser gravosos a ninguno de vosotros.

9. No porque no tuviésemos potestad para hacerlo, sino a fin de daros en nuestra persona un dechado que imitar.

10. Así es que aun estando entre vosotros, os intimábamos esto: Quien no quiere trabajar, tampoco coma.

11. Porque hemos oído que andan entre vosotros algunos bulliciosos, que no entienden en otra cosa que en indagar lo que no les importa.

12. Pues a estos tales los apercibimos, y les rogamos encarecidamente por Nuestro Señor Jesucristo, que trabajando quietamente en sus casas, coman así su propio pan o el que ellos se ganen.

13. Vosotros, hermanos, de vuestras parte no os canséis de hacer bien.

14. Y si alguno no obedeciere lo que ordenamos en nuestra carta, tildadle al tal, y no conversáis con él, para que se avergüence y enmiende;

15. mas no le miréis como a enemigo, sino corregidle como hermano con amor y dulzura.

16. Así el mismo Señor y autor de la paz os conceda siempre paz en todas partes. El Señor sea con todos vosotros.

17. La salutación de mi propio puño: Pablo; lo cual sirve de contraseña en toda carta mía: así escribo, o firmo,

18. La gracia de Nuestro Señor Jesucristo sea con todos vosotros. Amen.

EPÍSTOLA PRIMERA DEL APÓSTOL SAN PABLO A TIMOTEO

CAPÍTULO I

Encarga el Apóstol a Timoteo que impida las doctrinas nuevas y cuestiones inútiles que no fomentan la caridad, la cual es el fin de la Ley. Obligaciones del ministerio episcopal.

1. Pablo, apóstol de Jesucristo por mandado de Dios, salvador nuestro y de Cristo Jesús, nuestra esperanza.

2. a Timoteo, querido hijo discípulo en la fe: gracia, misericordia y paz de Dios Padre, y de Nuestro Señor Jesucristo,

3. Bien sabes cómo al irme a Macedonia te pedí que te quedases en Éfeso, para que hicieses entender a ciertos sujetos que no enseñasen doctrina diferente de la nuestra,

4. Ni se ocupasen en fábulas y genealogías interminables, que son más propias pasa excitar disputas que, para formar por la fe el edificio de Dios.

5. Pues el fin de los mandamientos o de la Ley es la caridad que nace de un corazón puro, de una buena conciencia, y de fe no fingida.

6. De lo cual desviándose algunos, han venido a dar en charlatanería,

7. queriendo hacer de doctores de la Ley sin entender lo que hablan ni lo que aseguran.

8. Ya sabemos (tan bien como ellos) que la Ley es buena para el que usa bien de ella,

9. reconociendo que no se puso la ley o sus penas para el justo, sino para los injustos y para los desobedientes, para los impíos y pecadores para los facinerosos y profanos, para los parricidas y matricidas, para los homicidas,

10. para los fornicarios, para los sodomitas, para los que hurtan hombres, para los embusteros y perjuros, y para cuantos son enemigos de la sana doctrina,

11. la cual es conforme al Evangelio glorioso de Dios bendito, que se me ha encomendado.

12. Gracias doy a Aquel que me ha confortado, a Jesucristo Nuestro Señor, porque me tuvo por fiel, poniéndome en el ministerio a mí,

13. que fui antes blasfemo, y perseguidor, y opresor; pero alcancé misericordia de Dios, por haber procedido con ignorancia careciendo del don de fe;

14. y así ha sobreabundado en mí la gracia de Nuestro Señor Jesucristo con la fe y caridad que es en Cristo Jesús o por sus méritos.

15. Verdad es cierta y digna de todo acatamiento, que Jesucristo vino a este mundo para salvar a los pecadores, de los cuales el primero soy yo;

16. mas por eso conseguí misericordia, a fin de que Jesucristo mostrase en mí el primero su extremada paciencia, para ejemplo, confianza de los que han de creer en Él, para alcanzar la vida eterna.

17. Por tanto, al rey de los siglos inmortal, invisible, al solo, único Dios, sea dada la honra y la gloria por siempre jamás. Amén.

18. Este precepto te recomiendo, hijo Timoteo, y es, que según las predicciones hechas antes sobre ti, así cumplas o llenes tu deber militando como buen soldado de cristo.

19. manteniendo la fe y la buena conciencia; la cual por haber desechado de sí algunos, vinieron a naufragar en la fe.

20. De cuyo número son Himéneo y Alejandro, los cuales tengo entregados a Satanás, o excomulgados, para que aprendan a no decir blasfemias.

CAPÍTULO II

Encarga que se haga oración por los reyes y magistrados. Jesucristo es el único medianero y Redentor de todos. Debemos orar en todo lugar. Modestia de las mujeres, su sumisión y silencio.

1. Recomiendo, pues, ante todas cosas que se hagan súplicas, oraciones, rogativas, acciones de gracias, por todos los hombres,

2. los reyes y por todos los constituidos en alto puesto, a fin de que tengamos una vida quieta y tranquila en el ejercicio de toda piedad y honestidad.

3. Porque ésta es una cosa buena, y agradable a los ojos de Dios, salvador nuestro.

4. El cual quiere que todos los hombres se salven y vengan en conocimiento de la verdad.

5. Porque uno es Dios, y uno también el mediador entre Dios y los hombres, Jesucristo hombre,

6. que se dio a sí mismo en rescate por todos y para testimonio de las antiguas promesas dado a su tiempo,

7. del cual yo estoy constituido predicador y apóstol (digo la pura verdad, no miento) doctor de las gentes en la fe y verdad, o fiel y veraz.

8. Quiero, pues, que los hombres oren en todo lugar, alzando las manos limpias, o puras de toda maldad, exentos de todo encono y disensión.

9. Asimismo oren también las mujeres en traje decente, ataviándose con recato y modestia, o sin superfluidad, y no inmodestamente con los cabellos rizados o ensortijados ni con oro. o con perlas, o costosos adornos;

10. sino con buenas obras, como corresponde a mujeres que hacen profesión de piedad.

11. Las mujeres escuchen en silencio las instrucciones, óiganlas con entera sumisión:

12. pues no permito a la mujer el hacer de doctora en la iglesia, ni tomar autoridad sobre el marido; mas estése callada en su presencia,

13. ya que Adán fue formado el primero, y después Eva, como inferior;

14. y además Adán no fue engañado, mas la mujer, enganada por la serpiente, fue causa de la prevaricación del hombre.

15. Verdad es que se salvará por medio de la buena crianza de los hijos, si persevera en la fe y en la caridad, en santa y arreglada vida.

CAPÍTULO III

Describe cuáles deben ser los obispos o sacerdotes, los diáconos y las mujeres que sirven a la Iglesia.

1. Es una verdad muy cierta, que quien desea obispado desea un buen trabajo, o un ministerio santo.

2. Por consiguiente es preciso que un obispo sea irreprensible, que no se haya casado sino con una sola mujer, sobrio, prudente, grave,

modesto, casto, amante de la hospitalidad, propio y capaz para enseñar,

3. no dado al vino, no violento, sino moderado, no pleitista, no interesado, mas

4. que sepa gobernar bien su casa, teniendo los hijos a raya con toda decencia.

5. Pues si uno no sabe gobernar su casa, ¿cómo cuidará de la iglesia de Dios?

6. No sea neófito, o recién bautizado; porque hinchado de soberbia, no caiga en la misma condenación del diablo cuando cayó del cielo.

7. También es necesario que tenga buena reputación entre los extraños o gentiles, para que no caiga en desprecio y en lazo del diablo.

8. De la misma suerte los diáconos sean honestos y morigerados, no dobles en sus palabras, no bebedores de mucho vino, no aplicados a torpe granjería,

9. Que traten el misterio de la fe con limpia conciencia.

10. Y por tanto sean éstos antes probados; y así entren en el ministerio, no siendo tachados de ningún delito.

11. Las mujeres igualmente han de ser honestas vergonzosas, no chismosas o calumniadoras, sobrias, fieles en todo.

12. Los diáconos sean esposos de una sola muje; que gobiernen bien sus hijos y sus familias.

13. Pues los que ejercitaren bien su ministerio, se granjearán un ascenso honorífico, mucha confianza para enseñar la fe de Jesucristo.

14. Te escribo esto con la esperanza de que en breve iré a verte;

15. y si tardare, para que sepas cómo debes portarte en la Casa de Dios, que es la Iglesia del Dios vivo, columna y apoyo de la verdad.

16. Y es ciertamente grande a todas luces el misterio de la piedad. o amor divino, en que el Hijo de Dios se ha manifestado en carne mortal, ha sido justificado por el Espíritu Santo, ha sido visto de los ángeles, predicado a los gentiles, creído en el mundo, elevado a la gloria.

CAPÍTULO IV

Predice que algunos hombres pérfidos, instigados por el diablo, enseñarán varios errores; le exhorta a la vigilancia pastoral y a que ejercitándose en la piedad, sea, aunque joven, un perfecto modelo de los demás.

1. Pero el Espíritu Santo dice claramente que en los venideros tiempos han de apostatar algunos de la fe, dando oídos a espíritus falaces y a doctrinas diabólicas

2. enseñadas por impostores llenos de hipocre-

sía, que tendrán la conciencia cauterizada, o ennegrecida de crímenes,

3. quienes prohibirán el matrimonio y el uso de los manjares, que Dios crió para que los tomasen con hacimiento de gracias los fieles y los que han conocido la verdad.

4. Porque toda criatura de Dios es buena, y nada se debe desechar de lo que se toma, o come con hacimiento de gracias;

5. puesto que se santifica la palabra de Dios y por la oración, o bendición.

6. Proponiendo esto a los hermanos, serás buen ministro de Jesucristo, como educado en las verdades de la fe y de la buena doctrina, que has aprendido.

7. En cuanto a las fábulas ridículas y cuentos de viejas dales de mano, y dedícate al ejercicio de la virtud.

8. Pues los ejercicios corporales sirven para pocas cosas, al paso que la virtud sirve para todo, como que trae consigo la promesa de la vida presente y de la futura, o eterna.

9. Promesa fiel y sumamente apreciable:

10. que en verdad por eso sufrimos trabajos y oprobios, porque ponemos la esperanza en Dios vivo, el cual es salvador de los hombres todos, mayormente de los fieles.

11. Esto has de enseñar y ordenar.

12. Pórtate de manera que nadie te menosprecie por tu poca edad: has de ser dechado por los fieles en el hablar, en el trato, en la caridad, en la fe, en la castidad.

13. Entretanto que yo voy, aplícate a la lectura, a la exhortación y a la enseñanza.

14. No malogres la gracia que tienes por la consagración, la cual se te dio a pesar de tus pocos años en virtud de particular revelación, con la imposición de las manos de los presbíteros.

15. Medita estas cosas, y ocúpate enteramente en ellas, de manera que vea todo el mundo tu aprovechamiento.

16. Vela sobre ti mismo, y atiende a la enseñanza de la doctrina, insiste y sé diligente en estas cosas; porque haciendo esto, te salvarás a ti y también a los que te oyeren.

CAPÍTULO V

El Apóstol advierte a Timoteo cómo ha de portarse con los fieles de todas edades. Cuáles hayan de ser las viudas que sirvan en la Iglesia. Le dice que deben ser premiados los presbíteros que cumplen bien su ministerio; que ha de corregir los pecados públicos, y mirar mucho a quién impone las manos para ordenarle.

1. No reprendas con aspereza al anciano, sino

exhórtale como a padre; a los mozos, como a hermanos;

2. a las ancianas, como a madres; y a las jovencitas, como a hermanas, con todo recato.

3. Honra a las viudas, que verdaderamente son tales.

4. Que si alguna viuda tiene hijos o nietos, atienda primero a gobernar bien su casa y dar el retorno debido a sus padres; pues esto es lo que a Dios agrada.

5. Mas la que verdaderamente es viuda y desamparada, espere en Dios, y ejercítese en plegarias y oraciones noche y día.

6. Porque lo que vive en deleites, viviendo está muerta, pues que lo está su alma.

7. Hazles, pues, entender estas cosas, para que sean irreprensibles.

8. Que si hay quien no mira por los suyos, mayormente si son de la familia, este tal negado ha la fe, y es peor que un infiel.

9. No sea elegida viuda para el servicio de la Iglesia de menos de sesenta años de edad, ni la que haya sido casada más de una vez.

10. Sus buenas obras den testimonio de ella, si ha educado bien a los hijos, si ha ejercitado la hospitalidad, si ha lavado los pies de los santos, si ha practicado toda suerte de virtudes.

11. Viudas jóvenes no las admitas al servicio de la Iglesia. Pues cuando se han regalado a costa de los bienes de Cristo, quieren casarse,

12. teniendo contra sí sentencia de condenación, por cuanto violaron la primera fe.

13. Y aun también estando ociosas, o teniendo poco trabajo se acostumbran a andar de casa en casa, no como quiera ociosas, sino también parleras y curiosas, hablando de cosas de que no deberían hablar.

14. Quiero, pues, más en este caso, que las que son jóvenes se vuelvan a casar, críen hijos, sean buenas madres de familia, no den al enemigo ninguna ocasión de maledicencia.

15. Pues algunas se han pervertido ya para ir en pos de Satanás.

16. Si alguno de los fieles tiene viudas en su parentela, asístalas, y no se grave a la Iglesia con su manutección, a fin de que haya lo suficiente para mantener a las que son verdaderamente viudas, o desamparadas.

17. Los presbíteros que cumplen bien con su oficio, sean remunerados con doble honorario, mayormente los que trabajan en predicar y en enseñar.

18. Porque la Escritura dice: *No pondrás bozal al buey que trabaja*. Y también: *El obrero merece su jornal*.

19. Contra presbítero no admitas acusación sin la deposición de dos o tres testigos.

20. A los pecadores públicos y obstinados has de reprenderlos delante de todos, para que los demás teman.

21. Te conjuro delante de Dios y de Jesucristo, y de sus santos ángeles, que observes estas cosas sin dejarte prevenir, y sin hacer nada por inclinación ni afición particular.

22. No impongas de ligero las manos sobre alguno, no seas cómplice de pecados ajenos. Consérvate limpio y puro a ti mismo.

23. No prosigas en beber agua sola, sino usa de un poco de vino por causa de tu estómago y de tus frecuentes enfermedades.

24. Los pecados de ciertos hombres son notorios, antes de examinarse en juicio; mas los de otros se manifiestan después de él;

25. así también hay buenas obras manifiestas; y las que no lo son, por poca averiguación que se haga no pueden estar ocultas

CAPÍTULO VI

Los siervos obedezcan a sus amos, sean éstos o no cristianos. Sobre los falsos doctores. Daños que acarrea la avaricia. Deben los ricos evitar la soberbia, y emplearse en obras de caridad.

1. Todos los que están debajo del yugo de la servidumbre, han de considerar a sus señnores como dignos de todo respeto, para que el nombre del Señor y su doctrina no sea blasfemado.

2. Mas los que tienen por amos a fieles o cristianos no les han de tener menos respeto, aunque sean y los miren como hermanos suyos en Cristo; antes bien sírvanlos mejor por lo mismo que son fieles y más dignos de ser amados, como partícipes del tal beneficio. Esto has de enseñar, y a esto debes exhortarlos.

3. Si alguno enseña de otra manera, y no abraza las saludables palabras o instrucciones de Nuestro Señor Jesucristo, y la doctrina que es conforme a la piedad o religión

4. es un soberbio orgulloso, que nada sabe, sino que antes bien enloquece o flaquea de cabeza sobre cuestiones y disputas de palabras, de donde se originan envidias, contiendas, blasfemias, siniestras sospechas,

5. altercaciones de hombres de ánimo estragado y privados de la luz de la verdad, que piensan que la piedad es una granjería, o un medio de enriquecerse.

6. Y ciertamente es un gran tesoro la piedad, la cual se contenta con lo que basta para vivir.

7. Porque nada hemos traído a este mundo, y sin duda que tampoco podremos llevamos nada.

8. Teniendo, pues, qué comer, y con qué cubrirnos, contentémonos con esto.

9. Porque los que pretenden enriquecerse, caen en tentación, y en el lazo del diablo, y en muchos deseos inútiles y perniciosos, que hunden a los hombres en el abismo de la muerte y de la perdición.

10. Porque raíz de todos los males es la avaricia, de la cual arrastrados algunos, se desviaron de la fe, y se sujetaron ellos mismos a muchas penas y aflicciones

11. Pero tú, ¡oh varón de Dios!, huye de estas cosas, y sigue en todo la justicia, la piedad, la fe, la caridad, la paciencia, la mansedumbre.

12. Pelea valerosamente por la fe, y victorioso arrebata y asegura bien la vida eterna, para la cual fuiste llamado, y diste un buen testimonio, confesando su fe delante de muchos testigos.

13. Yo te ordeno en presencia de Dios, que vivifica todas las cosas, y de Jesucristo, que ante Poncio Pilato dio testimonio, confesando generosamente la verdad,

14. que guardes lo mandado conservándote sin mácula, sin ofensión, hasta la venida de Nuestro Señor Jesucristo,

15. venida que hará manifiesta a su tiempo el bienaventurado y solo poderoso, el Rey de los reyes y Señor de los señores,

16. el solo que es inmortal por esencia, y que habita en una luz inaccesible, a quien ninguno de los hombres ha visto, ni tampoco puede ver, cuyo es el honor y el imperio sempiterno. Amén.

17. A los ricos de este siglo mándales que no sean altivos, ni pongan su confianza en las riquezas caducas, sino en Dios vivo (que nós provee de todo abundantemente para nuestro uso);

18. exhórtalos a obrar bien, a enriquecerse de buenas obras, a repartir liberalmente, a comunicar sus bienes,

19. a atesorar un buen fondo para lo venidero, a fin de alcanzar la vida verdadera.

20. ¡Oh Timoteo!, guarda el depósito de la fe que te he entregado, evitando las novedades profanas en las expresiones o roces, y las contradicciones de la ciencia que falsamente se llama tal,

21 ciencia vana que profesándola algunos vinieron a perder la fe, la gracia sea contigo. Amén.

EPÍSTOLA SEGUNDA DEL APÓSTOL SAN PABLO A TIMOTEO.

CAPÍTULO I

Exhorta a Timoteo a predicar intrépidamente el Evangelio para manifestar mejor su fe. Acuerda que Cristo destruyó la muerte. Dice que algunos de Asia le abandonaron en Roma y elogia a Onesíforo.

1. Pablo, apóstol de Jesucristo por voluntad de Dios, según la promesa de vida que tenemos en Jesucristo,

2. a Timoteo, hijo carísimo: gracia, misericordia y paz, de parte de Dios Padre y de Nuestro Señor Jesucristo.

3. Doy gracias a Dios, a quien sirvo a ejemplo de mis mayores con conciencia pura, de que sin cesar hago memoria de ti en mis oraciones, noche y día,

4. deseoso de verte, acordándome de tus lágrimas en nuestra despedida de Éfeso, para bañarme de gozo

5. como que tengo presente aquella tu fe sincera, la cual primero se vio constentemente en tu abuela Loide, y en tu madre Eunice, y estoy cierto de que igualmente está, en ti.

6. Por esta causa te exhorto que avives la gracia de Dios, que reside en ti por la imposición de mis manos.

7. Porque no nos ha dado Dios a nosotros un espíritu de timidez, sino de fortaleza, y de caridad, y de templanza, y prudencia.

8. Por tanto, no te avergüences del testimonio de nuestro Señor, o de confesar su fe públicamente, ni de mí, que estoy en cadenas por amor suyo: antes bien padece y trabaja a una conmigo por el Evangelio con la virtud que recibirás de Dios.

9. El cual nos libertó y llamó con su santa vocación, no por obras nuestras, sino por su mero beneplácito y por la gracia que nos ha sido otorgada en Jesucristo antes de todos los siglos,

10. y que se ha manifestado ahora por el advenimiento de nuestro salvador, Jesucristo; el cual ha destruido la muerte, y al mismo tiempo ha sacado a luz la vida y la inmortalidad por medio del Evangelio,

11. para el cual fui yo constituido predicador y apóstol, y doctor de las naciones.

12. Por este motivo padezco lo que padezco, pero no me avergüenzo. Porque bien sé de quién me he fiado, y estoy cierto de que es poderoso para conservar mi depósito hasta aquel último día.

13. Ten por modelo la sana doctrina, que has oído de mí con la fe y caridad en Cristo Jesús.

14. Guarda ese rico depósito por medio del Espíritu Santo, que habita en nosotros.

15. Ya sabes cómo se han apartado de mí todos los naturales de Asia que estaban aquí en Roma, de cuyo número son Figelo y Hermógenes.

16. Derrame el Señor sus misericordias sobre la

casa de Onesíforo, porque me ha consolado muchas veces, y no se ha avergonzado de mi cadena;

17. antes luego que llegó a Roma, me buscó diligentemente, hasta que me encontró.

18. El Señor le conceda hallar misericordia delante de Él en aquel día grande del juicio. Cuántos servicios me prestó en Éfeso, tú lo sabes bien.

CAPÍTULO II

Habla a Timoteo de la fortaleza y pruden-cia con que debe enseñar las cosas de la fe, y cómo debe evitar las cuestiones inútiles, origen de discordias y de contiendas, las cuales son ajenas del cristiano.

1. Tú, pues, hijo mío, cobra buen ánimo con la gracia que tenemos en Jesucristo,

2. y las cosas que de mí has oído delante de muchos testigos, confíalas a hombres fieles que sean idóneos para enseñarlas también a otros.

3. Soporta el trabajo y la fatiga como buen sol-dado de Jesucristo.

4. Ninguno que se ha alistado en la milicia de Dios debe embarazarse con negocios del siglo, a fin de agradar a Aquel que le alistó y le esco-gió por soldado.

5. Asimismo ni el que combate en la palestra, o en los juegos públicos, es coronado si no lidia-re segun las leyes.

6. El labrador, para recibir los frutos, es menes-ter que trabaje primero.

7. Entiende bien lo que digo, que no necesito añadir, porque Dios te dará en todo inteligencia.

8. Acuérdate que nuestro Señor Jesucristo, del linaje de David, resucitó de entre los muertos, según mi Evangelio,

9. por el cual estoy yo padeciendo hasta verme entre cadenas, como malhechor; si bien la pala-bra de Dios no está encadenada.

10. Por tanto, todo lo sufro por amor de los escogidos, a fin de que consigan también ellos la salvación, adquirida por Jesucristo, con la gloria celestial.

11. Es una verdad incontrastable que si morimos con Él, también con Él viviremos;

12. si con Él padecemos, reinaremos también con Él; si le negáremos, Él nos negará igual-mente;

13. si no creemos, o fuéremos infieles Él per-manece siempre fiel, no puede desmentirse a sí mismo.

14. Estas cosas has de amonestar, poniendo a Dios por testigo. Huye de contiendas de pala-bras, porque de nada sirven, sino para pervertir a los oyentes.

15. Ponte en estado de comparecer delante de Dios como un ministro digno de su aprobación, que nada hace de que tenga motivo de avergon-zarse, y que sabe dispensar bien la palabra de la verdad.

16. Evita por tanto y ataja los profanos y vanos discursos de los seductores, porque contribuyen mucho a la impiedad

17. y la plática de éstos cunde como gangrena, del número de los cuales son Himeneo y Fileto,

18. que se han descarriado de la verdad, dicien-do que la resurrección está ya hecha han per-vertido la fe de varios.

19. Pero el fundamento de Dios se mantiene firme, el cual está marcado con el sello de estas palabras: *El Señor conoce a los suyos, no se perderá uno de ellos*; ítem: *Apártese de la mal-dad cualquiera que invoca el nombre del Señor.*

20. Por lo demás, en una casa grande no sólo hay vasos de oro y de plata, sino también de madera y de barro y de ellos unos son para usos decentes, otros para usos viles, y bajos. Así sucede en la Iglesia.

21. Si alguno, pues, se purificare de estas cosas, será un vaso de honor santificado y útil para el servicio del Señor, aparejado para toda obra buenas.

22. Por tanto, huye de las pasiones juveniles, y sigue la justicia, la caridad y la paz con aquellos que invocan al Señor con limpio corazón y son capaces de ella.

23. Las cuestiones necias, y que nada contribu-yen a la instrucción, evítalas, sabiendo que son un manantial de altercaciones.

24. Al siervo de Dios no le conviene o cae bien el altercar, sino ser manso con todos, propio para instruir, sufrido.

25. que reprenda con modesta dulzura a los que contradicen a la verdad, por si quizá Dios los trae a penitencia para que conozcan la verdad,

26. y se desenreden de los lazos del diablo, que los tiene presos a su arbitrio.

CAPÍTULO III

Carácter de las falsos apóstoles y, en gene-ral, de los incrédulos y herejes. Encarga a Timoteo que guarde bien el depósito de la fe; le recomienda el estudio de las Santas Escrituras.

1. Mas has de saber esto, que en los días pos-treros o hasta el fin del mundo sobrevendrán tiempos peligrosos.

2. Levantaránse hombres amadores o pagados de sí mismos, codiciosos, altaneros, soberbios,

blasfemos, desobedientes a sus padres, ingratos, facinerosos,

3. desnaturalizados, implacables, calumniadores, disolutos, fieros, inhumanos.

4. traidores, protervos, hinchados, y más amadores de deleites que de Dios,

5. mostrando, sí, apariencia de piedad, o religión, pero renunciando a su espíritu. Apártate de los tales.

6. Porque de éstos son los que se meten por las casas, y cautivan a las mujercillas cargadas de pecados, arrastradas de varias pasiones,

7. las cuáles andan siempre aprendiendo, y jamás arriban al conocimiento de la verdad.

8. En fin, así como Jannes y Mambres resistieron a Moisés, del mismo modo éstos resisten a la verdad, hombres de un corazón corrompido, réprobos en la fe, que evitarán pervertir a los demás.

9. Mas no lograrán sus intentos; porque su necedad se hará patente a todos, como antes se hizo la de aquellos magos.

10. Tú al contrario, mi caro Timoteo, ya has visto mi doctrina, mi modo de proceder, el fin que me propongo, cuál es mi fe, mi longanimidad, mi caridad, mi paciencia,

11. cuáles las persecuciones y vejaciones que he padecido, lo que me aconteció en Antioquía e Iconio, y en Vistra, cuán grandes han sido las persecuciones que he tenido que sufrir, y cómo de todas me ha sacado a salvo el Señor.

12. Y ya se sabe que todos los que quieren vivir virtuosamente según Jesucristo, han de padecer persecución.

13. Al paso que los malos hombres y los impostores irán de mal en peor, errando y haciendo errar a otros.

14. Tú, empero, amado hijo, manténte firme en lo que has aprendido y se te ha encomendado, considerando quién te lo enseñó,

15. y también que desde la niñez aprendiste las sagradas letras, que te pueden instruir para la salvación, mediante la fe que cree en Jesucristo.

16. Toda escritura inspirada de Dios es propia para enseñar, para convencer para corregir a los pecadores, para dirigir a los buenos en la justicia o virtud,

17. en fin, para que el hombre de Dios o el cristiano sea perfecto, y esté apercibido para toda obra buena.

CAPÍTULO IV

Ultimas encomiendas del Apóstol a Timoteo. Le exhorta a que predique sin intermisión, para fortificar los espíritus de los fieles contra los errores que habían de nacer; le dice que está cercano el fin de su vida, y concluye con las salutaciones acostumbradas.

1. Te conjuro, pues, delante de Dios y de Jesucristo, que ha de juzgar vivos y muertos, al tiempo de su venida y de su reino:

2. predica la palabra de Dios con toda fuerza y valentía, insiste con ocasión y sin ella, reprende, ruega, exhorta con doctrina.

3. Porque vendrá tiempo en que los hombres no podrán sufrir la sana doctrina, sino que teniendo una comezón extremada de oír doctrinas que lisonjeen sus pasiones, recurrirán a una caterva de doctores propios para satisfacer sus desordenados deseos,

4. y cerrarán sus oídos a la verdad, y los aplicarán a las fábulas.

5. Tu entretanto vigila en todas las cosas de tu ministerio, soporta las aflicciones, desempeña el oficio de evangelista, cumple todos los cargos de tu ministerio. Vive con templanza.

6. Que yo ya estoy a punto de ser inmolado, y se acerca el tiempo de mi muerte.

7. Combatido he con valor, he concluido la carrera, he guardado la fe.

8. Nada me resta sino aguardar la corona de justicia que me está reservada, y que me dará el Señor en aquel día como justo juez, y no sólo a mí, sino también a los que llenos de fe desean su venida. Date prisa en venir presto a mí.

9. Porque Demas me ha desamparado por el amor de este siglo, y se ha ido a Tesalónica;

10. Crescente partió para Galacia, Tito para Dalmacia.

11. Sólo Lucas está conmigo. Toma a Marcos, y tráele contigo; porque me es del caso para el ministerio evangélico.

12. A Tíquico le he enviado a Éfeso.

13. Cuando vengas tráete contigo la capa o capote que dejé en Tróade en casa de Carpo, y los libros, mayormente los pergaminos o papeles.

14. Alejandro el calderero me ha hecho mucho mal; el Señor le dará el pago conforme a sus obras.

15. Guárdate tú también de él, porque se ha opuesto sobremanera a nuestra doctrina.

16. En mi primera defensa, nadie me asistió, antes todos me desampararon: ruego a Dios se lo perdone.

17. Mas el Señor me asistió y alentó, para que yo acabase de predicar y me oyesen todas las naciones; y fui librado de la boca o garras del león.

18. El Señor me librará de todo pecado y me conducirá a su reino celestial: A Él sea dada la gloria por los siglos de los siglos. Amén.

19. Saluda a Prisca, y a Aquilas, y a la familia de Onesíforo.

20. Erasto se quedó en Corinto. Y a Trófimo le dejé enfermo en Mileto.

21. Apresúrate a venir antes del invierno. Te saludan Eubulo, y Pudente y Lino, y Claudia, y los hermanos todos de esta ciudad.

22. El Señor Jesucristo sea con tu espíritu. La gracia permanezca con vosotros. Amén.

EPÍSTOLA DEL APÓSTOL SAN PABLO A TITO

CAPÍTULO I

Después de saludar a Tito, le acuerda la esperanza de la vida eterna y le demuestra las cualidades que han de tener los presbíteros y obispos.

1. Pablo, siervo de Dios y apóstol de Jesucristo para instruir a los escogidos de Dios en la fe y en el conocimiento de la verdad que es según la piedad,

2. y que da la esperanza de la vida eterna, la cual Dios, que no puede mentir, ha prometido y destinado antes de todos los siglos,

3. habiendo hecho ver en su tiempo el cumplimiento de su palabra en la predicación del Evangelio, que se me ha confiado a mí por mandato de Dios, salvador nuestro,

4. a Tito, hijo querido, según la fe que nos es común: gracia y paz de Dios Padre, y de Jesucristo Salvador nuestro.

5. La causa porque te dejé en Creta, es para que arregles y corrijas las cosas que falten, y establezcas en cada ciudad presbíteros, conforme yo te prescribí.

6. escogiendo para tan sagrado ministerio a quien sea sin tacha, casado una sola vez, que tenga hijos fieles, no infamados de lujuria, ni desobedientes.

7. Porque es necesario que un obispo sea irreprensible, o sin crimen, como que es el ecónomo de Dios o el dispensador de sus riquezas, no soberbio, no colérico, no dado al vino, no percusor, o violento, no codicioso de sórdida ganancia;

8. sino amante de la hospitalidad, dulce y afable, sobrio, justo, religioso, continente,

9. adicto a las verdades de la fe, según se le han enseñado a él, a fin de que sea capaz de instruir en la sana doctrina, y redargüir a los que contradijeren.

10. Porque aún hay muchos desobedientes, charlatanes y embaidores, mayormente de los circuncisos, o judíos convertidos,

11. a quienes es menester tapar la boca; que trastornan familias enteras, enseñando cosas que no convienen con el Evangelio, por amor de una torpe ganancia, o vil interés.

12. Dijo uno de ellos, propio profeta, o adivino, de esos mismos isleños: Son los cretenses siempre mentirosos, malignas bestias, vientres perezosos.

13. Este testimonio es verdadero. Por tanto, repréndelos fuertemente, para que conserven sana la fe,

14. y no den oídos a las fábulas judaicas, ni a mandamientos de hombres que se apartan de la verdad.

15. Para los limpios todas las cosas son limpias; mas para los contaminados, y que no tienen fe no hay nada limpio, sino que tienen contaminadas su alma y su conciencia con los pecados.

16. Profesan conocer a Dios, mas lo niegan con las obras, siendo como son abominables y rebeldes, y negados para toda obra buena.

CAPÍTULO II

Manifiesta a Tito cómo se ha de portar con los fieles de todos estados, sexos, edades y condiciones y la obligación que tiene de darles buen ejemplo. Explica los documentos que nos da la gracia de Dios y los beneficios que nos ha hecho Jesucristo.

1. Mas tú has de enseñar solamente cosas conforme a la sana doctrina:

2. y como que los ancianos sean sobrios, honestos, prudentes, constantes y puros en la fe, en la caridad, en la paciencia;

3. asimismo que las ancianas sean de un porte ajustado, modesto, no calumniadoras, no amigas de mucho vino, que den buenas instrucciones,

4. enseñando el pudor a las jóvenes, a que amen a sus maridos, y a cuidar de sus hijos,

5. a que sean honestas, castas, sobrias, cuidadosas de la casas, apacibles, sujetas a sus maridos, para que no se hable mal de la palabra de Dios o del Evangelio.

6. Exhorta del mismo modo a los jóvenes a que sean sobrios.

7. En todas cosas muéstrate dechado de buenas obras, en la doctrina, en la pureza de costumbres, en la gravedad de tu conducta,

8. en la predicación de doctrina sana e irreprensible para que quien es contrario se confunda, no teniendo mal ninguno que decir de nosotros.

9. Exhorta a los siervos a que sean obedientes a

sus dueños, dándoles gusto en todo lo que puedan, no siendo respondones,

10. no defraudándolos en nada, sino en todas las cosas una perfecta lealtad; para que su conducta haga respeto en todo el mundo la doctrina de Dios, salvador nuestro.

11. Porque la gracia del Dios, salvador nuestro, ha iluminado a todos los hombres,

12. enseñándonos que renunciando a la impiedad y a las pasiones mundanas, vivos sobrila, justa y religiosamente en este siglo,

13. aguardando la bienaventuranza esperada, y la venida gloriosa del gran Dios y salvador nuestro Jesucristo,

14. el cual se dio a sí mismo por nosotros para redimirnos de todo pecado, purificar y hacer de nosotros un pueblo particularmente consagado a su servido y fervoroso en el bien obrar.

15. Esto es lo que has de enseñar; y exhorta y reprende con plena autoridad, pórtate de manera que nadie te menosprecie.

CAPÍTULO III

Virtudes que debe Tito recomendar a todos los cristianos. La gracia de Jesucristo derramada sobre nosotros nos hace esperar la vida eterna. Le exhorta a que ahuyente las malas doctrinas y aparte de la Iglesia a los herejes para que no corrompan la fe de los fieles.

1. Amonéstales que vivan sujetos a los príncipes y potestades, que obedezcan sus órdenes, y que estén prontos para toda obra buena,

2. que no digan mal de nadie, que no sean pleitistas ni pendencieros, sino llanos, modestos, tratando a todos los hombres con toda la dulzura posible.

3. Porque también nosotros éramos en algún tiempo insensatos, incrédulos extraviados, esclavos de infinitas pasiones y deleites, llenos de malignidad y de envidia, aborrecibles, y aborreciéndonos los unos a los otros.

4. Pero después que Dios nuestro salvador, ha manifestado su dignidad y amor para con los hombres,

5. nos ha salvado, no a causa de las obras de justicia que hubiésemos hecho, sino por su misericordia, haciéndonos renacer por el bautismo, y renovándonos por el Espíritu Santo,

6. que Él derramó sobre nosotros copiosamente. por Jesucristo, salvador nuestro.

7. para que justificados por la gracia de este mismo, vengamos a ser herederos de la vida eterna, conforme a la esperanza que de ella tenemos.

8. Doctrina es ésta certísima y deseo que arraigues bien en ella a los que creen en Dios, a fin de que procuren aventajarse en practicar buenas obras. Estas cosas son las loables y provechosas a los hombres.

9. Pero cuestiones necias, y genealogías, y contiendas, y debates sobre la ley, evítalas, porque son inútiles y vanas.

10. Huye del hombre hereje, después de haberle corregido una y dos veces.

11. sabiendo que quien es de esta ralea, está pervertido y es delincuente, siendo condenado por su propia conciencia.

12. Luego que yo hubiere enviado a ti a Artemas, o a Tíquico, date priesa en venir a mí a Nicópolis; pues he resuelto pasar allí el invierno.

13. Envía delante con todo honor a Zenas, doctor de la ley con Apolo, procurando que nada les falte.

14. Aprendan asimismo los nuestros a ejercitar los primeros las buenas obras en las necesidades que se ofrecen, para no ser estériles y sin fruto.

15. Todos los que están conmigo te saludan; saluda tú a los que nos aman conforme a la fe. La gracia de Dios sea con todos vosotros. Amén.

EPÍSTOLA DEL APÓSTOL SAN PABLO A FILEMÓN

CAPÍTULO ÚNICO

Pídele con la elocuencia divina de la caridad que se reconcilie con Onésimo, su esclavo fugitivo, ya cristiano y arrepentido.

1. Pablo, preso por amor de Jesucristo, y Timoteo su hermano, al amado Filemón, coadjutor nuestro,

2. y a la carísima hermana nuestra Apia, su esposa, y a Arquipo, nuestro compañero en los combates, o en la milicia de Cristo, y a la Iglesia congregada en tu casa:

3. gracia y paz a vosotros, de parte de Dios nuestro Padre y del Señor Jesucristo.

4. Acordándome siempne de ti en mis oraciones, querido Filemón, doy gracias a mi Dios

5. oyendo la fe que tienes en el Señor Jesús, y tu caridad para con todos los santos o fieles,

6. y de qué manera la liberalidad que nace de tu fe resplandece a la vista de todo el mundo, haciéndose patente por medio de todas las obras buenas que se practican en tu casa por amor de Jesucristo.

7. Así es que no he tenido gran gozo y consuelo en las obras de tu caridad, viendo cuánto recreo y alivio han recibido de tu bondad, hermano mío, los corazones de los santos, o fieles necesitados.

8. Por este motivo, no obstante la libertad que pudiese yo tomarme en Jesucristo para mandarte una cosa que es de tu obligación,

9. con todo, lo mucho que te amo me hace preferir el suplicártela, aunque sea lo que soy respecto de ti, esto es, aunque lo sea Pablo, el apóstol, ya anciano, y además preso ahora por amor de Jesucristo.

10. Te ruego, pues, por mi hijo Onésimo, a quien he engendrado, o dado la vida de la gracia, entre las cadenas.

11. Onésimo, que en algún tiempo fue para ti inútil, y al presente tanto para ti como para mí es provechoso,

12. el cual te le vuelvo a enviar. Tú de tu parte recíbele como a mis entrañas, o como si fuera hijo mío.

13. Yo había pensado retenerle conmigo, para que me sirviese por ti, durante la prisión en que estoy por el Evangelio;

14. pero nada he querido hacer sin tu consentimiento, para que tu beneficio no fuese como forzado, sino voluntario.

15. Que quizá él te ha dejado por algún tiempo, a fin de que le recobrases para siempre,

16. no ya como mero siervo, sino como quien de siervo ha venido a ser por el bautismo un hermano muy amado, de mí en particular; ¿pero cuánto más de ti, pues que te pertenece según el mundo y según el Señor?

17. Ahora bien, si me tienes por íntimo compañero tuyo, acógele como a mí mismo.

18. Y si te ha causado algún detrimento o te debe algo, apúntalo a mi cuenta.

19. Yo, Pablo, te lo he escrito de mi puño; yo lo pagaré, por no decirte que tú te me debes todo a mí, puesto que te convertí a la fe.

20. Sí, por cierto, hermano. Reciba yo de ti este gozo en el Señor. Da en nombre del Señor este consuelo a mi corazón.

21. Confiado en tu obediencia te escribo, sabiendo que harás aún mucho más de lo que digo.

22. Y al mismo tiempo dispónme también hospedaje; pues espero que por vuestras oraciones os he de ser restituido.

23. Epafras, preso conmigo por amor de Jesucristo, te saluda,

24. con Marcos, Aristarco, Demas y Lucas que me ayudan y acompañan.

25. La gracia de Nuestro Señor Jesucristo sea con vuestro espíritu Amén.

EPÍSTOLA DEL APÓSTOL SAN PABLO A LOS HEBREOS

CAPÍTULO I

Jesucristo, verdadero Dios y hombre, es infinitamente superior a los ángeles.

1. Dios, que en otro tiempo habló a nuestros padres en diferentes ocasiones y de muchas maneras por los profetas,

2. nos ha hablado últimamente en estos días, por medio de su Hijo Jesucristo, a quien constituyó heredero universal de todas las cosas, por quien crió también los siglos y cuanto ha existido en ellos.

3. El cual siendo como es el resplandor de su gloria y vivo retrato de su substancia, o persona, y sustentándolo dirigiéndolo todo con sola su poderosa palabra, después de habernos purificado de nuestros pecados, está sentado a la diestra de la majestad en lo más alto de los cielos,

4. hecho tanto más superior y excelente que los ángeles, cuanto es más aventajado el nombre que recibió por herencia o naturaleza.

5. Porque ¿a cuál de los ángeles dijo jamás: *Hijo mío eres tú, Yo te he engendrado hoy? ¿Y asimismo: Yo seré padre suyo, y él será hijo mío?*

6. Y otra vez al introducir a su primogénito en el mundo, dice: *Adórenle todos los ángeles de Dios.*

7. Asimismo en orden a los ángeles dice la Escritura: *El que a sus ángeles o embajadores los hace espíritus o ligeros como el viento, y a sus ministros activos como la ardiente llama;*

8. mientras que al Hijo le dice: *El trono tuyo ¡oh Dios!, subsistirá por los siglos de los siglos; cetro de rectitud, el cetro de tu reino;*

9. amaste la justicia y aborreciste la iniquidad; por eso, ¡oh Dios!, el Dios y el Padre tuyo te ungió con óleo de júbilo mucho más que a tus compañeros*

10. Y en otro lugar se dice del hijo de Dios: *Tú eres, ¡oh Señor!, el que al principio fundaste la tierra, y obras de tus manos son los cielos:*

11. ellos perecerán, mas tú permanecerás siempre el mismo, y todos como vestidos envejecerse han.

12. y como un manto o ropa así los mudarás, y quedarán mudados; pero tú eres para siempre el mismo, y tus años o tus días nunca se acabarán, pues eres eterno.

13. En fin, ¿a qué ángel ha dicho jamás: *Siéntate tú a mi diestra, mientras tanto que pongo a tus enemigos por tarima o estrado de tus pies?*

14. ¿Por ventura no son todos ellos unos espiritus que hacen el oficio de servidores o ministros enviados de Dios, para ejercer su ministerio en favor de aquellos que deben ser los herederos de la salud?

CAPÍTULO II

Los transgresores de la Ley nueva serán castigados con mayor rigor. Gloria del Hijo de Dios hecho hombre, Señor de todas las criaturas, Redentor, Santificador, Salvador y Pontífice de los hombres.

1. Por tanto, es menester que observemos con mayor empeño las cosas que hemos oído de su boca, a fin de que no quedemos por desgracia del todo vacíos.
2. Pues si la ley promulgada por los ángeles fue firme, y toda transgresión y desobediencia recibió el justo castigo que merecía,
3. ¿cómo lo evitaremos nosotros, si desatendemos el evangelio de tan grande salud?. La cual habiendo comenzado el Señor a predicarla, ha sido después confirmada hasta nosotros por los que la habían oído,
4. atestiguándola Dios con señales, y portentos, y variedad de milagros, y con los dones el Espíritu Santo que ha distribuido según su beneplácito.
5. Porque no sometió Dios a los ángeles el mundo venidero de que hablamos.
6. Antes uno en cierto lugar testificó, diciendo: ¿Qué es el hombre que así te acuerdas de él, o el hijo del hombre para que le mires tan favorablemente?
7. HazIe hecho por un poco de tiempo inferior a los ángeles, mas luego coronado le has de gloria y de honor, y le has constituido sobre las obras de tus manos.
8. Todas las cosas has sujetado a sus pies, o a su humanidad santísima. Conque si Dios todas las cosas ha sujetado, no ha dejado ninguna que no haya a Él sometido. Ahora, empero, no vemos que todas las cosas le estén todavía sujetas.
9. Mas vemos a aquel mismo Jesús, que por un poco de tiempo fue hecho infenor a los ángeles, coronado ya de gloria y de honor, por la muerte que padeció, habiendo querido Dios por pura gracia o misericordia, que muriese por todos los hombres.
10. Por cuanto era cosa digna que aquel Dios para quien y por quien son todas las cosas, habiendo de conducir a muchos hijos adoptivos a la gloria, cónsumase o inmolase por medio de la pasión y muerte al autor y modelo de la salvación de los mismos, Jesucristo Señor nuestro.

11. Porque el que santifica, y los que son santificados, todos traen de uno su origen o la naturaleza humana. Por esta causa no se desdeña de llamarlos hermanos, diciendo:
12. Anunciaré tu nombre a mis hermanos; en medio de la iglesia, o reunión pueblo, cantaré tus alabanzas.
13. Y en otra parte: Yo pondré en él toda mi confianza. Item: He aquí, yo y mis hijos, que Dios me ha dado.
14. Y por cuanto los hijos tienen comunes la carne y sangre, o la naturaleza, él también participó de las mismas cosas, para destruir por su muerte al que tenía el imperio de la muerte, es a saber, al diablo,
15. y librar a aquellos que por el temor de la muerte estaban toda la vida sujetos a servidumbre.
16. Porque no tomó jamás la naturaleza de los ángeles, sino que tomó la sangre de Abrahán.
17. Por lo cual debió en todo asemejarse a sus hermanos, a fin de ser un pontífice misericordioso y fiel para con Dios, en orden a expiar o satisfacer por los pecados del pueblo.
18. Ya que por razón de haber Él mismo padecido y sido tentado, puede también dar la mano o socorrer a los que son tentados.

CAPÍTULO III

Jesucristo, Hijo de Dios, mucho más eminente sin comparación que Moisés, que era solamente un siervo del Señor. Debemos obedecerle en todo, para que no seamos castigados como los hebreos incrédulos.

1. Por lo cual vosotros, mis santos hermanos, partícipes que sois de la vocación celestial, poned los ojos en Jesús, apóstol y pontífice de nuestra profesión, o religión santa,
2. el cual es fiel al que le ha constituido tal, como lo fue también Moisés con respecto a toda su casa.
3. Considerad, pues, que fue reputado digno de gloria tanto màyor que la de Moisés cuanto mayor dignidad u honra tiene que la casa, aquel que la fabricó.
4. Ello es que toda casa por alguno es fabricada; mas el que crió y fabricó todas las cosas es Dios.
5. Y a la verdad Moisés fue fiel en toda la casa de Dios, o pueblo de Israel, como un sirviente enviado de Dios para anunciar al pueblo todo lo que tenía orden de decirle.
6. Pero Cristo se ha dejado ver como hijo en su propia casa; la cual casa somos nosotros, si hasta el fin mantenemos firme la animosa confianza en Él y la esperanza de la gloria.

7. Por lo cual nos dice el Espíritu Santo: Si hoy oyereis su voz,

8. no queráis endurecer vuestros corazones, como sucedió cuando el pueblo estaba en el desierto en el lugar llamado Contradicción y murmuración,

9. en donde vuestros padres me tentaron, queriendo hacer prueba de mi poder, y en donde vieron las cosas grandes que hice.

10. Yo sobrellevé a aquel pueblo con pena y disgusto por espacio de cuarenta años, dije en mí mismo: Este pueblo sigue siempre los extravíos de su corazón: él no conoce mis caminos,

11. y así airado he jurado: Que no entrarán jamás en el lugar de mi descanso.

12. Mirad pues, hermanos, no haya en alguno de vosotros corazón maleado de incredulidad, hasta abandonar al Dios vivo;

13. antes amonestaos todos los días los unos a los otros, mientras dura el día que se apellida de hoy, a fin de que ninguno de vosotros llegue a endurecerse con el engañoso atractivo del pecado.

14. Puesto que venimos a ser participantes de Cristo, con tal que conservemos inviolablemente hasta el fin el principio del nuevo ser suyo que ha puesto en nosotros.

15. Mientras que se nos dice: Si hoy oyereis su voz, no endurezcáis vuestros corazones, como los israelitas en el tiempo de aquella provocación.

16. Pues algunos de los que la habían oído, irritaron al Señor, aunque no todos aquellos que salieron del Egipto por medio de Moisés.

17. Mas ¿contra quiénes estuvo irritado el Señor por espacio de cuarenta años? ¿No fue contra los que pecaron, cuyos cadáveres quedaron tendidos en el desierto?

18. ¿Y a quiénes juró que no entrarían jamás en su descanso, sino a aquellos que fueron incrédulos y desobedientes?

19. En efecto, vemos que no pudieron entrar por causa de la incredulidad.

CAPÍTULO IV

De la verdadera tierra de promisión hacia la cual caminan los cristianos; cómo debemos acudir a Jesucristo para poder entrar en ella. Cuán grande es la virtud y eficacia de la palabra de Dios.

1. Temamos, pues, que haya alguno entre nosotros que sea excluido de la entrada en el descanso de Dios por haber despreciado la promesa que de Él se nos había hecho.

2. Puesto que se nos anunció también a nosotros del mismo modo que a ellos. Pero a ellos no les aprovechó la palabra o promesa oída, por no ir acompañada con la fe de los que la oyeron.

3. Al contrario, nosotros que hemos creído, entraremos en el descanso, según lo que dijo: Tal es el juramento que hice en mi indignación: jamás entrarán en mi descanso; y es el descanso en que habita Dios, acabadas ya sus obras desde la creación del mundo.

4. Porque en cierto lugar habló así del día séptimo: *Y descansó Dios al día séptimo de todas sus obras,*

5. Y en éste dice: *Jamás entrarán en descanso.*

6. Pues como todavía faltan algunos por entrar en él, y los primeros a quienes fue anunciada la buena nueva no entraron por su incredulidad:

7. por eso de nuevo establece un día, es hoy, diciendo, al cabo de tanto tiempo, por boca de David, según arriba se dijo: *Si hoy oyereis su voz, no queráis endurecer vuestros corazones,*

8. Porque si Josué les hubiera dado este descanso, nunca después hablaría la Escritura de otro día.

9. Luego resta todavía un solemne descanso o sábado para el verdadero pueblo de Dios.

10. Así quien ha entrado en este su descanso, ha descansado también de todas sus obras, así como Dios de las suyas

11. Esforcémonos, pues, a entrar en aquel eterno descanso, a fin de que ninguno imite el sobredicho ejemplo de incredulidad.

12. Puesto que la palabra de Dios es viva, y eficaz, y más penetrante que cualquiera espada de dos filos, y que entra y penetra hasta los pliegues del alma y del espíritu, hasta las junturas y tuétanos, y discierne y califica los pensamientos y las intenciones más ocultas del corazón.

13. No hay criatura invisible a su vista; todas están desnudas y patentes a los ojos de este Señor, de quien hablamos.

14. Teniendo pues, por Sumo pontífice a Jesús, Hijo de Dios, que penetró hasta lo más alto del cielo, y, nos abrió sus puertas, estemos firmes en la fe que hemos profesado.

15. Pues no es tal nuestro pontífice que sea incapaz de compadecerse de nuestras miserias, habiendo voluntariamente experimentado todas las tentaciones y debilidades, a excepción del pecado, por razón de la semejanza con nosotros en el ser de hombre.

16. Lleguémonos, pues, confiadamente al trono de la gracia: a fin de alcanzar misericordia, y hallar el auxilio de la gracia para ser socorridos a tiempo oportuno.

CAPÍTULO V

Explica el Apóstol cuál es el oficio del Sumo pontífice; hacer ver que Jesucristo es tal y que intercede por nosotros. Se queja de la poca disposición que tienen para entender estos divinos misterios.

1. Porque todo pontífice entresacado de los hombres, es puesto para beneficio de los hombres, en lo que mira al culto de Dios, a fin de que ofrezca dones y sacrificios por los pecados,

2. el cual sepa sobrellevar y condolerse de aquellos que ignoran y yerran, como quien se halla igualmente rodeado de miserias.

3. Y por esta razón debe ofrecer sacrificio en descuento de los pecados, no menos por los suyos propios que por los del pueblo.

4. Ni nadie se apropie esta dignidad, si no es llamado de Dios, como Aarón.

5. Así también, Cristo no se arrogó la gloria de hacerse pontífice, sino que se la dio el que le dijo: *Tú eres mi Hijo, Yo te he engendrado hoy.*

6. Al modo que también en otro lugar dice: *Tú eres sacerdote eternamente, según el orden de Melquisedec.*

7. El cual en los días de su carne mortal, ofreciendo plegarias y súplicas con grande clamor y lágrimas a aquel que podía salvarle de la muerte, fue oído en vista de su reverencia.

8. Y cierto que aunque era Hijo de Dios, aprendió como hombre por las cosas que padeció, a obedecer.

9. Y así consumado o sacrificado en la cruz, vino a ser causa de salvación eterna para todos los que le obedecen,

10. siendo nombrado por Dios pontífice según el orden de Melquisedec.

11. Sobre lo cual podríamos deciros muchas grandes cosas, pero son cosas difíciles de explicar a causa de vuestra flojedad y poca aplicación para entenderlas.

12. El caso es que debiendo ser maestros si atendemos al tiempo que ha pasado ya, de nuevo habéis menester que os enseñen a vosotros cuáles son los primeros rudimentos de la palabra de Dios, o doctrina cristiana: y habéis llegado a tal estado, que no se os puede dar sino leche, mas no alimento sólido.

13. Pero quien se cría con leche, no es capaz de entender el lenguaje de perfecta y consumada justicia, por ser un niño en la doctrina de Dios.

14. Mientras que el manjar sólido es de varones perfectos; de aquellos que con el largo uso tienen ejercitados los sentidos espirituales en discernir el bien y el mal.

CAPÍTULO VI
Observa el Apóstol que suelen ser incorregibles los que siendo muy favorecidos de Dios pierden la fe, o se abandonan a los vicios. Habla contra la pereza y de la firme áncora que tenemos en la esperanza cristiana.

1. Dejemos, pues, a un lado las instrucciones que se dan a aquellos que comienzan a creer en Jesucristo, y elevémonos a lo que hay de más perfecto, sin detenernos en echar de nuevo el fundamento hablando de la penitencia de las obras muertas o pecados anteriores al bautismo, de la fe en Dios,

2. y de la doctrina sobre los bautismos, de la imposición de las manos o confirmación, de la resurrección de los muertos y del juicio perdurable:

3. y he aquí lo que, con el fervor de Dios, vamos a hacer ahora.

4. Porque es moralmente imposible que aquellos que han sido una vez iluminados, que asimismo han gustado el don celestial de la Eucaristía, que han sido hechos partícipes de los dones del Espíritu Santo,

5. que se han alimentado con la santa palabra de Dios y la esperanza de las maravillas del siglo venidero,

6. y que después de todo esto han caído; es imposible, digo, que sean renovados por la penitencia, puesto que cuanto es de su parte crucifican de nuevo en sí mismo al Hijo de Dios, y le exponen al escarnio.

7. Porque la tierra que embebe la lluvia que cae a menudo sobre ella, y produce yerba que es provechosa a los que la cultivan, recibe la bendición de Dios,

8. mas la que brota espinas y abrojos es abandonada de su dueño, y queda expuesta a la maldición, y al fin para en ser abrasada.

9. Por lo demás, carísimos hermanos, aunque os hablamos de esta manera, tenemos mejor opinión de vosotros y de vuestra salvación.

10. Porque no es Dios injusto, para olvidarse de lo que habéis hecho, y de la caridad que por respeto a su nombre habéis mostrado, en haber asistido y en asistir a los santos, o fieles necesitados.

11. Deseamos, empero, que cada uno de vosotros muestre el mismo fervor hasta el fin para el cumplimiento o perfección de su esperanza,

12. a fin de que no os hagáis flojos, o remisos, sino imitadores de aquellos santos Patriarcas, que por su fe, y larga paciencia han llegado a ser los herederos de las promesas celestiales.

13. Por eso en la promesa que Dios hizo a Abrahán, como no tenía otro mayor por quien jurar, juró por sí mismo,

14. diciendo en seguida: Está bien cierto de que yo te llenaré de bendiciones, y te multiplicaré sobremanera.

15. Y así aguardando con longanimidad o larga paciencia, alcanzó la promesa.

16. Ello es que los hombres juran por quien es mayor que ellos y el juramento es la mayor seguridad que pueden dar, para terminar sus diferencias.

17. Por lo cual queriendo Dios mostrar más cumplidamente a los herederos de la promesa la inmutabilidad de su consejo o resolución, interpuso juramento;

18. para que a vista de dos cosas inmutables, promesa y juramento, en que no es posible que Dios mienta o falte a ellas, tengamos un poderosísimo consuelo los que consideramos nuestro refugio y ponemos la mira en alcanzar los bienes que nos propone la esperanza,

19. la cual sirve a nuestra alma como de una áncora segura y firme y penetra hasta el Santuario que está del velo adentro:

20. Donde entró Jesús por nosotros el primero como nuestro precursor, constituido pontífice por toda la eternidad según el orden de Melquisedec.

CAPÍTULO VII

El sumo sacerdocio de Jesucristo, figurado en el de Melquisedec, es infinitamente más excelente que el de Aarón y sus sucesores. Jesucristo no ha de rogar por sí, sino solamente por nosotros.

1. En efecto, este Melquisedec, rey de Salem, sacerdote del Dios altísimo, es el que salió al encuentro a Abrahán cuando volvía victorioso de la derrota de los cuatro reyes, y el que le bendijo;

2. a quien asimismo dio Abrahán el diezmo de todos los despojos que había recogido, cuyo nombre en primer lugar significa «rey de justicia»; además de eso era rey de Salem, que quiere decir «rey de paz»,

3. representado sin padre, sin madre, sin genealogía sin ser conocido el principio de sus días, ni el fin de su vida, sino que siendo por todo esto imagen del Hijo de Dios, queda sacerdote eternamente.

4. Contemplad ahora cuán grande sea éste, a quien el mismo Patriarca Abrahán dio los diezmos, sacándolos de los mejores despojos.

5. Lo cierto es que aquellos de la tribu de Leví que son elevados sacerdocio tienen por la ley orden o derecho de diezmos del pueblo, esto es, de sus hermanos; aunque también éstos mismos vengan como ellos de la sangre de Abrahán.

6. Pero aquel cuyo linaje no se cuenta entre ellos, recibió los diezmos de Abrahán, y dio la bendición al que tenía recibidas las promesas.

7. Y no cabe duda alguna en que quien es menor recibe la bendición del mayor.

8. No menos cierto es que aquí entre los levitas, los que cobran los diezmos son hombres que mueren, cuando allá se asegura o representa como que vive aún.

9. Y (por decirlo así) aun Leví que recibe los diezmos de nosotros, pagó diezmo en la persona de Abrahán,

10. pues que todavía estaba en Abrahán su abuelo como la planta se contiene en la simiente, cuando Melquisedec vino al encuentro de este Patriarca.

11. Y si la perfección o santidad se daba por el sacerdocio levítico (ya que en tiempo del mismo recibió el pueblo la Ley) ¿qué necesidad hubo después de que se levantase otro sacerdote nombrado según el orden de Melquisedec, y no según el de Aarón?

12. Porque mudado el sacerdocio, es forzoso que también se mude la ley.

13. Y el hecho es, que aquel de quien fueron predichas estas cosas, es de una tribu de la cual ninguno sirvió al altar.

14. Siendo como es notorio, que Nuestro Señor Jesucristo nació de la tribu de Judá a la cual jamás atribuyó Moisés el sacerdocio.

15. Y aun esto se manifiesta más claro; supuesto que sale a la luz otro sacerdote a semejanza de Melquisedec.

16. establecido no por ley de sucesión carnal, como el de Aarón sino por el poder de su vida inmortal,

17. como lo declara la Escritura diciendo: *Tú eres sacerdote para siempre, según el orden de Melquisedec.*

18. Queda, pues, mudado el sacerdocio, y por tanto abrogada la ley u ordenación antecedente, a causa de su inutilidad e insuficiencia:

19. pues que la ley no condujo ninguna cosa a perfección, sino que lo que conduce a ella es una esperanza mejor, intituida en su lugar, por la cual nos acercamos a Dios.

20. Y además este sacerdote Jesucristo no ha sido establecido sin juramento (porque ciertamente los otros fueron instituidos sacerdotes sin juramento;

21. mas éste lo fue con juramento, por aquel que le dijo: Juró el Señor, y no se arrepentirá: tú eres sacerdote por toda la eternidad),

22. por lo que es mucho más perfecto el testamento o alianza de que Jesús salió fiador y mediador.

23. Además aquellos sacerdotes fueron muchos porque la muerte les impedía que durasen siempre;

24. mas éste como siempre permanece, posee eternamente el sacerdocio.

25. De aquí es que puede perpetuamente salvar a los que por medio suyo se presentan a Dios, como que está siempre vivo para interceder por nosotros.

26. A la verdad tal como éste nos convenía que fuese nuestro pontífice, santo, inocente, inmaculado, segregado de los pecadores, o de todo pecado, y sublimado sobre los cielos,

27. el cual no tiene necesidad, como los demás sacerdotes, de ofrecer cada día sacrificios, primeramente por sus pecados, y después por los del pueblo; porque esto lo hizo una vez sola, ofreciéndose a sí mismo.

28. Pues la ley constituyó sacerdotes a hombres flacos; pero la palabra de Dios, confirmada con el juramento que ha hecho posteriormente a la Ley, estableció por pontífice a su Hijo Jesucristo, que es santo y, perfecto eternamente.

CAPÍTULO VIII

Es Jesucristo mediador del Nuevo Testamento, el cual es mucho más excelente o perfecto que el Antiguo.

1. En suma, cuanto acabamos de decir se reduce a esto: Tenemos un pontífice tal, que está sentado a la diestra del trono de la majestad de Dios en los cielos,

2. es el ministro, o sacerdote, del santuario celestial, y del verdadero Tabernáculo, erigido por el Señor, y no por hombre alguno:

3. que si todo pontífice es destinado a ofrecer dones y víctimas, forzoso es que también éste tenga alguna cosa que ofrecer;

4. porque si Él habitase sobre la tierra, ni aun sacerdote sería: estando ya establecidos a este fin los hijos de la tribu de Ley que según la ley, ofrecen los dones,

5. y sirven al templo material, bosquejo y sombra de las cosas celestiales. Como le fue respondido a Moisés, al construir el Tabernáculo: Mira le dijo Dios, hazlo todo conforme al diseño que se te ha mostrado en el monte.

6. Mas nuestro pontífice, Jesucristo, ha alcanzado un ministerio tanto más excelente, cuanto es mediador de un Testamento o alianza más apreciable, la cual fue otorgada sobre mejores promesas.

7. Pues si aquel primero fuera sin imperfección, de ningún modo se trataría de sustituirle otro.

8. Sin embargo, culpándolos dice a los prevaricadores de la ley antigua: *He aquí que vendrán días*, dice el Señor, *en que otorgaré a la casa de Israel y a la casa de Judá un Testamento o alianza nueva;*

9. *no como el Testamento o pacto que hice con sus padres cuando los tomé como por la mano para sacarlos de la tierra de Egipto; por cuanto ellos no guardaron mi alianza, y así Yo los deseché, dice el Señor;*

10. el Testamento que he de disponer, dice el Señor, para la casa de Israel, después de aquellos días, es el siguiente: Imprimiré mis leyes en la mente de ellos, y escribirlas he sobre sus corazones; y Yo seré su Dios, y ellos serán mi pueblo;

11. ya no será menester que enseñe cada uno a su prójimo y su hermano, diciendo: Conoce al Señor; porque con la luz de la fe todos me conocerán desde el menor de ellos hasta el mayor;

12. pues Yo les perdonaré sus maldades, y no me acordaré más de sus pecados.

13. Con llamar nuevo a este Testamento, dio por anticuado al primero. Ahora bien, o se da por anticuado y viejo, cerca está de quedar abolido.

CAPÍTULO IX

Cotejo de las ceremonias de la Ley antigua con las de la nueva. Preeminencias del sacerdocio de Jesucristo sobre el del Antiguo Testamento.

1. Es verdad que tuvo el primer Testamento o alianza reglamentos sagrados del culto y un santuario terrestre temporal.

2. Porque se hizo un primer Tabernáculo, en el cual estaban los candeleros, y la mesa y los panes de la proposición y esta parte es la que se llama *Sancta*, o Santuario.

3. Seguíase detrás del segundo velo la parte del Tabernáculo que se llama Santísimo o *Sanctasanctórum,*

4. que contenía un incensario de oro; y el arca del Testamento cubierta de oro por todas partes, y allí se guardaba el vaso de oro que contenía el maná, y la vara de Aarón, que floreció, y las tablas de la Ley o de la alianza;

5. y sobre el arca estaban los querubines gloriosos haciendo sombra al propiciatorio, de las cuales cosas no es tiempo de hablar ahora por menor.

6. Como quiera, dispuestas así estas cosas, en el primer Tabernáculo entraban siempre los sacerdotes para cumnlir las funciones de sus ministerios;

7. pero en el segundo el solo pontífice, una vez al año, no sin llevar allí sangre, la cual ofrecía por sus ignorancias y por las del pueblo:

8. dando a entender con esto el Espíritu Santo que no estaba todavía patente la entrada del ver-

dadero santuario, o Sanctasanctórum del cielo, estando aún en pie, o subsistiendo, el primer Tabernáculo.

9. Todo lo cual era figura de lo que pasa ahora, pasaba en aquel tiempo en los dones y sacrificios que se ofrecían, los cuales no podían purificar la conciencia de los que tributaban a Dios este culto, pues que no consistía sino en viandas, y bebidas,

10. y diferentes abluciones, y ceremonias carnales, que no fueron establecidas sino hasta el tiempo en que la Ley sería corregida o reformada.

11. Mas sobreviniendo Cristo pontífice que nos había de alcanzar los bienes venideros por medio de un Tabernáculo más excelente y más perfecto, no hecho a mano, esto es, no de fábrica o formación semejante a la nuestra;

12. y presentándose no con sangre de machos de cabrío, ni de becerros, sino con la sangre propia, entró una sola vez para siempre en el santuario del cielo habiendo obtenido una eterna redención del género humano.

13. Porque si la sangre de los machos de cabrío y de los toros, y la ceniza de la ternera sacrificada, esparcida sobre los inmundos, los santifica en orden a la purificación legal de la carne,

14. cuánto más la sangre de Cristo, el cual por impulso del Espíritu Santo se ofreció a sí mismo inmaculado a Dios, limpiará nuestras conciencias de las obras muertas de los pecados para que tributemos un verdadero culto al Dios vivo?

15. Y por eso es Jesús mediador de un nuevo Testamento, a fin de que mediante su muerte para expiación aun de las prevaricaciones cometidas en tiempo del primer Testamento, reciban la herencia eterna prometida a los que han sido llamados de Dios.

16. Porque donde hay Testamento, es necesario que intervenga la muerte del testador;

17. pues el testamento no tiene fuerza sino por la muerte del que lo otorgó; de otra suerte no vale, mientras tanto que vive el que testó.

18. Por eso ni aun aquel primer Testamento fue celebrado sin sangre:

19. puesto que Moisés, después que hubo leído todos los mandamientos de la Ley a todo el pueblo, tomando de la sangre de los novillos, y de los machos de cabrío, mezclada con agua, lana teñida de carmesí o de grana, y el hisopo, roció al mismo libro de la Ley, y también a todo el pueblo,

20. diciendo: Ésta es la sangre que servirá de sello del Testamento que Dios os ha ordenado o hecho en favor vuestro.

21. Y asimismo roció con sangre el Tabernáculo, y todos los vasos del ministerio.

22. Y según la ley casi todas las cosas se purifican con sangre, y sin derramamiento de sangre no se hace la remisión.

23. Fue, pues, necesario que las figuras de las cosas celestiales, esto es, el Tabernáculo sus utensilios, se purificasen con tales ritos; pero las mismas cosas celestiales lo deben ser con víctimas mejores que éstas y así ha sucedido.

24. Porque no entró Jesús en el santuario hecho de mano de hombre, que era figura del verdadero; sino que entró en el cielo mismo para presentarse ahora por nosotros en el acatamiento de Dios;

25. y no para ofrecerse muchas veces a sí mismo como entra el pontífice de año en año en el Sanctasanctórum con sangre ajena y, no propia.

26. De otra manera le hubiera sido necesario padecer muchas veces desde el principio del mundo, cuando ahora una sola vez al cabo de los siglos se presentó para destrucción del pecado, con el sacrificio de sí mismo.

27. Y así como está decretado a los hombres el morir una sola vez, y después el juicio,

28. así también Cristo ha sido una sola vez inmolado u ofrecido en sacrificio para quitar de raíz los pecados de muchos, y otra vez aparecerá no para expiar los pecados ajenos, sino para dar la salud eterna a los que le esperan con viva fe.

CAPÍTULO X

Jesucristo es la única víctima que puede expiar nuestros pecados; debemos unirnos a ella por la fe, esperanza, caridad y buenas obras. Exhorta a los hebreos a la paciencia en los trabajos.

1. Porque no teniendo la ley más que la sombra de los bienes futuros, y no la realidad misma de las cosas, no puede jamás por medio de las mismas víctimas, que no cesan de ofrecerse todos los años, hacer justos y perfectos a los que se acercan al altar y sacrifican;

2. de otra manera hubieran cesado ya de ofrecerlas, pues que los sacrificadores, purificados una vez, no tendrán ya remordimiento de pecado;

3. con todo eso todos los años al ofrecerlas se hace conmemoración de los pecados;

4. porque es de suyo imposible que con sangre de toros y de machos de cabrío se quiten los pecados.

5. Por eso el Hijo de Dios al entrar en el mundo dice a su eterno Padre: Tú no has querido sacrificio, ni ofrenda; mas a mí me has apropiado un cuerpo mortal;

6. holocaustos por el pecado no te han agradado.

7. Entonces dije: Heme aquí que vengo, según está escrito de mí al principio del libro, o Escritura sagrada, para cumplir, ¡oh Dios!, tu voluntad.

8. Ahora bien: diciendo: Tú no has querido, ni han sido de tu agrado los sacrificios, las ofrendas y holocaustos por el pecado, cosas todas que ofrecen según la ley;

9. y añadiendo: Heme aquí que vengo, ¡oh mi Dios!, para hacer tu voluntad; claro está que abolió estos últimos sacrificios, para establecer otro, que es el de su cuerpo.

10. Por esta voluntad, pues, somos santificados por la oblación del cuerpo de Jesucristo hecha una vez sola.

11. Y así en lugar de que todo sacerdote de la antigua ley se presenta cada día, por la mañana y tarde, a ejercer su ministerio y a ofrecer muchas veces las mismas víctimas, las cuales no pueden jamás quitar los pecados,

12. este nuestro pontífice después de ofrecida una sola hostia por los pecados, está sentado para siempre a la diestra de Dios,

13. aguardando entretanto lo que resta, es a saber, que sus enemigos sean puestos por estrado de sus pies.

14. Porque con una sola ofrenda hizo perfectos para siempre a los que ha santificado.

15. Eso mismo nos testifica el Espíritu Santo. Porque después de haber dicho:

16. He aquí la alianza que yo asentaré con ellos,. dice el Señor; después de aquellos días imprimiré mis leyes en sus corazones y las escribiré sobre sus almas;

17. añade en seguida: Y ya nunca jamás me acordaré de sus pecados, ni de sus maldades.

18. Cuando quedan, pues, perdonados los pecados, ya no es menester oblación por el pecado.

19. Esto supuesto, hermanos, teniendo la firme esperanza de entrar en el *Sanctasanctórum*, o Santuario del cielo, por la sangre de Cristo

20. con la cual nos abrió camino nuevo y de vida para entrar por el velo, esto es, por su carne;

21. teniendo asimismo el gran sacerdote, Jesucristo, constituido sobre la Casa de Dios, o la Iglesia,

22. lleguémonos a Él con sincero corazón, con plena fe, purificados los corazones de las inmundicias de la mala conciencia, lavados en el cuerpo con el agua limpia del bautismo,

23. mantengamos inconcusa la esperanza que hemos confesado (que fiel es quien hizo la promesa),

24. y pongamos los ojos los unos en los otros para incentivo de caridad y de buenas obras,

25. no desamparando nuestra congregación, o asamblea de los fieles, como es costumbre de algunos, sino, al contrario, alentándonos mutuamente, y tanto más cuanto más vecino viereis el día.

26. Porque si pecamos a sabiendas después de haber reconocido la verdad, ya no nos queda hostia que ofrecer por los pecados

27. sino antes bien una horrenda expectación del juicio y del fuego abrasador que ha de devorar a los enemigos de Dios.

28. Uno que prevaricare contra la ley de Moisés, y se haga idólatra, siéndole probado con dos o tres testigos, es condenado sin remisión a muerte.

29. Pues ahora, ¿cuánto más acerbos suplicios, si lo pensáis, merecerá aquel que hollare al Hijo de Dios, y tuviese por vil e inmunda la sangre divina del Testamento, por la cual fue santificado, y ultrajaré al Espíritu Santo autor de la gracia

30. Pues bien conocemos quién es el que dijo: A mi está reservada la venganza, y Yo soy el que. la ha de tomar. Y también: El Señor ha de juzgar a su pueblo.

31. Horrenda cosa es por cierto caer en manos del Dios vivo.

32. Traed a la memoria aquellos primeros días de vuestra conversión, cuando después de haber sido iluminados sufristeis con valor admirable un gran combate de persecuciones;

33. por un lado habiendo servido de espectáculo al mundo, por las injurias y malos tratamientos que habéis recibido, y por otro tomando parte en las penas de los que sufrían semejantes indignidades.

34. Porque os compadecisteis de los que estaban entre cadenas, y llevasteis con alegría la rapiña de vuestros bienes, considerando que teníais un patrimonio más excelente y duradero.

35. No queráis, pues, malograr vuestra confianza, la cual recibirá un grande galardón.

36. Porque os es necesaria la paciencia para que, haciendo la voluntad de Dios, obtengáis la promesa.

37. Pues dentro de un brevísimo tiempo, dice Dios vendrá aquel que ha de venir, y no tardará.

38. Entretanto el justo mío, añade el Señor, vivirá por la fe; pero si desertare, no será agradable sino aborrecible a mi alma.

39. Mas nosotros, hermanos, no somos de los hijos que desertan de la fe para perderse, sino de los fieles, constantes para poner en salvo al alma, y asegurarle la eterna gloria.

Describe el Apóstol la virtud maravillosa de la fe por una inducción de las grandes acciones de los antiguos justos o santos, desde el principio del mundo hasta la venida del Mesías.

1. Es, pues la fe el fundamento o firme persuarsión de las cosas que se esperan, y un convencimiento de las cosas que no se ven.

2. De donde por ella merecieron de Dios testimonio de alabanza los antiguos justos.

3. La fe es la que nos enseña el mundo todo fue hecho por la palabra de Dios; y que de invisible que era fue hecho visible.

4. La fe es por la que Abel ofreció a Dios un sacrificio más excelente que el de Caín, y fue declarado justo, dándole el mismo Dios testimonio de que aceptaba sus dones; y por la fe habla todavía aún estando muerto.

5. Por la fe fue trasladado Enoc de este mundo para que no muriese, y no se le vió más, por cuanto Dios le transportó a otra parte que no se sabe; mas antes de la traslación tuvo el testimonio de haber agradado a Dios.

6. Pues sin fe es imposible agradar a Dios; por cuanto el que se llega a Dios debe creer que Dios existe, y que es remunerador de los que le buscan.

7. Por la fe, avisado Noé de Dios sobre cosas que aún no se veían, con santo temor fue construyendo el arca para salvación de su familia y construyéndola condenó al mundo y fue instituido heredero de la justicia, que se adquiere por la fe.

8. Por la fe aquel que recibió del Señor el nombre de Abrahán, o Padre de las naciones obedeció a Dios partiendo hacia el país que debía recibir en herencia; y se puso en camino, no sabiendo adónde iba.

9. Por la fe habitó en la tierra que se le había prometido, como en tierra extraña, habitando en cabañas o tiendas de campaña como hicieron también Isaac y Jacob coherederos de la misma promesa.

10. Porque tenía puesta la mira y todas su esperanza en aquella ciudad de sólidos fundamentos, la celestial Jerusalén, cuyo arquitecto y fundador es el mismo Dios.

11. Por la fe también la misma Sara siendo estéril recibió virtud de concebir un hijo, por más que la edad fuese ya pasada, porque creyó ser fiel y veraz aquel que lo habla prometido.

12. Por la cual causa, de un hombre solo (y ése amortecido ya por su estremada vejez) salió una posteridad tan numerosa como las estrellas del cielo, y como las arenas sin cuento de la orilla del mar.

13. Todos estos santos vinieron a morir constantes siempre en su fe, sin haber recibido los bienes que se les habían prometido, contentándose con mirarlos de lejos y saludarlos, y confesando al mismo tiempo ser peregrinos y huéspedes sobre la tierra.

14. Ciertamente que los que hablan de esta suerte, bien dan a entender que buscan patria.

15. Y caso que pensaran en la propia de donde salieron, tiempo sin duda tenían de volverse a ella.

16. Luego es claro que aspiran a otra mejor, esto es, a la celestial. Por eso Dios no se desdeña de llamarse Dios de ellos, como que les tenía preparada su ciudad celestial.

17. Por la fe Abrahán, cuando fue probada su fidelidad por Dios, ofreció a Isaac, y el mismo que había recibido las promesas, ofrecía y sacrificaba al unigénito suyo:

18. aunque se le había dicho: de Isaac saldrá la descendencia que llevará su nombre, y heredará las promesas.

19. Mas él consideraba dentro de si mismo que Dios podría resucitarle después de muerto; de aquí es que le recobró bajo esta idea y como figura de otra cosas.

20. Por la fe también Isaac bendijo a Jacob y a Esaú, fundando su bendición sobre cosas que habían de suceder a los dos hermanos.

21. Por la fe Jacob, moribundo bendijo a cada uno de los hijos de José, y adoró o se inclinó profundamente delante de la vara de gobierno que llevaba José.

22. Por la fe José, al morir, hizo mención de la salida de los hijos de Israel, y dispuso acerca de sus propios huesos.

23. Por la fe Moisés, cuando nació fue ocultado por sus padres, durante el espacio de tres meses, porque vieron tan gracioso al niño, y así es que no temieron el edicto del rey.

24. Por la fe Moisés, siendo ya grande, renunció a la cualidad de hijo adoptivo de la hija de Faraón

25. escogiendo antes de ser afligido con el pueblo de Dios, que gozar de las delicias pasajeras del pecado,

26. juzgando que el oprobio de Jesucristo era un tesoro más grande que todas las riquezas de Egipto; porque fijaba su vista en la recompensa.

27. Por la fe dejó al Egipto, sin temer la saña del rey; porque tuvo firme confianza en el invisible como si le viera ya.

28. Por la fe celebró la Pascua e hizo aquella aspersión de la sangre del cordero; a fin de que no tocase a los suyos el ángel exterminador, que

iba matando a los primogénitos de los egipcios.

29. Por la fe pasaron el mar Bermejo como por tierra seca, lo cual probando hacer los egipcios, fueron sumergidos.

30. Por la fe cayeron los muros de Jericó, con sólo dar vuelta siete días alrededor de ellos.

31. Por la fe Rahab que era o había sido, una ramera no pereció con los demás ciudadanos incrédulos, dando en su posada acogida segura a los exploradores que envió Josué.

32. ¿Y qué más diré todavía? El tiempo me faltará si me pongo a discurrir de Gedeón, de Barac, de Sansón, de Jefté, de David, de Samuel y de los profetas,

33. los cuales por la fe conquistaron reinos, ejercitaron la justicia, alcanzaron las promesasi, taparon las bocas de los leones,

34. extinguieron la violencia del fuego, escaparon del filo de la espada, sanaron de grandes enfermedades, se hicieron valientes en la guerra, desbarataron ejércitos extranjeros,

35. mujeres hubo que recibieron resucitados a sus difuntos hijos. Más otros fueron estirados en el potro, no queriendo redimir la vida presente, por asegurar otra mejor en la resurrección.

36. Otros asimismo sufrieron escarnios y azotes, además de cadenas y cárceles;

37. fueron apedreados, aserrados, puestos a prueba de todos modos, muertos a filo de espada; anduvieron girando de acá para allá: cubiertos de pieles de oveja y de cabra, desamparados, angustiados, maltratados,

38. de los cuales el mundo no era digno, yendo perdidos por las soledades, por los montes, y recogiéndose en las cuevas y en las cavernas de la tierra.

39. Sin embargo todos estos santos tan recomendables por el testimonio de su fe, no recibieron todo el fluto de la promesa,

40. habiendo dispuesto Dios por un favor particular que nos ha hecho, el que no recibiesen sino juntamente con nosotros el cumplimiento de su felicidad, en el alma y en el euepo.

CAPÍTULO XII

Exhórtalos con el ejemplo de Jesucristo a sufrir con fortaleza las aflicciones y a ser obediente a la Ley del Señor.

1. Ya que estamos, pues, rodeados de una tan grande nube de testigos, descargándonos de todo peso, y de los lazos del pecado que nos tiene ligados, corramos con aguante al término del combate, o la meta o hito, que nos es propuesto,

2. poniendo siempre los ojos en Jesús, autor y consumador de la fe, el cual en vista del gozo que le estaba preparado en la gloria sufrió la cruz, sin hacer caso de la ignominia y en premio está sentado a la diestra de Dios.

3. Considerad, pues, atentamente a aquel Señor que sufrió tal contradicción de los pecadores contra su misma persona, a fin de que no desmayéis, perdiendo vuestros ánimos.

4. Pues aun no habéis resistido hasta derramar la sangre, como Jesucristo, combatiendo contra el pecado;

5. sino que os habéis olvidado ya de las palabras de consuelo, que os dirige Dios como a hijos, diciendo en la Escritura. Hijo mío, no desprecies la corrección o castigo del Señor, ni caigas de ánimo cuando te reprende.

6. Porque el Señor al que ama, le castiga; y a cualquiera que recibe por hijo le prueba con adversidades.

7. Sufrid, pues, y aguantad firmes, la corrección, Dios se porta con vosotros como con hijos. Porque ¿cuál es el hijo a quien su padre no corrige?

8. Que si estáis fuera de la corrección o castigo, de que todos los justos participaron, bien se ve que sois bastardos, y no hijos legítimos.

9. Por otra parte, si tuvimos a nuestros padres carnales que nos corrigieron, y los respetábamos, y, amábamos, ¿no es mucho más justo que obedezcamos al Padre de los espíritus, para alcanzar la vida eterna?

10. Y a la verdad aquéllos por pocos días nos castigaban a su arbitrio; pero éste nos amaestra en aquello que sirve para hacernos santos.

11. Es indudable que toda corrección, por el pronto parece que no trae gozo, sino pena; mas después producirá en los que son labrados con ella fruto apacibilísimo de justicia.

12. Por tanto, volved a levantar vuestras manos lánguidas y caídas, y fortificad vuestras rodillas debilitadas;

13. marchad con paso firme por el recto camino, a fin de que alguno por andar claudicando en la fe no se descamine de ella sino antes bien se corrija.

14. Procurad tener paz con todos, y la santidad de vida, sin la cual nadie puede ver a Dios,

15. atendiendo a que ninguno se aparte de la gracia de Dios: que ninguna raíz de amargura brotando fuera y, extendiendo sus ramas sofoque la buena semilla y por dicha raíz se inficionen muchos.

16. Ninguno sea fornicario, ni tampoco profano como Esaú, que por un potaje o plato de comida vendió su primogenitura.

17. Pues tened entendido que después, por más que pretendía ser heredero de la bendicion, fue

desechado no pudiendo hacer que su padre mudase la resolución, por más que con lágrimas lo solicitase.

18. Además de que vosotros no os habéis acercado a un monte sensible o terrestre, y a fuego encendido, y torbellino, y negra nube, y tempestad,

19. y sonido de trompeta, y estruendo de una voz tan espantosa, que los que la oyeron pidieron por merced que no se les hablase más, sino por medio de Moisés;

20. pues no podían sufrir la severidad de esto que se les intimaba: Si una bestia tocare el monte, ha de ser apedreada.

21. Y era tan espantoso lo que se veía, que dijo Moisés: Despavorido estoy y temblando.

22. Mas vosotros os habéis acercado al monte de Sión y a la ciudad de Dios vivo, la celestial Jerusalén, al coro de muchos millares de ángeles,

23. a la Iglesia de los primogénitos, que están alistados en los cielos, y a Dios juez de todos y a los espíritus de los justos ya perfectos o bienaventurados,

24. y a Jesús mediador de la nueva alianza, y a la aspersión de aquella su sangre que habla mejor que la de Abel.

25. Mirad que no desechéis al que os habla. Porque si no escaparon del castigo aquellos que desobedecieron al siervo de Dios Moisés, que les hablaba sobre la tierra, mucho más castigados seremos nosotros si desecháremos al Hijo de Dios que nos habla desde los cielos,

26. cuya voz hizo entonces temblar la tierra; pero ahora promete más diciendo: Una vez todavía os hablare en público; y Yo conmoveré no tan sólo la tierra, sino también el cielo.

27. Mas con decir: una vez todavía, declara la mudanza de las cosas movibles o inestables como cosas hechas sólo para algún tiempo, a fin de que permanezcan aquéllas que son inmobles.

28. Así, que ateniéndonos nosotros, hermanos míos, a aquel reino que no está sujeto a mudanza ninguna, conservemos la gracia, mediante la cual agradando a Dios, le sirvamos con temor y reverenda;

29. pues nuestro Dios es como un fuego devorador.

CAPÍTULO XIII

Exhortación al ejercicio de las virtudes cristianas, por medio de las cuales y en virtud del sacrificio de Jesucristo, se merece la entrada en la Jerusalén celestial.

1. Conservad siempre la caridad para con vuestros hermanos,

2. Y no olvidéis el ejercitar la hospitalidad pues por ella algunos, sin saberlo, hospedarán ángeles.

3. Acordaos de los presos, como si estuvierais con ellos en la cárcel; y de los afligidos, como que también vosotros vivís en cuerpo, sujetos a miserias.

4. Sea honesto en todos el matrimonio, y el lecho conyugal sin mancilla. Porque Dios condenará a los fornicarios y a los adúlteros.

5. Sean las costumbres sin rastro de avaricia, contentándoos con lo presente, pues el mismo Dios dijo: No te desampararé, ni abandonaré jamás;

6. por manera que podamos animosamente decir: El Señor es quien me ayuda; no temeré cosa que hagan contra mí los hombres.

7. Acordaos de vuestros prelados, los cuales os han predicado la palabra de Dios, cuya fe habéis de imitar, considerando el fin dichoso de su vida.

8. Jesucristo el mismo que ayer, es hoy, y lo será por los siglos de los siglos.

9. No os dejéis, pues, descaminar o llevar de aquí allá por doctrinas diversas y extrañas. Lo que importa sobre todo es fortalecer el corazón con la gracia de Jesucristo, no con las viandas aquellas que de nada sirvieron por sí solas a los que andaban vanamente confiados en ellas.

10. Tenemos un altar, o una víctima de que no pueden comer los que sirven al Tabernáculo.

11. Porque los cuerpos de aquellos animales cuya sangre por el pecado ofrece el pontífice en el Santuario, son quemados enteramente fuera de los alojamientos o de la población;

12. que aun por eso Jesús, para santificar al pueblo con su sangre, padeció fuera de la puerta de la ciudad,

13. Salgamos, pues, a Él fuera de la ciudad, o alojamientos, y sigámosle las pisadas cargados con su improperio.

14. Puesto que no tenemos aquí ciudad fija, sino que vamos en busca de la que está por venir.

15. Ofrezcamos, pues, a Dios por medio de Él sin cesar un sacrificio de alabanza, es a saber, el fruto de labios que bendigan su santo Nombre.

16. Entretanto no echéis en olvido el ejercer la beneficencia, y el repartir con otros vuestros bienes; porque con tales ofrendas se gana la voluntad de Dios.

17. Obedeced a vuestros prelados, y estadles sumisos, ya que ellos velan, como que han de dar cuenta a Dios de vuestras almas; para que lo hagan con alegría, y no penando, cosa que no os sería provechosa.

18. Orad por nosotros, porque seguros estamos

de que en ninguna cosa nos acusa la conciencia deseando comportarnos bien en todo.

19. Ahora mayormente os suplico que lo hagáis, a fin de que cuanto antes me vuelva Dios a vosotros.

20. Y el Dios de la paz que resucitó de entre los muertos al gran pastor de las ovejas, Jesucristo Señor nuestro, por la virtud, méritos de la sangre del eterno Testamento,

21. os haga aptos para todo bien, a fin de que hagáis siempre su voluntad, obrando Él en vosotros lo que sea agradable a sus ojos por los méritos de Jesucristo, al cual sea dada la gloria por los siglos de los siglos. Amén.

22. Ahora, hermanos, os ruego que llevéis a bien todo lo dicho para exhortaros y consolaros, aunque os he escrito brevemente.

23. Sabed que nuestro hermano Timoteo está ya en libertad, con el cual (si viene presto) iré a veros.

24. Saludad a todos vuestros prelados y a todos los santos o fieles. Los hermanos fieles de Italia os saludan.

25. La gracia sea con todos vosotros. Amén.

EPÍSTOLA CATÓLICA DEL APÓSTOL SANTIAGO

CAPÍTULO I

De la utilidad de las tribulaciones y cómo la paciencia conduce a la perfección. De los frutos de la oración. Ventajas de la pobreza. Reprimir la lengua. Asistir a los afligidos. Huir del espíritu del mundo.

1. Santiago, siervo de Dios y de Nuestro Senor Jesucristo, a los fieles de las doce tribus, que viven dispersos entre las naciones: salud.

2. Tened, hermanos míos, por objeto de sumo gozo el caer en varias tribulaciones,

3. sabiendo que la prueba de vuestra fe produce, o ejercita, la paciencia,

4. y que la paciencia perfecciona la obra; para que así vengáis a ser perfectos y cabales sin faltar en cosa alguna.

5. Mas si alguno de vosotros tiene falta de sabiduría, pídasela a Dios que a todos da copiosamente, y no zahiere a nadie; y le será concedida.

6. Pero pídala con fe sin sombra de duda, o desconfianza; pues quien anda dudando es semejante a la ola del mar alborotada y agitada de viento acá y allá.

7. Así que un hombre semejante no tiene que pensar que ha de recibir poco ni mucho del Señor.

8. El hombre de ánimo doble es inconstante en todos sus caminos.

9. Aquel hermano que sea de baja condición ponga su gloria en la verdadera exaltación suya;

10. mientras el rico la debe poner en su abatimiento, o en humillarse a sí mismo, por cuanto él se ha de pasar como la flor del heno;

11. pues así como en saliendo el sol ardiente se va secando la hierba, cae la flor, y acábase toda su vistosa hermosura, así también el rico se marchitará y ajará en sus andanzas.

12. Bienaventurado, pues, aquel hombre que sufre con paciencia la tentación, o tribulación; porque después que fue así probado, recibirá la corona de vida, que Dios ha prometido a los que le aman.

13. Ninguno cuando es tentado, diga que Dios le tienta porque Dios no puede jamás dirigirnos al mal; y así Él a ninguno tienta.

14. Sino que cada uno es tentado, atraído y halagado por la propia concupiscencia.

15. Después la concupiscencia en llegando a concebir los deseos malos, pare el pecado, el cual una vez que sea consumado, engendra la muerte.

16. Por tanto, no os engañéis en esta materia, hermanos míos muy amados.

17. Toda dádiva preciosa y todo don perfecto de arriba viene, como que desciende del Padre de las luces, en quien no cabe mudanza; ni sombra de variación.

18. Porque por un puro querer de su voluntad nos ha engendrado para hijos suyos con la palabra de la verdad, a fin de que seamos los israelitas como las primicias de sus nuevas criaturas.

19. Bien lo sabéis vosotros, hermanos míos muy queridos. Y así, sea todo hombre pronto para escuchar, pero detenido en hablar y refrenado en la ira.

20. Porque la ira del hombre no se compadece con la justicia de Dios.

21. Por lo cual dando de mano a toda inmundicia y exceso vicioso, recibid con docilidad la palabra divina que ha sido como ingerida en vosotros, y que puede salvar vuestras almas.

22. Pero habéis de ponerla en práctica, y no sólo escucharla, engañándoos lastimosamente a vosotros mismos.

23. Porque quien se contenta con oír la palabra de Dios, y no la practica, este tal será parecido a un hombre que contempla al espejo su rostro nativo ensuciado con algunas manchas,

24. y que no hace más que mirarse, y se va sin quitarlas, y luego se olvidó de cómo está.

25. Mas quien contemplare atentamente la ley

perfecta del Evangelio, que es la de la libertad, y perseverare en ella, no haciéndose oyente olvidadizo, sino ejecutor de la obra, éste será por su hecho u obras bienaventurado.

26. Que si alguno se precia de ser religioso o devoto, sin refrenar su lengua, antes bien engañando o precipitando con ella su corazón, la religión suya es vana, es falsa su piedad.

27. La religión pura y sin mácula delante de Dios Padre es ésta: visitar, o socorrer, a los huérfanos y a las viudas en sus tribulaciones, y preservarse de la corrupción de este siglo.

CAPÍTULO II

Advierte el Apóstol que la acepción de personas no se compone bien con la fe de Jesucristo, y que la fe sin las obras buenas es como un cuerpo sin alma.

1. Hermanos míos, no intentéis conciliar la fe de nuestro glorioso Señor Jesucristo con la acepción de personas.

2. Porque si entrando en vuestra congregación un hombre con sortija de oro y ropa preciosa, y entrando al mismo tiempo un pobre con un mal vestido,

3. ponéis los ojos en el que viene con vestido brillante, y le decís: Siéntate tú aquí en este buen lugar, diciendo por el contrario al pobre: Tú estáte allí en pie, o siéntate acá a mis pies,

4. ¿no es claro que formáis un tribunal injusto dentro de vosotros mismos, y os hacéis jueces de sentencias injustas?

5. Oíd, hermanos míos muy amados: ¿no es verdad que Dios eligió a los pobres en este mundo para hacerlos ricos en la fe y herederos del reino que tiene prometido a los que le aman?

6. Vosotros, al contrario, habéis afrentado al pobre. ¿No son los ricos los que os tiranizan, y no son esos mismos los que os arrastran a los tribunales?

7. ¿No es blasfemado por ellos el buen nombre de Cristo, que fue sobre vosotros invocado?

8. Si es que cumplís la ley regia de la caridad conforme a las Escrituras: *Amarás a tu prójimo como a ti mismo*, bien hacéis;

9. pero si sois aceptadores de personas. cometéis un pecado, siendo reprendidos por la ley como transgresores.

10. Pues aunque uno guarde toda la ley, si quebranta un mandamiento, viene a ser reo de todos los demás.

11. Porque aquel que dijo: No cometerás adulterio, o no fornicarás, dijo también: No matarás. Con que aunque no cometas adulterio, ni forniques, si matas, transgresor eres de la ley.

12. Así habéis de hablar y obrar, como que estáis a punto de ser juzgados por la ley evangélica o de la libertad.

13. Porque aguarda un juicio sin misericordia al que no usó de misericordia; pero la misericordia sobrepuja al rigor del juicio.

14. ¿De qué servirá, hermanos míos, el que uno diga tener fe, si no tiene obras? ¿Por ventura a este tal la fe podrá salvarle?

15. Caso que un hermano o una hermana estén desnudos y necesitados del alimento diario,

16. ¿de qué les servirá que alguno de vosotros les diga: id en paz, defendeos del frío y comed a satisfacción, si no les dáis lo necesario para reparo del cuerpo?

17. Así la fe, si no es acompañada de obras, está muerta en sí misma.

18. Sobre lo cual podrá decir alguno al que tiene fe sin obras: Tú tienes fe, y yo tengo obras: muéstrame tu fe sin obras, que yo te mostraré mi fe por las obras.

19. Tú crees que Dios es uno; haces bien: también lo creen los demonios, y se estremecen.

20. Pero ¿quieres saber, ¡oh hombre vano!, cómo la fe sin obras está muerta?

21. Abrahán nuestro padre, ¿no fue justificado por las obras cuando ofreció a su hijo Isaac sobre las aras?

22. ¿Ves cómo la fe acompañaba a sus obras, y que por las obras la fe vino a ser consumada?

23. En lo que se cumplió la Escritura, dice: *Creyó Abrahán a Dios, y le fue reputado por justicia, y fue llamado amigo de Dios.*

24. ¿No véis cómo el hombre se justifica por las obras, y no por la fe solamente?

25. A este modo Rahab la ramera, ¿no fue asimismo justificada por las obras, hospedando a los exploradores que enviaba Josué, y despachándolos por otro camino?

26. El suma, como un cuerpo sin espíritu está muerto, así también la fe sin las obras está muerta.

CAPÍTULO III

Vicios de la lengua desenfrenada y diferencia entre la ciencia terrena y la celestial.

1. No queráis muchos de vosotros, hermanos míos, hacer de maestros, considerando que os exponéis a un juicio muy riguroso.

2. Porque todos tropezamos en muchas cosas. Que si alguno no tropieza en palabras, este tal se puede decir que es varón perfecto, y que puede tener a raya todo el cuerpo y sus pasiones.

3. Así como si metemos un freno en la boca de los caballos para que nos obedezcan, movemos su cuerpo a donde quiera.

4. Mirad también cómo las naves, aunque sean grandes y están llevadas de impetuosos vientos con un pequeño timón mueven aquí y allá donde quiere el impulso del piloto.

5. Así también la lengua es un miembro pequeño, sí, pero viene a ser origen fastuoso de cosas de gran bulto o consecuencia. ¡Mirad un poco de fuego cuán grande bosque incendia!

6. La lengua también es un fuego; es un mundo entero de maldad. La lengua es uno de nuestros miembros, que contamina todo el cuerpo, y siendo inflamada del fuego infernal inflama la rueda, o toda la carrera, de nuestra vida.

7. El hecho es, que toda especie de bestias, de aves, y de serpientes y de otros animales se amansan y han sido domados por la naturaleza del hombre;

8. mas la lengua ningún hombre puede domarla: ella es un mal que no puede atajarse, y está llena de mortal veneno.

9. Con ella bendecimos a Dios Padre, y con la misma maldecimos a los nombres, los cuales son formados a semejanza de Dios.

10. De una misma boca sale la bendición y la maldición. No han de ir así las cosas, hermanos míos.

11. ¿Acaso una fuente echa por el mismo caño agua dulce y agua amarga?

12. O ¿puede, hermanos míos, una higuera producir uvas, o la vid higos? Así tampoco la fuente salada puede dar el agua dulce.

13. ¿Hay entre vosotros alguno tenido por sabio y bien amaestrado para instruir a otros? Muestre por el buen porte su proceder y una sabiduría llena de dulzura.

14. Mas si tenéis un celo amargo y el espíritu de discordia en vuestros corazones, no hay para qué gloriaros y levantar mentiras contra la verdad

15. que esa sabiduría no es la que desciende de arriba; sino más bien una sabiduría terrena, animal y diabólica.

16. Porque donde hay tal celo o envidia y espíritu de discordia, allí reina el desorden y todo género de vicios.

17. Al contrario, la sabiduría que desciende de arriba, además de ser honesta , llena de pudor, es pacífica, modesta, dócill, susceptible o concorde con todo lo bueno, llena de misericordia y de excelentes frutos de buenas obras, que no se mete a juzgar, y está ajena de hipocresía.

18. Y es que los pacíficos son los que siembran en paz los frutos de la verdades justicia, o santidad.

CAPÍTULO IV

Discordias y otros males que causan las pasiones no refrenadas. Debemos evitar la murmuración y someternos a la Providencia Divina.

1. ¿De dónde nacen las riñas y pleitos entre vosotros? ¿No es de vuestras pasiones, las cuales hacen la guerra en vuestros miembros?

2. Codiciáis, y no lográis; matáis, y ardéis de envidia, y no por eso conseguís vuestros deseos; litigáis, y armáis pendenciáis, y nada alcanzáis, porque no lo pedís a Dios.

3. Pedís quizá, y con todo no recibís, esto es porque pedís con mala intención, para satisfacer vuestras pasiones.

4. Almas adúlteras y, corrompidas, ¿no sabéis que el amor de este mundo es una enemistad contra Dios? Cualquiera, pues, que quiere ser amigo del mundo, se constituye enemigo de Dios.

5. ¿Pensáis acaso que sin motivo dice la Escritura: *El Espíritu de Dios que habita en vosotros, os ama y codicia con celos?*

6. Pero por lo mismo da mayores gracias a los que así le aman. Por lo cual dijo: *Dios resiste a los soberbios, y da su gracia a los humildes.*

7. Estad, pues, sujetos a Dios, y resistid con su gracia al diablo, y huirá de vosotros.

8. Allegaos a Dios, y Él se allegará a vosotros. Limpiad, ¡oh pecadores!, vuestras manos; y vosotros de ánimo dobles, purificad vuestros corazones.

9. Mortificaos, y plañid, y sollozad; truéquese vuestra risa en llanto, y el gozo en tristeza.

10. Humillaos en la presencia del Señor, y Él os ensalzará.

11. No queráis, hermanos, hablar mal los unos de los otros. Quien habla mal de un hermano, o quien juzga a su hermano, este tal de la ley habla mal; y a la ley juzga, o condena. Mas si tú juzgas a la ley, ya no eres observador de la ley, sino que te haces juez de ella.

12. Uno solo es el legislador y el juez, que puede salvar y puede perder.

13. Tú empero, ¿quién eres para juzgar a tu prójimo? He aquí que vosotros andáis diciendo: Hoy o mañana iremos a tal ciudad, y pasaremos allí un año, y negociaremos y aumentaremos el caudal.

14. Esto decís vosotros, que ignoráis lo que sucederá manana.

15. Porque ¿qué cosa es vuestra vida? Un vapor que por un poco de tiempo aparece, y luego desaparece. En vez de decir: Queriendo Dios; y: Si viviéremos, haremos esto o aquello.

16. Mas ahora todo al contrario, os estáis regocijando en vuestras vanas presunciones. Toda presunción o jactancia semejante, es perniciosa.

17. En fin, quien conoce el bien que debe hacer, y no lo hace, por lo mismo peca.

CAPÍTULO V

Del severo castigo que recibirán los ricos avarientos y opresores de los pobres. De la paciencia en las aflicciones. No debemos jurar en vano. De la extremaunción; de la confesión sacramental, y de la eficacia de la oración.

1. ¡Ea, pues, oh ricos!, llorad, levantad el grito en vista de las desdichas que han de sobreveniros.
2. Podridos están vuestros bienes, y vuestras ropas han sido roídas de la polilla.
3. El oro y la plata vuestra se han enmohecido, y el orín de estos metales dará testimonio contra vosotros, y devorará vuestras carnes como un fuego. Os habéis atesorado ira para los últimos días.
4. Sabed que el jornal que no pagasteis a los trabajadores, que segaron vuestras mieses, está clamando contra vosotros; y el clamor de ellos ha penetrado los oídos del Señor de los ejércitos:
5. Vosotros habéis vivido en delicias banquetes sobre la tierra, y os ha separado a vosotros mismos como las victimas que se preparan para el dia del sacrificio.
6. Vosotros habéis condenado al inocente, y le habéis muerto, sin que os haya hecho resistencia alguna.
7. Pero vosotros, ¡oh hermanos míos!, tened paciencia hasta la venida del Señor. Mirad cómo el labrador, con la esperanza de recoger el precioso fruto de la tierra, aguarda con paciencia que Dios envíe las lluvias temprana y tardía.
8. Esperad, pues, también vosotros con paciencia, y esforzad vuestros corazones, porque la venida del Señor está cerca.
9. No queráis, hermanos, querellaros unos contra otros, a fin de que no seáis condenados en este terrible día. Mirad que el juez está a la puerta.
10. Tomad, hermanos míos, por ejemplo de paciencia, en los malos sucesos y desastres, a los profetas, que hablaron en el nombre del Señor.
11. Ello es que tenemos por bienaventurados a los que así padecieron. Oído habéis la paciencia de Job, y visto el fin del Señor. Estad de buen mimo, porque el Señor es misericordioso y compasivo.
12. Sobre todo, hermanos míos, no queráis mirarla por el cielo, ni por la tierra, ni con otro juramento alguno. Mas vuestro modo de asegurar una cosa sea: Sí, sí; no, no; para que no caigáis en condenación jurando falso o sin necesidad.
13. ¿Hay entre vosotros alguno que está triste?; haga oración ¿Está contento?; cante salmos.
14. ¿Está enfermo alguno entre vosotros?; llame a los presbíteros de la Iglesia, y oren por él, ungiéndole con óleo en el Nombre del Señor.
15. Y la oración nacida de la fe salvará al enfermo, y el Señor le aliviará; y si se halla con pecados, se le perdonarán.
16. Confesad, pues, vuestros pecados uno a otro, y orad los unos por los otros para que seáis salvos; porque mucho vale la oración perseverante del justo.
17. Elías era un hombre pasible semejante a nosotros, y pidió fervorosamente que no lloviese sobre la tierra de Israel, y no llovió por espacio de tres años y seis meses.
18. Hizo después de nuevo oración; y el cielo dió lluvia, y la tierra produjo su fruto.
19. Hermanos míos si alguno de vosotros se desviare de la verdad , y otro le redujere a ella,
20. debe saber, que quien hace que se convierta el pecador de su extravío, salvará de la muerte al alma del pecado, y cubrirá la muchedumbre de sus propios pecados.

EPÍSTOLA PRIMERA DEL APÓSTOL SAN PEDRO

CAPÍTULO I

Da gracias a Dios por habernos llamado a la fe y a la vida eterna, a la cual se llega por muchas tribulaciones. Exhorta a los fieles a la pureza de vida, acordándoles que han sido redimidos con la sangre de Jesucristo.

1. Pedro, apóstol de Jesucristo, a los judíos que viven fuera de su patria dispersos por el Ponto, Galacia, Capadocia Asia Menor y Bitinia.
2. elegidos según la previsión; o predestinacion, de Dios Padre, para ser Santificados del Espíritu Santo, y obedecer a Jesucristo, y ser rociados con su San Pedro muchos aumentos de gracia y
3. Bendito sea el Dios y Padre de Nuestro Señor Jesucristo, que por su gran misericordia nos ha regenerado con una viva esperanza de vida eterno, mediante la resurrección de Jesucristo de entre los muertos,
4. para alcanzar algún día una herencia incorruptible, y que no puede contaminarse, y que es inmarcesible, reservada en los cielos para vosotros,
5. a quienes la virtud de Dios conserva por medio de la fe para haceros gozar de la salud, que ha de manifestarse claramente en los últimos tiempos.
6. Esto es lo que debe transportaros de gozo, si bien ahora por un poco de seáis afligidos con
7. para que vuestra fe probada de esta manera y mucho más acendrada que el oro que se acrisola con el fuego se halle digna de alabanza, de gloria y de honor en la venida manifiesta de Jesucristo para juzgaros;
8. a quien amáis, sin haberle visto; en quien ahora igualmente creéis, aunque no lo veis; mas porque creeis os holgaréis con júbilo indecible y colmado de gloria,

577

9. alcanzando por premio de vuestra fe la salud de vuestras almas.

10. De la cual salud tanto inquirieron e indagaron los profetas, los cuales pronunciaron la gracia que habla de haber en vosotros,

11. escudriñando para cuándo o para qué punto de tiempo se lo daba a entender el Espíritu de Cristo que tenían dentro, cuando les predecía los tormentos que padeció Cristo y las glorias que le seguirían.

12. A los cuales fue revelado, que no para sí mismos, sino para vosotros administraban o profetizaban, las cosas que ahora se nos han dado de los que os anunciado, por mí predicaron el Evangelio, habiendo sido enviado del cielo el Espíritu Santo, en cuyas cosas o misterios los ángeles mismos desean penetrar con su vista

13. Por lo cual bien apercibido y morigerado vuestro ánimo, tened perfecta esperanza en la gracia que se os ofrece hasta la manifestación de Jesucristo,

14. portándoos como hijos obedientes de este Señor, no conformándoos ya con los apetitos y pasiones que teníais antes en tiempo de vuestra ignorancia o infidelidad:

15. sino que conforme a la santidad del que os llamó, sed también vosotros santos en todo vuestro proceder:

16. pues está escrito: Santos habéis de ser, porque yo soy santo.

17. Y pues que invocáis como Padre a aquel que sin acepción de personas juzga según el mérito de cada cual, habéis de proceder con temor de ofenderle durante el tiempo de vuestra peregrinación,

18. sabiendo que fuisteis rescatados de vuestra vana conducta de vida, o vivir mundano que recibisteis de vuestros padres, no con oro o plata, que son cosas perecederas,

19. sino con la sangre preciosa de Cristo como de un cordero inmaculado y sin tacha,

20. predestinado si ya de antes de la creación del mundo, pero manifestado en los últimos tiempos por amor de vosotros.

21. que por medio del mismo creéis en Dios, el cual le resucitó de la muerte y le glorificó, para que vosotros pusieseis también vuestra fe y vuestra esperanza en Dios.

22. Purificando, pues, vuestras almas con la obediencia del amor, con amor fraternal, amaos unos a otros entrañablemente con un corazón puro y sencillo;

23. puesto que habéis renacido no de semilla corruptible, sino incorruptible por la palabra de Dios vivo, la cual permanece por toda la eternidad.

24. Porque toda carne es heno; y toda su gloria como la flor del heno: secóse el heno, y su flor se cayó al instante:

25. pero la palabra del Señor dura eternamente; y ésta es la palabra del Evangelio que se os ha predicado.

CAPÍTULO II

Amonesta a los cristianos a que sean sinceros y sin malicia, como los niños; a que se porten según exige la dignidad de reyes y de sacerdotes de que gozan, ejercitándose en las virtudes propias de los discípulos de Cristo.

1. Por lo que depuesta toda malicia y todo engaño, y los fingimientos o hipocresías, y envidias, y todas las murmuraciones,

2. como niños recién nacidos, apeteced con ansia la leche del espíritu, pura o sin mezcla de fraude, para que con ella vayáis creciendo en salud y robustez,

3. si es caso que habéis probado cuán dulce es el Señor.

4. Al cual arrimándoos como a piedra viva que es, desechada sí de los hombres, pero escogida de Dios y apreciada por el principal del edificio,

5. sois también vosotros a manera de piedras vivas edificadas encima de él, siendo como una casa espiritual, como un nuevo orden de sacerdotes santos, para ofrecer víctimas espirituales, que sean agradables a Dios Jesucristo.

6. Por lo que dice la criatura: Mirad que yo voy a poner en Sión la principal piedra del ángulo, piedra selecta y preciosa; y cualquiera que por la fe se apoyare sobre ella, no quedará confundido.

7. Así que para vosotros que creéis, sirve de honra; mas para los incrédulos, ésta es la piedra que desecharon los fabricantes, y no obstante, vino a ser la principal o la punta del ángulo:

8. piedra de tropiezo, y piedra de escándalo para los que tropiezan en la palabra Evangelio, y no creen en Cristo, aun cuando fueron a esto destinados.

9. Vosotros, al contrario, sois el linaje escogido, una clase de sacerdotes reyes, gente santa, pueblo de conquista, para publicar las grandezas de aquel que os sacó de las tinieblas a su luz admirable.

10. Vosotros que antes no erais tan siquiera pueblo, y ahora sois el pueblo de Dios; que no habíais alcanzado misericordia, y ahora la alcanzasteis.

11. Por esto, queridos míos, os suplico que como extranjeros y peregrinos, que sois en este mundo, os abstengáis de los deseos carnales, que combaten contra el alma,

12. llevando una vida ajustada entre los gentiles, a fin de que por lo mismo que os censuran como a malhechores, reflexionando sobre las obras buenas que observan en vosotros, glorifiquen a Dios en el día en que los visitará.

13. Estad, pues, sumisos a toda humana criatura que se halle constituida sobre vosotros, y esto por respeto a Dios: ya sea el rey, como que está sobre todos;

14. ya a los gobernadores, como puestos por él para castigo de los malhechores, y alabanza, premio de los buenos;

15. pues ésta es la voluntad de Dios, que obrando bien tapéis la boca a la ignorancia de los hombres necios e insensatos;

16. como libres, sí, mas no cubriendo la malicia con capa de libertad, sino obrando en todo como siervos de Dios; esto es, por amor.

17. Honrad a todos, amad a los hermanos, temed a Dios, respetad al Rey.

18. Vosotros los siervos estad sumisos con todo temor y respeto a los amos, no tan sólo a los buenos y apacibles, sino también a los de recia condición.

19. Pues el mérito está en sufrir uno por respeto a Dios que le ve, penas padecidas injustamente.

20. Porque ¿qué alabanza merecéis, si por vuestras faltas sois castigados de vuestros amos, y lo sufrís? Pero si obrando bien sufrís con paciencia los malos tratamientos, en eso está el mérito para con Dios;

21. que para esto fuisteis llamados a la dignidad de hijos de Dios; puesto que también Cristo, nuestra cabeza, padeció por nosotros, dándonos ejemplo, para que sigáis sus pisadas.

22. El cual no cometió pecado alguno, ni se halló dolor en su boca;

23. quien cuando le maldecían, no retornaba maldiciones; cuando le atormentaban, no prorrumpía en amenazas; antes se ponía en manos de aquel que le sentenciaba injustamente.

24. Él es el que llevó la pena de nuestros pecados en su cuerpo sobre el madero de la cruz, a fin de que nosotros, muertos a los pecados vivamos a la justicia; y él es por cuyas llagas fuisteis vosotros sanados.

25. Porque andabais como ovejas descarriadas, mas ahora os habéis convertido y reunido al pastor, y obispo o superintendente de vuestras almas.

CAPÍTULO III

Da saludables avisos a los casados en particular; exhorta a todos los fieles a la caridad e inocencia de vida, y a la paciencia en las adversidades, a imitación de Jesucristo.

1. Asimismo las mujeres sean obedientes a sus maridos, a fin de que con eso si algunos no creen por el medio de la predicación de la palabra, sean ganados sin ella por sólo el trato con sus mujeres,

2. considerando la pureza de la vida que llevan, y el respeto que les tienen.

3. El adorno de las cuales no ha de ser por de fuera con los rizos del cabello, ni con dijes de oro, ni gala de vestidos.

4. La persona interior escondida en el corazón, es la que debe adornar con el atavío incorruptible de un espíritu de dulzura y de paz, lo cual es un precioso adorno a los ojos de Dios.

5. Porque así también se ataviaban antiguamente aquellas santas mujeres que esperaban en Dios, viviendo sujetas a sus maridos.

6. Al modo que Sara era obediente a Abrahán, a quien llamaba su señor: de ella sois hijas vosotras, si vivís bien y sin amedrentaros por ningún temor.

7. Maridos vosotros igualmente habéis de cohabitar con vuestras mujeres, tratándolas con honor y discreción como a sexo más flaco, y como a coherederas de la gracia, o beneficio de la vida eterna, a fin de que nada estorbe el efecto de vuestras oraciones.

8. Finalmente, sed todos de un mismo corazón, compasivos, amantes de todos los hermanos, misericordiosos, modestos, humildes,

9. no volviendo mal por mal, ni maldición por maldición, antes al contrario, bienes o bendiciones; porque a esto sois llamados, a fin de que poseáis la herencia de la bendición celestial.

10. Así, pues, el que de veras ama la vida, y quiere vivir días dichosos, refrene su lengua del mal, y sus labios no se desplieguen a favor de la falsedad.

11. Desvíese del mal, y obre el bien; busque con ardor la paz y vaya en pos de ella.

12. Pues el Señor tiene fijos sus ojos sobre los justos, y escucha propicio las súplicas de ellos, al paso que mira con ceño a los que obran mal.

13. ¿Y quién hay que pueda dañaros, si no pensáis más que en obrar bien?

14. Pero si sucede que padecéis algo por amor a la justicia, sois bienaventurados. No temáis los fieros de los enemigos, ni os conturbéis;

15. sino bendecid en vuestros corazones al Señor Jesucristo prontos siempre a dar satisfacción a cualquiera que os pida razón de la esperanza o religión en que vivís.

16. Bien que debéis hacerlo con modestia y circunspección, como quien tiene buena conciencia, por manera que, cuando murmuran de vosotros los que calumnian vuestro buen proceder en Cristo, queden confundidos:

17. pues mejor es padecer (si Dios lo quiere así) haciendo bien, que obrando mal;

18. porque también Cristo murió una vez por nuestros pecados, el justo por los injustos, a fin de reconciliarnos con Dios, habiendo sido a la verdad muerto según la carne, pero vivificado por el Espíritu de Dios.

19. En el cual, o por cuyo movimiento, fue también a predicar a los espíritus encarcelados,

20. que habían sido incrédulos en otro tiempo, cuando les estaba esperando a penitencia aquella larga paciencia de Dios en los días de Noé, al fabricarse el arca, en la cual pocas personas, es a saber, ocho solamente se salvaron en medio del agua.

21. Lo que era figura del bautismo de ahora, el cual de una manera semejante os salva a vosotros, no con quitar las manchas de la carne, sino justificando la conciencia para con Dios por la virtud de la resurrección de Jesucristo;

22. el cual, después de haber devorado la muerte, a fin de hacernos herederos de la vida eterna, está a la diestra de Dios, habiendo subido al cielo y estándole sumisos los ángeles, y las potestades y las virtudes.

CAPÍTULO IV

Exhorta a huir de los pasados vicios y a la práctica de las virtudes para atraer a la fe a los gentiles; dice que debemos alegrarnos de padecer por amor de Cristo.

1. Habiendo, pues, Cristo padecido por nosotros la muerte en su carne, armaos también vosotros de esta consideración, y es que quien mortificó o murió a la carne por el bautismo, acabado ha de pecar.

2. De suerte que ya el tiempo que le queda en esta vida mortal, viva, no conforme a las pasiones humanas, sino conforme a la voluntad de Dios.

3. Porque demasiado tiempo habéis pasado durante vuestra vida anterior abandonados a las mismas pasiones que los paganos, viviendo en lascivias, en codicias, en embriagueces, en glotonerías, en excesos en las bebidas y en idolatrías abominables.

4. Al presente los infieles extrañan mucho que no concurráis vosotros a los mismos desórdenes de torpeza, y os llenan de vituperios.

5. Mas ellos darán cuenta a aquel que tiene dispuesto el juzgar a vivos y a muertos:

6. que aun por eso ha sido predicado también el Evangelio a los muertos; para que habiendo sido juzgados, o castigados, delante de los hombres según la carne, recibiesen delante de Dios la vida del espíritu.

7. Por lo demás, el fin de todas las cosas se va acercando; por tanto sed prudentes, y así estad advertidos; y velad en oraciones continuas y fervorosas.

8. Pero sobre todo mantened constante la mutua caridad entre vosotros; porque la caridad cubre o disimula muchedumbre de pecados.

9. Ejercitad la hospitalidad los unos con los otros, sin murmuraciones.

10. Comunique cada cual al prójimo la gracia o don, según que la recibió como buenos dispensadores de los dones de Dios, los cuales son de muchas maneras.

11. El que habla o predica la palabra divina, hágalo de modo que parezca que habla Dios por su boca: quien tiene algun ministerio eclesiástico, ejercítelo como una virtud que Dios le ha comunicado, a fin de que en todo cuanto hagáis, sea Dios glorificado por Jesucristo, cuya es la gloria e imperio por los siglos de los siglos. Amén.

12. Carísimos, cuando Dios os prueba con el fuego de las tribulaciones, no lo extrañéis, como si os aconteciese una cosa muy extraordinaria;

13. antes bien alegraos de ser participantes de la pasión de Jesucristo, para que cuando se descubra su gloria, os gocéis también con él llenos de júbilo.

14. Si sois infamados por el nombre de Cristo, seréis bienaventurados; porque la honra, la gloria y la virtud de Dios, y su Espíritu mismo reposa sobre vosotros.

15. Pero jamás venga el caso en que alguno de vosotros padezca por homicida o ladrón, o maldiciente, o codiciador de lo ajeno;

16. mas si padeciere por ser cristiano, no se avergüence, antes alabe a Dios por tal causa;

17. pues tiempo es de que comience el juicio por la Casa de Dios. Y si primero empieza por nosotros, ¿cuál será el paradero de aquellos que no creen al Evangelio de Dios?

18. Que si el justo a duras penas se salvará, ¿a dónde irán el impío y el pecador?

19. Por tanto, aquellos mismos que padecen por la voluntad de Dios, encomienden por medio de las buenas obras sus almas al Criador, el cual es fiel.

CAPÍTULO V

Avisos saludables a los prelados de la Iglesia y a los súbditos; encarga a los jóvenes la obediencia y la humildad; exhorta a todos a velar contra las tentaciones del demonio.

1. Esto supuesto, a los presbíteros que hay entre vosotros suplico yo, vuestro compresbítero y testigo de la pasión de Cristo, como también participante de su gloria, la cual se ha de manifestar a todos en lo por venir,

2. que apacentéis la grey de Dios puesta a vuestro cargo, gobernándola y velando sobre ella no precisados por la necesidad; sino con afectuosa voluntad que sea según Dios; no por un sórdido interés, sino gratuitamente;

3. ni como que queréis tener señorío sobre el clero, o la heredad del Señor, sino siendo verdaderamente dechados de la grey;

4. que cuando se dejará ver el Príncipe de los pastores, Jesucristo, recibiréis una corona inmarcesible de gloria.

5. Vosotros igualmente, ¡oh jóvenes!, estad sujetos a los ancianos, o sacerdotes. Todos, en fin, inspiraos recíprocamente y ejercitad la humildad; porque Dios resiste a los soberbios, pero a los humildes les da su gracia.

6. Humillaos, pues, bajo la mano poderosa de Dios, para que os exalte al tiempo de su visita o del juicio,

7. descargando en su amoroso seno todas vuestras solicitudes, pues él tiene cuidado de vosotros.

8. Sed sobrios, y estad en continua vela; porque vuestro enemigo el diablo anda girando como león rugiente alrededor de vosotros, en busca de presa que devorar.

9. Resistidle firmes en la fe, sabiendo que la misma tribulación padecen vuestros hermanos; cuantos hay en el mundo.

10. Mas Dios dador de toda gracia, que nos llamó a su eterna gloria por Jesucristo, después que hayáis padecido un poco, él mismo os perfeccionará, fortificará y consolidará

11. A él sea dada la gloria y el poder soberano por los siglos de los siglos. Amén.

12. Por Silvano, el cual es, a mi juicio, un fiel hermano, os he escrito brevemente, declarándoos y protestándoos, que la verdadera gracia de Dios, o la verdadera religión, es ésta, en que vosotros permanecéis constantes.

13. La Iglesia que, escogida por Dios como vosotros, mora en esta Babilonia los saluda, y mi hijo Marcos.

14. Saludaos mutuamente con el ósculo santo. La gracia sea con todos vosotros, los que estáis unidos en Cristo Jesús. Amén.

EPÍSTOLA SEGUNDA DEL APÓSTOL
SAN PEDRO

CAPÍTULO I

La memoria de los grandes dones recibidos de Dios ha de animarnos a avanzar en el camino de la virtud, para poder entrar en el reino de Dios. Habla de su cercana muerte y de la verdad de la doctrina del Evangelio.

1. Simón Pedro, siervo y apóstol de Jesucristo, a los que han alcanzado igual fe con nosotros por la justicia y méritos del Dios y Salvador nuestro Jesucristo:

2. la gracia y paz crezca más y más en vosotros por el conocimiento de Dios y de Nuestro Señor Jesucristo.

3. Así como todos los dones que nos ha dado su poder divino correspondientes a la vida y a la piedad cristiana, se nos han comunicado por el conocimiento de aquel que nos llamó por su gloria y por su virtud,

4. también por el mismo nos ha dado Dios las grandes y preciosas gracias que había prometido, para haceros partícipes, por medio de estas mismas gracias, de la naturaleza divina, huyendo la corrupción de la concupiscencia que hay en el mundo.

5. Vosotros, pues, habéis de poner todo vuestro estudio y cuidado en juntar con vuestra fe la fortaleza, con la fortaleza la ciencia,

6. con la ciencia la templanza, con la templanza la paciencia, con la paciencia la piedad,

7. con la piedad el amor fraternal, y con el amor fraternal la caridad, o amor de Dios.

8. Porque si estas virtudes se hallan en vosotros, y van creciendo más y más, no quedará estéril y sin fruto el conocimiento que tenéis de Nuestro Señor Jesucristo.

9. Mas quien no las tiene, está ciego, y anda con la mano a tientas, olvidando de qué manera fue lavado de sus antiguos delitos.

10. Por tanto, hermanos míos, esforzáos más y más y, haced cuanto podáis para asegurar, o afirmar, vuestra vocación y elección por medio de las buenas obras; porque haciendo esto, no pecaréis jamás.

11. Pues de este modo se os abrirá de par en par la entrada en el reino eterno de Nuestro Señor y Salvador Jesucristo.

12. Por lo cual no cesaré jamás de advertiros eso mismo, por más que vosotros estéis bien instruidos y confirmados en la verdad presente;

13. pues me parece justo el despertaros con mis amonestaciones, mientras estoy en este cuerpo mortal como en una tienda de campaña,

14. estando cierto de que presto saldré de él, según que me lo ha significado ya Nuestro Señor Jesucristo.

15. Mas yo cuidaré de que aun después de mi muerte podáis con frecuencia hacer memoria de estas cosas.

16. Por lo demás, no os hemos hecho conocer el poder y la venida de Nuestro Señor Jesucristo, siguiendo fábulas o ficciones ingeniosas; sino como testigos oculares de su grandeza:

17. porque al recibir de Dios Padre aquel glorioso testimonio, cuando desde la nube en que apareció con tanta brillantez la gloria de Dios, descendió una voz que le decía: Éste es mi Hijo amado, en quien estoy complaciéndome, escuchadle.

18. nosotros oímos también esta voz venida del cielo, y vimos su gloria estando con él en el monte santo del Tabor.

19. Pero tenemos todavía el testimonio más firme que el nuestro que es el de los profetas, al cual hacéis bien en mirar atentamente, como a una antorcha que luce en un lugar oscuro, hasta tanto que amanezca el día, y la estrella de la mañana nazca en vuestros corazones,

20. bien entendido, ante todas cosas que ninguna profecía de la Escritura se declara por interpretación privada;

21. porque no traen su origen las profecías de la voluntad de los hombres, sino que los varones santos de Dios hablaron, siendo inspirados del Espíritu Santo.

CAPÍTULO II

Describe las malas artes de los falsos doctores y de sus discípulos los incrédulos y el espantoso y repentino castigo que les amenaza. Avisa a los fieles que se guarden de ellos.

1. Verdad es que hubo también falsos profetas en el antiguo pueblo de Dios; así como se verán entre vosotros maestros embusteros, que introducirán con disimulo sectas de perdición, y renegarán del Señor que los rescató, acarreándose a sí mismos una pronta venganza.

2. Y muchas gentes los seguirán en sus disoluciones; por cuya causa el camino de la verdad será infamado;

3. y usando de palabras fingidas, harán tráfico de vosotros, por avaricia; mas el juicio que tiempo ha que los amenaza va viniendo a grandes pasos, y no está dormida la mano que debe perderlos.

4. Porque si Dios no perdonó a los ángeles delincuentes, sino que amarrados con cadenas infernales los precipitó al tenebroso abismo, en donde son atormentados y tenidos como en reserva hasta el día del juicio;

5. si tampoco perdonó al antiguo mundo, bien que preservó al predicador de la justicia divina, Noé, con siete personas, al anegar con el diluvio el mundo de los impíos;

6. si reduciendo a cenizas las ciudades de Sodoma y Gomorra, las condenó a desolamiento, poniéndolas para escarmiento de los que vivirán impíamente;

7. si libertó al justo Lot, a quien estos hombres abominables afligían y perseguían con su vida infame,

8. pues conservaba puros sus ojos y oídos, morando entre gentes que cada día sin cesar atormentaban su alma pura con obras detestables:

9. luego bien sabe el Señor librar de la tentación a los justos, reservando los malos para los tormentos en el día del juicio,

10. y mayormente aquellos que para satisfacer sus impuros deseos siguen la concupiscencia de la carne, y desprecian las potestades; osados, pagados de sí mismos, que blasfemando no temen sembrar herejías:

11. como quiera que los ángeles mismos con ser tanto mayores en fuerza y poder, no condenan con palabras de execración, ni maldición, a los de su especie;

12. mas estos otros, que, por el contrario, como brutos animales, nacidos para ser presa del hombre o para el lazo y la matanza, blasfeman de las cosas que ignoran, perecerán en los vergonzosos desórdenes en que están sumergidos,

13. recibiendo la paga de su iniquidad, ya que ponen su felicidad en pasar cada día entre placeres, siendo la misma horrura y suciedad, regoldando deleites, mostrando su disolución en los convites que celebran con vosotros,

14. como que tienen los ojos llenos de adulterio y de un continuo pecar. Ellos atraen con halagos las almas ligeras e inconstantes, teniendo el corazón ejercitado en todas las mañas que puede sugerir la avaricia; son hijos de maldición;

15. han dejado el camino recto, y se han descarriado, siguiendo la senda de Balaam, hijo de Bosor, el cual codició el premio de la maldad;

16. mas tuvo quien le reprendiese su sandez y mal designio: una muda bestia o burra en que iba montado, hablando en voz humana, refrenó la necedad del profeta.

17. Estos tales son fuentes pero sin agua, y nieblas agitadas por torbellinos que se mueven a todas partes, para los cuales está reservado el abismo de las tinieblas;

18. porque profiriendo discursos pomposos llenos de vanidad, atraen con el cebo de apetitos carnales de lujuria a los que poco antes habían huido de la compañía de los que profesan el error,

19. prometiéndoles libertad, cuando ellos mismos son esclavos de la corrupción; pues quien de otro es vencido, por lo mismo queda esclavo del que le venció.

20. Porque si después de haberse apartado de las asquerosidades del mundo por el conocimiento de nuestro Señor y Salvador Jesucristo, enredados otra vez en ellas son vencidos, su postrera condición viene a ser peor que la primera.

21. Por lo que mejor les fuera no haber conocido el camino de la justicia, que después de conocido volver atrás y abandonar la ley santa que se les había dado.

22. cumpliéndose en ellos lo que suele significarse por aquel refrán verdadero: Volvióse el perro a

comer lo que vomitó; y: La marrana lavada, a revolcarse en el cieno.

CAPÍTULO III

Los amonesta nuevamente contra los falsos doctores y habla de la segunda venida del Señor. Alaba las epístolas de San Pablo y dice que eran adulteradas por los ignorantes.

1. Ésta es ya, carísimos míos, la segunda carta que os escribo, procurando en las dos avivar con mis exhortacione vuestro ánimo sencillo, o sincero;

2. para que tengáis presentes las palabras que os he dicho antes, de los santos profetas, y los preceptos que el Señor y Salvador nuestro os ha dado por medio de nosotros, que somos sus apóstoles.

3. estando ciertos ante todas cosas, de que vendrán en los últimos tiempos impostores artificiosos, arrastrados de sus propias pasiones,

4. diciendo: ¿Dónde está la promesa o el segundo advenimiento de éste? Porque desde la muerte de nuestros padres o patriarcas, todas las cosas permanecen del modo mismo que al principio fueron criadas.

5. Y es que no saben, porque quieren ignorarlo, que al principio fue criado el cielo por la palabra de Dios, como asímismo la tierra, la cual apareció salida del agua y subsiste en medio de ella,

6. y que por tales cosas el mundo de entonces pereció anegado en las aguas del diluvio.

7. Así los cielos que ahora existen, y la tierra, se guardan por la misma palabra, para ser abrasados por el fuego en el día del juicio y del exterminio de los hombres malvados e impíos.

8. Pero vosotros, queridos míos, no debéis ignorar una cosa, y es que un día respecto de Dios es como mil años, y mil años como un día.

9. No retarda, pues, el Señor su promesa, como algunos juzgan, sino que espera con mucha paciencia por amor de vosotros el venir como juez, no queriendo que ninguno perezca, sino que todos se conviertan a penitencia.

10. Por lo demás, el día del Señor vendrá como ladrón, y entonces los cielos con espantoso estruendo pasarán de una parte a otra, los elementos con el ardor del fuego se disolverán, y la tierra, y las obras que hay en ella serán abrasadas.

11. Pues ya que todas estas cosas han de ser deshechas, ¿cuáles debéis ser vosotros en la santidad de vuestra vida y piedad de costumbres,

12. aguardando con ansia, y corriendo a esperar la venida del día del Señor, día en que los cielos encendidos se disolverán, y se derretirán los elementos con el ardor del fuego?

13. Bien que esperamos, conforme a sus promesas, nuevos cielos y nueva tierra, donde habitará eternamente la justicia.

14. Por lo cual, carísimos, pues tales cosas esperáis, haced lo posible para que el Señor os halle sin mancilla, irreprensibles y en paz;

15. y creed que es para salvación la longanimidad o larga paciencia de nuestro Señor: según que también nuestro carísimo hermano Pablo os escribió conforme a la sabiduría que se le ha dado,

16. como lo hace en todas sus cartas, tratando en ellas de esto mismo; en las cuales hay algunas cosas difíciles de comprender, cuyo sentido los indoctos e inconstantes en la fe pervierten, de la misma manera que las demás Escrituras, de que abusan para su propia perdición.

17. Así que vosotros, ¡oh hermanos!, avisados ya, estad alerta, no sea que seducidos de los insensatos, malvados vengáis a caer de vuestra firmeza;

18. antes bien id creciendo en la gracia y en el conocimiento de Nuestro Señor y Salvador Jesucristo. A Él sea dada la gloria desde ahora Y por el día perpetuo de la eternidad. Amén.

EPÍSTOLA PRIMERA DEL APÓSTOL SAN JUAN

CAPÍTULO I

Anuncia San Juan la doctrina que oyó del mismo Jesucristo nuestro Señor, el cual es vida y luz que nos alumbra y da vida, purificándonos de los pecados que tenemos.

1. Lo que fue desde el principio o desde la eternidad, lo que oímos, lo que vimos con nuestros ojos, y contemplamos, y palparon nuestras manos tocante al Verbo de la vida,

2. vida que se hizo patente, y así la vimos, y damos de ella testimonio, y os evangelizamos esta vida eterna, la cual estaba en el Padre y se dejó ver de nosotros:

3. esto que vimos y oímos, es lo que os anunciamos, para que tengáis también vosotros unión con nosotros, y nuestra comun unión sea con el Padre y con su Hijo Jesucristo.

4. Y os lo escribimos para que os gocéis y vuestro gozo sea cumplido.

5. Y la nueva que oímos del mismo Jesucristo y os anunciamos, es: que Dios es luz, y en él no hay tinieblas ningunas.

6. Si dijéremos que tenemos unión con é.andamos entre las timeblas verdad del pecado mentimos, y no tratamos

7. Pero si caminamos a la luz de la fe y santidad como él está asimismo en la luz, síguese de ahí que tenemos nosotros una común y mutua unión, y la sangre de Jesucristo, su Hijo, nos purifica de todo pecado.

8. Si dijéremos que no tenemos pecado, nosotros mismos nos engañamos, y no hay verdad en nosotros.

9. Pero si confesamos humildemente nuestros pecados, fiel y justo es él para perdonárnoslos y lavarnos de toda iniquidad, según su promesa.

10. Si dijéremos que no hemos pecado, le hacemos a él mentiroso, y su palabra no está en nosotros.

CAPÍTULO II

Nos exhorta a no pecar y a acogernos a Jesucristo cuando hubiéramos pecado. Encarga la observancia de los mandamientos, especialmente del primero. Consuela a todos y amonesta que nos apartemos de los incrédulos y herejes, a quienes llama anticristos.

1. Hijos míos, estas cosas os escribo, a fin de que no pequéis. Pero aun cuando alguno por desgracia pecare, no desespere, pues tenemos por abogado para con el Padre, a Jesucristo justo y santo.

2. Y él mismo es la víctima de propiciación por nuestros pecados; y no sólo por los nuestros, sino también por los de todo el mundo.

3. Y si guardamos sus mandamientos, con eso sabemos que verdaderamente le hemos conocido.

4. Quien dice que le conoce, y no guarda sus mandamientos, es un mentiroso, y la verdad no está en él.

5. Pero quien guarda sus mandamientos, en ése verdaderamente la caridad de Dios es perfecta; y por esto conocemos que estamos en él, esto es, en Jesucristo.

6. Quien dice que mora en él debe seguir el mismo camino que él siguió.

7. Carísimos, no voy a escribiros un mandamiento nuevo, sino un mandamiento antiguo, el cual recibisteis desde el principio; el mandamiento antiguo es la palabra divina que oísteis;

8. y no obstante, yo os digo que el mandamiento de que os hablo, que es el de la caridad, es un mandamiento nuevo, el cual es verdadero en sí mismo y en vosotros; porque las tinieblas desaparecieron y luce ya la luz verdadera.

9. Quien dice estar en la luz, aborreciendo a su hermano, o al prójimo, en tinieblas está todavía.

10. Quien ama a su hermano, en la luz mora, y en él no hay escándalo.

11. Mas el que aborrece a su hermano, en tinieblas está, y en tinieblas anda, y no sabe a dónde va: porque las tinieblas le han cegado los ojos.

12. Os escribo a vosotros, hijitos, porque vuestros pecados están perdonados por el Nombre de Jesus.

13. A vosotros, padres de familia, os escribo, porque habéis conocido al que existía desde el principio. Os escribo a vosotros, mozos, porque habéis vencido maligno espíritu.

14. Os escribo a vosotros, niños, porque habéis conocido al Padre. A vosotros, jóvenes, os escribo, porque sois valerosos, y la palabra de Dios permanece en vosotros, y vencisteis al maligno espíritu.

15. Ved, pues, lo que os escribo a todos: No queráis amar al mundo, ni las cosas mundanas. Si alguno ama al mundo no habita en él la caridad o amor del Padre;

16. porque todo lo que hay en el mundo, es concupiscencia de la carne, concupiscencia de los ojos y soberbia orgullo de la vida, lo cual no nace del Padre sino del mundo.

17. El mundo pasa, y pasa también con él su concupiscencia. Mas el que hace la voluntad de Dios permanece eternamente.

18. Hijitos míos, ésta es ya la última hora, o edad del mundo y así como habéis oído que viene el Anticristo, así ahora muchos se han hecho anticristos, por donde echamos de ver que ya es la última hora.

19. De entre nosotros o de la Iglesia han salido, mas no eran de los nuestros; que si de los nuestros fueran con nosotros sin duda hubieran perseverado en la fe; pero ellos se apartaron de la Iglesia, para que se vea claro que no todos son de los nuestros.

20. Pero vosotros habéis recibido la unción del Espíritu Santo, y de todo estáis instruidos.

21. No os he escrito como a ignorantes de la verdad, sino como a los que la conocen y la saben; porque ninguna mentira procede de la verdad, que es Jesucristo.

22. ¿Quién es mentiroso, sino aquel que niega que Jesús es el Cristo o Mesías? Éste tal es un anticristo, que niega al Padre y al Hijo.

23. Cualquiera que niega al Hijo, tampoco reconoce al Padre; quien confiesa al Hijo, también al Padre confiesa, o reconoce.

24. Vosotros estad firmes en la doctrina que desde el principio habéis oído. Si os mantenéis en lo que oísteis al principio, también os mantendréis en el Hijo y en el Padre.

25. Y ésta es la promesa que nos hizo él mismo, la vida eterna.

26. Esto os he escrito en orden a los impostores que os seducen.

27. Mantened en vosotros la unción divina, que de él recibisteis. Con eso no tenéis necesidad que nadie os enseñe: sino que conforme a lo que la

unción del Señor os enseña en todas las cosas, así es verdad, y no mentira. Por tanto estad firmes en eso mismo que os ha enseñado.

28. En fin, hijitos míos, permaneced en él: para que cuando venga, estemos confiados, y que al contrario no nos hallemos confundidos por él en su venida.

29. Y pues sabéis que Dios es justo, sabed igualmente que quien vive según justicia o ejercita las virtudes, es hijo legítimo del mismo.

CAPÍTULO III

Del amor de Dios hacia nosotros. Encarga de nuevo el precepto de la caridad fraternal; concluye exhortando a la observancia de los mandamientos de Dios.

1. Mirad, qué tierno amor hacia nosotros ha tenido el Padre, queriendo que nos llamemos hijos de Dios, y lo seamos en efecto. Por eso el mundo no hace caso de nosotros, porque no conoce Dios nuestro Padre.

2. Carísimos, nosotros somos ya ahora hijos de Dios; mas lo que seremos algún día no aparece aún. Sabemos sí que cuando se manifestare claramente Jesucristo, seremos semejantes a él en la gloria porque le veremos como él es.

3. Entretanto, quien tiene tal esperanza de él, se santifica a sí mismo, así como él es también santo.

4. Cualquiera que comete pecado, por lo mismo comete una injusticia, pues el pecado es injusticia.

5. Y bien sabéis que él vino para quitar nuestros pecados, y en él no cabe pecado.

6. Todo aquel que permanece en él, no peca; y cualquiera que peca, no le ha visto, ni le ha conocido.

7. Hijitos míos, nadie os engañe. Quien ejercita la justicia, es justo, así como lo es también Jesucristo.

8. Quien comete pecado, del diablo es hijo, porque el diablo desde el momento de su caída continúa pecando. Para eso vino el Hijo de Dios, para deshacer las obras del diablo.

9. Todo aquel que nació de Dios, no hace pecado, porque la semilla de Dios, que es la gracia santificante, mora en él, y, si no la echa de sí, no puede pecar, porque es hijo de Dios.

10. Por aquí se distinguen los hijos de Dios de los hijos del diablo. Todo aquel que no practica la justicia, no es hijo de Dios, y, así tampoco lo es el que no ama a su hermano.

11. En verdad que ésta es la doctrina que aprendisteis desde el principio, que os améis unos a otros.

12. No como Caín, el cual era hijo del maligno espíritu, y mató a su hermano. ¿Y por qué le mató? Porque sus obras eran malignas, y las de su hermano justas.

13. No extrañéis, hermanos, si os aborrece el mundo.

14. Nosotros conocemos haber sido trasladados de muerte a vida, en que amamos a los hermanos. El que no los ama, queda en la muerte, o está sin caridad.

15. Cualquiera que tiene odio a su hermano, es un homicida. Y ya sabéis que en ningún homicida tiene su morada la vida eterna.

16. En esto hemos conocido la caridad de Dios, en que dio el Señor su vida por nosotros; y así nosotros debemos estar prontos a dar la vida por la salvación de nuestros hermanos.

17. Quien tiene bienes de este mundo, y viendo a su hermano en necesidad cierra las entrañas, para no compadecerse de él, ¿cómo es posible que resida en él la caridad de Dios?

18. Hijitos míos, no amemos solamente de palabra y con la lengua, sino con obras y de veras o sinceramente.

19. En esto echamos de ver que procedemos con verdad, y así alentaremos o justificaremos nuestros corazones en la presencia de Dios.

20. Porque si nuestro corazón nos remordiere, Dios es mayor que nuestro corazón, y todo lo sabe.

21. Carísimos, si nuestro corazón no nos redarguye, podemos acercarnos a Dios con confianza,

22. estar ciertos de que cuanto le pidiéremos, recibiremos de él, pues que guardamos sus mandamientos, y hacemos las cosas que son agradables en su presencia.

23. En suma, éste es su mandamiento, que creamos en el Nombre de su Hijo Jesucristo, y nos amemos mutuamente, conforme nos tiene mandado.

24. Y el que guarda sus mandamientos, mora en Dios, y Dios en él; y por esto conocemos que él mora en nosotros, por el Espíritu que nos ha dado.

CAPÍTULO IV

Por la fe y la caridad se disciernen los espíritus que son de Dios de los que no lo son. Nos exhorta al amor de Dios y del prójimo; dice que la perfecta caridad excluye todo temor.

1. Queridos míos no queráis creer a todo espíritu, sino examinad los espíritus si son de Dios, o siguen su doctrina; porque se han presentado en el mundo muchos falsos profetas.

2. En esto se conoce el espíritu de Dios: todo espíritu, que confiesa que Jesucristo vino al mundo en carne verdadera, es de Dios;

3. y todo espíritu, que desune a Jesús, no es de Dios; antes éste es espíritu de el Anticristo, de quien tenéis oído que viene, y ya desde ahora está en el mundo.

4. Vosotros, hijitos míos, de Dios sois, y habéis vencido a aquél, porque el que está con vosotros los ayuda con su gracia, es mayor que el espíritu del Anticristo que está en el mundo.

5. Esos tales son del mundo, y por eso hablan el lenguaje del mundo, y el mundo los escucha.

6. Nosotros somos de Dios. Quien conoce a Dios, nos escucha a nosotros; quien no es de Dios, no nos escucha: en esto conocemos los que están animados del espíritu de verdad, y los que lo están del espíritu del error.

7. Carísimos, amémonos los unos a los otros, porque la caridad procede de Dios. Y todo aquel que así ama, es hijo de Dios, y conoce a Dios.

8. Quien no tiene este amor, no conoce a Dios, puesto que Dios es todo caridad, o amor.

9. En esto se demostró la caridad de Dios hacia nosotros, en que Dios envió a su Hijo unigénito al mundo, para que por él tengamos la vida.

10. Y en esto consiste su caridad que no es porque nosotros hayamos amado a Dios, sino que él nos amó primero a nosotros y envió a su Hijo a ser víctima de propiciación por nuestros pecados.

11. Queridos míos, si así nos amó Dios, también nosotros debemos amarnos unos a otros.

12. Nadie vio jamás a Dios. Pero si nos amamos unos a otros por amor suyo, Dios habita en nosotros, y su caridad es consumada en nosotros.

13. En esto conocemos que vivimos en él, y él en nosotros, porque nos ha comunicado su. envío Espíritu.

14. Nosotros fuimos testigos de vista, y damos testimonio de que el Padre envió a su Hijo para ser el Salvador del mundo.

15. Cualquiera que confesare que Jesús es el Hijo de Dios, Dios está en él y él en Dios.

16. Nosotros asimismo hemos conocido y creído el amor que nos tiene Dios. Dios es caridad, o amor; y el que permanece en la caridad, en Dios permanece, y Dios en él.

17. En esto está la perfecta caridad de Dios con nosotros, que nos da confianza para el día del juicio; pues que como él es, así somos nosotros en este mundo.

18. En la caridad no hay temor; antes la perfecta caridad echa fuera al temor servil, porque el temor tiene pena; y así el que teme, no es consumado en caridad.

19. Amemos, pues, a Dios, ya que Dios nos amó el primero.

20. Si alguno dice: Sí, yo amo a Dios, al paso que aborrece a su hermano, es un mentiroso. Pues el que no ama a su hermano a quien ve, ¿a Dios, a quien no ve, cómo podrá amarle?

21. Y sobre todo tenemos este mandamiento de Dios, que quien ama a Dios ame también a su hermano.

CAPÍTULO V

Virtud admirable de la viva fe y de la caridad. Tres testigos en la tierra demuestran que Cristo es verdadero hombre; otros tres en el cielo le demuestran verdadero hijo de Dios, en cuya fe halla el hombre la vida eterna.

1. Todo aquel que cree que Jesús es el Cristo o Mesías, es hijo de Dios. Y quien ama al Padre, ama también a su Hijo.

2. En esto conocemos que amamos a los hijos de Dios: si amamos a Dios, y guardamos sus mandamientos.

3. Por cuanto el amor de Dios consiste en que observemos sus mandamientos, y sus mandamientos no son pesados.

4. Así es que todo hijo de Dios vence al mundo; y lo que nos hace alcanzar victoria sobre el mundo, es nuestra fe.

5. ¿Quién es el que vence al mundo, sino el que cree que Jesús es el Hijo de Dios?

6. Jesucristo es el que vino a lavar nuestros pecados con agua y sangre: no vino con el agua solamente, sino con el agua y con la sangre. Y el Espíritu es el que testifica que Cristo es la misma verdad.

7. Porque tres son los que dan testimonio en el cielo: el Padre, el Vérbo y el Espíritu Santo; y estos tres son una misma cosa.

8. Y tres son los que dan testimonio en la tierra: el espíritu, el agua, y la sangre; y estos tres testigos son para confirmar una misma cosa.

9. Si admitimos el testimonio de los hombres, de mayor autoridad es el testimonio de Dios; ahora bien, Dios mismo, cuyo testimonio es el mayor, es el que ha dado de su Hijo este gran testimonio.

10. El que cree, pues, en el Hijo de Dios, tiene el testimonio de Dios consigo o a su favor. El que no cree al Hijo, le trata de mentiroso, porque no ha creído al testimonio que Dios ha dado de su Hijo:

11. Y este testimonio nos enseñó que Dios nos dio vida eterna, la cual vida está en su Hijo Jesucristo.

12. Quien tiene al Hijo, tiene la vida; quien no tiene al Hijo no tiene la vida.

13. Estas cosas os escribo, para que vosotros, que creéis en el nombre del Hijo de Dios, sepáis que tenéis derecho a la vida eterna.

14. Y ésta es la confianza que tenemos en él: que cualquiera cosa que le pidiéremos conforme a su divina voluntad, nos la otorga.

15. Y sabemos que nos otorga cuanto le pedimos, en vista de que logramos las peticiones que le hacemos.

16. El que sabe que su hermano comete un pecado que no es de muerte ruegue por él, y Dios dará la vida al que peca no de muerte. Hay, empero, un pecado de muerte: no hablo yo de tal pecador cuando ahora digo que intercedáis.

17. Toda prevaricación es pecado: mas hay un pecado que acarrea sin remedio la muerte eterna.

18. Sabemos que todo aquel que es hijo de Dios, no peca: mas el nacimiento que tiene de Dios por la gracia le conserva, y el maligno espíritu no le toca.

19. Sabemos que somos de Dios, al paso que el mundo todo está poseído del mal espíritu.

20. Sabemos también que vino el Hijo de Dios, y nos ha dado discreción para conocer al verdadero Dios, y para estar en su Hijo verdadero. Éste es el verdadero Dios y la vida eterna que esperamos.

21. Hijitos míos, guardaos de los ídolos. Así sea.

EPÍSTOLA SEGUNDA DEL APÓSTOL SAN JUAN

CAPÍTULO ÚNICO

Exhorta a Electa y a sus hijos, cuya fe alaba, a perseverar constantes en la caridad y a cautelarse de los herejes, permaneciendo en la doctrina recibida.

1. El presbítero a la señora Electa y a sus hijos, a los cuales yo amo de veras, y no sólo yo, sino también todos lo que han conocido la verdad.

2. En atención a la misma verdad, que permanece en nosotros, y estará con nosotros eternamente:

3. gracia, misericordia y paz sea con vosotros en verdad y caridad, de parte de Dios Padre, y de Cristo Jesús el Hijo del Padre.

4. Heme holgado en extremo de haber hallado algunos de tus hijos en el camino de la verdad, conforme al mandamiento que recibimos del Padre celestial.

5. Por eso ahora, señora, te ruego,.no ya escribiéndote un nuevo mandamiento, sino el mismo que tuvimos desde el principio, que nos amemos unos a otros.

6. Y la caridad consiste en que procedamos según los mandamientos de Dios. Porque tal es el mandamiento que habéis recibido desde el principio y según el cual debéis caminar.

7. Puesto que se han descubierto en el mundo muchos impostores que no confiesan que Jesucristo haya venido en carne verdad era; negar esto es ser un impostor y un anticristo.

8. Vosotros estad sobre aviso, para no perder vuestros trabajos, sino que antes bien recibáis cumplida recompensa.

9. Todo aquel que no persevera en la doctrina de Cristo, sino que se aparta de ella, no tiene a Dios; el que persevera en ella, ése tiene, o posee dentro de sí al Padre y al Hijo.

10. Si viene alguno a vosotros, y no trae esta doctrina, no lo recibáis en casa, ni le saludéis.

11. Porque quien le saluda, comunica en cierto modo con sus acciones perversas.

12. Aunque tenía otras muchas cosas que escribiros, no he querido hacerlo por medio de papel y tinta; porque espero ir a veros, y hablar boca a boca, para que vuestro gozo sea cumplido.

13. Salúdante los hijos de tu hermana Electa.

EPÍSTOLA TERCERA DEL APÓSTOL SAN JUAN

CAPÍTULO ÚNICO

Alaba a Gayo por su constancia en la fe y por su beneficencia en hospedar a los peregrinos; habla de los vicios de Diótrefes y de la virtud de Demetrio.

1. El presbítero al muy querido Gayo, a quien amo yo de veras.

2. Carísimo, ruego a Dios que te prospere en todo, y goces salud, como la goza dichosamente tu alma.

3. Grande ha sido mi contento con la venida de los hermanos, y el testimonio que dan de tu sincera piedad, como que sigues el camino de la verdad, o del Evangelio.

4. En ninguna cosa tengo mayor gusto que cuando entiendo que mis hijos van por el camino de la verdad.

5. Carísimo mío, te portas como fiel y buen cristiano en todo lo que practicas con los hermanos, especialmente con los peregrinos,

6. los cuales han dado testimonio de tu caridad públicamente en la Iglesia; y tú harás bien en hacerlos conducir y asistir en sus viajes con el decoro debido a Dios,

7. pues que por la gloria de su Nombre han emprendido el viaje, sin tomar nada de los gentiles recién convertidos.

8. Por eso mismo nosotros debemos acoger a los tales a fin de cooperar a la propagación de la verdad o del Evangelio.

9. Yo quizá hubiera escrito a la Iglesia; pero ese Diótrefes, que ambiciona la primacía entre los demás, nada quiere saber de nosotros.

10. Por tanto, si voy allá, yo residenciaré sus procedimientos, haciéndole ver cuán mal hace en ir vertiendo especies malignas contra nosotros; y como si esto no le bastase, no solamente no hospeda él a nuestros hermanos, sino que a los que les dan acogida se lo veda y los echa de la Iglesia

11. Tú, querido mío, no has de imitar el mal ejemplo, sino el bueno. El que hace bien, es de Dios; el que hace mal, no mira a Dios.

12. Todos dan testimonio a favor de Demetrio, y lo da la verdad misma, y se lo damos igualmente nosotros; y bien sabes que nuestro testimonio es verdadero.

13. Muchas cosas tenía que escribirte; pero no he querido hacerlo por medio de tinta y pluma;

14. porque espero verte luego, y hablaremos boca a boca. La paz sea contigo. Salúdante los amigos. Saluda tú a los nuestros, a cada uno en particular.

EPÍSTOLA CATÓLICA DEL APÓSTOL SAN JUDAS

CAPÍTULO ÚNICO

Exhorta a la constancia en la fe, y a resistir los esfuerzos y ardides de los impíos. Describe su carácter, y el horrendo castigo que les espera.

1. Judas, siervo de Jesucristo y hermano de Santiago, a los amados de Dios Padre, llamados a la fe, y conservados por Jesucristo.

2. La misericordia, y la paz, y la caridad sean colmadas en vosotros.

3. Carísimos, habiendo deseado vivamente antes de ahora el escribiros acerca de vuestra común salud, me hallo al presente en la necesidad de practicarlo, para exhortaros a que peleéis valerosamente por la fe, o doctrina, que ha sido enseñada una vez a los santos.

4. Porque se han entrometido con disimulo ciertos hombres impíos (de quienes estaba ya muy de antemano predicho que vendrían a caer en este juicio o condenación) los cuales cambian la gracia de nuestro Dios en una desenfrenad a licencia, y reniegan, o renuncian, a Jesucristo, nuestro único soberano y Señor.

5. Sobre lo cual quiero haceros memoria, puesto que fuisteis ya instruidos en todas estas cosas, que habiendo Jesús sacado a salvo al pueblo hebreo de la tierra de Egipto, destruyó después a los que fueron incrédulos,

6. y a los ángeles, que no conservaron su primera dignidad, sino que desampararon su morada, los reservó para el juicio del gran día, eri el abismo tenebroso, con cadenas eternales.

7. Así como también Sodoma y Gomorra, y las ciudades comarcanas, siendo reas de los mismos excesos de impureza y entregadas al pecado nefando, vinieron a servir de escarmiento, sufriendo la pena del fuego eterno.

8. De la misma manera amancillan éstos también su carne, menosprecian la dominación y blasfeman contra la majestad.

9. Cuando el arcángel Miguel disputando con el diablo altercaba sobre el cuerpo de Moisés, no se atrevió a proferir contra él sentencia de maldición, sino que le dijo solamente: Reprímate el Señor.

10. Éstos, al contrario, blasfeman de todo lo que no conocen; y abusan, como brutos animales, do todas aquellas cosas que conocen por razón natural.

11. Desdichados de ellos, que han seguido el camino de Caín, y perdidos como Balaam por el deseo de una sórdida recompensa, se desenfrenaron, e imitando la rebelión de Coré perecerán como aquél.

12. Éstos son los que contaminan y deshonran vuestros convites de caridad cuando asisten a ellos sin vergüenza, cebándose a sí mismos; nubes sin agua, llevadas de aquí para allá por los vientos; árboles otoñales, infructuosos, dos veces muertos, sin raíces;

13. olas bravas de la mar, que arrojan las espumas de sus torpezas; exhalaciones errantes, a quienes está reservada, o ha de seguir una tenebrosísima tempestad que ha de durar para siempre.

14. También profetizó de éstos Enoc, que es el séptimo a contar desde Adán, diciendo: Mirad que viene el Señor con millares de sus santos,

15. a juzgar a todos los hombres, y a redargüir a todos los malvados de todas las obras de su impiedad, que impíamente hicieron, y de todas las injuriosas expresiones que profirieron contra Dios los impíos pecadores.

16. Éstos son unos murmuradores quejumbrosos, arrastrados de sus pasiones, y su boca profiere a cada paso palabras orgullosas. los cuales se muestran admiradores o adulan a ciertas personas según conviene a sus propios intereses.

17. Vosotros empero, queridos míos, acordaos de las palabras que os fueron antes dichas por los apóstoles de Nuestro Señor Jesucristo,

18. los cuales os decían que en los últimos tiempos han de venir unos impostores, que seguirán sus pasiones llenas de impiedad.

19. Éstos son los que se separan a sí mismos de la grey de Jesucristo, hombres sensuales, que no tienen el espíritu de Dios.

20. Vosotros al contrario, carísimos, elevándoos a vosotros mismos como un edificio espiritual sobre el fundamento de nuestra santísima fe, orando en el Espíritu Santo,

21. manteneos constantes en el amor de Dios, esperando la misericordia de Nuestro Señor Jesucristo para alcanzar la vida eterna.

22. Y aquellos que están endurecidos y ya sentenciados, corregidlos, y reprendedlos con vigor;

23. a los unos ponedios en salvo, arrebatándolos de entre las llamas; y tened lástima de los demás temiendo por vosotros mismos, aborreciendo aun o huyendo hasta de la ropa, que está contaminada con la corrupción de la carne

24. En fin, al que es poderoso para conservaros sin pecado, y presentaros sin mácula y llenos de júbilo ante el trono de su gloria en la venida de Nuestro Señor Jesucristo,

25. al solo Dios, salvador nuestro, por Jesucristo Nuestro Señor, sea dada la gloria y magnificencia, imperio y potestad antes de todos los siglos, y ahora, por todos los siglos de los siglos. Amén.

EL APOCALIPSIS O REVELACIÓN DEL APÓSTOL SAN JUAN

CAPÍTULO I

San Juan, desterrado en la isla de Patmos, escribe por orden de Dios la revelación que había tenido a las siete iglesias de Asia representadas en siete candeleros.

1. Revelación de Jesucristo, la cual como hombre ha recibido de Dios su Padre, para descubrir a sus siervos cosas que deben suceder presto, y la ha manifestado a su Iglesia por medio de su ángel enviado a Juan siervo suyo;

2. el cual ha dado testimonio de ser palabra de Dios, y testificación de Jesucristo, todo cuanto ha visto.

3. Bienaventurado el que lee con respeto, y escucha con docilidad las palabras de esta profecía, y observa las cosas escritas en ella, pues el tiempo de cumplirse está cerca.

4. Juan a las siete iglesias del Asia Menor. Gracia y paz a vosotros, de parte de aquel que es, y que era, y que ha de venir, y de parte de los siete espíritus, que asisten ante su trono,

5. y de parte de Jesucristo, el cual es testigo fiel, primogénito, o el primero que resucitó de entre los muertos, y soberano de los reyes de la tierra, el cual nos amó, y nos lavó de nuestros pecados con su sangre,

6. y nos ha hecho reino y sacerdotes de Dios, Padre suyo: al mismo la gloria y el imperio por los siglos de los siglos. Amén.

7. Mirad cómo viene sentado sobre las nubes del cielo, y verle han todos los ojos, y los mismos verdugos que le traspasaron o clavaron en la cruz. Y todos los pueblos de la tierra se herirán los pechos al verle. Sí, por cierto. Así será.

8. Yo soy el Alfa y la Omega, el principio y el fin de todas las cosas, dice el Señor Dios, que es, y que era, y que ha de venir, el Todopoderoso.

9. Yo Juan, vuestro hermano y compañero en la tribulación, y en el reino de los cielos, y en la tolerancia por Cristo Jesús, estaba en la isla llamada Patmos, por causa de la palabra de Dios y del testimonio que daba de Jesús.

10. Un día de domingo fui arrebatado en espíritu, y oí detrás de mí una grande voz como de trompeta,

11. que decía: Lo que ves, escríbelo en un libro, y remítelo a las siete Iglesias de Asia, a saber, a Éfeso, y a Esmirna, y a Pérgamo, y a Tiatira, y a Sardis, y a Filadelfia, y a Laodicea.

12. Entonces me volví para conocer la voz que hablaba conmigo. Y vuelto vi siete candeleros de oro,

13. y en medio de los siete candeleros de oro vi a uno parecido al Hijo y Hombre o a Jesucristo, vestido de ropa talar, ceñido a los pechos con una faja de oro.

14. Su cabeza y sus cabellos eran blancos como la lana más blanca, y como la nieve; sus ojos parecían llamas de fuego;

15. sus pies semejantes a bronce fino, cuando está fundido en horno ardiente; y su voz como el ruido de muchas aguas.

16. Y tenía en su mano derecha siete estrellas y de su boca salía una espada de dos filos y su rostro era resplandeciente como el sol de mediodía.

17. Y así que le vi, caí a sus pies como muerto. Mas él puso su diestra sobre mí, diciendo: No temas: yo soy el primero y el último, o principio y fin de todo;

18. y estoy vivo, aunque fui muerto; y ahora he aquí que vivo por los siglos de los siglos, y tengo las llaves, o soy dueño, de la muerte y del infierno.

19. Escribe, pues, las cosas que has visto, tanto las que son, como las que han de suceder después de éstas.

20. En cuanto al misterio de las siete estrellas que viste en mi mano derecha, y los siete candeleros de oro: las siete estrellas son los siete ángeles de las siete iglesias, y los siete candeleros son las siete iglesias.

CAPÍTULO II

Se le manda a San Juan que escriba varios avisos a las cuatro iglesias primeras. Alaba a los que no habían abrazado la doctrina de los nicolaítas y convida a otros a penitencia. Detesta al cristiano tibio y promete el premio al vencedor.

1. Escribe al ángel de la iglesia de Éfeso: Esto dice el que tiene las siete estrellas en su mano derecha, el que anda en medio de los siete candeleros de oro:

2. Conozco tus obras, y tus trabajos, y tu paciencia, y que no puedes sufrir a los malos; y que has examinado a los que dicen ser apóstoles, y no lo son, y los has hallado mentirosos;

3. y que tienes paciencia, y has padecido por mi Nombre, y no desmayaste.

4. Pero contra ti tengo que has perdido el fervor de tu primera caridad.

5. Por tanto, acuérdate del estado de donde has decaído, y arrepiéntete, y vuelve a la práctica de las primeras obras; porque si no, voy a ti, y removeré tu candelero de su sitio si no hicieres penitencia.

6. Pero tienes esto de bueno, que aborreces las acciones de los nicolaítas, que yo también aborrezco.

7. Quien tiene oído, escuche lo que el Espíritu dice a las iglesias: Al que venciere, yo le daré a comer del árbol de la vida, que está en medio del paraíso de mi Dios.

8. Escribe también al ángel de la iglesia de Esmirna: Esto dice aquel que es el primero y el último, que fue muerto, y está vivo:

9. Sé tu tribulación y tu pobreza, si bien eres rico en gracia y santidad; y que eres blasfemado de los que se llaman judíos, y no lo son, antes bien son una sinagoga de Satanás.

10. No temas nada de lo que has de padecer. Mira que el diablo ha de meter a algunos de vosotros en la cárcel para que seáis tentados en la fe; y seréis atribulados por diez días. Sé fiel hasta la muerte, y te daré la corona de la vida eterna.

11. Quien tiene oído, oiga lo que dice el Espíritu a las iglesias: El que venciere no será dañado por la muerte segunda

12. Asimismo al ángel de la iglesia de Pérgamo escríbele: Esto dice el que tiene en su boca la espada afilada de dos cortes:

13. Bien sé que habitas en un lugar donde Satanás tiene su asiento y mantienes no obstante mi Nombre, y no has negado mi fe, aun en aquellos días en que Antipas, testigo mío fiel, fue martirizado entre vosotros donde Satanás mora.

14. Sin embargo, algo tengo contra ti, y es que tienes ahí secuaces de la doctrina de Balaam, el cual enseñaba al rey Balac a poner escándalo o tropiezo a los hijos de Israel, para que cayesen en pecado comiendo y cometiendo la fornicación:

15. pues así tienes tú también a los que siguen la doctrina de los nicolaítas.

16. Por lo mismo, arrepiéntete; cuando no, vendré a ti presto, y yo pelearé contra ellos con la espada de mi boca.

17. El que tiene oído, escuche lo que dice el Espíritu a las iglesias: Al que venciere daréle yo a comer un mana recóndito, y le daré una piedrecita blanca, y en la piedrecita esculpido un nombre nuevo, que nadie lo sabe, sino aquel ue le recibe.

18. Y al ángel de la iglesia de Tiatira escríbele: Esto dice el Hijo de Dios, que tiene los ojos como llamas de fuego, y los pies semejantes al bronce fino:

19. Conozco tus obras, y tu fe, y caridad, y tus servicios, y paciencia, y que tus obras o virtudes últimas son muy superiores a las primeras.

20. Pero tengo contra ti alguna y es que e permites a cierta mujer Jezabel, dice profetisa, el enseñar y seducir a mis siervos, para que caigan en fornicación y coman de las cosas sacrificadas a los ídolos.

21. Y hele dado tiempo para hacer penitencia, y no quiere arrepentirse de su torpeza.

22. Yo la voy a reducir a una cama; y los que adulteran con ella, se verán en grandísima aflicción si no hicieran penitencia de sus perversas obras.

23. Y a sus hijos y secuaces entregaré a la muerte, con lo cual sabrán todas las iglesias que yo soy escudriñador de interiores y corazones; y a cada uno de vosotros le daré su merecido. Entretanto os digo a vosotros

24. y a los demás que habitáis en Tiatira: A cuantos no siguen esta doctrina, y no han conocido las honduras de Satanás, o las profundidades como ellos llaman, yo no echará sobre vosotros otra carga;

25. pero guardad bien aquello que tenéis recibido de Dios hasta que yo venga a pediros cuenta.

26. Y al que hubiere vencido y observado hasta el fin mis obras o mandamientos, yo le daré autoridad sobre las naciones,

27. y regirlas ha con varas de hierro, y serán desmenuzadas como vaso de alfarero,

28. conforme al poder que yo tengo recibido de mi Padre; daréle tambien el lucero de la mañana.

29. Quien tiene oído escuche lo que el Espíritu dice a las iglesias.

CAPÍTULO III

Amonesta San Juan a las otras tres iglesias de Sardias, de Filadelfia y de Laodicea, y les da avisos muy importantes.

1. Al ángel de la iglesia de Sardis escríbele también: Esto dice el que tiene a su mandar los siete espíritus de Dios y las siete estrellas: conozco tus obras y que tienes nombre de viviente, y estás muerto.

2. Despierta, pues, sé vigilante, y consolida lo restante de tu grey, que está para morir. Porque yo

no hallo tus obras cabales en presencia de mi Dios.

3. Ten, pues, en la memoria lo que has recibido y aprendido, y obsérvalo, y arrepiéntete. Porque si no velares, vendré a ti como ladrón, y no sabrás a qué hora vendré a ti.

4. Con todo, tienes en Sardis unos pocos sujetos que no han ensuciado sus vestiduras; y andarán conmigo en el cielo vestidos de blanco, porque lo merecen.

5. El que venciere será igualmente vestido de ropas blancas, y no borrará su nombre del libro de la vida, antes bien le celebraré delante de mi Padre y delante de sus ángeles.

6. Quien tiene oídos escuche lo que dice el Espíritu a las iglesias.

7. Escribe asimismo al ángel de la iglesia de Filadelfia: Esto dice el santo y el veraz, el que tiene la llave del nuevo reino de Davi; el que abre, y ninguno cierra; cierra, y ninguno abre;

8. Yo conozco tus obras. He aquí que puse delante de tus ojos abierta una puerta que nadie podrá cerrar; porque aunque tú tienes poca fuerza, o virtud, con todo, has guardado mi palabra o mis mandamientos, y no negaste mi Nombre.

9. Yo voy a traer de la sinagoga de Satanás a los que dicen ser judíos y no lo son, sino que mienten; como quiera yo les haré que vengan y se postren a tus pies, y entenderán con eso que yo te amo.

10. Ya que has guardado la doctrina de mi paciencia, yo también te libraré del tiempo de tentación que ha de sobrevenir a todo el universo para prueba de los moradores de la tierra.

11. Mira que vengo luego: mantén lo que tienes de bueno en tu alma, no sea que otro se lleve tu corona.

12. Al que venciere, yo le haré columna en el templo de mi Dios, de donde no saldrá jamás fuera; y escribiré sobre él el nombre de mi Dios, y el nombre de la ciudad de mi Dios la nueva Jerusalén, que desciende del cielo, y viene o trae su origen de mi Dios, y el nombre mío nuevo.

13. Quien tiene oído, escuche lo que dice el Espíritu a las iglesias.

14. En fin, al ángel de la iglesia de Laodicea escribirás: Esto dice la misma verdad, el testigo fiel y verdadero, el principio, o causa, de las criaturas de Dios:

15. Conozco bien tus obras, que ni eres frío, ni caliente; ¡ojalá fueras frío o caliente!

16. Mas por cuanto eres tibio, y no frío ni caliente, estoy para vomitarte de mi boca.

17. Porque estás diciendo: Yo soy rico y hacendado, y de nada tengo falta; y no conoces que eres un desdichado, y miserable, y pobre, y ciego, y desnudo.

18. Aconséjote que compres de mí el oro afinado en el fuego; con que te hagas rico; y te vistas de ropas blancas, y no se descubra la vergüenza de tu desnudez; y unge tus ojos con colirio para que veas.

19. Yo a los que amo, los reprendo y castigo. Arde, pues, en celo de la gloria de Dios, y haz penitencia.

20. He aquí que estoy a la puerta de tu corazón, y llamo; si alguno escuchare mi voz y me abriere la puerta, entraré a él, y con él cenaré, y él conmigo.

21. Al que venciere, le haré sentar conmigo en mi trono; así como yo fui vencedor, y me senté con mi Padre en su trono.

22. El que tiene oído escuche lo que el Espíritu dice a las iglesias.

CAPÍTULO IV

San Juan, en una visión extática, ve a Dios en su solio, rodeado de veinticuatro ancianos y de cuatro animales misteriosos que le glorifican.

1. Después de esto miré; y he aquí que en un éxtasis vi una puerta abierta en el cielo: y la primera voz que oí, como de trompeta que hablaba conmigo, me dijo: Sube acá, y te mostraré las cosas que han de suceder en adelante.

2. Al punto fui elevado o arrebatado en espíritu, y vi un sollio colocado en el cielo, y un personaje sentado en el sollio.

3. Y el que estaba sentado era parecido a una piedra de jaspe y de sardio o granate; y en torno del solio un arco iris, de color de esmeralda;

4. y alrededor del solio veinticuatro sillas, y veinticuatro ancianos sentados, revestidos de ropas blancas, con coronas de oro en sus cabezas

5. Y del solio salían relámpagos, y voces, y truenos; y siete lámparas estaban ardiendo delante del solio, que son los siete espíritus de Dios.

6. Y enfrente del solio había como un mar transparente de vidrio semejante al cristal, y en medio del espacio en que estaba el trono y alrededor de él, cuatro animales llenos de ojos delante y detrás.

7. Era el primer animal parecido al león; y el segundo a un becerro; y el tercer animal tenía cara como de hombre, y el cuarto animal semejante a una águila volando.

8. Cada uno de los cuatro animales tenía seis alas, y por afuera de las alas y por adentro, estaban llenos de ojos, y no reposaban de día ni de noche, diciendo: Santo, Santo, Santo, es el Señor Dios todopoderoso, el cual era, el cual es, y el cual ha de venir.

9. Y mientras aquellos animales tributaban gloria, y honor, y bendición o acción de gracias al que

estaba sentado en el trono, que vive por los siglos de los siglos,

10. los veinticuatro ancianos se postraban delante del que estaba sentado en el trono, y adoraban al que vive por los siglos de los siglos, y ponían sus coronas ante el trono, diciendo:

11. Digno eres, ¡oh Señor Dios nuestro!, de recibir la gloria, y el honor, y el poderío, porque tú criaste todas las cosas, y por tu querer subsisten, y fueron criadas.

CAPÍTULO V

Mientras que San Juan lloraba de ver que nadie podía abrir el libro cerrado con siete sellos, abrióle el Cordero de Dios que poco antes había sido muerto. Por lo que todas las criaturas le tributaron cánticos de alabanza.

1. Después vi en la mano derecha del que estaba sentado en el solio, un libro escrito por dentro y por fuera, sellado con siete sellos.

2. Al mismo tiempo vi a un ángel fuerte y poderoso pregonar a grandes voces: ¿Quién es el digno de abrir el libro, y de levantar sus sellos?

3. Y ninguno podía, ni en el cielo, ni en la tierra, ni debajo de la tierra, abrir el libro, ni aun mirarlo.

4. Y yo me deshacía en lágrimas, porque nadie se halló que fuese digno de abrir el libro ni registrarlo.

5. Entonces uno de los ancianos me dijo: No llores: mira cómo ya el león de la tribu de Judá, la estirpe de David, ha ganado la victoria para abrir el libro y levantar sus siete sellos.

6. Y miré, y vi que en medio del solio y de los cuatro animales, y en medio de los ancianos, estaba un Cordero como inmolado, el cual tenía siete cuernos, esto es, un poder inmenso, y siete ojos, que son o significan los siete espíritus de los despachados a toda la tierra.

7. El cual vino, y recibió el libro de la mano derecha de aquel que estaba sentado en el solio.

8. Y cuando hubo abierto el libro, los cuatro animales y los veinticuatro ancianos se postraron ante el Cordero, teniendo todos cítaras y copas, o incensarios, de oro, llenos de perfumes, que son las oraciones de los santos.

9. Y cantaban un cántico nuevo, diciendo: Digno eres, Señor, de recibir el libro y de abrir sus sellos; porque tú has sido entregado a la muerte, y con tu sangre nos has rescatado para Dios de todas las tribus, y lenguas, y pueblos y naciones,

10. con que nos hiciste para nuestro Dios reyes y sacerdotes; y reinaremos sobre la tierra hasta que después reinemos contigo en el cielo.

11. Vi también y oí voz de muchos ángeles alrededor del solio, y de los animales, y de los ancianos, y su número era millares de millares,

12. los cuales decían en alta voz: Digno es, el Cordero, que ha sido sacrificado, de recibir el poder, y la divinidad, y la sabiduría, y la fortaleza, y el honor, y la gloria, y la bendición.

13. Y a todas las criaturas que hay en el cielo y sobre la tierra, y debajo de la tierra, y las que hay en el mar; a cuantas hay en todos estos lugares, a todas las oí decir: ¡Al que está sentado en el trono, y al Cordero, bendición, y honra, y gloria, y potestad por los siglos de los siglos!

14. A lo que los cuatro animales respondían: Amén. Y los veinticuatro ancianos se postraron sobre sus rostros, y adoraron a aquel que vive por los siglos de los siglos.

CAPÍTULO VI

Señales misteriosas que fue viendo el apóstol, conforme iba el Cordero abriendo los seis primeros sellos.

1. Vi, pues, cómo el Cordero abrió el primero de los siete sellos, y oí al primero de los cuatro animales que decía, con voz como de trueno: Ven, y verás.

2. Yo miré; y he ahí un caballo blanco, y el que lo montaba tenía un arco y diósele una corona, y salió victorioso para continuar las victorias.

3. Y como hubiese abierto el segundo sello, oí al segundo animal, que decía: Ven, y verás.

4. Y salió otro caballo bermejo; y al que lo montaba se le concedió el poder de desterrar la paz de la tierra, y de hacer que los hombres se matasen unos a otros; y así se le dio una grande espada.

5. Abierto que hubo el sello tercero, oí al tercer animal, que decía: Ven, y verás. Y vi un caballo negro; y el que lo montaba tenía una balanza en su mano.

6. Y oí cierta voz en medio de los cuatro animales, que decía: Dos libras de trigo valdrán un denario, y seis libras de cebada a denario también; mas al vino y al aceite no hagas daño.

7. Después que abrió el sello cuarto, oí una voz del cuarto animal, que decía: Ven, y verás.

8. Y he aquí un caballo pálido y macilento, cuyo jinete tenía por nombre Muerte, y el infierno le iba siguiendo, y diósele poder sobre las cuatro partes de la tierra para matar a los hombres a cuchillo, con hambre, con mortandad y por medio de las fieras de la tierra.

9. Y cuando hubo abierto el quinto sello, vi debajo o al pie del altar las almas de los que fueron muertos por la palabra de Dios y por ratificar su testimonio.

10. Y clamaban a grandes voces, diciendo: ¿Hasta cuándo, Señor (tú que eres santo y veraz), difieres hacer justicia y vengar nuestra sangre contra los que habitan en la tierra?

11. Diosele luego a cada uno de ellos un ropaje o vestido blanco y se les dijo que descansasen o guardasen un poco de tiempo, en tanto que se cumplía el número de sus consiervos y hermanos, que habían de ser martirizados también como ellos.

12. Vi asimismo cómo abrió el sexto sello; y al punto se sintió un gran terremoto, y el sol se puso negro como un saco de cilicio, o de cerda, y la luna se volvió toda bermeja como sangre.

13. Y las estrellas cayeron del cielo sobre la tierra, a la manera que una higuera, sacudida de un recio viento, deja caer sus brevas.

14. Y el cielo desapareció como un libro que es arrollado; y todos los montes y las islas fueron movidos de sus lugares.

15. Y los reyes de la tierra, y los príncipes, y los tribunos, y los ricos, y los poderosos, y todos los hombres, así esclavos como libres, se escondieron en las grutas y entre las peñas de los montes;

16. y decían a los montes y peñascos: Caed sobre nosotros, y escondednos de la cara de aquel Señor que está sentado sobre el trono, y de la ira del Cordero:

17. porque llegado es el día grande de la cólera de ambos, ¿y quién podrá soportarla?

CAPÍTULO VII

Se da orden a los ángeles que vienen a destruir la tierra que no hagan daño a los justos, tanto del pueblo de Israel como de las demás naciones. Quiénes son los que vio San Juan vestidos de un ropaje blanco.

1. Después de esto vi cuatro ángeles que estaban sobre los cuatro ángulos o puntos de la tierra, deteniendo los cuatro vientos de la tierra, para que no soplasen sobre la tierra, ni sobre el mar, ni sobre árbol alguno.

2. Luego vi subir del oriente a otro ángel, que tenía la marca o sello de Dios vivo: el cual gritó con voz sonora a los cuatro ángeles, encargados de hacer daño a la tierra y al mar,

3. diciendo: No hagáis mal a la tierra, ni al mar, ni a los árboles, hasta tanto que pongamos la señal en la frente a los siervos de nuestro Dios.

4. Oí también el número de los señalados, que eran ciento cuarenta y cuatro mil, de todas las tribus de los hijos de Israel.

5. De la tribu de Judá habla doce mil señalados. De la tribu de Rubén doce mil señalados. De la tribu de Gad otros doce mil.

6. De la tribu de Aser doce mil señalados. De la tribu de Neftalí doce mil señalados. De la tribu de Manasés otros doce.

7. De la tribu de Simeón doce mil señalados. De la tribu de Leví doce mil señalados. De la tribu de Isacar otros doce mil.

8. De la tribu de Zabulón doce mil señalados. De la tribú de José, o Efraín, doce mil señalados. De la tribu de Benjamín otros doce mil.

9. Después de esto vi una grande muchedumbre, que nadie podía contar, de todas naciones, y tribus, y pueblos, y lenguas, que estaban ante el trono y delante del Cordero, revestidos de un ropaje blanco, con palmas en sus manos;

10. y exclamaban a grandes voces, diciendo: La salvación se debe a nuestro Dios, que está sentado en el solio, y al Cordero.

11. Y todos los ángeles estaban en torno del solio, de los ancianos, y de los cuatro animales; y se postraron delante del solio sobre sus rostros, y adoraron a Dios,

12. diciendo: Amén. Bendición, y gloria, y sabiduría, y acción de gracias, honra, y poder, y fortaleza a nuestro Dios por los siglos de los siglos. Amén.

13. En esto hablándome uno de los ancianos, me preguntó: Ésos, que están cubiertos de blancas vestiduras, ¿quiénes son?, y ¿de dónde han venido?

14. Yo le dije: Mi Señor, tú lo sabes. Entonces me dijo: Éstos son los que han venido de una tribulación grande, y lavaron sus vestiduras, y las blanquearon, o purificaron, en la sangre del Cordero.

15. Por esto están ante el solio de Dios, y le sirven alabándole día y noche en su templo; y aquel que está sentado en el solio, habitará en medio de ellos;

16. ya no tendrán hambre, ni sed, ni descargará sobre ellos el sol, ni el bochorno

17. porque el Cordero, que está en medio del solio, será su pastor, y los llevará a fuentes de aguas vivas, y Dios enjugará todas las lágrimas de sus ojos

CAPÍTULO VIII

Abierto ya el sello séptimo, se aparecen siete ángeles con siete trompetas; tocan los cuatro primeros cada una la suya; cae fuego, la mar se altera, las aguas se vuelven amargas y las estrellas pierden su resplandor.

1. Y cuando el Cordero hubo abierto el séptimo sello, siguióle un gran silencio en el cielo, cosa de media hora.

2. Y vi luego a siete ángeles que estaban en pie delante de Dios; y diéronseles siete trompetas.

3. Vino entonces otro ángel, y púsose ante el altar con un incensario de oro; y diéronsele muchos perfumes, compuestos de las oraciones de todos los santos para que los ofreciese sobre el altar de oro, colocado ante el trono de Dios.

4. Y el humo de los perfumes o aromas encendidos de las oraciones de los santos subió por la mano del ángel al acatamiento de Dios.

5. Tomó luego el ángel el incensario, llenólo del fuego del altar, y arrojando este fuego a la tierra, sintiéronse truenos, y voces, y relámpagos, y un grande terremoto.

6. Entretanto los siete ángeles, que tenían las siete trompetas, se dispusieron para tocarlas.

7. Tocó, pues, el primer ángel la trompeta; y formóse una tempestad de granizo y fuego, mezclados con sangre, y descargó sobre la tierra, con lo que la tercera parte de la tierra se abrasó, y con ella se quemó la tercera parte de los árboles, y toda la hierba verde.

8. El segundo ángel tocó también la trompeta; y al momento se vio caer en el mar como un grande monte, todo de fuego, y la tercera parte del mar se convirtió en sangre;

9. y murió la tercera parte de las criaturas que vivían en el mar, y pereció la tercera parte de las naves.

10. Y el tercer ángel tocó la trompeta; y cayó del cielo una grande estrella o cometa, ardiendo como una tea, y vino a caer en la tercera parte de los ríos y en los manantiales de las aguas.

11. Y el nombre de la estrella es Ajenjo; y así la tercera parte de las aguas se convirtió en ajenjo o tomó su mal gusto; con lo que muchos hombres murieron a causa de las aguas, porque se hicieron amargas.

12. Después tocó la trompeta el cuarto ángel; y quedó herida de tinieblas la tercera parte del sol, y la tercera parte de la luna, y la tercera parte de las estrellas, de tal manera que se oscurecieron en su tercera parte, y así quedó privado el día de la tercera parte de su luz,ylo mismo la noche.

13. Entonces miré y oí la voz de una águila que iba volando por medio del cielo, y diciendo a grandes gritos: ¡Ay, ay, ay, de los moradores de la tierra, por causa del sonido de las trompetas que los otros tres ángeles han de tocar!

CAPÍTULO IX

Lo acontecido al tocar la quinta y sexta trompetas.

1. El quinto ángel tocó la trompeta; y vi una estrella del cielo caída en la tierra, y diósele la llave del pozo del abismo.

2. Y abrió el pozo del abismo; y subió del pozo un humo semejante al de un grande horno; y con el humo de este pozo quedaron oscurecidos el sol y el aire.

3. Y del humo del pozo salieron langostas sobre la tierra, y dióseles poder, semejante al que tienen los escorpiones de la tierra,

4. y se les mandó no hiciesen daño a la hierba de la tierra, ni a cosa verde, ni a ningún árbol; sino solamente a los hombres que no tienen la señal de Dios en sus frentes.

5. Y se les encargó, no que los matasen, sino que los atormentasen por cinco meses; y el tormento que causan, es como el que causa el escorpión, cuando hiere o ha herido a un hombre.

6. Durante aquel tiempo los hombres buscarán la muerte, y no la hallarán; y desearán morir, y la muerte irá huyendo de ellos.

7. Y las figuras de las langostas se parecían a caballos aparejados para la batalla; y sobre sus cabezas tenían como coronas al parecer de oro, y sus caras así como caras de hombres.

8. Y tenían cabellos como cabellos de mujeres, y sus dientes eran como dientes de leones.

9. Vestían también lorigas, o corazas como lorigas de hierro, y el ruido de sus alas como el estruendo de los carros tirados de muchos caballos que van corriendo al combate.

10. Tenían asimismo colas parecidas a las de los escorpiones, y en las colas aguijones, con potestad de hacer daño a los hombres por cinco meses; y tenían sobre sí

11. por rey al ángel del abismo, cuyo nombre en hebreo es Abaddón, en griego Apollyon, que quiere decir en latín Exterminans, esto es, el Exterminador.

12. El un ay se pasó ya, mas luego después van a venir dos ayes todavía.

13. Tocó, pues, el sexto ángel la trompeta; y oí una voz que salía de los cuatro ángulos del altar de oro, que está colocado ante los ojos del Señor,

14. la cual decía al sexto ángel, que tenía la trompeta: Desata a los cuatro ángeles del abismo, que están ligados en el grande río Éufrates.

15. Fueron, pues, desatados los cuatro ángeles, los cuales estaban pronto para la hora, y el día, y el mes, y el año, en que debían matar la tercera parte de los hombres.

16. Y el número de las tropas de a caballo, era de doscientos millones. Porque yo oí el número de ellas.

17. Así como vi también en la visión los caballos; y los jinetes vestían corazas como de fuego, y de color de jacinto, o cárdenas y de azufre; y las cabezas de los caballos eran como cabezas de leones: y de su boca salía fuego, humo y azufre.

18. Y de estas tres plagas fue muerta la tercera parte de los hombres, es a saber, con el fuego, y

con el humo, y con el azufre, que salían de sus bocas.

19. Porque la fuerza de los caballos está en su boca y en sus colas; pues sus colas son semejantes a serpientes, y tienen cabezas, y con éstas hieren.

20. Entretanto los demás hombres, que no perecieron con estas plagas, no por eso hicieron penitencia de las obras de sus manos, con dejar de adorar a los demonios y a los simulacros de oro, y de plata, y de bronce, y de piedra, y de madera, que ni pueden ver, ni oir, ní andar;

21. ni tampoco se arrepintieron de sus homicidios, ni de sus hechicerías, ni de su fornicación, o deshonestidad, nl de sus robos.

CAPÍTULO X

Aparece otro ángel cercado de una nube, con un libro en la mano; este ángel anuncia el cumplimiento de todo el misterio así que el séptimo ángel haya tocado la trompeta. Una voz del cielo manda a San Juan que devore aquel libro o pergamino.

1. Vi también a otro ángel valeroso bajar del cielo revestido de una nube, y sobre su cabeza el arco iris, y su cara era como el sol, y sus pies como columnas de fuego;

2. el cual tenía en su mano un librito abierto, y puso su pie derecho sobre el mar, y el izquierdo sobre la tierra,

3. y dio un grande grito, a manera de león cuando ruge. Y después que hubo gritado, siete truenos articularon sus voces.

4. Y articulado que hubieron los siete truenos sus voces, iba yo a escribirlas, cuando oí una voz del cielo que me decía: Sella, o reserva en tu mente, las cosas que hablaron los siete truenos, y no las escribas.

5. Y el ángel que vi estar sobre el mar y sobre la tierra levantó al cielo su mano.

6. Y juró por el que vive en los siglos de los siglos, el cual crió el cielo y las cosas que hay en él, y la tierra con las cosas que hay en ella, y el mar y cuanto en él se contiene, que ya no habrá más tiempo;

7. sino que cuando se oyere la voz del séptimo ángel, comenzando a sonar la trompeta, será consumado el misterio de Dios, según lo tiene anunciado por sus siervos los profetas.

8. Y oí la voz del cielo que hablaba otra vez conzuigo, y decía: Anda, y toma el libro abierto de la mano del ángel que está sobre el mar y sobre la tierra.

9. Fui, pues, al ángel, pidiéndole que me diera el libro. Y me dijo: Tómalo, y devóralo: que llenará de amargura tu vientre, aunque en tu boca será dulce como la miel.

10. Entonces recibí el libro de la mano del ángel, y lo devoré, y era en mi boca dulce como la miel; pero habiéndolo devorado, quedó mi vientre o interior lleno de amargura.

11. Díjome más: Es necesario que de nuevo profetices a las naciones y pueblos, y lenguas, y a muchos reyes.

CAPÍTULO XI

Señales que habrá antes de tocar la última trompeta. Dos testigos o mártires del Señor serán despedazados por la bestia y resucitados por Dios. Toca el séptimo ángel la trompeta; se describe la resurrección de los muertos y el juicio final.

1. Entonces se me dio una caña a manera de una vara de medir, y díjoseme: Levántate y mide el templo de Dios, y el altar, y cuenta los que adoran en él;

2. pero el atrio exterior del templo déjalo fuera, no cuides de él, y no lo midas, por cuanto está dado a los gentiles, los cuales han de hollar la ciudad santa cuarenta y dos meses.

3. Entretanto yo daré orden a dos testigos míos, y harán oficio de profetas, cubiertos de sacos, o hábitos de penitencia, por espacio de mil doscientos sesenta días.

4. Éstos son dos olivos y dos candeleros puestos en la presencia del Señor de la tierra.

5. Y si alguno quisiere maltratarlos, saldrá fuego de la boca de ellos, que devorará a sus enemigos; pues así conviene sea consumado quien quisiere hacerles daño.

6. Los mismos tienen poder de cerrar el cielo, para que no llueva en el tiempo que ellos profeticen, y tienen también potestad sobre las aguas para convertirlas en sangre, y para afligir la tierra con toda suerte de plagas siempre que quisieren.

7. Después que concluyeren de dar su testimonio, la bestia que sube del abismo moverá guerra contra ellos, y los vencerá, y quitará la vida.

8. Y sus cadáveres yacerán en las plazas de la grande ciudad, que se llama místicamente Sodoma, y Egipto, donde asimismo el Señor de ellos fue crucificado.

9. Y las gentes de las tribus, y pueblos, y lenguas, y naciones estarán viendo sus cuerpos por tres días y medio, y no permitirán que se les dé sepultura.

10. Y los que habitan la tierra se regocijarán con verlos muertos, y harán fiesta, y se enviarán presentes los unos a los otros, o se dan albricias, a causa de que estos dos profetas atormentaron con

sus represiones a los que moraban sobre la tierra.

11. Pero al cabo de tres días y medio entró en ellos por virtud de Dios el espíritu de vida. Y se alzaron sobre sus pies, con lo que un terror grande sobrecogió a los que vieron.

12. Enseguida oyeron una voz sonora del cielo que les decía: Subid acá. Y subieron al cielo en una nube; y sus enemigos los vieron.

13. Y en aquella hora se sintió un gran terremoto, con que se arruinó la décima parte de la ciudad; y perecieron en el terremoto siete mil personas; y los demás entraron en miedo, y dieron gloria al Dios del cielo.

14. El segundo ay se pasó: y bién pronto vendrá el ay tercero, o la tercera desdicha.

15. En efecto, el séptimo ángel sonó la trompeta; y se sintieron voces grandes en el cielo que decían: El reino de este mundo ha venido a ser reino de nuestro Señor y de su Cristo, y, destruido ya el pecado, reinará por los siglos de los siglos. Amén.

16. Aquí los veinticuatro ancianos, que están sentados en sus tronos en la presencia de Dios, se postraron sobre sus rostros, y adoraron a Dios, diciendo:

17. Gracias te tributamos, ¡oh Señor Dios todopoderoso!, a ti que eres, que eras ya antes, y que has de venir, porque hiciste alarde de tu gran poderío, y has entrado en posesión de tu reino.

18. Las naciones montaron en cólera, mas sobrevino tu ira, y el tiempo de ser juzgados los muertos, y de dar el galardón a tus siervos los profetas, y a los santos, y a los que temen tu nombre, chicos y grandes, y de acabar con los que han corrompido la tierra.

19. Entonces se abrió el templo de Dios en el cielo, y fue vista el Arca de su testamento en su templo, y se formaron rayos, y voces, y truenos, y terremoto, y pedrisco espantoso.

CAPÍTULO XII

De la guerra del diablo y del Anticristo contra la Iglesia, simbolizada en una mujer misteriosa vestida del sol, que da a la luz un hijo y es perseguida del dragón infernal.

1. En esto apareció un gran prodigio en el cielo, una mujer vestida del sol, y la luna debajo de sus pies, y en su cabeza una corona de doce estrellas.

2. Y estando encinta, gritaba con ansias de parir, y sufría dolores de parto.

3. Al mismo tiempo se vio en el cielo otro portento; y era un dragón descomunal con siete cabezas y diez cuernos, y en las cabezas tenía siete diademas,

4. y su cola traía arrastrando la tercera parte de las estrellas del cielo, y arrojóla la tierra; este dragón se puso delante de la mujer, que estaba para parir a fin de tragarse al hijo, luego que ella lo hubiese dado a luz.

5. En esto parió un hijo varón, el cual había de regir todas las naciones con cetro de hierro; y este hijo fue arrebatado para Dios y para su solio.

6. Y la mujer huyó al desierto, donde tenía un lugar preparado por Dios, para que allí la sustenten por espacio de mil doscientos sesenta días.

7. Entretanto se trabó una batalla grande en el cielo: Miguel y sus ángeles peleaban contra el dragón, y el dragón con sus ángeles lindiaban contra él,

8. Pero éstos fueron los más débiles y después no quedó ya para ellos lugar ninguno en el cielo.

9. Así fue abatido aquel dragón descomunal, aquella antigua serpiente, que se llama diablo, y también Satanás, que anda engañando al orbe universo, y fue lanzado y arrojado a la tierra, y sus ángeles con él.

10. Entonces oí una voz sonora en el cielo que decía: He aquí el tiempo de salvación, de la potencia, y del reino de nuestro Dios, y del poder de su Cristo; porque ha sido ya precipitado del cielo el acusador de nuestros hermanos, que los acusaba día y noche ante la presencia de nuestro Dios.

11. Y ellos le vencieron por los méritos de la sangre del Cordero, y en virtud de la palabra de la fe que han confesado, y por la cual desamaron sus vidas hasta perderlas por obedecer a Dios.

12. Por tanto, regocijaos, ¡oh cielos, y los que en ellos moráis! ¡Ay de la tierra y del mar!, porque el diablo bajó a vosotros, arrojado del cielo y está lleno de furor sabiendo que le queda poco tiempo.

13. Viéndose, pues, el dragón precipitado del cielo a la tierra, fue persiguiendo a la mujer, que había parido aquel hijo varón.

14. A la mujer, empero, se le dieron dos alas de águila muy grande, para volar al desierto a su sitio destinado, en donde es alimentada por un tiempo dos tiempos, y la mitad de un tiempo tres años y medio, lejos de la serpiente.

15. Entonces la serpiente vomitó de su boca, en pos de la mujer, cantidad de agua como un río, a fin de que la mujer fuese arrebatada de la corriente.

16. Mas la tierra socorrió a la mujer, y abriendo su boca, se sorbió el río que el dragón arrojó.

17. Con esto el dragón se irritó contra la mujer, y marchóse a guerrear contra los demás de la casta o linaje de ella, que guardan los mandamientos de Dios, y mantienen la confesión de Jesucristo.

18. Y apostóse sobre la arena del mar.

CAPÍTULO XIII

De una bestia mostruosa de siete cabezas y diez cuernos con diez diademas, que sale del mar y blasfema contra Dios y los santos, y es adorada por los hombres. Se levanta en la tierra otra bestia con dos cuernos, que da vigor a la primera.

1. Y vi una bestia que subía del mar, la cual tenía siete cabezas y diez cuernos, y sobre los cuernos diez diademas, y sobre las cabezas nombres de blasfemia.

2. Esta bestia que vi, era semejante a un leopardo, y sus pies como los de oso, y su boca como la de león. Y le dio el dragón su fuerza y su gran poderío.

3. Vi luego una de sus cabezas que parecía como herida de muerte; y su llaga mortal fue curada. Con lo que toda la tierra pasmada se fue en pos de la bestia.

4. Y adoraron al dragón, que dio el poder a la bestia; también adoraron a la bestia, diciendo: ¿Quién hay semejante a la bestia?, y ¿quién podrá lidiar con ella?

5. Diósele asimismo una boca que hablase cosas altaneras y blasfemias; y se le dio facultad de obrar así por espacio de cuarenta y dos meses.

6. Con eso abrió su boca en blasfemias contra Dios, blasfemando de su nombre, y de su Tabernáculo, y de los que habitan en el cielo.

7. Fuéle también permitido el hacer guerra a los santos o fieles, y vencerlos. Y se le dio potestad sobre toda tribu, y pueblo, y lengua, y nación.

8. Y así lo adoraron todos los habitantes de la tierra: aquellos, digo cuyos nombres no están escritos en el Libro de la vida del Cordero, que fue sacrificado desde el principio del mundo.

9. Quien tiene oídos, escuche o atienda bien:

10. el que cautivare a otros, en cautividad parará; quien a hierro matare, es preciso que a hierro sea muerto. Aquí está el motivo de la paciencia y de la firmeza de la fe que tienen los santos.

11. Vi después otra bestia que subía de la tierra, y que tenía dos cuernos, semejantes a los del Cordero, mas su lenguaje era como el del dragón.

12. Y ejercitaba todo el poder de la primera bestia en su presencia; e hizo que la tierra y sus moradores adorasen la bestia primera, cuya herida mortal quedó curada.

13. Y obró prodigios grandes, hasta hacer que bajase fuego del cielo a la tierra en presencia de los hombres.

14. Así es que engañó o embaucó a los moradores de la tierra con los prodigios que se le permitieron hacer a vista de la bestia, diciendo a los moradores de la tierra que hiciesen una imagen de la bestia, que habiendo sido herida de la espada, revivió, o curó, como dijimos

15. También se le concedió el dar espíritu y habla a la imagen de la bestialos, y el hacer que todos cuantos no adorasen la imagen de la bestia sean muertos.

16. A este fin hará que todos los hombres, pequeños y grandes, ricos y pobres, libres y esclavos, tengan una marca, o sello, en su mano derecha o en sus frentes,

17. y que ninguno pueda comprar, o vender, sino aquel que tiene la marca, o nombre de la bestia, o el número de su nombre.

18. Aquí está el saber. Quien tiene, pues, inteligencia, calcule el número de la bestia, porque su número es el que forman las letras del nombre de un hombre, y el número de la bestia es seiscientos sesenta y seis.

CAPÍTULO XIV

Aparécese el Cordero de Dios sobre el monte Sión seguido de los justos. El Evangelio es predicado en toda la tierra. Se anuncia el último juicio. Viene Jesucristo y se hace la misteriosa siega y vendimia de su heredad.

1. Y he aquí que miré; y vi que el Cordero estaba sobre el monte de Sión y con él ciento cuarenta y cuatro mil personas que tenían escrito en sus frentes el nombre de él y el nombre de su Padre.

2. Al mismo tiempo oí una voz del cielo, semejante al ruido de muchas aguas y al estampido de un trueno grande; y la voz que oí era como de citaristas que tañían sus citaras.

3. Y cantaban como un cantar nuevo ante el trono, y delante de los cuatro animales, y de los ancianos; y nadie podía cantar ni entender aquel cántico, fuera de aquellos ciento cuarenta y cuatro mil, que fueron rescatados de la tierra.

4. Éstos son los que no se amancillaron con mujeres, porque son vírgenes. Éstos siguen al Cordero doquiera que vaya. Éstos fueron rescatados de entre los hombres como primicias escogidas para Dios y para el Cordero,

5. ni se halló mentira en su boca; porque están sin mácula ante el trono de Dios.

6. Luego vi a otro ángel que volaba por medio del cielo, llevando el Evangelio eterno, para predicarlo a los moradores de la tierra, a todas las naciones, y tribus, y lenguas, y pueblos,

7. diciendo a grandes voces: Temed al Señor, y honradle, o dadle gloria, porque venida es la hora de su juicio; y adorad a aquel que hizo el cielo, y la tierra, y el mar, y las fuentes de las aguasi.

8. Y siguióse otro ángel que decía: Cayó, cayó aquella gran Babilonia, que hizo beber a todas las naciones del vino envenenado de su furiosa prostitución.

9. A éstos se siguió el tercer ángel diciendo en voz alta: Si alguno adorare la bestia y a su imagen, y recibiere la marca en su frente o en su mano,

10. este tal ha de beber también del vino de la ira de Dios, de aquel vino puro preparado en el cáliz de la cólera divina, y ha de ser atormentado con fuego y azufre a vista de los ángeles santos, y en la presencia del Cordero.

11. Y el humo de sus tormentos estará subiendo por los siglos de los siglos, sin que tengan descanso ninguno de día ni de noche, los que adoraron la bestia y su imagen, como tampoco cualquiera que recibió la divisa de su nombre.

12. Aquí se verá el fruto de la paciencia de los santos, que guardan los mandamientos de Dios y la fe de Jesús.

13. Y oí una voz del cielo que me decía: Escribe: Bienaventurados los muertos, que mueren en el Señor. Ya desde ahora, dice el Espíritu, que descansen de sus trabajos, puesto que sus obras los van acompañando.

14. Miré todavía; y he ahí una nube blanca y resplandeciente; y sobre la nube sentada una persona semejante al Hijo del Hombre, la cual tenía sobre su cabeza una corona de oro, y en su mano una hoz afilada.

15. En esto salió del templo otro ángel, gritando en alta voz al que estaba sentado sobre la nube: Echa ya tu hoz, y siega; porque venida es la hora de segar, puesto que está seca la mies de la tierra.

16. Echó, pues, el que estaba sentado sobre la nube su hoz a la tierra, y la tierra quedó segada.

17. Y salió otro ángel del templo, que hay en el cielo, que tenía también una hoz aguzada.

18. Salió también del altar otro ángel, el cual tenía poder sobre el fuego, y clamó en alta voz al que tenía la hoz aguzada, diciendo: Mete tu hoz aguzada, y vendimia los racimos de la vina, de la tierra, pues que sus uvas están ya maduras.

19. Entonces el ángel metió su hoz aguzada en la tierra, y vendimió la viña de la tierra, y echó la uva en el grande lagar de la ira de Dios.

20. Y la vendimia fue pisada en el lagar fuera de la ciudad santa, y corrió sangre del lagar en tanta abundancia que llegaba hasta los frenos de los caballos por espacio de mil seiscientos estadios.

CAPÍTULO XV

Cántico de Moisés y del Cordero, que cantan los que vencieron a la bestia. De las siete plagas postreras, representadas en siete copas llenas de la cólera de Dios, entregadas a siete ángeles.

1. Vi también en el cielo otro prodigio grande y admirable: siete ángeles que tenían en su mano las siete plagas que son las postreras; porque en ellas será colmada la ira o castigo de Dios.

2. Y vi asimismo como un mar de vidrio revuelto con fuego, y a los que habían vencido a la bestia, y a su imagen y al número de su nombre, que estaban sobre el mar transparente, teniendo unas cítaras de Dios,

3. y cantando el cántico de Moisés, siervo de Dios, y el cántico del Cordero, diciendo: Grandiosas y admirables son tus obras, ¡oh Señor Dios omnipotente!, justos y verdaderos con tus campos, ¡oh Rey de los siglos!

4. ¿Quién no te temerá, ¡oh Señor!, y no engrandecerá tu santo Nombre puesto que tú solo eres el piadoso?; de aquí es que todas las naciones vendrán, y se postrarán en tu acatamiento, visto que tus juicios están manifiestos.

5. Después de esto miré otra vez; y he aquí que fue abierto en el cielo el templo del Tabernáculo del testimonio, o el Sanctasanctórum.

6. Y salieron del templo los siete ángeles que tenían las siete plagas en sus manos, vestidos de lino limpio y blanquísimo, y ceñidos junto a los pechos con ceñidores de oro.

7. Y uno de los cuatro animales dio a los siete ángeles siete cálices de oro llenos de la ira del Dios que vive por los siglos de los siglos.

8. Y se llenó el templo de humo a causa de la majestad de Dios, y de su virtud o grandeza; y nadie podía entrar en el templo hasta que las siete plagas de los siete ángeles fuesen terminadas.

CAPÍTULO XVI

Terribles efectos de las siete tazas o cálices de oro, que vierten los siete ángeles sobre la tierra.

1. En esto oí una voz grande del templo que decía a los siete ángeles: id, y derramad las siete tazas de la ira de Dios en la tierra.

2. Partió, pues, el primero, y derramó su taza sobre la tierra, y se formó una úlcera cruel y maligna en los hombres, que tenían la señal o divisa de la bestia, y en los que adoraron su imagen.

3. El segundo ángel derramó su taza en el mar y quedó convertido en sangre como de un cuerpo muerto; y todo animal viviente en el mar murió.

4. El tercer ángel derramó su taza sobre los ríos y sobre los manantiales de aguas, y se convirtieron en sangre.

5. Aquí oí al ángel que tiene el cuidado aguas, que decía: Justo eres, Señor, tú que eres y has sido siempre santo en estos juicios que ejerces.

6. Porque ellos derramaron la sangre de los santos y de los profetas, sangre les has dado a beber, que bien lo merecen.

7. Y a otro oí que decía desde el altar: Sí, por cierto, Señor Dios Todopoderoso, verdaderos y justos son tus juicios.

8. El cuarto ángel derramó su taza en el sol, y diósele fuerza para afligir a los hombres con ardor y con fuego.

9. Y los hombres, abrasándose con el calor excesivo, blasfemaron el Nombre de Dios que tiene en su mano estas plagas en vez de hacer penitencia para darle gloria.

10. El quinto ángel derramó su taza sobre la silla o trono de la bestia; y quedó su reino lleno de tinieblas, y se despedazaron las lenguas en el exceso de su dolor.

11. Y blasfemaron del Dios del cielo por causa de sus dolores y llagas, mas no se arrepintieron de sus obras.

12. El sexto ángel derramó su taza en el gran río Éufrates, y secó sus aguas, a fin de abrir camino a los reyes que habían de venir del oriente.

13. Y vi salir de la boca del dragón, y de la boca de la bestia, y de la boca del falso profeta, tres espíritus inmundos en figura de ranas;

14. porque éstos son espíritus de demonios que hacen prodigios, y van a los reyes de toda la tierra con el fin de coligarlos en batalla para el día grande del Dios Todopoderoso.

15. Mirad que vengo como ladrón, dice el Señor. Dichoso el que vela, y guarda bien sus vestidos, para no andar desnudo, y que no vean sus vergüenzas.

16. Los dichos serán reunidos en un campo, que en hebreo se llama Armagedon.

17. En fin, el séptimo ángel derramó su taza por el aire, y salió una voz grande del templo por la parte del trono, que decía: Esto es hecho.

18. Y siguiéronse relámpagos, y voces, y truenos, y se sintió un gran terremoto, cual nunca hubo desde que hay hombres sobre la tierra.

19. Con lo cual la ciudad grande se rompió en tres partes; y las ciudades de las naciones se arruinaron; y de la gran Babilonia se hizo memoria delante de Dios, para darle el cáliz del vino de la indignación de su cólera.

20. Y todas las islas desaparecieron, y no quedó rastro de montes.

21. Y cayó del cielo sobre los hombres granizo, o pedrisco, del grandor como de un talento; y los hombres blasfemaron de Dios por la plaga del pedrisco, plaga que fue en extremo grande.

CAPÍTULO XVII

Descripción de la gran ramera, esto es, de Babilonia, que se embriagó con la sangre de los mártires y se vio sentada sobre la bestia de las siete cabezas y los diez cuernos.

1. Vino entonces uno de los siete ángeles, que tenían las siete tazas, y habló conmigo, diciendo: Ven, te mostraré la condenación de la gran ramera, que tiene su asiento sobre muchas aguas,

2. con la cual se amancebaron los reyes de la tierra, y con el vino de su torpeza, o idolatría y corrupción de costumbres, están emborrachados los que habitan en la tierra.

3. Y me arrebató en espíritu al desierto. Y vi una mujer sentada sobre una bestia bermeja, llena de nombres de blasfemia, que tenía siete cabezas y diez cuernos.

4. Y la mujer estaba vestida de púrpura, y de escarlata, y adornada de oro, y de piedras preciosas, y de perlas, teniendo en su mano una taza de oro, llena de abominación y de la inmundicia de sus fornicaciones.

5. Y en la frente tenía escrito este nombre: Misterio, Babilonia la grande, madre de las deshonestidades y abominaciones de la tierra.

6. Y vi a esta mujer embriagada con la sangre de los santos y con la sangre de los mártires de Jesús. Y al verla quedé sumamente atónito.

7. Mas el ángel me dijo: ¿De qué te maravillas? Yo te diré el misterio, o secreto, de la mujer y de la bestia de siete cabezas y diez cuernos, en que va montada.

8. La bestia que has visto, fue y no es, perecerá presto, ella ha de subir del abismo, y vendrá a perecer luego; y los moradores de la tierra (aquellos cuyos nombres no están escritos en el Libro de la vida desde la creación del mundo) se pasmarán viendo la bestia, que era, y no es.

9. Aquí hay un sentido que está lleno de sabiduría. Las siete cabezas son siete montes, sobre los cuales la mujer tiene su asiento, y también son siete reyes.

10. Cinco cayeron, uno existe, y el otro no ha venido aún, y cuando venga, debe durar poco tiempo.

11. Ahora la bestia que era, y no es, esa misma es la octava, y es de los siete, y va a fenecer.

12. Los diez cuernos que viste, diez reyes son, los cuales todavía no han recibido reino, mas recibirán potestad como reyes por una hora, o por breve tiempo, después de la bestia.

13. Éstos tienen un mismo designio, y entregarán a la bestia sus fuerzas y poder.

14. Éstos pelearán contra el Cordero, y el Cordero los vencerá, siendo como es el Señor de los señores y el Rey de los reyes, y los que con él están son los llamados, los escogidos y los fieles.

15. Díjome más: Las aguas que viste donde está sentada la ramera, son pueblos, y naciones, y lenguas.

16. Y los diez cuernos que viste en la bestia, ésos aborrecen a la ramera, y la dejarán desolada, y

desnuda, y comerán sus carnes, y a ella la quemarán en el fuego.

17. Porque Dios ha movido sus corazones para que hagan lo que a él le plugo, y den su reino a la bestia hasta que se cumplan las palabras de Dios.

18. En fin, la mujer que viste, es aquella ciudad grande, que tiene imperio sobre los reyes de la tierra.

CAPÍTULO XVIII

Ruina, juicio y castigo de la gran Babilonia, sobre la cual lloran amargamente los que siguieron su partido, más los santos del cielo cantan el triunfo.

1. Y después de esto vi descender del cielo a otro ángel, que tenía potestad grande; y la tierra quedó iluminada con su claridad.

2. Y exclamó con mucha fuerza, diciendo: ¡Cayó, cayó Babilonia la grande y está hecha morada de demonios, y guarida de todo espíritu inmundo, y albergue de todas las aves asquerosas y abominables,

3. por cuanto todas las naciones bebieron del vino irritante, o venenoso, de su disolución, y los reyes de la tierra estuvieron amancebados con ella, y los mercaderes de la tierra se hicieron ricos con el precio de sus regalos, o exceso del lujo!

4. Y oí otra voz del cielo, que decía: Los que sois del pueblo mío escapad de ella, para no ser participantes de sus delitos, ni quedar heridos de sus plagas.

5. Porque sus pecados han llegado hasta el cielo, y Dios se ha acordado de sus maldades.

6. Dadle a ella el retorno que os ha dado ella misma, y aun redobládselo según sus obras; en la taza misma, con que os dio a beber, echadle al doble.

7. Cuanto se ha engreído y regalado, dadle otro tanto de tormento y de llanto, ya que dice en su corazón: Estoy como reina sentada en solio, y no soy viuda. y no veré duelo.

8. Por eso en un día sobrevendrán sus plagas, mortandad, llanto y hambre, y será abrasada del fuego; porque poderoso es el Dios que ha de juzgarla.

9. Entonces llorarán y harán duelo sobre ella los reyes de la tierra, que vivieron con ella amancebados y en deleites, al ver el humo de su incendio.

10. Puestos a lo lejos por miedo de sus tormentos, dirán: ¡Ay, ay de aquella gran ciudad de Babilonia, de aquella ciudad poderosa! ¡Ay, en un instante ha llegado tu juicio!

11. Y los negociantes de la tierra prorrumpirán en llantos y lamentos sobre la misma, porque nadie comprará ya sus mercaderías:

12. mercaderías de oro, y de plata, y de pedrería, y de perlas, y de lino delicado, y de púrpura, y de seda, y de escarlata, o grana, y de toda madera olorosa, y de toda suerte de muebles de marfil, y de piedras preciosas, y de bronce, y de hierro, y de mármol,

13. y de cinamomo, o canela, y de perfumes, y de ungüentos olorosos, y de incienso, y de vino, y de aceite, y de flor de harina, y de trigo, y de bestias de carga, y de ovejas, y de caballos, y de carrozas, y de esclavos, y de vidas de hombres, o de gladiadores.

14. ¡Oh Babilonan!, las frutas sabrosas al apetito de tu alma te han faltado, todo lo sustancioso y espléndido perecido para ti, ni lo hallarás ya más.

15. Así los traficantes de estas cosas, que se hicieron ricos, se pondrán lejos de ella por miedo de sus tormentos, y gimiendo y llorando,

16. dirán: ¡Ay, ay de la ciudad grande, que andaba vestida de lino delicadísimo, y de púrpura, y de grana, y cubierta de oro, y de piedras preciosas, y de perlas!

17. ¡Cómo en un instante se redujeron a nada tantas riquezas! Y todo piloto, y todo navegante del mar, y los marineros, y cuantos trafican en el mar se pararon a lo lejos,

18. y dieron gritos viendo el lugar, o el humo, de su incendio, diciendo: ¿Qué ciudad hubo semejante a ésta en grandeza?

19. Y arrojaron polvo sobre sus cabezas, y prorrumpieron en alaridos llorando y lamentando, decían: ¡Ay, ay de aquella gran ciudad, en la cual se enriquecieron con su comercio todos los que tenían naves en la mar! ¡Cómo fue asolada en un momento!

20. ¡Oh cielo!, regocíate sobre ella; como también vosotros, ¡oh santos apóstoles y profetas!, pues que Dios condenándola ha tomado venganza por vosotros, os ha hecho justicia.

21. Aquí un ángel robusto talló una piedra como una gran rueda de molino y arrojóla en el mar, diciendo: Con tal ímpetu será precipitada Babilonia, la ciudad grande, y ya no parecerá más.

22. Ni se oirá en ti jamás voz de citaristas, ni de músicos, ni de tenedores de flauta, ni de clarineros; ni se hallará en ti artífice de arte alguna; ni tampoco se sentirá en ti ruido de atahona;

23. ni luz de lámpara te alumbrará en adelante; ni volverá a oírse en ti voz de esposo y esposa, en vista de que tus mercaderes eran los magnates de la tierra, y de que con tus hechizos anduvieron desatinadas todas las gentes.

24. Al mismo tiempo se halló en ella la sangre de los profetas y de los santos, y de todos los que han sido muertos en la tierra.

CAPÍTULO XIX

Triunfo y cántico de los santos por la ruina de Babilonia, por el reino de Dios y por las bodas del Cordero. Jesucristo, Verbo de Dios, triunfa de sus enemigos.

1. Después de estas cosas oí en el cielo como una voz de muchas gentes, que decían: ¡Aleluya!, la salvación,y la gloria, y el poder son debidos a nuestro Dios:

2. porque verdaderos son y justos sus juicios, pues ha condenado a la gran ramera, la cual estragó la tierra con su prostitución, y ha vengado la sangre de sus siervos, derramada por las manos de ella.

3. Y segunda vez repitieron: ¡Aleluya! Y el humo de ella o de su incendio está subiendo por los siglos de los siglos, no se acabará jamás.

4. Y los veinticuatro ancianos y los cuatro animales se postraron y adoraron a Dios, que estaba senta do en el solio, diciendo: ¡Amén! ¡Aleluya!

5. Y del sollo salió una voz, que decia: Alabad a nuestro Dios todos sus siervos, y los que le teméis pequeños y grandes,

6. como de gran gentío, y como el ruido de muchas aguas, y como el estampido de grandes truenos, que decía: ¡Aleluya!, por que tomó ya posesión del reino del Señor, Dios nuestro Todopoderoso;

7. gocémonos, y saltemos de júbilo, y démosle la gloria, pues son llegadas las bodas del Cordero y la Iglesia su esposa se ha puesto de gala, o ataviada;

8. y se le ha dado que se vista de tela de hilo finísimo brillante y blanco. Esta tela finísima de lino son las virtudes de los santos.

9. Y díjome el ángel: Escribe: Dichosos los que son conv¡idados a la cena de las bodas del Cordero, y añadióme: Estas palabras de Dios son verdaderas.

10. Yo me arrojé luego a sus pies, para adorarle. Mas él me dice: Guárdate de hacerlo, que yo soy consiervo tuyo y de tus hermanos, los que mantienen el testimonio de Jesús. A Dios has de adorar. Porque el espíritu de profecía que hay en ti es el testimonio de Jesús.

11. En esto vi el cielo abierto, y he aquí un caballo blanco; y el que estaba montado sobre él se llamaba Fiel y Veraz, el cual juzga con justicia, y combate.

12. Eran sus ojos como llamas de fuego, y tenía en la cabeza muchas diademas y un nombre escrito, que nadie lo entiende, o comprende, sino él mismo.

13. Y vestía una ropa teñida o salpicada en sangre; y él es y se llama el VERBO DE DIOS.

14. Y los ejércitos que hay en el cielo le seguían vestidos de un lino finísimo blanco, y limpio, en caballos blancos.

15. Y de la boca de él salía una espada de dos filos, para herir con ella a las gentes. Y él las ha de gobernar con cetro de hierro; y él mismo pisa el lagar del vino del furor de la ira del Dios omnipotente.

16. Y tiene escrito en su vestidura y en el muslo: Rey de los reyes y Señor de los señores.

17. Vi también a un ángel que estaba en el sol, y clamó en alta voz, diciendo a todas las aves que volaban por medio del cielo: Venid, y congregaos a la cena grande de Dios,

18. a comer carne de reyes, y carne de tribunos, y carne de poderosos, y carne de caballos, y de sus jinetes, y carne de todos, libres y esclavos, y de chicos y de grandes.

19. Y vi a la bestia, y a los reyes de la tierra, y sus ejércitos coligados, para trabar batalla contra el que estaba mon tado sobre el caballo y contra su ejército.

20. Entonces fue presa la bestia, y con ella el falso profeta que a vista de la misma había hecho prodigios, con que sedujo a los que recibieron la marca de la bestia, y a los que adoraron su imagen. Estos dos fueron lanzados vivos en un estanque de fuego que arde con azufre.

21. Mientras los demás fueron muertos con la espada que sale de la boca del que estaba montado en el caballo blanco; y todas las aves se hartaron de la carne de ellos.

CAPÍTULO XX

El ángel encadena a Satanás en el abismo por el tiempo de mil años, durante los cuales las almas de los mártires reinarán con Cristo en la primera resurrección. Suelto después Satanás, mueve a Gog y a Magog contra la ciudad santa, pero el cielo enviará fuego que los devorará. Después Jesucristo juzgará a todos los muertos.

1. Vi también descender del cielo a un ángel, y tenía la llave del abismo, y una gran cadena en su mano.

2. Y agarró al dragón, esto es, a aquella serpiente antigua, que es el diablo y Satanás, y le encadenó por mil años,

3. Y metióle en el abismo, y le encerró, y puso sello sobre él, para que no ande más engañando a las gentes, hasta que se cumplan los mil años, después de los cuales ha de ser soltado por un poco de tiempo.

4. Luego vi unos tronos, y varios personajes que se sentaron en ellos, y se les dio la potestad de juzgar; y vi las ánimas de los que habían sido degollados por la confesión de Jesús y por la palabra de Dios, y los que no adoraron la bestia, ni a su imagen, ni recibieron su marca en las fren-

tes, ni en las manos que vivieron y reinaron con Cristo mil años

5. Los otros muertos no revivirán hasta cumplirse los mil años. Ésta es la resurrección primera.

6. Bienaventurado y santo quien tiene p arte en la primera resurrección; sobre los tales la segunda muerte, que es la eterna de los réprobos, no tendrá poderío, antes serán sacerdotes de Dios y de Jesucristo, y reinarán con él mil años.

7. Mas al cabo de los mil años será suelto Satanás de su prisión; y saldrá y engañará a las naciones que hay sobre los cuatro ángulos del mundo, a Gog y a Magog, y los juntará para dar batalla, cuyo número es como la arena del mar.

8. Y extendiéronse sobre la redondez de la tierra, y cercaron los reales, o acampamento, de los santos, y la ciudad amada.

9. Mas Dios llovió fuego del cielo, que los consumió; y el diablo, que los traía engañados, fue precipitado en el estanque de fuego y azufre, donde también la bestia

10. y el falso profeta serán atormentados día y noche por los siglos de los siglos.

11. Después vi un gran sol reluciente, y a uno, esto es, a Jesucristo, sentado en él, a cuya vista desapareció la tierra, y el cielo, y no quedó nada de ellos.

12. Y vi a los muertos grandes y pequeños estar delante del trono y abriéronse los libros de las conciencias, y abrióse también otro libro, que es el de la vida y fueron juzgados los muertos por las cosas escritas en los libros según sus obras.

13. El mar, pues, entregó los muertos que había en él, y la muerte y el infierno entregaron los muertos que tenían dentro, y se dio a cada uno la sentencia según sus obras.

14. Entonces el infierno y la muerte fueron lanzados en el estanque de fuego. Ésta es la muerte segunda, y eterna.

15. El que no fue hallado escrito en el *Libro de la vida* fue asimismo arrojado en el estanque de fuego.

CAPÍTULO XXI

Fin dichoso y bienaventurado estado de los justos después del juicio, y desastrosa suerte de los pecadores. Descripción de la ciudad celestial de Jerusalén, mística esposa del Divino Cordero.

1. Y vi un cielo nuevo y tierra nueva; porque el primer cielo y la primera tierra desaparecieron; y ya no había mar.

2. Ahora, pues, yo, Juan, vi la ciudad santa, la nueva Jerusalén descender del cielo por la mano de Dios, compuesta, como una novia engalanada para su esposo.

3. Y oí una voz grande que venía del trono y decía: Ved aquí el Tabernáculo de Dios entre los hombres, y el Señor morará con ellos. Y ellos serán su pueblo, y el mismo Dios habitando en medio de ellos será su Dios.

4. Y Dios enjugará de sus ojos todas las lágrimas; ni habrá ya muerte, ni llanto, ni alarido, ni habrá más dolor, porque las cosas de antes son pasadas.

5. Y dijo el que estaba sentado en el solio: He aquí que renuevo todas las cosas. Y díjome a mí: Escribe, porque todas estas palabras son dignísimas de fe y verdaderas.

6. Y díjome: Esto es hecho. Yo soy el Alfa y la Omega, el principio y el fin de todo. Al sediento yo le daré de beber graciosamente, o sin interés, de la fuente del agua de la vida.

7. El que venciere poseerá todas estas cosas, y yo seré su Dios, y él será mi hijo.

8. Mas en orden a los cobardes, e incrédulos, y execrables o desalmados, y homicidas, y deshonestos y hechiceros, e idólatras, y a todos los embusteros, su suerte será en el lago que arde con fuego y azufre, que es la muerte segunda y eterna.

9. Vino después un ángel de los siete que tenían las tazas llenas de las siete plagas postreras, y habló conmigo, diciendo: Ven, y te mostraré la esposa, novia del Cordero.

10. Con eso me llevó en espíritu a un monte grande y encumbrado, y mostróme la ciudad santa de Jerusalén, que descendía del cielo y venía de Dios,

11. la cual tenía la claridad de Dios; cuya luz era semejante a una piedra preciosa, a piedra de jaspe, transparente como cristal.

12. Y tenía un muro grande y alto con doce puertas, y en las puertas doce ángeles y nombres esculpidos, que son los nombres de las doce tribus de los hijos de Israel.

13. Tres puertas al oriente, y tres puertas al norte, tres puertas al mediodía, y otras tres al poniente.

14. Y el muro de la ciudad tenía doce cimientos, y en ellos los doce nombres de los doce apóstoles del Cordero.

15. Y el que hablaba conmigo tenía una caña de medir, que era de oro, para medir la ciudad, y sus puertas, y la muralla.

16. Es de advertir que la ciudad es cuadrada, y tan larga como ancha; midió, pues, la ciudad con la caña de oro, y tenía doce mil estadios de circuito, siendo iguales su longitud, altura y latitud.

17. Midió también la muralla, y hallóla de ciento y cuarenta y cuatro codos de alto, medida de hombre, que era también la del ángel.

18. El material, empero, de este muro era de piedra jaspe; mas la ciudad era de un oro puro tan transparente, que se parecía a un vidrio, o cristal, sin mota.

19. Y los fundamentos del muro de la ciudad estaban adornados con toda suerte de piedras preciosas. El primer fundamento era de jaspe, el segundo de zafiro, el tercero de cacedonia o rubí, el cuarto de esmeralda,

20. el quinto de sardónica, el sexto de sardio, el séptimo de crisol, el octavo de berilo, el nono de topacio, el décimo de crisopraso o lapislázuli, el undécimo de jacinto, el duodécimo de amatista.

21. Las doce puertas son doce perlas; y cada puerta estaba hecha de una de estas perlas, y el pavimento de la ciudad de oro puro y transparente como el cristal.

22. Y yo no vi templo en ella: por cuanto el Señor Dios omnipotente es su templo, con el Cordero.

23. Y la ciudad no necesita sol ni luna que alumbren en ella; porque la clariad de Dios la tiene iluminada, y su lumbrera es el Cordero.

24. Y a la luz de ella andarán las gentes; y los reyes de la tierra llevarán a ella su gloria y su majestad.

25. Y sus puertas no se cerrarán al fin de cada día, porque no habrá allí noche.

26. Y en ella se introducirá, y vendrá a parar, la gloria y la honra de las naciones.

27. No entrará en esta ciudad cosa sucia, o contaminada, ni quien comete abominación y falsedad, sino solamente los que se hallan escritos en el Libro de la vida del Cordero.

CAPÍTULO XXII

Conclúyese la admirable y misteriosa pintura de la celestial Jerusalén, y con ella el APOCALIPSIS o la Revelación de Jesucristo a su discípulo amado.

1. Mostróme también un río de agua vivificado de vida, claro como un cristal que manaba del solio de Dios y del Cordero.

2. En medio de la plaza de la ciudad, y de la una y otra parte del río estaba el árbol de la vida, que produce doce frutos, dando cada mes su fruto, y las hojas del árbol sanan a las gentes.

3. Allí no habrá jamás maldición alguna: sino que Dios y el Cordero estarán de asiento en ella, y sus siervos le servirán de continuo.

4. Y verán su cara, y tendrán el nombre de él sobre sus frentes.

5. Y allí no habrá jamás noche, ni necesitarán luz de antorcha, ni luz de sol, por cuanto el Señor Dios los alumbrará; y reinarán por los siglos de los siglos.

6. Díjome más: Estas palabras son dignas de todo crédito y muy verdaderas. Y el Señor Dios de los espíritus de los profetas ha enviado su ángel a manifestar a sus siervos cosas que deben suceder pronto.

7. Mas he aquí, dice el Señor, que yo vengo a toda prisa. Bienaventurado el que guarda las palabras de la profecía de este libro.

8. Y yo, Juan, soy el que he oído y visto estas cosas. Y después de oídas y vistas, me postré ante los pies del ángel, que me las enseñaba, en acto de adorarle.

9. Pero él me dijo: Guárdate de hacerlo, que yo soy un consiervo tuyo, y de tus hermanos los profetas, y de los que observan las palabras de la profecía de este libro. Adora a Dios.

10. Díjome también: No selles las palabras de la profecía de este libro, pues el tiempo está cerca.

11. El que daña, dañe aún; y el que está sucio, prosiga ensuciándose; pero el justo, justifíquese más y más; y el santo, más y más se santifique.

12. Mirad que vengo luego, y traigo conmigo mi galardón, para recompensar a cada uno según sus obras.

13. Yo soy el Alfa y la Omega, el primero y el último, el principio, y el fin.

14. Bien aventurados los que lavan sus vestiduras en la sangre del Cordero, para tener derecho al árbol de la vida y a entrar por las puertas de la ciudad santa.

15. Queden fuera los perros, y los hechiceros, y los deshonestos, y los homicidas, y los idólatras, y todo aquel que ama y practica mentira.

16. Yo, Jesús, envié mi ángel a notificaros estas cosas en las iglesias. Yo soy la raíz, o estirpe, y la prosapia de David el lucero brillante de la mañana.

17. Y el Espíritu y la Esposa dicen: Ven. Diga también quien escucha: Ven Asimismo el que tiene sed, venga; y el que quiera, tome de balde el agua de vida.

18. Ahora bien, yo protesto a todos los que oyen las palabras de la profecía de este libro, que si alguno añadiere a ellas cualquier cosa, Dios descargará sobre él las plagas escritas en este libro.

19. Y si alguno quitare cualquiera cosa de las palabras del libro de esta profecía, Dios le quitará a él del Libro de la vida y de la ciudad santa, y no le dará parte en lo escrito en este libro.

20. El que da testimonio de estas cosas, dice: Ciertamente yo vengo luego. Así sea. Ven, ¡oh Señor Jesús!

21. La gracia de nuestro Señor Jesucristo sea con todos vosotros. Amén.

© 2001, Editorial ALBA
C/ San Rafael, 4
28108 Alcobendas (Madrid)
Tel.: 91 657 25 80
Fax: 91 657 25 83
e-mail: libsa@libsa.es

ISBN: 84-8336-067-5 (Parte II)
ISBN: 84-8336-073-X (Obra completa)
Depósito Legal: M-35575-00

Impreso en España /*Printed in Spain*

ALBA es una marca registrada de Editorial LIBSA, S.A.